춘추좌전

•

하권

춘추좌전

•

하권

좌구명 지음

장세후 옮김

을유문화사

옮긴이 장세후(張世厚)

1963년 경북 상주에서 태어나 1986년 영남대학교 중어중문학과를 졸업하고, 1988년과 1996년 같은 대학에서 각각 석·박사 학위를 받았다. 영남대학교 겸임교수와 경북대학교 연구 초빙교수를 거쳐 현재 경북대학교 퇴계연구소(退溪研究所) 전임연구원으로 재직하고 있다.
주요 역서로는 『한학 연구(漢學 研究)의 길잡이—고적도독(古籍導讀)』(취완리(屈萬里) 지음·이회문화사, 1998), 『초당시(初唐詩, *The Poetry of the Early T'ang*)』(스티븐 오웬(Stephen Owen) 지음, 대구 중문출판사, 2000), 『퇴계시(退溪詩) 풀이 1~6』(공역, 영남대학교 출판부, 2006~2011), 『고문진보(古文眞寶)·전집(前集)』(황견 엮음, 공역, 을유문화사, 2001), 『주희 시 역주(朱熹 詩 譯註)·권지일(卷之一)』(이회문화사, 2004), 『주희 시 역주(朱熹 詩 譯註)·권지이(卷之二)』(이회문화사, 2006), 『당송팔대가문초 - 소순(唐宋八大家文抄 - 蘇洵)』(공역, 전통문화연구회, 2012) 외 다수가 있다.

춘추좌전 하권

초판 제1쇄 발행 2013년 5월 15일
초판 제2쇄 발행 2017년 6월 10일

지은이 좌구명
옮긴이 장세후
펴낸이 정무영
펴낸곳 (주)을유문화사

창립 1945년 12월 1일
주소 서울시 마포구 월드컵로16길 52-7
전화 02-733-8153
팩스 02-732-9154
홈페이지 www.eulyoo.co.kr
ISBN 978-89-324-5264-7 03150

* 이 책은 동양고전연구회의 지원으로 발간되었습니다.

추천 서문

대구를 중심으로 활동하고 있는 사단법인 동양고전연구회는, 조호철 박사(동양정신과의원 원장, 주역 전문가)가 중심이 되어, 장윤기 변호사(전 영남대 재단 이사장, 법원행정처장), 박병탁 교수(전 영남대 정신의학과 교수), 윤용섭 박사(국학진흥원 부원장) 등등 대구·경북을 대표할 만한 지식인들과 뜻을 함께하는 동호인들이 모여 만든 문화단체로, 시민을 대상으로 하는 한문고전에 대한 강좌도 상설하고 있으며, 『동양고전 읽기』란 잡지도 정기적으로 내고, 몇 가지 한문으로 된 책을 번역해 내기도 하였으며, 다음 카페(동양고전연구소, http://cafe.daum.net/dong--yang)를 통하여 동양고전에 대한 회원들의 정보와 의견을 수시로 교환하는 일도 병행하고 있다.

필자는 이 모임에 초창기부터 참여하여, 연구책임자(동양고전연구소장)라는 직함을 하나 얻게 되었는데, 지금까지도 이 모임의 상설 강좌를 조 박사와 함께 주관하기도 하고, 번역 작업을 주도하고 있기도 하다. 이 작업 가운데 하나로 기획한 것이 바로 이 을유문화사에서 내는 고전 번역 총서들이다. 이미 『논어』, 『맹자』, 『대학·중용』, 『노자』, 『주역』, 『장자』(내·외편·잡편)를 완간하였고, 지금 『시경』 등은 편집 중이며, 『예기』와 『묵자』 같은 책은 집필 중에 있다.

이러한 책의 특징은 한문을 잘 모르는 한글세대 독자들이 읽어도 알기 쉽도록, 한문 원문에 한자 발음을 표기하여 놓았으며, 토를 달았고〔현토(懸吐)〕, 주석을 쉬운 말로 많이 달았으며 또한 본문의 문장과 한글 번역 문장을 짧게 끊어 서로 대조하여 보기에 편하게 만든 대역본이란 점이 가장 큰 특징이다. 이렇게 책을 만들고 보니, 책의 쪽수가 한없이 늘어나게 되어 출판사에서도 자주 애로를 이야기하게 되었으나, 그래도 지금까지 나온 책들은 모두 성공작이라는 게 정평이니, 우리 연구회의 목표의 일부가 제대로 이루어져 가고 있는 듯하여 매우 즐겁게 생각하고 있다.

이 『춘추좌전(春秋左傳)』(『좌전』)은 이 번역 작업의 일환으로, 우리 고전연구회에서 초창기부터 필자와 함께 강의도 담당하고, 지금은 회지 편집과, 카페 운영의 책임을 지고 있는 장세후 박사가 번역 주석한 책이 되어, 누구보다도 우리가 기획한 이러한 고전 신역의 취지와 방침을 잘 이해하고 있기 때문에, 지금까지 나온 위의 여러 책들과 함께, 이 책은 또다시 우리 한국의 한문고전 번역사에서 새로운 지표를 마련할 만한 역작이 될 것이라고 필자는 확신하고 있다.

장세후 박사는 필자와 함께 대한민국 학술원 우수도서로 연거푸 선정된 바 있는 『고문진보(古文眞寶)·전집(前集)』(전2권)과 『퇴계시 풀이』(현재 6권까지 출간) 같은 분량이 매우 두툼한 책을 상세하게 번역 주석하여 내었고, 본인이 따로 주자시를 번역하여 책을 몇 권 내

기도 하였으며, 영어로 된 『초당시(初唐詩, *The Poetry of the Early T'ang*)』라는 볼 만한 책도 우리말로 잘 번역하여 낸 바 있다. 필자가 생각하건대 지금 한국에서 한문으로 된 책을 장세후 박사와 같이 일관성 있게, 성실하게 번역·주석하여 우리 학계와 문화계에 큰 공로를 세우고 있는 중견 학자는 아마 얼마 되지 않을 것으로 생각한다.

이 『춘추좌전』 번역은 그 방대한 분량 때문에, 원래 장 박사 외에 또 한 사람을 공역자로 지정하여 의뢰하였던 것이나, 그 사람이 이 작업을 하는 도중에 건강이 나빠져 중도에서 포기하는 바람에, 장 박사 한 사람이 2백 자 원고지로 환산하였을 때 1만 8천 매에 육박하는 거대한 작업을 이루어 낸 것이다. 한 가지 아쉬운 것은, 이 역주의 분량이 너무 많기 때문에 원문의 한자 발음을 글자마다 다 달지 않았다는 것은 필자가 주장하는 원래의 편집 방침과는 좀 다른 것이나, 상세한 각주 항목을 보면 원문 글자의 발음도 대개는 밝혀지리라 생각한다.

원래 방대한 분량과 예상치 못한 작업 시간의 연장으로 인하여, 이 책을 교열하는 데도 많은 사람이 동원되었다. 전반부의 교열을 거의 도맡아 봐주다시피 한 영남대 중문학과 강사 박한규 군과, 후반부의 교열을 나누어 맡아 서로 돌려 가며 읽어 준 동양고전연구회의 회원들인 조인숙, 남계순, 정호선 선생 등 여러분에게도 이 자리를 빌려 고맙다는 뜻을 전하고자 한다.

이장우

(영남대학교 중국언어문화학부 명예교수)

머리말

중국 문학을 전공하려면 피해 갈 수 없는 것들이 있다. 이른바 경서(經書)와 제자(諸子, 諸子書)다. 중국에서는 이를 모두 합하여 문사철(文史哲)이라 하고, 우리나라에서는 인문학이라고 한다. 경서는 내용이 다양하다. 이는 유가(儒家)의 텍스트가 되는 책으로 사고분류법(四庫分類法)에 의해 재분류를 한다면 사(史)·자(子)·집부(集部)로 나눌 수가 있다. 그중에서도 『춘추(春秋)』에 주석을 단 이른바 '춘추3전(春秋三傳)'은 재분류한다면 사부(史部)로 들어가는 책이다.

『춘추』는 공자가 제자들에게 노나라의 역사를 가르치기 위한 교재였다. 노나라 사관들이 남긴 역사를 재정리한 책이라고 이해를 하면 가장 쉬운 설명이라 하겠다. 이 수백 년간의 역사를 얼마나 간략하게 정리를 하였던지 후세의 사람들이 보기에는 추가 설명이 없으면 도저히 이해하기 힘든 부분들이 많이 있었다. 그래서 『춘추』의 이해를 도모하기 위하여 주석을 단 사람들이 나오게 된 것이다. 그들이 좌구명(左丘明)과 곡량적(穀梁赤), 공양고(公羊高)라는 '춘추3전'의 주석가들이다. 『전(傳)』은 평성(平聲, chuán)과 거성(去聲, zhuàn)으로 읽힌다. 거성은 높은 소리로 성인(聖人)의 글에 단 주석이라는 뜻이 된다. 이 가운데 좌구명이 지었다고 알려진 『춘추좌전(春秋左傳)』(『좌전』)은 다른 두 주석서와 그 성격이 판이하게 다르다. 다른 두 권이 글자 한 자 한 자에 대한 공자의 의도를 밝히는 데 주력한 반면, 『좌전』은 거의 당시의 역사적 사실들을 가져다 설명하였다. 말하자면 좌구명의 책은 『춘추좌전』(『춘추』에 대한 좌구명의 주석)이 아니라 『좌씨춘추(左氏春秋)』(좌구명이 지은 역사)가 되는 것이다. 보다 상세한 내용은 〈『춘추좌전』을 읽기 전에〉에서 다루었으므로 여기서는 이 정도로 설명을 끝내기로 하겠다.

그야말로 본격적으로 중국 문학을 전공하기 위해서 박사과정에 들어갔을 때 『좌전』을 읽은 적이 있었다. 원서로 읽었으면 가장 좋았겠지만 위에는 원문이 있고 아래에는 번역문이 있는 대역본을 읽었다. 그때 받은 느낌이 새 세대를 위한 좀 새롭고 친절한 번역과 주석이 나오면 좋지 않겠는가, 하는 것이었다. 2006년 여름으로 기억된다. 대역본을 읽으면서 아쉬움을 느꼈던 때로부터 15, 6년의 세월이 흐른 뒤였다. 대구의 동양고전연구회와 을유문화사에서 새로운 중국의 고전을 번역할 기획을 하고 회합을 가졌다. 『춘추좌전』도 그 기획의 목록에 들어 있었고, 뜻밖에 공역이긴 하지만 내게 이 책의 번역 의뢰가 들어왔다. 두렵기도 했으나 오랜 바람을 실현할 수 있는 좋은 기회라는 생각에 역량은 생각지도 않고 덜컥 수락을 하였다. 약 3년에 걸쳐 내가 맡은 분량이 끝났을 때 새로운 문제가 생겼다. 공역하기로 했던 다른 한 분이 신병상의 이유로 번역을 못하게 됐다는 것이었다. 이에 동양고전연구회와 을유문화사 측에서는 내게 뒷부분까지 마저 번역을 해 줄 수 없겠느냐는 제의를 해왔다. 적잖은 부담이 되었지만 앞서 해놓은 분량이 아까웠다. 또 이런저런 이유로 책의 출간이 늦어질까 나름 걱정이 되었다. 심사숙고 끝에 다시 수락을 하여 결국 2011년 초에 초역을 끝내게 되었다.

이 책은 분량이 워낙 방대하다. 혼자서는 교정을 보거나 다시 읽어 보며 검토하기에 어려운 점이 많은 건 당연하다. 먼저 후배인 박한규 선생이 상권 분량에 해당하는 부분을 꼼꼼히 읽어 주었다. 그 이하는 동양고전연구회에서 같이 공부하는 학반인 남계순, 조인숙, 정호선 선생 등이 돌려 가며 읽었다. 고맙게도 오탈자도 잡아 주고 의견도 개진해 주었다. 이 자리를 빌려서 심심한 감사의 뜻을 전하는 바이다.

그 외에도 흔쾌히 추천 서문을 써 주시며 격려를 아끼지 않으셨던 동양고전연구회의 소장님이신 이장우 선생님께도 감사를 드린다. 또한 이 책을 훌륭한 책으로 만들기 위하여 방대한 분량의 교열을 도맡아 해주신 윤현식 선생께도 감사드린다. 마지막으로 이 책의 가치를 인정하고 확고한 신념으로 출판에 대한 유무형의 노력을 아끼지 않은 을유문화사에 감사를 드린다.

장세후

차례

| 일러두기 |

1. 이 책은 『춘추좌전』의 본문만을 비교적 쉽고 간단하게 읽고자 하는 독자와 『춘추좌전』을 깊이 있게 읽고 혼자서 고서를 읽는 능력을 배양하고자 하는 독자에 맞게 구성하였다.
2. 두예의 『춘추좌씨전집해(春秋左氏傳集解)』와 공영달의 『춘추좌전정의(春秋左傳正義)』, 양백준의 『춘추좌전주(春秋左傳注)』 등 관련 주석을 참고하여 가능한 한 상세하게 주석을 달았다.
3. 기존의 〈을유세계사상고전〉 시리즈와 같이 음을 달고 토를 달려고 하였으나 분량이 지나치게 많아져서 생략하였다. 다만 중요한 한자 등은 주석에서 모두 밝혀 놓았다.
4. 번역은 일반인들의 수준을 고려하여 쉽게 이해할 수 있는 정도로 하되 직역을 원칙으로 하였으며, 필요한 경우 의미 전달의 효율성을 고려하여 다소 의역한 부분도 있다.
5. 주석에 인용된 번역에는 원문을 달지 않았으나 『좌전』과 밀접한 관련이 있는 경우에는 해당 부분에 한해서라도 원문을 달았다.
6. 개념을 풀어쓰고 원개념을 밝힐 때는 〔 〕를 사용하였다. 예) 세수〔沃盥〕
7. 주석에 인용된 책의 제목은 원문에 충실하게 따랐다. 다만 자주 인용되는 책 가운데 처음 나오는 책은 원서의 명칭을 사용하였고 두 번째 이하는 원서의 인용 서목에서 사용한 약칭을 썼다. 예) 『독사방여기요(讀史方輿紀要)』〔이하 『방여기요(方輿紀要)』〕
8. 이 책에서 자주 쓰이는 약칭은 다음과 같다. (*약칭이 같은 경우는 앞에 저자 표시)

1) 춘추류(春秋類)

* 두주(杜注) : 진(晉)나라 두예(杜預 : 222~284)의 『춘추좌씨전집해(春秋左氏傳集解)』
* 공소(孔疏) : 당(唐)나라 공영달(孔穎達 : 574~648)의 『정의(正義)』
* 『간서간오(簡書刊誤)』 : 청(淸)나라 모기령(毛奇齡 : 1623~1716)의 『춘추모씨전(春秋毛氏傳)』, 『춘추간서간오(春秋簡書刊誤)』
* 『수필(隨筆)』 : 청나라 만사대(萬斯大 : 1633~1683)의 『학춘추수필(學春秋隨筆)』
* 『휘찬(彙纂)』〔1699년 칙찬(勅撰)〕 : 『흠정춘추전설휘찬(欽定春秋傳說彙纂)』
* 『이문전(異文箋)』 : 조탄(趙坦 : 1765~1828)의 『춘추이문전(春秋異文箋)』

2) 춘추좌전류(春秋左傳類)

* 『보정(補正)』 : 청나라 고염무(顧炎武 : 1613~1682)의 『좌전두해보정(左傳杜解補正)』
* 『대사표(大事表)』 : 청나라 고동고(顧棟高 : 1679~1759)의 『춘추대사표(春秋大事表)』
* 『소소(小疏)』 : 청나라 심동(沈彤 : 1688~1752)의 『춘추좌전소소(春秋左傳小疏)』
* 『보주(補注)』 : 청나라 혜동(惠棟 : 1697~1758)의 『춘추좌전보주(春秋左傳補注)』
* 『고증(考證)』 : 청나라 제소남(齊召南 : 1703~1768)의 『춘추좌씨전주소고증(春秋左氏傳注疏考證)』
* 『고정(考正)』 : 청나라 진수화(陳樹華 : 1730~1815)의 『춘추경전집해고정(春秋經傳集解考正)』

* 『보주(補注)』: 청나라 요내(姚鼐 : 1731~1815)의 『좌전보주(左傳補注)』
* 『고이(考異)』 혹은 『의증(議證)』: 청나라 무억(武億 : 1745~1799)의 『좌전독고이(左傳讀考異)』〔『경독고이(經讀考異)』 내에 수록〕, 『좌전의증(左傳義證)』〔『군경의증(羣經義證)』 내에 수록〕
* 『고(詁)』: 청나라 홍양길(洪亮吉 : 1746~1809)의 『춘추좌전고(春秋左傳詁)』
* 『보석(補釋)』: 청나라 양이승(梁履繩 : 1748~1793)의 『좌통보석(左通補釋)』
* 『석례(釋例)』: 청나라 손성연(孫星淵 : 1753~1818)이 집교(輯校)한 두예(杜預)의 『춘추석례(春秋釋例)』
* 『교문(校文)』: 청나라 엄가균(嚴可均 : 1762~1843)의 『당석경교문(唐石經校文)』
* 『보소(補疏)』: 청나라 초순(焦循 : 1763~1820)의 『좌전보소(左傳補疏)』
* 『두주습유(杜注拾遺)』: 청나라 완지생〔阮芝生 : 고종(高宗) 건륭(乾隆) 때 사람〕의 『좌전두주습유(左傳杜注拾遺)』
* 『술문(述聞)』: 청나라 왕인지(王引之 : 1766~1834)의 『좌전술문(左傳述聞)』〔『경의술문(經義述聞)』 내에 수록〕
* 『보주(補注)』: 청나라 마종련(馬宗璉 : ?~1802)의 『춘추좌전보주(春秋左傳補注)』
* 『보주(補注)』: 청나라 심흠한(沈欽韓 : 1775~1832)의 『춘추좌전보주(春秋左傳補注)』
* 『변증(辨證)』: 청나라 장총함(張聰咸 : 1783~1814)의 『좌전두주변증(左傳杜注辨證)』
* 『구주소증(舊注疏證)』: 청나라 유문기(劉文淇 : 1789~1854)의 『춘추좌씨전구주소증(春秋左氏傳舊注疏證)』
* 『평의(平議)』: 청나라 유월(兪樾 : 1821~1906)의 『춘추좌전평의(春秋左傳平議)』
* 『독(讀)』: 장병린(章炳麟 : 1869~1936)의 『춘추좌전독(春秋左傳讀)』
* 『회전(會箋)』: 다케조에 고코(竹添光鴻 : 1842~1917)의 『좌전회전(左傳會箋)』

3) 경사(經史) 기타류
* 『석문(釋文)』: 당나라 육덕명(陸德明 : 550?~630)의 『경전석문(經傳釋文)』
* 『집해(集解)』: 남조(南朝) 송나라 배인(裴駰)의 『사기』 주석서 『사기집해(史記集解)』
* 『색은(索隱)』: 당나라 사마정(司馬貞)의 『사기』 주석서 『사기색은(史記索隱)』
* 『정의(正義)』: 당나라 장수절(張守節)의 『사기』 주석서 『사기정의(史記正義)』
* 『지의(志疑)』: 청나라 양옥승〔梁玉繩 : 1744~1819, 고종(高宗) 건륭(乾隆) 때 사람〕의 『사기지의(史記志疑)』
* 『패소(稗疏)』: 청나라 왕부지(王夫之 : 1619~1692)의 『춘추패소(春秋稗疏)』
* 『방여기요(方輿紀要)』: 청나라 고조우(顧祖禹 : 1624~1680)의 『독사방여기요(讀史方輿紀要)』
* 『고략(考略)』 혹은 『지명고략(地名考略)』: 청나라 고사기(高士奇 : 1645~1704)의 『춘추지명고략(春秋地名考略)』
* 『고실(考實)』: 청나라 강영(江永 : 1681~1762)의 『춘추지리고실(春秋地理考實)』
* 『지명보주(地名補注)』: 청나라 심흠한(沈欽韓 : 1775~1832)의 『춘추지명보주(春秋地名補注)』

『춘추좌전』을 읽기 전에

1. 『춘추(春秋)』란 무엇인가?

'춘추(春秋)'는 원래 '사기(史記)'와 마찬가지로 당시 각국 역사책의 통칭이었다. 따라서 『국어·진어(國語·晉語) 7』에서는 "양설힐(羊舌肸)이 춘추에 익숙하였다"라 한 것이라든가, 『국어·초어(國語·楚語) 상(上)』에서 "춘추를 가르쳤다"라 한 것 또한 모두 일반적인 역사책을 가리켜 한 말로 쓰인 것이다. 『묵자·명귀(墨子·明鬼)』편에는 일찍이 각국의 괴이한 일을 기록한 적이 있는데, 첫째는 "주나라의 춘추에 나타난 것"이고, 둘째는 "연나라의 춘추에 나타난 것"이며, 세 번째는 "송나라의 춘추에 나타난 것"이고, 네 번째는 "제나라의 춘추에 나타난 것"이라는 말이 있는데 또한 모두 역사책을 가리킨 것이다. 『수서·이덕림전(隋書·李德林傳)』에는 「답위수서(答魏收書)」가 실려 있는데, 또한 말하기를 "『묵자』에서는 또한 '나는 백 나라의 춘추를 보았다'라 하였다"〔지금 판본에는 이 글이 없으며, 청나라 손이양(孫詒讓, 1848~1908)의 『묵자한고(墨子閒詁)』에서는 '일문(佚文)' 중에 넣었다〕

라 하였다.

'춘추'라는 명칭은 그 유래가 상당히 오래된 것 같다. 당나라 유지기(劉知幾)의 『사통·육가(史通·六家)』편에서는 "춘추가(春秋家)라는 것은 그 선(先)이 삼대(三代)에서 나왔다. 『급총소어(汲冢瑣語)』에 의하면 태정(太丁) 때의 일을 기록하여 『하은춘추(夏殷春秋)』라고 하였다"라 하여 "『춘추』의 시작은 『상서(尙書)』[『서경(書經)』]와 동시임을 알겠다"라 하였다. 그러나 유지기의 이 추론은 믿고 따르기가 어렵다. 『급총소어』라는 책은 지금 이미 볼 수가 없어 확실히 고증하기 어렵기 때문이다.

그러나 나라마다 역사책을 부르는 데 나름대로 고유한 명칭이 있었으니, 『좌전·소공(昭公) 2년』의 『전(傳)』에서는 "진후가 한선자로 하여금 내빙케 하고, …… 태사씨에게서 기록하는 것을 살피고 『역(易)』과 『상(象)』, 그리고 『노춘추(魯春秋)』를 보았다(晉侯使韓宣子來聘, …… 觀書於大史氏, 見易, 象與魯春秋)"라 하였고, 『맹자·이루(離婁) 하(下)』에서도 "진(晉)나라의 승(乘)과 초나라의 도올(檮杌), 노나라의 춘추(春秋)는 마찬가지이다"라 하였다.

이에 의하면 '춘추'는 이미 각국 역사책의 통칭일 뿐만 아니라 또한 노나라 역사책의 고유한 명칭이라고도 볼 수 있다. 따라서 각국의 역사책에 따라 어떤 것은 각기 고유한 명칭이 있었으니 진나라의 역사책은 '승'이라 하였고 초나라의 것은 '도올'이라 하였는데, 이들과 노나라의 '춘추'는 그 성질이 서로 같은 것이라는 말이다.

그러면 역사책을 무엇 때문에 '춘추'라고 하였을까? 옛사람들은 사계(四季) 중 춘(春)·추(秋) 두 계절을 중시하여 늘 춘추 두 자를 연용하곤 하였다. 이를테면 『주례·천관·궁정(周禮·天官·宮正)』에서는 "봄·가을로 목탁을 가지고 화기를 엄금하는 것을 준수하였다(春秋以鐸修火禁)"라 하였고, 『시경·노송·비궁(詩經·魯頌·閟宮)』에서는 "봄·가을로 게으르지 않게(春秋匪解)"라 하였으며〔『좌전·문공(文公) 2년』에 이 말이 인용되어 있다〕, 『예기·중용(禮記·中庸)』에는 "봄과 가을에 조상의 사당을 수리한다(春秋修其祖廟)"라는 말이 있으며, 그 외에도 『좌전』과 『국어』 등에도 이런 예가 많이 보인다.

이 말들은 어떤 것들은 『춘추』의 경문(經文)이 이루어지기 전에 이미 생겨났지만 대다수는 『춘추』의 경문이 이루어진 후에 사용되었고, 더욱이 한선자(韓宣子)가 본 노나라 『춘추』의 뒤에 사용되었지만 그것이 춘추와 춘추시대 이전의 현상을 반영하고 있다는 사실에는 의심의 여지가 없다. 진(晉)나라 두예(杜預 : 222~284)의 『춘추좌씨전집해(春秋左氏傳集解)』 서문에서 "사관의 기록은 반드시 해의 표시를 함으로써 표기를 시작하였으며, 1년에는 사시(四時)가 있었으니 엇갈리게 들어 기록한 책의 이름으로 삼았다"라 한 것은 전혀 이상한 것이 아니다. 의미는 역사책의 이름을 '춘추'라 한 것은 곧 '춘하추동(春夏秋冬)' 넉 자 가운데서 '춘추' 두 자를 절취한 것이라는 말이다. 또한 사계절을 연접한 것을 표기하는 것보다는 엇갈리게 배치하여야 세월의 흐름을 자연스럽게 효과적으로 표현할 수 있었을 것이며, 봄〔春〕은 한 해의 첫 계절이므로 반드시 넣어야 한다고 생각하였을 것이다.

2. 『춘추』와 공자

『공양전(公羊傳)』(『춘추공양전』)과 『곡량전(穀梁傳)』(『춘추곡량전』)의 경문에 의하면 노나라 양공(襄公) 21년(B.C. 552) "11월 경자일에 공자가 태어났다"고 하였으며, 또한 『공양전』과 『곡량전』의 경문에 의하면 노나라 애공(哀公) 14년에 "서쪽에서 기린이 잡혔다"는 기록이 있다. 반면에 『좌전』에서는 애공 16년(B.C. 479) 공자가 죽은 것까지 기록하고 있다. 『좌전』에서는 뿐만 아니라 애공이 27년 월나라로 도망간 일이며 조양자(趙襄子)와 한(韓), 위(魏) 2가(家)가 함께 지백(智伯)을 멸망시킨 일까지 서술하고 있는데, 이는 이미 춘추시대가 지나간 몇 년 후의 일이다. 위의 세 『춘추』를 보면 둘은 공자의 탄생을, 하나는 공자의 죽음을 기록하고 있으며, 『좌전』은 또한 애공이 공자의 죽음을 애도하는 말까지 수록하였고 더 나아가 자공(子貢)의 논평까지 덧붙였다. 이런 현상들로 볼 때 『춘추』와 공자는 관계가 없다고 말할 수가 없다.

먼저 공자가 과연 진짜 『춘추』의 편수자인가 하는 점을 짚고 넘어가야 한다. 『좌전』에는 『춘추』는 공자가 지은 것이라 강조한 곳이 여러 군데 보인다. 또한 성공(成公) 14년의 『전(傳)』에서는 "그러므로 군자가 말하였다. '『춘추』의 기록은 적으면서도 드러나고 기록하였으되 깊으며 완전하면서도 장을 이루고 다하였으되 더럽지 아니하며 악을 징계하고 선을 권하니 성인이 아니고서야 누가 그렇게 지을 수 있겠는가?'(君子曰, 春秋之稱 微而顯, 志而晦, 婉而成章, 盡而不汚, 懲惡而勸善,

非聖人, 誰能脩之?)"라 하였는데, 이 군자의 입을 빌린 성인이 곧 공자로, 『공양전』의 '군자'와 같다.

또한 『맹자·등문공(滕文公) 하(下)』에서는 "세상이 쇠하고 도가 미약해져서 부정한 학설과 포학한 행동이 일어나 군주를 죽이는 신하가 있으며 아비를 죽이는 자식이 있었다. 공자가 두려워하여 『춘추』를 지으니 『춘추』는 천자의 일이었다. 그러므로 공자께서 말씀하시기를 '나를 알아주는 것은 오직 『춘추』일 것이며, 나를 죄주는 것도 오로지 『춘추』일 것이다!'라 하였다(世衰道微, 邪說暴行有作, 臣弑其君者有之, 子弑其父者有之. 孔子懼, 作春秋. 春秋, 天子之事也, 是故孔子曰, 知我者其惟春秋乎! 罪我者其惟春秋乎!)"라 하였다.

『좌전』과 『공양전』에서는 다만 공자가 『춘추』를 편수〔脩〕하였다고만 하였는데, 맹자는 마침내 공자가 『춘추』를 "지었다〔作〕"고 하였으니 이는 설이 더욱 멀어진 것이다.

공자는 스스로 말하기를 "전술하되 창작하지 않는다(述而不作)"〔『논어·술이(述而)』〕고 하였는데 맹자는 "『춘추』를 지었다"고 하였으니 이는 분명히 모순되는 것이다.

어쨌든 공자가 『춘추』를 편수하였거나 지었다면 그 시기는 언제쯤일까? 『사기·공자세가(孔子世家)』에서는 그 사실을 애공 14년 서쪽에서 기린이 잡힌 후에 열거하였으며, 또 말하기를 "'안 되지 안 돼. 군자는 죽은 후에 이름이 알려지지 않을 것을 걱정한다. 나의 도가 행하여지지 않았으니 그럼 나는 무엇으로 후세에 이름을 남기겠는가?' 이에 공자는 역사의 기록에 근거하여 『춘추』를 지었다"라 하였다.

이 말이 믿을 만하다면 공자가 『춘추』를 지은 것은 기린이 잡힌 것이 동기가 되었을 것이다. 그러나 공자는 이로부터 2년 뒤에 병으로 죽는다. 고대의 간책(簡冊)의 번중함과 필사 및 도삭(刀削)을 감안한다면 242년에 달하는 역사책을 70이 넘은 늙은이가 단 2년 만에 완성한다는 것은 거의 불가능할 것이다. 마찬가지로 『사기·12제후 연표서(十二諸侯年表序)』에서는 "이에 공자는 왕도를 밝히려고 70여 제후들에게 강구하였으나 아무도 그를 맞아들이지 않았다. 그래서 공자는 서쪽 주왕실의 서적을 살펴보고, 역사 기록과 예전의 견문들을 논술하였는데, 노나라의 사적을 위시하여 『춘추』를 편차(編次)하였다"라 하였다. 이 말은 공자가 『춘추』를 지었다는 『사기·공자세가』의 말과는 서로 배치된다. 『사기』에 의하면 공자는 30세 이전에 주나라에 간 적이 있으며, 그 이후로는 다시는 주나라에 가지 않았다. 『사기』의 설(說)대로 주왕실의 서적을 살펴보고 역사를 서술했다면 30세 이전인 노나라 소공 때까지의 역사만 있어야 하는데, 『춘추』는 애공 때까지의 역사를 서술하였으니 이는 또 어떻게 설명할 것인가? 또한 공자와 문하의 제자들에 대한 언행이 기록되어 있는 『논어』에는 『역』을 읽고 『시경』의 「아(雅)」와 「송(頌)」을 정리하였다는 말은 보이지만 『춘추』에 대한 언급은 찾아볼 수 없다. 만약 정말로 공자가 『춘추』를 짓거나 편수하였다면 공자의 제자들이 이에 대하여 단 한마디의 언급도 없을 수 없을 것이다.

『춘추』는 노나라 옛 역사이다. 『춘추』는 총 12공(公), 240여 년의 일을 기록하였으며, 집필한 자는 필시 연인원 수십 명에 달할 것이다.

이 수십 명의 집필자는 각기 스스로 일가를 이루었을 것이니 그 서술하는 방법이 어찌 모두 같았을 수 있겠는가?

그렇다면 『춘추』와 공자는 도대체 무슨 관계가 있을까? 아마 공자는 일찍이 『노춘추』를 교본으로 삼아 제자들에게 이를 가르쳤을 것이다. 『논어·술이(述而)』편에는 "공자는 네 가지를 가지고 가르쳤으며 문(文)과 행(行), 충(忠), 신(信)이다"라 하였는데, 이 네 가지 중에 문(文)에는 당연히 노나라의 역사 문헌이 포함되었을 것이니, 곧 당시의 기준으로 보면 근대사와 현대사일 것이다. 공자는 반드시 『노춘추』에 궐문(闕文 : 문장 가운데 빠진 글자나 빠진 글귀. 또는 글자나 글귀가 빠진 문장)이 있는 것을 보았을 것이므로 "나는 오히려 사관들이 글을 빼놓고 기록하지 않은 것을 미처 보았다(吾猶及史之闕文也)"〔『논어·위령공(衛靈公)』〕라 하였으니 『춘추』에는 반드시 궐문이 있었을 것이다. 이를테면 희공 14년 『경(經)』의 "겨울에 채후 힐(肸)이 죽었다(冬, 蔡侯肸卒)"는 기록에는 월과 일이 보이지 않는데 이런 것이 곧 궐문이다. 이렇게 공자는 노나라의 사관들이 남긴 『노춘추』를 교본으로 삼아 학생들을 가르치면서 그것을 정리하였을 따름이다.

결론적으로 『춘추』와 공자는 상관이 있기는 하나 다만 공자가 『노춘추』를 제자들에게 전수한 것일 따름이다. 『사기·공자세가』에서 이른바 "자하의 무리들도 한마디도 보탤 수가 없었다" 한 것이다. 제자 특히 자하가 『춘추』를 전수하였을 가능성이 몇 가지 있다. 첫째, 자하는 공자의 후기 제자로 공자보다 44세 어리며 만년에 위문후(魏文侯)의 스승이 되었으며 서하(西河)에서 교수하였다. 둘째, 『춘추』의 『전

(傳)』은 자하에게서 많이 나왔다. 셋째, 『한비자·외저설·우상(韓非子·外儲說·右上)』에서 "근심을 제거하는 방법에 대하여 공자의 제자인 자하는 『춘추』를 들어 적절하게 설파하였다"라 하였다. "공자가 나고", "공자가 죽은" 기록에 관하여서는 당연히 후인들이 『춘추』를 전하면서 덧붙여진 것이며 『노춘추』의 구문(舊文)이 아닐 것이다. 첨가한 사람이 『춘추』와 공자와의 관계를 나타내지 않았을 따름이다.

3. 『춘추』와 춘추3전(春秋三傳)

후한(後漢) 시대 반고(班固)의 『한서·예문지(漢書·藝文志)』에서는 "『춘추고경(春秋古經)』 12편. 『경』 11권"이라 하였는데, 반고(班固)는 "『경』 11권"의 아래에 "『공양』, 『곡량』 2가(家)"라고 주석을 달았다. 그렇다면 『춘추고경』은 바로 『좌씨전(左氏傳)』의 『경』을 말할 것이며, 원래 고대(古代) 문자로 쓰여 있었기 때문에 "고경(古經)"이라 하였을 것이다. 노나라의 한 공(公)이 한 편(篇)이었으므로 12공 12편이 된 것이다. 『경』이 11권인 것은 아마 민공(閔公)이 겨우 2년밖에 되지 않아 장공(莊公)과 합쳤기 때문일 것이다.

『공양전』과 『곡량전』은 모두 한대(漢代)에 쓰여졌으며 당대의 통용 문자를 썼기 때문에 금문(今文)이라 한다. 『좌전』은 일부는 노벽〔魯壁 : 진시황의 분서갱유(焚書坑儒)를 피해 공자의 9대손 공부(孔鮒)가 『상서』, 『춘추』, 『예기』, 『논어』, 『효경』 등 유교 경전을 보전하기 위해 벽 속에 감추어 두었던 곳인데, 그 공로를 기념하기 위해 건축한 노나라 벽으로 공자의 고향 곡부(曲阜)에 있다]에서 나왔고, 일부는 민간에 전하여져서 학관(學館)에 설치되지 못하였다. 한나라 애제(哀帝) 때에는 유흠(劉歆 : ?~23)이 학관에 설치할 것을 극력 주장을 하였으나 금문가들에 의해 거부되었는데, 그 이유 중 하나는 "『좌전』은 『춘추』를 전하지 않았기 때문에" 『좌전』 자체로 고찰을 해야 한다는 것이었다. 이는 후한의 환담(桓譚 : ?~56)이 『신론(新論)』에서 지적한 "『경』이 있는데도 『전(傳)』이 없다" 한 것에서 잘 나타난다. 환담의 논조는 『경』이 『좌전』에서 떨어질 수가 없다는 것인데, 사실 『좌전』 또한 『춘추경』에서 아주 떠나지는 않았다. 그러나 『좌전』의 해석은 현저히 『공양전』이나 『곡량전』과는 같지 않았다.

『좌전』에서 직접적으로 『경문』을 해석하여 말한 것은 비교적 드물지만 기본적으로는 필수불가결한 것이었다. 『좌전』은 또한 이따금 서로 상관이 있는 『경문』 몇 조목을 하나의 『전(傳)』으로 합쳐 놓기도 하여 4조목의 『경문』을 하나의 『전』으로 합쳐 놓은 것도 있다. 뿐만 아니라 『좌전』에는 『경』이 없는 『전』은 더욱 많다. 『좌전』에는 『경』과 모순된 것이 많은데, 이는 일반적으로 『좌전』이 『경』을 바로잡은 것이다.

결론적으로 말하자면 『공양전』과 『곡량전』은 빈말이 아니라 허탄(虛誕)한 괴언(怪言)이 많아 구체적으로 가치가 있는 사료는 거의 없다. 다만 우연히 한두 가지가 『경』의 체례에 부합하여 한나라 사람들에게 중시되어 답습되었고 심지어 부회하기에 이르렀다. 이런 곳은 또한 분명히 밝히고 설명되어야 한다. 그러나 『좌전』은 구체적인 사실

(史實)을 들어 경문을 설명하고 보정하였으며 나아가 바로잡기까지 하였다. 문장이 간결하고 굳세며 유창하여 동한〔東漢, 후한(後漢)〕 이래 더욱 중시되어 위진(魏晉) 이후에는 결국 『공양전』과 『곡량전』을 압도하게 되었다.

4. 『좌전』의 작자

『사기·12제후 연표서』에서는 "노나라의 군자 좌구명(左丘明)은 제자들이 각각 오류를 범하며, 제각기 주관에 집착하여 그 진의를 잃는 것을 염려하였다. 그래서 그는 공자의 기록에 연유하여 그 구절을 상세하게 논술하여 『좌씨춘추(左氏春秋)』를 지었다"라 하였다. 『춘추경전좌씨집해』 서문의 공영달(孔穎達 : 574~648)의 소(疏)에서는 심(沈)씨의 말을 인용하여 "『엄씨춘추(嚴氏春秋)』에서는 〔서한본 『공자가어(孔子家語)』의 한 편(篇)인〕 「관주(觀周)」편을 인용하여 '공자가 『춘추』를 편수하려 할 때 좌구명과 함께 수레를 타고 주나라로 가서 주나라의 역사를 보고 돌아와 『춘추』의 『경』을 지었으며, 좌구명은 거기에 『전(傳)』을 지으니 서로 표리가 되었다'라 하였다"라 하였다. 한나라 엄팽조(嚴彭祖)는 사마천보다 앞선 인물일 것인데, 양자의 설에는 이동(異同)이 있다. 같은 것은 공자가 『춘추』를 편수하였고 좌구명이 『전(傳)』을 지었다는 것이다. 다른 것은 공자가 『춘추』를 지은 것이 먼저이고 좌구명이 공자의 제자들이 각자 자기의 견해를 가지고 공자의 원의를 상실할까 두려워 『전』을 지었다고 하였으므로 『전』이 지어진 것이 나중이라고 한 것이다. 엄팽조는 오히려 공자와 좌구명이 함께 수레를 타고 주나라 태사에게 가서 그곳의 책을 보고 한 사람은 『경』을 짓고 한 사람은 『전』을 지어 이 둘이 동시에 지어졌다고 하였다. 좌구명에 대해서는 『논어·공야장(公冶長)』에서 "공자께서 말씀하셨다. '말을 잘하고 얼굴빛을 좋게 하고 공손을 지나치게 함을 옛날 좌구명이 부끄러워하였는데 나 또한 이를 부끄러워한다. 원망을 감추고 그 사람과 사귐을 좌구명이 부끄러워하였는데 나 또한 이를 부끄러워한다'"라 하였으니, 좌구명은 공자의 제자가 아님을 알 수 있으며 이로 인하여 사마천도 그를 "노나라의 군자"라고 하였으며, 당연히 『사기열전·중니제자열전(史記列傳·仲尼弟子列傳)』에도 그의 이름이 보이지 않는다. 그렇다면 그는 최소한 공자와 동시대의 인물일 것이며 나이 또한 공자보다 적지는 않을 것이다. 그러나 당나라 육순(陸淳 : ?~806)의 『춘추집전찬례·조씨손익례(春秋集傳纂例·趙氏損益例)』에서는 동시대인이 아니며 공자 약간 이전 시대의 사람이라고 하여 그가 『좌씨전』을 지은 것을 부정하였다.

후인들은 좌구명의 성(姓)에 대해 의심을 품었다. 사마천은 이미 좌구명(左丘明)이라고 하고는 또 「보임안서(報任安書)」에서 "좌구는 실명하였다(左丘失明)"라 하고 또 그의 저작을 『좌씨전』이라 하였으니 도대체 성이 좌(左)이고 이름이 구명(丘明)이라는 말인가? 아니면 그대로 좌구(左丘)가 복성(複姓)이고 이름이 명(明)이란 말인가? 청나라 주이존(朱彝尊 : 1629~1709)은 좌구가 복성이라는 주장을 폈고, 반고(班固)는 『한서·예문지』에서 성이 좌이고 이름이 구명이라고 하였으며, 당나라의 공영달도 반고의 설을 따랐다. 심지어 청나라 유정섭(兪正燮 : 1775~1840) 같은 사람은 『계사유고·좌구명자손성씨론(癸巳類稿·左丘明子孫姓氏論)』에서 말하기를 "『광운(廣韻)』 18 우(尤)부 구(丘)자의 주에서는 『풍속통』을 인용하여 '노좌구명의 후손'이라고 하였다. 구명(丘明)의 자손이 구(丘)성임은 오랜 옛날부터 의심이 없다. 구명은 『춘추』를 전하였는데 『좌씨전』이라 한 것은 좌사의 관직으로 말한 것이기 때문이다"라 하였다. 유정섭에 의하면 좌는 관직 이름이고, 구가 성이며 이름은 명이라는 것이다. 그러나 좌사(左史)를 다만 좌(左)라고 생략한 예는 예로부터 보이지 않는다. 그러나 좌구명의 성씨가 어떻든 좌구명이 공자와 동시대 사람이거나 이전 시대 사람이거나 간에 『논어』에 나오는 좌구명은 『좌전』의 작자가 될 수 없다.

『좌전』의 마지막 기록은 노나라 애공 27년에 이르며, 맨 끝에 한 단락을 더 추가하여 지백이 멸망당한 것을 설명하고 또한 조무휼(趙無恤)을 시호인 양자(襄子)로 일컫고 있다. 지백이 멸망당한 것은 B.C. 453년으로 공자가 죽은 해와는 이미 26년이란 시차가 있으며 조양자(趙襄子)의 죽음과는 53년이나 되는 시차가 있다. 좌구명이 공자와 동시대인이라면 공자가 죽은 후 53년이 되도록 여전히 저서 활동을 하지는 못하였을 것이므로 이에 대해서는 역대로 여러 가지 견해가 있어 왔다.

남송 여대규(呂大圭 : 1227~1275)는 "좌씨는 대대로 사관을 지내왔고 성인과 동시대의 인물은 구명이다. 그 후 『좌전』에 『전(傳)』을 지은 자는 구명의 자손이거나 문하의 제자일 것이다"라 하였는데, 이에 대해서는 언급한 사람이 하나도 없으므로 이는 단지 억측일 뿐이다. 청나라 요내(姚鼐 : 1731~1815)는 "좌씨의 책은 한 사람의 손에서 완성된 것이 아니다. 좌구명이 『전(傳)』을 지어 증신(曾申)에게 전수하였으며, 증신은 오기(吳起)에게 전하고, 오기는 그의 아들 기(期)에게 전하였으며, 기는 초나라 사람 탁초(鐸椒)에게 전하였고, 탁초는 조나라 사람 우경(虞卿)에게 전하였으며, 우경은 순경(荀卿)에게 전하였다. 아마 후인들이 자주 덧붙였을 것이다. 구명이 『경』을 말한 옛날의 글과 후인이 덧붙인 것은 지금 어느 것이 더 많은지 알 수가 없다"고 하였다. 이는 『좌전』이 후대의 전습(傳習) 과정을 거치면서 내용이 계속 증가되었다는 것을 설명하는 것이지만 또한 어느 부분이 추가된 부분인지에 대해서는 제대로 지적해 내지 못하였다. 이는 『좌전』에는 작자가 언급하여야 하는데도 후인이 추가하지 않은 것이 있다는 것으로 보아 설득력이 떨어진다. 아마 『좌전』은 B.C. 403년 이후에 이루어졌기 때문에 『좌전』의 작자는 자연스레 조양자의 죽음을 목도하였을 것이다.

『좌전』의 작자는 분명 좌구명이 아니다. 『논어』에 나오는 좌구명도 아니고 다른 좌구명도 아니다. 이에 대해서는 『한서·고금인표(古今人表)』 및 기타 어떤 사료에서도 제2의 좌구명에 대해서는 언급이 없기 때문에 알 수 있다. 오기가 실로 『좌전』을 전수한 적은 있지만 『좌씨전』이란 명칭은 절대로 오기가 좌씨 일파의 사람이기 때문이 아니다. 『좌전』은 매우 많은 원시 자료를 채취하였는데, 이를테면 성공 13

년 『전(傳)』의 「진후가 여상을 보내어 진나라와 절교한 편지(晉侯使呂相絶秦書)」 같은 것은 사리에는 전혀 맞지 않는 억지 문자이기는 하나 예술성은 매우 높다. 진(秦)나라는 나중에 이를 모방하여 「초나라를 저주하는 글(詛楚文)」을 쓰기에 이른다. 「초나라를 저주하는 글(詛楚文)」로부터 「진후가 여상을 보내어 진나라와 절교한 편지(晉侯使呂相絶秦書)」는 반드시 원시 기록이거나 원시 문헌임을 알 수 있다. 『좌전』의 작자는 이런 사료를 적절히 배치하여 시종 혜공(惠公)이 은공(隱公)을 낳고 환공(桓公)에서 지백의 멸망까지를 수미일관하게 풍격을 일치시키고 있다. 작자는 아마 공자의 영향을 받았을 가능성이 있지만 유가의 별파일 것이다. 『한비자·현학(顯學)』편에서는 "그러므로 공묵(孔墨)의 후로 유가는 여덟 갈래로, 묵가는 세 갈래로 나누어졌다"라 하였다. 공자는 "괴(怪)·력(力)·난(亂)·신(神)"에 대하여 말하지 않았는데, 『좌전』의 작자는 적어도 "괴·력·난·신"을 배척하지 않았으므로 유가의 별파일 것이라는 것을 알 수 있다.

『좌전』이 사료를 개편(改編)한 것은 『자치통감』이 사료를 개편한 과정과 비슷할 것으로 보인다. 『자치통감』은 송나라 때 1362년이라는 유구한 역사를 유서(劉恕 : 1031~1078)와 유반(劉攽 : 1023~1089), 범조우(范祖禹 : 1041~1098) 같은 당시의 저명한 사학자의 도움을 받아 저술되었지만 사마광(司馬光 : 1019~1086)의 손을 거쳐 체제를 통일시켜 마치 한 사람이 지은 것처럼 보인다. 『좌전』의 작자도 취재를 많이 하기는 하였으나 255년에 불과하며, 『춘추경』을 제외하면 18만여 자에 불과하다. 당시의 작업 여건이 어려웠고 또한 『자치통감』

과 같이 황제의 지지와 관가의 협조 같은 면에서는 훨씬 못하였으니 애당초 한 사람의 손으로 책을 완성시켰을 수는 없었을 것이다.

5. 『좌전』이 이루어진 시기

『좌전』은 한 사람이 아니라 여러 사람의 손을 거쳐 이루어진 책임은 앞에서 이미 밝혔다. 당나라 육순의 『춘추집전찬례』(권1)에서 그 스승 담조(啖助)의 설을 가지고 말했다.

내가 『좌씨전』을 보니 주(周)·진(晉)·제(齊)·송(宋)·초(楚)·정(鄭) 등의 나라에 대한 일이 가장 상세하다. 진나라는 출병을 할 때마다 여러 장수들을 갖추어 도왔으며, 송나라는 매번 흥폐(興廢)에 따라 육경(六卿)을 빠짐없이 모두 갖추었다. 그러므로 역사를 기록한 문장이 나라마다 각기 달랐음을 알 수 있다. 좌씨는 이 여러 나라의 역사를 얻어서 문인들에게 전수하였는데, 올바른 뜻〔義〕은 입으로 전하여졌지만 책으로 갖추어지지는 않았다. 후대의 학자들이 이에 그것을 부연하여 유통시키고 모아서 합쳐 연월순으로 편차하여 전기(傳記)로 만들었다. 또 당시의 문헌과 전적을 널리 채집하여……

당나라 조광(趙匡) 또한 그 책이 공문(孔門) 제자의 후대에서 나왔다고 하였다(『춘추집전찬례』 권1의 인용에 보인다). 송대(宋代)에는 이 책에 대하여 논한 사람이 매우 많은데, 왕안석(王安石)은 『좌씨해(左氏解)』에서 좌씨가 육국(六國) 때의 사람임을 증명하였고, 섭몽득(葉夢得 : 1077~1148)은 『춘추고(春秋考)』에서 전국시대 주나라와 진(秦)나라 사이의 사람이 지었다고 하였다. 정초(鄭樵 : 1104~1162)의 『육경오론(六經奧論)』에서는 육국 때 초나라 사람이 지었다고 하였으며, 진진손(陳振孫 : 1183~?)의 『직재서록해제(直齋書錄解題)』에서도 또한 이 책의 작자는 공자 때의 좌구명이 아니라고 하였다. 무릇 이들은 모두 이 책에 기록된 역사적 사실이 이미 전국시대에까지 미치니 좌구명의 시대와는 미칠 수가 없기 때문에 좌구명이 지은 것이 아니라고 의심하였다.

이 책에 기록된 역사적 사실이 좌구명의 시대와 서로 미칠 수 없다는 것을 논한 것 가운데 송대인의 것으로는 섭몽득의 설이 가장 상세하다. 그의 『춘추고』 권3에서는 말했다.

> 지금의 『춘추』가 끝난 것은 애공(哀公) 14년인데, 이때 공자는 죽었다(실제 공자는 애공 16년에 죽었다). 『전(傳)』이 끝난 것은 애공 27년으로 공자가 죽은 지 13년 뒤이다(실은 11년이다). 그 말에 한(韓)·위(魏)·지백(智伯)·조양자(趙襄子)의 일을 언급하고 있으며 노도공(魯悼公)과 초혜왕(楚惠王)을 일컫고 있다. …… 연대를 고증해 보건대 초혜왕의 죽음은 공자와는 47년이란 거리가 있고, 노도공의 죽음은 공자와 48년, 조양자의 죽음은 공자와는 53년이란 차이가 있다. 그 말을 살펴보면 애공의 손자가 월나라에서 일생을 마친 일이 『경』의 끝이며, 나중의 일까지 두루 언급한 것으

로는 조양자가 가장 먼데 양자에게서 멈추지 않았다. 좌씨의 뒤로 양자가 또 어느 때 사람인지를 모르겠다. 공자와 동시에 있으면서도 제자가 아니니 이렇다면 그가 얼마나 오래 살았단 말인가! …… 지금 그 책을 보니 진효공(秦孝公) 이후의 일이 섞이어 들어간 것이 매우 많으니 내가 보기에는 아마 전국시대 주나라와 진나라 사이의 사람임에 의심이 없다.

이 책을 공자 때의 좌구명이 짓지 않았다고 한 것은 청나라 사람들도 많이 언급하였으며, 근대인들이 논한 것은 더욱 많다. 그것이 이루어진 시대에 대해서는 근대인 위취현(衛聚賢, 1899~1989)이 지은 「좌전 연구(左傳之硏究)」라는 글이 가장 상세하다. 거기서는 대략 이렇게 말했다.

『좌전』에는 조양자의 시호가 있는데, 양자는 주나라 위열왕(威烈王) 원년에 죽었으니 저자는 이해 이후의 사람이다. 복사(卜辭)에서는 "계씨가 망하니 노나라는 창성하지 않았다"라 하였는데 사실은 그렇지 않으니 이 저자는 노나라 계씨가 망한 것을 볼 수 없었다. 제나라의 전(田)씨에 대해서 "5세에 창성해져서 8세의 후에는 경사에 견줄 만한 사람이 없었다"라 하였는데 그 10세가 후(侯)가 된 것은 말하지 않았으니 이는 주안왕(周安王) 16년에 전화(田和)가 후가 된 것은 볼 수 없었다. 또한 "성왕(成王)이 겹욕(郟鄏)에 정(鼎)을 안치하였는데 점을 친 세대는 30세이고 점을 친 해는 700년이다"라 하였는데 30세는 안왕이고 700년은 안왕 3년이다. 그러나 안왕의 후에도 아직 4세 153년이 있다. 안왕 때까지만 해도 주나라는 아직 망하지 않았는데 저자가 어찌 이러쿵저러쿵할 수 있단 말인가? 또한 위자(魏子)에 대해서는 "그 장자는 진나라의 뒤를 이었다"라 하였는데, 위나라가 후작이 된 것을 보았다면 "그 장자는 위나라의 뒤를 이었다"라고 말해야 된다. 이 저자는 주나라 위열왕 23년 위사(魏斯)가 후가 되기 이전의 사람이면서 위열왕 원년 이후의 사람이다.

위취현은 또한 따라서 위양왕(魏襄王)의 무덤에서 출토된 「사춘(師春)」편은 이 책의 일부분이라고 하였다. 그런데 위양왕은 주나라 신정왕(愼靚王) 2년에 죽었는데, 이로써 신정왕 2년 이전에 이 책이 이미 전포되었음을 알겠다. 더욱 나아가 다섯 가지 증거를 열거하며 이 책은 자하(子夏)가 지은 것이라고 단정하였다.

위취현은 이 책에서 이미 조양자의 시호를 말했다는 것으로 그것이 주나라 위열왕 원년 이후에 이루어졌다고 증명하였으며, 주나라의 점친 해에 관한 설로 저자가 동주(東周)의 멸망을 보지 못했음을 증명하였다. 논거로 세운 것이 모두 자못 정확하고 타당하다. 다만 "그 장자는 진나라의 뒤를 이었다"라 한 일로 이 책이 지어진 것이 주나라 위열왕 23년 이전이어야 한다 하였고, 또 이 책을 지은 이는 노나라 계씨의 죽음을 볼 수 없었을 것이라고 한 것은 논거가 부회를 벗어날 수 없다. "8세의 후에는 경사에 견줄 만한 사람이 없었다"라고 논한 설 또한 정확하지 않다. 대체로 여기에서 이른바 8세라는 것은 마땅히 전완(田完)의 아들 전치(田穉)에게서 시작되어야 한다. 전치에게서 전장자〔田莊子, 전백(田白)〕까지는 무릇 8세가 되며 8세의 후는 곧 전화(田和)이다. 이 점쟁이의 예언은 실은 전화가 제(齊)를 찬탈한 것을 가리키며, 또한 이 책이 이루어진 것은 주안왕(周安王) 36년 이후의 일이어야 한다. 이른바 복세 30이나 복년 700이라 한 것은 정수를 들어서 말한 것으로 그것이 마치 안왕 3년에서 멎었다고 할 수는 없다. 이로써 말해 보면 이 책의 완성은 이르다 해도 안왕을 넘을 수 없고 늦다고 해도 신정왕 2년(위양왕이 죽은 해) 이전이어야 한다.

위취현이 이 책은 자하가 지었다고 한 것은 증거가 충분치 못하며, 또한 자하의 죽음도 결코 안왕의 시대에 미치지 못한다. 그 설이 믿을 만하지 못함을 단정할 수 있다. 또한 요내(姚鼐) 이래 이 책이 오기(吳起)에게서 지어졌다고 말하는 사람이 자못 많으며, 근대의 석학 전목(錢穆 : 1895~1990)이 논한 것이 더욱 상세하다. 그런데 오기는 위열왕 21년에 죽었으니 전화가 제나라를 찬탈하였음을 알 도리가 없다. 그러나 고서의 기록에 의하면 오기와 『좌씨춘추』의 전수는 확실히 관계가 있다. 오기가 이 책을 짓고 후인이 또 윤색을 했단 말인가? 이는 아직도 고찰하여 정정을 해야 한다.

6. 『좌전』과 『국어』

이른바 『좌전』은 그 원서가 본래 경전을 해석하여 지어진 것도 아니고 또한 본래 『춘추』의 『전(傳)』도 아니라는 것은 앞에서 이미 말한 바 있다. 이에 근대인 강유위〔康有爲 : 1858~1927, 『신학위경고

(新學僞經考)』〕·요평〔寥平 : 1852~1932, 『고학고(古學考)』〕·최적〔崔適 : 1852~1924, 『사기탐원(史記探源)』〕·전현동〔錢玄同 : 1887~1939, 「춘추여공자(春秋與孔子)」〕 등은 마침내 모두 『좌전』이 『국어』에서 갈라져 나왔다고 하였는데, 그 전신이 실은 『좌씨춘추』라는 것을 소홀히 보았다. 제가(諸家)가 지니고 있는 이유는 대체로 비슷하다. 여기에 강유위의 설을 다음과 같이 일부만 옮겨 본다.

『한서·사마천전(司馬遷傳)』에 실려 있는 사마천의 「보임안서(報任安書)」에서는 "좌구는 실명하여 『국어』를 지었고, 손자는 빈형(臏刑)을 받고 병법서를 정리하였다"라 하였고, 아래에서는 "좌구명이 봉사가 되고 손자가 다리가 잘리어 끝내 쓰일 수 없게 된 것처럼 물러나 책이나 짓고 논문이나 쓰면서 분만을 펴고 쓸데없는 글이나 드리워 스스로를 드러내고자 하였다"라 하였으며, 「12제후 연표」에서는 "연표에 『춘추』와 『국어』를 보이도록 드러내었다"라 하였다. 이 세 가지를 종합하여 살피건대 구명이 두 책을 모두 지은 것 같은데 태사공은 『춘추』를 버리고 그 외전(外傳)을 일컬었으니 어찌된 도리인가? 혹자는 『국어』를 지은 사람은 좌구이고, 『춘추전』을 지은 사람은 좌구명이라 하여 두 사람으로 나누어서 의심하였다. 「보임안서」에서는 분명히 "좌구가 실명한 것과 같이"라 하였으니 좌구명이 명백하다. 두 사람이라는 설은 대체로 의심할 가치가 없다. 『좌전』이 『국어』에서 갈라져 나왔음을 또한 어찌 의심하겠는가!

또 말했다.

『국어』는 하나뿐인데 『지(志)』에서는 2종이라고 하였으니 첫 번째 이상한 점이다. 그 하나는 21편인데 지금 전해지는 판본이며, 하나는 유향이 분리한 『신국어(新國語)』 54편이다. 동일한 『국어』인데 어째서 편수가 서로 몇 배나 차이가 나는가? 이것이 두 번째 이상한 점이다. 유향의 책은 모두 후한(後漢)에 전하여졌는데 54편본 『신국어』는 후한 사람들이 언급을 하지 않았으니 세 번째 이상한 점이다. 대개 54편이라는 것은 좌구명의 원본이다. 유흠이 거의 절반이 되는 30편을 분리하여 『춘추전』을 지었으며, 이에 그 남은 잔여분을 남겨 두고 잡서에서 주워 모아 덧붙여 지금의 『국어』를 만들었다. 그렇기 때문에 겨우 21편을 얻었을 뿐이다.

강유위가 논한 것은 특히나 수긍이 가지 않는다. 대체로 그 앞의 설을 가지고 살펴보면 『사기·12제후 연표』에서는 이미 좌구명이 『좌씨춘추』를 지었다고 분명히 말했다. 이 한 가지 증거로 이미 강유위가 의심한 것을 풀 수 있다. 그 뒤의 설을 가지고 살펴보건대 강유위가 논한 대로라면 54편본 『국어』가 먼저 있어서 『국어』와 『좌전』을 두 책으로 분리하고 난 후에야 비로소 21편의 『국어』가 있게 된 것이다. 그러나 『한서·예문지』의 기록에 의하면 실상 21편본 『국어』가 먼저 있었고, 54편본 『국어』는 유향으로부터 편집이 되었다. 강유위의 의논은 그와는 정반대이므로 그 설은 모두 따를 수 없다.

대만의 학자 장이인(張以仁)은 일찍이 「『국어』와 『좌전』의 관계를 논함(論國語與左傳的關係)」이라는 글〔『중앙연구원 역사어언연구소집간(中央硏究院 歷史語言硏究所集刊)』 제33본을 보라〕을 짓고는 『국어』

에 기록하고 있는 240여 건 가운데 약 3분의 1은 『좌전』에 없으며, 그 나머지 3분의 2는 『좌전』과 서로 중복되니 기록하고 있는 사실 가운데 『좌전』과 차이가 있는 것이 대부분을 차지하고 있다. 『사기』에 기록되어 있는 역사적 사실은 때로는 『좌전』에 근거하였으며, 때로는 『국어』에 근거하고 있다. 그리고 두 책의 저작 태도가 서로 다른 점에서도〔『국어』는 권선(勸善), 『좌전』은 역사의 기술에 치중〕 『국어』와 『좌전』은 원래 한 가지 책이 아니라는 판단을 내릴 수 있다. 그 뒤에 다시 「문법과 어휘의 차이로 『국어』와 『좌전』 두 책이 한 사람이 짓지 않았음을 증명함(從文法語彙差異證國語左傳二書非一人所作)」이란 글을 지어 『국어』와 『좌전』이 하나의 책이 아니라는 데 보다 진일보한 증명을 하였다. 이는 원서에서 살펴본 것으로 『국어』와 『좌전』이 하나의 책이 아니었음을 증명하여 알 수 있다.

진(晉) 태강(太康) 2년 급군(汲郡)에 있는 위왕(魏王)의 무덤에서 많은 죽서(竹書)가 출토되었다. 그 가운데 「사춘(師春)」이란 글이 있는데, 『진서·속석전(晋書·束皙傳)』에서는 "『좌전』의 점을 적었다"고 하였다. 두예(杜預)의 「춘추좌전후서(春秋左傳後序)」에서는 그것에 대해 "위아래의 차제(次第)와 그 문의가 모두 『좌전』과 같다"고 하였다. 『사통·신좌(史通·申左)』편의 자주(自注)에서는 「사춘」에 기록된 복사(卜辭)에 대해서 말하고 있는데, 또한 "『좌씨』를 가지고 비교해 보니 한 자도 차이가 나지 않는다"라 하였다. 『좌전』과 『국어』에는 모두 점을 친 복사가 기록되어 있다. 「사춘」에 『좌전』의 복사만 기록하고 있고 『국어』에 대해서는 언급을 하지 않았으니 「사춘」을 지었을 때 『좌전』

과 『국어』는 또한 확실히 두 가지 책이었다.

서한〔西漢, 전한(前漢)〕 말엽 이전에 『좌씨춘추』와 『국어』 두 책이 모두 행해졌다. 유향이 이 두 책을 합하여 54편본 『국어』를 만들었다. 유향은 『좌씨춘추』를 윤색해서 『좌전』을 완성했다. 동한 이후에는 『좌전』이 이미 유행했고 21편본 『국어』도 그대로 남아 있었으니, 이에 유향이 새로 편집한 『국어』는 마침내 없어져서 전하여지지 않게 되었을 따름이다.

춘추좌전

•

하권

10. 소공

昭公

(기원전 541년~기원전 510년)

이름은 주(裯)이며, 『사기·노세가(史記·魯世家)』에서도 "주(裯)"라 하였지만 「연표(年表)」에는 "조(稠)"로 되어 있고 『세본(世本)』과 『한서·고금인표(漢書·古今人表)』에서도 모두 "조(稠)"라 하였다. 『색은(索隱)』〔당나라 사마정(司馬貞)의 『사기』 주석서 『사기색은(史記索隱)』〕에서만 서광(徐廣)의 말을 인용하여 "소로 된 판본도 있다(一作袑)"고 하였다. 양공의 아들로 제귀(齊歸)에게서 났으며, 지난해 『전(傳)』에서 이미 상세히 말했다. 주경왕 4년에 즉위를 하였으며 당시 나이가 이미 19세를 넘었다. 재위 기간은 25년이고 제나라와 진나라에서 8년간 기탁하여 산 것까지 치면 모두 33년이며 죽었을 때의 나이가 52세였다.

소공 원년

經

元年春王正月,[1] 원년 봄 주력(周曆)으로 정월에

公即位. 공이 즉위하였다.

叔孫豹會晉趙武, 楚公子圍, 齊國弱, 宋向戌, 衛齊惡, 陳公子招, 蔡公孫歸生, 鄭罕虎, 許人, 曹人于虢.[2] 숙손표가 괵에서 진나라 조무와 초나라 공자 위, 제나라 국약, 송나라 상술, 위나라 제악, 진나라 공자 초, 채나라 공손귀생, 정나라 한호, 허나라 사람, 조나라 사람과 회합하였다.

---

1 원년(元年): 경신년 B.C. 541년으로 주경왕(周景王) 4년이다. 동지가 2월 초2일 임자일로 건해(建亥)이다. 윤달이 있다.

2 국약(國弱): 『공양전』에는 약(弱)이 작(酌)으로 되어 있는데, 약(弱)과 작(酌)은 고음이 동운(同韻)이므로 통하여 쓸 수 있다.

제악(齊惡): 『공양전』에는 "석악(石惡)"으로 되어 있다. 청나라 제소남(齊召南)의 『춘추좌씨전주소고증(春秋左氏傳注疏考證)』〔이하 『고증(考證)』〕에서는 "두 『전』에는 제악으로 되어 있는데 옳다. 석악은 이미 양공 28년에 진나라로 달아났다"라 하였다. 청나라 완원(阮元)의 『교감기(校勘記)』에서는 "『석문(釋文)』〔당나라 육덕명(陸德明)의 『경전석문(經傳釋文)』〕에서 두 『전』에는 '제악'으로 되어 있다고 말하지 않은 것은 『공양전』의 고본은 두 『전』과 같기 때문이다. 손지조(孫志祖)의 설이다"라 하였다.

한호(罕虎): 『공양전』에는 "헌호(軒虎)"로 되어 있는데, 한(罕)과 헌(軒)은 모두 간(干)의 소리를 따른다. 청나라 장수공(臧壽恭)의 『춘추좌씨고의(春秋左氏古義)』에서는 "정공 15년의 『경(經)』의 '한달(罕達)'도 『공양전』에는 '헌달(軒達)'로 되어 있으며, 소공 4년 『전』의 '혼한(渾罕)'은 『한자(韓子)』에는 '혼헌(渾軒)'으로 되어 있는데 또한 음을 서로 가차한 것이다"라 하였다.

괵(虢): 『곡량전』에는 "곽(郭)"으로 되어 있다. 청나라 장수공(臧壽恭)의 『춘추좌씨고의

三月,	3월에
取鄆.[3]	운을 취하였다.
夏,	여름에
秦伯之弟鍼出奔晉.[4]	진백의 아우 겸이 진나라로 달아났다.
六月丁巳,[5]	6월 정사일에
邾子華卒.[6]	주자 화가 죽었다.
晉荀吳帥師敗狄于大鹵.[7]	진나라 순오가 군사를 거느리고 대로에서 적을 물리쳤다.

(春秋左氏古義)』에서는 또한 "『국책·제책(國策·齊策)』의 '곽군(郭君)'의 고유(高誘)의 주석에서는 '고문(古文)에서는 괵(虢)이라 하였다'라 하였으니 '괵'은 고문이고 '곽'은 금문이며, 곽(漷)은 곽(郭)의 가차자이다"라 하였다. 괵은 동괵(東虢)으로 주문왕의 아우 괵숙(虢叔)을 봉한 곳으로, 나중에 정나라에 멸망당하였는데 평왕이 곧 그 땅을 정나라에 주었다. 옛 성은 지금의 하남 정주시(鄭州市) 북쪽 고형진(古滎鎭)에 있다.

3 운(鄆): 『공양전』에는 "운(運)"으로 되어 있다. 음이 같아서 통가한 것이다. 운은 지금의 산동 기수현(沂水縣) 동북쪽 50리 지점에 있으며, 문공 12년에 계손행보(季孫行父)가 운에 성을 쌓았으니 운은 노나라 땅이며, 성공 9년에 초나라가 거나라를 쳐서 운에 주었으니 또한 이미 거나라 땅이 되었다. 그러므로 『전』에서는 "거나라와 노나라가 운을 다투었는데 세월이 오래되었다"고 하였다. 나머지는 문공 12년 『경』의 『주』에 상세하다.

4 겸(鍼): 음은 겸(箝)이며 침(針)자가 아니다.

5 정사일은 9일이다.

6 『전』이 없다. 공영달의 주석에서는 "화는 양공 18년에 즉위하였으며, 19년에 축가(祝柯)에서, 25년에는 전연(澶淵), 25년에 중구(重丘)에서 맹약하였는데 모두 주(邾)나라와 노나라가 함께하였으니 3동맹이다"라 하였다. 세상에 전하는 기물로는 주공화종(邾公華鐘)이 있으며, 명문에 의하면 이 사람이 주조하였다.

7 대로(大鹵): 『공양전』과 『곡량전』에는 모두 "대원(大原)"으로 되어 있다. 『공양전』과 『곡량전』에서는 중국의 이 지명을 대원(大原)이라 하였고, 이적(夷狄)들은 대로라 하였는데 사실은 같다. 대로는 지금의 태원시(太原市) 서남쪽 약 25리 지점에 있다. 청나라 송상봉(宋翔鳳)의 『과정록(過庭錄)』에서는 곧 『한서·지리지(漢書·地理志)』의 안정군(安定郡)의 노현(鹵縣)이라고 하였는데, 지금의 영하(寧夏) 고원현(固原縣)으로 믿을 만하지 못하다.

秋,	가을에
莒去疾自齊入于莒.	거나라 거질이 제나라에서 거나라로 들어갔다.
莒展輿出奔吳.[8]	거나라 전여가 오나라로 달아났다.
叔弓帥師疆鄆田.[9]	숙궁이 군사를 거느리고 운의 전지의 강역을 정하였다.
葬邾悼公.[10]	주도공을 장사 지냈다.
冬十有一月己酉,[11]	겨울 11월 기유일에
楚子麇卒.[12]	초자 균이 죽었다.
楚公子比出奔晉.[13]	초나라 공자 비가 진나라로 달아났다.

傳

元年春,	원년 봄에

---

8 『공양전』과 『곡량전』에는 모두 "여(輿)"자가 없다. 『좌전』의 어떤 판본에도 "여(輿)"자가 없다.

9 두예는 "봄에 운(鄆)을 취하고 지금은 그 강역의 경계를 정하였다"라 하였다.

10 『전』이 없다.

11 기유일은 4일이다.

12 균(麇): 『공양전』과 『곡량전』에는 "권(卷)"으로 되어 있다. 고음이 가까워서 가차할 수 있다. 『사기·초세가(史記·楚世家)』에는 "원(員)"으로 되어 있다.

13 본래는 초(楚)자가 없었는데, 지금은 청나라 완원(阮元)의 『교감기(校勘記)』 및 가나자와 문고본(金澤文庫本)을 따라 추가하였다.

楚公子圍聘于鄭,[14]	초나라 공자 위가 정나라를 빙문하고
且娶於公孫段氏.	아울러 공손단씨를 아내로 맞았다.
伍擧爲介.[15]	오거가 부관이 되었다.
將入館,[16]	빈관에 들어서려는데
鄭人惡之,[17]	정나라 사람들이 그를 미워하여
使行人子羽與之言,	행인 자우에게 그와 말하게 하여
乃館於外.[18]	이에 밖에 묵게 되었다.
旣聘,[19]	빙문을 끝내고
將以衆逆.[20]	많은 병사들을 거느리고 맞이하려 했다.
子産患之,[21]	자산이 그것을 걱정하여

14 공자 위(公子圍): 곧 양공 29년과 30년 『전』의 왕자 위(王子圍)이다. 어떨 때는 공자라 하였다가, 또 어떨 때는 왕자라 하여 실로 일정치가 않다. 『국어·노어(國語·魯語) 하』에서도 이 일을 서술하였는데 또한 공자 위라 하였다.

15 오거(伍擧): 두예는 "오거는 초거(椒擧)이다. 개는 부(副)이다"라 하였다. 청나라 홍양길(洪亮吉: 1746~1809)의 『춘추좌전고(春秋左傳詁)』(이하 『고(詁)』)에서는 "「손숙오비(孫叔敖碑)」에는 '오거(五擧)'로 되어 있다. 당나라 『석경(石經)』의 초각본에도 '오(五)'로 되어 있으며, 나중에 '인(人)'방을 덧붙였는데 틀렸다"라 하였다.

16 성으로 들어가 객관에 묵는 것이다.

17 두예는 "초나라를 속이려는 마음을 가진 것을 알았기 때문이다"라 하였다.

18 두예는 "성 밖에 묵게 한 것이다"라 하였다.

19 빙문의 예가 이미 끝난 것이다.

20 중역(衆逆): 역(逆)은 맞는 것이다. 고대의 혼례는 친영(親迎)의 절차가 마지막에 있었다. 중(衆)은 병사들이다. 병사들을 거느리고 신부를 맞으려는 것이다.

21 그 병사들로 정나라를 침공할까 두려워한 것이다.

使子羽辭,[22]	자우로 하여금 못하게 하고
曰,	말하였다.
"以敝邑褊小,	"우리나라는 협소하여
不足以容從者,	종자들을 수용할 수 없으니
請墠聽命."[23]	청컨대 제터에서 명을 기다리겠습니다."
令尹命大宰伯州犁對曰,[24]	영윤이 태재 백주리에게 대답하게 하여 말하였다.
"君辱貺寡大夫圍,[25]	"임금님께서 욕되이 저에게 명을 내리시어
謂圍將使豐氏撫有而室.[26]	저에게 말씀하시기를 풍씨의 딸을 너의 아내로 삼게 할 것이라 하였습니다.

---

22 사(辭): 거절(拒絶)하다.

23 고대의 친영(親迎)에는 사위가 여자 집의 조묘(祖廟)에서 신부를 받아들인다. 자신은 그가 성으로 들어오게 하고 싶지 않아서 땅을 쓸고 제터〔墠〕를 만들어 풍씨의 조묘를 대신하게 하고 친영의 예를 행하게 한 것이다.

24 영윤(令尹): 곧 공자 위로, 이때 초나라의 영윤이었다.

25 황(貺): 사(賜), 곧 내리다.
과대부(寡大夫): 백주리가 공자 위를 칭한 것으로 타국의 인사들이 그 나라의 임금을 과군(寡君)이라고 부르는 것과 같다.

26 풍씨(豐氏): 곧 공손단이다. 공손단은 이때 이미 풍씨를 하사받았으며, 그 후손으로는 풍권(豐卷)과 풍시(豐施)가 있다.
무유(撫有): 『예기·문왕세자(禮記·文王世子)』 정현의 주에서 "무(撫)는 유(有)이다"라 하였으니, 무유(撫有)는 동의어가 연달아 쓰인 것이다.
이(而): 이(爾)와 같다.
유실(有室): 『예기·곡례(曲禮)』에서 "나이 30을 장(壯)이라 하며 아내를 가진다(三十曰壯

圍布几筵,	포는 영궤(靈几)와 제상을 설치하고
告於莊, 共之廟而來.[27]	장공과 공공의 묘당에 알리고 왔습니다.
若野賜之,[28]	들판에서 내린다면
是委君貺於草莽也,[29]	이는 임금이 내리신 것을 풀숲에 버리는 것으로
是寡大夫不得列於諸卿也.[30]	저희 대부를 경의 반열에 둘 수 없다는 것입니다.
不寧唯是,[31]	이뿐만 아니라
又使圍蒙其先君,[32]	또한 저로 하여금 선군을 속여
將不得爲寡君老,[33]	과군의 경이 될 수 없게 하여

有室)"라 하였는데, 정현은 "유실(有室)은 아내를 가지는 것(有妻)이다"라 하였다.

27 포(布): 진열하다.
궤연(几筵): 옛날에는 땅에 자리를 깔고 앉았으며, 궤(几)는 기대는 것이다. 『예기·단궁(檀弓) 하』 공영달의 주석에서는 "궤는 귀신이 기대는 것이며, 연은 귀신을 앉히는 자리이다"라 하였다.
장공(莊公): 장왕은 위의 조부이고, 공왕은 위의 부친이다. 이 구절은 일찍이 조부와 부친의 묘당에 제사를 지내 고유하고 아내를 맞아들이는 것을 말한다. 공영달의 주석에서는 "『예기·문왕세자(文王世子)』에서는 '아내를 맞을 때는 반드시 알려야 한다'라 하였다. 정현은 '임금에게 알리는 것이다'라 하였다. 또한 이미 임금에게 알렸으면 반드시 조묘에도 알려야 한다"라 하였다.

28 선(墠)은 성 밖의 평지에만 둘 수 있으므로 들〔野〕이라 한 것이다.

29 군(君): 정나라 임금을 가리킨다. 위의 "君辱貺寡大夫圍"에 대한 응답을 표시한 것이다. 풀이 우거져 깊은 것을 망(莽)이라 한다.

30 두예는 "경의 예를 따를 수 없다는 것이다"라 하였다.

31 녕(寧): 구절 중간의 조사로 뜻이 없다. 다만 이뿐만 아니라는 뜻이다.

32 몽(蒙): 두예는 "몽은 속인다는 뜻이다. 선군에게 알리고 와서 여자 집의 사당에서 예를 올릴 수 없기 때문에 선군을 속인다고 생각한 것이다"라 하였다.

其蔑以復矣.[34]
돌아가지 못하게 하는 것입니다.

唯大夫圖之."
대부께서는 잘 생각해
보시길 바랍니다."

子羽曰,
자우가 말하였다.

"小國無罪,
"소국은 죄가 없으며

恃實其罪.[35]
실세를 믿는 것이 죄일 것입니다.

將恃大國之安靖己,[36]
대국이 안정시켜 줄 것이라 믿었는데

而無乃包藏禍心以圖之?[37]
화란을 일으키려는 마음을 간직하고
도모하려는 것이 아닙니까?

小國失恃,
소국이 믿음을 잃는다면

而懲諸侯,[38]
제후들을 경계하게 하여

使莫不憾者,
유감을 갖지 않게 함이 없을 것이니

---

33 『예기·왕제(王制)』에 "천자의 노신 두 사람에게 속한다(屬於天子之老二人)"는 말이 있는데, 주에서는 "노(老)는 상공(上公)이다"라 하였다. 『예기·곡례(曲禮) 하』에서는 "국군은 경로와 세부의 이름을 부르지 않는다(國君不名卿老世婦)"라 하였는데 주에서 "경로는 상경(上卿)이다"라 하였다. 『의례·빙례(儀禮·聘禮)』에 "노에게 폐백을 준다(授老幣)"는 말이 있는데 주〔소(疏)〕에서는 "대부의 가신을 노라고 한다"라 하였으니 천자, 제후, 대부의 신하 중 우두머리를 노(老)라고 한다. 두예는 "대신(大臣)을 노라고 한다. 군명을 욕되게 하였다 하여 쫓겨날 것을 두려워한 것이다"라 하였다.

34 복(復): 돌아가는 것이다. 복명이라고 해석을 해도 된다. 나라로 돌아가거나 복명을 하지 못한다는 말이다.

35 두예는 "대국을 믿고 대비하지 않는 것이 바로 죄이다"라고 하였다.

36 풍씨의 딸을 주고 또한 대국에 의지하여 자기의 나라를 안정시킬 것을 바랐다는 것이다.

37 화심(禍心): 직접 위가 곧 화란을 일으키려는 꿍꿍이를 가지고 정나라를 침공하려는 것을 일일이 밝힌 것이다. 화심(禍心)은 곧 아래의 "禍人之心"이다.

38 징제후(懲諸侯): 제후들로 하여금 이 때문에 징계하게 하는 것을 말한다.

距違君命,	임금의 명령에 맞서 위반하여
而有所壅塞不行是懼.[39]	막히어 행하여지지 않게 될까 두렵습니다.
不然,	그렇지만 않다면
敝邑,	우리나라는
館人之屬也,[40]	관인에게 속한 것이니
其敢愛豐氏之祧?"[41]	어찌 감히 풍씨의 종묘를 아끼겠습니까?"
伍擧知其有備也,	오거는 대비가 되어 있음을 알고
請垂櫜而入.[42]	활집을 내려놓고 들어가길 청하였다.
許之.	허락하였다.

39 "小國失恃"부터 "是懼"까지는 하나의 긴 문장이며 또한 도치문이다. 정나라가 초나라를 의지하는 것을 잃으면 또한 제후들로 하여금 초나라를 징계하게 할 것이고, 제후들로 하여금 초나라를 원망하지 않을래야 않을 수 없도록 하여 이 때문에 항거하여 떠날 것이니 초나라의 명이 막히어 행하여지지 않게 될까 봐 두렵다는 말이다.

40 우리나라는 곧 초나라의 관인에게 속한 것이라는 말이다.

41 기(其): 기(豈)자의 뜻으로 쓰였다. 우리나라는 이미 초나라의 객관을 지키는 자이니 어찌 감히 풍씨의 조묘(祖廟)를 아끼겠느냐는 말이다.
조(祧): 두예는 "먼 조상의 사당이다"라 하였다. 그러나 대부는 제후를 조상으로 둘 수 없으므로 청나라 심흠한(沈欽韓: 1775~1832)의 『춘추좌전보주(春秋左傳補注)』(이하 『보주(補注)』)에서는 "풍씨는 다만 예묘(禰廟: 부친의 묘당)만 가질 수 있고 양공은 성공의 묘당 위에 있으므로 '선군의 조묘(祧廟)에 거처하게 하였다'라 하였으니 조(祧)는 묘(廟)의 통칭으로 꼭 먼 조상의 묘라고 할 수는 없다"라 하였다. 청말(淸末) 유월(兪樾)의 『다향실경설(茶香室經說)』에서는 "공손단(公孫段)은 자풍(子豐)의 아들이며 자풍은 목공(穆公)의 아들이니, 자풍은 곧 다른 아들의 조상이다. 자풍이 죽고 난 후에 사당을 세웠는데 곧 풍씨의 조(祧)이다"라 하였는데, 매우 정확하다.

42 수고(垂櫜): 고(櫜)는 옛날 병기를 넣어 두는 주머니. 수고는 안에 병기가 없음을 표시한다.

正月乙未,[43]	정월 을미일에
入,[44]	들어가서
逆而出.[45]	맞아서 나왔다.
遂會於虢,[46]	마침내 괵에서 회합하고
尋宋之盟也.[47]	송나라의 맹약을 다졌다.
祁午謂趙文子曰,	기오가 조문자에게 말하였다.
"宋之盟,	"송나라에서의 맹약은
楚人得志於晉.[48]	초나라 사람이 진나라로부터 뜻을 얻었습니다.
今令尹之不信,	지금 영윤이 신용이 없음은
諸侯之所聞也.	제후들이 들은 대로입니다.
子弗戒,[49]	그대가 경계하지 않으면
懼又如宋.	또 송나라처럼 될까 두렵습니다.
子木之信稱於諸侯,	자목의 신용은 제후들로부터 칭송을 받았는데도

43 을미일은 15일이다.
44 성에 들어가고 묘당에 들어간 것이다.
45 신부를 맞은 것이다.
46 괵(虢): 『경』의 『주』에 보인다.
47 두예는 "송나라에서의 맹약은 양공 27년에 있었다"라 하였다.
48 득지(得志): 두예는 "뜻을 얻었다는 것은 먼저 피를 바른 것을 말한다. 오(午)는 기해(祁奚)의 아들이다"라 하였다.
49 계(戒): 놀라서 경계하고 대비하는 것이다.

猶詐晉而駕焉,[50]	오히려 진나라를 속이고 진나라를 능가하였는데
況不信之尤者乎?	하물며 신용이 특히 없는 자이겠습니까?
楚重得志於晉,[51]	초나라가 진나라로부터 거듭 뜻을 얻는다면
晉之恥也.	이는 진나라의 수치입니다.
子相晉國,	그대가 진나라를 도와
以爲盟主,	맹주가 된 지
於今七年矣.[52]	지금 7년이 되었습니다.
再合諸侯,[53]	제후를 두 번 회합시키고
三合大夫,[54]	대부를 세 번 회합시켰으며
服齊, 狄,	제나라와 적나라를 굴복시켰고
寧東夏,[55]	동쪽 나라를 안정시켰으며

50 사(詐): 속에 갑옷을 입은 것이다.
가(駕): 능가(凌駕)한 것이다.

51 중(重): 평성으로, 다시라는 뜻이다.

52 조무(趙武)는 양공 25년에 진나라의 국정을 장악하였는데 이때까지 만 7년이 조금 넘는다.

53 두예는 "양공 25년에 이의(夷儀)에서 회합을 가졌고, 26년에 전연(澶淵)에서 회합을 가졌다"라 하였다.

54 두예는 "양공 27년에 송나라에서 회합하였고 30년의 전연 및 지금의 괵에서 회합을 가진 것이다"라 하였다.

55 동하(東夏): 화하(華夏) 동방의 나라로 실은 제(齊)나라를 가리킨다. 양공 25년에 중구(重丘)에서 동맹을 맺고 양공 28년에는 제후(齊侯)와 백적(白狄)이 진나라를 조빙하였다.

平秦亂,[56] 진나라의 어려움을 평정하고

城淳于,[57] 순우에 성을 쌓았는데도

師徒不頓,[58] 군사와 역도는 지치지 않았으며

國家不罷, 나라는 피폐하지 않았고

民無謗讟,[59] 백성들은 비방하지 않았으며

諸侯無怨, 제후들은 원망하지 않았고

天無大災, 하늘에 큰 재해가 없었으니

子之力也. 그대의 힘입니다.

有令名矣, 훌륭한 명성을 가지고도

而終之以耻, 끝내 치욕을 당하는 것으로 마감되는 것을

午也是懼, 저는 두려워하오니

吾子其不可以不戒." 그대는 경계하지 않을 수 없을 것입니다."

文子曰, 문자가 말하였다.

"武受賜矣.[60] "저는 가르쳐 주심을 받아들입니다.

---

56 효(殽)의 전역(戰役) 이후 진(秦)나라와 진(晉)나라는 불화하였으므로 진나라의 난이라 하였으며 진나라에 난이 일어났다는 말이 아니다. 양공 26년 진나라와 진나라는 화평을 맺었다.

57 두예는 "양공 29년 기(杞)나라의 순우에 성을 쌓고 기나라가 천도하였다"라 하였다. 순우는 지금의 산동 안구현(安丘縣) 동북쪽 30여 리 지점에 있다.

58 돈(頓): 피폐하다, 상하다.

59 독(讟): 비방하다.

然宋之盟,	그러나 송나라의 맹약은
子木有禍人之心,	자목은 사람을 해치려는 마음을 갖고 있었고
武有仁人之心,	저는 어진 마음을 갖고 있었으니
是楚所以駕於晉也.	이것이 초나라가 진나라를 능가한 까닭입니다.
今武猶是心也,	지금 저는 여전히 같은 마음을 가지고 있으며
楚又行僭,[61]	초나라는 또 참람된 행동을 하니
非所害也.	해가 되지 않습니다.
武將信以爲本,	저는 신용을 근본으로 생각하여
循而行之.	그것을 따라 행합니다.
譬如農夫,	이를테면 농부는
是穮是蔉.[62]	김을 매고 북돋아
雖有饑饉,	비록 기근이 들지라도
必有豐年.[63]	반드시 풍년을 맞습니다.

60 두예는 "오(午)의 말을 받아들이는 것이다"라 하였다.

61 두예는 "참(僭)은 신의를 지키지 않는 것이다"라 하였다.

62 표곤(穮蔉): 표(穮)는 밭의 잡초를 제거하는 것이다. 곤(蔉)은 새싹과 뿌리에 흙을 북돋우는 것이다.

63 농부가 부지런히 일하면 가뭄 때문에 기근이 들어 매년 이와 같아도 끝내 반드시 풍년이 들 것이라는 말이다. 자기가 어질고 신의가 있으면 초나라가 한때 진나라를 능가하였더라도 진나라가 끝내 반드시 제후들을 얻을 것임을 비유한 것이다.

且吾聞之,	또한 제가 듣기에
能信不爲人下,	신용을 지킬 수 있으면 남의 아래에 있지 않게 된다고 하였는데
吾未能也.[64]	그렇게 할 수 없을까 걱정스럽습니다.
詩曰'不僭不賊,	『시』에서 말하기를 '범하지 않고 해치지 않으면
鮮不爲則',[65]	모범되지 않음 드물다네'라 하였습니다.
信也.	이는 신의를 말한 것입니다.
能爲人則者,	남의 모범이 될 수 있는 사람은
不爲人下矣.	남의 아랫사람이 되지 않습니다.
吾不能是難,[66]	나는 할 수 없는 것을 어렵게 여기지
楚不爲患."	초나라가 근심이 되지는 못합니다."
楚令尹圍請用牲讀舊書加于牲上而已,[67]	초나라 영윤 위가 희생을 써서 옛 맹약서를 읽고 희생의 위에 놓을 것을 청하자

---

64 두예는 "스스로 신의를 지킬 수 없을까 두려워하는 것이다"라 하였다.

65 『시경·대아·억(詩經·大雅·抑)』편의 구절이다. 희공 9년의 『전』에서도 이 구절을 인용하였었다. 참(僭)은 신의가 없는 것이다. 불참(不僭)은 사람을 신의로 대하는 것이다. 적(賊)은 해치는 것이다. 선(鮮)은 상성(上聲)으로 적은 것이다.

66 이 구절은 "吾難於不能"의 도치이다. 나는 신의를 지킬 수 없을까 하는 것을 어렵게 여긴다는 말이다.

67 구서(舊書): 곧 송나라에서의 맹약이다. 정본(正本)은 이미 송나라에서 맹약할 때 구덩이에 묻었으며 여기서 읽은 것은 아마 송나라에서의 맹약에서 다른 나라들이 가진 부

晉人許之.	진나라 사람이 허락하였다.
三月甲辰,[68]	3월 갑진일에
盟.	맹약하였다.
楚公子圍設服, 離衛.[69]	초나라 공자 위가 복식을 갖추고 호위병을 둘씩 배치했다.
叔孫穆子曰,	숙손목자가 말하였다.
"楚公子美矣,	"초나라 공자의 의장이 아름다우니
君哉!"[70]	임금 같구나!"

본(副本)일 것이다. 두예는 "초나라는 진나라가 먼저 피를 바를까 두려워하였으므로 옛 맹약서를 희생의 위에 올려놓기만 하고 피를 바르지는 않았으며 『경』에서 맹약이라고 기록하지 않은 까닭이다"라 하였다.

68 갑진일은 25일이다.

69 설복(設服): 설(設)은 펼쳐 놓다. 설치하다. 복(服)은 의식(衣飾)과 기용(器用), 품물(品物)을 모두 복(服)이라 할 수 있다. 『주례·추관·대행인(周禮·秋官·大行人)』의 "그 공물은 복물(服物)이었다"라는 말이 나오는데, 현훈(玄纁)이나 치(絺), 광(纊) 같은 제복(祭服)을 만드는 재료이며, 『주례·춘관·도종인(周禮·春官·都宗人)』에는 "도읍의 각종 예식과 복식을 규정한다"는 말이 있는데 궁실의 수레와 깃발을 말한다. 이 복(服)은 위가 펼쳐 놓은 모든 복식(服飾)을 두루 가리킨다. 설복은 임금의 복식을 차리는 것이다. 「노어하」에 "지금 대부이면서 제후의 복식을 차린다" 한 것으로 알 수 있다.
이위(離衛): "이(離)"는 "여(麗)"와 고음이 같아서 통가할 수 있었다. 그래서 『역·이·단사(易·離·彖辭)』에서 "이는 이이다(離, 麗也)"라 하였다. 여(麗)는 또 여(儷)와 통한다. 여(儷)는 나란히, 짝, 둘이라는 뜻이다. 『의례·사혼례(士昏禮)』의 정현의 주석에 "여피(儷皮)는 사슴 가죽 두 장이다"라 하였다. 『예기·곡례 상』에 "둘씩 섰고 둘씩 앉았으면 가서 셋이 되지 않게 한다. 두 사람이 나란히 섰으면 중간으로 지나가지 않는다(離坐, 離立, 毋往參焉. 離立者不出中間)"라는 말이 있는데, 이립(離立)과 이좌(離坐)는 두 사람이 나란히 앉고 나란히 선 것을 말한다. 이위(離衛)의 위(衛)는 곧 지금의 위병(衛兵)인데, 위병이 쌍으로 있거나 짝을 이룬 것을 여위(儷衛)라 하며 또한 이위(離衛)라고도 한다. 아래의 내용에 의하면 왕자 위의 앞에 과(戈)를 잡은 자가 두 사람이니 뒤에도 위병(衛兵)이 둘일 것이다. 양공 28년 『전』에 의하면 경사(慶舍)의 위병은 앞뒤 각 한 명씩이었는데 노포계(盧蒲癸)와 왕하(王何)였다.

鄭子皮曰,	정나라 자피가 말하였다.
"二執戈者前矣."[71]	"과를 든 사람 둘이 앞에 있구나."
蔡子家曰,	채나라 자가가 말하였다.
"蒲宮有前,	"포궁에서도 앞에 있었으니
不亦可乎?"[72]	또한 되지 않겠습니까?"
楚伯州犁曰,	초나라의 백주리가 말하였다.
"此行也,	"이번 행보에
辭而假之寡君."[73]	과군께 말씀드리고 빌린 것입니다."
鄭行人揮曰,	정나라의 행인 휘가 말하였다.
"假不反矣."[74]	"빌려서 반환하지 않았습니다."
伯州犁曰,	백주리가 말하였다.

---

70 위(圍)가 이미 초나라 임금의 일체의 복식을 늘어놓고 썼다는 것을 말한다.

71 『예기·상복대기(喪服大記)』에서는 "임금이 동쪽 계단에서 즉위하면 소신(小臣) 두 사람이 앞에서 과(戈)를 들고 서며 두 사람은 뒤에 선다"라 하였다. 두예는 "예에 임금이 행차하면 창을 든 두 사람이 앞에 있는다"라 하였다.

72 포궁(蒲宮): 공영달의 주석[소(疏)]에서는 복건의 말을 인용하여 "포궁은 초나라 임금의 이궁이다. 영윤이 초나라에 있을 때 이미 임금의 궁에 거처하며 외출할 때 앞에 창잡이가 있었으니 또한 가하지 않겠느냐는 말이다"라 하였다. 유전(有前)은 곧 앞에 창잡이가 있는 것이다.

73 두예는 "여러 대부들이 그것을 기롱하는 것을 들었으므로 '빌렸다'고 말하여 영윤의 잘못을 감춘 것이다"라 하였다.

74 두예는 "결국은 임금이 되려 할 것이라는 말이다"라 하였다. 반(反)은 반(返)과 같으며 돌려주는 것이다. 『맹자·진심(孟子·盡心) 상』에 "오래도록 빌려서 돌려주지 않으니 어찌 자기가 가지고 있는 것이 아님을 알겠는가?(久假而不歸, 惡知其非有也)"라는 말이 있다.

“子姑憂子晳之欲背誕也.”[75]	“그대는 일단 자석이 명령을 어기고 제멋대로 행동하고자 하는 것이나 걱정하시죠.”
子羽曰,	자우가 말하였다.
“當璧猶在,	“벽옥 앞에 아직 있으면서
假而不反,	빌려서 돌려주지 않는데
子其無憂乎?”[76]	그대는 걱정도 되지 않습니까?”
齊國子曰,	제나라의 국자가 말하였다.
“吾代二子愍矣.”[77]	“우리 대에 이 두 사람이 걱정됩니다.”
陳公子招曰,	진나라 공자 초가 말하였다.
“不憂何成?	“근심하지 않으면 무엇을 이루겠습니까?

75 두예는 “양공 30년에 정나라 자석이 백유(伯有)를 죽이고 명령을 어기고 제멋대로 행동하여 국난이 되려고 하였다. 그대는 잠시 이 일이나 걱정하면서 영윤이 과(戈)를 돌려주지 않는 것은 걱정하지 말라는 말이다”라 하였다.

76 자우(子羽): 곧 행인 휘(揮)의 자이다.
당벽(當璧): 초평왕을 말하며, 13년『전』에 보인다. 기(其)는 기(豈)자의 뜻으로 쓰였다. 이 구절은 초나라는 벽옥 앞에 있는 자의 소유가 될 것인데 지금 영윤이 왕의 의절(儀節) 용품을 빌려서 진짜 왕이 되려고 하니 그대는 어찌 근심을 하지 않느냐는 것을 말한다.

77 민(愍): 두예는 “국자(國子)는 국약(國弱)이다. 이자(二子)는 왕자 위 및 백주리이다. 위는 이해 겨울 왕위를 찬탈하나 결말이 좋지 못하였으며, 백주리 또한 얼마 후 위에게 살해되므로 걱정된다고 하였다”라 하였다. 민(愍)은 복건은 “근심스럽다는 뜻이다”라 하였다. 공영달은 복건의 말을 인용하여 “백주리를 대신하여 공자 위를 근심하였으며 자우를 대신하여 자석을 근심하였다”라 하였다. 곧 두 사람[二子]은 백주리와 자우이다.『좌전』의 작자는 나중에 일어날 일을 예언하는 것을 좋아하였으므로 예언에 효험이 많았다. 자우에게는 결코 화가 일어나지 않았으니 두예의 설이 옳다.

二子樂矣."[78]	두 사람은 즐거워합니다."
衛齊子曰,	위나라 제자가 말하였다.
"苟或知之,	"실로 혹 그것을 알게 되면
雖憂何害?"[79]	근심이 있은들 무슨 해가 되겠습니까?"
宋合左師曰,	송나라 합좌사가 말하였다.
"大國令,	"대국은 영을 내리고
小國共,	소국은 공손히 받드니
吾知共而已."[80]	우리는 공손히 받듦을 알 따름입니다."
晉樂王鮒曰,	진나라 왕왕부가 말하였다.
"小旻之卒章善矣,	"「소민」의 졸장이 훌륭하니

78 근심을 한 뒤에야 일이 이루어짐을 말하였으며, 두 사람은 또한 위와 백주리를 가리키며 지금 두 사람이 근심하지 않고 즐거워한다는 것은 그 일이 이루어질 수 없음을 말한 것이다.

79 제자(齊子): 곧 제악(齊惡)이다. 민공 2년『전』의 제자(齊子)의 4세손으로 두예의『세족보(世族譜)』에 보인다. 이때 위양공의 이름이 악(惡)이었는데 그 신하 중에도 제악(齊惡)과 석악(石惡)이 있어서 임금과 신하의 이름이 같다.『예기·내칙(內則)』의 공영달의 주석에서는 "위후(衛侯)보다 먼저 태어났으므로 위후와 이름이 같을 수 있었는데 이로써 먼저 태어난 자는 이름을 고치지 않음을 알 수 있다"라 하였다. 소공 7년『곡량전』에서는 "이곳에서는 어찌하여 임금과 신하가 이름이 같은가? 군자는 남의 이름을 빼앗지 아니하며, 인친(人親)이 지어 준 이름을 빼앗지 않으니 그 출신을 중시한 것이며 조부가 아들의 이름을 지은 것이다"라 하였다. 두예는 "먼저 알고 대비하면 근심과 어려움이 있더라도 손해될 것이 없다는 말이다"라 하였다.

80 공(共):『상서·순전(尙書·舜典)』에 "그대는 공공이오(女共工)"라는 말이 있는데, 공(共)은 직무를 대주는 일을 말한다. 여기서는 대국은 영을 내고 소국은 맡은 바 일을 제공하는 것을 말한다.

吾從之."[81]	저는 그대로 따르렵니다."
退會,	회합에서 물러나
子羽謂子皮曰,	자우가 자피에게 말하였다.
"叔孫絞而婉,[82]	"숙손은 적절하면서도 완곡하고
宋左師簡而禮,[83]	송나라 좌사는 간명하고도 예에 맞으며
樂王鮒字而敬,[84]	악왕부는 자애로우면서도 공경스러웠고
子與子家持之,[85]	그대와 자가가 그 태도를 견지하였으니

81 소민(小旻): 『시경·소아(詩經·小雅)』의 편명이다. 그 졸장에서는 "감히 맨손으로 호랑이 못 잡고, 감히 걸어서 황하 못 건넌다네. 사람들은 그것 한 가지는 알지만, 그 밖의 것은 알지 못한다네. 벌벌 떨듯 조심하기를 깊은 못 내려다보듯, 살얼음 밟듯 한다네(不敢暴虎, 不敢馮河. 人知其一, 莫知其他. 戰戰兢兢, 如臨深淵, 如履薄冰)"라 하였다. 악왕부가 이 말을 한 뜻은 여러 대부들이 공개적으로 비난함에 찬동하지 않는다는 데 있다.

82 숙손목자의 말은 적절하면서도 완곡하다는 것을 위를 비난하면서 "의장이 아름다우니 임금 같구나!(美矣君哉)"라 한 것이다.

83 "우리는 공손히 받듦을 알 따름입니다(吾知共而已)"라 한 것으로, 말은 간단하면서도 예에 합당하다는 것이다.

84 자(字): 두예는 "자는 사랑한다는 뜻이다"라 하였다. "자(字)"는 곧 "자(慈)"와 같다. 『설문(說文)』[후한(後漢) 허신(許愼)의 『설문해자(說文解字)』]에서는 "자(慈)는 사랑한다는 뜻이다"라 하였다.

85 두예는 "자(子)는 자피이고, 자가는 채나라 공손귀생(公孫歸生)이다"라 하였다. 공영달의 주석에서는 "자피가 직언하기를 '두 창잡이가 앞에 있다'라 하였는데 비록 뜻은 옳지 않음을 알았으나 말에는 비난하는 뜻이 없다. 자가(子家)는 '포궁에서도 앞에 있었으니 또한 되지 않겠습니까?'라 하였으니 뜻은 비록 포궁을 함께 비난하였으나 말은 괜찮을 것이라는 것으로 자우가 비난한 것보다 못하여 백주리의 덮어 준 말과도 같지 않다. 그 양단을 가지고 있어서 취하거나 주는 것이 없으니 이것이 지니고 있는 것이다. 바둑에서 서로에게 해가 되지 않는 것을 지(持)라 하는데 그 뜻 또한 이와 같다"라 하였다.

皆保世之主也.	모두 대대로 지킬 주인이오.
齊, 衛, 陳大夫其不免乎!	제나라와 위나라, 진나라 대부는 면치 못할 것이오!
國子代人憂,	국자는 남을 대신하여 근심하였고
子招樂憂,	자초는 근심을 즐거워하였으며
齊子雖憂弗害.	제자는 근심스러우면서도 해롭게 여기지 않았습니다.
夫弗及而憂,[86]	대체로 거기에 미치지도 않았는데 근심하고
與可憂而樂,[87]	근심해야 할 것을 즐거워하며
與憂而弗害,[88]	근심해야 할 것을 해롭지 않게 여기는 것은
皆取憂之道也,	모두 근심을 취하는 길이니
憂必及之.	근심이 반드시 이르게 될 것입니다.
大誓曰,	「태서」에서 이르기를
'民之所欲,	'백성이 하고자 하는 것을
天必從之.'[89]	하늘은 반드시 따른다'라 하였습니다.

86 남을 대신하여 근심하면 자기에게 미치지 못한다는 것이다.

87 공자 초의 뜻은 본래 두 사람이 즐거워한 것을 말하였으며 자기가 즐거워한 것을 말하지 않았는데 여기서는 그 뜻을 곡해하였다.

88 비록 근심해도 무슨 해가 있겠느냐는 것이다.

三大夫兆憂,[90] 세 대부의 조짐이 근심스러우니

憂能無至乎?[91] 근심이 이르지 않을 수 있겠습니까?

言以知物,[92] 말로 사물을 알게 되니

其是之謂矣." 아마 이를 말하는 것일 것입니다."

季武子伐莒, 계무자가 거나라를 치고

取鄆. 운을 취하였다.

莒人告於會.[93] 거나라 사람이 회합에서 알렸다.

楚告於晉曰, 초나라가 진나라에 알리고는 말하였다.

"尋盟未退,[94] "맹약을 다지는 모임에서 물러나지도 않았는데

而魯伐莒, 노나라가 거나라를 쳐서

89 지난해의 『전』과 『주』에 상세하다.

90 두예는 "우환의 조짐을 연 것이다"라 하였다.

91 원래는 우(憂)자가 없었는데 『교감기(校勘記)』와 가나자와 문고본(金澤文庫本)에 따라 추가하였다.

92 『예기·치의(緇衣)』에 "말에는 사물이 있다(言有物)"라는 말이 있는데, 정현은 "물(物)은 사물의 징험이다"라 하였다. 8년에 진초(陳招)가 태자를 죽인다. 국약(國弱)의 아들 국하(國夏)는 애공 6년 노나라로 달아난다. 제악(齊惡)의 아들 제표(齊豹)가 멸망당하는 것은 소공 26년의 『전』에 보인다.

93 고어회(告於會): 운을 취한 일은 3월에 있었고 조맹(趙孟)이 정나라로 들어간 것은 4월이니 거나라 사람이 괵의 회합에서 알린 것은 바로 초나라 공자 위가 아직 귀국을 하지 않았을 때이다. 회합에서 알렸다는 것은 주로 초나라에 알린 것이므로 초나라가 노나라의 사자를 죽일 것을 청한 것이다.

94 두예는 "전쟁을 그치자는 맹약을 다진 것이다"라 하였다.

瀆齊盟,[95] 맹약을 더럽혔으니

請戮其使."[96] 청컨대 그 사자를 죽였으면 합니다."

樂桓子相趙文子,[97] 악환자가 조문자를 보좌하였는데

欲求貨於叔孫, 숙손에게 재물을 요구하고자 하여

而爲之請.[98] 그를 위해 청하려고 하였다.

使請帶焉,[99] 그의 허리띠를 청하게 하였으나

弗與. 주지 않았다.

梁其踁曰,[100] 양기경이 말하였다.

"貨以藩身,[101] "재물은 몸을 지키는 것인데

子何愛焉?"[102] 그대는 어찌 그것을 아끼는가?"

叔孫曰, 숙손이 말하였다.

"諸侯之會, "제후의 회합은

---

95 독제맹(瀆齊盟): 제(齊)는 재(齋)와 같다. 나머지는 성공 11년『전』의『주』에 상세하다. 성공 16년『전』에도 "맹약을 업신여기고 한 말을 어겼다(瀆齊盟, 而食話言)"라는 말이 있다. 독(瀆)은 더럽히다, 업신여기다라는 뜻이다.

96 두예는 "이때 숙손표가 회합에 있었는데 그를 죽이려고 한 것이다"라 하였다.

97 두예는 "환자는 악왕부(樂王鮒)이다. 상은 보좌하는 것이다"라 하였다.

98 악환자가 재물을 가지고 싶어 숙손을 위해 조무에게 벗어날 수 있도록 청한 것이다.

99 두예는 "재물을 구하는 것을 가리켜 말하기 어려웠기 때문에 허리띠를 가지고 구실로 삼은 것이다"라 하였다.

100 양기경(梁其踁): 두예는 "경(踁)은 숙손의 가신이다"라 하였다. 두예에 의하면 양기는 복성이다.『광운(廣韻)』양(梁)자의 주에서는 "복성으로,『좌전』에 양기경이 있는데 노나라 백금의 서자 양기의 후손이다"라 하였다.

101 번(藩): 보위하는 것이다.

102 애(愛): 아끼는 것이다.

衛社稷也.	사직을 지키기 위함입니다.
我以貨免,	나는 재물로 면할 수 있더라도
魯必受師,[103]	노나라는 반드시 군사의 공격을 받을 것이니
是禍之也,	이렇게 하여 화를 입게 하면
何衛之爲?	무엇을 지킨다는 것입니까?
人之有牆,	사람에게 담장이 있는 것은
以蔽惡也.[104]	나쁜 일을 막기 위함입니다.
牆之隙壞,[105]	담장이 틈이 나서 무너지면
誰之咎也?	누구의 허물이겠습니까?
衛而惡之,	지킨다고 하면서 악화시켰으니
吾又甚焉.[106]	내 또한 그보다 더 심합니다.
雖怨季孫,[107]	계손을 원망한들
魯國何罪?	노나라에 무슨 죄가 있습니까?

---

103 두예는 "그 사자를 죽이지 않으면 반드시 그 나라를 칠 것이라는 말이다"라 하였다.

104 악(惡): 도적의 무리와 같다.

105 극괴(隙壞): 극(隙)은 갈라진 틈이다. 전국시대 진(秦)나라 상앙(商鞅)의 『상군서·수권(商君書·修權)』편의 "틈이 크면 담장이 무너진다"는 말과 전한(前漢) 때 유안(劉安)의 『회남자·인간훈(淮南子·人間訓)』의 "담장은 갈리진 틈에서 무너진다"는 말이 모두 이 구절과 같은 뜻이다.

106 본래 사직을 지키려다가 지금 오히려 노나라로 하여금 정벌을 받게 하였으니 나의 죄가 담장의 갈라진 틈보다 더 심하다는 것이다.

107 두예는 "계손이 거나라를 친 것을 원망하는 것이다"라 하였다.

叔出季處,	숙손은 출사(出使)하고 계손은 들어앉아 있은 지가
有自來矣,	오래되었으니
吾又誰怨?[108]	내 또한 누구를 원망하겠습니까?
然鮒也賄,[109]	그러나 악왕부는 재물을 밝혀
弗與,	주지 않으면
不已."[110]	그치지 않을 것이오."
召使者,	사자를 불러
裂裳帛而與之,	아랫도리의 비단을 찢어 그에게 주며
曰,	말하였다.
"帶其褊矣."[111]	"허리띠가 좁습니다."
趙孟聞之,	조맹이 듣고는
曰,	말하였다.

108 두예는 "계손은 나라를 지키고 숙손은 사신으로 나간 것이 그 유래가 오래되었는데 지금 이렇게 죽임을 당한다 하더라도 원한이 없다는 것이다"라 하였다. 양공 21년 이후로 맹회와 빙문한 일은 모두 숙손으로 기록되어 있으며, 중손은 어쩌다 참석을 하였고, 『경』에서 계손이 기록되지 않은 지는 이미 10여 년이나 된다. 유자래(有自來)는 아마 근년의 일을 가지고 말하였을 것이다.

109 부(鮒): 왕부(王鮒)를 줄여서 부(鮒)라 하였으며, 두 자 이름을 한 자로 줄여서 말한 것으로는 원부렵(薳富獵)을 엽(獵)이라고만 하는 등 그 예가 매우 많다.
회(賄): 재물〔賄賂〕을 좋아하는 것이다.

110 그에게 주지 않으면 앞으로도 그치지 않을 것이라는 말이다.

111 아랫도리의 비단을 찢어서 띠로 만들고 또 허리띠가 작고 좁은 것 같아서 아랫도리를 찢었다고 사과의 말을 하는 것이다.

“臨患不忘國,	“환란에 처하여서도 나라를 잊지 않으니
忠也,[112]	충성스러운 것이고,
思難不越官,	위난을 생각하면서도 관직을 벗어나지 않으니
信也,[113]	신의가 있는 것이며,
圖國忘死,	나라를 도모하여 죽을 것을 잊으니
貞也,[114]	곧은 것이고,
謀主三者,	이 세 가지를 주로 하여 꾀하니
義也.[115]	의로운 것이다.
有是四者,	이 네 가지를 가지고 있는데
又可戮乎?”	또한 죽일 수 있겠는가?”
乃請諸楚曰,	이에 초나라에 청하여 말하였다.
“魯雖有罪,	“노나라가 비록 죄를 지었으나
其執事不辟難,[116]	그 집사가 어려움을 회피하지 않고

112 죽임을 당할지언정 노나라가 정벌을 받게 하지는 않겠다는 것이다.

113 두예는 “숙손이 사신으로 나가고 계손이 지키는 것을 이른다”라 하였다. 신(信)은 정성이다.

114 두예는 “재물로 화를 면하려 하지 않은 것이다”라 하였다.

115 충(忠)과 신(信), 정(貞)의 세 가지로 모의(謀議)함을 주(主)로 하는 것이다.

116 집사(執事): 숙손표(叔孫豹)를 이른다.

畏威而敬命矣.[117]	위엄을 두려워하면서도 명을 공경하고 있습니다.
子若免之,	그대가 벗어나게 해주고
以勸左右,[118]	좌우에 권면한다면
可也.	좋겠습니다.
若子之羣吏,	만약 그대의 관리가
處不辟汚,[119]	나라 안에서 더러운 일을 피하지 않고
出不逃難,	나가서는 어려움에서 달아나지 않는다면
其何患之有?[120]	무슨 근심이 있겠습니까?
患之所生,	근심이 생기는 것은
汚而不治,	더러운 일을 다스리지 않으며
難而不守,[121]	어려운 일을 지키지 않는 데서
所由來也.	오게 되는 것입니다.
能是二者,	이 두 가지를 할 수 있으면

117 초나라의 위엄을 두려워하고, 초나라의 명을 공경하는 것이다.
118 좌우(左右): 초나라의 뭇 신하들을 이른다.
119 처(處): 나라에 있는 것을 말하며, 출(出)과 대립적인 말이다.
오(汚): 곤란한 일을 말한다.
120 나라에 근심이 없는 것이다.
121 불수(不守): 지키지 않으면 도망가는 것이다.

又何患焉?	또한 무엇을 근심하겠습니까?
不靖其能,	현능한 사람을 안정시키지 않는다면
其誰從之?[122]	그 누가 따르려 하겠습니까?
魯叔孫豹可謂能矣,	노나라의 숙손표는 현능하다 할 만하니
請免之,	청컨대 그를 사면해 주시어
以靖能者.	현능한 자를 안정시키도록 하십시오.
子會而赦有罪,[123]	그대가 회합을 시키어 죄 있는 나라를 사면하고
又賞其賢,	또한 현능한 자에게 상을 내리면
諸侯其誰不欣焉望楚而歸之,	제후들 가운데 그 누가 기꺼이 초나라를 바라고 귀의하여
視遠如邇?[124]	멀리 있어도 가까이 있는 듯 보지 않겠습니까?
疆場之邑,[125]	변방의 성읍들은
一彼一此,	저리 붙는 듯하다가 이리 붙기도 하니

122 두예는 "현능한 사람을 안정시키면 무리가 붙좇는다는 것이다"라 하였다.

123 노나라를 치지 않는 것이다.

124 초나라가 중원의 여러 나라와 비록 멀리 떨어져 있지만 제후들이 가까이 있는 것처럼 볼 것이라는 말이다.

125 역(埸): 강(疆)과 같은 뜻이다.

何常之有?[126]	어찌 항상 됨이 있겠습니까?
王, 伯之令也,[127]	3왕 5패의 정령은
引其封疆,[128]	그 변경을 바르게 하고
而樹之官,	관서를 세우며
擧之表旗,	기치를 세우고
而著之制令,	법령을 지어
過則有刑,[129]	넘어오면 형벌을 받지만
猶不可壹.[130]	오히려 한결같이 될 수 없었습니다.
於是乎虞有三苗,[131]	이에 우에는 삼묘가 있게 되었고
夏有觀, 扈,[132]	하에는 관과 호가,

126 두예는 “지금은 세상이 쇠하여 강역에 정해진 주인이 없음을 말한다”라 하였다.

127 삼오(三五): 삼(三)은 삼왕(三王)으로 하(夏)의 우(禹), 상(商)의 탕(湯), 주(周)의 문왕(文王)과 무왕(武王)이다. 오(五)는 오패(五伯), 곧 오패(五霸)로 하(夏)의 곤오(昆吾), 상(商)의 대팽(大彭)과 시위(豕韋), 주(周)의 제환공(齊桓公)과 진문공(晉文公)이다. 령(令)은 훌륭하다는 뜻이다.

128 인(引): 두예는 “인(引)은 바로잡는 것이다. 봉계(封界)를 바로잡는 것이다”라 하였다.

129 양수달(楊樹達: 1885~1956)의 『독좌전(讀左傳)』[이하 『독(讀)』]에서는 “관(官)은 국경의 관아(官衙)이다. 표기(表旗)는 곧 나중의 경계비 따위이다. 제령(制令)은 곧 나중의 이른바 변계(邊界)의 장정(章程)이다. 과(過)는 월경(越境)이다. 모두 봉강(封疆)을 가지고 말하였다”라 하였다.

130 이렇게 해도 오히려 열국의 경계가 한번 이루어져 변치 않게끔 고정시킬 수가 없었다는 것이다.

131 우유삼묘(虞有三苗): 『상서·순전(舜典)』에 “삼묘를 삼위(三危)로 쫓아내었다”는 말이 있는데 『전(傳)』에서는 “삼묘는 나라 이름으로 진운씨(縉雲氏)의 후손이며 제후가 되어 도철(饕餮)로 불렸다”라 하였다. 『회남자·수무훈(修務訓)』에서는 “순이 삼묘를 정벌하다가 도중에 창오(槍梧)에서 죽었다”라 하였다. 또한 우(禹)가 삼묘를 정벌하였다는 설도 있는데 『묵자·비공(墨子·非攻) 하』에 보이며 이는 모두 대체로 고대의 전설이다.

132 관호(觀扈): 관(觀)은 혹자는 곧 『국어·초어(國語·楚語) 상』의 “계(啓)에게는 오관(五

商有姺, 邳,[133] 상에는 선과 비,

周有徐, 奄.[134] 주에는 서와 엄이 있게 되었습니다.

自無令王,[135] 훌륭한 왕이 없어지자

觀)이 있다" 할 때의 관이라고도 하는데, 곧 계(啓)의 아들이다. 그러나 『전』의 뜻으로 보건대 하(夏)의 적인 것 같다. 『한서·지리지』 동군(東郡) 반관현(畔觀縣)에서 응소(應劭)는 "하나라에는 관(觀)과 호(扈)가 있는데 세조(世祖)가 위국(衛國)으로 고쳤다"라 하였다. 『한서·군국지(漢書·郡國志)』에서도 "위(衛)는 본래 관(觀)의 옛 나라로 요(姚)성이다"라 하였으니 관은 계의 아들이 아니다. 호(扈)는 또한 유호(有扈)라고도 하며, 『일주서·사기해(逸周書·史記解)』에서는 "유하(有夏)가 바야흐로 흥성하였을 때 호(扈)씨는 약하고 공손하지 못하여 몸은 죽고 나라는 망하였다"라 하였다. 진(秦)나라 여불위(呂不韋)의 『여씨춘추·선기(呂氏春秋·先己)』편에도 또한 계(啓)가 유호(有扈)와 싸웠다는 서술이 있으며, 『사기·하본기(史記·夏本紀)』에서는 『상서·하서(尙書·夏書)』「감서(甘誓)」를 인용하여 "유호씨가 복종을 하지 않아 감(甘)에서 크게 싸웠다. ……"라 하였다. 고서에는 여전히 이설이 있는데 다 인용하지는 않는다. 『한지(漢志)』에 의하면 관국(觀國)은 산동 관성(觀城) 폐현(廢縣)의 치소에 있는데 지금의 범현(范縣) 경내이다. 호는 지금의 섬서 호현(戶縣) 북쪽이다. 고힐강(顧頡剛: 1893~1980)과 유기우(劉起釪: 1917~)는 "하나라 때 이미 동북쪽으로 지금의 범현 일대까지 이르렀다"라 하였다.

133 선비(姺邳): 선(姺)은 신(侁)이라고도 하며 곧 『여씨춘추·본미(本味)』편의 유신씨(有侁氏)이며, 『문선』 권55 유효표(劉孝標)의 「변명론(辨明論)」 이선(李善)의 주(注)〔당나라 이선(李善)의 『문선주(文選注)』〕에서는 곧 유신씨(有莘氏)로 인용하였다. 희공 28년 『전』의 "진후가 유신지허에 올랐다(晉侯登有莘之虛)"라 한 곳이 바로 이곳이다. 그 땅은 전하는 바에 의하면 곧 지금의 산동 조현(曹縣) 북쪽의 신총집(莘塚集)이라고 한다. 비(邳) 또한 옛 나라로 두예에 의하면 곧 지금의 강소 비현(邳縣)의 옛 치소〔治所: 성치(省治), 현치(县治), 부치(府治) 등의 지방정부 소재지의 옛 칭호〕 비성진(邳城鎭)이다. 금본 『죽서기년(竹書紀年)』에서는 "외임(外壬) 원년 비(邳) 사람과 선(姺) 사람이 반란을 일으켰다"라 하였으니 아마 『좌전』의 이 부분을 취하여 지은 것 같다.

134 서엄(徐奄): 서(徐)는 『시경·대아·상무(大雅·常務)』의 "서나라를 크게 정벌하네(濯征徐國)"와 "서나라 뒤흔들리네(徐方震驚)"라 한 서방이나 서국으로 옛 터는 지금의 강소 사홍현(泗洪縣) 남쪽 홍택호(洪澤湖) 가까이에 있을 것이다. 엄(奄) 또한 옛 나라로 『상서·서(尙書·序)』에서 "성왕이 동쪽으로 회이(淮夷)를 쳐서 마침내 엄을 정복하고 「성왕정(成王政)」을 지었다"라 하였으니 엄은 성왕에게 멸망당하였다. 『산동통지(山東通志)』에서는 "엄리(奄里)는 곡부현(曲阜縣) 동쪽 경계에 있는데 옛 엄나라이다"라 하였다. 전하는 바에 의하면 서나라와 엄나라는 모두 영(嬴)성으로 백익(伯益)의 후손이며 모두 서주(西周)에 의해 망하였다.

135 영(令): 선(善)의 뜻이다.

諸侯逐進,[136]	제후들이 다투어 나아가
狎主齊盟,[137]	번갈아 회맹을 주관하였으니
其又可壹乎?	어찌 또한 한결같을 수 있겠습니까?
恤大舍小,[138]	큰 것을 근심하고 작은 것을 버려두면
足以爲盟主,	충분히 맹주가 될 것이니
又焉用之?[139]	또한 그것을 어디에 쓰겠습니까?
封疆之削,[140]	변경이 깎인 것이
何國蔑有?	어느 나라인들 없겠습니까?
主齊盟者,	맹약을 주관하는 자가
誰能辯焉?[141]	누가 다스릴 수 있겠습니까?
吳, 濮有釁,[142]	오와 복에 틈이 있다면

---

136 축(逐): 좇아가다, 경쟁하다.
진(進): 나아가다. 이 구절의 뜻은 이웃 나라를 침략하여 자기의 땅을 확장하는 것이다.

137 압(狎): 고치다, 대신하다, 번갈아. 양공 27년『전』의 "또한 진나라와 초나라가 번갈아 제후의 맹약을 주관한 지 오래되었다(且晉, 楚狎主諸侯之盟也久矣)"라 한 압(狎)이 곧 이 뜻이다.

138 두예는 "대(大)는 찬역(簒逆)하고 시해하여 멸망당하는 화를 이른다"라 하였다. 두예의 뜻은 제후는 큰 화란이 있으면 근심해 주고 작은 과실은 버려두고 사면해 주라는 것이다.

139 두예는 "작은 일을 다스릴 일이 어디 있느냐는 것이다"라 하였다.

140 삭(削): 깎이어 작아지는 것이다.

141 변(辨): 두예는 "변은 다스리는 것이다"라 하였다.

142 오복(吳濮): 오나라는 초나라의 동쪽에 있다. 복(濮)은 곧 문공 16년『전』의 백복(百濮)으로 그곳의『주』에 상세하다. 초나라의 남쪽에 있다. 흔(釁)은 틈이다.

楚之執事豈其顧盟?[143]	초나라의 집사가 어찌 맹약을 돌아보겠습니까?
莒之疆事,	거나라의 강역의 일을
楚勿與知,[144]	초나라는 참견하지 말아
諸侯無煩,[145]	제후를 번거롭지 않게 함이
不亦可乎?	또한 옳지 않겠습니까?
莒, 魯爭鄆,	거나라와 노나라가 운을 다툰 지는
爲日久矣.	세월이 오래되었습니다.
苟無大害於其社稷,	실로 사직에 큰 해가 없다면
可無亢也.[146]	비호하지 않음이 좋습니다.
去煩宥善,[147]	번거로움을 없애고 선한 사람을 용서하면
莫不競勸.[148]	다투어 권하지 않음이 없을 것입니다.
子其圖之."	그대는 잘 생각해 보십시오."

143 초나라의 이웃 나라에 엿볼 만한 틈이 있다면 초나라가 어찌 맹약을 돌아보고 공격하지 않겠는가라는 뜻이다.

144 여지(與知): 간섭하다, 참견하다.

145 노나라를 치지 않으면 제후들이 수고로이 군사를 움직이지 않아도 된다는 것이다.

146 항(亢): 아래의 "항신(亢身)", "항종(亢宗)"의 항(亢)과 같은 뜻이다. 덮어 주다, 비호하다. 거나라를 보호하는 것을 말한다.

147 거번(去煩): 제후들이 군중을 동원하는 수고를 면하게 해주는 것이다.
유선(宥善): 선인 숙손표를 사면하는 것이다.

148 선(善)을 다투어 힘쓰지 않음이 없다는 것이다.

固請諸楚, 굳이 초나라에 청하니

楚人許之, 초나라 사람이 허락하여

乃免叔孫.[149] 이에 숙손을 사면해 주었다.

令尹享趙孟, 영윤이 조맹에게 향례를 베푸니

賦大明之首章.[150] 「대명」의 첫 장을 읊었다.

趙孟賦小宛之二章.[151] 조맹은 「소완」의 2장을 읊었다.

事畢, 일이 끝나자

趙孟謂叔向曰, 조맹이 숙상에게 일러 말하였다.

"令尹自以爲王矣, "영윤이 스스로 왕이 되려고 하니

何如?" 어째서입니까?"

對曰, 대답하여 말하였다.

"王弱, "왕은 약하고

令尹彊, 영윤은 강하니

---

149 『국어·노어(國語·魯語) 하』와 『국어·진어(國語·晉語) 8』에도 이 일이 서술되어 있는데 다른 곳이 있다.

150 대명(大明): 두예는 "「대명」은 『시경·대아(詩經·大雅)』의 편명이다. 수장(首章)은 문왕의 밝디밝게 아래를 비추어 위가 혁혁히 성대하게 되었다는 것을 말하였다. 영윤의 뜻은 수장에 있으므로 특별히 수장을 일컬어 스스로 광명정대하다고 생각한 것이다"라 하였다.

151 두예는 "「소완」은 『시경·소아(小雅)』의 편명이다. 2장은 각기 너의 위의를 공경하리니 천명은 다시 오지 않는다는 뜻을 취하였으며, 천명은 한번 가면 다시 돌아올 수 없다는 것을 가지고 영윤을 경계한 것을 말하였다"라 하였다.

其可哉![152]	될 것입니다!
雖可,	비록 되기는 하겠지만
不終."[153]	결말은 좋지 못할 것입니다."
趙孟曰,	조맹이 말하였다.
"何故?"	"무슨 까닭이오?"
對曰,	대답하여 말하였다.
"彊以克弱而安之,	"강한 것이 약한 것을 이겨 안정을 시키면
彊不義也.[154]	강한 것은 의롭지 못합니다.
不義而彊,	의롭지 못하고 강하면
其斃必速.	죽음만 가속화시킬 것입니다.
詩曰'赫赫宗周,	『시』에서 말하기를 '혁혁한 주나라를,
褒姒滅之',	포사가 멸망시켰네'라 하였는데
彊不義也.[155]	강하기만 하고 의롭지 못한 것을 말하였습니다.

152 기(其): 아마.
가(可): 성공할 수 있을 것이라는 말이다.

153 비록 왕이 된다 하더라도 끝내 좋은 결과는 없을 것이라는 말이다.

154 자기의 강함을 믿고 거리낌 없이 약한 자를 죽이는 것이 강하면서 의롭지 못한 것이다.

155 두예는 "『시경·소아(小雅)』의 구절이다. 포사는 주나라 유왕(幽王)의 왕비로, 유왕이 그녀에게 빠져 불의를 행하여 마침내 멸망하기에 이르렀다. 아무리 혁혁하고 강성하다 하더라도 의롭지 못하면 멸망당하게 된다는 것이다"라 하였다.

令尹爲王,	영윤이 왕이 되면
必求諸侯.	반드시 제후들에게 구할 것입니다.
晉少懦矣,[156]	진나라는 조금 약하여졌으니
諸侯將往.	제후들이 달려갈 것입니다.
若獲諸侯,	만약 제후들을 얻는다면
其虐滋甚,[157]	그 포학함이 더욱 심하여져
民弗堪也,	백성들이 그것을 견디지 못할 것이니
將何以終?[158]	어떻게 끝이 좋겠습니까?
夫以彊取,	대체로 강한 것으로 취하고
不義而克,	의롭지 못한데 이기면
必以爲道.[159]	반드시 도로 삼게 됩니다.
道以淫虐,[160]	황음하고 포학함을 도로 삼으면
弗可久已矣."[161]	오래갈 수 없을 따름입니다."

夏四月,	여름 4월에

156 나(懦): 두예는 "나는 약한 것이다"라 하였다.
157 포학함이 더 심해질 것이라는 말이다.
158 종(終): 선종(善終)이다.
159 두예는 "불의를 도로 삼는 것이다"라 하였다.
160 황음하고 포학함을 방법으로 삼는 것이다.
161 두예는 "13년에 초나라가 영왕을 죽이게 되는 복선이다"라 하였다.

趙孟, 叔孫豹, 曹大夫入于鄭,	조맹과 숙손표, 조나라 대부가 정나라에 들어갔는데
鄭伯兼享之.[162]	정백이 그들에게 함께 향례를 베풀었다.
子皮戒趙孟,[163]	자피가 조맹에게 통보하여
禮終,[164]	예가 끝나자
趙孟賦瓠葉.[165]	조맹이 「호엽」을 읊었다.
子皮遂戒穆叔,	자피가 이어서 목숙에게 통보하고
且告之.[166]	아울러 그에게 알렸다.
穆叔曰,	목숙이 말하였다.
"趙孟欲一獻,[167]	"조맹은 일헌만 하고자 하니
子其從之?"	그대들은 따라야지요?"

162 겸향(兼享): 동시에 향연을 베풀어 준 것이다.

163 계(戒): 알리는 것이다. 공이 대부에게 음식을 내릴 때는 먼저 기일을 알려 준다. 계(戒)에도 예절이 있다.

164 계(戒)의 예절이 끝난 것이다.

165 호엽(瓠葉): 『시경·소아(小雅)』의 편명이다. 호(瓠)는 호로(葫蘆)과의 식물로 열매는 먹을 수 있고 잎은 못 먹는데 옛날의 궁고(窮苦)한 사람들은 어쩌다 먹기도 하였다. 「호엽」은 양관(楊寬: 1914~2005)의 『고사신탐(古史新探)』에서 "저급한 귀족이 음주의 예를 거행하는 상황을 서술하였다"라 하였다. 조맹이 이 시를 읊은 것은 곧 자피에게 향연의 음식은 당연히 변변치 않은 것을 따라야 한다고 알린 것이다.

166 조맹이 「호엽」을 읊은 것을 알린 것이다.

167 일헌(一獻): 『예기·악기(樂記)』 정현의 주에 의하면 1헌은 사(士)가 음주할 때의 예이다. 1헌은 주인이 손님에게 술을 한 차례 올리는 것이다. 술을 한 차례만 올리면 기타의 식품의 의절(儀節)은 상응하여 감소하고 경감될 것이다. 나머지는 아래 "수폐(酬幣)"의 『주』에 상세하다.

子皮曰,

자피가 말하였다.

“敢乎?”[168]

“감히요?”

穆叔曰,

목숙이 말하였다.

“夫人之所欲也,[169]

“그 사람이 하고자 하는 것이니

又何不敢?”

또한 어찌 감히 하지 않겠습니까?”

及享,

향례 때가 되자

具五獻之籩豆於幕下.[170]

동쪽 방에 오헌의 변두를 갖추어 놓았다.

趙孟辭,[171]

조맹이 사절하니

私於子産曰,[172]

사담으로 자산에게 말하기를

---

168 두예는 “감히 그리할 수 없다는 말이다”라 하였다.

169 부(夫): 원칭 지시대명사이다. 그.

170 오헌(五獻): 『주례·추관·대행인(秋官·大行人)』에 의하면 상공은 향례(饗禮) 때 9헌(九獻)을 하며, 후작과 백작은 7헌(七獻), 자작과 남작은 5헌(五獻)을 한다. 또 『주례·춘관·전명(春官·典命)』에 의하면 공·후·백작의 경은 모두 3헌(三獻)을 한다고 하였다. 두예는 여기에서 “조빙의 제도에 대국의 경은 5헌(五獻)을 한다” 하였는데 무슨 근거인지 모르겠다.
변두(籩豆): 변은 고대의 대추와 복숭아, 밤, 매실, 마름〔菱〕, 가시연〔芡〕, 포(脯), 수(脩), 무(膴), 어포, 구(糗), 이(餌) 등 국물이 없는 음식을 담는 기물로 애나무로 만들며 모양은 두(豆)와 닮았고 제사나 향연 때 쓴다. 두(豆)는 나무로 만들며 육류를 담는 예기(禮器)로, 또한 채소 절임인 제(虀)나 저(菹), 젓갈인 혜(醯)와 장(醬) 등 비교적 물기가 많은 음식을 담는다. 변과 두는 모두 옛날의 식물의 기름으로 심지를 태우는 등 모양처럼 생겼다.
막하(幕下): 심흠한(沈欽韓)의 『보주(補注)』에서는 “막하는 동쪽 방이다”라 하였다.

171 지나치게 풍성해서 자기에게 맞지 않다고 생각한 것이다.

172 사(私): 사어(私語).

"武請於冢宰矣."173	"제가 총재에게 청하였습니다"라 하였다.
乃用一獻.	이에 다만 한잔만 바쳤다.
趙孟爲客.	조맹이 손님이 되었다.
禮終乃宴.174	예가 끝나자 연회를 열었다.
穆叔賦鵲巢.175	목숙이 「작소」를 읊었다.
趙孟曰,	조맹이 말하였다.
"武不堪也."176	"저는 감당할 수 없습니다."

---

173 청(請): 요청하다.
총재(冢宰): 정나라의 관직명이 아니며, 자피가 정나라의 상경이기 때문에 총재라고 칭한 것이다.

174 옛사람들의 향례(饗禮)는 행할 때 향례(饗禮)를 먼저 행한 후에 반드시 연례(宴禮)을 열었는데, 연은 곧 연(燕)이다. 향례는 다만 형식일 뿐으로 헌빈(獻賓: 빈객에게 술을 드리는 것)에는 술을 쓰지 않고 단술〔醴: 술의 맛만 나는 단 액체〕을 썼으며 또한 다 마실 수가 없었고 다만 품평하며 맛만 보았을 뿐이다. 이 때문에 향례를 행한 후에는 반드시 연례를 하여야 주객이 비로소 즐길 수가 있었다. 연례는 술잔을 올리는 수를 제한하지 않았다. 만약 향례가 융숭하여 9헌이나 7헌같이 하였다면 빈객은 주인에게 차수에 상응하여 더 많은 공경을 나타내야 했는데, 음악을 쓰거나 수폐〔酬幣: 주인이 빈객에게 술을 권할 때 소용되는 예품(禮品)〕 또한 번중하고 시간이 오래 걸려 연례가 날을 지나 거행되었는데, 이번에 정나라 임금이 조맹에게 행한 향례에는 1헌만 써서 소용되는 시간이 길지 않았으므로 향례가 완료되자 즉시 연례를 행한 것이다.

175 작소(鵲巢): 『시경·소남(召南)』의 편명이다. 시에서는 "까치가 둥지 트니 구욕새가 산다네. 아가씨 시집가니 많은 수레로 마중하네(維鵲有巢, 維鳩居之. 之子于歸, 百兩御之)"라 하였는데 딸을 시집보내는 악가이다. 목숙의 뜻은 혹 조맹을 까치에 비기고 자기를 구욕새에 비긴 것일 것이다. 대국이 맹약을 주관하여 자기는 편안하게 거처하여 초나라가 죽일 것을 청한 것에서 벗어난 것이다. 연례는 주인의 사정(司正)이 명을 받들어 객을 올라와 앉게 청하고 절두(折豆)를 철거한 후에 희생의 고기를 바치며 연회를 하는 자와 함께 피차간에 서로 시도 읊고 대화도 하였다.

176 나로서는 이것을 감당해 내기 어렵다는 것이다.

又賦采蘩,[177]	또 「채번」을 읊고는
曰,	말하였다.
“小國爲蘩,[178]	“소국은 다북쑥이지만
大國省穡而用之,[179]	대국에서 아끼어 사용한다면
其何實非命?”[180]	그 어찌 실로 명을 따르지 않겠습니까?”
子皮賦野有死麕之卒章,[181]	자피가 「야유사균」의 마지막 장을 읊자
趙孟賦棠棣,[182]	조맹은 「상체」를 읊고
且曰,	또 말하였다.
“吾兄弟比以安,[183]	“우리가 형제처럼 친밀하고 편안하면

177 채번(采蘩): 또한 『시경·소남』의 시이다. 시에서는 “연못가 물가에서 다북쑥 뜯어, 임금님의 제사에 그것 쓰리(于以采蘩, 于沼于沚. 于以用之, 公侯之事)”라 하였다. 번(蘩)은 다북쑥으로, 국화과의 식물이다.

178 소국의 공물이 형편없다는 말이다.

179 색(穡): 색(嗇)과 뜻이 통한다. 아끼다.

180 두예는 “어찌 감히 명을 따르지 않겠는가라는 말이다”라 하였다. 스스로 읊고 스스로 해석을 하는 것은 이해의 『전』에만 보인다.

181 야유사균(野有死麕): 또한 『시경·소남』의 시이다. 균(麕)은 균(麇)이라고도 하며 곧 노루이다. 그 마지막 장은 “가만가만 천천히 내 행주일랑 건드시지 마시길. 삽살개 짖으면 안 되니(舒而脫脫兮, 無感我帨兮, 無使尨也吠)”이다. 자피가 이 구절을 읊은 것을 두예는 “조맹이 도의를 가지고 제후를 위무하고 예가 아닌 것으로 능멸함이 없다”라 하였다.

182 상체(常棣): 두예는 “「상체」는 『시경·소아(小雅)』의 편명이다. 대체로 지금 사람 중에는 형제만 한 이가 없다는 뜻을 취하여 친형제의 나라처럼 하자는 말이다”라 하였다.

183 비(比): 『설문(說文)』에서는 “비는 밀(密)의 뜻이다”라 하였고, 청나라 단옥재(段玉裁)의 주석에서는 “그 본의는 서로 친밀하다는 것이다”라 하였다. 구절의 뜻은 친밀함으로써 평안함을 이른다.

尨也可使無吠."	삽살개도 짓지 않게 할 수 있습니다."
穆叔, 子皮及曹大夫興,	숙손과 자피 및 조나라 대부가 일어나자
拜,[184]	절하고
擧兕爵,[185]	무소뿔잔을 들고
曰,	말하였다.
"小國賴子,	"소국이 그대에 힘입어
知免於戾矣."	죄에서 벗어남을 알게 되었습니다."
飮酒樂,	술을 즐거이 마시고
趙孟出,	조맹이 나와서
曰,	말하였다.
"吾不復此矣."[186]	"내 다시는 이런 즐거움이 없을 것이오."

天王使劉定公勞趙孟於潁,[187]	천왕이 유정공으로 하여금 영읍에서 조맹을 위로하게 하여

---

184 옛날의 연례에는 모두 자리에 앉았으며, 흥(興)은 일어난다는 뜻이고, 일어나서 절을 하는 것이다.

185 시작(兕爵): 작(爵)은 고대의 술잔으로 형태가 참새와 비슷하다. 시작(兕爵)은 무소의 뿔로 만든 것이다.

186 두예는 "다시는 이런 즐거움을 보지 못한다는 것이다"라 하였다.

187 천왕(天王): 주경왕이다.
유정공(劉定公): 유하(劉夏)이다.

館於雒汭.[188] 낙예에 묵게 하였다.

劉子曰, 유자가 말하였다.

"美哉禹功![189] "훌륭하도다, 우의 공이여!

明德遠矣. 밝은 덕이 멀리 전해지도다.

微禹, 우가 아니었더라면

吾其魚乎! 우리는 물고기가 되어 있었을 것이오!

吾與子弁冕, 端委,[190] 나와 그대가 변면과 단위를 갖추고

以治民, 臨諸侯, 백성을 다스리고 제후에 임한 것은

禹之力也. 우의 힘이었소.

子盍亦遠績禹功而大庇民乎!"[191] 그대는 어찌하여 또한 멀리 우의 공적을 이어 백성을 크게 감싸지 않소?"

영(潁): 본래는 주나라의 읍이었는데 나중에 정나라에 귀속되었다. 은공 원년『전』의 "영고숙은 영곡의 봉인이었다(潁考叔爲潁谷封人)"라 한 영곡은 하남 등봉현(登封縣) 서남쪽에 있으며, 영읍은 등봉현 동쪽에 있다.

188 낙예(雒汭): 낙(雒)은 낙(洛)과 같다. 낙수(洛水)가 굽이쳐 흐르는 곳이다. 낙수는 낙양 및 언사현(偃師縣) 동남쪽을 거쳐 꺾이어 북으로 공현(鞏縣)을 질러 또 북쪽으로 흘러 황하로 흘러든다. 곧 낙예는 아마 지금의 공현 서쪽에 있었을 것이다.

189 두예는 "황하와 낙수를 보고 우의 공을 생각한 것이다"라 하였다. 이 구절은 우공미재(禹功美哉)가 도치된 것이며, 우의 공덕이 훌륭하다는 것을 말하였다.

190 변면(弁冕): 옛날 경과 대부의 예모(禮帽)이다.
단위(端委): 옛날의 예복(禮服)이다. 단(端)은 바르다는 뜻이다. 옛날의 포(布)는 너비가 〔주척(周尺)으로〕 두 자 두 치이며 옷을 만들 때 재단하여 자르지 않았으므로 단(端)이라 한 것이다. 이런 의복을 단위(端委)라고 한다.

191 적(績): 『이아·석고(爾雅·釋詁)』에서 "적은 잇는 것이다"라 하였다.

對曰,	대답하여 말하였다.
“老夫罪戾是懼,	“노부는 죄를 지을까 두려우니
焉能恤遠?	어찌 멀리 걱정할 수 있겠습니까?
吾儕偷食,[192]	우리는 구차하게 먹고 사는 것이나 도모하여
朝不謀夕,	아침에 저녁을 도모하지 못하니
何其長也?”[193]	어찌 그리 원대합니까?”
劉子歸,	유자가 돌아와
以語王曰,	그것을 왕에게 말하였다.
“諺所謂老將知而耄及之者,[194]	“속담에서 이른바 늙으면 슬기로워지겠지만 오락가락하게 된다는 것은
其趙孟之謂乎!	아마 조맹을 말한 것일 것입니다!
爲晉正卿,	진나라의 정경으로
以主諸侯,	제후의 맹주인데도
而儕於隷人,	오히려 노예와 같이 굴어

192 투(偷): 구차하다. 이 구절은 구차하게 날을 보낸다는 것이다.

193 아침에 저녁을 위한 계책도 세울 수 없는데 어찌 오래도록 백성을 보호할 생각이 미칠 수 있겠느냐는 말이다.

194 당나라 육덕명(陸德明: 550?~630)의 『경전석문(經典釋文)』[이하 『석문(釋文)』]에서는 “지(知)는 지(智)로 읽는다”라 하였다. 조맹은 이때 나이가 50도 되지 않았는데 8, 90은 된 것 같았다. 80을 모(耄)라 한다.

朝不謀夕,[195]	아침에 저녁을 도모하지 못한다 하니
棄神, 人矣.[196]	이는 신명과 백성을 버리는 것입니다.
神怒,	신명이 노하고
民叛,	백성이 등을 돌리면
何以能久?	어떻게 오래갈 수 있겠습니까?
趙孟不復年矣.[197]	조맹은 다시는 해를 넘기지 못할 것입니다.
神怒,	신명이 노하면
不歆其祀,	그가 올리는 제사를 받지 않을 것이고,
民叛,	백성이 등을 돌리면
不卽其事.[198]	그를 위해 일을 하지 않을 것입니다.
祀, 事不從,	제사와 일이 따르지 않을진대
又何以年?"[199]	또한 어떻게 해를 넘기겠습니까?"

叔孫歸,[200]	숙손이 돌아오니

---

195 제(儕): 『설문(說文)』에서 "제는 같은 무리이다"라 하였다. 이 구절은 조맹이 스스로 노예들이 아침에 저녁 일을 도모하지 못하는 것과 같다고 여긴 것을 말하였다.

196 두예는 "백성은 귀신을 모시는 주체인데 백성을 근심하지 않으므로 귀신과 백성을 모두 떠나게 되는 것이다"라 하였다.

197 더 이상 올해를 마치지 못할 것이라는 말이다.

198 즉(卽): 나아가다. 부즉사(不卽事)는 종사하지 않다, 일을 게을리 하다의 뜻이다.

199 두예는 "이해 겨울 조맹이 죽는 것의 복선이 된다"라 하였다.

曾夭御季孫以勞之.[201]	증요가 계손의 마차를 몰면서 위로하였다.
旦及日中不出.[202]	아침부터 한낮까지 나오지 않았다.
曾夭謂曾阜,[203]	증요가 증부에게 일러
曰,	말하였다.
"旦及日中,	"아침부터 한낮까지
吾知罪矣.[204]	우리는 죄를 알았습니다.
魯以相忍爲國也.	노나라는 서로 참는 것을 나라로 생각하였습니다.
忍其外,[205]	밖에서는 참고
不忍其內,[206]	안에서는 참지 못하니
焉用之?"[207]	어디다 쓰겠습니까?"

200 괵(虢)에서의 회합에서 돌아온 것이다.

201 증요(曾夭): 당나라의 임보(林寶)의 『원화성찬(元和姓纂)』 권17에는 『세본(世本)』을 인용하여 올려놓았는데 "하나라 소강(少康)은 어린 아들 곡열(曲烈)을 증(鄫)에 봉하였는데 춘추 때 거(莒)나라에게 멸망당하였으며, 증나라 태자 무(巫)는 노나라를 섬겨 읍을 버리고 증씨(曾氏)가 되었다"라 하였다. 증요는 계손의 가신이다.

202 계손이 아침에 숙손의 집에 이르러 한낮이 되도록 기다렸는데도 숙손이 여전히 나와 접견하지 않은 것이다. 두예는 "계손이 거나라를 쳐서 자기가 거의 죽임을 당하게 한 것에 대해 원망한 것이다"라 하였다.

203 증부(曾阜): 남송(南宋) 때 정초(鄭樵)의 『통지·씨족략(通志·氏族略) 2』에 의하면 증부는 증나라 태자 무(巫)의 아들이다. 두예는 "증부는 숙손의 가신이다"라 하였다.

204 계손이 오래 기다려도 화도 내지 않고 떠나지도 않았으므로 죄를 안다고 한 것이다.

205 "나라 바깥에서는 참다(忍之於外)"와 같은 말이다.

206 "나라 안에서는 성을 내다(忿之於內)"와 같은 말이다.

207 두예는 "초나라에게 죽임을 당할 뻔한 일이 밖에서는 참은 것이며, 한낮이 되도록 나오지 않은 것이 안에서는 참지 못한 것이다"라 하였다.

阜曰,	증부가 말하였다.
"數月於外,[208]	"여러 달을 밖에 있었으니
一旦於是,[209]	여기서 하루아침을 기다린다 해도
庸何傷?[210]	무엇이 해롭겠소?
賈而欲贏,	장사치가 이윤을 남기려면
而惡囂乎?"[211]	시끄러움을 싫어하겠소?"
阜謂叔孫曰,	증부가 숙손에게 일러 말하였다.
"可以出矣."	"나갈 것입니다."
叔孫指楹,[212]	숙손이 기둥을 가리키며
曰,	말하였다.
"雖惡是,	"이것을 미워하나
其可去乎?"[213]	어찌 없앨 수 있겠는가?"
乃出見之.[214]	이에 나와서 만나 보았다.

208 두예는 "숙손이 밖에서 몇 달이나 수고스럽게 일했다는 것을 말한다"라 하였다.

209 위의 "數月於外"와 여기의 "一旦於是"는 모두 동사를 생략하였다.

210 용하(庸何): 용(庸)도 하(何)의 뜻이다. 용하(庸何)가 함께 쓰인 것은 양공 25년『전』의 "장차 어디로 돌아가겠느냐?(將庸何歸?)"는 것과 같다.

211 영(贏)은 남기는 것이다. 상고(商賈), 곧 장사치가 이문을 추구하면서 시장의 시끌벅적한 소리를 싫어하겠느냐는 말이다.

212 영(楹): 대청 위의 큰 기둥이다. 양쪽 계단의 사이에 있으며 집을 지탱하는 지주(支柱)로 계손을 비유하였다

213 기(其): 기(豈)의 뜻으로 쓰였다.

214 「노어 하」에도 이 내용이 수록되어 있는데 대략은 같지 않다.

鄭徐吾犯之妹美,[215]	정나라 서오범의 누이는 예뻤으며
公孫楚聘之矣,[216]	공손초가 정혼을 하였는데
公孫黑又使强委禽焉.[217]	공손흑이 또 강제로 납채를 하게 하였다.
犯懼,	범이 두려워하여
告子産.	자산에게 알렸다.
子産曰,	자산이 말하였다.
"是國無政,	"이는 나라에 정령이 없는 것이지
非子之患也.	그대가 근심할 것이 아니다.
唯所欲與."[218]	보내고 싶은 대로 하라."
犯請於二子,	범은 두 사람을 청하여
請使女擇焉.	여자에게 택하게 하도록 청하였다.
皆許之.[219]	모두 허락하였다.

215 서오범(徐吾犯): 두예는 "범은 정나라의 대부이다"라 하였으니 서오는 복성이다. 성공 원년『전』에 "주나라 왕의 군사가 서오씨에서 대패하였다(王師敗績於徐吾氏)"는 말이 있으며,『광운(廣韻)』"오(吾)"자의 주석에서 "정나라 공자 중에 서오(徐吾)에 식읍을 둔 사람이 있었는데 나중에 씨로 삼았다"라 하였다.

216 공손초(公孫楚): 두예는 "초는 자남(子南)이다. 목공의 손자이다"라 하였다.
빙(聘): 곧 정혼하는 것을 말하며, 옛날에는 또한 성혼(成昏)이라 하였다. 은공 7년과 소공 3년의『전』에 보인다. 이미 납폐(納幣)를 한 것일 것이다.

217 위금(委禽): 고대의 혼례에는 첫 번째 하는 일이 납채(納采)이다. 납채를 할 때는 기러기〔雁〕를 쓰므로 또한 새〔禽〕를 맡겨 놓았다고도 한다.

218 자산은 국정이 닦여지지 않아서 두 대부가 여자를 놓고 다툰 것이지 여자 집의 우환은 아니니 여자를 누구에게 보내 주던지 하고 싶은 대로 하라고 한 것이다.

219 여자가 스스로 택하도록 두 사람이 모두 동의한 것이다.

子皙盛飾入,[220]	자석은 성장을 하고 들어가서
布幣而出.[221]	폐백을 펼쳐놓고 나왔다.
子南戎服入,	자남은 융복을 입고 들어가서
左右射,	좌우에 활을 쏘고
超乘而出.[222]	수레에 뛰어올라 나왔다.
女自房觀之,	여자가 방에서 살펴보고는
曰,	말하기를
"子皙信美矣,[223]	"자석은 확실히 멋있다.
抑子南,	그러나 자남은
夫也.[224]	사나이다.
夫夫婦婦,[225]	남편은 남편답고 아내는 아내다운 것이

---

220 자석(子皙): 곧 공손흑이다.
성식(盛飾): 화려하게 꾸민 것이다.

221 포폐(布幣): 폐(幣)는 지폐(贄幣)로, 처음 만날 때의 예물이며, 남자 측에서 옥백(玉帛)이나 금조(禽鳥)를 대청에 펼쳐놓는 것이다.

222 자남은 이미 정혼을 하였기 때문에 다시 납폐의 의식을 하지 않았다. 뜰 한 복판에서 활을 쏜 것이다. 마차는 문밖에 있었으며, 초승(超乘)은 마차 위로 훌쩍 뛰어올라 나간 것을 말한다.

223 신(信): 실로.

224 부(夫): 장부의 기상이 있다는 말이다.

225 부부부부(夫夫婦婦): 앞의 부(夫)와 부(婦)는 모두 명사로 그 몸을 가리키며, 뒤의 두 자는 술어이다. 이런 구법은『논어·안연(顔淵)』편의 "임금은 임금다워야 하고 신하는 신하다워야 하며, 아비는 아비답고 자식은 자식다워야 한다(君君, 臣臣, 父父, 子子)"는 것과 같다. 여기서는 남편은 남편다운 행동을 하여야 하고 아내는 아내다운 덕이 있어야 한다는 것을 말한 것이다.

所謂順也."[226]	이른바 순리이다"라 하고는
適子南氏.	자남씨에게 갔다.
子皙怒.	자석은 노하였다.
旣而櫜甲以見子南,[227]	얼마 후 안에 갑옷을 입고 자남을 찾아가서
欲殺之而取其妻.	그를 죽이고 그의 아내를 취하려고 하였다.
子南知之,	자남이 그 사실을 알아채고
執戈逐之,	과를 들고 그를 쫓아
及衝,[228]	네거리에 이르러
擊之以戈.	과로 그를 쳤다.
子皙傷而歸,	자석이 부상을 당하여 돌아와서는
告大夫曰,	대부에게 일러 말하였다.
"我好見之,	"내 그를 잘 만나려 했는데
不知其有異志也,	그가 딴 뜻을 품은 줄을 몰라서
故傷."	부상을 당하였다."

226 옛날에 이른바 이치를 따르는 것이다.

227 고갑(櫜甲): 『주례·고공기·함인(考工記·函人)』의 주석에서는 "속에 갑옷을 입고 옷을 입은 것을 고(櫜)라고 한다"라 하였으니 이 고갑(櫜甲)은 곧 양공 20년 『전』의 충갑(衷甲)과 같으며 활집 속에 무기를 감추어 둔 것이 아니다. 육덕명(陸德明)의 『석문(釋文)』에서는 "고(櫜)는 본래 아마 충(衷)이라 하였을 것이다"라 하였다.

228 충(衝): 사방으로 교차하는 큰길이다.

大夫皆謀之.	대부들이 모두 이 일에 대해 모의하였다.
子産曰,	자산이 말하였다.
"直鈞,[229]	"마찬가지일 경우에는
幼賤有罪,[230]	어리고 낮은 사람에게 죄가 있는 것이니
罪在楚也."	죄는 초에게 있다."
乃執子南,	이에 자남을 잡아가서
而數之,[231]	그 죄를 열거하여
曰,	말하였다.
"國之大節有五,	"나라에는 다섯 가지 큰 법도가 있는데
女皆奸之.[232]	너는 그 모든 것을 범하였다.
畏君之威,	임금의 위엄을 두려워해야 하고
聽其政,[233]	그 정령을 따라야 하며

229 각자 이유가 있다는 말이다. 기실 자석은 이유 없이 자남의 약혼녀를 빼앗으려 했으며, 뜻대로 되지 못하자 또 그 남편을 죽이려 하였으며 자남은 정당방위를 하다가 그에게 상처를 입혔을 뿐이다. 곡직은 절로 자명하다. 자산은 자석이 대족이므로 짐짓 자석의 소청을 받아들여 자남이 그에게 상해를 입힌 것을 무리라고 한 것이다.

230 나이가 어리고 관위가 낮은 자에게 죄가 있다는 것이다.

231 수(數): 희공 28년『전』의 "희부기를 쓰지 않은 것과 헌거를 타는 사람이 3백 명인 것을 따졌다(數之以其不用僖負羈, 而乘軒者三百人也)"라 한 수(數)와 같다. 그 죄를 일일이 꼽아가며 따지는 것이다.

232 간(奸): 범하다.

尊其貴,	존귀한 자를 높여야 하고
事其長,	연장자를 섬겨야 하며
養其親,	그 친속을 봉양해야 하는데,
五者所以爲國也.	이 다섯 가지는 나라를 다스리는 것이다.
今君在國,	지금 임금께서 나라에 계시는데
女用兵焉,	너는 무기를 썼으니
不畏威也,	위엄을 두려워하지 않은 것이고,
奸國之紀,[234]	나라의 기강을 범하였으니
不聽政也,	정령을 따르지 않은 것이며,
子晳,	자석은
上大夫,	상대부이고
女,	너는
嬖大夫,[235]	하대부인데
而弗下之,	그 밑에 있으려 하지 않았으니
不尊貴也,	존귀한 자를 높이지 않은 것이고,
幼而不忌,[236]	어린데도 꺼리지 않았으니

233 청(聽): 따르다.

234 기(紀): 법기(法紀)이다.

235 폐대부(嬖大夫): 진(晉)나라와 정(鄭)나라, 오(吳)나라에서는 모두 하대부를 폐대부라 하였다.

不事長也,	어른을 섬기지 않은 것이며,
兵其從兄,[237]	종형에게 무기를 썼으니
不養親也.	친속을 봉양하지 않은 것이다.
君曰,	임금께서 말하기를
'余不女忍殺,[238]	'내 차마 너를 죽이지 못하겠으니
宥女以遠.'[239]	너를 용서하여 멀리 보내겠다'라 하셨으니
勉,	힘써
速行乎,	속히 떠나
無重而罪!"[240]	네 죄를 중하게 하지 말지어다!"
五月庚辰,[241]	5월 경진일에
鄭放游楚於吳.[242]	정나라가 유초를 오나라로 추방하였다.
將行子南,[243]	자남을 보내려는데

---

236 기(忌): 공경하는 것이다. 아래에 인용한 사일(史佚)의 말 "나그네가 아니면 무엇을 꺼리겠는가?(非羈何忌)"의 기(忌)와 같은 뜻이다. 두예는 그곳의 주석에서 "공경하는 것이다"라 하였다.

237 종형(從兄): 조부가 같거나 백부와 숙부의 아들로 자기보다 연장자인 사람은 모두 종형이라 할 수 있다.

238 도치문이며, 곧 차마 너를 죽이지 못하겠다는 말이다.

239 그 죄를 용서해 주고 먼 곳으로 추방하여 죽음을 대신하게 한 것이다.

240 이(而): 이(爾)와 같다. 속히 떠나지 않으면 죄가 가중될 것이라는 말이다.

241 경진일은 2일이다.

242 유초(游楚): 곧 자남이다.

243 행(行): 자남을 보내려는 것이다. 행(行)은 동사이며, 사동(使動) 용법으로 쓰였다.

子產咨於大叔.[244] 자산이 태숙에게 물었다.

大叔曰, 태숙이 말하였다.

"吉不能亢身, "나는 몸도 가릴 수 없거늘

焉能亢宗?[245] 어찌 종족을 가릴 수 있겠소?

彼, 그는

國政也, 나라의 정령을 범하였으니

非私難也.[246] 사사로운 위난이 아니오.

子圖鄭國,[247] 그대는 정나라를 위해 도모하는 것이니

利則行之,[248] 이로우면 행할 것이지

又何疑焉? 또 무엇을 의심하오?

周公殺管叔而蔡蔡叔,[249] 주공은 관숙을 죽이고 채숙을 추방하였는데

---

244 태숙(大叔): 곧 유길(游吉)로, 유씨의 종주(宗主)이다. 고대의 종주는 일족의 사람은 모두 그의 말을 들어야 했는데, 태숙이 비록 유초의 형의 아들이기는 하였지만 유초는 또한 그의 말에 순종하여야 했다. 그러므로 자산이 그에게 의견을 물어본 것이다.

245 두예는 "항은 폐(蔽)의 뜻이다"라 하였다. 곧 막다, 보호하다의 뜻이다. 유길은 종자(宗子)로 경대부에 임명되었으니 "일족을 보호하고 집안을 화목하게 할"(保族宜家: 양공 31년의『전』) 책임이 있었다. 문공 16년의『전』에서도 "벼슬을 버리면 가족이 도움을 받을 곳이 없다(棄官, 則族無所庇)"라 하였다.

246 자남이 자석에게 부상을 입힌 것은 나라의 정령의 기강에 속하는 범주이지 개인적인 어려움이 아니라는 말이다.

247 도(圖): 위(魏)나라 장읍(張揖)의『광아·석고(廣雅·釋詁)』에서는 "꾀하는 것이다"라 하였다. 정나라를 위해 도모한다는 말이다.

248 나라에 이로우면 그대로 집행하라는 것을 말한다.

249『사기·관채세가(管蔡世家)』에 의하면 관숙 선(鮮)과 주공 단(旦), 채숙 도(度)는 모두

夫豈不愛?[250]	대체로 어찌 사랑하지 않았겠소?
王室故也.[251]	왕실 때문에 그런 것입니다.
吉若獲戾,[252]	내가 죄를 지었다면
子將行之,[253]	그대는 나를 보낼 것이니
何有於諸游?"[254]	여러 유씨가 어디 있겠소?"

秦后子有寵於桓,	진나라 후자가 환공에게 총애를 받아
如二君於景.[255]	경공 때 두 임금이 있는 것 같았다.
其母曰,	그 어머니가 말했다.

주문왕의 정비의 아들이며 무왕의 동복형제이다. 관숙은 주공의 형이고 채숙은 그 아우이다. 성왕이 어려서 주공 단이 정치를 전담하였는데 관숙과 채숙이 이에 은주(殷紂)아들 무경(武庚)을 끼고 난을 일으켰다. 주공 단은 무경을 사형에 처하고, 관숙은 죽였으며 채숙은 추방하였다. 채채숙(蔡蔡叔)의 위의 "채(蔡)"자는 『설문』에는 "𣪠"로 되어 있는데, 또한 음이 채이며, 두 자는 고음이 같다. 장참(張參)의 『오경문자(五經文字)』에서는 "𣪠는 『춘추전』에는 거의 "채(蔡)"자를 가차하여 썼다. 『후한서·번숙전(後漢書·樊儵傳)』 이현(李賢)의 주에서는 그대로 『전』을 인용하여 "周公殺管叔而𣪠蔡叔"이라 하였으니 "𣪠"으로 된 다른 판본도 있었던 것이다. 두예는 "채(蔡)는 추방하는 것이다"라 하였다. 『사기·주본기(周本紀)』와 「관채세가」에도 모두 "채숙을 추방하였다(放蔡叔)"라 하였으니 그를 추방한 것이다.

250 어찌 그 형과 아우를 사랑하지 않았겠느냐는 말이다.

251 왕실을 굳건하게 하려 한 까닭이라는 말이다.

252 여(戾): 죄이다.

253 그대는 또한 형벌을 거행할 것이라는 말이다.

254 유씨의 여러 사람들은 고려할 필요가 없다는 말이다. 두예는 "2년에 정나라가 공손흑을 죽이는 복선이다"라 하였다.

255 두예는 "후자는 진환공의 아들이며 경공의 동복아우인 겸(鍼)이다. 그 권세와 총애가 두 임금 같다는 것이다"라 하였다.

"弗去,	"떠나지 않으면
懼選."[256]	쫓겨나게 될까 두렵구나."
癸卯,[257]	계묘일에
鍼適晉,	겸이 진나라에 갔는데
其車千乘.	그 수레가 천 승이었다.
書曰,	기록하기를
"秦伯之弟鍼出奔晉",	'진백의 아우 겸이 진나라로 달아났다'라 한 것은
罪秦伯也.	진백에게 죄를 물은 것이다.
后子享晉侯,	후자는 진후에게 향례를 베풀고
造舟于河,[258]	황하에 배로 부교를 만들어
十里舍車,[259]	10리마다 수레를 세웠는데
自雍及絳.[260]	옹에서 강까지 미쳤다.

---

256 『설문』에서 "선(選)은 내쫓다(遣)의 뜻이다"라 하였다. 단옥재(段玉裁)의 주에서는 이 『전』을 인용하여 예를 들었다.

257 계묘일은 25일이다.

258 『이아·석수(釋水)』 곽박(郭璞)의 주에서는 "배를 나란히 붙여 다리를 만든 것이다"라 하였다. 형병(邢昺)의 주석[소(疏)]에서는 "물위에 배를 나란히 붙여 그 위에 판자를 댄 것으로 곧 지금의 부교(浮橋)이다"라 하였다. 『원화군현지(元和郡縣志)』에서는 "동주(同州) 조읍현(朝邑縣)의 다리는 원래 진(秦)나라 후자가 진(晉)나라로 달아나 황하에 배로 만든 것이며 진나라와 진나라를 통하는 길이다"라 하였다. 당나라 조읍현은 지금의 섬서 대려현(大荔縣) 동쪽에 있는 조읍 폐현의 치소이다.

259 매 10리 간격으로 약간의 수레를 세워 놓은 것이다.

260 옹강(雍絳): 옹(雍)은 진(秦)나라의 도읍으로 지금의 섬서 봉상현(鳳翔縣)이다. 강(絳)은 진(晉)의 도읍으로 지금의 후마시(侯馬市)이다. 두예는 "옹과 강의 거리는 천 리이

歸取酬幣,[261]	돌아가 답례품을 가져오는데
終事八反.[262]	일이 끝날 때까지 여덟 번을 돌아갔다.
司馬侯問焉,	사마후가 묻자
曰,	말하였다.
"子之車盡於此而已乎?"	"그대의 수레는 여기 있는 것이 다일 따름이오?"
對曰,	대답하여 말하였다.
"此之謂多矣.	"이것도 많다 하겠습니다.
若能少此,	여기서 줄일 수 있다면
吾何以得見?"[263]	제가 어떻게 뵐 수 있었겠습니까?"

다"라 하였는데 옛날의 도로는 구불구불해서 그렇다. 천 리라면 10리마다 10승(乘)의 수레를 세워 놓은 것이다.

261 수폐(酬幣): 고대의 향례(享禮)에는 먼저 주인이 공경을 나타내는 술을 올리는데 이를 헌(獻)이라 하며, 그런 다음에 손님이 다시 공경을 표하며 이를 작(酢)이라 한다. 다시 주인이 스스로 술을 따라 마시고 손님에게 따라 마실 것을 권하는데 이를 수(酬)라 한다. 이 헌(獻), 작(酢), 수(酬)를 합하여 1헌(獻)이라 한다. 수(酬)에는 반드시 주인이 손님에게 예물을 주고 술을 권해야 하는데 이를 수폐(酬幣)라 한다.

262 후자가 진후에게 향례를 베풀 때는 가장 성대한 구헌(九獻)의 예를 썼을 것이다. 구헌의 예는 춘추시대에도 일찍이 쓴 적이 있는데 모두 임금을 초대하였을 때만 썼다. 이를테면 희공 22년의 "초자가 정나라로 들어가 향례를 받았는데 아홉 번 술을 올렸다(楚子入饗于鄭, 九獻)"라 하였다. 진나라 중이(重耳)가 망명하여 초나라에 이르렀을 대도 초나라의 성왕(成王)은 임금의 예를 가지고 그를 대하였는데 「진어 4」에 의하면 또한 구헌을 썼다. 구헌은 수폐(酬幣)가 아홉 번이 있어야 한다. 첫 번째 수폐는 후자가 먼저 수레에 실어 놓았고, 나머지 여덟 번의 수폐는 매번 수레에서 가져와야 했거나 아니면 후자가 수폐를 빙자하여 진후에게 재물을 많이 주었을 것이다. 종사팔반(終事八反)이라는 것은 향례를 마칠 때까지 수폐의 예물을 가지고 여덟 번 왕복을 하였다는 말이다.

263 자기의 수레가 적었더라면 진나라로 도망 와서 너를 보지 못하게 되었으리라는 말이다.

女叔齊以告公,[264]	여숙제가 이를 공에게 알리고
且曰,	또 말하였다.
"秦公子必歸.	"진나라의 공자는 반드시 돌아갈 것입니다.
臣聞君子能知其過,	신이 듣기에 군자가 그 허물을 알 수 있다면
必有令圖.[265]	반드시 좋은 계획이 있다고 하였습니다.
令圖,	좋은 계획은
天所贊也."	하늘이 돕게 되어 있습니다."
后子見趙孟.	후자가 조맹을 찾아보았다.
趙孟曰,	조맹이 말하였다.
"吾子其曷歸?"[266]	"그대는 어느 때나 돌아갈 것 같소?"
對曰,	대답하였다.
"鍼懼選於寡君,	"저는 과군에게 문책을 당할까 두려워
是以在此,	그 때문에 여기 있으니

264 여숙제(女叔齊): 두예는 "숙제는 사마후이다"라 하였다.
265 령(令): 선(善)이다.
266 갈(曷): 하시(何時), 곧 언제, 어느 때.

將待嗣君."	임금이 계위하기를 기다려야 할 것입니다."
趙孟曰,	조맹이 말하였다.
"秦君何如?"	"진나라 임금은 어떠한가?"
對曰,	대답하였다.
"無道."	"무도합니다."
趙孟曰,	조맹이 말하였다.
"亡乎?"[267]	"망하겠는가?"
對曰,	대답하였다.
"何爲?[268]	"무엇 때문에요?
一世無道,	1세가 무도하다고 해서
國未艾也.[269]	나라가 끊어지지는 않습니다.
國於天地,	천지에 나라를 세우려면
有與立焉.[270]	도와서 세우는 사람이 있게 마련입니다.
不數世淫,	여러 세대가 음란하지만 않으면
弗能斃也."[271]	그 나라를 멸망시킬 수 없습니다."

267 임금이 무도하니 나라가 망하겠느냐는 말이다.
268 무엇 때문에 망하겠느냐는 말이다.
269 애(艾): 두예는 "애는 끊기는 것이다"라 하였다.
270 천지에 나라를 세우려면 반드시 도와주는 사람이 있다는 것이다.
271 연속해서 몇 대의 왕이 음란하지만 않으면 멸망시키지 않을 것이라는 말이다.

趙孟曰,	조맹이 말하였다.
“夭乎?”[272]	“일찍 죽겠는가?”
對曰,	대답하였다.
“有焉.”	“그럴 겁니다.”
趙孟曰,	조맹이 말하였다.
“其幾何?”	“얼마나 가겠는가?”
對曰,	대답하였다.
“鍼聞之,	“제가 듣건대
國無道而年穀和熟,	나라가 무도한데 풍년이 들고 곡식이 잘 익는 것은
天贊之也.	하늘이 도와서라고 하였습니다.
鮮不五稔.”[273]	5년이 안 될 것 같습니다.”
趙孟視蔭,	조맹이 그늘을 보고
曰,	말하였다.
“朝夕不相及,	“아침저녁이 서로 미치지 못하니
誰能待五?”[274]	누가 5년을 기다리겠는가?”

---

272 요(夭): 원래 “천(天)”으로 되어 있었는데, 청나라 완원(阮元)의 『교감기(校勘記)』와 가나자와 문고본(金澤文庫本) 및 공영달의 주석, 전대흔(錢大昕) 등의 설에 따라 바로잡았다. 요(夭)는 요절, 단명하는 것이다.

273 선(鮮): 두예는 “선은 적다는 뜻이다”라 하였다. 선(鮮)은 실은 “사(斯)”의 가차자로 이것이라는 뜻이다. 두예의 설은 생각을 해보아야 한다. 진경공은 실은 노소공 5년에 죽으니 5년을 넘지 않았다.

后子出,	후자는 나와서
而告人曰,	다른 사람에게 말하였다.
"趙孟將死矣.	"조맹은 곧 죽을 것이다.
主民,	백성의 일을 주재하면서
翫歲而愒日,[275]	허송세월이나 보내고 안일함만 추구하니
其與幾何?"[276]	그 얼마나 되겠는가?"

鄭爲游楚亂故,[277]	정나라는 유초의 난 때문에
六月丁巳,[278]	6월 정사일에
鄭伯及其大夫盟于公孫段氏.	정백 및 대부들이 공손단의 집에서 맹약하였다.

罕虎, 公孫僑, 公孫段, 印段, 游吉, 駟帶私盟于閨門之外,

한호와 공손교, 공손단, 인단, 유길,
사대가 규문 밖에서 사적으로
맹약을 맺었는데

---

274 자기는 5년을 기다릴 수 없다는 말이다.

275 완(翫): 『설문』에서는 "완은 익숙해지는 것이다"라 하였다. 완(玩)과 같다.
게(愒): 급하다는 뜻이다. 이 구절은 조맹이 세월이 흘러감에 익숙해졌으며 또한 자기의 어려움이 오래될까 급박해하는 것을 말한다.

276 "其幾何歟"가 변형된 구절이다.

277 유초(游楚): 곧 자남(子南)이다.

278 정사일은 9일이다.

實薰隧.[279] 사실은 훈수였다.

公孫黑强與於盟, 공손흑이 억지로 회맹에 참여하여

使大史書其名, 태사에게 그 이름을 쓰게 하고

且曰"七子".[280] 아울러 "칠자"라고 말하였다.

子産弗討. 자산은 그의 죄를 성토하지 않았다.

晉中行穆子敗無終及羣狄于大原,[281] 진나라의 중항목자가 태원에서 무종 및 여러 적족을 무찔렀는데

崇卒也.[282] 보졸을 높였기 때문이다.

將戰, 싸우려 할 즈음에

魏舒曰, 위서가 말하였다.

"彼徒我車, "저들은 보병이고 우리는 병거대이며

所遇又阨,[283] 만나는 곳이 또 험하니

以什共車, 열 명을 병거와 함께 붙이면

必克.[284] 반드시 이길 겁니다.

---

279 두예는 "규문은 정나라 도성의 문이다. 훈수는 문밖의 길 이름이다. 그 실지(實地)를 말한 것은 이듬해에 자산이 자석의 죄를 일일이 들어 훈수의 맹약이라고 한 것의 복선이다"라 하였다.

280 두예는 "스스로 여섯 경과 동등해지고자 하였기 때문에 칠자라고 하였다"라 하였다.

281 무종(無終): 양공 4년의 『전』과 『주』에 상세하다.

282 숭(崇): 상(尙), 곧 중시한 것이다.

283 두예는 "지세가 험하여 병거를 쓰기에 불편한 것이다"라 하였다.

困諸阨,[285]	험지에서 그들을 곤경에 빠뜨리면
又克.	또한 이길 것입니다.
請皆卒,	청컨대 모두 보병으로 해주시고
自我始."[286]	저부터 시작하겠습니다."
乃毁車以爲行,[287]	이에 병거를 버려두고 행렬을 만들어
五乘爲三伍.[288]	5승을 세 개의 오로 하였다.
荀吳之嬖人不肯卽卒,[289]	순오가 총애하는 사람이 보병으로 가려 하지 않아

284 『육도·균병(六韜·均兵)』편에 의하면 지세가 평탄한 곳에서 전투를 하는 방법이 있는데 병거 한 대당 보졸이 80명으로 80명이 병거 한 대를 당해 내는 것이다. 험난하거나 좁은 길에서 전투를 하는 방법도 있는데 병거 한 대가 보졸 40명을 당하고 40명이 한 대의 병거를 당해 내는 것이다. 지금 위서의 전법은 열 명으로 병거 한 대에 맞서는 것으로 이 열 명은 곧 최정예의 병사일 것인데 그 땅 또한 좁기 때문이다. 『관자·대광(管子·大匡)』편에서는 "대후(大侯)의 병거는 2백 승에 보졸이 2천 명이며, 소후(小侯)의 병거는 백 승에 보졸이 천 명이다"라 하였으니 당시 매 병거당 보졸 또한 열 명이었던 것 같다.

285 저(諸): 지어(之於)의 합음(合音)이다. 이 구절의 뜻은 험지에서 적군들을 곤경에 빠뜨리는 것이다.

286 병거는 쓰지 말고 모두 보병으로 하되 자기부터 시작하겠다는 것이다.

287 훼거(毁車): 훼(毁)는 파괴하는 것이 아니라 버리고 쓰지 않는다는 것이다.
행(行): 보병의 행렬. 양공 3년『전』의 "곡량에서 군대의 행진을 어지럽혔다(亂行於曲梁)"라 한 것 또한 보병의 행렬을 말하며 병거를 말한 것이 아니다. 진나라는 일찍부터 보병을 보유하였는데, 희공 10년의『전』에 좌행과 우행이 있고, 28년의『전』에서도 또한 "세 행으로 적(狄)을 막았다"라 하였다. 여기서는 아마 먼저 병거를 썼으므로 임시로 병거를 보병으로 개편하였거나 아니면 진나라는 적(狄)의 화가 적었기 때문에 이미 세 행(行)을 버렸을 것이다.

288 매 승(乘)은 세 명이므로 5승의 15명을 세 개의 오(伍)로 편성한 것이다. 오(伍)는 전투를 하는 최소한의 조직이다.

289 즉졸(卽卒): 즉(卽)은 나아가는 것이다. 즉졸은 보병의 행렬로 가는 것을 말한다.

斬以徇.[290]	참수하여 모두에게 보였다.
爲五陳以相離,[291]	다섯 군진을 서로 짝지어
兩於前,	양은 앞에
伍於後,	오는 뒤에 배치하고
專爲右角,	전은 오른쪽 모서리
參爲左角,	삼은 왼쪽 모서리
偏爲前拒,[292]	편은 선봉으로 삼아
以誘之.	적을 꾀니
翟人笑之.[293]	적 사람이 비웃었다.
未陳而薄之,[294]	진을 펼치기 전에 다가가서

---

290 위서(魏舒)가 그를 베어 사람들에게 돌려 보인 것이다.

291 오진(五陳): 다섯 가지 진세(陣勢)이다.
이(離): 려(麗)와 통한다. 붙여서 짝을 지우는 것이다.

292 양·오·전·삼·편(兩·伍·專·參·偏): 모두 진의 이름이다. 이는 보병의 진법으로 상세한 내용은 이미 알 수 없게 되었다. 복건은『사마법(司馬法)』을 인용하여 "50승(乘)이 양(兩)이고, 120승이 오(伍), 81승이 전(專), 29승이 삼(參), 25승(乘)이 편(偏)이다. ……" 하였는데 이는 병거의 진법이어서『전』의 뜻이 아니다. 이 오진(五陣)은 적을 유인하는 진인 것 같아 보병이 적으며, 아니면 보병의 수로 진의 이름을 삼은 것 같다. 양(兩)은 두 개의 오(伍)로 열 명이며, 오(伍)는 1오(伍)라 하기도 하고 오(伍)는 오(五)가 와전된 것이라고도 하여 5 내지 25명이고, 전(專)은 독(獨), 일(一)로 곧 1오(伍) 5명이다. 삼(參)은 삼(三)과 통하며 3오로 15명이다. 편(偏)은『사마법』및『주례·소사도(小司徒)』에서 1백 명을 졸(卒)이라 하였고, 선공 12년의『전』에서는 졸(卒)이 2편(偏)이라 하였으니 편은 50명이고 두예의 주석도 이와 같다. 곧 5진은 1백여 명 남짓한 것에 불과하므로 적 사람이 웃은 것이다. 그 뒤에 대병력이 있는 것을 모르고 적을 험지에 몰아넣어 곤경에 빠뜨린 후에 이긴 것이다.

293 적(翟): 적(狄)과 같다.

294 적(狄) 사람들이 군진을 꾸미기도 전에 가까이 다가가 공격한 것이다.

大敗之.	그들을 크게 무찔렀다.
莒展輿立,	거나라의 전여가 즉위하여
而奪羣公子秩.[295]	여러 공자들의 봉록을 빼앗았다.
公子召去疾于齊.[296]	공자들이 거질을 제나라로 불렀다.
秋,	가을에
齊公子鉏納去疾,	제나라 공자 서가 거질을 받아들여
展輿奔吳.[297]	전여는 오나라로 달아났다.
叔弓帥師疆鄆田,[298]	숙궁이 군사를 거느리고 운의 전지의 경계를 구획하였는데

295 질(秩): 봉록(俸祿)이다. 장공 19년『전』의 "선부의 봉록을 거두었다(收膳夫之秩)"라 한 것과 같은 뜻이다. 고대의 질록(秩祿)은 전지로 내리거나 곡식으로 하였다.

296 공자(公子): 곧 군공자(羣公子)이다.

297 그 어머니가 오나라 여자이기 때문이다.

298 강(疆): 두 가지의 뜻이 있다. 두예는 "경계를 바로잡은 것이다"라 하였다. 다케조에 고코〔竹添光鴻: 1842~1917. 다케조에 신이치로(竹添進一郎)〕의『좌전회전(左傳會箋)』〔이하『회전(會箋)』〕에서는 "강(疆)은 흙을 모아 참호를 만들고 그 바깥은 도랑을 만들어 출입을 막은 것이다.『주례·봉인(封人)』에 의하면 무릇 나라를 봉하면 그 사방의 경계를 봉한다. 도읍의 봉성을 만들 때도 또한 이렇게 한다"라 하였다. 이 설은 말을 잘 하였지만『전』에서는 모두 네 번 강전(疆田)을 말하였는데, 문공 원년의 "진후가 척의 전지를 정했다(晉侯疆戚田)", 성공 4년의 "정나라가 군사를 거느리고 허나라의 전지를 정하였다(鄭帥師疆許田)", 양공 8년의 "거나라 사람이 증나라 땅의 경계를 정했다(莒人疆鄫田)"라 한 것과 이곳인데 그 뜻은 모두 같을 것이다. 앞에서는 모두 경계를 획정한다는 뜻으로 풀이를 하였는데 여기서만 다를 수는 없을 것이다. 또한『주례·봉인(封人)』에서는 봉을 흙을 모으는 것으로 생각하였고 강(疆)은 여전히 경계를 정한다는 뜻으로 보았으니 다케조에 고코의 설은 맞는 것 같지만 아니다. 이후로 운은 오래도록 노나라의 소유가 되었으며, 소공 25년 제후가 운을 취하여 공을 거처하게 한 곳이 바로 이곳 운이다.

因莒亂也.	거나라의 난 때문이었다.

於是莒務婁, 瞀胡及公子滅明以大厖與常儀靡奔齊.[299]

	이때 거나라의 무루와 무호 및 공자 멸명이 대방과 상의미를 가지고 제나라로 달아났다.
君子曰,	군자가 말하였다.
"莒展之不立,[300]	"거전이 즉위하지 못한 것은
棄人也夫!	사람을 버려서이다!
人可棄乎?	사람을 버릴 수 있는가?
詩曰'無競惟人',[301]	『시』에서 말하기를 '강해지려면 사람뿐이라네'라 하였는데
善矣."	훌륭하다."

晉侯有疾,	진후가 병이 나서
鄭伯使公孫僑如晉聘,	정백이 공손교를 진나라로 보내 빙문하고

299 무루(務婁)와 무호(瞀胡), 멸명(滅明) 이 세 사람은 모두 전여의 도당이다. 대방(大厖)과 상의미(常儀靡)는 거나라의 두 읍이다. 지금의 산동 거현(莒縣) 서북쪽에 있을 것이다.

300 거전(莒展): 전(展)은 전여(展輿)를 생략하여 부른 것이다. 진나라 중이(重耳)를 중(重)으로 줄여 부른 예와 같다.

301 『시』는 『시경·주송·열문(周頌·烈文)』의 구절이다. 경(競)은 강하다는 뜻이다. 무(無)는 발어사로 뜻이 없다. 강하게 할 수 있는 것은 인재밖에 없다는 말이다. 경(競)을 문자 그대로 다툰다는 뜻으로 보면 무경(無競)은 다툴 사람이 없다, 곧 적이 없다는 뜻이 되어 또한 통한다.

且問疾.[302]	또한 병세를 묻게 하였다.
叔向問焉,[303]	숙상이 물어보았더니
曰,	말하였다.
"寡君之疾病,	"과군의 병이 위중해지자
卜人曰'實沈, 臺駘爲祟',	복인이 '실침과 대태가 높아진다' 하였는데
史莫之知.	태사가 그 말뜻을 알지 못하였습니다.
敢問此何神也?"	감히 여쭙건대 이것이 어떤 신인지요?"
子産曰,	자산이 말하였다.
"昔高辛氏有二子,[304]	"옛날에 고신씨에게 두 아들이 있었는데
伯曰閼伯,	맏이는 알백이라 하였고
季曰實沈,	막내는 실침이라 하였는데
居于曠林,[305]	큰 숲에서 살았으며

---

302 문질(問疾): 병세를 알아보는 것이다.

303 숙상이 자신이 머무는 곳에 가서 물어본 것이다.

304 청나라 뇌학기(雷學淇)의 『교집세본(校輯世本)』에 의하면 "황제(黃帝)는 현효(玄囂)를 낳았고, 현효는 교극(僑極)을 낳았으며, 교극은 고신(高辛)을 낳았는데 곧 제곡(帝嚳)이다. 제곡은 요(堯)를 낳았다"라 하였다. 그래서 두예도 "고신은 제곡이다"라 하였다. 그러나 옛 역사의 전설은 이설이 분분하여 심각하게 논할 필요가 없다.

305 광림(曠林): 두예는 지명인데 소재지를 모르겠다고 하였으며, 가규(賈逵)는 광(曠)을 크다는 의미로 보았다. 『문선』의 주석에서는 "광야(曠野)"로 인용하였다.

不相能也,[306]	서로를 어쩌지 못하여
日尋干戈,[307]	날마다 간과 같은 무기를 찾아들고
以相征討.	서로 토벌하였습니다.
后帝不臧,[308]	후제가 좋지 않게 여겨
遷閼伯于商丘,	알백을 상구로 옮기어
主辰.[309]	진성을 주관하게 하였습니다.
商人是因,	상인이 이를 이어받아
故辰爲商星.	진성은 상성이 되었습니다.
遷實沈于大夏,[310]	실침은 대하로 옮겨
主參,	삼성을 주관하게 하였는데
唐人是因,	당나라가 이를 이어받아

306 화목하지 못한 것이다.

307 심(尋): 두예는 "심(尋)은 용(用)의 뜻이다"라 하였다.

308 두예는 "후제는 요(堯)이다. 장(臧)은 착한 것이다"라 하였다. 요가 좋게 생각하지 않은 것이다.

309 진(辰): 양공 9년의 『전』에서도 "도당씨의 화정 알백은 상구에 살면서, 대화성을 제사 지냈다(陶唐氏之火正閼伯居商丘, 祀大火)"라 하였는데, 이것과 함께 서로 증명해 볼 수 있다. 두예는 "진(辰)은 대화성이다"라 하였다. 대화는 곧 심수(心宿)로 또한 상성(商星)이라고도 하며 세 개의 별이 있는데 곧 전갈자리의 σ(시그마), α(알파), τ(타우)의 세 별이다. 심수의 두 별은 적색의 1등성이므로 대화(大火)라고 한다. 주진(主辰) 및 아래의 주삼(主參)은 대화성 및 삼성을 진성(辰星)으로 삼아 시절을 정하는 것으로, 곧 양공 9년『전』에서 "대화성의 기록을 때에 맞추어 했다(而火紀時焉)"는 것이다.

310 삼수(參宿)에는 일곱 개의 별이 있는데 곧 오리온자리로 ζ(제타), ε(엡실론), δ(델타), α(알파), Υ(입실론), χ(키), β(베타) 등의 별이다.

以服事夏, 商.	하나라와 상나라에 복종하여 섬겼습니다.
其季世曰唐叔虞.[311]	그 마지막 왕을 당숙우라 하였습니다.
當武王邑姜方震大叔,[312]	무왕의 부인 읍강이 바야흐로 태숙을 가졌을 때
夢帝謂己,[313]	꿈에 천제가 자기에게 말하기를
'余命而子曰虞,[314]	'내 너의 아들을 우라 하고
將與之唐,	그에게 당을 주어
屬諸參,	삼성에 속하게 하여
而蕃育其子孫.'[315]	그 자손들을 번성하게 키우겠다'라 하였습니다.
及生,	태어나자
有文在其手曰虞,[316]	손에 글자가 있었는데 우라 하였으며

---

311 당숙우(唐叔虞): 곧 당나라 말기의 임금으로 은상에 복종하여 섬긴 자일 것이다.

312 무왕읍강(武王邑姜): 무왕의 읍강으로, 읍강이 곧 무왕의 비임을 나타낸다. 제태공의 딸이다. 12년 『전』에서 여급(呂伋)을 언급하고 또 "제(齊)는 왕의 장인이다"라 한 것으로 알 수 있다.
진(震): 『설문』에는 신(娠)으로 되어 있으며, 회임(懷妊)하였다는 뜻이다.

313 기(己): 읍강이다.

314 『사기·진세가』에는 "꿈에 천제가 무왕에게 말하기를……"이라 하였는데 틀렸으며, 공영달이 이미 반박하였다.
명(命)은 명(名)의 뜻으로 쓰였고, 이(而)는 이(爾)와 같다.

315 당(唐)은 지금의 산서 태원시(太原市)이다. 명말청초(明末淸初) 고염무(顧炎武: 1613~1682)는 지금의 산서 익성현(翼城縣) 남쪽에 있다고 하였다. 나머지는 은공 5년 『전』의 "곡옥장백(曲沃莊伯)"의 주에 상세하다.

遂以命之.[317]	마침내 그렇게 이름을 지었습니다.
及成王滅唐,	성왕이 당을 멸하자
而封大叔焉,[318]	태숙에 봉하였으므로
故參爲晉星.	삼은 진성이 되었습니다.
由是觀之,	이로써 살펴보건대
則實沈,	곧 실침은
參神也.	삼성의 신입니다.
昔金天氏有裔子曰昧,[319]	옛날에 금천씨에게는 아득한 후손이 있었는데 매라 하였으며
爲玄冥師,[320]	현명의 수장이 되어
生允格, 臺駘.	윤격과 대태를 낳았는데
臺駘能業其官,[321]	대태는 대를 이어 그 관직을 맡아

---

316 문(文): 글자이다. 은공 원년『전』의 공영달의 주〔소(疏)〕에 의하면『석경』의 고문에는 "虞"가 "?"로 되어 있다 하였으니 손바닥의 잔금에 혹 이 형태가 있었는지 모르겠다.

317 명(命): 명(名), 이름을 짓다.

318 태숙(大叔): 곧 숙우(叔虞)로, 성왕(成王)의 동복아우이다.「진세가」에 의하면 숙우는 당후(唐侯)에 봉하여졌으며, 아들 섭보(燮父)는 진후(晉侯)로 고쳤다.

319 금천씨(金天氏): 청나라 뇌학기(雷學淇)의『교집세본』에서는 "소호(少昊)는 황제의 아들로 이름은 설(契)이고 자는 청양(青陽)이다. 황제가 죽자 설이 즉위하였는데, 금덕(金德)으로 왕이 되었으므로 호를 금천씨라 하였다"라 하였다. 두예 또한 "금천씨는 제소호(帝少皞)이다"라 하였다. 호(昊)와 호(皞), 호(暤)는 서로 통한다.
예(裔): 멀다는 뜻이다.

320 현명(玄冥): "현명은 수관(水官)이다. 매는 수관의 장이었다"라 하였다.

321 업(業): 세(世)이다. 대대로 이어온 업을 이을 수 있었다는 것이다. 다케조에 고코(竹添光鴻)의『회전(會箋)』에서는 "업(業)은 업(㸁)의 뜻으로 읽는다.『방언(方言)』에서 업(㸁)은 잇는 것이라 하였다"라 하였는데 또한 뜻이 통한다.

宣汾, 洮,[322]	분과 조를 틔우고
障大澤,[323]	큰 늪에 제방을 쌓아
以處大原.[324]	큰 언덕에 살았습니다.
帝用嘉之,	제가 이를 가상히 여겨
封諸汾川,[325]	그를 분천에 봉하여
沈, 姒, 蓐, 黃實守其祀.[326]	심국과 사국, 욕국, 황국이 실로 그 제사를 지켰습니다.
今晉主汾而滅之矣.[327]	지금 진나라는 분수의 주인인데도 그를 멸하였습니다.

---

322 선(宣): 두예는 "선은 통한다는 뜻이다. 분과 조는 두 강의 이름이다"라 하였다. 곧 선(宣)은 소통시킨다는 뜻이다. 분수〔汾〕는 산서 영무현(寧武縣) 서남쪽의 관잠산(管涔山)에서 발원하여 동남쪽으로 태원시(太原市)를 거쳐 신강현(新絳縣)에 이르러 서쪽으로 꺾이어 흘러 하진현(河津縣)에 이르러 황하로 유입된다. 조수〔洮〕는 산서 문희현(聞喜縣) 동남쪽에 있으며 진촌욕수(陳村峪水)와 합쳐진다. 진촌욕수는 곧 속수(涑水)이다.

323 대택(大澤): 『청일통지(淸一統志)』에서는 "대태택(臺駘澤)은 태원부(太原府) 남쪽 10리 지점에 있으며, 옛날에 진수(晉水)가 모이는 곳으로 포어(蒲魚)가 모이는데 지금은 마른 지 오래되었다"라 하였다. 장(障)은 제방을 쌓는 것이다.

324 대원(大原): 지명이 아니며 곧 분수 유역의 높고 평평한 땅이다. 두예는 곧 지금의 태원(太原)이라 하였는데 생각해 볼 만하다.

325 복건과 두예는 모두 제(帝)를 전욱(顓頊)이라 하였다. 뇌학기의 『교집세본』에 의하면 황제는 창의(昌意)를 낳았으며 창의는 고양(高陽)을 낳았는데 곧 전욱이다. 곧 전욱은 금천씨와는 하나의 배항(輩行)만 떨어져 있었는데, 매(昧)는 금천씨의 먼 자손이며, 대태 또한 매의 아들이므로 공영달은 이를 의심하여 주석〔소(疏)〕에서 "신하의 세계(世系)는 많고 임금의 세계는 적다. 사적이 흩어지고 없어져 검사하여 교감할 수가 없다"라 하였다. 기실 고대의 전설은 말하는 사람마다 달라 깊이 고려할 만하지 못하다. 용(用)은 인(因)의 뜻이다. 분천(汾川)은 곧 분수의 유역이다.

326 두예는 "네 나라는 대태의 후예이다"라 하였다. 이 네 나라의 국도는 모두 진나라 경내에 있는데 이미 그 국경을 가리킬 수 없게 되었다. 청나라 강신영(姜宸英)의 『담원미정고(湛園未定稿)』 권5에서는 「위책(魏策)」에서 서수(犀首)가 황(黃)을 치고 위(衛)를 지났다는 것이 곧 이 황국이라 하였는데 또한 천착한 말인 것 같다.

由是觀之,	이로써 보건대
則臺駘,	곧 대태는
汾神也.	분수의 신입니다.
抑此二者,[328]	그러나 두 신은
不及君身.[329]	임금의 몸에 미치지를 못합니다.
山川之神,	산천의 신은
則水旱癘疫之災於是乎禜之,[330]	수해와 한해, 역병의 재난이 발생하면 이에 그에게 제사 지내고,
日月星辰之神,	일월성신의 신은

---

327 주분(主汾): 분수 유역의 주인이라는 말이다. 두예는 "네 나라를 멸한 것이다"라 하였다.

328 이자(二者): 실침과 대태이다.

329 진나라 임금의 질병과는 무관하다는 말이다.

330 여역(癘疫): 실침과 대태는 곧 산천의 신이다. 여역은 전염병을 말한다. 후한 헌제(獻帝) 건안(建安) 22년에 전염병이 유행한 적이 있는데 『조식집·설역기(曹植集·說疫氣)』에서는 "건안 22년 역병이 유행하여 집집마다 강시의 고통이 있었고 방방이 울부짖는 슬픔이 있었다. 어떤 자는 문을 닫고 쓰러졌고 어떤 자는 가족 위에 엎어져 죽었다. 어떤 자는 역병은 귀신이 일으킨 것이라고 생각하였다. ……"라 하였다. 려(癘)니 역(疫)이니 하는 것으로 이곳의 여역(癘疫)의 뜻을 알 수 있다.
영(禜): 『설문』에서는 "면체(綿蕝)를 설치하는 것을 영이라 하는데, 비바람, 눈서리, 수재와 한재, 역병을 일월, 성신, 산천에 제사 지내는 것이다"라 하였다. 『주례·춘관·태축(春官·大祝)』에서는 "여섯 가지 기도법을 관장하여 귀신을 하나로 일치되게 하는데, 네 번째를 영(禜)이라 한다"라 하였다. 가규는 땅을 고르고 표기를 세우며 폐백을 가지고 제사하는 것이라고 하였다. 두예는 곧 가규의 뜻을 썼으며 『설문』과 같다. 대체로 곧 초목을 모아서 묶어 제사 지낼 곳을 설치하고 제수 용품으로 귀신에게 구하여 화를 없애고 복을 기구하는 것이다. 제수 용품에는 희생도 있고 규벽(圭璧)도 있는데 『시경·대아·운한(大雅·雲漢)』에서 "희생 아끼지 않고, 구슬까지 다 바쳤다네(靡愛斯牲, 圭璧旣卒)"라 한 것으로 알 수 있다.

則雪霜風雨之不時,	눈과 서리, 바람과 비가 때에 맞지 않으면
於是乎禜之.[331]	이에 그에게 제사를 지냅니다.
若君身,	임금님의 몸 같은 것은
則亦出入, 飮食, 哀樂之事也,[332]	또한 출입과 음식, 애락의 일이니
山川, 星辰之神又何爲焉?[333]	산천과 성신의 신이 또한 무엇을 하겠습니까?
僑聞之,	제가 듣건대
君子有四時,	군자는 네 가지 때가 있다고 하니
朝以聽政,	아침에는 정사를 듣고
晝以訪問,	낮에는 찾아가 물으며
夕以脩令,[334]	저녁에는 정령을 닦고
夜以安身.	밤에는 몸을 편안히 한다고 하였습니다.
於是乎節宣其氣,[335]	이에 절제 있게 기를 펴서

---

331 두예는 "성신의 신은 실침 같은 것이다"라 하였다. 기실 일월성신과 산천의 신에게 제사 지내는 것은 모두 수재와 한재, 역병 때문이며 모두 영이다. 자산이 분별하여 말한 것은 대개 대태가 산천의 신이고 실침이 성신의 신이기 때문일 따름이다.

332 공영달의 주석[소(疏)]에서는 『공자가어』를 인용하여 "음식을 때맞춰 섭취하지 않고 안일함과 수고로움이 과도한 자는 병이 함께 죽인다"라 하여 이곳의 출입이 안일함과 수고로움(逸勞)이라 하였다.

333 두예는 "실침과 대태가 임금의 병을 일으키지 않았음을 말하였다"라 하였다.

334 수령(脩令): 수(脩)는 수(修)와 통하여, 수령은 정령을 확정하는 것이다.

335 기(氣): 혈기와 몸의 기운을 말한다. 『맹자 · 공손추(公孫丑) 상』에서 "기는 몸에 꽉 차

勿使有所壅閉湫底以露其體,[336]	막히고 닫히는 것이 있어 그 몸이 쇠약해지게 하고
玆心不爽,[337]	이 마음이 상쾌하지 않아
而昏亂百度.[338]	온갖 일이 혼란하게 하지도 않습니다.
今無乃壹之,[339]	지금 이에 전일하지 못하니
則生疾矣.[340]	병이 생긴 것입니다.
僑又聞之,	제가 또 듣건대
內官不及同姓,[341]	내관은 같은 성에는 미치지 않는다 하니

있는 것이다(氣, 體之充也)"라 하였을 때의 기이다.

절선(節宣): 절제하여 산발(散發)시키는 것.

336 옹폐추저(壅閉湫底) 이 네 글자의 뜻은 서로 가깝다. 혈기가 집중되어 꽉 막혀 통하지 않게 한다는 뜻이다.

로(露): 리(羸)와 같다. 신체가 파리하고 약하게 하는 것이다.

337 자(玆): 차(此), 곧 이것으로 해석하면 뜻이 통한다. 그러나 청나라 왕인지(王引之)는 『경전석사(經傳釋詞)』에서 이 자(玆)자를 "위를 이어 아래를 일으키는 말로 이와 같이 하게 하다라는 말과 같다"라 하였다. 양수달(楊樹達)은 "이런 용법은 곧 '자용(玆用)'의 생략이다"라 하였다. 소공 26년『전』의 "우리 군사가 이길 것이니 임금께서 그것을 잇는다면 이에 적이 없게 될 것입니다(師有濟也, 君而繼之, 玆無敵矣)"와 또한 "진나라는 부도하여 저들을 도와 끝없는 탐욕을 제멋대로 하게하기를 생각한다. 이에 불곡은 난리를 피해 형만으로 도망쳤다(晉爲不道, 是攝是贊, 思肆其罔極. 玆不穀震盪播越, 竄在荊蠻)"의 여러 자(玆)자가 모두 이와 같은 용법으로 쓰였는데, 뜻은 "이 때문에(是以)"와 같다.

338 위 구절의 "於是乎節宣"은 여기까지 걸린다.

339 일지(壹之): 그것을 전일하게 하다.

340 인생의 정기를 어느 한 곳에 전용하여 병이 생겼다는 것을 이른다.

341 내관(內官): 임금의 희첩(姬妾).

其生不殖.[342]	그렇게 하면 난 자녀가 불어나지 않기 때문입니다.
美先盡矣,	미모가 먼저 다 몰리면
則相生疾,[343]	병이 생기므로
君子是以惡之.[344]	군자는 이 때문에 이를 싫어합니다.
故志曰,	그러므로 『지』에서는 말하기를
'買妾不知其姓,	'첩을 사는 데 그 성을 모른다면
則卜之.'[345]	점을 친다'라 하였습니다.
違此二者,[346]	이 두 가지를 어기는 것은
古之所愼也.	옛날 사람들은 삼간 것이었습니다.
男女辨姓,	남녀가 성을 변별하는 것은
禮之大司也.[347]	예의 큰일입니다.

---

342 희공 23년 『전』에 "남자와 여자가 성이 같으면 난 자녀가 창성해지지 않는다(男女同姓, 其生不蕃)"는 말이 있고, 「진어 4」에서는 "성이 같으면 혼인을 하지 않으니 불어나지 않는 것을 꺼려해서이다"라 하였고, 『예기·대전(大傳)』에서는 "백세가 지나도록 혼인하여 통하지 않는 것은 주나라의 도가 그러하기 때문이다(百世而昏姻不通者, 周道然也)"라 하였으니 동성끼리 결혼을 하지 않는 것은 서주 때 비롯되었다.

343 주나라 때의 예는 동성끼리는 혼인을 하지 않았는데 지금 동성을 취하는 것은 반드시 그 사람이 매우 아름다워서일 것이니 아름다운 사람이 한 사람에게 다 몰리면 병이 생기는 것이라는 말이다.

344 동성의 여자에게 장가가는 것을 싫어한다는 것이다.

345 그 여자의 성을 모르면 거북점을 쳐서 물어보는 것이다. 『예기·곡례(曲禮) 상』에서는 "아내를 취하는 데는 동성을 취하지 않으므로 첩을 사는데 그 성을 모르면 점을 친다"라 하였다. 『예기·방기(坊記)』에서도 "아내를 취하는 데는 동성을 취하지 않으니 엄격하게 구별을 한다. 그러므로 첩을 사는데 그 성을 모르면 점을 친다"라 하였다.

346 이자(二者): 하나는 주야로 혼란한 것이며, 하나는 성이 같은 미녀를 아내로 맞은 것이다.

今君內實有四姬焉,[348]	지금 임금님의 궁내에는 희씨 성이 넷이 있으니
其無乃是也乎?	곧 이 때문이 아니겠습니까?
若由是二者,	만약에 이 두 가지에서 말미암은 것이라면
弗可爲也已.[349]	그 병은 치료할 수 없습니다.
四姬有省猶可,	네 희씨는 없애도 되지만
無則必生疾矣."[350]	그렇지 않으면 반드시 병이 생길 것입니다."
叔向曰,	숙상이 말하였다.
"善哉!	"훌륭하도다!
肹未之聞也,	내 여태 듣지 못했는데
此皆然矣."[351]	이 모든 것이 그렇도다."
叔向出,	숙상이 나가자
行人揮送之.[352]	행인 휘가 그를 배웅하였다.

---

347 사(司): 주(主)의 뜻.

348 내실(內實): 양공 28년의『전』에서는 "처첩과 재산을 노포별의 집으로 옮겼다(則以其內實遷于盧蒲嫳氏)"라 하였는데 이곳의 내실과 같은 뜻으로 모두 궁내의 희첩을 이른다. 희씨 성을 가진 네 사람은 양공 26년『전』에 위나라에서 위희(衛姬)를 진나라로 시집보낸 일이 있는데 혹 사희(四姬) 중의 하나가 아닌가 한다.

349 위(爲): 두예는 "위(爲)는 다스리는 것이다"라 하였다. 병을 치료할 수 없다는 말이다.

350 두예는 "이성(異姓)에 의지하고 동성은 버리는 것이므로 생(省)이라고 하였다"라 하였다.

351 말한 것이 모두 옳다는 말이다.

352 행인휘(行人揮): 곧 자우(子羽)이다. 숙상을 전송한 것이다.

叔向問鄭故焉,[353]	숙상이 정나라의 일을 묻고
且問子晳.	아울러 자석에 대해서도 물었다.
對曰,	대답하였다.
"其與幾何![354]	"그가 얼마나 가겠습니까?
無禮而好陵人,	무례하고 남을 능멸하기를 좋아하며
怙富而卑其上,	부를 믿고 윗사람을 깔보니
弗能久矣."[355]	그는 오래갈 수 없을 것입니다."
晉侯聞子産之言,	진후가 자산이 한 말을 듣고
曰,	말하였다.
"博物君子也."[356]	"박학다식한 군자로다."
重賄之.[357]	예물을 두터이 보냈다.
晉侯求醫於秦,	진후가 진나라에 의원을 요청하자
秦伯使醫和視之,	진백이 의원 화로 하여금 병세를 살피게 하였는데
曰,	말하였다.

353 고(故): 일이다.

354 "其幾何歟"의 변형구이다. 그가 오래갈 수 없다는 말이다.

355 예의범절은 행하지 않고 남을 능멸하기를 좋아하며 부유한 것을 믿고 윗사람을 깔보기 때문에 오래 살 수 없다는 말이다.

356 박물(博物): 사물에 대한 지식이 해박함을 이른다.

357 두터운 예물을 보내 준 것이다. 이는 재물을 주는 예절로 빙례의 마지막 절차이다. 희공 33년의 『전』과 소공 5년의 『전』을 참조하라.

“疾不可爲也,	“병은 고칠 수 없으니
是謂近女,	이를 일러 여색을 가까이하여
室疾如蠱.[358]	방사에 미혹된 것이라고 합니다.
非鬼非食,	귀신 때문도 아니고 음식 때문도 아니며
惑以喪志.[359]	미혹되어 뜻을 잃은 것입니다.
良臣將死,	훌륭한 신하가 곧 죽을 것이며
天命不佑.”	천명이 돕지 않을 것입니다.”
公曰,	공이 말하였다.
“女不可近乎?”	“여색은 가까이할 수 없는가?”
對曰,	대답하였다.
“節之.	“절제하십시오.
先王之樂,	선왕의 음악은
所以節百事也,	모든 일을 절제하기 위하여
故有五節,[360]	다섯 음절이 있으며,

358 왕념손(王念孫)은 “是謂近女, 生疾如蠱”로 읽어야 한다고 했다. 여(女)과 고(蠱)는 운자이며, 아래에서는 사(食), 지(志), 우(祐)가 운자이다. 고(蠱)는 혹(惑)이라는 뜻이다. 청나라 왕개운(王闓運)의 『상기루일기(湘綺樓日記)』 동치 8년 11월 3일자에서는 “실질(室疾)은 지금의 방로(房勞)이다”라 하였다.

359 병이 귀신에게서 말미암은 것도 아니고 음식에서 말미암은 것도 아니며 여색에 미혹되어 심지를 상실하였기 때문이라는 것이다.

360 오절(五節): 두예는 “오성(五聲)의 절주이다”라 하였다.

遲速本末以相及,	지속과 본말로 서로 미치고
中聲以降.[361]	중화의 소리로 내려갑니다.
五降之後,	오성이 내려간 후에는
不容彈矣.[362]	다시 탐을 용납지 않습니다.
於是有煩手淫聲,[363]	이때는 복잡한 수법과 넘치는 소리가 있게 되고
慆堙心耳,[364]	마음과 귀가 넘치고 막혀
乃忘平和,	이에 평정과 화음을 잊어
君子弗聽也.[365]	군자는 그것을 듣지 않습니다.
物亦如之.[366]	사물 또한 이와 같습니다.
至于煩,[367]	번거로운 데 이르면
乃舍也已,[368]	곧 버리어

---

361 궁상각치우의 오성(五聲)이 조화되어 중화(中和)의 소리를 얻은 후에 소리가 없는 곳으로 내려온다는 것이다.

362 오성이 모두 내려가면 다시 타서는 안 된다는 것이다.

363 음(淫): 도(度)가 지나친 것을 말한다.

364 도(慆): 지나친 것이다. 마음이 지나치게 하는 것이다.
인(堙): 막다, 메우다. 귀를 막게 하는 것이다. 아마 조잡(嘈雜)한 소리를 오래 들어 귀를 막음을 금하기 어렵게 하는 것을 말하는 것 같다.
이 구절은 중화(中和)의 소리가 이미 끝났는데 다시 연주를 하면 복잡한 수법으로 변하여 미미한 소리가 난다는 것이다.

365 평화(平和)의 소리는 곧 위의 중성(中聲)인데 이를 지나치면 군자는 듣지 않는다는 것이다.

366 두예는 "모든 일이 음악과 같아 절도를 잃으면 안 된다는 말이다"라 하였다.

367 번(煩): 과도한 것을 이른다.

368 사(舍): 사(捨)와 같으며 버리다, 그만두다의 뜻이다.

無以生疾.	병이 생기지 않게 해야 합니다.
君子之近琴瑟,[369]	군자가 금슬을 가까이하는 것도
以儀節也,[370]	예로 절제하기 위함이지
非以慆心也.	심지가 지나치게 하기 위함이 아닙니다.
天有六氣,[371]	하늘에는 육기가 있는데
降生五味,[372]	내려와서 오미를 낳고
發爲五色,[373]	오색으로 표현되며
徵爲五聲.[374]	오성으로 징험됩니다.
淫生六疾.[375]	지나치면 여섯 가지 병이 생깁니다.
六氣曰陰, 陽, 風, 雨, 晦, 明也,	여섯 가지 기운은 음, 양, 풍, 우, 회, 명이라고 하는데

369 금슬(琴瑟): 『시경·관저(關雎)』에 "아리따운 아가씨를, 금슬로 벗하리라(窈窕淑女, 琴瑟友之)"라는 말이 있고, 또 『시경·소아·상체(小雅·常棣)』에 "처자가 잘 어울리는 것이, 금과 슬을 타는 것 같네(妻子好合, 如鼓琴瑟)"라는 말이 있는데, 여기서도 금슬을 가지고 여색에 비유하였다.

370 의절(儀節): 예로써 절제하는 것이다.

371 육기(六氣): 기(氣)는 기상(氣象)이다. 두예는 "음양(陰陽)과 풍우(風雨), 회명(晦明)이다"라 하였다.

372 오미(五味): 신(辛), 산(酸), 함(鹹), 고(苦), 감(甘)이다.

373 오색(五色): 백(白), 청(靑), 흑(黑), 적(赤), 황(黃)이다. 발(發)은 표출되어 나오는 것을 말한다.

374 징(徵): 두예는 "징(徵)은 험(驗)이다"라 하였다.

375 오미(五味)와 오색(五色), 오성(五聲)이 무릇 과도하게 되면 육질(六疾), 곧 여섯 가지 질병이 생긴다는 것이다. 여섯 가지 질명은 다음의 한(寒), 열(熱), 말(末), 복(腹), 혹(惑), 심(心)의 여러 가지 병이다.

分爲四時,[376]	사시로 나누어지고
序爲五節,[377]	오음의 절주가 순서가 되며
過則爲菑:	지나치면 자음과 같은 재난이 됩니다.
陰淫寒疾,	음이 지나치면 차가운 병이 되고
陽淫熱疾,	양이 지나치면 열병이 되며
風淫末疾,[378]	풍이 지나치면 수족의 병이
雨淫腹疾,	우가 지나치면 뱃병이
晦淫惑疾,	회가 지나치면 미혹된 병이
明淫心疾.	명이 지나치면 마음의 병이 생깁니다.
女,	여색은
陽物而晦時,[379]	양물로 밤에 움직이는데

---

376 사시(四時): 두 가지의 해석이 있다. 공영달은 춘하추동(春夏秋冬)이라 하였으며, 위의 내용으로 보면 하루 중의 조(朝), 주(晝), 석(夕), 야(夜)의 사시이다.

377 오절(五節): 두예는 오행(五行)의 절기라고 하였다. 후인들은 금(金), 목(木), 수(水), 화(火)에 추(秋), 춘(春), 동(冬), 하(夏)를 배합하여 매 철이 72일이 되며 나머지 날을 토(土)에 배합하여 오절(五節)이 된다고 하였다. 이 해석법은 견강부회가 심하여 『전』의 뜻이 아니며 위의 글에 의하면 오성의 절주가 되어야 할 것 같다.

378 말(末): 두예는 "말은 사지(四支, 肢)이다"라 하였다.

379 양물(陽物): 두예에 의하면 여음(女陰)은 항상 남양(男陽)을 따르기 때문에 양물(陽物)이라고 한다고 하였다. 양물(陽物)은 양(陽)의 물(物)로 해석해야 할 것 같으며, 여자는 음이고 남자는 양인데 여자는 남자를 기다려 가정을 이루고 자손을 기르기 때문에 여자가 양의 일을 한다고 하였다. 물(物)은 일이라는 뜻이다. 고염무(顧炎武)는 여자를 음(陰)이라 생각하였다. 음 가운데는 양이 있으며, 그 일은 화(火)에 속하기 때문에 양물이라고 한 것이다. 두예의 설이 비교적 상리(常理)에 부합한다. 남녀의 동침은 항상

淫則生內熱惑蠱之疾.	지나치면 내열과 혹고의 병이 생깁니다.
今君不節, 不時,[380]	지금 임금님께서는 절제하지 않으시고 때로 가리시지 않으니
能無及此乎?"	이 지경에 이르지 않겠습니까?"
出,	나가자
告趙孟.	조맹에게 알렸다.
趙孟曰,	조맹이 말하였다.
"誰當良臣?"[381]	"누가 훌륭한 신하에 해당하는가?"
對曰,	대답하였다.
"主是謂矣.	대부를 이른 것입니다.
主相晉國,	대부께서 진나라의 국정을 맡은 지
於今八年,	지금까지 8년인데
晉國無亂,	진나라에는 난이 없고
諸侯無闕,	제후 간에 궐실이 없으니
可謂良矣.	훌륭하다 하겠습니다.
和聞之,	제가 듣건대

밤에 이루어지므로 회시(晦時)라고 하였다.

380 부절(不節): 여색을 좋아함이 과도하다는 말이다.
불시(不時): 여자를 가까이하여 밤낮을 가리지 않는다는 말이다.

381 의원 화(和)가 앞에서 "훌륭한 신하가 곧 죽을 것이다"라고 말하였기 때문에 조무가 물어본 것이다.

國之大臣,	나라의 대신은
榮其寵祿,	총애와 작록을 영광되이 누리고
任其大節.[382]	나라의 중임을 맡습니다.
有菑禍興,[383]	재화가 일어나도
而無改焉,[384]	그것을 바꾸지 않으면
必受其咎.	반드시 재앙을 받게 됩니다.
今君至於淫以生疾,	지금 임금은 여색이 과도하여 병이 났는데
將不能圖恤社稷,	사직을 돌보려고 도모할 수 없으니
禍孰大焉?	어떤 재화가 그보다 크겠습니까?
主不能禦,[385]	대부께서 막을 수 없으니
吾是以云也."	내 이에 말씀드린 것입니다."
趙孟曰,	조맹이 말하였다.
"何謂蠱?"	"무엇을 고(蠱)라 이르는가?"
對曰,	대답하였다.

382 대절(大節): 완각본(阮刻本)에는 "총절(寵節)"로 잘못되어 있는데, 여기서는 『교감기(校勘記)』 및 가나자와 문고본(金澤文庫本)을 따라 바로잡았다.

383 재화(災禍)는 진후가 여색을 좋아함을 가리킨다.

384 이미 국가의 대절(大節)을 맡았으면 반드시 그 재화를 초래하는 행위를 고쳐야 하는데 지금 당신은 그것을 고쳐서 바로잡지 않는다는 말이다.

385 『이아·석언(釋言)』에서는 "어는 금(禁)하는 것이다"라 하였다. 또한 형병(邢昺)은 "어는 멈추게 하는 것이다"라 하였다.

"淫溺惑亂之所生也.[386]	"지나치게 빠지고 혹하여 어지러워서 생기는 것입니다.
於文,[387]	글자로 보면
皿蟲爲蠱.	그릇〔皿〕에 벌레〔蟲〕가 생기는 것이 고입니다.
穀之飛亦爲蠱.[388]	곡식에 날아다니는 것 또한 고입니다.
在周易,	『주역』에서는
女惑男, 風落山謂之蠱䷑.[389]	여자가 남자를 혹하게 하고 바람이 산의 낙엽을 떨어뜨리는 것이 고䷑이다라고 하였습니다.
皆同物也."[390]	모두 동류의 사물이다."
趙孟曰,	조맹이 말했다.
"良醫也."	"훌륭한 의원이다."
厚其禮而歸之.[391]	예물을 두터이 하여 돌려보냈다.

---

386 어떤 한 가지 사물에 지나치게 혹하여 빠지는 것이다.

387 문(文): 자(字)이다.

388 후한(後漢) 왕충(王充)의 『논형 · 상충(論衡 · 商蟲)』편에서는 "곡식의 벌레를 고라 하며, 고는 나방과 같다"라 하였다. 곡식을 쌓아놓으면 벌레가 생기는데 날아다니는 것을 고라고 한다.

389 두예는 "손(巽)괘가 아래에 있고 간(艮)괘가 위에 있는 것이 고(蠱)이다. 손(巽)괘는 장녀로 풍(風)이며, 간(艮)은 작은 소남(少男)이며 산이다. 소남이 장녀를 좋아하니 짝이 아니므로 혹(惑)이라고 한 것이다. 산의 나무는 바람을 맞으면 떨어진다"라 하였다.

390 물(物): 두예는 "물(物)은 류(類)와 같다."

391 두터운 예물을 주어서 진나라로 돌려보낸 것이다. 「진어 8」에도 이 일이 수록되어 있는

楚公子圍使公子黑肱, 伯州犁城犨, 櫟, 郟.[392] 초나라 공자 위가 공자 흑굉과 백주리로 하여금 주와 력, 겹에 성을 쌓게 하였다.

鄭人懼. 정나라 사람이 두려워하였다.

子産曰, 자산이 말하였다.

“不害. “해롭지 않습니다.

令尹將行大事, 영윤이 큰일을 하려고 하여

而先除二子也. 먼저 두 사람을 제거하는 것입니다.

禍不及鄭, 화가 정나라까지는 미치지 않을 것이니

何患焉?” 무엇을 근심하십니까?”

冬. 겨울에

楚公子圍將聘于鄭, 초나라 공자 위가 정나라를 빙문하려 하고

伍擧爲介. 오거가 보관이 되었다.

未出竟, 국경을 채 나서지도 않았는데

데 비교적 간략하고 또 다른 곳도 있다.

392 두예는 “흑굉은 왕자 위의 아우 자석(子晳)이다”라 하였다. 주와 겹은 본래 정나라의 읍이었는데 나중에 초나라 땅이 되었다. 주는 지금의 하남 노산현(魯山縣) 동남쪽 50리 지점에 있는데 곧 섭현(葉縣)의 서쪽이다. 력은 지금의 하남 신채현(新蔡縣) 북쪽 20리 지점에 있다. 겹은 지금의 삼문협시(三門峽市) 서북쪽의 겹현(郟縣)의 옛 치소이다.

聞王有疾而還.	왕이 병들었다는 말을 듣고 돌아갔다.
伍擧遂聘.	오거가 마침내 빙문하였다.
十一月己酉,	11월 기유일에
公子圍至,[393]	공자 위가 이르러
入問王疾,	들어가 왕의 병세를 묻고는
縊而弑之,[394]	목을 졸라 죽였다.
遂殺其二子幕及平夏.[395]	마침내 그 두 아들 막과 평하를 죽였다.
右尹子干出奔晉,[396]	우윤 자간은 진나라로 달아났고
宮廏尹子晳出奔鄭.[397]	궁구윤 자석은 정나라로 달아났다.
殺大宰伯州犁于郟.	태재 백주리를 겹에서 죽였다.
葬王於郟,	왕을 겹에서 장사 지냈으며
謂之郟敖.[398]	겹오라고 하였다.

393 영(郢)에 이른 것이다.

394 두예는 손경(孫卿)의 말을 인용하여 "갓끈을 가지고 교살하였다"라 하였다. 지금의 『순자(荀子)』에는 이 글이 없다. 『한비자·간겁시신(韓非子·姦劫弑臣)』편에서는 "문병을 하러 들어간 김에 그 갓끈으로 왕의 목을 졸라 죽인 것이다"라 하였다. 『전국책·초책(戰國策·楚策) 4』의 내용은 같다.

395 막·평하(幕·平夏)는 두 아들의 이름이다.

396 자간(子干): 두예는 "자간은 왕자 비(比)이다"라 하였다.

397 두예는 "성을 쌓고는 떠났다"라 하였다.

398 초나라 사람이 초자 균(麇)에게 시호를 지어 주지 않아 이에 그 장지를 가지고 말한 것이다. 「초세가」에 왕을 오(敖)라 부른 것은 네 번이 있는데, 웅의(熊儀)는 약오(若敖)이고, 웅감(熊坎)은 소오(霄敖)인데 이 두 사람은 시법(謚法)이 생기기 이전의 왕이다. 그

使赴于鄭,[399]	정나라에 부고를 내게 하였는데
伍擧問應爲後之辭焉,[400]	오거가 후계자를 누구로 하느냐는 말에 어떻게 할 것이냐고 묻자
對曰,	대답하기를
“寡大夫圍.”	“과대부 위입니다”라 하자
伍擧更之曰,	오거가 고쳐서 말하기를
“共王之子圍爲長.”	“공왕의 아들 중에 연장자가 위입니다”라 하였다.
子干奔晉,	자간은 진나라로 달아났는데
從車五乘,	따른 수레가 5승이었으며
叔向使與秦公子同食,[401]	숙상이 진나라 공자와 식록을 같게 하고
皆百人之餼.[402]	모두에게 1백 명의 양식을 보내 주었다.

러나 두오〔杜敖, 곧 초나라 굴원(屈原)의 『초사·천문(楚辭·天問)』편의 도오(堵敖)〕와 겹오는 시법이 생긴 뒤에 살았다. 후한(後漢) 마융(馬融)과 정현(鄭玄)은 오(敖)를 오(獒)로 생각하였는데 곧 지금의 추장(酋長)이라는 뜻이며, 고힐강(顧頡剛)은 오(敖)를 구릉이라고 생각하여 모오(某敖)는 곧 모릉(某陵)이라 하였다.

399 부(赴): 지금의 부(訃)와 같다. 초나라 왕의 죽음을 정나라에 부고한 것이다.

400 부고를 전하러 온 사자에게 물은 것이다.

401 식(食): 두예는 “식은 록(祿)과 같다”라 하였다. 「진어 8」에서는 “숙상이 태부(大傅)가 되어 봉록을 관장하였다”라 하였다.

402 「진어 8」에는 숙상의 말이 실려 있는데 “대국의 경(卿)은 1려(旅)의 전지이며, 상대부는 1졸(卒)의 전지이다. 두 공자는 상대부이니 모두 1졸(卒)이면 될 것이다”라 하였다. 위소(韋昭)의 주석에서는 “상대부는 1명(命)으로 백 명이 졸(卒)이며 전지 백 무(畝)이다”라 하였다.

趙文子曰,	조문자가 말하였다.
“秦公子富.”	“진나라 공자는 부유합니다.”
叔向曰,	숙상이 말하였다.
“厎祿以德,[403]	“봉록을 드림은 덕으로 하며
德鈞以年,	덕이 같으면 나이로 하고
年同以尊.	나이가 같으면 지위가 높은 것으로 하오.
公子以國,[404]	공자는 나라로 하지
不聞以富.	부라는 것은 못 들었습니다.
且夫以千乘去其國,[405]	또한 그는 천승의 수레를 가지고 나라를 떠났으니
彊禦已甚.[406]	강하고 횡포가 너무 심하오.
詩曰,	『시』에서 말하기를
‘不侮鰥寡,	‘홀아비와 과부라고 업신여기지 않고

403 지(厎): 두예는 “지는 치(致)의 뜻이다”라 하였다. 두예의 주석에서 “厎”는 본래 “저(底)”로 되어 있었는데, 여기서는 『교감기(校勘記)』와 가나자와 문고본(金澤文庫本)을 따라 바로잡았다.

404 이는 도망쳐 온 자에게 주는 복록(福祿)이다. 공자가 도망쳐 오면 그 나라의 크기대로 한다는 것이다.

405 진나라 공자 겸을 말한 것이다.

406 강어(强禦): 강량(强梁)과 같다. 『시경·대아·탕(大雅·蕩)』에 “이에 강포한 사람들(曾是强禦)”이라는 말이 있고, 『공양전』 장공 12년에는 “구목(仇牧)은 강포한 자를 두려워하지 않는다 할 만하다”는 말이 있다. 나머지는 소공 12년 『전』의 『주』에 상세하다. 이(已)는 너무라는 뜻이다.

不畏彊禦.'[407]	강하고 흉포하다 하여 두려워하지 않네'라 하였소.
秦, 楚,	진나라와 초나라는
匹也."[408]	필적합니다."
使后子與子干齒,[409]	후자로 하여금 자간과 동등하게 하니
辭曰,	사양하여 말하였다.
"鍼懼選,	"저는 죽임을 당할까 두려워서,
楚公子不獲,[410]	초나라 공자는 신임을 얻지 못하여
是以皆來,	이 때문에 모두 왔으니
亦唯命.[411]	또한 명을 따를 뿐입니다.
且臣與羈齒,[412]	또한 신하를 나그네와 똑같이 취급하니

407 『시경·대아·증민(大雅·烝民)』의 구절이다. 환(鰥)은 지금의 『시경』에는 "긍(矜)"으로 되어 있으며, 정공 4년의 『전』에서도 "矜"으로 인용하였는데, 긍(矜)과 환(鰥)은 뜻이 통한다.

408 진나라와 초나라는 다 같이 대국이라는 뜻이다.

409 은공 11년의 『전』에 "감히 임씨의 제후들과는 동등하기를 바라지 않을 것입니다(不敢與諸任齒)"라는 말이 있는데 곧 이 치(齒)자의 뜻이며, 병렬(竝列)이라는 말과 같다.

410 획(獲): 『맹자·이루(離婁) 상』에 "아래 지위에 있으면서 윗사람의 (신임을) 얻지 못하다(居下位而不獲於上)"라는 말이 있는데 곧 이 획(獲)자의 뜻이다. 또한 득(得)이라고도 할 수 있는데 「이루 상」의 "어버이에게서 (기쁨을) 얻지 못하다(不得乎親)"와 「만장(萬章) 상」의 "군주에게 (신임을) 얻지 못하다(不得於君)"가 모두 이 뜻으로 쓰였음을 알 수 있다. 곧 불획(不獲)과 부득(不得)은 모두 의심을 받다, 미움을 받다라는 것을 이른다.

411 오직 명을 따를 뿐이다.

412 후자(后子)는 먼저 와서 이미 진나라에서 벼슬하여 신하가 되었다. 자간은 이제 막 진나라에 이르렀으므로 나그네와 같다는 말이다.

無乃不可乎?[413]	옳지 않은 것 아니겠습니까?
史佚有言曰,	사일이 이에 대해 말하였습니다.
'非羈,	'나그네가 아니면
何忌?'"[414]	무엇을 꺼리겠는가?'"

楚靈王卽位,	초나라 영왕이 즉위하였으며
薳罷爲令尹,	원피가 영윤이 되고
薳啓彊爲大宰.[415]	원계강이 태재가 되었다.
鄭游吉如楚葬郟敖,	정나라 유길이 초나라로 가서 겹오의 장례에 참석하고
且聘立君.[416]	아울러 새로 즉위한 임금을 빙문하였다.
歸,	돌아와서
謂子産曰,	자산에게 일러 말하였다.
"具行器矣.[417]	"행장을 준비해야겠습니다.
楚王汏侈,[418]	초나라 왕이 교만하고 사치로워

413 후자가 주인으로 자처하여 감히 객과 나란히 하지 않겠다는 것이다.
414 기(忌): 두예는 "기는 공경하는 것이다. 겸양하여 스스로 변별하고자 한 것이다"라 하였다.
415 두예는 "영왕은 공자 위이다. 즉위하면서 이름을 웅건(熊虔)으로 바꾸었다"라 하였다.
416 새로 즉위한 임금을 빙문하는 것이다.
417 회맹에 쓰일 행장을 준비한다는 뜻이다.
418 대치(汏侈): 대(汏)는 원래 태(汰)로 되어 있었다. 대(汏)와 태(汰)는 원래 다른 글자로 고

而自說其事,[419]	그 일을 스스로 기뻐하니
必合諸侯,	반드시 제후를 모을 것이니
吾往無日矣."[420]	우리가 갈 날이 머지않았습니다."
子産曰,	자산이 말하였다.
"不數年未能也."[421]	"몇 년이 되지 않으면 할 수 없을 것이다."

十二月,	12월에
晉既烝,[422]	진나라가 증제를 지내고
趙孟適南陽,	조맹이 남양으로 가서
將會孟子餘.[423]	맹자여의 회제(禬祭)에 참석하려고 하였다.
甲辰朔,[424]	갑진 초하룻날

서(古書)에서는 모양이 비슷하여 호용(互用)하였다. 여기서는 청나라 완원(阮元)의 『교감기(校勘記)』를 따랐다. 대(汏)는 교만하다, 사치롭다는 말이다.

419 열(說): 열(悅)과 같다. 기뻐하다.

420 오래지 않아 초나라가 주관하는 회합에 가야 할 것이라는 말이다.

421 몇 년 후에야 비로소 제후들을 회합시킬 수 있을 것이라는 말이다. 두예는 "4년에 신(申)의 회합의 복선이 된다"라 하였다.

422 증(烝): 두예는 "증은 겨울 제사이다"라 하였다.

423 회(會): 회(禬)의 뜻으로 읽는다. 『설문』에서는 "회(禬)는 복을 모으는 제사이다"라 하였다. 양수달(楊樹達)의 『독좌전(讀左傳)』의 설을 따랐다.
맹자여(孟子餘): 두예는 "맹자여는 조최(趙衰)로 조무의 증조부이다. 그 사당이 남양 온현(溫縣)에 있다"라 하였다. 자여(子餘)는 곧 조최의 자이다. 조씨는 대대로 조맹(趙孟)이라고 일컬었으므로 그 조부를 맹모모(孟某某)라 하여 밝힌 것이다.

424 갑진(甲辰): 갑진일은 위로 11월 기유(己酉)일과는 56일의 거리가 있다. 11월에 기유일

烝于溫,[425]	온에서 증제를 지내고
庚戌,[426]	경술일에
卒.	죽었다.
鄭伯如晉弔,	정백이 진나라로 가서 조문하고
及雍乃復.[427]	옹에 이르렀다가 돌아왔다.

이 있으면 12월 초1일은 갑진일이 될 수 없다. 또한 『경』과 『전』의 날짜 기록으로 추산해 보건대 정월에는 을미일이 있고, 3월에는 갑진일이 있으며, 5월에는 경진, 계묘일이 있고, 6월에는 정사일이 있으니, 11월에는 갑진일이 있을 수 없다. 곧 그 중간에 윤달이 있으면 11월에 기유일이 있게 되며〔청나라 왕도(王韜)의 『춘추장력고정(春秋長曆考正)』에서는 윤10월은 큰 달이며 기유일은 11월 4일이라 하였다〕 12월에는 갑진 초하룻날이 될 수 없다. 두예가 그대로 12월이라 따른 것은 잘못이며, 공영달의 주석〔소(疏)〕에 상세하다. 왕도는 "갑진 초하룻날은 다음 해 정월 초하룻날인데 『전』에서 그것을 특히 마지막에 말하였다"라 하였다. 위에서 말한 "12월에 진나라가 증제를 지냈다"라 한 것으로 논하건대 일리가 있을 것 같다. 그러나 진나라는 하력〔夏曆: 하(夏)나라의 역법(曆法)〕을 썼으며 인월(寅月)은 비록 주력(周曆)으로 올해가 되지만 해가 끝나는 데 있지 않아 위에서 말한 "조맹은 다시는 해를 넘기지 못할 것이다"라 한 것과는 부합하지 않는다. 『예기·왕제(王制)』의 소(疏)에서는 복건의 설을 인용하여 갑진 초하룻날은 하력(夏曆)의 11월이라고 하였는데 청나라 고동고(顧棟高: 1679~1759)는 가장 이치에 맞다고 생각하였으나 또한 믿을 수가 없다.

425 온(溫): 지금의 하남 온현(溫縣) 서남쪽이다.

426 갑신 초하룻날로 계산하면 경술일은 7일이다.

427 옹(雍): 두예는 "조씨를 조문한 것인데 조씨가 사절하였으므로 돌아온 것이다"라 하였다. 옹(雍)은 지금의 하남 수무현(修武縣) 서쪽에 있으며, 희공 24년의 『전』에 상세하다.

소공 2년

經

二年春,[1]	2년 봄에
晉侯使韓起來聘.	진후가 한기로 하여금 내빙케 하였다.
夏,	여름에
叔弓如晉.[2]	숙궁이 진나라로 갔다.
秋,	가을에
鄭殺其大夫公孫黑.	정나라에서 그 대부 공손흑을 죽였다.
冬,	겨울에
公如晉,	공이 진나라로 갔다가
至河乃復.[3]	황하에 이르러 돌아왔다.
季孫宿如晉.[4]	계손숙이 진나라로 갔다.

---

1 이년(二年): 신유년 B.C. 540년으로 주경왕(周景王) 5년이다. 동지가 정월 14일 정사일로 건자(建子)이다.

2 두예는 "숙궁은 숙로(叔老)의 아들이다"라 하였다.

3 두예는 "소강(少姜)을 조문한 것인데, 진나라 사람이 사절하였으므로 돌아왔다"라 하였다.

4 두예는 "수의(襚衣)를 드린 것이다. 공이 사실은 가을에 갔는데 겨울에 돌아왔으므로 기록한 것이다"라 하였다.

傳

二年春,	2년 봄에
晉侯使韓宣子來聘,[5]	진후가 한선자로 하여금 내빙케 하고
且告爲政,	아울러 정사를 맡은 것을 알리고자
而來見,	와서 조현하였으니
禮也.[6]	예에 맞았다.
觀書於大史氏,[7]	태사씨에게서 기록하는 것을 살피고
見易, 象與魯春秋,[8]	『역』과 『상』, 그리고 『노춘추』를 보고는

---

5 두예는 "공이 즉위하였기 때문이다"라 하였다.

6 두예는 "조무를 대신하여 정사를 맡았는데, 비록 맹주이지만 우호를 맺고 동맹하였으므로 예에 맞다고 한 것이다"라 하였다. 공영달의 주석에서는 "5년의 『전』에서는 한기(韓起)의 부하에는 조무(趙武)와 중항오(中行吳), 위서(魏舒), 범앙(范鞅), 지영(知盈)이 있으니, 이 6명은 3군의 장수와 보좌이다. 한기는 조무를 대신하여 중군장이 되었고, 조성(趙成)은 부친을 이어 경이 되어 한기를 대신하였다"라 하였다.

7 씨(氏)는 보씨(保氏), 사씨(師氏)와 남사씨(南史氏)의 씨이다. 태사는 문헌과 공문서, 책서(策書) 등을 관장한다.

8 역상(易象): 『역(易)』은 곧 『주역(周易)』으로 64괘 및 「괘사(卦辭)」, 「효사(爻辭)」는 서주 초에 지어졌으며, 「십익(十翼)」은 전국에서 서한 사이의 작품으로 한기(韓起)가 볼 수 없었다. 사람들은 거의 『역상(易象)』을 이어서 읽어 하나로 보았으나 여기서는 송나라 왕응린(王應麟)의 『곤학기문(困學紀聞)』 권6의 설을 좇아 나누어 읽어 『역』과 함께 두 가지 일로 보았다. 『상(象)』은 곧 애공 3년 『전』의 "『상위』를 보관하게 하였다(命藏象魏)"의 『상위(象魏)』로 상위(象魏)에 걸려 있기 때문에 그렇게 명명하였고 또한 줄여서 『상(象)』이라고도 한다. 상위는 또한 상궐(象闕)이라고도 하고 또 관(觀)이라고도 하는데 궁문의 바깥에 법령을 걸어 놓아 사람들로 하여금 두루 알게 하는 곳이다. 『주례·태재(大宰)』에 의하면 정월 1일 정치 법령을 상위에 공포하는데 이 법령을 치상(治象)이라 하며, 지관(地官) 역시 『교상(敎象)』을 걸어 놓는데 교육 법령이며, 하관(夏官)은 『정상(政象)』을 공포하고 추관은 『형상(刑象)』을 공포하는데 곧 군정법령과 사법법령이다. 열흘간 공포한 다음에 보관을 해두며, 이 『상(象)』은 노나라의 역대 정령(政令)일 것이다.
노춘추(魯春秋): 곧 『맹자·이루(離婁) 하』의 "노나라의 『춘추』(魯之春秋)"일 것이다. 『춘

曰,	말하였다.
“周禮盡在魯矣,	“주나라의 예가 모두 노나라에 있으니
吾乃今知周公之德與周之所以王也.”	내 이에 주공의 덕과 주나라가 왕업을 이룬 까닭을 알겠구나.”
公享之,	공이 향례를 베푸니
季武子賦緜之卒章.[9]	계무자가 「면」의 마지막 장을 읊었다.
韓子賦角弓.[10]	한자는 「각궁」을 읊었다.

추』는 열국의 역사의 통칭으로, 『묵자·명귀(明鬼) 하』편에는 주나라의 『춘추』와 연나라의 『춘추』, 송나라의 『춘추』, 제나라의 『춘추』가 있으므로 노나라의 역사를 『노춘추』라 하는 것이다. 다음에서 “내 이에 주공의 덕과 주나라가 왕업을 이룬 까닭을 알겠다”라 하였으니 한기가 본 『노춘추』는 반드시 주공 희단(姬旦) 및 백금(伯禽)으로부터 서술한 것이며, 지금의 『춘추』는 은공에서 시작하여 애공에서 끝나며 혜공(惠公) 이상은 모두 존재하지 않는다. 『공양전』에는 또한 이른바 불수춘추(不修春秋) 곧 공자의 개정을 거치지 않은 『춘추』가 있다. 만일 그 말이 믿을 만하다면 한기가 본 것은 반드시 『노춘추』의 간책(簡策) 원본일 것이다.

9 면(緜): 『시경·대아(大雅)』의 편명이다. 마지막 장은 “우나라와 예나라 잘잘못 따지러 왔다가 화해하였으니, 문왕께서 그들의 성품 감동시킨 것이라네. 먼 사람들 친하게 붙어 오고, 먼저 붙었던 이는 뒷사람 끌어올리네. 부지런히 뛰어다니며 섬기고, 남이 넘봄 막아내었다네(虞芮質厥成, 文王蹶厥生. 予曰有疏附, 予曰有先後, 予曰有奔奏, 予曰有禦侮)”이다. 아랫사람을 이끌고 윗사람을 가까이하는 것을 소부(疏附)라 하고, 앞뒤를 서로 끌어 주는 것을 선후(先後)라 하며, 덕으로 깨우치고 성예(聲譽)를 폄을 분주라 하며, 무신이 적의 예봉을 꺾음을 어모라고 한다. 두예는 “문왕에게 네 신하가 있었기 때문에 면면히 이어 온 나라를 흥성하게 할 수 있었다는 뜻을 취하였다. 진후를 문왕에 비유하였고, 한자를 네 보좌한 신하에 비유하였다”라 하였다.

10 각궁(角弓): 『시경·소아(小雅)』의 편명이다. 두예는 “‘형제와 인척은, 서로 멀리하지 말라(兄弟昏姻, 無胥遠矣)’는 뜻을 취하여 형제의 나라는 마땅히 서로 친해야 한다는 것을 말하였다”라 하였다.

季武子拜,[11]	계무자가 절하고
曰,	말하였다.
"敢拜子之彌縫敝邑,[12]	"감히 그대가 우리나라를 잘 봉합해 준 데 대해 감사하며
寡君有望矣."	과군께서는 희망을 가지고 있습니다."
武子賦節之卒章.[13]	무자가 「절」의 마지막 장을 읊었다.
旣享,	향례가 끝나자
宴于季氏.	계씨에게 연회를 베풀었다.
有嘉樹焉,	그곳에는 아름다운 나무가 있었는데
宣子譽之.[14]	선자가 찬미하였다.
武子曰,	무자가 말하였다.
"宿敢不封殖此樹,[15]	"제가 감히 이 나무를 잘 북돋고 길러

11 향례 때는 앉지 않으므로 배사할 때 일어날 필요가 없다.

12 미봉(彌縫): 두예는 "미봉은 보합(補合)과 같은 말이다. 형제의 의(義)로 대함을 이른다"라 하였다. 희공 26년 『전』의 "그 벌어진 틈을 봉합하였다(彌縫其闕)"는 것도 또한 이 뜻이다.

13 절(節): 두예는 "「절」은 『시경·소아(小雅)』의 편명이다. 마지막 장은 '네 마음을 고쳐, 이에 만방을 기르라(式訛爾心, 以畜萬邦)'는 뜻을 취하여 진나라의 덕이 만방을 기를 만하다는 것을 말하였다"라 하였다. 「절」은 지금의 『시경』 「절남산(節南山)」이다.

14 예(譽): 찬미한 것이다.

15 봉식(封殖): 배식(培殖)과 같은 뜻이다. 9년 『전』의 "후직이 천하를 북돋아 배양하였다(后稷封殖天下)"와 「오어(吳語)」의 "지금 천하에서 이미 월나라를 북돋아 키웠다(今天下旣封殖越國)"라 한 것이 모두 이 뜻으로 쓰였다. 위소는 「오어」에 주를 달아 "뿌리를 채

以無忘角弓."

「각궁」의 뜻을 잊지 않도록 하지 않겠습니까?"

遂賦甘棠.[16]

마침내 「감당」을 읊었다.

宣子曰,

선자가 말하였다.

"起不堪也,

"저는 감당할 수 없으니

無以及召公."

소공에게는 미치지 못합니다."

宣子遂如齊納幣.[17]

선자가 마침내 제나라로 가서 납폐를 하였다.

見子雅.

자아를 만나 보았다.

子雅召子旗,[18]

자아는 자기를 불러

使見宣子.

선자를 만나 보게 하였다.

宣子曰,

선자가 말하였다.

"非保家之主也,

"가족을 보호할 대부가 아니며

不臣."[19]

신하의 도리를 하지 못할 것이다."

見子尾.

자미를 만나 보았다.

워 주는 것을 봉이라 한다"라 하였는데 곧 땅을 북돋아 주는 것이다.

16 감당(甘棠): 두예는 "「감당」은 『시경 · 소아(小雅)』의 편명이다. 소백이 감당나무 아래에서 쉰 적이 있는데 시인이 그것을 그리워하여 그 나무를 사랑하였다. 무자가 아름다운 나무를 잘 기르기를 감당처럼 하고자 한다는 것이며 선자를 소공에 비유한 것이다"라 하였다.

17 두예는 "평공(平公)을 위하여 소강(少姜)을 빙문하였다"라 하였다.

18 두예는 "자기는 자아의 아들이다"라 하였다.

19 그 언어와 행동을 살펴보니 따르지 않는 마음이 있다는 것을 말할 것이다.

子尾見彊,[20]	자미는 견에게 만나 보게 하였다.
宣子謂之如子旗.[21]	선자가 말한 것이 자기와 같았다.
大夫多笑之,	대부들은 거의 그를 비웃었으나
唯晏子信之,	안자만은 그를 믿고
曰,	말하였다.
"夫子,[22]	"이분은
君子也.	군자이다.
君子有信,	군자는 신용이 있으니
其有以知之矣."[23]	그리될 것을 알아서 그랬을 것이다."
自齊聘於衛,	제나라에서 위나라를 빙문하였는데
衛侯享之.	위후가 향례를 베풀어 주었다.
北宮文子賦淇澳,[24]	북궁문자가 「기오」를 읊자
宣子賦木瓜.[25]	선자는 「목과」를 읊었다.

---

20 두예는 "강은 자미의 아들이다"라 하였다. 강으로 하여금 한선자를 만나 보게 한 것이다.

21 두예는 "또한 신하의 도리를 하지 못할 것이다"라 하였다.

22 두예는 "부자는 한기이다"라 하였다.

23 두예는 "10년에 제나라의 난시(欒施)와 고강(高彊)이 도망쳐 오는 것의 복선이다"라 하였다.

24 기오(淇澳): 두예는 "「기오」는 『시경·위풍(衛風)』의 편명이다. 무공(武公)을 찬미한 것이다. 선자에게 무공의 덕이 있음을 말한 것이다"라 하였다.

25 목과(木瓜): 두예는 "「목과」 또한 「위풍(衛風)」의 편명이다. 후하게 보답하여 우호를 다지자는 뜻을 취하였다"라 하였다.

夏四月,	여름 4월에
韓須如齊逆女.[26]	한수가 제나라로 가서 여자를 맞아 왔다.
齊陳無宇送女,[27]	제나라 진무우가 여자를 보내어
致少姜.	소강을 인계하였다.
少姜有寵於晉侯,	소강이 진후에게 총애를 받으니
晉侯謂之少齊.[28]	진후는 그녀를 소제라고 불렀다.

---

26 한수(韓須): 『사기·한세가(韓世家)』에서는 "정자(貞子)"라 하였으며, 『색은』에서 인용한 『세본』에서는 시호가 평자(平子)라고 하였고, 전한(前漢) 말 유향(劉向)의 『설원·경신(說苑·敬愼)』편에도 또한 한평자(韓平子)와 숙상이 문답한 말이 있으며, 『한서·고금인표(漢書·古今人表)』에는 또한 "도자(悼子)"로 되어 있는데, 청나라 양옥승(梁玉繩)의 『사기지의(史記志疑)』(이하 『지의(志疑)』) 권24에서는 이 때문에 "어찌 수(須)에게 세 개의 시호가 있겠는가?"라 하였다.

역(逆): 맞이하다. 제후가 친영(親迎)을 하지 않고 한수를 보내 맞이한 것이다. 맞이한 사람은 소강으로 또한 진후의 정부인이 아니다.

27 송녀(送女): 여(女)는 곧 소강이다. 다만 이 송(送)과 치(致)는 같지 않다. 『설문』에서는 "송은 보내는 것이다"라 하였다. 『예기·곡례(曲禮) 상』에서는 "문밖에서 절하고 보낸다(拜送于門外)"라 하였고, 『시경·패풍·연연(邶風·燕燕)』에서는 "그 여자 시집가니, 멀리 들판에서 보내네(之子于歸, 遠送于野)"라 하였는데 모두 이 보내다의 뜻이다. 『의례·사혼례(士昏禮)』에서는 "아버지가 딸을 보내면서(父送女) 명하여 말하길……"이라 하였으니 또한 일종의 시집을 보내는 예법이기도 하다. 치(致)는 그렇지 않다. 『설문』에서는 "보내어 이르게 하다"라 하였다. 곧 목적지까지 호송하여 이르게 하는 것으로 받는 자에게 이르게 하는 것 또한 때때로 송(送)이라 하였다. 소공 5년 『전』에 "진나라의 한선자가 초나라로 가서 여자를 보내는데 숙상이 부관이 되었다(晉韓宣子如楚送女, 叔向爲介)"는 말이 있는데 원계강(薳啓彊)이 말하기를 "혼인을 요구하자 딸을 바치면서 임금이 직접 보내고 상경 및 상대부가 인계하였습니다(求昏而薦女, 君親送之, 上卿及上大夫致之)"라 하였으니 송(送)과 치(致)가 같지 않음을 알 수 있다. 여기서 송(送)이라고 하고 또 치(致)라고 한 것은 바로 이 때문이다.

28 당시의 예법대로라면 부인(婦人)은 친정의 성으로 불러야 한다. 지금 강(姜)이라 하지 않고 나라 이름을 가지고 부른 것은 총애가 남다름을 나타낸 것이다.

謂陳無宇非卿,[29]	진무우가 경이 아니라고 하고
執諸中都.[30]	중도에서 잡아갔다.
少姜爲之請,	소강이 그를 위해 청하여
曰,	말하였다.
"送從逆班.[31]	"보내는 자의 지위가 맞는 자의 반열을 따라야 합니다.
畏大國也,	대국을 두려워하여
猶有所易,[32]	오히려 바꾼 것인데
是以亂作."[33]	이로 인해 혼란이 생긴 것입니다."

叔弓聘于晉,	숙궁이 진나라를 방문하였는데

---

29 환공 3년 『전』에서는 "무릇 공족(公族)의 자녀가 대등한 나라에 시집을 갔을 경우 임금의 자매이면 상경이 호송을 하여 선군을 예우를 표하며, 임금의 딸이라면 하경이 호송한다. 대국이라면 임금의 딸이라 하더라도 상경이 호송을 한다(凡公女, 嫁于敵國, 姊妹, 則上卿送之, 以禮於先君; 公子, 則下卿送之. 於大國, 雖公子, 亦上卿送之)"라 하였다. 이는 아마 제후가 정실을 맞을 때를 가지고 말한 것 같으며 소강은 희첩(姬妾)이다.

30 청나라 강영(江永)은 "『일통지(一統志)』에 따르면 중도성(中都城)은 두 군데가 있으며, 하나는 개휴(介休) 동북쪽 50리 지점에 있고 하나는 유차현(楡次縣) 동북쪽 15리 지점에 있는데, 두 곳 모두에서 진나라가 진무우를 잡아갔다고 하였다."

31 역반(逆班): 정부인을 맞이하는 것이 아니라면 이렇게 한다. 역반(逆班)은 여자를 맞이하는 자의 위차(位次)의 고하(高下)이다. 송(送)은 맞는 자를 따르는 사람의 위차이니 곧 맞는 자의 위차가 보내는 자의 위차와 같다는 것이다.

32 한수는 겨우 공족대부인데 진무우는 곧 상대부이다. 제나라가 진나라를 두려워하여 감히 또한 공족대부로 하여금 보내지를 않고 상대부로 하여금 보내게 하였으므로 오히려 바꾼 것이 있다고 하였다.

33 난(亂): 진무우가 잡혀간 것이다. 소강의 말은 매우 완곡하다.

報宣子也.[34]	한선자의 빙문을 보답하기 위함이었다.
晉侯使郊勞,[35]	제후가 교로를 하게 하였더니
辭曰,	사양하여 말하였다.
"寡君使弓來繼舊好,	"과군께서 저를 보낸 것은 옛 우호를 잇게 하기 위한 것이어서
固曰,	실로 말하기를
'女無敢爲賓',[36]	'너는 감히 빈객이 되지 말라'라 하셨습니다.
徹命於執事,[37]	집사께 명령을 전달하는 것도
敝邑弘矣,	우리나라의 은혜는 큰 것이니
敢辱郊使?	감히 욕되게 교로를 하게 하겠습니까?
請辭."	청컨대 사절하겠습니다."
致館,[38]	빈관에 데려다 주었더니
辭曰,	사양하여 말했다.

---

34 두예는 "이해 봄에 한선자가 내빙하였다"라 하였다.
35 빙례(聘禮)에는 교로(郊勞)가 있는데 희공 33년의 『전』과 『주』에 보인다.
36 감히 영빈의 예를 받지 말라는 명을 받은 것이다.
37 철(徹): 두예는 "철(徹)은 달(達)의 뜻이다"라 하였다.
38 빈관에 머물게 한 것이다.

"寡君命下臣來繼舊好, "과군께서 신에게 와서 옛 우호를
잇게 하라고 명하셨는데

好合使成,[39] 우호를 맺어 사명을 완수하였으니

臣之祿也.[40] 신의 복입니다.

敢辱大館!"[41] 감히 대관에 묵어 욕되게
하겠습니까?"

叔向曰, 숙상이 말하였다.

"子叔子知禮哉! "자숙자는 예절을 안다!

吾聞之曰, 내 듣건대

'忠信, '충과 신은

禮之器也,[42] 예의 그릇이고,

卑讓, 낮추고 겸양함은

禮之宗也.'[43] 예의 종주이다'라 하였다.

辭不忘國, 사양하면서도 나라를
잊지 않았으니

忠信也,[44] 충과 신이며,

---

39 사명을 완수한 것이다.
40 녹(祿): 『설문』에서는 "녹은 복(福)이라는 뜻이다."
41 감히 빈관에 머물지 않겠다는 것이다.
42 충과 신이 없으면 예에 담을 것이 없다는 말이다.
43 두예는 "종(宗)은 주(主)와 같다"라 하였다.
44 거듭 과군이 옛 우호를 잇게 하였다는 말을 하고 다음에 우리나라를 말하였으므로 나라를 잊지 않은 것이다.

先國後己,	나라를 앞세우고 자신은 나중에 생각하였으니
卑讓也.[45]	낮추고 겸양하는 것이다.
詩曰,	『시』에서 말하기를
'敬愼威儀,	'위엄과 예의 공경하고 삼가서
以近有德.'[46]	덕 있는 자에게 가까이하라'라 하였는데
夫子近德矣."	이 사람은 덕에 가까웠다 하겠다."

秋,	가을에
鄭公孫黑將作亂,	정나라의 공손흑이 난리를 일으켜
欲去游氏而代其位,[47]	유씨를 없애고 대신 직위를 대신하려고 하였는데
傷疾作而不果.[48]	상처가 덧나 결행하지 못하였다.
駟氏與諸大夫欲殺之.[49]	사씨가 여러 대부들과 그를 죽이려고 하였다.

---

45 두예는 "처음에 우리나라의 은혜가 큼을 말했으니 나라를 앞세운 것이고, 다음에 신하의 복을 말하였으니 자기를 나중에 이야기한 것이다"라 하였다.

46 『시경·대아·민로(大雅·民勞)』의 구절이다.

47 유씨(游氏): 유길(游吉)을 가리킨다. 유길은 유씨의 종주이므로 유길을 제거하고자 하면 반드시 그 종주를 쳐야 한다는 것이다.

48 지난해에 자남에게 부상을 당하였는데 마침 난을 일으키려 하자 상처가 또 터진 것이다.

49 사씨(駟氏): 흑(黑)의 일족이다. 또한 죽이려고 하는 것은 여러 대부들이 모두 미워하여 그 화가 종족에게 미칠 것을 두려워한 것이다.

子産在鄙,	자산은 변경에 있었는데
聞之,	이 일을 듣고
懼弗及,	미치지 못할까 두려워하여
乘遽而至.[50]	전거를 타고 이르렀다.
使吏數之,[51]	관리를 보내 조목조목 죄를 따지게 하여
曰,	말하였다.
"伯有之亂,[52]	"백유의 난 때
以大國之事,	대국의 일로
而未爾討也.[53]	너의 죄를 다스리지 못했다.
爾有亂心無厭,	너는 난을 일으키려는 마음을 만족시키지 못하여
國不女堪.	나라에서는 너를 감당하지 못한다.
專伐伯有,	멋대로 백유를 친 것이
而罪一也,	첫 번째 죄이다.
昆弟爭室,	형제간에 여자를 다투었으니
而罪二也,[54]	두 번째 죄이다.

50 거(遽): 곧 전거(傳車)이다. 길에 역참(驛站)이 있어 거마를 바꾸어 탈 수 있으므로 빨리 갈 수 있다.

51 두예는 "그 죄목을 조목조목 따져 꾸짖은 것이다"라 하였다.

52 양공 30년의 『전』에 상세하며, 백유가 흑에게 공격을 당한 것이다.

53 두예는 "대국의 명령을 힘쓰느라 너의 죄를 다스릴 겨를이 없었다는 것이다"라 하였다.

薰隧之盟,	훈수의 맹약에서
女矯君位,	너는 임금의 지위를 가탁하였으니
而罪三也.[55]	세 번째 죄이다.
有死罪三,	죽을죄가 세 가지나 되니
何以堪之?	어떻게 감당을 하겠느냐?
不速死,	속히 죽지 않으면
大刑將至."[56]	큰 형벌이 이를 것이다."
再拜稽首,	두 번 절하고 머리를 조아리고
辭曰,	해명하였다.
"死在朝夕,	"죽음이 아침저녁에 있으니
無助天爲虐."[57]	하늘을 도와 학대하지 마시오."
子産曰,	자산이 말하였다.
"人誰不死?	"사람이 누가 죽지 않느냐?
凶人不終,[58]	흉악한 사람이 끝이 좋지 못함은
命也.	천명이다.

54 두예는 "서오범(徐吾犯)의 누이를 다툰 것을 이른다"라 하였다. 이 일은 소공 원년의 『전』에 보인다.

55 또한 소공 원년의 『전』에 보인다.

56 대형(大刑): 『사기·노세가(魯世家)』의 『집해(集解)』에서는 마융(馬融)의 말을 인용하여 "대형은 사형이다"라 하였다.

57 부상이 재발하여 오래지 않아 죽게 될 텐데 하늘을 도와 자신을 학대하지 말라는 것이다.

58 부종(不終): 선종을 할 수 없을 것이라는 말이다.

作凶事,	흉악한 일을 하면
爲凶人.	흉악한 사람이다.
不助天,	하늘을 돕지 않고
其助凶人乎!"[59]	어찌 흉악한 사람을 돕겠느냐?"
請以印爲褚師.[60]	인을 저사로 삼을 것을 청했다.
子産曰,	자산이 말했다.
"印也若才,	"인이 재능이 있다면
君將任之,	임금께서 임용할 것이고
不才,	재능이 없다면
將朝夕從女.[61]	조만간 너를 따를 것이다.
女罪之不恤,	네 죄는 걱정하지 않고
而又何請焉?	또 어찌하여 그런 것을 청하느냐?
不速死,	속히 죽지 않으면
司寇將至."	사구가 이를 것이니라."
七月壬寅,[62]	7월 임인일에
縊.	목을 매었다.

59 기(其): 기(豈)자의 뜻으로 쓰였다.

60 인위저사(印爲褚師): 흑(黑)이 청한 것이다. 두예는 "인은 자석(子晳)의 아들이다. 저수는 시관(市官)이다"라 하였다. 시관은 시장을 관리하는 관리이다.

61 오래지 않아 또한 형을 받게 될 것이라는 말이다.

62 임인일은 7월 초하룻날이다.

尸諸周氏之衢,[63]	주씨지구에 육시하고
加木焉.[64]	나무판에 죄상을 적었다.

晉少姜卒,	진나라 소강이 죽자
公如晉,	공이 진나라에 갔는데
及河,	황하에 이르렀을 때
晉侯使士文伯來辭,	진후가 사문백을 보내오는 것을 사절케 하고
曰,	말하였다.
"非伉儷也,[65]	"배필이 아니니
請君無辱."[66]	청컨대 임금께선 욕되이 오지 마십시오."
公還.	공이 돌아갔다.
季孫宿遂致服焉.[67]	계손숙이 결국 수의를 드렸다.

---

63 주씨지구(周氏之衢): 환공 15년과 희공 33년의『전』에 모두 주씨지왕(周氏之汪)이 있다. 여기에 또 주씨지구가 있으니 아마 동일한 곳일 것이다. 못〔池〕도 있고 길〔道〕도 있는 것이다.

64 두예는 "나무에 그 죄상을 적어 시신 위에 놓은 것이다"라 하였다.

65 정실이 아니어서 지아비와 짝이 될 수 없으니 곧 항려(伉儷)가 아니라는 것이다.

66 당시의 예에 의하면 제후의 정실부인의 상이라도 제후는 또한 친히 조문을 하지 않았다. 이듬해『전』의 유길(游吉)이 한 말에서 알 수 있다.

67 두예는 "소강의 수의(襚衣)를 드린 것이다"라 하였다.

叔向言陳無宇於晉侯曰, 숙상이 진후에게 진무우를 위해 말해 주었다.

"彼何罪? "저 사람이 무슨 죄겠습니까?

君使公族逆之,[68] 임금께서 공족을 보내어 맞게 하였고

齊使上大夫送之, 제나라는 상대부로 하여금 보내 주었는데

猶曰不共,[69] 그래도 공경치 못하다 하셨으니

君求以貪.[70] 임금님의 요구가 너무 지나쳤습니다.

國則不共, 나라에서는 공경치 않았으면서

而執其使.[71] 그 사자를 붙잡았습니다.

君刑已頗,[72] 임금의 형벌이 너무 치우쳤습니다.

何以爲盟主? 어떻게 맹주가 되겠습니까?

且少姜有辭."[73] 또한 소강도 말하였습니다."

冬十月, 겨울 10월에

---

68 공족(公族): 곧 공족대부 한수(韓須)로 제나라에 가서 소강을 맞아 왔다.

69 공(共): 공(恭)과 같다.

70 이(以): 이(已)와 같다. 너무.
탐(貪): 사(奢)와 같다.

71 국(國): 자기의 나라이다. 진나라가 공족대부로 하여금 부인을 맞게 한 것을 공손치 못하다고 생각하였다는 말이다.

72 이(已): 너무.
파(頗): 치우치다.

73 소강은 생전에 진무우를 풀어 주라고 청한 적이 있다.

陳無宇歸.[74]	진무우가 돌아갔다.
十一月,	11월에
鄭印段如晉弔.[75]	정나라 인단이 진나라로 가서 조문하였다.

소공 3년

經

三年春王正月丁未,[1]	3년 봄 주력으로 정월 정미일에
滕子原卒.[2]	등자 원이 죽었다.

---

74 두예는 "진후가 용서해 준 것이다"라 하였다.

75 두예는 "소강을 조문한 것이다"라 하였다.

1 삼년(三年): 임술년 B.C. 539년으로 주경왕(周景王) 6년이다. 동지가 정월 24일 임술일로 건자(建子)이다. 정미일은 9일이다.

2 『공양전』에는 "원(原)"이 "천(泉)"으로 되어 있다. 원은 곧 등성공으로 공영달의 주석[소(疏)]에서 인용한 두예의 『세족보(世族譜)』에 의하면 문공(文公)의 아들이다. 문공은 성공 16년에 죽었으며 『경』에는 "등자가 죽었다(滕子卒)"라고만 기록하고 이름은 기록하지 않았다. 곧 은공 7년의 "등자가 죽었다"란 기록이다. 선공 9년에 소공이 죽었는데 역시 다만 "등자가 죽었다"라고만 기록하였다. 소공은 선공의 아들로 노희공 19년 선공이 송나라에 잡혀가 죽음을 기록하지 않았다. 노환공 2년에 등자가 와서 조현하였고, 장공 16년에는 유(幽)에서 맹약하였는데 이 사람이 바로 선공의 바로 윗대일 것인데 역시 죽음을 기록하지 않았다. 등자 원의 죽음 이후로는 모두 죽음과 이름을 기록하였다. 원은 양공 5년에 척(戚)에서, 9년에는 희(戲)에서, 11년에는 박성(亳城)의 북쪽에서, 19년에는 축가(祝柯), 20년에는 전연(澶淵), 25년에는 중구(重丘)에서 무릇 맹약에 참석한 것이 여섯 차례이다. 양공이 죽자 원이 와서 장례에 참석하였으며, 그의 장례에는 노나라의 경이 또한 갔으니 서로간의 우호가 이와 같았다.

夏,	여름에
叔弓如滕.	숙궁이 등나라에 갔다.
五月,	5월에
葬滕成公.	등성공을 장사 지냈다.
秋,	가을에
小邾子來朝.	소주자가 와서 조현하였다.
八月,	8월에
大雩.	크게 기우제를 지냈다.
冬,	겨울에
大雨雹.[3]	큰 우박이 내렸다.
北燕伯款出奔齊.	북연백 관이 제나라로 달아났다.

傳

三年春王正月,	3년 봄 주력으로 정월에
鄭游吉如晉,	정나라 유길이 진나라로 가서
送少姜之葬.	소강을 장송하였다.
梁丙與張趯見之.[4]	양병과 장적이 그를 만나 보았다.
梁丙曰,	양병이 말하였다.

3 『전』이 없다. 두예는 "재해를 기록한 것이다"라 하였다.
4 두 사람은 진나라의 대부이다.

"甚矣哉,	"심하군요,
子之爲此來也!"[5]	그대가 이 일로 오시다니!"
子大叔曰,	자태숙이 말하였다.
"將得已乎![6]	"그만둘 수 있겠습니까!
昔文, 襄之覇也,[7]	옛날 문공과 양공이 패권을 잡았을 때는
其務不煩諸侯,	제후를 번거롭게 하지 않으려고 힘썼는데
今諸侯三歲而聘,	지금 제후는 3년마다 빙문하고
五歲而朝,	5년마다 조현하며
有事而會,	일이 있으면 회합하고
不協而盟.[8]	화목하지 않으면 결맹을 합니다.
君薨,	임금이 죽으면
大夫弔,	대부는 조문하고

---

5 두예는 "경이 첩의 장례에 함께하니 예가 지나침이 심하다"라 하였다.

6 장(將): 거의라는 말과 같다.
이(已): 그치다. 이렇게 하지 않을 수 없다는 말이다.

7 두예는 "진문공과 양공이다"라 하였다.

8 열국 간에 일이 있으면 회합하고 화목하지 못하여 서로 충돌하면 맹약해서 정해진 기일이 없는 것이다. 13년『전』에서는 숙상이 "그러므로 밝은 선왕의 제도는 제후들로 하여금 매해 빙문하여 일에 뜻을 두게 하고 3년에 한번 조현하여 예를 익히게 하였으며 6년에 한번씩 회합하여 위엄을 보였으며 12년에 한번 맹약하여 밝음을 드러냈습니다. 예로부터 그것을 혹시라도 잃지 않았습니다(是故明王之制, 使諸侯歲聘以志業, 間朝以講禮, 再朝而會以示威, 再會而盟以顯昭明, 自古以來未之或失也)"라 하여 이와는 다른데, 혹 숙상이 옛 제도를 가탁하여 제나라로 하여금 명을 따르게 하려는 것인 것 같다.

卿共葬事,	경은 장사를 지내는 일에 함께합니다.
夫人,	부인이 죽으면
士弔,	사가 조문하고
大夫送葬.[9]	대부가 송장을 합니다.
足以昭禮, 命事, 謀闕而已,[10]	예를 밝히고 일을 명하며 빠진 것을 상의하는 데 족할 따름이니
無加命矣.[11]	더 명을 더하지 않습니다.
今嬖寵之喪,[12]	지금 애첩의 상에
不敢擇位,[13]	감히 지위를 가리지 않고
而數於守適,[14]	정실부인의 예수대로 해도
唯懼獲戾,	죄를 짓게 될까 두려운데

9 30년의 『전』에서 유길은 또 말하기를 "선왕의 제도에 제후의 상에는 사가 조문을 하며 대부는 송장을 한다(先王之制, 諸侯之喪, 士弔, 大夫送葬)"라 하여 여기서 문공과 양공이 패권을 잡았을 때한 말과는 다르다. 아마 춘추시대 때 패주의 영은 또한 옛날보다 과했던 것 같다.

10 이 구절은 조(朝)와 빙(聘), 맹(盟), 회(會) 및 조(弔), 상(喪), 장(葬)의 목적을 총결한 것으로, 예절을 밝힘과 명령, 빠진 것을 채우는 데 족하기만 하면 되었다는 것이다.

11 이외에는 제후들을 번거롭게 하는 것이 더 이상 없었다는 것이다.

12 폐총지상(嬖寵之喪): 소강(少姜)의 상을 가리킨다. 소강은 총희일 뿐이다.

13 조문하는 사람을 감히 예제 및 구례(舊例)대로 적당한 직위의 사람을 선택하지 않은 것이다.

14 수(數): 예수(禮數)이다.
수적(守適): 임금의 정부인을 말한다. 적실 배필은 내궁의 수장 자리를 지키므로 수적이라고 부르는 것이다. 고례, 심지어 문공과 양공의 일에 의하더라도 부인의 상에는 사(士)가 보내어 조문하고 대부가 송장하는데 이제 정나라가 경을 보내어 첩을 송장하게 하니 예수가 적부인보다 과한 것이다.

豈敢憚煩?	어찌 감히 번거로움을 꺼리겠습니까?
少姜有寵而死,	소강은 총애를 받다가 죽었으니
齊必繼室.	제나라는 반드시 계속 여자를 보낼 것입니다.
今玆吾又將來賀,	이제 내 또 와서 축하할 것이니
不唯此行也."	단지 이번 발걸음만이 아닐 것입니다."
張趯曰,	장적이 말하였다.
"善哉,	"훌륭하도다,
吾得聞此數也![15]	내 이 예수를 듣게 되었습니다!
然自今吾子其無事矣.	그러나 지금부터 그대는 일이 없을 것입니다.
譬如火焉,[16]	대화성을 가지고 비유컨대
火中,	대화성이 하늘 한복판에 있으면
寒暑乃退.[17]	추위와 더위가 물러나게 됩니다.
此其極也,[18]	이제 그 극에 달하였으니

15 이번 조회에서 조상의 예수를 듣게 되었다는 것이다.

16 화(火): 대화(大火), 곧 심수(心宿)로 전갈자리의 두 번째 α성(알파星)이다.

17 심수의 두 번째 별은 1등성으로 늦여름 황혼이 질 때 하늘에 있어서 더운 기운이 점차 사라진다. 늦겨울에는 날이 밝을 무렵 하늘에 있어 한기가 점차 사라질 때이다.

18 진평공이 이때 이미 극점에 달하였음을 말하며, 고인들은 극에 달하면 반드시 쇠퇴할 것으로 생각하여 대화가 하늘 중간에 있으면 추위와 더위가 물러나는 것과 같다고 생각

能無退乎?	물러나지 않을 수 있겠습니까?
晉將失諸侯,	진나라는 제후를 잃게 될 것이고
諸侯求煩不獲."[19]	제후가 번거로움을 구하고자 해도 얻지 못할 것입니다."
二大夫退.	두 대부가 물러나자
子大叔告人曰,	자태숙이 다른 사람에게 말하였다.
"張趯有知,	"장적은 식견이 있으니
其猶在君子之後乎!"[20]	그래도 군자의 뒤에 있게 될 것이다!"

丁未,	정미일에
滕子原卒.	등자원이 죽었다.
同盟,	동맹국이어서
故書名.[21]	이름을 기록하였다.

齊侯使晏嬰請繼室於晉,[22]	제후는 안영을 보내어 진나라에 계실을 청하여

하였다. 이 또한 고대의 소박한 변증법이다.

19 제후들이 설사 번거로움을 구하려고 해도 그렇게 되지 못할 것이라는 말이다.

20 『논어·선진(先進)』과 「헌문(憲問)」에서 공자가 두 번 "내가 대부의 뒤를 따르기 때문(以吾從大夫之後)"라고 하였으니 곧 스스로 일찍이 대부의 반열임을 말한 것이다. 이곳의 군자의 뒤라는 것도 또한 그가 군자의 무리에 있음을 말한 것이다. 두예는 "말하기를 꺼리어 숨김을 기롱한 것이다"라 하였는데 "~의 뒤"라는 뜻을 이해하지 못해서였을 것이다.

21 『경』의 『주』에 상세하다.

曰,	말하였다.
"寡君使嬰曰,	"과군께서는 저를 보내어 말하게 하였습니다.
'寡人願事君朝夕不倦,	'과인은 임금님을 섬기기를 원하여 조석으로 게을리 하지 않아
將奉質幣以無失時,[23]	폐백을 바침을 때를 어기지 않으려고 하였으나
則國家多難,	나라에 어려움이 많아
是以不獲.[24]	이 때문에 하지 못하였습니다.
不腆先君之適以備內官,[25]	변변치 못한 선군의 적녀를 내관으로 갖추어
焜燿寡人之望,[26]	과인의 바람을 밝혔사온데
則又無祿,	또 복이 없어
早世隕命,	일찍 죽어
寡人失望.	과인이 실망하였습니다.

22 두예는 "다시 (제나라) 여자로 소강을 잇는 것이다"라 하였다.

23 장(將): 욕(欲)과 같다.
무실시(無失時): 때에 맞추어 조빙하는 것을 이른다.

24 두예는 "직접 올 수 없었던 것이다"라 하였다.

25 부전(不腆): 전(腆)은 두텁다는 뜻이다. 부전(不腆)은 당시에 상용하던 겸사(謙辭)로 희공 33년『전』의 "변변치 못한 우리나라(不腆敝邑)" 같은 예가 있다. 소강은 제장공의 적실부인의 딸이기 때문에 선군의 적녀라고 하였다.
비내관(備內官): 역시 겸사로 진나라의 내궁의 수를 충당한다는 뜻이다.

26 혼요(焜燿): 혼(焜)은 밝다는 뜻이다. 요(燿)는 비춘다는 뜻이다. 혼요(焜燿)는『국어·정어(鄭語)』의 "순요(淳燿)"와 같다. 나의 소망을 밝게 비춘다는 말이다.

君若不忘先君之好,	임금님께서 선군의 우호를 잊지 않으시어
惠顧齊國,	은혜로이 제나라를 돌보시어
辱收寡人,[27]	과인을 안무해 주시고
徼福於大公, 丁公,[28]	태공과 정공께 복을 구하여
照臨敝邑,	우리나라를 비추어
鎭撫其社稷,	그 사직을 진무해 주신다면
則猶有先君之適及遺姑姊妹若而人.[29]	아직 선군의 적녀 및 고자매 약간인이 있습니다.
君若不棄敝邑,	임금님께서 만약 우리나라를 버리지 않으시겠다면
而辱使董振擇之,[30]	사신을 보내시어 신중하게 고르시어

27 수(收): 수집(綏輯: 안온하게 함)이다. 『전국책·진책(秦策)』의 "안으로 백성들을 편안하게 하여(內收百姓) 그 마음을 어루만져 준다"의 수(收)와 같은 뜻이다.

28 이런 말은 모두 당시 상용하던 사령(辭令)으로 문공 12년『전』의 "과군께서는 주공과 노공께 복을 구하여 임금님을 섬기길 바랍니다(寡君願徼福于周公、魯公以事君)"의 『주』에 상세하다. 요(徼)는 구하는 것이다.

29 선군지적(先君之適): 적실(嫡室) 소생이라는 말이다.
유고자매(遺姑姊妹): 곧 적실 소생이 아니라는 말이다. 고자매는 대개 영공 소생일 것으므로 경공의 고모들이며, 양공 21년의『전』에 상세하다.
약이인(若而人): 약간인(若干人)이라는 말이다. 심흠한(沈欽韓)의『보주(補注)』.

30 동진(董振): 같은 뜻의 글자가 연용된 것이다. 『이아·석고(釋詁)』에서는 "동(董)은 바른 것이다"라 하였다. 은공 5년의『전』에 "들어서면 군사를 정돈한다(入而振旅)"의 주에서 "진(振)은 정(整)이다"라 하였다. 삼국시대 오(吳)나라 설종(薛綜)의『문선·서경부(西京賦)』의 주에서 "진은 정리(整理)하는 것이다"라 하였다. 동진은 지금의 신중이라는 뜻과 같다.

以備嬪嬙,[31]	비빈으로 갖추는 것이
寡人之望也.'"	과인의 바람입니다.'"
韓宣子使叔向對曰,	한선자가 숙상을 보내 대답하게 하였다.
"寡君之願也.	"과군의 바람입니다.
寡君不能獨任其社稷之事,	과군께서는 홀로 사직의 일을 맡을 수가 없으므로
未有伉儷,	배필이 없으신 데도
在縗絰之中,[32]	상중에 있어서
是以未敢請.	그런 까닭으로 감히 청을 드리지 못했습니다.
君有辱命,	임금께서 명을 내려 주시니
惠莫大焉.	그보다 더 큰 은혜는 없습니다.
若惠顧敝邑,	은혜로이 우리나라를 돌보아 주시고
撫有晉國,	진나라를 어루만져 주시어

31 빈장(嬪嬙): 모두 천자와 제후의 희첩(姬妾)이다. 이 구절은 위의 "以備內官"과 같은 뜻이다.

32 공영달은 "소강은 원래 정부인이 아닌데도 배필이 없다고 말한 것은 아마 진후에게 당시 정부인이 없었고 그 계실을 한기 상경으로 하여금 맞아오게 하여 정나라의 한호가 진나라로 가서 축하하였으니 후취자는 부인이 된다"라 하였다. 재최질지중(在縗絰之中)이라는 말은 곧 상중에 있다는 말이다. 옛 제도에 처(妻)일 경우 자최(齊衰)에 상장(喪杖) 1년의 거상을 하는데 귀천이 똑같다. 여기서는 진후가 정부인의 예로 소강의 상례를 치렀거나 아니면 다만 외교사령일 뿐일 수도 있다.

賜之內主,[33]	내관의 주인을 내려 주신다면
豈唯寡君,	어찌 과군뿐일 것이며
擧羣臣實受其貺,	모든 신하들이 실로 은혜를 입을 것이니
其自唐叔以下實寵嘉之."[34]	아마 당숙 이하 실로 총애하고 좋아하실 것입니다."
旣成昏,[35]	이미 혼인이 정해지자
晏子受禮,[36]	안자는 향례를 받았으며
叔向從之宴,[37]	숙상이 그를 따라 연회에 참석하여
相與語.	서로 이야기를 나누었다.
叔向曰,	숙상이 말하였다.
"齊其何如?"	"제나라는 어떠하오?"
晏子曰,	안자가 말하였다.
"此季世也,[38]	"이제 말세이니

33 내주(內主): 정부인이 내관의 주인이므로 내주(內主)라고 한 것이다.

34 당숙(唐叔): 두예는 "당숙은 진나라의 시조이다"라 하였다. 제나라가 태공과 정공을 말하였기 때문에 당숙을 가지고 답한 것이다.

35 성혼(成昏): 지금의 정혼(定婚)과 같은 말이다. 은공 7년과 소공 원년의 『전』과 『주』를 참조하기 바람.

36 수례(受禮): 두예는 "손님에게 베푸는 향례를 받는 것이다"라 하였다.

37 향례를 한 뒤에 연례를 베푼다.

38 계세(季世): 말대(末代)와 같은 말로, 쇠미한 세상이라는 뜻이다.

吾弗知齊其爲陳氏矣.[39]	내 모르긴 해도 제나라는 아마 진씨의 것이 될 것 같소.
公棄其民,	임금이 백성을 버리니
而歸於陳氏.	진씨에게 귀의하고 있소.
齊舊四量,[40]	제나라는 예로부터 네 가지의 양기를 썼는데
豆, 區, 釜, 鍾.	두와 구, 부와 종입니다.
四升爲豆,	네 되가 한 두인데
各自其四,	각기 네 배로 하여
以登於釜.[41]	부가 됩니다.
釜十則鍾.[42]	부가 10이면 종입니다.
陳氏三量皆登一焉,	진씨는 세 양기에 모두 하나씩을 더 이루어
鍾乃大矣.[43]	종이 이에 커지게 되었습니다.

39 불지(弗知): 제나라를 지키지 못하여 진씨의 것이 될 것이라는 말과 같다. "불지(弗知)"는 지금의 "불보(不保)"와 같다.

40 사량(四量): 네 가지 용적 단위와 양기(量器).

41 두예는 "4두(豆)가 구(區)가 되며 구(區)는 여섯 말〔斗〕 네 되〔升〕이다. 등(登)은 되는 것이다"라 하였다. 등(登)은 곧 승(升)인 것 같으니 소량의 승(升)에서 대량에 이르는 것이다. 자(自)는 용(用)의 뜻이다. 승(升)을 가지고 부(釜)에 이르려면 각기 네 배가 된다는 것이다.

42 두예는 "여섯 휘〔斛: 열 말〕 네 말〔斗〕이다"라 하였다. 『주례·고공기(考工記)』 정현의 주에서는 "네 되를 두(豆)라 하고, 네 두를 구(區)라 하며, 네 구를 부(鬴)라 하고, 부가 열이면 종(鍾)이라 한다"라 하였다. 부(鬴)는 곧 부(釜)이며, 고음이 같다.

43 두예는 "등(登)은 더하는 것이다. 가일(加一)은 옛 양기의 하나를 더하는 것이다. 다섯

以家量貸,	집의 양기로 빌려 주고
而以公量收之.[44]	나라의 양기로 거두어들입니다.
山木如市,	산의 나무를 시장으로 가져다가
弗加於山,	산에서보다 더 받지 않으며,
魚, 鹽, 蜃, 蛤,	물고기와 소금, 무명조개와 대합을
弗加於海.[45]	바다에서보다 더 받지 않습니다.
民參其力,	백성들은 그 힘을 셋으로 나누어
二入於公,	둘을 나라에 들이고
而衣食其一.[46]	하나로 먹고 삽니다.

되가 두(豆)가 되고, 다섯 두가 구(區), 다섯 구(區)가 부(釜)가 되는 것이다. 곧 구(區)는 두 말, 부(釜)는 여덟 말, 종(鍾)은 여덟 휘이다"라 하였다. 양수달(楊樹達)의 『독좌전(讀左傳)』에서는 "『관자·경중(管子·輕重) 을(乙)』편에서는 '지금 제나라 서쪽의 곡식은 부(釜)에 백 전(錢)이니 우(鏂)에 20전이며, 제나라 동쪽의 곡식은 부에 10전이니 우에 2전이다'라 하였다. 윤지장(尹知章)은 '5우(鏂)가 부이다'라 하였다. 우(鏂)와 구(區)는 같다. 『관자(管子)』에 의하면 5구가 부가 되어 『좌전』의 진씨가 하나를 더하였다는 설과 합치되며, 이로써 또한 『관자』의 책이 늦게 나왔음을 알 수 있다"라 하였다. 양수달(楊樹達)의 『적미거금문설·여설·자화자부재발(積微居金文說·餘說·子禾子釜再跋)』에 진개기(陳介祺)가 소장한 제나라 양기의 실측 수가 있다.

44 두예는 "빌려 줄 때는 후하고 거둘 때는 박하게 한 것이다"라 하였다.

45 산의 목재를 시장으로 옮겨 파는데 그 가격이 산에서와 같고, 어염(魚鹽) 및 각종 해산물을 시장에서 파는데 또한 바다에서보다 더 받지 않는다는 것이다. 진씨가 인심을 사기 위해서이거나 제나라 임금이 강제로 노예들에게 시켜서 그 노동력을 빼앗는 것일 것이다. 전인들은 앞의 설을 많이 주장하였고 곽말약(郭沫若: 1892~1978)의 『노예제시대(奴隸制時代)』에서만 뒤의 설을 주장하였다. 앞의 설이 비교적 합리적인 것 같다.

46 백성들이 그 힘을 셋으로 나누어 그 소득의 2를 제나라 임금에게 바치고 자기와 온 식구는 그 1만 가지고 의식의 일용에 쓰는 것이다. 두예는 "임금이 과세를 과중하게 거두어들였다는 말이다"라 하였다.

公聚朽蠹,[47]	임금의 모아 놓은 것이 썩고 벌레가 생기지만
而三老凍餒,[48]	삼로는 동상에 걸리고 굶주리며
國之諸市,	나라의 여러 저자에는
屨賤踊貴.[49]	신발은 싸고 의족은 비쌉니다.
民人痛疾,	백성들은 고통스러워하는데
而或燠休之.[50]	어떤 이는 그들에게 후하게 내려 줍니다.

---

47 제나라 임금이 축적해 놓은 것이 너무 많아 세월이 오래되어 썩기도 하고 좀벌레가 생기기도 한다는 것이다.

48 삼로(三老): 세 가지 해석이 있어왔다. 두예는 "삼로는 상수(上壽), 중수, 하수를 말하며 모두 80세 이상으로 봉양 받지 못한다"라 하였다. 공영달은 복건의 말을 인용하여 "삼로라는 것은 공로(工老)와 상로(商老), 농로(農老)이다"라 하였다. 이상 두 가지 설은 모두 믿을 만하지 못하다. 『예기·악기(禮記·樂記)』에서는 "태학에서 삼로와 오경(五更)을 봉양하였다"라 하였고, 『예기·문왕세자(禮記·文王世子)』에서는 "마침내 삼로와 오경을 설치하고 뭇 노인들의 자리를 마련하였다"라 하였는데 정현의 주에서는 "삼로와 오경은 각기 한 사람으로 연로하여 일을 바꾸고 벼슬에서 물러난 자이다. 천자가 그들을 부형으로 삼아 봉양하여 천하의 효제(孝悌)를 보이는 것이다"라 하였다. 제후 또한 삼로를 봉양하였는데 곧 이곳의 삼로의 뜻이다. 청나라 혜동(惠棟)의 『춘추좌전보주(春秋左傳補注)』(이하 『보주(補注)』)에서는 삼로는 곧 삼수(三壽)라 하고 진강정(晉姜鼎)의 명(銘) "그 손자를 보호하는데 삼수(三壽)를 이롭게 한다"라는 말을 인용하였으며, 『시경·노송(詩經·魯頌)』에서는 "삼수들과 벗한다(三壽作朋)"라 한 것으로 알 수 있다고 하였다. 그러나 삼수는 종주종(宗周鐘)에는 "삼수(參壽)"로 되어 있는데, 고수(高壽)와 같은 말이며, 곽말약(郭沫若)은 삼성(參星)의 높음을 수명이 비유하였으며, 후인들은 이를 더욱 변화시켜 산수(山壽)라 하였다고 하였다. 이 때문에 혜동의 설은 취하지 않는다.

49 구용(屨踊): 구(屨)는 삼이나 가죽으로 만든 신발이다. 용(踊)은 다리가 잘린 사람이 쓰는 것으로 일설에는 의족이라고도 하고 일설에는 끼고 다니는 지팡이, 곧 목발이라고도 한다. 여기서는 형벌을 받은 사람이 많다는 것을 말한다.

50 욱휴(燠休): 육덕명(陸德明)의 『석문(釋文)』에서는 가규(賈逵)의 말을 인용하여 "욱(燠)은 두텁다는 뜻이다"라 하였다. 휴(休)는 내려 준다는 뜻으로 양수달의 『적미거금문설(積微居金文說)』에 보인다. 여기서는 진씨가 백성들의 고통에 후하게 베푼다는 것을 말

其愛之如父母,	그를 사랑함이 부모와 같고
而歸之如流水.	귀의함이 흐르는 물과 같습니다.
欲無獲民,	민심을 얻지 않으려 해도
將焉辟之?[51]	어떻게 피할 수 있겠습니까?
箕伯, 直柄, 虞遂, 伯戲,[52]	기백과 직병, 우수, 백희는
其相胡公, 大姬已在齊矣."[53]	호공과 태희를 따라 이미 제나라에 있습니다."
叔向曰,	숙상이 말하였다.
"然.	"그렇군요.
雖吾公室,	우리 공실이라 해도
今亦季世也.	지금은 말세입니다.
戎馬不駕,	융마는 융거를 끌지 않고
卿無軍行,	경은 군사를 인솔하지 않으며
公乘無人,	공실의 전차에는 사람이 없고

한다. 두예는 "욱휴는 가슴 아프게 생각하는 소리이다"라 하였으며, 복건은 "욱휴는 아픔을 고통스럽게 여겨 내는 소리로 지금 아이가 아파하면 부모는 입으로 다가가 욱휴(噢休) 하고 말하여 그 아픔을 대신하는 것이다"라 하였는데 모두 확실치 않다.

51 피(辟): 피(避)와 같다. 백성들이 진씨에게 귀의함을 피할 곳이 없다는 말이다.

52 두예는 "네 사람은 모두 순(舜)의 후손으로 진씨의 선조이다"라 하였다. 수(遂)는 8년 『전』에 보이며, 나머지 사람은 고찰할 수가 없다.

53 두예는 "호공은 네 사람의 후손이며 주나라 때 처음으로 진(陳)에 봉해진 시조이며, 태희는 그 비이다. 진씨가 비록 신하이긴 하지만 곧 나라를 가지게 될 것이므로 그 선조의 귀신이 이미 호공과 함께 제나라에 있다는 말이다"라 하였다. 공영달은 복건의 말을 인용하여 "상(相)은 따르는 것이다"라 하였다.

卒列無長.[54]	군대에는 대장이 없습니다.
庶民罷敝,	서민들은 피폐한데
而宮室滋侈.[55]	궁실은 더욱 사치로워졌습니다.
道殣相望,[56]	길에는 아사자가 서로 마주하고
而女富溢尤.[57]	총희의 부유함은 더욱 많아졌습니다.
民聞公命,	백성들이 임금의 명령을 듣는 것을
如逃寇讎.	도둑이나 원수 피하듯 합니다.
欒, 郤, 胥, 原, 狐, 續, 慶, 伯降在皂隸,[58]	난씨와 극씨, 서씨, 원씨, 호씨, 속씨, 경씨, 백씨는 지위가 떨어져 종이나 노예가 되었고
政在家門,[59]	정사는 사가에 있어서
民無所依.	백성이 의탁할 곳이 없습니다.

---

54 이 네 구절은 진나라 공실의 군비(軍備)가 폐지되고 해이해졌다는 말이다. 전투를 할 말은 이미 병거에 매어지지 않았고 여러 경은 이미 공실의 군사를 통솔하지 않으며, 공실의 수레에는 또한 어자나 거우가 없고 백 명이 1졸인데 군대의 행렬에 쓸 만한 대장이 없다는 것이다.

55 자(滋): 두예는 "자는 더욱이라는 뜻이다"라 하였다.

56 근(殣): 『설문』에서는 "길에서 죽은 사람으로 사람이 엎어져 있는 것이다"라 하였다. 길에서 굶어죽은 자가 많다는 말이다.

57 여(女): 두예는 "여는 폐총(嬖寵)의 집이다"라 하였다. 양수달(楊樹達)의 『독좌전(讀左傳)』에서는 "우(尤)는 우(訧)의 뜻으로 읽어야 한다. 『설문』에서 '우(訧)는 죄이다'라 하였다"라고 하였다.

58 이 여덟 씨의 선조 중 난지(欒枝), 극결(郤缺), 서신(胥臣), 선진(先軫), 호언(狐偃)의 다섯 씨는 모두 경이고, 속간백(續簡伯), 경정(慶鄭), 백종(伯宗)은 모두 대부이다. 본래 모두 희(姬)성이었으며, 후한(後漢) 왕부(王符)의 『잠부론·지씨성(潛夫論·志氏姓)』에서 간략하게 언급한 바 있다.

59 한(韓), 조(趙)의 여러 씨가 정사를 전횡하고 있다는 말이다.

君日不悛,	임금은 뉘우치는 날이 없이
以樂慆憂.[60]	즐거움으로 근심을 보내고 있습니다.
公室之卑,	공실이 땅에 떨어짐이
其何日之有?[61]	얼마나 되겠습니까?
讒鼎之銘曰,[62]	「참정지명」에서 말하기를
'昧旦丕顯,[63]	'해뜨기 전에 일어나 공명 떨치더라도
後世猶怠',[64]	후세 오히려 게을러질라'라 하였습니다.
況日不悛,	하물며 뉘우치지 않으니
其能久乎?"	어찌 오래갈 수 있겠습니까?"

60 도(慆): 『시경·당풍·실솔(唐風·蟋蟀)』에 "세월 지나간다네(日月其慆)"라는 말이 있는데, 모씨의 주석〔전(傳): 『모전(毛傳)』〕에서는 "도(慆)는 보내는 것이다"라 하였다. 오락으로 근심과 우환을 넘겨 보내는 것이다. 다케조에 고코(竹添光鴻)의 『회전(會箋)』에 설이 보인다.

61 공실이 쇠미해질 날이 머지않았다는 말이다.

62 참정지명(讒鼎之銘): 양수달(楊樹達)의 『독좌전(讀左傳)』에서는 "『설문』에서는 '잠(鬵)은 큰 솥(大鬴)이다. 정(鼎)이라고도 하며 위가 크고 아래가 작아서 증(甑)과 같으며 잠(鬵)이라고 한다. 잠(岑)으로 읽는다'라 하였다. 참정(讒鼎)은 아마 곧 잠정(鬵鼎)일 것이며, 잠(鬵)과 참(讒)은 음이 가까워 통가할 수 있었다" 참정(讒鼎)은 본래 노나라 소유였는데 『한비자·설림(說林) 상』에서는 제나라가 노나라를 치고 참정을 찾아 운운하였는데, 『여씨춘추·심기(審己)』편과 전한(前漢) 유향(劉向)의 『신서·절사(新序·節士)』편에는 모두 "잠정(岑鼎)"으로 되어 있는데 이 정인지 아닌지는 모르겠다. 그러나 노나라의 참정은 일찍부터 이미 제나라에 있어서 숙상이 그 명문을 반드시 암송하지 못하였을 것이며 이는 아마 진나라의 참정인 것 같다.

63 매단(昧旦): 밝아지려 하면서 아직 밝지 않은 때이다.

64 인용문은 새벽같이 일어나면 크게 빛을 낼 수 있지만 후세에서는 오히려 게을러 하지 않는다는 것을 말한다.

晏子曰,	안자가 말하였다.
"子將若何?"	"그대는 어찌하려 하오?"
叔向曰,	숙상이 말하였다.
"晉之公族盡矣.	"진나라의 공족은 다 되었습니다.
肸聞之,	제가 듣건대
公室將卑,	공실이 낮아지려 하면
其宗族枝葉先落,	그 종족의 지엽이 먼저 떨어지고
則公室從之.[65]	공실이 그 뒤를 따른다 하였습니다.
肸之宗十一族,[66]	저의 종족은 11족인데
唯羊舌氏在而已.[67]	양설씨만이 남아 있을 따름입니다.
肸又無子,[68]	저는 또 자식도 없고
公室無度,	공실은 무도하니
幸而得死,[69]	다행히 제때 죽게 된다 하더라도
豈其獲祀?"[70]	어찌 제사를 받겠습니까?"

65 원래는 "실(室)"자가 없었지만 문의상으로 보아 있어야 하며, 가나자와 문고본(金澤文庫本)에 따라 추가하였다. 따라서 떨어진다는 뜻이다.

66 종(宗): 두예는 "조상이 같은 사람이 종(宗)이다"라 하였다. 숙상과 조상이 같은 11씨족은 어느 공(公)에게서 나왔는지 알지 못하겠다.

67 공영달이 인용한 두씨(두예)의 『세족보(世族譜)』에서는 "양설(羊舌)은 식읍의 이름이다"라 하였다. 청나라 모기령(毛奇齡)의 『경문(經問)』에서는 "씨(氏)와 족(族)은 원래 분별이 없으며 힐(肸)의 종 11족은 양설씨만이 남아 있을 뿐이다. 대체로 숙상은 숙을 족으로 하고 양설을 씨로 하였는데 지금은 양설을 합하여 족으로 한 것이다"라 하였다.

68 28년의 『전』과 『주』에 상세하다.

69 득사(得死): 획사(獲死), 획종(獲終)과 같으며 늙어 장수하여 선종(善終)하는 것이다.

初,	처음에
景公欲更晏子之宅,	경공이 안자의 집을 바꾸려 하여
曰,	말했다.
“子之宅近市,	“그대의 집은 저자에 가까워
湫隘囂塵,[71]	습하고 좁고 시끄럽고 먼지가 많아
不可以居,	살 수가 없으니
請更諸爽塏者.”[72]	시원하고 높은 곳으로 바꿔 주겠노라.”
辭曰,	사양하여 말했다.
“君之先臣容焉,[73]	“임금님의 선신이 받아들였사온데
臣不足以嗣之,	신은 그들을 이을 수가 없으니
於臣侈矣.[74]	신에게는 과분합니다.

---

70 기(其)는 장(將)과 같은 뜻이다. 반드시 향사(享祀)를 받지 못할 것이라는 말이다. 안영(晏嬰)과 숙상(叔向)이 제나라와 진나라를 논한 장면은『안자춘추(晏子春秋)』의 작자가「내편·문(內篇·問) 하」에 채록하였는데『전』과 거의 같다.

71 추애효진(湫隘囂塵): 추(湫)는 낮고 습한 것이다. 애(隘)는 협소한 것이다. 효(囂)는 시끌벅적한 것이다. 진(塵)은 흙먼지가 날리는 것이다.

72 상개(爽塏): 상(爽)은 밝은 것이다. 개(塏)는『설문』에서 “높고 건조한 것이다”라 하였다.

73 나의 선대가 살았다는 말과 같다.

74 우리 조부 우리 부친이 거처하였는데 나는 부조를 계승하기에 부족한데도 오히려 거처하니 나에게는 여전히 과분하게 생각된다는 말이다. 치(侈)는『설문』에서 “우쭐거리는 것(掩脅)이다”라 하였다. 단옥재(段玉裁)의 주에서는 “엄(掩)은 그 위를 덮는 것이며, 협(脅)은 그 옆을 위협하여 억누르는 것이다. 무릇 스스로 남을 많이 깔보는 것을 치(侈)라고 하니 이것이 치(侈)의 본뜻이다”라 하였다. 또한『장자·변무(莊子·騈拇)』편에 “그리고 덕에 과분하다(而侈於德)”는 말이 나오는데 육덕명(陸德明)의『석문(釋文)』에서는 최(崔)씨의 주를 인용하여 “치(侈)는 과한 것이다”라 하였다.

且小人近市,	또한 소인은 시장이 가까워
朝夕得所求,	소인이 원하는 것을 얻으니
小人之利也,	소인의 이점입니다.
敢煩里旅?"[75]	감히 이려를 번거롭게 하겠습니까?"
公笑曰,	공이 웃으며 말했다.
"子近市,	"그대가 시장 가까이 사니
識貴賤乎?"	비싸고 싼 것을 아는가?"
對曰,	대답하였다.
"旣利之,	"이미 이롭게 여기거늘
敢不識乎?"	감히 모르겠습니까?"
公曰,	공이 말하였다.
"何貴?	"무엇이 비싼가?
何賤?"	무엇이 싼가?"
於是景公繁於刑,	이때 경공은 형이 번다해

75 이려(里旅): 곧 『국어(國語)』「주어(周語) 중」과 「노어(魯語) 상」의 사리(司理)이며, 또한 곧 「노어 상」의 이인(里人)이다. 직무는 경대부의 가택을 관장하는 것이다. 다케조에 고코의 『회전(會箋)』과 양수달(楊樹達)의 『독좌전(讀左傳)』의 설을 참고하였다. 경공이 "그대의 집은 저자에 가까워……"라고 말한 것에 의하면 다른 곳을 택하여 안자를 위해 다른 집을 지어 주려 한 것 같으므로 『한비자·난(難) 2』에서는 "경공이 안자의 집을 지나다가 말하였다. '그대의 집은 작고 저자에 가까우니 청컨대 예장(豫章)의 채마밭으로 집을 옮기시오'"라 하였다. 공영달도 『안자춘추』를 인용하여 "예장의 채마밭으로 옮기려 하였다"(지금의 『안자춘추』에는 이 문장이 없다)라 하였다. 그러나 『좌전』의 다음 부분을 보면 경공은 안영(晏嬰)이 시장 근처에 있는 것이 이롭다는 말 때문에 장소는 옮기지 않고 다만 원래의 거처에다 다른 사람의 집을 허물고 안자를 위해 집을 지어 준다.

有鬻踊者,[76]	의족을 파는 자가 많았으므로
故對曰,	대답하여 말했다.
"踊貴,	"의족은 비싸고
屨賤."	신발은 쌉니다."
旣已告於君,	이미 임금에게 알린 적이 있어서
故與叔向語而稱之.	숙상과 말할 때 그 말을 했던 것이다.
景公爲是省於刑.	경공은 이에 형벌을 줄였다.
君子曰,	군자가 말하였다.
"仁人之言,	"어진 사람의 말은
其利博哉!	이로움이 크도다!
晏子一言,	안자의 한마디로
而齊侯省刑.	제후는 형을 줄였다.
詩曰'君子如祉,	『시』에서 말하기를 '군자가 기뻐하면
亂庶遄已',[77]	화란이 빨리 그칠 것이다'라 하였으니
其是之謂乎!"	아마 이를 말할 것이리라!"
及晏子如晉,	안자가 진나라에 갔을 때

76 육(鬻): 팔다.

77 『시경·소아·교언(小雅·巧言)』에 있는 구절이다. 지(祉)는 기쁘다는 뜻이다. 천(遄)은 빠르다는 뜻이다. 이(已)는 그치다는 뜻이다. 선공 10년 『전』에서도 이 시를 인용한 적이 있으니 그곳의 주를 참조하기 바란다.

公更其宅.	공이 그 집을 바꾸었다.
反,	돌아오니
則成矣.[78]	완성되었다.
旣拜,[79]	배사하고
乃毁之,	이에 허물어서
而爲里室,	마을에 집을 짓기를
皆如其舊,[80]	모두 옛날처럼 하여
則使宅人反之,[81]	이웃 사람들을 돌아오게 하여
曰,[82]	말하였다.
"諺曰,	"속담에 말하기를
'非宅是卜,	'집을 점치는 것이 아니라

---

78 새 거처가 이미 완공된 것이다.

79 제경공에게 새집에 대해 배사한 것이다.

80 일찍이 얼마간의 이웃집을 허물어 안자의 새집을 확장시켰는데 안자가 새집을 허물어 헐렸던 이웃집을 원상복구해 준 것이다.

81 옛집의 거주자들로 하여금 옛집으로 돌아와 살게 한 것이다.

82 왈(曰): 원래는 "차(且)"로 되어 있었으며, 청나라 심동(沈彤)의 『춘추좌전소소(春秋左傳小疏)』(이하 『소소(小疏)』)에서 "아마 차(且)자는 왈(曰)자의 오자일 것이다"라 하였고, 가나자와 문고본(金澤文庫本)에서는 차(且)를 왈(曰)로 바로잡았으며, 송나라 이방(李昉)이 편찬한 백과사서(百科辭書) 『태평어람(太平御覽)』 권157, 당나라 서견(徐堅) 등이 편찬한 유서(類書) 『초학기(初學記)』 권24에서도 모두 『좌전』을 인용하면서 차(且)로 하지 않고 왈(曰)로 하였다. 지금 이에 의거하여 바로잡는다. 북위(北魏) 역도원(酈道元)의 『수경주·치수(水經注·淄水)』에서는 제나라 도성의 "북문 밖 동북쪽 2백 보 지점에 제나라 재상 안영의 무덤과 집이 있다. 『좌전』에서는 안자의 집은 시장 근처였는데 경공이 바꾸어 주려고 하였으나 안영이 바꾸려고 하지 않았다. 훈계하여 말하기를 '내 살아서 시장 근처에 살았으니 죽어서 어찌 뜻을 바꾸겠는가?'라 하고 이에 고택(古宅)에 장사 지냈다. 후인들이 그곳을 청절리(淸節里)라 이름을 지었다"라 하였다.

唯鄰是卜.'	오직 이웃을 점 본다네'라 하였으니
二三子先卜鄰矣.[83]	그대들이 먼저 이웃을 점 본 것이오.
違卜不祥.	점을 어기면 상서롭지 못합니다.
君子不犯非禮,	군자는 예가 아니면 범하지 않고
小人不犯不祥,	소인은 상서로운 것이 아니면 범하지 않는 것이
古之制也.[84]	옛 제도입니다.
吾敢違諸乎?"[85]	내 감히 그것을 어기겠습니까?"
卒復其舊宅,	마침내 그 옛 집으로 돌아가니
公弗許,	공이 그것을 허락지 않았다.
因陳桓子以請,	진환자를 통하여 청하니
乃許之.[86]	이에 허락하였다.

夏四月,	여름 4월에
鄭伯如晉,	정백이 진나라로 갔으며
公孫段相,	공손은이 상례가 되었는데

83 이삼자(二三子): 두예는 "이삼자는 이웃 사람을 이른다"라 하였다.

84 군자와 소인 두 마디는 대개 당시 전하여진 고인의 말로 안자가 인용한 것이며, 중점은 예가 아니면 범하지 않고 상서로운 것이 아니면 범하지 않는다는 데 있다.

85 제(諸): 지(之)자의 뜻으로 쓰였다.

86 『안자춘추·내편·잡(晏子春秋·內篇·雜) 하』에서 이 말을 채록하였는데 비교적 소략하다.

甚敬而卑,	매우 공경하고 낮추어
禮無違者.	예를 어김이 없었다.
晉侯嘉焉,	진후가 그것을 가상히 여겨
授之以策,[87]	책명을 주면서
曰,	말하였다.
"子豐有勞於晉國,[88]	"자풍이 진나라에 공로가 있으니
余聞而弗忘.	내 그것을 듣고 잊지 않고 있다.
賜女州田,[89]	너에게 주의 전지를 내리니
以胙乃舊勳."[90]	네 집의 옛 공훈을 갚노라."
伯石再拜稽首,	백석이 두 번 절하고 머리를 조아린 후
受策以出.	책명을 받고 나왔다.
君子曰,	군자가 말하였다.
"禮,	"예는
其人之急也乎!	사람들의 급선무일 것이다!

---

87 책(策): 두예는 "책(策)은 명을 내리는 글이다"라 하였다.

88 자풍(子豐): 공손단의 부친이다. 정희공이 즉위하던 해에 함께 진나라에 간 적이 있으며, 양공 7년의『전』에 보인다.

89 주(州): 지금의 하남 심양(沁陽) 동쪽에서 조금 남쪽으로 50리 지점으로, 곧 온현(溫縣)의 동북쪽이다. 은공 11년 주환왕(周桓王)이 정나라에 하사하였으나 나중에 진(晉)나라가 획득하였다.

90 조(胙): 수보(酬報), 갚다.

伯石之汏也,[91]	백석의 교만함이
一爲禮於晉,	어쩌다 진나라에서 예를 다하여
猶荷其祿,	오히려 복록을 얻었으니
況以禮終始乎!	하물며 예를 시종 행함이겠는가!
詩曰,	『시』에서 말하기를
'人而無禮,	'사람이 예가 없으면
胡不遄死',[92]	어찌 빨리 죽지 않겠는가?'라 하였으니
其是之謂乎!"	아마 이를 이르는 것일 것이다.
初,	처음에
州縣,	주현은
欒豹之邑也.[93]	난표의 읍이었다.
及欒氏亡,[94]	난씨가 망하자
范宣子, 趙文子, 韓宣子皆欲之.	범선자과 조문자, 한선자가 모두 그것을 갖고 싶어 했다.
文子曰,	문자가 말하였다.
"溫,	"온은

91 대(汏): 두예는 "대(汏)는 교만한 것이다"라 하였다. 백석이 경이 되고 싶어 하면서도 거짓으로 사양한 것이 세 차례여서 자산이 그를 싫어하였는데, 양공 30년의 『전』에 보인다.

92 『시경·용풍·상서(鄘風·相鼠)』의 구절이다.

93 난표(欒豹): 두예는 "표(豹)는 난영(欒盈)의 일족이다"라 하였다.

94 양공 23년 『전』에 보인다.

吾縣也."[95]	나의 봉지이다."
二宣子曰,	두 선자가 말하였다.
"自郤稱以別,	"극칭이 나눈 이래
三傳矣.[96]	세 번 전하여졌다.
晉之別縣不唯州,[97]	진나라가 현을 나눈 것은 주뿐이 아니니
誰獲治之?"[98]	누가 그것을 다스릴 수 있겠는가?"
文子病之,[99]	문자가 그것을 부끄럽게 여겨
乃舍之.	이에 버려두었다.
二宣子曰,[100]	두 선자가 말하였다.
"吾不可以正議而自與也."	"우리가 정당한 이유를 대고 우리 자신에게 줄 수는 없소."

95 두예는 "주(州)는 본래 온(溫)에 속하였고 온은 조(趙)씨의 읍이다"라 하였다. 그러나 은공 11년의『전』에 의하면 온과 주는 두 읍이니 어쩌면 진나라에 속한 뒤에 하나의 현으로 합쳐졌을 것이다. 주는 지금 온현(溫縣)의 북쪽에 있으며, 온은 지금 온현의 남쪽에 있는데 그 뒤에 또 둘로 나누어졌다.

96 극칭은 진나라의 대부인데, 주와 온을 둘로 획분하였을 때 처음에 주를 받았다가 또 조씨에게 전하였으며 또 난표에게 전하였으므로 세 번 전하였다는 것이다.

97 진나라가 한 현을 둘로 나눈 것이 주읍뿐만이 아니라는 것이다.

98 두예는 "현읍 중에 이미 나눈 것이 매우 많으니 뒤늦게 그것을 가질 사람을 따질 수 없다는 말이다"라 하였다.

99 범(范), 한(韓) 두 사람의 말 때문에 문자가 매우 부끄러워한 것이다.

100 이선자(二宣子): 원래는 "이자(二子)"로 되어 있었지만 아래의 "이자(二子)"에 두예가 비로소 주석을 달고 말하기를 "두 선자(宣子)이다"라 하였으니 두예가 근거한 판본에는 "이선자(二宣子)"로 되어 있었다. 여기서는『석경』및 가나자와 문고본(金澤文庫本)을 따른다.

皆舍之.	모두 그만두었다.
及文子爲政,	조문자가 집정을 하자
趙獲曰,[101]	조획이 말하였다.
"可以取州矣."	"주를 취할 만합니다."
文子曰,	문자가 말하였다.
"退!	"물렀거라!
二子之言,[102]	두 사람의 말이
義也.	옳다.
違義,	옳은 것을 위배하면
禍也.	화를 부른다.
余不能治余縣,	내 나의 현도 다스릴 수 없거늘
又焉用州,	또 주가 무슨 소용이 있으며
其以徼禍也?	화를 부르려 하느냐?
君子曰,	군자가 말하기를
'弗知實難.'[103]	'그것을 모르면 실로 어렵다'라 하였으니
知而弗從,	알고도 그것을 따르지 않으면

101 획(獲): 두예는 "획은 조문자의 아들이다"라 하였다.
102 이자(二子): 두예는 "이자는 두 선자(宣子)이다"라 하였다.
103 두예는 "화가 일어날 줄도 모르는 것을 근심하였다"라 하였다.

禍莫大焉.	이보다 더 큰 화는 없느니라.
有言州必死!"	주를 언급하는 자가 있으면 반드시 죽으리라!"
豐氏故主韓氏,[104]	풍씨는 옛날부터 한씨의 집에 머물렀는데
伯石之獲州也,	백석이 주를 얻으니
韓宣子爲之請之,	한선자가 그를 위해 청하여
爲其復取之之故.[105]	다시 그것을 취할 수 있다고 여겼기 때문이다.

五月,	5월에
叔弓如滕,	숙궁이 등나라로 가서

---

104 풍씨(豐氏): 곧 공손단(公孫段)의 씨족으로 자풍을 씨로 삼았다.
주(主): 그 집에 머문 것이다. 열국의 대부는 다른 나라에 이르면 나라의 객관에 머물기도 하며 이를 공관(公館)이라 하고, 친구의 사택에 머물기도 하는데 사관(私館)이라 한다. 『예기·증자문(曾子問)』에서 "경대부로부터 사에 이르기까지의 집을 사관(私館)이라고 하고 공관과 국가에서 사객을 유숙시키도록 공의 명이 있는 경대부의 집을 공관(公館)이라고 한다"라 한 것이 이를 말한다. 이곳의 주(主)는 사관(私館)이다. 정공 6년 『전』에 송나라 악기(樂祁)가 진(晉)나라를 빙문하였는데 "진인이 말하였다. 지난날 나는 범씨의 집에 머물렀는데 지금은 조씨의 집에 머물렀다(陳寅曰, 昔吾主范氏, 今子主趙氏)"라 한 것도 또한 사관(私館)에 머문 것이다. 『맹자·만장(萬章) 상』의 "내 듣건대 근신을 관찰할 적에는 누구의 주인이 되는가로써 하고, 원신을 관찰할 적에는 주인 삼는 바로써 하라(吾聞觀近臣, 以其所爲主, 觀遠臣, 以其所主)" 한 것도 곧 이 주(主)자의 뜻이다.

105 두예는 "나중에 만약 진나라로 돌려준다면 이로 인해 스스로 그것을 취하려는 것이다. 7년 풍씨가 주(州)로 돌아가는 복선이 된다"라 하였다.

葬滕成公,[106]	등성공의 장례에 참석하였는데
子服椒爲介.	자복초가 부관이 되었다.
及郊,	교외에 이르렀을 때
遇懿伯之忌,	의백의 기일이 되자
敬子不入.[107]	경자는 들어가지 않았다.
惠伯曰,	혜백이 말하였다.
"公事有公利,	"공적인 일에는 공적인 이익이 있으니
無私忌.	사적으로 꺼리는 것은 없습니다.

---

106 30년『전』에 의하면 "선왕의 제도에 제후의 상에는 사가 조문을 하며 대부가 송장을 한다(先王之制, 諸侯之喪, 士弔, 大夫送葬)"라 하였으니 숙궁은 경(卿)으로 송장을 하는 것인데 등나라와 노나라는 가깝고 또 공경을 하여 예를 두터이 한 것이다.

107『예기·단궁(檀弓) 하』에서는 "등성공의 상에 자숙경숙을 사신으로 보내어 조문하고 조문의 글을 전달하게 하였는데 자복혜백이 부사가 되었다. 등의 교외에 이르자 의백의 기일이라 하여 들어가지 않았다"라 하였다. 여기서는 조상(弔喪)이라 하였는데『전』에서는 송장(送葬)이라 한 것이 약간 다르다.「단궁」의 공영달의 주석에서는『세본』을 인용하여 숙힐(叔肸)은 성백영제(聲伯嬰齊)를 낳았으며, 제는 숙로(叔老)를 낳았고, 숙로는 숙궁(叔弓)을 낳았다고 하였다. 또 말하기를 경보(慶父)는 목백오(穆伯敖)를 낳았고 오는 문백곡(文伯穀)을 낳았으며 곡은 헌자말(獻子蔑)을 낳았다고 하였다. 또한 두씨(두예)의『세족보(世族譜)』에 의하면 말은 장자속(莊子速) 및 의백숙중(懿伯叔仲)을 낳았고 의백숙중은 혜백초(惠伯椒)를 낳았다고 하였다. 이에 의하면 의백은 곧 자복초〔곧 혜백초(惠伯椒)〕의 아버지가 된다.
기(忌): 세상을 떠난 날로 또한 기일(忌日)이라고도 한다.『예기·단궁(檀弓) 상』에서는 "군자는 종신토록 근심은 있어도 하루아침의 우환은 없다. 그리하여 기일에는 음악을 금한다"라 하였다. 또한「제의(祭義)」에서는 "군자는 종신토록 상이 있으니 기일을 이르는 것이다. 기일에는 평소의 일을 하지 않으니 상서롭지 않은 것이 아니기 때문이다"라 하였다. 곧 고인은 부모가 돌아가신 기념일에 다른 일을 하지 않고 음악을 듣지 않는데 이를 불용(不用)이라 한다. 이때 두 사람이 이미 등나라와 노나라가 인접한 교외에 이르렀는데 또한 부사〔介〕의 부친의 기일이 되자 정사〔敬子, 곧 숙궁(叔弓)〕가 이 때문에 등나라로 들어가려 하지 않으니 자복혜초는 반드시 교로(郊勞)와 빈관에 드는 일 등의 의례(儀禮)를 받아야 하기 때문에 하루 늦추려고 한 것이다.

椒請先入."	제가 청컨대 먼저 들어가십시오."
乃先受館.[108]	이에 먼저 빈관에 들어갔다.
敬子從之.[109]	경자가 그 뒤를 따랐다.

晉韓起如齊逆女.[110]	진나라 한기가 제나라로 가서 여자를 맞이하였다.
公孫蠆爲少姜之有寵也,	공손채는 소강이 총애를 받았다 하여
以其子更公女,[111]	자기의 딸과 공녀를 바꾸어
而嫁公子.[112]	공녀를 시집보냈다.
人謂宣子,	어떤 사람이 한선자에게 말하였다.
"子尾欺晉,	"자미가 진나라를 속였는데
晉胡受之?"[113]	진나라가 어째서 받아들입니까?"

108 혜백이 자기 부친의 기일로 인하여 공사(公事)를 그만둘 수 없다고 생각한 것이다. 기일에 다른 일을 하지 않는다는 것은 곧 사적인 일을 가리켜 말한 것이다. 공사라면 사적인 기일은 없는 것이다.

109 「단궁(檀弓) 하」에서는 이어서 "'왕명이니 숙부의 사사로운 일 때문에 공사를 그칠 수는 없습니다'라 하니 마침내 들어갔다"라 하였다. 위에서 인용한 『세본』 및 두예의 『세족보(世族譜)』에 의하면 의백(懿伯)은 숙궁의 숙부가 된다. 숙부의 사사로운 일이란 것은 곧 의백의 사적인 기일이다.

110 진평공을 위하여 부인을 맞은 것이다.

111 옛날에는 남녀 모두 자(子)라 부를 수 있었으니 『시경·주남·도요(周南·桃夭)』에서 "그 여자 시집가면(之子于歸)"이라 한 것으로 알 수 있다.

112 공손채가 자기의 딸을 공가의 딸과 바꾸어 평공에게 시집보내고 공녀는 다른 사람에게 시집보낸 것이다.

113 자미(子尾): 공손채의 자이다. 자기 딸을 공녀와 바꾼 것이 진나라를 속인 것이다.

宣子曰,	선자가 말하였다.
"我欲得齊,	"우리가 제나라를 얻고자 하면서
而遠其寵,[114]	총신을 멀리한다면
寵將來乎?"	총신이 오려 하겠는가?"
秋七月,	가을 7월에
鄭罕虎如晉,	정나라 한호가 진나라로 가서
賀夫人,	부인을 축하하고
且告曰,	아울러 말하였다.
"楚人日徵敝邑以不朝立王之故.[115]	"초나라 사람이 날로 우리나라에게 왕이 즉위할 때 조현하지 않은 까닭을 추궁합니다.
敝邑之往,[116]	우리나라가 가면
則畏執事其謂寡君而固有外心,	집사께서 과군에게 실로 다른 마음을 가졌다 하실까 두렵고,
其不往,	가지 않으면

호(胡): 하고(何故), 무슨 까닭으로.

114 총(寵): 총행(寵幸)하는 사람. 자미를 가리킨다. 그의 딸을 받아들이지 않으면 그를 멀리하는 것이라는 말이다.

115 초나라 영왕이 새로 즉위하였는데 정나라는 아직 가보지 않았으므로 초나라가 날로 묻는 것이다. 징(徵)은 묻는 것이다.

116 가정을 나타내는 구절이다.

則宋之盟云.[117]	송나라의 맹약이 있습니다.
進退,[118]	나아가도 물러나도
罪也.	죄를 짓게 됩니다.
寡君使虎布之."	과군께서는 저로 하여금 말하게 해주십시오."
宣子使叔向對曰,	선자가 숙상을 보내 대답하게 하였다.
"君若辱有寡君,[119]	"임금의 심중에 과군이 있다면
在楚何害?	초나라에 있은들 무슨 해가 되겠습니까?
脩宋盟也.	송나라의 맹약을 닦는 것입니다.
君苟思盟,	임금께서 실로 맹약을 생각하신다면
寡君乃知免於戾矣.	과군은 이에 죄를 면함을 알 것입니다.
君若不有寡君,[120]	임금의 심중에 과군이 없다면
雖朝夕辱於敝邑,	조만간 우리나라를 광림한다 해도
寡君猜焉.[121]	과군께서는 의심하실 것입니다.

117 두예는 "번갈아 상호간에 조현하기로 한 것을 말한다"라 하였다.

118 진퇴(進退): 초나라를 조현하거나 하지 않는 것을 말한다.

119 유(有): 마음이 있는 것이다. 『시경·왕풍·갈류(王風·葛藟)』에 "또한 나에게 마음 없다네(亦莫我有)"라는 구절이 있는데, 나에게 마음이 없다는 말이다.

120 불유과군(不有寡君): 마음속에 우리 임금님이 없다는 것을 이른다.

121 시(猜): 두예는 "시(猜)는 의심하는 것이다"라 하였다.

君實有心,	임금께서 실로 마음이 있다면
何辱命焉.[122]	어찌 욕되이 명하겠습니까?
君其往也!	임금께서는 가십시오!
苟有寡君,	실로 심중에 과군이 있으면
在楚猶在晉也."	초나라에 있어도 진나라에 있는 것과 마찬가지입니다."
張趯使謂大叔曰,	장적이 사람을 시켜 태숙에게 말하게 하였다.
"自子之歸也,	"그대가 돌아간 후로
小人糞除先人之敝廬,	소인은 선인의 허물어진 집을 청소하며
曰,	말하기를
'子其將來.'[123]	'그대가 올 것이다'라 하였소.
今子皮實來,	이제 자피가 실로 왔으니
小人失望."	소인은 실망입니다."
大叔曰,	태숙이 말하였다.
"吉賤,[124]	"저는 천하여

122 두예는 "진나라를 섬길 마음이 있다면 초나라에 가더라도 알릴 필요가 없다는 말이다"라 하였다.

123 앞의 『전』에서 유길은 "이제 내 또 와서 축하할 것이다(今茲吾又將來賀)"라 하였다.

124 천(賤): 두예는 "천(賤)은 상경(上卿)이 아니라는 것이다"라 하였다.

不獲來,	올 수가 없었고
畏大國,	대국을 두려워하고
尊夫人也.	부인을 높여서입니다.
且孟曰'而將無事',[125]	또한 맹이 말하기를 '너는 일이 없을 것이다'라 하였는데
吉庶幾焉."[126]	저는 그렇게 될 것 같습니다."

小邾穆公來朝,	소주목공이 와서 조현하였는데
季武子欲卑之.[127]	계무자가 그를 낮추려고 하였다.
穆叔曰,	목숙이 말하였다.
"不可,	"안 됩니다.
曹, 滕, 二邾實不忘我好,	조나라와 등나라, 두 주나라는 실로 우호를 잊지 않았으니
敬以逆之,	공경하게 영접해도
猶懼其貳,	오히려 두 마음을 품을까 두려운데
又卑一睦,[128]	또한 한 화목한 나라를 낮추니
焉逆羣好也?[129]	어찌 뭇 우호국들을 맞겠습니까?

125 맹(孟): 장적이다. 그가 한 말이 앞의『전』에 보인다.
126 아무 일이 없게 될 것이라는 말이다.
127 두예는 "제후의 예로써 대우하지 않으려는 것이다"라 하였다.
128 일목(一睦): 두예는 "일목(一睦)은 소주를 말한다"라 하였다.
129 두예는 "언(焉)"자를 위로 붙여 읽었으나 여기서는 아래로 붙인다.

其如舊而加敬焉.	옛날처럼 하시고 거기에 공경을 더하십시오.
志曰,	『지』에서 말하기를
'能敬無災.'	'공경할 수 있으면 재화가 없다' 하였습니다.
又曰,	또한 말하기를
'敬逆來者,	'공경하게 오는 자를 맞으면
天所福也.'"	하늘이 복을 내린다'라 하였습니다."
季孫從之.[130]	계손이 그대로 따랐다.

八月,	8월에
大雩,	크게 기우제를 올렸는데
旱也.[131]	가물었기 때문이다.

齊侯田於莒,[132]	제후가 거에서 사냥을 하였는데

---

130 소주는 노나라에 장공과 희공, 양공 때 각각 한 번씩 조현하였으며 이때 다시 와서 조현한 것이다.

131 『춘추』에서 노나라의 "기우제(雩)"를 기록한 것은 모두 스물한 차례인데 소공이 일곱 번을 차지하여 3분의 1이 된다. 25년에 또 한발이 심하여 크게 기우제를 올렸으니 당시 기상의 변화를 볼 수 있다.

132 거(莒): 두예는 "거는 제나라 동쪽 변경이다" 하고 하였다. 10년 『전』에서 진환자(陳桓子)가 거에서 치사(致仕)를 청하였는데, 두예는 "거는 제나라의 읍이다"라고 주석을 달았으며, 바로 이곳일 것이다.

盧蒲嫳見,	노포별이 뵙고
泣,	눈물을 흘리며
且請曰,	아울러 청하여 말하였다.
"余髮如此種種,	"내 머리카락이 이렇게 듬성듬성하니
余奚能爲?"[133]	내 무엇을 할 수 있겠습니까?"
公曰,	공이 말하였다.
"諾.	"좋다.
吾告二子."[134]	내 두 사람에게 말해 보겠다."
歸而告之.	돌아가 그들에게 알렸다.
子尾欲復之,	자미가 그를 복직시켜 주려 하자
子雅不可,	자아는 안 된다고 하면서
曰,	말하였다.
"彼其髮短而心甚長,[135]	"그는 머리카락은 짧아졌으나 마음은 매우 기니

133 두예는 "별(嫳)은 경봉의 일당이다. 양공 28년에 변경으로 추방되었다. 종종(種種)은 짧은 것이다. 스스로 늙어서 해를 끼치지 못한다고 한 것이다"라 하였다. 종종은 첩자 연면어(聯緜語)로 짧은 모양이다.

134 이자(二子): 두예는 이자는 "자아(子雅)와 자미(子尾)이다"라 하였다.

135 피기(彼其): 이 "기(其)"자는 『장자·산목(山木)』편의 "그 나라는 길은 멀고 험한데(彼其道遠而險) 또 강과 산이 있소. 내게는 수레도 배도 없으니 어쩌겠소?"와 서로 비슷하다. 두 가지로 읽을 수 있는데, 하나는 피(彼)에서 한번 쉬어 읽어 『좌전』의 피(彼)는 노포별을 가리키고, 『장자』의 피(彼)는 남월(南越)의 건덕지국(建德之國)을 가리키는데 특히 대주어로 삼았으며 아래의 "기발(其髮)"과 "기도(其道)"는 소주어가 된다. 이 두

其或寢處我矣."[136]

내게서 자게 될 것입니다."

九月,

9월에

子雅放盧蒲嫳于北燕.[137]

자아가 노포별을 북연으로 추방하였다.

燕簡公多嬖寵,

연간공에게는 총애하는 사람이 많았는데

欲去諸大夫而立其寵人.[138]

여러 대부를 없애고 총애하는 사람을 세우려 하였다.

구절만 놓고 보면 매우 순조롭다. 그러나 다른 문장에서 생각해 보면 취하기에는 부족하다. 『장자·인간세(人間世)』에서는 "저 나무가 보전하는 것은 일반적인 것과는 다르다(彼其所保與衆異). 사당나무가 되었다고 해서 기린다면 또한 멀지 않겠는가!"라 하였고, 『사기·굴원전(屈原傳)』에서는 "또한 굴원이 그만한 재질로(又屈原以彼其材) 제후를 유세하였다면 어느 나라에서인들 용납하지 않았겠으며, 지금 스스로 이 지경에 이르게 한 것이 괴이하다"라 하였는데, 이곳의 "피기(彼其)"는 모두 "피지(彼之)"의 뜻으로 기(其)는 지(之)의 뜻으로 쓰였다. "피기(彼其)"의 이런 예는 흔한데 『시경·패풍·백주(邶風·柏舟)』에서 "가서 하소연해 봤자, 그의 노여움만 산다네(薄言往愬, 逢彼之怒)"라 한 것이 최초의 예이다. 『장자·천도(天道)』편에서는 "슬프다! 세상 사람들은 그 형체와 색깔, 이름과 음성으로 그 (도의) 참모습을 터득할 수 있다고 생각한다(足以得彼之情)"라 하였으며, 『회남자·도응훈(道應訓)』에서는 "저가 살피는 것은(若彼之所相者) 곧 말에게 귀한 것이 있다"라 한 것을 알 수 있다. 곧 이 피기(彼其)의 기(其)는 지(之)자의 뜻으로 쓰였음이 분명하다.

심장(心長): "발단(髮短)"과 대가 되는 말로, 심(心)은 마음의 계교에 뛰어나다는 말이다.

136 기혹(其或): 모두 불긍정을 나타내는 부사로 쓰인 것 같다. 이 두 글자가 연용된 것은 양공 21년 『전』의 "어렵지 않겠습니까?(其或難焉)"와 같다. 양공 28년의 『전』에서 경봉이 자아와 자미가 노하였다는 말을 듣자 노포별에게 알렸는데, 노포별이 말하기를 "그들을 금수에 비유하자면 우리는 그것을 깔고 자게 될 것이오(譬之如禽獸, 吾寢處之矣)"라 하였다. 자아는 이때 또한 이 말로 거절하였다.

137 두예는 "다시 난을 일으킬까 두려워한 것이다"라 하였다.

冬, 겨울에

燕大夫比以殺公之外嬖.[139] 연나라 대부들이 함께 공이 총애하는 사람을 죽였다.

公懼, 공이 두려워하여

奔齊. 제나라로 달아났다.

書曰"北燕伯款出奔齊", "북연백 관이 제나라로 달아났다"고 기록한 것은

罪之也. 그에게 죄를 돌린 것이다.

十月, 10월에

鄭伯如楚, 정백이 초나라로 갔는데

---

138 『사기·연세가(史記·燕世家)』에서는 "혜공에게는 총신(寵姬)이 많았는데 공이 여러 대부들을 없애고 총신 송(宋)을 세우고자 하였다. ……"라 하여 『전』과 다른 부분이 있다. 연(燕)나라의 세계(世系)는 『전』에는 다만 한두 가지만 보일 뿐이고 『사기』에 있긴 하지만 『전』과 다르고 또한 『세본』과도 다른데, 『사기』 같은 데서는 "간공(簡公)은 12년에 죽고 헌공(獻公)이 즉위하였다"라 하였는데 『색은』에서는 "왕소(王劭)는 『기년(紀年)』(『죽서기년(竹書紀年)』)에 의하여 간공 다음에는 효공(孝公)이며 헌공은 없다"라 하였다. 『전』에서는 연간공에게는 폐총(嬖寵)이 많다 하였고, 『사기』에서는 "혜공에는 총희(寵姬)가 많았다" 하였는데 『사기』를 가지고 논해 보면 간공은 혜공에게 4대가 된다. 『색은』에서는 "『춘추』의 『경』과 『전』과는 잘 맞지 않는데 억지로 말할 수가 없다"라 하였다.

139 비(比): 『논어·위정(爲政)』에서 "군자는 두루 사랑하고 편당하지 않으며, 소인은 편당하고 두루 사랑하지 않는다(君子周而不比, 小人比而不周)" 하였으니 비(比)는 붕비(朋比)의 뜻이다. 비(比)는 거성(去聲)이다.
외폐(外嬖): 총신(寵臣)이다. 장공 28년 『전』에 진나라에는 외폐 양오(梁五)가 있으며, 또한 외총(外寵)이라고도 하며, 민공 2년의 『전』에 "외총이 집정자와 같다(外寵二政)"는 말이 있고, 소공 20년 『전』에 "외총의 신하가 변경에서 참람되이 명령을 내렸다"는 말이 있다.

子産相. | 자산이 상이 되었다.

楚子享之, | 초자가 향례를 베풀고

賦吉日.[140] | 「길일」을 읊었다.

旣享, | 향례가 끝나자

子産乃具田備,[141] | 자산은 사냥 용구를 갖추었으며

王以田江南之夢.[142] | 왕은 함께 장강 남쪽의 몽에서 사냥을 하였다.

齊公孫竈卒.[143] | 제나라의 공손조가 죽었다.

司馬竈見晏子,[144] | 사마조가 안자를 찾아보고

曰, | 말하였다.

"又喪子雅矣." | "또 자아를 잃을 것입니다."

晏子曰, | 안자가 말하였다.

"惜也![145] | "안타깝도다!

---

140 두예는 "「길일」은 『시경·소아(小雅)』의 편명이다. 선왕(宣王)이 사냥을 하는 시이다. 초왕이 정백과 함께 사냥을 하고 싶었으므로 읊은 것이다"라 하였다.

141 전비(田備): 비는 갖춘다는 뜻이다. 전비(田備)는 곧 사냥 도구이다.

142 이(以): 함께라는 뜻이다. 두예는 "초나라의 운몽(雲夢)은 장강의 남북에 걸쳐 있다"라 하였다. 그러나 최근의 과학적인 고찰에 의하면 당시에는 실제로 장강 남북의 운몽택을 걸치지 않았다.

143 조(竈): 두예는 "조는 자아(子雅)이다"라 하였다.

144 사마조(司馬竈): 두예는 "사마조는 제나라의 대부이다"라 하였다.

145 자아의 죽음을 애석해한 것이다.

子旗不免,[146] 자기가 면하지 못하리니

殆哉![147] 위태롭구나!

姜族弱矣, 강족은 약해졌고

而嬀將始昌.[148] 규씨가 비로소 번창해지려 한다.

二惠競爽猶可,[149] 혜공의 두 손자가 강하고 밝을 때까지만 해도 괜찮았는데

又弱一个焉, 또 한 사람이 약해지니

姜其危哉!" 강씨가 위태롭게 되겠구나!"

소공 4년

經

四年春王正月,[1] 4년 봄 주력으로 정월에

大雨雹. 크게 우박이 내렸다.

---

146 자기(子旗): 자아의 아들이다. 지난해의 『전』에서 한기(韓起)가 그를 일러 집안을 보호할 대부가 아니라고 하였는데, 여기서 안영(晏嬰) 또한 그가 화를 면치 못할 것이라고 예측하고 있다.

147 난(欒)씨의 일족이 위태로울 것이라는 말이다.

148 두예는 "규(嬀)는 진씨(陳氏)이다"라 하였다. 나머지는 장공 22년의 『주』에 상세하다.

149 두예는 "자아와 자미(子尾)는 모두 제나라 혜공(惠公)의 손자이다. 경(競)은 강하다는 뜻이다. 상(爽)은 밝은 것이다"라 하였다.

1 사년(四年): 계해년 B.C. 538년으로 주경왕(周景王) 7년이다. 동지가 2월 초5일 정묘일로 건해(建亥)이다. 윤달이 있다.

夏, 여름에

楚子, 蔡侯, 陳侯, 鄭伯, 許男, 徐子, 滕子, 頓子, 胡子, 沈子, 小邾子, 宋世子佐, 淮夷會于申.[2] 초자와 채후, 진후, 정백, 허남, 서자, 등자, 돈자, 호자, 침자, 소주자, 송나라 세자 좌, 회이가 신에서 회합하였다.

楚人執徐子. 초나라 사람이 서자를 잡아갔다.

秋七月, 가을 7월에

楚子, 蔡侯, 陳侯, 許男, 頓子, 胡子, 沈子, 淮夷伐吳, 초자와 채후, 진후, 허남, 돈자, 호자, 침자, 회이가 오나라를 치고,

執齊慶封, 제나라의 경봉을 잡아가서

殺之.[3] 죽였다.

遂滅賴.[4] 마침내 뇌를 멸하였다.

九月, 9월에

---

2 두예는 "초나라 영왕이 처음으로 제후들을 모았다"라 하였다. 신(申)은 지금의 하남 남양시(南陽市) 북쪽 20리 지점에 있다.

3 제나라 경봉이 오나라로 달아난 일은 양공 28년의 『전』에 보인다. 『예기·곡례(曲禮) 하』에 "나라를 떠난 지가 3대에 이르렀을 때 본국의 조정에서 작록을 받는 일족이 없고 모든 길흉사를 본국과 왕래 출입하여 서로 알리는 일이 없을지라도 오히려 자신이 흥기한 때(唯興之日)를 기다린 후에 비로소 새 나라의 국법을 좇는다"는 말이 있는데, 정현은 "흥(興)은 경대부로 기용된 것을 말한다"라고 주석을 달았다. 경봉이 오나라로 달아난 지 8년이 지나긴 했어도 아직 오나라의 경·대부가 된 일이 없으므로 여전히 "제나라의 경봉"이라고 하였다.

4 뇌(賴): 『공양전』에는 "여(厲)"로 되어 있다. 뇌는 곧 환공 2년 『전』의 뇌국(賴國)으로, 지금의 호북 수현(隨縣) 동북쪽의 여산점(厲山店)이다.

取鄫.[5]	증을 취하였다.
冬十有二月乙卯,[6]	겨울 12월 을묘일에
叔孫豹卒.	숙손표가 죽었다.

傳

四年春王正月,	4년 봄 주력으로 정월에
許男如楚,	허남이 초나라로 갔는데
楚子止之,[7]	초자가 그를 억류하였으며,
遂止鄭伯,	마침내 정백까지 억류하고
復田江南,	거듭 강남에서 사냥을 하였는데
許男與焉.	허남이 거기에 참가하였다.
使椒擧如晉求諸侯,[8]	초거를 진나라로 보내 제후들의 동의를 구하게 하고

5 증(鄫): 본래는 나라로 사(姒)성이며, 양공 6년 거(莒)나라에 의해 망하였으며 지금은 거나라의 읍이다. 증은 지금의 산동 조장시(棗莊市) 동쪽 70여 리 지점에 있다. 두예는 "『전』에서는 으레 군사를 쓰지 않고 읍을 이기는 것을 취(取)라고 하였다"라 하였다.

6 을묘일은 28일이다.

7 지(止): 머물게 하여 돌아가지 못하게 하는 것이다. 두예는 "함께 사냥에 참가하게 하려는 것이다"라 하였다.

8 초거(椒擧): 곧 오거(伍擧)이다. 오거는 양공 26년의 『전』에 보인다. 『통지·씨족략』에서는 "오삼(伍參)은 초(椒)를 식읍으로 삼았으므로 그 후손은 초씨가 되었다"라 하였다. 오거의 아들을 비록 초명(椒鳴, 『국어·초어(楚語) 하』에는 湫擧, 湫鳴으로 되어 있는데, 湫와 椒는 고음을 전용할 수 있었다)이라고도 하였지만, 그 후손으로 오상(伍尙), 오원(伍員) 등도 있으니 그대로 오(伍)를 씨로 삼았다.

二君待之.[9]	두 임금에게는 그 소식을 기다리게 하였다.
椒擧致命曰,	초거가 명을 전달하여 말하였다.
"寡君使擧曰,	"과군께서는 저를 보내어 말씀하게 하셨습니다.
日君有惠,	지난날 은혜를 베푸시어
賜盟于宋,[10]	송나라에서 맹약에 참가하게 하고
曰,	말씀하시기를
'晉, 楚之從交相見也.'	'진나라와 초나라를 좇아 교왕하는 나라는 서로 조현하라' 하셨습니다.
以歲之不易,[11]	근년에 잘 다스려지지가 않아
寡人願結驩於二三君,[12]	과인은 두세 임금과 기쁨을 맺기를 원하여
使擧請間.[13]	저를 보내어 언제 짬이 나는지 물어보게 하셨습니다.
君若苟無四方之虞,[14]	임금님께 만약 사방 변경의 근심이 없으시다면

9 이군(二君): 두예는 "두 나라 임금은 정나라와 허나라이다"라 하였다.

10 일(日): 석일(昔日), 곧 지난날이다. 두예는 "송나라의 맹약은 양공 27년에 있었다"라 하였다.

11 불이(不易): 다난(多難)하다는 말이다. 양공 3년 『전』의 『주』에 보인다.

12 환(驩): 환(歡)과 같다.

13 청간(請間): 간(間)은 겨를이라는 뜻이다. 청간은 한가한 때 이 말을 듣도록 청하는 것이다.

則願假寵以請於諸侯."[15]	원컨대 위총을 빌려 제후들에게 청할까 합니다."
晉侯欲勿許.	진후가 절대로 허락지 않으려 하였다.
司馬侯曰,	사마후가 말하였다.
"不可.	"안 됩니다.
楚王方侈,	초나라 왕은 바야흐로 교만한 데다
天或者欲逞其心,	하늘도 그 욕심을 채워 주려는 것 같으니
以厚其毒,	그 독을 두터이 하여
而降之罰,	벌을 내리게 하려는지
未可知也.	알 수가 없습니다.
其使能終,[16]	선종을 하게 하려는지도
亦未可知也.	또한 아직 알 수 없습니다.
晉, 楚唯天所相,[17]	진나라와 초나라는 하늘만이 도울 뿐
不可與爭.	다툴 수 없습니다.

14 우(虞): 대비하다, 우려하다, 속이다.

15 가총(假寵): 두예는 "임금의 위총(威寵)을 빌려서 제후들을 부르려고 하는 것이다"라 하였다. 사실 초나라는 제후를 모아 맹주가 되고 싶은데 진나라의 동의를 구한 것이다. 가총(假寵)은 그 광휘(光輝)를 빌린다는 것으로, 곧 외교 사령(辭令)이다.

16 능종(能終): 곧 득종(得終)과 같은 말로, 선종(善終)을 한다는 말이다.

17 당시에는 진나라와 초나라만이 패권을 다투었다.

君其許之,	임금님께서는 허락하시고
而修德以待其歸.[18]	덕행을 닦아 그 귀착되는 것을 기다리십시오.
若歸於德,	덕으로 귀착되면
吾猶將事之,	우리도 섬겨야 할 것이니
況諸侯乎?	하물며 제후이겠습니까?
若適淫虐,	초나라가 음일 포학해진다면
楚將棄之,	초나라가 버릴 것이니
吾又誰與爭?"[19]	우리가 또한 누구와 다투겠습니까?
公曰,[20]	공이 말하였다.
"晉有三不殆,[21]	"진나라에는 세 가지 위태롭지 않음이 있으니
其何敵之有?	그 어찌 대적할 나라가 있겠는가?
國險而多馬,	나라가 험요하고 말이 많으며
齊, 楚多難,	제나라와 초나라에 어려움이 많으니,
有是三者,	이 세 가지만 있으면
何鄕而不濟?"[22]	어느 곳에선들 이루지 못하겠는가?

18 귀(歸): 귀숙(歸宿)과 같다.

19 아무도 더불어 다투지 않으면 다투지를 않아도 스스로 패주가 된다는 것이다.

20 원래는 "공(公)"자가 없었는데 『교감기(校勘記)』와 가나자와 문고본(金澤文庫本)을 따라 고쳤다.

21 태(殆): 두예는 "태는 위태로운 것이다"라 하였다.

對曰,	대답하였다.
“恃險與馬,	“험요함과 말을 믿고
而虞鄰國之難,[23]	이웃나라의 어려움을 즐거워하는 것이
是三殆也.	세 가지 위태로운 것입니다.
四嶽, 三塗, 陽城, 大室, 荊山, 中南,[24]	사악과 삼도, 양성, 태실, 형산, 중남은
九州之險也,[25]	구주의 험요한 곳인데

22 향(鄕): 향(嚮)과 같으며, 지금은 향(向)이라 한다.

23 우(虞): 양수달(楊樹達)의 『독좌전(讀左傳)』에서는 “우(虞)는 오(娛)로 읽어야 한다. 『설문』에서 ‘오(娛)는 즐거워하는 것이다’라 하였다”라 하였다.

24 사악(四嶽): 동악(東嶽)인 태산(泰山)은 지금의 산동 태안현(泰安縣) 북쪽에 있는데 해발 1,525미터이다. 서악(西嶽)인 화산(華山)은 지금의 섬서 동관(潼關)의 서쪽에 있는데 해발 1,997미터이다. 남악(南嶽) 형산(衡山)은 일설에는 곧 지금의 안휘 곽산현(霍山縣)의 천주산(天柱山)으로 해발 1,751미터이고, 일설에는 곧 지금의 호남 형산현(衡山縣) 서쪽의 형산으로 해발 1,266미터이다. 북악(北嶽) 항산(恒山)은 지금의 산서 혼원현(渾源縣) 서쪽에 있으며 해발 1,751미터이다.

삼도(三塗): 두예는 “하남 육혼현(陸渾縣) 남쪽에 있다”라 하였는데, 두예의 말대로라면 지금의 하남 숭현(嵩縣) 서남쪽 10리 지점에 있는 삼도산으로, 속칭 애구(崖口)라고 하며 또한 수문(水門)이라고도 부르는 것이다. 『사기·주본기(周本紀)』에 “내 남쪽으로 삼도를 바라본다”라 한 것이 바로 이곳일 것이다. 복건은 태항(太行), 환원(轘轅), 효민(崤澠)을 삼도로 총칭한다고 하였다.

양성(陽城): 옛 양성은 지금의 하남 등봉현(登封縣) 동남쪽에 있는데, 속칭 성산령(城山嶺)이라고 한다. 1977년 일찍이 수차례 그 유지(遺址)를 조사한 적이 있다.

태실(大室): 곧 지금의 하남 등봉현(登封縣) 동남쪽의 숭산(嵩山)이다.

형산(荊山): 지금의 호북 남장현(南漳縣) 서쪽 80리 지점의 형산이다.

중남(中南): 곧 지금의 섬서 서안시(西安市) 남쪽의 종남산(終南山)으로, 또한 중남(中南), 남산(南山), 진산(秦山), 진령(秦嶺)이라고도 한다.

25 구주(九州): 고대에는 중국을 구주로 나누었는데, 그 설은 일치하지 않는다. 『상서·우공(禹貢)』과 『이아·석지(釋地)』, 『주례·직방(職方)』을 참고할 만하다.

是不一姓.[26]	한 성의 나라가 되지 못하였습니다.
冀之北土,[27]	기의 북쪽 땅은
馬之所生,[28]	말이 나는 곳인데
無興國焉.[29]	흥성한 나라가 없습니다.
恃險與馬,	험요한 곳과 말을 믿는 것으로는
不可以爲固也,	견고하게 할 수 없음은
從古以然.[30]	예로부터 그래 왔습니다.
是以先王務修德音以亨神, 人,[31]	그런 까닭에 선왕께선 덕음을 닦아 신명과 인간을 기쁘게 하였으니
不聞其務險與馬也.	험요처와 말을 힘쓴다는 것은 듣지 못했습니다.
鄰國之難,	이웃나라의 어려움은
不可虞也.	즐길 수 없습니다.

26 여러 험요지에는 멸망한 나라도 있고 흥성한 나라도 있다는 것으로, 험요하다고 해서 믿을 것이 못 된다는 말이다.

27 기토(冀土): 기(冀)는 기주(冀州)이다. 기의 북쪽 당은 두예는 연(燕)과 대(代)라고 하였다. 『초학기』 권8에서는 노육(盧毓)의 「기주론(冀州論)」을 인용하여 "기주의 북쪽은 연, 대와 닿아 있다"라 하였는데, 두예는 여기에 근거하였다.

28 송나라 손혁(孫奕)의 『시아편(示兒編)』 권15에서는 "기주의 북쪽에는 좋은 말이 많이 나서 명마를 기(驥)라고 한다"라 하였다. 혜동(惠棟)의 『보주(補注)』에 상세하다.

29 이상은 말[馬]이 많은 것을 믿을 수 없다는 말이다.

30 이(以): 이(而)와 같다.

31 형(亨): 곧 향(享)이다. 『신서·선모(新序·善謀)』편에서는 이 문장을 절록(節錄)하여 "享神人"이라 하였다. 양공 27년의 『전』에서는 "귀신과 사람을 기쁘게 할 수 있다(能歆神、人)"라 하였는데, 인은 귀신(선조)을 말한다.

或多難以固其國,	어떤 나라는 어려움으로 그 나라를 굳게 하고
啓其疆土,	그 강토를 넓히기도 하였으며,
或無難以喪其國,	어떤 나라는 어려움이 없는 데도 그 나라를 잃고
失其守宇,[32]	땅을 잃기도 하였으니
若何虞難?	어찌하여 어려움을 즐거워하십니까?
齊有仲孫之難,[33]	제나라는 중손의 어려움이 있었지만
而獲桓公,	환공을 얻어
至今賴之.[34]	지금껏 그 덕을 보고 있습니다.
晉有里, 丕之難,[35]	진나라는 이극과 비정의 어려움이 있었지만
而獲文公,	문공을 얻어
是以爲盟主.	이 때문에 맹주가 되었습니다.

32 수우(守宇): 『순자·왕제(王制)』편에서는 "비록 지키는 것이 도움이 되지만(雖守者益)"이라는 말이 있는데 주석에서는 "지킨다는 것은 땅을 이른다. 나라를 지키는 것은 땅이 근본이기 때문에 수(守)라고 한 것이다"라 하였다. 우(宇)는 두예는 "나라에 있어서는 사수(四垂)가 우(宇)이다"라 하였으니 곧 변경(邊境)이다. 사실 "수우"는 위의 "강토(疆土)"와 같은 뜻이다. 『시경·대아·권아(大雅·卷阿)』에 "이분들의 나라 크게 밝으시네(爾土宇昄章)"라는 구절이 있는데 토우를 붙여서 썼다.

33 중손지난(仲孫之難): 장공 8년과 9년의 『전』에 보인다. 중손은 곧 공손무지(公孫無知)이다.

34 제나라는 아직도 제환공의 그늘에서 벗어나지 못한다는 것이다.

35 이비지난(里丕之難): 이는 이극(里克)이고 비(丕)는 비정(丕鄭)이다. 이 일은 희공 9년의 『전』에 보인다.

衛, 邢無難,	위나라와 형나라는 어려움이 없었는데도
敵亦喪之.[36]	적이 또한 멸망시켰습니다.
故人之難,	그러므로 남의 어려움은
不可虞也.	즐거워할 것이 아닙니다.
恃此三者,	이 세 가지를 믿고
而不修政德,	정령과 덕망을 닦지 않는다면
亡於不暇,[37]	망할 것을 구제할 겨를이 없을 것이니
又何能濟?	또한 어찌 이룰 수 있겠습니까?
君其許之!	임금께서는 허락하십시오!
紂作淫虐,	주는 음일포학한 짓을 하였고
文王惠和,[38]	문왕은 은혜롭고 화해로이 하여
殷是以隕,	은나라는 이 때문에 떨어졌고
周是以興,	주나라는 흥성하였으니
夫豈爭諸侯?"	어찌 제후를 다투십니까?"

---

36 상(喪): 망하다. 여기서는 그 나라를 망하게 하는 것을 이른다. 두예는 "민공 2년에 적(狄)나라가 위(衛)나라를 멸하였고, 희공 25년에는 위(衛)나라가 형(邢)나라를 멸하였다"라 하였다.

37 망하는 것을 구제할 겨를이 없다는 말과 같다.

38 「급총주서서(汲冢周書序)」에서는 "주(紂)는 음란한 짓을 하여 백성이 흩어져 항상적인 습성이 없어졌고, 문왕은 은혜와 화해(和諧)로 교화하여 따르게 하였다"라 하였으니 곧 이 말을 쓴 것이다.

乃許楚使.	이에 초나라 사자에게 허락하였다.
使叔向對曰,	숙상에게 대답하게 하였다.
“寡君有社稷之事,	“과군께선 사직의 일이 있어
是以不獲春秋時見.[39]	이 때문에 봄가을로는 때맞춰 만날 수가 없습니다.
諸侯,	제후들을
君實有之,	임금께서 실로 가지고 계시니
何辱命焉?”	어찌 욕되이 명하십니까?”
椒舉遂請昏,[40]	초거가 마침내 혼약을 청하니
晉侯許之.	진후가 이를 허락하였다.
楚子問於子産曰,	초자가 자산에게 물어 말하였다.
“晉其許我諸侯乎?”	“진나라가 내게 제후들을 허락해 주겠소?”
對曰,	대답하였다.
“許君.	“임금님께 허락할 것입니다.
晉君少安,	진나라는 적은 것에 안도하여
不在諸侯.[41]	제후들은 의중에 없습니다.
其大夫多求,	대부들은 요구하는 것이 많아

39 두예는 “직접 가지 못했다는 말로 겸양의 말이다”라 하였다.
40 두예는 “아마 초자가 거를 보냈을 때 겸하여 구혼하게 한 것 같다”라 하였다.
41 두예는 “작은 것에 안주하니 작은 것으로는 원대한 것을 도모할 수 없다”라 하였다.

莫匡其君.	아무도 임금을 바로잡아 주지 않습니다.
在宋之盟又曰如一.[42]	송나라에서의 맹약에서도 또한 똑같이 하라 했습니다.
若不許君,	임금님을 허락하지 않는다면
將焉用之?"[43]	장차 어디에 쓰겠습니까?"
王曰,	왕이 말하였다.
"諸侯其來乎?"	"제후들이 올까?"
對曰,	대답하였다.
"必來.	"반드시 옵니다.
從宋之盟,	송나라에서의 맹약을 따르고
承君之歡,	임금님의 환심을 사며
不畏大國,[44]	대국을 두려워하지 않는 것인데
何故不來?	무슨 까닭으로 오지 않겠습니까?
不來者,	오지 않는 나라는
其魯, 衛, 曹, 邾乎!	노나라와 위나라, 조나라, 주나라일 것입니다!
曹畏宋,	조나라는 송나라를 두려워하고

42 여일(如一): 곧 "진나라와 초나라를 따르는 제후는 서로 조현하라" 한 것을 이른다.
43 두예는 "송나라의 맹약을 어디에 쓰겠느냐는 것이다"라 하였다.
44 대국(大國): 두예는 "대국은 진(晉)나라이다"라 하였다.

邾畏魯,	주나라는 노나라를 두려워하며
魯, 衛偪於齊而親於晉,[45]	노나라와 위나라는 제나라의 핍박을 받고 진나라와 친하니
唯是不來.[46]	이 때문에 오지 않을 것입니다.
其餘,	그 나머지는
君之所及也,	임금님이 힘이 미치는 바이니
誰敢不至?"	누가 감히 오지 않겠습니까?"
王曰,	왕이 말하였다.
"然則吾所求者無不可乎?"	"그렇다면 내가 요구하는 것이 안 되는 것이 없겠는가?"
對曰,	대답하였다.
"求逞於人,	"다른 사람에게서 만족을 구하고자 하신다면
不可,[47]	안 될 것이며,
與人同欲,	다른 사람들과 욕망이 같다면
盡濟."[48]	다 성공할 것입니다."

45 제나라의 핍박을 받아 어쩔 수 없이 진나라와 친한 것이다.

46 유(唯): 인(因)의 뜻이다.

47 두예는 "영은 쾌(快)한 것이다. 남에게 뜻을 흔쾌히 해줄 것을 구한다면 남들은 반드시 그것을 어길 것이다"라 하였다.

48 자기가 하는 것이 또한 남이 자기에게 기대하여 바라는 것이라면 욕망이 같아서 이루어지지 않음이 없을 것이라는 말이다.

大雨雹.	크게 우박이 내렸다.
季武子問於申豐曰,	계무자가 신풍에게 물어 말하였다.
"雹可禦乎?"[49]	"우박을 그치게 할 수 있는가?"
對曰,	대답하였다.
"聖人在上,	"성인이 위에 있으면
無雹.	우박이 내리지 않습니다.
雖有,	있다 하더라도
不爲災.	재난이 되지 않습니다.
古者日在北陸而藏冰,[50]	옛날에는 해가 북륙에 있을 때 얼음을 갈무리하였다가
西陸朝覿而出之.[51]	서륙이 아침에 보이면 꺼냅니다.

---

49 신풍(申豐): 양공 23년『전』에서 두예는 신풍은 계씨의 속대부(屬大夫)라고 하였다. 어(禦): 막다.

50 북륙(北陸): 허수〔虛宿: 두 개의 별이 있는데 곧 물병자리 β(베타)와 조랑말자리 α(알파)이다〕와 위수〔危宿: 세 개의 별이 있는데 물병자리 α(알파)와 페가수스자리 θ(테타) 및 ε(엡실론)이다〕를 가리킨다. 지구의 공전은 이곳에 이르러 소한(小寒)과 대한(大寒)이 된다. 이때는 하력(夏曆)으로 딱 12월이니 가장 추운 때이다.『시경·빈풍·7월(豳風·七月)』의 "2월의 날에 쩡쩡 얼음 깨어(二之日鑿冰沖沖)"라는 말로 서주 때는 하력(夏曆)으로 12월에 얼음을 잘라 낸다는 것을 알 수 있다.『주례·능인(淩人)』에서는 "12월에 얼음을 자르게 한다"라 하였는데『주례』는 하력(夏曆)을 사용하였다.『예기·월령(月令)』에서도 "늦겨울(12월)에 얼음이 한창 성하여 못물의 두께가 두꺼워지니 얼음을 취하게 한다"라 하여 고대에는 12월에 얼음을 채취함을 알 수 있다.

51 서륙(西陸): 묘수(昴宿)와 필수(畢宿)를 가리킨다. 묘수에는 별 일곱 개가 있으니 황소자리 17, 19, 21, 20, 23, η(에타), 27의 여러 별이다. 필수에는 여덟 개의 별이 있는데 곧 황소자리의 ε(엡실론), 68, δ(델타), γ(감마), α(알파), θ(테타), 71, λ(람다)의 여러 별이다. 여러 별이 새벽에 출현하면 나가서 저장한 얼음을 꺼내는데 그때는 청명(淸明)과 곡우(穀雨)에 해당하며 하력(夏曆)으로 4월에 해당한다. 그러나『시경·빈풍·7월(豳風·七月)』

其藏冰也,	얼음을 갈무리할 때는
深山窮谷,	심산유곡의
固陰沍寒,[52]	그늘지고 한기가 있는 곳을 찾아
於是乎取之.[53]	이곳에서 얼음을 취합니다.
其出之也,	그것을 꺼낼 때는
朝之祿位,[54]	조정에서 작록이 있는 사람이
賓, 食, 喪, 祭,[55]	손님을 맞고 음식을 하고 상례, 제례 때가 되면
於是乎用之.	이에 그것을 씁니다.
其藏之也,	그것을 갈무리할 때는
黑牡, 秬黍以享司寒.[56]	검은 숫양과 검은 기장으로 추위를 맡은 신에게 제사를 지냅니다.

및 아래의 내용에 의하면 2월에는 곧 얼음을 저장한 움을 여는데, 이는 임금만이 이렇게 할 수 있다. 다른 사람이 얼음을 사용하면 3, 4월에 얼음 움으로 옮긴다. 두예는 하력(夏曆) 3월이라고 하였고, 복건은 2월이라고 그랬는데 모두 규성(奎星)이 아침에 보이는 것에 근거하여 말한 것이다.

52 고음호한(固陰沍寒): 고(固)는 응고하는 것이다. 음(陰)은 곧 한기이다. 호(沍)는 어는 것이다. 이 구절은 한기가 응결되어 얼음이 어는 것을 말한다.

53 이는 얼음을 심산유곡의 한기에 막혀 응고된 곳에 저장을 하였다가 이곳에서 얼음을 취하는 것을 말한다.

54 조지록위(朝之祿位): 경(卿), 대부(大夫), 사(士)를 말함.

55 빈식상제(賓食喪祭): 빈은 손님을 맞는 것이며, 식은 임금이 날로 먹는 것, 상은 임금의 상례 때 이반(夷盤: 얼음을 담는 그릇)에 얼음을 공급하는 것, 제는 제사 때 빙감(冰鑑)을 대주는 것을 말한다. 『예기·능인(凌人)』 및 그 주석을 참조하기 바람.

56 흑모(黑牡): 아래의 내용에 의하면 검은 털을 가진 숫양임을 알 수 있다.
거(秬): 흑색의 기장.
사한(司寒): 『예기·월령(月令)』편에 의하면 동신(冬神) 현명(玄冥)이다.

其出之也,	그것을 꺼낼 때는
桃弧, 棘矢以除其災.[57]	복숭아나무 활과 가시 화살로 재난을 떨어냅니다.
其出入也時.	그것을 내고 들임에도 때가 있습니다.
食肉之祿,[58]	고기를 먹는 작록을 가진 사람은
冰皆與焉.	얼음을 받는 반열에 모두 들어 있습니다.
大夫命婦喪浴用冰.[59]	대부와 명부는 상을 당하면 시신을 씻는 데 얼음을 씁니다.
祭寒而藏之,[60]	추위를 관장하는 신에게 제사를 바치고 갈무리하며
獻羔而啓之,[61]	검은 양을 바쳐서 열어

57 얼음을 꺼낼 때 복숭아나무로 활을 만들고 가시로 화살을 만들어 얼음을 저장하는 방의 문에 두어 재앙을 막는다.

58 식육지록(食肉之祿): 곧 녹봉이 고기를 먹을 만한 사람으로, 장공 10년 "고기를 먹는 사람들이 도모한다(肉食者謀之)"와 애공 10년 『전』의 "고기를 먹는 사람은 기색이 어두워서는 안 된다(肉食者無墨)"의 "肉食者"가 모두 이 뜻이다.

59 대부명부(大夫命婦): 대부와 명부이다. 명부는 대부의 처(妻)이다.
상욕용빙(喪浴用冰): 소렴(小斂)을 마치면 먼저 얼음을 소반에 놓고 소반 위에 침상을 설치하여, 자리를 펴지 않고 시신을 대청으로 옮겨 시신의 몸을 씻긴다.

60 제한(祭寒): 한(寒)은 위의 사한(司寒)이다. 『시경·빈풍·7월(豳風·七月)』의 정현의 주석〔전(箋)〕과 『초학기』 권7에서는 "祭司寒而藏之"로 인용하였다.

61 헌고(獻羔): 『시경·빈풍·7월(豳風·七月)』에서 "4월에는 이른 아침에, 검은 양 바치고 부추 올려 제사 지낸다네(四之日其蚤, 獻羔祭韭)"라 하였기 때문에 두예의 주에서도 "2월 춘분에 검은 양을 바치고 부추로 제사를 지낸 후 비로소 얼음 창고를 연다"고 하였다.

公始用之,[62] 임금이 비로소 쓰며

火出而畢賦,[63] 대화성이 나타나면 다 나누어 주는데

自命夫命婦至於老疾, 명부와 명부에서 늙어서 병든 사람까지

無不受冰. 얼음을 받지 않음이 없었습니다.

山人取之,[64] 산인이 취하여

縣人傳之,[65] 현인이 전하고

輿人納之, 여인이 들여서

隷人藏之.[66] 예인이 갈무리합니다.

夫冰以風壯,[67] 대체로 얼음은 바람으로 굳어지고

---

62 두예는 "임금이 먼저 사용하는 것은 높은 자를 우대하는 것이다"라 하였다.

63 17년 『전』에서는 "대화성이 나타나는 것은 하력(夏曆)으로는 3월이고 상력(商曆)으로는 4월이며 주력(周曆)으로는 5월이다(火出, 於夏爲三月, 於商爲四月, 於周爲五月)"라 하였으니 하력(夏曆)으로 3월에 전갈자리 α(알파)성이 황혼 때 출현하며 이때 고기를 먹는 자들은 모두 얼음을 얻을 수 있다. 그러나 이때 얼음을 나누어 받기는 하지만 반드시 사용하지는 않으며 늦여름이 되어서야 비로소 사용한다.

64 산인(山人): 소관(小官)으로 송나라 정공열(程公說)의 『춘추분기·직관서(春秋分紀·職官書) 1』에서는 『주례·지관(地官)』의 산우(山虞)라고 하였다. 깊은 산에서 얼음을 채취하는 것이다.

65 현인(縣人): 두예는 "수속(遂屬)"이라고 하였는데, 『주례·수인(遂人)』에 의하면 5현(縣)을 수(遂)라 하며, 지관(地官)에 또한 현정(縣正)이 있는데 현인(縣人)을 혹 현정이라고도 한다.

66 여인(輿人): 송나라 정공열(程公說)의 『춘추분기·직관서(春秋分紀·職官書) 1』에서는 "하관(夏官)의 속관에는 예복(隷僕)이 있는데 곧 여인(輿人) 따위이다"라 하였다. 두예는 "여(輿)와 예(隷)는 모두 미천한 관리이다"라 하였다.

67 두예는 "얼음은 바람이 차가워지기 때문에 단단해진다"라 하였다. 장(壯)은 곧 장실(壯實)이다.

而以風出.[68]	바람이 불 때 꺼냅니다.
其藏之也周,[69]	그 갈무리하는 것이 주밀하고
其用之也徧,[70]	그 쓰임이 널리 미친다면
則冬無愆陽,[71]	겨울에 지나치게 따뜻함이 없고
夏無伏陰,[72]	여름에는 음기가 숨어 있지 않으며
春無凄風,[73]	봄에는 차가운 바람이 불지 않고
秋無苦雨,	가을에는 장맛비가 내리지 않으며
雷出不震,[74]	우레가 쳐도 다치지 않고
無菑霜雹,[75]	재해가 되는 서리며 우박이 없으며
癘疾不降,[76]	전염병이 떠돌아다니지 않고
民不夭札.[77]	백성들은 요절을 하거나 돌림병으로 죽지 않습니다.

68 두예는 "봄바람에 순응하여 (얼음을) 흩어 사용하게 된다"라 하였다.

69 주(周): 두예는 "주는 밀(密)의 뜻이다"라 하였다.

70 두예는 "노인과 병자에게 미치는 것이다"라 하였다.

71 건양(愆陽): 두예는 "건(愆)은 지나친 것이다"라 하였다. 겨울이 따뜻한 것을 말한다.

72 복음(伏陰): 두예는 "복음은 여름이 추운 것을 말한다"라 하였다.

73 처풍(凄風): 두예는 "처는 추운 것이다"라 하였다.

74 우레가 울려도 번개가 쳐서 상하지 않게 하는 것이다.

75 무치상박(無菑霜雹): 치상치박(菑霜菑雹) 곧 서리와 우박이 내려도 재난이 되지 않는 것이다.

76 여질(癘疾): 곧 지금의 유행병이다.

77 요찰(夭札): 요(夭)는 단명하여 죽는 것이다. 찰(札)은 유행병으로 죽는 것이다. 『주례·대사도(大司徒)』 정현의 주석에서는 "찰(札)은 대역병(大疫病)이다"라 하였다.

今藏川池之冰棄而不用,	지금은 내와 못의 얼음을 저장하여 버려두고 쓰지 않으니
風不越而殺,	바람이 흩어지지 않아 초목이 죽고
雷不發而震.[78]	우레가 치지 않아도 다칩니다.
雹之爲菑,	우박이 재해가 되면
誰能禦之?	누가 막을 수 있겠습니까?
七月之卒章,	「7월」의 마지막 장은
藏冰之道也."[79]	얼음을 갈무리하는 방도입니다."

夏,	여름에
諸侯如楚,	제후들이 초나라로 갔는데
魯, 衛, 曹, 邾不會.	노나라와 위나라, 조나라, 주나라는 회합에 참석하지 않았다.
曹, 邾辭以難,[80]	조나라와 주나라는 국난을 들어 거절하였고

78 월(越): 두예는 "월(越)은 흩어지는 것이다"라 하였다. 바람이 흩어지지 않아 초목이 시들고, 우레가 치지 않아도 번개가 사람과 가축을 상하고 죽게 하는 것이다.

79 두예는 "「7월」은 『시경·빈풍(豳風)』의 편명이다. 마지막 장에서는 '2월의 날에 쩡쩡 얼음 깨어(二之日鑿冰沖沖)'라 하였는데 12월에 얼음을 깨어 채취하는 것을 말하고, '3월에는 얼음 창고에 넣는다(三之日納于凌陰)'라 하였는데 능음(凌陰)은 얼음 창고이며, '4월에는 이른 아침에, 검은 양 바치고 부추 올려 제사 지낸다네(四之日其蚤, 獻羔祭韭)'라 하였는데, 2월 춘분에 일찍 얼음 창고를 열어 종묘에 바침을 말한다"라 하였다.

80 국가가 불안정하다는 것이다.

公辭以時祭,[81]	공은 시제를 들어 거절하였으며
衛侯辭以疾.	위후는 신병을 들어 거절하였다.
鄭伯先待于申.	정백이 먼저 신에서 기다렸다.
六月丙午,[82]	6월 병오일에
楚子合諸侯于申.	초자가 제후를 신에서 규합하였다.
椒擧言於楚子曰,	초거가 초자에게 말하였다.
"臣聞諸侯無歸,	"신이 듣건대 아무에게나 귀의하는 것이 아니라
禮以爲歸.[83]	예가 있으면 귀의한다고 합니다.
今君始得諸侯,	지금 임금께서는 비로소 제후를 얻었사오니
其愼禮矣.	예를 행함에 신중하시기 바랍니다.
霸之濟否,	패업의 성공 여부는
在此會也.	이번 회합에 있습니다.
夏啓有鈞臺之享,[84]	하나라 계에게는 균대의 연향이 있었고

81 조상을 제사 지내는 것이다. 「노세가」에서는 "병을 칭탁하여 가지 않았다"고 하였는데 「연표」는 같으며 『전』과는 다르다.

82 병오일은 16일이다.

83 대국들 중 제후들은 예가 있는 나라에 귀의할 것이라는 말이다.

84 균대(鈞臺): 곧 『사기·하본기(夏本紀)』의 걸(桀)이 탕(湯)을 가둔 하대(夏臺)로 지금의 하남 우현(禹縣)의 경계에 있다. 『지명대사전(地名大辭典)』에서는 지금의 우현 남쪽에 있다고 하였으며, 청나라 강희제(康熙帝)의 칙명으로 편찬한 『일강춘추해의(日講春秋解義)』

商湯有景亳之命,[85]	상나라 탕에게는 경박의 명이 있었으며
周武有孟津之誓,[86]	주무왕에게는 맹진의 맹세가 있었고
成有岐陽之蒐,[87]	주성왕에게는 기양의 사냥이 있었으며
康有酆宮之朝,[88]	주강왕에게는 풍궁의 조회가 있었고
穆有塗山之會,[89]	주목왕에게는 도산의 회합이 있었으며

및 『흠정춘추전설휘찬(欽定春秋傳說彙纂)』[이하 『휘찬(彙纂)』]에서는 우현 북문 바깥에 있다고 하였고, 서진(西晉) 사마표(司馬彪)의 『속한서·군국지(續漢書·郡國志)』 권2의 주에서 인용한 서진(西晉) 황보밀(皇甫謐)이 편찬한 『제왕세기(帝王世紀)』에서는 "현의 서쪽에 있다"고 하여 누구의 설이 옳은지 모르겠는데 아마 근인(近人)의 설이 나을 것이다.

85 경박(景亳): 『사기·은본기(殷本紀)』의 『정의(正義)』에서는 "송주(宋州) 북쪽 50리 지점의 대몽성(大蒙城)이 경박이며, 탕(湯)이 맹약한 곳으로 경산(景山)으로 인해 그렇게 불렀다. 하남 언사(偃師)가 서박(西亳)이며 제곡(帝嚳) 및 탕이 도읍을 정한 곳인데, 반경(盤庚)이 또한 그곳으로 도읍을 옮겼다" 하였으니 경박은 지금의 상구시(商丘市) 북쪽 50리 지점 산동 조현(曹縣)의 남쪽에 있다. 두예 및 『휘찬(彙纂)』에서는 모두 경박은 곧 하남 언사의 박(亳)이라고 하였는데 왕국유(王國維: 1877~1927)의 『관당집림·박에 대하여(觀堂集林·說亳)』에서 이미 논박하였다.

86 맹진(孟津): 주무왕은 두 차례 맹진(盟津)에서 제후들을 회합하였는데 두 번째 회합으로 「태서(太誓)」를 지었으며 『사기·주본기(周本紀)』에 보인다. 맹진(孟津)은 곧 맹진(猛進)으로 지금의 하남 맹현(孟縣) 남쪽 80리 지점에 있다.

87 기양(岐陽): 두예는 "주성왕은 엄(奄)에서 돌아와 기산(岐山)의 남쪽에서 사냥을 하였다"라 했고, 「진어 8」에서는 "지난날 성왕은 기양에서 제후들과 맹약하였다"라 하였다. 기산은 곧 지금의 섬서 기산현(岐山縣) 치소이다.

88 풍궁(酆宮): 옛 책에는 모두 주강왕의 풍궁의 조회를 수록하지 않았으며 남송(南宋) 정초(鄭樵)의 『통지(通志)』 및 위본(僞本) 『죽서기년(竹書紀年)』에만 보이는데, 아마 이 『전』에 근거하였을 것이다. 풍궁(酆宮)은 곧 풍궁(豐宮)으로 문왕의 묘당일 것이며, 지금의 섬서 호현(戶縣) 동쪽 5리 지점에 있다.

89 도산(塗山): 주목왕이 도산에서 회합한 것 또한 다만 『죽서기년(竹書紀年)』에만 보인다.

齊桓有召陵之師,[90]	제환공에게는 소릉의 군사가 있었고
晉文有踐土之盟.[91]	진문공에게는 천토의 맹약이 있었습니다.
君其何用?	임금님께서는 무엇을 쓰시겠습니까?
宋向戌, 鄭公孫僑在,	송나라의 상술과 정나라의 공손교가 있사온데
諸侯之良也,[92]	제후들 중 현량한 사람들이니
君其選焉."[93]	임금님께서는 그들을 선임하십시오."
王曰,	왕이 말하였다.
"吾用齊桓."[94]	나는 제환공을 쓰겠다.
王使問禮於左師與子産.	왕이 좌사와 자산에게 예를 묻게 하였다.
左師曰,	좌사가 말하였다.
"小國習之,	"소국은 익히고
大國用之,	대국은 쓰니

도산은 곧 애공 7년『전』에서 "우가 도산에서 제후를 규합하였다(禹合諸侯於塗山)" 한 도산으로, 지금의 안휘 회원현(懷遠縣) 동남쪽 8리 지점에 있으며 회하(淮河)의 동안(東岸)이다.

90 두예는 "희공 4년에 있었다"라 하였다.

91 두예는 "희공 28년에 있었다"라 하였다.

92 량(良): 현능한 것이다. 이는 두 사람이 예에 익숙하고 견문이 많다는 말이다.

93 두예는 "쓸 것을 선택하는 것이다"라 하였다.

94 복건(服虔)은 "소릉의 전역은 제환공이 예의로 30리를 물렸는데 초영왕이 지금 그 뜻에 감동을 받아 쓰게 된 것이다"라고 주석을 달았다.

敢不薦聞?"[95]	어찌 감히 들은 것을 바치지 않겠습니까?"
獻公合諸侯之禮六.[96]	공이 제후를 회합하는 예 여섯 가지를 바쳤다.
子産曰,	자산이 말하였다.
"小國共職,[97]	"소국은 직책을 바치는 것이니
敢不薦守?"[98]	감히 지키는 것을 바치지 않겠습니까?"
獻伯子男會公之禮六.[99]	백, 자, 남이 공을 회견하는 예 여섯 가지를 바쳤다.
君子謂合左師善守先代,[100]	군자가 말하기를 좌사는 선대를 잘 지키고
子産善相小國.[101]	자산은 작은 나를 잘 보좌하는 데 알맞다고 하였다.

---

95 천(薦): 갖다 바치는 것이다. 두예는 "들은 것이라고 말한 것은 아직 행한 적이 없는 것을 겸손되이 나타낸 것이다"라 하였다.

96 두예는 "그 예가 여섯 의절(儀節)이라는 것이다. 송나라의 작위가 공이기 때문에 공의 예를 바친 것이다"라 하였다. 공영달은 "여섯 가지가 무엇을 이르는지 알지 못한다"라 하였다.

97 공(共): 공(供)과 같다.

98 수(守): 직책이 지키는 것이라는 말이다.

99 상술(向戌)이 바친 것은 맹주가 회합을 주관하는 의절이며, 자산이 바친 것은 제후가 맹주의 회합에 가는 의절인데 서로 합하면 완전해진다.

100 송양공은 일찍이 칭패(稱霸)하였기 때문에 이 의절을 갖게 되었고, 상술은 능히 지킬 수 있었기 때문에 초나라에 진언한 것이다.

101 정나라는 춘추 때 다만 대국에 복속하기만 하였기 때문에 소국이 회합에 참여하는 의절을 바친 것이다.

王使椒擧侍於後以規過,[102]	왕이 초거에게 뒤에서 모시고 있다가 잘못을 바로잡으라고 했는데
卒事不規.	일이 끝날 때까지 바로잡지 않았다.
王問其故,	왕이 그 까닭을 물었다.
對曰,	대답하여 말했다.
"禮,	"예는
吾所未見者有六焉,[103]	제가 여태 보지 못한 것이 여섯 가지인데,
又何以規."[104]	또한 어떻게 바로잡겠습니까?"
宋大子佐後至,	송태자 좌가 나중에 이르렀는데
王田於武城,[105]	왕은 무성에서 사냥하면서
久而弗見.	오래도록 그를 보지 않았다.
椒擧請辭焉.[106]	초거가 그에게 말하기를 청하였다.
王使往,	왕의 사자가 가서
曰,	말하였다.

102 초왕은 자기가 의절에 잘못이 있을까 봐 걱정하여 초거로 하여금 바로잡게 한 것이다.

103 완각본(阮刻本)에는 "소(所)"자가 없는데 여기서는 『석경』과 송본(宋本), 순희본(淳熙本), 찬도본(纂圖本) 및 가나자와 문고본(金澤文庫本)에 의하여 추가하였다.

104 두예는 "좌사와 자산이 바친 여섯 가지 예법은 초나라에서는 모두 시행해 본 적이 없었다"라 하였다. 그러나 좌사와 자산이 바친 예법은 각기 여섯 개로 초거가 보지 못한 것은 여섯 가지이니 겨우 그 반일 뿐이다.

105 무성(武城): 지금의 하남 남양시(南陽市) 북쪽에 있을 것이다.

106 두예는 "왕에게 사과의 말을 하도록 청한 것이다"라 하였다.

"屬有宗祧之事於武城,[107]	"마침 무성에서 종묘의 제사가 있어
寡君將墮幣焉,[108]	과군께서는 폐백을 나르고자 하시니
敢謝後見."	감히 나중에 만나게 됨을 사과합니다."
徐子,[109]	서자는
吳出也,[110]	오나라 여인에게서 나서
以爲貳焉,	두 마음을 품고 있었으므로
故執諸申.[111]	신에 붙잡아 두었다.
楚子示諸侯侈.[112]	초자가 제후들에게 교만함을 보였다.
椒擧曰,	초거가 말하였다.
"夫六王, 二公之事,[113]	"저 여섯 왕과 두 공의 일은
皆所以示諸侯禮也,	모두 제후에게 예를 보인 것이니
諸侯所由用命也.	제후들이 명을 따르게 된 연유입니다.

107 두예는 "종묘의 제사 때문에 사냥을 한다는 말이다"라 하였다. 속(屬)은 마침이라는 뜻이다.

108 타(墮): 복건은 "타는 나르는 것이다"라 하였다. 왕념손(王念孫)은 "곧 송나라의 폐백을 종묘로 나를 것이라는 말이다"라 하였다.

109 서(徐)나라는 지금의 안휘성 사현(泗縣) 서북쪽 50리 지점에 있다.

110 그 어머니가 오나라 여인이다.

111 두예는 "초자가 의심이 가는 죄로 제후를 잡아 두었다는 말이다"라 하였다.

112 치(侈): 곧 다음에 나오는 대(汏)이다

113 육왕(六王): 계(啓)와 탕(湯), 무(武), 성(成), 강(康), 목왕(穆王)이다.
이공(二公): 제환공과 진문공이다.

夏桀爲仍之會,[114]	하나라의 걸은 잉의 회합 때문에
有緡叛之.[115]	유민이 반기를 들었습니다.
商紂爲黎之蒐,[116]	상나라의 주는 여의 사냥 때문에
東夷叛之,	동이가 반기를 들었고,
周幽爲大室之盟,[117]	주나라 유왕은 태실의 맹회 때문에
戎狄叛之,	융적이 반란을 일으켰으니
皆所以示諸侯汏也,	모두가 제후에게 교만함을 보여서이고
諸侯所由棄命也.	제후가 명을 버리게 된 연유입니다.
今君以汏,[118]	지금 임금께서는 너무 교만하시니
無乃不濟乎!"	이루지 못하지 않겠습니까!"
王弗聽.	왕은 그 말을 듣지 않았다.
子産見左師曰,	자산이 좌사를 보고 말하였다.

114 잉(仍): 『한비자·십과(十過)』편에서는 "옛날에 걸(桀)은 유융(有戎)의 회합 때문에 유민이 반란을 일으켰다"라 하여 "잉(仍)"이 "융(戎)"으로 잘못되어 있다. 잉(仍)은 곧 임(任)으로, 태호(太昊) 풍(風)성의 후손으로 뇌학기(雷學淇)의 『죽서기년의증(竹書紀年義證)』 권10에 보인다. 잉나라는 지금의 산동 제령시(齊寧市) 부근에 있었을 것이다.

115 유민(有緡): 곧 민(緡)나라이다. 뇌학기는 제순(帝舜)의 후손으로 요(姚)성이라고 하였다. 11년 『전』의 "걸은 유민을 이기고 그 나라를 잃었다(桀克有緡, 以喪其國)"라 한 것이 곧 이것이다. 또한 희공 23년의 『경』과 『주』에 상세하다.

116 여(黎): 『한비자·십과(十過)』편에서는 "주(紂)는 여구의 사냥 때문에 융적(戎狄)이 반란을 일으켰다"라 하였다. 여(黎)는 선공 15년의 『전』과 『주』에 상세하다.

117 태실(大室): 곧 숭산(嵩山)이다.

118 이(以): 이(已)와 같으며, '너무'라는 뜻.

“吾不患楚矣.	“나는 초나라를 근심하지 않소.
汏而愎諫,[119]	교만하여 간언을 내치니
不過十年.”	10년을 넘지 않을 거요.”
左師曰,	좌사가 말하였다.
“然.	“그렇소.
不十年侈,	10년을 교만하지 않아서는
其惡不遠.	악명은 멀리까지 퍼지지 않을 것이오.
遠惡而後棄.[120]	악명이 멀리 퍼진 후에 버려지게 되오.
善亦如之,	선 또한 이와 같아
德遠而後興.”[121]	덕이 멀리 퍼진 후에 흥기하게 됩니다.”

秋七月,	가을 7월에
楚子以諸侯伐吳,[122]	초자가 제후를 거느리고 오나라를 쳤는데

---

119 퍅(愎): 『주서·시법해(周書·謚法解)』의 주에서는 “간언을 버리는 것을 퍅(愎)이라 한다”라 하였다.

120 그 악명이 멀리 유행된 뒤에 버림을 받게 된다는 말이다.

121 원(遠): 이곳의 여러 원(遠)자는 당연히 시간을 가리키며 또한 지역에까지 미친다. 악한 짓을 하거나 선행을 할 경우 시간이 오래되면 영향이 절로 또한 깊고 멀어질 것이라는 말이다. 두예는 “13년에 초나라가 기 임금을 죽이는 복선이 된다”고 하였다.

宋太子, 鄭伯先歸, 송나라 태자와 정백은 먼저 돌아가서

宋華費遂, 鄭大夫從. 송나라 화실수와 정나라 대부가 따랐다.

使屈申圍朱方,[123] 굴신으로 하여금 주방에 에워싸게 하고

八月甲申,[124] 8월 갑신일에

克之, 이기고

執齊慶封而盡滅其族. 제나라 경봉을 붙잡았으며 그 일족을 모두 죽였다.

將戮慶封, 경봉을 죽이려 할 때

椒擧曰, 초거가 말하였다.

"臣聞無瑕者可以戮人. "신이 듣건대 흠이 없는 사람이라야 사람을 죽일 수 있다고 하였습니다.

慶封唯逆命,[125] 경봉은 단지 명을 거슬러

---

122 정공 4년의 『전』에서 "좋은 일이라면 임금이 가고 사가 따르며 경이 가고 여가 따른다(若嘉好之事, 君行師從, 卿行旅從)"라 하였으니 제후가 맹회에 참석할 때는 모두 각기 군사를 가지고 가는데 이것이 초자가 군사를 거느린 까닭이다.

123 주방(朱方): 오나라의 읍으로, 지금의 강소 진강시(鎭江市) 단도진(丹徒鎭) 남쪽이며, 오나라가 제나라 경봉(慶封)에게 내렸다. 상세한 것은 양공 28년의 『전』에 보인다. 두예는 "굴신은 굴탕(屈蕩)의 아들이다"라 하였다.

124 8월에는 갑신일이 있을 수가 없으며, 두예는 "날짜를 잘못 기록한 것이다"라 하였다.

125 역명(逆命): 돈황(敦煌)의 잔권 이명남(李鳴南) 소장본에는 "임금의 명을 거슬렀다(逆君命)"로 되어 있다. 역명(逆命)은 곧 아래의 "임금을 죽이고 임금의 고아를 약하게 한 것(弑其君, 弱其孤)" 등이다.

是以在此,	이 때문에 여기 있는 것이니
其肯從於戮乎?[126]	어찌 기꺼이 죽임을 따르려 하겠습니까?
播於諸侯,[127]	제후에게 퍼지면
焉用之?”	어디에 그것을 쓰겠습니까?”
王弗聽,	왕은 듣지 않고
負之斧鉞,[128]	부월을 지게 하고
以徇於諸侯,[129]	제후들에게 돌려 보이며
使言曰,	이렇게 말하게 하였다.
“無或如齊慶封弑其君,[130]	“혹여라도 제나라 경봉처럼 임금을 죽이고
弱其孤,[131]	임금의 고아를 약하게 하여
以盟其大夫!”	대부와 맹약하는 일이 없게 하라!”

---

126 기(其): 기(豈)와 같은 뜻으로 쓰였다. 두예는 “잠자코 죽임을 당하지는 않을 것이라는 말이다”라 하였다.

127 추악한 일이 퍼져 나가는 것이다.

128 부월(斧鉞): 대부(大斧)를 월(鉞)이라고 한다. 『태공육도(太公六韜)』에서는 “대가부(大柯斧)는 무게가 여덟 근이며 천월(天鉞)이라고도 한다”라 하였다.

129 제후들의 각 거처에 돌려 가며 조리돌린 것이다.

130 무(無): 무(毋)와 같으며 금지를 나타내는 말이다.
시기군(弑其君): 두예는 “제나라의 최저가 임금을 죽일 때 경봉은 그 일당이었으므로 임금을 죽인 것의 죄를 물은 것이다”라 하였다.

131 고(孤): 제경공을 가리키는데, 경봉은 그가 어리다고 깔보았다. 양공 25년 『전』에 태궁에서 국인(國人)과 맹약한 일이 수록되어 있는데, 그 첫마디가 “최저와 경봉 편에 서지 않는다면(所不與崔、慶者)”이었으며, 국인(國人)은 대부이다.

慶封曰, 경봉이 말하였다.

"無或如楚共王之庶子圍弑其君—兄之子麇—而代之,[132] "혹여라도 초공왕의 서자 위가 그 임금—형의 아들 균—을 죽이고 그를 대신하여

以盟諸侯!" 제후와 맹약하는 일이 없게 하라."

王使速殺之. 왕이 속히 죽이도록 하였다.

遂以諸侯滅賴.[133] 마침내 제후의 군사를 가지고 뇌나라를 멸했다.

賴子面縛銜璧, 뇌자는 뒤로 결박한 채 벽옥을 물고

士袒, 사는 윗옷을 벗고

輿櫬從之, 널을 수레에 싣고 따라서

造於中軍.[134] 중군에 이르렀다.

王問諸椒擧, 왕이 초거에게 이 일을 물으니

---

132 균(麇): 곧 겹오(郟敖)로 초나라의 임금이며, 또한 위의 형 강왕(康王)의 아들이다. 위가 겹오를 죽인 일은 원년의『전』에 보인다.

133 주방을 이기고 뇌나라를 멸한 것은 두 갈래 군사로 동시에 진행했을 것이다. 지리적으로 보면 신(申)에서 회합하였는데, 신은 지금의 남양시(南陽市) 북쪽이다. 뇌는 지금의 호북 수현(隨縣) 조금 동쪽에서 북쪽이며, 주방은 진강시(鎭江市)의 남쪽에 있다. 결단코 주방을 먼저 이긴 후에 또 군사를 돌려 뇌를 멸하느라 군려가 수천 리를 왕복하였을 리가 없다. 지리적으로 추측해 보건대 진나라 군사가 영(郢), 곧 지금의 호북 강릉현(江陵縣) 북쪽의 기남성(紀南城)으로 돌아갈 때 뇌를 거쳐 멸한 연후에 청발수(淸發水)를 따라 지금의 무한시(武漢市)에 이르러 장강(長江)의 동쪽을 따라 내려가 주방에 이르면 군사도 그다지 지치지 않게 된다.『전』에서 주방을 이긴 것을 먼저 서술한 것은 굴신이 거느린 것이며, 뇌나라를 멸한 것은 초자가 직접 거느린 것이므로 군사를 두 갈래로 나누었음을 알 수 있다.

134 중군(中軍): 두예는 "중군은 왕이 거느린 군대이다"라 하였다.

對曰,[135]	대답하였다.
"成王克許,	성왕이 허나라를 이기자
許僖公如是.[136]	허희공이 이렇게 하였습니다.
王親釋其縛,	왕께서 친히 결박을 풀어 주고
受其璧,	그 벽옥을 받고
焚其櫬."	그 널을 태우십시오."
王從之.[137]	왕이 그대로 따랐다.
遷賴於鄢.[138]	뇌를 언으로 옮겼다.
楚子欲遷許於賴,	초자가 허를 뇌로 옮기려고 하여
使鬪韋龜與公子棄疾城之而還.[139]	투위귀와 공자 기질로 하여금 그곳에 성을 쌓고 돌아오게 하였다.
申無宇曰,	신무우가 말하였다.
"楚禍之首將在此矣.	"초나라의 화의 발단은 이곳에서 있게 될 것입니다.
召諸侯而來,	제후들을 불러와서
伐國而克,	나라를 쳐서 이겨

135 돈황(敦煌) 잔권본에는 "초거(椒擧)" 두 자가 중복되어 있다.
136 이 일은 희공 6년의『전』에 보인다.
137 두예는 "초거의 말을 따른 것이다"라 하였다.
138 언(鄢): 지금의 호북 의성현(宜城縣) 남쪽으로 환공 13년『전』에서 "언에 이르렀다(及鄢)" 한 곳이 바로 이곳이다.
139 두예는 "허나라를 위하여 성을 쌓아 준 것이다. 위귀는 자문(子文)의 현손이다"라 하였다.

城, 성을 쌓았는데

竟莫校,[140] 끝내 아무도 다투지 않으니

王心不違,[141] 왕의 마음을 어기지 않은 것이니

民其居乎?[142] 백성이 어찌 편안히 살겠습니까?

民之不處,[143] 백성이 편안히 살지 않으면

其誰堪之? 그 누가 그것을 견디겠습니까?

不堪王命, 왕의 명을 견디지 못하니

乃禍亂也." 곧 화란입니다."

九月, 9월에

取鄫, 증을 취하였는데

言易也. 쉬웠음을 말한 것이다.

莒亂, 거나라에 난리가 나자

著丘公立而不撫鄫, 저구공이 즉위하여 증을 위무하니

鄫叛而來, 증이 반란을 일으켜 왔으므로

故曰取. 취하였다 한 것이다.

---

140 변경에 성을 쌓는데 더불어 다툰 제후가 없다는 말이다.

141 왕이 무슨 마음을 가지든 그 일이 모두 이루어지니 그 뜻을 어기지 않는 것이다.

142 『여씨춘추·상농(上農)』편에 "편안한 마음이 없다(無有居心)"는 말이 있는데 후한(後漢)의 고유(高誘)는 "거는 편안한 것이다"라 하였다. 이는 초나라 왕이 장차 백성을 수고롭게 하여 백성들이 편안히 살 수 없게 될 것이라는 말이다.

143 처(處): 거(居)와 같으며, 역시 편안하게 거처한다는 뜻이다.

凡克邑, 무릇 읍을 얻는데

不用師徒曰取. 군사를 쓰지 않은 것을 취하였다 한다.

鄭子産作丘賦,[144] 정나라 자산이 구부를 만들자

國人謗之, 백성들이 그것을 비방하여

曰, 말하였다.

"其父死於路,[145] "아버지는 길에서 죽고

己爲蠆尾,[146] 자기는 전갈의 꼬리가 되어

以令於國, 나라에서 명령하니

國將若之何?" 나라가 장차 어떻게 되겠는가?"

子寬以告.[147] 자관이 그대로 알려 주었다.

子産曰, 자산이 말하였다.

"何害? "무슨 해가 되겠는가?

---

144 구부(丘賦): 노나라 성공 원년의 구갑(丘甲)과 같은 뜻일 것 같으며, 1구(丘)의 사람이 군부(軍賦) 약간을 내는 것을 이른다.

145 두예는 "자국(子國)이 울지(尉氏)에게 살해된 것을 이른다"라 하였다. 이 일은 양공 10년의 『전』에 상세하다.

146 채미(蠆尾): 채(蠆)는 전갈이다. 『통속문(通俗文)』에서는 "꼬리가 긴 것이 채(蠆)이고 꼬리가 짧은 것이 갈(蝎)이다"라 하였다. 배 뒤에 좁고 긴 것이 마치 꼬리 같으며 끝에는 독 갈고리가 있는데 『효경위(孝經緯)』에서는 "벌과 전갈은 바늘을 드리우고 있는데 그 독은 뒤에 있다"라 하였다. 지는 자산이 부세를 무겁게 하여 국인(國人)들을 해롭게 하는 것을 비방한 것이다.

147 자관(子寬): 두예는 "자관은 정나라 대부이다"라 하였다.

苟利社稷,	실로 사직을 이롭게만 한다면
死生以之.[148]	삶과 죽음이 거기서 말미암는다.
且吾聞爲善者不改其度,[149]	또한 내 듣자니 선한 일을 하는 자는 그 법도를 고치지 않는다 하였으니
故能有濟也.	그러므로 이룰 수 있는 것이다.
民不可逞,[150]	백성은 방종하게 할 수 없고
道不可改.	도는 고칠 수 없다.
詩曰,	『시』에서 말하기를
'禮儀不愆,[151]	'예의에 허물이 없으면
何恤於人言?'[152]	어찌 다른 사람의 말을 신경 쓰겠는가?'라 하였다.
吾不遷矣."[153]	내 옮기지 않겠다."
渾罕曰,[154]	혼한이 말하였다.

148 이(以): 유(由)의 뜻이다. 여기서는 동사로 쓰였으며, 살고 죽는 것을 막론하고 따지지 않겠다는 말이다.

149 도(度): 『설문』에서 "도(度)는 법제(法制)이다"라 하였다.

150 영(逞): 방종한 것이다.

151 건(愆): 과실(過失).

152 두예는 "일시이다"라 하였다. 『순자·정명(正名)』편에 이 시가 실려 있는데 "긴 밤은 아득한데, 긴 생각 끝없다네. 태고 업신여기지 않고 예의에 허물이 없으면, 어찌 남의 말을 신경쓰겠는가?(長夜漫兮, 永思騫兮. 大古之不慢兮, 禮義之不愆兮, 何卹人之言兮)"라 하였다. 『한서·광형전(匡衡傳)』에서는 성제(成帝)가 이 시를 인용하고 "전(傳)"이라 하였는데, 3백 편 중에는 들어 있지 않기 때문이다.

153 천(遷): 천이(遷移). 변경과 같은 말이다.

154 혼한(渾罕): "혼한은 자관이다"라 하였다.

"國氏其先亡乎![155]	"국씨는 먼저 망할 것이다.
君子作法於涼,[156]	군자가 법을 얇게 만들어도
其敝猶貪.[157]	그 끝이 오히려 탐욕스러워진다.
作法於貪,	탐욕스런 법을 만들었으니
敝將若之何?[158]	끝에는 그 어쩌려는가?
姬在列者,[159]	희성의 열국 중에
蔡及曹, 滕其先亡乎,	채나라 및 조나라와 등나라가 먼저 망할 것이니
偪而無禮.	핍박을 받으면서도 무례하기 때문이다.
鄭先衛亡,	정나라가 위나라보다 먼저 망할 것이니
偪而無法.[160]	핍박을 받는데도 법도가 없기 때문이다.

---

155 국씨(國氏): 정나라의 공족은 그 사람이 공의 손자라면 항상 부친의 자를 가지고 씨로 삼았다. 자산의 부친은 자가 자국(子國)인데 여기서 국씨라 하였다. 그러므로 자유(子游)의 아들은 유초(游楚)라 하였으며, 자연(子然)의 아들은 연단(然丹), 자한(子罕)의 아들 자전(子展)은 한씨(罕氏)라 하였다.

156 양(涼): 두예는 "양은 얇은 것이다"라 하였다. 양박(涼薄)은 곧 두텁지 않다는 말이다.

157 폐(敝): 끝이라는 뜻으로, 지금의 결과와 같다. 양수달(楊樹達)의 『독좌전(讀左傳)』에 상세하다.

158 결과를 상상조차 할 수 없다는 것이다.

159 재열(在列): 두예는 "열국에 있는 것이다"라 하였다.

160 채나라는 초나라에 핍박을 당하고, 조나라와 등나라는 송나라의 핍박을 받으며, 정나라와 위나라는 진(晉)나라와 초나라의 핍박을 받는다. 11년에 초나라가 채나라를 멸하고 13년에 다시 봉하는데 춘추 후 21년에 초나라가 마침내 멸한다. 애공 8년에 송나라

政不率法, 정책이 법도를 따르지 않고

而制於心.[161] 마음대로 제정하였다.

民各有心, 사람들마다 각기 마음이 있으니

何上之有?[162] 무슨 위가 있겠는가?"

冬, 겨울에

吳伐楚, 오나라가 초나라를 쳐서

入棘, 櫟, 麻,[163] 극과 역, 마로 들어가

以報朱方之役.[164] 주방의 전역을 보복하였다.

楚沈尹射奔命於夏汭,[165] 초나라 침윤 사가 명을 받고 하예로 달려갔고

가 조나라를 멸하며, 등나라는 춘추 후 6세 만에 제나라에 멸망당한다. 정나라는 춘추 후 6세 91년 만에 한나라에게 멸망당한다. 위나라는 춘추 후 13세 258년 만에 진(秦)나라에게 멸망당하니 가장 나중에 망한다. 『좌전』은 위나라에 대한 예언이 모두 맞지 않는다.

161 혼한이 이른바 정(政)은 곧 정책이다. 실제로는 자산이 구부를 만든 것을 가리키며, 이른바 법은 곧 선대의 법이다. 자산의 구부는 옛 법에 따르지 않고 자기 마음에서 제정한 것이라는 말이다.

162 백성은 계급과 계층이 다르고 이해가 같지 않으므로 각자 마음속으로 바라는 것을 가지고 있다. 자산이 정책을 만드는 것이 자기의 마음에서 말미암았으니 민심이 같지 않아 위가 없게 될 것이라는 말이다. 위(上)는 집정자를 말한다.

163 극(棘): 지금의 하남 영성현(永城縣) 남쪽이다. 양공 26년의 『전』에도 보인다.
역(櫟): 지금의 하남 신채현(新蔡縣) 북쪽 20리 지점이다.
마(麻): 지금의 안휘 탕산현(碭山縣) 동북쪽 25리 지점으로, 옛날에 마성집(麻成集)이 있었다.

164 곧 이해 가을에 초나라가 주방을 이긴 것이다.

165 침(沈): 현 이름. 곧 옛날의 침국(沈國) 땅으로 지금의 안휘 임천현(臨泉縣)이며, 문공

箴尹宜咎城鍾離,[166]	잠윤 의구가 종리에 성을 쌓았으며
薳啓彊城巢,[167]	원계강은 소에 성을 쌓고
然丹城州來.[168]	연단은 주래에 성을 쌓았다.
東國水,[169]	동쪽 지역에 수해가 나서
不可以城.	성을 쌓을 수가 없었다.
彭生罷賴之師.[170]	팽생이 뇌의 군사를 거두었다.

初,	처음에

13년의『경』의『주』에 보인다.

윤(尹): 초나라는 현의 우두머리를 윤(尹)이라 하였다. 사(射)는 윤의 이름이다.

하예(夏汭): 두예는 하구(夏口)에 있었다고 하는데 확실치 않은 것 같다. 지금의 서비하(西淝河)는 옛날에는 또한 하비수(夏淝水)라고도 불렀으며,『한서·지리지』성보현(城父縣)에 보인다. 그 하류의 회수(淮水)로 유입되는 곳은 지금의 안휘 봉대현(鳳臺縣) 서남쪽에 있으며, 이곳의 하예 및 5년『전』의 "하예에서 회합하였다"한 곳은 모두 이곳을 가리키고 한구(漢口)가 아니다.

166 잠(箴): 잠(箴)은 완각본(阮刻本)에는 본래 "함(咸)"으로 되어 있었는데 여기서는 청나라 완원(阮元)의『교감기(校勘記)』및 가나자와 문고본(金澤文庫本)을 따랐다.

의구(宜咎): 두예는 "의구는 본래 진(陳)나라 대부였는데 양공 24년에 초나라로 달아났다."

종리(鍾離): 지금의 안휘 봉양현(鳳陽縣) 동북쪽 25리 지점이며, 성공 15년『전』의『주』에 상세하다.

167 소(巢): 곧 거소(居巢)로 지금의 수현(壽縣) 남쪽 약 백 리 지점에 있다.

168 연단(然丹): 두예는 "연단은 정목공(鄭穆公)의 손자로 양공 19년에 초나라로 달아났다"라 하였다.

주래(州來): 지금의 안휘 봉대현(鳳臺縣)이다. 상세한 것은 성공 7년의『경』과『주』에 보인다.

169 동국(東國): 초나라는 동부지구를 동국이라 하였으며, 종리와 소, 주래 및 뇌가 모두 동국의 읍이다.

170 팽생(彭生): 두예는 "팽성은 초나라 대부이다. 투위귀의 뇌의 성을 쌓는 군사를 거둔 것이다"라 하였다.

穆子去叔孫氏,[171]	목자가 숙손씨를 떠나
及庚宗,[172]	경종에 이르러
遇婦人,[173]	부인을 만났는데
使私爲食而宿焉.[174]	몰래 먹을 것을 만들어 주고 재워 주었다.
問其行,[175]	갈 것이냐고 묻자
告之故,	그 까닭을 말해 주었더니
哭而送之.[176]	울면서 배웅하였다.
適齊,	제나라에 가서
娶於國氏,	국씨를 아내로 맞아
生孟丙, 仲壬.	맹병과 중임을 낳았다.

---

171 목자(穆子): 곧 노나라 숙손표(叔孫豹)로, 『전』 및 두예의 『세족보(世族譜)』에 의하면 장숙득신(莊叔得臣)은 선백교여(宣伯僑如) 및 목숙표(穆叔豹)를 낳았다. 득신이 죽자 교여가 이어서 노나라의 경이 되어, 성공의 어머니인 목강(穆姜)과 사통하여 계손행보(季孫行父)와 맹손말(孟孫蔑)을 없애려고 하였다. 상세한 것은 성공 16년의 『전』에 보인다. 목자〔곧 목숙(穆叔)〕는 노나라를 떠나 제나라로 갔으며, 아마 그 형이 환란을 일으키려는 것을 미리 알고 가만히 그 가족을 떠났을 것으로, 반드시 성공 16년 이전의 『전』에는 기록되지 않았을 것이다.

172 경종(庚宗): 노나라 땅으로 지금의 산동 사수현(泗水縣) 동쪽에 있을 것이다. 청초(淸初) 고사기(高士奇)의 『춘추지명고략(春秋地名考略)』〔이하 『고략(考略)』 혹은 『지명고략(地名考略)』〕에 보인다.

173 부인(婦人): 위서 『공자가어(孔子家語)』에서는 이 『전』을 절록하였는데, "부인"을 "과부(寡婦)"로 고쳤다. 무슨 근거인지 모르겠다.

174 이 부인과 사통하였으므로 두예의 『세족보(世族譜)』에서는 숙손표의 외처(外妻)라고 하였다.

175 부인이 숙손표에게 물은 것이다.

176 두예는 "부인이 듣고 운 것이다"라 하였다.

夢天壓己,	꿈에 하늘이 자기를 눌러
弗勝,[177]	이기지 못하여
顧而見人,	돌아보니 사람이 보였는데
黑而上僂,[178]	검고 상체가 굽었으며
深目而豭喙,[179]	눈은 깊고 돼지 주둥이를 하고 있었다.
號之曰,	그를 불렀다.
"牛!	"우야!
助余!"	나를 도와다오!"
乃勝之.[180]	이에 이겼다.
旦而皆召其徒,[181]	아침에 그의 무리를 모두 불렀으나
無之.[182]	꿈속의 사람이 없었다.
且曰,	또 말하였다.
"志之!"[183]	"기억해 두라!"

177 두예는 "목자의 꿈이다"라 하였다.

178 상루(上僂): 어깨와 목 부위가 앞쪽으로 구부러진 것이다.

179 가훼(豭喙): 가(豭)는 수퇘지이다. 훼(喙)는 주둥이다. 두예는 "입이 돼지를 닮은 것이다"라 하였다.

180 이상은 꿈의 광경을 서술하였다.

181 도(徒): 두예는 "도는 종자이다"라 하였다. 아마 수행한 사람이 자못 많고 또한 평상시에는 알지도 못하는 자도 있었을 것이다. 그렇지 않았다면 하필 불러서야 그 모습을 알겠는가?

182 꿈꾼 사람이 없었다는 말이다.

183 그 무리들에게 우의 모습을 기억하게 한 것이다.

及宣伯奔齊,	선백이 제나라로 달아날 때
饋之.[184]	그에게 음식을 보내 주었다.
宣伯曰,	선백이 말하였다.
"魯以先子之故,[185]	"노나라는 선인 때문에
將存吾宗,[186]	우리 종족을 보존할 것이니
必召女.	반드시 그대를 부르겠소.
召女,	그대를 부르는 것을
何如?"	어떻게 생각하오?"
對曰,	대답하였다.
"願之久矣."	"원한 지가 오래되었습니다."
魯人召之,	노나라 사람이 그를 부르자
不告而歸.[187]	알리지 않고 돌아갔다.
旣立,[188]	경에 오르자
所宿庚宗之婦人獻以雉.[189]	묵었던 경종의 부인이 꿩을 바쳤다.

184 두예는 "선백(宣伯)은 교여(僑如)로 목자(穆子)의 형이다. 성공 16년 제나라로 달아났다. 목자가 선백에게 음식을 보내 준 것이다"라 하였다.

185 선자(先子): 두예는 "선자는 선백(宣伯)의 선인(先人)이다"라 하였다.

186 앞으로도 계속 숙손씨의 사람이 경이 되게 될 것이라는 말이다.

187 교여에게 알리지 않은 것이다. 교여는 이때 아마 이미 제나라의 성맹자(聲孟子)와 또 사통하였을 것이며, 이 때문에 목자가 더욱 미워하였다. 성공 16년 『전』에서는 "숙손표를 제나라로 불러 세웠다"라 하였지만 숙손표의 이름은 양공 2년에야 비로소 『춘추경』에 보이니 그를 부른 것은 성공 16년 말일 것이며 그가 돌아간 것은 두 번째 해에 있었을 것이다.

188 경(卿)이 된 것이다.

問其姓,[190]	그 자식에 대하여 물으니
對曰,	대답하였다.
"余子長矣,	"나의 아이가 자라서
能奉雉而從我矣."[191]	꿩을 받쳐 들고 저를 따를 수 있습니다."
召而見之,	불러서 만나 보았더니
則所夢也.	꿈대로였다.
未問其名,	그 이름을 묻지 않고
號之曰,	그를 불러 말하였다.
"牛!"	"우야!"
曰,	말하였다.
"唯."[192]	"예."

---

189 경종의 부인은 아마 목자에게 불려서 왔을 것이다. 옛 예법에는 사(士)가 꿩을 잡는데, 이 부인이 꿩을 바친 것은 아들이 있음을 보인 것이며 그러므로 목자가 그 아들을 물은 것이다.

190 성(姓): 위(魏)나라 장읍(張揖)의 『광아(廣雅)』 및 『소이아(小爾雅)』에서는 모두 "성은 아들이다"라 하였다. 왕인지(王引之)의 『경의술문(經義述聞)』에서는 『시경·주남·인지지(周南·麟之趾)』의 "여러 훌륭한 제후의 자손(振振公姓)"을 인용하여 공성(公姓)은 곧 공자(公子)라 하였다. 「단궁(檀弓) 상」에서는 "천자의 상(喪)에만 아들을 구별하여(別姓) 곡을 한다"라 하였는데 별성(別姓)은 곧 별자(別子)이다.

191 숙손표가 노나라의 경이 된 것은 당연히 성공 17년 후 양공 2년 전일 것으로 『경』과 『전』에는 분명히 밝힌 글이 없으며, 그가 경종의 부인을 부른 것은 또한 노나라의 경이 된 후일 것이다. 두예는 "양공 2년 수우(豎牛)는 5, 6세였다"라 하였는데 대체로 숙손표가 『경』에 보이는 해가 곧 경이 된 해이니 반드시 그렇지는 않을 것이다. 이런 것은 깊이 탐구할 필요가 없다.

192 유(唯): 『예기·곡례(曲禮) 상』에 "아버지가 부르면 늦게 대답하지 말고 예〔唯〕하고 일어

皆召其徒使視之,	그 무리를 다 불러서 보이고는
遂使爲豎.[193]	마침내 수로 삼게 하였다.
有寵,	총애를 받아
長使爲政.[194]	자라자 가정(家政)을 맡겼다.
公孫明知叔孫於齊,[195]	공손명이 제나라에서 숙손과 친하였는데
歸,	돌아와서
未逆國姜,	국강을 맞이하지 않아
子明取之,[196]	자명이 취하였으므로
故怒,[197]	노하여
其子長而後使逆之.[198]	그 아들이 자란 뒤에 맞아오게 하였다.

선다"는 말이 있는데, 정현은 "대답하는 말로 낙(諾)보다 공손하다"라 하였다. 『예기·옥조(玉藻)』에서도 "아버지가 명하여 부르시면 예하고 대답하며 느리게 답하지 않는다"라 하였다. 『맹자·공손추(公孫丑) 하』에서는 "예법에 이르기를 아버지가 부르면 느리게 대답[諾]하지 않는다"라 하였다. 수우가 "예" 하고 대답한 것은 자식으로서 아버지에게 대답한 것이다.

193 두예는 "수(豎)는 소신(小臣)이다"라 하였다. 『주례·천관·서관·내수(天官·序官·內豎)』의 주에 "수(豎)는 관례를 올리지 않은 자의 관직 이름이다"라 하였다. 단옥재(段玉裁)는 "수(豎)는 어리다는 것을 말한다"라 하였는데, 이는 아마 아직 관례를 올리지 않았다는 뜻일 것이다.

194 두예는 "집안의 일을 맡아 한 것이다"라 하였다.

195 두예는 "공손명은 제나라 대부 자명(子明)으로 숙손과 서로 친하였다"라 하였다.

196 국강은 맹병(孟丙)과 중임(仲壬)의 어머니이다.

197 그 처가 개가한 것에 대해 노한 것이다.

198 아들은 맹병과 중임이다.

田於丘蕕,[199] 구유에서 사냥을 하다가

遂遇疾焉. 결국 이 때문에 병이 들었다.

豎牛欲亂其室而有之, 수우가 집안에서 난을 일으켜 그를 차지하고

强與孟盟, 강제로 맹과 맹약하려 하였는데

不可.[200] 안 된다고 하였다.

叔孫爲孟鐘, 숙손이 맹에게 종을 만들어 주면서

曰, 말하였다.

"爾未際,[201] "그대는 아직 교제를 하지 않았으니

饗大夫以落之."[202] 대부에게 향례를 베풀어 낙성식을 해주겠소."

---

199 구유(丘蕕): 두예는 "구유는 지명이다"라 하였다.

200 두예는 "자신을 따르게 하고자 하였는데 맹이 하지 않으려 한 것이다"라 하였다.

201 제(際): 곧 『맹자·만장(萬章) 하』의 "교제(交際)"의 제(際)로 『장자·즉양(則陽)』편에서는 위영공(衛靈公)이 "사냥만 다니면서 주살이 다하도록 제후들의 교제에 응하지 않았다(不應諸侯之際)"라 하였는데 곧 이 제(際)자의 뜻이다. 이는 경의 적장자는 당시 경대부의 주선에 응하여야 한다는 것을 말한다.

202 낙(落): 흔(釁)과는 다르다. 고대에는 무릇 기용(器用), 이를테면 종(鐘)이나 북 따위를 종묘에 가져다가 먼저 돼지와 양, 혹은 닭의 피를 가지고 제사 지내는 것을 흔(釁)이라 한다(『맹자·양혜왕(梁惠王) 상』에서는 소의 피로 흔종(釁鍾)하는데 이는 특별한 예로 청나라 초순(焦循)의 『정의(正義)』(『맹자정의(孟子正義)』)에 상세하다). 그런 뒤에 향연을 가지는데 이를 낙(落)이라 하며, 곧 지금의 낙성식이다. 흔은 반드시 향례를 베풀 필요는 없으며 낙(落)은 손님에게 향례를 베푼다. 이것에서 말한 "여러 대부들에게 향례를 베풀었다(饗諸大夫)"는 것과 7년 『전』의 "초자가 장화지대를 낙성하자 제후들과 낙성식을 하기를 원하였다(楚子成章華之臺, 願與諸侯落之)"라 한 것과 "초자가 새 대에서 공에게 향례를 베풀었다(楚子享公于新臺)" 한 것으로 알 수 있다. 숙손은 이곳에서 맹이 계승자임을 확정하고자 하였다.

旣具,[203]	준비가 되자
使竪牛請日.[204]	수우에게 날을 청하게 하였다.
入,[205]	들어가서는
弗謁,[206]	그에게 아뢰지도 않고,
出,	나와서는
命之日.[207]	명한 날을 말해 주었다.
及賓至,	손님이 이르자
聞鐘聲.[208]	종소리를 들었다.
牛曰,	우가 말하였다.
"孟有北婦人之客."[209]	"맹에게 북쪽 부인의 손님이 있습니다."
怒,	노하여
將往,	가려고 하는 것을

203 향례의 준비가 이미 끝난 것이다.

204 목자에게 향례를 거행할 날짜를 청한 것이다.

205 목자의 방으로 들어간 것이다.

206 불알(弗謁): 알(謁)은『이아 · 석고(釋詁)』에서 "알은 알리는 것이다"라 하였다. 불알(弗謁)은 날짜를 청하는 일을 아뢰지 않은 것이다.

207 목자의 방에서 나와 거짓으로 목자가 향례를 거행할 날짜를 알린 것이다.

208 흔종하고 손님에게 향례를 베풀려면 반드시 종을 쳐야 한다. 목자는 향례할 날을 몰라 종소리를 듣고 어리둥절한 것이다.

209 두예는 "북쪽의 부인은 국강(國姜)이다. 객은 공손명(公孫明)이다"라 하였다. 대체로 향례에는 상빈이 있어야 하는데 우가 거짓으로 공손명을 말하여 숙손의 화를 돋운 것이다.

牛止之.	우가 말렸다.
賓出,	손님이 나가자
使拘而殺諸外.[210]	잡아서 밖에서 죽이게 하였다.
牛又强與仲盟,	우가 또 중에게 맹약을 강요하였으나
不可.	안된다고 하였다.
仲與公御萊書觀於公,[211]	중이 공의 어자와 공궁에서 놀았는데
公與之環,[212]	공이 그에게 옥가락지를 주어
使牛入示之.[213]	우에게 들어가 보여주라고 하였다.
入,	들어가서는
不示,	보여주지 않고
出,	나와서는
命佩之.[214]	옥가락지를 차게 하라고 명했다.
牛謂叔孫,	우가 속손에게 말하기를
"見仲而何?"[215]	"중을 알현시킴이 어떻습니까?"

210 두예는 "맹병을 죽인 것이다"라 하였다.

211 내서(萊書): 두예는 "내서는 공의 경사 이름이다. 중이 그와 함께 사사로이 공궁을 구경한 것이다"라 하였다.

212 두예는 "옥가락지를 내린 것이다"라 하였다.

213 두예는 "숙손에게 보이는 것이다"라 하였다.

214 숙손의 명을 사칭하여 차게 한 것이다.

215 이하(而何): 두예는 "이하(而何)는 여하(如何)와 같다"라 하였다. 중임이 소공을 알현하게 하여 확실히 지위를 잇도록 함이 어떠냐는 것이다.

叔孫曰,	숙손이 말하였다.
"何爲?"[216]	"무엇 때문이냐?"
曰,	말하였다.
"不見,	"알현시키지 않아도
旣自見矣,[217]	이미 스스로 알현하여
公與之環而佩之矣."	공이 그에게 옥가락지를 주어 차고 있습니다."
遂逐之,	마침내 쫓아내니
奔齊.[218]	제나라로 달아났다.
疾急,	병이 위독해지자
命召仲,	중을 부르도록 명하였으나
牛許而不召.	우는 대답만 하고 부르지 않았다.
杜洩見,	두설이 뵙자
告之飢渴,	주리고 목마르다 하고
授之戈.[219]	과를 주었다.
對曰,	대답하였다.

216 두예는 "우의 말에 어리둥절한 것이다"라 하였다.

217 두예는 "중이 이미 스스로 가서 공을 알현한 것이다"라 하였다.

218 중이 제나라로 달아난 것이다. 『한비자·내저설(內儲說) 상』에서는 "숙손이 노하여 임을 죽였다"라 하여 『전』과는 다르다.

219 두예는 "두설은 숙손씨의 가재이다. 우가 숙손을 먹을 것을 주지 않아 숙손이 노하여 두설에게 죽이게 하려는 것이다"라 하였다.

“求之而至,	“찾아서 오게 하시고는
又何去焉?”[220]	또 어찌하여 없애려 하십니까?”
豎牛曰,	수우가 말하였다.
“夫子疾病,	“부자께서 병이 위독하여
不欲見人.”	사람을 보려고 하지 않는다.”
使寘饋于个而退.[221]	곁방에다 음식을 차리게 하고는 물러났다.
牛弗進,	우는 그것을 들이지 않고
則置虛命徹.[222]	비우게 한 뒤에 치우라고 하였다.
十二月癸丑,[223]	12월 계축일부터
叔孫不食,	숙손은 먹지를 못하여
乙卯,[224]	을묘일에
卒.[225]	죽었다.

---

220 숙손이 일찍이 구 그 사람을 찾아서 우가 이미 이른 것인데 또 무엇 때문에 그를 없애려는 것이냐는 말이다. 아마 두설이 분개하여 한 말일 것이다. 두예는 “아마 두설이 제거할 수 있는 힘이 없어 핑계를 대고 벗어난 것이다”라 하였는데 아마 그럴 것이다.

221 치(寘): 두예는 “치(寘)는 치(置)이다. 개(个)는 동쪽과 서쪽의 곁방〔廂〕이다”라 하였다. 상(廂)은 지금의 곁방〔廂房〕으로 정실(正室) 양쪽 곁의 쪽방이다. 이곳의 개(介)는 동쪽 곁〔東廂〕일 것이다. 심흠한(沈欽韓)의 『보주(補注)』에서는 “개(个)는 격(隔)과 같다”라 하였다. 격은 또한 각(閣)이라고도 하며 물건을 놓아두는 곳이다.

222 치허(置虛): 두예에 의하면 가져온 음식을 기울여 없는 것으로, 그릇을 비워 숙손이 이미 먹은 것을 나타내게 한 후에 치우라고 명한 것이다.

223 계축일은 26일이다.

224 을묘일은 28일이다.

225 음식을 끊은 지 3일 만이다.

牛立昭子而相之.[226]	우는 소자를 세우고 보좌하였다.
公使杜洩葬叔孫,	공이 두설로 하여금 숙손을 장사 지내게 하였는데
豎牛賂叔仲昭子與南遺,[227]	수우가 숙중소자와 남유에게 뇌물을 주어
使惡杜洩于季孫而去之.	계손에게 두설을 악담하게 하여 없애게 하였다.
杜洩將以路葬,	두설은 노거로 장사를 지내고
且盡卿禮.[228]	또한 경의 예를 다하려 하였다.
南遺謂季孫曰,	남유가 계손에게 말하였다.
"叔孫未乘路,	"숙손은 노거를 타본 적이 없는데
葬焉用之?	장례 때 어찌 그것을 씁니까?
且冢卿無路,	또한 총경에게도 노거가 없는데
介卿以葬,	아경이 그 장사를 지내니
不亦左乎?"[229]	또한 합당하지 않은 것 아니겠습니까?
季孫曰,	계손이 말하였다.

226 소자야(昭子婼)를 세우는 것은 또한 내년의 일로 내년의『전』으로 알 수 있다.

227 숙중소자여남유(叔仲昭子與南遺): 두예는 "소자(昭子)는 숙중대(叔仲帶)이고, 남유는 계씨의 가신이다"라 하였다.

228 두예는 "노거는 천자가 숙손에게 하사한 수레이다"라 하였다.

229 두예는 "총경은 계손을 말한다. 개(介)는 차(次)이다"라 하였다.
좌(左): 사(邪), 바르지 못한 것이다.

"然."	"그렇다."
使杜洩舍路.[230]	두설에게 노거를 쓰지 못하게 하였다.
不可,[231]	안 된다면서
曰,	말하였다.
"夫子受命於朝而聘於王,[232]	"부자께서는 조정의 명을 받고 천자를 빙문하였는데
王思舊勳而賜之路,[233]	천자께서 옛 공훈을 생각하시어 노거를 내리셨으며
復命而致之君.[234]	복명하고는 임금께 올렸습니다.
君不敢逆王命而復賜之,[235]	임금께서는 감히 천자의 명을 거스르지 못하여 다시 내리시고
使三官書之.	세 관원에게 기록해 두라 하셨습니다.
吾子爲司徒,	그대는 사도로

230 사(舍): 사(捨)와 같다. 버리고 그것으로 장사를 지내지 못하게 한 것이다.

231 두설이 수긍하지 않은 것이다.

232 두예는 "양공 24년에 있었다. 부자는 숙손을 말한다"라 하였다.

233 두예는 "그에게 예가 있는 것에 감동하여 그 선인(先人)을 생각한 것이다"라 하였다.

234 두예는 "표가 감히 그것을 직접 타지 못한 것이다"라 하였다.

235 『예기·옥조(玉藻)』에 "임금이 거마를 내리면 그것을 타고 하사에 배사한다. 의복이면 입고 하사에 배사한다. 임금이 아직 명을 내리지 않으면 감히 바로 그것을 타거나 입지 않는다"라 하였다. 정현은 "경대부가 천자에게 하사받은 것은 돌아오면 반드시 임금에게 바치고 임금이 명을 내리면 이에 사용한다"라 하여 『전』의 뜻과 같다.

實書名,[236]	실로 이름을 기록하였고,
夫子爲司馬,	부자는 사마로
與工正書服,[237]	공정에게 복식을 기록하게 하였으며,
孟孫爲司空以書勳.[238]	맹손은 사공으로 공훈을 기록하였습니다.
今死而弗以,[239]	지금 죽어서 그것을 쓰지 못하게 하면
是棄君命也.	이는 임금의 명을 버리는 것입니다.
書在公府而弗以,	기록이 공부에 있는데 쓰지 못하게 하면
是廢三官也.	이는 세 관원을 버리는 것입니다.
若命服,	왕이 명한 복식인데
生弗敢服,	살아서 감히 그것을 쓰지 못하고
死又不以,	죽어서도 또한 쓰지 않는다면
將焉用之?"	장차 언제 쓰란 말입니까?"
乃使以葬.[240]	이에 그렇게 장사 지내게 하였다.

236 두예는 "계손을 이른다. 이름을 기록하여 위호(位號)를 정한 것이다"라 하였다.
237 두예는 "숙손을 이른다. 복(服)은 거복(車服)의 기물로 공정이 기록하는 것이다"라 하였다.
238 훈(勳): 두예는 "훈은 공이다"라 하였다.
239 이(以): 쓴다는 뜻이다. 그것을 써서 장례를 치르는 것이다.
240 장례는 이듬해에 있는데 이는 결과를 말한 것이다.

季孫謀去中軍,	계손이 중군을 없애려고 생각하자
豎牛曰,	수우가 말하였다.
"夫子固欲去之."[241]	"부자께서 본래 없애려고 하였습니다."

소공 5년

經

五年春王正月,[1]	5년 봄 주력으로 정월에
舍中軍.[2]	중군을 폐지하였다.
楚殺其大夫屈申.	초나라가 그 대부 굴신을 죽였다.
公如晉.	공이 진나라에 갔다.
夏,	여름에
莒牟夷以牟婁及防, 玆來奔.[3]	거나라의 모이가 모루 및 방과 자를 가지고 도망쳐 왔다.

---

241 두예는 "숙손을 무고하여 계손에게 아첨한 것이다"라 하였다. 『한비자·내저설(內儲說) 상』에서는 "숙손이 이미 죽자 수우는 이에 발상을 하지 않고 부고의 귀중한 보물을 옮겨 텅 비게 하고 제나라로 달아났다"라 하여 『전』과 또한 다른데, 신빙성이 없다.

1 오년(五年): 갑자년 B.C. 537년으로 주경왕(周景王) 8년이다. 동지가 정월 16일 계유일로 건자(建子)이다.

2 두예는 "양공 11년에 처음으로 중군을 설립하였다"라 하였다. 상세한 것은 양공 11년의 『전』의 『주』를 보라.

3 모루(牟婁): 곧 은공 4년 『전』의 "거나라 사람이 기나라를 치고 모루를 취하였다"라 한 그

秋七月, 가을 7월에

公至自晉.[4] 공이 진나라에서 돌아왔다.

戊辰, 무진일에

叔弓帥師敗莒師于蚡泉.[5] 숙궁이 군사를 거느리고 분천에서 거나라를 물리쳤다.

秦伯卒.[6] 진백이 죽었다.

冬, 겨울에

楚子, 蔡侯, 陳侯, 許男, 頓子, 沈子, 徐人, 越人伐吳. 초자와 채후, 진후, 허남, 돈자, 침자, 서나라 사람과 월나라 사람이 오나라를 쳤다.

모루이다. 지금의 산동 제성현(諸城縣) 서쪽에 있다.

방(防): 『휘찬(彙纂)』에 의하면 방(防)은 지금의 산동성 안구현(安丘縣) 서남쪽 60리 지점이다.

자(茲): 지금의 제성현(諸城縣) 북쪽 안우현(安丘縣) 조금 서쪽에서 남쪽에 있다.

4 소공이 진나라에 이른 것은 모두 일곱 차례이며, 억류되어 돌아가지 못하게 된 것이 한 차례이며, 황하에까지 이르렀다가 돌아간 것이 다섯 차례이다. 모이를 받아 거나라에 의해 진나라에 제소되어 거의 또한 구류된 것 같으며 수개월 만에 비로소 돌아간 것이다.

5 분천(蚡泉): 분(蚡)은 『공양전』에는 "분(濆)"으로, 『곡량전』에는 "분(賁)"으로 되어 있다. 분(分)과 분(賁)은 고음이 같으므로 분(分)의 음을 따른 것과 분(賁)의 음을 따른 것은 통가할 수 있다. 분천은 아마 거나라와 노나라의 경계에 있는 지명일 것이다.

6 『전』이 없다. 『경』에는 이름을 기록하지 않았으며, 『사기·진본기(秦本記)』에도 경공(景公)의 이름이 없는데, 서광(徐廣)은 『세본(世本)』을 인용하여 "경공의 이름은 후백거(后伯車)이다"라 하였는데, 이름은 후(后)이고 자는 백거인 것 같다. 그러나 경공의 동복아우 또한 이름이 후자(后子)이니 경공의 이름은 후가 되지는 않을 것이다. 『색은(索隱)』에서는 "경공 이하 이름은 또한 어지러이 섞였다"라 하였다.

傳

五年春王正月,	5년 봄 주력으로 정월에
舍中軍,	중군을 없앴는데
卑公室也.[7]	공실을 낮추기 위함이었다.
毁中軍于施氏,	시씨 집에서 중군을 헐어
成諸臧氏.[8]	장씨 집에서 이루었다.
初,	처음에
作中軍,	중군을 만들 때
三分公室,	공실의 것을 셋으로 나누어
而各有其一.[9]	각기 그 하나를 가졌었다.
季氏盡征之,[10]	계씨는 그들에게 모두 부세를 지웠고

---

7 애공 11년『전』에 보면 노나라에는 우사(右師)와 좌사(左師)가 있는데 임시로 편제한 것인지 아니면 중군을 없앤 뒤에 중군의 졸승(卒乘)을 나누어 우군과 좌군을 증원한 것인지 모르겠다. 우사와 좌사는 곧 우군과 좌군이다.

8 시씨·장씨(施氏·臧氏): 시씨(施氏)는 공자 시보(施父)의 족속이고, 장씨(臧氏)는 공자 자장(子臧)의 족속이다. 시씨의 집에서 중군을 헐었다는 것은 시씨의 집에서 이 모의를 토론하였다는 것이다. 장씨 집에서 이루었다는 것은 장씨의 집에서 조약을 세웠다는 것이다. 장씨는 이때 사구로 옛날에는 군사적인 일과 형옥을 함께 다스렸기 때문이다.

9 3가(三家)에서 각기 1군을 소유한 것이다.

10 노나라의 병사는 사졸과 거승(車乘)을 막론하고 모두 국도의 근교 출신인데, 정공 8년『전』에서 양호(陽虎)가 임진일에 도읍의 전차에게 명하여 계사일에 이르게 한 것으로 알 수 있다. 3가(三家)의 사병(私兵)은 그 채읍 출신이다. 채읍이거나 근교의 백성을 막론하고 졸승(卒乘)으로 나온 자에게 계씨는 모두 부세를 면제하여 주었으며, 졸승으로 나오지 않은 자는 부세를 배로 하였는데 양공 11년의『전』에 보인다. 여기서 이른바 모두 부세를 지웠다는 것은 졸승으로 징발하였거나 부세를 거두었다는 것이다.

叔孫氏臣其子弟,[11]	숙손씨는 그 자제들을 노예병으로 삼았으며
孟氏取其半焉.[12]	맹씨는 그 반을 취하였다.
及其舍之也,	그것을 버릴 때는
四分公室,	공실을 넷으로 나누어
季氏擇二,	계씨가 둘을 가지고
二子各一,	두 사람이 하나씩을 가졌는데
皆盡征之,	모두에게 부세를 지웠고
而貢于公.[13]	공실에 바쳤다.
以書使杜洩告於殯,[14]	책서를 가지고 두설로 하여금 빈에 알리게 하여
曰,	말하였다.
"子固欲毁中軍,	"그대가 실로 중군을 없애고자 하여
旣毁之矣,	이미 없앴으므로

11 자제(子弟): 강영(江永)의 『군경보의(羣經補義)』에서는 "이른바 자제(子弟)라는 것은 병사들 가운데 건장한 자들이다. 부형(父兄)은 병사들 가운데 노쇠한 자들이다"라 하였다. 신(臣): 여전히 노예병으로 삼는데 그중 노약자는 자유민이 되어 반은 노예 반연 봉건제를 행하는 것일 것이다.

12 반은 자유민으로 혹은 군부(軍賦)를 내고 혹은 전부(田賦)를 내며, 반은 여전히 노예로 혹은 노예병이 되거나 혹은 농노가 되는 것이다.

13 공실을 나눈다는 것은 노나라 공실의 교수(郊遂)를 나누는 것이다. 계씨가 그 절반을 갖고 맹손과 숙손이 각각 4분의 1을 얻는데 모두 자유민으로 혹은 군부를 내고 전부를 내어 각 가문에서 들어온 것 중 약간을 공실에 바치는 것이다.

14 두예는 "숙손의 널 앞에 고하게 한 것이다"라 하였다.

故告."[15]	알려 주는 것이오."
杜洩曰,	두설이 말하였다.
"夫子唯不欲毁也,	"부자는 오직 없애고자 하지 않았으므로
故盟諸僖閎,	희굉에 맹세하고
詛諸五父之衢."[16]	오부지구에서 저주하였습니다."
受其書而投之,[17]	그 책서를 받아서 던지고는
帥士而哭之.	사를 거느리고 곡을 하였다.
叔仲子謂季孫曰,	숙중자가 계손에게 일러 말하였다.
"帶受命於子叔孫曰,	"제가 자숙손에게 명을 받았는데
'葬鮮者自西門.'"[18]	'선종을 못한 사람은 서문으로 나간다' 하였습니다."

15 수우의 말대로 한 것으로 전해의 『전』에 보인다.

16 양공 11년의 『전』에 보인다.

17 투(投): 두예는 "투는 땅에 던진 것이다"라 하였다.

18 이 구절에서는 동사가 생략되었다. 영구차가 서문에서 나온다는 말이다. 이것과 『논어·헌문(憲問)』의 "어디에서 왔는가?(奚自)", "공씨에게서 왔소(自孔氏)"라 한 것은 모두 동사를 생략한 예이다. 두예는 "제 명대로 살지 못하고 죽는 것을 선(鮮)이라고 한다. 서문은 노나라 조정의 정문이 아니다"라 하였다. 숙손표가 굶주리고 목말라 죽은 것은 비록 그 연령이 70세 내외가 된다 하더라도〔그의 부친인 장숙(莊叔)이 죽은 것은 이해까지 이미 67년이 된다〕 여전히 수명대로 살았다고 할 수는 없다. 장병린(章炳麟: 1869~1936)의 『춘추좌전독(春秋左傳讀)』〔이하 『독(讀)』〕에서는 『상서대전(尙書大傳)』을 인용하여 "서방(西方)이라는 것은 무엇인가? 드문 방향이라는 것이다"라 하였으므로 장례는 서문으로 나가는 것이 드물었다. "서(西)"와 "선(鮮)"은 옛 음이 가까웠으며 한나라와 당나라 때까지도 그러했다. 조비(曹丕)의 「연가행(燕歌行)」과 조식(曹植)의 「우차편(吁嗟篇)」의 압운과 당나라 안사고(顔師古)의 『광류정속(匡謬正俗)』 권8의 "서(西)"자 조에서도 알 수 있다.

季孫命杜洩.[19] 계손이 두설에게 명하였다.

杜洩曰, 두설이 말하였다.

“卿喪自朝, “경의 상은 조문에서 나가는 것이

魯禮也.[20] 노나라의 예입니다.

吾子爲國政, 그대는 나라의 집정이 되어

未改禮而又遷之.[21] 예를 고친 적이 없는데 또 옮겼습니다.

羣臣懼死, 뭇 신하들이 죽는 것이 두려워

不敢自也.”[22] 감히 따르지 않는 것입니다.”

旣葬而行.[23] 장례를 치르고는 떠났다.

仲至自齊,[24] 중이 제나라에서 이르니

19 두예는 “서문으로 나가게끔 명한 것이다”라 하였다.

20 『예기·단궁(檀弓) 하』에서는 “상례 때 조묘(朝廟)에 가서 뵙는 것은 죽은 자의 효심에 순응한 것이다. 그가 자기가 살던 곳을 떠나는 것을 슬퍼하는 것이므로 조고(祖考)의 사당에 이르렀다가 그런 후에 가는 것이다. 은나라에서는 유체가 조묘에 참배하는 예를 끝내고 잠시 이곳에 빈소를 설치한다. 주나라에서는 매장할 임시에 이르러 이에 앞서 조묘에 참배하는 것이다”라 하였다. 곧 주대의 예에는 장사하기 전에 반드시 널을 종묘로 옮겼다가 조정에서 정문으로 나가는데, 정문은 곧 『이아·석궁(釋宮)』의 응문(應門)이며, 곽박(郭璞) 주의 조문(朝門)이다. 조정의 길에서 국도의 남문으로 나가는 것이다.

21 천(遷): 두예는 “천은 바꾸는 것이다”라 하였다. 예의를 바꾸려면 반드시 일정한 수순이 있어야 하는데 계씨는 이러한 수순이 없었으므로 예를 고치지도 않았는데 자기의 뜻대로 고쳤다고 한 것이다.

22 자(自): 두예는 “자(自)는 따르는 것이다”라 하였다.

23 『당서·재상세계표(唐書·宰相世系表)』에 따르면 “두설은 계자의 난을 피하여 초나라로 달아났다.”

24 두예는 “상(喪)을 듣고 온 것이다”라 하였다.

季孫欲立之.	계손이 계승을 시키려 하였다.
南遺曰,	남유가 말하였다.
“叔孫氏厚,	“숙손씨가 강해지면
則季氏薄.	계씨는 약해집니다.
彼實家亂,	저들이 실로 집안에 난이 일어났으니
子勿與知,	그대가 간여하지 않는 것이
不亦可乎?”	또한 옳지 않겠습니까?”
南遺使國人助豎牛以攻諸大庫之庭,[25]	남유가 백성들로 하여금 수우를 도와 대고의 뜻에서 그를 공격하였는데
司宮射之,[26]	사궁이 활을 쏘아
中目而死.[27]	눈에 명중하여 죽었다

25 대고지정(大庫之庭): 두예는 “중임(仲壬)을 공격한 것이다. 노성 안에는 대정씨(大庭氏)의 폐허가 있는데 그 위에 창고를 지었다”라 하였다. 청나라 강영(江永)의 『춘추지리고실(春秋地理考實)』〔이하 『고실(考實)』〕 및 양수달(楊樹達)의 『독좌전(讀左傳)』에서는 모두 두예의 주 및 소공 18년 『전』의 “대정씨의 창고(大庭氏之庫)”에 의거하여 이 문장은 잘못 도치된 것이며 “대정지고(大庭之庫)”가 되어야 한다고 하였으며, 청말(淸末) 유월(兪樾)의 『춘추좌전평의(春秋左傳平議)』〔이하 『평의(平議)』〕에서는 “노나라에는 따로 큰 창고가 있는 것 같으며 대고는 장부〔長府, 『논어·선진(論語·先進)』에 보인다〕와 같다”고 하였다. 육조의 초본(抄本) 이래 모두 “大庫之庭”이라 하였는데 문의가 통한다. 여기서는 유월(兪樾)의 설을 따른다.

26 사궁(司宮): 양관(楊寬)의 『고사신탐(古史新探)』에서는 이 사궁은 계씨의 가신이어야 한다고 하였다. 청나라 양이승(梁履繩)의 『좌통보석(左通補釋)』〔이하 『보석(補釋)』〕에서는 『주씨부론(周氏附論)』을 인용하여 “양공 9년의 두예의 『해(解)』에서는 ‘사궁은 엄신(奄臣)이다’라 하였으니 아마 내관일 것이다. 송나라와 정나라(소공 18년), 초나라(소공 5년)에 모두 있었다”라 하였으니 공궁의 사람 역시 수우를 도왔다는 것은 그렇지 않은 것 같다. 사궁은 아마 계씨나 숙씨의 엄신일 것이다.

竪牛取東鄙三十邑以與南遺.	수우가 동쪽 변경 30읍을 취하여 남유에게 주었다.
昭子卽位,	소자가 자리를 이어
朝其家衆,	집안사람을 모아 놓고 조현하여
曰,	말하였다.
"竪牛禍叔孫氏,	"수우는 숙손씨에게 화를 끼쳐
使亂大從,[28]	큰 순도를 문란케 하여
殺適立庶,	적자를 죽이고 서자를 세웠으며
又披其邑,[29]	또한 읍을 쪼개어 주고
將以赦罪,[30]	죄를 면하려고 하였으니
罪莫大焉.	죄가 막대하다.
必速殺之!"	반드시 속히 죽여라!"
竪牛懼,	수우는 두려워하여
奔齊.	제나라로 달아났다.
孟, 仲之子殺諸塞關之外.[31]	맹병과 중임의 아들이 그를 새관의 밖에서 죽이고

27 중임 또한 죽은 것이다.

28 종(從): 순(順)과 같다. 중요한 순도(順道)를 어지럽혔다는 말이다.

29 피(披): 석(析)과 같은 뜻이다.

30 사죄(赦罪): 사(赦)는 석(釋)과 같다. 위작『공자가어·정론(孔子家語·正論)』편에는 "이로써 죄에서 풀려나기를 구하였다(以求舍罪)"로 되어 있다. 사(舍)는 곧 석(釋)과 같다. 상세한 것은『술문(述聞)』성공 13년의『전』"赦罪于穆公" 조에 보인다.

31 새관(塞關): 두예에 따르면 제나라와 노나라의 경계의 관문이니 관 밖이라면 이미 제나

投其首於寧風之棘上.[32]	그 머리를 영풍의 가시덤불 위에 던졌다.
仲尼曰,	중니가 말하였다.
"叔孫昭子之不勞,[33]	"숙손소자가 공로를 보답하지 않은 것은
不可能也.[34]	아무나 할 수 없는 것이다.
周任有言曰,	주임이 말하였다.
'爲政者不賞私勞,[35]	'위정자는 사적인 공로에 상을 내리지 않고
不罰私怨.'	사적인 원한을 징벌하지 않는다.'
詩云,	『시』에서는 이르기를
'有覺德行,	'곧은 덕행이 있으면,
四方順之.'"[36]	사방에서 귀순하네'라 하였다."
初,	처음에
穆子之生也,	목자가 날 때

라의 경계에 들어선 것이다.

32 영풍(寧風): 두예는 "영풍은 제나라 땅이다"라 하였다. 아마 또한 제나라 변경의 땅일 것이다.

33 불로(不勞): 노(勞)는 수로(酬勞), 곧 공로에 보답한다는 뜻이다. 소자는 수우에 의해 세워졌는데도 자기를 세워 준 공로에 보답하지 않고 오히려 죽인 것을 말할 것이다.

34 잘하기 어렵다는 말이다.

35 사(私): 개인(個人)을 이른다.

36 『시경·대아·억(大雅·抑)』의 구절이다. 각(覺)은 곧다는 뜻이다.

莊叔以周易筮之,[37]	장숙이 『주역』으로 점을 쳐보았더니
遇明夷䷣之謙䷎,[38]	명이䷣괘가 겸䷎괘로 변하는 것을 얻었는데
以示卜楚丘.[39]	점을 초구에게 보여주었다.
楚丘曰,[40]	초구가 말하였다.
“是將行,[41]	“이 사람은 떠날 것이지만
而歸爲子祀.[42]	돌아와서 그대의 제사를 받들 것입니다.
以讒人入,[43]	사특한 사람을 데리고 들어올 것인데
其名曰牛,	그 이름은 우이며
卒以餒死.[44]	끝내 굶어 죽을 것입니다.
明夷,	명이는

37 장숙(莊叔): 두예는 “장숙은 목자의 부친인 득신(得臣)이다”라 하였다.

38 이(離)괘가 아래에 있고 곤(坤)괘가 위에 있는 것이 명이(明夷)괘로 초구인 양효가 음효로 변하여 곧 간(艮)괘가 아래에 있고 곤괘가 위에 있는 겸(謙)괘가 된 것이다.

39 민공 2년의『전』에 초구의 아버지가 계우(季友)가 문강(文姜)의 태내에 있는 것을 점치는 기록이 있는데 득신은 선공 5년에 죽었으니 초구가 점을 친 것은 당연히 이전에 있었을 것이다.

40 본래 “초구(楚丘)” 두 자가 없는데 돈황 잔권본 백(伯) 3729 및 가나자와 문고본(金澤文庫本)에 “楚丘” 두 자가 중복되어 있으므로 지금 좇아서 추가하였다.

41 두예는 “행은 달아나는 것이다”라 하였다.

42 두예는 “제사를 받드는 것이다”라 하였다.

43 참인(讒人)을 거느리고 나라로 들어왔다는 말과 같다.

44 참인(讒人)의 이름은 우(牛)이고, 목자는 끝내 굶어 죽는다는 것이다.

日也,[45]	해인데
日之數十,[46]	해의 수가 10이기 때문에
故有十時,	열 개의 시진이 있게 될 것이며
亦當十位.	또한 열 개의 위차에 해당될 것입니다.
自王已下,	천자 이하로는
其二爲公,	두 번째가 공이고
其三爲卿.[47]	세 번째가 경입니다.

45 명이(明夷)괘는 이(離)가 아래에 있고 곤(坤)이 위에 있는 것이다. 이는 불이고 해이며, 곤은 땅이다. 해가 땅 아래에 있으므로 명이이다.

46 고대의 전설에서는 요임금 때 열 개의 해가 동시에 나왔다고 하였지만 『논형·설일(說日)』편에서는 유자(儒者)는 해가 하나로 생각하였다 했으니 "해가 열 개 있다"는 설은 『좌씨』의 뜻이 아니다. 두예는 "갑시부터 계시까지이다"라 하였으니, 이 때문에 10으로 "해의 수는 10이다"의 해석을 추구한 것이다. 옛사람들은 해가 땅을 돈다고 잘못 알았으므로 태양의 해를 지구가 자전하여 한 바퀴 도는 날과 하나로 섞었다. 옛날 사람들은 1주야를 10시(時)로 나누어 『영추경(靈樞經)』에서는 "물을 새게 하여 백 각(刻)이 내려가면 이로써 주야를 나누었다"라 하였다. 『설문』에서는 "누(漏)는 구리로 물을 받아 주야를 백 절(節)로 나눈 것이다"라 하였는데, 백 각(刻)은 곧 백 절(節)이고 십 절은 1시(時)이다. 『역』과 『시』, 『서』, 『삼례』, 『좌전』 등의 여러 책을 가지고 고찰해 보건대 대개 계명〔鷄鳴, 또한 야향신(夜鄕晨), 계초명(鷄初鳴)이라고도 한다〕, 매상〔昧爽, 또한 매단(昧旦)이라고도 한다〕, 단〔旦, 또한 일출(日出), 견일(見日), 질명(質明)이라고도 한다〕, 대흔〔大昕, 또한 주일(晝日)이라고도 한다〕, 일중〔日中, 또한 일지방중(日之方中)이라고도 한다〕, 일측〔日昃, 또한 일하측(日下昃)이라고도 한다〕, 석(夕), 혼〔昏, 또한 일간(日旰), 일입(日入)이라고도 한다〕, 소〔宵, 또한 야(夜)라고도 한다〕, 야중〔夜中, 또한 반야(半夜)라고도 한다〕 등의 명칭이 있다. 옛날에는 하루를 12로 나눈 설은 없었다. 12지가 기록된 때가 되어 『남제서·천문지(南齊書·天文志)』에 비로소 보인다.

47 첫 번째 시(時)는 천자이고 그 다음은 공(公), 세 번째는 경(卿)이니 네 번째는 사(士)가 된다. 두예는 일중〔日中, 정오(正午)〕이 천자라고 하였으니 곧 일중을 첫째 시로 보았는데, 아마 당연한 말이라고 생각한 것 같다.

日上其中,[48] 해는 가운데서 올라오며

食日爲二,[49] 먼동이 터올 때가 두 번째이며

旦日爲三.[50] 막 떠올랐을 때가 세 번째입니다.

明夷之謙, 명이가 겸으로 변한 것은

明而未融,[51] 해가 밝았지만 높지 않아

其當旦乎, 아침에 해당되기 때문에

故曰'爲子祀'.[52] '그대의 제사를 받든다'고 한 것입니다.

日之謙, 해가 겸으로 변한 것은

當鳥, 새에 해당하기 때문에

故曰'明夷于飛'.[53] '어두운 때에 새가 난다'고 하였습니다.

明而未融, 해가 밝았지만 높지 않았기 때문에

---

48 두예는 "해가 중천에 이르면 매우 밝으므로 천자에 해당시킨 것이다"라 하였다.

49 두예는 "공(公)의 위차이다"라 하였다.

50 두예는 "경(卿)의 위차이다"라 하였다. 『사기·천관서(天官書)』에서 "아침에서 밥 먹을 때까지(旦至食)"라 한 것을 보면 아침이 된 후에 밥을 먹는다. 두예의 주에서는 일중이 천자가 되고 식(食)은 공, 단(旦)은 경이 된다고 하였으니 어찌 선후가 바뀐 것이 아니겠는가? 아마 해가 가운데서 오른다는 것은 해가 땅속에서 나오는 것으로 닭이 막 울 때일 것이다. 식일(食日)은 매상(昧爽)이고, 단일(旦日)은 해가 막 떠오르는 것이다. 이렇게 해야 비로소 그 순서가 맞다.

51 복건은 "융(融)은 높다는 뜻이다"라 하였다.

52 경의 위차에 있으려면 반드시 장숙(莊叔)을 이은 후라야 가능하다.

53 두예는 "이(離)괘는 해가 되기도 하고 새가 되기도 한다. 이괘가 겸괘로 변하면 일광이 부족하게 되므로 새에 해당된다. 새는 날아다니기 때문에 난다고 한 것이다"라 하였다.

故曰'垂其翼'.[54]	'그 날개를 드리운다'고 하였습니다.
象日之動,	해가 움직이는 것을 상징하기 때문에
故曰'君子于行'.[55]	'군자가 길을 떠난다'고 하였습니다.
當三在旦,	세 번째 위는 아침에 해당되기 때문에
故曰'三日不食'.	'사흘 동안 먹지 않는다'고 하였습니다.
離,	이괘는
火也,	불이고,
艮,	간괘는
山也.	산입니다.
離爲火,	이괘는 불이니
火焚山,	불이 산을 태우면
山敗.	산이 무너집니다.
於人爲言.[56]	사람에게는 말이 되는데
敗言爲讒,	무너뜨리는 말은 참언이 되기 때문에
故曰'有攸往.	'갈 곳이 있으면

54 두예는 "해에게는 아직 높지 않은 것이고 새에게는 날개를 드리운 것이다"라 하였다.

55 두예는 "명이(明夷)의 초구(初九)가 제자리를 얻어 응함이 있으므로 군자의 상이다. 밝음이 손상된 세상에서는 겸하(謙下)의 위치에 거하기 때문에 피난하여 떠나게 될 것이다"라 하였다.

56 두예는 "간(艮)괘는 말이 된다"라 하였다.

主人有言',	주인이 할 말이 있다'고 하였습니다.
言必讒也.[57]	말을 하면 반드시 참언입니다.
純離爲牛,[58]	이괘의 짝은 소인데
世亂讒勝,	세상이 어지러우면 참언이 이기고
勝將適離,	이기면 이괘로 가기 때문에
故曰'其名曰牛'.	'그 이름이 우이다'라 하였습니다.
謙不足,	겸은 부족하니
飛不翔,	날아도 높이 날지 못하며
垂不峻,	드리운 것은 높지 않아
翼不廣.	날개가 멀리 날지 못하는 것입니다.
故曰'其爲子後乎'.[59]	그러므로 '그가 그대의 후계자가 될 것이다' 하였습니다.
吾子,	그대는
亞卿也,[60]	아경이지만
抑少不終."[61]	다만 조금 선종하지 못할 것입니다."

57 이는 명이(明夷)괘 초구(初九)의 효사(爻辭) "어두운 때에 새가 나니 날개를 드리운다. 군자가 길을 떠나 사흘 동안 먹지 않으니 가는 곳이 있다. 주인이 할 말이 있다"를 풀이한 것이다.

58 초순(焦循)의 『보소(補疏)』에서는 "명이는 곤(坤)이 위에 있고 이(離)가 아래에 있어 곤(坤)으로 이(離)를 짝하는 것이므로 '이를 짝한다'라 하였다. 순(純)은 짝이라는 뜻이다. 이(離)와 짝이 되는 것은 곤(坤) 곧 우(牛)라는 말이다. 『역』은 곤(坤)을 우(牛)로 한다"라 하였다.

59 두예는 "멀리 날 수 없기 때문에 멀리 가지 못할 것을 안 것이다"라 하였다.

60 아경(亞卿): 장숙(莊叔) 부자는 대대로 노나라의 아경(亞卿)이었다.

楚子以屈申爲貳於吳,[62]	초자는 굴신이 오나라에 두 마음을 품었다고 생각하여
乃殺之.	이에 그를 죽였다.
以屈生爲莫敖,[63]	굴생을 막오로 삼아
使與令尹子蕩如晉逆女.	여윤 자탕과 함께 진나라에 가서 여자를 맞아 오게 하였다.
過鄭,	정나라를 지나는데
鄭伯勞子蕩于氾,	정백이 범에서 자탕을 위로하였고
勞屈生于菟氏.[64]	토지에서 굴생을 위로하였다.
晉侯送女于邢丘.[65]	진후는 딸을 형구로 보냈다.

61 억(抑): 다만.
소부종(少不終): 목자가 비록 늙어서 죽긴 하겠지만 좋게 죽지는 못할 것이라는 말이다. 소(少)는 소(小)와 같다.

62 굴신(屈申): "신(申)"은 본래 "신(伸)"으로 되어 있었는데, 여기서는 4년의 『전』과 5년의 『경』 및 돈황 백(伯) 3729 잔권본, 『석경』, 송문과 가나자와 문고본(金澤文庫本), 순희본(淳熙本), 악본, 아시카가본〔족리본(足利本)〕에 따라 바로잡는다.

63 굴생(屈生): 두예는 "생은 굴건(屈建)의 아들이다"라 하였다.

64 범·토지(氾·菟氏): 두예는 "번과 토지는 모두 정나라 땅이다"라 하였다. 범은 지금의 하남 양성현(襄城縣) 남쪽에 있으며 희공 24년의 『전』과 『주』에 상세하다. 토지(菟氏)는 지금의 하남 울지현(尉氏縣) 서북쪽 40리 지점에 있다. 『의례·빙례(聘禮)』에 의하면 타국의 사신이 국경을 지날 때는 먼저 사자의 부사의 조수〔次介〕가 속백(束帛)으로 길을 빌리기를 청하며, 동도(東道)의 나라는 하대부가 그 속백을 가지고 조정에 들어가 보고를 한다. 길을 빌려 주는 것을 동의하지 않으면 속백을 받고 아울러 음식을 준다. 지금은 임금이 친히 가서 위로를 하여 또한 범에서 영윤을 위로하고, 토지에서는 막오를 위로하였는데 이는 초나라에게 특히 공경함을 표시하는 것이다.

65 환공 3년의 『전』에 의하면 각 나라에서 딸을 시집보낼 때는 임금이 직접 호송하지 않는다. 또한 『의례·사혼례(士昏禮)』에 의하면 부모는 딸을 보낼 때 대청을 내려가지 않는다. 지금 진후는 친히 딸을 국경까지 호송하는데 생각건대 이는 또한 초나라를 공경하기 때문일 것이다.

子產相鄭伯會晉侯于邢丘.[66]	자산은 정백을 도와 형구에서 진후를 만났다.
公如晉,	공이 진나라로 갔는데
自郊勞至于贈賄,	교로에서 예물을 바치는 것까지
無失禮.[67]	예를 잃지 않았다.
晉侯謂女叔齊曰,	진후가 여숙제에게 일러 말하기를
"魯侯不亦善於禮乎?"	"노후가 또한 예에 뛰어나다고 하지 않았는가?"라 하였다.
對曰,	대답하였다.
"魯侯焉知禮!"	"노후가 어찌 예를 알겠습니까!"
公曰,	공이 말하였다.
"何爲?	"무엇 때문입니까?
自郊勞至于贈賄,	교로에서 예물을 바치는 것까지
禮無違者,	예에 어긋남이 없었는데
何故不知?"	무슨 까닭으로 모른다고 하십니까?"
對曰,	대답하였다.

66 형구(邢丘): 형구는 지금의 하남 온현(溫縣) 동북쪽에 있다.

67 소국의 임금이 대국의 임금을 조현할 때 교외에 이르면 먼저 교영(郊迎)이 있다. 조빙의 예를 이미 마쳤으면 떠날 즈음에 주인 나라에서 또 증송(贈送)을 하게 된다. 여기서는 노소공이 예의 시종(始終), 읍양(揖讓)의 주선 등이 모두 의절(儀節)에 맞았다는 말이다.

"是儀也,	"이 의례는
不可謂禮.	예라고 할 수 없습니다.
禮,	예는
所以守其國,	나라를 지키고
行其政令,	정령을 시행하여
無失其民者也.	백성을 잃지 않는 것입니다.
今政令在家,[68]	지금 정령은 사가에 있어서
不能取也,	가져올 수 없고,
有子家羈,	자가기가 있어도
弗能用也,[69]	쓸 수가 없으며,
奸大國之盟,[70]	대국의 맹약을 범하고
陵虐小國,[71]	소국을 속이고 학대하며,
利人之難,[72]	남의 어려움을 이용하면서도
不知其私.[73]	자기의 어려움은 알지 못합니다.
公室四分,[74]	공실은 네 개로 나뉘고

68 가(家): 대부(大夫)를 가(家)라 한다. 노나라는 이때 정권이 이미 3가(三家)에 있었다.

69 두예는 "기(羈)는 장공(莊公)의 현손 의백(懿伯)이다"라 하였다. 『순자·대략(大略)』편에 자가구(子家駒)가 있으며, 『공양전』 소공 25년에도 자가구가 있는데 곧 기(羈)의 이름이며, 구(駒)는 자이다.

70 간(奸): 범하는 것이다.

71 거(莒)나라를 치고 운(鄆)나라를 취한 것을 말한다.

72 지난해에 거나라의 난을 이용하여 증(鄫)을 취한 것을 이른다.

73 두예는 "자기의 사사로운 어려움을 스스로 알지 못하는 것이다"라 하였다.

民食於他.[75]	백성들은 그들에게서 기식을 합니다.
思莫在公,[76]	생각에 공이라고는 아예 없는데
不圖其終.[77]	그 결말을 도모하지 않습니다.
爲國君,	나라의 임금이 되어
難將及身,	화난이 몸에 닥쳤는데도
不恤其所.[78]	자기의 처지를 돌보지 않습니다.
禮之本末將於此乎在,[79]	예의 본말이 여기에 있을 것인데
而屑屑焉習儀以亟.[80]	잔달게 의례를 익힘에만 시급해합니다.
言善於禮,	예에 뛰어나다고 하였는데
不亦遠乎?"	또한 멀지 않겠습니까?"
君子謂叔侯於是乎知禮.	군자는 숙후가 이때 예를 알았다고 하였다.

---

74 위의 『전』에 보인다.

75 25년 『전』에서 자가자(子家子)가 말하기를 "정령이 그에게서 나온 지가 오래되었고 가난한 사람 중에 그에게서 먹을 것을 취한 자가 많습니다(政自之出久矣, 隱民多取食焉)"라 하였다. 정령이 계씨 등에게서 말미암고, 계씨 등 3가(三家)는 또한 공실을 쪼개어 백성이 이 때문에 대부들에게 의지하여 산다는 것이다.

76 민심이 이미 노공(魯公)에게 없으니 이른바 백성을 잃은 것이다.

77 소공 본인 또한 나중에 있어날 결과에 대하여 생각이 미치지 않는다는 것이다.

78 그 지위가 위태롭다는 것을 걱정하지 않는 것이다.

79 "將於此乎在"는 "將在於此乎"의 도치구이다. 나라를 지키고 정령을 시행하고 백성을 잃지 않는 데 있다는 것이다.

80 설설(屑屑): 『후한서·최인전(崔駰傳)』의 주석에서는 "설설(屑屑)은 구구(區區)하다는 말과 같다"라 하였다. 극(亟)은 급(急)의 뜻으로 쓰였다.

晉韓宣子如楚送女,[81]	진나라의 한선자가 초나라로 가서 여자를 보내는데
叔向爲介.	숙상이 부사가 되었다.
鄭子皮, 子大叔勞諸索氏.[82]	정나라 자피와 자태숙이 색지에서 그들을 위로하였다.
大叔謂叔向曰,	태숙이 숙상에게 일러 말하였다.
"楚王汰侈已甚,	"초나라 왕은 교만이 너무 심하니
子其戒之!"	그대는 경계하십시오!"
叔向曰,	숙상이 말하였다.
"汰侈已甚,[83]	"교만이 너무 심한 것은
身之災也,	자신의 재해이니
焉能及人?	어찌 남에게 미칠 수 있겠소?
若奉吾幣帛,	우리의 폐백을 봉헌하고
愼吾威儀,	우리의 위의를 삼가며,
守之以信,[84]	성실함을 지키고
行之以禮,	예로 행하며

81 진나라 평공(平公)이 딸을 초나라로 시집보내는 것이다.
82 색지(索氏): 지금의 하남 형양현(滎陽縣, 정주시(鄭州市)에 속한다) 조금 서쪽에 있다.
83 이심(已甚): 너무 심하다는 말이다.
84 신(信): 성(誠)의 뜻으로 쓰였다.

敬始而思終,	공경으로 시작하여 끝낼 것을 생각하고
終無不復.[85]	끝내 다시 행하지 않음이 없습니다.
從而不失儀,[86]	따르되 예의를 잃지 않고
敬而不失威,[87]	공경하되 위의를 잃지 않으며,
道之以訓辭,[88]	가르친 말로 이끌고
奉之以舊法,[89]	옛 법으로 행하며
考之以先王,[90]	선왕의 일로 계고하고
度之以二國,[91]	두 나라를 저울질하면
雖汏侈,	교만하다 한들
若我何?"[92]	우리를 어떻게 하겠는가?"
及楚.	초나라에 이르렀다.
楚子朝其大夫,	초자가 그 대부를 조현하고
曰,	말하였다.

85 두예는 "일을 모두 다시 행할 수 있는 것이다"라 하였다.

86 주인에게 순종하면서도 위의를 잃지 않는 것으로, 순종하면서 과도하지 않은 것이다.

87 주인을 공경하면서도 진나라가 대국이라는 풍채를 잃지 않는 것으로 공경하면서도 절제가 있다는 것이다.

88 도(道): 인도하는 것이다. 훈사(訓辭)는 전현(前賢)의 언어이다.

89 봉(奉): 『국어·진어』에 "이를 끝내 받들지 못했다(是之不果奉)"라는 말이 있는데, 위소(韋昭)는 "봉(奉)은 행하는 것이다"라 하였다. 구법(舊法)은 지난 일, 구례(舊禮)이다.

90 고(考): 계고(稽考)하다.

91 진(晉)과 초 두 나라의 강약, 이해, 득실 관계를 재는 것이다.

92 우리를 어쩌지 못할 것이라는 말이다.

“晉,	“진나라는
吾仇敵也.	우리의 원수이다.
苟得志焉,	실로 나의 뜻만 얻을 수 있다면
無恤其他.[93]	나머지는 돌아보지 않겠다.
今其來者,	지금 온 사람들은
上卿, 上大夫也.[94]	상경과 상대부이다.
若吾以韓起爲閽,[95]	내가 한기를 문지기로 삼고
以羊舌肸爲司宮,[96]	양설힐을 사궁으로 삼으면
足以辱晉,	진나라를 욕보일 수 있을 것이고
吾亦得志矣.	나 또한 뜻을 얻게 되는 것이다.
可乎?”	되겠는가?”
大夫莫對.[97]	대부들이 아무도 대답을 하지 못하였다.
薳啓彊曰,	원계강이 말하였다.
“可.	“됩니다.

93 휼(恤): 고려(顧慮)하다.

94 한기는 상경이고, 숙상은 상대부이다.

95 혼(閽): 문을 지키는 사람이다. 장공 19년『전』에 육권(鬻拳)이 스스로 발을 자르자 초나라 사람이 대혼(大閽)으로 삼는 것을 말하였으며, 두예는 초나라가 또한 한기를 월형에 처하려 한다고 하였는데 반드시 그렇지는 않을 것이다.

96 사궁(司宮): 궁내의 관직이므로 두예는 “궁형을 가하는 것이다”라 하였다.

97 아무도 대답을 하지 않은 것이다.

苟有其備,	실로 그에 대한 대비만 있으면
何故不可?	무슨 까닭으로 되지 않겠습니까?
恥匹夫不可以無備,	필부를 욕보여도 대비가 없을 수 없는데
況恥國乎?	하물며 나라를 욕보임이겠습니까?
是以聖王務行禮,	그런 까닭에 성왕은 예를 행함에 힘써
不求恥人.	남을 부끄럽게 만드는 것을 추구하지 않았습니다.
朝聘有珪,[98]	조현하여 빙문할 때는 규가 있었고
享覜有璋,[99]	향례에서 서로 볼 때는 장이 있었으며
小有述職,[100]	작은 나라는 조현함이 있었고
大有巡功.[101]	큰 나라는 순찰을 하였습니다.

98 규(珪): 『설문』에는 규(圭)로 되어 있다. 옥으로 만든 예기(禮器)로 손으로 잡는다.

99 향(享): 육덕명(陸德明)의 『석문(釋文)』에는 "정현과 복건은 모두 향을 바치는 것이라 하였다"라 하였다.

조(覜): 또한 부(頫)라고도 하며 본다는 뜻이다.

장(璋): 규(圭) 따위의 예기(禮器)로 『빙례기(聘禮記)』 및 『예기·잡기(雜記)』에 의하면 규(圭)의 윗부분의 좌우를 각각 1촌(寸) 반(半) 깎으면 장(璋)이 된다.

100 소(小): 소국이다. 소국이 제후를 조현하는 것이 제후가 천자를 조현하는 것과 같다는 말이다. 『맹자·양혜왕(梁惠王) 하』에서는 "제후가 천자를 조현하는 것을 술직이라고 한다. 술직이라는 것은 직책을 말하는 것이다"라 하였다.

101 대(大): 대국이다. 대국이 소국에 가는 것이 천자가 순수하는 것과 같다는 말이다. 『맹자·양혜왕(梁惠王) 하』에서는 "천자가 제후에게 가는 것을 순수(巡狩)라 한다. 순수라는 것은 지키는 곳을 순행하는 것이다"라 하였다.

設机而不倚,[102]	안석을 설치하여 기대지 않았으며
爵盈而不飮,	술잔이 차면 마시지를 않았고,
宴有好貨,[103]	연회 때는 좋은 예물이 있었으며
飧有陪鼎,[104]	식사 때에는 넉넉하게 주었고
入有郊勞,[105]	입경을 할 때는 교로가 있었고
出有贈賄,[106]	출국을 할 때는 전송의 예물이 있었으니
禮之至也.	예의 지극한 것입니다.
國家之敗,	나라가 실패하는 것은
失之道也,[107]	이런 도를 잃어

102 궤(机): 궤(几)와 같다. 당나라 가공언(賈公彦)의 『의례·연례(燕禮)』 소(疏)에는 궤(几)로 되어 있다. 옛사람들은 땅에 자리를 깔고 앉았는데, 앉을 때는 무릎을 굽혀 둔부를 발꿈치 위에 닿도록 하고 궤(几)를 옆에 두고 기대었다.

103 두예는 "잔치를 열어 재화로 우호를 표하는데 객이 가지고 있지 않은 의복과 거마를 준다"고 하였다. 『주례·태재(太宰)』에서는 "아홉째는 제후가 신하와 우호를 맺고 재물을 내리는 법칙이다"라 하였는데, 정현은 "호용(好用)은 편안하고 한가로이 재물이 내리는 것이다"라 하였다. 두예가 "객이 가지고 있지 않은"이라 말한 것은 공영달의 주석에 의하면 "의복과 군마 가운데 객이 가지고 있지 않은 것을 주는 것을 말한다."

104 손유배정(飧有陪鼎): 두예는 "익힌 음식을 손이라 한다. 배(陪)는 더하는 것이다. 정(鼎)을 더하는 것은 은근히 후대하는 것이다"라 하였다. 『의례·빙례(聘禮)』에 의하면 손님이 빈관에 막 들어오면 재부(宰夫)는 즉시 밥을 준비하는데 구정(九鼎)을 갖추며, 우정(牛鼎)이 1, 양정(羊鼎)이 1, 시정(豕鼎)이 1, 어정(魚鼎)이 1, 석정(腊鼎: 乾肉鼎)이 1, 장위정(腸胃鼎)이 1, 부정(膚鼎: 고기를 자른 정)이 1, 선어정(鮮魚鼎)이 1, 선석정(鮮腊鼎)이 1이다. 배정(陪鼎)은 수정(羞鼎)이라고도 하며, 세 가지가 있는데 우갱정(牛羹鼎)과 양갱정(羊羹鼎), 시갱정(豕羹鼎)이 각각 하나이다.

105 두예는 "손님이 이르면 교외에서 맞아 위로한다"라 하였다.

106 두예는 "떠날 때는 재화를 준다"라 하였다.

107 지(之): 차(此)와 같다. 이 도를 잃는 것이다.

則禍亂興.[108]	화란이 일어나기 때문입니다.
城濮之役,[109]	성복의 전역 때
晉無楚備,[110]	진나라는 초나라에 대한 방비가 없어서
以敗於邲.[111]	필에서 패하였습니다.
邲之役,	필의 전역 때
楚無晉備,	초나라는 진나라에 대한 방비가 없어서
以敗於鄢.[112]	언에서 패하였습니다.
自鄢以來,	언의 전역 이래
晉不失備,	진나라는 방비를 잃지 않고
而加之以禮,	예를 더하고
重之以睦,[113]	화목함을 더하여
是以楚弗能報,[114]	이 때문에 초나라는 보복을 할 수 없어
而求親焉.	친해질 것을 구하였습니다.

---

108 두예는 "조빙(朝聘)과 연호(宴好)의 도를 잃은 것이다"라 하였다.
109 희공 28년의 『전』에 보인다.
110 진나라는 초나라에 이긴 후에 더 이상 방비를 하지 않았다.
111 선공 12년의 『전』에 보인다.
112 성공 16년의 『전』에 보인다.
113 명나라 육찬(陸粲)의 『좌전부주(左傳附注)』에서는 "초나라에 화목한 것이다"라 하였다.
114 언릉의 전역에서 패한 치욕을 보복하는 것이다.

既獲姻親,	이미 인척을 얻고
又欲恥之,	또 욕을 보이려 하여
以召寇讎,	원수를 찾으니
備之若何,[115]	이를 어떻게 방비하려 하십니까?
誰其重此?[116]	누가 그 책임을 맡겠습니까?
若有其人,	그 사람이 있다면
恥之可也.[117]	욕을 보여도 됩니다.
若其未有,	그럴 사람이 아직 없다면
君亦圖之.	임금께서는 또한 잘 생각해 보셔야 합니다.
晉之事君,	진나라가 임금님을 섬기는 것이
臣曰可矣:	저는 괜찮다고 생각합니다.
求諸侯而麇至,[118]	제후를 구하여 무리 지어 이르고 있으며,
求昏而薦女,[119]	혼인을 요구하자 딸을 바치면서

115 약하(若何): 여하(如何)와 같다.

116 중(重): 임(任)과 같은 뜻으로 쓰였다. 유월(兪樾)의 『평의(平議)』와 장병린(章炳麟)의 『독(讀)』 참고.

117 두예는 "현인이 있어서 진나라를 대적할 수만 있다면 모욕을 하여도 된다는 말이다"라 하였다.

118 균(麇): 두예는 "균(麇)은 군(羣)의 뜻이다"라 하였다. 이는 초나라가 초거(椒擧)로 하여금 진(晉)나라에 가서 제후를 구하게 하여 진나라가 이를 허락하여 초나라가 신(申)에서 제후를 회합한 일을 가리키며, 지난해의 『전』에 보인다.

119 천(薦): 두예는 "천은 바치는 것이다"라 하였다.

君親送之,	임금이 직접 보내고
上卿及上大夫致之.	상경 및 상대부가 인계하였습니다.
猶欲恥之,	그런데도 오히려 그들을 수치스럽게 하려 한다면
君其亦有備矣.	임금님께서도 또한 대비를 하셔야 할 것입니다.
不然,	그렇지 않으면
奈何?	어떻게 하겠습니까?
韓起之下,	한기의 아래로는
趙成, 中行吳, 魏舒, 范鞅, 知盈,[120]	조성과 중항오, 위서, 범앙, 지영이 있고,
羊舌肸之下,	양설힐의 아래로는
祁午, 張趯, 籍談, 女齊, 梁丙, 張骼, 輔躒, 苗賁皇,[121]	기오와 장적, 적담, 여제, 양병, 장격, 보력, 묘분황이 있는데,
皆諸侯之選也.[122]	모두 제후의 대부 가운데서 가려 뽑은 사람입니다.
韓襄爲公族大夫,	한양은 공족대부가 되었고

120 두예는 "다섯 경의 위차는 한기의 아래로 모두 3군의 장의 보좌이다. 성(成)은 조무(趙武)의 아들이다. 오(吳)는 순언(荀偃)의 아들이다"라 하였다.

121 여덟 명은 모두 진나라의 대부이다.

122 모두 제후가 선발해야 할 양신(良臣)이라는 말이다. 두예는 "범인(凡人)이 아니라는 말이다"라 하였다.

韓須受命而使矣,[123]	한수는 명을 받고 출사하였으며,
箕襄, 邢帶, 叔禽, 叔椒, 子羽,[124]	기양과 형대, 숙금, 숙초, 자우는
皆大家也.	모두 대가문입니다.
韓賦七邑,	한씨의 식읍 일곱 고을은
皆成縣也.[125]	모두 큰 현입니다.
羊舌四族,	양설씨의 제 일족은
皆彊家也.[126]	모두 강성한 가문입니다.
晉人若喪韓起, 楊肹,[127]	진나라 사람이 한기와 양힐을 잃는다면

123 두예는 "양(襄)은 한무기(韓無忌)의 아들로 공족대부이다. 수(須)는 기(起)의 아들로 나이는 비록 어려도 이미 사신으로 나가는 임무를 맡았다"라 하였다. 공영달은 "3년의 『전』에서는 '한수가 제나라에 가서 소강(少姜)을 맞았다'라 하였는데, 이는 명을 받고 사신으로 나간 일이다"라 하였다. 또한 3년 『전』의 숙상의 말에 의하면 한수 또한 공족대부이다.

124 기양·형대(箕襄·邢帶): 두 사람은 한씩의 일족이다.
숙금·숙초·자우(叔禽·叔椒·子羽): 두예는 "모두 한기의 서자이다"라 하였다. 그러나 공영달은 유현(劉炫)의 설을 인용하여 숙금 등은 또한 한기의 일족이라 하였다.

125 한씨는 7읍의 부세를 거두었는데, 이 7읍은 모두 큰 현이다. 한나라 유희(劉熙)의 『석명·석언어(釋名·錫言語)』에서는 "성(成)은 성(盛)이다"라 하였다. 양공 14년의 『전』에 "대국은 천자의 군사의 절반을 넘지 않는다(成國不過半天子之軍)"는 말이 있는데 두예는 "성국(成國)은 대국(大國)이다"라 하였다. 유월(兪樾)의 『평의(平議)』에 상세하다.

126 두예는 "4족은 동제백화(銅鞮伯華), 숙상(叔向), 숙어(叔魚), 숙호(叔虎) 형제이다"라 하였다. 숙어는 이름이 부(鮒)로 나중에 보인다. 숙호는 양공 21년에 피살되었다. 유월(兪樾)의 『평의(平議)』에서는 『전』의 "羊舌四族"은 본래 "羊舌三族"으로 되어 있어서 한씨가 7, 양설씨가 3으로 그 수가 딱 10이라고 하였다.

127 양힐(楊肹): 양설힐(羊舌肹)의 채읍은 양(楊)으로 지금의 산서 홍동현 동남쪽 15리 지점이며 채읍을 씨로 삼았기 때문에 또 양힐(楊肹)이라고도 한다.

五卿, 八大夫輔韓須, 楊石,[128]	다섯 경과 여덟 대부가 한수와 양석을 보좌하여
因其十家九縣,[129]	그 열 가문 아홉 개 현을 가지고
長轂九百,[130]	병거 9백 승을 내고
其餘四十縣,	그 나머지 40현에서
遺守四千,[131]	남아 지키던 병거 4천 승으로
奮其武怒,	무용의 분노를 떨치면
以報其大恥.	큰 치욕을 갚을 수 있습니다.
伯華謀之,[132]	백화가 계책을 세우고
中行伯, 魏舒帥之,[133]	중항백과 위서가 그들을 거느리면
其蔑不濟矣.	이루지 못할 일이 없습니다.
君將以親易怨,	임금께서는 친척을 원수로 바꾸시니
實無禮以速寇,	실로 무례함으로 적을 가속화시키고
而未有其備,	그에 대한 대비는 없으시니
使羣臣往遺之禽,[134]	뭇 신하들로 하여금 가서 사로잡히게 하여

128 양석(楊石): 두예는 "석은 숙상(叔向)의 아들 식아(食我)이다"라 하였다.
129 한씨가 7현, 양씨가 2현이다.
130 장곡(長轂): 병거(兵車)이며, 매현마다 백 승(乘)으로 9현이면 9백 승이 된다.
131 두예는 "남아서 나라를 지키는 것을 계산하면 아직도 4천 승이 있다"고 하였다.
132 백화(伯華): 두예는 "백화는 숙상의 형이다"라 하였다.
133 중행백(中行伯): 두예는 "백은 중항오(中行吳)이다"라 하였다.
134 뭇 신하들이 진나라를 대적하러 가는 것은 진나라에게 포로를 주는 것이라는 말이다.

以逞君心,[135]	임금님의 마음이 시원하시겠다면
何不可之有?"	안될 것이 무엇이 있습니까?"
王曰,	왕이 말하였다.
"不穀之過也,	"불곡의 죄니
大夫無辱."[136]	대부는 더 이상 수고하는 일이 없도록 하오."
厚爲韓子禮.	한기를 두터이 예우하였다.
王欲敖叔向以其所不知,[137]	왕이 그가 모르는 것으로 숙상을 업신여기려 하다가
而不能,[138]	할 수가 없어
亦厚其禮.	또한 예를 두터이 해주었다.
韓起反,	한기가 돌아가자
鄭伯勞諸圉.[139]	정백이 어에서 위로하였다.
辭不敢見,	사절하여 감히 접견하지 않으려 하였으니

135 영군심(逞君心): 군심(君心)은 초나라 왕의 "나 또한 뜻을 얻게 되는 것이다(吾亦得志矣)"는 말에 부응하는 것이다.

136 두예는 "원계강(薳啓彊)에게 사과한 것이다"라 하였다.

137 오(敖): 오(傲)와 같다.

138 두예는 "숙상이 아는 것이 많음을 말하였다"라 하였다.

139 어(圉): 『명일통지(明一統志)』에 의하면 어는 지금의 하남 기현(杞縣)의 남쪽 50리 지점에 있다. 지금은 어진(圉鎭)이라고 한다. 그러나 강영(江永)의 『고실(考實)』에서는 "한기가 초나라에서 진나라로 돌아올 때 정백이 어에서 위로하였는데, 그 땅은 정나라 도읍에서 가까울 것이며 기현의 어(圉)를 경유할 수가 없다. 옳지 않을 것이다"라 하였다.

禮也.[140] 예에 맞았다.

鄭罕虎如齊, 정나라 한호가 제나라에 가서
娶於子尾氏.[141] 자미씨를 아내로 맞았다.
晏子驟見之.[142] 안자가 그를 누차 만나 보았다.
陳桓子問其故. 진환자가 그 까닭을 물었다.
對曰, 대답하였다.
"能用善人, "선인을 쓸 수 있으니
民之主也."[143] 백성의 주인이지요."

夏, 여름에
莒牟夷以牟婁及防, 玆來奔.[144] 거나라의 모이가 누 및 방, 자를 거지고 도망왔다.
牟夷非卿而書,[145] 모이는 경이 아닌데도 기록한 것은

140 도홍경(陶鴻慶: 1859~1918)의 『좌전별소(左傳別疏)』(이하 『별소(別疏)』)에서는 "임금이 친히 위로하는 것을 감당하지 못한 것으로 6년 초나라 공자 기질(棄疾)이 감히 정백을 접견하지 못한 예와 같다"라 하였다.

141 이때 한호는 이미 연로하였으니 재취를 얻으려 제나라로 가서 친영한 것일 것이다.

142 취(驟): 누차.

143 두예는 "자산에게 정권을 준 것을 이른다"라 하였으니, 자신을 선인으로 생각한 것이며, 성공 15년 『전』에서 백종(伯宗)을 선인으로 생각한 것과 양공 30년 『전』에서 위엄(蔿掩)을 선인으로 생각한 것과 같은데, 이들은 모두 세상을 경영할 만한 인재들이었다.

144 세 곳은 『경』의 『주』에 상세하다.

145 서(書): 이름을 기록한 것이다.

尊地也.	땅을 존중한 것이다.
莒人愬于晉,[146]	거나라 사람이 진나라에 하소연하니
晉侯欲止公.[147]	진후가 공을 억류하려고 하였다.
范獻子曰,	범헌자가 말하였다.
"不可.	"안 됩니다.
人朝而執之,	사람이 조현하는데 구금하면
誘也,[148]	꾀는 것이며,
討不以師,	군사를 쓰지 않고 토벌하여
而誘以成之,	꾀어서 일을 성사시키는 것이니
惰也.[149]	태만한 것입니다.
爲盟主而犯此二者,	맹주가 되어 이 두 가지를 범하면
無乃不可乎!	안 되지 않겠습니까?
請歸之,	청컨대 돌려보내셨다가
間而以師討焉."[150]	틈이 나면 구사로 토벌하십시오."
乃歸公.	이에 공을 돌려보냈다.
秋七月,	가을 7월에

146 두예는 "노나라가 모이를 받아 준 것을 하소연한 것이다"라 하였다.
147 노소공을 구류하여 귀국하지 못하게 하는 것이다.
148 그가 오도록 유인하여 구금한 것 같다는 말이다.
149 군사를 쓰는 데 태만히 하여 토벌하는 것은 의롭지 않은 것이다.
150 간(間): 두예는 "간은 겨를이다"라 하였다.

公至自晉.[151]	공이 진나라에서 돌아왔다.

莒人來討,[152]	거나라 사람이 와서 토벌하였는데
不設備.[153]	방비를 갖추지 않았다.
戊辰,	무진일에
叔弓敗諸蚡泉,	숙궁이 분천에서 무찔렀는데
莒未陳也.[154]	거나라는 전열도 채 갖추지 않았다.

冬十月,	겨울 10월에
楚子以諸侯及東夷伐吳,[155]	초자가 제후 및 동이를 가지고 오나라를 쳐서
以報棘, 櫟, 麻之役.[156]	극과 역, 마의 전역을 보복하였다.
薳射以繁揚之師會於夏汭.[157]	원사는 번양의 군사를 가지고 하예에서 만났다.

151 『경』에 의하면 노소공이 진나라에 이른 것은 봄이며, 모이가 거나라에 반기를 들고 노나라로 도망을 와서 노나라가 받아 준 것은 여름인데 이때 노소공은 진나라에 있었고 모이를 받아 준 것은 3가(三家)이다.

152 두예는 "모이를 받아 준 것을 토벌한 것이다"라 하였다.

153 거나라가 방비하지 않은 것이다.

154 장공 11년의 『전』에서는 "적이 채 진열을 갖추지 않았으면 '패모사(모국의 군사를 패퇴시켰다)'라 한다(敵未陳曰敗某師)"라 하였는데 이와 같은 예이다.

155 청나라 호위(胡渭)의 『우공추지(禹貢錐指)』 권5에서는 동이(東夷)는 곧 회수(淮水) 남쪽의 이(夷)로 지금의 강소 청강시(淸江市)에서 양주시(揚州市)에 이르는 동쪽 근해의 이(夷)라고 하였다.

156 4년의 『전』에 보인다.

越大夫常壽過帥師會楚子於瑣.[158] 월나라의 대부 상수과가 군사를 거느리고 쇄에서 초자를 만났다.

聞吳師出, 오나라 군사가 출병했다는 말을 듣자

薳啓彊帥師從之,[159] 원계강이 군사를 거느리고 좇았는데

遽不設備, 서두르느라 방비를 하지 않아

吳人敗諸鵲岸.[160] 오나라 사람이 그를 작안에서 물리쳤다.

楚子以馹至於羅汭.[161] 초자는 역거를 타고 나예에 이르렀다.

---

157 두예는 "초자를 만난 것이다"라 하였다.
번양(繁揚): 정공 6년에도 "繁揚"으로 되어 있으며, 양공 4년에는 "繁陽"으로 되어 있고, 『한서·지리지』에도 "繁陽"으로 되어 있다. 양이승(梁履繩)의 『보석(補釋)』에서는 진씨(陳氏)의 『집해고증(集解考證)』〔청나라 진수화(陳樹華)의 『춘추내전고증(春秋內傳考證)』〕을 인용하여 "응소가 말하기를 '번수(繁水)의 북쪽〔陽〕에 있다'고 하였으니 '陽'이 맞다"고 하였다. 번양은 지금의 하남 신채현(新蔡縣)에 있다.

158 상수과(常壽過): 『통지·씨족략(氏族略) 4』에서는 상수(常壽)는 복성이며 오나라 중옹(仲雍)의 후손이라고 하였다.
쇄(瑣): 지금의 안휘 곽구현(霍丘縣) 동쪽에 있으며, 초나라 땅이다.

159 두예는 "오나라 군사를 따른 것이다"라 하였다.

160 작안(鵲岸): 지금의 안휘 무위현(無爲縣) 남쪽에서 동릉시(銅陵市) 북쪽에 이르는 장강의 북안을 띤 일대이다.

161 나예(羅汭): 『수경주·멱수(汨水)』에서는 나예는 곧 멱라강(汨羅江)이라 하였는데, 지금의 호남 멱라현(汨羅縣)에 있다. 그러나 고사기(高士奇)는 "하남 나산현(羅山縣)에는 옛날에 나수(羅水)가 있었는데 북쪽으로 회수(淮水)에 유입되며, 초자는 이곳까지 이르렀을 것이다. 당시 군사는 남북 두 갈래로 내었을 것이며 따라서 초자가 나예에 이른 것이다"라 하였다. 고사기(高士奇)의 『지명고략(地名考略)』 권9에 상세하다.

吳子使其弟蹶由犒師,[162]	오자가 그 아우 궐유로 하여금 군사를 먹이게 하였는데
楚人執之,	초나라 사람이 그를 붙잡아
將以釁鼓.[163]	북에 그의 피를 바르려 하였다.
王使問焉,	왕이 사람을 시켜 물었다.
曰,	말하였다.
"女卜來吉乎?"	"네가 오는 것을 점친 것이 길하더냐?"
對曰,	대답하였다.
"吉.	"길합니다.
寡君聞君將治兵於敝邑,	과군께서는 임금께서 우리나라에 군사를 쓸 것이라는 것을 듣고
卜之以守龜,[164]	수귀를 가지고 점을 쳤더니
曰,	말하기를
'余亟使人犒師,	'내 빨리 사람을 보내어 군사를 호궤하고

162 궐유호사(蹶由犒師): 초나라 군사를 호궤하여 위로하는 것이다. 『한비자·설림(說林) 하』에는 저위(沮衛)와 궐융(蹶融) 두 사람으로 되어 있으며, 궐융은 곧 궐유이다. 『한서·고금인표(漢書·古今人表)』에는 또한 궐유(厥由)로 되어 있다.

163 그들을 죽여 그 피로 새 북에 제사를 지내는 것이다.

164 수귀(守龜): 아래의 "나라의 수귀(國之守龜)"라든가 애공 23년『전』의 "종묘에서 수귀로 점을 친다(卜之以守龜於宗祧)"라 한 것에 의하면 천자와 제후의 거북을 수귀라 하는 것 같다. 정공 원년의『전』의『주』에 상세하다.

請行以觀王怒之疾徐,	청컨대 왕의 노여움의 정도를 살피게 하여
而爲之備,	그에 따라 방비하면
尙克知之!'[165]	이기리라는 것을 알 것이다!'라 하였습니다.
龜兆告吉,	귀갑의 징조가 길하고
曰,	말하기를
'克可知也.'	'이길 것을 알 수 있다' 하였으니
君若驩焉好逆使臣,	임금께서 기쁘게 사신을 잘 맞이하여
滋敝邑休怠,[166]	우리나라 사람들을 더욱 태만하게 만들어
而忘其死,	그 죽음을 잊게 하면
亡無日矣.	망할 날이 머지않을 것입니다.
今君奮焉震電馮怒,[167]	지금 임금께서는 분연히 천둥번개가 치듯 크게 노하시어
虐執使臣,	사납게 사신을 붙잡아

165 상(尙): 서기(庶幾). 아마, 거의. 이상은 거북점을 봤을 때 명한 말이다.

166 자(滋): 더욱.
휴태(休怠): 해태(懈怠)와 같다.

167 빙(馮): 두예는 "빙은 성한 것이다"라 하였다. 초나라 굴원(屈原)의 『초사·천문(楚辭·天問)』에 "강회가 크게 노하였다(康回馮怒)"는 말이 있는데, 크게 노한 것이다. 빙(馮)은 곧 빙(憑)이다.

將以釁鼓,	북에 피를 칠하려 하시니
則吳知所備矣.	오나라는 방비가 되었음을 알겠습니다.
敝邑雖羸,	우리나라가 비록 약하기는 하나
若早脩完,[168]	일찌감치 수선하고 완비한다면
其可以息師.[169]	군사를 막을 수 있습니다.
難易有備,[170]	어려울 때나 쉬울 때나 방비가 있으니
可謂吉矣.	길하다 할 만하겠습니다.
且吳社稷是卜,	또한 오나라는 사직을 점친 것으로
豈爲一人?[171]	어찌 한 사람을 위해서이겠습니까?
使臣獲釁軍鼓,	사신이 자신의 피를 가지고 군대의 북에 칠하게 함으로써
而敝邑知備,	우리나라로 하여금 방비를 알게 함으로써
以禦不虞,[172]	뜻하지 않았던 일을 막게 하면

---

168 성곽을 수리하고 무기를 갖추어 견고하게 하는 것이다.

169 두예는 "초나라 군사를 막는 것이다"라 하였다.

170 난이(難易): 『예기·중용(中庸)』의 "군자는 평안하게 처하여 명을 기다린다(君子居易以俟命)"의 이(易)와 같으며, 평안(平安)하다는 뜻이다. 환난이 있을 때나 평안할 때나 모두 준비가 되어 있다는 말이다.

171 점친 것은 국가의 길흉이지 한 사람의 길흉이 아니라는 것이다.

172 불우(不虞): 의외(意外)라는 말과 같다. 초나라 군사가 오는 것을 가리킨다.

其爲吉,	그 길함이
孰大焉?	어느 것이 이보다 크겠습니까?
國之守龜,	나라의 수귀가
其何事不卜?	어떤 일인들 점을 치지 않겠습니까?
一臧一否,[173]	하나가 길하면 하나는 그렇지 않으니
其誰能常之?[174]	그 누가 늘 그렇게 할 수 있겠습니까?
城濮之兆,	성복의 전역의 조짐은
其報在邲.[175]	필의 전역에서 효험이 있었습니다.
今此行也,	지금의 이 행군에서도
其庸有報志?"[176]	어찌 뜻을 드러내는 효험이 있지 않겠습니까?"
乃弗殺.[177]	이에 그를 죽이지 않았다.
楚師濟於羅汭,	초나라 군사는 나예에서 건너
沈尹赤會楚子,	심윤 적이 초자를 만났으며

173 장부(臧否): 길흉(吉凶)과 같다.

174 상(常): 일정하다. 길흉의 소재가 항상 어디에 있는지 정할 수 있는 사람이 없다는 말이다.

175 성복에서 진(晉)나라와 초나라의 전투에서 초나라의 점이 길하였으나 실제는 패했으니 이 길조가 필의 전역에서 승리의 길조가 될 것이라는 말이다.

176 기용(其庸): 반대의 뜻으로 힐문하는 부사가 연용된 것이다. 어찌라는 뜻이다. 기유보지(豈有報志)는 점을 보아 비록 길하다 할지라도 자기는 피살될 것이니 길할 효험이 전쟁을 하여 오나라가 이기는 데 있을 것이라는 말이다.

177 『설원·봉사(奉使)』편의 "진초곡병(秦楚轂兵)"장이 이 상황과 유사하다.

次於萊山,[178]	내산에 주둔하였다.
薳射帥繁揚之師先入南懷,	원사가 번양의 군사를 거느리고 남회로 먼저 들어갔으며
楚師從之,	초나라 군사가 그를 따라
及汝淸.[179]	여청에 이르렀다.
吳不可入.[180]	오나라는 들어갈 수 없었다.
楚子遂觀兵於坻箕之山.[181]	초자는 마침내 지기지산에서 군사를 사열하였다.
是行也,	이번 행군에
吳早設備,	오나라는 일찌감치 대비하여
楚無功而還,	초나라는 공을 세우지 못하고 돌아왔는데
以蹶由歸.	궐유를 데리고 돌아왔다.
楚子懼吳,	초자가 오나라를 두려워하여
使沈尹射待命于巢,[182]	심윤 사로 하여금 소에서 명을 기다리게 하고

---

178 내산(萊山): 고사기(高士奇)의 『지명고략(地名考略)』에서는 "하남 광산현(光山縣) 남쪽 150리 지점에 천대산(天臺山)이 있는데 혹자는 곧 내산이라고도 한다"라 하였다.

179 『휘찬(彙纂)』에서는 남회와 여청은 분명히 지금의 장강(長江)과 회수(淮水) 사이에 있을 것이라고 하였다.

180 두예는 "대비를 하고 있었다"라 하였다.

181 관병(觀兵): 검열하여 시위하는 것이다.
지기지산(坻箕之山): 지금의 안휘 소현(巢縣) 남쪽 37리 지점에 있으며 곧 지주산(踟躕山)이다.

薳啓彊待命于雩婁,[183] 원계강은 우루에서 명을 기다리게 하였으니

禮也.[184] 예에 맞았다.

秦后子復歸於秦,[185] 진나라 후자가 진나라로 다시 돌아갔으니

景公卒故也. 경공이 죽었기 때문이다.

소공 6년

經

六年春王正月,[1] 6년 봄 주력으로 정월에

杞伯益姑卒. 기백 익고가 죽었다.

葬秦景公.[2] 진나라 경공을 장사 지냈다.

夏, 여름에

---

182 소(巢): 지금의 안휘 소현(巢縣) 동북쪽 5리 지점의 거소성(居巢城)이다.

183 우루(雩婁): 지금의 안휘 금채(金寨縣)현 북쪽에 있으며, 또한 양공 26년의 『전』과 『주』에 보인다.

184 두예는 "대비가 잘된 것을 훌륭하게 여긴 것이다"라 하였다.

185 두예는 "원년에 진(晉)나라로 달아났다"라 하였다.

1 육년(六年): 을축년 B.C. 536년으로 주경왕(周景王) 9년이다. 동지가 정월 27일 무인일로 건자(建子)이며, 윤달이 있다.

2 진나라 임금의 장례는 여기에 이르러 처음으로 기록하였다.

季孫宿如晉.	계손숙이 진나라에 갔다.
葬杞文公.[3]	기나라 문공을 장사 지냈다.
宋華合比出奔衛.	송나라 화합비가 위나라로 달아났다.
秋九月,	가을 9월에
大雩.	크게 기우제를 지냈다.
楚薳罷帥師伐吳.	초나라 원피가 군사를 거느리고 오나라를 쳤다.
冬,	겨울에
叔弓如楚.	숙궁이 초나라로 갔다.
齊侯伐北燕.	제후가 북연을 쳤다.

傳

六年春王正月,	6년 봄 주력으로 정월에
杞文公卒.	기문공이 죽었다.
弔如同盟,	동맹국의 예로 조문을 하였으니
禮也.[4]	예에 합당하였다.

---

3 『전』이 없다.

4 두예는 "노나라는 기나라가 진(晉)나라를 통하여 그 전지를 취한 것을 원망하였으니 지금 상의 예를 폐하지 않았으므로 예에 맞았다고 하였다"라 하였다.

大夫如秦,	대부가 진나라에 가서
葬景公,	경공의 장례에 참석하였는데
禮也.[5]	예에 맞았다.

三月,	3월에
鄭人鑄刑書.[6]	정나라 사람이 형법을 정에 주조하였다.
叔向使詒子産書,[7]	사람을 시켜 자산에게 편지를 보내어
曰,	말하였다.
"始吾有虞於子,[8]	"처음에 우리는 그대에게 바람이 있었는데
今則已矣.[9]	지금은 끝났습니다.

5 두예는 "선왕의 사가 조문하고 대부가 송장하는 예에 부합하였다"라 하였다.

6 두예는 "정(鼎)에 형법의 글을 넣어 주조하여 나라의 상법(常法)으로 삼았다"라 하였다. 공영달은 "29년의 『전』에서는 '진(晉)나라 조앙과 순인이 진나라에서 480근의 철을 징수하여 형정을 주조하고 범선자가 만든 형법을 드러내었다(晉趙鞅、荀寅賦晉國一鼓鐵, 以鑄刑鼎, 著范宣子所爲刑書焉)'라 하였는데 그것은 정에다 주조해 넣은 것이며, 이것 또한 정임을 알겠다"라 하였다.

7 이(詒): 두예는 "이(詒)는 주는 것이다"라 하였다.

8 우(虞): 『광아(廣雅)』에서 "우(虞)는 바람이다"라 하였다. 청나라 홍양길(洪亮吉)의 『고(詁)』와 오개생(吳闓生: 1877~1948)의 『문사견미(文史甄微)』에서는 모두 이 뜻을 주장하였다.

9 이(已): 두예는 "이(已)는 그치는 것이다"라 하였다.

昔先王議事以制,[10]	지난날 선왕께서는 일을 헤아려 판단을 하였으며
不爲刑辟,[11]	형법을 만들지 않았는데
懼民之有爭心也.	백성들이 다투는 마음을 가질까 두려워해서였습니다.
猶不可禁禦,	여전히 금하여 막을 수가 없었기 때문에
是故閑之以義,[12]	그런 까닭으로 도의로 막고
糾之以政,[13]	정령으로 규찰하였으며
行之以禮,	예의로 행하고
守之以信,	신용으로 지켰으며
奉之以仁,[14]	인애로 봉양하였습니다.
制爲祿位,	봉록과 작위를 제정하여
以勸其從,[15]	순종하는 사람들을 권면하였습니다.
嚴斷刑罰,	형벌을 엄격히 집행하여

10 의(議): 의(儀)의 뜻으로 읽는다. 의(儀)는 탁(度), 곧 헤아리는 것이다.
제(制): 판단하다. 이 구절은 일의 경중을 헤아려 그에 의하며 그 죄를 판단한다는 것이다.

11 형벽(刑辟): 벽(辟)은 법이다. 형벽은 곧 형률(刑律)이다.

12 한(閑): 두예는 "한(閑)은 막는다는 뜻이다"라 하였다. 방비하여 제한하는 것이다.

13 규(糾): 『주례·대사구(大司寇)』에 "오형(五刑)으로 만민을 규찰한다"는 말이 있는데, 정현은 "규(糾)는 이상한 것을 살피는 것이다"라 하였다. 단속한다는 뜻이 있을 것이다.

14 봉(奉): 두예는 "봉(奉)은 기르는 것이다"라 하였다.

15 관품(官品)의 고하와 봉록의 후박(厚薄)의 제도를 세워서 교회(敎誨)에 순종하는 자들을 면려하는 것이다.

以威其淫.[16] 방종한 사람들을 두려워하게 하였습니다.

懼其未也,[17] 아직도 주효하지 않음이 두려워

故誨之以忠, 충성으로 가르쳤고

聳之以行,[18] 선행을 장려하였으며

教之以務,[19] 전문적인 일을 가르치고

使之以和,[20] 조화로 부렸으며

臨之以敬,[21] 엄숙함으로 임하고

涖之以彊,[22] 위엄으로 다가서며

斷之以剛,[23] 강직하게 판결하였습니다.

---

16 형의 판결을 엄격하게 하여 방종한 자들을 위협하는 것이다.

17 아직도 주효할 수 없음을 두려워하는 것이다.

18 용(聳): 왕념손(王念孫)은 "선행을 들어 장려하는 것이다. 그러므로 『국어·초어(國語·楚語) 상』에서는 '『춘추』를 가르쳐 그것으로 선행을 들고 악행을 억제하여 그 마음을 권계한다' 하였으며, 위소(韋昭)의 주에서는 '용(聳)은 장려하는 것이다'라 하였다. 『한서·형법지(漢書·刑法志)』에는 '쌍(雙)'으로 되어 있으며 안사고(顏師古)는 '쌍은 장려하는 것이다'라 하였다"라 하였다.

19 무(務): 전문적인 기술이다.

20 두예는 "기쁘게 백성을 부린 것이다"라 하였다.

21 경(敬): 『논어·학이(學而)』의 "경사(敬事)"의 경(敬)과 같은 뜻으로 쓰였으며, 엄숙하고 성실함을 이른다.

22 이(涖): 또한 임(臨)과 같은 뜻이다.
강(彊): 위엄을 말한다. 이 구절은 백성에게 임하는 것이 엄숙하고 위엄이 있다는 말이다.

23 범법자가 있으면 강직하게 형을 판결하는 것이다. 단(斷)은 지금의 재결(裁決), 판결(判決)로 『주례·추관·사사(秋官·士師)』에서 "사구는 옥송을 판결한다(司寇斷獄弊訟)"라 한 것으로 알 수 있다. 또한 결정하여 제정한다는 뜻도 있는데 『상서·여형(呂刑)』에서는 "오직 당시의 여러 위세를 부리고 재물을 약탈하는 자들로 다섯 가지 형벌을 결정하여 제정하게 한다(斷制五刑)"라 하였다.

猶求聖哲之上, 明察之官, 忠信之長, 慈惠之師,[24]	그래도 성스럽고 밝은 경, 밝게 살피는 관원, 충성스럽고 신의 있는 향장, 자애롭고 은혜로운 스승을 구하여
民於是乎可任使也,	백성들을 이에 부릴 수가 있어서
而不生禍亂.	화란이 발생하지 않았습니다.
民知有辟,	백성들이 법이 있음을 알게 되면
則不忌於上.[25]	윗사람을 꺼리지 않습니다.
並有爭心,	두루 경쟁하는 마음이 있어서
以徵於書,[26]	형률에서 증거를 찾아
而徼幸以成之,	요행히 성공하기만을 바라
弗可爲矣.[27]	다스릴 수가 없습니다.

---

24 상(上): 집정하는 경(卿).
관(官): 일을 주관하는 관리. 이를테면 『주례·추관(秋官)』에 향사(鄕士)가 있는데 육향(六鄕)의 옥사를 주관한다. 또한 관사라고도 하며, 은공 5년 『전』의 "관원들이 할 일(官司之守)"의 관사(官司)이다. 또한 유사(有司)라고도 하며 『논어·태백(泰伯)』의 "유사가 있는 것이다(則有司存)"와 『예기·증자문(曾子問)』의 "곧 유사가 그것을 기록하여 후세에 남긴다"는 것이다.
장(長): 『묵자·상동(尙同)』편의 향장(鄕長)과 같다. 「상동」에서는 "향장은 실로 한 고을의 현자이다"라 하였다.
사(師): 『예기·악기(樂記)』에서는 "옛날의 가르치는 사람은 집에는 숙(塾)이 있고 향당(鄕黨)에는 상(庠)이 있다"라 하였는데 여기서는 교육을 관장한 스승이다.

25 벽(辟): 『설문』에서는 "벽은 법이다"라 하였다. 이 구절은 백성들이 장차 법에 의거하여 통치자에게 불경하게 될 것이라는 말이다. 기(忌)는 경(敬)이라는 말이다.

26 왕인지(王引之)의 『술문(述聞)』에서는 병(並)은 편(徧), 두루의 뜻이다. 사람마다 서로 다투는 마음이 있어 각자 형률을 끌어다 자기의 증거로 삼는다는 것이다.

27 이 뜻은 선공 16년 『전』의 "훌륭한 사람이 위에 있으니 나라에 요행을 바라는 백성이 없

夏有亂政,[28]	하나라에는 정령을 어지럽힘이 있어
而作禹刑,[29]	「우형」을 만들었고,
商有亂政,	상나라에는 정령을 어지럽힘이 있어
而作湯刑,[30]	「탕형」을 만들었으며,
周有亂政,	주나라에는 정령을 어지럽힘이 있어
而作九刑,[31]	「구형」을 만들었고
三辟之興,[32]	세 가지 법의 흥기는

어졌다. 속담에서 말하기를 '백성들에게 요행수가 많으면 나라가 불행하다'라 하였다(善人在上, 則國無幸民. 諺曰, '民之多幸, 國之不幸也')"는 말과 참조하여 볼 수 있다.

28 난정(亂政): 백성 중에 정령을 범하는 자가 있다는 말이다.

29 우형(禹刑): 『상서·여형(呂刑)』의 서에서는 "여후(呂侯)는 목왕(穆王)에게 알리고 하(夏)나라의 속형(贖刑)을 가르치게 하고 「여형(呂刑)」을 만들었다"라 하였다. 증운건(曾運乾: 1884~1945)의 『상서정독(尙書正讀)』에서는 "명(命)은 알리는 것이다. 하나라의 『속형』이라는 것은 하나라 때의 『속형』의 법을 펴서 가르친 것일 따름이다"라 하였다. 전하는 바에 따르면 하나라에는 『속형』이 있는데 또한 『우형(禹刑)』이라고도 하는데 반드시 우가 지은 것은 아니다.

30 『묵자·비악(非樂)』편에서는 "「탕지관형(湯之官刑)」에서 말하기를 늘 집에서 춤추는 것을 무풍(巫風)이라 하는데 그 형벌은 군자는 명주실 2위(衛)를 낸다"라 하였다. 『여씨춘추·효행람(孝行覽)』에서는 「상서(商書)」를 인용하여 "형벌 3백 가지 중에는 불효가 가장 막중하다"라 하였는데, 후한(後漢) 고유(高誘)의 주석에서는 "상탕(商湯)이 만든 법이다"라 하였다. 『한비자·내저설 상·칠술(內儲說上·七術)』편에서도 "은나라의 법은 공도(公道)에 재를 버리는 자는 그 손을 자른다. 자공(子貢)은 옛날의 법이 얼마나 강의한가 하였다"라 하였는데, 이는 모두 상탕에게도 형벌이 있었다는 설이다.

31 구형(九刑): 문공 18년의 『전』에서는 사극(史克)의 말을 인용하여 "구형에 있음이 망령되지 않다(在九刑不忘)"고 하였다. 『주서·상맥해(周書·嘗麥解)』에서는 "4년 음력 4월[孟夏]에 왕이 대정(大正)에게 명하여 형서(刑書)를 바로잡으라고 하여 태사가 형서 9편을 끼고 올려 대정에게 주었다"라 하였으니 주나라 초기부터 본래 형서가 있었는데 「구형(九刑)」이라 하였으므로 사극이 「서명(誓命)」을 인용하여 언급하였으며 성왕(成王)에 이르러 또 바로잡았고, 목왕(穆王)에 이르러 「여형(呂刑)」을 지었다. 문공 18년의 『전』과 『주』를 함께 참조하라.

32 삼벽(三辟): 「우형」과 「탕형」, 「구형」의 세 가지 형률이다.

皆叔世也.[33]	후대였습니다.
今吾子相鄭國,	지금 그대는 정나라를 보좌하면서
作封洫,[34]	봉지와 구혁을 획정하고
立謗政,[35]	비방을 사는 정사를 세우며
制參辟,[36]	세 가지 형법을 만들어
鑄刑書,	형법을 주조하여

---

33 숙세(叔世): 전인들은 쇠란(衰亂)한 세대라고 해석하였으며, 복건 또한 "계세(季世)보다 낫다"고 하였는데, 기실 그렇지 않다. 『좌전』에는 무릇 "계세(戒世)"라는 말이 세 번 나오는데, 두 곳에서는 모두 『역』의 "말세(末世)", "쇠세(衰世)"의 뜻이며 "숙세"는 이곳에 유일하게 보인다. 『한서·형법지』에서는 이 말을 인용하였다. 안사고는 "숙세는 만시(晩時)를 말한다"라 하였다. 「형법지」에서는 또 말하기를 "우가 요와 순을 이은 후에 스스로 덕이 쇠하였다 하여 체형(肉刑)을 만들었으며, 탕왕과 무왕이 그대로 따라서 시행한 것은 속세가 당·우 때보다 각박해져서이다"라 하였다. 청나라 말기 왕선겸(王先謙: 1842~1917)의 『한서보주(漢書補註)』(이하 『보주(補注)』)에서는 "이 문장에 의하면 반고는 체형이 하우(夏禹) 때 비롯되었다고 생각하였으며 숙상이 말한 숙세는 상세(上世)에 대비하여 말한 것이다"라 하였다. 형률은 예로부터 있어 왔지만 통치자가 장악한 데서 말미암아 고하는 마음에서 나왔다. 대중에게 공포한 것은 아마 자산으로부터 시작된 것 같다. 이는 노예 사회가 봉건 사회로 넘어가려면 마땅히 있어야 하는 것이므로 29년 진(晉)나라도 범선자(范宣子)의 법을 주조한다.

34 양공 33년 『전』에 보인다.

35 구부(丘賦)를 만들어 정나라 사람들이 비방한 것을 가리키며, 4년의 『전』에 보인다.

36 삼벽(參辟): 삼(參)은 삼(三)과 같다. 『안자춘추·내편·간(晏子春秋·內篇·諫) 하』에서는 "세 가지 안 좋은 것만 나라에 알려졌다(三辟著於國)"라 하였다. 안자(晏子)의 삼벽(三辟)은 청나라 소여(蘇輿)의 『안자춘추교주(晏子春秋校注)』에 의하면 행동이 포악하고, 밝은 것을 거스르고, 백성을 해치는 세 가지 일이지만 자산이 제정한 삼벽과 반드시 같지는 않을 것이며, 자산이 형률(刑律)을 세 가지로 크게 나눈 것인 듯하다. 혹자는 『진서·형법지(晉書·刑法志)』에서 말한 "대형(大刑)은 갑병을 쓰고 중형(中刑)은 도거(刀鋸)를 쓰고 소형(小刑)은 편복(鞭扑)을 쓴다"와 같은 것이라 하였고, 혹자는 「형법지」에서 말한 위문후(魏文侯)의 스승 이리(李悝)가 지은 『법경(法經)』 6편이라고도 하는데, 여기서는 3편일 뿐이다. 오개생(吳闓生)의 『문사견미(文史甄微)』에서는 "삼벽과 봉혁, 방정을 아울러 말한 것으로 또한 자산이 지은 법이다"라 하였는데 옳다. 삼벽(三辟)은 형서(刑書)의 내용으로 정에 주조하여 선포한 것은 또 한 가지 일이므로 분별하여 말하였다.

將以靖民,[37]	백성을 안정시키려 하니
不亦難乎?	또한 어렵지 않겠습니까?
詩曰,	『시』에서 말하기를
'儀式刑文王之德,	'법 문왕의 덕 본받아
日靖四方.'[38]	날로 사방 안정시키네'라 하였고,
又曰,	또 말하기를
'儀刑文王,	'문왕 본받으면
萬邦作孚.'[39]	만방에서 믿고 따르네'라 하였으니
如是,	이렇게만 한다면
何辟之有?[40]	어찌 형법이 있겠습니까?
民知爭端矣,[41]	백성들은 쟁송의 발단을 알게 되어
將棄禮而徵於書,[42]	예는 버리고 형법에 의거하게 될 것이니
錐刀之末,	송곳과 칼끝에서
將盡爭之.[43]	끝까지 다투게 될 것입니다.

37 정(靖): 안(安)의 뜻이다.

38 『시경·주송·아장(周頌·我將)』의 구절이다. "덕(德)"은 지금의 『시경』에는 "전(典)"으로 되어 있다. 의(儀), 식(式), 형(刑)은 모두 법이란 뜻으로, 세 자 모두 같은 뜻의 글자가 연용된 것이다.

39 『시경·대아·문왕(大雅·文王)』의 구절이다. 부(孚)는 믿는다는 뜻이다.

40 법률이 있을 필요가 없다는 말이다.

41 쟁단(爭端): 형서(刑書)를 가리킨다.

42 형서(刑書)를 끌어다가 쟁론하는 것이다.

亂獄滋豐,[44]	어지러운 옥사가 더욱 많아지고
賄賂並行.[45]	뇌물이 아울러 행해지게 될 것입니다.
終子之世,	그대가 죽을 때쯤이면
鄭其敗乎?	정나라는 망하지 않겠습니까?
肸聞之,	제가 듣건대
'國將亡,	'나라가 망하려면
必多制.'[46]	반드시 법령이 많아진다'라 하였는데
其此之謂乎!"	아마 이를 이른 것일 것입니다!"
復書曰,	답장에서는 말하였다.
"若吾子之言——[47]	"그대의 말을 따르려 하지만——
僑不才,	제가 재주가 없어
不能及子孫,[48]	자손들에게까지 미칠 수 없었으니

---

43 형서를 주조하려면 먼저 거푸집에 새겨야 하고, 송곳과 칼은 곧 글자를 새기는 도구이다. 송곳과 칼의 끝은 형서의 매자 매구를 말한다. 심흠한(沈欽韓)의 『보주(補注)』에서는 『여씨춘추·하현(下賢)』편의 "송곳과 칼이 도로에 버려진 것이 들 수가 없다"와 『한비자·외저설(外儲說)·좌상』의 "송곳과 칼이 도로에 버려져 사흘 만에 거둘 수 있었다"한 것을 인용하여 이 구절을 해석하였는데, 상하의 문의로 볼 때 매우 부적절하다.

44 명말청초(明末淸初) 고염무(顧炎武)의 『좌전두해보정(左傳杜解補正)』〔이하 『보정(補正)』〕에서는 "풍(豐)이라는 것은 번다하다는 뜻이다"라 하였다.

45 병(並): 또한 편(徧)의 뜻이다.

46 두예는 "자주 법을 고치는 것이다"라 하였다.

47 이 말은 끝나지 않았다. 약(若)은 따른다는 뜻이다. 그대의 말을 따르려 하나 나는 할 수 없다는 말이다.

48 위의 "그대가 죽을 때쯤이면 정나라는 망하지 않겠습니까?(終子之世, 鄭其敗乎?)"라 한

吾以救世也.	저는 지금 세상을 구하려 하였습니다.
旣不承命,[49]	이미 명령을 받들지 못하였으니
敢忘大惠!"[50]	감히 큰 은혜를 잊겠습니까!"
士文伯曰,	사문백이 말하였다.
"火見,[51]	"대화성이 출현하였으니
鄭其火乎![52]	정나라는 화재가 날 것이다.
火未出,[53]	대화성이 채 나타나기 전에
而作火以鑄刑器,[54]	불을 일으켜 형구를 만들어
藏爭辟焉.[55]	쟁론을 일으키는 형법을 갈무리하였다.
火如象之,[56]	불이 났는데 그것을 본떴으니
不火何爲?"	어떻게 화재가 일어나지 않겠는가?"

말에 대한 응대이다.

49 그 말을 받아들이지 않았다는 것이다.

50 두예는 "경계를 보여준 것을 은혜로이 생각한 것이다"라 하였다.

51 화(火): 곧 심수(心宿)이다. 17년『전』에서는 "대화성이 나타나는 것은 하력(夏曆)으로는 3월이고 상력(商曆)으로는 4월이며 주력(周曆)으로는 5월이다"라 하였으니 주나라에는 5월에 심수가 어둑할 때 나타난다.

52 화(火): 화재(火災).

53 이때는 아직 주력(周曆)으로 3월이다.

54 정을 주조하려면 청동을 녹여야 하므로 불을 쓴다.

55 쟁벽(爭辟): 형서는 논쟁의 발단을 일으킬 것이므로 형서를 쟁벽(爭辟)이라고 하였으며, 정에다 새겨 저장하는 것이다.

56 여(如): 이(而)와 같은 용법으로 쓰였다.『한서·오행지(五行志)』에는 이(而)로 되어 있다.

夏, 여름에

季孫宿如晉, 계손숙이 진나라에 갔는데

拜莒田也.[57] 거나라의 전지 때문에 배사한 것이다.

晉侯享之, 진후가 향연을 베풀어 주었는데

有加籩.[58] 변두가 평상시보다 많았다.

武子退, 무자가 물러나

使行人告曰, 행인으로 하여금 알리어 말하게 하였다.

"小國之使大國也, "소국이 대국을 섬김에

苟免於討, 실로 토벌만 면할 뿐이지

不敢求貺.[59] 감히 내려 주심을 구하지 않습니다.

得貺不過三獻. 내려 주심을 받더라도 3헌을 넘지 않아야 하는데

今豆有加,[60] 지금은 변두를 추가하였사오니

下臣弗堪, 하신은 감당할 수 없으며

---

57 두예는 "전년에 모이(牟夷)의 읍을 받고도 토벌을 당하지 않은 것을 배사한 것이다"라 하였다.

58 두예는 "변두(籩豆)의 수가 상례(常禮) 때보다 많은 것이다"라 하였다.

59 황(貺): 두예는 "황은 내려 주는 것이다"라 하였다.

60 두유가(豆有加): 위에서는 "有加籩"이라 하고 여기서는 "豆有加"라 하였으니 아마 변(籩)을 더하면 반드시 두(豆)도 더하였을 것이다. 두(豆)에는 젖은 음식을 담고, 변(籩)에는 마른 음식을 담는다.

無乃戾也?"[61] 죄가 아니겠습니까?"

韓宣子曰, 한선자가 말하였다.

"寡君以爲驩也."[62] "과군께서 기뻐해서 그런 것입니다."

對曰, 대답하였다.

"寡君猶未敢,[63] "과군께서도 오히려 감히 못하는데

況下臣, 하물며 하신은

君之隸也, 임금님의 노예이니

敢聞加貺?" 감히 더 내려 주시는 것을 듣겠습니까?"

固請徹加, 굳이 추가한 것을 없애고

而後卒事.[64] 그런 다음에 일을 끝냈다.

晉人以爲知禮, 진나라 사람이 예를 안다고 여겨

重其好貨.[65] 연호의 재화를 두터이 하였다.

宋寺人柳有寵,[66] 송나라 시인 유는 총애를 받았는데

---

61 두예는 "감당할 수 없어 죄가 될까 두려워하는 것이다"라 하였다.

62 환(驩): 환(歡)과 같다. 두예는 "예수(禮數)를 더하여 환심을 사는 것이다"라 하였다.

63 두예는 "이렇게 더해 주는 것을 감당하지 못하는 것이다"라 하였다.

64 향연을 행하는 예가 끝이 난 것이다.

65 두예는 "연호(宴好)의 재화(財貨)이다"라 하였다. 아마 곧 수폐(酬幣), 유폐(侑幣) 따위일 것이다.

66 두예는 "평공의 총애를 받은 것이다"라 하였다.

大子佐惡之.	태자 좌가 그를 미워하였다.
華合比曰,	화합비가 말하였다.
"我殺之."[67]	"내가 그를 죽이겠습니다."
柳聞之,	유가 그 말을 듣고
乃坎, 用牲, 埋書,[68]	이에 구덩이를 파고 희생을 써서 맹약하는 글을 묻고는
而告公曰,	공에게 아뢰었다.
"合比將納亡人之族,[69]	"합비가 도망자들의 족속을 받아들이려고
旣盟于北郭矣."	북쪽 외곽에서 맹세까지 하였습니다."
公使視之,	공이 가서 살펴보게 하니
有焉,[70]	그것이 있어서
遂逐華合比.	결국 화합비를 쫓아내었다.
合比奔衛.	합비는 위나라로 달아났다.
於是華亥欲代右師,[71]	이때 화해가 우사를 대신 맡고자 하여

67 두예는 "태자에게 환심을 사려는 것이다"라 하였다.

68 구덩이를 파고 희생을 죽이고 맹약하는 말을 희생의 위에 올려놓고 묻은 것으로, 맹세한 곳을 거짓으로 만든 것이다.

69 망인지족(亡人之族): 화신(華臣)이 진나라로 달아난 것을 말하며, 양공 17년의 『전』에 상세하다.

70 맹세한 곳이 있었다는 것이다.

乃與寺人柳比,	이에 시인 유와 무리를 이루어
從爲之徵,[72]	따라서 증언을 하여
曰,	말하였다.
"聞之久矣."[73]	"들은 지가 오래되었습니다."
公使代之.	공이 그를 대신하게 하였다.
見於左師,[74]	좌사를 찾아뵈니
左師曰,	좌사가 말하였다.
"女夫也必亡.[75]	너 같은 놈은 반드시 망한다.
女喪而宗室,[76]	네가 너의 종실을 해쳤으니
於人何有?	남에게 무엇이 있겠느냐?
人亦於女何有?[77]	남들도 네게 무엇이 있겠느냐?
詩曰,	『시』에서 말하기를
'宗子維城,[78]	'종자는 성이니

71 두예는 "해(亥)는 합비(合比)의 아우이다"라 하였다. 이때 합비는 우사였는데 달아나기 전에 해가 그를 대신하고자 한 것이다.

72 징(徵): 증(證)의 뜻이다.

73 두예는 "합비가 화신을 받아들이려고 하였다"라 하였다.

74 좌사(左師): 두예는 "좌사는 상술(向戌)이다"라 하였다.

75 여부(女夫): 경시하는 말이다. "이부(而夫)"라고도 한다. 『장자·열어구(列御寇)』편에 "여이부자(如而夫者)"라는 말이 나오는데 곽상(郭象)은 "이부는 범부(凡夫)를 말한다"라 하였다.

76 종실(宗室): 종자(宗子), 종주(宗主)라는 말과 같다.

77 남에게 무익하다는 말로, 남이 너를 경시한다는 것이다.

78 선정(善鼎)의 명문에서 "나는 각각 나의 종자와 백성을 쓸 것이다"라 하였는데 곽말약(郭沫若)은 "종자인데 백성과 함께 늘어놓았으니 본래 본종(本宗)의 자제인 것 같다"라

毋畀城壞, 성이 무너지게 하지 말고
毋獨斯畏.'[79] 홀로 두려워 말라'라 하였으니
女其畏哉!"[80] 너는 두려워할 지니라!"

六月丙戌,[81] 6월 병술일에
鄭災.[82] 정나라에 재해가 일어났다.

楚公子棄疾如晉, 초나라 공자 기질이 진나라로 갔는데
報韓子也.[83] 한자를 보답하기 위함이었다.
過鄭, 정나라를 지나는데
鄭罕虎, 公孫僑, 游吉從鄭伯以勞諸柤,[84] 정나라의 한호와 공손교, 유길이 정백을 따라 사에서 위로하였다.
辭不敢見.[85] 사양하여 감히 보려고 하지 않았다.

하였는데 잘못 말하였다. 이는 화합비가 화씨의 종자로 생각한 것이니 곧 화씨네 족속의 성의 담이다.

79 『시경·대아·판(大雅·板)』의 구절이다. 이 성이 기울어 넘어지려 해도 너는 외로워서 두려워할 만한 것이 있다는 말이다.

80 두예는 "20년 화해가 달아나는 것의 복선이다"라 하였다.

81 병술일은 7일이다.

82 재(災): 화재이다. 두예는 "끝내 사문백의 말대로 되었다"라 하였다.

83 한선자가 지난해에 초나라로 가서 여자를 바쳤는데 이의 답례이다.

84 사(柤): 두예는 "사는 정나라 땅이다"라 하였다. 강영(江永)의 『고실(考實)』에서는 정나라의 도읍에 가깝다고 하였다.

85 두예는 "임금의 위로를 감당하지 못하는 것이다"라 하였다.

固請,	굳이 청하여
見之.[86]	뵈었다.
見如見王.[87]	뵙기를 왕을 뵙듯 하였다.
以其乘馬八匹私面.[88]	그가 타는 말 여덟 필을 개인적 예물로 하였다.
見子皮如上卿,[89]	자피를 만나 보기를 상경을 뵙듯 하여
以馬六匹,	말 여섯 필을 주었으며,
見子産以馬四匹,[90]	자산을 만날 때는 말 네 필,
見子大叔以馬二匹.[91]	자태숙을 만날 때는 말 두 필을 주었다.
禁芻牧採樵,	꼴 베는 사람과 나무꾼을 금하여
不入田,	밭에 들이지 않았고
不樵樹,[92]	나무를 하지 못하게 하였으며

86 정나라에서 굳이 뵙기를 청하므로 기질이 따라가서 만나 본 것이다.

87 두예는 "정백을 뵙는 것을 초나라 왕을 뵙듯이 한다는 것으로 기질이 공손하고도 예가 있다는 말이다"라 하였다.

88 사면(私面): 곧 사적(私覿)이다. 외신(外臣)이 개인적인 신분으로 동도(東道)의 나라 임금을 뵙는 것이다. 빙례(聘禮)에는 사적(私覿)이 있지만, 여기서는 기질이 길을 지나다가 사적으로 찾아본 것이다.

89 자피(子皮): 곧 한호(罕虎)로 정나라의 상경(上卿)이며, 기질이 그를 만나 보기를 초나라의 상경처럼 하였다.

90 공손교는 아경(亞卿)이므로 말 네 마리를 가지고 만나 보았다.

91 유길은 지위가 자산의 다음으로 하경이어서 말 두 필을 준 것이다. 여덟 필에서 두 필까지는 곧 이른바 "등급을 내려갈 때는 둘로 한다"는 것이다.

不采蓺,[93]	농작물을 따지 못하게 하였고
不抽屋,[94]	집의 기둥을 뽑지 못하게 하였으며
不强匃.[95]	억지로 구걸하지 못하게 하였다.
誓曰,	맹세하여 말하였다.
“有犯命者,	“명을 어기는 자
君子廢,	군자는 폐해지고
小人降!”[96]	소인은 강등되리!”
舍不爲暴,[97]	관사에서 폭행을 일으키지 않았고
主不慁賓.[98]	주인도 빈객을 근심하지 않았다.

---

92 나무를 베어서 땔감으로 삼지 않는 것이다.

93 예(蓺): 지금의 예(藝)이며 식물을 심는 것이다. 이는 심어놓은 식물의 나물과 과일을 따지 않는다는 것이다.

94 추(抽): 양공 28년『전』에 “자미가 서까래를 뽑아 문짝을 쳤다(子尾抽桷, 擊扉)” 하였고, 『시경·소아·초자(小雅·楚茨)』에 “그 가시 뽑네(言抽其棘)”라는 말이 있는데, 추(抽)는 모두 뽑는다는 뜻이다. 여기서는 집의 나무를 뽑아 쓰지 않는다는 것을 말한다.

95 불개(不匃): 사람에게 다가가 강제로 구걸하지 않는다는 것이다.

96 군자(君子): 관직이 있는 사람으로 위의 개(介)와 차개(次介) 따위이다. 소인(小人)은 잡역에 대는 자들이다. 폐는 관직을 빼앗는 것이고, 강(降)은 등급을 내려가게 하는 것이다. 소인에게도 등급이 있으니, 이를테면 7년『전』의 “조의 신하는 여, 여의 신하는 예, 예의 신하는 요, 요의 신하는 복이고, 복의 신하는 대이다(皁臣輿, 輿臣隸, 隸臣僚, 僚臣僕, 僕臣臺)”라 한 것이다.「빙례」에서는 “나라를 지나게 되면 국경에 이르러 차개로 하여금 길을 빌리게 하고 국경에서 맹세한다. 빈(賓)은 남면하고 상개(上介)는 서면하며 중개(衆介)는 북면을 한다. 사관은 맹약한 글을 읽으며 사마는 채찍을 들고 그 뒤에 서 있는다”라 하였다. 정현은 “이는 차개로 하여금 길을 빌리게 하여 머물러 맹세하는 것이다. 사관은 중개의 앞에서 북면을 하고 맹약의 글을 읽으며 칙령을 사의 무리들에게 알리는데 예를 범하고 사납게 약탈하기 때문이다”라 하였다. 심흠한(沈欽韓)의『보주(補注)』에서는 “『전』에서 이른바『예』와 합치한다. 아마 일체의 것을 모두 동도(東道)의 나라에서 공급하는 대로 따르며 사사로이 취하여 쓰지 않는다.”

97 동쪽 길의 나라에서 기숙하며 폭행을 일으키지 않은 것이다.

往來如是,	왕래함이 이와 같았으니
鄭三卿皆知其將爲王也.[99]	정나라의 세 경은 모두 그가 왕이 되리라는 것을 알았다.
韓宣子之適楚也,	한선자가 초나라에 가는데
楚人弗逆.[100]	초나라 사람이 그를 맞지 않았다.
公子棄疾及晉竟,	공자 기질이 진나라 국경에 이르렀는데
晉侯將亦弗逆.	진후는 또한 그를 맞으려 하지 않았다.
叔向曰,	숙상이 말하였다.
"楚辟,	"초나라는 사악하고
我衷,[101]	우리는 정직한데
若何效辟?	어찌하여 사악함을 본받으려 하십니까?
詩曰,	『시』에서 말하기를
'爾之教矣,	'그대가 가르치면

98 흔(慁): 두예는 "흔(慁)은 근심하는 것이다"라 하였다. 이는 동쪽 길의 나라는 과객을 근심하지 않았다는 말이다.

99 삼경(三卿): 두예는 "삼경은 한호와 공손교, 유길이다"라 하였다.

100 교영(郊迎)을 하지 않은 것이다.

101 두예는 "벽(辟)은 사(邪)이고, 충(衷)은 정(正)이다"라 하였다.

民胥效矣.'[102]	백성도 본받을 것이라네'라 하였습니다.
從我而已,	우리를 따를 따름이니
焉用效人之辟?	어찌 남의 사악한 것을 본받겠습니까?
書曰,	『서』에서 말하기를
'聖作則.'[103]	'성인이 준칙을 만든다' 하였습니다.
無寧以善人爲則,[104]	차라리 선인을 준칙을 삼지
而則人之辟乎?	사악한 사람을 준칙으로 삼으십니까?
匹夫爲善,	필부라도 훌륭한 일을 하면
民猶則之,	백성들이 준칙으로 삼는데
況國君乎?"	하물며 임금이겠습니까?"
晉侯說,	진후는 기뻐하며
及逆之.	그를 맞아들였다.

102 효(效): 『시경·소아·각궁(小雅·角弓)』의 구절이다. 효(效)는 지금의 『시경』에는 "효(傚)"로 되어 있으며, 후한(後漢) 반고(班固)의 『백호통의(白虎通義)』(『백호통(白虎通)』)와 후한(後漢) 왕부(王符)의 『잠부론(潛夫論)』, 당나라 태종의 칙명으로 위징(魏徵) 등이 편찬한 『군서치요(羣書治要)』에서는 모두 "효(效)"로 인용하였다.
서(胥): 모두. 위에서 행위를 가르침으로 삼으면 백성들은 모두 본받는다는 것이다.

103 두예는 "일서이다. 칙(則)은 법이다"라 하였다. 동진(東晉) 매색(梅賾)의 『위고문상서(僞古文尙書)』에서는 「열명(說命)」편에 넣었다.

104 무령(無寧): 두예는 "무령은 영(寧)이다"라 하였다. 무내(無乃)는 조사로 뜻이 없다.

秋九月,	가을 9월에
大雩,	크게 기우제를 올렸는데
旱也.	한발 때문이었다.
徐儀楚聘于楚,[105]	서나라 의초가 초나라를 방문하였는데
楚子執之,	초자가 그를 붙잡아 두어
逃歸.	도망쳐서 돌아왔다.
懼其叛也,	그가 반란을 일으킬까 두려워하여
使薳洩伐徐.[106]	원설더러 서나라를 치게 하였다.
吳人救之.	오나라 사람이 구원하였다.
令尹子蕩帥師伐吳,	영윤 자탕이 군사를 거느리고 오나라를 쳤는데
師于豫章,[107]	예장에서 군사를 일으켜

105 청나라 광서(光緖) 14년 4월 강서 고안현(高安縣)에서는 서왕의초단(郐王義楚鍴)이 출토되었는데, 청나라 말기 나진옥(羅振玉: 1866~1940)의 『정송당길금도(貞松堂吉金圖)』에 보인다. 그 명문에서는 "서왕의초가 나의 좋은 쇠로 제단(祭鍴)을 만든다"라 하였다. 1979년 강서 정안현(靖安縣)에서는 서왕의초반(郐王義楚盤)이 발견되었다. 서왕의초(郐王義楚)는 곧 서의초이다. 초나라를 빙문할 때 여전히 태자였던 것 같으며 나중에 왕위를 계승하게 된다. 두예는 "의초는 서나라의 대부이다"라 하였는데 억설이다. 서나라는 본래 지금의 강소 사홍현(泗洪縣) 남쪽에 있었으며, 소공 30년 오나라에 의해 멸망되고, 초나라가 성보(城父)로 옮기는데 지금의 안휘 박현(亳縣) 동남쪽 70리 지점이다.

106 원설(薳洩): 두예는 "원설은 초나라 대부이다"라 하였다.

107 예장(豫章): 『좌전』에서는 모두 여덟 번 예장을 언급하였는데, 청나라 성관(成瓘)의 『약

而次于乾谿.[108]	건계에서 주둔하였다.
吳人敗其師於房鍾,[109]	오나라 사람이 방종에서 그 군사를 무찌르고
獲宮廐尹棄疾.[110]	궁구윤 기질을 사로잡았다.
子蕩歸罪於薳洩而殺之.	자탕은 죄를 원설에게 돌리고 그를 죽였다.

冬,	겨울에
叔弓如楚,	숙궁이 초나라로 가서
聘,	빙문하고
且弔敗也.[111]	또한 패전을 위로하였다.

十一月,	11월에
齊侯如晉,	제후가 진나라로 가서
請伐北燕也.[112]	북연을 칠 수 있게끔 청하였다.

원일찰·춘추예장고(篛園日札·春秋豫章考)』에 의하면 지금의 안휘 곽구(霍丘), 육안(六安), 곽산(霍山)의 여러 현에서 시작되어 하남 광산(光山), 고시(固始) 2현을 거쳐 신양시(信陽市) 및 호북 응산현(應山縣)에 이른다.

108 건계(乾谿): 지금의 안휘 박현 동남쪽 70리 지점에 있으며, 성보촌(城父村)과 가깝다.

109 방종(房鍾): 곧 지금의 안휘 몽성현(蒙城縣) 서남쪽, 서비수(西淝水) 북안의 취탄집(闞疃集)이다.

110 기질(棄疾): 두예는 "투위귀(鬪韋龜)의 부친이다"라 하였다.

111 두예는 "오나라에 패한 것을 위로한 것이다"라 하였다.

112 두예는 "맹주에게 알린 것이다"라 하였다.

士匄相士鞅逆諸河,	사개가 사앙을 도와 하수에서 맞아들였는데
禮也.[113]	예에 합당하였다.
晉侯許之.	진후가 허락하였다.
十二月,	12월에
齊侯遂伐北燕,	제후가 마침내 북연을 쳐서
將納簡公.[114]	간공을 들이려 하였다.
晏子曰,	안자가 말하였다.
"不入.	"입국시키지 마십시오.
燕有君矣,	연나라에는 임금이 있으며
民不貳.	백성들은 두 마음이 없습니다.
吾君賄,	우리 임금은 재물을 밝히고
左右諂諛,	좌우에서 아첨을 하여

113 두예는 "사개(士匄)는 진(晉)나라의 대부이다. 상(相)은 개(介, 부사)로, 오는 자를 맞이하는 예에 맞았다는 말이다"라 하였다. 육덕명(陸德明)의『석문(釋文)』에 의하면 고본(古本)의 "사개(士匄)"는 어쩌다 "왕정(王正)"으로 되어 있으며, 동우(董遇)와 왕숙(王肅)의 판본도 같다. 또한 사개와 사앙(士鞅)의 부친은 이름이 같아서 그를 부사로 삼아서는 안 되므로 "왕정(王正)"이 되어야 하며 지금 전하는 판본에서 "사개"라 한 것은 틀렸다. 다만 당나라『석경』에서 북송에 이르는 여러 판본에는 모두 "사개"로 되어 있고 "왕정(王正)"으로 된 것은 없다. 청나라 장총함(張聰咸)의『좌전두주변증(左傳杜注辨證)』〔이하『변증(辨證)』〕에서는 "『한서·고금인표(漢書·古今人表)』를 검사해 보니 사앙(士鞅)이 둘인데 하나는 중상(中上)의 열에, 하나는 중하의 열에 있어 사개가 곧 번선자인지 의심스러우며, 사앙이 선자의 아들이 아님은 매우 분명하다"라 하였다. 또한 반드시 그렇지는 않을 것이다.

114 간공(簡公): 두예는 "간공은 북연백으로 3년에 제나라로 달아났다"라 하였다.

作大事不以信, 큰일을 하는데 신용으로 하지 않으니

未嘗可也."[115] 일찍이 되는 일이 없었습니다."

소공 7년

經

七年春王正月,[1] 7년 봄 주력으로 정월에

暨齊平.[2] 제나라와 화평을 맺었다.

---

115 두예는 "이듬해 제나라와 화평하는 복선이다"라 하였다. 이는 당연히 다음 해의 『전』과 이어서 읽어야 한다. 『사기·연세가』에서는 "제나라의 고언(高偃)이 진나라에 가서 함께 연나라를 치고 그 임금을 들여보낼 것을 청하였다"라 하였으니 진나라에 이른 것은 제후가 아니며 또한 허락을 청하고 함께 군사를 낼 것을 청한 것이 아니다. 「연세가」에서는 또 "진평공이 허락하 여 제나라와 함께 연나라를 치고 혜공을 들여보냈다"라 하였으니 들인 것이 이루어지지 않은 것이 아니다. 「진세가」와 「연표」는 「연세가」와 같다. 근년에 장사 마왕퇴(馬王堆)에서 출토된 『춘추사어(春秋事語)』에서는 "연나라 대부 자□가 군사를 거느리고 진나라 사람을 막아 이겼다. 돌아와서 술을 마시며 즐거워하였다. 〔이하 잔결(殘缺)〕 11월에 처하여 진나라 사람이 연의 남쪽을 □하여 연나라 사람을 크게 무찔렀다"라 하였는데, 아마 곧 이 일을 다르게 전한 것 같다.

1 칠년(七年): 병인년 B.C. 535년으로 주경왕(周景王) 10년이다. 동지가 정월 초8일 계미일로 건자(建子)이다.

2 『곡량전』에서는 노나라와 제나라가 화평했다고 하였는데, 가규(賈逵)와 하휴(何休)는 이 설을 주장하였으며, 허혜경(許惠卿)과 복건(服虔) 및 두예는 모두 연나라와 제나라가 화평하였다고 생각하였는데 설은 공영달의 소(疏)에 상세하다. 『전』의 내용에 의하면 연나라와 제나라가 화평한 것으로 보아야 하며 청나라 이이덕(李貽德)의 『춘추좌씨전가복주집술(春秋左氏傳賈服注輯述)』에 상세하다. 청나라 최응류(崔應榴)의 『오역려고(吾亦廬稿)』에서는 "제나라와 노나라의 화평이어야 한다"라 하였는데 틀렸다.

三月,	3월에
公如楚.	공이 초나라에 갔다.
叔孫婼如齊涖盟.[3]	숙손야여가 제나라에 가서 맹약에 임했다.
夏四月甲辰朔,	여름 4월 갑진 초하룻날에
日有食之.[4]	일식이 있었다.
秋八月戊辰,[5]	가을 8월 무진일에
衛侯惡卒.	위후 악이 죽었다.
九月,	9월에
公至自楚.	공이 초나라에서 왔다.
冬十有一月癸未,[6]	겨울 11월 계미일에
季孫宿卒.	계손숙이 죽었다.
十有二月癸亥,[7]	12월 계해일에

3 『전』이 없다. "야(婼)"는 『공양전』에는 "사(舍)"로 되어 있다. 아마 고운부는 평성과 입성을 두루 전변하였기 때문일 것이다. 청나라 모기령(毛奇齡)의 『춘추간서간오(春秋簡書刊誤)』에서는 『공양전』은 기이한 것을 하기 좋아해서 무숙(武叔)의 아들 숙손서(叔孫舒, 애공 26년의 『전』에 보임)를 잘못 취하였으며, "서(舒)"와 "사(舍)"는 음이 전환되면 구별해 낼 수가 있었기 때문에 소자(昭子, 숙손야(叔孫婼)의 자)라고 하였다 운운하였다. 그러나 또한 천단을 면치 못한다. 대개 애공 26년은 이해보다 67년이나 뒤이므로 절대로 숙손서가 미치지 못한다. 두예는 "공이 멀리 초나라에 가려 하였기 때문에 숙손이 제나라로 가서 우호를 다지려고 하였다"라 하였다.

4 양력 3월 18일의 개기일식이다.

5 무진일은 26일이다.

6 계미일은 13일이다.

7 계해일은 23일이다.

葬衛襄公.	위나라 양공을 장사 지냈다.

傳

七年春王正月,	7년 봄 주력으로 정월에
曁齊平,	제나라와 강화를 맺었는데
齊求之也.[8]	제나라가 요구한 것이었다.
癸巳,[9]	계사일에
齊侯次于虢.[10]	제후가 괵에 머물렀다.
燕人行成,	연나라 사람이 가서 강화하며
曰,	말하였다.
"敝邑之罪,	"우리나라가 죄를 지었으니
敢不聽命?	감히 명을 따르지 않겠습니까?
先君之敝器請以謝罪."[11]	선군의 부서진 기물로 사죄를 청합니다."
公孫晳曰,[12]	공손석이 말하였다.
"受服而退,	"항복을 받고 물러났다가

8 두예는 "제나라가 연나라를 쳤는데 연나라 사람이 뇌물을 주고 오히려 강화를 청하였으니 안자(晏子)의 말처럼 되었다"라 하였다.

9 계사일은 18일이다.

10 두예는 "괵은 연나라의 국경이다"라 하였다.

11 선군의 폐기(敝器)를 가지고 사죄를 청한 것인데, 먼저 폐기를 말한 것은 중시한 것이다.

12 공손석(公孫晳): 두예는 "석(晳)은 제나라의 대부이다"라 하였다.

俟釁而動,	틈을 기다려 움직이는 것이
可也."[13]	좋겠습니다."
二月戊午,[14]	2월 무오일에
盟于濡上.[15]	유수 가에서 맹약하였다.
燕人歸燕姬,[16]	연나라 사람이 연희를 시집보내고
賂以瑤罋, 玉櫝, 斝耳.[17]	요옹과 옥독, 가이를 뇌물로 바치니
不克而還.[18]	이루지 못하고 돌아왔다.

13 안자가 말한 "좌우에서 아첨을 한(左右諂諛)" 것이다.

14 무오일은 14일이다.

15 유상(濡上): 두예는 "유수(濡水)는 고양현(高陽縣) 동북쪽에서 발원하여 하간(河間)의 막현(鄚縣)에 이르러 역수(易水)로 유입된다"고 하였다. 진나라의 고양현은 곧 지금의 하북 고양현 동쪽 25리 지점의 고성이며, 막현은 곧 지금의 임구현(任丘縣) 북쪽 35리 지점의 막주진(鄚州鎭)이다. 곧 유상은 임구현 서북쪽에 있을 것이며, 제나라 군사가 주둔한 곳과 멀지 않다. 그 외에도 이설이 분분하지만 근거로 삼기에는 부족하여 모두 인용하지 않는다.

16 두예는 "딸을 제후(齊侯)에게 시집보낸 것이다"라 하였다. 북연은 희(姬)성의 나라이다.

17 요옹(瑤罋): 『시경·위풍·목과(衛風·木瓜)』에 "경요로 보답한다(報之以瓊瑤)"라는 구절이 있는데, 『모전(毛傳)』에서는 "경요는 아름다운 옥이다"라 하였다. 『의례·빙례(聘禮)』에 "식초와 젓갈 백 항아리(醯醢百罋)"라는 말이 있으며, 옹(罋)은 또한 옹(甕)이라고도 하는데 『예기·단궁(檀弓) 상』에는 "醯醢百甕"으로 되어 있다. 본래 도기인데 술이나 음료를 담으며, 여기서는 아름다운 옥으로 만들었다.
옥독(玉櫝): 『논어·계씨(季氏)』에 "거북과 옥이 함 속에서 부서졌다(龜玉毁於櫝中)"는 말이 있다. 곧 지금의 궤(櫃)로 여기서는 또한 옥으로 장식한 것이다.
가이(斝耳): 공영달은 "옥으로 만들었다. 이(耳)라고 한 것은 아마 이 기물의 곁에 귀가 있어서이며 지금의 배(杯)와 같다"라 하였다.

18 송(宋)나라 임요수(林堯叟)의 『좌전구해(左傳句解)』(이하 『구해(句解)』)에서는 "간공을 들여보낼 수가 없이 돌아온 것이다"라 하였다. 곧 지난해 『전』에서 안자가 말한 "입국시키지 말라(不入)" 한 것이다.

楚子之爲令尹也,	초자가 영윤이었을 때
爲王旌以田.[19]	왕의 정기를 가지고 사냥을 하였다.
芋尹無宇斷之,[20]	우윤인 무우가 그것을 잘라 내고
曰,	말하였다.
"一國兩君,	"한 나라에 임금이 둘이면
其誰堪之?"	그 누가 견디어 내겠습니까?"
及卽位,[21]	즉위하였을 때는
爲章華之宮,[22]	장화지궁을 지어

---

19 왕정(王旌): 정(旌)은 기치(旗幟)의 일종. 『주례·춘관·사상(春官·司常)』 및 정현의 주에 의하면 이 기는 오색의 새 깃을 장대에 나누어 붙인다. 왕정은 초왕이 쓰는 것이다. 초나라는 왕(王)을 표방하여 전한(前漢) 유향(劉向)의 『신서·의용(新序·義勇)』편의 "신은 임금의 기〔君旗〕를 땅에 끌고"라는 말에 의하면 초나라 왕은 천자의 정기(旌旗)를 썼다. 『좌전』 공영달의 주석〔소(疏)〕에서는 『예위·계명징(禮緯·稽命徵)』을 인용하여, 또 『주례·하관·절복씨(夏官·節服氏)』의 복건의 주석〔소(疏)〕에서는 『예위·함문가(含文嘉)』를 인용하여 모두 정(旌)에는 표대(飄帶)가 있다고 하였는데, 옛날에는 류(旒)라고 불렀다. 천자의 기에는 12개의 류가 있으며 길이는 9인(仞, 7자를 인이라 한다)으로 전거(田車)에 꽂아 류가 땅에 끌리며, 제후의 정은 9류 7인으로 하단이 진(軫, 수레 뒤의 횡목)과 높이가 같고, 경대부의 정은 7류 5인으로 하단이 수레의 교〔較, 수레 양 곁의 횡목으로 차이(車耳)라고도 한다〕와 높이가 같다. 왕념손은 이 설을 자못 의심하였다. 이 설이 믿을 만하다면 영윤은 7류 5인의 정기만 써야 하며, 초영왕이 영윤 때 오히려 12류 9인의 정을 썼으니 소공 원년의 『전』에서 말한 "복식을 갖추고 호위병을 둘씩 배치했다(設服、離衛)" 한 것과 같은 뜻이다.

20 우윤(芋尹): 관직 이름이다. 애공 15년 『전』에 보면 진(陳)나라에도 우윤이 있다. 『신서·의용(新序·義勇)』편에는 간윤(芋尹)으로 잘못 되어 있는데 "간윤 문이라는 것은 초〔荊〕나라의 녹체(鹿彘)를 잡는 자이다"라 하였다. 『신서(新序)』에서 말한 사람 이름은 다르지만 사실은 유사하니 우윤은 짐승을 잡아 주는 관직이다.
단지(斷之): 5류(旒)를 제거하였거나 아니면 류의 길이를 잘랐을 것이다.

21 영왕이 즉위한 것이다.

22 장화지궁(章華之宮): 「오어(吳語)」에서는 초영왕이 장화(章華)에 궁을 지었다고 하였으며, 위소는 장화는 지명이라고 주석을 달았다. 『문선·동경부(東京賦)』 설종(薛綜)의 주

納亡人以實之.	도망자들을 받아들여 그곳을 채웠다.
無宇之閽入焉.[23]	무우의 문지기가 그곳에 들어갔다.
無宇執之,	무우가 그를 잡으려 하였는데
有司弗與,[24]	유사가 그에게 인도하지 않고
曰,	말하였다.
"執人於王宮,	"왕궁에서 사람을 잡으면
其罪大矣."	그 죄가 큽니다."
執而謁諸王.[25]	잡아서 왕에게 아뢰었다.
王將飮酒,[26]	왕이 술을 마시려 하였는데
無宇辭曰,[27]	무우가 해명하여 말하였다.
"天子經略,[28]	"천자는 천하를 경영하고

에서는 장화지대(章華之臺)는 건계(乾谿)에 있다고 하였고, 청나라 유정섭(兪正燮)의 『계사유고·장화대고(癸巳類稿·章華臺考)』에서는 이 설을 극력 주장하였다. 그러나 건계는 지금의 안휘 박현(亳縣) 동남쪽에 있어서 초나라 도읍과는 너무 멀어 확실치 않은 것 같다. 두예의 주 및 송나라 범치명(范致明)의 『악양풍토기(岳陽風土記)』에서는 장화궁은 지금의 호북 감리현(監利縣) 서북쪽 이호(離湖) 가에 있다고 하였다. 송나라 악사(樂史)의 『태평환우기(太平寰宇記)』에서는 강릉현(江陵縣) 동쪽 30리 지점에 있다고 하였는데 어느 것이 옳은지 모르겠다.

23 두예는 "죄를 지어 장화궁으로 도망쳐 들어간 것이다"라 하였다.
24 유사(有司): 장화궁을 관리하는 관리를 가리킨다.
25 두예는 "무우를 잡은 것이다"라 하였다.
26 두예는 "그가 기분 좋을 때를 만난 것이다"라 하였다.
27 사(辭): 그 이유를 탄원하는 것이다. 희공 4년의 『전』에 상세하다.
28 경략(經略): 경(經)은 경영하다, 다스리다. 략(略)은 아래의 "封略之內"란 말에 의하면 략(略)과 봉(封)은 같은 뜻이다. 『소이아·광고(小爾雅·廣詁)』에서는 "략(略)은 경계이다"

諸侯正封,[29]	제후는 국내를 다스리는 것이
古之制也.	옛 제도입니다.
封略之內,	강계 안에 있는 것이
何非君土?	어느 것이 임금의 땅이 아니겠습니까?
食土之毛,[30]	땅에서 나는 것을 먹고 사는 것이
誰非君臣?	누가 군왕의 신하가 아니겠습니까?
故詩曰,	그러므로 『시』에서 말하기를
'普天之下,	'너른 하늘 밑이
莫非王土,	왕의 땅 아닌 곳 없고,
率土之濱,	모든 땅 가가
莫非王臣.'[31]	왕의 신하 아닌 이 없네'라 하였습니다.
天有十日,[32]	하늘에 열 개의 해가 있듯이

라 하였다. 유규(劉逵)가 주석한 『문선·오도부(吳都賦)』 및 공영달의 소(疏), 청나라 마종련(馬宗璉)의 『춘추좌전보주(春秋左傳補注)』[이하 『보주(補注)』]에서는 모두 략(略)을 경계라고 하였는데 안타깝게도 예를 들지 않았다.

29 정봉(正封): 정(正)은 다스린다는 뜻이다. 『여씨춘추·순민(順民)』편의 "탕이 하나라를 이기고 천하를 다스렸다(湯克夏而正天下)"라는 말로 알 수 있다. 경략(經略)과 정봉(正封)은 같은 뜻이다.

30 모(毛): 두예는 "모(毛)는 풀이다"라 하였다. 『공양전』 선공 12년의 『전』에 "불모지지(不毛之地)"라는 말이 있는데 하휴(何休)의 주석에 의하면 모든 오곡(五穀)을 이른다. 여기서는 땅에서 영양분을 먹고 생산되는 것이다.

31 『시경·소아·북산(小雅·北山)』의 구절이다. 보(普)는 보(溥)와 같으며, 두루라는 뜻이다. 솔(率)은 순(循)과 같은데, 땅의 가를 빙 둘러서라는 듯이다.

人有十等.	사람도 10등급이 있습니다.
下所以事上,	아래서는 이로 위를 섬기고
上所以共神也.	위에서는 이로 신을 받듭니다.
故王臣公,	그러므로 왕의 신하는 공이고
公臣大夫,	공의 신하는 대부이며
大夫臣士,	대부의 신하는 사이고
士臣皁,	사의 신하는 조이며
皁臣輿,	조의 신하는 여
輿臣隸,	여의 신하는 예
隸臣僚,	예의 신하는 요
僚臣僕,	요의 신하는 복이고
僕臣臺.[33]	복의 신하는 대입니다.
馬有圉,	말을 키우는 데는 어가 있고

32 5년『전』의 "해의 수는 10이다(日之數十)"와 같은 뜻인데, "요임금 때 열 개의 해가 함께 떠올랐다"로 해석할 수는 없으며, 5년『전』의『주』에 설이 보인다.

33 유정섭(兪正燮)의『계사유고·복신대의(僕臣臺義)』에서는 "조(皁)라는 것은「조책(趙策)」에서 이른바 '검은 옷의 무리로 채웠다'라 한 것으로 위사(衛士)가 작위는 없으면서 인원의 수가 있는 것으로 지금의 조역(皁役)이 아니다. 사(士)는 위사(衛士)의 우두머리이고 여(輿)는 무리인데, 위사는 작위가 없고 또한 정해진 인원도 없음을 말한다. 예(隸)는 죄인으로『주관(周官)』에서 이른바 '죄인〔罪隸〕에 들었다'는 것인데 한나라의 성단(城旦: 4년 동안 성 쌓는 노역을 시키는 형벌), 용(舂: 여자에게 방아 찧는 일을 시키는 형벌)과 수작(輸作: 노역형)이다. 료(僚)는 노(勞)로 죄를 지어 노예가 된 자들에게 일을 맡기는 것이다. 복(僕)은 삼대의 노륙(奴戮)으로 지금의 죄인이 노예가 되는 것이다. 대(臺)라고 한 것은 죄인으로 노예가 된 것이며, 또 도망을 쳤다가 다시 잡히면 배대(陪臺)가 된다. 조 이하는 서로 부리므로 신(伸)이니 등(登)이니 하였다"라 하였다.

牛有牧,[34]	소를 키우는 데는 목이 있어
以待百事.	모든 일을 관리합니다.
今有司曰,	지금 유사가 말하기를
'女胡執人於王宮?'	'너는 어찌하여 왕궁에서 사람을 잡아가느냐?'라 하였습니다.
將焉執之?[35]	어디서 잡아야 한단 말입니까?
周文王之法曰,	주문왕의 법에서는 말하기를
'有亡,	'도망치는 자가 있으면
荒閱',[36]	크게 찾아라'라 하였는데
所以得天下也.	이 때문에 천하를 얻은 것입니다.
吾先君文王,[37]	우리 선군이신 문왕은
作僕區之法,[38]	죄를 숨기는 법을 만들어
曰'盜所隱器,[39]	'도둑이 훔친 기물을 숨기면

34 두예는 "말을 기르는 것을 어(圉)라 하고 소를 기르는 것을 목(牧)이라 한다"라 하였다. 어와 목은 10등급에 들지 않는다.

35 사람이 도망가 왕궁에 이르러 잡을 수 없다면 어느 곳에서 잡느냐는 것이다.

36 범문란(范文瀾: 1893~1969)의 『통사간편(通史簡編)』 제3장에서는 조(皂)에서 대(臺)까지는 각급의 노예이며 마부와 우목은 등급에 들지 않고 대(臺)보다 더 천하다고 하였다. 이 "유망(有亡)"은 노예 가운데 도망친 자이다. 황(荒)은 크다는 뜻이다. 열(閱)은 요즘말로 수색(搜索)한다는 말이다.

37 두예는 "초나라 문왕이다"라 하였다.

38 복건은 "복(僕)은 은(隱)이다. 구(區)는 닉(匿)이다"라 하였다. 숨는 것이다. 두예는 "구복은 형서(刑書)의 이름이다"라 하였다. 주석이 적절치 않다.

39 두예는 "도둑이 얻은 기물을 숨기는 것이다"라 하였다.

與盜同罪',	도둑과 죄가 같아진다'라 하였습니다.
所以封汝也.[40]	때문에 여에 봉하여졌습니다.
若從有司,	유사의 말을 따른다면
是無所執逃臣也.	도망친 노예를 잡지 못하는 것입니다.
逃而舍之,[41]	도망을 갔는데도 버려둔다면
是無陪臺也.[42]	이는 배대가 없어지는 것입니다.
王事無乃闕乎?	왕의 일을 빠뜨리는 것이 아니겠습니까?
昔武王數紂之罪以告諸侯曰,	지난날 무왕은 주의 죄를 낱낱이 열거하여 제후들에게 알리기를
'紂爲天下逋逃主,	'주는 천하의 도망자들의 주인으로
萃淵藪.'[43]	도망자들이 모이는 못과 숲이 되었다'라 하였습니다.

40 두예는 "좋은 법을 행하였기 때문에 강역을 넓혀 북으로 여수까지 이르렀다"라 하였다. 애공 17년의 『전』에서는 "팽중상은 신나라의 포로인데 문왕이 영윤으로 삼아 신나라와 식나라를 우리의 현으로 만들었으며 진나라와 채나라를 조현케 하여 강토를 여수까지 넓혔다(彭仲爽, 申俘也, 文王以爲令尹, 實縣申息, 朝陳蔡, 封畛於汝)"라 하였다.

41 사(舍): 사(捨)와 같다.

42 배대(陪臺): 앞에서 인용한 유정섭(兪正燮)의 설을 보라.

43 천하의 도망자가 주(紂)를 숨겨 주는 주인으로 생각하기 때문에 무리 지어 모여서 못이 물고기가 숨는 곳이 되듯, 숲이 짐승들이 모이는 곳이 되듯 한다는 것이다. 『위고문상서·무성(僞古文尙書·武成)』편에 "지금 상왕(商王) 수(受)가 무도하여 하늘이 만든 사물을 사납게 멸하고 백성들을 해치고 학대하며, 천하의 도망치는 자들의 임금이 되어 못

故夫致死焉.[44]	그러므로 사람들이 거기에 목숨을 바쳤습니다.
君王始求諸侯而則紂,	군왕이 비로소 제후에게 구하면서 주를 본받으면
無乃不可乎?	안 되는 것 아닙니까?
若以二文之法取之,[45]	만약 두 문왕의 법으로 그를 잡는다면
盜有所在矣."[46]	도둑은 있는 곳이 있습니다."
王曰,	왕이 말하였다.
"取而臣以往.[47]	"너의 종을 데려가라.
盜有寵,	도둑은 총애가 있으니
未可得也."[48]	잡을 수 없을 것이다."
遂赦之.[49]	마침내 그를 용서하였다.

에 고기가 모이듯 숲에 짐승이 모이듯 하였습니다"라는 말이 있는데 아마 『좌전』의 이 말을 취하였을 것이다.

44 부(夫)자 아래에 가나자와 문고본(金澤文庫本)에는 "인(人)"자가 있지만 육조(六朝) 초본(鈔本) 『복주좌전(服注左傳)』 및 『석경』, 송본에는 모두 "인(人)"자가 없으므로 취하지 않았다. 부(夫)는 인(人)과 같다. 두예는 "사람들이 목숨을 걸고 주를 토벌하려 한 것이다"라 하였다.

45 이문(二文): 주문왕과 초문왕이다.

46 두예는 "왕 또한 도둑이라는 것이다"라 하였는데, 도망자를 숨겨 주었기 때문이다.

47 왕궁에 숨은 문지기를 잡아가도록 허락한 것이다. 왕(往)은 떠나는 것이다.

48 두예는 "도유총(盜有寵)은 왕이 자신을 이른 것이다. 영왕을 장사 지내는 복선이다"라 하였다. 『설문』에서는 "총(寵)은 거처를 높이는 것이다"라 하였다. 『주역·사(師)』의 상사(象辭)에서는 "하늘의 은총을 이어받는 것이다"라 하였다. 공영달은 은총이라 하여 이 "총(寵)"자를 풀이하였는데 또한 뜻이 통한다.

楚子成章華之臺,	초자가 장화지대를 낙성하자
願與諸侯落之.[50]	제후들과 낙성식을 하기를 원하였다.
大宰薳啓彊曰,	태재 원계강이 말하였다.
"臣能得魯侯."	"신이 노후를 오게 할 수 있습니다."
薳啓彊來召公,	원계강이 와서 공을 불렀으나
辭曰,	사양하며 말하였다.
"昔先君成公命我先大夫嬰齊曰,	"지난날 선군이신 성공이 우리 선대부인 영제에게 명하시기를
'吾不忘先君之好,	'내 선군의 우호를 잊지 못하여
將使衡父照臨楚國,	형보로 하여금 초나라를 광림케 하여
鎭撫其社稷,	그 사직을 진무케 하여
以輯寧爾民.'[51]	그 백성들을 편안케 하고자 한다'라 하였습니다.
嬰齊受命于蜀.[52]	영제는 촉에서 명을 받았습니다.

---

49 무우는 원래 체포되었는데 왕이 사면해 준 것이다.

50 왕념손은 "낙(落)"을 "시(始)"로 풀이하고 「초어 상」을 증거로 들었다. 왕인지는 이 "낙(落)"은 4년 『전』의 "대부에게 향례를 베풀어 낙성식을 해주겠다(饗大夫以落之)"의 "낙(落)"과 같은 뜻이라고 하였다. 4년 『전』의 『주』에 상세하다. 『수경주·면수(沔水)』에 의하면 "대는 높이가 열 길이며 기단의 너비가 열다섯 길이다."

51 집(輯): 편안하다.

52 이 일은 성공 2년 『경』의 『전』에 보인다. 초나라 공자 영제(嬰齊)가 위(衛)나라를 침공하고 마침내 촉(蜀)에서 노나라를 침공하였다. 노나라는 맹약을 맺고 공형〔公衡, 곧 형보(衡父)〕이 인질이 되었다. 형보는 도망쳐서 돌아왔다.

奉承以來,	명을 받든 이래
弗敢失隕,	감히 실추시킨 적이 없이
而致諸宗祧.[53]	종묘에 제사를 바쳤습니다.
日我先君共王引領北望,[54]	지난날 우리 선군이신 공왕이 목을 빼고 북쪽을 바라보며
日月以冀,[55]	날마다 바라며
傳序相授,	세세대대 서로 전해 준 것이
於今四王矣.[56]	지금 네 임금이 됩니다.
嘉惠未至,	아름다운 은혜에 이르지도 못하고
唯襄公之辱臨我喪.[57]	오로지 양공께서만 욕되이 우리 상례에 왕림하셨습니다.
孤與其二三臣悼心失圖,[58]	유고(遺孤)와 몇몇 신하께서는 마음이 흔들려 생각이 없어
社稷之不皇,	사직을 돌볼 겨를이 없었는데

53 두예는 "성공의 이 말을 받들고 가서 종묘에 고하였다는 말이다"라 하였다.

54 공영달은 "일(日)은 왕일(往日)을 말한다"라 하였다.

55 두예는 "노나라가 조현하러 올 것을 바라는 것이다"라 하였다.

56 사왕(四王): 두예는 "사왕은 공왕(共王) 및 강왕(康王), 겹오(郟敖) 및 영왕(靈王)이다"라 하였다.

57 두예는 "양공 28년 초나라로 가서 강왕의 상례에 임하였다"라 하였다.

58 고(孤): 강왕의 아들 겹오(郟敖)를 가리킨다.
도심실도(悼心失圖): 도(悼)는 도(掉)의 뜻으로 읽어야 한다. 『설문』에서는 "도(掉)는 흔드는 것이다"라 하였다. 도심실도(悼心失圖)는 마음이 흔들리고 안정되지 못하여 그 도모할 바를 잃은 것이다. 그러나 도(悼)자의 의미 그대로 보아도 뜻이 통한다. 두예는 "슬픈 상중에 있었기 때문이다"라 하였다.

況能懷思君德?[59]	하물며 임금님의 은덕을 그리워할 수 있겠습니까?
今君若步玉趾,	지금 임금님께서 발걸음을 옮기시고
辱見寡君,	과군을 만나 주시어
寵靈楚國,[60]	초나라에 은총과 복택을 받게 해주시고
以信蜀之役,[61]	촉의 맹약을 펴시어
致君之嘉惠,	임금님의 아름다운 은혜를 보내 주신다면
是寡君旣受貺矣,	과군께서는 이미 보내 주신 것을 받은 것이 될 것이니
何蜀之敢望?[62]	어찌하여 촉을 감히 바라겠습니까?

59 황(皇): 두예는 "황은 겨를이라는 뜻이다. 대상이 있어 거의 겨를이 없음을 말한다"라 하였다. 실은 양공이 초강왕의 상에 임하였을 때는 겹오가 즉위한 직후이며 그 뒤에 영왕이 그를 죽이고 스스로 즉위하였는데, 원계강(薳啓彊)이 일부러 궤변으로 양공이 초나라에 간 은덕을 잊을 수 없다고 하여 위의 "지금 네 임금이 된다"라 한 말과 응하게 하였다.

60 영(靈): 『광아(廣雅)』에서는 "영(靈)은 복(福)이다"라 하였다. 무릇 『전』의 "以君之靈"이니 "以大夫之靈"이니 하는 것은 모두 복(福)을 이른다. 32년 『전』의 "지금 나는 성왕에게 복을 바라고 복을 빌렸다(今我欲徼福假靈于成王)"라 한 것과 애공 24년 『전』에서 "과군께서는 주공께 복을 청하려 하고 장씨에게 복을 빌려고 합니다(寡君欲徼福於周公, 願乞靈於臧氏)"의 영(靈) 또한 복이라는 뜻이다.

61 신(信): 오개생(吳闓生)의 『문사견미(文史甄微)』에서는 "신(信)은 신(伸)의 뜻으로 읽어야 한다"라 하였다.

62 두예는 "다만 임금께서 오시게 하기만을 바랄 뿐이지 감히 촉에서처럼 다시 인질이 생기기는 바라지 않는다는 말이다"라 하였다.

其先君鬼神實嘉賴之, 선군의 귀신이 실로 가상히 여겨 힘입을 테니

豈唯寡君? 어찌 과군뿐이겠습니까?

君若不來, 임금께서 만약 오시지 않으시려면

使臣請問行期,[63] 신에게 떠날 기약을 묻게 해주신다면

寡君將承質幣而見于蜀,[64] 과군께서는 폐백을 받고 촉에서 만날 것이니

以請先君之貺."[65] 선군이 내려 주신 은혜로 청하겠습니다."

公將往, 공이 가려는데

夢襄公祖.[66] 꿈에 양공이 노신을 제사 지내는 것을 보았다.

---

63 행기(行期): 왕인지(王引之)의 『술문(述聞)』에서는 "행기(行期)는 회맹의 시기를 말할 것이다"라 하였는데, 사실 그렇지 않다. 아래에서 "촉에서 만날 것이니"라 하였는데 촉의 회맹은 실은 초나라가 노나라를 쳐서 노나라가 재물로 강화를 청하여 회맹한 것이므로 "폐백을 받고……" 하였는데, 이는 다만 외교 사령일 뿐 실제로는 노나라를 겁주려고 초나라가 다시 출병을 하려는 것일 따름이다. 곧 여기서 이른바 "행기(行期)"는 표면상으로 초왕이 회맹에 나가려는 때를 말한 것이다. 두예는 "노나라가 토벌을 당할 때를 물은 것이다"라 하였는데, 초나라가 노나라를 치는 것은 굳이 노나라에 묻지 않아도 된다. 그러나 노나라가 초나라의 공격을 받으면 또한 어쩔 수 없이 맹약을 청할 것이고 노나라는 어쩔 수 없이 가야 할 것이니 두예는 사실을 말하였으나 말한 것이 상세하지 않을 따름이다.

64 질(質): 지(贄)이다. 폐백.

65 청(請): 두예는 "청은 묻는 것이다"라 하였다.

66 조도(祖道): 두예는 "조는 도신(道神)을 제사 지내는 것이다"라 하였다. 고대에는 출행(出行) 때 반드시 노신(路神)을 제사 지냈는데, 공영달은 『시경·대아·한혁(大雅·韓奕)』의 "한후 길 나서며 노신께 제사 올리고(韓侯出祖)"와 「증민(烝民)」의 "중산보 길 나서며 노신께 제사 올리고(中山甫出祖)"라는 구절을 인용하여 예를 들었다. 한나라 이후에는

梓愼曰,	재신이 말하였다.
"君不果行.	임금님께서는 결국 안 가시는 게 좋을 것입니다.
襄公之適楚也,	양공께서 초나라에 가실 때
夢周公祖而行.	꿈에 주공이 노신을 제사 지내는 것을 보고 갔습니다.
今襄公實祖,	이제 양공이 실로 노신을 제사 지냈으니
君其不行."	임금께서는 가시지 말아야겠습니다."
子服惠伯曰,	자복혜백이 말하였다.
"行!	가십시오.
先君未嘗適楚,	선군께서 초나라에 가신 적이 없기 때문에
故周公祖以道之,[67]	주공이 노신이 되어 이끄셨습니다.

이로 인해 전송하는 것을 조도(祖道) 혹은 조전(祖餞)이라고 하였다. 조(祖)는 또한 발(軷) 또는 발제(軷祭)라고도 하였는데, 『시경·대아·생민(大雅·生民)』의 "숫양 모아 발제 올리네(取羝以軷)"라 한 것으로 알 수 있다. 조(祖)는 또한 도(道)라고도 하며 공영달은 또 "(『예기』의) 「증자문(曾子問)」에서는 제후가 천자에게 갈 때와 제후끼리 서로 회견할 때를 모두 도(道)를 하고 나간다 하는데 이 도(道)와 조(祖)는 마찬가지이다"라 하였다.

67 도지(道之): 이 구절의 뜻에 의하면 주공은 일찍이 초나라에 간 적이 있는 것 같다. 도지(道之)는 갈 길을 이끄는 것(導)이다. 『일주서·작락(逸周書·作雒)』편에서는 "무왕이 붕어하자 주공이 서서 성왕을 도왔으며 2년 만에 군사를 일으켰는데 웅(熊)씨와 영(盈)씨의 족속을 정벌한 것이 17개 국이다. ……"라 하였는데, 영(盈)은 회이(淮夷)의 성(姓)이고 웅(熊)은 초나라 사람의 씨(氏)이다. 곧 주공이 초나라에 간 것은 아마 이때였을 것이다.

襄公適楚矣,	양공께서 초나라로 가셔서
而祖以道君.	노신이 되어 임금님을 이끄시는 것입니다.
不行,	가지 않으시면
何之?"	어디로 가시겠습니까?
三月,	3월에
公如楚.[68]	공이 초나라에 갔다.
鄭伯勞于師之梁.[69]	정백이 사지량에서 위로하였다.
孟僖子爲介,[70]	맹희자가 부사가 되었는데
不能相儀.	상의 예를 행할 수 없었다.
及楚,	초나라에 이르렀을 때
不能答郊勞.	교로에서 답례를 할 수가 없었다.

68 「초어 상」에서는 "영왕이 장화지대를 지으면서 수년 만에 낙성을 하여 제후들과 함께 오르고 싶어 했다. 제후들이 모두 이르러 오지 않은 사람이 없었다. 나중에 태재 원계강으로 하여금 노후를 청하게 하였는데 촉의 맹약을 두려워하여 겨우 오게 할 수 있었다"라 하였다. 이 일을 입증할 수 있다. 소공이 초나라에 이른 것은 사실 7년인데 『사기·노세가(魯世家)』 및 「연표」에는 8년에 기록되어 있으니 틀린 것 같다.

69 사지량(師之梁): 두예는 "초나라의 도성의 성문이다"라 하였다.

70 맹희자(孟僖子): 두예는 "희자는 중손확이다"라 하였다. 송나라 조붕비(趙鵬飛)의 『춘추경전(春秋經筌)』에서는 "확은 말(蔑)의 아들이며 속(速)의 아우이다. 속에게 적자가 없어서 아우인 확이 후사를 이었다. 확이 어려서 서자인 갈(羯)이 섭정을 하였다. 양공 31년 갈이 죽자 확이 이에 작위를 이었다"라 하였다. 그러나 송나라 정공열(程公說)의 『춘추분기·세보(春秋分紀·世譜)』에서는 또한 확을 효백갈(孝伯羯)의 아들이라고 하였다. 두예가 몰랐던 것을 송나라 사람들이 말한다는 것은 아마 억설일 것이다.

夏四月甲辰朔,	여름 4월 갑진일 초하룻날에
日有食之.[71]	일식이 있었다.
晉侯問於士文伯曰,	진후가 사문백에게 물어보았다.
"誰將當日食?"[72]	"누가 일식의 재해를 당하겠는가?"
對曰,	대답하였다.
"魯, 衛惡之.[73]	"노나라와 위나라가 해악을 당할 것입니다.
衛大,	위나라는 클 것이고
魯小."[74]	노나라는 작을 것입니다."
公曰,	공이 말하였다.
"何故?"	"무슨 까닭인가?"
對曰,	대답하였다.
"去衛地如魯地,[75]	"위나라 땅을 떠나 노나라 땅으로 가면

---

71 『경』의 『주』에 보인다.

72 고인들의 미신에 의하면 일식을 하늘의 견책으로 보고 사람이 그 재화를 입게 될 것이라고 하였다. 공영달은 이에 대해 이미 상세히 논하여 반박하였다.

73 두예는 "그 흉악(凶惡)을 받을 것이다"라 하였다.

74 위나라가 받을 화는 크고, 노나라가 받을 화는 작을 것이라는 말이다.

75 옛날에는 하늘의 성수(星宿)를 12개로 나누어 각 나라별로 속하게 하여 그것으로 길흉을 점쳤는데 이를 분야(分野)라 하였다. 추자(娵訾)는 위나라의 분야이고, 강루(降婁)는 노나라의 분야이다. 위나라 땅을 떠난다는 것은 사문백이 이번 일식은 추자의 끝부분에서 먼저 시작될 것이라고 생각한 것이다. 노나라 땅으로 간다는 것은 해가 가서 강루에 이른 다음에야 해가 보이게 될 것이라는 말이다. 청나라 공광삼(孔廣森)의 『춘추공양통의(春秋公羊通義)』에서도 "일식은 추자와 강루가 교차하는 지점에서 일어났다"라 한 것

於是有災,	이에 재해가 발생할 것인데
魯實受之.[76]	노나라는 받아들일 것입니다.
其大咎其衛君乎!	큰 재앙을 받는 사람은 위나라 임금일 것입니다.
魯將上卿."[77]	노나라는 상경에게 내릴 것입니다."
公曰,	공이 말하였다.
"詩所謂'彼日而食,	"『시』에서 이른바 '저 일식은
于何不臧'者,[78]	어디에 잘못이 있는가?'라는 것은
何也?"[79]	무엇을 말함인가?"
對曰,	대답하였다.
"不善政之謂也.	"선정을 베풀지 않음을 이르는 것입니다.
國無政,[80]	나라에서 선정을 베풀지 않고
不用善,[81]	선인을 등용하지 않으면

이 곧 여기에 바탕을 둔 뜻이다.

76 두예는 "재화는 위나라에서 발생하지만 노나라도 그 나머지 재화를 받는다는 것이다"라 하였다.

77 두예는 "8월에 위후가 죽고, 11월에는 계손숙이 죽는다"라 하였다.

78 『시경·소아·시월지교(小雅·十月之交)』의 구절이다. "피일(彼日)"은 지금의 『시경』에는 "차일(此日)"로 되어 있다.

79 두예는 "일식을 보고 느낀 것이 있어 『시경』의 내용을 물은 것이다"라 하였다.

80 무정(無政): 선정을 베풀지 않는 것이다.

81 불용선(不用善): 선인을 쓰지 않는 것이다.

則自取謫于日月之災,	해와 달이 벌주는 재해를 자초하게 됩니다.
故政不可不愼也.	그르므로 정치는 신중히 하지 않을 수 없습니다.
務三而已,	세 가지를 힘써야 할 따름이니
一曰擇人,[82]	첫째는 사람을 가려 쓰는 것이고
二曰因民,[83]	둘째는 백성들을 따르는 것이며
三曰從時."[84]	셋째는 때를 따르는 것입니다."

晉人來治杞田,[85]	진나라 사람이 와서 기나라의 전지를 구획하자
季孫將以成與之.[86]	계손이 성을 기나라에 주려고 하였다.
謝息爲孟孫守,[87]	사식이 맹손씨를 위하여 지키다가
不可,	안 된다면서

---

82 택인(擇人): 두예는 "현인을 가려 쓰는 것이다"라 하였다.

83 인민(因民): 두예는 "백성을 이롭게 하는 것을 따라 이롭게 하는 것이다"라 하였다.

84 종시(從時): 두예는 "네 철 힘써야 할 바를 따르는 것이다"라 하였다. 『설원·정리(政理)』편에서는 이 말을 그대로 취하여 바꾸었다.

85 두예는 "전에 여숙후(女叔侯)가 다 돌려주지 않았는데 이제 공이 초나라에 가자 진나라 사람이 원한을 품었으므로 다시 와서 기나라의 전지를 구획한 것이다"라 하였다.

86 성(成): 곧 성(郕)으로 본래 기나라 땅이었는데 나중에 맹씨(孟氏)의 읍이 되었다. 지금의 산동 영양현(寧陽縣) 동북쪽이며, 은공 5년의 『경』의 『주』에도 보인다.

87 성의 읍재(成宰)이다.

曰,	말하였다.
"人有言曰,	"사람들이 한 말에
'雖有挈缾之知,	'병을 내려 물을 길을 수 있는 지혜만 있어도
守不假器,	지키고서 그릇을 빌려 주지 않는 것이
禮也.'[88]	예이다'라 하였습니다.
夫子從君,	부자께서는 임금을 따라갔는데
而守臣喪邑,[89]	지키는 신하가 읍을 잃는다면
雖吾子亦有猜焉."[90]	그대라 해도 또한 의심을 받을 것입니다."
季孫曰,	계손이 말했다.
"君之在楚,	"임금이 초나라에 있으니
於晉罪也.	진나라에는 죄를 지은 것이다.
又不聽晉,[91]	또한 진나라의 말을 듣지 않으면

88 지(知)는 지(智)와 같다. 병(缾)은 지금의 병(甁)이다. 옛날의 물을 긷는 기구이다. 설(挈)은 드리우는 것이다. 설병(挈缾)은 곧 병을 드리운 자, 물을 긷는 자이다. 설병지지는 아주 작은 지혜라는 말과 같다. 그것을 지켜 남에게 주지 않는 것이 예이다. 『전국책·조책(趙策) 1』에서 상당(上黨)의 태수 근주(靳黈) 또한 이 말을 한다.

89 두예는 "부자는 맹희자(孟僖子)로 공을 따라 초나라로 갔다"라 하였다. 수신(守臣)은 사식 자신을 가리킨다.

90 시(猜): 의심하다. 두예는 "계손 또한 내 불충을 의심할 것이라는 것이다"라 하였다.

91 취한 기나라의 땅을 기나라에 돌려주지 않는 것이다.

魯罪重矣.	노나라의 죄가 가중될 것이다.
晉師必至,	진나라가 반드시 이를 텐데
吾無以待之,[92]	우리는 진나라를 막을 방법이 없으니
不如與之.	주는 것만 못하다.
間晉而取諸杞.[93]	진나라에 틈이 생기면 기나라에서 취하면 된다.
吾與子桃,[94]	내 너에게 도를 줄 테니
成反,[95]	성을 돌려주면
誰敢有之?	누가 감히 가지려 하겠는가?
是得二成也.	이는 두 개의 성을 얻는 것이다.
魯無憂,[96]	노나라는 근심이 없을 것이고
而孟孫益邑,	맹손은 읍을 더할 텐데
子何病焉?"	그대는 무엇을 근심하는가?"
辭以無山,[97]	산이 없다고 거절하여

92 대(待): 막다. 선공 12년 설이 『전』의 『주』를 보인다.

93 두예는 "진나라의 빈틈을 엿보아 다시 별나라를 쳐서 취할 수 있다는 말이다"라 하였다.

94 도(桃): 지금의 산동 문상현(汶上縣) 동북쪽 35리 지점의 도향(桃鄕)으로, 또한 양공 17년의 『경』의 『주』에 보인다.

95 "間而取諸杞"에 응한 구절이다. 그 후에 성은 과연 다시 노나라의 속지가 되었지만 『경』과 『전』에는 그것을 취한 연월을 수록하지 않았다며, 정공 8년 『전』에 "성의 읍재인 공렴처보가 맹손씨에게 일렀다(成宰公斂處父告孟孫)"는 말이 있는 것으로 보아 정공 때는 성이 또 맹씨에게도 돌아갔음을 알 수 있다.

96 진나라 군사가 이르지 않을 것이라는 말이다.

與之萊, 柞.[98] 내와 작을 주었다.

乃遷于桃.[99] 이에 도로 옮겼다.

晉人爲杞取成. 진나라 사람이 기나라를 위해 성을 취하였다.

楚子享公于新臺,[100] 초자가 새 대에서 공에게 향례를 베풀었는데

使長鬣者相.[101] 풍채가 좋은 자로 하여금 상례를 맡겼다.

好以大屈.[102] 우호의 표시로 대굴을 주었다.

---

97 사식이 도에는 산이 없다고 말한 것이다.

98 『수경주·치수(淄水)』에서는 응소〔應劭, 함인(闞駰)이 되어야 하는데 역도원(酈道元)이 잘못 알았다〕의 『십삼주기(十三州記)』를 인용하여 태산 내무현(萊蕪縣)의 내읍과 작읍이라고 하였다. 청나라 고동고(顧棟高)의 『춘추대사표(春秋大事表)』〔이하 『대사표(大事表)』〕 권8의 상(上)에서는 "내와 작은 지금의 내무현에 있다. 내와 작은 두 산 이름으로 읍에 두 개의 작은 산이 있을 것이다"라 하였다.

99 두예는 "사식이 옮긴 것이다"라 하였다.

100 두예는 "장화대이다"라 하였다.

101 장렵(長鬣): 두예는 "엽(鬣)은 수염이다"라 하였다. 「초어 상」 위소의 주에서는 "장렵은 아름다운 수염이다"라 하였다. 양이승(梁履繩)의 『보석(補釋)』에서는 "『북사(北史)』에 허돈(許惇)이 아름다운 수염을 아래로 띠까지 드리워 성(省) 중에서 그를 장렵공이라 불렀는데 여기에 근거를 두고 있다"라 하였다. 그러나 『설문』에서는 엽(儠)으로 인용하고 "건장하고 풍채가 좋은 것이다"라 하였으며 17년 『전』을 예로 들었다. 장렵이라는 것은 기골이 장대한 사람일 것이다. 『국어·초어 상』에서는 "부도(富都)와 나수(那豎)로 하여금 그를 돕게 하고 수염이 길고 풍채가 좋은 사람으로 하여금 돕게 하였다"라 하였다. 부도는 귀족 가운데 미남 자제이고 나수는 아름다운 소년이다.

102 대굴(大屈): 두예는 "연회에서 우호의 표시로 준 것이다. 대굴은 활 이름이다"라 하였다. 공영달은 『노련서(魯連書)』를 인용하여 "초자는 장화지대애서 노후(魯侯)에게 향례를 베풀고 대곡의 활을 주었다. ……"라 하고는 "대굴은 대곡(大曲)이다"라 하였다. 양

旣而悔之.	얼마 있다가 그것을 뉘우쳤다.
薳啓彊聞之,	원계강이 그 말을 듣고
見公.[103]	공을 찾아보았다.
公語之,	공이 그에게 말하자
拜賀.	절을 하고 축하했다.
公曰,	공이 말하였다.
"何賀?"	"무엇을 축하하오?"
對曰,	대답하였다.
"齊與晉, 越,	"제나라와 진나라, 월나라가
欲此久矣.	이것을 가지려한지 오래되었습니다.
寡君無適與也,[104]	과군께서는 줄 곳이 없어서
而傳諸君.[105]	임금께 드렸습니다.
君其備禦三鄰,[106]	임금께서는 세 이웃 나라를 방비하여 막으며

(梁)나라 간문제(簡文帝)의 「악부시(樂府詩)」에 "오른쪽으로는 소합의 탄궁 잡고, 곁으로는 대굴의 활 쥐었네(右把蘇合彈, 旁持大屈弓)"라 한 것은 여기에서 나왔으며, 또한 대굴을 탄궁(彈弓)이라고도 생각한다.

103 가서 노공을 찾아본 것이다.

104 적(適): 청나라 유기(劉淇)의 『조자변략(助字辨略)』에서는 "독단한다는 말이다"라 하였다. "목적(目的)"의 적(的)자의 뜻으로 읽는다. 희공 5년 『전』의 "한 나라에 공자가 셋이니 내 장차 누구를 주인으로 섬길까?(一國三公, 吾誰適從?)"와 『시경·위풍·백혜(衛風·伯兮)』의 "어찌 기름 바르고 머리 감지 못하랴만, 누구를 위해 화장을 할꼬?(豈無膏沐, 誰適爲容)" 같은 것이 모두 그 예이다.

105 전(傳): 주다, 보내다.

愼守寶矣,	삼가 보물을 지킬 것이니
敢不賀乎?”	감히 축하드리지 않겠습니까?”
公懼,	공이 두려워하여
乃反之.	곧 돌려주었다.

鄭子產聘于晉.[107]	정나라의 자산이 진나라를 빙문하였다.
晉侯有疾,	진후가 병에 걸려
韓宣子逆客,	한선자가 손님을 맞아
私焉,[108]	그에게 몰래
曰,	말하였다.
“寡君寢疾,	“과군께서 병져 누우신 지
於今三月矣,	지금 3개월째인데
並走羣望,[109]	모든 망제를 지내는 곳에 두루 달려갔습니다만

---

106 삼린(三鄰): 두예는 “제나라와 진나라, 월나라가 장차 노나라를 치고 그것을 취하려 할 것이라는 말이다”라 하였다.

107 자산(子產): 「진어 8」에는 “정간공이 공손성자(公孫成子)로 하여금 내빙케 했다. ……”로 되어 있으며, 『설원·변물(辨物)』편에도 공손성자로 되어 있다. 자산은 시호가 성(成)인데, 『춘추경』과 『전』에서는 언급한 적이 없다.

108 사(私): 두예는 “사어(私語)이다”라 하였다. 은밀히 말한 것이다.

109 병(並): 두루. 두예는 “진나라가 망제(望祭)를 지내는 산천에는 모두 달려가서 기도를 드렸다”라 하였다. 「진어 8」에는 “상하의 귀신들에게 두루 고유를 하지 않은 곳이 없었다”라 하였는데 『전』의 뜻과 서로 참조하여 볼 수 있다.

有加而無瘳.[110] 심해지기만 하고 낫지를 않습니다.

今夢黃熊入于寢門,[111] 지금 꿈에 누런 곰이 침문으로 들어왔으니

其何厲鬼也!" 그 무슨 악귀일까요!"

對曰, 대답하였다.

"以君之明, "임금님의 현명함으로

子爲大政,[112] 그대가 정경이 되었으니

其何厲之有?[113] 그 무슨 악귀가 있겠습니까?

昔堯殛鯀于羽山,[114] 지난날 요가 우산에서 곤을 죽였는데

---

110 추(瘳): 병이 낫는 것이다. 또 덜어서 줄어드는 것이다. 「진어 2」에 "임금께서는 헤아리지도 않고 대국이 우리나라를 쳐들어오는 것을 축하하니 어찌 경감되겠습니까?(何瘳)"라는 말이 있는데, 위소는 "추(瘳)"는 "던다는 뜻과 같다"라 하였다.

111 육덕명(陸德明)의 『석문(釋文)』에서는 "웅(熊)"은 또한 "능(能)"으로도 되어 있는데 "능(能)"으로 하는 것이 낫다고 하였으며, 왕인지의 『술문』에서는 이미 반박하였다. 당나라 유지기(劉知幾)의 『사통·잡설(史通·雜說)』편에서는 『급총쇄어·진어춘추(汲冢瑣語·晉語春秋)』를 인용하여 "평공이 병중에 붉은 곰이 병풍을 엿보는 꿈을 꾸었다"라 하여 『전』과 대략 다르다.

112 대정(大政): 정경(正卿)이다. 성공 6년의 『전』에서도 "그대는 대정이다"라 하였는데, 두예는 "중군원수이다"라 하였다.

113 여(厲): 여귀(厲鬼)는 곧 악귀(惡鬼)로, 그냥 여(厲)라고도 하는데, 양공 26년 『전』에서 "악귀만도 못하다(厲之不如)"라 한 것으로 알 수 있다.

114 극(殛): 『설문』에서는 "극(殛)은 죽인다(殊)는 뜻이다"라 하였다. 『산해경·해내경(山海經·海內經)』에서는 "홍수가 하늘까지 넘치자 곤(鯀)은 상제의 식양(息壤)을 훔쳐 홍수를 막고 상제의 명을 기다리지 않았다. 상제는 축융(祝融)에게 명하여 우(羽)의 근교에서 곤을 죽이게 하였다"라 하였다. 이런 류의 전설 기록은 매우 많아 다 인용하지 않는다.

우산(羽山): 또한 여러 가지 설이 있다. 강영(江永)의 『고실(考實)』에서는 "요컨대 이 산은 기주〔沂州: 지금의 산동 임기현(臨沂縣)〕 동남쪽과 해주〔海州: 지금의 강소 해주, 곧

其神化爲黃熊, 그 신령이 변하여 누런 곰이 되어

以入于羽淵,[115] 우연으로 들어갔는데

實爲夏郊, 실로 하나라의 교제가 되어

三代祀之.[116] 3대에서 제사를 지냈습니다.

晉爲盟主, 진나라가 맹주가 되어

其或者未之祀也乎!"[117] 아마 아직 그 제사를 지내지 않은 듯합니다."

韓子祀夏郊.[118] 한자가 하나라의 교제를 지내니

晉侯有間,[119] 진후는 차도를 보였고

賜子産莒之二方鼎.[120] 자산에게 거의 두 모난 정을 내렸다.

동해현(東海縣)의 옛 치소)의 서북쪽, 공유(贛楡: 강소 공유현의 새 치소 서북쪽의 공유성)의 서남쪽, 담성〔郯城: 지금의 산동 담성현(郯城縣)〕의 동북쪽으로 실은 하나의 산이 네 개 현의 경계에 걸쳐 있다"라 하였다. 그러나 네 현 사이에는 사실 이렇게 큰 산이 없다. 송나라 악사(樂史)의 『태평환우기(太平寰宇記)』에서는 지금의 산동 봉래현(蓬萊縣) 동남쪽 30리 지점이라 하였다. 그러나 이는 다만 전설일 뿐 실제 어디를 가리키는지는 알 필요가 없어 두 설은 잠시 생략한다.

115 우연(羽淵): 우산의 물이 흘러서 모여 못이 된 것이다.

116 공영달의 주석에서는 "「제법(祭法)」에서는 '하후(夏后)씨는 황제에게 체(禘)의 제사를 바쳤고 곤(鯀)은 교제를 바쳤다'라 하였는데, 하늘에 교제를 지내고 곤을 배(配)하는 것이 하가(夏家)의 교제(郊祭)라는 말이다. 은·주 2대는 그 조상을 하늘에 배하였는데 비록 다시 곤을 배하여 교제를 지나지는 않았지만 곤에게는 치수의 공이 있고 또한 뭇 신들의 수와 통하여 함께 또한 제사를 받았으니 하나라와 통하여 3대의 제사가 되었다"라 하였다.

117 「진어 8」에서는 "지금 주실(周室)이 낮아져서 진(晉)나라가 실로 이었는데 혹 하(夏)나라의 교제를 지내지 않은 것 아닙니까?"라 하였다.

118 「진어 8」에서는 "선자(宣子)가 그대로 아뢰어 하나라의 교제를 지내고 동백(董伯)이 시동(尸童)이 되었다"라 하였다.

119 병이 조금씩 차도가 있는 것이다.

子産爲豐施歸州田於韓宣子,[121]	자산이 풍시를 위하여 주의 전지를 한선자에게 돌려주며
曰,	말하였다.
"日君以夫公孫段爲能任其事,	"지난날 임금께서 공손단이 능히 그 일을 맡을 만하다고 해서
而賜之州田.	그에게 주의 전지를 내렸습니다.
今無祿早世,[122]	지금 불행히 일찍 세상을 떠나
不獲久享君德.[123]	오래도록 임금의 덕을 누리지 못하게 되었습니다.
其子弗敢有,	그 아들이 가지지 못하고
不敢以聞於君,	감히 임금께 아뢰지도 못하여
私致諸子."	가만히 그대에게 드리는 것입니다."

---

120 방정(方鼎): 두예는 "모난 정은 거나라가 공물로 바친 것이다"라 하였다. 공영달은 복건의 말을 인용하여 "정은 발이 세 개면 둥글고, 다리가 네 개면 모나다"라 하였다. 심흠한(沈欽韓)의 『보주(補注)』에서는 "『선화박고도(宣和博古圖)』를 가지고 증험하건대 문왕정(文王鼎)과 남궁중정(南宮中鼎)은 모두 발 네 개에 모난 정으로 복건의 설과 같다"라 하였다. 지금 남아 있는 가장 큰 사모무정(司母戊鼎)은 곧 모난 정으로 현재 중국역사박물관(中國歷史博物館)에 소장되어 있다.

121 풍시(豐施): 두예는 "풍시는 정나라 공손단(公孫段)의 아들이다. 3년에 진나라가 주의 전지를 단에게 내렸다"라 하였다. 양공 30년의 『전』에서는 "한씨와 사씨, 풍씨는 같은 소생이다(罕、駟、豐同生)"라 하였는데, 두예는 "풍은 공손단이다"라고 하였다. 16년 『전』 및 두씨(두예)의 『세족보(世族譜)』에 의하면 풍시의 자는 자기(子旗)이다.

122 아래의 『전』에 의하면 공손단은 이해 정월에 죽었다.

123 구향군덕(享君德久): 『한비자·이병(二柄)』편에서는 "상으로 내려 주는 것을 덕(德)이라 한다"라 하였으니 오래도록 임금의 덕을 누린다는 것은 임금이 하사한 것을 오래도록 누린다는 말과 같으며, 주의 전지를 가리킨다.

宣子辭.	선자가 사양하였다.
子産曰,	자산이 말하였다.
"古人有言曰,	"옛사람이 한 말에
'其父析薪,[124]	'그 애비가 장작을 패면
其子弗克負荷.'	그 아들이 다 질 수가 없다'라 하였습니다.
施將懼不能任其先人之祿,	풍시는 그 선인의 작록을 감당할 수 없을까 두려워하였는데
其況能任大國之賜?[125]	하물며 나라에서 내린 것을 감당할 수 있겠습니까?
縱吾子爲政而可,[126]	그대가 집정인 동안은 괜찮겠지만
後之人若屬有疆埸之言,[127]	뒤를 이은 사람이 마침 강역의 말을 하게 된다면
敝邑獲戾,	우리나라는 죄를 짓게 되고
而豐氏受其大討.[128]	풍씨는 토벌을 받게 될 것입니다.
吾子取州,	그대가 주를 취하면

---

124 『시경·제풍·남산(齊風·南山)』에 "장작 팸 그 어떠한가? 도끼 아니면 이기지 못한다네(析薪如之何, 匪斧不克)"라 하였으니 석신(析薪)은 곧 장작을 쪼개는 것이다. 이는 비유하는 말로 아비가 부지런히 힘을 써서 가업을 일으키는 것이라는 말이다.

125 임(任): 곧 지다의 뜻.

126 가(可): 죄를 면할 수 있다는 말이다.

127 속(屬): 부사로 때마침, 공교롭게.
강역(疆埸): 이 말은 진의 전지 주를 정나라 사람에게 준다는 말이다.

128 대토(大討): 크게 죄를 다스리는 것이다.

是免敝邑於戾,	이는 우리나라를 죄에서 벗어나게 하는 것이고
而建置豐氏也.	풍씨를 굳건하게 하는 것입니다.
敢以爲請."	감히 청합니다."
宣子受之,	선자가 그것을 받아
以告晉侯.	진후에게 알렸다.
晉侯以與宣子.	진후는 그것을 선자에게 주었다.
宣子爲初言,	선자는 처음에 한 말 때문에
病有之,[129]	그것을 가지는 것을 근심하여
以易原縣於樂大心.[130]	악대심과 원현으로 바꾸었다.

鄭人相驚以伯有,	정나라 사람이 백유 때문에 놀라서들
曰,	말하기를
"伯有至矣!"[131]	"백유가 왔다!"라 하고는

129 초언(初言): 조문자(趙文子)와 주의 전지를 다투던 말을 가리키며 3년의 『전』에 보인다. 주의 전지를 가지는 것을 부끄럽게 여긴 것이다.

130 악대심(樂大心): 송나라의 대부. 선공 15년 『전』에 악영제(樂嬰齊)가 있는데 정공열(程公說)의 『춘추분기·세보(春秋分紀·世譜) 3』에서는 영제의 4세손이라 하였다. 이는 아마 주의 전지를 악대심과 바꿔 원현을 취한 것 같다. 원은 본래 진나라의 읍이었는데 언제 송나라 악씨에게 들어갔는지 모르겠다.

131 백유가 피살된 일은 양공 30년의 『전』에 보인다. 아마 어떤 사람이 백유의 귀신이 왔다고 고함을 쳐서 사람들이 이 때문에 놀란 것일 것이다.

則皆走,[132]	모두들 달아났는데
不知所往.[133]	갈 곳을 몰랐다.
鑄刑書之歲二月,[134]	형법을 주조한 해의 2월에
或夢伯有介而行,[135]	어떤 사람이 백유가 갑옷을 입고 가는 것을 보았는데
曰,	이렇게 말하였다.
"壬子,[136]	"임자일에
余將殺帶也.[137]	내 대를 죽일 것이다.
明年壬寅,[138]	이듬해 임인일에
余又將殺段也."[139]	내 또 단을 죽일 것이다."
及壬子,	임자일이 되어
駟帶卒,	사대가 죽으니
國人益懼.	백성들이 더욱 두려워하였다.
齊, 燕平之月,[140]	제나라와 연나라가 화의한 달의

132 주(走): 달아나다.
133 사람들이 제각기 일정한 방향이 없이 어지러이 달아나는 것이다.
134 작년 2월이다.
135 개(介): 갑옷을 입은 것이다.
136 임자일은 지난해 3월 2일이다.
137 대(帶): 사대(駟帶)로 자석(子晳)을 도와 백유를 죽였다. 또한 양공 30년의 『전』에 보인다.
138 이해 정월 27일이다.
139 단(段): 공손단(公孫段)이다. 역시 백유를 공격하였다.
140 이해 정월이다.

壬寅,	임인일에
公孫段卒,	공손단이 죽으니
國人愈懼.	백성들이 더더욱 두려워하였다.
其明月,[141]	그 다음 달에
子産立公孫洩及良止以撫之,[142]	자산이 공손설 및 양지를 세워 위무하니
乃止.	이에 그쳤다.
子大叔問其故.	자태숙이 그 까닭을 물어보았더니
子産曰,	자산이 말하였다.
"鬼有所歸,[143]	"귀신은 귀숙할 곳이 있으면
乃不爲厲,	곧 악귀가 되지 않으니
吾爲之歸也."[144]	내 그를 귀숙하게 한 것입니다."

---

141 단이 죽은 다음 달이다.

142 입(立): 두 사람을 대부로 세워 그 부친의 제사를 받들게 한 것이다.
공손설(公孫洩): 자공(子孔)의 아들이다. 자공이 피살된 것은 양공 19년의 『전』에 보인다.
양지(良止): 백유의 아들이다.
무(撫): 안무(按撫)하다. "지(之)"는 백유의 혼령이다.

143 귀유소귀(鬼有所歸): 귀(鬼)와 귀(歸)는 옛 음이 같은 운부에 속하고 소리도 서로 가깝다. 『이아 · 석훈(釋訓)』에서는 "귀(鬼)라는 말은 돌아가는 것(歸)이다"라 하였다. 곽박(郭璞)의 주 및 형병(邢昺)의 소(疏)에서 인용한 『시자(尸子)』에서는 "옛날에는 죽은 사람(死人)을 귀인(歸人)이라 했다"라 하였다〔지금의 『시자』에는 이 문장이 없는데 청나라 왕계배(汪繼培)가 일찍이 편집해 넣었다〕. 그러나 여기서 자산이 말한 귀유소귀(鬼有所歸)는 귀신에게는 귀숙할 곳이 있다는 것을 말한다.

144 그 자식을 대부로 세우면 제사를 받을 수 있고 귀숙하는 것이라는 말이다.

大叔曰,	태숙이 말하였다.
"公孫洩何爲?"[145]	"공손설은 어째서 그랬소?"
子産曰,	자산이 말하였다.
"說也.[146]	"기쁘게 해준 것이지요.
爲身無義而圖說,[147]	몸에 도의가 없으면서 기쁘기를 추구한다면
從政有所反之,	집정관이 그것을 위배함이 있게 되니
以取媚也.[148]	기쁨을 취하게 함입니다.
不媚,	기쁘게 해주지 않으면
不信.[149]	신의를 가지지 않습니다.
不信,	신의가 없으면
民不從也."	백성들이 따르지 않습니다."
及子産適晉,	자산이 진나라로 갈 때
趙景子問焉,[150]	조경자가 이 일을 물어

145 두예는 "자공은 악귀가 되지 않았는데 어찌하여 또 설을 세웠느냐는 것이다"라 하였다.
146 열(說): 열(悅)과 같다. 환심을 얻음을 말한다.
147 백유와 자공은 모두 몸이 의롭지 못했는데 백유가 귀신이 되어 기쁨을 구한다는 말이다.
148 자산이 정사를 돌보는데, 정(政)은 바른 것이므로 당시의 예의에 의하여 행하여야 한다. 자공과 백유는 악행을 저질러 피살되었으므로 제사가 없는 것이 당연하지만 지금 다만 백유의 아들만 대부로 세운다면 이는 당시의 예의에 반하여 행하는 것이므로 동시에 자공의 아들도 세워 백성들로부터 사랑을 취하려는 것이다. 미(媚)는 기쁘다, 사랑하다의 뜻이다.
149 백성들의 기쁨을 얻지 않으면 백성들이 집정을 믿지 않는다는 것이다.
150 경자(景子): 두예는 "경자는 진나라 중군좌 조성(趙成)이다"라 하였다.

曰,	말하였다.
“伯有猶能爲鬼乎?”	“백유가 아직도 귀신이 될 수 있을까요?”
子産曰,	자산이 말하였다.
“能.	“될 수 있소.
人生始化曰魄,[151]	사람이 살다가 막 죽는 것을 백이라고 하는데
旣生魄,	이미 백이 생기어
陽曰魂.[152]	양이 되면 혼이라 합니다.
用物精多,[153]	쓰던 물품이 정미롭고 많으면
則魂魄强,	혼백이 강하게 되며
是以有精爽至於神明.	이로 인해 정기가 드러나 신명에 이르게 됩니다.
匹夫匹婦强死,[154]	필부와 필부라도 제 명에 죽지 못하면

151 화(化): 사(死)와 같다.『회남자·정신훈(精神訓)』편에 “그러므로 형체는 없어져도 정신은 일찍이 화하지 않으니(神未嘗化)”라는 말이 있는데, 화(化)는 곧 죽는 것이다. 불교에서 좌화(坐化)라 하고, 도교에서 우화(羽化)라 하는 것의 화(化)가 모두 이 뜻이다.

152『설문』에서 말한 “백은 음신(陰神)이다”와 “혼은 양기(陽氣)이다”라 한 것은 아마 이 뜻을 썼을 것이다.

153 물(物): 양생(養生)의 사물로 의식주의 바탕이 되는 것이다. 이미 정미(精美)롭고 또 많다는 것이다.

154 필부(匹夫)와 필부(匹婦)는 서민 중의 개인을 말한다.
강사(强死): 선종(善終)을 하지 못하는 것이다. 또한 문공 10년의『전』과『주』에 보인다.

其魂魄猶能馮依於人,	그 혼백이 오히려 남에게 붙어서
以爲淫厲,	모진 악귀가 될 수 있는데
況良霄,[155]	하물며 양소는
我先君穆公之冑,[156]	우리 선군이신 목공의 후손이며
子良之孫,[157]	자량의 손자이자
子耳之子,[158]	자이의 아들로
敝邑之卿,	우리나라의 경으로
從政三世矣.	집정을 한 지가 이미 3대째입니다.
鄭雖無腆,[159]	정나라가 비록 볼품이 없고
抑諺曰'蕞爾國',[160]	또한 속담에서 말하기를 '자그마한 나라'이지만
而三世執其政柄,	3대나 그 정권을 잡고
其用物也弘矣,[161]	쓰는 물품이 넓고
其取精也多矣,[162]	정미로움을 취함이 많으며

155 양소(良霄): 곧 백유이다.
156 주(冑): 후대이다.
157 자량(子良): 공자 거질(去疾)이다.
158 자이(子耳): 공손첩(公孫輒)이다.
159 전(腆): 두텁다는 뜻이다. 여기서는 정나라는 비록 소국이라는 뜻이다.
160 최(蕞): 두예는 "최(蕞)는 작은 모습이다"라 하였다. 후인들은 "최이(蕞爾)"를 가지고 작거나 협소한 것을 형용하였다.
161 홍(弘): 많다는 뜻과 같다. 옛사람들은 홍(弘)과 다(多)를 붙여서 많이 썼으니 『시경·소아·절남산(小雅·節南山)』에 "상란 많고(喪亂弘多)"와 양공 31년 『전』의 "참소하는 사특한 자가 많다(讒慝弘多)"는 뜻과 같다.

其族又大,[163]	일족이 크고
所馮厚矣,[164]	믿는 것이 두터우니
而强死,	제 명에 못 죽으면
能爲鬼,	귀신이 될 수 있는 것이
不亦宜乎!"[165]	또한 마땅하지 않겠소?"

子皮之族飮酒無度,	자피의 족인이 술을 마심이 무절제하여
故馬師氏與子皮氏有惡.[166]	마사씨에게 자피씨를 미워하는 감정이 생겼다.
齊師還自燕之月,[167]	제나라 군사가 연나라에서 돌아오던 날
罕朔殺罕魋.[168]	한삭이 한퇴를 죽이고

162 사물의 정미로움을 취함이 또한 많은 것이다.

163 양(良)씨는 정나라의 대족이다.

164 믿고 의지하는 세력이 두터운 것이다.

165 자산은 천도(天道)를 불신하여 화재가 나도 푸닥거리를 하지 않는 것이 소공 18년의 『전』에 보인다. 그런데 귀신을 믿고 꿈을 상세히 밝히는 것은 매우 모순된다. 귀신에 대하여 상세하게 꿈을 꾸는 것은 모두 자산의 일이 아닌 것 같으며 『좌전』을 지은 자가 귀신을 좋아하고 예언을 좋아하여 망령되이 추가한 것일 따름이다. 아니면 자산은 당시의 민심에 다가가서 그쪽으로 옮기어 행한 것일 것이다.

166 마사씨(馬師氏): 두예는 "마사씨는 공손서(公孫鉏)의 아들 한삭(罕朔)이다. 양공 30년 마사힐(馬師頡)이 달아나 공손서가 그를 대신하여 마사가 되었으며 자피(子皮)와 함께 모두 동족이다"라 하였다. 마사씨는 자피씨가 술을 마셔 절제가 되지 않음을 미워하였다.

167 두예는 "이해 2월에 있었다"라 하였다.

168 공손서(公孫鉏)는 자전(子展)의 아우이다. 전은 자피(子皮)를 낳았고, 서(鉏)는 한삭(罕

罕朔奔晉. 한삭은 진나라로 달아났다.

韓宣子問其位於子產.[169] 한선자가 자산에게 그 관위를 물었다.

子產曰, 자산이 물었다.

"君之羈臣,[170] "임금의 떠돌이 신하가

苟得容以逃死, 실로 죽음에서 벗어나가만 하면 되었지

何位之敢擇, 무슨 관위를 감히 택하겠으며,

卿違,[171] 경이 나라를 떠나면

從大夫之位,[172] 대부의 관위를 따르며,

罪人以其罪降,[173] 죄인은 그 죄에 따라 등급을 낮추는 것이

古之制也. 옛날의 제도입니다.

朔於敝邑, 삭은 우리나라에서

亞大夫也, 아대부이고,

朔)을 낳았다. 한삭과 한퇴는 종형제이다.

169 이때 자산이 마침 진나라에 있었다. 두예는 "한삭을 무슨 관위에 있게 하면 되겠느냐고 물은 것이다"라 하였다.

170 기(羈): 『옥편(玉篇)』에서 "기는 나그네이다. 기식하여 머무는 것이다"라 하였다.

171 위(違): 『논어·공야장(公冶長)』의 "나라를 버리고 떠났다(棄而違之)"의 위(違)와 같다. 본국을 떠나는 것을 말한다.

172 두예는 "예로 떠나온 자는 관위를 1등급 낮춘다"라 하였다.

173 본국에 죄를 짓고 다른 나라로 달아나면 받아 준 자는 그 죄의 경중에 따라 그 관위를 강등시킨다는 것이다.

其官,	그 관직은
馬師也,[174]	마사이며
獲戾而逃,	죄를 얻어 도망가
唯執政所寘之.[175]	오직 집정의 처분만 기다립니다.
得免其死,	죽음만 면할 수 있어도
爲惠大矣,	은혜가 클 텐데
又敢求位?"	또한 감히 관위를 요구하겠습니까?"
宣子爲子産之敏也,[176]	선자는 자산이 잘 살폈다고 생각하여
使從嬖大夫.[177]	하대부의 반열을 따르게 하였다.

秋八月,	가을 8월에
衛襄公卒.	위양공이 죽었다.
晉大夫言於范獻子曰,	진나라의 대부가 범헌자에게 말하였다.

174 두예는 "대부는 관위이고, 마사는 직책이다"라 하였다.

175 집정(執政): 한선자를 가리킨다. 당시 진(晉)나라의 중군(中軍帥)수였다.

176 민(敏): 잘 살폈다는 뜻으로, 꼭 맞다는 말이다.

177 폐대부(嬖大夫): 또한 소공 원년『전』에도 보이며, 곧 하다부이다. 아대부는 폐대부보다 겨우 한 등급 낮을 뿐으로 죄를 지어 강등한 것이 아니다.
종(從):『논어·선진(先進)』의 "내 대부의 뒤를 따르겠다(以吾從大夫之後)"의 종(從)과 같으며, 따른다는 뜻이다. 여기서는 이 반위(班位)를 따르겠다는 말이다.

“衛事晉爲睦,[178]	“위나라가 진나라를 섬기어 화목하게 되었는데
晉不禮焉,	진나라는 예우를 하지 않고
庇其賊人而取其地,[179]	적을 비호하고 그 땅을 취하였으므로
故諸侯貳.	제후들이 두 마음을 품었습니다.
詩曰,	『시』에서 말하기를
‘鸜鴒在原,	‘할미새 언덕에 있으니
兄弟急難.’[180]	형제의 어려움 구하는도다’라 하였고,
又曰,	또 말하기를
‘死喪之威,	‘죽음 두려우니,
兄弟孔懷.’[181]	형제 아주 그리워하는구나’라 하였습니다.
兄弟之不睦,	형제가 불목하니

178 목(睦): 『설문』에서는 “눈길이 순한 것이다. 공경하고 화목한 것이라고도 한다”라 하였다. 『상서·요전(堯典)』의 주석에서는 “목은 친한 것이다”라 하였다.

179 적인(賊人): 손림보(孫林父)를 가리킨다. 양공 26년의 『전』에 의하면 진나라는 척(戚)의 전지를 구획하고 의씨(懿氏)의 읍 60개를 취하여 손림보에게 주었다.

180 『시경·소아·상체(小雅·常棣)』의 구절이다. 척령(鸜鴒)은 곧 할미새로 또한 척령(脊令), 척령(鶺鴒)이라고도 하며, 날개와 꼬리가 모두 길고 물결 모양으로 날아다닌다. 물가의 바위틈에 둥지를 튼다. 척령은 원래 물새인데 지금 평원에 있으니 서로 구조를 하는 것이다.

181 역시 「상체」의 구절이다. 위(威)는 외(畏), 곧 두렵다는 뜻이다. 공(孔)은 매우라는 뜻이다. 회(懷)는 생각하다의 뜻이다. 사상이 있으면 형제가 매우 그리워한다는 말이다.

於是乎不弔,[182]	이에 좋지 않은데
況遠人,	하물며 소원한 사람이
誰敢歸之?[183]	누가 감히 귀의하겠습니까?
今又不禮於衛之嗣,[184]	지금 또한 위나라 사군에게 무례하니
衛必叛我.	위나라는 반드시 우리를 배반할 것이고
是絶諸侯也."	이는 제후들과 단절되는 것입니다.'
獻子以告韓宣子.	헌자는 그대로 한선자에게 알렸다.
宣子說,	선자는 기뻐하며
使獻子如衛弔,	헌자를 위나라로 보내어 조문케 하고
且反戚田.[185]	또한 척의 전지를 돌려주었다.

---

182 부조(不弔): 곧 불선(不善), 불숙(不淑)과 같은 뜻이다.

183 위나라와 진나라는 원래 형제의 나라였는데도 서로 친목하지 못하니 먼 곳의 나라가 누가 감히 진나라에 복종하겠느냐는 뜻이다.

184 사(嗣): 왕위를 이은 임금. 진나라가 가서 조문하지 않은 것은 사군(嗣君)에게 예가 아니라는 것이다.

185 양공 14년『전』에서 위나라 손림보와 영식은 그 임금 헌공 간(衎)을 쫓아내고 상공(殤公) 표(剽)를 세웠는데, 당시에는 순언(荀偃)이 진나라 중군수였으며, 듣고 승인하였다. 양공 26년에 영희(甯喜)가 그 임금 표를 죽이고 손림보가 척을 가지고 진나라로 갔는데, 헌공이 복위하자 진나라는 또 척의 전지를 구획하고 위나라의 서쪽 변경인 의지(懿氏) 60개 읍을 취하여 손씨에게 주었는데, 당시는 진나라 조무가 집정으로 여기까지 13년이 되었을 것이다.

衛齊惡告喪于周,	위나라 제악이 주나라에 상을 알리고
且請命.	또한 명을 청하였다.
王使郕簡公如衛弔,[186]	왕은 성간공을 위나라로 보내어 조문케 하고
且追命襄公曰,	또한 양공에게 추명하여 말하였다.
"叔父陟恪,[187]	"숙부께서 승천하여
在我先王之左右,	우리 선왕의 좌우에서
以佐事上帝,	상제를 보좌하여 섬길 것이니
余敢忘高圉, 亞圉?"[188]	내 감히 고어와 아어를 잊겠는가?"

九月,	9월에
公至自楚.	공이 초나라에서 돌아왔다.

186 성(郕): 원래 "신(臣)"으로 잘못되어 있었고, 어떤 판본에는 "성(成)"으로 되어 있었는데, 지금은 가나자와 문고본(金澤文庫本)에 따라 정정하였다.

187 척각(陟恪): 등가(登假)라는 말과 같으며, 동의어가 연용된 것으로 승천(昇天)하는 것을 말한다.

188 『사기·주본기(周本紀)』에 의하면 고어는 공비(公非)의 아들이며, 『색은』에서 인용한 『세본』에서는 "고어는 후모(侯侔)"라 하였고, 또한 『집해(集解)』에서 인용한 『계본(系本)』(곧 『세본』)에서는 "아어는 운도(雲都)"라 하였는데, 후모와 운도는 모두 자일 것이다. 『사기·주본기(周本紀)』에서는 또한 "고어가 죽자 아들인 아어가 섰다"라 하였는데 모두 주나라의 선대로 은나라 때의 어진 제후였다. 이는 추명으로 장공 원년의 "왕이 영숙을 보내어 돌아가신 환공에게 추명(追命)을 내렸다(王使榮叔來錫桓公命)"라 한 것과 같을 것이다. 추명은 『춘추경』과 『전』에 겨우 이 두 번만 보인다.

孟僖子病不能相禮,[189]	맹희자가 상례를 행할 수 없었음을 부끄럽게 여겨
乃講學之,	이에 예를 배웠는데
苟能禮者從之.	예에 능한 사람이 있기만 하면 좇아 배웠다.
及其將死也,[190]	그가 죽으려 할 때
召其大夫,[191]	그 대부들을 불러
曰,	말하였다.
"禮,	"예는
人之幹也.	사람의 근간이다.
無禮,	예가 없으면
無以立.	설 수가 없다.
吾聞將有達者曰孔丘,[192]	내 듣건대 통달한 자로 공구라는 사람이 있다는데
聖人之後也,[193]	성인의 후손으로

189 육덕명(陸德明)의 『석문(釋文)』에서는 "본래는 아마 '病不能禮'로 되어 있었을 것이다"라 하였다. 청나라 혜사기(惠士奇)의 『춘추설(春秋說)』과 청나라 장림(臧琳)의 『좌전잡기(左傳雜記)』(이하 『잡기(雜記)』), 왕인지의 『경의술문(經義述聞)』에서는 모두 "상(相)"은 연문이라고 하였다.

190 두예는 "24년에 맹희자는 죽는데, 『전』에서는 그 끝을 말한 것이다"라 하였다.

191 두예는 "희자의 속대부들이다"라 하였다.

192 희자가 죽었을 때 공자는 34세였다. 20년 『전』의 기록에 의하면 공자는 금장(琴章)이 조문 가려는 일을 꾸짖었는데 그때 나이가 30세였다.

193 성인(聖人): 불보하와 정고보를 가리킨다.

而滅於宋.[194]	송나라에서 망하였다고 한다.
其祖弗父何以有宋而授厲公.[195]	그 조부 불보하는 송나라를 가질 수 있었으나 여공에게 주었다.
及正考父,[196]	정고보에 이르러
佐戴, 武, 宣,[197]	대공과 무공, 선공을 보좌하여

194 두예는 "공자의 6대조 공보가(孔父嘉)가 송독(宋督)에게 피살되어 그 아들이 노나라로 달아났다"라 하였다. 두예의 설은 복건(복건의 설은 『후한서·공융전(孔融傳)』의 주에 보인다)에게서 취하였지만 『시경·상송·나(商頌·那)』의 주석(소(疏))에서 인용한 『세본』에서는 "정고보(正考父)는 공보가를 낳았는데 송나라의 사마가 되었으나 화독이 죽여서 세계가 끊어졌다. 그 아들 목금보(木金父)는 사(士)로 강등되었다. 목금보는 기보(祁父)를 낳았으며, 기보는 방숙(防叔)을 낳았는데 화씨(華氏)의 핍박을 받아 노나라로 달아나 방(防)의 대부가 되었기 때문에 방숙이라고 한다. 방숙은 백하(伯夏)를 낳았고, 백하는 숙량흘(叔梁紇)을 낳았으며, 숙량흘이 중니(仲尼)를 낳았다"라 하였다. 그러나 명나라 육찬(陸粲)의 『좌전부주(左傳附註)』 및 이이덕(李貽德)의 『춘추좌씨전가복주집술(春秋左氏傳賈服注輯述)』에서는 모두 복건의 설은 믿을만하고 『세본』의 설은 믿을 수가 없다고 하였는데, 옳다.

195 『시경·상송·나(商頌·那)』의 주석(소(疏))에서는 복건의 말을 인용하여 "불보하는 송혼공(宋湣公)의 세자로 여공(厲公)의 형이다. '송나라를 가진다'는 말은 혼공의 적사(嫡嗣)는 마땅히 송나라를 가져야 하나 아우인 여공에게 물려준 것이다"라 하였다. 두예도 대략 같다. 청나라 이이덕(李貽德)의 『춘추좌씨전가복주집술(春秋左氏傳賈服注輯述)』에서는 "『사기·송세가(宋世家)』에서는 '혼공 공(共)이 죽자 아우 양공(煬公) 희(熙)가 즉위하였다. 혼공의 아들 부사(鮒祀)가 양공을 죽이고 스스로 즉위하니 여공이다'라 하였다. 이에 의하면 여공은 실은 스스로 즉위한 것이지 불공하가 양위한 것이 아니니 『전』과는 어긋나고 다르다. 「의나(猗那)」의 「시서(詩序)」의 주석(소(疏))에서는 '하(何)는 혼공의 세자로 부친이 죽으면 당연히 즉위하여야 하나 양공이 찬탈하였다. 아마 여공이 이미 양공을 죽여 불보하를 세우려 하였으나 하가 여공에게 물려준 것이다'라 하였다. 공씨의 말은 비록 억설로 내린 결론이지만 『전』에서 말한 것은 그런 일이 있을 것이다. 『사기』에서 나라를 물려준 것을 말하지 않은 것은 『세가』는 춘추 이전의 여러 임금에 대해서는 시계만 대강 훑었을 뿐 사실을 그리 상세하게 밝힐 수 없었기 때문이다"라 하였다. 「송세가」의 『색은』에서는 "『좌씨』에 의하면 (鮒祀) 곧 혼공의 서자이다. 양공을 죽이고 태자 불보하를 세우려고 했으나 하는 양보하여 받지 않았다"는 것은 곧 여기에 근거한다.

196 두예는 "불보하의 증손이다"라 하였다.

三命玆益共,[198]	삼명이 되어 더욱 공경케 하였으므로
故其鼎銘云,[199]	정의 명에서
'一命而僂,	'일명에 등을 숙이고
再命而傴,	이명에 몸을 숙이며
三命而俯,[200]	삼명에 허리를 숙이어,
循牆而走,[201]	담장을 따라가니
亦莫余敢侮.	또한 감히 나를 업신여긴 하감이 없었다.
饘於是,	이것으로 된죽을 쑤고
鬻於是,	이것으로 묽은 죽을 쑤어
以餬余口.'[202]	내 입에 풀칠하였도다'라 하였는데
其共也如是.	그 공경함이 이와 같았다.

197 두예는 "세 사람은 모두 송나라 임금이다"라 하였다.

198 삼명(三命): 두예는 "삼명은 상경이다. 관위가 높아질수록 더욱 공손해진 것이다"라 하였다.
자익(玆益): 자(玆)는 자(滋)와 같다. 자익(玆益)은 동의사가 연용된 것이다. 공(共)은 공(恭)과 같다.

199 정(鼎): 두예는 "정고보의 사당의 정이다"라 하였다.

200 두예는 "부(俯)는 구(傴)보다 공손하고, 구는 루(僂)보다 공손한 것이다"라 하였다.

201 순장(循牆): 길의 중앙을 피한 것이다. 급히 걷는 것을 주(走)라고 하며, 공경을 표시하는 것이다.

202 이상의 루(僂), 구(傴), 부(俯), 주(走), 구(口)는 고음이 모두 후(侯)부에 있으며, 운으로 쓰였다. 모(侮)자만 모(模)부에 있는데 운이 또한 가깝다. 두예는 "이 정에 죽〔饘鬻〕을 끓였는데 전죽(饘鬻)은 죽이므로 지극히 검소함을 말한다"라 하였다. 호구(餬口)는 또한 은공 11년의『전』에도 보인다.

臧孫紇有言曰,[203] 장손흘이 말하기를

‘聖人有明德者, ‘성인 중에 밝은 덕을 가진 자가 있다면

若不當世,[204] 임금이 되지 않으면

其後必有達人.’ 그 후손 중에 반드시 통달한 사람이 있게 된다’라 하였다.

今其將在孔丘乎! 지금은 아마 공구에게 있을 것이다.

我若獲沒, 내가 만약 선종을 하게 되면

必屬說與何忌於夫子,[205] 반드시 열과 하기를 부자에게 부탁하여

使事之, 그를 섬기게 하여

而學禮焉, 그에게 예를 배워

以定其位.”[206] 직위를 안정케 하라.”

故孟懿子與南宮敬叔師事仲尼.[207] 그리하여 맹희자와 남궁경숙이 중니를 사사하였다.

---

203 장손흘(臧孫紇): 두예는 “흘(紇)은 무중(武仲)이다”라 하였다.

204 성인은 곧 불보하와 정고보를 가리킨다. 당세(當世)는 임금이 되는 것이다.

205 부자(夫子): 공자를 가리킨다.

206 두예는 “예를 알면 관위가 안정된다”라 하였다.

207 맹의자(孟懿子)는 하기이다. 경숙(敬叔)은 이름이 열(閱)이다. 이 두 사람이 공자를 섬긴 것은 소공 24년 이후이다. 『사기·공자세가(孔子世家)』에서는 “공자가 17세 때 맹이자(孟釐子)가 죽었으며 의자는 노나라 사람 남궁경숙과 함께 가서 예를 배웠다”라 하였다. 사마천(司馬遷)은 아마 이해에 맹희자〔孟僖子, 곧 이자(釐子)〕가 죽은 것으로 잘못 알았으며 의자(懿子) 및 경숙이 소공 11년에 태어난 것은 몰랐던 것 같으며, 두예 또한 쌍둥이로 안 것 같은데 소공 7년에는 두 사람이 아직 태어나지도 않았다. 곧 소공

仲尼曰,	중니가 말하였다.
"能補過者,	"허물을 고칠 수 있는 사람은
君子也.	군자이다.
詩曰'君子是則是效',[208]	『시』에서 말하기를 '군자를 본받는다'라 하였는데
孟僖子可則效已矣."	맹희자는 본받았다고 할 수 있을 따름이다."

單獻公棄親用羈.[209]	단헌공이 가까운 사람을 버리고 도망 온 사람을 썼다.
冬十月辛酉,[210]	겨울 10월 신유일에
襄, 頃之族殺獻公而立成公.[211]	양공과 경공의 족인이 헌공을 죽이고 성공을 세웠다.

十一月,	11월에

24년에도 두 사람은 겨우 열세 살일 따름이었다. 양옥승(梁玉繩)의 『지의(志疑)』에서는 "이는 사마천이 소략한 곳으로 『색은』과 『고사(古史)』에서는 모두 그 잘못을 바로잡았다"라 하였다. 청나라 최술(崔述)의 『수사고신록(洙泗考信錄)』에서는 거기에 대하여 상세히 언급하였다.

208 『시경·소아·녹명(小雅·鹿鳴)』의 구절이다. 효(效)는 지금 판본에는 "효(傚)"로 되어 있다.

209 헌공(獻公): 두예는 "헌공은 주나라의 경사로 단정공(單靖公)의 아들이며 경공(頃公)의 손자이다. 기(羈)는 기객(寄客)이다.

210 신유일은 24일이다.

211 두예는 "양공(襄公)은 경공(頃公)의 아버지이다. 성공(成公)은 헌공(獻公)의 아우이다"라 하였다.

季武子卒.[212]	계무자가 죽었다.
晉侯謂伯瑕曰,[213]	진후가 백하에게 일러 말하였다.
"吾所問日食,	"내가 물어보았던 일식은
從矣.	그대로 되었습니다.
可常乎?"[214]	늘 그럴 수 있습니까?"
對曰,	대답하였다.
"不可.	"안 됩니다.
六物不同,	육물이 같지 않고
民心不壹,	민심이 일치하지 않으며
事序不類,	일의 순서가 같지 않고
官職不則,[215]	관직이 같지 않으며
同始異終,	시작은 같으나 끝이 다르니

212 『예기·단궁(檀弓) 하』에서는 "계무자가 병져 누웠다. 교고(蟜固)가 재최복(齊衰服)을 벗지 않고 들어가 뵙고 말하였다. '이 예도가 곧 없어지려 합니다. 사(士)는 오직 공문(公門)에 들어갈 때만 재최복을 벗는 것이고, 대부의 집에 들어갈 때는 재최복을 벗지 않는 것입니다.' 무자가 말하였다. '또한 좋지 않은가! 군자에 의해 약해지는 예도 밝혀지는 것이.' 그의 상을 당했을 때 증점(曾點)이 그의 집 문에 기대어 서서 노래를 불렀다"라 하였다. 이 일이 정확하다면 계무자가 노나라의 정치를 전제하여 유사(儒士)들로부터 미움을 받았다.

213 백하(伯瑕): 두예는 "백하는 사문백(士文伯)이다"라 하였다.

214 『한서·오행지(五行志) 하』의 하 주석에서 안사고(顔師古)는 "종(從)은 사문백의 말대로 되었다는 말이다. 가상(可常)은 늘 이렇게 점을 칠 수 있느냐는 말이다"라 하였다.

215 왕인지(王引之)는 "칙(則)은 등(等)자와 같은 뜻이다. '官職不則'은 현부(賢否)가 같지 않은 것이다. 동(同)이랑 일(壹), 류(類), 칙(則)은 모두 같다는 것을 이른다"라 하였다. 『술문(述聞)』에서 상세히 말했다.

胡可常也?	어찌 늘 그럴 수 있겠습니까?
詩曰'或燕燕居息,	『시』에서 말하기를 '어떤 사람은 편히 쉬고,
或憔悴事國',[216]	어떤 이는 온갖 고생하며 나라 섬기네'라 하였으니
其異終也如是."	그 끝이 다르기가 이와 같습니다."
公曰,	공이 말하였다.
"何謂六物?"	"무엇을 6물이라 하는가?"
對曰,	대답하였다.
"歲, 時, 日, 月, 星, 辰,[217]	"세, 시, 일, 월, 성, 진

216 『시경·소아·북산(小雅·北山)』의 구절이다. 초췌(憔悴)는 지금의 『모시(毛詩)』에는 "진췌(盡悴)"로 되어 있고, 『한서·오행지(五行志)』에서는 "진췌(盡顇)"로 되어 있으며, 『주례·소사구(小司寇)』의 주석에서는 "盡悴以事國"으로 되어 있어 『전』과 같다.

217 세(歲): 두 가지의 뜻이 있는데, 첫째는 『설문』에서 "세는 목성(木星)이다"라 한 것이고, 둘째는 『이아·석천(釋天)』에서 말한 "하나라에서는 세(歲)라 하였고, 상나라에서는 사(祀), 주나라에서는 년(年), 당(唐)·우(虞)에서는 재(載)라 하였다"라 한 것이다. 사실 상나라 또한 세(歲)를 썼으니 이를테면 『갑골문록(甲骨文錄)』 574의 "을축년에 왕이 곧은가 점을 쳐보았더니 올해〔今歲〕 해를 12달 받았다"라 한 것으로 알 수 있다.
시(時): 복건과 두예는 모두 "시는 사시(四時)를 이른다"라 하였다.
일(日): 복건과 두예는 모두 "하늘에 열 개의 태양〔十日〕이 있다"의 일(日)이라 하였으니 곧 갑(甲)에서 계(癸)까지이다.
월(月): 복건과 두예 모두 "월은 12달이다"라 하였다.
성(星): 복건과 두예는 모두 "성은 28수(宿)이다"라 하였다. 그러나 당시에 보인 별은 실은 다만 28수만이 아니었으며, 곧 행성은 28수 안에 들어 있지 않았다. 『시경·대아·대동(大雅·大東)』에서는 "동쪽에는 계명성 있고, 서쪽에는 장경성 있네(東有啓明, 西有長庚)"라 하였는데, 계명과 장경은 모두 금성이다. 그러므로 성(星)은 실은 당시 하늘에 보이는 별을 가리켰다.
진(辰): 뜻이 매우 많으며 아래의 내용과 『주』에 상세하다.

是謂也."

이를 이릅니다."

公曰,

공이 말하였다.

"多語寡人辰而莫同,[218]

"많은 사람들이 과인에게 진을 말하는데 같은 것이 없으니

何謂辰?"

무엇을 일러 진이라 하는가?"

對曰,

대답하였다.

"日月之會是謂辰,[219]

"해와 달이 만나는 것을 진이라 하므로

故以配日."[220]

해와 짝을 지었습니다."

衛襄公夫人姜氏無子,[221]

위양공의 부인 강씨는 아들이 없었으며

嬖人婤姶生孟縶.

총희인 주압이 맹집을 낳았다.

孔成子夢康叔謂己,[222]

공성자의 꿈에 강숙이 자기에게 이르기를

---

218 당시 진(辰)에 대해 많은 개념이 있었는데 이를테면 『논어·위정(爲政)』의 "북진(北辰)"은 곧 북극성이며, 『공양전』 소공 17년에서는 "대진(大辰)이란 무엇인가? 대화(大火)이다"라 하였으니 곧 심수(心宿)이다. 환공 2년 『전』에서는 "삼진의 깃발(三辰旂旗)"은 곧 일(日)·월(月)·성(星)이라 하였으며, 성공 9년의 『전』에서는 "12일 만에(浹辰之間)"라 하였는데 소(疏)에서는 "자(子)에서 해(亥)까지 12진(辰)이다"라 하였다. 희공 5년의 『전』에서는 "용미성이 숨어 보이지 않는다(龍尾伏辰)" 하였으니 일월이 만나는 것이다.

219 이 진(辰)은 또한 자(子)에서 해(亥)까지의 12지(支)를 가리키는 것 같다.

220 일(日): 곧 갑(甲)에서 계(癸)까지의 10간(干)이다. 은상(殷商) 이래로는 곧 갑자, 을축의 60간지로 날짜를 기록하였는데 춘추시대에도 여전히 그랬다.

221 강씨(姜氏): 두예는 "강씨는 선강(宣姜)이다"라 하였다.

"立元,[223] "원을 세우면

余使羈之孫圉與史苟相之."[224] 내 기의 손자 어와 사구로 하여금 돕게 하겠다"라 하였다.

史朝亦夢康叔謂己, 사조 또한 꿈에 강숙이 자기에게 이르기를

"余將命而子苟與孔烝鉏之曾孫圉相元." "내 너의 아들 구와 공증서의 증손자 어로 하여금 원을 돕게 할 것이다"라 하였다.

史朝見成子, 사조가 성자를 찾아보고

告之夢, 꿈을 일러 주었는데

夢協.[225] 꿈이 딱 맞았다.

晉韓宣子爲政聘于諸侯之歲,[226] 진나라 한선자가 정사 때문에 제후를 빙문하던 해에

婤姶生子, 주압이 아들을 낳아

名之曰元. 이름을 원이라고 하였다.

---

222 강숙(康叔): 위나라에 처음 봉하여진 선조이다.

223 두예는 "성자는 위나라의 경이고, 공달(孔達)의 손자 증서(烝鉏)이다. 원(元)은 맹집의 아우인데, 꿈을 꾸었을 당시 원(元)은 아직 태어나지 않았다"라 하였다.

224 기(羈): 공성자 증서(烝鉏)의 아들이다.
어(圉): 또한 중숙어(仲叔圉)라고도 하며, 공문자라고도 하는데, 『예기·제통(祭統)』에서는 문숙(文叔)이라고 일컬었다.
사구(史苟): 사조(史朝)의 아들로 또한 문자(文子)라고도 하고 사구(史狗)라고도 한다. 양공 29년의 『전』에 보인다.

225 협(協): 두예는 "협(協)은 합치되는 것이다"라 하였다.

226 두예는 "2년에 있었다"라 하였다.

孟縶之足不良能行.[227]	맹집의 다리가 잘 걸을 수가 없었다.
孔成子以周易筮之,	공성자가 『주역』으로 점을 쳐보고는
曰,	말하였다.
“元尙享衛國,	“원이 위나라를 향유하여
主其社稷.”[228]	사직을 주재하였으면 한다.”
遇屯䷂.[229]	둔괘䷂를 얻었다.
又曰,	또 말하였다.
“余尙立縶,	“나는 집을 세웠으면 하니
尙克嘉之.”[230]	좋은 괘가 나왔으면 한다.”
遇屯䷂之比䷇.[231]	둔괘䷂가 비괘䷇로 변한 것을 얻었다.
以示史朝.	사조에게 보여주었다.
史朝曰,	사조가 말하였다.

---

227 20년『전』의 “없으면 빼앗았다(無則取之)”라는 말에서 두예는 “집의 다리가 좋지 못했다……” 한 것에 의하면 두예는 “불량(不良)”으로 한 구절을 끊고 “능행(能行)”은 또 다른 구절로 생각하였는데 확실하지 않다. 마땅히 “孟縶之足不良能行”으로 구절을 끊어야 하며, 양(良)은 선(善)의 뜻이며 잘 걷지를 못한다는 말이다. 청나라 완원(阮元)의 『교감기(校勘記)』 및 청나라 주빈(朱彬)의 『경전고증(經傳攷證)』에 근거하였다.

228 이는 복서(卜筮)에서 명한 말이다. 상(尙)은 희망을 나타내는 부사이다.

229 두예는 “진(震)이 아래에 있고 감(坎)이 위에 있는 것이 둔(屯)괘이다”라 하였다.

230 복서에서 원을 세우게 하고 또 복서에서 집을 세우게 하였는데 이것 또한 복서에서 명한 말이다. 위의 상(尙)자는 같다는 뜻이다. 아해의 상(尙)자는 바람을 나타낸다. 가(嘉)는 선(善)이다.

231 두예는 “곤(坤)이 아래에 있고 감(坎)이 위에 있는 것이 비(比)괘이다. 둔괘의 초구의 효가 변하였다”라 하였다.

"'元亨',

"'원형'이라 하였는데

又何疑焉?"[232]

또 그 무엇을 의심하십니까?"

成子曰,

성자가 말하였다.

"非長之謂乎?"[233]

"장자를 말한 것 아니겠습니까?"

對曰,

대답하였다.

"康叔名之,

"강숙이 그렇게 명명하였으니

可謂長矣.[234]

장자라 할 만합니다.

孟非人也,[235]

맹집은 그 사람이 아니니

將不列於宗,

종주에 들 수 없으므로

不可謂長.[236]

장자라 할 수 없습니다.

且其繇曰,

또한 그 요사에서 말하기를

'利建侯.'[237]

'후로 새우는 것이 이롭다'라 하였습니다.

嗣吉,

잇는 것이 길하다면

---

232 "원형(元亨)"은 둔괘의 괘사이다. 사조는 "원(元)"을 "원이 위나라를 향유했으면 한다"의 "원(元)"으로 생각하였다.

233 공성자는 "원형(元亨)"의 "원(元)"은 연장(年長), 곧 집을 가리키며 이름 원(元)이 아니라고 생각하였다.

234 원이라는 것은 선(善) 중의 으뜸이다. 강숙이 명명하였으므로 선 중의 으뜸이라는 것이다.

235 거기에 합당한 사람이 아니라는 말과 같다.

236 두예는 "발을 절룩이는 것은 온전한 사람이 아니므로 종주에 들 수 없다"라 하였다.

237 또한 둔괘의 괘사이다.

何建?	어째서 세웁니까?
建非嗣也.[238]	세우는 것은 잇는 것이 아닙니다.
二卦皆云,[239]	두 괘에서 모두 말하였으니
子其建之!	그대는 그대로 세우십시오.
康叔命之,	강숙이 그렇게 명명하였고
二卦告之,	두 괘에서 그렇게 일렀으며
筮襲於夢,[240]	복서가 꿈을 이었는데
武王所用也,[241]	이는 무왕이 쓰는 것이니
弗從何爲?[242]	그것을 따르지 않으면 어떡합니까?
弱足者居.[243]	다리가 약한 사람은 집에 있습니다.
侯主社稷,	임금은 사직을 주관하고
臨祭祀,	제사에 임하며

238 만약에 맹집을 세운다면 이는 왕위를 잇는 것이고 후를 세우는 것이 아니니 "후를 세우는 것이 이롭다"는 것이 가리키는 것이 아니다. 이미 후를 세운다 하였으니 맹집이 왕위를 잇는 것이 아니다.

239 처음에는 둔괘를 얻어서 둔괘의 괘사 "원형이니 후로 세움이 길하다"를 썼으며, 또한 둔괘가 비괘로 바뀌는 괘를 얻어 둔괘 초구의 효사를 써서 또한 "후를 세우는 것이 이롭다"라 하였다.

240 점과 꿈이 서로 부합하는 것이다.

241 『국어·주어(周語) 하』에서는 「태서(大誓)」를 인용하여 "짐의 꿈이 짐의 점과 맞아 떨어져서 길상을 이었으니 상나라를 치면 반드시 이길 것이다"라 하였다. 이는 무왕의 말이다.

242 어찌하여 따르지 않는가 하는 말이다.

243 두예는 "다리를 절면 한쪽 다리가 약하여 집에 있으면서 돌아다닐 수 없다"라 하였다. 이는 둔괘(屯卦) 초구(初九)의 효사(爻辭) "서성대니 집에 있는 것이 이롭다(磐桓利居)"라 한 것을 썼으며, 반환(盤桓)은 절룩이며 걷는 모양이다.

奉民人, 백성들을 봉양하고

事鬼神, 귀신을 섬기며

從會朝, 회합과 조현을 따르니

又焉得居? 또한 어찌 머무를 수 있겠습니까?

各以所利, 각기 이로운 데로 하는 것이

不亦可乎?"[244] 또한 옳지 않겠습니까?"

故孔成子立靈公. 그리하여 공성자가 영공을 세웠다.

十二月癸亥, 12월 계해일에

葬衛襄公.[245] 위나라 양공을 장사 지냈다.

소공 8년

經

八年春,[1] 8년 봄에

陳侯之弟招殺陳世子偃師. 진후의 아우 초가 진나라 세자 언사를 죽였다.

---

244 두예는 "맹집은 다리를 저니 집에 있는 것이 이롭고, 원은 길하니 세우는 것이 길하다"라 하였다.

245 『사기·위세가(衛世家)』에서 이 일을 서술하였는데 비교적 간략하다.

1 팔년(八年): 정묘년 B.C. 534년으로 주경왕(周景王) 11년이다. 동지가 정월 19일 무자일로 건자(建子)이며, 윤달이 있다.

夏四月辛丑,[2]	여름 4월 신축일에
陳侯溺卒.	진후 익이 죽었다.
叔弓如晉.	숙궁이 진나라에 갔다.
楚人執陳行人干徵師殺之.[3]	초나라 사람이 진나라 행인 간징사를 붙잡아 가서 죽였다.
陳公子留出奔鄭.[4]	진나라 공자 유가 정나라로 달아났다.
秋,	가을에
蒐于紅.[5]	홍에서 사냥하였다.
陳人殺其大夫公子過.[6]	진나라 사람이 그 대부 공자 과를 죽였다.
大雩.[7]	크게 기우제를 지냈다.
冬十月壬午,[8]	겨울 10월 임오일에

---

2 신축일은 3일이다.

3 두예는 "행인이라 칭하여 행인의 죄가 아님을 밝혔다"라 하였다. 추안(鄒安: 1864~1940)의 『주금문존(周金文存)』 권4에는 간씨숙자반(干氏叔子盤)이 있는데 간씨가 만든 것인지의 여부는 알지 못한다.

4 두예는 "유는 초(招)에 의해 세자로 세워졌는데 임금이 되기도 전에 달아났다"라 하였다.

5 『전』의 『주』에 상세하다.

6 두예는 "초(招)와 함께 언사를 죽였으며 이름을 기록한 것은 그 죄를 물은 것이다"라 하였다. 그러나 『전』에 의하면 실은 공자 초가 죄를 과(過)에게 덮어씌우고 죽인 것이다. 『춘추』에서 아무개가 아무개를 죽였다고 기록한 것은 몇 차례 있는데, 환공 6년과 9년, 장공 22년, 문공 7, 8, 9년의 3년, 선공 11년, 양공 24년 및 이곳, 또한 애공 14년이 있는데 비교해 보면서 그 뜻을 구할 수 있다.

7 『전』이 없다. 두예는 "가물지 않았는데 가을에 기우제를 올린 것으로, 시일을 지나친 것이다"라 하였다.

楚師滅陳. 초나라 군사가 진나라를 멸하였다.

執陳公子招, 진나라 공자 초를 잡아다

放之于越.[9] 월나라로 추방하였다.

殺陳孔奐.[10] 진공환을 죽였다

葬陳哀公.[11] 진나라 애공을 장사 지냈다.

傳

八年春, 8년 봄에

石言于晉魏楡.[12] 진나라 위유에서는 돌이 말을 하였다.

晉侯問於師曠曰, 진후가 사광에게 물어 말하였다.

"石何故言?" "돌이 무슨 까닭으로 말을 하는가?"

對曰, 대답하였다.

---

8 임오일은 17일이다.

9 『전』에는 이 사실이 실려 있지 않다.

10 가나자와 문고본(金澤文庫本)에는 "공환(公奐)"으로 되어 있다. "환(奐)"은 『공양전』에는 "원(瑗)"으로 되어 있다. 고음이 서로 가까워 통하여 쓸 수 있다. 이 일도 『전』에는 실려 있지 않은데, 두예는 환(奐)이 초(招)의 도당이라 하였는데 그 근거를 모르겠다.

11 두예는 "폐인(嬖人) 원극(袁克)이 장사를 지냈는데, 노나라에서 참석을 하였으므로 기록하였다"라 하였다. 그러나 공영달은 가규와 복건을 인용하여 초나라가 애공을 장사 지냈다고 하였다. 『전』에서는 분명히 "여폐 원극과 함께 말을 죽이고 옥을 부수어 장사 지냈다(輿嬖袁克殺馬毁玉以葬)"라 하였으니 두예는 『전』에 근거하여 말한 것이다.

12 위유(魏楡): 두예는 "위유는 진나라 땅이다"라 하였다. 전국시대에는 조(趙)나라에 속하였으며, 『사기·진기(史記·秦記)』에 장양왕(莊襄王) 3년에 조나라 유차(楡次)를 공격하는데 곧 이 위유이며, 지금의 산서 유차시(楡次市) 서북쪽에 있다.

"石不能言,	"돌은 말을 할 수 없으니
或馮焉.[13]	무엇이 거기에 붙은 것일 것입니다.
不然,	그렇지 않다면
民聽濫也.[14]	백성들이 잘못 들은 것입니다.
抑臣又聞之曰,	그러나 신이 또 듣건대
'作事不時,[15]	'일을 때맞춰 하지 않으면
怨讟動于民,	백성들의 원망과 비방이 움직여
則有非言之物而言.'	말을 하지 않는 것이 말을 하기도 한다' 하였습니다.
今宮室崇侈,	지금 궁실은 높고 사치로운데
民力彫盡,[16]	백성들의 힘은 다하여
怨讟並作,	원망과 비방이 함께 일어나
莫保其性,[17]	그 생활을 보전하지 못하니

---

13 어떤 사물이 거기 붙어서 말을 한다는 것이다. 『사기·오행지(史記·五行志)』에는 "귀신이 혹 거기에 붙기도 한다(神或馮焉)"로 되어 있고, 『설원·변물(辨物)』편에는 "어떤 귀신이 거기에 붙었다(有神馮焉)"로 되어 있다.

14 람(濫): 두예는 "람은 잘못(失)이라는 뜻이다"라 하였다. 『설원·변물(辨物)』편에도 이 일이 수록되어 있는데 그대로 "람(濫)"으로 되어 있으며, 『논형·기요(紀夭)』편에는 "편(偏)"으로 되어 있는데 뜻은 같다.

15 농사철을 어기는 것이다.

16 조진(彫盡): 조(彫)는 조(凋)와 뜻이 통한다. 『논어·자한(子罕)』에 "소나무와 잣나무가 나중에 시든다(松柏之後彫)"는 말이 있는데 육덕명(陸德明)의 『석문(釋文)』에서는 조(彫)는 조(凋)가 되어야 한다고 하였다. 조(凋)는 『광운(廣韻)』에서는 힘이 다 떨어진 모양이라고 하였다. 조진(彫盡)은 같은 뜻의 글자가 연용된 것이다.

17 성(性)은 생(生)을 말하며, 막보기성(莫保其性)은 생활이나 생존을 보존할 수 없다는 말

石言,	돌이 말을 한대도
不亦宜乎?”	또한 마땅하지 않겠습니까?”
於是晉侯方築虒祁之宮,[18]	이때 진후가 바야흐로 사기지궁을 짓고 있었는데
叔向曰,	숙상이 말하였다.
“子野之言君子哉![19]	“자야의 말이 군자답도다!
君子之言,	군자의 말은
信而有徵,	성실하고 증거가 있으니
故怨遠於其身.	이 때문에 원한이 그의 몸에서 멀다.
小人之言,	소인의 말은
僭而無徵,[20]	거짓되고 증거가 없으니
故怨咎及之.	이 때문에 원한이 그 몸에 미친다.

이다.

18 사기지궁(虒祁之宮): 『수경주·분수(汾水)』에서는 “분수는 서쪽으로 사기궁의 북쪽을 거치는데, 물을 가로질러 옛 다리가 분수의 한가운데를 가르며 모두 30개의 기둥이 있고 기둥의 직경은 다섯 자로 수평으로 마름질을 해놓았는데 아마 진평공의 옛 다리일 것이다. 사물은 물에 있으므로 오래 가서 상하지 않을 수 있었다”라 하였다. 또 『수경주·회수(澮水)』에서는 “또 서남쪽으로 사기궁의 남쪽을 지나는데 그 궁전은 분수를 등지고 회수를 보고 있으며 서족은 두 내가 서로 만나는 곳이다”라 하였으니 곧 지금의 후마시(侯馬市) 부근에 있을 것이다. 『한비자·십과(十過)』편에서는 “진평공이 시이지대(施夷之臺)에서 술을 내렸다”라 하였는데 노문초(盧文弨)는 시이지대가 곧 사기지궁이라고 하였다. 왕선신(王先愼)은 “『어람(御覽)』에서는 사기지대(虒祁之臺)라고 인용하였다”라 하였다.

19 자야(子野): 두예는 “자야는 사광(師曠)의 자이다”라 하였다.

20 참(僭): 신(信)과 반대되는 문장으로, 불신을 말한다.

詩曰 '哀哉不能言,	『시』에서 말하기를 '슬프도다, 말 못함이여
匪舌是出,	저 혀로 말하니
唯躬是瘁.[21]	몸만 병드는구나.
哿矣能言,	좋겠네, 말 잘하는 사람은
巧言如流,	교묘한 말 물 흐르는 듯하여
俾躬處休',[22]	몸 편히 보전케 하네'라 하였는데
其是之謂乎![23]	이를 이른 것일 것이다.
是宮也成,	이 궁전이 이루어지면
諸侯必叛,[24]	제후는 반드시 반란을 일으킬 것이고
君必有咎,	임금은 재화를 당하리라는 것을
夫子知之矣."[25]	부자는 이를 알았을 것이다."

---

21 양수달(楊樹達)의 『독좌전(讀左傳)』에서는 "'비(匪)'는 '피(彼)'의 뜻으로 읽어야 한다. 시의 뜻은 저 말이 혀에서 나와 그 몸만 병들게 한다는 것이다"라 하였다.

22 『시경·소아·우무정(小雅·雨無正)』의 구절이다.

23 두예는 "가(哿)는 가(嘉)와 같은 뜻이다. 교언여류(巧言如流)는 바른 말은 아니지만 사리에 맞고 협조적이어서 받아들일 만하다 하여 보답을 받은 자를 이르며, 그 말이 아름답고 성실하여 증거가 있어 스스로 안일함을 취할 수 있음을 말한 것이다. 사광의 이 말은 물음에 따라 유전되어 끝내 간언으로 귀착하였기 때문에 교언여류(巧言如流)로 비유한 것이다. 숙상 당시의 시의 뜻은 이와 같았기 때문에 지금 시를 말하는 것과는 조금 차이가 있다"라 하였다.

24 13년 『전』에서 "진나라가 사기의 궁을 낙성하자 제후들 중 조현하고 돌아온 사람들은 모두 두 마음을 품었다(晉成虒祁, 諸侯朝而歸者皆有貳心)"라 하였다.

25 두예는 "10년 진후 표(彪)가 죽는 복선이 된다"라 하였다.

陳哀公元妃鄭姬生悼大子偃師,[26] 진애공의 부인인 정희는 도태자 언사를 낳았으며

二妃生公子留, 두 번째 부인은 공자 유를 낳았고

下妃生公子勝.[27] 세 번째 부인은 공자 승을 낳았다.

二妃嬖, 두 번째 부인이 사랑을 받아

留有寵, 공자 유 또한 총애를 받았으며

屬諸司徒招與公子過.[28] 사도 초와 공자 과에게 그를 부탁하였다.

哀公有癈疾,[29] 애공은 불치병이 있었으며

三月甲申,[30] 3월 갑신일에

公子招, 公子過殺悼大子偃師而立公子留. 공자 초와 공자 과가 도태자 언사를 죽이고 공자 유를 세웠다.

---

26 원비(元妃): 두예는 "원비는 적부인(嫡夫人)이다"라 하였다. 도(悼)는 언사(偃師)의 시호이다.

27 『예기·단궁(檀弓) 상』에서 "순(舜)임금은 창오(蒼梧)의 들에다 장사 지냈는데, 그의 세 비(妃)를 순장시키지 않았다"라 하였으니 순은 세 비가 있었고, 진나라 또한 세 비를 세웠다. 전한(前漢) 때 대덕(戴德)의 『대대예기·제계(大戴禮記·帝繫)』편에서는 "제곡(帝嚳)은 그 네 왕비의 아들을 점쳤다"라 하였는데, 사비(四妃)는 상비(上妃)가 있고 그 나머지 세 비는 모두 차비(次妃)라 한다. 곧 원비(元妃)는 또한 상비(上妃)라고도 하며, 차비는 이비(二妃)와 하비를 포괄한다.

28 본래는 "사(司)"자가 없었는데, 여기서는 『교감기(校勘記)』 및 가나자와 문고본(金澤文庫本)을 따라 추가하였다. 두예는 "초 및 과는 모두 애공의 아우이다"라 하였다.

29 폐질(癈疾): "폐(癈)"는 본래 "폐(廢)"로 되어 있었는데, 여기서는 『교감기(校勘記)』 및 가나자와 문고본(金澤文庫本)을 따라 바로잡았다. 『설문』에서는 "고질병이다"라 하였다.

30 갑신일은 16일이다.

夏四月辛亥,[31]	여름 4월 신해일에
哀公縊.	애공이 목을 매었다.
干徵師赴于楚,	간징사가 초나라로 가서 상을 알리고
且告有立君.[32]	또한 임금을 세웠음도 알렸다.
公子勝愬之于楚.[33]	공자 승이 초나라에 하소연하였다.
楚人執而殺之.[34]	초나라 사람이 그를 붙잡아 죽였다.
公子留奔鄭.	공자 유는 정나라로 달아났다.
書曰"陳侯之弟招殺陳世子偃師",	기록에 "진후의 아우 초가 진나라 세자 언사를 죽였다"라 기록한 것은
罪在招也,	죄가 초에 있음을 말한 것이며,
"楚人執陳行人干徵師殺之",	"초나라 사람이 진나라의 행인 간징사를 잡아 죽였다"라 한 것은
罪不在行人也.	죄가 행인에게 있지 않음을 말한 것이다.

31 『경』에는 "신축"(辛丑)으로 되어 있는데 두예는 "부고를 따른 것이다"고 하였다. 신해일은 신축일의 열흘 뒤인데, 공영달은 "『경』과 『전』이 다른 것은 거의 『전』이 실하고 『경』은 허하다"라 하였다.

32 유(有): 우(又)의 뜻으로 읽는다.

33 두예는 "초와 과가 언사를 죽인 사실을 하소연한 것이다"라 하였다.

34 두예는 "간징사를 죽인 것이다"라 하였다.

叔弓如晉,	숙궁이 진나라에 갔는데
賀虒祁也.[35]	사기궁의 낙성을 축하하기 위함이었다.
游吉相鄭伯以如晉,	유길이 정백을 보좌하여 진나라에 갔는데
亦賀虒祁也.	또한 사기궁의 낙성을 축하하기 위함이었다.
史趙見子大叔,[36]	사조가 자태숙을 찾아보고
曰,	말하였다.
"甚哉其相蒙也![37]	"심하십니다 서로 속임이!
可弔也,	슬퍼해야 할 일에
而又賀之."[38]	오히려 또 축하를 하다니요."
子大叔曰,	자태숙이 말하였다.
"若何弔也?	"어찌하여 슬퍼합니까?
其非唯我賀,	우리만 축하하는 것이 아니라
將天下實賀."[39]	천하에서 실로 축하할 것입니다."

35 두예는 "궁이 낙성된 것을 축하하는 것이다"라 하였다.

36 자태숙(子大叔): 유길(游吉)이다.

37 몽(蒙): 두예는 "몽(蒙)은 속이는 것이다"라 하였다.

38 슬퍼해야 하는데 슬퍼하지 않으니 그뿐이고, 또 축하를 하니 서로 속임이 실로 심하다는 것이다.

39 비단 우리만 축하를 하는 것이 아니라 제후들이 모두 와서 축하를 할 것이니 우리가 어찌 축하를 하지 않고 슬퍼하겠는가 하는 말이다. 하나는 스스로 해명한 것이고, 하나는

秋,	가을에
大蒐于紅,[40]	홍에서 성대한 열병식을 가지니
自根牟至于商, 衛,[41]	근모에서 상, 위나라까지
革車千乘.[42]	병거가 천 승이었다.

七月甲戌,[43]	7월 갑술일에
齊子尾卒.	제나라 자미가 죽었다.
子旗欲治其室.[44]	자기가 그 집을 다스리려 하였다.
丁丑,[45]	정축일에
殺梁嬰.[46]	양영을 죽였다.

미언(微言)이다. 청나라 장림(臧琳)의 『잡기(雜記)』에서는 잘못 읽어 "아(我)"에서 구를 끊었으며, 유월(俞樾)의 『평의(平議)』와 청나라 우창(于鬯)의 『향초교서(香草校書)』에서는 모두 "若可弔也"가 되어야 한다고 하였는데 모두 정확한 풀이를 하지 못하였다.

40 대수(大蒐): 대검열(大檢閱)이다. 제후가 변경에 군사를 내는 방법이다.

41 근모(根牟): 노나라의 동쪽 경계로 지금의 산동 거현(莒縣) 서남쪽 50여리 지점이다. 상(商): 곧 송나라로, 혜사기(惠士奇)는 이 글은 정공 때에 기록되어야 하기 때문에 정공의 휘를 피하여 송이라 하지 않고 상이라 하였다고 했다.

42 동쪽에서 서쪽까지 전국적으로 동원하여 홍(紅)에서 대대적인 검열을 하여 병거가 천승이 된 것이다. 5년 『전』에서 원계강(薳啓彊)이 진나라의 일을 말하여 "그 열 가문 아홉 개 현을 가지고 병거 9백 승을 내고 그 나머지 40현에서 남아 지키던 병거가 4천 승이다(因其十家九縣, 長轂九百, 其餘四十縣, 遺守四千)"라 하였으니 진나라는 매 현마다 각기 병거가 백 승이었다. 노나라 또한 지방의 병력을 가지고 있기 때문에 전국적인 대검열을 한 것이다.

43 갑술일은 8일이다.

44 자기(子旗): 두예는 "자기는 난시(欒施)이다. 자미의 집일까지 함께 다스리려 한 것이다"라 하였다.

45 정축일은 11일이다.

46 양영(梁嬰): 두예는 "양영은 자미의 가재이다"라 하였다.

八月庚戌,[47]	8월 경술일에
逐子成, 子工, 子車,[48]	자성과 자공, 자거를 쫓아내니
皆來奔,[49]	모두 도망쳐왔으며
而立子良氏之宰.[50]	자량씨의 가재를 세웠다.
其臣曰,	그 가신이 말하였다.
"孺子長矣,[51]	"아이가 자랐는데
而相吾室,	우리 집을 도우려는 것은
欲兼我也."[52]	우리를 아우르고자 함이다."
授甲,	갑병을 주어
將攻之.[53]	곧 공격하려고 하였다.
陳桓子善於子尾,	진환자가 자미와 친하여

47 경술일은 14일이다.

48 두예는 "세 사람은 제나라의 대부로 자미의 부하이다. 자성은 경공의 아들 고(固)이다. 자공은 성공의 아우 주(鑄)이다. 자거는 경공의 손자 첩(捷)이다"라 하였다. 양이승(梁履繩)의 『보석(補釋)』에서는 양영서(梁英書)의 말을 인용하여 "10년 『전』에서 '자성(子城)과 자공(子公), 공손첩(公孫捷)을 돌려보냈다'라 하였으니 '성(成)'과 '성(城)', '공(工)'과 '공(公)'은 옛날에 모두 통용하였다"라 하였다. 자거(子車)는 또한 자연첩(子淵捷)이라고도 불리는데 26년의 『전』에 보이며, 『신서·의용(新序·義勇)』편에는 "자연서(子淵棲)"로 잘못되어 있다.

49 두예는 "기록하지 않은 것은 경이 아니기 때문이다"라 하였다.

50 두예는 "자량은 자미의 아들 고강(高彊)이다. 자기가 자량을 위해 가재를 세워 준 것이다"라 하였다.

51 유자(孺子): 두예는 "유자는 자량을 이른다"라 하였다.

52 겸(兼): 두예는 "겸은 병(並)과 같다"라 하였다.

53 수갑(授甲)은 갑병을 주는 것이며, 문장이 생략되었다. 이하 마찬가지이다. 자기를 공격하려는 것이다.

亦授甲,	또한 갑병을 주어
將助之.[54]	도우려고 하였다.
或告子旗,	어떤 사람이 자기에게 알렸는데
子旗不信,[55]	자기가 믿지 않아
則數人告.	여러 사람이 알렸다.
將往,[56]	가보려고 하는데
又數人告於道,	또 여러 사람이 길에서 알리니
遂如陳氏.[57]	마침내 진씨의 집에 갔다.
桓子將出矣,[58]	환자가 나서려고 하다가
聞之而還,[59]	그 말을 듣고 돌아와
游服而逆之,[60]	평상복으로 갈아입고 그를 맞으며
請命.[61]	명을 청하였다.
對曰,	대답하였다.

54 자량씨의 옛 신하를 도와서 자기를 공격하려는 것이다.
55 자량씨가 자기를 공격하려는 것을 믿지 않은 것이다.
56 공영달은 "자량씨의 집에 가려는 것이다"라 하였다.
57 공영달은 "더 이상 감히 자량의 집으로 향하지 않고 마침내 진씨에게 간 것이다"라 하였다.
58 갑병을 거느리고 나서려는 것이다.
59 자기가 온다는 것을 듣고 집으로 돌아간 것이다.
60 갑옷을 벗고 평상복으로 갈아입고 자기를 맞은 것이다. 유복(游服)은 평상시 다닐 때 입는 옷으로 옷자락이 검은 심의(深衣) 따위이다.
61 자기가 진환자에게 무슨 뜻이 있느냐고 물은 것이다.

"聞彊氏授甲將攻子,	"듣건대 강씨가 무기를 내주고 그대를 공격하려 한다는데
子聞諸?"[62]	그대는 그것을 들었습니까?"
曰,	말하였다.
"弗聞."	"듣지 못했소."
"子盍亦授甲,[63]	"그대는 어찌 무기를 내주지 않습니까?
無宇請從."[64]	저는 그대를 따르겠습니다."
子旗曰,	자기가 말하였다.
"子胡然?[65]	"그대는 어찌 그러오?
彼,[66]	저는
孺子也.	아이요.
吾誨之,	내가 그를 잘 가르쳐도
猶懼其不濟,	오히려 이루지 못할까 두려워서
吾又寵秩之—[67]	내 또한 그를 총애하여 벼슬을 주었소.

62 강씨는 곧 고강으로 자령이다. 저(諸)는 지호(之乎)의 합음자(合音字)이다.
63 합(盍): 하불(何不), 곧 어찌 ~하지 않느냐?
64 무우(無宇): 진환자의 이름. 이는 환자가 자기를 떠본 것이다.
65 어찌 이렇게 되었느냐는 뜻.
66 피(彼): 자량을 가리킨다.
67 두예는 "그를 위해 가재를 세워 준 것을 이른다"라 하였다.

其若先人何?[68]	그 선인은 어떡하오?
子盍謂之.[69]	그대는 어찌하여 이렇게 말하지 않소.
周書曰'惠不惠,	『주서』에서 말하기를 '은혜롭지 못한 이에게 은혜를 베풀고
茂不茂',[70]	힘쓰지 않는 사람에게 힘쓰라'고 하였으니
康叔所以服弘大也."[71]	이는 강숙이 도량이 큰 까닭입니다."
桓子稽顙曰,	환자가 고개를 끄덕이며 말하였다.
"頃, 靈福子,[72]	"경공과 환공이 그대에게 복을 내렸으니

68 이 구절 윗부분에는 생략된 말이 있다. 본의는 내가 만약 너의 말대로 하여 또한 군사를 내어 자량씨와 싸운다면 장차 조상을 볼 면목이 없게 된다는 말이다. 이는 난씨와 고씨는 모두 혜공에게 나왔기 때문인데 아래의 주석에 상세하다.

69 자량이 진무우더러 자량씨에게 말하여 자기를 공격하지 않게끔 청한 것이다.

70 『상서·강고(康誥)』에 나오는 말이다. 무(茂)는 지금의 『상서』에는 "무(懋)"로 되어 있는데 같은 뜻으로 힘을 쓴다는 말이다. 은혜를 베풀지 않는 이에게 은혜를 베풀고, 힘쓰지 않는 자를 면려하라는 말이다. 자기가 이 말을 인용한 것은 아마 자량씨는 은혜를 베풀고 힘쓰지 않아도 나는 여전히 은혜롭게 대하고 힘쓸 것이니 무우가 그에게 그렇게 말해 주기를 바란다는 말이다.

71 『상서·강고(康誥)』에서는 또 말하기를 "너는 다만 소자(小子)이니 곧 관대한 자를 섬겨라"라 하였다. 이는 강숙(康叔)이 비록 소자(小子)이긴 해도 하는 일은 관대해야 한다는 것이다. 복(服)은 섬기는 것이다. 홍(弘)은 굉(宏)과 같으며 관대한 것이다. 이 구절은 곧 『상서·강고(康誥)』의 이 구절을 풀이한 것이다.

72 계상(稽顙): 본래는 흉례 가운데서도 가장 중(重)한 것으로 옛날에는 개향두(磕饗頭)라 하였다. 무우가 고개를 까딱인 것은 자기의 말에 감동을 받아 본래 자량을 도와 자기를 공격하려던 것 때문에 마음속으로 부끄럽게 여긴 것이다. 혜공은 경공 및 공자 란, 공자 고를 낳았고, 경공은 영공을 낳았다. 공자 란의 아들 공손조(公孫竈)는 곧 난시(欒施)의 아버지 자아(子雅)이며 공자 고의 아들인 공손채(公孫蠆)는 곧 고강의 아버지 자미(子

吾猶有望."[73]	나는 아직도 희망을 가지고 있소."
遂和之如初.[74]	마침내 처음처럼 사이가 좋아졌다.

陳公子招歸罪於公子過而殺之.	진나라 공자 초가 죄를 공자 과에게 돌려 그를 죽였다.
九月,	9월에
楚公子棄疾帥師奉孫吳圍陳,[75]	초나라 공자 기질이 군사를 거느리고 손자 오를 받들어 진나라를 에워쌌는데
宋戴惡會之.[76]	송나라 대악이 그와 만났다.
冬十一月壬午,[77]	겨울 11월 임오일에
滅陳.[78]	진나라를 멸하였다.
輿嬖袁克殺馬毁玉以葬.[79]	여폐 원극과 함께 말을 죽이고 옥을 부수어 장사 지냈다.

尾)이니 영공과 자아, 자미는 종형제이다. 경공은 자아와 자미의 백부이다. 그러므로 경공과 영공이 그대에게 복을 내렸다고 하였다. 복자(福子)라는 것은 신이 그대를 돕는다는 말이다.

73 두예는 "자기의 은혜가 자기에게 미치기를 바라는 것이다"라 하였다.

74 두예는 "난과 고 두 집이 화락해진 것이다"라 하였다.

75 두예는 "손자 오(吳)는 도태자(悼太子) 언사(偃師)의 아들 혜공(惠公)이다"라 하였다. 손자 오라는 말은 태손(太孫) 오라는 말과 같다.

76 두예는 "대악은 송나라의 대부이다"라 하였다.

77 『경』에는 "겨울 10월 임오일"로 되어 있는데 『전』에는 "겨울 11월"로 잘못되어 있다.

78 11년 『전』의 진나라 숙상(叔向)의 말을 참조하라.

79 여폐(輿嬖): 고염무(顧炎武)의 『일지록』 권27에서는 "여폐는 폐대부(嬖大夫)이다. 여(輿)라 한 것은 임금의 수레를 관장하여서인데 진나라의 칠여대부(七輿大夫)와 같은 따위이

楚人將殺之,	초나라 사람이 그를 죽이려 하자
請寘之,[80]	버려둘 것을 청하고
旣又請私.[81]	얼마 후 또 소변을 보게 해달라고 하였다.
私於幄,[82]	장막에서 소변을 보는 듯하다가
加絰於顙而逃.[83]	이마에 수질을 쓰고 도망갔다.
使穿封戌爲陳公,[84]	천봉술로 하여금 진공이 되게 하고는
曰,	말하였다.
"城麇之役不諂."[85]	"성균의 전역 때 아첨을 하지 않았다."
侍飮酒於王,	왕을 모시고 술을 마시는데
王曰,	왕이 말하였다.
"城麇之役,	"성균의 전역에서

다"라 하였다. 명나라 소보(邵寶)의 『좌휴(左觿)』에서는 "말과 옥을 함께 매장한 것이다. 말은 죽이지 않고 옥은 깨뜨리지 않으면 순장할 수 없다"라 하였다.

80 치(寘): 치(置)와 같다. 『설문』에서는 "치(置)는 사(赦)와 같다"라 하였다. 『화엄음의(華嚴音義)』에서는 『광아(廣雅)』를 인용하여 "치는 버리는 것이다"라 하였다. 원극이 자기를 용서해 주기를 청한 것이다.

81 사(私): 양공 15년 『전』에 "소변을 보려고 하였다(將私焉)"는 말이 있다. 사(私)는 소변(小便)으로, 이곳의 사(私)도 뜻이 같다.

82 악(幄): 두예는 "악(幄)은 휘장이다"라 하였다.

83 질(絰): 수질(首絰)이다. 수질을 쓴 것은 애공(哀公)의 상을 치르는 것이다.

84 두예는 "술은 초나라의 대부이다. 진나라를 멸하여 현으로 삼고, 술을 현공(縣公)으로 삼은 것이다"라 하였다.

85 성균의 전역에서 술은 황힐(皇頡)을 사로잡았는데 당시 영왕은 공자로 그와 포로를 놓고 다투었으며 양공 26년의 『전』에 상세하다.

女知寡人之及此,	네가 과인이 여기에 미칠 줄 알았더라면
女其辟寡人乎!"[86]	너는 과인을 피하였을 것이다."
對曰,	대답하였다.
"若知君之及此,	"만약에 임금께서 이 자리에 미칠 줄 았았더라면
臣必致死禮以息楚."[87]	신은 반드시 목숨을 바쳐 예로 초나라를 안정시켰을 것입니다."
晉侯問於史趙曰,	진후가 사조에게 물었다.
"陳其遂亡乎!"	"진나라는 망할 것인가!"
對曰,	대답하였다.
"未也."	"아직은요."
公曰,	공이 말하였다.
"何故?"	"무슨 까닭인가?"
對曰,	대답하였다.
"陳,	"진나라는
顓頊之族也,[88]	전욱을 이었으며,

86 급차(及此): 두예는 "급차는 왕이 되는 것을 이른다"라 하였다. 피(辟)는 피(避)와 같으며, 피하고 양보하여 함께 다투지 않았을 것이라는 말이다.

87 식(息): 두예는 "식(息)은 안정시키는 것이다"라 하였다. 공영달은 "치사례(致死禮)라는 것은 겹오(郟敖)를 위해 목숨을 바쳐 영왕을 죽이고자 하였다는 것이다"라 하였다.

88 두예는 "진(陳)나라의 조상은 순(舜)이며 순은 전욱(顓頊)에게서 나왔다"라 하였다. 순이

歲在鶉火,	세성이 순화에 있을 때
是以卒滅.[89]	이때 결국 망하였습니다.
陳將如之.	진나라도 그리 될 것입니다.
今在析木之津,[90]	지금은 기목의 나루에 있으니
猶將復由.[91]	오히려 다시 움을 틔울 것입니다.
且陳氏得政于齊而後陳卒亡.	또한 진씨는 제나라에서 정권을 얻은 후에야 진나라는 마침내 망할 것입니다.
自幕至于瞽瞍無違命,[92]	막에서 고수에 이르기까지 명을 어기지 않았으며
舜重之以明德,	순이 밝은 덕을 더하여
寘德於遂.[93]	덕을 수에 두었습니다.

전욱에게서 나왔다는 것은 『대대예기·제계(帝繫)』편에서 언급하였다. 「진어 4」 위소(韋昭)의 주에서는 "족은 잇는 것(嗣)이다"라 하였다. 진나라는 전욱의 후손이라는 말이다.

89 공영달은 "전욱이 죽은 해에 세성(歲星)이 순화(鶉火)의 위치에 있었으며 이때 오히려 책에서 전적으로 언급하였으므로 사조(史朝)가 알게 되었던 것이다"라 하였다.

90 석목(析木): 『이아·석천(釋天)』에서는 "석목의 나루는 기(箕)와 두(斗) 사이의 한진(漢津)이다"라 하였다. 한진(漢津)은 곧 은하(銀河)인데 옛날에는 또한 천하(天河)라고도 하였다.

91 유(由): 곧 『설문(說問)』의 병(甹)으로 나무에서 가지가 나는 것이다. 『상서·반경(盤庚) 상』에서 "넘어진 나무 그루터기에서 움이 나는 것과 같다(若顚木之有由蘖)" 한 것으로 알 수 있다. 여기서는 아직도 다시 나리라는 것을 말한다. 고염무(顧炎武)가 송나라 위료옹(魏了翁)의 설을 인용한 데 보인다.

92 막(幕): 전욱의 후손이며 순의 선조로 「노어 상」에 보인다. 한나라 유탐(劉耽)의 「여량비(呂梁碑)」에서는 "전욱은 막을 낳고, 막은 궁선(窮蟬)을 낳았으며, 궁선은 경강(敬康)을 낳았고, 경강은 교우(喬牛)를 낳았으며, 교우는 고수(瞽瞍)를 낳았다"라 하였으며, 『대대예기·제계(帝繫)』편에서는 "전욱은 궁선을 낳았다"라 하여 「노어」의 전금(展禽)의 말과는 부합하지 않는다. 상고시대의 전설은 각기 달라서 깊이 궁구할 것이 없다.

遂世守之.	마침내 대대로 그것을 지켰습니다.
及胡公不淫,[94]	호공불음에 이르러
故周賜之姓,	그 때문에 성을 하사하고
使祀虞帝.[95]	우제를 제사 지내게 하였습니다.
臣聞盛德必百世祀.	신이 듣건대 덕이 성한 사람은 반드시 백 대가 제사를 받는다고 합니다.
虞之世數未也,	우의 대 수는 아직 이에 이르지 않았으니
繼守將在齊,	계속하여 지키는 자가 제나라에 있을 것이며
其兆旣存矣."[96]	그 조짐은 아직 남아 있습니다.

---

93 수(遂): 두예는 "수는 순의 후손이다. 대개 은나라가 흥하였을 때 순의 후손을 남겨 수에 봉하였을 것이다. 순의 덕이 이에 수에까지 이르렀단 말이다"라 하였다. 수는 또한 3년 『전』에도 보이는데 우수(虞遂)라 하였다.

94 호공불음(胡公不淫): 두예는 불음이 "호공만수(胡公滿遂)의 후손"이라고 하였다. 청나라 이자명(李慈銘)은 불음은 곧 만(滿)의 자라고 하였다. 『월만당독서기(越縵堂讀書記)』에 보이는데 이자명이 어째서 "수(遂)"자는 풀이하지 않았는지 모르겠다.

95 양공 25년의 『전』에서는 "이에 원녀인 태희를 호공의 배필로 삼아 진나라에 봉하였다(庸以元女大姬配胡公, 而封諸陳)"라 하였는데 공영달은 "『세본』에서는 순의 성은 요씨(姚氏)이다. 애공 원년의 『전』에서는 하후(夏后) 소강(少康)이 우(虞)나라로 달아나자 우사(虞思)는 그에게 두 요(姚)를 시집보냈는데 우사는 성이 요와 같다. 호공에 이르러 주나라가 성을 하사하여 규(嬀)가 되었을 따름이다. 「진세가」에서는 호공의 앞에서도 이미 성이 규였다고 하였는데 이는 사마천이 잘못 안 것이다"라 하였다.

96 존(存): 재(在), 유(有)의 뜻이다. 장공 22년 『전』에서는 의씨(懿氏)가 아내인 경중(敬仲)에 대하여 점을 치고 "8세 후로는 그보다 더 크게 되는 이 없으리라(八世之後, 莫之與京)"라 하였고, 소공 3년의 『전』에서는 또한 안영(晏嬰)이 "제나라는 아마 진씨의 것이 될 것 같소(齊其爲陳氏矣)"라 하였으니 모두 존속될 조짐을 이른 것이다.

소공 9년

經

九年春,[1]	9년 봄에
叔弓會楚子于陳.[2]	숙궁이 진나라에서 초자를 만났다.
許遷于夷.[3]	허나라가 이로 옮겼다.
夏四月,	여름 4월에
陳災.[4]	진나라에 재앙이 있었다.
秋,	가을에
仲孫貜如齊.	중손확이 제나라에 갔다.
冬,	겨울에
築郎囿.[5]	낭에 동산을 쌓았다.

---

1 구년(九年): 무진년 B.C. 533년으로 주경왕(周景王) 12년이다. 동지가 정월 초1일 갑오일로 건자(建子)이다.

2 두예는 "일이 있어서 갔으며 회합의 예는 아니다"라 하였다. 공영달은 "이는 선경 15년의 '공손귀보가 송나라에서 초자를 만났다(公孫歸父會楚子于宋)'라 한 것과 같은 것이다. 초자는 저쪽에 있는데 노나라가 대국을 공경하여 스스로 가서 만난 것이다"라 하였다.

3 두예는 "허나라는 정나라를 두려워하여 천도를 하려고 하였으므로 스스로 옮긴 것이라고 적은 것이다"라 하였다.
이(夷): 지금의 안휘 박현(亳縣) 동남쪽 70리 지점의 성보(城父)의 옛 성이다. 허(許)나라는 처음에 지금의 하남 허창시(許昌市)와 언릉현(鄢陵縣) 사이에 나라를 세웠는데, 정나라와 비교적 가까웠으므로 정나라를 두려워하였다고 한 것이다. 성공 15년에 섭(葉)으로 옮겼는데 지금의 섭현 남쪽에 있으니 정나라와 비교적 멀어졌다. 여기서 다시 섭에서 이(夷)로 옮기는 것은 꼭 정나라를 두려워해서는 아니었을 것이다. 18년에 또 석(析)으로 옮기는데, 지금의 하남 내향현(內鄕縣) 서북쪽이다. 정공 4년에는 또 용성(容城)으로 옮기니, 또한 섭현 서남쪽에 있다. 허나라는 모두 네 차례 천도하는데 모두 초나라가 한 것이다.

4 『공양전』과 『곡량전』에는 "재(災)"가 "화(火)"로 되어 있다.

傳

九年春, 9년 봄에

叔弓, 宋華亥, 鄭游吉, 衛趙黶會楚子于陳.[6] 숙궁과 송나라 화해, 정나라 유길, 위나라 조염이 진에서 초자를 만났다.

二月庚申,[7] 2월 경신일에

楚公子棄疾遷許于夷, 초나라 공자 기질이 허나라를 이로 옮겼는데

實城父.[8] 실은 성보이다.

取州來淮北之田以益之,[9] 주래의 회수 북쪽의 전지를 더하여 주고

---

5 낭유(郎囿): 유(囿)는 원(苑), 곧 동산이다. 낭(郎)은 이미 은공 원년 및 9년에 보인다.

6 『경』에는 숙궁만 기록하였는데 『전』에서는 네 나라의 대부를 모두 기록한 것에 대하여 두예는 "맹주가 부른 것이 아니어서 회견의 예를 행하지 않았으므로 다 기록하지 않은 것이다"라 하였다. 공영달은 "복건은 이번 회견에서 송나라와 정나라, 위나라의 대부를 기록하지 않은 것은 숙궁이 늦었기 때문이다"라 하였다. 공영달은 두예의 설을 주장하였고, 청나라 이이덕(李貽德)의 『춘추좌씨전가복주집술(春秋左氏傳賈服注輯述)』에서는 복건의 설을 주장하였다.

7 이 달에는 경신일이 없는데 간지에 착오가 있을 것이다.

8 성보(城父): 초나라에는 두 개의 성보가 있는데 여기에서 이른바 이(夷)의 성보는 진나라에서 취한 것이다. 희공 23년 초나라는 진나라를 치고 초(焦)와 이를 취하였다. 두예가 "이는 일명 성보라고 한다"라 한 것이 곧 이것이다. 또한 북성보가 있는데 19년 및 애공 6년의 『전』에 보이며, 고동고(顧棟高)의 『대사표(大事表)』 권7의 4에 보인다.

9 주래(州來): 곧 지금의 안휘 봉대현(鳳臺縣)으로 또한 회수의 북안에 있다. 회수 북쪽은 범위가 매우 넓은데 이는 다만 주래의 전지 가운데 회수의 북쪽에 있는 것만 가리킬 것이다.

伍擧授許男田. 오거는 허남에게 전지를 주었다.

然丹遷城父人於陳,[10] 연단이 성보의 사람을 진나라로 옮겨서

以夷濮西田益之.[11] 이의 복수 서쪽의 전지를 더하여 주었다.

遷方城外人於許.[12] 방성 바깥의 사람을 허나라로 옮겼다.

周甘人與晉閻嘉爭閻田.[13] 주나라 감 사람이 진나라 염가와 염의 전지를 다투었다.

晉梁丙, 張趯率陰戎伐潁.[14] 진나라의 양병과 장적이 음융을 거느리고 영을 쳤다.

---

10 성보의 사람은 본래 진나라 사람이므로 초나라가 일부러 이주를 시켜 진현(陳縣)을 채운 것이다.

11 두예는 "복수 서쪽에 있는 이(夷)의 전지를 성보의 사람들에게 준 것이다"라 하였다. 『수경주·회수(淮水)』에 의하면 복수는 곧 사수(沙水)를 겸하여 부르는 것으로 옛날에는 박현(亳縣)의 서쪽 경계에 있었는데 지금은 이미 막혔다. 고사기(高士奇)의 『지명고략(地名考略)』에 상세하다.

12 두예는 "성공 15년에 허나라를 섭(葉)으로 옮기고 계속 허(許)라고 하였다. 지금의 허는 이(夷)로 옮겼기 때문에 방성 바깥의 사람을 가지고 그곳을 채운 것이다. 『전』은 영왕(靈王)이 백성들을 불안하게 한 것을 말하였다"라 하였다.

13 감인(甘人): 아래의 내용에 의하면 감의 대부 양(襄)을 가리킨다. 감은 지금의 낙양시 서남쪽에 있으며, 또한 희공 24년 『전』의 『주』에 보인다.
염가(閻嘉): 진나라 염현의 대부이다. 염은 미상인데 『전』의 내용 및 정공 4년의 『전』에서 "유염의 땅을 취하여 왕실에서 명한 직무에 댔다"라 한 것으로 보아 감과는 멀지 않을 것이다.

14 음융(陰戎): 두예는 곧 육혼지융(陸渾之戎)이라고 하였다. 『후한서·서강전(西羌傳)』에서는 "제환공이 제후들을 불러 주나라를 지켰다. 9년 뒤에 육혼융(陸渾戎)이 과주(瓜州)

王使詹桓伯辭於晉,[15]	왕이 첨단백으로 하여금 진나라를 꾸짖게 하여
曰,	말하였다.
"我自夏以后稷,	"우리나라는 하나라 이래 후직 때문에
魏, 駘, 芮, 岐, 畢,	위와 태, 예, 기, 필은
吾西土也.[16]	우리나라 서쪽의 영토요.
及武王克商,	무왕이 상을 이겼을 때

에서 이천(伊川)으로 옮기고 윤성융(允姓戎)이 위예(渭汭)로 옮기어 동으로 환원(轘轅)까지 미쳤는데, 하의 남쪽 산의 북쪽에 있는 것을 음융이라 부른다"라 하였다. 강영(江永)의 『고실(考實)』에서는 육혼은 음(陰)에 가깝기 때문에 음융이라 한다고 하였다. 음지(陰地)는 선공 2년의 『전』과 『주』에 상세하다.

영(潁): 은공 원년의 『전』과 『주』에 상세하다. 지금의 하남 등봉현(登封縣) 서남쪽에 있다.

15 첨환백(詹桓伯): 『노사·국명기(路史·國名紀) 5』에 의하면 노환백(魯桓伯)은 첨보(詹父, 환공 10년의 『전』에 보인다)의 후손이다.

사(辭): 두예는 "그것을 꾸짖는 것이다"라 하였다.

16 두예는 "하대(夏代)에 후직의 공 때문에 이 다섯 나라를 받아 서쪽 영토의 우두머리가 되었다"라 하였다.

위(魏): 『모시·위보(毛詩·魏譜)』에 의하면 "그 봉해진 성은 남쪽으로는 하곡(河曲)을 베고 있고 북쪽으로는 분수(汾水)를 건넌다"라 하였다. 공영달 또한 『시경·위풍(魏風)』「분저여(汾沮洳)」의 "저 분수의 한 구비(彼汾一曲)" 및 「벌단(伐檀)」의 "황하의 가에 두네(寘諸河之干)"란 구절을 인용하여 증거로 삼았으니 그 땅은 분수의 남쪽 황하의 북쪽에 있을 것이며, 대체로 지금의 산서 예성현(芮城縣)에서 만영현(萬榮縣)에 이르는 사이에 해당될 것이다.

태(駘): 곧 태(邰)이며 『시경·대아·생민(大雅·生民)』에 "곧 유태의 가실이라네(卽有邰家室)"라 하였으니 아마 후직이 처음으로 봉해진 곳으로 지금의 섬서 무공현(武功縣) 서남쪽이다.

예(芮): 환공 3년에 보이며, 지금의 산서 예성현(芮城縣) 서쪽 20리 지점이다.

기(岐): 지금의 섬서 기산현(岐山縣)이다.

필(畢): 또한 희공 24년에 보이며 지금의 섬서 함양시(咸陽市) 북쪽이다.

蒲姑, 商奄,[17]	포고와 상엄은
吾東土也.	우리나라 동쪽 영토요.
巴, 濮, 楚, 鄧,[18]	파와 복, 초, 등은
吾南土也,	우리나라의 남쪽 영토이고
肅愼, 燕, 亳,[19]	숙신과 연, 박은
吾北土也.	우리나라의 북쪽 영토요.

---

17 포고(蒲姑): 또한 박고(薄姑)라고도 하며 지금의 산동 박흥현(博興縣) 동남쪽 15리 지점이다.
상엄(商奄): 곧 『묵자·경주(耕柱)』편의 "주공이 동쪽으로 상개(商蓋)에 처하였다"한 상개이며, 또한 정공 4년의 『전』에도 보인다. 지금의 산동 곡부현(曲阜縣) 동쪽에 있다.

18 파(巴): 파인(巴人)의 파(巴)인 것 같으며, 혹자는 지금의 사천 중경시(重慶市)라고 한다.
복(濮): 곧 문공 16년 『전』의 백복(百濮)으로, 지금의 호북 석수현(石首縣) 일대이다.
초(楚): 곧 초나라의 도읍으로 지금의 호북 강릉현(江陵縣)이다.
등(鄧): 지금의 하남 등현(鄧縣)이다.

19 숙신·연(肅愼·燕): 연(燕)은 북연(北燕)으로 지금의 북경시에 도읍을 두었다. 북경에서 북쪽으로 가면 승덕(承德)과 능원(凌源), 영성(寧城), 객좌(喀左)를 거쳐, 다시 대릉하(大凌河)를 따라 조양(朝陽)과 북표(北票)에 이르러 넓은 동북쪽 지구로 통하는데, 이 일대가 주(周) 초에 연나라에서 숙신으로 가는 중요한 통로로 또한 상나라와 주나라의 유물이 많이 출토된다. 옛날에는 흑룡강(黑龍江) 영안현(寧安縣) 북쪽에서 혼동강〔混同江: 송화강(松花江)이 흑룡강(黑龍江)을 만나는 아래쪽의 수역 이름〕 남북안까지 곧장 이르는 땅을 숙신국(肅愼國)이라 하였으며, 청나라 염약거(閻若璩)의 『상서고문소증(尙書古文疏證)』 권5에서는 또한 숙신의 땅은 곧 지금의 영고탑(寧古塔)이라고 하였는데 아마 모두 확실하지 않을 것이다.
박(亳): 명말청초(明末淸初) 고조우(顧祖禹)의 『독사방여기요(讀史方輿紀要)』〔이하 『방여기요(方輿紀要)』〕 권1에서는 박이(亳夷)는 섬서의 북쪽 경계에 있다고 하였는데, 『사기·진본기(史記·秦本紀)』의 영공(寧公)이 박(亳)과 싸웠다는 곳이 이곳이라고 하였다. 또한 반드시 확실하지는 않을 것이다. 당시에는 박이라는 지명이 매우 많았는데 은상의 도읍도 박이며, 도성을 여러 차례나 옮겼어도 박이란 이름은 변하지 않았다. 지금의 하남 상구(商丘) 동남쪽의 남박과 언사현의 서박, 상구현 북쪽의 북박은 모두 "북토(北土)"의 박이라기에는 충분치 않다.

吾何邇封之有?[20]	우리에게 어찌 가까운 봉지가 있겠소?
文, 武, 成, 康之建母弟,[21]	문왕과 무왕, 성왕, 강왕은 어머니의 아우를 세워
以蕃屛周,	주나라의 울타리로 삼은 것은
亦其廢隊是爲,[22]	또한 주나라 왕실이 허물어지고 추락될까 해서였으니
豈如弁髦,[23]	어찌 치의관이나 다팔머리처럼 여겨
而因以敝之.[24]	이 때문에 버리겠소?

20 주나라의 봉강이 매우 멀어서 가깝지가 않다는 말이다.

21 건모제(建母弟): 모제(母弟)를 봉하여 영토를 주고 나라를 세운 것이다. 괵중(虢仲)과 괵숙(虢叔)이 문왕의 모제이며, 관(管)·채(蔡)·성(郕)·곽(霍)·노(魯)·위(衛)·모(毛)·담(聃)을 『사기』에서는 무왕의 모제라 하였고, 당숙(唐叔)은 성왕의 모제이며, 강왕의 모제만은 『서전(書傳)』[송나라 때 주희(朱熹)의 제자 채침(蔡沈)이 편찬한 『서경(書經)』의 주해서(註解書)]에 보이지 않는다.

22 폐추(廢隊): 추(隊)는 추(墜)와 같다. 모제(母祭)를 세운 것이 주나라 왕실이 허물어져서 추락하는 것을 방비하기 위함이라는 것이다.

23 변모(弁髦): 두 가지 설이 있다. 『소이아·광복(廣服)』에서는 "변모(弁髦)는 태고의 포관(布冠)으로 관례를 행하면 버리는 것이다"라 하였으니, 곧 치의관(緇衣冠)으로 하나의 사물로 본 것이다. 다른 한 가지 설은 대다수의 주석가들이 변(弁)을 치포관(緇布冠)으로 생각하였는데, 고대의 남자들이 관례(冠禮)를 행할 때 먼저 치포관을 쓰고 다음에는 피변(皮弁)을, 다음에는 작변(爵弁)을 썼다. 세 번을 차례로 바꿔 쓴 후에는 치포관은 버려서 더 사용하지 않는다. 『의례·기석례(旣夕禮)』 정현의 주에 의하면 "아이가 난 지 석 달이 되면 머리를 잘라 소(鬌: 남겨 두어 자르지 않은 것)를 만든다"라 하였다. 이와 같다면 잘라 버린 것이 모(髦)가 된다. 『시경·용풍·백주(鄘風·柏舟)』에 "늘어진 두 갈래 다팔머리(髧彼兩髦)"라는 구절이 있는데, 이것은 곧 가발로 만든 것이며 부모가 죽으면 버리는 것인데 이 모(髦)는 아니다. 곧 변(弁)과 모(髦)를 두 가지 사물로 본 것이다.

24 폐(敝): 버리다, 버려서 쓰지 않다. 『예기·교특생(郊特牲)』에 "관례가 끝나면 버려도 된다(冠而敝之可也)"라 한 것처럼 폐(敝)는 곧 버린다는 뜻이다.

先王居檮杌于四裔,[25]	선왕이 도올을 사방에 거처하게 하여
以禦螭魅,	이매를 막았기 때문에
故允姓之姦居于瓜州.[26]	윤성의 간사한 사람이 과주에 거처하게 된 것이오.
伯父惠公歸自秦,[27]	백부 혜공에 진나라에서 돌아와
而誘以來,	꾀어 들여오게 하여
使偪我諸姬,	우리 희씨들을 핍박하고
入我郊甸,[28]	우리 교와 전까지 들어오게 하였으니
則戎焉取之.[29]	오랑캐가 이에 그것을 취하였소.
戎有中國,	융이 중원을 갖게 된 것이

25 도올(檮杌): 두예는 "도올을 말한 것은 사흉(四凶)의 하나만 대략 든 것이다. 아래에서 사예(四裔)를 말하였으니 삼묘(三苗)가 그 가운데 있다"라 하였다. 사흉은 문공 18년의 『전』에 상세하다.

26 윤성(允姓): 두예는 "윤성은 음융(陰融)의 조부이다"라 하였다. 과주(瓜州)는 양공 14년의 『전』과 『주』에 상세하다.

27 이는 주왕이 진나라의 선군인 혜공(惠公)을 백부로 일컬은 것이며 또한 15년 『전』에서 경왕(景王)이 진나라의 선조인 당숙(唐叔)을 숙부로 부른 것과 같다. 당시 천자는 동성 제후들에게 그 생사를 막론하고 모두 백부나 숙부로 불렀다.
희공 15년에 진혜공은 진(秦)나라에서 돌아왔으며, 22년에 진(秦)과 진(晉)이 비로소 융혼지융을 이천(伊川)으로 옮겼으며 진(秦)나라에서 돌아오면서 곧 융을 옮긴 것이 아니다.

28 두예는 "읍(邑)의 바깥이 교(郊)이고, 교의 바깥이 전(甸)이다. 융이 주나라 교전(郊甸)의 땅을 취한 것을 말한다"라 하였다.

29 언(焉): 어시(於是), 이에.

誰之咎也?[30]	누구의 잘못이오?
后稷封殖天下,[31]	후직이 천하를 배양하였으며
今戎制之,	지금 융이 그것을 상관하고 있으니
不亦難乎?[32]	또한 어렵지 않겠소?
伯父圖之!	백부는 잘 생각해 보시오!
我在伯父,[33]	우리는 백부에 있어서
猶衣服之有冠冕,	의복에 관면이 있고
木水之有本原,	나무와 물에 뿌리와 근원이 있으며
民人之有謀主也.	백성들에게 모의하는 주인이 있는 것과 같소.
伯父若裂冠毁冕,	백부가 관면을 찢고 훼손하며
拔本塞原,	뿌리를 뽑고 근원을 막으며
專棄謀主,	전단하여 모의하는 주인을 버린다면
雖戎狄,	융적이라 하더라도

30 두예는 “잘못이 진나라에 있는 것이다”라 하였다.

31 봉식(封殖): 2년 『전』에 “이 나무를 잘 북돋고 길러(封殖此樹)”라는 말이 있는데, 봉(封)은 흙을 북돋우는 것이고, 식(殖)은 오곡을 생장시키는 것이다.

32 이는 후직(后稷)이 천하의 백성들에게 농사를 가르쳤는데 지금은 융적이 목지(牧地)로 만들어 우리에게 천자가 되는 것은 매우 어렵다는 말이다. 「오어(吳語)」에서는 “천왕(天王)이 이미 월(越)나라를 북돋우고 키웠다”라고 하였는데, 이 봉식은 만들다, 창립하다의 뜻이니 이 구절은 또한 후직이 천하를 창립하였지만 지금은 융적에게 할거당하여 우리에게 매우 난감하다는 것으로 해석할 수 있다.

33 재(在): 어(於)와 같은 뜻이다.

其何有余一人?"[34] 그 어찌 나 한 사람이 있겠소?"

叔向謂宣子曰, 숙상이 선자에게 말하였다.

"文之伯也,[35] "문공이 패권을 잡았을 때

豈能改物?[36] 어찌 예제를 바꿀 수 있었겠습니까?

翼戴天下,[37] 천자를 보좌하고 옹호하며

而加之以共.[38] 더욱 공경을 더해야 합니다.

自文以來, 문공 이래

世有衰德, 대대로 덕이 쇠하였고

而暴蔑宗周,[39] 종주를 해치고 업신여겨

以宣示其侈,[40] 교만함을 펼쳐 보였으니,

---

34 진나라는 본래 주나라 왕실을 보호하는 나라인데 오히려 천자가 안중에 없으니 융적이 더욱 우리를 마치 없는 것처럼 본다는 말이다.

35 패(伯): 패(霸)와 같다.

36 진문공이 패주가 되었어도 주나라 왕은 그가 수(隧)를 청하자 불허하였으며, 진문공 또한 예를 고치지 않았다.

37 익대(翼戴): 익(翼)은 보좌하다의 뜻이다. 대(戴)는 옹호하다의 뜻이다.

38 공(共): 공(恭)과 같다.

39 멸(蔑): 본래 "멸(滅)"로 되어 있었으니 여기서는 『석경』, 송본 및 홍양길(洪亮吉)의 설에 따라 고쳤다. 양공 20년 『전』의 "임금을 모멸하였다(暴蔑其君)"란 말로 또한 알 수 있다. 종주(宗周): 주나라 왕실을 말한다. 『상서·다방(多方)』에서는 "왕이 엄(奄)에 왔다가 종주(宗周)에 이르렀다"라 하였는데, 이 종주(宗周)는 비록 호경(鎬京)을 가리키지만 실은 바로 왕실이 있는 곳이다. 『시경·소아·정월(小雅·正月)』에서 "종주 번쩍번쩍 빛나네(赫赫宗周)"라 하였으니 다만 호경만을 가리킨 것이 아니다. 『예기·제통(祭統)』의 공리(孔悝)의 정의 명문〔鼎銘〕에서는 "종주(宗周)에 궁실을 지었다"라 하였는데, 비록 낙읍(雒邑)을 가리키나 또한 주나라 왕실의 소재지를 빌려 말한 것이다.

40 치(侈): 『설문』에서는 "치(侈)는 교만을 부리는 것이다. 어떤 사람은 사치로운 것이라고 한다"라 하였으며, 단옥재(段玉裁)의 주에서는 "무릇 스스로 남을 많이 업신여기는 것을 치라고 하여 이것이 치의 본뜻이다"라 하였다.

諸侯之貳, 제후들이 두 마음을 가지는 것이

不亦宜乎! 또한 마땅하지 않습니까?

且王辭直,[41] 또한 왕의 말이 곧으니

子其圖之." 그대는 잘 생각해 보시기 바랍니다."

宣子說. 선자가 기뻐하였다.

王有姻喪,[42] 왕이 친척의 상을 당하자

使趙成如周弔, 조성으로 하여금 조문을 가게 하고

且致閻田與襚,[43] 또 염의 전지와 수의를 바쳤으며

反潁俘.[44] 영의 포로를 돌려보냈다.

王亦使賓滑執甘大夫襄以說於晉,[45] 왕 또한 빈골로 하여금 감의 대부 양을 붙잡게 하여 진나라를 기쁘게 하니

晉人禮而歸之. 진나라 사람이 그를 예우하여 돌려보냈다.

---

41 직(直): 이치가 있음을 이른다. 곡직에 무리가 없는 것이다.

42 인상(姻喪): 두예는 "외친(外親)의 상이다"라 하였다. 복건은 왕후가 부친상을 당하면 왕에게도 복이 있다고 하였다. 『통전』에서는 마융(馬融)의 말을 인용하여 사위는 처를 따라 시마복(緦麻服)을 입으니 왕 또한 시마복을 입는다고 하였다. 그러나 고례(古禮)에 천자가 시마복을 입는다는 말이 보이지 않으니 복건의 설은 꼭 믿을 만한 것은 아니다.

43 수(襚): 사자(死者)를 보내는 옷이다.

44 영을 공격할 때의 포로를 돌려보낸 것이다.

45 빈골(賓滑): 두예는 "빈골은 주나라의 대부이다"라 하였다.
열(說): 열(悅)과 같다. 열어진(說於晉)은 진나라의 환심을 산 것이다.

夏四月,	여름 4월에
陳災.	진나라에 재해가 발생하였다.
鄭裨竈曰,	정나라 비조가 말하였다.
"五年陳將復封,	"5년이면 진나라는 다시 봉해질 것이고
封五十二年而遂亡."	봉해진 지 52년이면 마침내 망할 것이다."
子産問其故.	자산이 그 까닭을 물었다.
對曰,	대답하였다.
"陳,	"진나라는
水屬也,[46]	수에 속하며,
火,	화는
水妃也.[47]	물의 짝입니다.
而楚所相也.[48]	초나라가 다스리는 것입니다.
今火出而火陳,[49]	지금 대화성이 출현하여 진나라에 화재가 일어났으니

46 두예는 "진(陳)나라는 전욱의 후손이므로 물에 속한다"라 하였다.

47 비(妃 fēi): 배(配 pèi)와 같다. 화(火)와 수(水)는 서로 돕고 서로 이루므로 배(配)라고 하였다. 복건은『역』의 괘를 가지고 풀이하여 이(離)는 화이며 중남(中男)이고, 감(坎)은 수이며 중녀(中女)이므로 화가 수의 배(配)가 된다고 하였다.

48 상(相): 두예는 "상은 다스리는 것이다. 초나라의 선조 축융(祝融)은 고신씨(高辛氏)의 화정(火正)으로 불을 다스리는 일을 맡았다"라 하였다.

49 대화성은 심수(心宿)를 가리킨다. 17년『전』에 의하면 대화성이 나타나면 주나라는 5월

逐楚而建陳也.[50]	초나라를 몰아내고 진나라를 세우는 것입니다.
妃以五成,[51]	짝이 다섯 번 이루어지므로
故曰五年.	그리하여 5년이라고 말하였습니다.
歲五及鶉火,	세성이 다섯 번 순화에 미치고
而後陳卒亡,	그런 다음에 진나라가 마침내 망하니
楚克有之,	초나라가 이기고 가지는 것이
天之道也,	하늘의 도이니
故曰五十二年."[52]	그래서 52년이라 말한 것입니다."

이 되는데 이때는 4월인데 대화성이 나타났으니 두예는 장력(長曆)으로 추산하여 지난해에 윤달을 잘못 두었다고 하였다.

50 초나라 사람을 축출하고 다시 진나라를 세우는 것이다.

51 옛날에는 음양을 이야기하면 또한『역』의 수를 이야기 하였으며 또한 오행을 이야기하였다. 이른바 천(天)은 1로 수를 낳고, 지(地)는 2로 화를 낳으며, 천은 3으로 목(木)을 낳고, 지는 4로 금을 낳으며, 천은 5로 토를 낳는다. 5위(位)는 모두 5를 가지고 합하여지며 음양이 자리를 바꾸기 때문에 짝지어 5를 이룬다고 한다. 기타 해석법도 많은데 다 들지 않는다.

52 두예는 "이해에 세성이 성기(星紀)에 있으니 5년이면 대량(大梁)에 미치고 진나라는 다시 봉해진다. 대량에서 4년이면 순화에 미친다. 네 번을 돌면 48년이며, 무릇 다섯 번 순화(鶉火)에 미치면 52년이다. 천수(天數)는 5를 기(紀)로 하기 때문에 다섯 번 순화에 미치면 화가 성하고 수는 쇠한다"라 하였다. 진나라는 노나라 소공 13년에 다시 봉하여지는데, 지난해 겨울 초나라가 진나라를 멸한 때부터 13년까지는 5년이 흐른 것이다. 진나라는 노나라 애공 17년에 망하는데 곧 B.C. 478년으로 다시 봉하여진 B.C. 529년부터 또 초나라에 의해 멸망하기까지 52년이 지났다.

晉荀盈如齊逆女,[53]	진나라 순영이 제나라로 가서 여인을 맞이하였는데
還,	돌아오다가
六月,	6월에
卒于戲陽.[54]	희양에서 죽었다.
殯于絳,	강에서 빈을 하고
未葬.	아직 장사를 지내지 않았다.
晉侯飮酒,	진후는 술을 마시고
樂.[55]	음악을 연주하였다.
膳宰屠蒯趨入,[56]	선재 도괴가 종종걸음으로 달음질쳐 와
請佐公使尊,[57]	공을 도와 술시중 들 것을 청하여

---

53 두예는 "직접 맞이하러 간 것이다"라 하였다.

54 희양(戲陽): 지금의 하남 내황현(內黃縣) 북쪽이다.

55 악(樂): 음악(音樂). 여기서는 동사로 쓰여서 음악을 연주하는 것을 말함. 『예기·단궁(檀弓) 하』에도 이 일이 실려 있는데 "종소리가 들렸다(聞鐘聲)"라 한 것이 이를 말한다.

56 도괴(屠蒯): 남송(南宋) 왕관국(王觀國)의 『학림(學林)』에서는 "「단궁」에는 두괴(杜蕢)로 되어 있고 『좌전』에는 도괴(屠蒯)로 되어 있는데, 아마 원래는 두괴인데 『좌전』에서 잘못 기록하였을 것이다"라 하였다. 그러나 송나라 원문(袁文)의 『옹유한평(甕牖閒評)』에서는 "도(屠)라는 것은 도재(屠宰)이다. 괴(蒯)가 포인(庖人)으로 도재의 직을 주관하기 때문에 도괴(屠蒯)라 한 것이다. 이를테면 무함(巫咸)의 무(巫), 사광(師曠)의 사(師)와 같다. 곧 『좌전』에서 말한 도괴(屠蒯)가 곧 본래의 글자이며 「단궁」에서 두괴라 잘못 말한 것일 따름이다"라 하였다. 마종련(馬宗璉)의 주에서는 "도(屠)와 두(杜)는 음이 같다. 『사기』〔「조세가(趙世家)」〕에 진나라 대부 도안가(屠岸賈)가 있고 『좌전』에 진나라 도서(屠黍)가 있으니 이 도(屠)는 곧 진나라 대부의 씨(氏)이다"라 하였다. 괴(蒯)와 괴(蕢) 또한 옛 음이 같았다.

57 준(尊): 옛날의 술잔〔酒杯〕이다. 심흠한(沈欽韓)의 『보주(補注)』에서는 연례(燕禮)로 해석

許之.[58] 허락하였다.

而遂酌以飮工,[59] 그리하여 마침내 악공에게 마시게 하고는

曰, 말하였다.

"女爲君耳, "너는 임금의 귀로

將司聽也.[60] 밝게 듣는 일을 맡았다.

辰在子, 卯, 때가 갑자와 을묘에 있는 것을

謂之疾日,[61] 기일이라 하는데

君徹宴樂, 임금은 연회에서 음악을 거두고

學人舍業,[62] 배우는 사람들은 악기 틀을 버려두니

爲疾故也. 이는 꺼리기 때문이다.

하면 진평공이 술을 마시어 손님에게 연례를 베푸는 것이 아니며, 선재는 공을 도와 술을 따르는 것을 청한 것에 불과할 따름임을 알지 못한다.

58 두예는 "공이 허락한 것이다"라 하였다.

59 공(工): 두예는 「단궁 하」에 의거하여 "공(工)은 악사로 사광(師曠)이다"라 하였다. 공은 곧 악공이며 굳이 사광은 아니다. 『전』의 예에 따르면 사광이라면 반드시 그 이름을 거론하였다.

60 두예는 "음악은 귀를 밝게 하는 것이다"라 하였다.

61 갑자(甲子)는 상주(商紂)가 멸망하여 죽은 날로 『한서·율력지(律曆志)』에서 인용한 『서경·주서(書經·周書)』「무성(武成)」과 『사기·은본기(殷本紀)』에 보인다. 을묘는 하걸(夏桀)이 죽은 날로 공영달의 소(疏)에 보인다. 당시 사람들은 이 때문에 갑자와 을축일을 질일(疾日)로 보았다. 질일은 곧 기일(忌日)이다. 『예기·옥조(玉藻)』에서는 이 이틀은 거친 곡식과 나물국을 먹는다 하였는데 또한 갑자와 을묘일이 기일임을 입증하는 것이다.

62 학인(學人): 음악을 배우는 사람이다. 사(舍)는 사(捨)와 같다. 곧 사(舍)는 음악을 배우는 일을 그치는 것이다. 업(業)은 악기를 거는 틀의 가로댄 나무를 장식한 판으로 톱니 모양을 새긴 것이다.

君之卿佐,	임금의 경좌는
是謂股肱.	고굉이라고 한다.
股肱或虧,	고굉이 혹 죽으면
何痛如之?[63]	무슨 고통이 그와 같겠는가?
女弗聞而樂,[64]	너는 들리지도 않게 하고 음악을 연주하니
是不聰也."	이는 밝지 못한 것이다."
又飮外嬖嬖叔,[65]	또한 총신인 폐숙에게 마시게 하고는
曰,	말하였다.
"女爲君目,	"너는 임금의 눈으로
將司明也.	밝게 보는 일을 맡았다.
服以旌禮,[66]	복식은 예를 드러내고
禮以行事,	예로는 일을 행하며
事有其物,[67]	일에는 유가 있고
物有其容.[68]	사물에는 모습이 있다.

63 고굉~여지(股肱~如之): 고굉혹휴(股肱或虧)는 곧 경좌 중에 죽은 자가 있다는 것으로 순영(荀盈)의 죽음이 갑자, 을묘의 기일보도 그 고통이 훨씬 심함을 가리킨다.

64 불문(弗聞): 진평공에게 알려지지 않게 한 것을 가리킨다. 악(樂)은 또한 음악을 연주한다는 뜻이다.

65 폐숙(嬖叔): 「단궁(檀弓) 하」에는 이조(李調)로 되어 있으며 공영달과 홍양길(洪亮吉) 등은 이로 인해 폐숙이 곧 이조라고 하였는데 견강부회인 것 같다.

66 정(旌): 두예는 "정은 드러내는 것이다"라 하였다.

67 물(物): 두예는 "물은 유(類)이다"라 하였다.

今君之容,	지금 임금의 얼굴은
非其物也,[69]	그 유가 아니다.
而女不見,	그런데도 너는 보지 못하니
是不明也."	이는 밝은 것이 아니다."
亦自飮也,	또한 스스로 마시면서
曰,	말하였다.
"味以行氣,[70]	"맛으로 기를 행하고
氣以實志,[71]	기로 뜻을 채우며
志以定言,[72]	뜻으로 말을 정하고
言以出令.	말로 영을 냅니다.
臣實司味,[73]	신은 실로 맛을 맡았으면서도
二御失官,[74]	두 시어가 맡은 일을 잃었는데도
而君弗命,[75]	임금께서 그들에게 명을 내리지 않음은

68 용(容): 두예는 "용은 모습이다"라 하였다.

69 두예는 "경좌의 상이 있는데도 슬퍼하는 모습이 없이 음악을 연주하고 즐겁게 연회를 가졌으므로 그에 합당한 유에 맞지 않았다고 한 것이다"라 하였다. 슬퍼해야 하는데 즐긴 것을 말한다.

70 입맛으로 혈기를 유통시키는 것이다.

71 두예는 "기가 화평해지면 뜻이 충만해지는 것이다"라 하였다.

72 두예는 "마음에 있으면 뜻이 되고 입으로 내면 말이 된다"라 하였다.

73 선재(膳宰)는 맛을 맡은 관리이다.

74 이어(二御): 악공과 폐숙(嬖叔)을 가리킨다. 실관(失官)은 눈과 귀가 밝게 되도록 맡을 수 없는 것을 이른다.

臣之罪也." | 신의 죄입니다."

臣之罪也."	신의 죄입니다."
公說,	공이 기뻐하며
徹酒.[76]	술을 거두었다.
初,	처음에
公欲廢知氏而立其外嬖,[77]	공이 지씨를 폐하고 외폐를 세우려 하였는데
爲是悛而止.[78]	이 때문에 마음을 고쳐먹고 그만두었다.
秋八月,	가을 8월에
使荀躒佐下軍以說焉.[79]	순력으로 하여금 하군을 보좌하게 하여 그것을 말하였다.
孟僖子如齊殷聘,[80]	맹희자가 제나라로 가서 성대히 빙문하였는데

75 맛을 담당하여 맡은 자가 두 시어로 하여금 직무를 잃게 하여 임금이 명을 내려 그들의 죄를 묻지 못한다는 것이다.

76 공영달은 "『예기』「단궁(檀弓) 하」에 이 일이 기록되어 있는데 술을 마신 일은 같으나 그 말은 모두 다르다. 『예기』는 전하여 들은 것이므로 이와 다르다. 둘 중에 반드시 하나는 틀렸을 것이니 『전』이 옳으면 『예기』는 틀린 것이다"라 하였다. 청초(淸初) 고사기(高士奇)의 『좌전기사본말(左傳紀事本末)』에서도 "『예기』의 전해 들은 것이 『전』이 의심을 전함만 못하다"고 하였다.

77 지씨(知氏): 순영(荀盈)은 곧 지영(知盈)이다.

78 전(悛): 고치는 것이다.

79 역(躒): 두예는 "역(躒)은 순영의 아들이다. 하군을 보좌한 것은 아버지를 대신한 것이다. 설(說)은 스스로 해명한 것이다"라 하였다.

80 은빙(殷聘): 『주례·대행인(大行人)』에서는 "무릇 제후끼리의 교왕은 매년 서로 방문을 하

禮也.	예에 합당하였다.
冬,	겨울에
築郎囿.	낭의 동산을 쌓았다.
書,	기록한 것은
時也.[81]	시의적절하였기 때문이다.
季平子欲其速成也,[82]	계평자가 조속히 완공하려 하자
叔孫昭子曰,	숙손소자가 말하였다.
“詩曰,	“『시』에서 말하기를
‘經始勿亟,	‘처음에 급히 서두르지 않으니
庶民子來.’[83]	백성들이 아들처럼 오네’라 하였습니다.

고 몇 년에 한 번씩 서로 빙문을 한다(殷相聘)”라 하였는데, 은상빙(殷相聘)이 곧 이 은빙(殷聘)이다. 『주역·예괘·상사(豫卦·象辭)』에서는 “상제에게 성대하게 제사를 올린다(殷薦之上帝)”라고 하였는데 마융(馬融)은 “은(殷)은 성(盛)한 것이다”라 하였다. 무릇 풍성하게 거행하는 것을 옛날에는 거의 은(殷)이라 하였다. 이를테면 『주례·대행인(大行人)』의 “은동(殷同: 전체 제후가 천자를 조현하는 것)”과, 『주례·춘관·종백(周禮·春官·宗伯)』의 “은현(殷見: 제후들이 사계절로 나누어 천자를 조현하는 것)”, 『예기·증자문(曾子問)』의 “은사(殷事: 아침저녁에 비하여 제사를 성대히 올리는 일)” 등으로 알 수 있다. 노나라는 숙로(叔老)가 제나라를 빙문한 이래 이해까지 20년이나 되어, 양국 간의 빙문이 벌어진 것이 이미 오래되었으므로 이 번 빙문을 특히 풍성히 한 것이다.

81 농사철을 그르치지 않은 것을 말하며 아래에 상세하다.

82 계평자(季平子): 곧 계손여의(季孫如意)로 도자(悼子)의 아들이며, 무자(武子)의 손자이다. 도자는 양공 23년에 보이며 무자보다 먼저 죽었다. 7년 11월에 무자가 죽자 평자가 적손으로 자리를 이었다.

83 『시경·대아·영대(大雅·靈臺)』의 구절이다. 문왕이 영대(靈臺)를 축조할 때 “건축을 시

焉用速成,　　어찌 속히 완공하려 하여

其以勦民也?[84]　　백성들을 수고롭히려 하십니까?

無囿猶可,　　동산은 없어도 되겠지만

無民,　　백성이 없으면

其可乎?"[85]　　어찌 되겠습니까?"

소공 10년

經

十年春王正月.[1]　　10년 봄 주력으로 정월.

夏,　　여름에

齊欒施來奔.[2]　　제나라 난시가 도망쳐 왔다.

秋七月,　　가을 7월에

季孫意如, 叔弓, 仲孫貜帥師伐莒.[3]　　계손의여와 숙궁, 중손확이 군사를 거느리고 거나라를 쳤다.

작할 때 급히 서둘러 지을 필요가 없다"고 명하여 백성들이 춤을 추며 뛰어오는 것이 아들과 같았다는 것을 말한다.

84 초(勦): 두예는 "초는 수고롭히는 것이다"라 하였다.

85 『설원·반질(反質)』편에 이 말이 수록되어 있는데 어사에 자못 변동이 있다.

1 십년(十年): 기사년 B.C. 532년으로 주경왕(周景王) 13년이다. 동지가 정월 12일 기해일로 건자(建子)이다.

2 "제(齊)"는 『공양전』에는 "진(晉)"으로 잘못되어 있다.

戊子,[4]	무자일에
晉侯彪卒.	진후 표가 죽었다.
九月,	9월에
叔孫婼如晉,[5]	숙손야가 진나라에 가서
葬晉平公.	진나라 평공의 장례에 참석하였다.
十有二月甲子,[6]	12월 갑자일에
宋公成卒.[7]	송나라 성공이 죽었다.

---

3 "의여(意如)"는 『공양전』에는 "은여(隱如)"로 되어 있다. 청나라 만사대(萬斯大)의 『학춘추수필(學春秋隨筆)』에서는 "스스로 중군을 폐기한 후이니 2군에 그칠 것인데 어찌하여 3경(卿)이 모두 장수가 되겠는가? 계(季)의 1군은 자신이 장수가 되고 숙〔叔, 숙궁씨(叔弓氏)이다〕은 보좌이다. 편사(偏師)로 나가면 번갈아 장수를 맡으며, 나중에 무릇 숙모(叔某)가 군사를 거느렸다든가 계손모(季孫某)가 군사를 거느렸다 하는 것은 모두 계씨의 편사(偏師)이다. 모든 군사가 나가면 함께 장수가 되는데, 이번 출사에서 계손의여와 숙궁이 함께 군사를 거느린 것이 이것이다. 두 사람이 1군을 맡아 장수와 보좌를 나누지 않고 각각 한쪽을 맡거나 오로지 맡거나 혹은 함께 나가기도 하여 서로 예속되지 않는다"라 하였다.

4 무자일은 7월 3일이다.

5 "야(婼)"는 『공양전』에는 "사(舍)"로 되어 있다.

6 갑자일은 2일이다.

7 두예는 "동(冬)"자가 없는 것은 사관이 빠뜨린 것이라고 하였다. "성(成)"은 『공양전』에는 "술(戌)"로 되어 있다. 송나라 휘종(徽宗)의 칙명(勅命)으로 왕보(王黼)가 편찬한 『박고도록(博古圖錄)』〔『선화박고도록(宣和博古圖錄)』〕 권22에는 송공술(宋公戌)의 종(鐘) 여섯 개가 있는데 명문(銘文)에서 "송공술의 가종(謌鐘)"이라 하였다. 청나라 완원(阮元)의 『적고재종정이기관지(積古齋鐘鼎彝器款識)』에서는 오동발(吳東發)의 말을 인용하여 "지금 이 명을 살펴보니 『공양전』이 맞으며, 평공(平公)의 기물이다. 『좌전』 소공 24년의 '공자 성(公子城)'을 두예의 주에서는 '평공의 아들'이라고 하였다. '成'과 '城'은 같다. 평공의 이름이 성(成)이라면 그 아들의 이름은 성(城)이 될 수 없다"라 하였다. 곽말약(郭沫若)의 『양주금문사대계고석(兩周金文辭大系考釋)』에서는 "고문의 진술(辰戌)의 술(戌)과 성(成)자는 불과 1획 차이여서 옛 기물에서는 매번 서로 와전되곤 한다"라 하였다.

傳

十年春王正月,	10년 봄 주력으로 정월에
有星出于婺女.[8]	어떤 별이 무녀의 별자리에 나타났다.
鄭裨竈言於子産曰,	정나라 비조가 자산에게 말하였다.
"七月戊子,	"7월 무자일에
晉君將死.	진나라 임금이 죽을 것입니다.
今茲歲在顓頊之虛,[9]	올해 세성이 전욱지허에 있고
姜氏, 任氏實守其地,[10]	강씨와 임씨가 실로 그 땅을 지키고 있으며
居其維首,[11]	그 별자리의 첫머리에 있는데
而有妖星焉,[12]	요성이 나타났으니

---

8 무녀(婺女): 곧 여수(女宿)로 네 개의 별이 있으니 곧 물병자리의 ε(엡실론)과 μ(뮤), 3등의 별이다. 이것이 옛날에 이른바 객성이 무녀(婺女)의 별자리에 출현한 것이다. 객성은 혹 신성(新星)이라고도 하는데 곧 특수한 변성(變星)으로 광도(光度)가 갑자기 증가하여 며칠 동안 수천 배 심지어 수만 배나 증가하며, 오래지 않아 또한 광도(光度)가 줄어들어 마침내 미광(微光)의 별이 된다. 또한 변성(變星)일 수도 있으니 광도의 강약이 이따금 변화하는 항성이다. 두예는 "객성이다. 기록하지 않은 것은 살별(孛)이 아니기 때문이다"라 하였는데 아마 이를 가리킬 것이다.

9 금자(今茲): 금년이다.
세(歲): 목성(木星)이다.
전욱지허(顓頊之虛): 현효(玄枵)를 이른다. 『이아·석천(釋天)』에 보인다. 28수 중에서 여(女)·허(虛)·위(危)의 3수(宿)는 보병궁(寶瓶宮)에 상당한다.

10 두예는 "강(姜)은 제(齊)나라의 성이고, 임(任)은 설(薛)나라의 성이다. 제나라와 설나라의 두 나라는 현효(玄枵)의 땅을 지킨다"라 하였다.

11 유수(維首): 28수는 12차로 나뉘는데 유(維)는 성차(星次)이다. 옛날에는 분야의 설이 있었는데 현효는 제나라의 분야이다. 무녀(婺女, 女宿)는 또한 현효 3수의 머리이다.

告邑姜也.[13]	읍강임을 알린 것입니다.
邑姜,	읍강은
晉之妣也.[14]	진나라의 선비입니다.
天以七紀,[15]	하늘은 7로 기록하는데
戊子逢公以登,	무자년에 봉공이 세상을 떠났는데
星斯於是乎出,[16]	객성이 이때 나타났으니
吾是以譏之."[17]	내 이에 점을 쳐서 알게 되었습니다."

---

12 요성(妖星): 곧 객성이다. 신성(新星)이든 변성(變星)이든 일상적인 천상(天象)이 아니라면 옛사람들은 모두 요성이라고 생각하였다.

13 읍강(邑姜): 제나라 태공(太公)의 딸로 제나라의 시조 당숙(唐叔)의 어머니이다. 옛날에는 무녀(婺女)는 이미 시집간 딸이라 생각하여 읍강에게 알리려 한 것이다.

14 비(妣): 춘추 이전에는 모두 조비(祖妣)를 상대적으로 말하였으니, 이를테면『시경·소아·사간(小雅·斯干)』에서 "조비를 잇는 듯하네(似續祖妣)"라 하였고,『시경·주송·풍년(周頌·豐年)』 및『시경·주송·재삼(周頌·載芟)』에서 "조비에게 바치네(烝畀祖妣)"라 하였으며,『주역·소과(小過)』 6·2의 효사(爻辭)에서 "그 할아버지를 지나 그 할머니를 만난다(過其祖, 遇其妣)"라 한 것으로 알 수 있다. 조비는 또한 선대 조상의 부부를 가리키기도 하는데, 진평공은 읍강과는 이미 20세나 떨어져 있다.

15 28수는 4방에 나누어져 있으며 매 방향마다 7수이다.

16 봉공(逢公): 20년『전』에 안영(晏嬰)의 말이 있는데 제나라 땅에 대하여 말하기를 "옛날에 상구씨가 비로소 이 땅에 살게 되었고 계즉이 그 뒤를 이었으며 유봉과 백릉이 그 뒤를 이었고 포고씨가 그 뒤를 이었으며 그런 다음에 태공이 그 뒤를 이었습니다(昔爽鳩氏始居此地, 季萴因之, 有逢伯陵因之, 蒲姑氏因之, 而後大公因之)"라 하였으니 봉공(逢公)은 곧 유봉으로 제나라의 땅이 되기 이전의 제후이다.「주어(周語) 하」에서는 "곧 우리 황비(皇妣) 태강(大姜)의 조카, 백릉(伯陵)의 후손, 봉공이 믿고 의지하던 신(神)이다"라 하였으므로 두예는 "봉공은 은나라의 제후로 제나라에 살던 자이다"라 하였다. 그러나 고대의 역사는 전설이 많아 믿기가 어렵다.
등(登): 등천(登天), 곧 죽는 것이다. 이 구절은 봉공이 무자일에 죽자 요성이 출현하였다는 것을 이른다.

17 기(譏): 계(卟)와 같다.『설문』에서는 "계(卟)는 점을 쳐서 의문이 있는 것을 묻는 것이다"라 하였다. 이는 성상(星象)으로 점을 쳐서 내 이 때문에 진후가 죽을 날을 알게 되었다는 것을 말한다.

齊惠欒, 高氏皆耆酒,[18]	제나라의 혜공의 난씨와 고씨는 모두 술을 좋아하였는데
信內,	안사람의 말을 믿어
多怨,[19]	원망하는 사람이 많았으며
彊於陳, 鮑氏而惡之.[20]	진씨와 포씨보다 강성한데도 그들을 미워하였다.
夏,	여름에
有告陳桓子曰,[21]	어떤 사람이 진환자에게 알리기를
"子旗, 子良將攻陳, 鮑."	"자기와 자량이 진씨와 포씨를 공격하려 한다"고 하였다.
亦告鮑氏.	또한 포씨에게도 알렸다.
桓子授甲而如鮑氏.[22]	환자는 병기를 내어 주고 포씨에게 갔다.

18 난씨와 고씨는 모두 제혜공에게서 나왔으므로 여기서 "제나라의 혜공의 난씨와 고씨"라고 하였다. 소공 3년의 『전』에서는 "혜공의 두 손자가 강하고 밝을 때까지만 해도 괜찮았다(二惠競爽猶可)"라 하였는데, 두예는 "자아(子雅)와 자미(子尾)는 모두 제나라 혜공의 손자이다"라 하였다. 이 난씨는 난시(欒施)로 자는 자기(子旗)이며, 고씨는 고강(高彊)으로 자는 자량(子良)이다. 하나는 자아의 아들이고 하나는 자미의 아들이니 제혜공의 증손자이다. 기(耆)는 곧 기(嗜)이다.

19 두예는 "부인의 말을 좋아하였기 때문에 원성이 많은 것이다"라 하였다.

20 혜동(惠棟)의 『보주(補注)』에서는 "『이아(爾雅)』에서 '강(彊)은 당(當)의 뜻이다'라고 하였다. 그 일족이 흥성하여 진씨, 포씨와 상당할 만한 것이다"라 하였다. 강(彊)은 성(盛)으로 풀어도 된다. 두예는 "진씨와 포씨를 미워한 것이다"라 하였다.

21 주빈(朱彬)의 『경전고증(經傳攷證)』에서는 "유(有)는 혹(或)이라는 뜻이다"라 하였다. 실은 유(有)와 혹(或)은 고음이 매우 가까워 서로 통하여 썼다.

22 한편으로는 싸울 준비를 하고 한편으로는 친히 포씨를 찾아가는 것이다.

遭子良醉而騁,[23]	자량이 취하여 수레를 마구 달리는 것을 만났으며
遂見文子,[24]	마침내 문자를 찾아보니
則亦授甲矣.	또한 병기를 내주었다.
使視二子,[25]	두 사람을 살피게 하였더니
則皆將飮酒.[26]	모두 술을 마시려는 중이었다.
桓子曰,	환자가 말하였다.
"彼雖不信,[27]	"그의 말은 비록 믿지 못하겠지만
聞我授甲,	우리가 병기를 내주었다는 말을 들었을 테니
則必逐我.	반드시 우리를 쫓아낼 것이다.
及其飮酒也,	그들이 술을 마실 때
先伐諸?"[28]	먼저 그들을 치는 게 어떻겠소?"
陳, 鮑方睦,	진씨와 포씨는 바야흐로 화목하여
遂伐欒, 高氏.	마침내 난씨와 고씨를 쳤다.

23 두예는 "자량이 술에 취하였을 때 공격하려고 하였기 때문에 달려가서 포문자에게 알린 것이다"라 하였으니 "遭子良醉, 而騁"으로 끊어 읽어야 한다. 그러나 사실 자량이 취하여 길에서 마구 달리는 것을 진환자가 맞닥뜨린 것이다.

24 문자(文子): 두예는 "문자는 포국(鮑國)이다"라 하였다.

25 두예는 "이자(二子)는 자기와 자량이다"라 하였다.

26 장(將)은 본래 종(從)으로 되어 있었는데 여기서는 『교감기(校勘記)』 및 가나자와 문고본(金澤文庫本)을 따라 바로잡았다.

27 두예는 "피(彼)는 말을 전한 자이다"라 하였다. 신(信)은 실(實)의 뜻이다.

28 저(著): 지호(之乎)의 합음자이다.

子良曰,	자량이 말하였다.
"先得公,	"먼저 임금을 얻으면
陳, 鮑焉往?"[29]	진씨와 포씨가 어디로 가겠소?"
遂伐虎門.[30]	마침내 호문에서 쳤다.
晏平仲端委立于虎門之外,[31]	안평중이 조복을 입고 호문 밖에 서 있는데
四族召之,[32]	네 일족이 그를 불러도
無所往.[33]	아무 데도 가지 않았다.
其徒曰,	그의 무리가 말하였다.
"助陳, 鮑乎?"	"진씨와 포씨를 돕겠습니까?"
曰,	말하였다.
"何善焉?"[34]	"그들이 무엇이 낫겠느냐?"

29 두예는 "공이 자기를 돕게 하고자 한 것이다"라 하였다. 이는 아마 제경공을 끼고 백성을 거느리려 함일 것이다.

30 호문(虎門): 두예는 "들어가려다가 공이 듣지 않았으므로 공문(公門)에서 쳤다"라 하였다. 『주례·사씨(師氏)』에 "호문(虎門)의 왼쪽에 거처하였다"는 말이 있는데 정현은 "호문은 노침(路寢)의 문이다"라 하였다. 『수경주·곡수(穀水)』에서는 "노문(路門)은 필문(畢門)이라고도 하며 또한 호문(虎門)이라고도 한다"라 하였다. 장병린(章炳麟)의 『독(讀)』에서는 주나라 왕궁의 서문이 호문이라고 하였으며, 제나라는 제후국이므로 노침은 다만 남문이 있을 뿐이다 운운하였으니 이 호문은 제경공의 노침의 남문이다.

31 단위(端委): 두예는 "단위는 조복(朝服)이다"라 하였다. 단위는 또한 원년 『전』과 『주』 및 애공 7년의 『전』에도 보인다. 안영(晏嬰)이 조복을 입은 것은 싸움에 참여하지 않겠다는 것을 보여준 것이다.

32 사족(四族): 두예는 "사족은 난씨와 고씨, 진씨, 포씨이다"라 하였다.

33 모두 가지 않은 것이다.

34 두예는 "도울 만한 훌륭한 행의(行義)가 없음을 말한다"라 하였다.

"助欒, 高乎?"	"난씨와 고씨를 돕겠습니까?"
曰,	말하였다.
"庸愈乎?"[35]	"어찌 낫겠느냐?"
"然則歸乎?"	"그러면 돌아가시겠습니까?"
曰,	말하였다.
"君伐,[36]	"임금이 공격을 당하는데
焉歸?"	어디로 돌아가겠느냐?"
公召之,	공이 그를 부르자
而後入.	그런 다음에 들어갔다.
公卜使王黑以靈姑銔率,	공이 왕흑으로 하여금 영고피를 가지고 통솔케 하는 것을 점치게 하였더니
吉,	길하였으며
請斷三尺焉而用之.[37]	그것을 세 자로 잘라서 쓸 것을 청하였다.

35 용(庸): 어찌.
유(愈): 육찬(陸粲)은 "유(愈)는 승(勝)과 같다. 난씨와 고씨가 어찌 진씨와 포씨보다 낫겠냐는 말이다"라 하였다.

36 임금이 자량(子良)에게 공격당하는 것이다.

37 장병린(章炳麟)의 『독(讀)』에서는 주나라 왕이 제환공에게 대로(大輅)와 용기(龍旗) 9류(旒)를 상으로 내렸는데 이 영고피(靈姑銔)는 곧 환공의 용기라고 하였다. 왕흑이 세 자를 자를 것을 청한 것에 대해 고염무(顧炎武)의 『보정(補正)』에서는 『주례·고공기·여인(考工記·輿人)』의 주〔소(疏)〕를 인용하여 "『예위(禮緯)』에서는 '제후의 기는 진(軫: 수레의 뒤 횡목 길이)과 나란하고, 대부의 기는 교(較: 수레의 좌우 널빤지 위에 댄 가로나무

五月庚辰,[38] 5월 경진일에

戰于稷,[39] 직에서 싸웠는데

欒, 高敗, 난씨와 고씨가 패하였으며

又敗諸莊.[40] 또 장에서도 패하였다.

國人追之, 백성들이 그들을 좇아

又敗諸鹿門.[41] 또 녹문에서도 무찔렀다.

의 앞으로 꼬부라져 나온 부분)와 나란하다'라 하였다. 진(軫)에서 교(較)까지는 다섯 자 다섯 치인데, 세 자를 잘라 교(較)에 이른 것은 대개 천자와 그 신하는 교(較)가 겹으로 된 수레를 타며 제후의 수레는 교가 겹으로 되지 않았으므로 세 자의 교가 있는 것이니 혹 복군(服君)이 틀렸을 것이다"라 하였다. 또 이운점(李雲霑)의 말을 인용하여 "이는 우윤(芋尹) 무우(無宇)가 왕의 기를 자른 것과 같으며 그 유(斿)를 자른 것이다"라 하였다. 그러나 『예위·함문가(禮緯·含文嘉)』에 의하면 제후의 기는 7인(仞) 9류(旒)로 진(軫)에 나란하고, 대부는 5인(仞) 5류〔旒: 『초학기(初學記)』 권22에는 7류(旒)로 인용하였는데 옳다〕로 교(較)에 나란하다고 하였다. 왕흑은 대부로 제후(齊侯)의 기를 사용하는데 실은 제후의 명을 받든 것이므로 2인(仞)을 자르지 않고 세 자를 자를 것을 청하여 공경을 보여준 것일 따름이다. 나머지는 7년의 『전』과 『주』에 상세하다.

38 5월에는 경진일이 없다.

39 직(稷): 소공 22년의 『전』에서 "거자가 제나라로 가서 회맹에 임하고 직문 바깥에서 맹약하였다(莒子如齊涖盟, 盟于稷門之外)"라 하였고, 두예는 "직문은 제나라 도성문이다"라 하였는데 곧 이 직일 것이다. 두예는 이곳의 주에서 "직은 후직(后稷)을 제사 지낸 곳"이라 하였는데, 잘못되었을 것이다. 『수경주·치수(淄水)』에 의하면 제선왕 때의 직하(稷下) 또한 바로 이곳이다. 지금의 산동 치박시(淄博市) 구임치(舊臨淄) 서쪽에 있을 것이다.

40 제(諸): "어(於)"자와 같은 용법이다.
장(莊): 곧 『맹자·고자(告子) 하』의 "당기어 장(莊)과 악(嶽) 사이에 두었다"라 할 때의 장(莊)이다. 두예는 "장(莊)은 수레 여섯 대가 나란히 갈 수 있는 길이다"라 하였는데, 『이아·석궁(釋宮)』에 근거를 두었는데 적절치 못하다. 장(莊)은 아마 번화한 시장의 이름일 것이다.

41 녹문(鹿門): 양공 23년 『전』에 녹문이 있는데, 곧 노나라 성의 관문이며, 이는 제나라 성문이다. 고사기(高士奇)의 『지명고략(地名考略)』에서는 "동남문을 녹문(鹿門)이라 한다"라 하였는데 혹 그렇지도 모르겠다.

欒施, 高彊來奔.[42]	난씨와 고씨가 도망쳐 왔다.
陳, 鮑分其室.	진씨와 포씨는 그 가산을 나누었다.
晏子謂桓子,	안자가 환자에게 말하였다.
“必致諸公![43]	“반드시 공에게 바치셔야 할 것입니다!
讓,	겸양은
德之主也.	덕의 주체입니다.
讓之謂懿德.[44]	남에게 겸양하는 것은 아름다운 덕이라 한다.
凡有血氣,	무릇 혈기가 있으면
皆有爭心,	모두 다투는 마음이 있으므로
故利不可强,[45]	이익은 강제할 수 없으니
思義爲愈.	의를 생각함이 더욱 낫습니다.
義,	의는
利之本也.	이익의 근본입니다.
蘊利生孽.[46]	이익을 쌓아 놓으면 재앙이 생깁니다.

42 두예는 “고강을 기록하지 않은 것은 경이 아니기 때문이다”라 하였다.

43 진씨가 난씨와 고씨에게서 취한 것을 반드시 제경공에게 바치라는 것이다.

44 본래 “양지(讓之)” 두 자가 없었는데 여기서는 『교감기(校勘記)』 및 가나자와 문고본(金澤文庫本)을 따라 보충하였다.

45 두예는 “강제로 빼앗을 수 없다는 것이다”라 하였다.

46 온(蘊): 『설문』에서 “온은 쌓는 것이다”라 하였다. 『대대예기·사대(四代)』편에서 공자의 말을 일컬어 “이익을 쌓으면 재앙이 생긴다(委利生孽)”라 하였는데 위(委) 역시 쌓는다

姑使無蘊乎!	잠시 쌓아 놓지 않게 하십시오!
可以滋長."	더욱 불어날 수 있습니다."
桓子盡致諸公,[47]	환자는 공에게 모두 바치고
而請老于莒.[48]	거에서 은퇴하였다.
桓子召子山,[49]	환자가 자산을 불러
私具幄幕, 器用, 從者之衣屨,[50]	몰래 장막과 기물, 종자의 의복과 신발을 갖추고
而反棘焉.[51]	극을 돌려주었다.
子商亦如之,	자상 또한 그렇게 하고
而反其邑.	그 읍을 돌려주었다.

는 뜻이다. 『안자춘추·내편·잡(內篇·雜) 하』에는 "怨利生孽"로 되어 있는데 원(怨)은 완(宛)의 가차자이며, 전한(前漢) 말 양웅(揚雄)의 『방언(方言)』에서 "완(宛)은 쌓는 것이다"라 하였다.

얼(孽): 두예는 "요해(妖害)이다"라 하였다.

47 안영(晏嬰)의 말대로 한 것이다.

48 거(莒): 제나라의 읍으로 3년 『전』의 『주』에 보인다. 『안자춘추·내편·잡(晏子春秋·內篇·雜) 하』에는 "극(劇)"으로 되어 있다. 청나라 손성연(孫星衍)의 『안자춘추음의(晏子春秋音義)』에서는 "『좌전』에는 '거(莒)'로 되어 있어 '극(劇)'과 같지 않다. 당나라 복왕태(濮王泰) 등이 편찬한 지지(地志) 『괄지지(括地志)』에서는 '옛 극성(劇城)은 청주(青州) 수광현(壽光縣) 남쪽 31리 지점의 옛 기국(紀國)이다. 밀주(密州)의 거현이 옛 거자국(莒子國)이다'라 하였다"라 하였다. 장병린(章炳麟)은 "거(莒)는 곧 극(劇)을 가차한 것이다"라 하였으며 『춘추좌전독(春秋左傳讀)』에 보이는데, 확실치 않은 것 같다.

49 자산(子山): 두예는 "자신과 자상(子商), 자주(子周)는 양공 31년 자미(子尾)에게 쫓겨난 공자들이다"라 하였다.

50 사구(私具): 두예는 "사구는 공에게 알리지 않은 것이다"라 하였다.

51 극(棘): 고동고(顧棟高)의 『춘추여도(春秋輿圖)』에 의하면 극은 지금의 임치구(臨淄區) 서북쪽에 있는데, 직문(稷門)과 가깝다.

子周亦如之,	자주 또한 그렇게 하고
而與之夫于.[52]	그에게 부우를 주었다.
反子城, 子公, 公孫捷,[53]	자성과 자공, 공손첩을 돌아오게 하여
而皆益其祿.	모두 그 봉록을 더하여 주었다.
凡公子, 公孫之無祿者,	무릇 공자와 공손 가운데 봉록이 없는 자에게는
私分之邑.[54]	가만히 읍을 나누어 주었다.
國之貧約孤寡者,	나라의 빈곤하고 외로운 자들에게는
私與之粟.	몰래 곡식을 주었다.
曰,	말하였다.
"詩云'陳錫載周',[55]	"『시』에서 말하기를 '펼치어 내리시니 주나라 창건하였네'라 하였는데
能施也.	베풀기를 잘한 것이다.
桓公是以霸."[56]	환공이 이 때문에 패자가 되었다."

---

52 부우(夫于): 지금의 산동 장산(長山) 폐현 부근에 있다.

53 두예는 "세 사람은 8년에 자기(子旗)에게 쫓겨난 사람이다"라 하였다.

54 두예는 "자신의 읍을 나누어 준 것이다"라 하였다.

55 『시경·대아·문왕(大雅·文王)』의 구절이다. 지금의 『모시(毛詩)』에는 "재(載)"가 "哉"로 되어 있다. 문왕이 얻은 것을 늘어놓고 사람들에게 상으로 내렸으므로 주나라를 세우게 되었다는 말이다.

56 13년 『전』에서 제환공은 베풀기를 게을리 하지 않았다고 하였다. 「진어 2」에서도 제후는 은혜 베풀기를 빚 갚듯이 했다고 하였으므로 두예는 "제환공 또한 베풀기를 잘해서 패자가 될 수 있었다"라 하였다.

公與桓子莒之旁邑,	공이 환자에게 거의 곁에 있는 읍을 주었는데
辭.[57]	사양하였다.
穆孟姬爲之請高唐,[58]	목맹희가 그를 위하여 고당을 청하니
陳氏始大.	진씨가 비로소 강대해졌다.

秋七月,	가을 7월에
平子伐莒,	평자가 거나라를 쳐서
取郠.[59]	경을 빼앗았다.
獻俘,	포로를 바치고
始用人於亳社.[60]	처음으로 박사에 사람을 썼다.
臧武仲在齊,	장무중은 제나라에 있었는데
聞之,	그 말을 듣고
曰,	말하였다.

57 두예는 "사양하여 받지 않은 것이다"라 하였다.

58 목맹희(穆孟姬): 두예는 "목맹희는 경공(景公)의 어머니이다"라 하였다.
고당(高唐): 지금의 산동 고당현 동쪽 35리 지점이다.

59 경(郠): 두예는 "경은 거(莒)나라의 읍이다. 경을 취한 것을 기록하지 않은 것은 공이 평구(平丘)에서 성토를 당하여 노나라에서 이를 꺼렸기 때문이다"라 하였다. 경은 지금의 산동 기수현(沂水縣) 경계에 있다.

60 고대에는 태묘에 포로를 바쳤는데 노나라는 주공의 사당에 포를 바쳐야 했기 때문에 아래에서 "주공은 노나라의 제사를 받지 않을 것이다"라 하였다. 박사(亳社: 은(殷)나라의 토지신(土地神)을 모신 사당)에 제사를 올릴 때 주공도 혹 함께 바쳤을 것이다.

"周公其不饗魯祭乎! "주공은 노나라의 제사를 받지 않을 것이다!

周公饗義,[61] 주공은 의로운 제사를 받는데

魯無義.[62] 노나라는 의롭지 못하다.

詩曰, 『시』에서 말하기를

'德音孔昭, '덕음 매우 밝아

視民不恌.'[63] 백성들에게 각박하지 않음 보이시네'라 하였다.

恌之謂甚矣,[64] 각박함이 심하다 하겠거늘

而壹用之,[65] 오로지 그렇게 썼으니

將誰福哉?" 누구에게 복을 내리려 하겠는가?"

戊子, 무자일에

晉平公卒. 진나라 평공이 죽었다.

鄭伯如晉, 정백이 진나라에 갔는데

---

61 도의에 합당하면 주공이 그 제사를 받는다는 말이다.

62 사람을 죽여 제사를 지내는 것을 도의가 없는 것으로 생각하였다.

63 『시경·소아·녹명(小雅·鹿鳴)』의 구절이다. 정현은 "공(孔)은 매우라는 뜻이고, 소(昭)는 밝다는 듯이다. 시(視)는 옛 시(示)자이다. 선왕의 덕교(德敎)가 매우 밝아 천하의 백성들에게 보일 수 있으니 그들로 하여금 예의에 대해 얇지 않게 하는 것이다"라 하였다.

64 사람을 죽여 희생으로 삼으니 사람을 소와 양에 비긴 것으로 매우 각박하다고 할 수 있다는 말이다.

65 일(壹): 『설문』에서는 "일은 전일한 것이다"라 하였다. 두예는 "일은 같다는 것이다"라 하였는데 옳지 않다.

及河,	황하에 이르렀을 때
晉人辭之.[66]	진나라 사람이 사절하였다.
游吉遂如晉.	유길이 마침내 진나라로 갔다.
九月,	9월에
叔孫婼, 齊國弱, 宋華定, 衛北宮喜, 鄭罕虎, 許人, 曹人, 莒人, 邾人, 滕人, 薛人, 杞人, 小邾人如晉,[67]	숙손야와 제나라 국약, 송나라 화정, 위나라 북궁희, 정나라 한호, 허나라 사람, 조나라 사람, 거나라 사람, 주나라 사람, 등나라 사람, 설나라 사람, 기나라 사람, 소주국 사람이 진나라에 가서
葬平公也.	평공을 장사 지냈다.
鄭子皮將以幣行,[68]	정나라 자피가 폐백을 가지고 떠나려 하니
子產曰,	자산이 말하였다.
"喪焉用幣?	"상례에 어찌 폐백을 쓰십니까?
用幣必百兩,[69]	폐백을 쓰려면 반드시 수레가 백 량은 되어야 하고

66 두예는 "예에 제후들은 서로 조문하지 않으므로 사절한 것이다"라 하였다. 3년『전』에 일찍이 정나라의 유길이 "임금이 죽으면 대부는 조문하고 경은 장사를 지내는 일에 함께한다(君薨, 大夫弔, 卿共葬事)"라 한 말이 수록되어 있다.

67 본래 "등인(滕人)" 두 자는 없었으나 여기서는『석경』과 송본 및 가나자와 문고본(金澤文庫本) 등을 따라 추가하였다.

68 두예는 "새 임금을 알현하는 폐백이다"라 하였다.

百兩必千人.[70] 수레 백 량이면 천 명은 따라야 합니다.

千人至, 천 명이 이르면

將不行.[71] 한꺼번에 돌아오지 못할 것입니다.

不行, 돌아오지 못하면

必盡用之. 반드시 다 써버리고 말 것입니다.

幾千人而國不亡?"[72] 수천 명이면 나라가 망하지 않겠습니까?"

子皮固請以行. 자피가 굳이 청하여 떠났다.

旣葬, 장사를 지내고

諸侯之大夫欲因見新君. 제후의 대부들이 내친김에 새 임금을 보려고 하였다.

叔孫昭子曰, 숙손소자가 말하였다.

"非禮也." "예의가 아닙니다."

---

69 두예는 "폐백을 실으려면 수레 백 승이 필요하다는 말이다"라 하였다. 유월(兪樾)의 『다향실경설(茶香室經說)』에서는 양(兩)을 양단(兩端)이 1량(兩)이라는 량〔兩: 지금의 필(匹)〕로 읽어야 한다고 하였는데, 틀렸다.

70 한(漢)나라 가의(賈誼)의 서지(書誌) 『가자·대정(賈子·大政)』편에 의하면 수레 백 승에는 반드시 천 명이 따르는데 평상시에는 그들을 배양하였다가 출행하면 따른다고 하였다.

71 『여씨춘추·귀인(貴因)』편에 "교력(膠鬲)이 간다(行)"는 말이 있는데, 후한(後漢)의 고유(高誘)는 "행(行)은 돌아온다는 뜻과 같다"라 하였다. 이 또한 천 사람이 백 량의 수레를 따르면 장차 돌아올 수 없을 것이라는 말이다.

72 백 량 수레분의 폐백은 매우 많은데 이렇게 몇 번만 낭비하면 나라가 망할 것이라는 말이다.

弗聽.	그 말을 듣지 않았다.
叔向辭之,[73]	숙상이 거절하여
曰,	말하였다.
"大夫之事畢矣,[74]	"대부의 일이 끝났는데
而又命孤.[75]	또 고에게 명합니다.
孤斬焉在衰絰之中,[76]	고는 비통하게 상중에 있으니
其以嘉服見,[77]	길복으로 접견하자니
則喪禮未畢,	상례가 아직 끝나지 않았고,
其以喪服見,	상복으로 접견하자니
是重受弔也,	이는 거듭 조문을 받는 것이니
大夫將若之何?"	대부들은 그 일을 어찌하시렵니까?"
皆無辭以見.	모두 알현하자는 말을 하지 못했다.
子皮盡用其幣.	자피는 폐백을 다 썼다.
歸,	돌아와서
謂子羽曰,	자우에게 말하였다.

73 완곡하게 말로 거절한 것이다.

74 두예는 "송장(送葬)의 예가 끝난 것이다"라 하였다.

75 고(孤): 진나라의 새 임금 소공이 자신을 이른 것으로 숙상이 거절한 것은 소공을 대신하여 말한 것에 지나지 않는다. 명고(命孤)는 나보고 여러 나라의 경들과 접견하게 하라는 것이다.

76 참(斬): 참(憯)의 뜻으로 읽는다. 『설문』에서는 "참은 (마음이) 아픈 것이다"라 하였다. 참언(斬焉)은 애통해하는 모양이다.

77 가정을 나타내는 구절이며, 기(其)는 가정을 나타내는 접속사이다.

"非知之實難,	"아는 것이 실로 어려운 것이 아니라
將在行之.	실행하는 데 있습니다.
夫子知之矣,[78]	부자께서는 아셨겠지만
我則不足.[79]	저는 부족합니다.
書曰'欲敗度,[80]	『서』에서 말하기를 '욕망은 법도를 무너지게 하고
縱敗禮',[81]	방종은 예법을 무너지게 한다'라 하였습니다.
我之謂矣.	나를 이르는 것일 것입니다.
夫子知度與禮矣.	부자는 법도와 예의를 알고 있습니다.
我實縱欲,	내 실로 욕망에 방종하여
而不能自克也."[82]	내 자신을 억제할 수 없습니다."
昭子至自晉,	소자가 진나라에서 돌아오니
大夫皆見,	대부들이 모두 찾아보았는데

78 부자(夫子): 자산을 가리킨다.

79 두예는 "자기가 자산의 경계로 말미암아 그렇게 함이 옳지 않음을 알고서도 마침내 행하였으니 이는 나의 부족함이라는 것이다"라 하였다.

80 도(度): 법도이다.

81 종(縱): 마음 내키는 대로 하는 것이다. 『논어·위정(爲政)』에 "70에 되어 마음 내키는 대로 하였다(七十而從心所欲)"는 말이 있는데 종(從)은 곧 종(縱)이다. 두예는 "일서이다"라 하였다. 『위고문상서(僞古文尙書)』에서는 「태갑·중편(太甲·中篇)」에 집어넣었다.

82 극(克): 극제(克制)이다.

高彊見而退.[83]	고강은 보고는 물러났다.
昭子語諸大夫曰,	소자가 여러 대부들에게 말하였다.
"爲人子不可不愼也哉!	"사람의 아들이 되면 삼가지 않을 수 없소이다!
昔慶封亡,	지난날 경봉이 도망가자
子尾多受邑,	자미는 읍을 많이 받고는
而稍致諸君,[84]	조금만 임금에게 바쳤는데
君以爲忠,	임금은 충성스럽다 생각하고
而甚寵之.	그를 매우 총애했소.
將死,	죽으려 할 때
疾于公宮,[85]	공궁에서 병이 들어
輦而歸,	수레를 타고 돌아갔는데
君親推之.[86]	임금이 친히 밀었소.
其子不能任,	그 아들이 감당할 수 없어
是以在此.	이 때문에 이곳에 있소.
忠爲令德,	충성은 아름다운 덕인데

83 두예는 "고강은 자량(子良)이다"라 하였다. 정공 13년에 고강은 진나라에 있는데 어느 해에 노나라를 떠났는지 모르겠다.

84 제(諸): 지어(之於)의 합음자. 군(君)은 제나라 임금이다.

85 두예는 "공궁에서 병에 걸린 것이다"라 하였다.

86 두예는 "그 수레를 밀어 보낸 것이다"라 하였다.

其子弗能任,	그 아들이 감당할 수가 없어
罪猶及之,	죄가 오히려 미쳤으니
難不愼也?[87]	어찌 삼가지 않을 수 있겠소?
喪夫人之力,[88]	선인의 공로를 잃고
棄德, 曠宗,[89]	덕을 버리고 종묘를 비워
及其身,	몸에 미쳤으니
不亦害乎?[90]	또한 해롭지 않습니까?
詩曰'不自我先,[91]	『시』에서는 말하기를 '내 앞도 아니고
不自我後',	내 뒤도 아니네'라 하였는데
其是之謂乎!"	아마 이를 이른 것일 것이다!"

冬十二月,	겨울 12월에
宋平公卒.	송나라 평공이 죽었다.
初,	처음에

87 난(難): 내하(奈何)의 합음으로, 양수달(楊樹達: 1885~1956)의 『사전(詞詮)』에 예가 보인다.

88 부인(夫人): 자미(子尾)를 가리킨다.
역(力): 공로(功勞)를 말한다.

89 광종(曠宗): 고염무(顧炎武)의 『일지록』 권27에서는 "광종은 그 종묘를 비워서 제사를 지내지 않는 것이다"라 하였다.

90 원래는 "역(亦)"자가 없는데, 여기서는 완원(阮元)의 『교감기(校勘記)』와 가나자와 문고본(金澤文庫本)을 따라 추가하였다.

91 『시경·소아·정월(小雅·正月)』과 『시경·대아·첨앙(大雅·瞻卬)』에 함께 보인다.

元公惡寺人柳, 원공이 시인 유를 미워하여

欲殺之.[92] 죽이려고 하였다.

及喪, 상례 때

柳熾炭于位,[93] 유가 숯불을 피워 자리를 데웠는데

將至, 이르려 할 즈음에

則去之.[94] 그것을 치웠다.

比葬, 장례를 치른 후

又有寵.[95] 또 총애를 받았다.

소공 11년

經

十有一年春王二月,[1] 11년 봄 주력으로 2월에

叔弓如宋.[2] 숙궁이 송나라에 갔다.

---

92 두예는 "원공은 평공의 태자 좌(佐)이다"라 하였다.

93 위(位): 태자 좌의 상례의 자리이다. 이때는 이미 점차 서늘해져서 숯을 태워 땅을 데운 것이다.

94 원공이 앉기에 편하도록 한 것이다.

95 두예는 "원공의 호오가 무상함을 말하였다"라 하였다. 1980년 북경(北京)에서 과(戈)가 하나 발견되었는데, 그 명문에서 "송공 차(差)가 만든 유(柳)의 □과이다"라 하였다. 차(差)는 곧 좌(佐)이고, 유(柳)는 곧 이곳의 유(柳)이다.

1 십일년(十一年): 경오년 B.C. 531년으로 주경왕(周景王) 14년이다. 동지가 정월 22일 갑진일로 건자(建子)이며, 윤달이 있다.

葬宋平公.	송나라 평공을 장사 지냈다.
夏四月丁巳,[3]	여름 4월 정사일에
楚子虔誘蔡侯般殺之于申.[4]	초자 건이 채후 반을 꾀어내 신에서 죽였다.
楚公子棄疾帥師圍蔡.	초나라 공자 기질이 군사를 거느리고 채나라를 에워쌌다.
五月甲申,[5]	5월 갑신일에
夫人歸氏薨.[6]	부인 귀씨가 돌아가셨다.
大蒐于比蒲.[7]	비포에서 대규모로 군사를 사열하였다.
仲孫貜會邾子,	중손확이 주자를 만나
盟于祲祥.[8]	침상에서 맹약하였다.

2 『공양전』에는 "정월(正月)"로 되어 있다. 모기령(毛奇齡)의 『춘추간서간오(春秋簡書刊誤)』와 혜사기(惠士奇)의 『춘추설(春秋說)』에서는 모두 "이월(二月)"이 되어야 한다고 하였다.

3 정사일은 7일이다.

4 건(虔)은 『곡량전』에는 혹 "건(乾)"으로도 되어 있는데, 건(乾)과 건(虔)은 고음이 아주 가깝다. 초나라 자건은 곧 영왕(靈王)으로, 즉위 후에 이름을 건으로 고쳤다.

5 갑신일은 4일이다.

6 두예는 "소공의 어머니는 호(胡)나라 여인으로 귀(歸)성이다"라 하였다. 양공 31년 『전』에 의하면 곧 양공의 적실(嫡室)인 경귀(敬歸)의 동생 제귀(齊歸)이다.

7 비포(比蒲): 두예의 주석이 없으며 지금의 어디인지 알지 못한다. 정공 13년과 14년에도 모두 비포에서 대규모 군대 사열을 하였다. 이이덕(李貽德)의 『춘추좌씨전가복주집술(春秋左氏傳賈服注輯述)』에서는 "숙상(叔向)이 노나라 일을 논하여 '임금에게 대상(大喪, 소공 생모의 죽음)이 있는데도 나라에서는 군대 검열을 폐하지 않았다. 나라에서 임금을 돌보지 않은 것이며 임금을 꺼리지 않은 것이다'라 하였는데, '임금을 꺼리지 않았다' 한 것으로 군대를 사열하는 일이 3가(三家)에서 나왔으며 대중이 모두 3가(三家)에 있음을 알 수 있다"라 하였다.

秋,　　　　　　　　가을에

季孫意如會晉韓起, 齊國弱, 宋華亥, 衛北宮佗, 鄭罕虎, 曹人, 杞人于厥憖.[9]　　계손의여가 궐은에서 진나라 한기, 제나라 국약, 송나라 화해, 위나라 북궁타, 정나라 한호, 조나라 사람, 기나라 사람을 궐은에서 만났다.

九月己亥,[10]　　9월 기해일에

葬我小君齊歸.[11]　　우리나라 소군 제귀를 장사 지냈다.

冬十有一月丁酉,[12]　　겨울 11월 정유일에

楚師滅蔡,　　초나라 군사가 채나라를 멸하고

執蔡世子有以歸,[13]　　초나라 세자 유를 잡아서 돌아가

用之.[14]　　그를 희생으로 썼다.

---

8 침상(祲祥): 『공양전』에는 "침양(侵羊)"으로 되어 있는데 고음이 동음으로 통가하였다. 두예는 "침상은 소재지를 알 수 없어 빠뜨렸다"라 하였다. 『휘찬(彙纂)』에 의하면 지금의 산동 곡부현 경계에 있을 것이다.

9 궐은(厥憖): 『공양전』에는 "굴은(屈銀)"으로 되어 있다. 모두 음이 가까워서 통가한 것이다. 두예는 "궐은은 소재지를 알 수 없어 빠뜨렸다"라 하였다. 고사기(高士奇)의 『지명고략(地名考略)』 권7에서는 "궐은은 위(衛)나라 땅이다. 혹자는 지금의 하남 신향현(新鄉縣) 경계에 있다고 한다"라 하였는데, 무슨 근거인지 모르겠다.

10 기해일은 21일이다.

11 두예는 "제(齊)는 시호이다"라 하였다. 제귀는 본래 양공의 적실의 동생인데 죽음과 장례를 기록하였으며, 경귀는 오히려 기록하지 않은 것은 아마 경귀가 일찍 죽었고 그 아들도 또한 제거되어 즉위를 하지도 못하고 죽었으며, 제귀는 동생인데 부인의 자리를 이었고 또한 소공의 어머니이기 때문이다.

12 정유일은 20일이다.

13 "유(有)"는 『곡량전』에는 "우(友)"로 되어 있으며, 『사기·채세가(蔡世家)』 및 『집해(集解)』에서 인용한 『세본』에서도 또한 "우(友)"로 되어 있다. 두 자는 고음이 같아 통용되었다.

14 『사기·채세가(蔡世家)』에서는 "평후는 즉위하자 은(隱)태자를 죽였다"라 하였다. 은태자

傳

十一年春王二月,	11년 봄 주력으로 2월에
叔弓如宋,	숙궁이 송나라로 가서
葬平公也.	평공을 장사 지냈다.
景王問於萇弘曰,[15]	경왕이 장홍에게 물었다.
"今玆諸侯何實吉?	"올해 제후들은 어느 나라가 실로 길한가?
何實凶?"	어느 나라가 실로 흉한가?"
對曰,	대답하였다.
"蔡凶.	"채나라가 흉합니다.
此蔡侯般弑其君之歲也,[16]	올해는 채후 반이 그 임금을 죽인 해이며
歲在豕韋,[17]	세성이 시위에 있으니

는 곧 태자 우〔友, 유(有)〕인데 유가 채나라에 의해 죽음을 당하였고 또한 초평왕과 채평후의 시대에는 이해에 초영왕에게 희생을 당하지 않았는데, 『경』과 『전』과는 다르며 이는 아마 사마천이 이설을 채택하여서일 것이다.

15 장홍(萇弘): 정공 4년과 『국어·주어(周語) 하』, 『회남자(淮南子)』, 『사기·봉선서(封禪書)』, 『한서·오행지(五行志)』 등에도 보인다. 두예는 "장홍은 주나라의 대부이다"라 하였다.

16 주왕에게 말한 것이므로 제후의 이름을 부른 것이다.

17 시위(豕韋): 두예는 "양공 30년 채나라 세자 반이 그 임금을 죽였는데 세성이 시위에 있었으며 지금 13년이 흘러 세성이 다시 시위에 있다. 반은 곧 영후이다"라 하였다. 시위는 『광아(廣雅)』에서 "영실(營室)을 시위라 한다"라 하였다. 영실은 28수의 실수(室宿)이며 두 개의 별이 있는데 곧 페가수스자리로 α(알파)와 β(베타)이다.

弗過此矣.[18]	이해를 넘기지 못할 것입니다.
楚將有之,	초나라가 차지는 하겠지만
然壅也.[19]	악행이 쌓일 것입니다.
歲及大梁,	세성이 대량에 미치면
蔡復,	채나라가 수복하고
楚凶,	초나라가 흉하게 될 것이
天之道也."[20]	하늘의 도입니다."
楚子在申,	초자는 신에 있으면서
召蔡靈侯.[21]	채영후를 불렀다.

---

18 두예는 "채나라에 흉한 일이 이해를 넘기지 않고 일어날 것이라는 말이다"라 하였다.

19 옹(壅): 아래에서 자산이 "채나라는 작으면서도 순복하지 않고 초나라는 큰 데도 덕행이 없으니 하늘이 채나라를 버리고 초나라를 채워 주어 가득 차면 그에게 벌을 내릴 것이다"라 하였으니 이 옹에는 쌓아 모은다는 뜻이 있다. 더 악덕을 쌓아서 가득 채우게 한 뒤에 벌을 내린다는 것이다. 두예는 "채나라는 초나라와 가깝기 때문에 초나라가 가지게 될 것이라는 것을 알았다. 초나라는 덕행이 없으면서 큰 이익을 누리기 때문에 그 악덕을 쌓는다는 것이다"라 하였는데 또한 옹(壅)과 적(積)을 이어서 말하였으며 이는 옳다. 고염무(顧炎武)의 『보정(補正)』에서는 "옹(壅)은 흙으로 물을 막아 많이 쌓은 다음에 터뜨려 빨리 흘려보내는 것이다"라 하였는데 우활(迂闊)한 것 같다. 장병린(章炳麟)의 『독(讀)』에서는 "아마 이때 수성과 화성의 두 별이 바야흐로 합쳐져서 장홍이 천도를 가지고 논하였을 것이다. ……"라 하였는데 더한 곡설(曲說) 믿을 것이 못된다.

20 두예는 "초영왕이 왕을 죽이고 즉위한 해에 세성이 대량(大梁)에 있었다. 소공 13년에 이르러 세성이 다시 대량에 있었다. 미덕과 악덕은 돌아서 반드시 반복되므로 초나라의 흉사를 안 것이다"라 하였다. 대량은 12성차(星次)의 하나로 황도(黃道) 12궁(宮)의 금우궁(金牛宮: 황소자리)에 해당하며, 28수는 주(胄)와 묘(昴), 필(畢)의 3수이다. 이 일은 13년의 『전』과 『주』에 상세하다.

21 『전국책·초책(楚策) 4』 포표(鮑彪)의 주에서는 영후를 부른 사람은 자발(子發)일 것이라고 하였다. 자발이 채나라를 친 일은 『순자·강국(彊國)』편과 『전국책·초책(楚策) 4』 및 『회남자·도응훈(道應訓)』, 『회남자·인간훈(人間訓)』에 보인다. 『전』과는 다르다.

靈侯將往,	영후가 가려고 하자
蔡大夫曰,	채나라 대부가 말하였다.
"王貪而無信,	"초왕은 탐욕스럽고 신용이 없으며
唯蔡於感.[22]	채나라에게만 유감을 갖고 있습니다.
今幣重而言甘,	지금 예물을 두터이 하고 달콤한 말로
誘我也,[23]	우리를 꾈 것이니
不如無往."	가지 않음만 못합니다."
蔡侯不可.	채후는 안 된다고 하였다.
三月丙申,[24]	3월 병신일에
楚子伏甲而饗蔡侯於申,	초자는 신에 갑사를 매복시켜 놓고 채후에게 향례를 베풀고
醉而執之.	취하자 그를 잡았다.
夏四月丁巳,	여름 4월 정사일에
殺之.	죽였다.
刑其士七十人.	그의 사 70명도 죽였다.

22 감(感): 감(憾)을 생략한 형태이므로 두예는 한(恨)자를 가지고 풀이하였다. 청나라 초순(焦循)의 『좌전보소(左傳補疏)』(이하 『보소(補疏)』)에 보인다. 이 구절은 "唯恨於蔡" 곧 "채나라에만 원한을 가지고 있다"와 같다.

23 이 구절은 희공 10년의 『전』에도 보인다.

24 "삼(三)"은 원래 "오(五)"로 되어 있었으나 완원(阮元)의 『교감기(校勘記)』 및 가나자와 문고본(金澤文庫本)에 의하여 고쳤다. 병신일은 15일이다.

公子棄疾帥師圍蔡.	공자 기질이 군사를 거느리고 채를 에워쌌다.
韓宣子問於叔向曰,	한선자가 숙상에게 물었다.
"楚其克乎?"	"초나라가 이길 것 같습니까?"
對曰,	대답하였다.
"克哉!	"이길 것입니다.
蔡侯獲罪於其君,[25]	채후는 그 임금에게 죄를 지었고
而不能其民,[26]	민심을 얻지 못하여
天將假手於楚以斃之,[27]	하늘이 초나라의 힘을 빌려 그를 죽이려는 것이니
何故不克?	무슨 까닭으로 이기지 못하겠소?
然肸聞之,	그러나 제가 듣기로는
不信以幸,	불신을 다행으로 여기는 것은
不可再也.[28]	두 번 이루어질 수 없다고 하였습니다.
楚王奉孫吳以討於陳,[29]	초왕이 손오를 받들어 진나라를 토벌하면서

25 두예는 "아버지를 죽이고 왕위에 오른 것을 이른다"라 하였다.

26 능(能): 청나라 주준성(朱駿聲)의 『설문통훈정성(說文通訓定聲)』에서는 "능(能)은 득(得)과 같다"라 하였다.

27 두예는 "초나라의 손을 빌려 채나라를 토벌하는 것이다"라 하였다.

28 불신으로 말미암아 이익을 얻으면 이런 일은 두 번 다시 있을 수 없다는 것이다.

29 8년 『전』을 참조하여 아래에서 말한 내용과 서로 보충할 수 있다.

曰,	말하기를
‘將定而國.’	‘너희 나라를 안정시키겠다’고 하여
陳人聽命,	진나라 사람이 명을 들어
而遂縣之.	마침내 진나라를 현으로 만들었습니다.
今又誘蔡,	지금 또 채나라를 꾀어
而殺其君,	그 임금을 죽이고
以圍其國,	그 나라를 에워싸니
雖幸而克,	다행히 이기기는 하겠지만
必受其咎,	반드시 그 재화를 받을 것이며
弗能久矣.	오래 가지 못할 것입니다.
桀克有緡,	걸은 유민을 이기고
以喪其國.[30]	그 나라를 잃었습니다.
紂克東夷,	주는 동이를 이기고는
而隕其身.[31]	그 목숨을 잃었습니다.
楚小, 位下,[32]	초나라는 작고 지위가 낮은데

30 「진어 1」에서는 "지난날 하나라의 걸이 유시(有施)를 치자 유시의 사람이 말희를 첩으로 바쳤다. 말희가 총애를 받아 이에 이윤(伊尹)과 함께 하나라를 멸망시켰다"라 하였고 4년의 『전』에서는 "하나라의 걸은 잉의 회합 때문에 유민이 반기를 들었습니다(夏桀爲仍之會, 有緡叛之)"라 하였으며, 나머지는 듣지 못했다.

31 이 말은 복사(卜辭)로 입증할 수 있으며, 곽말약(郭沫若)의 『복사통찬(卜辭通纂)』 및 동작빈(董作賓: 1895~1963)의 『은력보(殷曆譜)』에 보인다.

而亟暴於二王,[33]	자주 두 왕보다 포학한 짓을 하니
能無咎乎?	재화가 없을 수 있겠습니까?
天之假助不善,[34]	하늘이 악인을 돕는 것은
非祚之也,	복을 내리는 것이 아니라
厚其凶惡而降之罰也.	그 흉악함을 두텁게 하여 벌을 내리려는 것입니다.
且譬之如天其有五材,[35]	또한 비유컨대 하늘에 다섯 가지 재료가 있는데
而將用之,	장차 그것을 사용하여
力盡而敝之,[36]	힘이 다하면 그들을 버리는 것과 같으니
是以無拯,[37]	이런 까닭에 구조를 받지 못하고
不可沒振."[38]	끝내 흥성할 수 없는 것입니다."

32 초나라는 하걸(夏桀)이나 상주(商紂)에 비하여 나라가 작은 데다 지위 또한 낮다는 말이다.

33 기(亟): 자주.

34 가(假): 하(嘏)의 가차자인 것 같으며 『광운(廣韻)』에서는 "복이다"라 하였다. 글자의 의미 그대로 읽는다면 선하지 못한 초나라 임금의 손을 빌려 채나라를 친다는 말이 되는데, 또한 뜻이 통한다.

35 오재(五材): 금(金)·목(木)·수(水)·화(火)·토(土)이다.

36 폐(敝): 버리다. 다섯 가지 재료의 힘이 다하면 사람이 버린다는 것이다.

37 증(拯): 두예는 "증은 구조(救助)한다는 말과 같다"라 하였다.

38 『소이아·광언(廣言)』에서는 "몰(沒)은 마침내라는 뜻이다"라 하였다. 진(振)은 흥(興)과 같은 뜻이다. 이 구절은 곧 "不可終興"과 같다. 이 구절의 구법은 『주역·서괘전(序卦傳)』의 "사물은 끝까지 통할 수 없게 되고, 사물은 끝까지 막힐 수 없다"라 한 등의 구절과 같다.

五月,	5월에
齊歸薨.	제귀가 돌아가셨다.
大蒐于比蒲,	비포에서 대대적인 사열을 하였는데
非禮也.	예에 맞지 않았다.

孟僖子會邾莊公,	맹희자가 주장공을 만나
盟于祲祥,	침상에서 맹약하고
修好,	우호를 닦았는데
禮也.	예에 맞았다.
泉丘人有女,[39]	천구 사람 중의 어떤 여인이
夢以其帷幕孟氏之廟,	자기의 장막으로 맹씨의 묘를 덮는 꿈을 꾸어
遂奔僖子,	마침내 희자에게 달려갔는데
其僚從之.[40]	그의 동료도 따라갔다.
盟于淸丘之社,[41]	청구의 토지신에게 맹약하여

39 천구(泉丘): 산동의 영양(寧陽)과 사수(泗水) 두 현 사이에 있을 것이다.

40 이웃의 여인으로 친구인 사람이 따라서 희자에게 간 것이다. 이 두 여인이 스스로 간 것은 고례(古禮)로 해석할 필요가 없다.

41 청구(淸丘): 청구는 당연히 천구에서 멀리 떨어지지 않았을 것이다. 사(社)는 토지신의 나무신주인데, 여기서는 토지신의 사당을 가리킨다. 옛날에는 무릇 마을에 모두 사(社)를 세울 수 있었는데, 『주례·지관·주장(地官·州長)』에 의하면 대부 이하 사(社)가 큰 것은 2천5백가(家)에서 짓고, 작은 것은 25가가 짓는다고 하였다. 『전』에는 청구의 사 외에도 차휴(次睢)의 사(희공 19년의 『전』)와 박사(亳社)가 있다. 『예기·월령(月令)』에 민사(民

曰,	말하였다.
“有子,	“아들이 생기면
無相棄也!”[42]	서로 버리지 말지니라!”
僖子使助薳氏之簉.[43]	희자는 원씨를 돕는 첩이 되게 하였다.
反自祲祥,	침상에서 돌아와
宿于薳氏,	원씨에서 묵으며
生懿子及南宮敬叔於泉丘人.[44]	천구의 사람에게서 의자 및 남궁경숙을 낳았다.
其僚無子,	그 동료는 자식이 없어
使字敬叔.[45]	경숙을 기르게 하였다.

社)가 있는데 백성들이 세운 것으로 백성들이 세운 사가 진(秦)나라에서 비롯된 것이 아니라는 것을 알 수 있다.

42 이는 아마 두 여인이 희자와 맹약한 말인 것 같으며, 두예는 “두 여인이 스스로 함께 맹약하였다”고 하였는데, 확실하지 않다.

43 원씨(薳氏): 심흠한(沈欽韓)의 『보주(補注)』에서는 “원씨는 당연히 희자의 정실(正室)일 것이며 두 여인으로 하여금 그녀를 도와 첩이 되게 하였다. 혹은 원씨는 희자의 별읍으로 두 여인으로 하여금 이곳에 살게 하면서 첩으로 삼았을 수도 있기 때문에 다음에서 원씨에서 머물렀다. 『소이아·광언(廣言)』에서는 ‘추(簉)는 쉬(倅: 버금이라는 뜻)이다’라고 하였다”라 하였다. 심흠한의 후설은 비교적 길며, 추(簉)는 곧 첩(妾)으로 후인들이 첩을 추실(簉室)이라 부르는 것은 곧 이곳에서 근거하였다. 두예는 “원씨의 딸이 희자를 위해 부첩(副妾)이 되어 바깥에 별거하였기 때문에 희자가 천구의 여인을 들여 돕게 하였다”라 하였는데, 이는 아마 문장을 따라 뜻을 밝힌 것인 듯하다.

44 희자가 원씨에서 묵은 지가 오래지 않아서 두 아들을 얻을 수가 없을 것이므로 두예 및 각가의 주석에서는 모두 쌍둥이라고 하였다.

45 『예기·단궁(檀弓) 상』에서는 “남궁경숙이 돌아오면 반드시 보화를 싣고 조현하였다”라 하였는데, 정현은 “경숙은 노나라 맹희자의 아들 중손열(仲孫閱)이다”라 하였다. 두예는 “자(字)는 기르는 것이다”라 하였다.

楚師在蔡,	초나라 군사가 채나라에 있자
晉荀吳謂韓宣子曰,	진나라 순오가 한선자에게 일러 말하였다.
“不能救陳,	“진나라를 구할 수 없고
又不能救蔡,	또한 채나라도 구할 수 없으니
物以無親.[46]	가까이할 사람이 없을 것이고
晉之不能亦可知也已.	진나라의 무능함을 또한 알게 될 것입니다.
爲盟主而不恤亡國,	맹주가 되어 망하는 나라를 돌보지 않는다면
將焉用之?”	장차 어디에 쓰겠습니까?”
秋,	가을에
會于厥慦,	궐은에서 만나
謀救蔡也.	채나라를 구할 방도를 모의했다.
鄭子皮將行.	정나라 자피가 가려 했다.
子産曰,	자산이 말하였다.
“行不遠,	“가더라도 멀리 가지 못할 것이니
不能救蔡也.	채나라를 구할 수 없습니다.”
蔡小而不順,	채나라는 작으면서도 순복하지 않고

46 물(物): 고염무(顧炎武)는 “물(物)은 사람이다”라 하였다.

楚大而不德,	초나라는 큰 데도 덕행이 없으니
天將棄蔡以壅楚,	하늘이 채나라를 버리고 초나라를 채워 주어
盈而罰之,[47]	가득 차면 그를 벌주어
蔡必亡矣.	채나라는 반드시 망할 것입니다.
且喪君而能守者鮮矣.	또한 임금을 잃고서도 지킬 수 있는 경우는 드뭅니다.
三年,	3년이면
王其有咎乎!	왕에게 재화가 생길 것입니다.
美惡周必復,[48]	미와 악은 일주하면 반드시 돌아오므로
王惡周矣."[49]	왕의 악행이 돌아올 것입니다."
晉人使狐父請蔡于楚,[50]	진나라 사람이 호보로 하여금 초나라에 채나라를 청하였으나
弗許.	허락하지 않았다.

47 두예는 "초나라의 악행이 차는 것이다"라 하였다.

48 미악(美惡), 길흉(吉凶)을 막론하고 세성이 일주하기만 하면 반드시 응답이 있다는 말이다. 복(復)은 알림, 대답이다.

49 세성이 일주할 때가 되어 간다는 말이다. 두예는 "원년에 초자가 임금을 죽이고 즉위하였을 때 세성은 대량에 있었다. 3년 후면 세성이 일주하여 대량에 돌아온다는 말이다"라 하였다.

50 호보(狐父): 두예는 "호보는 진나라의 대부이다"라 하였다.

單子會韓宣子于戚,[51]	단자가 척에서 한선자를 만났는데
視下,	깔보고
言徐.	말도 느릿하게 하였다.
叔向曰,	숙상이 말하였다.
"單子其將死乎!	"단자는 곧 죽을 것이다!
朝有著定,[52]	조현에는 정해진 위치가 있고
會有表,[53]	회견에는 표지가 있으며
衣有襘,[54]	옷에는 매듭을 짓는 곳이 있고
帶有結.[55]	띠에는 고리가 있다.

---

51 단자(單子): 두예는 "단자는 단성공(單成公)이다"라 하였다. 혹은 원래 궐은(厥慭)의 회합에 가야 하는데 늦어서 척(戚)에 이르러 비로소 만난 것 같다. 다음의 "회합에서 일을 명하였다"라 한 것으로 보아 아마 단자는 주경왕을 대표하여 제후에게 명을 선포한 것 같다.

52 『시경·제풍·저(齊風·著)』에 "나를 문간에서 기다리셨네(俟我於著乎而)"라는 구절이 있는데 모씨의 주석〔전(傳)〕에서는 "문의 가리개 사이를 저(著)라고 한다"라 하였다. "저(著)"는 또한 "宁"라고도 한다. 『이아·석궁(釋宮)』에서는 "문의 가리개 사이를 저(宁)라 한다"라 하였다. 천자나 제후의 조정을 막론하고 경과 대부, 사의 각급 관직에는 모두 일정한 위치가 있으며, 모두 문 안의 가리개 바깥에 있는데 『주례·사사(司士)』에서 이른바 "조의(朝儀)의 위치를 바르게 하고 귀천의 등급을 분변한다"는 것이다. 조정의 위치가 이미 정하여졌으므로 저정(著定)이라고 하는 것이다.

53 천자가 야외에 궁을 설치하고 제후들을 회견하거나 제후의 패주가 제후들과 회견하거나를 막론하고, 제후들은 모두 위차에 의해 자리를 설치하며 자리에는 표지가 있는데 『주례·추관·사의(秋官·司儀)』의 "제후는 모두 그 기(旂)에 나아가서 선다"는 것이다.

54 괴(襘): 옷깃이 교차하여 만나는 곳이다. 양웅(揚雄)의 『방언(方言)』 및 『주』에 의하면 좌우의 옷깃이 서로 교차하는 곳은 가슴에 해당한다.

55 띠는 허리 사이에 매며 심흠한(沈欽韓)의 『보주(補注)』에서는 『예기·옥조(玉藻)』의 주에 의거하여 옛사람들은 띠를 교차하여 맺는 곳에는 끈을 쓰며 아울러 사물로 끈을 꿰어 고정시킨다고 하였다.

會朝之言必聞于表著之位,[56] 회견하고 조현할 때의 말은 정해진 위치와 표지까지 들려야 하니

所以昭事序也,[57] 일의 순서를 밝혀야 하기 때문이며,

視不過結襘之中,[58] 보는 것은 매듭과 고리를 지나지 않아야 하니

所以道容貌也.[59] 용보를 다스려야 하기 때문이다.

言以命之, 말로 명을 내려야 하며

容貌以明之, 용모로 밝혀야 하니

失則有闕. 실수를 하면 빠뜨리게 된다.

今單子爲王官伯,[60] 지금 단자는 왕의 관리의 우두머리가 되어

而命事於會,[61] 회견에서 일을 명하는데

視不登帶,[62] 시선이 띠보다 높지 않고

---

56 회견과 조회를 막론하고 말을 할 때는 반드시 자리에 있는 사람에게 모두 들릴 수 있어야 한다는 말이다.

57 사(事): 사리(事理)와 같다.
서(序): 서(緖)로 지금의 조리(條理)라는 말이다. 이는 말을 할 때 명랑(明朗)하게 해야 하는 것은 말에 조리가 있어야 하기 때문이라는 말이다.

58 『예기·곡례(曲禮) 하』에서는 "천자의 시선은 겹(袷)보다 높지 않으며 대(帶)보다 낮지 않다"라 하였는데 곧 이를 말한다. 겹(袷)은 곧 괴(襘)이다.

59 『광아·석고(釋詁)』에서는 "도는 다스린다는 뜻이다"라 하였다.

60 『한서·오행지(五行志) 중』의 상(上)에서 이 구절을 인용하였는데 안사고(顏師古)는 "백(伯)은 우두머리이다"라 하였다.

61 맹회에서 왕의 말을 선포하여 알리는 것이다.

62 아래를 볼 때 시선이 띠보다 높지 않은 것이다.

言不過步,[63]	말이 한 걸음도 넘지 않으며
貌不道容,[64]	외모를 다스리지도 않고
而言不昭矣.	말은 밝지가 못하다.
不道,[65]	다스리지 않으면
不共,[66]	공경하지 않고,
不昭,[67]	밝지 않으면
不從.	따르지 않는다.
無守氣矣."[68]	지킬 기가 없는 것이다."

九月,	9월에

---

63 말이 느리고 그 소리가 가늘고 작아 한 걸음만 지나면 알아들을 수가 없다는 말이다.

64 모불도용(貌不道容): 용(容)과 모(貌)는 어떤 때는 같은 뜻이고 어떤 때는 다르다. 위에서 말한 "容貌以明之"는 같은 뜻이 연용된 것이며, 이곳의 "貌不道容"은 뜻이 다르다. 모(貌)는 외모이고, 용(容)은 위의(威儀)를 말한다. 『주서·예량부(周書·芮良夫)』에 "왕의 외모는 그것을 받았다(王貌受之)"는 말이 있는데 주에서 "모(貌)는 외상(外相)을 말한다"라 하였다. 『예기·잡기(雜記) 하』에서는 "슬픈 모양은 그 상복에 어울리게 한다(戚容稱其服)"라 하였는데 정현은 "용(容)은 위의이다"라 한 것으로 알 수 있다. 왕인지의 『술문』에서는 "모(貌)"를 "시(視)"자가 와전된 것으로 보았는데, 근거가 없다.

65 부도(不道): 정숙(整肅)하지 못하다는 말과 같다. 곧 위의 "道容貌", 이곳의 "不道容"의 도(道)이다.

66 공(共): 공(恭)과 같다.

67 소(昭): 명석(明皙), 명랑(明朗)과 같다. 곧 위의 "昭事序", 이곳의 "言不昭"의 소(昭)이다. 언어가 명석하지 않으면 사람들이 따르지 않는다는 말이다.

68 수기(守氣): 신체를 지키는 기(氣)이다. 옛날의 생리 의학 지식은 오늘과 달라 『맹자·공손추(公孫丑) 상』에서는 "대체로 뜻은 기가 이끄는 것이고, 기는 몸이 채우는 것이다"라 하였다. 지킬 기가 없다는 것은 곧 죽게 될 것이라는 말이므로 두예는 "이해 겨울 단자가 죽는 복선이다"고 하였다.

葬齊歸, 제귀를 장사 지냈는데

公不慼. 공이 슬퍼하지 않았다.

晉士之送葬者,[69] 진나라의 사 중에 송장을 하러 왔던 자가

歸以語史趙. 돌아가서 사조에게 말하였다.

史趙曰, 사조가 말하였다.

"必爲魯郊."[70] "반드시 노나라 교외에 있게 될 것이다."

侍者曰, 시자가 말하였다.

"何故?" "무슨 까닭인지요?"

曰, 말하였다.

"歸姓也,[71] "귀성은

---

69 공영달은 "『전』에서는 문공과 양공의 제도를 말하였으니, 부인이 죽으면 사(士)가 조문하고 대부(大夫)가 송장하는 것이다(소공 3년의 『전』에 보인다). 여기서 진나라의 사가 송장하였다는 것은 아마 대부가 오고 사는 부사로 온 것을 말할 것이며 반드시 사가 단독으로 간 것은 아닐 것이다"라 하였다. 이는 미루어 추측한 말인 것 같다. 30년 『전』에서는 "선왕의 제도에 제후가 상을 당하면 사가 조문하고 대부가 송장한다"라 하였다. 진나라가 패주로 노나라의 상에 송장하였다면 사를 보내도 또한 이른바 "선왕의 제도"에 합치되지 않음이 없다.

70 두예는 "소공이 반드시 나가서 교야에 있게 되어 나라를 가질 수 없다는 말이다"라 하였다. 장병린(章炳麟)의 『독(讀)』에서는 이를 반박하고 『순자·예론(禮論)』 및 한나라 동중서(董仲舒)의 『춘추번로(春秋繁露)』에 의하면 "성왕(聖王)으로 후사가 없는 자는 후왕의 교외에서 기식한다. 소공이 제나라와 진나라 사이에서 기식하는 것도 또한 이와 같다. 노나라의 교외를 말한 것은 노나라에는 교제(郊祭)가 있으며 가까운 것을 들어서 말한 것일 따름이다"라 하였다. 소공의 후사는 즉위하지 않는다.

71 귀성(歸姓): 성(姓)은 곧 4년 『전』의 "그 성을 물었다(問其姓)"의 성(姓)으로 자식이다. 귀성이라는 것은 제귀(齊歸)의 아들이라는 말이다.

不思親,[72]	친척을 생각지 않으니
祖不歸也."[73]	조상이 귀의하지 않을 것이다."
叔向曰,	숙상이 말하였다.
"魯公室其卑乎!	"노나라 공실은 낮아질 것이다!
君有大喪,	임금에게 대상이 있는데
國不廢蒐,[74]	나라에서 열병을 폐하지 않았으며,
有三年之喪,	삼년상이 있는데
而無一日之慼.	하루도 슬퍼하지 않는다.
國不恤喪,[75]	나라가 상을 슬퍼하지 않으니
不忌君也,[76]	임금을 꺼리지 않는 것이며,
君無慼容,	임금이 슬픈 모습이 없으니
不顧親也.	친척을 돌아보지 않는 것이다.
國不忌君,	나라에서 임금을 꺼리지 않고
君不顧親,	임금이 친척을 돌아보지 않으니
能無卑乎?	낮아지지 않을 수 있겠는가?
殆其失國."[77]	아마 나라를 잃을 것이다."

72 어머니가 죽었는데 슬픈 기색이 없는 것이다.

73 귀(歸): 의(依), 부(附)와 같다. 조상이 도와주지 않는다는 것을 이른다.

74 두예는 "비포에서 군사를 검열한 것을 이른다"라 하였다.

75 휼(恤): 슬퍼하다, 근심하다.

76 기(忌): 두예는 "기는 두려워하는 것이다"라 하였다. 경(敬)으로 해석을 하여도 뜻이 통한다.

冬十一月,	겨울 11월에
楚子滅蔡,[78]	초자가 채나라를 멸하고
用隱大子于岡山.[79]	강산에서 은태자를 썼다.
申無宇曰,	신무우가 말하였다.
"不祥.	"상서롭지 않습니다.
五牲不相爲用,[80]	다섯 가지 희생을 서로 돌아가며 쓰지 않는데
況用諸侯乎![81]	하물며 제후를 씀이겠습니까!
王必悔之!"[82]	왕께서는 반드시 후회하실 것입니다!"
十二月,	12월에

77 아마 곧 나라를 잃게 될 것이라는 말이다. 두예는 "25년에 공이 제나라로 도망간 일의 복선이다"라 하였다.

78 4월에 초나라 기질이 채나라를 에워싸고 초나라 영왕이 또 전군을 가지고 이으니 채나라는 실로 지탱하기가 어려웠다.

79 용(用): 죽여서 제사를 지내는 것이다. 은태자는 곧 채영공의 태자로 채나라를 굳게 지킨 자로 채후려(蔡侯廬)의 부친이다. 은(隱)은 그 추시(追謚)이다.

80 오생(五牲): 두예는 "오생은 수와 양, 돼지, 개, 닭이다"라 하였다. 『이아(爾雅)』에 의하면 말을 더하면 육축이 된다고 하였다. 희공 19년의 『전』에서는 "옛날에는 육축을 서로 돌아가며 쓰지도 않았다(古者六畜不相爲用)"라 하였는데 또한 이 뜻이다. 나머지는 그곳의 『전』과 『주』에 상세하다.

81 은태자는 비록 미처 채군의 지위에 즉위를 하지는 못하였지만 태자로써 백성들을 인솔하여 초나라에 맞섰으니 제후로 대우해 줄 만하다.

82 13년 『전』에서 초영왕의 말을 서술하여 "나는 사람을 많이 죽였다"라 하였는데, 이것이 곧 뉘우친 것이다.

單成公卒.[83]	단성공이 죽었다.
楚子城陳, 蔡, 不羹.[84]	초자가 진나라와 채나라, 불갱에 성을 쌓았다.
使棄疾爲蔡公.	기질로 하여금 채공이 되게 하였다.
王問於申無宇曰,	왕이 신무우에게 물었다.
"棄疾在蔡何如?"	"기질이 채나라에 있는 것이 어떠한가?"
對曰,	대답하였다.
"擇子莫如父,	"자식을 택하는 데는 아비만 한 사람이 없고
擇臣莫如君.[85]	신하를 택하는 데는 임금 같은 사람이 없습니다.
鄭莊公城櫟而寘子元焉,	정나라 장공이 역에 성을 쌓아 자원을 거기에 두어

---

83 두예는 "끝내 숙상의 말대로 되었다"라 하였다.

84 불갱(不羹): 두 군데가 있는데 『청일통지』에서는 지금의 하남 양성현(襄城縣) 동남쪽 20리 지점에 있는 것이 서불갱이라고 하였으며, 지금의 무양현(舞陽縣) 북쪽에 있는 것은 동불갱이라고 하였다.

85 『관자·대광(大匡)』편에서는 "선인의 말에 '자식을 알기로는 아비만 한 사람이 없고, 신하를 알기로는 임금만 한 이가 없다'는 것이 있다"라 하였다. 「진어 7」에서도 "사람이 말하기를 '신하를 가리기로는 임금만 한 이가 없고, 자식을 가리기로는 애비만 한 이가 없다'라 하였다"라 하였다. 『전국책·조책(趙策) 2』에서도 "자식을 가리는 데는 아비만 한 이가 없고, 신하는 논함에는 임금만 한 이가 없다"라 하였다. 이는 모두 고어(古語)로 무자(無字)가 사용하였을 뿐이다.

使昭公不立.[86]	소공이 즉위하지 못하게 하였습니다.
齊桓公城穀而寘管仲焉,	제나라 환공은 곡을 죽여 관중을 그곳에 두었는데
至于今賴之.[87]	지금까지 그에 힘입고 있습니다.
臣聞五大不在邊,[88]	신이 듣건대 다섯 큰 인물은 가에 두지 않고
五細不在庭.[89]	다섯 작은 인물은 뜰에 두지 않는다 하였습니다.

---

86 자원(子元): 『좌전』의 이 부분을 제외하고 앞서 은공 5년과 환공 5년에 보인다. 은공 5년 『전』의 "정나라의 두 공자가 북제에서 연나라 군사를 물리쳤다(鄭二公子以制人敗燕師于北制)"라 한 것을 보면 자원은 정장공의 아들이다. 마종련(馬宗璉)의 『보주(補注)』에서는 "자원은 곧 여공의 아들일 것이며 그날 실로 역(櫟)이 정나라를 침공한 일이 있어 소공이 나가고 여공이 비로소 들어왔으므로 '소공이 즉위하지 못하게 하였다'라 한 것이다"라 하였다. 이 설이 옳다. 정중(鄭衆)은 자원을 단백이라 하였는데 아마 환공 15년 『전』의 "정백이 역읍 사람의 도움으로 단백을 죽이고 마침내 역에 거주하기 시작하였다(鄭伯因櫟人殺檀伯, 而遂居櫟)"라 한데 얽매인 것 같은데 실로 잘못되었다. 유현(劉炫)은 또한 자원을 만백(曼伯)이라 하였는데 더욱 잘못되었다. 역(櫟)은 곧 지금의 하남 우현(禹縣)으로 또한 환공 15년의 『전』과 『주』에 보인다.

87 곡(穀): 장공 32년의 『전』에서 "소곡에 성을 쌓았는데 관중을 위한 것이었다(城小穀, 爲管仲也)"라 하였는데 이 곡은 곧 소곡이며 또한 곧 장공 7년의 곡으로 지금의 산동 동아현(東阿縣) 새 치소 동남쪽의 동아현에 있다.

88 오대(五大): 가규(賈逵)는 "오대(五大)는 태자(太子)와 모제(母弟), 총애를 받는 공자(公子), 공손(公孫), 대대로 내려오는 정경(正卿)이다"라 하였다. 공영달은 정중의 말을 인용하여 "태자란 진나라의 신생(申生)이 곡옥(曲沃)에 거처한 것이며, 모제란 정나라 공숙단(共叔段)이 경에 거처한 것이고, 총애를 받는 공자란 기질(棄疾) 같은 사람이 채(蔡)에 있는 것, 총애를 받는 공손이란 무지(無知) 같은 사람이 거구(渠丘)에 있는 것, 대대로 내려온 정경이란 위나라 영식(甯殖)이 포(蒲)에 있고 손씨가 척(戚)에 있는 것이다"라 하였다. 이이덕(李貽德)의 『춘추좌씨전가복주집술(春秋左氏傳賈服注輯述)』에서는 "아래의 내용에서 인용한 경(京), 력(櫟), 소(蕭), 박(亳), 거구(渠丘), 포(蒲), 척(戚)이란 것이 바로 오대(五大)의 증거이다"라 하였다. 두예는 "오대는 다섯 관직의 우두머리"라 하였는데 틀렸다.

親不在外,	가까운 사람은 밖에 두지 않고
羈不在內.[90]	나그네는 안에 두지 않는다고 하였습니다.
今棄疾在外,	지금 기질은 밖에 있고
鄭丹在內,[91]	정단은 안에 있으니
君其少戒!"	임금께서는 조금 경계를 해야 할 것입니다!"
王曰,	왕이 말하였다.
"國有大城,	"나라에 큰 성이 있으면
何如?"[92]	어떠한가?"
對曰,	대답하였다.
"鄭京, 櫟實殺曼伯,[93]	"정경과 역은 실로 만백을 죽였고

89 오세(五細): 공영달은 정중의 설을 인용하여 곧 은공 3년 『전』의 "천한 자가 귀한 자를 해치고 소원한 사람이 친한 사람을 떼어 놓고 새로운 사람이 옛사람을 이간질하며 낮은 사람이 높은 사람을 타넘는다고(賤妨貴, 少陵長, 遠間親, 新間舊, 小加大)의 천(賤), 소(少), 원(遠), 신(新)과 소(小)라고 하였다.

90 기(羈): 타국에서 와서 기식(寄食)하는 신하이다.

91 정단(鄭丹): 두예는 "양공 19년에 단은 초나라로 달아났다"라 하였다. 정단은 곧 기려(羈旅)의 신하로, 다섯 작은 인물 가운데 우윤(右尹)이다.

92 큰 성이 있으면 족히 반란을 방어할 수 있다는 말이다.

93 만백(曼伯): 다케조에 고코(竹添光鴻)의 『회전(會箋)』에서는 만백은 소공(昭公)의 자라고 하였다. 그러나 소공의 죽음은 실은 고거미(高渠彌)에게 살해당한 것으로, 환공 17년 『전』에 보이므로 이 설은 믿을 만하지 못하다. 청나라 완지생(阮芝生)의 『좌전두주습유(左傳杜注拾遺)』[이하 『두주습유(杜注拾遺)』]에서는 만백은 곧 자의(子儀)라고 하였는데 장공 14년 『전』의 내용에 의거하면 믿을 만하다.

宋蕭, 亳實殺子游,[94]	송나라의 소와 박은 실로 자유를 죽였으며
齊渠丘實殺無知,[95]	제나라 거구는 실로 무지를 죽였고
衛蒲, 戚實出獻公.[96]	위나라의 포와 척은 실로 헌공에게서 나왔습니다.
若由是觀之,	이로써 살펴본다면
則害於國.[97]	나라에 해를 끼칠 것입니다.
末大必折,[98]	끝이 크면 반드시 꺾일 것이고
尾大不掉,[99]	꼬리가 크면 흔들 수 없다는 것은
君所知也."[100]	임금께서 아시는 것입니다."

94 장공 12년의 『전』에 보인다.

95 거구(渠丘): 곧 규구(葵丘)이며, 지금의 산동 치박시(淄博市) 서쪽 30리 지점이다. 정중(鄭衆)은 거구를 무지(無知)의 읍이라 하였고, 강영(江永)의 『고실(考實)』에서는 "제희공이 총애한 대읍이기 때문에 난이 이르자 옹름(雍廩)이 그를 죽였다"라 하였는데 이는 잘못된 설이다. 장공 9년의 『전』에서는 "옹름이 무지를 죽였다"하였기 때문에 두예는 거구를 "제나라의 대부 옹름의 읍"이라고 하였다. 『사기·제세가(齊世家)』에는 "옹름"이 "옹림(雍林)"으로 되어 있어 지명으로 생각하여 『전』과는 다르다.

96 포·척(蒲·戚): 두예는 "포(蒲)는 영식(甯殖)의 읍이고, 척(戚)은 손림보(孫林父)의 읍이다. 헌공에서 나온 것은 양공 14년에 있다"라 하였다.

97 다섯 큰 인물이 다섯 성에 의거하여 실로 나라에 해를 끼칠 것이라는 말이다.

98 『한비자·양각(揚榷)』편에서는 "가지가 크고 뿌리가 크면 봄바람을 이기지 못할 것이며, 봄바람을 이기지 못하면 가지가 속이 상할 것이다"라 하였다. 『전국책·초책(楚策) 3』에서는 "나무의 열매가 많으면 그 가지가 갈라질 것이고, 가지가 갈라지면 속이 상하게 될 것이다"라 하였으며, 가의(賈誼)의 『가자·대도(賈子·大都)』편에서는 "나무는 가는데 끝이 크면 없어짐이 반드시 속까지 이르게 된다"라 하였는데 모두 이 뜻을 썼다.

99 도(掉): 『설문』에서는 "도는 흔드는 것이다"라 하였다. 「초어 상」에서는 "변경은 나라의 꼬리이다. 소나 말에 비유하자면 처서가 이미 이르렀는데 크고 작은 등에가 이미 많으면 그 꼬리를 흔들 수가 없다"라 하였다. 비록 발휘하기는 했지만 다 『전』의 뜻에 부합하지는 않는다.

소공 12년

經

十有二年春,[1]	12년 봄에
齊高偃帥師納北燕伯于陽.[2]	제나라 고언이 군사를 거느리고 양에 북연백을 들였다.
三月壬申,[3]	3월 임신일에

---

100 두예는 "13년의 진나라와 채나라가 난을 일으키는 복선이다"라 하였다. 「초어 상」에도 이 일이 실려 있는데 같은 곳도 있고 다른 곳도 있다.

1 십이년(十二年): 경오년 B.C. 530년으로 주경왕(周景王) 15년이다. 동지가 정월 초4일 기유일로 건자(建子)이다.

2 고언(高偃): 곧 양공 29년 『전』의 고연(高酀)으로 공영달은 『세본』을 인용하여 "경중(敬仲)은 장자(莊子)를 낳았고, 장자는 경자(傾子)를 낳았으며, 경자의 손자는 연(酀)이다"라 하였으므로 두예는 "고언은 고혜〔高傒: 공 경중(敬仲)〕의 손자이다"라 하였고, 양공 29년 『전』에서 "경종의 증손 연"이라 한 것은 무릇 증손 이하는 모두 증손이라 부를 수 있으며 『시경 · 주송 · 유천지명(周頌 · 維天之命)』의 "증손이 돈독히 하니(曾孫篤之)"라는 구절의 정현의 주〔전(箋)〕에서는 "손자의 아들 이하는 선조를 섬기면 모두 증손으로 칭한다"라 한 것이 이를 말한다. 또한 양공 29년 『전』의 『주』에도 보인다. 송나라 고항(高閌)의 『춘추집주(春秋集注)』에서는 "3년에 연백이 제나라로 달아났으며, 6년에 제나라가 들이려 했으니 실행하지 못하였다. 관(款)이 외국으로 떠돌아다닌 것이 거의 10년이 되어 자력으로 귀국을 하지 못하고 제나라의 힘을 빌려 겨우 별읍에 들여보낼 수 있었을 따름이다"라 하였다. "양(陽)"은 『전』에는 "당(唐)"으로 되어 있으므로 두예는 "양(陽)은 곧 당(唐)이다"라 하였다. 두예에 의하면 지금의 하북 완현(完縣) 서쪽과 당현(唐縣)의 동북쪽에 있다. 명말청초(明末淸初) 왕부지(王夫之)의 『춘추패소(春秋稗疏)』〔이하 『패소(稗疏)』〕에서는 "당현은 연나라의 서쪽에 있어서 제나라에서 가려면 연나라를 가로질러 가야 하기 때문에 고언은 군사에 얽혀 깊이 들어갈 수가 없으며, 제나라와 멀어서 연백은 믿고 원조를 할 수 없다. 『한지(漢志)』를 보면 탁군(涿郡)에 양향현(陽鄕縣)이 있는데 곧 연나라 땅을 것이며 문안(文安)과 대성(大城) 사이에 있고 연나라와 제나라의 큰길이니 이 양(陽)이 옳다"라 하였다. 『공양전』에서는 "백우양(伯于陽)"은 "공자 양생(公子陽生)"이 되어야 한다고 했는데 터무니없는 설이다.

3 임신일은 27일이다.

鄭伯嘉卒.	정백 가가 죽었다.
夏,	여름에
宋公使華定來聘.[4]	송공이 화정으로 하여금 내빙케 하였다.
公如晉,	공이 진나라로 갔는데
至河乃復.[5]	황하에 이르러 이에 돌아왔다.
五月,	5월에
葬鄭簡公.	정나라 간공을 장사 지냈다.
楚殺其大夫成熊.[6]	초나라가 그 대부 성웅을 죽였다.
秋七月.	가을 7월.
冬十月,	겨울 10월에
公子慭出奔齊.[7]	공자 은이 제나라로 달아났다.
楚子伐徐.	초자가 서나라를 쳤다.
晉伐鮮虞.[8]	진나라가 선우를 쳤다.

4 두예는 "정은 화초(華椒)의 손자이다"라 하였다.

5 두예는 "진나라 사람이 거나라 때문에 공을 사절한 것이다"라 하였다.

6 『곡량전』에는 "성웅(成熊)"이 "성호(成虎)"로 되어 있으며, 『전』에도 "성호"로 되어 있는데, 청나라 왕인지(王引之)의 『춘추명자해고(春秋名字解詁)』 및 청나라 조탄(趙坦)의 『춘추이문전(春秋異文箋)』(이하 『이문전(異文箋)』)에서는 모두 "웅"은 이름이고, "호"는 자라고 하였다. 『전』 및 『곡량전』에서는 모두 그 자를 썼다. 『공양전』에는 "성연(成然)"으로 되어 있는데 왕인지와 조탄은 모두 자형(字形)이 비슷해서 생긴 착오라고 하였다. 두예는 "『전』에는 간공을 장사 지낸 위에 있고 『경』에서는 부고를 따랐다"라 하였다.

7 『공양전』에는 "은(慭)"이 "정(整)"으로 되어 있다.

8 선우(鮮虞): 백적(白狄)의 별종의 나라이며, 지금의 하북 정정현(正定縣) 북서쪽 40리 지

傳

十二年春,	12년 봄에
齊高偃納北燕伯款于唐,	제나라의 고언이 당으로 북연백 관을 들였는데
因其衆也.[9]	그곳의 민중 때문이었다.

三月,	3월에
鄭簡公卒.	정나라 간공이 죽었다.
將爲葬除,[10]	장례를 위해 도로를 청소하려는데
及游氏之廟,[11]	유씨의 조묘에 이르러
將毁焉.[12]	허물려고 하였다.
子大叔使其除徒執用以立,[13]	자태숙이 청소하는 무리에게 도구를 잡게 하여 세우고는

점의 신성포(新城鋪)가 바로 그 국도의 소재지이다. 전국시대 때는 중산국(中山國)이었다.『사기·육국연표(六國年表)』에 의하면 위문후 17년에 격(擊)이 중산을 지켰다.『사기·위세가(衛世家)』에서도 "17년에 중산을 치고 자격(子擊)에게 지키라고 하였다" 하였으니 중산은 전국시대 초에 이미 위(魏)나라에 망하였으며, 조나라 무령왕(武靈王)이 멸한 중산은 곧 위(魏)나라의 중산이다. B.C. 41년 중산무공(中山武公)이 비로소 즉위하였는데 도성은 고(顧)에 있었고, 지금의 하북 정현(定縣)에 있다. 그 후에 영수(靈壽)로 옮겼는데 고고학 발굴에 의하면 지금의 평산현(平山縣) 삼급공사(三汲公社)이다.

9 두예는 "당(唐)읍의 무리들이 그를 들이려고 했기 때문에 먼저 당으로 들어가게 되었다는 말이다"라 하였다.

10 매장하기 위해 도로의 장애물을 정리하는 것이다.

11 유씨의 조묘(朝廟)이기 때문에 두예는 "유씨는 자태숙의 일족이다"라 하였다.

12 허물어서 상여가 지나가기 편하도록 하는 것이다.

13 제도(除徒): 도로를 정리하는 무리들이다.

而無庸毁,[14]	허물 필요까지는 없다고 하고
曰,	말하였다.
"子産過女,	"자산이 너희들을 지나다가
而問何故不毁,[15]	어찌하여 허물지 않느냐고 물으면
乃曰,	이렇게 말하라.
'不忍廟也.[16]	'차마 조묘라 허물지 못하고 있습니다.
諾,	허락하시면
將毁矣.'"[17]	허물도록 하겠습니다.'"
旣如是,	이렇게 하니
子産乃使辟之.[18]	자산이 이에 그곳을 피하도록 하였다.
司墓之室有當道者,[19]	묘를 관리하는 집이 길에 버티고 있었는데

용(用): 사당을 허무는 데 필요한 도구들로 가래 등과 같은 것이다.

14 갖추어 허물지 않는 것이다.

15 이(而): 여(如)와 같다. 가정형을 나타내는 접속사이다.

16 조묘(朝廟)이기 때문에 차마 허물지 못한다는 말이다.

17 이는 자태숙이 인부들에게 시킨 한 말이다.

18 피(辟): 피(避)와 같다. 유씨의 조묘를 피하여 다른 길을 내게 한 것이다.

19 두예는 "간공(簡公)은 별도로 장지를 운영하여 정나라 선공들의 옛 묘소가 있는 곳에 쓰지 않아 임시로 길을 내어 굽고 곧은 것이 있게 된 것이다. 묘를 관리하는 집은 정나라의 공족묘를 관장하는 대부의 속관의 집이다"라 하였다. 공영달은 "『주례』에 '묘의 대부는 하대부 2인, 중대부 8인이며 모든 나라의 묘역을 관장하고 도모하여 나라의 백성으로 하여금 장례를 치르게 하는 것이다'라 하였다. 정나라의 묘를 관리하는 것 또한 저

毁之,	허물면
則朝而塴,[20]	아침에 하관을 할 수 있고,
弗毁,	허물지 않으면
則日中而堋.[21]	한낮이 되어야 하관을 할 수 있을 터였다.
子大叔請毁之,	자태숙이 그것을 허물 것을 청하여
曰,	말하였다.
"無若諸侯之賓何?"[22]	"제후의 손님은 어떻게 하시려고 그럽니까?"
子產曰,	자산이 말하였다.
"諸侯之賓能來會吾喪,	"제후의 손님으로 우리나라의 상에 올 수 있다면
豈憚日中?	어찌 한낮을 꺼리겠소?
無損於賓,	손님들에게 손해가 되지 않고
而民不害,	백성들에게 해도 끼치지 않으니

럴 것이므로 이는 공족의 묘를 관장하는 대부일 것이다"라 하였다. 다음의 "백성들에게 해가 되지 않는다" 한 것으로 보아 인부의 집인 것 같다.

20 봉(塴): 봉(堋)과 같다. 『설문』에서는 "봉(堋)은 상례 때 하관하는 것이다. 『춘추전』에서는 '아침에 하관(堋)한다'라 하였다. 『예기』에서는 봉(封)이라 하였고, 『주관』에서는 폄(窆)이라 하였다"라 하였다. 단옥재(段玉裁)의 주에서는 "당례 때 광중에 하관하는 것이다"라 하였다.

21 상여가 길을 돌아와야 하므로 지체되어 정오에나 하관을 하게 될 것이라는 말이다.

22 제후의 손님은 각국에서 보내온 장례식의 참석자이다. 지체되어 정오에 하관을 하는 것을 원하지 않을 것이라는 말이다.

何故不爲?”	무슨 까닭으로 하지 않겠소?”
遂弗毁,	마침내 헐지 않고
日中而葬.	한낮에 장사를 지냈다.
君子謂子産於是乎知禮.	군자는 자산이 이때 예를 알았다고 하였다.
禮,	예는
無毁人以自成也.	남을 허물어 자기를 이루는 것이 아니다.

夏,	여름에
宋華定來聘,	송나라 화정이 내빙하였는데
通嗣君也.[23]	왕위를 이은 것을 통보하기 위함이었다.
享之,	향례를 베풀어 주고
爲賦蓼蕭,[24]	「요소」를 읊어 주었는데
弗知,	뜻을 알아차리지 못하였고
又不答賦.	답으로 시를 읊지도 않았다.
昭子曰,	소자가 말하였다.

23 두예는 “송나라 원공이 새로 즉위하였다”라 하였다.

24 요소(蓼蕭): 『시경·소아(小雅)』의 편명이다.

"必亡.[25]	"반드시 도망갈 것이다.
宴語之不懷,[26]	연회의 말을 생각지 않고
寵光之不宣,[27]	총신과 영광을 펴지 않으며
令德之不知,[28]	아름다운 덕을 모르고
同福之不受,[29]	복을 함께함을 받지 않으니
將何以在?"[30]	장차 어떻게 마치겠는가?"

齊侯, 衛侯, 鄭伯如晉,	제후와 위후, 정백이 진나라에 갔는데
朝嗣君也.[31]	새 임금을 조현하기 위함이었다.
公如晉,[32]	공이 진나라로 가다가

---

25 화정이 반드시 달아나게 될 것이라는 말이다.

26 『시경·소아·요소(小雅·蓼蕭)』에 "즐거이 웃고 얘기하니, 즐겁고 편안하네(燕笑語兮, 是以有譽處兮)"라는 구절이 있다. 회는 사념(思念)의 뜻이다.

27 또한 "영광스런 일이네(爲龍爲光)"라는 구절도 있다. 용(龍)은 곧 총(寵)이다. 두예는 "선(宣)은 올리는 것이다"라 하였다.

28 『시』에는 또 "형제간에 우애 좋으니, 아름다운 덕 오래가고 즐겁네(宜兄宜弟, 令德壽豈〔愷〕)"라는 구절이 있다. 영덕(令德)은 선덕(善德)인데, 이 구절로 화정을 찬미하였지만 화정이 알지 못한 것이다.

29 『시』에는 또 "갖은 복 다 모이네(萬福攸同)"라는 구절이 있다. 화정이 화답의 시를 읊지 않은 것이 받지 않은 것이다.

30 주빈(朱彬)의 『경전고증(經傳攷證)』에서는 "재(在)는 존(存)의 뜻이다"라 하였다. 청나라 적호(翟灝)의 『이아보곽(爾雅補郭)』에서는 "재(在)는 마치는 것이다. 『좌전』에서 '將何以在'라 한 것은 어떻게 그 자리를 마치겠느냐는 뜻이다"라 하였다. 적호의 설이 비교적 낫다. 홍양길(洪亮吉)도 『고(詁)』에서 『이아(爾雅)』를 인용하여 "재는 마치는 것이다"라 하였다. 화정은 22년에 초나라로 달아난다.

31 두예는 "진소공이 새로 즉위하였다"라 하였다.

至河,	황하에 이르러
乃復.	돌아오게 되었다.
取鄆之役,[33]	경을 취한 전역을
莒人愬于晉,	거나라 사람이 진나라에 하소연하였는데
晉有平公之喪,	진나라에 평공의 상이 있어
未之治也,	채 처리를 하지 못하였으므로
故辭公.[34]	공을 사절한 것이었다.
公子慭遂如晉.	공자 은이 마침내 진나라에 갔다.
晉侯享諸侯,	진후가 제후들에게 향례를 베풀었는데
子産相鄭伯,	자산이 정백을 보좌하여
辭於享,	향례를 사절하고
請免喪而後聽命.[35]	상을 면한 후에 명을 듣기를 청하였다.
晉人許之,	진나라 사람이 허락하니

32 두예는 "또한 새 임금을 조현하려는 것이다"라 하였다.

33 10년『전』에 보인다.

34 사(辭): 받아들이지 않은 것이다.

35 정백(鄭伯): 정정공으로 간공의 아들이다. 이때 부친의 상이 아직 끝나지 않았으며, 두예는 "간공을 아직 장사 지내지 않았다"라 하였는데 확실치 않다. 나중에 상세히 이야기하기 때문에 향례에 참가하지 않을 것을 청하였다.

禮也.	예에 맞았다.
晉侯以齊侯宴,[36]	진후가 제후와 함께 연례를 가졌는데
中行穆子相.[37]	중항목자가 상례가 되었다.
投壺,[38]	투호를 하는데
晉侯先,[39]	진후가 먼저 던지게 되자
穆子曰,	목자가 말하였다.
"有酒如淮,	"술이 있는데 회수와 같고
有肉如坻.[40]	고기가 있는데 섬과 같습니다.
寡君中此,[41]	과군이 집어넣으면
爲諸侯師."[42]	제후의 장이 되겠습니다."

---

36 이(以): 여(與)와 같다. 제경공과 연회를 가진 것이다.

37 중항목자(中行穆子): 두예는 "목자는 순오(荀吳)이다"라 하였다.

38 투호(投壺): 고대에 주객이 연회를 갖고 술을 마실 때의 오락으로 투호의 예가 있다. 호(壺)는 화살을 받는 항아리로 주둥이가 있고 비교적 큰데, 목은 길고 좁으며 배는 비교적 크다. 항아리 안은 단단하고 매끄러운 팥(小豆)을 채운다. 화살은 싸리나무(楛)나 대추나무(棘)로 만드는데 껍질은 벗기지 않아 단단하고 무겁게 한다. 화살이 항아리 안으로 들어가면 팥에 의해 튕겨 나온다. 많이 넣은 사람이 이기며 이긴 사람은 진 사람에게 술을 마시게 한다. 『대대례』와 『소대례』에 각기 「투호(投壺)」편이 있다.

39 먼저 던지는 것이다.

40 『시경·소아·보전(小雅·甫田)』편에 "섬 같기도 하고 산등성이 같기도 하네(如坻如京)"라는 구절이 있는데 물속의 높은 곳이다. 청나라 계복(桂馥)의 『찰박(札樸)』 권2에서는 "지(坻)는 저(阺)가 되어야 하며, 『설문』에서 '진(秦)나라는 언덕을 저(阺)라고 하였다'라 하였다. 『전』의 아래에서 '有肉如陵'이라 하였으니 지(坻)는 마땅히 언덕이라는 저(阺)가 되어야 한다"라 하였는데 또한 뜻이 통한다.

41 화살이 항아리에 들어가는 것이다.

42 사(師): 장(長), 우두머리.
회(淮), 지(坻), 사(師)는 고음이 같은 운부에 속하며 압운자이다.

中之.	집어넣었다.
齊侯擧矢,	제후가 화살을 들고
曰,	말하였다.
"有酒如澠,[43]	"술이 있는데 민수와 같고
有肉如陵.	고기가 있는데 언덕 같습니다.
寡人中此,	과인이 집어넣으면
與君代興."[44]	그대와 돌아가며 흥할 것입니다."
亦中之.	또한 집어넣었다.
伯瑕謂穆子曰,[45]	백하가 목자에게 말하였다.
"子失辭.	"그대는 실언을 하였습니다.
吾固師諸侯矣,	우리는 본디 제후의 우두머리인데
壺何爲焉,	투호가 그 무엇이기에
其以中儁也?[46]	집어넣는 것을 대단하게 여기십니까?

43 민(澠): 산동의 현 치박시(淄博市) 서북쪽 옛 제성(齊城) 바깥에서 발원하여 서북쪽으로 흘러 박흥현(博興縣)을 거쳐 시수(時水)로 흘러든다. 원나라 우흠(于欽)의 『제승(齊乘)』에서는 곧 신(申)의 지수(池水)라 하였다.

44 교대해 가며 강성할 것이라는 말이다. 민(澠), 릉(陵), 흥(興)은 고음이 같은 운부이다.

45 백하(伯瑕): 두예는 "백하는 사문백(士文伯)이다"라 하였다.

46 두예는 "투호에 적중하는 것이 특이한 것이 되기에 충분치 않다는 말이다"라 하였다. 명나라 소보(邵寶)의 『좌휴(左觿)』에서는 "호하위언(壺何爲焉)은 구가 되지 않는다. 투호가 무엇이길래 적중시키는 것을 특이하게 생각하느냐는 것은 제후의 우두머리가 되는 일과는 상관이 없다는 말이다"라 하였는데 잘 보았다.

齊君弱吾君,	제나라 임금이 우리 임금을 약하게 보았으니
歸弗來矣."[47]	돌아가면 오지 않을 것입니다."
穆子曰,	목자가 말하였다.
"吾軍帥彊禦,[48]	"우리 군대의 통수권은 강하고
卒, 乘競勸,[49]	병졸과 수레가 다투어 도움이
今猶古也,	지금 예와 같으니
齊將何事?"[50]	제나라가 무슨 일을 하겠소?"
公孫傁趨進,	공손수가 급히 나서서
曰,	말하였다.
"日旰君勤,[51]	"날이 저물어 임금께서 피로하시니
可以出矣!"	나가 봐야겠습니다!"

47 두예는 "진나라 임금과 교대로 흥하겠다는 것이 약하게 본 것이다"라 하였다.

48 강어(强禦): 『시경·대아·증민(大雅·烝民)』에 "강한 것 두려워하지 않네(不畏强禦)"라는 구절이 있고, 「탕(蕩)」에 "일찍이 강했었네(曾是强禦)"라는 구절이 있으며 또한 "强圉"라고도 한다. 『한서·왕망전(王莽傳)』의 "不畏强圉"와 『한서·서전(敍傳)』의 "曾是强禦"는 모두 『시경』의 구절을 쓴 것이다. 강어(强禦)는 강량(强梁)과 같다. 『후한서·소경전(蘇竟傳)』의 "강해도 하늘과 다툴 수는 없다(强梁不能與天爭)"과 『노자』의 "강한 자는 제 명에 죽지 못한다(强梁不得其死)"가 바로 이 뜻이다.

49 주빈(朱彬)의 『경전고증(經傳攷證)』에서는 "경(競)은 다투는 것이다. 권(勸)은 권면하다, 돕다의 뜻이다"라 하였다.

50 고염무(顧炎武)의 『보정(補正)』에서는 "진나라의 강성함이 옛날과 다르지 않으니 제나라가 장차 어떻게 하겠느냐는 것이다"라 하였다.

51 간(旰): 해가 지는 것이다.
근(勤): 피로한 것이다.

以齊侯出.[52]	제후와 함께 나갔다.

楚子謂成虎,	초자가 성호를
若敖之餘也,[53]	약오의 잔당이라 하여
遂殺之.	마침내 죽여 버렸다.
或譖成虎於楚子,	누가 초자에게 성호를 무고하였는데
成虎知之,	성호는 그 사실을 알고도
而不能行.	도망갈 수 없었다.
書曰,	기록하기를
"楚殺其大夫成虎",	"초나라가 그 대부 성호를 죽였다"라 한 것은
懷寵也.	은총을 생각했기 때문이다.

六月,	6월에
葬鄭簡公.[54]	정나라 간공을 장사 지냈다.

---

52 이(以): 여(與)와 같다. 두예는 "수는 제나라 대부이다"라 하였다. 공손수가 대청 아래에 있다가 진나라의 경상이 상대하는 말을 듣고 변고가 생길까 두려워 급히 제후(齊侯)와 함께 나간 것일 것이다.

53 약오(若敖): 약오는 약오씨(若敖氏)이다. 두예는 "성호는 영윤 자옥(子玉)의 후손이다. 투씨(鬬氏)와 함께 약오에게서 나왔다. 선공 4년 투초가 난을 일으켜서 지금 초자가 무고를 믿고 약오의 잔당을 토벌하게 맡긴 것이다"라 하였다. 약오씨가 멸한 것은 선공 4년의 일로 지금으로부터 70여 년이 되었으므로 초영왕이 약오의 잔당이라 하여 성호를 죽이게끔 한 것이다.

晉荀吳僞會齊師者, 진나라 순오는 거짓으로 제나라 군사를 만나

假道於鮮虞, 선우에서 길을 빌려

遂入昔陽.[55] 마침내 석양으로 들어갔다.

秋八月壬午,[56] 가을 8월 임오일에

滅肥,[57] 비를 멸하고

以肥子緜皐歸.[58] 비자 면고를 데리고 돌아왔다.

周原伯絞虐, 주나라 원백 교는 사나워서

54 두예는 "『경』에서는 '5월'이라고 하였는데 틀렸다"라고 하였다. 혜동(惠棟)의 『보주(補注)』에서는 "고문 『좌전』에서는 당연히 '齊侯、衛侯、鄭伯如晉'의 앞에 있었을 것이다"라 하였다. 두 설은 모두 근거가 없다. 청나라 요범(姚範)의 『원순당필기(援鶉堂筆記)』에서는 "『경』에서는 5월에 정간공을 장사 지냈다 하고 『전』에서는 6월이라 하였는데 아마 책서(策書)과 간서(簡書)에 모두 그 문장이 있었거나 아니면 5월과 6월이 서로 다름이 있을 것이다. 『전』의 기록은 그 어긋난 것을 기록한 것이다"라 하였다.

55 석양(昔陽): 지금의 하북 진현(晉縣) 서쪽에 있다. 공영달은 유현(劉炫)의 설을 인용하여 석양은 곧 고(鼓)나라의 도성이라고 하였다. 이번 입국 때는 아직 멸하지 않고 22년이 되어서야 고(鼓)를 멸한다.

56 임오일은 10일이다.

57 비(肥): 나라 이름이다. 고(鼓)와 비는 모두 선우(鮮虞)의 속국인 듯하므로 『경』에서 "진나라가 선우(鮮虞)를 쳤다"라 하였으며, 15년에 "고(鼓)를 에워쌌다"라 하였고 『전』에서도 "선우를 치고 고를 에워쌌다"고 하였는데 모두 선우를 관통한 것이다. 비는 지금의 하북 고성현(藁城縣) 서남쪽 7리 지점에 있다. 혹자는 지금의 산서 석양현(昔陽縣) 동야두진(東冶頭鎭)에 비자(肥子)의 옛 도성이 있다고 한다.

58 지금의 하북 노룡현(盧龍縣) 서북쪽에 비여성(肥如城)이 있고, 산동에는 비성현(肥城縣)이 있는데 모두 진나라가 비를 멸한 후에 비의 백성들을 분산시킨 곳인 것 같다. 강영(江永)의 『고실(考實)』에서는 연나라가 비자를 노룡에 봉했다고 하였는데 근거가 부족하다.

其輿臣使曹逃.[59]	신하들이 도망가게 하였다.
冬十月壬申朔,	겨울 10월 임신일 초하룻날에
原輿人逐絞,	원의 사람들이 교를 쫓아내고
而立公子跪尋.[60]	공자 궤심을 세웠다.
絞奔郊.[61]	교는 분으로 달아났다.

甘簡公無子,	감나라 간공은 아들이 없어서
立其弟過.[62]	그 아우 과를 세웠다.
過將去成, 景之族.[63]	과는 성공과 경공의 일족을 없애려 했다.
成, 景之族賂劉獻公,[64]	성공과 경공의 일족은 유헌공에게 뇌물을 바치고
丙申,[65]	병신일에
殺甘悼公,[66]	감나라 도공을 죽이고

59 원백 교(原伯絞): 두예는 "원백 교는 주나라 대부 원공(元公)이다. 여(輿)는 군중이다. 조(曹)는 무리이다"라 하였다.

60 궤심(跪尋): 두예는 "궤심은 교의 아우이다"라 하였다.

61 교(郊): 두예는 "교는 주나라 땅이다." 22년『전』에 의하면 교는 심(鄩)읍과 가깝다.

62 두예는 "감간공은 주나라의 경사(卿士)이다"라 하였다.

63 두예는 "성공과 경공은 모두 과의 선군이다"라 하였다.

64 두예는 "과를 죽이게끔 하려 한 것이다. 유헌공 또한 주나라의 경사로 유정공(劉定公)의 아들이다"라 하였다.

65 병신일은 26일이다.

66 도공(悼公): 두예는 "도공은 곧 과이다"라 하였다.

而立成公之孫鰌.[67] 성공의 손자 추를 세웠다.

丁酉,[68] 정유일에

殺獻大子之傅庾皮之子過,[69] 헌태자의 스승인 유피의 아들 과를 죽였으며

殺瑕辛于市, 저자에서 하신 및

及宮嬖綽, 王孫沒, 劉州鳩, 陰忌, 老陽子.[70] 궁폐작과 왕손몰, 유주구, 음기, 노양자를 죽였다.

季平子立, 계평자가 서자

而不禮於南蒯.[71] 남괴를 예우하지 않았다.

南蒯謂子仲,[72] 남괴가 자중에게 말하였다.

---

67 추(鰌): 두예는 "추는 평공(平公)이다"라 하였다.

68 정유일은 26일이다.

69 유피는 헌태자의 스승이고 과는 유피의 아들이다. 두예는 "과는 유헌공 태자의 스승이다"라 하였는데 두 가지 오류가 있다. 유헌공의 태자는 헌태자로 불릴 수 없으며 헌은 태자의 시호인 듯하다. 혹은 아마 곧 15년에 죽은 왕태자 수(王太子壽)일 것이다. 이것이 첫 번째 오류이다. 과는 분명히 유피의 아들이며, 유피는 태자의 스승이니 이것이 두 번째 오류이다.

70 두예는 "여섯 사람은 주나라 대부이다. 유과와 함께 모두 감도공의 도당이다"라 하였다. 26년『전』에 주나라에 또한 음기가 있는데 고형(高亨: 1900~1986)의『노자연보(老子年譜)』에서는 곧 이 음기라 하였으며, 계속 "'及'은 곧 '乃'의 오자이다. ……"라 하였다. 당시에 성명이 같은 사람이 많은 것을 알지 못하였으니 26년『전』의 음기는 이곳의 음기가 아니다. 이를테면 위나라에 두 사람의 영궤(甯跪)가 있는데, 한 사람은 장공 6년에 보이며 위(衛)나라 대부이고, 한 사람은 애공 4년에 보이는데『세본』에서는 잡인(雜人)에 열입되어 있다.

71 두예는 "괴는 남유(南遺)의 아들이며, 계씨의 비읍(費邑)의 읍재이다"라 하였다.

72 두예는 "자중은 공자 은(慭)이다"라 하였다.

"吾出季氏, "내 계씨를 쫓아내고
而歸其室於公, 그 가산을 공실로 돌려줄 것이니
子更其位,[73] 그대가 그 자리를 대신하도록 하고
我以費爲公臣." 나는 비읍을 가지고
공실의 신하가 되겠소."

子仲許之. 자중이 허락하였다.
南蒯語叔仲穆子, 남괴가 숙중목자에게 말하고
且告之故.[74] 아울러 그 까닭을 일러 주었다.
季悼子之卒也, 계도자가 죽을 때
叔孫昭子以再命爲卿.[75] 숙손소자가 재명으로 경이 되었다.
及平子伐莒克之, 평자가 거나라를 쳐서 이기자
更受三命.[76] 삼명으로 바꾸어 받았다.

---

73 경(更): 두예는 "경은 대신하는 것이다"라 하였다. 여기서는 계평자를 대신하여 경이 되는 것을 이른다.

74 두예는 "목자(穆子)는 숙중대(叔仲帶)의 아들 숙손소(叔孫小)이다. 계씨를 쫓아내고자 하는 것은 예우를 받지 못했기 때문이라고 말한 것이다"라 하였다.

75 도자(悼子)는 계무자(季武子)의 아들이며 평자(平子)의 아버지이다. 도자의 죽음은『경』에는 기록되어 있지 않으며 또한 시호를 도(悼)라 하였으므로 청나라 장문풍(張文鱊)의『나강일기(螺江日記)』에서는 도자는 자리를 이은 후 얼마 되지 않아 죽었다고 하였다. 그러나『논어·계씨(季氏)』에 "대부로부터 나오면 5세에 잃지 않는 자가 드물다(自大夫出, 五世希不失矣)"라는 말이 있는데, 주석가들은 모두 계우(季友), 문자(文子), 무자(武子), 평자(平子), 환자(桓子)를 꼽고 도자는 치지 않았으니 경의 자리를 계승하지 못한 것 같다. 계무자는 7년 겨울에 죽었는데 평자가 손자로 조부를 계승한 것 같다. 숙손소자는 5년에 즉위하였으며 7년 봄의『경』에 보이니 계도자는 5년 뒤, 7년 앞에 죽었을 것이다.

76 10년의『경』에 의하면 노나라의 계손여의(季孫如意)와 숙궁(叔弓), 중손확(仲孫玃)은 모두 군사를 거느리고 거(莒)나라를 쳤으며 계평자는 주수(主帥)에 불과하였을 따름이다.

叔仲子欲構二家,[77]	숙중자가 두 집을 이간질하고자 하여
謂平子曰,	평자에게 말했다.
“三命踰父兄,	“삼명은 부형을 뛰어넘는 것으로
非禮也.”[78]	예가 아닙니다.”
平子曰,	평자가 말하였다.
“然.”	“그렇다.”
故使昭子.[79]	그리하여 숙손소자에게 하도록 하였다.
昭子曰,	소자가 말하였다.
“叔孫氏有家禍,	“숙손씨에게는 가문의 재화가 있어서
殺適立庶,	적자를 죽이고 서자를 세웠으므로
故婼也及此.[80]	제가 여기에 이르렀습니다.

소자(昭子)는 비록 군사에 참여하지는 않았지만 공실을 넷으로 나누어 얻은 군사는 반드시 출전하였을 것이며, 아마 숙궁이 이끌었을 것이므로 그 공으로 삼명을 받았을 것이다. 두예는 “소자는 거나라를 치지 않았으나 또한 관례대로 삼명이 더하여졌다”라 하였는데, 상고할 만하다.

77 구(構): 두예는 “서로 미워하도록 이간질하려 한 것이다”라 하였다. 구(構)는 곧 이간(離間)이라는 뜻이다. 숙중자는 곧 숙중소(叔仲小)이다. 두 집안은 계평자와 숙손소자이다.

78 부형(父兄): 부친과 형제의 배항(輩行)을 가리킨다. 고대의 예제(禮制)에 의하면 일명(一命)의 관은 향리에서 연령의 대소에 따라 차서를 매기고, 이명의 관은 부친의 배항 중에서 연령의 대소를 따지며, 삼명의 관은 연령을 논하지 않으니 관직이 크면 부형의 배항 앞에 놓일 수 있었다. 『주례·지관·당정(地官·黨正)』에서 이른바 “일명(壹命)은 향리에서 나이를 따지며, 재명은 부족(父族)의 나이를 따지고 삼명은 나이를 따지지 않는다”(『예기·제의(祭義)』편에도 보인다)라 한 것이 이를 말한다. 숙중자의 이 말은 아마 소자가 거나라를 치는 데 참가하지 않았으므로 삼명을 가질 수 없다는 것을 말한 것일 것이다.

79 두예는 “소자로 하여금 스스로 직위를 낮추게 한 것이다”라 하였다.

若因禍以斃之,	화란으로 토벌하겠다면
則聞命矣.[81]	명을 따르겠습니다.
若不廢君命,	임금의 명을 폐기하지 않겠다면
則固有著矣."[82]	실로 위차를 가질 것입니다."
昭子朝,	소자가 조현을 하고
而命吏曰,	관리에게 말하였다.
"婼將與季氏訟,	"내 곧 계씨와 송사를 하고자 하니
書辭無頗."[83]	말을 기록할 때 편파적이지 않게 하라."
季孫懼,	계손이 두려워하여
而歸罪於叔仲子.	죄를 숙중자에게 돌렸다.
故叔仲小, 南蒯, 公子慭謀季氏.	그리하여 숙중소와 남괴, 공자 은이 계씨를 도모하였다.
慭告公,	은이 공에게 알리고
而遂從公如晉.[84]	마침내 공을 따라 진나라로 갔다.
南蒯懼不克,[85]	남괴는 이기지 못할까 두려워하여

80 이 일은 4년 및 5년의 『전』에 보인다.

81 두예는 "화란 때문에 자신을 토벌한다면 감히 사양치 않겠다는 것이다"라 하였다.

82 저(著): 두예는 "저는 위차(位次)이다"라 하였다. 이는 곧 지난해 『전』의 "조현에는 정해진 위치가 있다(朝有著定)"의 저(著)와 같다.

83 사(辭): 소송하는 말이다. 두예는 "파(頗)는 치우친 것이다"라 하였다.

84 두예는 "은(慭)은 자중(子仲)이다"라 하였다.

85 청나라 요내(姚鼐)의 『좌전보주(左傳補注)』(이하 『보주(補注)』)에서는 "공자 은과 괴는 아

以費叛如齊.	비읍을 가지고 반란을 일으켜 제나라로 갔다.
子仲還,	자중이 돌아오다가
及衛,	위나라에 이르러
聞亂,	반란이 일어났다는 것을 듣고
逃介而先.[86]	부사를 버리고 먼저 돌아왔다.
及郊,	교외에 이르러
聞費叛,	비읍에 반란이 일어났다는 말을 듣고
遂奔齊.	마침내 제나라로 달아났다.
南蒯之將叛也,	남괴가 반란을 일으키려 할 때
其鄕人或知之,	그 고을 사람 중 누가 그것을 알고
過之而歎,	지나치면서 탄식을 하고
且言曰,	또 말하였다.
"恤恤乎,	"근심스럽도다,
湫乎攸乎![87]	근심스럽고 근심스럽도다!

마 처음에는 진나라의 도움을 빌려 계씨를 제거하려 하였기 때문에 은이 공을 따라 진(晉)나라로 갔을 것이다. 진나라가 공을 거절하여 들어가지 못하게 되자 괴는 이기지 못할까 두려워하여 다시 반란을 일으켜 제나라에 붙은 것이다"라 하였다.

86 두예는 "개는 부사(副使)이다"라 하였다. 부사를 버리고 먼저 도망쳐 나라로 돌아온 것을 말한다.

87 유월(兪樾)의 『평의(平議)』에서는 "휼(恤)은 근심스럽다는 뜻이다. 추(湫)는 수(愁)와 같은 뜻이다. 유(攸)는 수(愁)의 가차자이며, 유는 슬프다는 뜻이다. '恤恤乎'와 '湫乎',

深思而淺謀,[88] 생각은 깊으나 계책은 얕고

邇身而遠志,[89] 몸은 가까우나 뜻은 멀며

家臣而君圖,[90] 가신이면서 임금을 위해 도모하니

有人矣哉!”[91] 인재가 있도다!”

南蒯枚筮之,[92] 남괴가 그 일을 숨기고 점을 쳐서

遇坤䷁之比䷇曰,[93] 곤괘䷁가 비괘䷇로 바뀌는 점괘를 얻었는데 말하기를

‘攸乎’의 세 구는 한 가지의 뜻으로 매우 근심스럽기 때문에 중복하여 말한 것이다”라 하였다.

88 여러 해 동안 정치를 전횡한 계씨를 제거하고자 한 것이 깊이 생각한 것이다. 지리적으로 먼데다 노나라를 미워하는 진나라에게서 도움을 구하고자 모의하였으니 계책이 얕은 것이다.

89 몸이 계씨의 가신이면서 그를 제거하는 데 뜻을 두었으니 몸은 가깝고 뜻은 먼 것이다.

90 몸은 가신이면서 노나라 임금을 위하여 도모하여 비(費) 및 계씨의 재산을 가지고 공을 섬기는 것이다.

91 인(人): 인재(人才)를 말한다. 이를테면 『시경·소아·절남산(小雅·節南山)』의 “사람 없으니(人之云亡)”와 『논어·옹야(雍也)』의 “너는 인물을 얻었느냐?(女得人焉耳乎)”, 『논어·헌문(憲問)』의 “인물이로다(人也)”의 “인(人)”은 모두 인재라는 뜻이다. 이 구절의 뜻은 이와 같다면 모름지기 크게 하는 사람이 있어도 남괴는 그 사람이 아니라는 것이다.

92 두예는 “그 일을 가리키지 않고 두루 길흉을 점친 것이다”라 하였다. 대체로 고대에 점을 칠 때는 반드시 먼저 점칠 일을 먼저 말하여야 하는데, 이를테면 『의례·특생궤식례(特牲饋食禮)』에 점치는 것을 명하는 말이 있으며, 점을 치려면 거북에게 명하는 말이 있어야 한다. 점칠 일을 말하지 않는다면 매복(枚卜) 혹은 매서(枚筮)라 한다. 유월(俞樾)의 『평의(平議)』에서는 “매(枚)는 미(微)의 뜻으로 읽어야 하며, 미(微)는 숨기는 것이다. 그 일을 숨기고 점을 치게 하므로 미서(微筮)인 것이다. 애공 7년 『전』에 ‘왕과 섭공이 자량을 영윤으로 삼을 것을 몰래 점쳤다(王與葉公枚卜子良以爲令尹)’는 말이 있는데 그 뜻 또한 이것과 같다”라 하였다.

93 곤(坤䷁): 두예는 “곤괘가 아래에 있고 곤괘가 위에 있는 것이 곤괘이다”라 하였다.
비(比䷇): 두예는 “곤괘가 아래에 있고 감괘(坎卦)가 위에 있는 것이 비괘이다. 곤괘의 육오(六五) 효가 변한 것이다”라 하였다.

"黃裳元吉",[94]	"누런 치마를 입으면 크게 길할 것이다"라 하였는데
以爲大吉也.	크게 길한 것으로 생각하였다.
示子服惠伯,	자복혜백에게 보여주고
曰,	말하였다.
"卽欲有事,[95]	"일을 하려고 하면
何如?"	어떻겠는가?"
惠伯曰,	혜백이 말하였다.
"吾嘗學此矣,[96]	"내 일찍이 이에 대해 배운 적이 있는데
忠信之事則可,[97]	충신에 관한 일이라면 괜찮겠지만
不然,	그렇지 않으면
必敗.	반드시 패할 것입니다.
外彊內溫,	바깥은 강하고 안은 온화하니
忠也,[98]	충성이고,

94 곤괘 육오(六五)의 효사이다.

95 즉(卽): 가정을 나타내는 접속사로, 만약이라는 뜻이다.

96 『주역』을 배웠음을 말한다.

97 점괘대로 되어도 괜찮을 것이라는 것이다.

98 점괘를 가지고 말하면 비괘의 바깥 괘는 감괘인데 감(坎)은 험한 것이므로 강하다. 안 괘는 곤괘인데 곤(坤)은 순(順)하므로 따뜻하다. 밖은 강하고 안은 따뜻하므로 충(忠)이 되는 것이다.

和以率貞,	화한 것으로 점에서 물은 것을 행하니
信也,[99]	신의이므로
故曰'黃裳元吉'.	'누런 치마를 입으면 크게 길할 것이다'라 하였습니다.
黃,	황색은
中之色也,[100]	내의의 색이고
裳,	치마는
下之飾也,[101]	아래에 입는 복식이며,
元,	원은
善之長也.	선 가운데 뛰어난 것입니다.
中不忠,[102]	내심이 충성스럽지 않으면
不得其色,	그 색을 얻지 못하며,
下不共,[103]	아래가 공손하지 못하면
不得其飾,[104]	그 복식을 얻을 수 없습니다.

99 비괘를 가지고 말하면 곤괘는 수(水)이고 감괘는 토(土)인데, 수와 토가 서로 합하면 화(和)해진다. 정(貞)은 점을 쳐서 묻는 것이다. 솔(率)은 행하는 것이다. 화순(和順)함을 가지고 점을 쳐서 묻는 일을 행하므로 신의가 있는 것이다.

100 이 중(中)자는 쌍관어적인 의미가 있는데, 다음 문장에 의하면 상중하(上中下)의 뜻이 있으며, 여기서는 충(衷)의 뜻을 가차하였으며 안에 입는 옷을 말한다.

101 옛날의 남자들은 상(裳)을 입었는데 지금의 치마와 같았다.

102 이곳의 중(中)은 중심(中心)을 이른다.

103 공(共): 공(恭)과 같으며, 아래에서 공손하지 못한 것을 말한다.

104 두예는 "상(裳)이 되지 않는 것이다"라 하였다.

事不善,	일이 선하지 못하면
不得其極.[105]	그 준칙을 얻을 수 없습니다.
外內倡和爲忠,[106]	안팎이 창화하는 것이 충이고
率事以信爲共,[107]	일을 신의로 이끄는 것이 공경이며
供養三德爲善,[108]	세 가지 덕행을 공양하는 것이 선이고
非此三者弗當.	이 세 가지가 아닌 것은 그에 해당하지 않습니다.
且夫易,	또한 대체로 『역』은
不可以占險,	험한 일을 점칠 수 없는 것인데
將何事也?[109]	무슨 일을 하려는 것입니까?
且可飾乎?[110]	또한 아래에서 공경해질 수 있습니까?
中美能黃,[111]	속이 아름다우면 이에 누렇게 되고

105 극(極): 표준, 준칙과 같다.

106 바깥은 강하고 안은 따뜻한 것은 이를테면 옛날의 부부가 창화하는 것과 같다.

107 두예는 "솔(率)은 행(行)과 같다"라 하였다.

108 삼덕(三德): 혜동(惠棟)의 『보주(補注)』에서는 "삼덕은 황(黃)과 상(裳), 원(元)이다"라 하였는데 확실치 않은 것 같다. 삼덕은 충(忠)과 신(信), 극(極)을 이른다. 두예는 "정직(正直)과 강극(剛克), 유극(柔克)"(『상서·홍범(尙書·洪範)』)으로 해석하였는데 더욱 상관이 없다.

109 남괴는 다만 "일이 있다"는 것만 말하였을 뿐인데 혜백은 분명히 알고 일부러 묻기를 『주역』은 험한 일을 점칠 수 없는데 너희들은 장차 무엇을 하려는 것이냐고 하였다.

110 아래에서 공손한가 공손하지 않은가 하는 것을 이른다.

111 능(能): 내(乃)와 같다.

上美爲元,	위가 아름다우면 으뜸이 될 수 있으며
下美則裳,	아래가 아름다우면 치마가 될 수 있으니
參成可筮.[112]	이 세 가지가 이루어지면 점괘처럼 될 수 있습니다.
猶有闕也,[113]	그래도 빠진 것이 있으면
筮雖吉,	점괘가 길하다 하여도
未也.	안 됩니다.
將適費,	비읍으로 가려고 하면서
飮鄕人酒.	향리의 사람들에게 술을 내었다.
鄕人或歌之曰,	향리의 사람 가운데 누가 노래를 불렀다.
"我有圃,	"내게 채마밭 있는데
生之杞乎![114]	구기자나무 났다네!
從我者子乎,[115]	나를 따르는 자 사나이이고

112 두예는 "세 가지 아름다움이 다 갖추어져야 효사처럼 길할 수 있다는 말이다"라 하였다. 가(可)는 곧 위의 "충신에 관한 일이라면 괜찮다(忠信之事則可)"의 가(可)의 뜻이다.

113 유(猶): 가정형을 나타내는 접속사로 만약이라는 뜻이다. 이 구절은 만약 삼덕에 결실(缺失)이 있다면이라는 뜻이다.

114 포(圃): 곧 『논어·자로(子路)』의 학포(學圃)의 포(圃)로, 채소를 심는 땅이다. 구기자는 물가에서 나는 것인데, 채마밭에 채소는 자라지 않고 구기자가 자라는 것이다. 얻은 것이 바라던 것에서 어긋났음을 비유하는 것이다.

115 자(子): 남자의 미칭이다. 이 구절의 뜻은 나를 따르는 사람은 사나이의 위신을 잃지 않

去我者鄙乎,[116] 나를 떠나는 자 비루한 자이며

倍其鄰者恥乎![117] 이웃을 버리는 자는 부끄럽게 될 것이로다!

已乎已乎![118] 그만두자, 그만두자!

非吾黨之士乎!"[119] 우리네 무리의 선비가 아니로다!"

平子欲使昭子逐叔仲小.[120] 평자는 소자에게 숙중소를 쫓아내도록 하려 하였는데

小聞之, 숙중소가 그 말을 듣고는

不敢朝. 감히 입조하지 않았다.

을 것이라는 말이다.

116 거(去): 위(違)와 같다. 어기는 것이다.
비(鄙): 비루한 사람을 말한다.

117 배(倍): 배(背)와 뜻이 통한다.
인(鄰): 두예는 "인(鄰)은 친(親)과 같다"라 하였다. 이 구절의 뜻은 친(親)한 사람(계씨를 가리킴)을 배반하면 치욕이 있게 될 것이라는 말이다.

118 이호(已乎): 『논어·공야장(公冶長)』에 "그만두어라. 내 아직 자신의 허물을 보고서 내심으로 자책하는 자를 보지 못하였다(已矣乎, 吾未見能見其過而內自訟者也)"라는 말이 있고, 또 『논어·위령공(衛靈公)』에 "아서라! 내 아직 덕을 좋아하기를 여색을 좋아하듯이 하는 자를 보지 못하였다(已矣乎! 吾未見好德如好色者也)"는 말이 있으며, 『초사·이소(離騷)』에는 "관두자! 나라에 사람 없어 나 알아주는 이 없음이여, 또한 어찌 고향을 그리워한단 말인가?(已矣哉, 國無人莫我知兮, 又何懷乎故都?)"라는 말이 있는데 이 "已乎"와 "已矣乎", "已矣哉"는 모두 절망의 말이다.

119 이 노래에서는 기(杞)·자(子)·비(鄙)·치(恥)·이(已)·사(士)가 운자로, 고음이 모두 해(咍)부에 있었다.

120 숙중소가 두 가문을 이간질하여 평자가 이성을 잃어 숙중소를 추방하여 스스로 해명하고자 한 것이다.

昭子命吏謂小待政於朝,

소자는 관리에게 명하여 숙중소에게 조정에서 정무를 기다리게끔 이르고

曰,

말하였다.

"吾不爲怨府."[121]

"나는 원한이 쌓이는 짓은 하지 않는다."

楚子狩于州來,[122]

초자가 주래에서 사냥을 하고

次于潁尾,[123]

영미에 머물면서

使蕩侯, 潘子, 司馬督, 囂尹午, 陵尹喜帥師圍徐以懼吳.[124]

탕후와 반자, 사마독, 효윤 오, 능윤 희로 하여금 군사를 거느리고 서를 에워싸서 오나라를 위협하게 하였다.

---

121 계평자가 그를 직접 추방하지 않고 소자를 시켜 추방하게 하였으므로 소자가 "원한이 쌓이는 짓은 하지 않는다"고 한 것이다. 두예는 "계씨를 위해 숙중소를 쫓아내어 원한과 재화가 모이는 일이 생기게 할 수 없다는 말이다. 이듬해 숙궁이 비읍을 에워싸는 일의 복선이다"라 하였다.

122 수(狩): 두예는 "수는 겨울 사냥이다"라 하였다.
주래(州來): 지금의 안휘 봉대현(鳳臺縣)이다.

123 영미(潁尾): 영수(潁水)가 회수(淮水)로 들어가는 곳으로 또한 영구(潁口)라고도 한다. 지금의 안휘 정양관(正陽關)이다.

124 두예는 "다섯 사람은 초나라 대부이다. 서(徐)는 오나라의 동맹국이므로 포위를 해서 오나라를 핍박하는 것이다"라 하였다. 정공열(程公說)의 『춘추분기·세보(春秋分紀·世譜) 2』에서는 반자(潘子)는 숙당(叔黨)의 아들이라고 하였다. 4년 『전』 "서자는 오나라 여인에게서 났다(徐子, 吳出也)"라 한 것에 의하면 오나라와 서나라는 외삼촌과 생질의 나라이다.

楚子次于乾谿,[125]	초자는 건계에 머물면서
以爲之援.	그들을 도와주었다.
雨雪,	눈이 내리니
王皮冠,	왕은 가죽 모자를 쓰고
秦復陶,[126]	진나라 복요를 입고
翠被,[127]	물총새 깃 장식 쓰개를 하고
豹舃,[128]	표범 가죽신을 신고
執鞭以出.	채찍을 쥐고 나갔다.
僕析父從.[129]	종 석보가 좇았다.
右尹子革夕,[130]	우윤 자혁이 저녁에 뵙기를 청하자

125 건계(乾谿): 지금의 안휘 박현(亳縣) 동남쪽 75리 지점에 있으며, 또한 6년의 『전』에도 보인다.

126 진복요(秦復陶): 두예는 "진나라에서 보내 준 깃털 옷이다"라 하였다. 복요는 아마 금수의 모융(毛絨)으로 만든 것으로 추위를 막는 옷일 것이다.

127 취피(翠被): 두예는 "물총새의 깃털로 꾸민 덮개이다"라 하였다. 피(被)는 피(帔)의 뜻으로 읽어야 하며, 한나라 유희(劉熙)의 『석명·석의복(釋名·釋衣服)』에서는 "피(帔)는 피(披: 걸치다)의 뜻이다. 어깨와 등에 걸치며 아래에까지는 미치지 않는다"라 하였다. 아마 물총새의 깃털로 만들어 비와 눈을 막으며 지금의 도롱이나 청나라 때 부녀자들이 착용하는 피풍(披風)과 같을 것이다. 청나라 유정섭(兪正燮)의 『계사존고(癸巳存稿)』에서는 복요취피를 하나의 명칭으로 보았다. 양공 30년 『전』의 "使爲君復陶"와 『설원·선설(善說)』편의 "양성군(襄成君)이 처음으로 봉해지던 날 취의(翠衣)를 입었다"는 말을 가지고 증거로 삼았는데 유정섭(兪正燮)의 설은 확실치 않다.

128 표석(豹舃): 두예는 "표범의 가죽으로 신을 만든 것이다"라 하였다.

129 마종련(馬宗璉)의 『보주(補注)』에서는 "석보는 태복(大僕)이므로 당시 왕의 곁에 있었다. 「초어(楚語)」에는 '복부(僕夫)'로 되어 있다. 「우잠(虞箴)」에서는 '우인(虞人)은 들판을 관장하는데 감히 복부(僕夫)에게 알린다'라 한 것이 곧 태복(太僕)이다"라 하였다.

130 두예는 "자혁은 정단(鄭丹)이다. 석(夕)은 저녁때 뵙는 것이다"라 하였다.

王見之,	왕은 그를 만나보았는데
去冠, 被,	모자와 쓰개를 벗고
舍鞭,[131]	채찍은 놓고
與之語,	그와 이야기를 하면서
曰,	말하였다.
"昔我先王熊繹與呂伋, 王孫牟, 燮父, 禽父並事康王,[132]	"지난날 우리 선왕이신 웅역은 여급, 왕손모, 섭보, 금보와 함께 강왕을 섬겼는데
四國皆有分,[133]	네 나라에는 모두 진귀한 보기를 내렸는데
我獨無有.	우리나라만 유독 없었다.
今吾使人於周,	지금 내 주나라에 사람을 보내어

131 두예는 "대신을 공경한 것이다"라 하였다. 위헌공이 피관(皮冠)을 벗지 않고 손(孫), 영(甯)에게 말하여 두 사람이 노하였다는 것이 양공 14년의 『전』에 보인다.

132 웅역(熊繹): 두예는 "초나라에서 처음으로 임금에 봉하여졌다"라 하였다.
여급(呂伋): 강태공(姜太公)의 아들 정공(丁公)이다.
왕손모(王孫牟): 위강숙의 아들 강백(康伯)이다. 『세본(世本)』에서는 "위강백의 이름은 곤(髡)이다"라 하였으며, 송충(宋衷)은 "곧 왕손모이다"라 하였다. 마융(馬融)과 왕숙(王肅)의 『상서전(尙書傳)』에서는 "강(康)은 나라 이름으로 천리 왕기 안에 있었다. 이미 관숙(管叔)을 멸하고 다시 봉하여 위후(衛侯)가 되었다"라 하였다.
섭보(燮父): 당숙(唐叔)의 아들이다.
금보(禽父): 곧 백금(伯禽)으로 희단(姬旦)의 아들이다.
강왕(康王): 주성왕의 아들이다.

133 두예는 "네 나라는 제나라와 진(晉)나라, 노나라, 위(衛)나라이다. 분(分)은 진귀한 보기(寶器)이다"라 하였다. 정공 4년의 『전』에서는 노와 위, 진 세 나라의 보기만 말하였고 제나라의 보기에 대해서는 듣지 못했다.

求鼎以爲分,	정을 구하여 보기로 삼고자 하는데
王其與我乎?"[134]	왕이 나에게 내려 주겠는가?"
對曰,[135]	대답하였다.
"與君王哉!	"임금께 줄 것입니다!
昔我先王熊繹辟在荊山,[136]	옛날에 우리 선왕이신 웅역이 궁벽하게 형산에 있을 때
篳路藍縷以處草莽,[137]	땔나무 수레에 남루한 옷을 입고 잡초 우거진 곳에 살았는데
跋涉山林以事天子,[138]	산을 넘고 숲을 건너 천자를 섬기면서
唯是桃弧, 棘矢共禦王事.[139]	오직 복숭아 활과 가시 화살로만 왕의 공물로 바쳤을 뿐입니다.
齊,	제나라는
王舅也,[140]	왕의 외삼촌이고,

134 왕은 주나라 왕을 말한다.

135 이는 자혁(子革)의 대답으로 『사기·초세가』에서는 "석보(析父)가 대답하여 말하였다"라 하였으며, 『색은』에서 이미 그 잘못을 지적하였다.

136 초나라 웅역(熊繹)은 단양(丹陽)에 도읍을 정하였는데 곧 지금의 호북 자귀현(秭歸縣) 동쪽으로 형산이 그 북쪽에 있다. 형산은 또한 소공 4년의 『전』에 보인다.

137 선공 12년의 『전』에 "시거(柴車)와 남루한 옷으로 산림을 열었다(篳路藍縷以啓山林)"는 말이 있는데 이 뜻과 대략 같다.

138 산림을 넘고 건너 천자를 섬긴 것이다.

139 공어(共禦): 공(共)은 공(供)과 같고, 어(禦)는 어(御)와 같다. 공어는 진봉(進奉), 공물을 바친다는 뜻과 같다.

140 성왕(成王)의 어머니인 읍강(邑姜)은 제나라 태공(大公)의 딸이므로 여급은 성왕의 외삼촌이 된다.

晉及魯, 衛,	진나라 및 노나라와 위나라는
王母弟也.[141]	왕의 동복아우였습니다.
楚是以無分,	초나라는 이 때문에 보기를 받지 못하였고
而彼皆有.	저들은 모두 가졌습니다.
今周與四國服事君王,	지금 주나라와 네 나라가 임금님을 섬기면서
將唯命是從,	오직 명을 좇고자 하는데
豈其愛鼎?”	어찌 정을 아끼겠습니까?”
王曰,	왕이 말하였다.
“昔我皇祖伯父昆吾,	옛날에 우리 황조이신 백부 곤오께서는
舊許是宅.[142]	구허에 거처하셨다.
今鄭人貪賴其田,[143]	지금 정나라 사람이 그 땅의 이익을 탐하여

---

141 노나라 희단(姬旦)과 위나라 강숙(康叔)은 모두 무왕의 동복아우이며, 당숙(唐叔)은 성왕의 동복아우이다.

142 『사기·초세가』에 의하면 육종(陸終)은 아들 여섯을 낳았는데 첫째가 곤오(昆吾)이고 여섯째가 계련(季連)이다. 계련은 미(羋)성이고 초나라가 그 후손인데 곤오는 초나라의 먼 조상의 형이므로 “황조백부(皇祖伯父)”라 하였다. 애공 17년의 『전』에 위후가 꿈에 사람이 곤오의 누관에 오르는 것을 보았는데 곤오는 본래 위나라에 있었다는 것이다. 『국어·정어(鄭語)』에서는 “곤오는 하(夏)의 백(伯)이다”라 하였고, 위소는 “그 후에 하나라가 쇠퇴하여 곤오는 하나라의 백(伯)이 되었다가 구허(舊許)로 옮겼다”라 하였다. 구허는 곧 허(許)나라로 지금의 하남 허창시(許昌市)이며, 나중에는 섭(葉)으로 옮겼고, 또 이(夷)로 옮겼기 때문에 그 땅이 정나라의 차지가 되어 구허(舊許)라 부르는 것이다.

而不我與.	내게 돌려주지 않는다.
我若求之,	내가 만약 요구한다면
其與我乎?"	나에게 주겠는가?"
對曰,	대답하여 말하였다.
"與君王哉!	"임금님께 줄 것입니다.
周不愛鼎,	주나라가 정을 아끼지 않는데
鄭敢愛田?"[144]	정나라가 감히 땅을 아끼겠습니까?"
王曰,	왕이 말하였다.
"昔諸侯遠我而畏晉,[145]	"지난날 제후들이 우리를 멀리하고 진나라를 두려워하였는데
今我大城陳, 蔡, 不羹,[146]	지금 우리의 진과 채, 불갱을 큰 성읍으로 삼아
賦皆千乘,	모두 병거 천 승을 주둔시킴에
子與有勞焉,	그대가 공로를 세웠거늘
諸侯其畏我乎!"	제후들이 나를 두려워하겠는가?"
對曰,	대답하여 말하였다.
"畏君王哉!	"임금님을 두려워할 것입니다.

143 뢰(賴): 이(利)의 뜻으로 쓰였다.

144 애(愛): 아끼는 것이다.

145 원(遠): 동사이며 의동용법(意動用法)으로 쓰였다. 나를 멀리한다고 생각한 것이다.

146 불갱(不羹): 두 불갱으로, 지난해의 『전』과 『주』에 보인다.

是四國者,[147]	이 네 나라는
專足畏也.[148]	두려워하기에 충분합니다.
又加之以楚,	게다가 또 초나라를 더하였으니
敢不畏君王哉!"	감히 임금님을 두려워하지 않겠습니까!"
工尹路請曰,	공윤 노가 청하여 말하였다.
"君王命剝圭以爲鏚柲,[149]	"임금님께서 옥규를 쪼개어 도끼 자루를 꾸미라 명하셨는데
敢請命."[150]	감히 명을 청합니다."
王入視之.	왕이 들어가 보았다.
析父謂子革,	석보가 자혁에게 말하였다.
"吾子,	"그대는

147 국(國): 대도(大都)와 대읍(大邑)을 말하며, 나라라는 넓은 뜻일 것이다.

148 두예는 "네 나라는 진나라와 채나라, 두 불갱이다"라 하였다. 그러나 「초어 상」에서는 "지금 우리는 세 나라를 성읍으로 삼고 있다"라 하였고, 유현(劉炫)은 "사(四)는 삼(三)이 되어야 한다"라 하였다. 가의(賈誼)의 『가자신서·대도(賈子新書·大都)』(『가자·대도(賈子·大都)』)편에는 "진과 채, 섭(葉) 및 불갱을 큰 성읍으로 삼았다"라 하였고, 고염무(顧炎武)의 『보정(補正)』과 홍양길(洪亮吉)의 『고(詁)』 등에서는 모두 위의 "大城陳、蔡、不羹"의 "蔡" 아래에는 "葉"자가 탈락되었다고 하였지만 왕인지(王引之)의 『술문(述聞)』에서는 이에 대해 극력 반박하였는데 옳다. 그러나 또한 "四"는 "三"의 잘못이라고 하였는데 또한 확실치 않은 것 같다. 염약거(閻若璩)는 두예의 주를 주장하였다. 청나라 왕중(汪中)의 『경의지신기(經義知新記)』 또한 두예의 뜻을 폈다. 전(專)은 독(獨), 단(單)이라는 뜻이다. 이 네 나라만이 충분히 두려워할 만하다는 말이다.

149 척비(鏚柲): 두예는 "척(鏚)은 도끼이다. 비(柲)는 자루이다. 규옥(圭玉)을 쪼개어 도끼 자루를 꾸미는 것이다"라 하였다.

150 두예는 "제도(制度)의 명을 청한 것이다"라 하였다.

楚國之望也.	초나라의 명망 있는 사람이오.
今與王言如響,[151]	지금 왕의 말에 메아리처럼 순응하는데
國其若之何?"[152]	나라가 어떻게 되겠소?"
子革曰,	자혁이 말하였다.
"摩厲以須,[153]	"칼을 갈며 기다리다가
王出,	왕이 나오면
吾刃將斬矣."[154]	내 칼날로 베어 낼 것이오."
王出,	왕이 나오자
復語.	다시 말하였다.
左史倚相趨過,	좌사 의상이 종종걸음으로 지나자
王曰,	왕이 말하였다.
"是良史也,	"이 사람은 훌륭한 사관이니
子善視之!	그대는 잘 대해 주게나!

151 왕의 말에 응대함이 소리가 되돌아오는 것 같다는 말이다.

152 나라가 장차 견디지 못할 것이라는 말이다.

153 마려(摩厲): 여(厲)는 여(礪)와 같고, 마(摩)는 지금은 마(磨)라 한다. 칼을 갈아서 기다리는 것을 말한다.

154 두예는 "자신을 칼날에 비유하여 스스로 갈아서 왕의 음특함을 자르고자 한 것이다"라 하였다.

是能讀三墳, 五典, 八索, 九丘."[155] 이 사람은 『삼분』과 『오전』, 『팔삭』, 『구구』를 능히 읽을 수 있다네."

對曰, 대답하여 말하였다.

"臣嘗問焉, "신이 일찍이 물었사온데

昔穆王欲肆其心,[156] 옛날에 목왕은 그 마음을 멋대로 하여

周行天下, 천하를 두루 돌아다니면서

將皆必有車轍馬跡焉.[157] 모든 곳에 반드시 수레바퀴와 말발굽의 흔적을 남기려 하였습니다.

祭公謀父作祈招之詩以止王心,[158] 채공모보가 「기초」 시를 지어 왕의 마음을 그치게 하여

---

155 두예는 "모두 옛날의 책 이름이다"라 하였다. 고금의 이 네 가지 책에 대한 해석은 매우 많은데 그 책들은 이미 일찌감치 없어져 한 자도 남아 있지 않으니 억설로 어찌 의가할 만하겠는가?

156 목왕(穆王): 주목왕이다.
사(肆): 방종한 것이다.

157 급총(汲冢)의 책에 『목천자전(穆天子傳)』이 있다. 『개원점경(開元占經)』 권4에서는 『죽서기년(竹書紀年)』을 인용하여 "목왕은 동정(東征)하여 천하의 2억 2천5백리를 갔고, 서정한 것이 1억 9만 리, 남정한 것이 1억 703리, 북정한 것이 2억 7리이다"라 하였다. 또한 곽박(郭璞)이 주석을 단 『산해경(山海經)』의 서문에서도 『죽서기년(竹書紀年)』에서 주유한 일을 많이 말하였으니 전국시대에 이를 근거로 신괴(神怪)의 설을 지어내었음을 알 수 있다.

158 뇌학기(雷學淇)의 『죽서기년의증(竹書紀年義證)』에서는 "채공모보는 주공(周公)의 손자이다. 그 부친 무공과 소왕(昭王)은 함께 한(漢)에서 죽었다. 모보는 그 이름이다"라 하였다. 『일주서(逸周書)』에는 「채공편(祭公篇)」이 있으며, 『예기·치의(緇衣)』에서는 「섭공지고명(葉公之顧命)」을 인용하였는데 말한 것은 곧 「채공편」에 보인다. "섭(葉)"은 곧 "채(祭)"자의 잘못이다. "기초(祈招)"가 무슨 뜻인가에 대해서는 마융(馬融)과 왕숙(王

王是以獲沒於祗宮.[159]	왕이 이에 지궁에서 죽을 수 있었습니다.
臣問其詩而不知也.	신이 그 시를 물어보았으나 알지 못하였습니다.
若問遠焉,	그보다 더 먼 것을 물어보면
其焉能知之?”	어찌 알 수 있겠습니까?”
王曰,	왕이 말하였다.
“子能乎?”	“그대는 알 수 있는가?”
對曰,	대답하였다.
“能.	“알 수 있습니다.
其詩曰,	그 시에서는
‘祈招之愔愔,[160]	‘부름 기구하는 소리 화락하니
式昭德音.[161]	덕음 환할 것이로다.
思我王度,	우리 임금의 풍도 생각함
式如玉,	옥 같기도 하고
式如金.[162]	쇠 같기도 하구나.

肅) 및 유월(兪樾)의 『다향실경설(茶香室經說)』에 모두 설이 있어서 얼키설키 분분하여 억지로 정확한 해석을 구할 필요가 없다.

159 지궁(祗宮): 『목천자전』의 주에서는 『죽서기년(竹書紀年)』을 인용하여 “목왕 원년에 남정(南鄭)에 지궁(祗宮)을 세웠다”라 하였다. 남정은 지금의 섬서 화현(華縣) 북쪽에 있다.

160 음음(愔愔): 두예는 “음음(愔愔)은 편안하고 화락한 모양이다”라 하였다.

161 식(式): 조동사로 마땅히라는 뜻이 있다.

162 두예는 “금옥(金玉)은 그 견고하고 묵직한 뜻을 취한 것이다”라 하였다. 고염무(顧炎

形民之力,	백성의 힘 헤아려
而無醉飽之心.'"[163]	취하고 배불리 먹으려는 마음 없었다네'라 하였습니다."
王揖而入,	왕이 읍을 하고 들어가더니
饋不食,	음식을 올려도 먹지 못하였으며
寢不寐,	잠도 이루지 못하고
數日,	여러 날을
不能自克,[164]	자제할 수 없더니
以及於難.	화난에 미치게 되었다.
仲尼曰,	중니가 말하였다.
"古也有志,	"옛 기록이 있는데
'克己復禮,	'자신을 극복하여 예를 회복함이
仁也.'	인이다'라 하였다.
信善哉![165]	실로 훌륭하도다.

武)의 『보정(補正)』에서는 "금 같기도 하고 주석 같기도 하며, 규옥 같기도 하고 벽옥 같기도 하다는 말로 아름다운 덕을 말한다"라 하였다.

163 왕인지(王引之)의 『술문(述聞)』에서는 "형(形)은 형(刑)의 뜻으로 읽어야 하며, 형(刑)은 성(成)과 같은 뜻이다. 오로지 백성을 이루는 것만 힘쓸 뿐 욕심을 제멋대로 채우려는 마음이 없음을 말한다"라 하였다. 혜동(惠棟)의 『보주(補注)』에서는 "『가어(家語)』에는 '형(形)'이 '형(刑)'으로 되어 있다"고 하였다. 청나라 이부손(李富孫)의 『춘추좌전이문석(春秋左傳異文釋)』에서는 "형(形)은 형(型)의 가차자이다. 그 힘으로 해낼 수 있는 것을 헤아려 넘지 않는 것을 말한다"라 하였다.

164 극(克): 자제한다는 뜻이다.

165 신(信): 성(誠)과 같은 뜻이다. 실로.

楚靈王若能如是, 초영왕이 이렇게 할 수 있었다면

豈其辱於乾谿?" 어찌 건계에서 치욕을 당하였겠는가?"

晉伐鮮虞, 진나라가 선우를 쳤는데

因肥之役也.[166] 비의 전역 때문이었다.

소공 13년

經

十有三年春,[1] 13년 봄에

叔弓帥師圍費. 숙궁이 군사를 거느리고 비를 에워쌌다.

夏四月, 여름 4월에

楚公子比自晉歸于楚, 초나라 공자 비가 진나라에서 초나라로 돌아와

弑其君虔于乾谿.[2] 그 임금 건을 건계에서 죽였다.

---

166 아마 비를 멸하고 돌아오면서 쳤을 것이다.

1 십삼년(十三年): 임신년 B.C. 529년으로 주경왕(周景王) 16년이다. 동지가 정월 15일 을묘일로 건자(建子)이다.

2 계(谿): 『곡량전』에는 "계(溪)"로 되어 있는데, 두 글자는 같은 뜻이다. 장병린(章炳麟)은

楚公子棄疾殺公子比.[3] 초나라 공자 기질이 공자 비를 죽였다.

秋, 가을에

公會劉子, 晉侯, 齊侯, 宋公, 衛侯, 鄭伯, 曹伯, 莒子, 邾子, 滕子, 薛伯, 杞伯, 小邾子于平丘.[4] 공이 유자와 진후, 제후, 송공, 위후, 정백, 조백, 거자, 주자, 등자, 설백, 기백, 소주자와 평구에서 회합하였다.

八月甲戌,[5] 8월 갑술일에

同盟于平丘. 평구에서 동맹을 맺었다.

公不與盟. 공은 맹약에 참여하지 않았다.

晉人執季孫意如以歸. 진나라 사람이 계손의여를 잡아서 돌아갔다.

公至自會.[6] 공이 회합에서 돌아왔다.

蔡侯廬歸于蔡.[7] 채후 려가 채나라로 돌아갔다.

"고서(古書)에서는 글자가 중복되면 또한 두 번 쓰지 않고 다만 본자에 나아가 거듭 읽는다. 곧 『경』의 '歸于楚'의 '楚'자는 중복하여 읽어 '楚弑其君虔于乾谿'라 하여야 한다"라 하였다.

3 살(殺): 『공양전』에는 "시(弑)"로 되어 있다. 원나라 왕극관(王克寬)의 『춘추호전부록찬소(春秋胡傳附錄纂疏)』에서는 "시(弑)라는 것은 아랫사람이 윗사람을 죽인다는 말이다. 그러므로 이극(里克)이 임금의 아들을 죽인 것은 오히려 살(殺)이라고 기록해야 하며, 어찌 공자 아무개가 공자 아무개를 시해(弑害)하였다는 문장이 있을 수 있겠는가?"라 하였다.

4 평구(平丘): 송나라 악사(樂史)의 『태평환우기(太平寰宇記)』에 의하면 평구는 지금의 하남 봉구현(封丘縣) 동쪽 40리 지점, 곧 장원현(長垣縣) 남쪽 50리 지점에 있다.

5 갑술일은 7일이다.

6 『전』이 없다.

陳侯吳歸于陳.	진후 오가 진나라로 돌아갔다.
冬十月,	겨울 10월에
葬蔡靈公.	채나라 영공을 장사 지냈다.
公如晉,	공이 진나라로 가다가
至河乃復.[8]	황하에 이르러 돌아왔다.
吳滅州來.[9]	오나라가 주래를 멸하였다.

傳

十三年春,	13년 봄에
叔弓圍費,	숙궁이 비읍을 에워쌌지만
弗克,	이기지 못하고

---

7 『한서·지리지』 "여남군(汝南郡) 신채현(新蔡縣)"의 반고(班固) 자신의 주석에서 "채(蔡)나라 평공(平公)은 채에서 이곳으로 옮겼으며 2세 후에는 하채(下蔡)로 옮겼다"라 하였다. 청나라 말기 왕선겸(王先謙: 1842~1917)의 『보주(補注)』에서는 전점(錢坫)의 말을 인용하여 "오나라는 소후(昭侯)를 주래로 옮겼는데 곧 하채이다"라 하였다. 또 오탁신(吳卓信)의 말을 인용하여 "평후(平侯)가 이곳(新蔡)으로 옮겨 온 일은 『경』과 『전』에는 보이지 않고 다만 두씨의 『석례(釋例)』〔청나라 손성연(孫星淵)이 집교(輯校)한 두예(杜預)의 『춘추석례(春秋釋例)』〕에만 보인다"라 하였다. 세상에 전하는 기물로는 채자이(蔡子匜)가 있는데, 양수달(楊樹達)은 채평공이 만든 것이라고 하였다.

8 두예는 "진나라 사람이 공을 사절한 것이다"라 하였다. 왕극관(王克寬)의 『춘추호전부록찬소(春秋胡傳附錄纂疏)』에서는 "공이 진나라에 간 것은 아마 계손을 청하기 위함이었을 것이다"라 하였다.

9 주래(州來): 두예는 "주래는 초나라의 읍이다. 대규모의 군사를 동원하였으므로 멸하였다고 한 것이다"라 하였다. 왕부지(王夫之)의 『패소(稗疏)』에서는 "주래는 '입(入)'이라고도 기록하고 또 '멸(滅)'이라고도 기록하였으므로 나라임에 의심의 여지가 없다. 『전한·지리지(前漢·地理志)』에는 '하채는 옛 주래국이다'라 하였다"라 하였다.

敗焉.[10]	그들에게 패하였다.
平子怒,	평자가 노하여
令見費人執之,[11]	비읍 사람들을 보면 잡아서
以爲囚俘.	포로로 가두라고 명했다.
冶區夫曰,	야구부가 말하였다.
"非也.	"안 됩니다.
若見費人,	비읍 사람들을 보거든
寒者衣之,	추운 사람은 입혀 주고
飢者食之,	주린 사람은 먹여 주어
爲之令主,	그들의 좋은 주인이 되어
而共其乏困,[12]	그들에게 부족한 것을 대주면
費來如歸,[13]	비읍 사람들은 집에 돌아가듯 올 것이고
南氏亡矣.[14]	남씨는 망할 것입니다.
民將叛之,	백성들이 그를 배반한다면
誰與居邑?[15]	누구와 함께 읍에 거처하겠습니까?

10 두예는 "비읍 사람들에게 패한 것을 기록하지 않은 것은 꺼려서이다"라 하였다.
11 숙궁의 군사들로 하여금 비읍의 사람을 보면 잡게 한 것이다.
12 공(共): 공(供)과 같다.
13 비읍의 사람들이 와서 투항하는 것이 자기 집으로 돌아가듯 한다는 것을 말한다.
14 남유(南遺)와 남괴(南蒯)가 서로 이어서 비읍을 통제하고 있었다.
15 누가 남씨와 함께 포위된 성안에서 거처하겠느냐는 말이다.

若憚之以威,	위세로 그들을 협박하고

若憚之以威,	위세로 그들을 협박하고
懼之以怒,	분노로 그들을 두렵게 한다면
民疾而叛,	백성들은 미워하여 반란을 일으킬 것이고
爲之聚也.[16]	그를 위해 힘을 모을 것입니다.
若諸侯皆然,[17]	제후들이 모두 그렇게 한다면
費人無歸,[18]	비읍의 사람들은 돌아갈 곳이라곤 없을 것이니
不親南氏,	남씨와 가까이하지 않으면
將焉入矣?"[19]	어디로 들어가려 하겠습니까?"
平子從之,	평자가 그 말대로 따르자
費人叛南氏.[20]	비읍 사람들은 남씨를 배반하였다.

楚子之爲令尹也,	초자가 영윤이었을 때
殺大司馬薳掩,	대사마 원엄을 죽이고
而取其室.[21]	그 가산을 취하였다.

16 계씨가 비읍의 사람을 잡아 포로로 감금한다면 비읍의 백성들은 계씨에게 원한을 품고 반란을 일으켜 남씨를 위해 백성을 모을 것이라는 말이다.

17 연(然): 이와 같이. 제후들이 모두 백성을 학대한다는 말이다.

18 귀의할 곳이 없다는 말이다.

19 반드시 남괴를 가까이할 것이라는 말이다.

20 두예는 "비읍이 남씨를 배반하는 일은 이듬해에 있으며, 『전』에서는 구부의 계책을 훌륭하게 여겨 마침내 그 효과를 말한 것이다"라 하였다.

及卽位,	즉위하자
奪薳居田,[22]	원거의 전지를 빼앗고
遷許而質許圍.[23]	허나라를 옮기고 허위를 인질로 삼았다.
蔡洧有寵於王,	채유는 왕의 총애를 받았는데
王之滅蔡也,	왕이 채나라를 멸할 때
其父死焉,[24]	그 아비가 그 전투에서 죽었는데도
王使與於守而行.[25]	왕은 지키는 일에 참여하게 하고는 떠났다.
申之會,	신의 회맹에서
越大夫戮焉.[26]	월나라 대부가 그를 모욕하였다.
王奪鬪韋龜中犨,[27]	왕은 투위와 귀중주를 빼았고
又奪成然邑,	또한 성연의 읍을 빼앗아

21 두예는 "양공 30년에 있었다"라 하였다.

22 두예는 "거는 엄의 족속이다. 원씨가 원한을 품게 된 까닭을 말하였다"라 하였다.

23 두예는 "허나라를 옮긴 것은 9년에 있었다. 위는 허나라의 대부이다"라 하였다.

24 두예는 "초나라가 채나라를 멸한 일은 11년에 있었다. 유(洧)는 초나라에서 벼슬을 지냈고 그 아비는 (채)나라에 있었으므로 죽은 것이다"라 하였다. 마종련(馬宗璉)의 『보주(補注)』에서는 "아비가 죽었으므로 왕을 원망한 것이다"라 하였다.

25 두예는 "유(洧)에게 도읍을 지키게 하고 왕은 건계로 간 것이다"라 하였다.

26 두예는 "신의 회맹은 4년에 있었다"라 하였다. 『사기·초세가』에서는 "처음에 영왕은 신(申)에 군사를 모아 놓고 월나라 대부 상수과를 모욕〔僇〕하였다"라 하였다. 『색은』에서는 "륙(僇)은 욕보이는 것이다"라 하였다. 륙(戮)은 륙(僇)과 같다.

27 두예는 "위귀는 영윤 자문(子文)의 현손이다. 중주는 읍의 이름이다"라 하였다. 고동고(顧棟高)의 『대사표(大事表)』 권7의 4에서는 중주는 지금의 하남 남양지구(南陽地區)에 있다고 하였으나 확실한 증거가 없다.

而使爲郊尹.[28]	교윤이 되게 하였다.
蔓成然故事蔡公.[29]	만성연은 옛날부터 채공을 섬겼다.
故薳氏之族及薳居, 許圍, 蔡洧, 蔓成然,	그러므로 원씨의 족속 및 원거와 허위, 채유, 만성연은
皆王所不禮也,	모두 왕이 예우하지 않은 사람들이었는데
因羣喪職之族啓越大夫常壽過作亂,[30]	뭇 직위를 잃은 종족에 의지하여 월나라 대부 상수과를 꾀어 난을 일으키고
圍固城,	고성을 에워쌌으며
克息舟,	식주를 이겨
城而居之.[31]	성을 쌓고 그곳에 눌러앉았다.
觀起之死也,	관기가 죽었을 때

28 두예는 "성연은 위귀의 아들이다. 교윤(郊尹)은 교경〔郊竟, 곧 교구(郊區)〕을 다스리는 대부이다"라 하였다. 『통지·씨족략(氏族略) 3』에서는 "초나라에 투성연이 있는데 만(蔓)을 채읍으로 하였기 때문에 만성연이라고 한다"라 하였다.

29 두예는 "채공은 기질(棄疾)이다. 고(故)는 구(舊)와 같다. 위귀는 기질이 임금이 될 운명을 있다고 생각했기 때문에 성연으로 하여금 섬기게 한 것이다"라 하였다.

30 계(啓)는 열어서 이끌어 주는 것이다. 「초세가」에서는 "기(起)의 아들 종(從)은 도망가서 오나라에 있었는데 이에 오나라 왕에게 초나라를 치도록 권하고 월나라 대부 상수과를 이간질시켜 난을 일으켰다"라 하여 『전』과는 다른 곳이 있다.

31 고염무(顧炎武)의 『보정(補正)』에서는 고성과 식주는 두 성의 이름이라고 하였으며, 강영(江永)의 『고실(考實)』에서도 그렇게 인용하였는데 옳다. 두예는 고성(固城)을 "성 가운데 견고한 것"이라 하였는데 믿을 만하지 못하다. 양이승(梁履繩)은 모씨의 설을 끌어다 식(息)은 곧 신(申)과 식(息)의 식(息)이라고 하여 주(舟)와는 두 개의 읍이라고 하였는데 또한 틀렸다.

其子從在蔡,	그 아들 종은 채나라에서
事朝吳,[32]	조오를 섬기면서
曰,	말하였다.
“今不封蔡,	“지금 채나라가 봉해지지 않는다면
蔡不封矣.[33]	채나라는 봉해지지 않을 것입니다.
我請試之.”[34]	내 청컨대 떠보겠습니다.”
以蔡侯之命召子干, 子晳,[35]	채후의 명으로 자간과 자석을 불러
及郊,[36]	교외에 이르자
而告之情,[37]	실정을 알려 주고
强與之盟,	억지로 그들과 맹약한 후
入襲蔡.	채나라로 들어가 습격하였다.
蔡公將食,	채공은 식사를 하려다가
見之而逃.[38]	그들을 보고는 달아났다.

32 두예는 “관기가 죽은 일은 양공 22년에 있었다. 조오는 옛 채나라 대부 성자(聲子)의 아들이다”라 하였다.

33 지금 채나라를 회복시킬 계책을 쓰지 않으면 채나라는 영원히 멸망당하고 말 것이라는 말이다.

34 두예는 “관종은 아버지의 죽음 때문에 초나라를 원망하였으므로 난을 일으켜 보려고 한 것이다”라 하였다. 이 설은 정확하지 않으니 관종은 아버지의 원수를 갚으려는 중이었고 조오는 더욱이 조국을 회복시키려 하였다.

35 두예는 “두 사람은 모두 영왕의 아우로, 원년에 자간은 진나라로 달아났고 자석은 정나라로 달아났다”라 하였다. 자간은 곧 공자 비(比)이고 자석은 곧 공자 흑굉(黑肱)이다.

36 두 사람이 채나라의 교외에 이른 것이다.

37 관종이 진상을 일러 준 것이다.

38 두예는 “그 까닭을 모르고 놀라서 일어나 피한 것이다”라 하였다.

觀從使子干食,	관종은 자간에게 먹게 하고
坎,[39]	구덩이를 파고
用牲,[40]	희생을 죽인 후
加書,[41]	맹약의 글을 얹고는
而速行.[42]	속히 떠나게 했다.
己徇於蔡,[43]	자기는 채나라를 돌아다니며
曰,	말하였다.
"蔡公召二子,	"채공이 두 공자를 불러
將納之,[44]	받아들이고자
與之盟而遣之矣,	그들과 맹약하고 보냈으며
將師而從之."[45]	군사를 거느리고 그들을 따를 것이다."
蔡人聚,	채나라 사람들이 모여들어
將執之.[46]	그를 잡으려고 하였다.

39 구덩이를 판 것이다.
40 희생을 죽인 것이다.
41 맹서(盟書)를 희생의 위에 올려놓은 것이다.
42 자간을 채공의 자리에 앉히고 채공의 음식을 먹게 하고 아울러 거짓으로 채공과 맹약한 증거를 사람들에게 보인 것이다.
43 기(己): 두예는 "기는 관종이다"라 하였다.
44 채나라에 들여보내는 것이다.
45 두예는 "채공이 장차 군사를 거느리고 두 사람을 도울 것이라고 거짓말을 한 것이다"라 하였다.
46 두예는 "관종을 잡는 것이다"라 하였다.

辭曰,	변명하기를
“失賊成軍,	“적은 놓치고 군대를 이루었으니
而殺余,	나를 죽인들
何益?”[47]	무슨 도움이 되겠는가?”라 하니
乃釋之.	이에 풀어주었다.
朝吳曰,	조오가 말하였다.
“二三子若能死亡,	“그대들이 죽을 수 있다면
則如違之,[48]	당연히 그의 뜻을 어기어 가며
以待所濟.[49]	이루어지기를 기다리는 것입니다.
若求安定,	안정을 추구한다면
則如與之,[50]	당연히 그와 함께
以濟所欲.[51]	하고자 하는 바를 이룰 것입니다.
且違上,	또한 위를 어기고
何適而可?”[52]	어디로 갈 수 있겠습니까?”

47 두예는 “적(賊)은 자간과 자석이다. 채공이 이미 군대를 편성하였으니 자기를 죽이면 죄에서 벗어나지 못할 것이라는 말이다”라 하였다.

48 여(如): 희공 22년『전』의 “거듭 부상을 입힘을 가련하게 여긴다면 부상을 입히지 않을 것이다(若愛重傷, 則如勿傷)”의 여(如)와 같다. 응당(應當)이라는 뜻이다. 아래의 여(如)자도 마찬가지이다.
지(之): 채공을 가리킨다.

49 두예는 “만약 영왕을 위해 죽을 수 있다면 채공의 명을 어기고 성패의 소재를 기다리는 것이 좋다는 말이다”라 하였다.

50 여지(與之): 채공을 돕는 것이다.

51 소욕(所欲): 조국을 회복시키는 것이다.

衆曰,	모두들 말하였다.
"與之!"	"그와 함께하겠소."
乃奉蔡公,	이에 채공을 받들어
召二子而盟于鄧,[53]	두 공자를 불러 등에서 맹약하고
依陳, 蔡人以國.[54]	진나라와 채나라 사람에게 복국을 허락하고 의지하였다.

楚公子比, 公子黑肱, 公子棄疾, 蔓成然, 蔡朝吳帥陳, 蔡, 不羹, 許, 葉之師,[55]

초나라 공자 비와 공자 흑굉, 공자 기질, 만성연, 채나라의 조오가 진나라와 채나라, 불갱, 허나라 섭의 군사를 거느리고

因四族之徒,[56]	네 족속의 무리에 의지하여
以入楚.	초나라로 들어갔다.
及郊,	교외에 이르자
陳, 蔡欲爲名,	진나라와 채나라에서 명분을 드러내고자 하여
故請爲武軍.[57]	무군을 쌓을 것을 청하였다.

---

52 두예는 "윗사람을 어길 수 없다는 것이다. 윗사람은 채공을 이른다"라 하였다.

53 등(鄧): 지금의 하남 탑하시(漯河市) 동남쪽에 있으며, 채나라의 구도(舊都)는 지금의 상채현(上蔡縣) 서북쪽이다.

54 의(依): 의리하다. 진나라와 채나라 사람들은 모두 기회에 편승하여 조국을 회복시킬 생각을 하고 있어서 그 나라를 회복하려는 마음에 의뢰한 것이다.

55 공자 기질(公子棄疾): 곧 채공이다.

56 사족(四族): 두예는 "네 족속은 원씨와 허위, 채유 만성연이다"라 하였다.

蔡公知之,	채공이 이를 알고
曰,	말하였다.
"欲速,	"빨리 해야 하고
且役病矣,[58]	또한 역부들이 지쳤으니
請藩而已."	울타리를 치기를 청할 따름이다."
乃藩爲軍.[59]	이에 울타리를 쳐서 군영을 둘러쌌다.
蔡公使須務牟與史猈先入,	채공은 수무모와 사패로 하여금 먼저 들어가게 하여
因正僕人殺大子祿及公子罷敵.[60]	정복인의 도움으로 태자 록과 공자 파적을 죽였다.
公子比爲王,	공자 비가 왕이 되었고
公子黑肱爲令尹,	공자 흑굉은 영윤이 되어

57 무군(武軍): 『전』에는 무릇 이 말이 세 번 보인다. 선공 12년에 "임금님께서는 어찌하여 무군을 쌓아 진나라의 시체를 거두어 경관을 만들지 않습니까?(君盍築武軍而收晉尸以爲京觀)"라는 말이 나오는데, 여기서는 진나라 군사의 시체를 거두어 흙으로 봉분을 쌓아 무군을 쌓은 것일 것이다. 양공 23년에는 "형정에서 무군을 쌓았다(張武軍於熒庭)는" 말이 나오는데, 두예는 누벽(壘壁)을 쌓은 것이라 하였으나 실은 선공 12년과 같다. 이곳에서 무군을 쌓기를 청하고 누벽을 쌓아 진나라와 채나라의 군기(軍旗)를 세운 것이다.

58 누벽을 쌓으려면 노역을 해야 하는데 역인이 이미 피로하다는 말이다.

59 군영을 울타리로 에워싼 것이다.

60 두예는 "수무모와 사패는 초나라의 채부로 채공의 당파이다. 정복(正僕)은 태자를 가까이서 모시는 관리이다"라 하였다. 『주서·서(周書·序)』에 태복정(太僕正)이 있으며, 『의례·대사의(大射儀)』에 복인정(僕人正)이 있는데, 이 정복인은 곧 복인정이며 복인의 우두머리이다.

次于魚陂.[61]	어피에 주둔하였다.
公子棄疾爲司馬,[62]	공자 기질은 사마가 되어
先除王宮,[63]	먼저 왕공을 소제하고
使觀從從師于乾谿,	관종으로 하여금 건계에서 군사를 따르게 하고
而遂告之,[64]	마침내 일러 주고는
且曰,	또한 이렇게 말하였다.
"先歸復所,[65]	"먼저 돌아가면 지위를 회복시켜 주겠지만
後者劓."[66]	나중에 돌아가는 자는 코를 벨 것이다."

---

61 어피(魚陂): 지금의 호북성 천문현 서북쪽으로 「진책(秦策) 3」에서 "초나라 남쪽에 부리(符離)의 새(塞)가 있고 북쪽에는 감어(甘魚)의 언덕〔陂〕이 있다"라 한 것이 곧 이 어피이다.

62 이는 대체로 장유(長幼)에 따른 순서일 것이며, 공왕(共王)에게는 총애하는 아들 다섯이 있는데 강왕(康王)이 맏이이고 영왕이 그 다음이지만 모두 죽거나 폐하여졌다. 그 다음은 비(比)이고 또 그 다음은 흑굉(黑肱)이며, 기질〔棄疾, 평왕(平王)〕이 가장 어리다.

63 영왕의 가까운 신임하는 신하를 쫓아내고 자기의 당파를 배치한 것이다.

64 두예는 "건계의 군사에게 알리어 영왕을 배반하게 한 것이다"라 하였다. 지난해의 『전』에 의하면 영왕은 건계에 있으면서 서(徐)나라를 치는 군사를 후원하였으며, 『공양전』에서는 "건계의 대를 지었으나 3년째 낙성을 하지 못하였다"라 하였는데 믿을 만한 근거가 없다.

65 복소(復所): 『좌전』에서는 복소(復所)라는 말이 여러 차례 나오는데 양공 15년 및 22년의 『전』에 "그가 있던 곳으로 돌아가게 하였다(使復其所)"라는 말이 있고, 소공 20년 『전』에 "내 네가 죄가 없음을 아니 들어오면 너의 관직을 회복시켜 주겠다(余知而無罪也, 入, 復而所)"는 말이 있는데 모두 이를 말하며, 녹위(祿位)와 집, 전리(田里), 재산을 회복시켜 주는 것을 말한다.

66 의(劓): 두예는 "의(劓)는 코를 자르는 것이다"라 하였다. 유월(俞樾)의 『평의(平議)』에서는 "의(劓)는 회(劊)의 뜻으로 읽어야 하며 벤다는 뜻이다"라 하였다. 의(劓)와 회(劊)가

師及訾梁而潰.[67] 군사는 자량에 이르러 궤멸되었다.

王聞羣公子之死也,[68] 왕은 여러 공자들의 죽음을 듣고

自投于車下, 스스로 수레 아래로 몸을 던지며

曰, 말하였다.

"人之愛其子也, "남들이 그 자식을 사랑하는 것도

亦如余乎?" 또한 나와 같겠는가?"

侍者曰, 시자가 말하였다.

"甚焉, "그보다 더합니다.

小人老而無子, 소인은 늙어서 자식이 없으니

知擠于溝壑矣."[69] 구학에 던져질 것임을 압니다."

王曰, 왕이 말하였다.

"余殺人子多矣, "내 남의 자식을 많이 죽였으니

고음이 서로 통하기는 하지만 유월(兪樾)의 설은 다 따를 수는 없으며 의(劓)에는 본래부터 벤다는 뜻이 있다. 『상서·다방(尙書·多方)』에 "하읍을 베었다(劓割夏邑)"란 말이 있는데 의할(劓割)은 동의사가 연용된 것이다. 「반경(盤庚) 중」에도 "내 그를 베어 멸망시키어 자손을 남기지 않겠다(我乃劓殄滅之, 無遺育)"는 말이 있는데 의(劓)는 또한 벤다는 뜻이다. 애공 11년 『전』에 "베어서 자손을 남기지 않겠다(劓殄無遺育)"라는 말이 있는데 곧 「반경」의 말을 쓴 것이며, 두예 또한 "의는 베는 것이다"라 하였다.

67 자량(訾梁): 두예는 "영왕이 환군하여 자량에 이르렀을 때 무리가 흩어진 것이다"라 하였다. 고동고(顧棟高)의 『대사표(大事表)』 권7의 4에 의하면 자량은 다리의 이름으로 지금의 하남 신양현에 있다.

궤(潰): 중궤(衆潰)라는 것은 실로 영왕이 지나치게 사치하고 포학한 데서 말미암으며, 또한 관종의 말에 말미암아 다투어 먼저 돌아가 지위를 회복 받으려 했기 때문이다.

68 태자 록(祿)과 공자 파적이 죽은 것이다.

69 제(擠): 떨어지는 것이라고도 하고 밀치는 것이라고도 한다. 대체로 늙어서 자식이 없으면 형편이 궁핍해져 구학에 이른다는 것이다.

能無及此乎?”	이 지경이 되지 않을 수 있겠는가?”
右尹子革曰,	우윤 자혁이 말하였다.
“請待于郊,	“청컨대 교외에서 기다리시면서
以聽國人.”[70]	백성들의 처분을 들으소서.”
王曰,	왕이 말하였다.
“衆怒不可犯也.”	“여러 사람의 분노는 범할 수 없다.”
曰,	말하였다.
“若入於大都,	“혹은 큰 도읍에 들어가
而乞師於諸侯.”[71]	제후들에게 군사를 청하시지요.”
王曰,	왕이 말하였다.
“皆叛矣.”	“모두 배반하였다.”
曰,	말하였다.
“若亡於諸侯,	“아니면 제후에게 망명하여
以聽大國之圖君也.”	대국에서 임금님을 도모함을 들으시든지요.”
王曰,	왕이 말하였다.

---

70 영왕에게 영(郢)의 교외로 가서 백성들의 선택을 듣게 하려는 것이다.

71 약(若): 의심을 전하는 부사로, 아마라는 뜻이다.
대도(大都): 「초세가」에는 "대현(大縣)"으로 되어 있는데 같은 뜻이다. 송나라 임요수(林堯叟)의 『구해(句解)』에서는 "진(陳)나라와 채나라, 불갱, 허나라, 섭나라 따위 같은 나라이다"라 하였다.

"大福不再,[72]	"큰 복은 다시 오지 않는 법이니
祇取辱焉."	다만 욕만 취할 따름이다."
然丹乃歸于楚.[73]	연단이 이에 초나라로 돌아갔다.
王沿夏,	왕은 한수를 따라 내려가
將欲入鄢.[74]	곧 언으로 들어가려고 하였다.
芋尹無宇之子申亥曰,	우윤 무우의 아들 신해가 말하였다.
"吾父再奸王命,[75]	"우리 부친께서는 왕의 명을 거듭 어겼는데도
王弗誅,	왕께서 죽이시지 않았으니
惠孰大焉?	이보다 더 큰 은혜가 무엇이겠는가?
君不可忍,[76]	임금은 차마 구하지 않을 수 없고
惠不可棄,	은혜는 차마 버릴 수 없으니
吾其從王."	나는 왕을 따르겠다."
乃求王,	이에 왕을 찾아

---

72 대복(大福): 임금이 되는 것을 말한다.

73 연단(然丹): 두예는 "연단은 자혁이다. 왕을 버리고 돌아온 것이다"라 하였다.

74 하(夏): 두예는 "하(夏)는 한수(漢水)의 별칭이다. 물결의 흐름대로 따라 내려가는 것을 연(沿)이라 한다. 한수를 따라 남으로 내려가 언에 이르는 것이다"라 하였다. 복건(服虔)은 "언(鄢)은 초나라의 별도(別都)이다"라 하였다. 지금의 호북 의성현(宜城縣) 서남쪽 9리 지점에 있다.

75 두예는 "왕의 깃발을 자르고 장화궁(章華宮)에서 사람(문지기)를 잡아 온 것을 이른다"라 하였다. 이 두 가지 일은 7년의『전』에 보인다.

76 인(忍): 자(慈)의 반대가 인(忍)이며, 지금의 사나운 마음이다. 영왕에게 어려움이 있으면 내가 차마 돕지 않을 수 없다는 말이다.

遇諸棘闈以歸.[77]	극위에서 만나 함께 돌아왔다.
夏五月癸亥,[78]	여름 5월 계해일에
王縊于芋尹申亥氏.[79]	왕은 우윤 신해씨의 집에서 목을 매었다.
申亥以其二女殉而葬之.[80]	신해는 그의 두 딸을 그와 함께 순장시켜 주었다.

---

77 위(闈): 원래 "위(圍)"로 되어 있었는데 완원(阮元)의 『교감기(校勘記)』 및 가나자와 문고본(金澤文庫本)에 의하여 바로잡았다. 두예는 "극(棘)은 이(里)의 이름이다. 위(闈)는 문이다"라 하였다. 『국어·오어(吳語)』에서는 "왕은 혼자 도망을 가서 황망하게 산림 속을 방황하다가 사흘 만에 연인(涓人) 주(疇)를 만났다. 왕이 그를 불러 말하기를 '내가 아무것도 먹지 못한 지 사흘이 되었다'라 하였다. 주가 종종걸음으로 나아가자 왕이 그의 허벅지를 베고 땅에서 잠을 잤다. 왕이 잠들자 주는 왕에게 흙덩이를 베어 놓고 그곳을 떠났다. 왕이 깨어 보니 그가 보이지 않아 이에 기어서 극위로 들어가려는데 극위가 받아주지 않아 이에 우윤(芋尹) 신해씨(申亥氏)의 집으로 들어갔다"라 하였다. 이는 신서(申胥)가 부차(夫差)에게 간언한 말이기 때문에 과장이 있을 것이다. 「초세가」에서는 "이택(釐澤)에서 주린 왕을 만나 모시고 돌아갔다"라 하였다. 강영(江永)의 『고실(考實)』 및 청나라 왕원손(王遠孫)의 『국어발정(國語發正)』에서는 모두극위를 지명이라고 하였는데 옳다.

78 계해일은 25일이다.

79 두예는 "계해일은 을묘일과 병진일의 뒤에 있으니 『전』에서는 그 결과를 말하였다. 『경』에서는 4월에 기록하였는데 잘못되었다"라 하였다. 완지생(阮芝生)의 『두주습유(杜注拾遺)』에서는 "『경』에서는 4월로 기록하였는데 부고를 따른 것이다. 평왕은 죄수를 죽이고 백성들을 속였으니 스스로 반드시 날짜를 속여서 열국에 부고를 내었을 것이다. 우윤(芋尹)은 널(柩)을 가지고 먼저 알리지 않았으며 영왕이 정말 죽었는지 살았는지는 아직 알지 못하였다. 날을 4월로 하고 장소를 건계(乾谿)로 한 것은 모두 평왕이 제멋대로 정하여 알린 것이다. 사실을 알게 되었을 때는 다시 부고를 할 이유가 없어서 열국에서는 모두 그대로 처음에 알린 날짜를 기록한 것일 따름이다"라 하였다. 가의(賈誼)의 『가자·대도(賈子·大都)』편에서는 영왕은 "마침내 건계의 우윤의 신해의 우물에서 죽었다"고 하였다. 『회남자·태족(泰族)』편에서는 "건계에서 굶주려 풀을 먹고 물을 먹다가 흙덩이를 베고 죽었다"라 하였는데 모두 다른 전설이다.

80 「오어」에서는 "왕이 목을 매자 신해가 왕을 업고 돌아와 흙으로 그의 집에다 묻어 주었다"라 하였고 두 딸을 순장시킨 일은 보이지 않는다.

觀從謂子干曰,	관종이 자간에게 말하였다.
“不殺棄疾,	“기질을 죽이지 않았으니
雖得國,	나라를 얻었다 하더라도
猶受禍也.”	오히려 화를 당할 것이다.”
子干曰,	자간이 말하였다.
“余不忍也.”	“나는 차마 이렇게 하지 못하겠다.”
子玉曰,[81]	자옥이 말하였다.
“人將忍子,	“남들은 그대가 이렇게 하는 것을 참겠지만
吾不忍俟也.”	나는 차마 기다리지 못하겠다.”
乃行.	이에 떠났다.
國每夜駭曰,	나라에서는 밤마다 놀라 말하였다.
“王入矣!”[82]	“왕이 들어오셨다!”
乙卯夜,[83]	을묘일 밤에
棄疾使周走而呼曰,	기질이 도처를 돌아다니며 이렇게 고함치게 하였다.
“王至矣!”[84]	“왕께서 오셨다!”

81 자옥(子玉): 두예는 “자옥은 관종이다”라 하였다.

82 이때는 영왕의 생사를 몰랐으므로 영왕이 왔다는 말로 소요를 일으킨 것이다.

83 을묘일은 17일이다.

84 두예는 “주(周)는 두루라는 뜻이다”라 하였다. 「초세가」에서는 “기질이 뱃사람으로 하여금 강가를 따라가며 소리 지르게 하였다”라 하였다. 장병린(章炳麟)의 『독(讀)』에서는

國人大驚.	백성들은 크게 놀랐다.
使蔓成然走告子干, 子晳曰,	만성연으로 하여금 자간과 자석에게 가서 말하게 하였다.
"王至矣,	"왕께서 오셨습니다.
國人殺君司馬,	백성들이 임금의 사마를 죽였으니
將來矣.	곧 올 것입니다.
君若早自圖也,	임금께서 일찌감치 스스로 도모하신다면
可以無辱.	욕을 보지 않을 것입니다.
衆怒如水火焉,	대중의 분노는 물이나 불과 같아
不可爲謀."	도모할 수 없습니다."
又有呼而走至者,	또한 소리를 지르며 달려오는 자가 있었는데
曰,	이렇게 말하였다.
"衆至矣!"	"사람들이 옵니다!"
二子皆自殺.	두 사람은 모두 자살하였다.
丙辰,[85]	병진일에
棄疾卽位,	기질이 즉위하고

"이는 태사공이 『전』의 '주(周)'를 '주(舟)'로 읽은 것이다"라 하였다.

85 병진일은 18일이다.

名曰熊居.[86]	이름을 웅거라 하였다.
葬子干于訾,	자간을 자에 장사 지냈으니
實訾敖.[87]	실은 자오였다.
殺囚,	죄수를 죽여
衣之王服,	왕의 옷을 입히고
而流諸漢,	한수로 떠내려 보내
乃取而葬之,	이에 취하여 장사를 지내어
以靖國人.[88]	백성을 안정시켰다.
使子旗爲令尹.[89]	자기를 영윤으로 삼았다.

86 웅거(熊居): 「초세가」에 의하면 초나라 임금의 이름은 "웅(熊)"자를 많이 썼는데, 이를테면 선조 가운데 육웅(鬻熊), 웅려(熊麗), 웅광(熊狂), 웅역(熊繹), 웅애(熊艾), 웅양(熊揚), 웅달(熊䵣), 웅거(熊渠), 웅연(熊延), 웅용(熊勇), 웅엄(熊嚴), 웅순(熊徇), 웅의(熊儀), 웅감(熊坎)이 있다. 춘추시대에 들어온 후로는 무왕의 이름은 웅통(熊通)이며, 문왕의 이름은 웅자(熊貲), 성왕의 이름은 웅운(熊惲)이다. 증후종(曾侯鐘)의 「명(銘)」에서 말한 초왕웅장(楚王熊章)은 곧 애공 6년 『전』의 "월(越)나라 여자의 아들 장(章)을 맞아들여 세웠다" 한 "장(章)"으로, 초나라의 태자나 공자가 왕이 된 뒤에는 거의 "웅(熊)"자를 앞에 씌웠음을 알 수 있다. 수현(隨縣)에서 출토된 초왕박(楚王鎛)의 "웅장(熊章)"이 "웅장(酓章)"으로 되어 있는데, "酓"은 곧 "熊"이다.

87 초나라 임금 중에 시호가 없는 사람은 거의 장지(葬地)에 "오(敖)"자를 붙였는데, 이를테면 「초세가」에 두오(杜敖)가 보이고, 희공 28년 『전』에 약오(若敖)가 있으며, 소공 원년 『전』에 겹오(郟敖)가 보인다. 고동고(顧棟高)의 『대사표(大事表)』에서는 자(訾)는 하남 신양현(信陽縣) 변경에 있다고 하였다.

88 양수달(楊樹達)의 『독좌전(讀左傳)』에서는 "이때 영왕의 널이 아직 나오지 않아 백성들이 영왕이 죽지 않은 것으로 의심할까 두려워하여 혹 딴 마음을 품을까 봐 이렇게 하여 백성들을 안정시킨 것이다"라 하였다.

89 자기(子旗): 두예는 "자기는 만성연이다"라 하였다.

楚師還自徐,[90]	초나라 군사는 서나라에서 돌아왔으며
吳人敗諸豫章,[91]	오나라 사람이 그들을 예장에서 무찌르고
獲其五帥.[92]	다섯 장수를 사로잡았다.
平王封陳, 蔡,	평왕은 진나라와 채나라를 봉하고
復遷邑,[93]	옮긴 읍을 회복시켜 주었으며
致羣賂,[94]	여러 사람들에게 재물을 내렸으며
施舍, 寬民,[95]	은혜를 베풀고 백성들을 너그러이 대하였으며
宥罪, 擧職.[96]	죄인을 용서하고 능력 있는 자를 선발하였다.
召觀從,	관종을 불러

90 곧 지난해 서나라를 에워쌌던 군사이다.

91 예장(豫章): 6년의 『전』과 『주』에 상세하다. 초순(焦循)의 『보소(補疏)』에서는 예장을 강 이름이라 하였는데 확실치 않다.

92 오수(五帥): 곧 지난해 『전』의 군사를 거느리고 서나라를 쳤던 자들로 탕후(蕩侯)와 반자(潘子), 사마독(司馬督), 효윤(囂尹) 오(午), 능윤(陵尹) 희(喜)가 이들이다.

93 채나라가 신채(新蔡)에 도읍을 정한 것은 『경』의 『주』에 보인다.

94 두예는 "처음 거사하였을 때 준 재물이다"라 하였다. 아마 곧 공을 세운 신하에게 재물을 상으로 내린 것 같다.

95 시사(施舍): 내려 주는 것으로, 선공 12년 『경』의 『주』에 상세하다.
관민(寬民): 가혹한 정치를 하지 않는 것이다.

96 유죄(宥罪): 죄 지은 신하를 사면하는 것이다.
거직(擧職): 두예는 "폐기된 관직을 수복한 것이다"라 하였다. 혹자는 현재(賢才)를 선발한 것이라고 하였다.

王曰,	왕이 말하였다.
“唯爾所欲.”[97]	“그대가 바라는 대로 해주겠다.”
對曰,	대답하였다.
“臣之先佐開卜.”[98]	“신의 선인은 점치는 일을 도왔습니다.”
乃使爲卜尹.[99]	이에 복윤으로 삼았다.
使枝如子躬聘于鄭,[100]	지여자로 하여금 몸소 정나라를 빙문하게 하고
且致犨, 櫟之田.[101]	또한 주와 역의 전지를 바치게 하였다.
事畢弗致.[102]	일이 끝나도 바치지를 않았다.

---

97 관종은 자간에게 기질을 죽이라고 권하였는데 기질이 그를 불러 썼으니 죄 지은 자를 용서하고 현재를 선발한 예이다.

98 『시경·대아·면(大雅·綿)』에 “이에 내 거북 점 살피네(爰契我龜)”라는 구절이 있는데 모씨의 주석〔전(傳)〕에서는 “계(契)는 여는 것〔開〕이다”라 하였다. 『주례·천관·복사(天官·卜師)』에는 “거북의 네 가지 징조를 살피는 것을 관장한다”라 하였는데 정현의 주석에서는 “개(開)는 그 점서를 펼쳐서 보이는 것이며 『서경·금등(書經·金縢)』에서는 ‘열쇠로 열어 점서를 보았다(開籥見書)’는 말이 있다”라 하였다. 곧 개(開)에는 두 가지 뜻이 있으니 거북 등을 새기는 것을 개라 하고, 점서를 가져다 보는 것 또한 개라고 하였다. 좌(佐)는 복사(卜師)의 조수가 되는 것을 말한다.

99 「초세가」의 『집해(集解)』에서는 가규(賈逵)의 말을 인용하여 복윤(卜尹)은 속 복사(卜師)로 대부의 관직이라고 하였다.

100 지여(枝如): 『광운(廣韻)』 “지(枝)”자의 주석에서 지여는 복성이라고 하였다.

101 두예는 “주와 역은 본래 정나라의 읍인데 초나라가 중도에 가로채었다. 평왕이 새로 즉위하였으므로 정나라에 뇌물로 돌려준 것이다”라 하였다. 원년의 『전』에서 “초나라 공자 위가 공자 흑굉과 백주리로 하여금 주와 력, 겹에 성을 쌓게 하였다(楚公子圍使公子黑肱、伯州犁城犨、櫟、郟)”라 하였고 두예는 “세 읍은 본래 정나라 땅이다”라 하였으니 초나라가 세 읍을 취한 것은 노나라가 소공이 즉위하기 이전의 일이다.

鄭人請曰,	정나라 사람이 청하여 말하였다.
"聞諸道路,	"길에서 듣자니
將命寡君以犨, 櫟,[103]	과군께 주와 역을 명하였다고 하는데
敢請命."[104]	감히 명을 따를 것을 청합니다."
對曰,	대답하여 말했다.
"臣未聞命."[105]	"신은 명을 듣지 못했습니다."
旣復,	복명을 하자
王問犨, 櫟,	왕이 주와 역에 대하여 물으니
降腹而對,[106]	윗옷을 벗고 대하여
曰,	말하였다.
"臣過失命,[107]	신이 일부러 명을 어기고

102 청나라 석온옥(石韞玉)의 『독좌치언(讀左卮言)』에서는 "대부는 강역을 나갈 때 실로 사직을 이롭게 하고 오로지 해야 옳다"라 하였다.

103 명(命) 또한 내려 준다는 뜻이 있다. 『예기·중용(中庸)』에 "하늘이 명한 것을 성이라고 한다(天命之謂性)"라는 말이 있는데 이는 자연이 내려 준 것이 성(性)이라는 말이다.

104 이 명(命)은 위의 문장의 명(命)자에 이어 또한 쌍관어적인 뜻이 있으니 주다, 명령하다의 뜻이다.

105 초나라 왕이 이런 명을 내렸는지 듣지 못하였다는 궤언(詭言)으로 답한 것이다.

106 강복(降腹): 두예는 "강복은 지금의 모자를 벗는다는 뜻이다. 명을 어긴 것을 사죄하는 것이다"라 하였다. 그러나 희공 23년의 『전』에 "공자가 두려워하여 옷을 벗고 엎드려 죄를 빌었다(公子懼, 降服而囚)"는 말이 있는데 두예는 "강복은 윗옷을 벗는 것"이라 하여 두 주가 다르다. 이 강복 또한 죄를 청하는 표시이므로 마땅히 상의를 벗는다는 뜻일 것이며 한(漢)나라와 진(晉)나라의 갓을 벗는 것이 아니다.

107 공영달은 "신의 죄과로 임금의 명을 누락하여 빠뜨렸다는 것이다"라 하였다. 과(過)는 고(故)와 쌍성(雙聲)인 데다 고음도 또한 가까우니 이 과(過)는 고의(故意)와 같은 뜻일 것이다.

未之致也."	바치지 않았습니다.
王執其手,	왕이 그의 손을 잡고
曰,	말하였다.
"子毋勤![108]	"그대는 욕을 보지 말라!
姑歸,	잠시 돌아가 있으면
不穀有事,	불곡이 일이 있을 때
其告子也."[109]	그대에게 알릴 것이다."
他年,	다른 해에
芋尹申亥以王柩告,	우윤 신해가 왕의 널을 가지고 고하여
乃改葬之.	이에 이장하였다.
初,	처음에
靈王卜曰,	영왕이 점을 치면서 말하였다.
"余尙得天下!"[110]	"내 천하를 얻기를 바란다!"
不吉.	점괘가 길하지 않았다.
投龜,	거북을 내던지면서

108 왕념손(王念孫)은 "근(勤)은 욕(辱)과 같은 뜻이다"라 하였다. 이 욕은 윗옷을 벗은 것을 가리킨다.

109 기(其): 장(將)과 같다. 두예는 "왕은 그가 기지를 발휘한 것을 좋게 여겨 일이 있으면 그에게 다시 시킬 것이라고 한 것이다"라 하였다.

110 상(尙): 두예는 "상(尙)은 서기(庶幾)와 같은 뜻이다"라 하였다. 바람을 나타내는 부사이다. 여기서는 거북점을 치면서 한 말이다.

詬天而呼曰,	하늘을 욕하며 고함쳐 말하였다.
"是區區者而不余畀,[111]	"이 구구한 것조차 내게 주지 않으니
余必自取之."	내 반드시 스스로 차지하고 말 것이다."
民患王之無厭也,[112]	백성들은 왕의 욕심이 끝이 없는 것을 근심하여
故從亂如歸.	난에 참가하는 것을 집에 돌아가듯 하였다.
初,	처음에
共王無冢適,[113]	공왕에게는 적장자가 없었으며
有寵子五人,	총애하는 아들이 다섯 있었는데
無適立焉.[114]	세울 만한 주인이 없었다.
乃大有事于羣望,[115]	이에 명산대천에 두루 제사를 지내고
而祈曰,	기도하여 말하였다.

111 구구(區區): 두예는 "구구는 천하를 하찮게 여긴 것이다"라 하였다.

112 욕심을 만족시키지 못하였을 때 진나라와 패권을 다투었을 뿐 아니라 또한 누차 군사를 일으키고 역사를 일으켰으며 또한 여러 신하의 전읍(田邑)을 빼앗기까지 하였다.

113 양공 12년『전』에서 "진영이 초나라로 돌아갔다. 초나라 사마 자경이 진나라를 빙문했는데 부인을 위해 귀녕한 것이다(秦嬴歸于楚. 楚司馬子庚聘于秦, 爲夫人寧)"라 한 것에 의하면 공왕의 적실은 진영인데, 자식이 없었다.

114 적(適): 주인이 되는 것을 말한다. 다섯 사람 가운데 누구를 세워야 할지 모르는 것이다.

115 대유사(大有事): 두루 제사를 지내는 것이다.
군망(羣望): 명산대천(名山大川)을 군망이라 한다. 이 구절은 명산대천에 두루 제사를 지내는 것이다.

"請神擇於五人者,	"청컨대 신께서는 다섯 사람 가운데서 택하시어
使主社稷."	사직을 주관하게 하소서."
乃徧以璧見於羣望,	이에 명산대천에 벽옥을 두루 보이면서
曰,	말하였다.
"當璧而拜者,	"이 벽옥을 보고 절하는 자가
神所立也,	신이 세운 것이니
誰敢違之?"	누가 감히 어기겠는가?"
旣,[116]	마친 후
乃與巴姬密埋璧於大室之庭,[117]	곧 파희와 몰래 태실의 뜰에 벽옥을 묻고
使五人齊,[118]	다섯 사람에게 재계하게 하고
而長入拜.[119]	나이순으로 들어가 절하게 했다.
康王跨之,[120]	강왕은 걸터앉았으며
靈王肘加焉,	영왕은 팔꿈치로 눌렀고

116 기(旣): 다하다. 명산대천에 제사를 지내는 일이 끝난 것을 이른다.
117 두예는 "파희는 공왕의 첩이다. 태실(大室)은 조묘(祖廟)이다"라 하였다.
118 제(齊): 재(齋)와 같다.
119 장(長): 원래 차제(次弟)라는 뜻이 있으며, 이 구절은 장유(長幼)의 차례대로 들어가서 절하는 것이다.
120 과(跨): 올라타는 것을 말하며, 두 발로 각기 벽옥의 한쪽에 걸터앉은 것이다.

子干, 子晳皆遠之.[121]	자간과 자석은 모두 그곳에서 멀었다.
平王弱,[122]	평왕은 어려서
抱而入,	안겨서 들어와
再拜,	두 번 절하였는데
皆厭紐.[123]	그때마다 끈을 눌렀다.
鬪韋龜屬成然焉,[124]	투위기는 성연을 부탁하면서
且曰,	또 말하였다.
“棄禮違命,	“예를 버리고 명을 어기면
楚其危哉!”[125]	초나라는 위태로울 것이다!”
子干歸,	자간이 돌아가게 되자
韓宣子問於叔向曰,	한선자가 숙상에게 물어 말하였다.

121 벽옥에서 멀리 떨어진 것이다.

122 약(弱): 어린 것이다.

123 뉴(紐): 『광아·석기(釋器)』에서는 “도장을 새(璽)라 하고, 도장 끈(紐)을 비(鼻)라 한다”라 하였다. 무릇 사물의 코처럼 튀어나온 부분을 모두 비(鼻)라고 하며, 『주례·고공기·옥인(考工記·玉人)』에서는 “장종(駔琮)은 7촌(寸)이며, 비촌(鼻寸)은 반 촌(寸)이다”라 하였다. 코에는 구멍이 있기 때문에 끈을 꿴다. 이 벽옥도 또한 코가 있을 것이다.
압뉴(厭紐): 압(厭)은 압(壓)과 같다. 압뉴는 벽옥을 마주한 것이다.

124 투위기(位記)는 평왕이 반드시 초나라 임금이 될 것임을 알았으므로 그 아들 성연을 평왕에게 부탁하였다.

125 두예는 “장자를 세우는 예를 버리고 벽옥을 마주한 명을 버렸으니 끝내 영왕의 난을 초래할 것이라는 것이다”라 하였다. 그러나 공왕이 죽고 강왕이 섰으니 이는 장자가 선 것이다. 두예가 틀렸다. 예를 버리고 명을 어긴 것은 아마 신에게 후사를 세워 달라고 기도한 것이 부당하다는 것을 말할 것이다.

"子干其濟乎!"	"자간은 성공하겠지요!"
對曰,	대답하여 말했다.
"難."	"어렵습니다."
宣子曰,	선자가 말하였다.
"同惡相求,[126]	"미워함을 함께하여 서로 구하는 것이
如市賈焉,	저자에서 물건을 파는 것과 같으니
何難?"	무슨 어려움이 있겠는가?"
對曰,	대답하여 말했다.
"無與同好,	"함께 좋아함이 없으니
誰與同惡?[127]	누가 미움을 함께하겠습니까?
取國有五難,	나라를 취하는 데는 다섯 가지 어려움이 있으니
有寵而無人,	총애는 있는데 사람이 없는 것이

---

126 동오(同惡): 복건은 "백성들이 함께 영왕을 미워하는 것이 시장에서 물건을 파는 사람이 이익을 구하는 것과 같다"라 하였으니 동오(同惡)는 영왕을 미워하는 사람을 두루 가리킨다. 고염무(顧炎武)의 『보정(補正)』에서는 부손(傅遜)의 말을 인용하여 "동오(同惡)는 함께 난리를 획책한 사람을 말하는데 이를테면 원거, 만성연 같은 사람들이다"라 하였으니 또 하나의 설이다. 두예는 "기질은 친히 자간을 믿었으니 호오(好惡)를 함께하였을 것이다"라 하였다. 그러나 자간을 부른 것은 기질이 아니니 그 설은 더욱 믿을 것이 못 된다. 자간을 부른 자는 곧 채나라의 관종으로, 관종은 자간과 자석을 찾아서 채나라를 복국하려고 했다. 동오(同惡)는 실로 영왕을 미워하는 자를 두루 가리키며, 또한 자간을 포괄한다.

127 복건은 "안으로 무리가 없으니 마땅히 누구와 함께 좋아하고 미워하겠느냐는 말이다"라 하였다.

一也,[128]	첫째이고,
有人而無主,	사람은 있는데 주인이 없는 것이
二也,[129]	둘째이며
有主而無謀,	주인은 있는데 계책이 없는 것이
三也,[130]	셋째이고,
有謀而無民,	계책은 있는데 백성이 없는 것이
四也,[131]	넷째이며,
有民而無德,	백성은 있는데 은덕이 없는 것이
五也.[132]	다섯째입니다.
子干在晉,	자간이 진나라에 있은 지
十三年矣.[133]	13년이 되었습니다.
晉, 楚之從,	진나라와 초나라에서 따르던 사람 중에는
不聞達者,	현달한 자가 알려지지 않았으니
可謂無人.[134]	사람이 없다 하겠습니다.

128 두예는 "총애는 모름지기 현인이 있어야 견고해진다"라 하였다.
129 두예는 "비록 현인이 있다 하더라도 안에서 주인이 호응을 해야 한다"라 하였다.
130 모(謀): 두예는 "모는 책모(策謀)이다"라 하였다.
131 중(衆): 두예는 "중은 민중(民衆)이다"라 하였다.
132 두예는 "네 가지가 다 갖추어졌으면 덕으로 이루어야 한다"라 하였다.
133 소공 원년부터 이해까지 13년이 지났다.
134 두예는 "진나라와 초나라에서 자간과 종유하는 선비는 모두 현달한 사람이 아니다"라 하였다.

族盡親叛,	친족은 없어지고 친척은 배반하였으니
可謂無主.[135]	주인이 없다고 하겠습니다.
無釁而動,	흠이 없는데 움직였으니
可謂無謀.[136]	계책이 없다고 하겠습니다.
爲羈終世,	나그네로 세상을 마쳤으니
可謂無民.[137]	백성이 없다고 하겠습니다.
亡無愛徵,	도망 중에 사랑하는 조짐이라고는 없으니
可謂無德.[138]	덕이 없다고 하겠습니다.
王虐而不忌,[139]	왕이 포학하나 각박하지 않은데
楚君子干,[140]	초나라가 자간을 왕으로 세우려면
涉五難以弑舊君,	다섯 가지 어려움을 건너 옛 임금을 죽여야 하니
誰能濟之?[141]	누가 해낼 수 있겠습니까?

135 두예는 "초나라에 있는 친족이 없다"라 하였다.

136 두예는 "자간을 불렀을 때까지만 해도 초나라는 아직 큰 틈이 없었다"라 하였다.

137 두예는 "종신토록 진나라에서 기려지객이 되었으니 백성이 없는 것이다"라 하였다.

138 두예는 "초나라 사람 가운데 그를 사랑하여 생각하는 사람이 없는 것이다"라 하였다.

139 유월(兪樾)의 『평의(平議)』에서는 "영왕이 포학하기는 하지만 그래도 각박하지는 않아 그가 우윤(芋尹) 무우(無宇)를 용서해 준 일 및 천봉술(穿封戌)로 하여금 진공이 되게 한두 가지 일을 살펴보면 특히 인군의 풍도가 있다"라 하였다.

140 초나라가 자간을 임금으로 삼는 것을 말한다.

141 그것을 성공시킬 사람이 없다는 말이다.

有楚國者, 초나라를 가지는 자는

其棄疾乎! 기질일 것입니다.

君陳, 蔡, 진나라와 초나라에 군림하니

城外屬焉.[142] 방성 밖은 그에게 귀속되었습니다.

苛慝不作,[143] 번쇄하고 사특한 일을 하지 않으니

盜賊伏隱, 도적이 엎드려 숨었고

私欲不違,[144] 사욕은 있어도 어기지 않으니

民無怨心. 백성들이 원망하는 마음이 없습니다.

先神命之,[145] 선조의 신이 명하니

國民信之. 백성들이 그를 믿습니다.

羋姓有亂, 미성에 난이 있으면

必季實立, 필시 막내를 세우는 것이

楚之常也.[146] 초나라의 상규였습니다.

獲神, 신령을 얻은 것이

一也,[147] 첫째이고,

---

142 두예는 "성은 방성(方城)이다. 당시 천봉술은 이미 죽고 기질이 진나라와 채나라를 아울러 거느렸다"라 하였다.

143 가특(苛慝): 가(苛)는 자잘한 일을 말한다. 특(慝)은 사악하고 더러운 것이다. 이런 일이 없다는 것이다.

144 위(違): 예를 어기는 것이다. 이는 비록 사욕은 있지만 예를 어기지 않는다는 것이다.

145 "두 번 절했는데 모두 끈을 누른 것"을 말한다.

146 문공 원년『전』에서 "초나라에서 세운 분은 항상 나이가 어린 사람이었습니다(楚國之擧, 恒在少者)"라 하였는데, 평왕은 공왕의 어린 아들이다.

有民,	백성을 가진 것이
二也,[148]	둘째이며,
令德,	훌륭한 덕행이
三也,[149]	셋째이고,
寵貴,	총애로 존귀해진 것이
四也,[150]	넷째이며,
居常,	상규에 거한 것이
五也.[151]	다섯째입니다.
有五利以去五難,[152]	다섯 가지 이로움을 가지고 다섯 가지 어려움을 없애니
誰能害之?	누가 방해할 수 있겠습니까?
子干之官,	자간의 관위는
則右尹也,	우윤이며,
數其貴寵,	존귀와 은총을 따져 보면

147 두예는 "벽옥을 향해 절을 한 것이다"라 하였다.

148 두예는 "백성이 믿는 것이다"라 하였다.

149 두예는 "잗달고 사특함이 없는 것이다"라 하였다.

150 두예는 "귀비의 아들이다"라 하였다. 혹은 벽옥을 보고 절을 해서 특히 총애를 받은 것일 것이다.

151 총애하는 아들 다섯 가운데 기질이 가장 어렸으며 초나라는 어린 사람을 세우는 것이 상례라는 말이다.

152 다섯 가지 어려움은 자간에게 사람이 없고 주인이 없으며 계책이 없고 백성이 없으며 덕이 없는 것이다.

則庶子也, 서자이고,

以神所命, 신이 명한 것으로 보면

則又遠之. 또한 멉니다.

其貴亡矣, 존귀함을 잃은 것이고

其寵棄矣. 총애를 버린 것입니다.

民無懷焉, 백성이 그리워함이 없고

國無與焉, 나라에서는 그의 편에 서는 사람이 없으니

將何以立?" 어떻게 서겠습니까?"

宣子曰, 선자가 말했다.

"齊桓, 晉文不亦是乎?"[153] "제환공과 진문공도 또한 이러하지 않았습니까?"

對曰, 대답하여 말하였다.

"齊桓, "제환공은

衛姬之子也, 위희의 아들로

有寵於僖,[154] 희공의 총애를 받았으며,

有鮑叔牙, 賓須無, 隰朋以爲輔佐,[155] 포숙아와 빈수무, 습붕이 있어 보좌로 삼았고,

---

153 복건은 "모두 서자로 달아난 것이다"라 하였다.

154 두예는 "위희는 제희공의 첩이다"라 하였다.

155 『관자 · 소광(管子 · 小匡)』편에 "관중이 말하였다. '오르내리고 읍하고 양보함, 나아가고

有莒, 衛以爲外主,[156]	거나라와 위나라를 바깥의 도움으로 삼았으며,
有國, 高以爲內主,[157]	국씨와 고씨를 안의 도움으로 삼았고,
從善如流,	선인들을 따르는 것이 물이 흐르듯 하였고
下善齊肅,[158]	일상적인 행동은 매우 재빨랐으며,
不藏賄,[159]	재화를 탐내지 않았고
不從欲,[160]	욕심에 방종하지 않았으며

물러남, 숙달함, 말하는 것의 강함과 부드러움은 신이 습붕만 못하니 청컨대 태항(太行)으로 세우십시오. 송사를 판단하고 절충하며 무고한 자를 죽이지 않고 죄 없는 이를 무고하지 않는 것은 신이 빈수무만 못하니 청컨대 그를 대사리로 세워 주십시오'"라는 말이 있다. 또한 『한비자·외저설(外儲說)』에도 보인다. 포숙아는 이미 장공 8년의 『전』에 보인다.

156 두예는 "제환공이 거나라로 달아날 때 위나라에 있는 외삼촌의 도움을 받았다"라 하였다.

157 두예는 "국씨와 고씨는 제나라의 상경이다"라 하였다.

158 하선(下善): 옛날에는 상선(上善)과 하선(下善)이 있었다. 『노자』에 "상선은 물과 같으니 물은 만물을 이롭게 해주면서도 다투지 않는다"는 말이 있다. 이곳의 하선(下善)은 일반적인 행동을 가리키는 것 같다.
제숙(齊肅): 모두 빠르다는 뜻이므로 『전』에서는 제숙(齊肅)을 이어진 문장으로 보았다. 『국어·초어(楚語) 하』에서는 "공경은 오래갈 수 없고 백성의 힘이 견디지 못하므로 빨리 그것을 이어야 한다(齊肅以承之)"라 하였는데 위소(韋昭)의 주에서는 "숙은 빠르다는 뜻이다"라 하였다. 왕인지는 "제(齊) 또한 빠르다는 뜻으로 풀이해야 한다"고 하였는데 옳다. 『예기·옥조(玉藻)』에서는 "군자의 용모는 편안하고 느린데 존귀한 것을 보면 빨라야 한다(見所尊者齊遬)"라 하였다. 제숙(齊肅)과 제요(齊遬)는 다 같은 뜻이다.

159 두예는 "청렴한 것이다"라 하였다.

160 종(從): 종(縱)의 뜻이다. 뜻은 위의 "사욕이 있어도 어기지 않는다(私欲不違)"는 것과 가깝다.

施舍不倦,	은혜를 베푸는 데 게으르지 않았고
求善不厭.	선을 추구함에 싫증이 내지 않았습니다.
是以有國,	이런 까닭에 나라를 가지는 것이
不亦宜乎?	또한 마땅하지 않겠습니까?
我先君文公,	우리 선군이신 문공은
狐季嬉之子也,	호계희의 아들로
有寵於獻,[161]	헌공의 총애를 받았으며,
好學而不貳,[162]	배우기를 좋아하여 두 마음을 품지 않았고
生十七年,	나이 17세에
有士五人.[163]	선비 다섯을 가졌습니다.
有先大夫子餘, 子犯以爲腹心,[164]	선대부 자여와 자범을 심복으로 삼았고
有魏犨, 賈佗以爲股肱,	위주와 가타를 고굉지신으로 삼았으며

161 헌(獻): 진헌공으로 문공의 아버지이다.

162 두예는 "뜻이 독실했다는 말이다"라 하였다.

163 두예는 "호언(狐偃)과 조최(趙衰), 전힐(顚頡), 위무자(魏武子), 사공계자(司空季子)의 다섯 선비가 따라서 도망갔다"라 하였다.

164 두예는 "자여는 조최이다. 자범은 호언이다"라 하였다.

有齊, 宋, 秦, 楚以爲外主,[165]	재나라와 송나라, 진나라, 초나라를 외부의 도움으로 삼았고
有欒, 郤, 狐, 先以爲內主,[166]	난씨와 극씨, 선씨를 내부의 도움으로 삼아
亡十九年,[167]	망명한 지 19년이 되도록
守志彌篤.	뜻을 지킴이 더욱 돈독해졌습니다.
惠, 懷棄民,[168]	혜공과 회공이 백성을 버리니
民從而與之.	백성들이 그를 도와 함께하였습니다.
獻無異親,[169]	헌공은 다른 친한 사람이 없었고
民無異望.	백성들은 다른 바람이 없었습니다.
天方相晉,	하늘이 바야흐로 진나라를 도우니
將何以代文?	무엇으로 문공을 대신하겠습니까?
此二君者,	이 두 임금은
異於子干.[170]	자간과는 다릅니다.

165 두예는 “제나라는 딸을 아내로 주었고, 송나라는 말을 주었으며, 초왕은 연회를 열어 주었고, 태백은 들여보냈다”라 하였다.

166 두예는 “난지(欒枝)와 극곡(郤穀), 호돌(狐突), 선진(先軫)을 이른다”라 하였다.

167 희공 28년의 『전』에서도 “진후는 밖에서 19년을 있었다(晉侯在外, 十九年矣)”라 하였다.

168 두예는 “혜공과 혜공은 백성을 구휼하지 않았다”라 하였다. 희공 24년의 『전』에서는 “혜공과 혜공은 친한 사람이 없어 국내외에서 그들을 버렸다(惠、懷無親, 外內弃之)”라 하였다.

169 헌공의 아들 아홉 사람 중에 문공만 남았는데, 희공 24년의 『전』에 보인다.

170 이하에서는 자간에 대하여 논하였다.

共有寵子,[171]	공왕에게는 총애하는 아들이 있으나
國有奧主,[172]	초나라에는 내정된 임금이 있으며,
無施於民,	백성들에게 베풀지는 않고
無援於外,	외부의 도움이 없으며,
去晉而不送,[173]	진나라를 떠날 때 전송하지 않았고
歸楚而不逆,[174]	초나라로 돌아올 때 맞지도 않았으니
何以冀國?"[175]	어찌 나라를 바라겠습니까?"

晉成虒祁,[176]	진나라가 사기의 궁을 낙성하자
諸侯朝而歸者皆有貳心.[177]	제후들 중 조현하고 돌아온 사람들은 모두 두 마음을 품었다.
爲取郠故,	경을 취한 까닭으로
晉將以諸侯來討.	진나라가 제후의 군사를 가지고 토벌하러 오려고 하였다.

171 기질을 말한다. 자간은 이미 총애를 잃었다.
172 오(奧): 깊고 신비하여 쉽게 엿보지 못함을 이르며, 지금의 심오(深奧)하다의 오(奧)와 같다. 두예는 "기질을 이른다"라 하였는데 옳다.
173 진나라가 그를 보내 주지 않은 것을 말한다.
174 초나라에서 자간을 영접하지 않은 것이다.
175 자간이 어찌 초나라를 얻어 향유하기를 바라겠느냐는 말이다.
176 두예는 "8년에 있었다"라 하였다.
177 두예는 "그 사치로움을 천하게 여긴 것이다"라 하였다.

叔向曰,	숙상이 말하였다.
"諸侯不可以不示威."[178]	"제후에게 위세를 보이지 않을 수 없습니다."
乃並徵會,[179]	이에 모두 불러 모으고
告于吳.[180]	오나라에 알렸다.
秋,	가을에
晉侯會吳子于良,[181]	진후가 양에서 오자를 만났는데
水道不可,[182]	수로가 불가능했기 때문에
吳子辭,	오자가 사절하니
乃還.[183]	이에 돌아갔다.

---

178 두예는 "진나라의 덕이 얇아졌음을 알기 때문에 위세로 복종시키고자 하였다"라 하였다. 그러나 두예가 이른바 덕이 얇아졌다는 것은 함의가 불분명하다. 초영왕이 진나라와 패권을 다툴 때 진나라는 감히 싸우지 않았으며, 초나라가 진(陳)나라와 채나라를 멸하였을 때도 진나라는 구원하지 않았다. 자산이 "진나라의 국정은 여러 집안에서 나와 일치되지 않고 구차하여 한가할 겨를이 없다(晉政多門, 貳偸之不暇)"고 하였으니 이번에 제후를 회합한 것은 반드시 위세를 보이려는 것이었다. 진나라가 제후를 회합한 것은 여기에 그쳤으며 그 후에는 다만 정공 4년의 소릉(召陵)의 회합이 있을 뿐이다.

179 병징(並徵): 징(徵)은 부르는 것이고, 병(並)은 두루라는 뜻이다.

180 초나라는 감히 부르지 않고 오나라에 알렸는데, 오나라는 초나라의 적대국이기 때문이다.

181 회합을 약속하고는 아직 회합하지 않았다. 양(良)은 두예에 의하면 지금의 강소성 비현(邳縣)의 새 치소 동남쪽 약 백 리 지점이다. 혹자는 지금의 비현 동남쪽 10여 리라고 한다.

182 오나라의 도읍 지금의 강소 소주시(蘇州市)로 오나라에서 양에 가려면 배로 한구(邗溝)를 거슬러 올라가야 하는데, 지금의 청강시(淸江市)에서 회수로 꺾어 들어가 다시 사수(泗水)를 거슬러 올라 기수(沂水)로 들어가야 해서 그 길이 통하기 어렵다.

183 오나라가 회합을 사절하자 진후가 이에 돌아간 것이다.

七月丙寅,[184]	7월 병인일에
治兵于邾南.[185]	주나라 남쪽에서 군사를 검열했다.
甲車四千乘.[186]	무장한 병거가 4천 승이었다.
羊舌鮒攝司馬,[187]	양설부가 사마를 대리하여
遂合諸侯于平丘.[188]	마침내 평구에서 제후들을 회합하였다.
子產, 子大叔相鄭伯以會,	자산과 자태숙이 정백을 도와 회합에 참가하였는데
子產以幄, 幕九張行,[189]	자산은 휘장과 군막 아홉 벌을 가지고 떠났고
子大叔以四十,[190]	자태숙은 40벌을 준비하였는데
旣而悔之,	얼마 안 있어 이를 후회하고
每舍,	묵을 때마다

---

184 병인일은 29일이다.

185 주남(邾南): 주나라 남쪽 변경이다.

186 이것이 이른바 위세를 보인 것이다.

187 양설부(羊舌鮒): 두예는 "부(鮒)는 숙상의 아우이다"라 하였다.
섭(攝): 임시, 대리라는 뜻이다.

188 평구(平丘): 이미 『경』의 『주』에 보인다.

189 악막(幄幕): 두예는 "악막(幄幕)은 군대의 장막이다"라 하였다. 공영달은 『주례·막인(幕人)』에 대한 정현의 주를 인용하여 "옆에 있는 것을 유(帷)라 하고 위에 있는 것을 막(幕)이라 하는데, 모두 베로 만든다. 사방이 모여 궁실 같은 것을 악(幄)이라 하는데 왕이 거처하는 장(帳)이다"라 하였다. 또한 정현은 "끈으로 이어 매었다"라 하였고, 또한 공영달은 "악막구장이라는 것은 아마 아홉 개의 악과 아홉 개의 막일 것이다"라 하였다.

190 악과 막이 각각 40벌인 것이다.

損焉.[191]	줄였다.
及會,	회합할 즈음에는
亦如之.[192]	또한 그와 같아졌다.
次于衛地,	위나라 땅에 머물면서
叔鮒求貨於衛,	숙부는 위나라에 재화를 요구하였고
淫芻蕘者.[193]	꼴과 나무하는 사람을 멋대로 풀어놓았다.
衛人使屠伯饋叔向羹與一篋錦,[194]	위나라 사람이 도백으로 하여금 숙상에게 국과 비단 한 상자를 주게 하고
曰,	말하였다.
"諸侯事晉,	"제후들이 진나라를 섬겨

191 한 번씩 머물러 숙박할 때마다 악막을 한 번씩 감소시킨 것이다.

192 곧 정나라가 휴대한 악막이 각기 모두 열여덟 벌이 되어 정백 및 그 수행원들이 모두 함께 거처한 것이다.

193 주빈(朱彬)의 『경전고증(經傳攷證)』에서는 『문선(文選)』에 수록된 육기(陸機)의 「연연주(演連珠)」에 대한 이선(李善)의 주(注)를 인용하여 "음(淫)은 범하는 것(侵)이다"라 하였으니 추요자(芻蕘者)는 위나라의 풀을 베고 나무를 자르는 사람을 말하는데 확실치 않다. 양수달(楊樹達)의 『독좌전(讀左傳)』에서는 "음은 방종(縱)한 것이다"라 하였으니 추요자는 진나라 군대의 풀을 베고 나무를 자르는 사람을 가리키며, 마종련(馬宗璉)의 『보주(補注)』에서도 "사마는 군법을 집행하는 자로 채찍을 잡고 벌을 보인다. 숙부는 사마의 직을 대리하였으면서도 나무하는 일을 금하지 않았다"라 하여 "금하지 않았다"는 말로 "음(淫)"자를 해석하였으니 곧 방종의 뜻이며, 이 뜻이 비교적 낫다. 아래의 "꼴 베고 나무하는 자들이 다른 날과 다르다"는 것으로부터 진나라의 추요자임을 알 수 있다.

194 협(篋): 『설문』에는 협(匧)으로 되어 있으며 "갈무리하는 것이다"라 하였다. 이 때문에 물건을 저장하는 기물을 협(篋)이라고 한다. 정현의 『의례·사관례(士冠禮)』의 주석에 의하면 협은 좁고 긴 방형이다.

未敢攜貳,	감히 두 마음을 가지지 못하고,
況衛在君之宇下,[195]	하물며 위나라는 임금의 처마 밑에 있으니
而敢有異志?	감히 딴 뜻이 있겠습니까?
芻蕘者異於他日,	꼴 베고 나무하는 자들이 다른 날과 다르니
敢請之."[196]	감히 청합니다."
叔向受羹反錦,[197]	숙상이 국은 받고 비단은 돌려주며
曰,	말하였다.
"晉有羊舌鮒者,	"진나라에 양설부란 자가 있는데
瀆貨無厭,[198]	재물을 탐하여 끝이 없으니
亦將及矣.[199]	또한 장차 미칠 것입니다.
爲此役也,[200]	이 일을 하면서
子若以君命賜之,	그대가 임금의 명으로 내린다면

195 우하(宇下): 우(宇)는 집의 모서리, 처마이다. 우하(宇下)는 또한 애공 27년의 『전』에도 보이는데 뜻이 유사하며, 첫째는 서로 떨어짐이 매우 가까움을 비유하고, 둘째는 비호를 받고 있음을 비유한다.

196 청(請): 두예는 "그만두게 할 것을 청한 것이다"라 하였다.

197 두예는 "국을 받은 것은 그 뜻을 거스르지 않겠다는 것을 나타내며 또한 재화가 아니기 때문이다"라 하였다.

198 독화(黷貨): 청나라 주준성(朱駿聲)의 『설문통훈정성(說文通訓定聲)』에서는 "독(瀆)은 또한 독(黷)이다"라 하였다. 독화라는 것은 재물을 탐하여 몸을 더럽히는 것이다.

199 두예는 "화가 미치게 될 것이라는 것이다"라 하였다.

200 두예는 "역(役)은 일이다"라 하였다.

其已."[201]	그만둘 것입니다."
客從之,[202]	객이 그대로 따르고
未退而禁之.[203]	물러나지 않으니 못하게 하였다.
晉人將尋盟,	진나라 사람이 맹약을 다지려고 하자
齊人不可.[204]	제나라 사람이 안 된다고 하였다.
晉侯使叔向告劉獻公曰,[205]	진후는 숙상으로 하여금 유헌공에게 알리어 말하게 하였다.
"抑齊人不盟,[206]	"제나라 사람이 맹약을 맺으려 하지 않는다면
若之何?"	어떠하겠는가?"
對曰,	대답하였다.
"盟以厎信,[207]	"맹약은 신뢰를 나타내는 것이니
君苟有信,	임금께 실로 신뢰가 있고
諸侯不貳,	제후가 두 마음을 가지지 않는다면
何患焉?	무슨 걱정이 있겠습니까?

---

201 위나라 임금의 명으로 숙부에게 이 비단 상자를 내리면 함부로 꼴을 베고 나무를 하는 일을 그칠 것이라는 말이다.

202 객(客): 도백(屠伯)을 가리키며 진나라 입장에서는 객이 되는 것이다.

203 도백이 숙부의 뜻에서 물러나지 않으니 숙부가 꼴 베고 나무하는 자들을 그만두게 한 것이다.

204 두예는 "두 마음을 가졌기 때문이다"라 하였다.

205 두예는 "헌공은 왕의 경사(卿士) 유자(劉子)이다"라 하였다.

206 억(抑): 조사로 뜻이 없다.

207 지(厎): 두예는 "지(厎)는 드러내는 것이다"라 하였다.

告之以文辭,	문사로 알리고
董之以武師,	무용으로 채근하면
雖齊不許,	제나라가 허락하지 않더라도
君庸多矣.[208]	임금의 공은 많게 됩니다.
天子之老請帥王賦,[209]	천자의 노신이 청컨대 왕의 군대를 거느리어
'元戎十乘,	'큰 병거 10승으로
以先啓行',[210]	앞장서서 길을 열 것이로되'
遲速唯君."[211]	속도는 임금의 명대로 하겠습니다."
叔向告于齊,	숙상이 제나라에 일러
曰,	말하였다.
"諸侯求盟,	"제후가 맹약을 구하여

---

208 동(董): 두예는 "동(董)은 독촉하는 것이다. 용(庸)은 공(功)이다. (제나라에) 요구한 말이 정당하므로 공이 많은 것이다"라 하였다.

209 천자지로(天子之老): 『시경·소아·채기(小雅·采芑)』에 "방숙은 많이 늙으셨다(方叔元老)"라는 구절이 있는데 모씨의 주석〔전(傳)〕에서는 "방숙은 경사로 명을 받아 장수가 되었다"라 하였다. 공영달은 이에 "이는 경사를 늙은이라 칭한 것이다"라 하였고, 또 말하기를 "「곡례(曲禮)」에 '오관(五官)의 우두머리를 백(伯)이라 하며 제후에게 스스로를 일컬어 천자지로(天子之老)라 한다' 하였는데 삼공(三公)을 이른다. 「곡례」에서는 또 이르기를 '제후가 다른 제후에게 사람을 보내어 사자로 삼으면 과군지로(寡君之老)라고 한다'라 하였다. 제후의 사자도 오히려 노(老)라 일컬으니 천자의 경(卿)은 천자지로(天子之老)라 칭할 수 있음을 분명히 알 수 있다"라 하였다.
왕부(王賦): 왕의 군대를 이른다.

210 이는 『시경·소아·유월(小雅·六月)』의 구절을 인용한 것이다. 계행(啓行)은 길을 연다는 말과 같으며, 선봉이 되기를 원한다는 말이다.

211 두예는 "진나라가 제나라를 토벌하는 것을 돕고자 하는 것이다"라 하였다.

已在此矣.	이미 여기에 있습니다.
今君弗利,[212]	지금 임금께서는 그것을 불리하게 여기시니
寡君以爲請."	과군께서 그 이유를 묻습니다."
對曰,	대답하였다.
"諸侯討貳,	"제후가 두 마음을 품은 나라를 토벌한다면
則有尋盟.	맹약을 다지게 될 것입니다.
若皆用命,	만약 모두 명을 따른다면
何盟之尋?"[213]	무슨 맹약을 다지겠습니까?"
叔向曰,	숙상이 말하였다.
"國家之敗,	"국가의 패망은
有事而無業,	일이 있으나 공부(貢賦)가 없으면
事則不經,[214]	일은 항상성이 없으며,
有業而無禮,	일이 있으나 예의가 없으면
經則不序,[215]	항상성에 차서가 없으며,

---

212 불리(弗利): 맹약을 이롭지 않게 여기는 것으로, 맹약에 참여하고 싶지 않다는 말과 같다.

213 두예는 "명을 따른다는 말을 빙자하여 진나라를 거절한 것이다"라 하였다.

214 업(業): 두예는 "업(業)은 공부(貢賦)의 업이다"라 하였다. 아래의 내용에 의하면 빙문(聘問)을 가리킨다. 공부가 있을 때도 있고 없을 때도 있으며, 많을 때도 있고 적을 때도 있어 항상성이 없는 것이다.

215 한갓 어느 정도의 공부(貢賦)만 있을 뿐 예를 행하지 않으면 고하의 차서를 잃게 된다

有禮而無威,	예의가 있는데 위엄이 없으면
序則不共,[216]	차서가 공경치 않게 되며,
有威而不昭,	위엄이 있는데 밝히지 않으면
共則不明.[217]	공경이 밝지 않게 됩니다.
不明棄共,[218]	밝지 않은데 공경을 버리면
百事不終,[219]	모든 일은 끝이 없게 되며
所由傾覆也.[220]	기울어 엎어짐을 말미암는 것이 됩니다.
是故明王之制,	그러므로 밝은 선왕의 제도는
使諸侯歲聘以志業,[221]	제후들로 하여금 매해 빙문하여 일에 뜻을 두게 하고
間朝以講禮,[222]	3년마다 조현하여 예를 익히게 하였으며

는 것이다.

216 예의는 있는데 위엄이 없으면 고하를 분별할 수 있다 하더라도 공경할 수 없다는 것이다.

217 위엄이 있는데 드러나지 않으면 그 공경 또한 밝지 못다는 것이다. 양공 9년『전』의 "밝게 대신께 맹약의 말을 하였습니다(昭大神要言焉)"라 한 것에 의하면 위엄을 밝힌다는 것은 신에게 알리는 것이다. 공경을 밝힌다는 것은 신의를 드러내는 것이다. 곧 맹약을 다지는 것을 가리킨다.

218 밝히지 않으면 공경을 버린다는 것이다. 밝히지 않는다는 것은 "대신께 밝히지" 않는 것을 가리킨다.

219 모든 일이 끝나지 않는다는 것이다.

220 위 "국가의 패망"에 응하는 것이다.

221 지(志): 두예는 "지는 기록하는 것이다. 해마다 빙문하여 그 직업(職業)을 닦는 것이다"라 하였다.

222 두예는 "3년에 한 번씩 조현하여 반작(班爵)의 의리를 바로잡고 장유의 순서를 따른다"

再朝而會以示威,[223]	6년마다 회합하여 위엄을 보였으며
再會而盟以顯昭明.[224]	12년마다 맹약하여 밝음을 드러냈습니다.
志業於好,[225]	빙문으로 일에 뜻을 두게 하였고
講禮於等,[226]	조현으로 예를 익히게 하였으며
示威於衆,[227]	여럿에게 위엄을 보이고
昭明於神.[228]	신에게 밝음을 밝히어
自古以來,	예로부터
未之或失也.[229]	그것을 혹시라도 잃지 않았습니다.

라 하였다.

223 두예는 "6년에 한 번씩 조회하여 상하의 법칙을 훈도하고 제용의 절도를 제정하는 것이다"라 하였다.

224 두예는 "12년에 한 번씩 회맹하는 것은 신의를 밝히기 위함이다. 무릇 여덟 번의 빙문과 네 번의 조회, 두 번 회맹하면 천자는 한 번 순수하고 방옥(方嶽) 아래서 맹약한다"라 하였다.

225 두예는 "빙문하는 것이다"라 하였다.

226 두예는 "조현하는 것이다"라 하였다.

227 두예는 "회합하는 것이다"라 하였다.

228 두예는 "맹약하는 것이다"라 하였다.

229 이런 빙문과 조현, 회합과 맹약의 수는 『예기·왕제(王制)』의 공영달의 주[소(疏)]에 의하면 가규와 복건은 천자의 법으로 생각하였고, 정현은 어느 조대의 예인지 모른다고 하였으며 최영은(崔靈恩)은 패주를 조현하는 법이라고 하였다. 이곳의 내용 및 두예의 주와 『주례·대행인(大行人)』, 『예기·왕제』의 내용은 모두 부합하지 않는다. 청나라 장총함(張聰咸)의 『변증(辨證)』에서는 "숙상의 말은 대체로 문공과 양공 때의 법을 들어 왕의 제도를 밝히는 것을 기탁하여 말한 것일 따름이다"라 하였다. 그러나 또한 3년 『전』에서 말한 문공과 양공이 패권을 잡았을 때의 제도와도 부합되지 않는다. 『상서·주관(周官)』의 공영달의 주에서는 "숙상이 이 법도를 풍성하게 늘어놓아 제나라 사람을 두렵게 하여 맹약을 하게 한 것으로, 주나라에 이 예법이 없었다면 숙상의 망령된 말로 제나라 사람은 당연히 거절하였을 것이니 무엇을 두려워하여 명을 따르겠는가?"

存亡之道,	존망의 길은
恒由是興.	항상 여기에서 일어났습니다.
晉禮主盟,[230]	진나라는 예에 따라 회맹을 주관하면서
懼有不治,	잘 처리하지 못할까 두려워하며,
奉承齊犧,[231]	결맹의 희생을 받들어
而布諸君,	임금 앞에 펼치면서
求終事也.[232]	일을 끝맺기를 구합니다.
君曰'余必廢之',	임금께서 말씀하시기를 '내 반드시 폐지하겠다' 하셨는데
何齊之有?[233]	무슨 결맹이 있겠습니까?
唯君圖之.	임금님께서는 잘 생각해 보십시오.
寡君聞命矣."	과군은 명을 듣겠습니다.
齊人懼,	제나라 사람이 두려워하며
對曰,	대답하였다.

라 하였다. 그러나 「주관(周官)」은 위고문으로 『좌전』의 소(疏) 및 『상서』의 소(疏)는 모두 공영달이 주편(主編)한 것으로 그 말은 반드시 모두 옳지는 않을 것이며 숙상의 이 말 또한 모두 망령된 것은 아닐 것이다. 다만 고대의 문헌이 결핍되어 확실하게 입증을 하지 못할 따름이다.

230 두예는 "선왕과 선공의 옛 예에 의거하여 제후의 맹약을 주관하는 것이다"라 하였다.

231 제희(齊犧): 재(齋)와 같다. 맹회(盟會)를 제맹(齊盟)이라 하며 성공 11년의 『전』에 보인다. 곧 맹약 때 쓸 희생을 또한 제희(齊犧)라고 한다.

232 그 일로 좋은 효과를 얻기를 구하는 것이다.

233 제(齊): 또한 재(齋)와 같다. 무슨 맹약이 있겠느냐는 말과 같다.

“小國言之,	“소국이 언급하면
大國制之,[234]	대국이 결단을 내리니
敢不聽從?	감히 따르지 않겠습니까?
旣聞命矣,	이미 명을 들었으니
敬共以往,	공경하게 가겠습니다만
遲速唯君.”	지속은 임금의 명만 따르겠습니다.”
叔向曰,	숙상이 말하였다.
“諸侯有間矣,[235]	“제후들 간에 틈이 생겼으니
不可以不示衆.”[236]	여러 사람들에게 보이지 않을 수 없습니다.”
八月辛未,[237]	8월 신미일에
治兵,	군사를 검열하고
建而不旆.[238]	깃발을 세우되 술은 달지 않았다.

234 소국·대국(小國·大國): 소국은 제나라를 자칭하는 것이다. 언(言)은 위의 “무슨 결맹이 있겠느냐”는 것이다. 대국은 진나라를 가리킨다. 제(制)는 재(裁)이고, 결단하는 것이다.

235 간(間): 제후들이 진나라에 싫어하는 틈이 있어서 참된 친목이 아니라는 것이다. 간(間)은 틈이라는 뜻이다.

236 위에서는 “사람들에게 위세를 보인다”라 하였다.

237 신미일은 4일이다.

238 건이불패(建而不旆): 두예는 “정기(旌旗)를 세우되 술을 달지 않은 것이다. 패(旆)는 유(游)이다”라 하였다. 유(游)는 곧 류(旒)로 깃발의 술이다. 마형(馬衡: 1881~1955)의 『범장재금석총고·금석학개요(凡將齋金石叢稿·金石學槪要) 상』에서는 “나는 기물을 하나 얻었는데 몸통은 전동(箭)의 형태로 길이는 1촌 8푼이며 둘레의 직경은 4푼 반인데 속이 비었다. 양쪽 곁에는 작은 구멍이 있어서 못을 베풀 수 있었다. 구멍의 위층에는

壬申,[239] 임신일에

復旆之.[240] 다시 술을 달았다.

諸侯畏之. 제후들이 두려워하였다.

邾人, 莒人旆愬于晉曰, 주나라 사람과 거나라 사람이 진나라에 호소하여 말했다.

"魯朝夕伐我,[241] "노나라가 아침저녁으로 우리를 치니

幾亡矣. 망할 것입니다.

我之不共,[242] 우리나라가 공물을 바치지 못함은

魯故之以."[243] 노나라 때문에 그런 것입니다."

晉侯不見公. 진후는 공을 뵙지 않았다.

매미 날개 문양을 둘렀다. 꼭대기의 평평한 곳에는 빙빙 도는 문양이 있었다. 목 사이에는 장방형의 구리 격자를 꿰었는데 돌릴 수가 있으며 격자 사이에는 또 작은 비녀장을 종으로 꿰어 놓았는데 이는 아마 술의 장식일 것이다. 옛날 정기(旌旗)의 술은 이었다 풀었다 할 수 있었다. 이 기물의 구리 비녀장을 살펴보면 한쪽 끝은 격자 사이에 꿰고 다른 끝은 서로 붙이지 않았다. 술의 끝에는 또한 반드시 하나의 비녀장이 있음을 알 수 있는데 격자 사이에 꿰어서 서로 견고하게 하는 것이다"라 하였다. "建而不旆"라는 것은 깃발을 세우면서 술을 풀어 놓은 것이다. 다시 술을 달지 않은 것은 다만 검열을 하는 것이다.

239 임신일은 5일이다.

240 부패(復旆): 곧 다시 그 술을 단 것이다. 이는 아마 진나라의 선봉의 깃발로 곧 군사력을 쓸 것을 나타낼 것이다. 희공 28년『전』의 "호모가 두 전군을 설치하여 퇴각시켰다(狐毛設二旆而退之)"의 주를 참고하라.

241 조석벌아(朝夕伐我): 늘 우리나라를 친다는 말과 같다.『경』과『전』의 기록에 소공은 이때 다만 운(鄆)을 취하고 경(郠)을 취한 것만 있고 나머지는 기록이 없는데, 소규모의 전투였기 때문일 것이다.

242 공(共): 공(供)과 같다. 공부(貢賦)를 가리킨다.

243 노고지이(魯故之以): 인노지고(因魯之故)라는 말과 같다. 노나라 때문에.

使叔向來辭曰,	숙상에게 와서 말하게 하였다.
"諸侯將以甲戌盟,	"제후들은 장차 갑술일에 맹약하기로 하였으며
寡君知不得事君矣,	과군은 임금님을 섬길 수 없게 되었음을 아오니
請君無勤."[244]	청컨대 임금님께서는 수고를 하시지 마십시오."
子服惠伯對曰,	자복혜백이 대답하여 말하였다.
"君信蠻夷之訴,[245]	"임금님께서 만이의 하소연을 믿고
以絶兄弟之國,	형제의 나라와 단절하시니
棄周公之後,	주공의 후손을 버린다 하더라도
亦唯君.	또한 임금님뿐입니다.
寡君聞命矣."	과군은 명을 듣겠습니다."
叔向曰,	숙상이 말하였다.
"寡君有甲車四千乘在,	"과군에게는 무장한 병거 4천 승이 있으니
雖以無道行之,	법도가 없이 처리한다 하더라도
必可畏也.	반드시 두려워할 만할 것입니다.

---

244 두예는 "겸양적인 말에 의탁하여 노나라를 사절한 것이다"라 하였다. 근(勤)은 수고라는 뜻이다.

245 만이(蠻夷): 두예는 "만이(蠻夷)는 주(邾)나라와 거(莒)나라를 이른다"라 하였다.

況其率道,[246]	하물며 법도를 따른다면
其何敵之有?	어찌 대적할 수 있겠습니까?
牛雖瘠,	소가 아무리 말랐다 하나
僨於豚上,	돼지 위에 쓰러지면
其畏不死?[247]	어찌 죽지 않을 것을 두려워하겠습니까?
南蒯, 子仲之憂,[248]	남괴와 자중의 근심을
其庸可棄乎?[249]	어찌 버릴 수 있겠습니까?
若奉晉之衆,	만약 진나라의 대중을 가지고
用諸侯之師,	제후의 군사를 쓰고
因邾, 莒, 杞, 鄫之怒,[250]	주나라와 거나라, 기나라, 주나라의 분노를 가지고
以討魯罪,	노나라의 죄를 토벌하여
間其二憂,[251]	두 근심을 엿본다면

246 솔(率): 순(循), 곧 좇는다는 뜻이다.

247 두예는 "분(僨)은 넘어지는 것이다"라 하였다. 기(其)는 기(豈)의 뜻으로 쓰였으며 도리어 캐묻는 말이다. 이는 비유하는 말로 마른 소라도 작은 돼지 위에 넘어지면 작은 돼지는 반드시 죽을 것이라는 말이다. 진나라가 비록 쇠약해졌지만 노나라에 공격을 가하면 노나라가 두려워하지 않겠는가라는 뜻이다.

248 12년의 『전』에 보인다.

249 기용(其庸): "其庸"의 두 자는 같은 뜻으로, 기(豈)자와 같다. 두예는 "기(棄)는 잊는다는 뜻과 같다"라 하였다.

250 두예는 "네 나라는 노나라와 가까워 자주 작은 일로 분쟁을 일으켰다. 증나라는 이미 망하였지만 그 백성들은 아직 남아 있으므로 함께 노나라를 협박한 것이다"라 하였다.

251 두예는 "남괴와 자중 두 사람을 근심하고 있는 것을 이용하여 그 틈을 노리는 것이다"

何求而弗克?" 무엇을 구한들 해내지 못하겠습니까?"

魯人懼, 노나라 사람이 두려워하여

聽命.[252] 명을 따랐다.

甲戌, 갑술일에

同盟于平丘, 평구에서 동맹을 하였는데

齊服也.[253] 제나라가 복종을 하였기 때문이다.

令諸侯日中造于除.[254] 제후들에게 정오에 맹약하는 곳으로 가게 하였다.

癸酉,[255] 계유일에

退朝.[256] 조현하고 물러났다.

子産命外僕速張於除,[257] 자산이 외복에게 속히 맹약하는 곳에다 장막을 치게 하였고

子大叔止之, 자태숙은 그것을 막아서

使待明日. 다음 날까지 기다리게 하였다.

及夕, 저녁이 되도록

라 하였다.

252 두예는 "감히 회맹이 참가하지 않은 것이다"라 하였다.

253 두예는 "『경』에서 '동(同)'이라 칭한 까닭이다"라 하였다.

254 제(除): 두예는 "땅을 소제하여 제터(墠)를 만든 것으로, 회맹하는 곳이다"라 하였다.

255 계유일은 6일이다.

256 6일에 진나라를 조현하고 물러났으며, 7일에 맹약하였다.

257 장(張): 장막을 치는 것이다.

子産聞其未張也,	자산은 아직까지 장막을 치지 못하였다는 말을 듣고
使速往,	속히 가보게 하였는데
乃無所張矣.[258]	곧 장막을 칠 곳이 없어졌다.
及盟,	결맹할 즈음
子産爭承,[259]	자산이 공물품의 차서를 쟁론하여
曰,	말하였다.
"昔者天子班貢,	"지난날 천자가 공부의 차서를 정할 때는
輕重以列.[260]	경중을 지위대로 하였습니다.
列尊貢重,	지위가 높으면 공부가 중한 것이
周之制也.[261]	주나라의 제도입니다.
卑而貢重者,	낮은 데도 공부가 중하게 되는 것은
甸服也.[262]	전복입니다.

258 두예는 "땅이 이미 꽉 찬 것이다. 『전』에서는 자산이 매사에 태숙보다 민첩하였다는 것을 말하였다"라 하였다.

259 승(承): 두예는 "승(承)은 공부(貢賦)의 차서이다"라 하였다.

260 반공(班貢)은 공헌의 차서를 정하는 것이다. 반(班)은 차례, 순서라는 뜻이다. 두예는 "열(列)은 작위(爵位)이다"라 하였다. 작위대로 순서를 삼는 것을 말한다.

261 두예는 "공과 후는 땅이 넓기 때문에 공부로 바치는 것이 많다"라 하였다.

262 두예는 "전복(甸服)은 천자의 왕기 내에서 공부를 바치는 자이다"라 하였다. 『시경·상송·현조(商頌·玄鳥)』에 "나라의 왕기는 천 리(邦畿千里)"라 하였으며, 『예기·왕제(王制)』에서는 "천 리의 안을 전(甸)이라 한다"라 하였다. 그러므로 전복은 왕기 안에 있다. 「우공(禹貢)」에서는 "5백 리가 전복이다"라 하여 「왕제(王制)」와는 다르다.

鄭伯, 정백은

男也,[263] 남복이니

---

263 이 말에 대해서는 고금의 해석이 매우 많다. 『공양전』 환공 11년의 『전』에서는 "춘추시대에는 백·자·남(伯·子·男)의 서열이 마찬가지여서 말에 폄하하는 것이 없다"라 하였다. 하휴는 "춘추시대에는 주대의 문(文)을 바꾸어 은나라의 바탕을 따라 백·자·남을 합쳐서 하나로 하였다"라 하였다. 그러나 『맹자·만장(萬章) 하』에서는 "천자가 1위(位)이고 공이 1위이며, 후가 1위, 백이 1위이고, 자·남이 1위이다"라 하였다. 은상(殷商)의 복사에는 백·자·남이 동위라는 말이 보이지 않으니 이 말은 믿을 수가 없다. 『시경·정보(鄭譜)』의 『소(疏)』에서는 제자들이 엮은 정현(鄭玄)의 언행록 『정지(鄭志)』를 인용하여 조상(趙商)에게 답하기를 "이 정백남(鄭伯男)이라는 것은 남작이 아니라 곧 기내(畿內)의 자남(子男)이다. 정나라에 앞서 왕성에서 기내의 제후였다. 비록 작위는 후백이지만 주나라의 옛 풍속은 모두 자남의 땅을 식읍으로 하였기 때문에 정백남이라고 한 것이다"라 하였다. 이것이 또 하나의 설이지만 공영달은 반박하여 "만약 서정(西鄭) 때 자남의 땅을 식읍으로 하였다면 지금은 대국일 것이니 마땅히 공부가 중할 것이 분명하다. 자산은 상세의 나라가 작아서 지금의 공부가 중하다고는 말할 수 없을 것이다"라 하였으니, 이 설 또한 믿을 것이 못 된다. 「주어(周語) 중」에서 부진(富辰)은 "정백남은 왕이 낮게 여긴 것으로 존귀하지 않은 것이 아니다"라 하였다. 청나라 유태공(劉台拱)의 『국어보교(國語補校)』에서는 "남(南)은 남(男)과 통한다"고 하였다. 위소(韋昭)는 "자산이 공부에 대하여 논쟁하여 '작위가 낮은 데도 공부가 중하게 되는 것은 전복입니다. 정백은 남복이니 공후의 공부를 따르게끔 한다면 그대로 대지 못할까 두렵습니다'라 하였다. 이것을 가지고 말하건대 정나라가 남복(南服)에 있음은 분명하다. 주공(周公)이 비록 토지의 제도를 만드는 중에 구복을 설치하였지만 강왕(康王)에 이르러 서쪽의 호경(鎬京)으로 천도하고 난 후부터는 쇠미해지고 토지도 줄어들었으며 거복(車服)이 바뀌었으므로 정나라는 남복(南服)에 있게 되었다"라 하였다. 『주례·하관·직방씨(夏官·職方氏)』에는 구복이 있는데 후복(侯服), 전복(甸服), 남복(男服), 채복(采服), 위복(衛服), 만복(蠻服), 이복(夷服), 진복(鎭服), 번복(藩服)이라고 한다. 왕기로부터 천 리 바깥은 매 5백 리마다 차례대로 구별하였다. 복(服)은 천자에게 복종하여 섬기는 것을 이른다. 손이양(孫詒讓)의 『정의(正義)』에서는 "채복 이내는 『서경·우공(禹貢)』의 오복(五服)의 리(里) 수와 같으며 복의 명칭은 다르다"라 하였다. 이 설이 비록 꼭 정확하다고는 할 수 없지만 그래도 여러 설에 비하여서는 원만하게 통한다. 『상서(尙書)』의 「강고(康誥)」와 「주고(酒誥)」, 「소고(召誥)」, 「고명(顧命)」 및 주공자명보준(周公子明保尊)에 모두 "후전남(侯甸男)"이나 "후전후(侯田〔甸〕侯)"가 있는 것으로 증명하건대 제후를 분류하는 것이 서주의 역사적 사실임을 충분히 알 수 있다. 주희(朱熹)의 문집 권37 「정가구에게 답함(答程可久書)」과 청나라 좌훤(左暄)의 『삼여우필(三餘偶筆)』 권6 「제후칭왕칭공(諸侯稱王稱公)」에서는 모두 정나라가 스스로 작위를 깎아 내렸다고 하였는데 실로 통할 수가 없다. 청나라 유월(兪樾)의 『춘재당전서·경과속편(春在堂全書·

而使從公侯之貢,	공후의 공부를 따르게끔 한다면
懼弗給也,[264]	그대로 대지 못할까 두렵사오니
敢以爲請.	감히 청합니다.
諸侯靖兵,[265]	제후들이 전쟁이 그치고
好以爲事.[266]	우호를 일삼고 있습니다.
行理之命無月不至,[267]	사자의 명이 이르지 않는 달이 없고
貢之無藝,[268]	공부가 끝이 없어
小國有闕,	소국이 빠뜨리는 일이 있게 되니
所以得罪也.	죄를 얻게 되는 까닭입니다.
諸侯修盟,	제후가 맹약을 닦는 것은
存小國也.	소국을 보존하기 위함입니다.

經課續篇) 하』의 「정백칭남해(鄭伯稱男解)」에서는 "정나라는 선왕(宣王) 때 처음으로 봉하여졌을 것이며 남작에 머물렀고, 유왕(幽王) 때에 이르러서야 비로소 백작이 내려졌다. ……"라 하였는데 실로 근거가 없다. 유월(兪樾)의 『고서의의거례·인차급피례(古書疑義擧例·因此及彼例)』에서는 왕숙(王肅)의 설을 들어 "정나라는 백작인데 남작과 이어서 말하였다" 하였고, 남(男)은 "안을 충족시키는 말"이라 하였는데 뜻도 없으며 더욱 믿을 만하지 못하다. 범문란(范文瀾: 1893~1969)의 『중국통사간편(中國通史簡編)』에서는 "후, 전, 남, 위는 외복(外服)을 말하며, 정나라는 백작의 나라로 외복에 있었다"라 하였다.

264 급(給): 충족하다는 뜻이다. 이 수를 충족시킬 수 없을 것이라는 말이다.

265 정(靖): 두예는 "정(靖)은 그치는 것이다"라 하였다.

266 우호를 일삼는다는 말이다.

267 행리(行理): 행려(行旅)라고도 하며, 사인(使人)이라는 뜻이다. 진나라의 사인(使人)이 와서 공부를 재촉하는 명이 이르지 않는 달이 없다는 것이다.

268 복건은 "예(藝)는 끝이라는 뜻이다"라 하였다. 곧 아래의 "공헌 물품이 끝이 없다"는 것이다.

貢獻無極,	공헌 물품이 끝이 없어서
亡可待也.[269]	망할 날을 기다릴 만합니다.
存亡之制,	존망의 제도가
將在今矣."	여기에 있게 될 것입니다."
自日中以爭,	정오부터 쟁론을 하여
至于昏,	해 질 녘이 되어서야
晉人許之.	진나라 사람의 허락이 떨어졌다.
旣盟,	맹약을 맺자
子大叔咎之曰,	자태숙이 꾸짖어 말하였다.
"諸侯若討,	"제후들이 토벌하려 든다면
其可瀆乎?"[270]	어찌 깔볼 수 있겠는가?"
子産曰,	자산이 말하였다.
"晉政多門,[271]	진나라의 국정은 여러 집안에서 나와

269 대국이 소국에게 바라는 것이 끝이 없으니 소국이 망할 날이 곧 닥칠 것이라는 말이다.

270 기(其): 기(豈)자의 뜻으로 쓰였다.
독(瀆): 두예는 "쉽게 여기는 것이다"라 하였다. 공영달은 "가볍고 쉽게 여기는 것(輕易)"으로 해석하였다. 장병린(章炳麟)의 『춘추좌전독(春秋左傳讀)』에서는 "독(瀆)은 속(贖)의 가차이다. 진나라가 제후를 거느리고 죄를 토벌한다면 공부를 더해서 뇌물로 바쳐도 지금의 죄를 속죄할 수 있겠느냐는 것이다"라 하였다. 양수달(楊樹達)의 『독좌전(讀左傳)』에서 "독(瀆)은 따져 가며 공경하지 않은 것을 말한다. 이 구절의 뜻은 제후가 진나라의 토벌을 받는다면 그대가 어찌 이 모욕을 따져 가며 다투겠는가라는 것이다." 이 세 가지 설 가운데 그래도 두예와 공영달의 설이 비교적 낫다.

271 두예는 "정치가 하나의 가문에서 나오지 않는 것이다"라 하였다.

貳偸之不暇,	일치되지 않고 구차하여 한가할 겨를이 없으니
何暇討?[272]	어찌 토벌할 겨를이 있겠습니까?
國不競亦陵,	국가 간에 경쟁을 하지 않으면 또한 능멸을 당할 것이니
何國之爲?"[273]	어찌 나라가 될 수 있겠습니까?"
公不與盟.[274]	공은 맹회에 참가하지 않았다.
晉人執季孫意如,	진나라 사람이 계손의여를 붙잡아
以幕蒙之,[275]	천막의 베로 그를 덮어 놓고
使狄人守之.	적인에게 그를 지키게 하였다.
司鐸射懷錦,[276]	사탁인 역이 비단을 품고
奉壺飮冰,[277]	마실 얼음을 담은 병을 받들고

---

272 정치가 여러 집안에서 나와 일치하지 않았으므로 일치되지 않았다(貳)고 한 것이다. 투(偸)는 구차하다는 뜻이다. 이 구절의 뜻은 진나라의 정치가 일치하지 않고 구차하며, 이와 같으면 한가할 겨를이 없고 더욱이 출병할 겨를은 없다는 것이다.

273 두예는 "경쟁하지 않으면 남의 업신여김을 당하여 나라가 되지 않는다는 것이다"라 하였다.

274 진나라가 주(邾)나라와 거(莒)나라의 소청(訴請)을 믿고 노나라를 맹회에 참가하지 못하게 한 것이다.

275 두예는 "몽(蒙)은 싸는 것이다"라 하였다. 요내(姚鼐)의 『보주(補注)』에서는 "아마 진나라는 행군 중이라 옥이 없었으므로 천막으로 막아 옥으로 사용한 것이며 그를 쌀 필요까지는 없었을 것이다"라 하였다.

276 사탁역(司鐸射): 두예는 "노나라의 대부이다"라 하였다. 사탁(司鐸)은 관직 이름일 것이며 그 관서 또한 사탁이라 하였다. 애공 3년에 "사탁 화(司鐸火)"라는 말이 있는데, 두예는 "관직 이름"이라 한 것으로 알 수 있다.

277 빙(冰): 두 가지 설이 있다. 두예는 "빙(冰)은 전통(箭筒)의 뚜껑으로 물을 떠 마실 수 있다"라 하였는데 사실 빙은 곧 화살 통으로 곧 붕(掤)의 가차자이다. 『시경·정풍·대숙

以蒲伏焉.[278]	그리 기어갔다.
守者御之,[279]	지키는 자가 그를 막아
乃與之錦而入.	이에 그에게 비단을 주고 들어갔다.
晉人以平子歸,	진나라 사람이 평자를 데리고 돌아가자
子服湫從.[280]	자복추가 좇아갔다.
子產歸,	자산이 돌아가던 중에
未至,	채 이르지 못하여
聞子皮卒,	자피가 죽었다는 말을 듣고
哭,	울면서
且曰,	또 말하였다.

우전(鄭風·大叔于田)」에 "전통 뚜껑 풀었다네(抑釋掤忌)"라는 구절이 있는데, 『광아·석기(廣雅·釋器)』에서는 "붕(掤)은 화살을 넣어 두는 것이다"라 하였다. 25년 『전』에서는 "공의 무리가 갑옷을 벗고 전통을 잡고(釋甲執冰) 웅크리고 앉았다"라 하였는데, 빙(冰)은 곧 붕(掤)이다. 곽말약(郭沫若)의 『양주금문사대계고석(兩周金文辭大系考釋)』에서는 또한 "효보궤(效父簋)의 명(銘)에서는 '왕께서 효보에게 얼음〔仌〕 세 개를 내리심을 아름답게 여겼다'라 하였는데, 붕(掤)과 빙(冰)은 사실 포(葡)의 음이 변한 것으로 '포(葡)'자는 전적에 '복(箙)'자로 많이 되어 있으며 또한 거의 '복(服)'자로 많이 생략하였다"라 하였다. 명나라 육찬(陸粲)의 『좌전부주(左傳附註)』에서는 "이해 여름에는 6월이 되었는데 진나라 사람이 계손을 장막으로 덮어 두었으므로 그 더위를 견디지 못하여 얼음을 마시게 한 것으로 전통으로 보아서는 안 된다"라 하였는데 이 또한 일리가 있다.

278 포복(蒲伏): 곧 포복(匍匐)으로 기어가는 것을 말하며, 남들에게 발각되어 저지당할 것을 두려워하는 것이다.

279 어(御): 어(禦)와 같다. 막는 것이다.

280 추(湫): 곧 3년 『전』의 "초(椒)"로 추(湫)와 초(椒)는 고음이 서로 가까워 통하여 쓸 수 있었다. 두예는 "추는 자복혜백(子服惠伯)으로 따라서 진(晉)나라에 간 것이다"라 하였다.

"吾已!	"나는 이제 끝났다!
無爲爲善矣.[281]	선한 일을 하도록 도와주는 사람이 없으니.
唯夫子知我."	부자만이 나를 알아주었는데."
仲尼謂子產,	중니가 자산에 대하여 말하였다.
"於是行也,	"이번 행보로
足以爲國基矣.	족히 나라의 기틀을 다졌도다.
詩曰,	『시』에서 말하기를
'樂只君子,	'즐겁도다, 군자여
邦家之基.'[282]	나라의 기틀이라네'라 하였는데
子產,	자산은
君子之求樂者也."	군자로 즐거움을 구한 자이다."
且曰,	또한 말하였다.
"合諸侯,	"제후를 규합하여
藝貢事,	공부의 일을 제정하였으니
禮也."[283]	예에 맞았다."

281 무위(無爲): 청나라 심동(沈彤)의 『소소(小疏)』에서는 "무위(無爲)는 돕는 것이 없는 것이다. 내가 선한 일을 하도록 도와주는 사람이 없다는 말이다"라 하였다.

282 『시경·소아·남산유대(小雅·南山有臺)』의 구절이다. "樂只君子"는 도치구로 곧 "君子樂只"이며, 지(只)는 어미조사로 의미가 없다. 군자가 즐거워하는 까닭은 국가의 근기(根基)가 될 수 있기 때문이다.

283 예공사(藝貢事): 곧 패주(霸主)에게 바칠 공물의 한도를 제정하여 끝없이 탐하여 요구

鮮虞人聞晉師之悉起也,[284] 선우 사람이 진나라 군사가 모두 일어났다는 말을 듣고

而不警邊, 변경을 경계하지 않고

且不修備. 또 보수하지도 대비하지도 않았다.

晉荀吳自著雍以上軍侵鮮虞,[285] 진나라 순오가 저옹에서 상군을 가지고 선우를 침공하여

及中人,[286] 중인에 이르러

驅衝競,[287] 충거를 몰아 다투어

大獲而歸.[288] 대대적으로 포로를 잡아 돌아갔다.

楚之滅蔡也, 초나라가 채나라를 멸하였을 때

靈王遷許, 胡, 沈, 道, 房, 申於荊焉.[289] 영왕이 허와 호, 침, 도, 방, 신을 형으로 옮겼다.

하는 것을 막은 것이다.

284 두예는 "5년『전』에서는 남아서 지키는 자가 4천이라고 하였는데 지금은 무장한 병거가 4천 승이므로 모두 일어났다고 한 것이다"라 하였다.

285 저옹(著雍): 양공 10년의『전』과『주』에 보인다.

286 중인(中人): 지금의 하북 당현(唐縣) 서북쪽 13리 지점이다.

287 구충경(驅衝競): 두예는 "충거를 몰아 적(狄)과 쟁축(爭逐)한 것이다"라 하였다.『여씨춘추·소류(召類)』편의 고유(高誘)의 주석에서는 "충거는 적의 군대와 충돌하여 함락시키게 깨뜨리는 것이다"라 하였다.

288 두예는 "15년에 진나라가 선우를 친 일을 미리 제기한 것이다"라 하였다.

289 두예는 "채나라를 멸한 일은 11년에 있었다. 허와 호, 침은 작은 나라이다. 도와 방, 신은 모두 옛 제후인데 초나라가 멸하여 읍으로 삼았다"라 하였다. 허나라를 이(夷)로 옮긴 것은 소공 9년의『경』의『전』및『주』에 보인다. 평왕이 그렇게 하기는 했으나 실은 영왕이 명한 것이다. 호나라는 귀(歸)성으로 옛 나라는 지금의 안휘 부양시(阜陽市) 및

平王卽位,	평왕이 즉위하자
旣封陳, 蔡,	진나라와 채나라를 봉하고
而皆復之,	모두 복귀시켜 주었는데
禮也.	예에 맞았다.
隱大子之子廬歸于蔡,	은태자의 아들 여를 채나라로 돌려보냈는데
禮也.[290]	예에 맞았다.
悼大子之子吳歸于陳,	도태자의 아들 오를 진나라로 돌려보냈는데
禮也.[291]	예에 맞았다.

冬十月,	겨울 10월에
葬蔡靈公,	채나라 영공을 장사 지냈는데
禮也.[292]	예에 맞았다.

부양현에 있다. 침(沈)은 희(姬)성으로 옛 나라는 지금의 하남 침구현(沈丘縣) 동남쪽 침구성, 곧 안휘 부양시 서북쪽에 있다. 또한 문공 3년 『경』의 『주』에 보인다. 도(道)는 희공 5년의 『전』과 『주』에 보인다. 방(房)은 옛 나라로 지금의 하남 수평현(遂平縣) 치소에 있다. 신(申)은 강(姜)성으로 옛 나라는 지금의 하남 남양시(南陽市) 북쪽에 있다. 형(荊)은 초나라이다.

290 두예는 "은태자는 태자유(太子有)이다. 여는 채평후(蔡平侯)이다"라 하였다. 이때 채나라는 이미 신채(新蔡)에 도읍하였으며, 곧 지금의 하남 신채현인데 『전』에서는 기록하지 않았다.

291 두예는 "도태자는 언사(偃師)이다. 오는 진혜공(陳惠公)이다"라 하였다.

292 두예는 "나라를 회복하여 예를 갖추어 장사 지냈다"라 하였다.

公如晉.	공이 진나라로 갔다.
荀吳謂韓宣子曰,	순오가 한선자에게 일러 말하였다.
“諸侯相朝,	“제후끼리 서로 조현하는 것은
講舊好也.[293]	옛 우호를 다지기 위함입니다.
執其卿而朝其君,	그 경을 잡아 두고 그 임금을 조현하는 것은
有不好焉,	우호적이지 못하니
不如辭之.”	사절함만 못합니다.”
乃使士景伯辭公于河.[294]	이에 사경백으로 하여금 황하에서 사절토록 했다.

吳滅州來,[295]	오나라가 주래를 멸하자
令尹子旗請伐吳.	영윤 자기가 오나라를 칠 것을 청했다.
王弗許,	왕은 허락하지 않고
曰,	말하였다.

293 강습(講習): 강(講)은 습(習)과 같다. 강습(講習)은 심온(尋溫), 곧 다지는 것과 같은 뜻이다.

294 두예는 “경백은 사문백(士文伯)의 아들 미모(彌牟)이다”라 하였다.

295 주래는 성공 7년『경』의『주』에 보인다. 양공 13년의『전』에서는 “큰 군사를 쓰는 것을 멸(滅)이라 한다”라 하였다.

"吾未撫民人,	"내 아직 백성들을 어루만지지도 못했고
未事鬼神,	귀신을 섬기지도 못하였으며
未修守備,	지키어 갖춤을 닦지도 못하였고
未定國家,	미처 나라를 안정시키지도 못하였는데
而用民力,	백성의 힘을 써서
敗不可悔.	실패하면 뉘우칠 수 없을 것이다.
州來在吳,	주래가 오나라에 있는 것은
猶在楚也.	초나라에 있는 것과 같다.
子姑待之."	그대는 잠깐만 기다리라."

季孫猶在晉,	계손이 아직 진나라에 있는데
子服惠伯私於中行穆子曰,	자복혜백이 몰래 중항목자에게 말하였다.
"魯事晉,	"노나라가 진나라를 섬기는데
何以不如夷之小國?[296]	어찌 오랑캐의 작은 나라만 못하였습니까?
魯,	노나라는

296 이지소국(夷之小國): 주(邾)나라와 거(莒)나라를 이른다.

兄弟也,[297]	형제의 나라이며
土地猶大,	영토도 오히려 커서
所命能具.[298]	명하는 공부도 갖출 수 있습니다.
若爲夷棄之,	만약 오랑캐 때문에 내버려
使事齊, 楚,[299]	제나라와 초나라를 섬기게 한다면
其何瘳於晉?[300]	진나라에 나을 게 무엇이겠습니까?
親親, 與大,[301]	친할 나라와 친하게 지내고 큰 나라를 도우며
賞共, 罰否,	공부를 바치면 상을 주고 그렇지 않으면 벌을 주는 것이
所以爲盟主也.	맹주가 되는 까닭이니
子其圖之![302]	그대는 잘 생각해 보십시오!
諺曰,	속담에서 말하기를

---

297 노나라와 진나라는 함께 주문왕에게서 나왔으므로 형제의 나라라고 한 것이다.

298 진나라가 명한 공부를 모두 갖출 수 있다는 말이다.

299 제나라를 섬기거나 초나라를 섬기는 것이다.

300 추(瘳): 두예는 "추(瘳)는 차도(差)이다"라 하였다. 차(差)는 병이 조금씩 나아 차도가 있는 것이다. 이 구절의 뜻은 제나라와 초나라를 섬기는 것이 진나라를 섬기는 것보다 못하지 않다면 진나라에 무슨 장점이 있겠느냐는 것이다. 『설문』에서 "추는 병이 낫는 것이다"라 하였다. 여기서는 다만 낫다는 뜻만 있다.

301 친친(親親): 당연히 친하게 지내야 할 형제의 나라와 친하게 지내고 영토가 더 큰 나라를 돕는다는 것이다.

302 두예는 "한 신하에게는 반드시 두 왕이 있으니 도가 합치되지 않으면 떠나 다른 나라를 섬기게 된다는 것이다"라 하였다.

'臣一主二.'	'신하는 하나인데 임금은 둘이다'라 하였으니
吾豈無大國?"[303]	내 어찌 큰 나라가 없겠습니까?"
穆子告韓宣子,	목자가 한선자에게 알리고
且曰,	또한 말하였다.
"楚滅陳, 蔡,	"초나라가 진나라와 채나라를 멸할 때
不能救,	구원할 수 없었으며
而爲夷執親,	오랑캐를 위하여 친한 사람을 붙잡았으니
將焉用之?"[304]	장차 어디에 쓰겠습니까?"
乃歸季孫.	이에 계손을 돌려보냈다.
惠伯曰,	혜백이 말하였다.
"寡君未知其罪,	"과군께서는 그 죄를 알지 못하며
合諸侯而執其老.[305]	제후를 회합하여 노산을 잡았습니다.
若猶有罪,[306]	만약 죄가 있다면
死命可也.[307]	죽으라는 명도 괜찮습니다.

303 두예는 "진나라만 섬길 만하다는 것이 아니라는 말이다"라 하였다.
304 쓸모가 없다는 말이다.
305 노(老): 계손(季孫)을 가리키며 제후의 경 또한 노(老)라 일컫는다.
306 약유(若猶): 유(猶)는 약(若)과 같다. 약유(若猶)는 동의사가 연용된 것이다.

若曰無罪而惠免之,	만약 죄가 없는데도 은혜로이 사면해 주신다면
諸侯不聞,	제후들은 듣지 못하여
是逃命也,	이는 명에서 달아나는 것이니
何免之爲?[308]	어떻게 사면했다 하겠는가 할 것입니다.
請從君惠於會."[309]	청컨대 회합에서 임금께서 은혜를 베푸심을 따르겠습니다"
宣子患之,[310]	선자가 그것을 근심하여
謂叔向曰,	숙상에게 말하였다.
"子能歸季孫乎?"[311]	"그대는 계손을 돌려보낼 수 있겠는가?"
對曰,	대답하였다.
"不能.	"할 수 없습니다.
鮒也能."	양설부는 할 수 있습니다."
乃使叔魚.[312]	이에 숙어를 시켰다.

---

307 두예는 "진(晉)나라의 명에 죽는 것이다"라 하였다.

308 사면 받지 못하였다는 말이다.

309 두예는 "맹회에서 보내어지고자 하고 사사로이 가고자 하지 않은 것이다"라 하였다.

310 진나라가 노나라와의 맹약을 허락한 후에 계손을 돌려보내 제후에게 고한다면 다만 스스로 계손을 잡은 것이 그르다는 것을 인정할 뿐이 아니라는 것이다.

311 귀계손(歸季孫): 계손으로 하여금 노나라에 돌아가게 하는 것이다. 귀(歸)는 여기서 사동(使動) 용법으로 쓰였다. 지금 진나라는 계손을 돌려보내려 하는데 자복혜백(子服惠伯)은 맹회를 얻은 후에 돌려보내려 하는 것이다.

叔魚見季孫,[313]	숙어는 계손을 보고
曰,	말하였다.
"昔鮒也得罪於晉君,[314]	"옛날에 제가 진나라 임금에게 죄를 얻어
自歸於魯君,[315]	스스로 노나라 임금께 귀의했을 때
微武子之賜,	무자가 은사가 아니었다면
不至於今.[316]	오늘에 이르지 않았을 것입니다.
雖獲歸骨於晉,	비록 뼈가 진나라로 돌아오게 되었으나
猶子則肉之,[317]	그대는 살을 붙였으니
敢不盡情?	감히 마음을 다하지 않겠습니까?
歸子而不歸,[318]	그대를 돌려보내려는데 돌아가지 않으니
鮒也聞諸吏,	제가 관리에게 듣건대

312 숙어(叔魚): 곧 부(鮒)이다.

313 계손을 찾아가 본 것이다.

314 두예는 "아마 양공 21년 숙호(叔虎)와 난씨(欒氏)의 당파에 연좌되어 함께 죄를 얻은 것일 것이다"라 하였다.

315 두예는 "아마 양공 21년 숙호(叔虎)와 난씨(欒氏)의 당파에 연좌되어 함께 죄를 얻은 것일 것이다"라 하였다.

316 무자(武子): 계무자(季武子)로 계평자(季平子)의 조부이다.

317 그 조부가 실로 진나라에 반기를 들게 하였는데 그 조부에게 감은함이 손자에게까지 미쳐 평자가 그로 하여금 다시 살아나게 하였다는 말이다.

318 진나라는 그대를 노나라에 돌려보내고 싶어 하는데 그대는 가려 하지 않는다는 말이다.

將爲子除館於西河,[319]	장차 그대를 위하여 서하의 관을 소제한다 하니
其若之何?"	그것을 어찌하겠습니까?"
且泣.[320]	또한 눈물을 흘렸다.
平子懼,	평자는 두려워하여
先歸.	먼저 돌아갔다.
惠伯待禮.[321]	혜백은 예를 기다렸다.

소공 14년

經

十有四年春,[1]	14년 봄에
意如至自晉.	의여가 진나라에서 돌아왔다.

---

319 서하(西河): 지금의 섬서 대려현과 화음현 일대로 화하의 서쪽에 있다. 『예기·단궁(檀弓) 상』에서는 자하(子夏)는 물러나 서하의 가에서 늙었으며, 전국시대 위(魏)나라에 서하(西河)라는 땅이 있는데 오기(吳起)가 서하수가 된 것이 바로 이곳이다. 청나라 무억(武億)의 『좌전의증(左傳義證)』에서는 "서하는 진나라의 서쪽 변경으로 노나라와는 더욱 멀어 아래에서는 '평자가 두려워하였다'라 하였는데, 그 멂을 두려워한 것이다"라 하였다. 제(除)는 수리한다는 뜻이다. 이 구절은 서하에 거주하게 한다는 말과 같다.

320 심흠한(沈欽韓)의 『보주(補注)』에서는 "『공총자·유복(孔叢子·儒服)』편에서는 '크게 간사한 사람은 스스로 믿어서 운다'라 하였으므로 평자는 사실이라고 믿은 것이다."

321 두예는 "보내지는 예를 기다린 것이다"라 하였다.

1 십사년(十四年): 계유년 B.C. 528년으로 주경왕(周景王) 17년이다. 동지가 정월 25일 경신일로 건자(建子)이다.

三月,	3월에
曹伯滕卒.[2]	조백 등이 죽었다.
夏四月.	여름 4월이다.
秋,	가을에
葬曹武公.[3]	조나라 무공을 장사 지냈다.
八月,	8월에
莒子去疾卒.[4]	거자거질이 죽었다.
冬,	겨울에
莒殺其公子意恢.	거나라가 그 공자 의회를 죽였다.

傳

十四年春,	14년 봄에
意如至自晉,	의여가 진나라에서 돌아왔다고 하였으니
尊晉, 罪己也.[5]	진나라를 높이고 우리나라에게 죄를 돌린 것이다.

---

2 『전』이 없다.

3 『전』이 없다.

4 『휘찬(彙纂)』에서는 "재위 기간은 14년이었다. 아들 교공(郊公)이 이었다"라 하였다.

5 이는 『경』에서 "계손여의(季孫如意)"라 기록하지 않고 다만 "여의(如意)"라고만 기록한 데 대한 해석이다. 두예는 "족(族)을 버려두고 기록하지 않은 것이 진나라를 높이고 자기를 죄준 것이다"라 하였다. 오개생(吳闓生)의 『문사견미(文史甄微)』에서는 "이 또한 한 가지 일에 거듭 보이는 항구적인 예이다"라 하였다.

尊晉, 罪己,	진나라를 높이고 우리나라에게 죄를 돌린 것은
禮也.	예의에 합당하다.

南蒯之將叛也,	남괴가 반란을 일으키려 할 때
盟費人.[6]	비읍 사람과 결맹하였다.
司徒老祁, 慮癸僞廢疾,[7]	사도 노기와 여계가 발병을 가장하여
使請於南蒯曰,	남괴에게 청하게 하여 말하였다.
"臣願受盟而疾興.	"신은 맹약을 받아들이려고 했는데 병이 났습니다.
若以君靈不死,	그대의 덕택으로 죽지 않는다면

---

6 비읍의 관련 있는 여러 관리들과 맹세하여 마음을 합하여 계씨를 반대하려는 것이다.

7 공영달은 두예의 『세족보(世族譜)』를 인용하여 사도 노기가 한 사람이라고 하였다. 사도를 복건은 성(姓)이라 하였고, 마종련(馬宗璉)의 『보주(補注)』에서는 "이 사도는 아마 소사도일 것이며 계씨의 가신이 된 갓이다"라 하였는데 또한 근거가 있다. 여계는 또 다른 사람이다. 마종련은 또 "노기와 여계 두 사람은 모두 사도일 것이다"라 하였다. 두 사람을 복건은 모두 계씨의 가신이라 하였고, 두예는 "남괴의 가신"이라 하였는데 복건의 설을 따라야 한다. 두예는 아래에서 두 사람이 남괴에게 신(臣)으로 일컬었기 때문에 "남괴의 가신"이라고 하였다. 고염무(顧炎武)의 『보정(補正)』에서는 "남괴에게 청하기를 또한 신(臣)이라 한 것은 옛사람들의 겸사(謙辭)일 따름이다. 『사기·고조본기(高祖本紀)』 장안(張晏)의 주에서 '옛사람들은 서로 이야기를 할 때 자칭 신이라 하는 것이 많다'라 하였다"라 하였는데 이 설이 옳다. 유월(兪樾)의 『평의(平議)』에서는 "'廢'는 '발(發)'로 읽어야 한다. '僞廢疾'이라는 것은 거짓으로 병이 일어났다고 말하는 것이다. 아래에서 '臣願受盟而疾興'이라 하였는데 흥(興) 또한 발(發)의 뜻이다. 폐질(廢疾)이라고 한다면 고질병인데 어찌 즉시 쾌유가 되어 이에 '조금 있다가 결맹할 것을 청한다'고 말할 수 있겠는가?"라 하였는데, 이 설이 옳다.

請待間而盟."[8]	조금 있다가 결맹할 것을 청합니다."
許之.	허락하였다.
二子因民之欲叛也,	두 사람은 백성 가운데 배반하려는 사람들에 의지하여
請朝衆而盟.[9]	무리들에게 결맹을 청하였다.
遂劫南蒯曰,	마침내 남괴를 겁박하여 말하였다.
"羣臣不忘其君,[10]	"뭇 신하들이 잊지 못하는데도
畏子以及今,	그대를 두려워하여 지금껏 미쳐
三年聽命矣.	3년이나 명을 따르고 있소.
子若弗圖,	그대가 만약 잘 생각하지 않는다면
費人不忍其君,[11]	비읍의 사람들은 임금을 모질게 대하지 못하여
將不能畏子矣.[12]	장차 그대를 두려워하지 않게 될 것입니다.
子何所不逞欲?[13]	그대야 어디서인들 욕망을 채우지 못하겠습니까?

8 간(間): 『논어·자한(子罕)』의 "병이 좀 덜해지다(病間)"의 간(間)과 같으며, 병이 조금씩 낫는다는 것이다.

9 중(衆): 곧 민(民)과 같은 뜻이다. 비성(費城)의 자유민일 것이다.

10 군(君): 두예는 "군(君)은 계씨를 이른다"라 하였다.

11 인(忍): 마음을 모질게 먹는 것을 말한다. 계씨를 모질게 대할 수 없다는 말이다.

12 두예는 "더 이상 그대를 두려워하지 않는다는 것이다"라 하였다.

13 아무 곳에서나 그 바람을 이룰 수 있으니 비읍에 있을 필요가 없다는 말이다.

請送子."[14]	청컨대 전송해 드리겠습니다."
請期五日.[15]	닷새의 말미를 청하였다.
遂奔齊.	마침내 제나라로 달아났다.
侍飮酒於景公.	경공이 술 마시는 자리에서 모셨다.
公曰,	공이 말하였다.
"叛夫!"[16]	"반도로다!"
對曰,	대답하여 말하였다.
"臣欲張公室也."[17]	"신은 공실을 강대하게 하려 했습니다."
子韓晳曰,[18]	자한석이 말하였다.
"家臣而欲張公室,	"가신이 공실을 강대하게 하려 했으니
罪莫大焉."	이보다 더 큰 죄는 없소."
司徒老祁, 慮癸來歸費,[19]	사도 노기와 여계가 와서 비읍을 돌려주자

14 두예는 "전송하여 달아나게 하는 것이다"라 하였다.

15 두예는 "남괴가 말미를 청한 것은 변함이 있기를 바란 것이다"라 하였다.

16 두예는 "놀린 것이다"라 하였다.

17 장(張): 두예는 "장(張)은 강하다는 뜻이다"라 하였다.

18 자한석(子韓晳): 두예는 "제나라 대부이다"라 하였다. 양이승(梁履繩)의 『보석(補釋)』에서는 주씨(周氏)의 『부론(附論)』을 인용하여 "7년 『전』을 보면 제나라에 공손석(公孫奭)이 있는데 자한은 그 자인 것 같다"라 하였다. 장병린(章炳麟)의 『독(讀)』에서는 주씨의 설이 옳다고 하였다.

19 두예는 "노나라에 돌려주었다"라 하였다.

齊侯使鮑文子致之.[20] 제후도 포문자로 하여금 그것을 돌려주게 하였다.

夏, 여름에

楚子使然丹簡上國之兵於宗丘,[21] 초자가 연단으로 하여금 종구에서 상국의 군사를 가려 뽑게 하고

且撫其民. 아울러 그 백성들을 위무하였다.

分貧, 빈민에게는 나누어 주고

振窮,[22] 곤궁한 사람을 구제하였으며,

長孤幼, 어린 고아를 길러 주고

養老疾, 늙고 병든 자를 봉양하였으며,

收介特,[23] 외로이 유리하는 자를 거두고

---

20 비읍은 오랫동안 계씨의 채읍이었는데, 남괴가 비읍을 가지고 계씨를 배반하여 제나라에 바쳤으나 비읍의 사람들이 남괴에게 복종하려 하지 않았으므로 제경공 또한 거짓으로 우호를 보이는 척하고 노나라에 비읍을 돌려주게 하였다.

21 간(簡): 양공 3년『전』에 "선발된 군사였다(爲簡之師)"는 말이 나오는데 두예는 "간은 훈련하여 뽑은 것이다(簡, 選練)"라 하였다. 간련(簡練)이라는 것은 선택하여 다스리는 것으로, 간열(簡閱)과 같은 뜻이다.
상국(上國): 두예는 "상국(上國)은 국도의 서쪽에 있다. 서쪽에 상류가 있기 때문에 상국이라고 하였다"라 하였다. 아래에서 "동국(東國)"이라 한 것은 이 "상국"이니 곧 초나라의 서쪽을 이른 것이다.
병(兵): 모든 모기와 사졸, 병거를 포괄할 것이다.
종구(宗丘): 두예는 "종구는 초나라 땅이다"라 하였다.『휘찬(彙纂)』에 의하면 지금의 호북 자귀현(秭歸縣)에 있을 것이다.

22 두예는 "분(分)은 주는 것이다. 진(振)은 구제하는 것이다"라 하였다.

救災患,	재해를 입은 백성을 구제하였으며,
宥孤寡,[24]	고아와 과부에게는 부세를 관면하였고
赦罪戾,	죄지은 사람을 사면하였으며,
詰姦慝,[25]	간특한 사람을 다스리고
擧淹滯,[26]	오래 정체된 사람들을 등용하였으며,
禮新,[27]	새 거주민은 예우를 하고
敍舊,	원래의 백성들은 공에 따라 포상하였으며,
祿勳,	공이 있는 사람에게는 상을 내리고
合親,[28]	친속들을 화목케 했으며,
任良,	현량한 자를 임용하고

23 개특(介特): 두예는 "개특은 단신으로 다니는 백성이다. 거두어 들여 유랑하여 흩어지지 못하도록 한 것이다"라 하였다. 마종련(馬宗璉)의『보주(補注)』에서는 개특을 걸출한 인재라고 하였는데 아래의 "擧淹滯"와 중복되며 또한 "救災患"과 뜻이 이어지지도 않으므로 믿을 수가 없다.

24 『설문』에서는 "유(宥)는 너그러운 것이다"라 하였다. 그러므로 두예는 "그 부세를 너그러이 봐주었다"고 하였다. 공영달은 "복건은 그 죄를 너그러이 용서해 준다고 하였는데 두예는 아래에 '赦罪戾'가 있으니 이 유(宥)는 죄를 너그러이 용서해 주는 것이 아니며, 따라서 그 부세를 너그러이 해주었다는 것이다"라 하였다.

25 힐(詰): 곧 양공 21년『전』의 "도둑을 다스리다(詰盜)"의 힐(詰)과 같다. 금하여 다스리는 것이다.

26 엄체(淹滯): 두예는 "엄체는 재덕(才德)이 있는데 서용(敍用)되지 못한 자들이다"라 하였다.

27 신(新): 두예는 "신은 기려(羈旅)이다"라 하였다.

28 두예는 "훈(勳)은 공(功)이다. 친(親)은 구족(九族)이다"라 하였다. 곧 공이 있는 사람에게는 상을 내리고, 종족을 화목하게 하는 것이다.

物官.[29]	관리를 물색하였다.
使屈罷簡東國之兵於召陵,[30]	굴파로 하여금 소릉에서 동국의 병사를 가려 뽑게 하여
亦如之.[31]	또한 그렇게 하였다.
好於邊疆.[32]	변경과 우호를 맺고
息民五年,	백성들을 5년 동안 쉬게 하여
而後用師,[33]	그런 다음에 군사를 썼으니
禮也.	예에 맞았다.

秋八月,	가을 8월에
莒著丘公卒,	거나라 저구공이 죽었는데

---

29 물관(物官): 가규(賈逵)는 "물관은 관직을 내릴 만한 자를 헤아리는 것이다"라 하였다. 유월(兪樾)의 『평의(平議)』에서는 "물은 물색(物色)하는 것이다"라 하였다. 물색은 얻기 어려운 인재를 찾는다는 뜻이다.

30 동국(東國): 두예는 "국도의 동쪽에 있는 병사이다"라 하였다. 유월(兪樾)의 「서주책(西周策)」에서는 "초나라로 하여금 동쪽 국도를 할양하여 제나라에 주게 하였다"라 하였는데 후한(後漢)의 고유(高誘)는 "초나라의 동국은 제나라 남쪽 변경에 가까운 것이다"라 하였다.

소릉(召陵): 지금의 하남 언성(郾城縣)현 동쪽 35리 지점에 있다. 또한 희공 4년의 『전』에도 보인다.

31 두예는 "연단과 같이 한 것이다"라 하였다.

32 두예는 "사방의 이웃과 우호를 맺은 것이다"라 하였다. 그러나 17년에 오나라가 초나라를 쳐서 장안(長岸)에서 싸웠으니 초나라가 우호를 맺으려고 하였지만 오나라에게는 그렇게 할 수 없었다.

33 17년 장안의 전역은 평왕(平王)의 본의가 아니었다. 19년이 되어서야 초나라는 비로소 복(濮)에의 출병을 주동하고 주래에 성을 쌓았으니 백성을 5년간 쉬게 한 것이다.

郊公不慼,[34]	교공이 슬퍼하지 않아
國人弗順,	백성들이 그를 불순하게 보아
欲立著丘公之弟庚輿.[35]	저구공의 아우 경여를 우고자 하였다.
蒲餘侯惡公子意恢,	포여후는 공자 의회를 미워하였는데
而善於庚輿,[36]	경여와는 친하였고,
郊公惡公子鐸,[37]	교공은 공자 탁을 미워하였는데
而善於意恢.	의회와는 친하였다.
公子鐸因蒲餘侯而與之謀,	공자 탁이 포여후에 의지하여 그와 모의하여
曰,	말하였다.
"爾殺意恢,	"그대가 의회를 죽이면
我出君而納庚輿."	내 임금을 쫓아내고 경여를 받아들이겠소."
許之.[38]	허락하였다.

34 두예는 "교공은 저구공의 아들이다"라 하였다.

35 여(輿): 본래는 "여(與)"로 되어 있었는데 여기서는 완원(阮元)의 『교감기(校勘記)』 및 가나자와 문고본(金澤文庫本)을 따라 바로잡는다. 두예는 "경여는 거공공(莒共公)이다"라 하였다.

36 두예는 "포여후는 거나라 대부 자부(玆夫)이다. 의회는 거나라의 군(羣)공자이다"라 하였다.

37 두예는 "탁 또한 군공자이다"라 하였다.

38 두예는 "아래의 겨울에 의회를 죽이는 복선이다"라 하였다.

楚令尹子旗有德於王,[39]	초나라 영윤 자기는 왕에게 은덕이 있었는데
不知度,	절도를 알지 못하여
與養氏比,	양씨와 결탁하여
而求無厭.[40]	탐구(貪求)가 끝이 없었다.
王患之.	왕이 이를 근심하였다.
九月甲午,[41]	9월 갑오일에
楚子殺鬪成然,[42]	초자가 투성연을 죽이고
滅養氏之族.	양씨의 종족을 멸하였다.
使鬪辛居鄖,[43]	투신으로 하여금 운에 살게 하여
以無忘舊勳.[44]	옛 공훈을 잊지 않게 하였다.

冬十二月,	겨울 12월에

---

39 두예는 "즉위하는 데 도운 은덕이 있었다"라 하였다. 지난해의 『전』에 상세하다.

40 두예는 "양씨는 자기(子旗)의 도당으로 양유기(養由基)의 후손이다"라 하였다.

41 갑오일은 3일이다.

42 투성연(鬪成然): 만성연(蔓成然)이라고도 하며, 곧 자기(子旗)이다.

43 신(辛): 두예는 "신은 자기의 아들 운공신(鄖公辛)이다"라 하였다.
운(鄖): 11년의 『전』과 『주』에 상세하다.

44 구훈(舊勳): 아마 자기가 즉위하도록 도운 공만을 가리키지는 않을 것이다. 영윤 자문(子文)은 투곡어토(鬪穀於菟)라고 하는데 초나라의 영윤이 된 지 28년이며, 초장왕이 이른바 "자문은 후사가 없으니 어떻게 선을 권하겠는가?"라 한 자이다. 초평왕도 아마 또한 이것을 가리켰을 것이다.

蒲餘侯茲夫殺莒公子意恢. 포여후 자부가 거나라 공자 의회를 죽였다.

郊公奔齊. 교공은 제나라로 달아났다.

公子鐸逆庚輿於齊, 공자 탁이 제나라에서 경여를 맞았는데

齊隰黨, 公子鉏送之, 제나라의 습당과 공자 서가 그를 보내니

有賂田.[45] 전지를 주었다.

晉邢侯與雍子爭鄐田,[46] 형후와 옹자가 축의 땅을 다투었는데

久而無成.[47] 오래도록 가라앉지를 않았다.

士景伯如楚,[48] 사경백이 초나라로 가서

叔魚攝理.[49] 숙리가 대신 다스렸다.

---

45 두예는 "거나라가 제나라에게 전지를 준 것이다"라 하였다.

46 두예는 "형후는 초나라 신공무신(申公巫臣)의 아들이다. 옹자 또한 옛 초나라 사람이다"라 하였다. 마종련(馬宗璉)의 『보주(補注)』에서는 "양공 26년 『전』에서는 '옹자는 진나라로 달아났으며 진나라 사람이 그에게 축을 주었다(雍子奔晉, 晉人與之鄐)'라 하였다. 『설문』에서는 '축(鄐)은 진나라 형후의 읍이다'라 하였다. 옹자와 형후가 축을 공유하였기 때문에 두 사람이 그 경계를 가지고 다툰 것이다. 아래에서는 또 '그 죄가 옹자에게 있었다'라 하였으니 형후가 축의 전지를 겸병하였다는 증거가 된다"라 하였다.

47 성(成): 평(平, 가라앉다)의 뜻이다. 시간이 오래 지났는데도 조정이 이루어지지 않은 것을 말한다.

48 사경백(士景伯): 두예는 "사경백은 진나라의 이관(理官)이다"라 하였다.

49 두예는 "경백을 대신하는 것이다"라 하였다.

韓宣子命斷舊獄,	한선자가 옛 송옥을 심리하도록 명하니
罪在雍子.	죄가 옹자에게 있었다.
雍子納其女於叔魚,	옹자가 그 딸을 숙어에게 들이니
叔魚蔽罪邢侯.[50]	숙어는 형후에게 죄가 있다고 판결하였다.
邢侯怒,	형후는 노하여
殺叔魚與雍子於朝.	조정에서 숙어와 옹자를 죽였다.
宣子問其罪於叔向.	선자가 그 죄를 숙상에게 물었다.
叔向曰,	숙상이 말하였다.
"三人同罪,	"세 사람은 죄가 같으니
施生戮死可也.[51]	산 자는 죽여 시신을 늘어놓고 죽은 자는 육시함이 옳습니다.
雍子自知其罪,	옹자는 그 죄를 잘 알고도
而賂以買直,[52]	뇌물로 승소를 샀으며

50 폐(蔽): 두예는 "폐는 단(斷)의 뜻이다"라 하였다. 『주례·대사구(大司寇)』 정사농(鄭士農)의 주에서는 "폐지(敝之)는 송옥에 대한 판단을 하는 것이다"라 하였다. 폐(敝)와 폐(蔽)는 음이 가까워 통하여 쓴다.

51 「진어 3」에 "진(秦)나라 사람이 기예(冀芮)를 죽여 그 시체를 진열했다(施之)"는 말이 있는데, 위소(韋昭)는 "시체를 늘어놓아 진열하는 것을 시(施)라고 한다"라 하였다.

52 딸을 숙어에게 시집보내어 승소(勝訴)하게 되었으므로 곧은 판결을 샀다고 하였는데, 이는 곧 승소를 구매하였다는 말이다.

鮒也鬻獄,[53] 부는 뇌물을 받고 송옥을 제대로 처리하지 않았고

邢侯專殺, 형후는 멋대로 사람을 죽였으니

其罪一也.[54] 그 죄는 마찬가지입니다.

己惡而掠美爲昏,[55] 자기는 미워하면서 아름다움을 훔치는 것을 혼이라 하고

貪以敗官爲墨,[56] 탐내어 직관을 어그러뜨리는 것을 묵이라 하며

殺人不忌爲賊.[57] 사람을 죽이고도 꺼리지 않는 것을 적이라 합니다.

夏書曰, 「하서」에서 말하기를

'昏, 墨, 賊, '혼과 묵, 적은

殺',[58] 죽인다' 하였는데

皐陶之刑也, 이는 고요의 형법이니

請從之." 청컨대 따르도록 하십시오."

---

53 육옥(鬻獄): 파는 것이다. 사법관이 뇌물을 받고 정리대로 곡직을 판결하지 않는 것을 육옥(鬻獄)이라 한다. 『주서·풍보(周書·酆保)』의 "말을 꾸미고 송옥을 판다(佞說鬻獄)"는 말 또한 이와 같은 뜻이다.

54 그 죄가 서로 같다는 것이다.

55 두예는 "약(掠)은 취하는 것이다. 혼(昏)은 어지러운 것이다"라 하였다.

56 두예는 "묵(墨)은 깨끗하지 않은 것을 일컫는다"라 하였다.

57 두예는 "기(忌)는 두려워하는 것이다"라 하였다. 혼(昏)은 옹자를 말하고, 묵(墨)은 숙어, 적(賊)은 형후를 말한다.

58 두예는 "세 가지는 모두 사형이다"라 하였다. 인용한 「하서」는 진나라 이래로 이미 망실되었다.

乃施邢侯而尸雍子與叔魚於市.[59] 이에 형후를 죽여 시신을 늘어놓고 옹자와 숙어의 시신을 저자에 진열하였다.

仲尼曰, 중니가 말하였다.

"叔向, "숙상은

古之遺直也.[60] 옛사람의 정직한 유풍이 있다.

治國制刑,[61] 나라를 다스림에 형법을 제정하여

不隱於親. 친속을 숨기지 않았다.

三數叔魚之惡, 숙어의 죄악을 세 번 꾸짖어

不爲末滅.[62] 얇아지거나 줄어들지 않게 하였다.

曰義也夫,[63] 도의라 하겠으니

可謂直矣! 곧다 할 수 있겠다.

平丘之會, 평구의 회맹에서는

數其賄也,[64] 그 재물을 탐함을 꾸짖고

---

59 형후는 먼저 죽여 그 시체를 진열하고, 옹자와 숙어는 이미 죽었으므로 다만 시체만 진열하라고 말한 것이다. 「진어 9」에도 이 일이 수록되어 있으며, 『열녀전·양숙희전(羊叔姬傳)』의 마지막 단락에서는 대체로 「진어」의 말을 그대로 쓰고 있다.

60 두예는 "숙상이 정직하여 고인의 유풍이 있다는 말이다"라 하였다.

61 제형(制刑): 또한 나라의 대사를 다스리면서 친속에 대하여 가리어 비호해 주지 않은 것이다.

62 두예는 "말(末)은 얇다는 뜻이다. 감(滅)은 가볍다는 뜻이다"라 하였다.

63 왕인지(王引之)의 『술문』에서는 "'왈(曰)'은 '유(由)'자의 탈오(脫誤)일 것이다. 『공자가어·정론(孔子家語·正論)』편에 이 말이 실려 있는데 바로 '由'자로 되어 있으니 '曰'자는 또한 '由'자가 되어야 하니 필사하는 자가 세로 획 한 획을 빠뜨린 것이다. 유의(由義)는 행의(行義)와 같다"라 하였다.

以寬衛國,	위나라를 너그러이 용서하니
晉不爲暴.	진나라가 포학해지지 않게 하였다.
歸魯季孫,	노나라의 계손을 돌려보내면서
稱其詐也,[65]	그 속임을 일컫고
以寬魯國,	노나라를 너그러이 용서하니
晉不爲虐.	진나라가 잔학해지지 않게 하였다.
刑侯之獄,	형후의 송옥에서는
言其貪也,	그 탐욕을 말하여
以正刑書,	형법을 바로잡았으니
晉不爲頗.[66]	진나라가 치우치지 않게 하였다.
三言而除三惡,	세 번 말하여 세 번 죄악을 없앴으며
加三利.[67]	세 가지 이익을 더하였다.
殺親益榮,[68]	친속을 죽이고 더욱 영예로워졌으니
猶義也夫!"[69]	도의를 행하였기 때문이다!"

---

64 두예는 "재화를 탐하여 만족할 줄 모른다는 것을 말한다"라 하였다. 수(數)는 꾸짖는 것이다.

65 두예는 "부(鮒)가 능력이 있다는 말이다"라 하였다.

66 파(頗): 치우친 것이다.

67 삼언(三言): 세 번 말한 것이다.
삼악(三惡): 두예는 "세 가지 악은 포(暴)·학(虐)·파(頗)이다. 세 가지 악을 없앴으니 세 가지 이익이 더하여진 것이다"라 하였다.

68 살친(殺親): 그의 아우인 숙어(叔魚)가 그의 말 때문에 죽어서도 시체가 진열된 것을 말한다.
익영(益榮): 그의 명성이 더욱 드러나게 된 것을 말한다.

소공 15년

經

十有五年春王正月,[1]	15년 봄 주력으로 정월에
吳子夷末卒.[2]	오자 이말이 죽었다.
二月癸酉,[3]	2월 계유일에
有事于武宮.[4]	무궁에서 제사를 지냈다.
籥入,[5]	약의 음악이 들어올 때
叔弓卒.	숙궁이 죽었다.
去樂,	음악을 없애고

---

69 유(猶): 유(由)의 뜻으로 읽는다. 유의(由義)는 행의(行義), 곧 의를 행하는 것이다.

1 십오년(十五年): 갑술년 B.C. 527년으로 주경왕(周景王) 18년이다. 동지가 2월 초7일 을축일로 실은 건해(建亥)이다. 윤달이 있었는데 8월 후에 있었다.

2 『전』이 없다. "이말(夷末)"은 『공양전』에는 "이매(夷昧)"로 되어 있다. 이말은 여채(餘祭)를 계승하여 즉위하였으니 양공 30년에 즉위하였을 것이며 임금이 된 지 17년이 되었다. 후한(後漢) 조엽(趙曄)의 『오월춘추(吳越春秋)』에서는 여매〔餘昧, 곧 이말(夷末)〕은 즉위 4년 만에 죽었다고 하였는데 믿을 만하지 못하다.

3 계유일은 15일이다.

4 유사(有事): 제사의 통칭(通稱)이다. 『예기·명당위(明堂位)』에 "노공(魯公)의 묘(廟)는 문왕(文王)의 세실(世室)에 해당하고, 무공(武公)의 묘는 무왕의 세실에 해당한다"는 말이 있는데, 정현은 "이 두 묘(廟)는 주나라에 문왕과 무왕의 묘가 있는 것을 본떴다. 세실(世室)이라는 것은 허물지 않는 것을 이른다. 노공은 백금(伯禽)이며, 무공은 백공의 현손으로 이름은 오(敖)이다"라 하였다. 성공 6년에 건축한 무궁(武宮)에 대해서는 별도의 사항이 있으며 그곳의 『주』에 상세하다.

5 약(籥): 공영달은 "제사에는 반드시 음악이 있으며, 음악에는 문무(文舞)와 무무(武舞)가 있다. 문무는 깃털과 피리〔羽籥〕를 잡고, 무무는 방패와 도끼〔干鉞〕을 잡는다. 묘당에 들어설 때는 반드시 먼저 문무를 행하고 무무는 나중에 행한다. 피리가 막 들어올 때 숙궁이 갑자기 죽은 것이다"라 하였다. 숙궁이 갑자기 죽은 것은 아마 지금의 뇌일혈이나 심근경색이었던 것 같다.

卒事.[6]	일을 마쳤다.
夏,	여름에
蔡朝吳出奔鄭.[7]	채나라 조오가 정나라로 달아났다.
六月丁巳朔,	6월 정사일 초하룻날에
日有食之.[8]	일식이 있었다.
秋,	가을에
晉荀吳帥師伐鮮虞.	진나라 순오가 군사를 거느리고 선우를 쳤다.
冬,	겨울에
公如晉.	공이 진나라로 갔다.

傳

十五年春,	15년 봄에
將禘于武公,[9]	무공에게 체제를 지내고자

6 음악을 철거하고 계속 제사를 지내 끝낸 것이다.

7 조오(朝吳): 『공양전』에는 소오(昭吳)로 되어 있고 또한 "출(出)"자가 없다.

8 『전』이 없다. 이는 B.C. 527년 4월 18일의 금환일식이다. 이해는 실은 주력(周曆)으로 12월이 정월인데 주력(周曆)으로 계산을 하면 5월 정사일 초하룻날이 된다. 지난해에는 윤달이 있어야 하는데 윤달이 없었으니 당시의 역법은 실로 그다지 정밀하지가 못하다. 『원사·역지(元史·曆志) 2』에 보인다.

9 고염무(顧炎武)의 『보정(補正)』에서는 "이것은 곧 시체(時禘)로 『예기』(「제의(祭義)」)에서 이른바 '봄의 체제와 가을의 상제(春禘秋嘗)'라 할 때의 체(禘)이며 5년마다 큰 제사를 지내며 조상을 추모하는 체제가 아니다. 25년의 양송의 사당에 체제를 지낸 것과 정공 8년의 희공에게 체제를 지낸 것도 모두 마찬가지이다. 민공 2년 장공에게 길체(吉禘)만은 크게 제사를 지내 소목(昭穆)을 살핀 것으로 체(禘)라고 한다"라 하였다.

戒百官.[10]	백관들에게 알렸다.
梓愼曰,	재신이 말하였다.
“禘之日其有咎乎!	“체제를 지내는 날 재화가 있을 것이다.
吾見赤黑之祲,[11]	내 적흑색의 요기를 보았는데
非祭祥也,	제사의 상서로움이 아니고
喪氛也.	나쁜 일이 일어날 조짐이다.
其在涖事乎!”[12]	제사를 주관하는 사람에게 있을 것이다!”
二月癸酉,	2월 계유일에
禘.	체제를 지냈는데
叔弓涖事,	숙궁이 제사를 주관했으며
籥入而卒.	피리의 악대가 들어올 때 죽었다.
去樂,	음악을 철거하고
卒事,	제사를 끝냈는데
禮也.[13]	예에 맞았다.

10 계(戒): 날짜에 앞서 알려 주어 준비하고 재계하도록 한 것이다. 계는 『의례·사관례(士冠禮)』에 “주인이 손님에게 알렸다(主人戒賓)”는 말이 나오는데, 정현은 “깨우치는 것이다, 알리는 것이다”라고 주석을 달았다.

11 침(祲): 두예는 요사스럽고 악한 기운이라고 하였다. 적흑(赤黑)은 그 기운의 색이다.

12 리(涖): 두예는 “리(涖)는 임한다는 뜻이다”라 하였다. 아마 당시 제례를 주관하는 사람을 가리킬 것이다.

13 두예는 “대신이 죽었으므로 그를 위해 음악을 없앤 것이다”라 하였다.

楚費無極害朝吳之在蔡也,[14]	초나라 비무극이 조오가 채나라에 있는 것을 해롭게 여겨
欲去之,	그를 없애고자 하여
乃謂之曰,	그에게 말하였다.
"王唯信子,	"왕께서 그대를 믿기 때문에
故處子於蔡.	그대를 채나라에 거처하게 하였소.
子亦長矣,	그대 또한 나이가 많은데
而在下位,	낮은 관위에 있으니
辱,	치욕이며
必求之,	반드시 구하면
吾助子請."[15]	내 그대의 청을 돕겠소."
又謂其上之人曰,[16]	또한 그의 상관에게 말하였다.
"王唯信吳,	"왕께서 오로지 조오를 믿기 때문에
故處諸蔡,	그를 채나라에 처하게 하였고
二三子莫之如也,	그대들은 그만 못한데도
而在其上,	윗자리에 있으니

14 비무극(費無極): 『사기』「초세가」와 「오자서전(伍子胥傳)」 및 『회남자(淮南子)』에는 모두 "비무기(費無忌)"라고 하였다. 극(極)과 기(忌)는 고음이 서로 가깝다. 두예는 "조오는 채나라의 대부로 초평왕에게 공을 세웠으므로 무극이 총애를 받을까 두려워하여 그를 미워하여 해치려 한 것이다"라 하였다.

15 두예는 "높은 지위에 오르도록 청하겠다는 것이다"라 하였다.

16 기상지인(其上之人): 채나라 사람으로 조오보다 위에 있는 사람이다.

不亦難乎?	또한 어렵지 않겠소?
弗圖,	그에 대해 도모하지 않는다면
必及於難."	반드시 난에 미치게 될 것이오."
夏,	여름에
蔡人逐朝吳,	채나라 사람이 조오를 쫓아내어
朝吳出奔鄭.	조오는 정나라로 달아났다.
王怒,	왕이 노하여
曰,	말하였다.
"余唯信吳,	"내 조오를 믿어서
故寘諸蔡.	그를 채나라에 처하게 하였다.
且微吳,	또한 조오가 없었더라면
吾不及此.	내 여기까지 미치지도 못하였을 것이다.
女何故去之?"[17]	너는 무슨 까닭으로 그를 떠나게 하였느냐?"
無極對曰,	무극이 대답하여 말하였다.
"臣豈不欲吳?	"신이 어찌 조오와 잘 지내고 싶어 하지 않았겠습니까?

17 이는 평왕이 비무극에게 한 말로, 평왕이 이미 조오가 달아난 것이 비무극에게서 말미암았다는 것을 알았을 것이다.

然而前知其爲人之異也.[18]

그러나 전에 그 사람됨이 두 마음이 있다는 것을 알았습니다.

吳在蔡,

조오가 채나라에 있으면

蔡必速飛.

채나라는 반드시 신속하게 날아오를 것입니다.

去吳,

조오를 떠나게 한 것은

所以翦其翼也."[19]

그 날개를 자르고자 함이었습니다."

六月乙丑,[20]

6월 을축일에

王大子壽卒.[21]

왕의 태자 수가 죽었다.

秋八月戊寅,[22]

가을 8월에

王穆后崩.[23]

왕목후가 돌아가셨다.

---

18 전(前): 조(早)와 같은 뜻이다.
이(異): 딴마음을 가지고 초나라에 불충할 것이라는 말이다. 이 구절의 뜻은 나는 일찌감치 조오의 사람됨이 다른 마음을 품고 있음을 알았다는 것이다.

19 두예는 "새로 비유한 것이다. 조오가 채나라에 있으면 반드시 채나라가 빨리 강해지도록 하여 초나라를 배반하게 될 것이라는 말이다"라 하였다.

20 을축일은 9일이다.

21 두예는 "주경왕의 아들이다"라 하였다.

22 무인일은 22일이다.

23 두예는 "태자 수(壽)의 모친이다. 『전』에서는 진(晉)나라 순력(荀躒)이 주나라로 가서 목후의 장례에 참석한 것을 일깨운 것이다"라 하였다.

晉荀吳帥師伐鮮虞,	진나라 순오가 군사를 거느리고 선우를 치면서
圍鼓.[24]	고를 에워쌌다.
鼓人或請以城叛,	고 사람 가운데 누가 성을 가지고 반란을 일으킬 것을 청하였는데
穆子弗許.	목자가 허락하지 않았다.
左右曰,	좌우에서 말하였다.
"師徒不勤,	"군대를 수고롭히지 않고서도
而可以獲城,	성을 얻을 수 있는데
何故不爲?"	무슨 까닭으로 하지 않습니까?"
穆子曰,	목자가 말하였다.
"吾聞諸叔向曰,	"제 숙상에게 듣기를
'好惡不愆,[25]	'호오가 지나치지 않고
民知所適,[26]	백성들이 돌아갈 곳을 안다면
事無不濟.'	이루지 못하는 일이 없다'고 하였다.

24 고(鼓): 나라 이름으로 희(姬)성이며, 백적(白狄)의 별종으로 당시 선우(鮮虞)에 예속되었다. 국경은 곧 지금의 하북 진현(晉縣)이다.

25 불건(不愆): 지나친 것이다. 좋아해야 할 것을 좋아하고 싫어해야 할 것을 싫어하는 것이 불건(不愆)이다.

26 적(適): 두예는 "적(適)은 돌아가는 것이다"라 하였다. 이는 백성들이 행동할 방향을 안다는 말과 같다.

或以吾城叛,	누군가 우리 성을 가지고 반란을 일으키는 것은
吾所甚惡也,	내가 아주 싫어하는 것이며,
人以城來,	남이 성을 가지고 오는데
吾獨何好焉?	내 혼자만 어찌 좋아하겠는가?
賞所甚惡,[27]	매우 싫어하는 것에 상을 주면
若所好何?	좋아하는 것에는 어떡하겠는가?
若其弗賞,	그들에게 상을 내리지 않는다면
是失信也,	이는 신의를 잃는 것이니
何以庇民?[28]	어떻게 백성들을 비호하겠는가?
力能則進,	힘이 되면 나아가고
否則退,	그렇지 않으면 물러서니
量力而行.	힘을 헤아려 행하는 것이다.
吾不可以欲城而邇姦,	내 성 때문에 간사한 이를 가까이할 수는 없으니

---

27 이는 혹자가 우리의 성을 가지고 반란을 일으키는 것은 실로 내가 미워하는 것이며, 남이 성을 가지고 반란하는 것 또한 내가 미워해야 할 것이어서 상을 내릴 수 없다는 말이다.

28 희공 25년『전』에 진문공이 한 말이 실려 있는데 "신의는 나라의 보배이고 백성을 비호하는 것이다. 원을 얻고 신의를 잃는다면 어떻게 비호하겠느냐? 잃는 것이 더 많게 될 것이다(信, 國之寶也, 民之所庇也. 得原失信, 何以庇之? 所亡滋多)"라 하였으며, 이와 뜻이 같다.

所喪滋多."	그렇게 되면 잃는 것이 많아지게 될 것이다."
使鼓人殺叛人而繕守備.	고 사람들로 하여금 반도를 죽이고 수선하여 지키게 하였다.
圍鼓三月,	고를 에워싼 지 세 달 만에
鼓人或請降.	고 사람 중의 누가 항복을 청하였다.
使其民見,[29]	그 백성으로 하여금 뵙게 하고는
曰,	말하였다.
"猶有食色,	"아직 음식을 먹은 기색이 있으니
姑修而城."	우선 너희 성을 수선하라."
軍吏曰,	군리가 말하였다.
"獲城而弗取,	"성을 얻었는데도 취하지 않고
勤民而頓兵,[30]	백성을 수고롭히고 무기를 상하게 하니
何以事君?"	어떻게 임금을 섬기겠습니까?"
穆子曰,	목자가 말하였다.
"吾以事君也.	"내가 임금을 섬기는 방식이다.

29 목자가 고나라 백성으로 하여금 와서 접견케 한 것이다.

30 돈병(頓兵): 양공 4년『전』에 "병기도 상하지 않는다(甲兵不頓)"는 말이 있는데, 공영달은 "돈(頓)은 부러져 상하거나 꺾이어 부서지는 것을 말한다"라 하였다. 여기서도 같은 뜻이다. 병(兵)은 병기를 가리킨다.

獲一邑而敎民怠,	한 성읍을 얻고 백성을 게으르게 한다면
將焉用邑?	성읍을 어디에 쓰겠는가?
邑以賈怠,[31]	성읍으로 게으름을 사는 것은
不如完舊.[32]	옛것을 완전히 함만 못하다.
賈怠無卒,[33]	게으름을 사면 좋은 끝이 없게 되고
棄舊不祥.	옛것을 버리는 것은 상서롭지 못하다.
鼓人能事其君,	고 사람들은 임금을 섬길 수 있으며
我亦能事吾君.	나도 임금을 잘 섬길 수 있다.
率義不爽,[34]	도의를 따라 어긋남이 없고
好惡不愆,	호오에 어그러짐이 없으면
城可獲而民知義所,[35]	성을 얻고도 백성들이 도의가 있는 곳을 알 수 있으며

31 비록 읍을 얻는다 하더라도 얻게 될 것이라고는 관리와 백성들이 게으르고 나태한 것이라는 말과 같다.

32 완구(完舊): 두예는 "완(完)은 보수(保守)와 같다"라 하였다. 구(舊)는 게으르지 않음, 근신을 가리킨다.

33 무졸(無卒): 두예는 "졸(卒)은 종(終)이다"라 하였다. 무졸(無卒)은 일에 좋은 결과가 없는 것을 말한다.

34 솔의(率義): 의에 따라 행하는 것이다.
불상(不爽): 『이아·석언(釋言)』에서는 "상(爽)은 특(忒)이고 차(差)이다"라 하였다. 어긋난다는 뜻이다.

35 두예는 "의가 있는 곳을 아는 것이다. 순오는 반드시 얻을 수 있었기 때문에 이것으로 의를 보여준 것이다"라 하였다.

有死命而無二心,	목숨을 버리는 일이 있어도 두 마음을 품지 않을 것이니
不亦可乎?”	또한 옳지 않겠는가?
鼓人告食竭, 力盡,	고 사람들이 먹을 것이 바닥나고 힘이 다 되었다고 알리어
而後取之.	그런 다음에 취하였다.
克鼓而反,	고를 이기고 돌아옴에
不戮一人,	한 사람도 죽이지 않았고
以鼓子鳶鞮歸.[36]	고자 연제를 데리고 돌아갔다.

冬,	겨울에
公如晉,	공이 진나라로 갔는데
平丘之會故也.[37]	평구의 회맹 때문이었다.

十二月,	12월에
晉荀躒如周,	진나라 순력이 주나라로 가서
葬穆后,	목후의 장례에 참석하였는데
籍談爲介.	적담을 부사로 삼았다.

36 연제(鳶鞮): 두예는 “연제는 고나라 임금의 이름이다”라 하였다. “鳶”은 연(鳶)과 같다.

37 두예는 “평구의 회맹에 공은 참여하지 않았으며 계손이 붙잡혔다. 지금 이미 사면되었으므로 가서 사례한 것이다”라 하였다.

旣葬,	장례가 끝나자
除喪,[38]	상복을 가볍게 갈아입고
以文伯宴,[39]	문백과 함께 연회를 열었는데
樽以魯壺.[40]	노나라의 항아리를 술동이로 썼다.
王曰,	왕이 말하였다.
“伯氏,	“백씨,
諸侯皆有以鎭撫王室,	제후들이 모두 왕실을 진무하는데
晉獨無有,	진나라만 그러지 않으니
何也?”[41]	어찌 된 일이오?”
文伯揖籍談.[42]	문백은 적담에게 읍을 하였다.

---

38 제상(除喪): 요내(姚鼐)의 『보주(補注)』에서는 “고인들이 상복을 중한 데서 가볍게 되는 것을 모두 제상이라고 한다. 그러므로 ‘때가 되면 상복을 가볍게 하는 것이 도이다’(『예기·상복소기(禮記·喪服小記)』)라 하였다. 이곳의 제상은 소최(疏衰) 4승(升)을 벗고 성포(成布) 7승(升)을 받는 것이며, 삼〔麻〕으로 된 상복을 벗고 칡〔葛〕으로 된 상복을 입는다. 제경공은 애공 5년에 죽었는데 『공양전』 애공 6년에서 경공의 상복을 가볍게 입었다라 하였다”라 하였다.

39 이(以): 여(與)와 같다. ~과 함께.
문백(文伯): 곧 순력이다.

40 노호(魯壺): 두예는 “노호는 노나라가 바친 술동이이다”라 하였다. 준(樽)은 곧 준(尊)으로 옛날의 술을 담는 기물이며, 호(壺) 또한 옛날의 술을 담는 기물이지만 둘의 모양은 같지 않다. 준이노호(樽以魯壺)는 노나라에서 주나라 왕실에 공물로 바친 호(壺)를 준(尊)으로 쓰는 것이다. 공영달은 “『주례·사준이(司尊彝)』에서는 ‘가을의 상제(嘗祭)와 겨울의 증제(烝祭)에 음식을 바칠 때는 두 개의 호준(壺樽)을 쓴다’고 하였으며, 정현은 ‘호(壺)라는 것은 호(壺)를 준(尊)으로 삼는 것이다’라 하였다”고 하였다.

41 두예는 “노나라가 호를 바친 것에 감동하여 말한 것이다. 왕실을 진무했다는 것은 기물을 공헌했다는 것을 이른다”라 하였다. 『주례』의 태재(大宰)의 직책은 “아홉 가지 공물을 방국(邦國)의 쓰임으로 바치는 것인데”, “세 번째가 기물의 공물”이니 이른바 왕실을 진무하는 것이다.

對曰,	대답하여 말했다.
"諸侯之封也,	"제후로 봉해질 때는
皆受明器於王室,[43]	모두 왕실에서 명기를 받아
以鎭撫其社稷,	그 사직을 진무하므로
故能薦彝器於王.[44]	왕에게 이기를 바칠 수 있는 것입니다.
晉居深山,	진나라는 깊은 산에 처하여
戎狄之與鄰,	융적과 이웃이 되고
而遠於王室,	왕실에서 멀어
王靈不及,[45]	왕의 복이 미치지 못하여
拜戎不暇,[46]	융을 복종시킬 겨를도 없거늘
其何以獻器?"	어찌 기물을 바치겠습니까?"

42 두예는 "문백이 할 말이 없어서 적담에게 읍하고 대답하게 한 것이다"라 하였다.

43 명기(明器): 두 가지 뜻이 있다. 두예는 "(천자의) 덕을 밝히기 위해 나누어 주는 기물이다"라 하였다. 다른 뜻은 순장 때의 기물 또한 명기라고 한다. 『예기·단궁(檀弓) 상』에서 "공자가 이르기를 명기를 만든 사람은 상례의 도를 아는 자이다라 하였다" 한 것이 이를 말한다.

44 천이(薦彝): 두예는 "천은 바치는 것(獻)이다"라 하였다. 『설문』에서는 "이는 종묘의 상기(常器)이다"라 하였다. 청동기의 명문으로 살펴보건대 이(彝)자는 큰 법도의 이름으로 쓰이는데 보통 예기(禮器)에서 식용의 기물은 모두 이(彝)라 한다.

45 영(靈): 복(福)이라는 뜻이다.

46 배융(拜戎): 초순(焦循)의 『보소(補疏)』에서는 "배(拜)는 복(服)과 같은 뜻이다. 배융(拜戎)은 융족을 복속시키기에도 겨를이 없다는 것을 말한다"라 하였다. 정공 4년의 『전』에 의하면 노나라와 위나라를 봉할 때는 모두 주나라의 법으로 강역을 정했으나 진나라는 오랑캐의 법으로 강역을 정하였으니 진나라의 선군이 늘 융적과 주선을 하였음을 알 수 있다.

王曰, 왕이 말하였다.

"叔氏,[47] "숙씨,

而忘諸乎![48] 그대는 그것을 잊었단 말이오!

叔父唐叔, 숙부 당숙은

成王之母弟也,[49] 성왕의 동모제인데

其反無分乎?[50] 어찌 오히려 나누어 준 것이 없단 말이오?

密須之鼓與其大路, 밀수의 북과 그의 큰 수레는

文所以大蒐也,[51] 문왕이 크게 군사를 검열할 때 쓴 것이고,

---

47 경왕이 순력은 백씨로 일컫고 적담은 숙씨로 일컬어 스스로 이 두 사람이 모두 희(姬)성의 후손으로 생각하였으며, 백(伯)·숙(叔)의 일컬음은 위차의 존비나 연세의 다소를 따지지 않았다.

48 이(而): 이(爾)와 같다. 제(諸)는 지(之)자의 뜻으로 쓰였다. 요내(姚鼐)의 『보주(補注)』에서는 "「진세가」의 기록에 의하면 곡옥무공(曲沃武公)이 진후(晉侯) 민(緡)을 쳐서 멸하고 그 보기(寶器)를 모두 주이왕(周釐王)에게 바쳤으며 이왕은 무공을 진군(晉君)으로 명하였으니 당숙(唐叔)이 옛날에 나누어 준 기물이 적담 때에는 진나라가 이미 가지고 있지 않았으므로 담이 그것을 잊은 것이다. ……"라 하였다. 그러나 기물은 없어졌을지라도 적담의 먼 조상은 전적(典籍)을 맡아보아 이 일을 알 것이므로 아래에서 전적을 거론하면서 조상을 잊었다고 한 것이다.

49 주왕은 제후들 가운데 성이 같으면 항배(行輩)를 막론하고 모두 백부 아니면 숙부라고 칭하였다. 진후를 숙부라고 칭한 것은 아마 당숙을 "숙(叔)"이라고 칭한 것이 아닐까? 희공 28년과 성공 2년의 『전』에서는 모두 "숙부(叔父)"란 칭호를 썼다. 소공 9년과 32년의 『전』에서는 "백부(伯父)"라는 칭호를 썼는데 아마 동성의 대국의 예를 따른 것일 것이다.

50 기(其): 어찌[豈]라는 뜻이다.

51 밀수(密須): 곧 밀(密)로 『시경·대아·황의(大雅·皇矣)』의 "밀 사람 공손치 못하여, 감히 큰(주) 나라에 항거하였네(密人不恭, 敢距大邦)"와 『상서대전(尙書大傳)』의 "문왕이 명을 받고 3년 만에 밀수(密須)를 벌하였다" 한 것으로 알 수 있다. 『국어·주어(周語) 중』에서 "밀수는 백길(伯姞)에게서 나왔다"라 하였으니 밀은 길(姞)성의 나라이다. 지금의 감숙

闕鞏之甲, 궐공의 갑옷은

武所以克商也,[52] 무왕이 상나라를 이길 때 쓴 것으로

唐叔受之, 당숙이 이것들을 받아서

以處參虛,[53] 삼수의 분야에 거처하며

匡有戎狄.[54] 융적까지 강역으로 삼았소.

其後襄之二路,[55] 그 후에 양왕의 두 수레와

鏚鉞, 秬鬯, 彤弓, 虎賁,[56] 도끼며 찰기장과 울창주, 붉은활과 용사는

文公受之, 문공이 받아서

以有南陽之田, 남양의 전지를 가지고

성 영태현(靈台縣) 서쪽 50리 지점에 있다. 희공 17년『전』의 "밀희(密姬)"『주』를 참조하라. 주문왕이 밀수를 쳐서 그 북과 대로(大路, 車)를 얻었으므로 그것을 가지고 군사를 검열한 것이다.

52 두예는 "궐공국에서 난 갑옷〔鎧〕이다"라 하였다. 서주는 가죽갑옷〔皮甲〕만 있었고 금속갑옷〔鎧〕은 없었으므로 주예의 주는 확실치 않다. 송나라 나필(羅泌)의『노사·국명기(路史·國名紀) 6』에서는 "궐공은 주나라 때 후백(侯伯)의 나라였다"라 하였으며,『설문』에는 "공(砮)"으로 되어 있다. 아마 옛 나라인데 주무왕이 멸하여 주나라 족경(族卿)의 채읍이 된 것 같은데, 소공 22년『전』에 공간공(鞏簡公)이 있는 것으로 알 수 있다.

53 두예는 "삼허(參虛)는 실침(實枕)의 다음으로 진(晉)나라의 분야이다"라 하였다.

54 광(匡): 강(畺)으로 읽어야 할 것 같으며, 곧 지금의 강(疆)으로 국경 안에 융적이 있음을 이른다.

55 두예는 "주양왕(周襄王)이 진문공에게 내린 대로와 융로(戎路)이다"라 하였다.

56 두예는 "척(鏚)은 도끼〔斧〕이며, 월(鉞)은 금월(金鉞)이다. 거(秬)는 찰기장이고, 창(鬯)은 향주(香酒)이다"라 하였다. 척월을 내렸다는 것은 왕명을 받들어 죽일 수 있는 권리를 얻은 것이며, 거창(秬鬯)을 내렸다는 것은 선조에게 제사를 지내게 하는 것이다. 동궁과 호분은 주양왕이 내린 것으로 희공 28년의『전』을 참조할 수 있다.

撫征東夏,[57]	동쪽의 화하를 위무하고 정벌하였는데
非分而何?	나누어 준 것이 아니면 무엇인가?
夫有勳而不廢,[58]	공훈이 있으면 폐지하지 않고
有績而載,[59]	공적이 있으면 등재하여
奉之以土田,[60]	토지로 봉양하고
撫之以彝器,	이기로 위무하며
旌之以車服,[61]	수레와 복식으로 표창하고
明之以文章,[62]	정기(旌旗)로 밝히어
子孫不忘,	자손들이 잊지 않는 것이
所謂福也.	이른바 복인 것이오.
福祚之不登,	이 복을 올리지 않았다면
叔父焉在?[63]	숙부가 어찌 있었겠소?

57 무정(撫征): 무(撫)는 안무(按撫)하다의 뜻. 이 구절은 혹은 안무하고 혹은 정벌하였다는 것이다.
동하(東夏): 진(晉)나라는 제나라와 노나라, 정나라, 송나라 등 여러 나라를 복종시켰는데 모두 진나라의 동쪽에 있었으므로 동하(東夏)라고 하였다.

58 두예는 "두터운 상을 더 내려 준 것이다"라 하였다.

59 두예는 "사책에 공적을 기록한 것이다"라 하였다.

60 두예는 "남양(南陽)을 가졌다는 것이다"라 하였다.

61 정(旌): 밝게 드러내는 것이다.
거복(車服): 양왕의 이로(二路)를 말한다.

62 두예는 "정기(旌旗)이다"라 하였다.

63 고염무(顧炎武)의 『일지록(日知錄)』 권27에서는 "이기를 잊었다면 복조를 사책에 올리지 않은 것이니 그렇다면 어찌 숙부가 될 수 있었겠는가 하는 것을 말한다"라 하였다.

且昔而高祖孫伯黶司晉之典籍, 또한 지난날 너의 고조 손백염이 진나라의 전적을 맡아

以爲大政, 큰 정치를 주관하였으니

故曰籍氏.[64] 그러므로 적씨라고 하였소.

及辛有之二子董之晉,[65] 행유의 둘째 아들 동이 진으로 가자

於是乎有董史.[66] 이때 동씨의 사관이 있었소.

---

64 고염무(顧炎武)의 『일지록』 권24에서는 "한나라의 유자들은 증조부의 부친을 고조라 하였으며, 『전』에서 고증해 보건대 고조는 먼 조상의 명칭일 따름이다"라 하였다. 청나라 염약거(閻若璩)의 『잠구차기(潛丘箚記) 4 하』에서는 "『좌전』 소공 17년에서 담자(郯子)는 '우리 고조(高祖) 소호지(少皡摯)가 즉위했을 때'라고 하였으니 시조를 고조라고 한 것이다. 소공 15년에서는 왕이 적담(籍談)에게 '옛날 어희 고조 손백염(孫伯黶)'이라고 하였으니 이는 그 9세조를 고조라고 한 것이다. 『주서·강왕지고(周書·康王之誥)』에서 '우리 고조의 과명(寡命)을 허물지 마라'라 한 것에 의하면 고조는 문왕과 무왕이다. 강왕 때는 문왕과 무왕을 고조라고 칭하였으니 이는 또한 증조부와 조부를 고조라고 한 것이다"라 하였다. 공영달은 『세본(世本)』을 인용하여 "염(黶)은 사공 힐(頡)을 낳았고 힐은 남리숙자(南里叔子)를 낳았으며, 자는 숙정관백(叔正官伯)을 낳았고 백은 사도공(司徒公)을 낳았으며, 공은 곡옥(曲沃) 정(正) 소양(少襄)을 낳았고 양은 사공 태백(大伯)을 낳았으며, 백은 후계자(侯季子)를 낳았고 자는 적유(籍游)를 낳았으며, 유는 담(談)을 낳았고 담은 진(秦)을 낳았다"고 하였다. 왕부(王符)의 『잠부론·지씨성(志氏姓)』에서는 "손염(孫黶)은 진(晉)나라의 희(姬)성이다"라 하였다.

65 행유(辛有): 평왕(平王) 때 사람으로 희공 22년의 『전』에 보인다.
이자(二子): 야스이 코(安井衡: 1799~1876)의 『좌전집석(左傳輯釋)』에서는 "이자(二子)는 차자(次子)로 둘째 아들을 이른다. 문공 18년 『전』에서 문공의 이비(二妃) 경영(敬嬴)은 선공을 낳으며, 소공 8년 『전』에서 진나라 애공의 원비 정희(鄭姬)는 도(悼)태자 언사(偃師)를 낳고, 이비는 공자 류(留)를 낳고 하비(下妃)는 공자 승(勝)을 낳는다. 모두 차비(次妃)를 이른다. 차비를 이비(二妃)라 이를 수 있으니 차자 또한 이자라 이를 수 있다"라 하였다.
동(董): 심흠한(沈欽韓)의 『보주(補注)』에서는 "「진어 4」에서는 '태백(泰伯)이 공자를 받아들여 동인(董因)이 황하에서 공을 맞았다'라 하였는데 위소(韋昭)는 '동인은 진나라 대부로 주나라 태사 행유(辛有)의 후손이다. 『전』에서 행유의 2자 동이 진나라로 가서 진나라에 동씨의 사관이 있게 되었다' 하였으니 '동'은 사람 이름임이 분명하다"라 하였다.

66 장병린(章炳麟)의 『독(讀)』 권7에서는 "동씨는 대대로 진나라의 사관이었다. 「진어 9」에서

女,	그대는
司典之後也,[67]	사전의 후손인데
何故忘之?"	무슨 까닭으로 잊었단 말이오?"
籍談不能對.	적담이 대답할 수 없었다.
賓出,[68]	손님이 나가자
王曰,	왕이 말하였다.
"籍父其無後乎!	"적보는 후손이 없게 될 것이다.
數典而忘其祖."[69]	전적을 거론하면서 그 조상을 잊었도다."
籍談歸,	적담이 돌아가서
以告叔向.	숙상에게 알렸다.
叔向曰,	숙상이 말하였다.
"王其不終乎!	"왕은 끝이 좋지 못할 것이다!
吾聞之,	내가 듣건대

동안우(董安于)가 말하기를 '바야흐로 신이 젊었을 때 조정에서 문서의 일을 맡고 글을 지어 명령하는 일을 도와 전조에서 칭찬을 받고 제후들은 의를 세웠다고 하였습니다'라 하였는데 사실로 하나의 동호에 그치지 않는다"라 하였다.

67 사전(司典): 손백염(孫伯黶)을 가리킨다.

68 빈(賓): 순력과 적담 등의 사람이다.

69 수전(數典): 곧 아래의 거전(擧典)이며, 전(典)은 위의 "전적(典籍)"이다. 또한 전고(典故)로 풀이할 수도 있다. 공영달은 "정공 14년 진나라 사람이 노(潞)에서 범(范)씨와 중항씨(中行氏)의 군사를 무찌르고 적진(籍秦)을 사로잡았다. 진(秦)은 곧 담(談)의 아들로 후손이 없었다"라 하였다.

'所樂必卒焉.'[70]	'즐기는 것이 있으면 반드시 그것 때문에 죽게 된다'고 하였다.
今王樂憂,	지금 왕은 근심을 즐기니
若卒以憂,	근심으로 죽게 된다면
不可謂終.[71]	선종이라 할 수 없다.
王一歲而有三年之喪二焉,[72]	왕은 1년에 삼년복을 입을 상을 두 번이나 당했는데
於是乎以喪賓宴,	이에 상중에 손님과 연회를 하고
又求彝器,	또한 이기를 요구하니
樂憂甚矣,	근심을 즐김이 심한 것이며
且非禮也.	또한 예가 아니다.
彝器之來,	이기를 바쳐오는 것은
嘉功之由,[73]	아름다운 공로로 말미암는 것이지
非由喪也.	상사로 말미암는 것이 아니다.

---

70 무슨 일을 즐기면 반드시 그 무슨 일 때문에 죽는다는 것이다.

71 종(終): 선종(善終), 천수를 누리고 죽는 것이다.

72 태자 수의 죽음과 목후의 죽음을 가리킨다. 왕은 태자로 삼년상을 입어야 하는데 지금의 『의례·상복(喪服)』에 명시된 글이 있다. 그러나 남편으로 처에 대해서는 1년만 입으면 될 뿐 삼년상을 입어야 한다는 글은 없다. 오직 『묵자』의 「절장(節葬) 하」와 「비유(非儒) 하」, 「공맹(公孟)」편에만 모두 남편의 아내에 대한 상은 3년이라는 글이 보여 『의례』와 다르며 『좌전』과 합치된다. 혜동(惠棟)의 『보주(補注)』에서는 『묵자』를 인용하였으나 그 설을 채택하지 않았으며, 고힐강(顧頡剛: 1893~1980)의 『사림잡지(史林雜識)』에서는 "「상복(喪服)」은 하나의 경에 두 개의 판본이 있는데 갑본은 『묵자』 및 『좌전』의 작자가 본 것과 같고 을본은 한나라 이래 송습(誦習)되어 오던 것이다"라 하였다.

73 이 구절은 "由于嘉功"의 도치(倒置)이다.

三年之喪,	삼년상은
雖貴遂服,[74]	귀한 신분이라 하더라도 상을 마치는 것이
禮也.	예이다.
王雖弗遂,	왕이 비록 상을 마치지는 않았다 하더라도
宴樂以早,[75]	연회를 열어 즐긴 것이 너무 일렀으니
亦非禮也.	또한 예가 아니다.
禮,	예는
王之大經也.	왕의 큰 규범이다.
一動而失二禮,[76]	한번 움직여서 두 가지 예를 잃었으니
無大經矣.	큰 규범을 잃은 것이다.
言以考典,[77]	말을 가지고 전고를 이루며
典以志經.[78]	전고는 예를 기록한다.

74 수(遂): 마치는 것, 끝내는 것이다. 수복(遂服)은 예대로 삼년상을 마치는 것이다.

75 이(以): 이(已)와 같다. 너무, 매우의 뜻이다. 왕이 비록 삼년상을 마치지는 않았다 하더라도 손님과 연회를 열어 즐긴 것이 또한 너무 일렀다는 말이다.

76 실이례(失二禮): 고염무(顧炎武)가 인용한 주신(朱申)의 설 및 요내(姚鼐)의 『보주(補注)』에서 모두 두 가지 예를 잃은 것을 상중인 데도 기물을 요구한 것 및 연회를 열어 즐긴 것이 너무 일렀다는 것이라 하였다.

77 두예는 "고(考)는 이루는 것이다"라 하였다. 전(典)은 전칙(典則)을 이른다.

78 경(經): 곧 예(禮)이다.

忘經而多言,[79]	예를 잊고 말이 많아지면
擧典,[80]	전적을 든다 해도
將焉用之?"	장차 그것을 어디에 쓰겠는가?"

소공 16년

經

十有六年春,[1]	16년 봄에
齊侯伐徐.	제후가 서나라를 쳤다.
楚子誘戎蠻子殺之.[2]	초자가 융만자를 꾀어 죽였다.
夏,	여름에
公至自晉.	공이 진나라에서 왔다.
秋八月己亥,[3]	가을 8월 기해일에
晉侯夷卒.	진후 이가 죽었다.
九月,	9월에

79 망경(忘經): 곧 두 가지 예를 잃는 것이다.

80 거전(擧典): 곧 전적을 낱낱이 드는 것이다. 위의 "考典"의 "전(典)"과 상응하나 뜻은 다르다.

1 십륙년(十六年): 을해년 B.C. 526년으로 주경왕(周景王) 19년이다. 동지가 정월 17일 경오일로 건자(建子)이다.

2 "만(蠻)"은 『공양전』에는 "만(曼)"으로 되어 있다. 만(蠻)과 만(曼)은 고음이 가깝다.

3 기해일은 20일이다.

大雩.	크게 기우제를 올렸다.
季孫意如如晉.	계손의여가 진나라에 갔다.
冬十月,	겨울 10월에
葬晉昭公.	진나라 소공을 장사 지냈다.

傳

十六年春王正月,	16년 봄 주력으로 정월에
公在晉,	공이 진나라에 있었는데
晉人止公.	진나라 사람이 공을 억류한 것이다.
不書,	기록하지 않은 것은
諱之也.	그 사실을 꺼려서이다.

齊侯伐徐.[4]	제후가 서나라를 쳤다.
楚子聞蠻氏之亂也與蠻子之無質也,[5]	초자가 만씨의 난이랑 만자가 신의가 없었다는 것을 듣고
使然丹誘戎蠻子嘉殺之,	연단으로 하여금 만자 가를 꾀어 죽이게 하고

---

4 석온옥(石韞玉)의 『독좌치언(讀左巵言)』에서는 "'齊侯伐徐'의 네 자는 '二月丙申'의 문장에 붙여야 하며 중간의 초나라가 만씨를 취하였다는 한 단락은 별도의 일로 착간(錯簡)이 이곳에 있는 것이다. 『경』의 본문은 서로 이어지지 못하고 『전』에서도 잘 이을 곳이 없게 되었다"라 하였다. 양수달(楊樹達)의 『독좌전(讀左傳)』의 설도 같다.

5 두예는 "질(質)은 신의이다"라 하였다.

遂取蠻氏.[6]	마침내 만씨를 취하였다.
旣而復立其子焉,	얼마 안 있어 다시 그 아들을 세워 주었는데
禮也.[7]	예에 합당하였다.
二月丙申,[8]	2월 병신일에
齊師至于蒲隧,[9]	제나라 군사가 포수에 이르자
徐人行成.	서나라 사람이 화친을 청하였다.
徐子及郯人, 莒人會齊侯,[10]	서자 및 담나라 사람, 거나라 사람이 제후를 만나
盟于蒲隧,	포수에서 맹약하고
賂以甲父之鼎.[11]	갑보의 정을 예물로 보냈다.
叔孫昭子曰,	숙손소자가 말하였다.

---

6 만씨는 이미 성공 6년의 『전』과 『주』에 보인다. 그 나라는 지금의 하남 여양현(汝陽縣) 동남쪽과 임여현(臨汝縣)의 서남쪽에 있을 것이다. 나머지는 애공 4년의 『전』의 『주』를 참조하라.

7 "楚子"에서 "禮也"까지의 서른여덟 자는 별도의 전일 것이며, "其是之謂乎"의 뒤에 있어야 할 것이다. 착간(錯簡)이 된 지 오래되어 다시 옮기어 바로잡지 않은 것이다.

8 병신일은 14일이다. 위로 옮겨서 "제후가 서나라를 쳤다(齊侯伐徐)"가 이 아래에 있어야 한다.

9 포수(蒲隧): 지금의 강소 휴령현(睢寧縣) 서남쪽에 있다.

10 담국(郯國)은 이미 양공 7년의 『경』과 『주』에 보인다.

11 갑보(甲父): 옛 나라 이름으로 『명일통지(明一統志)』에서는 지금의 산동 금향현(金鄕縣) 남쪽에 있다고 하였고, 『산동통지(山東通志)』에서는 지금의 금향현 서북쪽 변경에 있다고 하였다. 청나라 심도(沈濤)의 『동탕두재수필(銅熨斗齋隨筆)』 권2에서는 "갑보(甲父)"는 "보갑(父甲)"이 되어야 하며 사람 이름이라고 하였는데 믿을 만하지 못하다. 두예는 "서나라 사람이 갑보의 정을 얻어서 제나라에 바친 것이다"라 하였다.

“諸侯之無伯,	“제후 가운데 패주가 없으니
害哉![12]	해롭도다!
齊君之無道也,	제나라 임금이 무도하여
興師而伐遠方,[13]	군사를 일으켜 먼 나라를 쳐서
會之,[14]	그를 만나
有成而還,	화친을 맺고 돌아와도
莫之亢也,[15]	막을 사람이 없으니
無伯也夫![16]	패주가 없는 까닭이로다!
詩曰,	『시』에서 말하기를
‘宗周旣滅,	‘주나라 이미 망하였으니
靡所止戾.	머무를 곳 없구나.
正大夫離居,	집정대부들 떠나고 없으니
莫知我肄’,[17]	우리의 수고 알아주지 않네’라 하였다.

---

12 두예는 “소국에게 해가 된다는 것이다”라 하였다.

13 오개생(吳闓生)의 『문사견미(文史甄微)』에서는 “‘而伐遠方’을 구절로 삼아야 한다”라 하였는데. 지금 그대로 따른다.

14 서나라를 만난 것이다.

15 대항하여 막을 자가 없다는 것이다.

16 패주가 없는 데서 말미암았다는 것이다.

17 『시경·소아·우무정(小雅·雨無正)』의 구절이다. “종주(宗周)”는 지금의 『시경』에는 “주종(周宗)”으로 되어 있으며, 『시경·소아·정월(小雅·正月)』의 “혁혁한 주나라, 포사가 멸하였다네(赫赫宗周, 褒姒滅之)” 또한 “宗周”로 되어 있다. 우성오(于省吾: 1896~1984)의 『택라거시의해결(澤螺居詩義解結)』(『문사(文史)』 2기에 수록되어 있음)에서는 본래 “宗

其是之謂乎!"[18]	이를 이를 것이다."
三月,[19]	3월에
晉韓起聘于鄭,	진나라 한기가 정나라를 빙문하였는데
鄭伯享之.	정백이 향례를 베풀었다.
子産戒曰,	자산이 경계하여 말하였다.
"苟有位於朝,	"실로 조정에서 자리가 있는 사람은
無有不共恪!"	공경하여 삼가지 않는 일이 없도록 하오!"
孔張後至,[20]	공장이 나중에 이르러
立於客間,[21]	빈객 사이에 서니

周"가 되어야 한다고 하였는데, 옳다. "肄"는 지금의 『시경』에는 "예(勩)"로 되어 있다. 두예는 "려(戾)는 정(定)이다. 사(肄)는 로(勞)이다. 주나라가 예전에는 천하의 종주국이었으나 지금은 쇠멸(衰滅)하여져서 어지러워 정착하여 쉴 곳이 없다는 말이다. 집정대부들이 흩어져 살고 딴 마음을 가져 백성들의 수고로움을 생각하지 않는 것이다"라 하였다.

18 두예는 "『전』은 진나라가 쇠약해졌음을 말하였다"라 하였다.

19 "삼(三)"은 원래 "이(二)"로 되어 있었으나 가나자와 문고본(金澤文庫本)에 의거하여 바로잡았다.

20 공장(孔張): 자공(子孔)의 손자로, 조부의 자를 가지고 씨로 삼고 자가 자장(子張)이므로 공장(孔張)이라고 하였다. 이름은 신(申)이며 또한 공손신(公孫申)이라고도 한다. 그 부친은 공손설(公孫洩)로 소공 7년의 『전』에 보인다.
후지(後至): 빈객이 이미 도착하여 주인과 빈객이 모두 이르렀는데 공장이 비로소 이른 것을 말한다.

21 제후가 빈객에게 향례를 베푸는 예절은 『의례(儀禮)』에는 보이지 않지만 「공식대부례(公食大夫禮)」에서 미루어 짐작할 수 있다. 여기서는 진나라의 한기(韓起)가 주객이고 그 수행원들은 일반 빈객이 된다. 자장(子張)은 정나라의 신하로 그가 원래 있던 자리에 가

執政禦之,[22]	집정이 그를 막았으며
適客後,	빈객의 뒤로 가자
又禦之,	또 그를 막아
適縣間.[23]	종경을 걸어 놓은 사이로 갔다.
客從而笑之.[24]	빈객이 이 때문에 그를 비웃었다.
事畢,	일이 끝나자
富子諫曰,[25]	부자가 간언하였다.
"夫大國之人,	"대체로 대국의 사람은
不可不愼也,	신중하지 않을 수 없으니
幾爲之笑,[26]	비웃음을 당하였으니

야 한다. 요내(姚鼐)의 『보주(補注)』에서는 "공족은 종묘에서의 위치가 외조에서의 위치와 같다. 향례가 종묘에서 행하여지면 그 위치가 외조에서의 위치와 같다. 그러므로 자산이 '종묘에서 제사를 지냄에 자신의 위치가 있다'고 한 것이다. 그 위치는 아마 모두 서쪽에서 북쪽을 향할 것이다"라 하였다.

22 집정(執政): 두예는 "자리의 배열을 맡은 자이다"라 하였으며, 청나라 유정섭(兪正燮)의 『계사유고(癸巳類稿) 2』「집정해(執政解)」에서는 "그 일을 주로 맡는 자로 「대사의(大射儀)」의 정무를 맡은 사람을 사정(射政)이라고 하는 것과 같다"라 하였다. 아마 또한 「향음주례(鄕飮酒禮)」의 사정(司正)과 같다. 어(禦)는 가로막는 것이다.

23 현(縣): 현(懸)과 같으며, 종(鐘)과 경(磬) 등의 악기를 매다는 것이다. 악기는 서쪽에 있으며 자장은 먼저 잘못 빈객들 사이로 갔다가 거절당하자 또 잘못 뒤로 물러나 빈객의 뒤에 있게 되었으며, 또 거절당하자 또 뒤로 물러나 부득이하게 종경을 걸어 놓은 사이에 이른 것이다.

24 자공이 당황하여 실수로 어디로 가야 할지 모르는 것을 비웃은 것이다.

25 부자(富子): 두예는 "부자는 정나라 대부이며 자산에게 간언한 것이다"라 하였다.

26 기(幾): 반문의 뜻을 나타내는 부사로 어찌〔豈〕라는 뜻이다. 어찌 비웃음을 사서 우리를 속이지 않는 일이 있겠느냐는 말이다. 복근은 기(幾)를 "근(近)"으로 풀이했으며, 두예는 "여러 번 비웃음을 당하는 것"이라 하였고, 고염무(顧炎武)의 『보정(補正)』에서는 더 인신하였는데 모두 잘못이다. 우창(于鬯)의 『향초교서(香草校書)』에서는 "만약 그것 때문

而不陵我?	우리를 깔보지 않겠습니까?
我皆有禮,	우리가 항상 예의를 다해도
夫猶鄙我.[27]	저들은 오히려 우리를 업신여깁니다.
國而無禮,	나라가 되어 예가 없다면
何以求榮?	어떻게 영광을 구하겠습니까?
孔張失位,	공장이 자리를 잃었으니
吾子之恥也."	그대의 치욕입니다."
子産怒曰,	자산이 노하여 말하였다.
"發命之不衷,[28]	"명령을 발포함이 합당치 않거나
出令之不信,	명령을 내고는 신용이 없으며
刑之頗類,[29]	형벌이 치우쳐 공평치 못하고
獄之放紛,[30]	송옥이 방종하여 어지러우며
會朝之不敬,[31]	회견과 조현이 공경치 못하고
使命之不聽,[32]	사명을 듣지 않으며

에 비웃는다면 거의 우리를 업신여기지 않을 것이다"라고 하였는데 또한 제대로 보지 못하였다.

27 부(夫): 한가 등 진나라 사람들을 가리킨다.

28 충(衷): 두예는 "충은 합당하다는 뜻이다"라 하였다.

29 파류(頗類): 공영달은 "복건은 유(類)를 뇌(纇)의 뜻으로 보고 읽었다. 풀이하기를 '파(頗)는 치우친 것이다. 뇌(纇)는 공평치 않다는 뜻이다'라 하였다"라 하였다.

30 두예는 "방(放)은 방임하는 것이다. 분(紛)은 어지러운 것이다"라 하였다.

31 나라에 예와 공경하는 마음이 없는 것을 말한다.

32 두예는 "아래에서 위의 명을 따르지 않는 것이다"라 하였다.

取陵於大國,	대국의 업신여김을 사고
罷民而無功,	백성을 피로하게 하고도 공이 없으며
罪及而弗知,	죄가 미쳤는데도 모르는 것은
僑之恥也.	저의 치욕입니다.
孔張,	공장은
君之昆孫子孔之後也,[33]	임금의 형의 손자 자공의 후손이고
執政之嗣也,[34]	집정을 이은 사람이고
爲嗣大夫,	이어서 대부가 된 사람이며,
承命以使,	명을 받들어 사신이 되어
周於諸侯,[35]	제후국을 두루 돌아다녔으며,
國人所尊,	백성들의 존경을 받는 것은
諸侯所知.	제후들이 아는 바입니다.
立於朝而祀於家,[36]	조정에 서고 집에서는 제사를 지내며

33 곤손(昆孫): 두예는 "곤(昆)은 형이다. 자공은 정양공의 형이며 자장의 조부이다"라 하였다. 청나라 소진함(邵晉涵)의 『이아석친정의(爾雅釋親正義)』에서는 "자장은 정목공의 증손인데 여기에서 '곤손(昆孫)'이라 한 것은 산문에서 말할 때 먼 후손은 모두 곤손이라 칭할 수 있다"라 하였다.

34 두예는 "자공은 일찍이 정나라의 국정을 맡은 적이 있다"라 하였다.

35 일찍이 명을 받들어 각국으로 두루 사신으로 나간 것을 이른다.

36 입어조(立於朝)라는 것은 조정에 관작이 있다는 것을 이르며, 사어가(祀於家)는 집에 조묘(祖廟)가 있다는 것을 이른다. 조묘(祖廟)에 제사 지내는 것에 대하여 복건(服虔)은 "그 집안 출신의 임금을 제사 지내는 것으로 집에서는 태조(太祖)라고 한다"라 하였으니 정목공이다. 공영달의 주석[소(疏)]에서는 이에 대해 반박하였으나 이이덕(李貽德)의 『춘추좌씨전가복주집술(春秋左氏傳賈服注輯述)』과 무억(武億)의 『의증(義證)』에서는 또 이를 폈으나 지금은 이미 꼬치꼬치 캘 필요가 없어졌다.

有祿於國,[37] 나라에서 녹을 받고

有賦於軍,[38] 군부를 내며

喪, 祭有職,[39] 상례와 제례에 맡은 일이 있고

受脤, 歸脤.[40] 제육을 받기도 하고
제육을 바치기도 합니다.

其祭在廟,[41] 종묘에서 제사를 지냄에

已有著位.[42] 자신은 위치가 있습니다.

---

37 두예는 "녹읍(祿邑)을 받는 것이다"라 하였다.

38 군부(軍賦): 채읍을 가진 경대부는 모두 군부를 내야 하며 국가에 전쟁이 있을 때는 속읍의 군대를 거느리고 전투를 해야 한다. 이를테면 양공 25년의 『전』에서는 초나라와 오나라의 전투를 서술하면서 초나라의 자강(子彊)이 "청컨대 사졸로 저들을 유인하고자 한다(請以其私卒誘之)"라 하였으며, 선공 12년 『전』의 초나라와 진(晉)나라의 필(邲)의 전역에서는 진나라의 지장자가 그 족속을 가지고 반격을 하였으며, 17년의 『전』에서는 극극(郤克)이 그의 사병을 가지고 제나라를 칠 것을 부탁한다. "사졸(私卒)"과 "기족(其族)", "사속(私屬)"은 모두 경대부의 채읍의 군부(軍賦)이다. 선공 12년의 『전』과 『주』에 상세하다.

39 나라에 큰 상례가 있거나 큰 제사가 있으면 공장이 모두 그 일을 맡았다는 말이다.

40 수신·귀신(受脤·歸脤): 유월(俞樾)의 『다향실경설(茶香室經說)』에서는 "성공 13년의 『전』에서 '성자가 사묘에서 고기를 받을 때 공경스럽지 못하였다. 유자가 말하였다. 나라의 큰일은 제사와 전쟁에 있다. 제사를 지낼 때는 고기를 나누어 주는 예가 있고 전쟁에는 제육을 받는 예가 있다(成子受脤于社, 不敬. 劉子曰, 國之大事, 在祀與戎. 祀有執膰, 戎有受脤)', 이는 『좌씨』의 설로 종묘에서 제사 지내는 고기는 번(燔)이라 하고 사직에서 제사를 지내는 고기는 신(脤)이라 하였다. 『예기·제법(祭法)』에서는 '제후가 자기 자신을 위하여 사(社)를 세우는 것을 후사(侯社)라 하며, 대부 이하는 무리를 이루어 사를 세우는데 치사(置社)라 한다'라 하였으니 제후는 제후의 사(社)가 있고 대부는 대부의 사가 있다. 제후는 사(社)에 제사를 지내면 제육을 대부들에게 내리는데 수신(受脤)이라고 하고, 대부가 사에 제사를 지내면 또한 공에게 제육을 올리는데 이를 귀신(歸脤)이라고 한다"라 하였다. 유월(俞樾)의 설은 믿을 만하며, 나머지 제설은 수록하지 않는다.

41 두예는 "종묘에서 제사를 드린다는 것은 임금이 제사 지내는 것을 돕는다는 것을 이른다"라 하였다.

42 저위(著位): 저(著)는 곧 위(位)이다.

在位數世,	지위에 있은 지가 여러 세대이고
世守其業,	대대로 가업을 지켰는데
而忘其所,	설 곳을 잊은 것을
僑焉得恥之?	제가 어찌 치욕스럽게 여긴단 말입니까?
辟邪之人而皆及執政,	사벽한 사람을 모두 집정에게 돌리니
是先王無刑罰也.[43]	이는 선왕의 형벌을 무시하는 것이오.
子寧以他規我."[44]	그대는 차라리 다른 일로 나를 규간하시오."
宣子有環,	선자에게는 옥환이 있었는데
其一在鄭商.[45]	그중 하나는 정나라 상인에게 있었다.
宣子謁諸鄭伯,[46]	선자가 정백에게 청하였으나

43 두예는 "과오를 저지른 사람에게는 당연히 형벌을 써야 한다는 말이다"라 하였다.

44 규(規): 두예는 "규는 바로잡는 것이다"라 하였다.

45 왕국유(王國維)의 『관당집림·설환결(觀堂集林·說環玦)』에서는 "내 『춘추좌씨전』의 '선자에게는 옥환이 있었는데 그중 하나는 정나라 상인에게 있었다'라는 것을 읽고 옥환은 하나의 옥으로 이루어지는 것이 아님을 알았다. 기미년에 상우(上虞)의 나씨(羅氏)가 소장한 고옥을 보았는데 모두 세 개의 조각이었으며 매 조각마다 위는 크고 아래는 좁아서 세 개를 합치면 원형이 되었다. 조각의 양쪽 에는 각기 구멍이 있어서 옛날에는 사물에 연결시킬 수 있었을 것인데 내 이것이 곧 옛 옥환이라고 한다. 환(環)은 완전하다는 뜻이며, 결(玦)에 대하여 말하자면 한쪽이 없으면 결이 되는 것이다. 결(玦)은 결(缺)과 같다. 이렇게 『좌씨』를 읽으며 곧 알게 되었다. 후세에는 날로 간이해져서 환(環)과 결(玦)은 모두 하나의 옥으로 만들어 마침내 그 제도를 잃어버렸다"라 하였다.

46 알(謁): 두예는 "알은 청하는 것이다"라 하였다.

子産弗與,	자산은 그것을 주지 않고
曰,	말하였다.
"非官府之守器也,	"나라의 부중에서 간수하고 있는 기물이 아니면
寡君不知."[47]	과군께서는 모르십니다."
子大叔, 子羽謂子産曰,	자태숙과 자우가 자산에게 일러 말하였다.
"韓子亦無幾求,[48]	"한자 또한 그리 많은 것을 요구하지 않았고
晉國亦未可以貳.	진나라에게는 또한 두 마음을 가질 수 없습니다.
晉國, 韓子不可偷也.[49]	진나라와 한자는 얕잡아 볼 수 없습니다.
若屬有讒人交鬪其間,[50]	마침 간사한 사람이 둘 사이에서 이간질을 하고
鬼神而助之,[51]	귀신이 도와
以興其凶怒,	그 흉포함과 분노를 일으킨다면

---

47 들어보지 못했다는 말과 같다.

48 기(幾): 많지 않다는 말과 같다.

49 투(偷): 두예는 "투는 박(薄)의 뜻이다"라 하였다. 불가투(不可偷)는 경시할 수 없다는 말과 같다.

50 속(屬): 마침. 시간을 나타내며 딱 이때와 같은 뜻이다.
교투(交鬪): 곧 교구(交構)와 같은 뜻. 진나라와 정나라를 이간시키는 것을 말한다.

51 주빈(朱彬)의 『경전고증(經傳攷證)』에서는 "이(而)는 여(如)자와 같은 뜻이다"라 하였다.

悔之何及?	후회한들 어찌 미치겠습니까?
吾子何愛於一環,[52]	그대는 어찌 옥환 하나를 아끼어
其以取憎於大國也?	대국의 미움을 사려는 것입니까?
盍求而與之?”	어찌하여 그것을 구하여 주지 않습니까?”
子產曰,	자산이 말하였다.
“吾非偸晉而有二心,	“나는 진나라를 얕잡아 보고 두 마음을 가진 것이 아니라
將終事之,	끝까지 섬기고자 하여
是以弗與,	이 때문에 주지 않은 것이니
忠信故也.	충성스럽고 성실하기 때문이오.
僑聞君子非無賄之難,	내가 듣기에 군자는 재물이 없는 것을 근심하지 않고
立而無令名之患.[53]	입신하여 훌륭한 명성이 없음을 근심한다고 하였소.
僑聞爲國非不能事大, 字小之難,	내가 듣기에 나라를 다스리는 데는 대국을 섬기고 소국을 기르는 것을 근심하지 않고

52 애(愛): 아깝게 여기는 것이다.

53 난(難): 근심이라는 뜻이다. 이 구절의 뜻은 군자는 재물이 없는 것을 근심하지 말고 경이 되어서 훌륭한 명성이 없는 것을 근심하라는 것이다.

無禮以定其位之患.[54]	무례하게 직위를 안정시키는 것을 두려워한다고 하였소.
夫大國之人令於小國,	대체로 대국의 사람이 소국에 호령을 하면서
而皆獲其求,	저마다 그 요구하는 것을 얻고자 한다면
將何以給之?	어떻게 대겠소?
一共一否,	한번은 대고 한번은 그러지 못한다면
爲罪滋大.[55]	그 죄가 더욱 클 것이오.
大國之求,	대국이 요구하는 것을
無禮以斥之,[56]	예로 물리치지 않는다면
何饜之有?	어찌 만족함이 있겠소?
吾且爲鄙邑,[57]	우리나라는 곧 변경의 성읍이 되어
則失位矣.[58]	지위를 잃게 될 것입니다.

54 이곳의 난(難) 또한 근심이라는 뜻이다. 이 구절의 뜻은 나라를 다스릴 때는 대국을 잘 섬기고 소국을 잘 기르는 것을 근심하지 말고 무례하게 그 지위를 안정시키는 것을 근심하라는 것이다. 이곳의 "지(之)"자는 모두 "시(是)"자의 뜻으로 쓰였다.

55 대국이 요구하면 반드시 응해야 하고, 반드시 요구하기를 그치지 않을 것이며, 결국 그 욕심을 채워 줄 수 없을 것이니 형편상 반드시 거절해야 한다는 것이다. 어떨 때는 공급하고 어떨 때는 거절하면 죄가 더욱 커지게 된다는 것이다.

56 예에 의거하여 반박하여 물리치지 않는다는 말이다.

57 차(且): 장차라는 뜻이다.
위비읍(爲鄙邑): 진나라 변경의 현이 될 것이라는 말이다.

58 두예는 "다시 나라가 될 수 없다는 말이다"라 하였다.

若韓子奉命以使,	한자와 같이 명을 받들고 사자로 나가
而求玉焉,	옥을 구한다면
貪淫甚矣,	탐욕이 지나친 것이니
獨非罪乎?[59]	어찌 죄가 아니겠소?
出一玉以起二罪,	옥환 하나를 내어 두 가지 죄를 일으키는 것이며
吾又失位,	우리는 또한 지위를 잃게 될 것이고
韓子成貪,	한자는 탐욕스런 사람이 되는 것이니
將焉用之?	장차 어디에 쓰겠소?
且吾以玉賈罪,	또한 우리가 옥환 때문에 죄를 사게 된다면
不亦銳乎?"[60]	또한 작은 일 때문이 아니겠소?"
韓子買諸賈人,	한자가 장사치에게서 그것을 사서
旣成賈矣.[61]	거래가 이루어졌다.
商人曰,	상인이 말하였다.

59 독(獨): 어찌(豈)라는 뜻이다.

60 예(銳): 두예는 "예(銳)는 세소(細小)한 것이다"라 하였다.

61 성고(成賈): 곧 지금의 거래가 성립되었다는 것을 말하는 것 같다. 육덕명(陸德明)의 『석문(釋文)』에서는 성고는 물건의 가격이 전하여진 것이라고 하였다. 그러나 아래의 "옥을 사양하였다(辭玉)"이라는 말로 보건대 거래가 성립되었다는 뜻으로 보는 것이 더 나을 것 같다.

"必告君大夫!"[62] "반드시 임금과 대부에게 알릴 것입니다."

韓子請諸子産曰, 한자가 자산에게 청하여 말했다.

"日起請夫環, "일전에 저 옥환을 청하였는데

執政弗義,[63] 집정께서 그것을 의롭지 않게 여기어

弗敢復也. 이 일을 감히 다시 제기하지 못하였습니다.

今買諸商人, 지금 상인에게서 그것을 샀는데

商人曰'必以聞', 상인이 말하기를 '반드시 알릴 것이다'라 하였으니

敢以爲請." 감히 청을 드립니다."

子産對曰, 자산이 대답하여 말했다.

"昔我先君桓公與商人皆出自周,[64] "옛날 우리 선군이신 환공과 상인은 모두 주나라로부터 와서

---

62 심흠한(沈欽韓)의 『보주(補注)』에서는 이에 근거하여 "아마 열국은 이때 또한 재물을 국외로 반출하는 것을 금하였을 것이다"라 하였는데 사실은 그렇지 않다. 아래에서 자산이 한 말에 의하면 곧 한선자가 "상인을 강탈하려 한" 것이다.

63 불의(弗義): 의롭게 여기지 않은 것이다.

64 『국어·정어(鄭語)』 위소(韋昭)의 주석에서는 "환공(桓公)은 정나라에 처음 봉해진 임금으로 주여왕(周厲王)의 어린 아들이자 선왕(宣王)의 아우인 환공(桓公) 우(友)이다"라 하였다. 선왕이 정나라에 봉하여진 것은 서도(西都)의 왕기 내의 역림(棫林)의 땅에 있는데, 곧 지금의 섬서 화현(華縣) 서북쪽이다. 주여왕의 난 때 환공은 전 재산과 재보(財寶)를 괵(虢)나라와 회(鄶)나라 사이에 부탁하였으며, 그 뒤에는 두 나라의 땅을 취하여 지금의 하남 신정현(新鄭縣)에 도읍하였다. 두예는 "환공은 동쪽으로 천도하면서

庸次比耦以艾殺此地,[65]	함께 어깨를 나란히 하여 이 땅을 정리하여
斬之蓬, 蒿, 藜, 藋,[66]	쑥과 명아주 같은 잡초를 베어 내고
而共處之,	함께 거처하였으며,
世有盟誓,	대대로 맹세하고
以相信也,	서로 믿으며
曰,	말하기를
'爾無我叛,	'너는 나를 배반하지 않고
我無强賈,[67]	나는 강제로 사지 않을 것이며
毋或匄奪.[68]	혹여라도 구걸하거나 수탈하지 않을 것이다.

상인들과 함께하였다"라 하였다.

65 용차비우(庸次比耦): 공동으로 합작한다는 말과 같다.
애살(艾殺): 깨끗하게 제거한다는 말과 같다.

66 지(之): 기(其)자의 뜻으로 쓰였다. 그 쑥과 명아주를 벤 것이다.
봉(蓬): 곧 『시경·위풍·백혜(衛風·伯兮)』의 "날리는 쑥대 같네(首如飛蓬)"의 비봉(飛蓬)으로, 다년생 국화과의 초본식물이다.
호(蒿): 『시경·소아·녹명(小雅·鹿鳴)』의 "들판의 쑥 뜯고 있네(食野之蒿)"의 호(蒿)로 청호(靑蒿)라고도 하며, 또한 다년생 국화과의 식물이다.
여(藜): 1년생 초본으로 갓 돋아난 잎과 싹은 먹을 수 있으며 줄기 가운데 단단하고 오래된 것은 지팡이를 만들 수 있다.
조(藋): 회조(灰藋)라고도 하며, 여(藜)와는 같은 유(類)의 다른 종(種)이다. 이 네 가지 식물은 각종 야생 초목을 대표한다.

67 두예는 "강제로 그 물건을 못 팔게 하는 것이다"라 하였다.

68 구걸하지 않고 약탈하지 않는 것이다.

爾有利市寶賄,[69]	네게 팔아서 이익이 되는 보물이 있어도
我勿與知.'	내 알려고 하지 않을 것이다'라 하였습니다.
恃此質誓,[70]	이 맹세한 말의 신용을 믿기 때문에
故能相保,	서로 보전하여
以至于今.	오늘에까지 이를 수 있었습니다.
今吾子以好來辱,	지금 그대는 우호의 정의로 왕림하시어
而謂敝邑强奪商人,	우리나라에 상인을 강탈하라 하시는데
是教敝邑背盟誓也,	이는 우리나라로 하여금 맹세를 저버리라 하는 것이니
毋乃不可乎!	안 되는 것 아니겠습니까?
吾子得玉,	그대는 옥을 얻고
而失諸侯,	제후를 잃을 것이니
必不爲也.	반드시 이래서는 안 됩니다.
若大國令,	대국의 명령으로

69 이시(利市): 매매를 잘한다는 말과 같다.
보회(寶賄): 기화(奇貨)와 같다.

70 애공 20년『전』에 "선주께서 오나라 왕과 맹세를 하였다(先主與吳王有質)"라는 말이 있는데, 두예는 "질(質)은 맹세한 신용이다"라 하였다.

而共無藝,[71]	법도 없이 바치게 한다면
鄭鄙邑也,[72]	정나라는 변경의 읍이 되겠지만
亦弗爲也.[73]	또한 그렇게 할 수는 없습니다.
僑若獻玉,	제가 옥을 바치면
不知所成.[74]	좋은 점이 무엇인지 모르겠습니다.
敢私布之."	감히 가만히 말씀드립니다."
韓子辭玉,	한자가 옥을 사양하며
曰,	말하였다.
"起不敏,	"제가 불민하여
敢求玉以徼二罪?	감히 옥을 구하여 두 가지 죄를 초래하겠습니까?
敢辭之."[75]	감히 그것을 사양하겠습니다.
夏四月,	여름 4월에
鄭六卿餞宣子於郊.[76]	정나라의 여섯 경이 교외에서 선자를 전별하였다.

71 진나라의 명령이 있으면 우리더러 법칙이 없는 공물을 바치게 한다는 것이다.

72 이는 곧 정나라를 진나라 변방의 읍처럼 본다는 것을 말한다.

73 두예는 "변경의 읍이 되는 일은 하고 싶지 않은 것이다"라 하였다.

74 성(成): 『예기·소의(少儀)』 정현의 주에서는 "성(成)은 선(善)이다"라 하였다. 이 구절의 뜻은 무슨 도리와 좋은 점이 있는지 모르겠다는 말이다. 혹자는 말하기를 『주례·태재(太宰)』에 여덟 가지 법이 있는데 다섯 번째가 관성(官成)이며, 정현은 "성(成)은 관부의 성사(成事)와 품식(品式)이다"라 주석을 달았다고 하였다. 이는 정나라의 관부(官府)에는 이런 조례와 고사가 없다는 것과 같다.

75 사(辭): 사옥(辭玉)은 옥을 물린다는 말과 같으며, 옥을 받지 않는 것이다.

宣子曰,	선자가 말하였다.
"二三君子請皆賦,[77]	"여러 군자께 모두 시를 읊기를 청하며
起亦以知鄭志."[78]	저 또한 정나라의 뜻을 알고자 합니다."
子齹賦野有蔓草.[79]	자차가 「야유만초」를 읊었다.
宣子曰,	선자가 말하였다.
"孺子善哉![80]	"유자는 잘 읊었습니다.
吾有望矣."	내 희망이 있습니다."
子産賦鄭之羔裘.[81]	자산은 정나라의 「고구」를 읊었다.
宣子曰,	선자가 말하였다.
"起不堪也."[82]	"저는 감당하지 못합니다."

---

76 전(餞): 두예는 "전(餞)은 전송하면서 술을 마시는 것이다"라 하였다.

77 이삼군자(二三君子): 여러 대신(大臣)이라는 말과 같다.

78 육경(六卿): 정나라의 대신이다. 육경의 뜻은 곧 족히 정나라의 뜻을 나타내는 것이다. 두예는 "시는 뜻을 말하는 것이다"라 하였다.

79 두예는 "자차(子齹)는 자피(子皮)의 아들 영제(嬰齊)이다. 「야유만초」는 『시경 · 정풍(鄭風)』의 편명이다. 그 시 중의 '뜻밖에 서로 만나니, 내 바람대로 딱 들어맞았네(邂逅相遇, 適我願兮)'라는 구절의 뜻을 취한 것이다"라 하였다.

80 유자(孺子): 자피는 소공 13년에 죽었으며 자차가 부친의 지위를 이은 지 3년이 되지 않았으므로 선자가 그를 "유자(孺子)"로 칭한 것이지 그의 나이가 어린 것은 아니다.

81 고구(羔裘): 『시경』에는 「고구」가 3편이 있는데 「정풍(鄭風)」에 「고구」가 있으며, 「당풍(唐風)」과 「회풍(檜風)」에도 모두 「고구」가 있다. 정나라의 「고구」라고 한 것은 당나라와 회나라의 「고구」와 구별하기 위함이다. 「고구」편에는 "우리 님은 명을 받음에 변함이 없네(彼其之子, 舍命不渝)", "우리 님은 나라의 백성 바로잡는 일 맡으셨네(彼其之子, 邦之司直)", "우리 님은 나라의 인재라네(彼其之子, 邦之彦兮)"라는 구절이 있다. 자산이 이 구절들을 가지고 한기를 찬미한 것이다.

子大叔賦褰裳.[83]	자태숙은 「건상」을 읊었다.
宣子曰,	선자가 말하였다.
"起在此,	"제가 여기에서
敢勤子至於他人乎?"[84]	감히 그대를 수고롭혀 다른 사람에게 가게 하겠습니까?"
子大叔拜.[85]	자태숙은 절을 하였다.
宣子曰,	선자가 말하였다.
"善哉,	"훌륭하도다!
子之言是![86]	그대가 이 시를 말함이.
不有是事,	이 일이 없었다면
其能終乎?"[87]	좋은 결말이 있을 수 있겠는가?"
子游賦風雨.[88]	자유는 「풍우」를 읊었다.

---

82 이것을 받기에 부족하다는 말이다.

83 두예는 "「건상」 시에서는 '그대가 날 사랑한다면, 치마 걷고 진수라도 건너겠네. 그대가 날 사랑하지 않는다면, 어찌 다른 사람 없겠는가?(子惠思我, 褰裳涉溱. 子不我思, 豈無他人)'라 하였다. 선자가 자기를 생각하면 치마를 걷을 용의가 있음을 말한 것이며, 나를 생각하지 않는다면 또한 어찌 다른 사람이 없겠느냐는 것을 말한다"라 하였다. 건상(褰裳)은 치마를 걷어 올리는 것이다. 진(溱)은 정나라의 강 이름이다.

84 근(勤): 로(勞)와 같은 뜻이다. 내가 진나라에서 집정을 하는 동안은 그대가 수고롭게 다른 나라를 섬기는 지경에 이르지 않게 하여 꼭 정나라를 보호해 줄 수 있다는 말이다.

85 두예는 "선자가 정나라를 염두에 두고 있음을 감사해한 것이다"라 하였다.

86 시(是): 두예는 "이것(是)은 「건상」이다"라 하였다.

87 고염무(顧炎武)의 『보정(補正)』에서는 부손(傅遜)의 말을 인용하여 "인정은 서로 타성에 젖어 항상 그 끝이 좋지 못하다. 오직 이렇게 깨우쳐 주고 경계하여야 끝내 좋을 수 있다"라 하였다.

88 자유(子游): 두예는 "자유는 사대(駟帶)의 아들 사언(駟偃)이다. 「풍우」 시는 그 '우리 님

子旗賦有女同車.[89] 자기는 「유녀동거」를 읊었다.

子柳賦蘀兮.[90] 자류는 「탁혜」를 읊었다.

宣子喜, 선자가 기뻐하며

曰, 말하였다.

"鄭其庶乎![91] "정나라는 흥성해질 것이다.

二三君子以君命貺起, 여러 군자께서 임금의 명으로 제게 하사하시고

賦不出鄭志,[92] 읊은 것이 정나라의 시를 벗어나지 않았으니

皆昵燕好也.[93] 모두 친밀한 우호를 보인 것입니다.

二三君子, 여러 군자들은

數世之主也, 여러 세대를 이어 갈 주인이니

可以無懼矣." 두려울 것이 없겠습니다."

만났으니, 어찌 마음 편치 않겠는가?(旣見君子, 云胡不夷)'라는 구절을 땄다"라 하였다.

89 자기(子旗): 두예는 "자기는 공손단(公孫段)의 아들 풍시(豐施)이다. 「유녀동거」는 그 '정말 아름답고 어여쁘도다(洵美且都)'라는 구절의 뜻을 취하였으며, 선자의 뜻을 좋아하고 즐기는 것이다"라 하였다. 순(洵)은 실로라는 뜻이다. 도(都)는 아름답고 우아한 것이다. 그 모습이 아름다울 뿐만 아니라 풍도가 우아하다는 것을 말한다.

90 자류(子柳): 두예는 "자류는 인단(印段)의 아들 인계(印癸)이다. 「탁혜」 시는 그 '그대 노래하면 내 화답하리(倡予和女)'라는 구절의 뜻을 취하였다. 선자가 노래하면 자기도 따라서 화답하겠다는 말이다"라 하였다.

91 서(庶): 두예는 "흥성을 바랄만 하다는 것을 말한다"라 하였다.

92 정지(鄭志): 곧 정나라의 시이다. 이 『경』과 『전』에서는 지(志)를 시(詩)로 보았다.

93 두예는 "닐(昵)은 친(親)의 뜻이다. 읊은 것이 그 나라의 시를 벗어나지 않았으니 이로써 친애와 우호를 나타낸 것이다"라고 하였다.

宣子皆獻馬焉,	선자는 모두에게 말을 주고
而賦我將.[94]	「아장」을 읊었다.
子産拜,	자산이 절하고
使五卿皆拜,	다섯 경으로 하여금 절을 하게 하고는
曰,	말하였다.
"吾子靖亂,	"그대가 난을 안정시키고자 하시니
敢不拜德!"	감히 은덕에 배사하지 않겠습니까?"
宣子私覿於子産以玉與馬,[95]	선자가 옥과 말을 가지고 사적으로 자산을 찾아보고
曰,	말하였다.
"子命起舍夫玉,[96]	"그대는 제게 저 옥을 버리라고 명하였는데
是賜我玉而免吾死也,[97]	이는 내게 옥을 내려 내 죽음을 면하게 한 것이니

---

94 아장(我將): 『시경·주송(周頌)』의 편명이다. 두예는 "그 시의 '날마다 세상 잘 다스리면, 내 첫 새벽부터 늦은 밤까지, 하늘의 위엄 두려워하리(日靖四方, 我其夙夜, 畏天之威)'라는 구절의 뜻을 취하여 뜻이 난리를 다스리고 하늘의 위엄을 두려워하는 데 있음을 말하였다"라 하였다. 아마 또한 "이에 (문왕의 유업)을 보전하리라(于時保之)"는 구절도 취하였을 것 같은데 소국을 보호한다는 것이다.

95 근(覲): 『이아·석고(釋詁)』에서는 "근은 찾아뵙는 것이다"라 하였다.

96 사(舍): 사(捨)와 같다.

97 사아옥(賜我玉): 나에게 금옥 같은 훌륭한 말을 내려 주었다는 말과 같다.

敢不藉手以拜!"[98]	감히 손을 빌려 배사하지 않겠습니까?"
公至自晉,[99]	공이 진나라에서 왔는데
子服昭伯語季平子曰,[100]	자복소백이 계평자에게 말하였다.
"晉之公室其將遂卑矣.	"진나라 공실은 결국 쇠약해질 것입니다.
君幼弱,	임금은 어리고 약하며
六卿彊而奢傲,[101]	6경은 강하여 사치하고 오만하여
將因是以習,	이 때문에 습관이 될 것이며
習實爲常,[102]	습관이 되면 실로 일상적이 되니

98 원래는 "아니 불(不)"자가 탈락되었으나 여기서는 완원(阮元)의 『교감기(校勘記)』 및 가나자와 문고본(金澤文庫本)에 의하여 증정하여 더하였다. 두예는 "옥과 말을 지니고 자산에게 배사한 것이다"라 하였다. 자수(藉手)라는 것은 이 손으로 지니거나 끌고 와서 물건을 바치는 것이다. 이는 아마 떠나는 것을 전별하기 이전의 일로 문장의 끝에 보충하여 서술한 것일 것이다.

99 두예는 "진나라 사람이 공이 돌아가게끔 한 것이다"라 하였다.

100 자복소백(子服昭伯): 두예는 "소백은 혜백(惠伯)의 아들 자복회(子服回)이다. 공을 따라 진나라에서 돌아왔다"라 하였다.

101 사오(奢傲): 치태(侈泰)와 같다. 사치(奢侈)라는 뜻.

102 양이승(梁履繩)의 『보석(補釋)』에서는 『상정재경설(尙靜齋經說)』을 인용하여 "『주서·상훈해(周書·常訓解)』에서는 '호오에서 변함이 생겨나고, 변함이 습관이 되면 일상적인 것이 생겨난다'고 하였다. 또 말하기를 '백성이 나면 습관이 있고 일상적인 것이 있으니 습관이 일상적인 것이 된다'라 하였다. 「서(序)」에서는 '습관이 쌓이면 일상적인 것이 생겨난다'라 하였는데 『전』의 뜻은 여기에 근본하였다"라 하였다. 『대대예기·보부(保傅)』편에서는 공자의 말을 인용하여 "어릴 때 생긴 습성이 천성과 같다면 습관이 되어 일상적인 것이 된다(少成若天性, 習貫之爲常)"고 하였다. 『한서·가의전(賈誼傳)』에서는 "어릴 때 생긴 습성이 천성과 같다면 습관이 되어 자연스럽게 된다(習貫成自然)"로 되어

能無卑乎!" 쇠약해지지 않을 수 있겠습니까?"

平子曰, 평자가 말하였다.

"爾幼, "그대는 어리니

惡識國?" 어찌 나라를 알겠는가?"

秋八月, 가을 8월에

晉昭公卒. 진나라 소공이 죽었다.

九月, 9월에

大雩, 크게 기우제를 지냈는데

旱也. 한발 때문이었다.

鄭大旱, 정나라에 큰 가뭄이 들어

使屠擊, 祝款, 豎柎有事於桑山.[103] 도격과 축관, 수부에게 상산에서 제사를 지내도록 하였다.

斬其木, 그 산의 나무를 베었으나

不雨. 비가 오지 않았다.

있다. 관(貫)은 지금은 관(慣)이라 한다.

103 두예는 "세 사람은 정나라의 대부이다. 유사(有事)는 제사이다"라 하였다. 두예의 『세족보(世族譜)』에서는 도격을 잡인(雜人)에 열입하였다. 희공 28년 『전』에 또 도격이 있는데 진(晉)나라 사람이다. 장병린(章炳麟)의 『독(讀)』 권9에서는 "『순자 · 유좌(宥坐)』에서는 '자산이 등석(鄧析)과 사부(史付)를 죽였다'라 하였는데, 사부가 곧 수부인 것 같다"라 하였다.

子産曰,	자산이 말하였다.
"有事於山,	"산에서 제사를 지내면
蓺山林也,[104]	산의 숲을 길러 보호하여야 하며,
而斬其木,	그 나무를 벤 것은
其罪大矣."[105]	그 죄가 크다."
奪之官邑.[106]	그들의 채읍을 빼앗았다.

冬十月,	겨울 10월에
季平子如晉葬昭公.	계평자가 진나라로 가서 소공의 장례식에 참석하였다.
平子曰,	평자가 말하였다.
"子服回之言猶信.[107]	"자복회의 말은 그래도 믿을 만하다.
子服氏有子哉!"[108]	자복씨에게는 아들이 있구나!"

---

104 예(蓺): 두예는 "예는 기르고 보호하여 번식하게 하는 것이다"라 하였다.

105 『한서·공우전(貢禹傳)』에서 공우가 말하기를 "숲의 나무를 베는 것을 이따금 금할 때가 없는데 수재와 한재는 꼭 여기에서 발생하는 것은 아니다"라 하였다. 양수달(楊樹達)의 『독좌전(讀左傳)』에서는 "삼림이 한재를 막을 수 있다는 것을 고인들은 알았을 것이다"라 하였다.

106 지(之): "그 기(其)"자와 같은 뜻이다.

107 두예는 "직접 가보고서야 회(回)의 말을 믿은 것이다"라 하였다.

108 두예는 "현명한 아들이 있다는 것이다"라 하였다.

소공 17년

經

十有七年春,[1]	17년 봄에
小邾子來朝.[2]	소주자가 와서 조현하였다.
夏六月甲成朔,	여름 6월 갑술일 초하룻날에
日有食之.[3]	일식이 있었다.
秋,	가을에
郯子來朝.	담자가 와서 조현하였다.
八月,	8월에
晉荀吳帥師滅陸渾之戎.[4]	진나라 순오가 군사를 거느리고 육혼지융을 멸하였다.
冬,	겨울에

---

1 십칠년(十七年): 병자년 B.C. 525년으로 주경왕(周景王) 20년이다. 동지가 정월 29일 병자일로 건자(建子)이다.

2 원나라 왕극관(王克寬)의 『춘추호전부록찬소(春秋胡傳附錄纂疏)』에서는 "노나라는 이미 지위가 낮아졌는데도 소국에서 여전히 조현하는 자가 있었고, 진나라 또한 약해졌으나 제후들 중에 여전히 찾아가는 사람이 있었다. 이는 그 임금을 두려워한 것이 아니라 강한 신하를 두려워한 것일 따름이다"라 하였다.

3 이해 6월에는 일식이 없었으며 일식은 주력(周曆)으로 정월 9일 계유일 초하룻날에 있었는데, 『전』의 내용에 의하면 또한 주력(周曆)으로 6월에도 있다. 『전』의 글은 아마 착간일 것이다. 이 해에는 윤달이 있어야 하며 윤달이 11월 이후에 있었다면 주력(周曆)으로 10월 계유일 초하룻날이 된다. 나머지는 『전』의 『주』를 참조하라.

4 『공양전』에는 "분혼융(賁渾戎)"으로 되어 있다. 『곡량전』에도 "지(之)"자가 없다. 선공 3년 『경』의 『주』에 이에 관한 설이 보인다.

有星孛于大辰. 살별이 대진에 출현하였다.

楚人及吳戰于長岸.[5] 초나라 사람이 오나라와 장안에서 싸웠다.

傳

十七年春, 17년 봄에

小邾穆公來朝, 소주목공이 와서 조련하였는데

公與之燕. 공이 연례를 베풀어 주었다.

季平子賦采叔,[6] 계평자가 「채숙」을 읊자

穆公賦菁菁者莪.[7] 목공은 「청청자아」를 읊었다.

昭子曰, 소자가 말하였다.

“不有以國,[8] “나라를 다스릴 인재가 없다면

其能久乎?”[9] 어찌 오래갈 수 있겠는가?”

---

5 송나라 진부량(陳傅良)의 『춘추후전(春秋後傳)』에서는 “5년에 오나라가 일찍이 작안(鵲岸)에서 초나라를 무찔렀는데 기록하지 않았으며, 6년에는 방종(房鍾)에서 무찔렀으나 기록하지 않고 다만 ‘오나라를 쳤다’라고만 기록하였다. 이때에야 비로소 ‘싸웠다’고 기록하였으니 오나라와 초나라가 대적한 것을 말하였다”라 하였다. 장안은 『전』의 『주』에 보인다.

6 채숙(采叔): 지금의 『시경』에는 「채숙(采菽)」으로 되어 있다. 두예는 “「채숙」은 『시경·소아(小雅)』의 편명이다. ‘군자님 와서 조현하셨으니, 무얼 내려 주셨나?(君子來朝, 何錫予之)’라는 구절을 취하였다. 목자를 군자에 비유한 것이다”라 하였다.

7 청청자아(菁菁者莪): 두예는 “「청청자아」 또한 『시경·소아(小雅)』의 편명이다. ‘군자 만나보니, 즐겁고 예의 바르네(既見君子, 樂且有儀)’라는 구절의 뜻을 취하였으며, 「채숙」에 답한 것이다”라 하였다.

8 불유(不有): 가정을 나타내는 접속사. 이 구절은 “나라를 다스릴 인재가 없다면”이라는 말이다. 이(以)는 위(爲)의 뜻이다.

9 기(其): 기(豈)이다. 두예는 “답하여 읊을 수 있음을 가상히 여기고 그 어짊을 말하였으므

夏六月甲戌朔,	여름 6월 갑술일 초하룻날에
日有食之.	일식이 있었다.
祝史請所用幣.[10]	축사가 쓰일 비단을 청하였다.
昭子曰,	소자가 말하였다.
"日有食之,	"일식이 있으면
天子不擧,[11]	천자는 성찬을 들지 않고
伐鼓於社,[12]	사묘에서 북을 치며,
諸侯用幣於社,[13]	제후는 토지신에게 비단으로 제사를 지내며
伐鼓於朝,[14]	조정에서 북을 치는 것이
禮也."	예입니다."
平子禦之,[15]	평자가 저지하면서

로 오래도록 나라를 다스릴 수 있다고 하였다"라 하였다. 청나라 서호(徐灝)의 『통개당경설(通介堂經說)』에서는 "이(以)"자에서 구절을 끊어야 한다고 하였다. 혹자는 이(以)를 이것(此)으로 풀이하였다. 이(以)는 실로 차(此)로 풀이할 수 있으나 목적어가 없어지므로 믿을 수 없다.

10 청소용폐(請所用幣): 두예는 "예에 정양(正陽)의 달에 일식이 있으면 사묘(社廟)에 비단을 써야 하기 때문에 청한 것이다"라 하였다. 고인들은 하력(夏曆)으로 4월을 정양의 달로 생각하였으며, 주력(周曆)으로 6월이 곧 하력(夏曆)의 4월이다. 청소용폐(請所用幣)는 곧 어떤 것으로 사묘에 제사를 지내야 할지 보여주기를 청한 것이다.

11 두예는 "성찬(盛饌)을 들지 않는 것이다"라 하였다.

12 두예는 "뭇 음기를 꾸짖는 것이다"라 하였다.

13 두예는 "상공(上公)에게 청하는 것이다"라 하였다.

14 두예는 "물러나 스스로 꾸짖는 것이다"라 하였다.

15 어(禦): "어는 금하는 것이다"라 하였다.

曰,	말하였다.
“止也.	“그만두십시오.
唯正月朔,	정월 초하룻날
慝未作,	음기가 일어나지 않았을 때
日有食之,	일식이 발생해야만
於是乎有伐鼓, 用幣,	이에 북을 치고 비단을 쓰는 것이
禮也.	예입니다.
其餘則否.”	나머지는 그렇게 하지 않습니다.”
大史曰,	태사가 말하였다.
“在此月也.[16]	“이 달에 있습니다.
日過分而未至,[17]	태양이 춘분을 지나고 하지는 되지 않았으며
三辰有災,[18]	삼진에 재앙이 있으니

---

16 두예는 “정월은 건사〔建巳: 월건(月建)이 사(巳인) 음력 4월, 두건(斗建)〕의 정양(正陽)의 달을 말하는데 주나라에서는 6월이고 하나라에서는 4월이다. 특(慝)은 음기(陰氣)이다. 4월은 순양(純陽)이 용사(用事)하여 음기는 아직 꿈쩍도 않았는데 양을 침범하면 재화가 중하므로 북을 치고 비단을 쓰는 예가 있게 되는 것이다. 평자(平子)는 6월은 정월(正月)이 아니므로 태사가 답한 말이 이 달에 있다고 한 것이다”라 하였다. 옛날 사람들의 미신은 항상 천상(天象)을 인사(人事)와 연관시켜 하력(夏曆)으로 4월을 순양의 달로 생각하여 정월이라 하였으며, 또한『시경·소아·정월(小雅·正月)』에 보인다.「정월」에서는 “4월에 된서리 내리니, 내 마음 슬퍼지네(正月繁霜, 我心憂傷)”라 하였다. 하력(夏曆) 4월에는 된서리가 내리지 않아야 하는데 된서리가 내리니 슬퍼지는 것이다. 주력(周曆)으로 정월이면 곧 하력(夏曆)으로는 11월이 되어 본래 된서리가 내려야 하니 하필이면 슬퍼하겠는가?

17 두예는 “춘분이 지나고 아직 하지는 되지 않은 것이다”라 하였다.

於是乎百官降物,[19] 이때 백관은 소복을 입으며,

君不擧, 임금은 성찬을 들지 않고

辟移時,[20] 피하여 때를 보내며,

樂奏鼓,[21] 악공은 북을 치고

祝用幣,[22] 축사는 비단을 바치며

史用辭.[23] 태사는 제문을 읽습니다.

故夏書曰'辰不集于房,[24] 그러므로 「하서」에서는 '일월의 교차가 정상적이지 않으니

---

18 삼진(三辰): 두예는 "삼진은 일(日), 월(月), 성(星)이다. 일월이 서로 침범하고 또 이 별자리를 범하므로 삼진이 모두 재앙이 되는 것이다"라 하였다. 옛사람들은 이미 일식이 반드시 초하룻날 있으며, 이때는 해와 달이 지구와 일직선을 이루고 햇빛이 달에 가린다는 것을 알았다. 그러나 지구가 행성이고 태양을 돈다는 것은 몰랐기 때문에 해가 지구를 돌 따름이라고 잘못 말하였다.

19 강물(降物): 두예는 "강물은 소복(素服)이다"라 하였다.

20 피이시(辟移時): 피(辟)는 피(避)와 같다. 두예는 "정침(正寢)을 피하여 일식이 진행되는 때를 넘기는 것이다"라 하였다.

21 두예는 "북을 치는 것이다"라 하였다.

22 두예는 "토지신에게 비단을 써서 제사를 지내는 것이다"라 하였다.

23 두예는 "글로 자책하는 것이다"라 하였다. 옛사람들의 미신에 일식은 하늘이 견책을 보이는 것이기 때문에 자책하는 것이다.

24 두예는 "일서(逸書)이다"라 하였다. 지금의 위고문『상서·윤정(胤征)』에는 "辰弗集于房"으로 되어 있다. 두예는 또 "집(集)은 편안한 것이다. 방(房)은 머무는 것이다. 해와 달이 머무는 곳이 불안하면 일식이 일어난다"라 하였다. 두예는 일식에 대하여 몰랐으므로 잘못 주석을 달았다.『국어』「주어(周語) 하」"진이 두병에 있다(辰在斗柄)"의 위소의 주에서는 "진(辰)은 해와 달이 만나는 것이다"라 하였다. 이 진(辰)자 또한 이 뜻이다. 매월 초하룻날 해와 달은 지구와 일직선을 이루는데 달이 햇빛을 가린다면 달의 중심이 백도(白道: 달이 지구 궤도의 평면과 천구가 교차하는 큰 원을 도는 것)와 황도(黃道: 지구가 궤도의 평면과 천구가 서로 교차하는 큰 원을 공전하는 것)가 서로 교차하는 지점에서 떨어져 일식의 한도 내로 들어가니 이것이 일식이다. 서로 교차하는 지점이 상한선(18° 31′)의 바깥에 있으면 일식은 없다.

瞽奏鼓,	소경 악사는 북을 치고
嗇夫馳,[25]	색부는 마차를 달리며
庶人走',	서인은 달아났다'라 하였습니다.
此月朔之謂也.	이 달 초하룻날을 이른 것입니다.
當夏四月,	여름 4월에 해당하니
是謂孟夏."	이를 맹하라 합니다."
平子弗從.	평자는 그 말을 따르지 않았다.
昭子退,	소자가 물러나자
曰,	말하였다.
"夫子將有異志,	"부자는 이상한 뜻을 가지고
不君君矣."[26]	임금을 임금으로 여기지 않는다."

25 색부(嗇夫): 색부의 이름은 『의례 · 근례(覲禮)』와 『관자 · 신도(管子 · 臣道) 상』 및 『갈관자 · 왕부(鶡冠子 · 王鈇)』편 등에 보인다. 전현은 「근례(覲禮)」에 주를 달면서 사공(司空)의 속관이라고 하였으며, 당나라 윤지장(尹知章)은 『관자』에 주석을 달면서 이색부(吏嗇夫)를 군리(羣吏)를 검속하는 관리라 하였고 인색부(人嗇夫)는 백성을 검속하는 관리라 하였고, 『한서 · 오행지(五行志) 하』의 상에서는 "색부는 폐물을 관장하는 관리이다"라 하였다. 『한비자 · 설림(說林) 하』에도 색부가 있는데 현읍(縣邑)의 관리라 하였다. 이 색부는 향읍(鄕邑)의 관리인 것 같다.

26 두예는 "임금의 재난을 편안히 여겼기 때문에 다른 마음을 가졌다고 한 것이다"라 하였다. 공영달은 "일식은 음이 양을 침범하고 신하가 임금을 침범한 상이다. 일식을 구(救)하였기 때문에 임금을 돕고 신하를 억누르는 것이다. 평자(平子)는 일식을 구하려 하지 않았으며, 유현(劉炫)은 '곧 다시 임금을 임금으로 생각하지 않은 것이다'라 하였다"라 하였다. 청나라 강영(江永)의 『군경보의(羣經補義)』에서는 "아마 15년 여름 6월 정사일 초하룻날 일식이 있었던 일을 밝히려 한 것 같다. 축사의 청, 태사의 말, 평자의 따르지 않음은 모두 그해의 일이다. 좌씨가 살피지 않고 이해에 잘못 연결시킨 것이다"라 하였다. 청나라 왕도(王韜)의 『춘추일식변정(春秋日食辨正)』에서는 "이 장의 『전』의 문장이 전 해인 15년 6월 정사일 초하룻날의 일식 아래에 있어야 하는 줄을 몰랐는데 이는 곧

秋,	가을에
郯子來朝,[27]	담자가 와서 조현하여
公與之宴.	공이 그에게 연례를 베풀었다.
昭子問焉,	소자가 그에게 물어
曰,	말하였다.
"少皞氏鳥名官,	"소호씨가 새 이름으로 관직 이름을 삼은 것은
何故也?"[28]	어째서입니까?"

착간(錯簡: 책장(冊張)이나 편(篇), 장(章) 따위의 차례가 잘못됨. 또는 그런 책장이나 편, 장)에 의한 착오 때문이다"라 하였다. 강영과 왕도 두 사람의 설은 모두 억설이며, 아마 15년 6월 정사일 초하룻날 일식이 있었던 사실은 『경』에는 있고 『전』에는 없다. 이 해 『경』에는 또한 여름 6월 갑술일 초하룻날의 일식도 실려 있으니 15년의 착간(錯簡)이 아님을 알 수 있다. 이해에는 원래 일식이 있어야 하는데 주력(周曆) 9월 계유일 초하룻날에만 있고 6월 초하룻날에는 없었을 따름이다. 정백기(鄭伯奇: 1895~1979)는 이 간독(簡牘: 종이가 발명되기 이전에 글자를 기록하는 데에 사용한 대나무 조각과 얇은 나무 조각, 또는 이것을 엮어서 만든 책을 이르는데, 이 죽간(竹簡)과 목독(木牘)을 총칭하는 말)은 12년에 있는 것이 탈간(脫簡: 책 속에 편이나 장이 빠지거나 낙장(落張) 따위가 있는 일. 고서(古書)를 간독(簡牘)에 새겨 철한 데서 나온 말)되어 이곳에 있는 것으로 의심하였다. 청나라 풍징(馮澂)의 『춘추일식집증(春秋日食集證)』에서는 "정현의 설을 따르는 것이 옳다"라 하였다.

27 담자(郯子): 담(郯)은 선공 4년의 『전』과 『주』에 보인다.

28 소호씨(少皞氏): 고대 전설 중의 제왕으로 고서의 기록에는 모순이 있어 여기서는 다만 『좌전』으로 『좌전』을 증명할 따름이다. 『좌전』에는 모두 네 번 소호씨를 언급하였는데, 문공 18년의 『전』의 "소호씨에게는 될 성싶지 않은 자식이 있었다(少皞氏有不才子)"라 한 것과 소공 29년 『전』의 "소호씨에게는 숙부가 넷 있었다(少皞氏有四叔)"라 한 것 및 이 『전』에서 두 차례 언급하였다. 나머지는 문공 18년의 『전』과 소공 원년 『전』 "옛날에 금천씨에게는 아득한 후손이 있었는데 매라 하였다(昔金天氏有裔子曰昧)"라 한 곳의 『주』를 참조하라. 이는 모두 믿음직한 사료가 되기에 충분치 못하여 나머지 기록은 인용하지 않는다. 정공 4년의 『좌전』에 의하면 노나라는 소호(少皞)의 터에 봉하여지고 담자 또한 소호의 후손이므로 소자가 거기에 대해 물은 것이다.

郯子曰,	담자가 말하였다.
“吾祖也,[29]	“우리 선조여서
我知之.	내가 압니다.
昔者黃帝氏以雲紀,	옛날 황제씨는 구름으로 기록하였기 때문에
故爲雲師而雲名,[30]	각 관직의 우두머리를 모두 구름으로 명명하였으며,
炎帝氏以火紀,	염제씨는 불로 기록하였기 때문에
故爲火師而火名,[31]	각 관직의 우두머리를 불로 명명하였고,
共工氏以水紀,	공공씨는 물로 기록하였기 때문에

---

29 조(祖): 아래에서 말한 고조(高祖)이다.

30 두예는 “황제는 희(姬)성의 선조이다. 황제가 명을 받을 때 구름의 상서로움이 있었으므로 구름으로 일을 기록하였고 백관의 우두머리를 모두 구름으로 명명하여 불렀는데 진운씨(縉雲氏)가 그 가운데 한 관직일 것이다”라 하였다. 진운씨는 문공 18년의 『전』과 『주』에 보인다. 『사기·오제본기(五帝本紀)』의 『집해(集解)』에서는 응소(應劭)의 말을 인용하여 “황제가 명을 받을 때 구름의 상세가 있었기 때문에 구름으로 일을 기록하였다. 춘관을 청운(靑雲)이라 하였고, 하관은 진운(縉雲), 추관은 백운(白雲), 동관은 흑운(黑雲)이라 하였고, 중관은 황운(黃雲)이라 하였다”라 하였다. 복건(服虔)의 설도 마찬가지이다. 이 또한 전설이다. 사(師)는 우두머리라는 뜻이다. 이 구절의 뜻은 각 관직의 우두머리를 모두 구름으로 명명하였다는 것이다.

31 두예는 “염제(炎帝)는 신농씨로 강(姜)성의 선조이다. 또한 불의 상서로움이 있어 불로 일을 기록하고 백관을 명명하였다”라 하였다. 공영달은 복건의 말을 인용하여 “염제는 불로 관직을 명명하였으니, 춘관을 대화(大火)라 하였고, 하관은 순화(鶉火), 추관은 서화(西火), 동관은 북화(北火), 중관은 중화(中火)라 하였다”라 하였다. 사실 염제와 신농에 관한 고대 문헌의 설은 각기 같지 않아 깊이 탐구할 필요가 없다. 복건의 이 설 또한 근거가 없다.

故爲水師而水名,[32]	각 관직의 우두머리를 물로 명명하였으며,
大皞氏以龍紀,	태호씨는 용으로 기록하였기 때문에
故爲龍師而龍名.[33]	각 관직의 우두머리를 용으로 명명하였습니다.
我高祖少皞摯之立也,[34]	우리 고조이신 소호씨 지가 즉위할 때
鳳鳥適至,	봉황이 마침 날아와
故紀於鳥,	새로 기록을 하였으며
爲鳥師而鳥名,	각 관직의 우두머리를 새로 명명하였는데

---

32 두예는 "공공은 제후로 패자가 되어 구주를 가진 자로 신농씨의 앞 대호(大皞)의 뒤에 있으며 또한 물의 상서로움을 받아 물로 관직을 명명하였다"라 하였다. 공영달은 복건의 설을 인용하여 "공공씨는 물로 관직을 명명하였는데 춘관을 동수(東水)라 하였고, 하관을 남수(南水), 추관을 서수(西水), 동관을 북수(北水), 중관을 중수(中水)라 하였다"라 하였다. 복건은 동남서북중을 춘하추동중에 짝지었으며 순전히 후인의 오행의 영향을 받은 설이다.

33 두예는 "태호(大皞)는 복희씨로 풍(風)성의 선조이며 용의 상서로움이 있었으므로 용으로 관직명을 삼았다"라 하였다. 『한서·율력지(律曆志)』에서는 염제를 신농이라 하였고, 태호를 포희〔包犧: 곧 복희(伏犧)〕라 하였는데 두예가 그것을 근본으로 삼아 후인들의 논쟁이 그치지 않는데, 고대의 전설은 이미 믿음직한 사료가 될 수가 없다. 공영달은 복건의 설을 인용하여 "태호는 용으로 관직을 명명하였는데, 춘관은 청룡씨라 하였고, 하관은 적룡씨, 추관은 백룡씨, 동관은 흑룡씨, 중관은 황룡씨라 하였다" 하였으니 또한 오행설을 받아 이런 억측을 하였다.

34 고조(高祖): 복사에 "고조기(高祖夔)"와 "고조해(高祖亥)", "고조을(高祖乙)"이 있으며, 『상서·반경(盤庚) 하』에서는 "그러나 하느님은 높으신 우리 조상〔高祖〕의 덕을 회복하셨다"라 하였는데 이상의 여러 고조(高祖)는 모두 원조(遠祖)나 시조(始祖)를 이른다. 15년의 『전』과 『주』를 참조하라.

鳳鳥氏,	봉조씨는
曆正也,[35]	역정이고,
玄鳥氏,	현조씨는
司分者也,[36]	춘분과 추분을 맡은 자이며,
伯趙氏,	백조씨는
司至者也,[37]	하지와 동지를 맡은 자이고,
青鳥氏,	청조씨는
司啓者也,[38]	입춘과 입하를 맡은 자이며,
丹鳥氏,	단조씨는
司閉者也.[39]	입추와 입동을 맡은 자입니다.

---

35 두예는 "봉황은 천시(天時)를 알므로 역정의 관을 명명하였다"라 하였다.

36 현조(玄鳥): 곧 제비이다. 분(分)은 춘분과 추분이다. 제비는 춘분이 되면 오고 추분에는 떠나기 때문에 명명하였다.

37 백조(伯趙): 곧 백로(伯勞)로, 일명 박로(博勞)라 하기도 하고 격(鵙)이라고도 한다. 가을달에 잡은 동물을 작은 가지에 꿰어서 겨울 양식으로 저장한다. 우는 소리가 매우 웅장하다. 두예는 "하지에 울어서 동지에 그친다"라 하였다.

38 청조(青鳥): 두예는 "청조는 창안으로 입춘에 울어서 하지에 그친다"라 하였다. 공영달은 "입춘과 입하를 계(啓)라 한다"라 하였다. 청조의 현재의 명칭은 무엇인지 모르겠으며, 『문선·서경부(西京賦)』 이선(李善)의 주에서는 두예를 인용하여 "청조는 창경(鶬鶊)이다"라 하였다. 창경은 지금은 창경(倉庚)이라고 하며 속칭 황앵(黃鶯)이라고 한다. 그러나 「서경부」에서는 "하물며 청조(青鳥)와 황작(黃雀)이야"라 하였는데 황작이 곧 황앵(黃鶯)이니 청조와 황작의 둘로 나누어서 이선의 주석에서 인용한 것 또한 근거가 부족하다.

39 단조(丹鳥): 두예는 "단조는 별치(鷩雉)이다"라 하였다. 별치는 지금은 금계(錦鷄)라고 하며 또한 천계(天鷄)라고도 한다. 두예는 또 "입추에 와서 입동에 떠난다. 큰물로 들어가서 조개가 된다"라 하였다. 이에 의하면 천계 같지는 않다. 천계는 중국 서남부에서 나며 산동에는 반드시 있을 수 있을 것 같지 않다. 두예의 설은 의심의 여지가 있다. 두예는 또한 "위의 네 새는 모두 역정(曆正)의 속관이다"라 하였다.

祝鳩氏,	축구씨는
司徒也,[40]	사도이고,
鴡鳩氏,	저구씨는
司馬也,[41]	사마이며,
鳲鳩氏,	시구씨는
司空也,[42]	사공,
爽鳩氏,	상구씨는
司寇也,[43]	사구,
鶻鳩氏,	골구씨는

---

40 축구(祝鳩): 두예는 "축구는 초구(鷦鳩)이다. 초구는 효성스러워 사도가 되었으며 백성의 교화를 주관한다"라 하였다. 초구는 곧 발고(鵓鴣)이다. 『이아·석조(釋鳥)』에서는 부부(鳺鴀)라 하였으며, 비가 오려 할 때 울음소리가 아주 황급하다. 또한 곧 『시경·소아·사모(小雅·四牡)』의 "펄펄 나는 산비둘기(翩翩者鵻)"의 추(鵻)이다. 두예는 성질이 효성스럽다고 하였는데 아마 부회한 설일 것이다.

41 저구(鴡鳩): 두예는 "저구는 왕저(王雎)이다. 암수의 정이 지극하면서도 구별이 있기 때문에 사마로 삼아 법제를 주관하게 하였다"라 하였다. 왕저는 독수리 류로 악(鶚)이라고도 한다. 진(晉)나라 육기(陸機)의 『모시초목조수충어소(毛詩草木鳥獸蟲魚疏)』에서는 "유주(幽州)의 사람들은 취(鷲)라고 한다"라 하였는데 사납고 용감한 새이다. 두예는 "구별이 있다"고 하였는데 꼭 이렇지는 않다.

42 시구(鳲鳩): 두예는 "시구는 알국(鴶鵴)이다. 시구는 공평하기 때문에 사공으로 삼아 물과 땅을 평정하게 하였다"라 하였다. 『시경·조풍·시구(曹風·鳲鳩)』의 서(序)에서는 "시구는 일치하지 않음을 풍자한 것이다"라 하였는데, 불일(不壹)은 곧 공평치 않은 것이다. 『모전(毛傳)』에서는 "시구는 새끼를 기를 때 아침에는 위에서 내려오고 저녁때는 아래에서 올라오니 평균은 마찬가지이다"라 하였다. 시구는 곧 지금의 포곡(布穀, 뻐꾸기)으로 매년 곡우(穀雨) 뒤에 비로소 울기 시작하며 하지가 지나서야 그치는데, 농민들이 절후를 알려 주는 새로 여기며 그 울음소리가 포곡(布穀: 곡식을 깔아 준다는 뜻)과 비슷하다.

43 상구(爽鳩): 두예는 "상구(鷞鳩) 매〔鷹〕이다. 사나운 새이므로 사구로 삼아 도적을 주관하게 하였다"라 하였다.

司事也.[44]	사사입니다.
五鳩,	이 오구는
鳩民者也.[45]	백성을 모으는 관직입니다.
五雉爲五工正,[46]	오치는 다섯 가지 공예를 관장하는 관직으로
利器用, 正度量,	기용을 이롭게 하고 도량을 바르게 하여
夷民者也.[47]	백성을 공평하게 하는 것입니다.
九扈爲九農正,[48]	구호는 아홉 가지 농사를 관장하는 관직으로

---

44 골구(鶻鳩): 또한 굴구(鶌鳩), 골주(鶻鵃)라고도 하며, 두예는 "골구는 골조(鶻鵰)이다"라 하였다. 조(鵰)는 곧 주(鵃)로 독수리 류의 새가 아니다. 두예는 또한 "봄에 와서 겨울에 떠난다"라 하였으니 사사(司事)라는 것은 아마 농사를 가리킬 것이며, 봄·여름·가을에는 바쁘고, 겨울에는 한가하다.

45 구(鳩): 두예는 "구(鳩)는 모으는 것이다. 백성을 다스리는 것은 모으는 것을 으뜸으로 치기 때문에 구(鳩)를 가지고 명명하였다"라 하였다. 오구(五鳩)는 곧 위의 축구와 저구, 시구, 상구, 골구이다.

46 오치(五雉): 두예는 "오치는 치(雉)에는 다섯 가지가 있는데 서방을 준치(鷷雉)라 하고, 동방은 치치(鶅雉), 남방은 적치(翟雉), 북방은 희치(鵗雉)라 하며, 이(伊)·락(洛)의 남쪽은 휘치(翬雉)라 한다"라 하였다. 오공정(五工正)을 가규(賈逵)와 번광(樊光)은 모두 공목공(攻木工, 목공), 단식공(摶埴公, 도공), 공금공(攻金工, 금속공), 공피공(攻皮工, 피혁공), 설오색공(設五色工, 단청공)이라 하였다. 그러나『이아·석조(釋鳥)』에 짝 지운『주례·고공기(考工記)』(「고공기(考工記)」에는 또한 연마〔利摩〕공이 하나 더 있는데 여기서는 오공(五工)의 정(正)만 말하였으므로 하나는 생략하였다)의 설에 의하면 이것을 가지고는 풀이하기에 부족하다고 하여 두보의 설은 소용이 없다.

47 공영달은 "치(雉)의 음이 이(夷)에 가까워(옛날에는 운부가 같았다) 치(雉)를 이(夷)로 풀었으며, 이(夷)는 평평한 것이므로 치(雉)를 가지고 공정(工正)의 관을 명명하여 백성들의 기용을 편리하게 하고, 장척(丈尺)의 단위, 두곡(斗斛)의 도량을 바르게 하게 하였으므로 아래의 백성을 공평하게 한 것이다"라 하였다.

扈民無淫者也.[49]	백성을 억제하여 넘치지 않게 하는 것입니다.
自顓頊氏以來,	전욱씨 이래로
不能紀遠,	먼 것은 기록할 수 없었고
乃紀於近.	가까운 것은 기록하게 되었습니다.
爲民師而命以民事,	백성을 다스리는 우두머리가 되어 백성의 일로 명명하였으니
則不能故也."[50]	그렇게 할 수 없었기 때문입니다."
仲尼聞之,	중니가 그 말을 듣고

---

48 호(扈): 심흠한(沈欽韓)의 『보주(補注)』에서는 "호(扈)는 『설문』에는 고(雇)로 되어 있고, 혹은 호(鶚)로도 되어 있으며, 주문(籀文)에는 호(鳸)로 되어 있다. 채옹(蔡邕)의 『독단(獨斷)』에서는 '춘호씨(春鳸氏) 농정(農正)은 백성들에게 씨를 뿌리게 하고, 하호씨 농정은 백성들을 김매게 하며, 추호씨 농정은 백성들을 거두어들이게 하고, 동호씨 농정은 백성들을 덮어 저장하게 하며, 극호씨(棘鳸氏) 농정은 항상 모씨(茅氏)라 하고 백과(百果)를 관장한다고도 하며, 행호씨(行鳸氏) 농정은 낮에 백성을 위하여 새를 쫓고, 소호씨(宵鳸氏) 농정은 밤에 백성을 위하여 짐승을 쫓으며, 상호씨(桑鳸氏) 농정은 백성들로 하여금 누에를 치게 하고, 노호씨(老鳸氏) 농정은 백성들로 하여금 보리를 거두게 한다'라 하였다"고 하였다.

49 호(扈): 두예는 "호(扈)는 제지하는 것이다. 백성들이 지나쳐 방종하지 않게 제지하는 것이다"라 하였다. 초순(焦循)의 『보소(補疏)』에서는 "호는 제지하는 것이다. 『소이아(小爾雅)』에 보이며 호(戶)와 함께 훈(訓)이 제지하는 것으로 같다"라 하였다.

50 『국어·초어(楚語) 하』에서는 "소호(少皞)가 쇠퇴하자 구려(九黎)가 덕을 어지럽혔으며 전욱(顓頊)이 받자 이에 남정(南正) 중(重)에게 명하여 하늘을 맡아 신에게 속하게 하였고, 화정(火正) 여(黎)에게 명하여 땅을 맡아 백성에 속하게 하였다"라 하였으니 전욱은 곧 소호를 이어 임금이 되었으며 그 관직에는 남정과 화정이 있어서 조(鳥), 운(雲), 용(龍), 화(火), 수(水) 등의 이름으로 관직 이름을 삼을 필요가 없어졌으니, 곧 "백성을 다스리는 우두머리가 되어 백성의 일로 명명하여" 용과 새를 가지고 기록할 수가 없는 것은 먼 곳에서 온 하늘의 상서로움이 없는 것이기 때문에 가까이서 백성의 일을 취하여 관직 이름으로 삼은 것이다.

見於郯子而學之.[51]	담자를 찾아보고 그에게서 배웠다.
旣而告人曰,	얼마 후 다른 사람에게 일러 말하였다.
"吾聞之,	"내가 듣건대
'天子失官,	'천자의 백관이 직무를 잃으면
官學在四夷',[52]	관학이 사방 변경의 나라에 있게 된다' 하였는데
猶信."[53]	확실히 그렇구나."

晉侯使屠蒯如周,[54]	진후가 도괴를 주나라로 가게 하여

---

51 이때 공자의 나이는 27세였다.

52 양이승(梁履繩)의 『보석(補釋)』에서는 "『석경』에 의하면 '관(官)'자가 중복되어 있다. 『공자가어·변물(孔子家語·辨物)』편 왕숙(王肅)의 주에서는 '공자는 관학이 사이에 있다고 하였다(孔子稱官學在四夷)'라 하였으니 정문(正文)에는 본래 관(官)자가 있었던 것 같다. 베껴 쓰면서 탈루된 것이다"라 하였다. 가나자와 문고본(金澤文庫本)에는 "관(官)"자가 중복되어 왕숙의 판본과 합치되며 그것에 의거하여 고쳐서 더하였다.

53 송나라 가현옹(家鉉翁)의 『춘추상설(春秋詳說)』에서는 "이른바 이(夷)는 이적(夷狄)의 그 사람이 아니다. 누나라와 노나라가 모두 쇠하여 전장(典章)이 무너지자 원방에 있는 소국의 임금이 이에 앞선 옛 관직 이름의 연혁을 알고 기록한 것일 것이다. 또한 맹자가 순(舜)은 동이(東夷)의 사람이고 문왕은 서이(西夷)의 사람이라고 한 것처럼 먼 곳을 말한 것이다. 혹자는 담(郯)나라를 오랑캐의 나라라고 하는데 잘못된 것이다"라 하였다. 공영달도 왕숙의 말을 인용하여 "담나라는 중원의 나라이다. 그러므로 오나라가 담나라를 치자 계문자가 탄식하여 말하기를 '중원의 나라에서 군사를 일으키지 않자 만이(蠻夷)가 들어와 치니 우리가 망할 날이 머지않았다'라 하였다"라 하였다. 장병린(章炳麟)의 『독(讀)』에서는 "유자준(劉子駿)의 「양태상박사서(讓太常博士書)」에서는 '예를 잃어 들판에서 구한다'라 하였는데 이에 대해 『좌전』을 연구하는 사람들은 관이 사이(司彝)에 있다는 뜻으로 풀이하였다. 『후한서·주부전(朱浮傳)』에서 부(浮)가 글을 올려 말하기를 '말하기를 중원의 나라가 예를 잃어 들판에서 구하였다' 한 것은 바로 여기에 근거하였다"라 하였다.

請有事於雒與三塗.[55]	낙과 삼도에서 제사를 지낼 것을 청하였다.
萇弘謂劉子曰,[56]	장홍이 유자에게 말하였다.
"客容猛,	"손님의 얼굴이 사나운 것은
非祭也,	제사 때문이 아니라
其伐戎乎!	융을 쳤기 때문일 것이다.
陸渾氏甚睦於楚,[57]	육혼씨는 초나라와 아주 친하니
必是故也.	반드시 이 때문일 것이다.
君其備之!"[58]	그대는 대비를 해야 할 것이오!"
乃警戎備.	이에 융을 경계하여 대비하였다.
九月丁卯,[59]	9월 정묘일에

---

54 도괴(屠蒯): 이미 9년의 『전』에 보인다. 두예는 "도괴는 진후(晉侯)의 요리사로, 충간(忠諫)으로 등용되었다"라 하였다.

55 낙(雒): 곧 낙수(雒水)로 지금의 낙수(洛水)이다. 청나라 단옥재(段玉裁)의 『경운루집(經雲樓集)』에 「이락자를 옛날에는 낙이라고 하지 않은 것을 고찰함(伊雒字古不作洛考)」이 있고 또한 단옥재(段玉裁)의 『설문해자주(說文解字注)』에도 보인다.
삼도(三塗): 삼도산(三塗山)은 지금의 하남 숭현(嵩縣) 서남쪽, 이수(伊水)의 북쪽에 있으며 4년 『전』의 『주』에 상세하다. 유사(有事)는 제사이다. 낙과 삼도는 모두 성주(成周)에 있으므로 주(周)나라에 청한 것이다.

56 장홍(萇弘): 『회남자·범론훈(氾論訓)』에서는 "옛날에 장홍은 주나라 왕실의 수학(數學, 곧 천문학)을 맡은 자로 천지의 기(氣), 일월의 운행, 풍우의 변고, 율력의 수 등에 대하여 통하지 않은 것이 없었지만 스스로 알 수가 없었으며 피열형(鈹裂刑)을 당하여 죽었다"라 하였다.

57 육혼씨(陸渾氏): 곧 육혼지융으로 희공 22년 『전』의 『주』에 상세하다.

58 군(君): 경어로, 꼭 나라의 임금을 군(君)이라 일컫지 않아도 되었다. 여기서는 유자(劉子)를 군이라 부른 것이다. 이 유자는 유헌공(劉獻公)일 것으로 곧 22년 『전』의 유자지(劉子摯)이다.

晉荀吳帥師涉自棘津,[60]	진나라 순오가 군사를 거느리고 극진에서 건너와
使祭史先用牲于雒.[61]	제사로 하여금 낙에서 먼저 희생을 바치게 하였다.
陸渾人弗知,	육혼의 사람들은 그 사실을 알지 못하였고
師從之.	군사는 그들을 좇았다.
庚午,[62]	경오일에
遂滅陸渾,	마침내 육혼을 멸하고
數之以其貳於楚也.[63]	그들이 초나라에 두 마음을 가진 것을 일일이 질책하였다.
陸渾子奔楚,	육혼자는 초나라로 달아났고
其衆奔甘鹿.[64]	그의 무리는 감록으로 달아났다.

59 정묘일은 24일이다.

60 극진(棘津): 고동고(顧棟高)의 『대사표(大事表)』에서는 『수경주』에 의거하여 지금의 하남 급현(汲縣) 남쪽 7리 지점에 있다고 하였으며, 심흠한의 『춘추지명보주(春秋地名補注)』〔이하 『지명보주(地名補注)』〕에서 인용한 『원화지(元和志)』의 설도 청나라 고동고(顧棟高)와 같다. 혹자는 또 곧 지금의 급현 남쪽 연진현(延津縣) 북쪽의 조성(胙城)이라고 생각하였다. 강영(江永)의 『고실(考實)』에서만 급현과 육혼융은 매우 멀리 떨어져 있으며 또한 경유하는 길이 아니라고 하였고 이에 『수경주·하수(河水)』에서 인용한 복건의 설을 따라 극진은 곧 맹진(孟津)이라고 하였다.

61 제사(祭史): 고동고(顧棟高)의 『대사표(大事表)』 권10에서는 "제사(祭史)"는 곧 "축사(祝史)"라고 하였다.

62 경오일은 27일이다.

63 수(數): 그 죄목을 헤아리는 것으로, 구법이 희공 18년 『전』의 "희부기를 쓰지 않은 것과 헌거를 타는 사람이 3백 명인 것을 따졌다(數之以其不用僖負羈, 而乘軒者三百人也)"라 한 것과 같다.

周大獲.[65]	주나라는 융인을 크게 포획하였다.
宣子夢文公攜荀吳而授之陸渾,	한선자가 문공이 순오의 손을 잡고 육혼을 주는 것을 꿈꾸었는데
故使穆子帥師,[66]	이로 인해 목자로 하여금 군사를 거느리게 하였고
獻俘于文宮.[67]	문공의 묘당에 포로를 바쳤다.

冬,	겨울에
有星孛于大辰,[68]	대진성 곁에 살별이 나타나
西及漢.[69]	서쪽으로 은하수까지 미쳤다.
申須曰,	신수가 말하였다.

---

64 감록(甘鹿): 고조우(顧祖禹)의 『방여기요(方輿紀要)』 및 『휘찬(彙纂)』에서는 감록은 지금의 하남 의양현(宜陽縣) 동남쪽 50리 지점에 있다고 하였다. 『수경주·감수(甘水)』에서는 녹제산(鹿蹏山)은 하남 육혼의 옛 성 서북쪽에 있다고 하였으니, 감록은 지금의 하남 숭현 서남쪽에 있을 것이며, 강영(江永)의 『고실(考實)』에서는 "『전』의 내용으로 증명해 보건대 또한 믿을 만한 것 같다"라 하였다. 사실 둘 사이의 거리는 멀지 않다.

65 두예는 "먼저 융을 경계하여 방비하였기 때문에 사로잡은 것이다"라 하였다. 주나라가 달아나는 융인을 크게 사로잡아 포로로 삼은 것이다.

66 목자(穆子): 곧 순오(荀吳)이다.

67 문궁(文宮): 두예는 "꿈대로 하고자 한 것이다"라 하였다. 문궁은 곧 진문공의 묘(廟)이다.

68 옛날 사람들은 패(孛)와 혜(彗)를 구분하지 않았으며 『진서·천문지(晉書·天文志)』에 이르러서야 비로소 광망(光芒)이 사방으로 뻗는 것을 패(孛)라 하였고 긴 꼬리가 있는 것을 혜(彗)라고 하였다. 여기서는 곧 혜성(彗星)으로 속칭 빗자루별(掃帚星)이다.
대진(大辰): 곧 심수(心宿)로 대화(大火)라고도 한다.

69 한(漢): 곧 은하(銀河)이다. 혜성의 긴 꼬리의 광망(光芒)이 서쪽으로 은하에까지 미쳤다는 말이다.

“彗所以除舊布新也.[70]	“혜성은 옛것을 없애고 새것을 펴는 것입니다.
天事恒象,[71]	하늘의 일은 항상 길상과 흉상을 나타내는데
今除於火,[72]	지금 대화성을 없애니
火出必布焉,[73]	대화성이 출현하면 반드시 재화를 펼칠 것이며
諸侯其有火災乎!”	제후들에게 화재가 발생할 것이오.”
梓愼曰,	재신이 말하였다.
“往年吾見之,	“지난해에 내 그것을 보았는데
是其徵也.[74]	이것이 그 징조입니다.
火出而見,[75]	대화성이 나타나면 보이는데
今玆火而章,[76]	지금은 이 대화성이 더욱 빛나니
必火入而伏,[77]	반드시 대화성이 들어가 숨어

70 신수(申須): 두예는 “신수는 노나라의 대부이다”라 하였다. 혜(彗)는 빗자루로, 먼지를 쓰는 것이기 때문에 옛것을 없애고 새것을 편다고 하였다.

71 『국어·주어(周語) 상』에서 내사과(內史過) 또한 “대체로 하늘의 일은 항상 길상과 흉상을 나타낸다”라 하였는데, 위소(韋昭)는 “항(恒)은 항상이다. 선한 일을 하면 상이 길하고 악한 일을 하면 상이 흉하다”라 하였다. 이는 아마 고대의 미신에서 상용하는 말일 것이다.

72 이때 대화(大火)의 별이 보이지 않으려는 것을 말한다.

73 대화성이 다시 나타나면 반드시 재화가 퍼질 것이라는 말이다.

74 지난해에도 혜성이 보여 징조가 이미 나타났다는 말이다.

75 지난해 대화성이 출현할 때 혜성이 나타났다는 말이다.

76 금년에 대화성이 나오자 혜성이 더욱 밝다는 것이다.

其居火也久矣,[78]	대화성에 처한 지가 오래되었을 것이니
其與不然乎?[79]	어찌 그렇게 되지 않겠습니까?
火出,	대화성이 나타나는 것은
於夏爲三月,[80]	하력(夏曆)으로는 3월이고
於商爲四月,[81]	상력(商曆)으로는 4월이며
於周爲五月.	주력(周曆)으로는 5월입니다.
夏數得天,[82]	하력(夏曆)의 기수가 천상과 상응하니
若火作,	화재가 일어난다면
其四國當之,	네 나라가 해당될 것이며
在宋, 衛, 陳, 鄭乎!	송나라와 위나라, 진나라, 정나라에 있을 것입니다.

---

77 가을철에 대화성이 비로소 들어갔으니 화재 또한 없을 것이라는 것이다.

78 혜성이 대화성과 함께 있은 것이 2년간 벌써 두 차례라는 것이다.

79 기(其): 기(豈)자의 뜻으로 쓰였다.
여(與): 조사로 아무 뜻이 없다. 두예는 "반드시 그렇게 되리라는 말이다"라 하였다.

80 하력(夏曆)으로 3월에 대화성이 저녁에 보인다는 말이다.

81 상력(商曆)은 축월(丑月)을 정월로 한다.

82 하력(夏曆)이 자연의 기상과 맞다는 말이다. 하력(夏曆)은 대체로 입춘이 드는 달을 정월로 하므로 『주서·주월(周書·周月)』에서는 "만물은 봄에 나고 여름에 자라며 가을에 거두고 겨울에 거두는데, 천지의 정(正)과 사시의 극(極)은 바뀌지 않는 도이다. 하력(夏曆)의 기수(氣數)가 천상과 상응하였다"라 하였다. 후한(後漢) 반고(班固)의 『백호통·삼정(白虎通·三正)』편(『백호통의·삼정(白虎通義·三正)』편)과 『사기·역서(曆書)』, 채옹(蔡邕)의 『독단(獨斷)』을 참조하라.

宋,	송나라는
大辰之虛也,[83]	대진의 분야이고,
陳,	진나라는
大皞之虛也,[84]	태호의 분야이며,
鄭,	정나라는
祝融之虛也,[85]	축융의 분야이니
皆火房也.[86]	모두 대화성이 거처하는 곳입니다.
星孛及漢,[87]	살별이 은하수에 미치는데
漢,	은하수는
水祥也.[88]	물입니다.
衛,	위나라는
顓頊之虛也,	전욱이 살던 곳이기 때문에

83 고대에는 성수(星宿)를 12차(次)로 나누어 각국에 배속시켰는데 이를 분야(分野)라 한다. 대화성은 송나라의 분야이다.

84 태호씨는 옛날에 진(陳)나라에 살았다. 희공 21년의 『전』에서는 "임과 숙, 수구, 전유는 풍씨 성으로 실로 태호와 유제의 제사를 맡았다(任、宿、須句、顓臾, 風姓也, 實司大皞與有濟之祀)"라 하였다. 진(陳)나라는 순(舜)의 후손이고, 임과 숙의 여러 나라는 처음에는 태호씨의 후손이었지만 전하는 바로는 태호씨는 진(陳)나라에 거처하였을 따름이라고 한다. 두예는 "목(木)은 화(火)가 나오는 곳이다"라 하였는데, 제대로 이해를 하지 못하였으며 부회한 설인 것 같다.

85 두예는 "축융씨는 고신씨(高辛氏)의 화정(火正)으로 정나라에 살았다"라 하였다.

86 방(房): 두예는 "방은 머무는 것이다"라 하였다.

87 급(及)은 원래 "천(天)"으로 되어 있었는데 여기서는 완원(阮元)의 『교감기(校勘記)』 및 가나자와 문고본(金澤文庫本)을 따라 바로잡았다.

88 두예는 "은하수〔天漢〕는 물이다"라 하였다. 한(漢)은 본래 강 이름이었다.

故爲帝丘,[89]	제구라 하며
其星爲大水,[90]	그 별은 대수로
水,	물은
火之牡也.[91]	불의 수컷입니다.
其以丙子若壬午作乎![92]	아마 병자일이나 임오일에 일어날 것입니다.
水火所以合也.[93]	물과 불이 합쳐지기 때문입니다.
若火入而伏,	대화성이 들어가 숨으면
必以壬午,	반드시 임오일일 것이고
不過其見之月."[94]	나타난 달을 넘지 않을 것입니다."
鄭裨竈言於子産曰,	정나라 비조가 자산에게 말하였다.
"宋, 衛, 陳, 鄭將同日火.	"송나라와 위나라, 진나라, 정나라에 같은 날 불이 날 것입니다.

89 위나라는 이때 벌써부터 제구(帝丘)로 옮겼는데 곧 지금의 하남 복양현(濮陽縣) 서남쪽의 전욱성(顓頊城)으로 전욱이 살던 곳이라 한다.

90 두예는 "위나라의 별은 영실(營室)이다. 영실은 물이다"라 하였다.

91 물과 불이 서로 짝지었다는 말이다. 물이 수컷이고 불이 암컷이다.

92 약(若): 혹(或)과 같은 뜻이다. 작(作)은 화재가 일어나는 것이다.

93 두예는 "병오는 불이고, 임자는 물이다. 물과 불이 만나 서로 공격하는 것인데 물은 적고 불은 많으므로 물이 불을 이기지 못한다"라 하였다.

94 두예는 "화성이 출현하는 것은 주력(周曆)으로 5월이다"라 하였다. 이상 신수와 재신의 말은 모두 천상을 가지고 인사에 관련시킨 미신의 말로 진작에 이해할 수도 없고 극히 비과학적이어서 또한 이해할 필요도 없다. 두예는 부득이해서 풀이를 하였지만 또한 꼭 정확한 것은 아니다.

若我用瓘斝玉瓚, 우리가 옥 술잔과 옥 제기로 제사를 올리면

鄭必不火."[95] 정나라에는 불이 나지 않을 것입니다."

子産弗與.[96] 자산은 동의하지 않았다.

吳伐楚, 오나라가 초나라를 쳤는데

陽匃爲令尹, 양개가 영윤으로

卜戰, 전쟁의 점을 쳤더니

不吉.[97] 불길하였다.

---

95 옥찬(玉瓚): 찬(瓚)은 표(杓)이다. 옥찬은 곧 규찬(圭瓚)이다. 『상서·문후지명(文侯之命)』 "규찬(圭瓚)"의 주석[전(傳)]에서는 "규(圭)를 가지고 구기의 자루를 만든 것을 규찬(圭瓚)이라고 한다"라 하였다. 공영달의 주석[소(疏)]에서는 정현의 말을 인용하여 "규찬의 형상은 규를 가지고 자루를 만들고, 황금을 가지고 구기를 만들며, 청금(靑金)을 가지고 바깥을 만들고 중앙은 붉다"라 하였다. 왕국유(王國維)의 『관당집림·설가(觀堂集林·說斝)』에서는 "가(斝)는 고인들은 다만 마시는 기물로만 생각하지 않았고 또한 관준(灌尊)으로도 생각하였다. 『주례·사준이(司尊彝)』에서는 '가을의 상제(嘗祭)와 겨울의 증제(烝祭)에 나례(祼禮)를 행하는데 가이(斝彝)와 황이(黃彝)를 쓴다'고 하였다. 내가 일본의 스미토모(住友) 남작(男爵)의 집에서 소장하고 있는 가(斝) 하나를 보니 기물이 아주 커서 거의 호준(壺尊) 가운데 큰 것을 받을 수 있는 것과 같았으니 아마 곧 옛날의 관준일 것이다. 곧 가이(斝彝)라는 것은 그 기물이 곧 가(斝)로 만드는 것이다. 「명당위(明堂位)」에서는 '관준은 하후씨는 계이(鷄彝)를 썼고 은나라는 가(斝)를 썼으며 주나라는 황목(黃目)을 썼다'라 하였다. 『좌씨』 소공 17년 『전』에 '우리가 옥 술잔과 옥 제기로 제사를 올리면(若我用瓘斝玉瓚)'이라는 말이 있는데, 내 생각에 관(瓘)은 관(灌)이 되어야 할 것 같으며 관가(灌斝)는 곧 관준(灌尊)이다. 가(斝)는 울창주를 담는 것이며, 찬(瓚)은 관(灌)으로 쓰이는 것이다"라 하였다. 비조가 관가와 옥찬을 쓰자고 청한 것은 곧 이를 써서 제사를 올려 화재를 없애자는 것이다.

96 두예는 "이듬해 송나라와 위나라, 진나라, 정나라에 화재가 나는 복선이다"라 하였다.

97 양개(陽匃): 두예는 "양개는 목왕(穆王)의 증손으로 영윤 자하(子瑕)이다"라 하였다. 공

司馬子魚曰,	사마자어가 말하였다.
“我得上流,	“우리가 상류를 얻었는데
何故不吉?[98]	어찌하여 불길하오?
且楚故,[99]	또한 초나라의 옛 관례에는
司馬令龜,[100]	사마가 거북에게 점을 치도록 되어 있으니
我請改卜.”	새로 점을 칠 것을 청합니다.”
令曰,	점을 치며 말하기를
“魴也以其屬死之,[101]	“내가 군사를 거느리고 죽더라도
楚師繼之,[102]	초나라 군사가 뒤를 이어
尙大克之!”[103]	크게 이기기를 바라노라!”
吉.	길하였다.
戰于長岸,[104]	장안에서 싸웠는데

영달은 『세본(世本)』을 인용하여 “목왕은 왕자 양(王子揚)을 낳았고, 양은 윤(尹)을 낳았으며 윤은 영윤 개(匄)를 낳았다”라 하였다.

98 두예는 “자어(子魚)는 공자 방(魴)이다. 장강을 따라 내려가면 쉽게 적을 이길 수 있다”라 하였다.

99 초고(楚故): 초나라의 구례(舊例)와 같은 말이다.

100 영귀(令龜): 양수달(楊樹達)의 『독좌전(讀左傳)』에서는 “『주례·춘관·태복(春官·大卜)』에 ‘명귀’(命龜)라는 말이 있는데, 영귀(令龜)가 곧 명귀이다. 영(令)과 명(命)은 동의어이다”라 하였다. 앞서 점친 내용을 알리어 점을 치는 일을 명귀라고 한다.

101 기속(其屬): 자어의 사졸(私卒)이다.

102 초사(楚師): 곧 나라의 군대이다.

103 상(尙): 바람을 나타내는 부사이다.

104 장안(長岸): 송나라 장흡(張洽)의 『춘추집전(春秋集傳)』에서는 『지보(地譜)』를 인용하여

子魚先死,	자어가 먼저 죽자
楚師繼之,	초나라 군사가 그를 이어
大敗吳師,	오나라 군사를 크게 무찔렀다.
獲其乘舟餘皇.[105]	그들이 타던 배 여황을 노획하였다.
使隨人與後至者守之,	따르던 사람들과 나중에 이른 자들로 하여금 그것을 지키게 하고
環而塹之,	둥그렇게 참호를 파서
及泉,	샘에 이르자
盈其隧炭,	그 통로를 숯으로 채우고
陳以待命.[106]	진세를 펴고 명을 기다렸다.
吳公子光請於其衆,[107]	오나라 공자 광이 그의 무리들에게 청하여

이것은 곧 수전(水戰)이라고 하였다. 장안(長岸)은 『대사표(大事表)』 권7의 4에서 지금의 안휘 당도현(當塗縣) 서남쪽 30리 지점에 서량산(西梁山)이 있는데 화현(和縣) 남쪽 70리 지점의 동량산(東梁山)과는 장강을 끼고 마주하고 있어 마치 궐문 같으며 또한 천문산(天門山)이라고도 한다고 하였다. 송나라 악사(樂史)의 『태평환우기(太平寰宇記)』에 의하면 당도의 서남쪽에는 두 산이 장강을 끼고 있는데 박망(博望)이라고 하며 초나라가 이곳에서 오나라의 여황을 노획하였다고 하였다.

105 여황(餘皇): 두예는 "여황은 배 이름이다"라 하였다.

106 이는 초나라 사람이 오나라 사람이 여황을 가져가는 것을 막는 것이다. 아마 배를 언덕으로 옮기고 사방 주위에 깊은 도랑을 파서 샘물에까지 이른 것일 것이다. 도랑을 출입하는 길을 수(隧)라고 하는데 지하수에 닿아 습하기 때문에 숯으로 가득 채우고 진(陣)을 만들어 오나라 사람을 기다린 것이다.

107 오공자광(吳公子光): 두예는 "광은 제번(諸樊)의 아들 합려(闔廬)이다"라 하였다. 광은 곧 이말(夷末)의 아들이다. 두예는 『사기·오세가(吳世家)』에 근거하여 틀렸을 것이다. 양공 31년 『전』과 『주』에 상세하다.

曰,	말하였다.
“喪先王之乘舟,	“선왕이 타던 배를 잃었으니
豈唯光之罪,	어찌 나의 죄만 될 것이며
衆亦有焉.	모두에게 그 죄가 있을 것이다.
請藉取之以救死.”[108]	여럿의 힘에 의지하여 빼앗아 사죄를 구하자.”
衆許之.	모두 허락하였다.
使長鬣者三人潛伏於舟側,[109]	건장한 자 세 사람으로 하여금 배 곁에 잠복하게 하고
曰,	말하였다.
“我呼餘皇,[110]	“내가 여황을 부르면
則對.	대답하라.
師夜從之.”[111]	군사들이 밤에 따를 것이다.”
三呼,	세 번 불렀더니
皆迭對.[112]	모두 번갈아 대답하였다.

108 두예는 “여러 사람의 힘을 빌려 배를 뺏는다는 것이다”라 하였다.
109 장렵자(長鬣者): 키가 크고 건장한 사람으로, 소공 7년의 『전』과 『주』에 상세하다.
110 여(餘)자는 원래 없었는데 『교감기(校勘記)』 및 가나자와 문고본(金澤文庫本)에 의하여 추가하였다.
111 사(師): 두예는 “사는 오나라 군사이다”라 하였다.
112 질(迭): “질은 ‘번갈아’라는 뜻이다”라 하였다.

楚人從而殺之.[113] 초나라 사람이 그들을 쫓아가서 죽였다.

楚師亂, 초나라 군사가 어지러워져

吳人大敗之, 오나라 사람이 크게 무찌르고

取餘皇以歸. 여황을 탈취하여 돌아갔다.

소공 18년

經

十有八年春王三月,[1] 18년 봄 주력으로 3월에

曹伯須卒. 조백 수가 죽었다.

夏五月壬午,[2] 여름 5월 임오일에

宋, 衛, 陳, 鄭災. 송나라와 위나라, 진나라, 정나라에 화재가 일어났다.

六月, 6월에

邾人入鄅.[3] 주나라 사람이 우나라에 들어갔다.

---

113 초나라 군사가 오나라의 호응하는 자를 쫓아가자 광이 군사를 거느리고 초나라 군사를 죽인 것을 말한다.

1 십팔년(十八年): 정축년 B.C. 524년으로 주경왕(周景王) 21년이다. 동지가 정월 초10일 신사일로 건자(建子)이다.

2 임오일은 13일이다.

3 우(鄅): 고동고(顧棟高)의 『대사표(大事表)』에 의하면 우나라는 운(妘)성으로 자작이며,

秋,	가을에
葬曹平公.	조나라 평공을 장사 지냈다.
冬,	겨울에
許遷于白羽.[4]	허나라가 백우로 천도했다.

傳

十八年春王二月乙卯,[5]	18년 봄 주력으로 2월 을묘일에
周毛得殺毛伯過,	주나라 모득이 모백과를 죽이고
而代之.[6]	그를 대신하였다.
萇弘曰,	장홍이 말하였다.
"毛得必亡.	"모득은 도망갈 것이다.
是昆吾稔之日也,[7]	오늘은 곤오가 익은 날인데

지금의 산동 임기현(臨沂縣) 북쪽 50리 지점에 있다. 이듬해 송나라가 인척의 나라로 주나라를 쳐서 주나라는 모두 우나라의 포로가 되었으니 우나라가 다시 존속하게 되었다. 언제 그 땅이 노나라로 편입되었는지는 모르지만 노나라는 애공 3년에 계양(啓陽)에 성을 쌓는데, 계양은 곧 우나라이다.

4 성공 15년 허나라는 섭(葉)으로 옮기고 이후로 늘 섭을 도읍으로 삼았다. 소공 9년 섭에서 이(夷)로 옮겼다가, 11년에는 초나라 경내로 허를 옮겼으며, 13년에 평왕이 회복시켜 주어 다시 섭으로 돌아갔다. 『전』에서는 "섭은 초나라에 있어서 방성산 바깥의 보루이다"라 하였으니 초나라가 섭에서 허나라를 옮긴 것을 알 수 있다. 백우(白羽)는 지금의 하남 서협현(西峽縣) 서쪽 관문 밖에 있다.

5 을묘일은 15일이다.

6 두예는 "그의 자리를 대신 차지한 것이다"라 하였다.

7 곤오(昆吾): 『시경·상송·장발(商頌·長發)』에서 "위고 이미 곤오와 하걸 쳤다네(韋顧旣伐, 昆吾夏桀)"라 하였기 때문에 『상서·탕서(湯誓)』의 공영달의 주석에서는 황보밀(皇甫謐)의 말을 인용하여 "좌씨는 곤오와 걸이 을묘일에 죽었다고 생각하였다"라 하였다. 곤

侈故之以.[8]	사치로웠기 때문이다.
而毛得以濟侈於王都,	그런데 모득은 왕도에서 사치를 이루었으니
不亡,	도망가지 않으면
何待?"[9]	무엇을 기다리겠는가?"
三月,	3월에
曹平公卒.[10]	조나라 평공이 죽었다.
夏五月,	여름 5월에
火始昏見.[11]	대화성이 저녁에 나타났다.

오는 원래 사람 이름으로 위소(韋昭)는『국어·정어(鄭語)』"곤오가 하나라의 백(伯)이 되었다"는 구절에 주석을 달고 "곤오는 축융의 손자이며 육종(陸終)의 첫째 아들이다"라 하였다.『여씨춘추·군수(君守)』편에서 "곤오가 질그릇을 만들었다"라 한 사람이 바로 이 사람이다. 또한 12년『전』의 "옛날에 우리 황조이신 백부 곤오(昔我皇祖伯父昆吾)"의『주』에 상세하다. 처음에 제구(帝丘)에 봉하여졌기 때문에 애공 17년『전』에 위(衛)나라에 곤오지관(昆吾之觀)과 곤오지허(昆吾之虛)가 있다. 그 후로는 나라도 곤오라 하였고 그 임금도 곤오라 하였다.『속한서·군국지(郡國志) 1』에서는 "안읍(安邑)"에 주를 달면서 아래에『제왕세기(帝王世紀)』를 인용하여 "현 서쪽에 명조맥(鳴條陌)이 있는데 탕이 걸을 치고 곤오정(昆吾亭)에서 싸웠다.『좌전』에서는 곤오와 걸이 같은 날 죽었다고 하였다"라 하였다.『상서·탕서(湯誓)』의 주〔소(疏)〕에서는 이를 풀이하여 "곤오 또한 안읍에 와서 걸을 지키려하였으므로 같은 날 죽어 안읍에 그 정자가 있다는 것을 밝혔다"라 하였다.

임(稔): 두예는 "임은 익는 것으로, 사치와 악이 쌓여서 익는 것이다"라 하였다. 곧 나쁜 습관이 가득 찼다는 뜻이다.

8 치고지이(侈故之以): "以侈之故"의 도치구이다. 13년『전』의 "魯故之以"와 같다.

9 두예는 "26년 모백이 초나라로 달아나는 일의 복선이다"라 하였다.

10 두예는 "아래의 장례식에 갔다가 원백(原伯)을 만나게 되는 일의 복선이다"라 하였다.

丙子,[12]	병자일에
風.	바람이 불었다.
梓愼曰,	재신이 말하였다.
“是謂融風,	“이를 일러 융풍이라고 하는데
火之始也,[13]	불의 시작이며,
七日,	7일에
其火作乎!”[14]	불이 날 것이다.”
戊寅,[15]	무인일에
風甚.	바람이 심했다.
壬午,	임오일에
大甚.	아주 심했다.
宋, 衛, 陳, 鄭皆火.	송나라와 위나라, 진나라, 정나라에서 모두 불이 났다.
梓愼登大庭氏之庫以望之,[16]	재신이 태정씨의 창고에 올라가 바라보고는

11 화(火): 곧 대화성으로, 심수(心宿)의 두 번째 별이다.

12 병자일은 7일이다.

13 『회남자·지형훈(地形訓)』에서는 “동북풍을 염풍(炎風)이라 한다”라 하였다. 후한(後漢)의 고유(高誘)는 “간(艮)의 기운에서 생겨난 것은 첫 번째가 융풍(融風)이다”라 하였고, 장안(張晏)은 “융풍은 입춘의 목풍(木風)으로 불의 어머니이고 불이 비로소 생기는 것이다”라 하였다.

14 두예는 “병자일에서 임오일까지는 7일이다. 임오일은 물과 불이 합쳐지는 날이므로 불이 날 것이라는 것을 알았다”라 하였다.

15 무인일은 9일이다.

曰,	말하였다.
"宋, 衛, 陳, 鄭也."	"송나라와 위나라, 진나라, 정나라이다."
數日皆來告火.	며칠 후 모두 와서 불이 났다고 알렸다.
裨竈曰,	비조가 말하였다.
"不用吾言,	"내 말대로 하지 않으면
鄭又將火."[17]	정나라 또한 불이 날 것이다."
鄭人請用之,	정나라 사람이 그 말대로 할 것을 청하였으나
子產不可.	자산은 안 된다고 하였다.
子大叔曰,	자태숙이 말하였다.
"寶以保民也.[18]	"보물은 백성을 보호하는 것입니다.
若有火,[19]	또 불이 난다면

16 태정씨(大庭氏): 두예는 "태정씨는 옛 나라 이름으로 노성 안에 있었으며 노나라에서는 그곳에 창고를 지었는데 높이 드러났으므로 올라가서 기운을 바라본 것이다"라 하였다. 『장자·거협(胠篋)』편에서는 "옛날 용성씨(容成氏)와 태정씨가……" 하였으니, 태정씨는 전하기에 옛 임금의 이름인데 혹 나중에 나라로 삼았을 것이다. 『속한서·군국지(郡國志)』에서도 "노나라에 태정씨의 창고가 있었다"라 하였다.

17 두예는 "지난해에 비조가 관가(瓘斝)를 써서 불을 물리치고자 하였으나 자산이 듣지 않아 지금 다시 쓸 것을 청한 것이다"라 하였다.

18 양수달(楊樹達)의 『독좌전(讀左傳)』에서 "보(寶)와 보(保)는 고음이 같으며, 이는 성(聲)을 훈(訓)으로 삼은 것이다"라 하였다.

19 유(有): 우(又)와 같다.

國幾亡.[20]	나라는 거의 망할 것입니다.
可以救亡,	망하는 것을 구할 수 있는데
子何愛焉?”[21]	그대는 무얼 그리 아낍니까?”
子産曰,	자산이 말하였다.
“天道遠,	“천도는 멀고
人道邇,	인도는 가까워서
非所及也,	미칠 바가 아니니
何以知之?[22]	어떻게 알리오?
竈焉知天道?	비조가 어떻게 천도를 알겠소?
是亦多言矣,[23]	이 사람 또한 말이 많으니
豈不或信?”[24]	어찌 어쩌다 맞는 것이 아니겠소?”
遂不與.	끝내 동의하지 않았다.
亦不復火.	또한 더 이상 불도 나지 않았다.
鄭之未災也,	정나라에 화재가 발생하지 않았을 때
里析告子産曰,	이석이 자산에게 일러 말하였다.

20 기(幾): 태(殆)와 같다. 거의.

21 애(愛): 아까워하는 것이다.

22 자연의 이치는 까마득히 멀고 인간의 이치는 매우 가까워 둘은 서로 걸리지 않는데, 어떻게 천도(天道)로 인도(人道)를 알겠느냐는 것이다.

23 시(是): 이 사람. 비조를 가리킨다.

24 또한 우연히 말이 맞는 것도 있을 것이라는 말이다.

"將有大祥,[25] "장차 큰 변고가 일어나

民震動, 백성이 크게 동요하고

國幾亡. 나라는 거의 망할 것입니다.

吾身泯焉,[26] 내 몸은 없어져서

弗良及也.[27] 미칠 수 없을 것입니다.

國遷,[28] 도읍을 옮기면

其可乎?" 되지 않겠습니까?"

子産曰, 자산이 말하였다.

"雖可, "할 수는 있겠지만

吾不足以定遷矣."[29] 내 천도를 결정하기에는 충분치 못하오."

及火, 불이 났을 때

里析死矣, 이석은 죽었는데

未葬, 장례를 치르기 전에

---

25 두예는 "이석은 정나라의 대부이다. 상(祥)은 변이(變異)가 일어날 기운이다"라 하였다.

26 민(泯): 없어지다, 다하다. 사망(死亡)과 같은 말.

27 두예는 "화재가 일어나기 전에 죽을 것이라는 말이다"라 하였다. 공영달은 복건의 말을 인용하여 "양(良)은 능(能)의 뜻이다"라 하였다.

28 국(國): 도성을 말한다. 곧 은공 원년『전』의 "큰 도성일지라도 국도의 3분의 1을 넘지 못한다(大都, 不過參國之一)"의 "국(國)"과 같은 뜻이다. 여기서는 천도를 말한다.

29 아마 천도는 중대한 일이므로 한 사람이 결정할 수 없다는 말일 것이다. 오개생(吳闓生)은 자산은 20년에 죽기 때문에 "자산이 또한 곧 죽게 될 것이므로 천도를 결정하기에 충분치 못하다"고 하였는데, 자산은 2년 뒤에 비로소 병이 들어 수개월을 앓다가 비로소 죽을 줄 몰랐는데 이때 어떻게 그 죽을 것을 예지하였겠는가?

子産使輿三十人遷其柩.	자산이 역부 30명으로 하여금 그 널을 옮기게 하였다.
火作,	불이 나자
子産辭晉公子, 公孫于東門,[30]	자산은 동문에서 진나라 공자와 공산을 떠나보내고
使司寇出新客,[31]	사구로 하여금 새 빈객을 내보내게 하였으며
禁舊客勿出於宮.[32]	오래된 빈객은 금하여 집에서 나가지 못하게 하였다.
使子寬, 子上巡羣屛攝,[33]	자관과 자상으로 하여금 여러 제사 지내는 자리를 순시하여
至于大宮.[34]	대궁에까지 이르게 하였다.

---

30 진나라는 정나라의 서쪽에 있는데 동문에서 보내는 것은 아마 동문이 정나라의 번화한 구역이어서 『시경·정풍(鄭風)』에서 "그 동문으로 나서니, 여자 구름처럼 많네(出其東門, 有女如雲)", "동문의 제터(東門之墠)", "동문의 밤(東門之栗)" 등 동문은 누차 말하고 서문과 남, 북문은 말하지 않았으니 이 세문은 있기는 하지만 동문의 도로처럼 평이하지는 않았던 것 같다.

31 신객(新客): 두예는 "새로 내빙한 자이다"라 하였다.

32 금(禁): 금하였다는 것은 화재로 인해 피해를 입는 것을 말할 것이다. 그들의 거처는 이미 불이 미치는 것에 대한 방비를 하였을 것이다.
구객(舊客): 제후의 대부로 이미 와 있었던 자들이다.
궁(宮): 집과 같다. 진(秦)나라 이후에야 비로소 제왕의 거처만 궁이라고 부르게 되었다.

33 자관(子寬): 유길(游吉)의 아들 유속(游速)이다.
자상(子上): 두예의 『세족보(世族譜)』에서는 잡인(雜人)에 열거하였으며 사대(駟帶)가 아니다 사대의 자는 자상이지만 이미 6년에 죽었다.

34 두예는 "두 사람은 정나라의 대부이다. 병섭(屛攝)은 제사의 신위이다. 대궁(大宮)은 정나라의 조묘(祖廟)이다. 종묘를 순행하여 불이 미치지 못하게끔 하는 것이다"라 하였다.

使公孫登徙大龜,[35]	공손등으로 하여금 대귀를 옮기게 하고
使祝史徙主祏於周廟,[36]	축사로 하여금 신주의 석함을 주묘로 옮기게 하고
告於先君.	선군께 고하였다.
使府人, 庫人各儆其事.[37]	부인과 고인으로 하여금 각기 그 일에 경계하게 하였다.
商成公儆司宮,[38]	상성공이 사궁을 경계하면서
出舊宮人,[39]	옛 궁인을 내보내
寘諸火所不及.	불이 미치지 않는 곳에 두었다.
司馬, 司寇列居火道,[40]	사마와 사구가 불이 번지는 길에 늘어서서
行火所焮.[41]	불이 태우고 간 곳을 다녔다.

---

35 공손등(公孫登): 두예는 "등은 개복대부(開卜大夫)이다"라 하였다.

36 석(祏): 두예는 "석은 묘주(廟主)의 석함(石函)이다. 주묘(周廟)는 여왕(厲王)의 묘(廟)이다. 화재가 있었으므로 신주를 조묘(祖廟)에 모아 구하고 지키기 쉽게 한 것이다"라 하였다.

37 경(儆): 두예는 "경은 화재를 대비한 것이다"라 하였다. 『예기·곡례(曲禮) 하』에 "부중에 있을 때는 부중의 일을 말하고, 고에 있을 때는 고의 일을 말한다"는 말이 있는데 정현은 "부(府)는 보장(寶藏)과 재화가 있는 곳을 말하고, 고(庫)는 거마와 병갑(兵甲)이 있는 곳을 이른다"라 하였다. 부고(府庫)는 또한 서로 뜻이 통하는 것 같으며, 『주례』에 대부(大府)와 내부(內府) 등이 있는데 고(庫)를 관장하는 관직은 없다.

38 상성공(商成公): 두예는 "상성공은 정나라의 대부이다. 사궁(司宮)은 항백(巷伯)과 시인(寺人) 등의 관직이다"라 하였다. 또한 자산이 시킨 것이다.

39 구궁인(舊宮人): 두예는 "구궁인은 선공(先公)의 궁녀이다"라 하였다.

40 한 사람은 불을 끄고 한 사람은 도둑질을 금하는 것이다.

41 흔(焮): 『집운(集韻)』(북송 때 정도(丁度) 등이 왕명에 따라 편찬한 운서(韻書))에서는 "사

城下之人伍列登城.[42]	성 아래 사람들은 줄지어 성으로 올랐다.
明日,	다음 날
使野司寇各保其徵,[43]	야사구로 하여금 각기 징발된 자들을 지키게 하고
郊人助祝史,	교인은 축사를 도와
除於國北,	도성의 북쪽을 정리하게 하였다.
禳火于玄冥, 回祿,[44]	현명과 회록에서 불이 꺼지도록 제사를 지내고
祈于四鄘.[45]	사방의 성에서 기도하였다.
書焚室而寬其征,	불탄 집은 등록을 하고 부세를 감면하였으며
與之材.[46]	자재를 대주었다.
三日哭,	사흘간 곡을 하고

르는 것이다"라 하였다. 불이 나서 탄 곳을 다니면서 구조하는 것이다.

42 두예는 "대오를 지어 성에 올라가게 함으로써 간사한 행위를 방비하는 것이다"라 하였다.

43 야사구(野司寇): 두예는 "야사구는 현사(縣士)이다. 불이 난 다음 날 사방에서 재난을 들었으므로 징발한 사람을 보호한 것이다"라 하였다. 공영달은 "『주례』의 사구(司寇)의 속관에 현사(縣士)가 있는데 각기 그 현의 백성의 수를 관장하고 그 송옥을 듣는다. 나라에 큰 역사가 있으면 모두 불러 모은다"라 하였다. 각보기징(各保其徵)은 징발된 역부들이 흩어지지 않게 하는 것이다.

44 현명, 회록(玄冥, 回祿): 양관(楊寬)은 "현명은 물의 신이다. 회록은 불의 신이다"라 하였다.

45 사용(四鄘): 두예는 "용(鄘)은 성이다. 성은 흙을 쌓은 것이어서 음기가 모인 곳이므로 제사를 올려 기도하게 하여 남은 화재를 물리치게 한 것이다"라 하였다.

46 불에 탄 집은 등기하고 그 부세를 감면하였으며 집을 지을 자재를 준 것이다.

國不市.[47]	도성에서는 장을 열지 않았다.
使行人告於諸侯.	행인으로 하여금 제후에게 알리게 하였다.
宋, 衛皆如是.	송나라와 위나라도 모두 이렇게 하였다.
陳不救火,	진나라는 불을 끄지 못하였으며
許不弔災,	허나라는 화재에 대해 위문을 않아
君子是以知陳, 許之先亡也.[48]	군자는 이로 진나라와 허나라가 먼저 망할 것을 알았다.

六月,	6월에
鄅人藉稻,[49]	우나라 사람이 적전에서 벼를 심었는데

47 두예는 "슬픔을 나타내고 장을 열지 않은 것이다"라 하였다.

48 애공 17년에 초나라가 진(陳)나라를 멸하고, 정공(定公) 6년에 정나라가 허나라를 멸한다.

49 우인(鄅人): 우나라 임금이다.
적(藉): 여러 가지 설이 있다. 공영달은 복건의 말을 인용하여 "적은 적전(藉田)을 경작하는 것이다"라 하였다. 곧 고대의 천자는 적전 천 무(畝)를 경작하고, 제후는 적전 백 무를 경작하는데 일반적으로 입춘 전후로 군왕이 친히 한 차례 밭을 가는데 순전히 형식적으로 흙덩어리를 파는 것일 따름이며 이를 일러 적례(藉禮)라고 한다. 그러나 이때는 이미 하력(夏曆)으로 4월로 벼내기를 할 때이며 적례를 행할 때가 아니므로 복건의 설은 따를 수 없다. 두예는 "그 임금이 직접 적전의 모내기에 나간 것으로 순시를 한 것일 것이다"라 하였다. 공영달은 "자(藉)는 밟는다는 뜻이므로 순행을 한 것이다"라 하였으니, 그 적전을 순행하여 농노들이 농사짓는 것을 독려한 것이다. 이 설이 비교적 믿을 만하다. 혹자는 양공 25년『전』의 "수레와 말의 징발하는 양을 정하였다(賦車、藉馬)"의 적(藉)으로 전세의 징수를 독촉한 것이라고 하였다. 그러나 이는 첫째 세금을 거둘 때가 아니고, 둘째 세금의 징수는 전담 관리가 있어서 임금이 친히 가지 않는다. 이는 허황된

邾人襲鄅.	주나라 사람이 우나라를 습격하였다.
鄅人將閉門,[50]	우나라 사람이 성문을 닫으려는데
邾人羊羅攝其首焉,[51]	주나라 사람 양라가 그의 머리를 잡고
遂入之,	마침내 들어가
盡俘以歸.[52]	모두 포로로 잡아 돌아갔다.
鄅子曰,	우자가 말하였다.
“余無歸矣.”	“나는 갈 곳이 없다.”
從帑於邾,[53]	처자를 따라 주나라로 가니
邾莊公反鄅夫人,	주장공이 우자의 부인을 돌려보내고

설이다.

50 성문을 닫는 것이다.

51 섭수(攝首): 두예는 “성문을 닫는 자의 목을 벤 것이다”라 하였다. 공영달은 “섭(攝)의 훈은 가진다는 것으로, 문을 닫는 자의 목을 베어 그 머리를 가진 것이다”라 하였다. 초순(焦循)의 『보소(補疏)』에서는 “섭수(攝首)라는 것은 손으로 그 머리를 들고 있는 것이다”라 하였다. 유월(兪樾)의 『평의(平議)』에서는 “이는 아마 손으로 서로 치고 받으며 그 머리를 쥐고 있는 것이지 벤 것은 아닐 것이다. 성문을 닫는 자는 이미 (머리가) 잡혀 벗어날 수가 없었으며 무리가 마침내 이 틈을 타서 들어간 것일 따름이다”라 하였다. 다케조에 고코(竹添光鴻)의 『회전(會箋)』에서는 “『논어』「선진(先進)」에 ‘천승의 나라가 대국 사이에서 속박을 받아(千乘之國, 攝乎大國之間)’라는 말이 있는데 섭(攝)은 끼어 있다는 말이다. 양라섭기수(羊羅攝其首) 또한 그 머리가 문선(門扇)에 끼어 있다는 말이다. 아마 양라가 우나라 사람이 성문을 채 닫기에 앞서 급히 자기의 머리를 성문에 집어넣어 문선이 머리에 막혀 닫을 수 없어 이에 마침내 들어간 것이다”라 하였다. 그러나 성의 문선은 매우 무거워 머리를 디밀어 넣으면 성문에 끼여 반드시 부서질 것이니 이 설은 정리에 맞지 않다.

52 우나라는 백성이 적었기 때문에 주나라 사람이 모두 다 포로로 잡을 수 있었다.

53 그 처실(妻室)도 포로로 잡혔기 때문에 따라서 주나라에 이르렀다.

而舍其女.[54] 그 딸은 붙잡아 두었다.

秋, 가을에

葬曹平公. 조나라 평공을 장사 지냈다.

往者見周原伯魯焉,[55] 간 사람이 주나라 원백로를 만나 보았는데

與之語, 그와 말을 해보았는데

不說學.[56] 배우는 것을 좋아하지 않았다.

歸以語閔子馬. 돌아와서 민자마에게 말하였다.

閔子馬曰, 민자마가 말하였다.

"周其亂乎! "주나라에는 난이 일어난 것이다!

夫必多有是說,[57] 반드시 이런 말이 많을 것이니

而後及其大人.[58] 나중에 대인에게 미칠 것이다.

大人患失而惑,[59] 대인은 잃을 것을 근심하여 현혹되어

---

54 사(舍): 공영달의 주〔소(疏)〕에 의하면 붙잡아 억류하는 것이다.

55 두예는 "원백로는 주나라 대부이다"라 하였다.

56 열(說): 열(悅)과 같다.

57 시설(是說): 배우지 않는다는 말이다.

58 대인(大人): 두예는 "대인은 직위에 있는 사람이다"라 하였다. 배우기를 좋아하지 않는 말이 많으면 다음에는 영향에 직위에 있는 사람에게 미치게 될 것이라는 말이다.

59 환실(患失): 곧 『논어·양화(陽貨)』의 "잃을 것을 근심한다(患失之)"는 것으로 직위를 잃는 것을 근심하는 것이다. 장병린(章炳麟)의 『독(讀)』에서는 환(患)은 관(慣)을 가차하였고, 실(失)은 일(佚)과 통한다고 하였다. 환실(患失)은 곧 안일한 것이 습관이 되었다는 듯이라고 하였는데 믿을 수가 없다. 혹(惑)은 이치가 밝지 않은 것이다.

又曰,	또한 말하기를
'可以無學,	'배우지 않아도 괜찮으니
無學不害.'	안 배운다고 해될 것은 없다'고 한다.
不害而不學,[60]	해가 되지 않는다고 배우지 않으면
則苟而可,[61]	대충 구차하게 처리해도 된다고 여길 것이니
於是乎下陵上替,[62]	이에 아래서는 업신여기고 위에서는 버릴 것이니
能無亂乎?	난이 없을 수 있겠는가?
夫學,	배움이라는 것은
殖也.[63]	식물을 가꾸는 것이다.
不學,	배우지 않으면
將落,[64]	질 것이니
原氏其亡乎!"[65]	원씨는 망할 것이다."

60 무지(無知)한 것을 무해하다고 여겨 이 때문에 배우지 않는다는 것이다.
61 일체의 정무(政務)를 구차하게 처리해도 괜찮다는 것이다.
62 아래에 있는 사람이 윗사람을 업신여기는 것이다. 체(替)는 타(惰), 이(弛)의 뜻이다. 윗사람이 느슨하게 폐기하는 것이다.
63 식(殖): 식물을 심는 것이다. 학습을 식물을 심고 가꾸는 것에 비유한 것을 말한다.
64 공영달은 "배움은 초목을 심는 것과 같아서 배우지 않으면 재주와 지식이 날로 쇠퇴하여 초목의 가지와 낙엽이 지는 것과 같이 될 것이다"라 하였다.
65 이 장은 왕실이 어지러워져 29년에 원백로의 아들을 죽이게 되는 사건에 응한 것이다.

七月,	7월에
鄭子産爲火故,	정나라 자산은 화재 때문에
大爲社,[66]	크게 사묘를 세워
祓禳於四方,[67]	사방의 신에게 불제를 올리고
振除火災,[68]	화재를 구제하여 다스렸으니
禮也.	예에 맞았다.
乃簡兵大蒐,[69]	이에 갑병을 가려 뽑아 크게 검열을 하고자
將爲蒐除.[70]	검열할 장소를 정리하게 하였다.
子大叔之廟在道南,	자태숙의 가묘가 길 남쪽에 있었고
其寢在道北,[71]	그의 거처가 길 북쪽에 있었는데

66 다케조에 고코(竹添光鴻)의 『회전(會箋)』에서는 "화재로 인해 특별히 제사를 지내어 예물이 잘 갖추어져 보통 제사 때보다 성대하였을 것이므로 크다고 일컬었다"라 하였다. 그러나 사묘(社廟)에 제사를 지내는 것에는 사묘를 짓는다는 뜻이 없으므로 이 해석은 근거가 없다. 『주례·전동(典同)』의 주에서 "위(爲)는 짓는 것이다"라 하였다. 이 구절은 사묘를 대대적으로 건축하는 것을 말한다.

67 사방의 신에게 제사를 지내 화재의 근심을 없애는 것이다.

68 진제(振除): 『설문』에서는 "진(振)은 들어서 구제하는 것이다"라 하였다. 『주역·췌(萃)』의 상사(象辭)에서는 "군자는 융기(戎器)를 잘 다스려 뜻하지 않은 사태에 대비한다"라 하였는데, 공영달은 "제(除)는 다스리는 것이다. 융기를 수선하고 다스리는 것이다"라 하였다. 진제(振除)는 구치(救治)와 같은 말이다.

69 거승(車乘)과 도병(徒兵)을 정선하여 크게 검열을 실시하고 크게 훈련을 하려는 것이다.

70 검열을 위해 그 장소를 깨끗이 청소하여 정리하는 것이다.

71 『예기·상대기(喪大記)』에서는 "임금과 그 부인은 노침(路寢)에서 숨을 거두고, 대부와 그 아내는 적침(適寢)에서 숨을 거둔다"라 하였으니 이 침(寢)은 적침으로 자태숙이 거처하는 곳이다.

其庭小,[72]	그 뜰이 작아
過期三日,[73]	기한이 사흘이 지나자
使除徒陳於道南廟北,[74]	치우는 역부들을 길의 남쪽과 가묘의 북쪽에 늘어세우고
曰,	말하였다.
"子産過女,	"자산이 너희들을 지나다가
而命速除,	빨리 치우라고 명하면
乃毁於而鄕."[75]	너희 방향에서 허물어라."
子産朝,	자산이 조회를 가다가
過而怒之.[76]	지나면서 노하였다.
除者南毁.[77]	치우는 자들이 남쪽을 헐었다.
子産及衝,[78]	자산이 교차로에 이르러
使從者止之,	종자들에게 멈추게 하고는
曰,	말하였다.

72 정(庭): 자태숙의 묘침(廟寢)의 뜰이다.
73 검열할 장소를 정리하려면 반드시 약간의 건축물을 허물어야 하는데 기한이 있다는 것이다.
74 제도(除徒): 자태숙이 명한 검열할 장소를 치우는 인부이다. 진(陳)은 늘어놓는 것이다.
75 향(鄕): 향(向)과 같다. 역부들이 향한 곳은 자태숙의 묘(廟)이다. 묘를 허물려고 하는 것이다.
76 두예는 "허물지 않은 것에 대해 노한 것이다"라 하였다.
77 묘(廟)의 담장을 허문 것이다.
78 충(衝): 사통팔달한 곳, 곧 가도(街道)가 교차하는 곳의 중심점이다.

"毁於北方."[79]	"북쪽을 허물라."
火之作也,	화재가 일어났을 때
子產授兵登陴.[80]	자산은 병기를 내주고 성가퀴에 오르게 하였다.
子大叔曰,	자태숙이 말하였다.
"晉無乃討乎?"[81]	"진나라가 토벌하지 않을까요?"
子產曰,	자산이 말하였다.
"吾聞之,	"내가 듣건대
小國忘守則危,	소국이 지키는 것을 잊으면 위태롭게 된다고 하였는데
況有災乎?	하물며 화재가 있음이겠소?
國之不可小,[82]	나라를 작게 볼 수 없는 것은
有備故也."	대비가 있기 때문이오."
旣,	얼마 후
晉之邊吏讓鄭曰,	진나라의 변경의 관리가 정나라를 꾸짖어 말하였다.
"鄭國有災,	"정나라에 화재가 발생하여

79 묘(廟)를 허물지 않고 거처하는 집을 허문 것이다.

80 병기를 내어 주고 성의 담장에 올라가게 한 것이다.

81 두예는 "진나라 공자와 공손을 떠나보내고 무기를 내주었으니 마치 진나라를 배반하려는 것 같다는 말이다"라 하였다.

82 나라가 남들에게 경시당하지 않는 것이다.

晉君, 大夫不敢寧居,[83]	진나라 임금과 대부들이 감히 편안히 지낼 수 없어
卜筮走望,[84]	점을 치고 사방으로 다니며 제사를 지내느라
不愛牲玉.[85]	희생과 옥을 아끼지 않고 있소.
鄭之有災,	정나라에 화재가 발생한 것은
寡君之憂也.	과군의 근심이오.
今執事撊然授兵登陴,[86]	지금 집사께서 불끈하여 병기를 주어 성에 오르게 하니
將以誰罪?	죄를 누구에게 돌리려는 것이오?
邊人恐懼,	변경의 사람들이 두려워하니
不敢不告."	감히 알리지 않을 수 없소."
子産對曰,	자산이 대답하여 말했다.
"若吾子之言,	"그대의 말대로라면
敝邑之災,	우리나라의 화재는
君之憂也.	임금님의 근심입니다.

83 진나라 임금 및 대부가 감히 편안히 거처할 수 없다는 것이다.

84 주망(走望): 주(走)는 동사이고 망(望)은 명사이다. 주망이라는 것은 사방으로 명산대천을 찾아 제사를 지내러 다니는 것을 말한다.

85 제사 때는 반드시 희생과 옥백(玉帛)을 써야 하는데 진나라가 그것을 아끼지 않는다는 것이다.

86 한연(撊然): 공영달은 복건의 말을 인용하여 "한연(撊然)은 사나운 모양이다"라 하였다.

敝邑失政,	우리나라가 실정을 하여
天降之災,	하늘이 화재를 내렸는데
又懼讒慝之間謀之,	더욱 두려운 것은 간특한 자들이 끼어들어 도모하여
以啓貪人,	탐욕한 자들을 끌어들여
荐爲敝邑不利,[87]	거듭 우리나라를 이롭지 않게 하여
以重君之憂.	임금의 근심을 가중시키게 되는 것이었습니다.
幸而不亡,	다행히 망하지 않으면
猶可說也,[88]	오히려 할 말이 있을 것이며,
不幸而亡,	불행히 망한다면
君雖憂之,	임금께서 근심한다 하여도
亦無及也.[89]	또한 미치지 못하게 될 것입니다.
鄭有他竟,	정나라에 다른 국경이 있긴 하나
望走在晉.[90]	달려갈 희망이라고는 진나라에 있을 뿐입니다.
旣事晉矣,	이미 진나라를 섬기거늘

87 천(荐): 두예는 "천(荐)은 중(重)의 뜻이다"라 하였다. 중(重)은 곧 재차(再次)라는 말이다.
88 무기를 내준 일에 대해서는 오히려 해명을 할 수 있다는 말이다.
89 야(也): 의(矣)의 뜻으로 쓰였다.
90 고염무(顧炎武)의 『일지록(日知錄)』 27에서는 "정나라에 다른 경계가 있는 근심이 있다면 진나라로 달려가 진나라에게 구조를 바란다는 것을 말한다"라 하였다.

其敢有二心?”	어찌 감히 두 마음을 가지겠습니까?”

楚左尹王子勝言於楚子曰,	초나라 좌윤 왕자 승이 초자에게 말하였다.
“許於鄭,	“허나라는 정나라와
仇敵也,	원수지간인데
而居楚地,	초나라 땅에 살면서
以不禮於鄭.[91]	정나라를 예우하지 않습니다.
晉, 鄭方睦,	진나라와 정나라가 바야흐로 화목하니
鄭若伐許,	정나라가 허나라를 쳐서
而晉助之,	진나라가 도와준다면
楚喪地矣.	초나라는 땅을 잃게 될 것입니다.
君盍遷許.	임금께선 어찌 허나라를 옮기지 않으십니까?
許不專於楚,[92]	허나라는 초나라에 전심전력을 하지 않고 있으며

91 13년 평왕이 다시 읍을 옮겼는데 허나라는 초나라 국경에서 섭으로 돌아와 거처하여 초나라를 믿고 정나라를 섬기지 않았다. 섭 또한 초나라의 읍이다.

92 허나라를 초나라 국경 바깥으로 옮긴다면 초나라의 전유물이 되지 않을 것이라는 말이다.

鄭方有令政,[93]	정나라는 바야흐로 훌륭한 정치를 행하고 있는데,
許曰,	허나라는
'余舊國也.'[94]	'우리의 옛 도읍이다'라 하고
鄭曰,	정나라는
'余俘邑也.'[95]	'우리가 빼앗은 읍이다'라 합니다.
葉在楚國,	섭은 초나라에 있으면서
方城外之蔽也.[96]	방성 바깥의 울타리입니다.
土不可易,[97]	땅은 가벼이 여길 수 없고
國不可小,[98]	나라는 작게 볼 수 없으며
許不可俘,	허나라는 포로로 삼을 수 없고
讎不可啓,	원수에게 열어 주어서도 안 되니

93 영(令): 훌륭하다는 뜻이다.

94 허나라는 옛날에 허창시에 있었는데 나중에 정나라 소유가 되었다. 양공 11년의 『전』에서는 제후들이 정나라를 친 일을 말하면서 "동으로 옛 허나라를 쳤다(東侵舊許)"라 하였고, 소공 12년의 『전』에서는 초영왕이 "백부 곤오께서는 구허에 거처하셨는데 지금 정나라 사람이 그 땅의 이익을 탐하였다(伯父昆吾, 舊許是宅. 今鄭人貪賴其田)"고 한 것으로 알 수 있다.

95 은공 11년에 정장공은 허나라를 멸하고 다시 존속시켰는데, 허나라가 천도한 후에 정나라는 그대로 그 땅을 가졌다.

96 두예는 "방성 바깥의 울타리이다"라 하였다. 『회전(會箋)』에서는 "이해에 초자는 허나라를 석으로 옮겼으며 다시 섭현을 가지고 침제량(沈諸梁)으로 옮기고 섭공이라 하였다. 정공 5년 섭공은 비로소 『전』에 등장하며, 애공 4년에 다시 보이고 16년에도 보이는데, 아마 이때부터 초나라의 중요한 진(鎭)이 된 것 같다."

97 두예는 "이(易)는 가볍다는 뜻이다"라 하였다. 국토는 경시할 수 없다는 말이다.

98 두예는 "정나라를 이른다"라 하였다.

君其圖之!”	임금께서는 잘 도모하십시오!”
楚子說.[99]	초자는 기뻐하였다.
冬,	겨울에
楚子使王子勝遷許於析,	초자가 왕자 승으로 하여금 허나라를 석으로 옮기게 하였는데
實白羽.[100]	실은 백우이다.

소공 19년

經

十有九年春,[1]	19년 봄에
宋公伐邾.[2]	송공이 주나라를 쳤다.
夏五月戊辰,[3]	여름 5월 무진일에,
許世子止弑其君買.	허나라 세자 지가 그 임금 매를 죽였다.

---

99 열(說): 열(悅)과 같다.

100 두예는 “『전』을 지을 때 백우를 석으로 고쳤다”라 하였다. 『경』에서는 백우라 하였으니 백우는 옛 이름이고 석은 『전』을 지을 당시의 이름이다.

1 십구년(十九年): 무인년 B.C. 523년으로 주경왕(周景王) 22년이다. 동지가 정월 21일 병술일로 건자(建子)이다.

2 두예는 “우(鄅)나라를 위해서였다”라 하였다.

3 무진일은 5일이다.

己卯, 기묘일에

地震.[4] 지진이 일어났다.

秋, 가을에

齊高發帥師伐莒. 제나라 고발이 군사를 거느리고 거나라를 쳤다.

冬, 겨울에

葬許悼公.[5] 허나라 도공을 장사 지냈다.

傳

十九年春, 19년 봄에

楚工尹赤遷陰于下陰,[6] 초나라의 공윤 적이 음을 하음으로 옮기고

令尹子瑕城郟.[7] 영윤 자하는 겹에 성을 쌓았다.

叔孫昭子曰, 숙손소자가 말하였다.

---

4 『전』이 없다.

5 『전』이 없다.

6 음(陰): 음(陰)의 융(戎)이다. 음은 본래 주(周)나라의 읍으로 22년의 『전』과 『주』에 보인다. 소공 9년의 『전』에 음융(陰戎)이 있는데, 두예는 곧 육혼지융(陸渾之戎)으로 진나라에 속하였을 것이라고 하였다. 혹자는 이천(伊川)의 바깥에 산거하였는데 초나라는 그들을 옮길 수 있었다. 하음(下陰)은 지금의 호북 광화현(光化縣: 지금은 이미 노하구시(老河口市)로 바뀌었다) 서쪽과 한수(漢水) 북안에 있다.

7 겹(郟): 본래는 정나라의 읍이었으나 나중에 초나라에 속하게 되었다. 원년에 초나라가 주(犨)와 력(櫟), 겹(郟)의 세 읍에 성을 쌓자 정나라 사람이 두려워하였다. 겹은 지금의 하남 삼문협시(三門峽市) 조금 서북쪽의 옛 겹현의 치소이다.

"楚不在諸侯矣,	"초나라는 제후에 있지 않으니
其僅自完也,	다만 스스로 지키며
以持其世而已."[8]	대대로 유지하려는 것일 따름이다."

楚子之在蔡也,	초자가 채나라에 있을 때
郹陽封人之女奔之,	격양의 봉인의 딸이 그곳으로 달아나
生大子建.[9]	태자 건을 낳았다.
及卽位,	즉위할 때
使伍奢爲之師,[10]	오사를 그 스승으로 삼고
費無極爲少師,	비무극을 소사로 삼았는데
無寵焉,[11]	그를 총애하지 않자
欲譖諸王,	왕에게 참소하려고

---

8 읍을 옮기고 겹에 성을 쌓는 것은 모두 방어를 하기 위한 조처이므로 "다만 스스로 지킨다"고 하였다. 완은 보수(保守), 곧 지킨다는 뜻이다. 지(持) 또한 지킨다는 뜻이다.

9 두예는 "아마 대부였을 때 채나라를 빙문하였을 것이다"라 하였다. 공영달은 "가규는 '초자가 채나라에 있은 것은 채공(蔡公) 때였다'라 하였다. 두예는 초자는 11년에 채공이 되고 13년에 즉위하였다고 하였는데 채나라에서 아들을 낳았다면 겨우 한두 살일 따름으로 사부를 세울 만하지 못하다. 지금 7년이 되었으니 '건이 장가들 만하다'고 말할 수 없으므로 대부였을 때 채나라를 빙문하였을 것이라고 의심한 것이다"라 하였다.
격양(郹陽): 채나라의 읍으로 또한 곧 23년『전』의 격(郹)이며, 지금의 하남 신채현(新蔡縣) 경계에 있을 것이다. 아내를 맞는데 예에 의거하지 않는 것을 분(奔)이라고 하는데 요즘으로 치면 동거와 같다.

10 오사(伍奢): 두예는 "오사는 오거(伍擧)의 아들이며 오원(伍員)의 부친이다"라 하였다.

11 태자 건이 좋아하지 않은 것이다.

曰,	말하였다.
"建可室矣."[12]	"건이 장가들 만합니다."
王爲之聘於秦,	왕은 그를 위해 진나라에서 맞아들이게 하였는데
無極與逆,[13]	비무극이 맞는 일에 참여하였다가
勸王取之.	왕에게 취하도록 권하였다.
正月,	정월에
楚夫人嬴氏至自秦.[14]	초나라 부인 영씨가 진나라에서 왔다.

鄅夫人,	우부인은
宋向戌之女也,[15]	송나라 상술의 딸이어서
故向寧請師.[16]	상녕이 군사를 청하였다.
二月,	2월에
宋公伐邾,	송공이 주나라를 치고

---

12 두예는 "실(室)은 처(妻)이다"라 하였다. 여기서는 동사로 쓰여 가정을 이룬다는 것과 같은 뜻으로 쓰였는데, 곧 아내를 맞이하는 것이다.

13 시집오는 것을 맞는 것이다.

14 두예는 "왕 자신이 취하였으므로 '부인이 왔다'고 하였으며, 아래에서 부인에게 절하였다 한 것을 일깨운 것이다"라 하였다.

15 상술(向戌): 이미 성공 15년의 『전』과 『주』에 보인다.

16 상녕(向寧): 두예는 "녕은 상술의 아들이다. 송공에게 주나라를 칠 것을 청한 것이다"라 하였다. 정공열(程公說)의 『춘추분기(春秋分紀)』에서는 "술은 다섯 아들을 낳았는데, 승(勝)과 선(宣), 정(鄭), 행(行)과 녕이다"라 하였다.

圍蟲.[17]	충을 에워쌌다.
三月,	3월에
取之,	그곳을 취하여
乃盡歸鄅俘.	이에 우나라의 포로를 모두 돌려보냈다.

夏,	여름에
許悼公瘧.[18]	허도공이 학질에 걸렸다.
五月戊辰,	5월 무진일에
飮大子止之藥卒.	태자 지의 약을 먹고 죽었다.
大子奔晉.	태자는 진나라로 달아났다.
書曰"弑其君",	"그 임금을 죽였다"고 기록한 데 대하여
君子曰,	군자는 말하였다.
"盡心力以事君,	"전심전력으로 임금을 섬긴다면
舍藥物可也."[19]	약물을 올리지 않는 것이 옳다."

---

17 충(蟲): 주나라의 읍으로, 지금의 산동 제령현(齊寧縣)의 경계에 있을 것이다.

18 학(瘧): 학질을 앓는 것이다.

19 복건(服虔)은 "예법에 의원은 세 세대가 아니면 시키지 않는다. 임금이 병들면 약을 마실 때 신하가 먼저 맛을 보며, 어버이가 병들면 약을 마실 때 자식이 먼저 맛을 본다. 공이 병들어 낫지 않자 지(止)가 약을 올렸는데 맛을 보기는 했지만 의원을 거치지 않아 죽었으므로 나라의 역사에 '죽였다(弑)'고 기록하여 제후들에게 알린 것이다"라 하였다. 청나라 만사대(萬斯大)의 『학춘추수필(學春秋隨筆)』에서는 "학질은 죽을병은 아니며

邾人, 郳人, 徐人會宋公.	주나라 사람과 예나라 사람, 서나라 사람이 송공을 회견하였다.
乙亥,[20]	을해일에
同盟于蟲.[21]	충에서 동맹을 맺었다.

楚子爲舟師以伐濮.[22]	초자가 수군을 만들어 복을 쳤다.
費無極言於楚子曰,	비무극이 초자에게 말하였다.
"晉之伯也,	"진나라가 패제후가 된 것은
邇於諸夏,	여러 화하(華夏)와 가까워서이며,
而楚辟陋,[23]	초나라는 구석지고 비루하니
故弗能與爭.	더불어 다투지 않을 수 없습니다.
若大城城父,[24]	성보에 큰 성을 쌓고

학질의 치료에는 죽게 하지 않는 조제법이 있다. 지금 약이 지(止)에게서 나왔으며 그것을 마시고 죽었는데 이는 독살하려는 마음이 있는 것이다"라 하였다.

20 을해일은 5월 12일이다.

21 두예는 "송공이 주나라를 친 일을 끝낸 것이다"라 하였다.

22 복(濮): 두예는 "복은 남이(南夷)이다"라 하였다. 문공 16년 『전』 "백복(百濮)"의 『주』에 상세하다.

23 벽(辟): 벽(僻)과 같다.

24 성보(城父): 춘추시대에는 이름이 같은 지명이 많았는데 성보 또한 두 군데가 있다. 소공 9년 『전』의 성보는 본래 진(晉)나라 이(夷)읍이었으며 한(漢)나라에서 여기에 성보현을 설치하였다. 이곳의 성보는 본래는 초나라에 속한 읍으로 지금의 하남 보풍현(寶豐縣) 동쪽 40리 지점에 있는데, 한나라에서 같은 이름을 피하여 보성현(父城縣)으로 고쳤고 지금은 보성보(父城保)라 한다. 단옥재(段玉裁)의 교정본과 왕인지(王引之)의 『술문(述聞)』, 공광림(孔廣林)의 『교경록(校經錄)』, 강영(江永)의 『고실(考實)』, 심흠한(沈欽韓)의 『지명보주(地名補注)』에서는 모두 『한지(漢志)』와 『진지(晉志)』, 『수경주·여수(汝

而寘大子焉,	태자를 그곳에 두어
以通北方,	북방을 통하게 하고
王收南方,	왕께서 남방을 거두면
是得天下也."	천하를 얻는 것입니다."
王說,	왕이 기뻐하여
從之.	그대로 따랐다.
故大子建居于城父.	그리하여 태자 건은 성보에서 거처하였다.
令尹子瑕聘于秦,	영윤 자하가 진나라를 빙문하여
拜夫人也.	부인의 일에 배사하였다.

秋,	가을에
齊高發帥師伐莒,[25]	제나라 고발이 군사를 거느리고 거나라를 치자
莒子奔紀鄣.[26]	거자는 기장으로 달아났다.

水)』의 여러 책에서는 한 이후의 지리학자는 이 "성보"는 "보성"이 잘못 뒤바뀐 것이라 하였으니 실로 의거하기 어려운데, 하물며 『사기·초세가』 및 당나라 장수절(張守節)의 『정의(正義)』(『사기(史記)』 주석서 『사기정의(史記正義)』)에서 인용한 『괄지지(括地志)』 또한 모두 "성보"로 되어 있음이겠는가? 고동고(顧棟高)의 『대사표(大事表)』에서만 초나라에는 두 곳의 성보가 있다고 하였는데 매우 정확하다. 『사기(史記)』의 『정의(正義)』에서는 복건(服虔)의 설을 인용하여 또한 "성보"라 하였다.

25 두예는 "거나라가 제나라를 섬기지 않았기 때문이다"라 하였다.

26 기장(紀鄣): 두예는 "기장은 거나라의 읍이다"라 하였다. 지금의 강소 공유현(贛楡縣) 북쪽이나 혹은 지금의 자왕(柘汪)과 해두(海頭) 사이에 있을 것이다.

使孫書伐之.[27]	손서로 하여금 치게 하였다.
初,	처음에
莒有婦人,	거나라에 어떤 부인이 있었는데
莒子殺其夫,	거자가 그 남편을 죽이어
已爲嫠婦.[28]	과부가 되었다.
及老,	늙어서
託於紀鄣,[29]	기장에서 기거(寄居)하였는데
紡焉以度而去之.[30]	성 높이만큼의 새끼를 꼬아 갈무리해 두었다.
及師至,	군사가 이르자
則投諸外.[31]	그것을 성 밖으로 던져 놓았다.
或獻諸子占,	어떤 사람이 그것을 자점에게 바치니
子占使師夜縋而登.[32]	자점이 군사들에게 야밤에 매달려 올라가게 하였다.

---

27 손서(孫書): "손서는 진무우(陳無宇)의 아들 자점(子占)이다"라 하였다.

28 이부(嫠婦): 두예는 "과부를 이(嫠)라 한다"라 하였다.

29 탁(託): 기거(寄居)하다. 양공 27년『전』의 "목문에서 기거하였다(託於木門)"와 뜻이 같다.

30 줄을 꼬거나 칡 가닥으로 새끼를 꼰 것이다.
도(度): 성의 높이를 헤아리는 도량형 단위이다.
거(去): 거(弆)라고도 하며, 감추는 것이다.『한서·진준전(陳遵傳)』에 "모두 숨기고는 영예롭게 여겼다(皆藏去以爲榮)"라는 말이 있는데, 안사고(顔師古)는 "거(去) 또한 감추는 것이다"라고 하였다. 고염무(顧炎武)의『보정(補正) 하』에 상세하다.

31 공영달은 "성 위에 끈을 묶고 밖으로 던져 드리웠을 것이다"라 하였다. 두예는 "따라서 나갔다"라 하였고, 유현(劉炫)은 "부인은 나가지 않았다"라 하였는데 이 문제는 추구(追究)하기 어려운 문제이고 또 추구할 필요도 없다.

登者六十人, 오른 사람이 60명이었는데

縋絕. 새끼가 끊어졌다.

師鼓譟, 군사들이 북을 치며 고함을 지르자

城上之人亦譟. 성 위의 사람들 또한 고함을 질렀다.

莒共公懼, 거공공이 두려워하여

啓西門而出. 서문을 열고 나갔다.

七月丙子,[33] 7월 병자일에

齊師入紀.[34] 제나라 군사가 기로 들어갔다.

是歲也, 이해에

鄭駟偃卒. 정나라 사언이 죽었다.

子游娶於晉大夫, 자유는 진나라 대부의 집에 장가들었는데

生絲, 사를 낳았지만

弱,[35] 어려서

其父兄立子瑕.[36] 그 부형이 자하를 세웠다.

---

32 두예는 "줄을 타고 성을 오른 것이다"라 하였다.

33 병자일은 14일이다.

34 기(紀): 공영달은 "이 기는 곧 위의 기장이다. 두예의 『석례·토지명(釋例·土地名)』에는 거(莒)에 기장(紀鄣)의 두 이름이 있다"라 하였다.

35 두예는 "자유는 사언(駟偃)이다. 유는 어린 것이다"라 하였다.

36 공영달은 『세본(世本)』을 인용하여 "자유와 자하는 모두 공손하(公孫夏)의 아들이다"라

子産憎其爲人也,[37]	자산이 그 사람됨을 미워하고
且以爲不順,[38]	또 순서가 아니라고 생각하여
弗許,	허락도 하지 않았고
亦弗止.[39]	또 말리지도 않았다.
駟氏聳.[40]	사씨가 두려워하였다.
他日,	훗날
絲以告其舅.[41]	사가 사실대로 외삼촌에게 알렸다.
冬,	겨울에
晉人使以幣如鄭,	진나라 사람이 예물을 지니고 정나라로 가게 하여
問駟乞之立故.	사걸이 그를 세운 까닭을 물었다.
駟氏懼,	사씨는 두려워하였고
駟乞欲逃,	사걸은 도망치려 하였는데
子産弗遣,	자산이 보내 주지 않았다.
請龜以卜,	거북으로 점을 칠 것을 청하였으나

하였으니 자하는 곧 사의 숙부이다. 두예의 『세족보(世族譜)』에서는 "자하는 사걸(駟乞)로 헌자(獻子)이다"라 하였다.

37 두예는 "자하를 미워한 것이다"라 하였다.

38 아들을 세워야 하는데 아우를 세우는 것은 춘추시대의 떳떳한 계승법이 아니다.

39 두예는 "허락하는 것은 예법을 어기는 것이고, 말리는 것은 중론을 어기는 것이므로 중립을 취하였다"라 하였다.

40 용(聳): 두예는 "두려워하는 것이다"라 하였다.

41 그 외삼촌은 진(晉)나라의 대부이다.

亦弗予.	또한 허락하지 않았다.
大夫謀對,[42]	대부들이 대답을 모의하는데
子産不待而對客曰,	자산은 기다리지도 않고 손님에게 대답하였다.
"鄭國不天,[43]	"정나라는 천복이 없어
寡君之二三臣札瘥夭昏,[44]	과군의 두세 신하가 병사하여 요절하였는데
今又喪我先大夫偃.	지금 또 우리 선대부 언을 잃었습니다.
其子幼弱,	그의 아들이 어려
其一二父兄懼隊宗主,[45]	그의 한두 부형이 종주가 끊어질까 두려워하여
私族於謀,[46]	사족들과 모의하여

---

42 어떻게 진나라에 대답할까 상의하는 것이다.

43 불천(不天): 두예는 "하늘의 복을 얻지 못하는 것이다"라 하였다.

44 찰(札): 역려(疫癘), 곧 돌림병으로 죽는 것을 찰이라고 한다. 『주례·대사악(大司樂)』 "큰 역병이 돌면 현을 느슨하게 한다(大札令弛縣)"의 정현(鄭玄)의 주에 보인다.
채(瘥): 『이아·석고(釋詁)』에서는 "채(瘥)는 병이다"라고 하였으니, 병사(病死)를 채(瘥)라 한다.
요(夭): 단명하여 죽는 것을 요라고 한다.
혼(昏): 왕념손(王念孫)은 "혼은 망하는 것, 죽는 것을 말한다"라 하였다. 왕인지(王引之)의 『술문(述聞)』에 상세하다. 실은 『상서·익직(益稷)』편에 "백성들이 물에 빠져(下民昏墊)"라는 구절이 있는데 정현은 "혼(昏)은 빠지는 것이다"라 하였다. 또한 혼(殙)이라고도 한다. 『광아』에서는 "혼(殙)은 죽는 것이다"라 하였다.

45 추(隊): 추(墜)와 같으며 떨어지다, 끊어지다의 뜻이다. 대부의 계승자는 한 종가의 주인이 된다. 사언(駟偃)은 사씨의 종주이다. 언(偃)이 죽으면 반드시 계승자가 있어야 한다.

46 곧 "謀於私族"의 도치구이다. 명나라 육찬(陸粲)의 『좌전부주(左傳附註)』에서 이미 말

而立長親.[47]	친속 중에 맏이를 세웠습니다.
寡君與其二三老曰,[48]	과군께서는 그 몇몇 경대부들에게 말하기를
'抑天實剝亂是,	'하늘이 실로 이 질서를 어지럽히는 것이니
吾何知焉?'[49]	우리가 어찌 알겠는가?'라 하였습니다.
諺曰'無過亂門',[50]	속담에서 말하기를 '어지러운 문은 지나지 말라' 하였습니다.
民有亂兵,[51]	백성에게 어지러운 병란이 생겨도

하였으며, 왕인지(王引之)의 『술문(述聞)』에서는 더욱 상세하게 말하였다.

47 장친(長親): 사걸(駟乞)을 말하며, 친자(親子) 가운데 연장자이다.

48 이삼로(二三老): 공영달은 "이삼로(二三老)는 정나라의 경대부이다"라 하였다. 『의례·빙례기(聘禮記)』 "이삼로에까지 미치면 배사한다(延及二三老, 拜)"의 정현의 주석에서도 "대부를 노(老)라 한다"라 하였다. 실은 천자와 제후, 경대부가 쓰는 신하는 모두 노(老)라 할 수 있다. 원년의 『전』과 『주』에 상세하다. 이 이삼로는 두세 대신(二三大臣)과 같은 말이다.

49 박란(剝亂): 박(剝)은 난(亂)과 같으며, 『후한서·동탁전(董卓傳)』 "허물어지고 어지러운 형세를 만나(因遭崩剝之勢)"의 주에 보인다. 박란(剝亂)은 동의어가 연용된 것이다. 26년 『전』의 "단기와 유적이 천하를 어지럽혔다(單旗,劉狄剝亂天下)"와 같다. 이 구절은 하늘이 계승하는 상법(常法)을 어지럽히려 하니 우리가 어찌 들을 수 있겠는가라는 말이다. 억(抑): 조사이다.

50 22년 『전』에 "사람들이 말하기를 '오직 어지러운 문은 지나지 않는다(唯亂門之無過)'라 하였다"라고 했고, 「주어(周語) 하」에서도 "사람들이 말하기를 '어지러운 사람의 문은 지나지 말라'고 하였다"라 하였다. 『여씨춘추·원란(原亂)』편에서는 "그러므로 시에서 말하기를 '어지러운 문은 지나지 말라(毋過亂門)'라 하였으니 멀리하는 까닭이다"라 하였는데, 속담을 시로 읊은 것이다.

51 난병(亂兵): 『석경』과 송본(宋本)에는 "병란(兵亂)"으로 되어 있고, 가나자와 문고본(金澤文庫本)에는 "난병(亂兵)"으로 되어 있다.

猶憚過之,	오히려 지나치기를 꺼리는데
而況敢知天之所亂?	하물며 하늘이 일으키는 난을 감히 알겠습니까?
今大夫將問其故,	지금 대부들이 그 까닭을 묻고자 하는데
抑寡君實不敢知,[52]	과군께서도 실로 감히 알지 못하니
其誰實知之?	그 누가 실로 알겠습니까?
平丘之會,[53]	평구의 회맹에서
君尋舊盟曰,	임금께서는 옛 맹약을 다지면서
'無或失職!'	'누구든 직책을 잃지 말라!'고 하였습니다.
若寡君之二三臣,	만약 과군의 몇몇 신하가
其卽世者,[54]	세상을 떠났는데
晉大夫而專制其位,	진나라 대부가 마음대로 그 지위를 결정한다면
是晉之縣鄙也,	이는 진나라의 변경의 현이니
何國之爲?"[55]	어찌 나라라 하겠습니까?"

52 억(抑): 전환을 나타내는 접속사로, 이(而)와 같은 뜻이다.
53 두예는 "13년에 있었다"라 하였다.
54 즉세(卽世): 거세(去世)와 같다.
55 내정인데 타국의 간섭을 받으니 이는 타국의 현읍(縣邑)으로 정나라가 어찌 국가라 하겠는가라는 말이다.

辭客幣而報其使,[56]	객의 예물을 물리고 그 사자에게 보답하니
晉人舍之.[57]	진나라 사람은 그대로 내버려 두었다.

楚人城州來,	초나라 사람이 주래에 성을 쌓자
沈尹戌曰,[58]	침의 윤인 술이 말하였다.
"楚人必敗.	"초나라 사람은 반드시 패할 것이다.
昔吳滅州來,[59]	지난날 오나라가 주래를 멸하자
子旗請伐之.	자기가 칠 것을 청하였다.
王曰,	왕이 말하기를
'吾未撫吾民.'	'나는 우리 백성을 안무하지 않는다'라 하였다.
今亦如之,	지금 또한 이와 같은데
而城州來以挑吳,	주래에 성을 쌓아 오나라를 돋우면

56 사폐(辭幣): 그 힐책을 거절함을 보인 것이다.
보사(報使): 그 사람을 예우함을 보인 것이다.

57 사(舍): 사(捨)와 같다. 두고 다시 묻지 않은 것이다.

58 혜동(惠棟)의 『보주(補注)』에서는 "침의 윤 술은 두예의 주에서는 '장왕(莊王)의 증손이며 섭공(葉公) 제량(諸梁)의 부친이다'라 하였다. 왕부(王符)의 『잠부론(潛夫論)』에서는 '좌사(左司) 술은 장왕의 증손이며, 섭공 제량은 술의 셋째 아들이다'라 하였다. 후한(後漢) 고유(高誘)의 『여람(呂覽)』 주에서는 '침의 윤 술은 장왕의 손자이며 침제량 섭공 자고(子高)의 부친이다'라 하였다. 세 설(說)은 같지 않다"라 하였다.

59 두예는 "13년에 있었다"라 하였다.

能無敗乎?”	패하지 않을 수 있겠는가?”
侍者曰,	시자가 말하였다.
“王施舍不倦,	“왕께서 은혜를 베푸시길 게을리 하지 않고
息民五年,	백성을 5년간 쉬게 하였으니
可謂撫之矣.”	안무한다고 할 수 있습니다.”
戌曰,	술이 말하였다.
“吾聞撫民者,	“내가 듣기에 백성을 안무한다고 하는 것은
節用於內,	안으로는 절약하여 쓰고
而樹德於外,	밖으로는 덕을 세워서
民樂其性,[60]	백성들이 생을 즐기고
而無寇讎.	원수를 없게 하는 것이라 하였습니다.
今宮室無量,	지금 궁실은 규모를 헤아리지 못하고
民人日駭,	백성들은 날로 놀라며
勞罷死轉,[61]	피로하여 죽어 시체로 뒹굴고

60 성(性): 생(生)과 같다.

61 전(轉): 곧 『맹자·양혜왕(梁惠王) 하』의 “노약자들의 시신이 구학에 뒹굴었다(老弱轉乎溝壑)”라 할 때의 전(轉)으로 시체를 버리는 것이다. 또한 전시(轉尸)라고도 하는데 『회남자·주술훈(主術訓)』에서는 “죽어서 시체가 뒹굴지 않는다(死無轉尸)”는 말이 있다. 사전(死轉)은 죽어서 시체로 나뒹구는 것이다.

忘寢與食,	자고 먹는 것을 잊으니
非撫之也."[62]	백성을 안무하는 것이 아닙니다."

鄭大水,	정나라에 큰 홍수가 나서
龍鬪于時門之外洧淵,[63]	용이 시문의 바깥 유연에서 싸우니
國人請爲禜焉.[64]	백성들이 영제를 청하였다.
子産弗許,	자산은 그것을 허락하지 않고
曰,	말하였다.
"我鬪,	"우리가 싸우면
龍不我覿也,[65]	용이 우리를 보지 않는데,
龍鬪,	용이 싸우는 것을
我獨何覿焉?	우리만 어찌 본단 말인가?
禳之,	제사를 지내도

62 두예는 "『전』은 평왕이 패제후가 될 수 없는 까닭을 말했다"라 하였다.

63 유연(洧淵): 유수(洧水)는 하남 등봉현(登封縣) 양성산(陽城山)에서 발원하여 밀현(密縣)을 거쳐 신정현(新鄭縣) 남쪽을 지나 유연이 된다. 고동고(顧棟高)의 『대사표(大事表)』 권7의 2에서는 "유수는 정성(鄭城)의 남쪽에 있으니 (시문은) 이 성 남쪽임을 알겠다"라 하였다. 『수경주·유수(水經注·洧水)』에서는 "유수는 또 동쪽으로 흘러 유연수가 되는데 『춘추전』에서 말한 '용이 시문의 바깥 유연에서 싸웠다' 한 곳이 바로 이 못이다"라 하였다.

64 영(禜): 공영달은 "제사 이름이다. 원년의 『전』에서 '산천의 신은 수해와 한해, 역병의 재난이 발생하면 이에 그에게 제사를 지낸다(山川之神, 則水旱癘疫之災於是乎禜之)'라 하였다"고 하였다.

65 적(覿): 보는 것이다.

則彼其室也.[66]	저들의 집이다.
吾無求於龍,	우리는 용에게 바라는 것이 없고
龍亦無求於我."	용도 우리에게 바라는 것이 없다."
乃止也.	이에 그만두었다.

令尹子瑕言蹶由於楚子,[67]	영윤 자하가 초자에게 궐유에 대하여
曰,	말하였다.
"彼何罪?	"저 사람이 무슨 죄가 있습니까?
諺所謂'室於怒市於色'者,	속담에 이른바 '집에서 난 화를 저자에서 푼다'는 것은
楚之謂矣.[68]	초나라를 이르는 것입니다.
舍前之忿可也."	전날의 원한은 푸는 것이 좋습니다."
乃歸蹶由.	이에 궐유를 돌려보냈다.

---

66 고염무(顧炎武)의 『보정(補正)』에서는 "못이 실로 용의 집이니 어찌 제사를 지내 그들을 쫓아내겠는가 하는 말이다"라 하였다.

67 두예는 "궐유는 오왕의 아우로 5년에 영왕이 잡아서 돌아갔다"라 하였다.

68 "室於怒市於色"는 도치구로 『전국책·한책(韓策) 2』에서는 "말하기를 '집에서 난 화를 저자에서 드러낸다(怒於室者色於市)'라 하였다"라 했는데 이것이 곧 정상적인 구절이다. 두예는 "영왕이 오자에게 노하여 그 아우를 붙잡아 둔 것이 사람이 집에서 난 화를 저자의 사람에게 화풀이를 하는 것과 같다는 말이다"라 하였다.

소공 20년

經

二十年春王正月,[1] 20년 봄 주력으로 정월.

夏, 여름에

曹公孫會自鄸出奔宋.[2] 조나라 공손회가 몽에서 송나라로 달아났다.

秋, 가을에

盜殺衛侯之兄縶.[3] 도둑이 위후의 형 집을 죽였다.

冬十月, 겨울 10월에

宋華亥, 向寧, 華定出奔陳.[4] 송나라의 화해와 상녕, 화정이 진나라로 달아났다.

十有一月辛卯,[5] 11월 신묘일에

---

1 이십년(二十年): 무인년 B.C. 522년으로 주경왕(周景王) 23년이다. 동지가 2월 초1일 기축일로 건해(建亥)이다. 이해에는 윤년이 있으며, 『전』의 『주』에 상세하다.

2 『전』이 없다.
"몽(鄸)"은 『곡량전』에는 "몽(夢)"으로 되어 있다. 두예는 "몽(鄸)은 조(曹)나라의 읍이다"라 하였다. 『산동통지(山東通志)』에 의하면 지금의 산동 택현(擇賢) 서북쪽 3리 지점에 있다. 회(會): 선공(宣公)의 아들이다. 전한(前漢) 유향(劉向)의 『신서·절사(新序·節士)』편에는 자장(子臧)이 나라를 양보한 일이 기록되어 있는데 성공 15년의 『전』과 같고 다만 끝에서 "그러므로 『춘추』에서 어질게 여겨 그 후손을 기렸다"라 하였으며, 장병린(章炳麟)의 『독(讀)』에서는 『공양전』에 대하여 말하기를 "그 경계를 기록하지 않은 것은 공자 희시(喜時)의 후손이 꺼려서이다"라 하였으며, 또한 곧 『신서(新序)』의 "그 후손을 기린" 뜻이다.

3 집(縶): 『공양전』과 『곡량전』에는 "첩(輒)"으로 되어 있으며, 집(縶)과 첩(輒) 두 글자는 고음이 서로 가까웠다. 왕부지(王夫之)의 『패소(稗疏)』에서는 "출공(出公)이 백조부와 이름이 같은 것에 불응하였는데, 『좌전』이 옳다고 생각하였다"라 하였다.

4 녕(寧): 『공양전』에는 "녕(甯)"으로 되어 있다.

蔡侯廬卒.[6] 채후 여가 죽었다.

傳

二十年春王二月己丑,[7] 20년 봄 주력으로 2월 기축일이

日南至.[8] 동지였다.

梓愼望氛,[9] 재신이 기운을 바라보더니

曰, 말하였다.

---

5 신묘일은 7일이다.

6 『전』이 없다. "여(廬)"는 원래 "노(盧)"로 되어 있었는데, 여기서는 『석경』과 송나라의 잔질본(殘帙本), 가나자와 문고본(金澤文庫本)을 따른다.

7 『수서·율력지(律曆志)』에서 인용한 장주현(張胄玄)의 설과 『신당서·역지(曆志)』 일행(一行)의 설 및 왕도(王韜), 신성신장(新城新藏)의 추산에 의하면 초하룻날은 사실은 경인일이며, 왕도는 또한 기축일이 정월 그믐이라고 하였다. 이해의 동지는 장주현의 추산에 의하면 신묘일이었으며, 왕도와 신성신장도 같으니 기축일은 2월 2일이 된다.

8 공영달은 "역법에는 19년을 1장(章)으로 하며 장의 첫 해는 반드시 주력(周曆)으로 정월 초하룻날로 동지이다. 희공 5년에서 '5년 봄 주력(周曆)으로 신해일 초하룻날이 동지였다(五年春王正月辛亥朔, 日南至)'라 하였는데 이것이 장의 첫 해이다. 희공 5년에서 지난해까지 계산해 보면 모두 133년으로 7장이 된다. 이해가 다시 장의 첫 해가 되므로 이해의 초하룻날이 동지기 되는 해라고 하였다. 초하룻날 동지는 정월 초하룻날을 말한다. 당연히 정월 기축 초하룻날 동지를 말한다. 지금 『전』에서 '2월 기축일이 동지였다'라고 하였으니 역(曆)의 정법(正法)으로 지난해 12월에는 윤달을 두어야 하니 곧 이해의 정월은 당연히 지난해의 윤달이며, 이해 2월은 곧 정월이 되므로 초하룻날 기축일이 동지인 것이다. 이때 사관이 윤달을 놓쳐 지난해에 착오로 윤달을 두지 않아 윤달을 2월 뒤로 고쳐 두었는데 『전』의 8월 아래에서 말하기를 윤달 무진일에 선강(宣姜)을 죽였다고 하였으니 이해의 윤달은 2월 뒤에 있었다"라 하였다. 그러나 옛 역법은 엉성해서 천상과 다 맞아떨어지지 않는다. 왕도의 『춘추의 초하루 윤달의 동지를 고찰함(春秋朔閏日至考)』에서는 이해가 건해(建亥)라고 하였으니 지난해에 윤달을 두었다면 이해는 건자(建子)라고 생각한 것이다.

9 두예는 "분(氛)은 기(氣)이다"라 하였다. 『묵자·영적사(迎敵祠)』편과 『사기·문제기(文帝紀)』에서는 모두 기운을 바라보고 길흉을 엿보는 것이라고 하였다. 재신은 노나라의 일관(日官)이므로 대에 올라 기운을 바라본 것이다.

"今兹宋有亂,	"올해에 송나라에는 난이 일어나
國幾亡,	나라가 거의 망할 정도가 되었다가
三年而後弭.	3년이 되어야 끝이 날 것입니다.
蔡有大喪."[10]	채나라에는 큰 상사가 있겠습니다."
叔孫昭子曰,	숙손소자가 말하였다.
"然則戴, 桓也.[11]	"그렇다면 대공과 환공입니다.
汰侈,	교만하고 사치로우며
無禮已甚,[12]	무례함이 너무 심하니
亂所在也."	난이 있는 곳입니다."

費無極言於楚子曰,	비무극이 초자에게 말하였다.
"建與伍奢將以方城之外叛,	"건과 오사가 방성 바깥의 지역을 가지고 반란을 일으키려 하는데
自以爲猶宋, 鄭也,[13]	스스로 송나라 및 정나라와 같다고 생각하여
齊, 晉又交輔之,	제나라와 진나라가 번갈아 도와줄 것으로 생각하여

---

10 두예는 "송나라의 화씨와 상씨가 달아나고 채후가 죽는 것의 복선이다"라 하였다.

11 두예는 "대공의 족속은 화씨(華氏)이고, 환공의 족속은 상씨(向氏)이다"라 하였다.

12 이심(已甚): 너무 심하다는 뜻이다.

13 장차 할거하여 스스로 한 나라를 이룰 것이라는 말이다.

將以害楚, 초나라에 해를 끼치려고 하니

其事集矣."[14] 그 일이 이루어질 것입니다."

王信之, 왕이 그 말을 믿고

問五奢. 오사에게 물었다.

伍奢對曰, 오사가 대답하였다.

"君一過多矣,[15] "임금은 하나의 과실로도 많은데

何信於讒?" 어찌 참소를 믿으십니까?"

王執伍奢, 왕은 오사를 잡고

使城父司馬奮揚殺大子.[16] 성보의 사마 분양으로 하여금 태자를 죽이게 하였다.

未至, 아직 이르지 않았을 때

而使遣之.[17] 그를 보내게 하였다.

三月, 3월에

大子建奔宋. 태자 건은 송나라로 달아났다.

---

14 양공 26년 『전』에 "오늘의 일이 다행히 성사되면(今日之事, 幸而集)"이라는 말이 있는데, 두예는 "집(集)은 이룬다는 뜻이다"라 하였다. 이는 장차 왕이 될 것이라는 말이다.

15 두예는 "하나의 과실은 건(建)의 처를 받아들인 것이다"라 하였다. 『설문』에서는 "다(多)는 중(重)하다는 것이다"라 하였다.

16 분양(奮揚): 고동고(顧棟高)의 『대사표(大事表)』 권10에서는 "『주례·하관(夏官)』에 도사마(都司馬)가 있는데, 정현은 '도(都)는 왕자의 아우가 봉한 것 및 삼공의 채지(采地)이며, 사마는 그 군부를 주관한다'라 하였으니 이 성보의 사마는 곧 『주례』의 도사마의 직책이다"라 하였다. 『통지·씨족략(氏族略) 4』에서는 "분씨(奮氏)는 고신씨의 재자(才子)로 팔원(八元)의 하나인 백분(伯奮)의 후손이다. 초나라에 분양(奮揚)이 있다"라 하였다.

17 두예는 "태자가 원통하다는 것을 알았으므로 떠나게 한 것이다"라 하였다.

王召奮揚,	왕이 분양을 부르자
奮揚使城父人執己以至.[18]	분양은 성보 사람으로 하여금 자기를 잡게 하여 이르렀다.
王曰,	왕이 말하였다.
“言出於余口,	“말이 내 입에서 나와
入於爾耳,	네 귀로 들어갔는데
誰告建也?”	누가 건에게 일렀느냐?”
對曰,	대답하여 말했다.
“臣告之.	“신이 일러 주었습니다.
君王命臣曰,	임금님께서 신에게 명하시기를
‘事建如事余.’	‘건을 섬기기를 나를 섬기듯 하라’고 하셨습니다.
臣不佞,[19]	신은 재주가 없어
不能苟貳.	실로 두 마음을 품을 수 없습니다.
奉初以還,[20]	처음의 명을 받들고 돌아간지라
不忍後命,[21]	나중의 명령을 차마 행할 수 없어서
故遣之.	그래서 보내 드렸습니다.

18 복건은 “성보 사람은 성보의 대부이다”라 하였다.
19 영(佞): 두예는 “재주라는 뜻이다”라 하였다.
20 두예는 “처음의 명을 받들어 주선한 것이다”라 하였다.
21 후명(後命): 나중의 명령은 그를 죽이는 것을 이른다.

旣而悔之, 얼마 있으니 후회가 되나
亦無及已." 또한 미치지 못할 따름입니다.
王曰, 왕이 말하였다.
"而敢來, "네 감히 온 것은
何也?" 어째서냐?"
對曰, 대답하여 말했다.
"使而失命,[22] "시켰는데 명대로 하지 못하고
召而不來, 불렀는데 오지 않는 것은
是再奸也.[23] 거듭 범하는 것입니다.
逃無所入." 도망쳐도 갈 곳이 없습니다."
王曰, 왕이 말하였다.
"歸, "돌아가서
從政如他日."[24] 다른 날과 마찬가지로 정무를 보라."
無極曰, 무극이 말하였다.
"奢之子材, "오사의 아들은 재주가 있어
若在吳, 오나라에 있으면

---

22 실명(失命): 명을 이루지 못하게 하였으므로 실명이라고 한 것이다.

23 재간(再奸): 두예는 "간은 범하는 것이다"라 하였다. 재간(再奸)은 두 차례 명을 위반한다는 것과 같다.

24 두예는 "그 말을 좋게 여겨 버려두고 돌아가게 한 것이다"라 하였다. 성보로 돌아가서도 여전히 사마(司馬)였다. 『설원·입절(立節)』편에서는 이 단락을 그대로 취하였다.

必憂楚國,	반드시 초나라의 근심이 될 것이니
盍以免其父召之.	어찌 부친을 사면한다는 말로 그를 부르지 않습니까?
彼仁,	그들은 어지니
必來.	반드시 올 것입니다.
不然,	그렇지 않으면
將爲患."	근심이 될 것입니다."
王使召之,	왕이 그를 부르게 하여
曰,	말하였다.
"來,	"오면
吾免而父."[25]	네 부친을 사면해 주겠다."
棠君尙謂其弟員曰,[26]	당군 상이 그 아우 원에게 말하였다.
"爾適吳,	"너는 오나라로 가거라.
我將歸死.	나는 돌아가 죽을 것이다.

---

25 이(而): 이(爾)와 같다.

26 당군(棠君): 당(棠)은 지명으로 『노사·국명기(路史·國名紀) 3』에서는 지금의 강소 남경시(南京市)의 육합현(六合縣)이라고 하였는데 정확하지 않은 것 같다. 심흠한(沈欽韓)의 『지명보주(地名補注)』에서는 곧 당계성(棠谿城)이라고 하였으며, 고조우(顧祖禹)의 『방여기요(方輿紀要)』에 의하면 지금의 하남 수평현(遂平縣) 서북쪽 백 리 지점에 있다고 하였는데 혹 그럴지도 모르겠다. "당군"은 육덕명(陸德明)의 『석문(釋文)』에서 "군은 윤(尹)이라고도 한다"라 하였다. 왕인지(王引之)의 『술문(述聞)』에서는 "윤"이라고 하는 것이 맞다고 하였다. 혹자는 "『전』에는 원래 '상(尙)'자가 없었다"고 하였는데 모두 꼭 정확한 것은 아니다. 오원(伍員)은 『국어·오어(吳語)』에는 신서(申胥)로 되어 있는데, 아마 신(申)을 씨로 삼은 것 같으며 자는 자서(子胥)이다. 『사기』에 「오자서전(伍子胥傳)」이 있다.

吾知不逮,[27]	내 지혜는 미치지 못하니
我能死,	나는 죽을 만하고
爾能報.[28]	너는 원수를 갚을 만하다.
聞免父之命,	아버지를 사면하겠다는 말을 듣고
不可以莫之奔也,	달려가지 않을 수 없으며,
親戚爲戮,	친척이 죽음을 당하면
不可以莫之報也.[29]	원수를 갚지 않을 수 없다.
奔死免父,	죽음으로 달려가 아버지가 사면되게 하는 것은
孝也,	효이고,
度功而行,	성공을 헤아려 행하는 것은
仁也,[30]	인이며,
擇任而往,	할일을 택하여 가는 것은
知也,[31]	지혜이고,
知死不辟,	죽을 줄을 알면서도 피하지 않는 것은

27 지(知): 지(智)와 같다. 스스로 재덕이 아우에게 미치지 못한다고 생각한 것이다.

28 보(報): 아버지를 죽인 원수를 갚는 것을 말한다.

29 친척(親戚): 왕념손(王念孫)은 "친척은 그 아버지를 말한다"라 하였다. 왕인지의 『술문(述聞)』에 상세하다. 친척(親戚)에는 옛날에 많은 뜻이 있었는데 고염무(顧炎武)의 『일지록』 권24에 상세하다.

30 두예는 "인자는 성공을 귀하게 여긴다"라 하였다.

31 원은 복수하는 일을 택하였는데 이것이 지혜이다.

勇也.[32]	용기이다.
父不可棄,[33]	아버지는 버릴 수 없고
名不可廢,[34]	명예는 폐할 수 없으니
爾其勉之!	너는 힘쓰거라!
相從爲愈."[35]	각자 뜻대로 하는 것이 좋을 것이다.
伍尚歸.	오상은 돌아갔다.
奢聞員不來,	오사는 원이 오지 않았다는 것을 듣고
曰,	말하였다.
"楚君, 大夫其旰食乎!"[36]	"초나라 임금과 대부들은 밥을 늦게 먹을 것이다!"
楚人皆殺之.	초나라 사람이 모두 죽였다.
員如吳,[37]	원은 오나라에 가서

---

32 상은 가면 죽을 것을 분명히 알고 갔는데 이것이 용기이다.

33 두예는 "모두 떠나는 것은 부친을 버리는 것이다"라 하였다.

34 두예는 "모두 죽는 것은 명예를 폐하는 것이다"라 하였다.

35 종(從): 종(縱)의 뜻으로 읽는다. 각기 강요하지 않는 것이다. 종(從)은 글자의 뜻 그대로 하여도 또한 뜻이 통하니 나의 말을 따른다는 말이다.

36 간(旰): 늦는다는 뜻이다. 초나라의 군신이 장차 오나라가 쳐들어올까 봐 근심이 되어 일찍 식사를 하지 못하게 될 것이라는 말이다.

37 『전』에서는 오원이 곧장 오나라로 갔다고 하여 비무극과 오상이 한 말과 부합된다. 그러나 『사기』 「오자서전(伍子胥傳)」과 『여씨춘추』의 「이보(異寶)」와 「수시(首時)」 등 여러 편 및 후한(後漢) 조엽(趙曄)의 『오월춘추(吳越春秋)』, 후한(後漢) 원강(袁康)의 『월절서(越絕書)』에서는 거의 오원이 송나라와 정나라, 허나라를 거쳐 마지막으로 오나라로 갔다고 하여 『전』과 다르다.

言伐楚之利於州于.[38]	주우에게 초나라를 치는 이로움을 말했다.
公子光曰,	공자 광이 말하였다.
"是宗爲戮,	"이 사람은 종족이 죽임을 당하여
而欲反其讎,	그 복수를 갚고자 하니
不可從也."[39]	따를 수 없소."
員曰,	원이 말하였다.
"彼將有他志,[40]	"저 사람은 다른 뜻이 있을 것이니
余姑爲之求士,	내 잠시 그에게 용사를 구해 주고
而鄙以待之."[41]	시골에서 기다리겠다."
乃見鱄設諸焉,[42]	이에 전설제를 추천하고

---

38 주우(州于): 두예는 "주우는 오자 요(僚)이다"라 하였다. 오나라와 월나라의 임금은 시호는 없고 호가 있는데, 오자 승(乘)은 수몽(壽夢)이고, 제번(諸樊)은 알(遏), 광(光)은 합려(闔廬)이다. 『사기·세가(世家)』에서는 요(僚)는 이말(夷末)의 아들이라고 하였지만 『공양전』 양공 29년 『전』에 의하면 요〔僚, 주우(州于)〕는 수몽의 서장자(庶長子)라고 하였다.

39 반수(反讎): 원수를 갚는 것이다. 오원의 부형이 피살되어 오원이 원수를 갚고자 초나라를 치는 것이지 오나라를 위해서가 아니라는 것이다.

40 두예는 "광은 요를 죽이고자 하여 오원이 용사(用事)하는 것을 이롭지 않게 여기어 그 의논을 파기하였으며 원 또한 그 사실을 알았다"라 하였다.

41 두예는 "계책이 쓰이지 않게 되어 용사를 바쳐 광에게 들여지기를 구한 것이다"라 하였다. 왕념손은 "비이대지(鄙以待之)는 시골로 물러나 거처하면서 기다리는 것이다"라 하였다.

42 전설제(鱄設諸): 전(鱄)은 혹자는 곧 "전(專)"이라고도 하였다. "설(設)"은 어사(語詞)로 『맹자·이루(離婁) 하』의 유공지사(庾公之斯)와 윤공지타(尹公之他)의 "지(之)", 「공손추(公孫丑) 상」의 맹시사(孟施舍)의 사(舍)자와 같다. 『공양전』과 『사기』, 『오월춘추』 등의 책에는 곧 전제(專諸)로 되어 있다.

而耕於鄙.[43] 시골에서 밭을 갈았다.

宋元公無信多私, 송원공은 신용이 없었고 사심이 많았으며

而惡華, 向. 화씨와 상씨를 미워하였다.

華定, 華亥與向寧謀曰, 화정과 화해가 상녕과 함께 도모하여 말하였다.

"亡愈於死,[44] "도망치는 것이 죽는 것보다 나으니

先諸?" 먼저 손을 쓰지 않겠는가?"

華亥僞有疾, 화해가 병을 가장하여

以誘羣公子. 여러 공자들을 꾀었다.

公子問之, 공자들이 문안하니

則執之. 그들을 붙잡았다.

夏六月丙申,[45] 여름 6월 병신일에

殺公子寅, 公子御戎, 公子朱, 公子固, 公孫援, 公孫丁,[46] 공자 인과 공자 어융, 공자 주, 공자 고, 공손원, 공손정을 죽였으며

---

43 오원의 일은 또한 『여씨춘추』 및 제자(諸子)에도 보이며 『오월춘추』에는 괴이한 이야기가 더욱 많은데 믿기 어려울 것이다.

44 망(亡): 도망치는 것이다. 두예는 "원공이 자기를 죽일까 두려워하여 먼저 난을 일으킨 것이다"라 하였다.

45 병신일은 9일이다.

46 『통지·씨족략(氏族略) 3』에서는 "송평공(宋平公)의 아들 어융(御戎)의 자는 자변(子邊)

拘向勝, 向行於其廩.[47]	상승과 상행을 곳집에 구금하였다.
公如華氏請焉,	공이 화씨에게 가서 청하였으나
弗許,	허락하지 않아
遂劫之.	마침내 겁박하였다.
癸卯,[48]	계묘일에
取大子欒與母弟辰, 公子地以爲質.[49]	태자 난과 동모제 진, 공자 지를 취하여 인질로 삼았다.
公亦取華亥之子無慼, 向寧之子羅, 華定之子啓,	공 또한 화해의 아들 무척과 상녕의 아들 라, 화정의 아들 계를 취하여
與華氏盟,	화씨와 맹약하고
以爲質.[50]	인질로 삼았다.

이다"라 하였다.

47 두예는 "여덟 사람은 모두 공의 도당이다"라 하였다. 정공열(程公說)의 『춘추분기·세보(春秋分紀·世譜) 7』에서는 "술(戌)은 다섯 아들을 낳았는데 승(勝)과 의(宜, 자는 子祿), 정(鄭), 행(行, 네 아들은 후사가 없다), 녕(寧)이다"라 하였다. 19년의 『전』과 『주』를 참조하라.

48 계묘일은 16일이다.

49 난(欒): 두예는 "난은 경공(景公)이다"라 하였다. 『박고도록(博古圖錄) 3』〔『선화박고도록(宣和博古圖錄) 3』〕에 송공 난(宋公欒)의 정 뚜껑〔鼎蓋〕이 있는데, 명(銘)에서 말하기를 "송공 난의 분정(饙鼎)"이라고 하였으며, 1978년 하남 고시현에서 동궤(銅簋)를 발굴하였는데, 명에서 "유은(又〔有〕殷) 천을탕(殷天乙唐〔湯〕)의 손자 송공 난(䜌)이 그 누이 구오(句吾)의 부인 계자(季子) 잉(媵)의 궤를 만들다"라 하였다. 난(䜌)은 곧 난(欒)이다. 『사기·송세가(宋世家)』에서는 송경공의 이름은 두만(頭曼)이라 하였는데 아마 다른 이름인 듯하다.
모제진·공자 지(母弟辰·公子地): 진은 태자 난의 동모제이고, 지는 진의 형으로 모두 송 원공(元公)의 아들이다. 공영달의 소(疏)와 육덕명(陸德明)의 『석문(釋文)』에 상세하다.

衛公孟縶狎齊豹,[51]	위나라의 공맹집은 제표를 업신여겨
奪之司寇與鄄.[52]	그의 사구직과 견읍을 빼앗았다.
有役則反之,	일이 있으면 돌려주고
無則取之.[53]	없으면 빼앗았다.
公孟惡北宮喜, 褚師圃,[54]	공맹은 북궁희와 저사포를 미워하여
欲去之.	없애려 하였다.
公子朝通于襄夫人宣姜,[55]	공자 조가 양부인 선강과 사통하여
懼,	두려워하여
而欲以作亂.	난을 일으키려고 하였다.
故齊豹, 北宮喜, 褚師圃, 公子朝作亂.	그리하여 제표와 북궁희, 저사포, 공자 조가 난을 일으켰다.
初,	처음에
齊豹見宗魯於公孟,[56]	제표가 공맹에게 종로를 추천하여

---

50 두예는 "이해 겨울에 화씨와 상씨가 달아나는 복선이다"라 하였다.

51 두예는 "공맹은 영공(靈公)의 형이다. 제표는 제악(齊惡)의 아들로 위나라의 사구이다. 압(狎)은 깔보는 것이다"라 하였다.

52 지(之): 기(其)와 같다.
견(鄄): 제표의 읍으로 지금의 산동 견성현(鄄城縣) 서북쪽에 있다. 장공 14년『경』의『주』를 참조하라.

53 두예는 "집은 다리가 성치 않아 역사가 있으면 관직과 채읍을 표에게 돌려주어 일을 행하게 한 것이다"라 하였다.

54 희(喜): 두예는 "희는 정자(貞子)이다"라 하였다.

55 선강(宣姜): 두예는 "선강(宣姜)은 영공의 적모(嫡母)이다"라 하였다.

56 현(見): 추천하다, 소개하다.

爲驂乘焉.[57]	참승으로 삼았다.
將作亂,	난을 일으키려 할 때
而謂之曰,	그에게 말했다.
“公孟之不善,	“공맹이 좋지 못한 것은
子所知也,	그대가 아는 바이니
勿與乘,	함께 수레를 타지 않으면
吾將殺之.”	내가 그를 죽일 것입니다.”
對曰,	대답하여 말했다.
“吾由子事公孟,	“나는 그대를 통하여 공맹을 섬기고
子假吾名焉,[58]	그대는 나 때문에 이름을 떨치니
故不吾遠也.[59]	나를 멀리하지 않는 것입니다.
雖其不善,	그가 좋지 못하기는 하지만
吾亦知之,	나 또한 알고 있으며,
抑以利故,[60]	다만 이롭게 해주기 때문에
不能去,	없앨 수 없으니

57 두예는 “공맹의 참승이 된 것이다”라 하였다. 마종련(馬宗璉)의 『보주(補注)』에서는 “「월령(月令)」 정현의 주에서는 ‘임금의 수레에는 반드시 용사에게 갑옷을 입혀 참승으로 삼아 비상시에 대비한다’라 하였다. 종로가 공맹의 참승이 된 것 또한 그 용력을 산 것이다”라 하였다.

58 가오명(假吾名): 나를 빌려 명예를 날렸다는 말과 같으며 곧 나를 선양(宣揚)시켜 줬다는 것이다.

59 불오원(不吾遠): 나를 멀리하지 않는다는 것으로 곧 공맹이 나를 친근하게 대하는 것이다.

60 억(抑): 단(但)과 같다.

是吾過也.	이것이 나의 잘못이오.
今聞難而逃,	이제 어려움을 듣고 도망친다면
是僭子也.[61]	이는 신의가 없는 것이다.
子行事乎,	그대는 그대의 일을 하고
吾將死之,	나는 그를 위해 죽어서
以周事子,[62]	그대를 섬기는 일을 이룰 것이며,
而歸死於公孟,	공맹에게 돌아가 죽으면
其可也."	괜찮을 것이오."
丙辰,[63]	병진일에
衛侯在平壽.[64]	위후는 평수에 있었다.
公孟有事於蓋獲之門外,[65]	공맹이 개획지문 밖에서 제사를 지내는데
齊子氏帷於門外,	제자씨가 문밖에 장막을 치고
而伏甲焉.	갑사를 숨겨 놓았다.
使祝鼃寘戈於車薪以當門,[66]	축와로 하여금 섶을 실은 수레에 과를 숨겨 성문을 막게 하고

61 참(僭): 불신(不信)이라는 뜻이다. 두예는 "그대의 말을 믿지 않게 하는 것이다"라 하였다.

62 주(周): 두예는 "주(周)는 끝낸다는 뜻과 같다"라 하였다. 공맹을 죽이는 일을 성공하게 한다는 말이다. 유월(俞樾)의 『평의(平議)』에서는 『설문(說文)』을 인용하여 "주(周)"를 밀(密)자의 뜻으로 풀이하였는데 누설하지 않겠다는 말로 또한 뜻이 통한다.

63 병진일은 29일이다.

64 평수(平壽): 두예는 "평수는 위나라의 하읍이다"라 하였다.

65 두예는 "유사(有事)는 제사이다. 개획은 위나라 외곽의 성문이다"라 하였다.

使一乘從公孟以出,	수레 한 대로 공맹을 따라 나가게 하였으며,
使華齊御公孟,	화제로 하여금 공맹이 탄 수레를 몰게 하고
宗魯驂乘.	종로는 참승이 되었다.
及閎中,[67]	곡문 안에 이르렀을 때
齊氏用戈擊公孟,	제씨가 과로 공맹을 쳤는데
宗魯以背蔽之,	종로가 등으로 그를 덮어
斷肱,	팔뚝을 자르고
以中公孟之肩.	공맹의 어깨에 꽂혔다.
皆殺之.[68]	모두 죽였다.
公聞亂,	공은 난이 일어났다는 말을 듣고
乘,	수레에 올라
驅自閱門入.	열문으로 몰아 들어갔다.
慶比御公,	경비가 공의 수레를 몰았고
公南楚驂乘.[69]	공남초가 참승이었다.

66 와(鼃): 와(蛙)와 같다.

67 굉(閎): 두예는 "굉(閎)은 곡문(曲門) 안이다"라 하였다. 아마 축와가 섶을 실은 수레로 문을 막았기 때문에 곡문으로 나온 것일 것이다.

68 공맹 및 종로가 모두 피살된 것이다.

69 양이승(梁履繩)의 『보석(補釋)』에서는 "공(公)이라 한 것은 곧 공자(公子)와 공손(公孫)을 일컬은 것이기 때문에 『전』에서는 또한 남초라고도 일컬었다. 나중에는 공남(公南)을 씨로 삼았다. 『잠부론·지씨성(志氏姓)』에서는 '위나라의 공족 공남씨'라고 하였다. 『광운

使華寅乘貳車.[70]	화인으로 하여금 부거를 몰게 하였다.
及公宮,	공궁에 이르자
鴻駵魋駟乘于公.[71]	홍류퇴가 공의 수레에 올라
公載寶以出.	공은 보물을 싣고 나갔다.
褚師子申遇公于馬路之衢,[72]	저사자신이 말이 다니는 길의 네거리에서 공을 만나
遂從.[73]	마침내 따랐다.
過齊氏,	제씨의 집을 지나다가
使華寅肉袒,	화인으로 하여금 웃통을 드러내게 하여
執蓋以當其闕,[74]	덮개를 가져다가 틈을 막았는데

(廣韻)』 '공(公)'자 아래에는 『성원(姓苑)』을 인용하여 '위나라 대부 공남문자(公南文子)'라고 한 것이 이것이다"라 하였다.

70 이거(貳車): 두예는 "공의 부거(副車)이다"라 하였다.

71 홍류퇴(鴻駵魋): 『통지·씨족략(氏族略) 4』에서는 "홍씨는 대홍씨(大鴻氏)의 후손이다"라 하였다. 두예는 "홍류퇴가 다시 공의 수레에 타서 수레 한 대에 네 사람이 탄 것이다"라 하였다.

72 고동고(顧棟高)의 『대사표(大事表)』 권7에서는 "이는 성문 안의 네거리 길일 것이다"라 하였다.

73 두예는 "공을 따라 나간 것이다"라 하였다.

74 육단(肉袒): 두예는 "웃옷을 벗어 감히 제씨와 다투지 않겠음을 보인 것이다"라 하였다. 고염무(顧炎武)의 『보정(補正)』에서는 "웃옷을 벗어 보인 것은 필사적임을 보인 것이다"라 하였다. 뒤의 설이 비교적 낫다.
개(蓋): 모양은 지금의 우산과 비슷하며, 본래는 햇빛이나 비를 가리는 것인데 여기서는 막는 무기로 썼다.
궐(闕): 빈 곳이다.

齊氏射公,	제씨가 공에게 활을 쏘아
中南楚之背,	남초의 등을 맞혀
公遂出.	공이 마침내 나갔다.
寅閉郭門,[75]	인이 외성의 문을 닫자
踰而從公.[76]	외성의 성벽을 뛰어넘어 공을 쫓았다.
公如死鳥.[77]	공은 사조로 갔다.
析朱鉏宵從竇出,	석주서가 밤에 성의 배수구로 나와
徒行從公.[78]	도보로 공을 쫓았다.
齊侯使公孫靑聘于衛.[79]	제후가 공손청으로 하여금 위나라를 빙문케 하였다.
旣出,	나가자마자
聞衛亂,	위나라에 난이 일어났다는 말을 듣고
使請所聘.[80]	빙문에 대해 묻게 하였다.

75 두예는 "쫓는 사람이 나오지 못하게 하려는 것이다"라 하였다.

76 두예는 "외성을 넘어 나간 것이다"라 하였다.

77 사조(死鳥): 고동고(顧棟高)는 "사조는 외성 바깥에 있는 동향의 제나라로 가는 땅일 것이다"라 하였다.

78 석주서(析朱鉏): 두예는 "주서는 성자(成子)로 흑배(黑背)의 손자이다." 노나라에도 석주서(析朱鉏)가 있는데 애공 8년의 『전』에 보인다.

79 두예는 "청은 경공(頃公)의 손자이다"라 하였다. 자는 자석(子石)으로 아래에 보인다.

80 이미 나갔다는 것은 공손청이 제나라의 도읍이나 제나라의 국경을 나갔다는 것이다. 도중에 위후가 이미 빠져나갔다는 말을 듣고 빙문을 해야 할지 말아야 할지와 누구를 빙

公曰,	공이 말하였다.
"猶在竟內,	"아직 경내에 있으면
則衛君也."[81]	위나라 임금이다."
乃將事焉,[82]	이에 그 빙문의 일을 하려고 하여
遂從諸死鳥.	마침내 사조에서 그를 좇았다.
請將事.[83]	빙례의 일을 하려고 하였다.
辭曰,	사절하면서 말하였다.
"亡人不佞,	"도망자는 재주가 없어
失守社稷,	사직을 지키지 못하고
越在草莽,	풀숲 속에 떨어져 있으니
吾子無所辱君命."	그대는 임금의 명을 욕되이 하는 일이 없도록 하오."
賓曰,	손님이 말하였다.
"寡君命下臣於朝曰,	"과군께서는 조정에서 신하에게 명하시기를
'阿下執事.'[84]	'집사께 친근하게 붙어 낮추라' 하였습니다.

문해야 하는지를 몰라 사자를 보내어 제후에게 물어본 것이다.

81 아직 국경을 나가지 않았으면 여전히 임금이라는 말이다.

82 장사(將事): 두예는 "장사는 빙문의 일을 행하는 것이다"라 하였다.

83 빙례를 행하는 것이다.

84 아하(阿下): 고염무(顧炎武)의 『보정(補正)』에서는 부손(傅遜)의 말을 인용하여 "아하(阿

臣不敢貳."[85]	신은 감히 두 마음을 품을 수 없습니다."
主人曰,	주인이 말하였다.
"君若惠顧先君之好,	"임금께서 만약 선군의 우호를 생각하사
照臨敝邑,[86]	우리나라에 광림하시어
鎭撫其社稷,	그 사직을 진무하신다면
則有宗祧在."[87]	종묘가 있소."
乃止.[88]	이에 그만두었다.
衛侯固請見之.[89]	위후가 굳이 볼 것을 청하니
不獲命,	어쩌지 못하여
以其良馬見,[90]	좋은 말을 가지고 만나 보았는데
爲未致使故也.[91]	사명을 이루지 못하였기 때문이었다.
衛侯以爲乘馬.[92]	위후는 수레의 말로 삼았다.

下)는 친근하게 붙어서 낮추는 것이다"라 하였다. 집사(執事)는 위후를 가리키며, 우창(于鬯)의 『향초교서(香草校書)』에 상세하다.

85 이(貳): 두예는 "명을 어기는 것이다"라 하였다.

86 조(照): 본래는 "소(昭)"로 되어 있었으나 여기서는 완원(阮元)의 『교감기(校勘記)』 및 가나자와 문고본(金澤文庫本)을 따라 바로잡았다.

87 두예는 "빙문을 받는 일은 종묘에서 해야 한다는 것을 말하였다"라 하였다.

88 두예는 "빙례의 일을 그만두고 행하지 않은 것이다"라 하였다.

89 공손청을 보려고 하는 것이다.

90 공손청이 부득이하여 자기의 양마를 가지고 위후를 뵙는 예를 행한 것이다.

91 미치사(未致使): 두예는 "사명을 이루지 못하였기 때문에 감히 객의 예로 뵙지 않은 것이다"라 하였다. 미치사(未致使)는 곧 빙례를 행하지 않고 사명을 이룬 것이다.

賓將掫,[93]	손님이 야경을 돌려고 하자
主人辭曰,	주인이 사절하여 말하였다.
"亡人之憂,	"도망자의 근심을
不可以及吾子,	그대에게 미치게 할 수는 없으며,
草莽之中,	풀숲 속에서는
不足以辱從者.[94]	종자를 욕보이기에 족하지 않소.
敢辭."	감히 사절하오."
賓曰,	손님이 말하였다.
"寡君之下臣,	"과군의 하신은
君之牧圉也.	임금님의 목어입니다.
若不獲扞外役,	밖의 침입자를 막는 일을 허락받지 못한다면
是不有寡君也.	이는 과군을 무시하는 처사입니다.
臣懼不免於戾,	신은 죄를 면치 못할까 두려우니
請以除死."	죄에서 벗어나게 해주기를 청합니다."
親執鐸,[95]	친히 목탁을 잡고

92 승마(乘馬): 두예는 "자기를 공경함을 기뻐하였기 때문에 그 예물을 귀하게 여긴 것이다"라 하였다. 승마(乘馬)는 수레를 끄는 말이다.

93 추(掫): 『설문』에서는 "추(掫)는 야경 때 소리를 내는 것이다"라 하였다. 양공 25년 "간추(干掫)"의 『전』과 『주』에 상세하다.

94 종자(從者): 곧 공손청을 가리키며 집사라 하는 것과 같이 객의 상투어이다.

95 탁(鐸): 『설문』에서는 "탁은 큰 방울이다"라 하였다.

終夕與於燎.[96]	저녁 내내 횃불 피우는 일에 참여하였다.
齊氏之宰渠子召北宮子.[97]	제씨의 가재 거자는 북궁자를 불렀다.
北宮氏之宰不與聞,	북궁씨의 거재는 참여하지 못하여
謀殺渠子,	거자를 죽일 모의를 하고
遂伐齊氏,	마침내 제씨를 쳐서
滅之.	멸하였다.
丁巳晦,[98]	정사일 그믐날에
公入,	공이 들어가자
與北宮喜盟于彭水之上.[99]	북궁희와 팽수 가에서 맹약하였다.
秋七月戊午朔,	가을 7월 무오일 초하루에
遂盟國人.	마침내 도성의 사람들과 맹약하였다.
八月辛亥,[100]	8월 신해일에

96 두예는 "횃불을 설치하여 수비를 갖추는 것이다"라 하였다. 장병린(章炳麟)은 료(燎)를 료(僚)로 읽어 위후의 야간 순찰에 함께한 자라고 하였다.

97 북궁자(北宮子): 두예는 "북궁희(北宮喜)이다"라 하였다.

98 6월은 큰 달로 정사일은 30일이다.

99 두예는 "희가 본래 제씨와 공모하였기 때문에 공이 먼저 희와 맹약한 것이다"라 하였다. 팽수(彭水)는 위나라의 도읍에 가까울 것인데 지금은 남아있지 않다.

100 신해일은 25일이다.

公子朝, 褚師圃, 子玉霄, 子高魴出奔晉.[101] 공자 조와 저사포, 자옥소, 자고방은 진나라로 달아났다.

閏月戊辰,[102] 윤달 무진일에

殺宣姜.[103] 선강을 죽였다.

衛侯賜北宮喜謚曰貞子, 위후는 북궁희에게 정자라는 시호를 내렸으며

賜析朱鉏謚曰成子, 석주서에게는 성자라는 시호를 내리고

而以齊氏之墓予之.[104] 제씨의 묘지를 그에게 주었다.

衛侯告寧于齊, 위후가 제나라에 평안함을 알리고

且言子石.[105] 또한 자석에 대해서도 말하였다.

齊侯將飮酒, 제후가 술을 마시려다가

偏賜大夫曰, 대부들에게 두루 내리며 말하였다.

"二三子之敎也."[106] "여러분의 가르침 때문이오."

---

101 『통지·씨족략 3』에서는 "자옥씨는 희(姬)성이며 위나라 대부 자옥소의 후손이다"라 하였다. 『노사·고신기(路史·高辛紀) 하』에서는 "위나라에는 자고(子高)와 자옥(子玉)씨가 있다"라 하였다. 두예의 『세족보(世族譜)』에서는 소(霄)와 방(魴) 두 사람을 잡인(雜人)에 넣었다. 두예는 "모두 제씨의 당파이다"라 하였다.

102 무진일은 12일이다.

103 두예는 "공자 조와 사통하여 모의하였기 때문이다"라 하였다.

104 두예는 모두 죽어야 시호 및 묘지를 내린다고 하였다. 그러나 원자맹강호(洹子孟姜壺)의 명(銘)을 가지고 입증하면서 곽말약(郭沫若)은 진무우(陳無宇)는 살아 있을 때 원자(洹子)로 불렸으니 시호는 살아서도 있을 수 있는 것이라 하였다.

105 두예는 "자석(子石)은 공손청으로, 그에게 예가 있다고 말한 것이다"라 하였다.

苑何忌辭,[107]	원하기는 사양하면서
曰,	말하였다.
"與於靑之賞,	"공손청의 상을 함께 나누면
必及於其罰.[108]	그 벌까지도 반드시 미쳐야 합니다.
在康誥曰,	「강고」에서 말하기를
父子兄弟,	부자와 형제지간에도
罪不相及,[109]	죄가 서로 미치지 않는다고 하였는데
況在羣臣?	하물며 뭇 신하에 있어서이겠습니까?
臣不敢貪君賜以干先王?"[110]	신이 감히 임금께서 내리신 것을 탐하여 선왕을 범하겠습니까?"
琴張聞宗魯死,[111]	금장이 종로가 죽었다는 말을 듣고
將往弔之.	가서 조문하려고 하였다.
仲尼曰,	중니가 말하였다.

106 두예는 "공손청이 위후를 공경한 것을 기뻐한 것이다"라 하였다.

107 하사한 술을 받지 않은 것이다.

108 두예는 "하기는 제나라의 대부이다. 공손청에게 죄가 있으면 또한 그 벌도 함께 받아야 한다는 말이다"라 하였다.

109 지금의 『상서·강고(康誥)』의 글은 다르다. 인용한 것은 그 뜻이지 원문이 아니다.

110 두예는 "내려 주는 것을 받으면 「강고」의 의를 범하는 것이다"라 하였다. 선왕은 성왕(成王)을 가리킨다. 성왕은 강숙(康叔)을 위나라의 첫 임금으로 봉하였으며 「강고」는 곧 이 때문에 지었다.

111 금장(琴張): 이 금장은 공자의 제자가 아니다. 이때 공자의 나이는 31세로 『사기·중니제자열전(仲尼弟子列傳)』에 의하면 자장(子張)은 공자보다 40여 세가 적으니 이때는 아직 태어나지도 않았다.

“齊豹之盜,	“제표가 도둑이 되고
而孟縶之賊,	맹집이 피살되었는데
女何弔焉?[112]	그대는 어찌 조문하려는가?
君子不食姦,[113]	군자는 간사한 자의 봉록을 먹지 않고
不受亂,[114]	난을 받아들이지 않으며
不爲利疚於回,[115]	이익 때문에 사악함에 물들지 않고
不以回待人,[116]	사악함으로 남을 대하지 않으며
不蓋不義,[117]	의롭지 않으면 덮지 않고

112 두예는 “제표가 도살(盜殺)한 까닭과 맹집이 살해당한 것이 모두 종로에게서 말미암았다”라 하였다. 공자가 금장이 종로를 조문하는 것을 저지한 것은 아마 벗으로 규권(規勸)한 것일 것이다. 장병린(章炳麟)의 『독(讀)』에서는 『장자·대종사』편은 인용하여 금장이 곧 자장(子張)이라는 것을 입증하였는데, 『장자』는 근거가 부족하다.

113 두예는 “공맹이 선하지 않았는데 그 봉록을 받아먹은 것 같은 것이 간사한 자의 봉록을 받은 것이다”라 하였다.

114 두예는 “제표가 일을 행하게끔 허락한 것이 난을 받아들인 것이다”라 하였다.

115 두예는 “구(疚)는 병이다. 회는 사악함이다. 이익 때문에 떠날 수 없었으니 몸이 사악함에 병든 것이다”라 하였다.

116 도홍경(陶鴻慶)의 『별소(別疏)』에서는 “종로는 공맹이 죽을 것을 알았는데도 제표가 난을 당하지 않게 간언하여 저지시킬 수가 없었으며, 공맹이 선하지 않다하여 죽일 만하다고 생각한 것은 사악함으로 공맹을 대한 것이다. 제표가 공맹을 죽이려는 것을 알고서도 그것을 들은 것은 사악함으로 제표를 대한 것이다. 모두 이른바 사악함으로 사람을 대한 것이다”라 하였다.

117 개(蓋): 개(蓋)는 곧 덮는 것이며, 제표가 공맹을 죽인 것은 의롭지 않은 것이다. 그런데 종로가 그 모의를 누설하지 않은 것이 의롭지 못한 것을 덮은 것이다. 혹자는 말하기를 “『광아·석언(釋言)』에서 ‘개(蓋)는 당(黨)이다’라 하였다. 종로와 제표가 무리가 된 것을 말한다”라 하였다. 이 설은 주빈(朱彬)의 『경전고증(經傳攷證)』 및 장병린(章炳麟)의 『독(讀)』에 근거한다. 뜻이 통하기는 하지만 엄개(掩蓋)의 뜻을 취함만 못하다.

不犯非禮."[118] 예가 아니면 범하지 않는다."

宋華, 向之亂, 송나라 화씨와 상씨의 난으로

公子城, 公孫忌, 樂舍, 司馬彊, 向宜, 向鄭, 楚建, 郳甲出奔鄭.[119] 공자 성과 공손기, 악사, 사마강, 상의, 상정, 초건, 예갑이 정나라로 달아났다.

其徒與華氏戰于鬼閻,[120] 그 무리와 화씨가 귀염에서 싸워

敗子城. 자성을 물리쳤다.

子城適晉.[121] 자성은 진나라로 갔다.

華亥與其妻, 화해와 그의 아내는

必盥而食所質公子者而後食.[122] 반드시 씻고 인질로 잡힌 공자들을 먹인 뒤에 먹었다.

---

118 두예는 "두 마음을 품고 집을 섬긴 것은 예가 아니다"라 하였다.

119 두예는 "여덟 사람은 송나라의 대부로 모두 공의 무리이며 난을 피해 달아났다"라 하였다. 공자 성은 두예는 "평공의 아들"이라고 하였으며, 『통지·씨족략 3』에서는 "자가 자변(子邊)"이라고 하였다. 악사는 두예는 "악희(樂喜)의 손자"라고 하였다. 상의와 상정은 두예는 "모두 상술(向戌)의 아들"이라고 하였다. 초건은 곧 초평왕의 태자 건(建)으로 당시 도망쳐서 송나라에 있었다. 예갑은 두예는 "소주목공(小邾穆公)의 아들"이라고 하였다.

120 두예(杜預)는 "여덟 사람의 무리이다"라 하였다. 두씨(두예)의 『석례·토지명(釋例·土地名)』에서는 "송나라의 땅 귀염이다"라 하였다. 『휘찬(彙纂)』에 의하면 지금의 하남 서화현(西華縣) 동북쪽 30리 지점에 있다.

121 두예는 "자성은 화씨에게 패하여 따로 진나라로 도망쳤다. 이듬해 자성이 진나라의 군사를 가지고 이르는 복선이다"라 하였다.

122 소질공자(所質公子): 곧 태자 난(欒)과 그 동모제 진(辰), 그리고 공자 지(地)이다.

公與夫人每日必適華氏,	공과 부인은 매일 반드시 화씨에게 갔으며
食公子而後歸.	공자를 먹인 후에 돌아왔다.
華亥患之,	화해가 이를 근심하여
欲歸公子.	공자들을 돌려보내려 하였다.
向寧曰,	상녕이 말하였다.
"唯不信,[123]	"다만 믿지를 못하기 때문에
故質其子.	그 아들을 인질로 삼은 것입니다.
若又歸之,	또 돌려보낸다면
死無日矣."	죽을 날이 머지않게 될 것입니다."
公請於華費遂,	공은 화비수에게 청하여
將攻華氏.[124]	화씨를 공격하려고 했다.
對曰,	대답하여 말했다.
"臣不敢愛死,[125]	"신은 감히 죽는 것을 아끼지 않으니
無乃求去憂而滋長乎![126]	근심을 없애려다 오히려 키우는 꼴이 아니겠습니까?
臣是以懼,	신은 이 때문에 두려워하니

123 송원공(宋元公)이 신의가 없는 것이다.
124 화비수(華費遂): 두예는 "비수는 대사마로 화씨의 족속이다"라 하였다.
125 애(愛): 아까워하는 것이다.
126 두예는 "태자를 죽이면 근심이 더욱 커질 것을 걱정한 것이다"라 하였다.

敢不聽命?”
감히 명을 따르지 않겠습니까?”

公曰,
공이 말하였다.

“子死亡有命,[127]
“아들의 죽음은 명이 있으니

余不忍其詢.”[128]
내 차마 모욕을 받게 할 수는 없다.”

冬十月,
겨울 10월에

公殺華, 向之質而攻之.
공이 화씨와 상씨의 인질을 죽이고 그들을 공격하였다.

戊辰,[129]
무진일에

華, 向奔陳,
화씨와 상씨는 진나라로 달아나고

華登奔吳.[130]
화등은 오나라로 달아났다.

向寧欲殺大子.
상녕은 태자를 죽이려고 하였다.

華亥曰,
화해가 말하였다.

“干君而出,[131]
“임금을 범하고 도망가고

又殺其子,
또 그 아들까지 죽였으니

其誰納我?
그 누가 나를 받아 주겠는가?

127 자(子): 태자 난 및 그 아우 공자 진과 공자 지를 말한다.
128 구(詢): 두예는 “구(詢)는 부끄러운 것이다”라 하였다. 육덕명(陸德明)의 『석문(釋文)』에서는 “본래는 아마 후(詬)로 되어 있었을 것이다”라 하였다.
129 무진일은 13일이다.
130 등(登): 두예는 “등은 비수(費遂)의 아들이며 화씨와 상씨의 당파이다”라 하였다.
131 간(干): 범하는 것이다.

且歸之有庸."[132]	또한 그들을 돌려보내면 유용할 것이다."
使少司寇牼以歸,[133]	소사구 경으로 하여금 돌려보내게 하고서는
曰,	말하였다.
"子之齒長矣,	"그대는 나이가 많으니
不能事人.[134]	다른 사람을 섬길 수 없다.
以三公子爲質,[135]	세 공자를 신표로 삼으면
必免."[136]	반드시 면할 것이다."
公子旣入,	공자가 들어가자
華牼將自門行.[137]	화경이 문으로 들어가려 하였다.
公遽見之,	공이 그를 급히 보고는
執其手,	그 손을 잡고
曰,	말하였다.
"余知而無罪也,	"내 네가 죄가 없음을 아니

---

132 두예는 "훌륭한 공이 될 것이라는 말이다"라 하였다.

133 두예는 "세 공자를 공에게 돌려주는 것이다. 경(牼)은 화해(華亥)의 서형이다"라 하였다. 『설문』의 "경(牼)"자에서 인용한 『춘추전』에는 경(牼)자가 우(牛)자로 되어 있다.

134 그가 연로하여 다른 나라로 도망가서 남의 신하가 될 수 없음을 말하였다.

135 질(質): 두예는 "질(質)은 신(信)이다. 공자를 돌려보내면 반란하지 않을 것임을 스스로 밝히는 신표가 될 수 있다는 말이다"라 하였다.

136 죄벌(罪罰)을 면하는 것이다.

137 두예는 "공의 문에서 떠난 것이다"라 하였다.

入,	들어오면

復而所."[138]	너의 관직을 회복시켜 주겠다."

齊侯疥,[139]	제후가 옴이 옮은 데다

遂痁,[140]	또 학질까지 걸려

期而不瘳.[141]	1년이 되도록 낫지를 않았다.

諸侯之賓問疾者多在.[142]	제후 중에 손님을 보내 병세를 묻는 자가 많이 있었다.

梁丘據與裔款言於公曰,[143]	양구거와 예관이 공에게 말하였다.

---

138 이(而): 이(爾)와 같다. "소(所)는 있던 관직이다"라 하였다.

139 개(疥): 곧 옴벌레가 기생하는 전염성 피부병이다. 양원제(梁元帝)는 해(痎)가 되어야 한다고 하였으며 이틀에 한 번씩 발병하는 학질로, 남북조 후기 안지추(顔之推: 531~591)의 『안씨가훈·서증(顔氏家訓·書證)』편에서는 그대로 믿었고 공영달 또한 양나라 사람 원압(袁狎)의 말을 인용하여 밝혔으나 사실은 믿을 수가 없다. 육덕명(陸德明)의 『석문(釋文)』에서는 이미 반박하였고, 왕인지의 『술문』, 초순(焦循)의 『보소(補疏)』, 심흠한(沈欽韓)의 『보주(補注)』, 청나라 말기 소여(蘇輿)의 『안자춘추교주(晏子春秋校注)』에서는 모두 육덕명의 설을 인신하였는데 옳다.

140 점(痁): 『설문』에서는 "열학(熱瘧)이 있다"라 하였다. 명나라 말기 장자열(張自烈)의 『정자통(正字通)』에서는 "여러 날 계속되는 학질을 전(痁)이라고 한다"라 하였다. 이는 옴에서 학질로 옮겨간 것이 아니며, 『안자춘추·내편·간(晏子春秋·內篇·諫) 상』에서 "개차점(疥且痁)"이라고 하였으니 분명 개(疥)는 개이고 점(痁)으로 두 가지 병이 한꺼번에 발생한 것이지 이 병에서 저 병으로 옮겨간 것이 아니다.

141 기(期): 기(朞)와 같으며 1년이다.

142 두예는 "제나라에 많은 것이다"라 하였다.

143 양구거와 예관은 두예의 주에 의하면 모두 경공이 총애하는 대부이다. 정초(鄭樵)의 『통지·씨족략 3』에서는 "양구씨는 제나라의 대부로 양구를 채읍으로 하였다"라 하였다. 그러나 32년 『경』의 "송공과 제후가 양구에서 만났다"라 한 곳에서 『통지』는 양구가 송나라의 읍이라고 하였는데 제나라의 도읍과는 8백 리나 떨어져 있고 중간에 또 노나라에 막혀 있으니 이때는 필시 제나라에 들어가지 않았을 것이며 정초(鄭樵)의 이 설은 믿을 만

"吾事鬼神豐,	"우리가 귀신을 풍성히 섬김이
於先君有加矣.	선군 때보다 늘어났습니다.
今君疾病,	지금 임금님께서 병이 위중하여
爲諸侯憂,	제후들의 근심이 되고 있으니
是祝, 史之罪也.	이는 축관과 사관의 죄입니다.
諸侯不知,	제후들은 모르고
其謂我不敬,	우리가 불경하다고 할 것이니
君盍誅於祝固, 史嚚以辭賓?"[144]	임금께선 어찌 축 고와 사 효를 죽여 손님들에게 해명하지 않으십니까?
公說,	공이 기뻐하며
告晏子.	안자에게 알렸다.
晏子曰,	안자가 말하였다.
"日宋之盟,[145]	"지난날 송나라에서의 맹약에서
屈建問范會之德於趙武.[146]	굴건이 조무에게 범회의 덕을 물었습니다.

하지 못하다. 『안자춘추·내편·간(晏子春秋·內篇·諫) 상』에는 예관이 회견(會譴)으로 되어 있는데 당연히 다른 사람이다. 예관은 또한 『안자』의 「내편」과 「외편」에도 보인다.

144 두예는 "효와 고를 죽여 병문안 온 손님들을 사절하려고 한 것이다"라 하였다. 공영달은 복건의 설을 인용하여 고(固)를 고루(固陋)함으로 풀고 효(嚚)를 효암(嚚闇)으로 풀어 사람 이름이 아니라 하였는데 확실치 않으며, 공영달이 이미 반박하였다.

145 두예는 "일(日)은 왕일(往日)이다"라 하였다. 송나라에서의 맹약은 양공 27년에 있었다.

146 범회(范會): 곧 사회(士會)이다.

趙武曰,	조무가 말하기를
'夫子之家事治,	'부자의 집안일은 잘 다스려졌으며,
言於晉國,	진나라에서 말을 할 때는
竭情無私.	마음을 다 말하여 사심이 없게 하였다.
其祝, 史祭祀,	그 축과 사가 제사를 드림에
陳信不愧,	사실을 다 말하여 부끄러움이 없었으며,
其家事無猜,	그 집의 일에 의심이 없어
其祝, 史不祈.'[147]	그 축관과 사관이 기구함이 없기 때문일 것이다'라 하였습니다.
建以語康王.[148]	굴건이 그대로 강왕에게 말하였습니다.
康王曰,	강왕이 말하기를
'神, 人無怨,	'귀신과 사람이 원망이 없으니
宜夫子之光輔五君以爲諸侯主也.'"[149]	부자의 빛이 다섯 임금을 보좌하여 제후의 패주로 만든 것은 당연하다'라 하였습니다."

147 두예는 "집에 시기하고 의심하는 일이 없으므로 축관과 사관이 귀신에게 기구하지 않은 것이다"라 하였다.

148 강왕(康王): 두예는 "초나라 왕이다"라 하였다.

149 두예는 "다섯 임금은 문공(文公)과 양공(襄公), 영공(靈公), 성공(成公), 경공(景公)이다"라 하였다.

公曰,	공이 말하였다
"據與款謂寡人能事鬼神,	"거와 관이 과인에게 귀신을 섬길 수 있다고 말했기 때문에
故欲誅于祝, 史,	축관과 사관을 죽이려고 하였는데
子稱是語,	그대가 이 말을 한 것은
何故?"[150]	무슨 까닭이오?"
對曰,	대답하였다.
"若有德之君,	"덕이 있는 임금이
外內不廢,[151]	안팎의 일을 폐하지 않고
上下無怨,[152]	아래위로 원한이 없으며
動無違事,[153]	행동에 일을 어김이 없고
其祝, 史薦信,[154]	축관과 사관이 사실대로 말을 드린다면
無愧心矣.[155]	부끄러운 마음이 없게 됩니다.

---

150 안영(晏嬰)의 묻지도 않은 것을 대답하였으므로 의심한 것이다.

151 외내(外內): 외(外)는 국사(國事)를 가리키고 내(內)는 궁중의 일을 가리킨다. 불폐(不廢)는 일을 폐함이 없는 것이다.

152 상하(上下): 공영달은 복건의 말을 인용하여 "상하는 사람과 귀신이다"라 하였다. 공영달은 "이는 『효경』에서 '상하 간에 원망이 없다(上下無怨)'라 한 것과 같으며, 신하 및 백성의 상하 간에 서로 원한이 없는 것을 말하였을 따름이다"라 하였다.

153 위사(違事): 예를 어기는 일이다.

154 천신(薦信): 그 실정을 진술하는 것과 같은 말이다. 천(薦)은 드리는 것이며, 여기서는 진언(進言)하는 것을 말한다.

155 두예는 "임금에게 공덕이 있어서 축관과 사관이 그것을 말한다면 부끄러울 것이 없다는 것이다"라 하였다.

是以鬼神用饗,[156]	그런 까닭에 귀신은 흠향하고
國受其福,	나라는 그 복을 받으며
祝, 史與焉.	축관과 사관이 그 일에 참여하는 것입니다.
其所以蕃祉老壽者,	그 다복하고 장수하는 까닭은
爲信君使也,	신실한 임금의 사자이며
其言忠信於鬼神.	그 말이 귀신에게 충성스럽고 신의가 있기 때문입니다.
其適遇淫君,	그들이 마침 음일한 임금을 만나
外內頗邪,	안팎이 편파적이고 사악하며
上下怨疾,	위아래가 원망하고 괴로워하며
動作辟違,	행위가 괴벽하여 예를 어기고
從欲厭私,[157]	사심을 제멋대로 채우고자
高臺深池,	노대를 높이 쌓고 못을 깊이 파며
撞鐘舞女.[158]	종경을 쳐서 여자를 춤추게 합니다.
斬刈民力,[159]	백성의 힘을 잘라 버리고

156 용(用): 인(因)과 같다.
향(饗): 그 제사를 흠향하는 것이다.

157 오개생(吳闓生)의 『문사견미(文史甄微)』에서는 "종(從)은 종(縱)으로 읽는다"라 하였다. 두예는 "사사로운 마음을 만족시키려는 것이다"라 하였다.

158 종(鐘)은 원래 종(鍾)으로 되어 있었으니 여기서는 『석경』과 송본, 송나라의 잔질본, 악본, 가나자와 문고본(金澤文庫本)을 따랐다.

159 참예(斬刈): 애공 2년의 『전』에 "백성을 잘라 낸다(斬艾百姓)"는 말이 있으며, 『회남자·

輸掠其聚,[160]	그들이 모은 것을 약탈하여
以成其違,	그 어긴 것을 이루고
不恤後人.	후대는 생각지도 않습니다.
暴虐淫從,[161]	포학하고 방종하며
肆行非度,	법도가 아닌 것을 멋대로 행하여
無所還忌,[162]	거리낌을 돌아봄이 없고
不思謗讟,	비방과 원망은 생각지도 않으며
不憚鬼神.	귀신을 꺼리지 않습니다.
神怒民痛,	귀신이 백성의 고통에 분노하는데도
無悛於心.	뉘우치는 마음이 없습니다.
其祝, 史薦信,	그 축관과 사관이 사실을 말해 올리는 것은
是言罪也,[163]	죄를 말하는 것이며

남명훈(覽冥訓)』 고유(高誘)의 주에 "참애백성(斬艾百姓)은 초목을 가지고 논한 것으로 양육하지 않는다는 것이다"라 하였다. 참예(斬刈)는 곧 참애(斬艾)이다.

160 장병린(章炳麟)은 "수(輸)는 유(愉)로 읽어야 한다. 『시경·산유추(山有樞)』에 '다른 사람이 가져가네(他人是愉)'라는 구절이 있는데, 『전(箋)』에서 '유(愉)는 취하는 것이다'라 하였다. 수(輸) 또한 빼앗는 것이다"라 하였다. 『춘추좌전독(春秋左傳讀)』에 상세하다.

161 종(從)은 종(縱)으로 읽어야 하며, 방종(放縱)이란 뜻이다.

162 환(還): 두예는 "환(還)은 고(顧)와 같다"라 하였다. 「진책(秦策) 3」에 "공사를 다하여 사적은 일은 돌아보지 않았다(盡公不還私)"라는 말이 있고, 『사기·채택전(蔡澤傳)』에도 "공무를 다하고 사적인 일은 돌아보지 않았다(盡公而不顧私)"라는 말이 있어 두예의 뜻을 뒷받침하고 있다.

163 두예는 "사실대로 귀신에게 아뢰는 것은 임금의 죄를 말하는 것이다"라 하였다.

其蓋失數美,	과실을 덮고 좋은 일만 열거하는 것은
是矯誣也.[164]	거짓으로 속이는 것입니다.
進退無辭,	나아가고 물러나도 말이 없으니
則虛以求媚.[165]	빈말로 아첨을 구하는 것입니다.
是以鬼神不饗其國以禍之,[166]	그런 까닭에 귀신이 그 나라의 제사를 흠향하지 않고 화를 내리고
祝, 史與焉.	축관과 사관이 거기에 참여합니다.
所以夭昏孤疾者,	그들이 요절하고 병드는 것은
爲暴君使也,	폭군의 사자여서
其言僭嫚於鬼神."[167]	그 말이 귀신을 속이고 업신여기기 때문입니다."
公曰,	공이 말하였다.
"然則若之何?"	"그렇다면 그것을 어찌하겠는가?"

164 공영달은 "허물과 과실을 덮고 망령되이 훌륭한 것만 열거하는 것은 거짓으로 기만하는 것이다"라 하였다.

165 두예는 "빈말을 꾸며 귀신에게 아첨하는 것이다"라 하였다. 허(虛)는 허사(虛辭), 곧 사실과는 무관한 말이다.

166 유월(兪樾)의 『평의(平議)』에서는 "'지(之)'자는 연문이다. 이 구절은 '귀신불향(鬼神不饗)'이 한 구절이 되어야 하고 '기국이화(其國以禍)'가 한 구절이 되어야 한다"라 하였다. 그러나 한 구절로 읽어도 통할 만하고 근거 없이 글자를 산삭할 필요가 없다.

167 참만(僭嫚): 『설문』에서 "참(僭)은 거짓이다", "만(嫚)은 업신여기는 것이다"라 하였다. 참만(僭嫚)은 기만하고 모멸하는 것이다.

對曰,	대답하였다.
“不可爲也:	“할 수 없습니다.
山林之木,	산림의 나무는
衡鹿守之,[168]	형록이 지키고,
澤之萑蒲,[169]	늪지의 갈대는
舟鮫守之,[170]	주교가 지키며,
藪之薪蒸,[171]	수택의 섶은
虞候守之,	우후가 지키고
海之鹽, 蜃,[172]	바다의 소금과 조개는
祈望守之.[173]	기망이 지킵니다.

---

168 형록(衡鹿): 양수달(楊樹達)의 『독좌전(讀左傳)』에서는 “녹(鹿)은 녹(麓)으로 읽는다. 『설문』에서는 ‘녹(鹿)은 산림을 지키는 관리이다’라 하였다”라 하였다.

169 완포(萑蒲): 『시경·빈풍·7월(豳風·七月)』에 “8월에는 갈대(八月萑葦)”라는 구절이 있는데, 완포(萑蒲)는 곧 갈대의 일종으로 지붕, 발, 자리를 짜는 데 쓰인다.

170 주교(舟鮫): 청나라 장술조(莊述祖)의 『오경소학술(五經小學述)』과 단옥재(段玉裁)의 『설문해자주(說文解字注)』, 심흠한(沈欽韓)의 『보주(補注)』, 청나라 왕소란(王紹蘭)의 『경설(經說)』에는 모두 “주교(舟鮫)”는 “주어(舟魰)”의 잘못이라 하였다. 어(魰)는 “어(𩼁)”의 중문(重文)이다. 「노어 하」에 주우(舟虞)가 있는데 아마 곧 주어(舟魰)일 것이다. 『안자춘추·외편(晏子春秋·外篇)』에서도 “주교(舟鮫)”라 하였는데 곧 후인이 『좌전』의 와본(譌本)에 의거하여 고친 것으로 옛 문장이 아니다. 청나라 송상봉(宋翔鳳)의 『과정록(過庭錄)』에서는 “『당문수(唐文粹)』〔송나라 요현(姚鉉)이 편집한 당나라 때의 시문선집으로 총 1백 권〕 권21 왕유(王維)의 「경조윤장공덕정비(京兆尹張供德政碑)」에서는 ‘주어(舟漁)와 형록(衡麓)이 폐한 것을 지킨다’ 하여 어(漁)와 어(魰)를 통하여 썼는데 이로써 당나라 사람이 본 판본이 오히려 틀리지 않았음을 알 수 있다”라 하였다.

171 신증(薪蒸): 곧 시목(柴木)으로 육덕명(陸德明)의 『석문(釋文)』에서는 “큰 것을 신(薪)이라 하고 가는 것을 증(蒸)일 한다”라 하였다.

172 신(蜃): 대합(大蛤)이다.

173 두예는 “주교(舟鮫)와 우후(虞候), 기망(祈望)은 모두 관직 이름이다. 공이 산택(山澤)

縣鄙之人,	시골 사람들은
入從其政,	들어와 그 정령을 따르고,
偪介之關,[174]	도읍 가까운 관문에서는
暴征其私,[175]	사유재산에 가혹하게 징수하며,
承嗣大夫,[176]	세습한 대부는
强易其賄.[177]	강제로 그 재물을 바꿉니다.
布常無藝,[178]	공포된 법령에는 준칙이 없고
徵斂無度,	징수하고 거두어들임에 법도가 없으며,
宮室日更,	궁실은 날로 고치고
淫樂不違.[179]	음일한 즐거움은 떠나지를 않습니다.
內寵之妾,	안의 총애를 받는 첩은
肆奪於市,[180]	멋대로 저자에서 빼앗고,
外寵之臣,	밖의 총애를 받는 신하는

의 이로움을 독차지하여 백성들과 함께하지 않는 것을 말한다"라 하였다.

174 핍개(偪介): 본래 "핍이(偪尒)"로 되어 있는데, 이(尒)는 곧 이(邇)자이다. 국도(國都)에 가까이 있는 관문을 말한다.

175 사유재산이 국도의 관문을 통과할 때 가혹하게 징수하는 잡세가 과중하다는 말이다.

176 승사대부(承嗣大夫): 대부로 그 직위를 세습하는 자이다.

177 강역(强易): 강매(强買)와 같은 뜻이다. 역(易)은 교역(交易)이다. 회(賄)는 재물이다.

178 포(布)는 공포(公布)를 말하고, 상(常)은 정령(政令)을 가리킨다. 예(藝)는 준칙(準則)이다. 공포한 정령에 준칙이라고는 조금도 없다는 뜻이다.

179 위(違): 떠나는 것이다.

180 사(肆): 방사(放肆).

僭令於鄙.[181]	변경에서 참람되이 명령을 내립니다.
私欲養求,[182]	사욕을 기르고 추구함에
不給則應.[183]	대지 못하면 대가가 있습니다.
民人苦病,	백성들은 괴로워하고
夫婦皆詛.	부부는 모두 저주합니다.
祝有益也,	축도에 도움이 있으면
詛亦有損.	저주에 또한 손해가 있습니다.
聊, 攝以東,[184]	요와 섭의 동쪽
姑, 尤以西,[185]	고와 우의 서쪽에
其爲人也多矣.	그런 사람이 많습니다.
雖其善祝,	그들이 비록 좋은 축관이긴 하지만

181 두예는 "변경에서 거짓으로 교령을 만들어 행하는 것이다"라 하였다.

182 양구(養求): 다케조에 고코(竹添光鴻)의 『회전(會箋)』에서는 "양(養)은 입과 몸을 봉양하는 것이고, 구(求)는 좋아하는 것 따위로 모두 사욕이다"라 하였다.

183 두예는 "요구하는 대로 (백성이) 대지 못하면 죄를 씌워 대응하는 것이다"라 하였다.

184 요섭(聊攝): 두예는 "요와 섭은 제나라의 서쪽 경계이다"라 하였다. 요는 지금의 산동 요성현(聊城縣) 서북쪽이다. "섭(攝)"은 "섭(聶)"이라고도 하며 희공 원년『경』의 "제나라 군사, 송나라 군사 조나라 군사가 섭북에 머무르면서 형을 구원하였다(次于聶北, 救邢)"라 한 곳이 이곳이다. 지금의 요성현 경내에 있을 것이다.

185 고우(姑尤): 두예는 "고와 우는 제나라의 동쪽 경계이다"라 하였다. 고는 곧 지금의 대고하(大姑河)인데, 산동 초원현(招遠縣) 회선산(會仙山)에서 발원하여 남으로 내양현(萊陽縣)을 거쳐 서남쪽으로 흐른다. 우는 곧 소고하(小姑河)로 액현(掖縣) 북쪽의 마안산(馬鞍山)에서 발원하여 남으로 대고(大姑)로 유입되어 합류하여 남으로 평도현(平度縣)을 거쳐 고하(沽河)가 된다. 교현(膠縣)과 교래하(膠萊河)에 이르러 합류하여 바다로 흘러든다.

豈能勝億兆人之詛?[186]	어찌 억조 사람들의 저주를 이길 수 있겠습니까?
君若欲誅於祝, 史,	임금께서 축관과 사관을 죽이시려거든
修德而後可."	덕을 닦은 후라야 되겠습니다."
公說,	공이 기뻐하며
使有司寬政,	유사에게 정령을 관대히 시행하라 하고
毁關,	관문을 헐었으며
去禁,[187]	금령을 해제하고
薄斂,	부세를 경감하였으며
已責.[188]	부채를 감면해 주었다.

---

186 억조(億兆): 『예기·내칙(內則)』 공영달의 주석[소(疏)]에서는 "억(億)의 수는 대소(大小)의 두 가지 법이 있는데 소수(小數)는 십을 등(登)이라 하고 십만을 억(億), 십억을 조(兆)라 하며, 대수(大數)는 만을 등(等)이라 하고 만만(萬萬)을 억(億), 만억(萬億)을 조(兆)라 한다"라 하였다.

187 산택(山澤)의 이익을 백성들과 공유한 것이다.

188 이채(已責): 두예는 "갚지 못한 채무를 면제하였다"라 하였다. 채(責)는 채(債)와 같다. 이평심(李平心)의 「복사와 금문에 보이는 사회 경제의 역사적 사실을 고석함(卜辭金文中所見社會經濟史實考釋)」에서는 "『좌전』의 '이채(已責)'는 사실은 적체(積滯)된 갚지 못한 부채를 대대적으로 감면해 주는 것이다. 『후한서·광무기(光武紀)』에는 건무(建武) 22년 9월 지진에 대한 조칙이 수록되어 있는데 '그 가구가 부세를 갚지 못하고 집이 더욱 파괴된 자는 부채를 거두지 말라'는 말이 있으니 곧 '이채(已責)'와 서로 방증이 된다"라 하였다. 『안자춘추·외편(晏子春秋·外篇) 상』에서는 이 『전』을 그대로 채택하고 끝에 "공의 병이 나았다(公疾愈)"는 석 자가 더 있다.

十二月,	12월에
齊侯田于沛,[189]	제후가 패에서 사냥을 하는데
招虞人以弓,[190]	활로 우인을 불렀는데
不進.	나서지 않았다.
公使執之.	공이 잡게 하였다.
辭曰,	변명하여 말했다.
"昔我先君之田也,	"옛날 우리 선군께서 사냥을 할 때는
旃以招大夫,	깃발로 대부를 부르고
弓以招士,	활로 사를 불렀으며
皮冠以招虞人.[191]	피관으로 우인을 불렀습니다.

---

189 두예는 "병이 나아 사냥을 간 것을 말한다. 패(沛)는 못의 이름이다"라 하였다. 양이승(梁履繩)의 『보석(補釋)』에서는 『상정재경설(尙靜齋經說)』을 인용하여 "패는 곧 장공 8년의 '패구에서 사냥을 하였다(田于貝丘)'라 하였고, 『사기』에는 '패구(沛丘)'로 되어 있는 곳이다. 땅에 수초(水草)가 많으므로 늘 이곳에서 사냥을 한다"라 하였다. 곧 지금의 산동 박흥현(博興縣) 남쪽이다. 강영(江永)의 『고실(考實)』에서는 "『수경주』에서 '시수(時水)는 양추성(梁鄒城)에 이르러 패로 들어간다'라 하였으니 패 또한 제나라 국도에 가까운 물의 이름이다"라 하였다. 장병린(章炳麟)의 『독(讀)』에서는 "『사기·12제후 연표(十二諸侯年表)』의 노소공 20년에 '제경공이 안자와 사냥을 하다가 노나라로 들어와 예를 물었다'라 하였는데 이해는 곧 제경공 26년으로 노나라 경계에서 사냥을 하다가 노나라로 들어갔다고 하였으니 곧 패는 제나라와 노나라의 경계에 있다. 무릇 물과 풀이 반쯤 있는 것은 모두 패(沛)라고 할 수 있으며 꼭 한 곳을 말하지는 않는다"라 하였다. 그러나 문장을 가지고 논하건대 패는 아무래도 지명이다.

190 우인(虞人): 두예는 "우인은 산택(山澤)을 관장하는 관직이다"라 하였다.

191 공영달은 "『주례』에 고경(孤卿)은 기를 세우고 대부는 존(尊: 활 길이의 3분의 1)을 세우기 때문에 기를 흔들어서 부르는 것이다. 일시(逸詩)에 '수레 우뚝하니 높은데, 활로 나를 부르네(翹翹車乘, 招我以弓)'라는 구절이 있는데, 옛날에는 활을 가지고 사(士)를 초빙하였으므로 활로 선비를 부른 것이다. 제후는 피관(皮冠)을 쓰고 사냥을 하며 우인은 사냥을 관장하므로 피관으로 우인을 부른다"라 하였다. 그러나 『맹자·만장(萬章)

臣不見皮冠,	신은 피관을 보지 못하여
故不敢進."	감히 나서지 않았습니다."
乃舍之.	이에 놓아주었다.
仲尼曰,	중니가 말하였다.
"守道不如守官."[192]	"도를 지킴이 관직을 지킴만 못하다."
君子韙之.[193]	군자가 이를 바르게 생각하였다.

齊侯至自田,	제후가 사냥에서 돌아오자
晏子侍于遄臺,[194]	안자가 천대에서 모셨는데

하』에서는 대우인은 "피관으로, 서인은 전(旃), 사는 기(旂), 대부는 정(旌)으로" 부른다고 하였다. 우인을 피관으로 부르는 것 빼고 나머지는 모두 다른데 그 까닭을 모르겠다. 『공자가어』에서는 이 『전』을 그대로 따라 "정(旌)으로 대부를 부른다"고 하였으니 곧 『맹자』에 의거하여 고친 것이다.

192 가의(賈誼)의 『가자·도술(賈子·道術)』에서는 "도라는 것은 따라서 사물에 닿는 것이다"라 하였다. 실은 군신이 서로 접촉하는 것을 의라고 하기 때문에 부른 사람이 그 관직에 적당하지 않으면 이 도를 지킬 수 없는 것이다. 장병린(章炳麟)의 『독(讀)』에 상세하다.

193 이 구절에 대해서는 두 가지 해석이 있다. 인용부호(따옴표)를 이렇게 표시하면 공자가 "守道不如守官"이라고만 말하여 군자가 그의 말을 옳게 여긴 것이 된다. 만약 인용부호를 "韙之"가 아래에 있으면 공자가 "守道不如守官"이라 했다고 인용하고 또 "君子韙之"라고 말한 것이 된다.

194 천대(遄臺): 심흠한(沈欽韓)의 『지명보주(地名補注)』에서는 "『조역지(肇域志)』(명말청초(明末淸初) 고염무(顧炎武)가 지은 명나라의 지리총지(地理總志). 총 1백 권)에 천대는 임치현(臨淄縣) 동쪽 1리 지점에 있다고 하였다. 『통지(通志)』에서는 현 서쪽 50리 지점에 있는데 지금의 명칭은 헐마정(歇馬亭)이다"라 하였다. 결론적으로 지금의 산동 임치구(臨淄區) 부근에 있을 것이다. 강영(江永)의 『고실(考實)』에서는 지금의 박흥현(博興縣) 동북쪽에 있다고 하였다. "사냥에서 돌아왔다" 한 것에 의하면 돌아왔다는 것은 국도로 돌아온 것일 것이니 천대는 임치에서 멀지 않은 곳에 있을 것이다.

子猶馳而造焉.[195]	자유가 수레를 달려 왔다.
公曰,	공이 말하였다.
"唯據與我和夫!"	"거만이 나하고 맞는구나!"
晏子對曰,	안자가 대답하였다.
"據亦同也,	"거 또한 같을 뿐
焉得爲和?"	어찌 맞다고 하겠습니까?"
公曰,	공이 말하였다.
"和與同異乎?"	"맞는 것과 같은 것이 다른가?"
對曰,	대답하였다.
"異.	"다릅니다.
和如羹焉,	맞다는 것은 국을 끓이는 것과 같은데
水, 火, 醯, 醢, 鹽, 梅,[196]	물과 불, 식초, 젓갈, 소금, 매실을 가지고
以烹魚肉,	물고기와 고기를 삶고
燀之以薪,[197]	섶으로 불을 때며

195 자유(子猶): 두예는 "자유는 양구거(梁丘據)이다"라 하였다.

196 혜(醯): 『설문』에서 "혜(醯)는 초(酢)이다"라 하였다. 초(酢)는 곧 초(醋)자이다.
해(醢): 육장(肉醬)이다. 『시경·대아·행위(大雅·行葦)』에 "육장과 젓갈 바치네(醓醢以薦)"라는 구절이 있는데, 『모전(毛傳)』에서는 "육류로 만든 것을 탐해(醓醢)라고 한다"라 하였다. 『이아(爾雅)』 이순(李巡)의 주석에서는 "육류로 만든 장(醬)을 해(醢)라고 한다"라 하였다.
매(梅): 매실은 맛이 시어서 고인들은 조미를 할 때 또한 매해(梅醢)를 썼다.

宰夫和之,[198]	재부가 간을 맞춰
齊之以味,[199]	맛이 알맞게 하며
濟其不及,[200]	싱거우면 더하고
以洩其過.[201]	지나치면 덜어 냅니다.
君子食之,	군자가 먹어
以平其心.	마음을 평정하게 합니다.
君臣亦然.	임금과 신하도 그렇습니다.
君所謂可而有否焉,[202]	임금이 이른바 옳다는 것에 옳지 않은 것이 있으면
臣獻其否以成其可,[203]	신하는 그 그른 것을 바쳐 옳게 만들고,
君所謂否而有可焉,	임금이 이른바 그르다는 것에 옳은 것이 있으면
臣獻其可以去其否,[204]	신하는 옳은 것을 바쳐 그른 것을 버리니

---

197 천(燀): 『설문』에서 "불을 때는 것이다"라 하였다.

198 그 맛에 간을 맞추는 것이다.

199 제(齊): 시고 짠맛을 알맞게 하는 것이다.

200 제(濟): 그 맛을 더하는 것이다. 불급(不及)은 시고 짠맛이 부족한 것을 말하니 매실과 소금을 더 첨가하는 것이다.

201 과(過): 지나치게 시고 짠 것을 말하니 물을 더 부어 감(減)하는 것이다. 설(洩)은 감하는 것을 말한다.

202 두예는 "부(否)는 불가한 것이다"라 하였다. 옳은 것 가운데 옳지 않은 것이 있는 것이다.

203 헌(獻): 지적하여 바로잡아 그 불가한 것을 제거하여 온전히 옳게 하는 것이다.

204 헌(獻)은 지적하고 아울러 더하는 것으로 그 불가함을 없애어 옳지 않은 것을 옳게 만

是以政平而不干,[205]	그런 까닭에 정치는 고르고 범하는 것이 없고
民無爭心.	백성들에게는 다투는 마음이 없습니다.
故詩曰,	그러므로 『시』에서 말하기를
'亦有和羹,	'또한 간 잘된 국 있으니
旣戒旣平.	경계하여 맛 알맞네.
鬷嘏無言,	말없이 신(神) 오길 비니,
時靡有爭.'[206]	이때 다툼 없다네'라 하였습니다.
先王之濟五味, 和五聲也,[207]	선왕께서 다섯 가지 맛을 맞추고 다섯 성률을 화해롭게 한 것은
以平其心,[208]	그 마음을 평정하고

드는 것이다.

205 간(干): 범하는 것이다. 이 구절은 두 가지 해석이 있는데, 하나는 정령 자체는 예제를 어기지 않는다는 것이고, 하나는 백성들이 정령을 어겨 범하는데 이르지 않는다는 것이다.

206 『시』는 「상송·열조(商頌·烈祖)」편에 보인다. 화갱(和羹)은 국의 간을 맞추는 것이다. 계(戒)는 재부(宰夫)를 경계하는 것이다. 평(平)은 그 맛이 딱 알맞는 것이다. 종(鬷)은 『중용』에서는 주(奏)로 인용하였는데 소리가 전환되는 것이다. 하(嘏)는 지금의 『시경』에는 가(假)로 되어 있다. 종가(鬷假)는 곧 주격(奏格)인데, 주(奏)는 국을 바치는 것이고, 격은 귀신이 이르는 것이다. 무언(無言)은 손가락질하여 꾸짖음이 없는 것이다. 이 때문에 조야에서 모두 다툼이 없게 되는 것이다. 혹자는 주가(奏假)를 아름다운 음악〔嘉樂〕을 연주하는 것이라 하였는데 확실하지 않다.

207 오미(五味): 매운 맛〔辛〕, 신 맛〔酸〕, 짠 맛〔鹹〕, 쓴 맛〔苦〕, 단 맛〔甘〕이다.
오성(五聲): 궁(宮)·상(商)·각(角)·치(徵)·우(羽)이다. 오미와 오성으로 정치를 비유한 것이다.

208 평심(平心): 의기(意氣)로 일을 하는 데 이르지 않고 일의 마땅함을 따르는 것이다.

成其政也.	정사를 이루기 위함이었습니다.
聲亦如味,	성률 또한 맛과 같아
一氣,[209]	1기
二體,[210]	2체
三類,[211]	3류
四物,[212]	4물
五聲,	5성
六律,[213]	6률
七音,[214]	7음
八風,[215]	8풍

---

209 일기(一氣): 두예는 "기운을 기다려 움직이는 것이다"라 하였다.

210 이체(二體): 두예는 "무(舞)에는 문(文)과 무(舞)가 있다"라 하였다. 고대의 주악(奏樂)에는 거의 춤을 배합하며, 문무(文舞)는 깃과 피리를 잡고 무체(武體)에는 방패와 도끼를 잡는다.

211 삼류(三類): 두예는 "「풍(風)」, 「아(雅)」, 「송(頌)」이다"라 하였다.

212 사물(四物): 두예는 "사방의 사물을 섞어서 기물을 만든다"라 하였다. 공영달은 "음악에 쓰이는 8음의 기물은 금(金)·석(石)·사(絲)·죽(竹)·포(匏)·토(土)·혁(革)·목(木)인데 그 기물은 한 곳에만 갖출 수 있는 것이 아니므로 사방의 사물을 섞어 써서 기물을 만드는 것이다"라 하였다.

213 육률(六律): 두예는 "황종(黃鍾), 태주(大簇), 고선(姑洗), 유빈(蕤賓), 이칙(夷則), 무역(無射)이다. 양성(陽聲)을 율(律)이라 하고 음성을 려(呂)라 한다"라 하였다. 율려는 성음(聲音)의 청탁과 고하를 분별하는 것이며, 악기의 소리는 이것을 준칙으로 삼는다.

214 칠음(七音): 육덕명(陸德明)의 『석문(釋文)』에서는 "궁·상·각·치·우·변궁(變宮)·변치(變徵)이다"라 하였다. 7음은 지금의 음계(音階)로 do, le, mi 등이다.

215 팔풍(八風): 두예는 "팔방의 바람이다"라 하였다. 『여씨춘추·고악(古樂)』편에서는 "전욱(顓頊)이 임금으로 등극하니 하늘이 합쳐지고 정풍(正風)이 행하여져서 그 소리가 화락한 듯 애절한 듯 쨍그랑쨍그랑 울리니 전욱이 그 소리를 좋아하여 비룡(飛龍)으로 하여금 지어서 팔풍의 소리를 흉내 내게 하였다"라 하였다.

九歌,[216]	9가로
以相成也,	서로 이루며
淸濁, 小大, 短長, 疾徐, 哀樂, 剛柔, 遲速, 高下, 出入, 周疏,[217]	청탁과 소대, 장단, 질서, 애락, 강유, 지속, 고하, 출입, 소밀함으로
以相濟也.	서로 조화를 이루는 것입니다.
君子聽之,	군자는 그것을 듣고
以平其心.	그 마음을 평정케 합니다.
心平,	마음이 평정해지면
德和.	덕이 화해로워집니다.
故詩曰'德音不瑕'.[218]	그러므로 『시』에서 '덕음에 흠결이 없다'고 하였습니다.
今據不然.	지금 거는 그렇지 않습니다.
君所謂可,	임금께서 옳다는 것을
據亦曰可,	거 또한 옳다고 하고,
君所謂否,	임금께서 아니다라는 것을

216 구가(九歌): 두예는 "구공(九功)의 덕은 모두 노래할 수 있다. 육부(六府)와 삼사(三事)를 구공이라고 한다"라 하였다. 구거와 구공은 또한 문공 7년의 『전』에도 보인다.

217 두예는 "주(周)는 조밀(密)한 것이다"라 하였다. 고하(高下)는 곧 지금의 고음과 저음인 것 같다.

218 『시경·빈풍·낭발(豳風·狼跋)』에 있는 구절이다. 두예는 "마음이 화평하면 덕음에 하자와 흠결이 없다는 뜻을 취하였다"라 하였다.

據亦曰否.
거 또한 아니다라고 합니다.

若以水濟水,
물을 물로 맞춘다면

誰能食之?
누가 먹을 수 있겠습니까?

若琴瑟之專壹,[219]
금과 슬이 오로지 하나의 소리만 낸다면

誰能聽之?
누가 들을 수 있겠습니까?

同之不可也如是."[220]
같이 함의 옳지 않음이 이러합니다."

飮酒樂.
술을 마셔 즐거워졌다.

公曰,
공이 말하였다.

"古而無死,
"옛사람들이 죽지 않았다면

其樂若何!"[221]
그 즐거움이 어떠하였겠는가?"

晏子對曰,
안자가 대답하여 말하였다.

"古而無死,
"옛사람들이 죽지 않았다면

則古之樂也,
옛사람의 즐거움이니

君何得焉?
임금께서 그것을 어찌 얻겠습니까?

昔爽鳩氏始居此地,[222]
옛날에 상구씨가 비로소 이 땅에 살았는데

---

219 『예기·악기(樂記)』 공영달의 주석에서는 "금과 슬이 전일하여 오직 하나의 소리만 내면 음악을 이루지 못한다"라 하였다.

220 『안자춘추·외편(晏子春秋·外篇) 상』에서는 이 단락을 그대로 취하고, 끝에 "공이 말하기를 훌륭하다(公曰善)"의 석 자가 있는데 아마 나중에 추가한 것일 것이다.

221 이(而): 여(如)자와 같으며 가정형을 나타내는 접속사이다.

季荊因之,[223]	계즉이 그 뒤를 이었으며
有逄伯陵因之,[224]	유봉과 백릉이 그 뒤를 이었고
蒲姑氏因之,[225]	포고씨가 그 뒤를 이었으며
而後大公因之.[226]	그런 다음에 태공이 그 뒤를 이었습니다.
古若無死,[227]	옛사람에 죽음이 없었더라면
爽鳩氏之樂,	상구씨의 즐거움이지
非君所願也."[228]	임금께서 바라는 것이 아닙니다."

鄭子產有疾,	정나라 자산이 병들어
謂子大叔曰,	자태숙에게 말하였다.
"我死,	"내가 죽거든

---

222 두예는 "상구씨는 소호씨(少皞氏)의 사구(司寇)이다"라 하였다.

223 두예는 "계즉은 우(虞)와 하(夏)의 제후로 상구씨를 대신한 자이다"라 하였다.

224 두예는 "봉백릉(逄伯陵)은 은나라의 제후로 강(姜)성이다"라 하였다. 『산동통지(山東通志)』에 따르면 지금의 산동 치천(淄川) 폐치(廢治)의 서남쪽 40리 지점에 있다. "유(有)"는 명사의 첫머리에 붙는 말로 이를테면 주(周)나라를 유주(有周)라 하고, 하(夏)나라를 유하(有夏)라 하는 따위이다.

225 포고(蒲姑): 또한 박고(薄姑)라고도 하며, 옛 성은 지금의 임치구(臨淄區) 서북쪽 50리 지점에 있다.

226 『한서·지리지』 안사고(顏師古)의 주에서는 "무왕은 태공을 제나라에 봉하였는데 처음에는 상구씨의 땅을 얻지 못하여 성왕이 더해 주었다"라 하였다.

227 약(若)은 본래 "자(者)"로 되어 있었는데 완원(阮元)의 『교감기(校勘記)』를 따라 개정하였다.

228 전한(前漢) 한영(韓嬰)의 『한시외전(韓詩外傳) 10』과 『열자·역명(列子·力命)』편의 기록도 이와 비슷하다.

子必爲政. 그대가 반드시 정사를 맡아 주오.

唯有德者能以寬服民, 덕이 있는 자만이 백성을 너그러이 복종시킬 수 있으며

其次莫如猛. 그 다음으로는 엄하게 하는 것만 한 것이 없소.

夫火烈, 불이 맹렬할 때

民望而畏之, 백성이 그것을 보고 두려워하기 때문에

故鮮死焉, 죽는 사람이 드물며,

水懦弱, 물은 나약하여

民狎而翫之,[229] 백성이 가까이하여 가지고 노니

則多死焉, 많이 죽게 되므로

故寬難."[230] 너그러이 하는 것은 어렵소."

疾數月而卒.[231] 여러 달을 앓다가 죽었다.

大叔爲政, 태숙이 정사를 맡았는데

---

229 압(狎): 두예는 "압(狎)은 가벼이 여기는 것이다"라 하였다.
완(翫): 완(玩)의 가차로 가지고 노는 것이다.

230 두예는 "다스리기 어려운 것이다"라 하였다.

231 양공 30년 자피(子皮)가 자산에게 정사를 넘겨주었으니 이해까지 21년 남짓 되며, 『여씨춘추』에서는 자산이 정나라의 재상이 된 것이 18년이라고 하였는데 틀렸다. 자산의 묘(墓)는 형산(陘山)에 있는데 지금의 신정현(新鄭縣) 서남쪽이며, 『진서·두예전(晉書·杜預傳)』과 『수경주·이수(潩水)』 및 『태평환우기(太平寰宇記)』에 보인다. 한영(韓嬰)의 『한시외전(韓詩外傳) 3』에 정나라가 자산의 죽음에 곡한 일이 있다.

不忍猛而寬.	차마 엄하게 하지 못하여 너그러이 하였다.
鄭國多盜,	정나라에 도둑이 많아져
取人於萑苻之澤.[232]	갈대 우거진 늪지에 사람들이 모였다.
大叔悔之,	태숙이 그렇게 한 것을 뉘우치고
曰,	말하였다.
"吾早從夫子,	"내 일찌감치 부자의 말을 따랐더라면
不及此."	이 지경에 이르지는 않았을 것이다."
興徒兵以攻萑苻之盜,	보병을 일으켜 늪지의 도둑을 공격하여
盡殺之,	그들을 모두 죽이니
盜少止.	도둑이 조금 그쳤다.
仲尼曰,	중니가 말하였다.
"善哉!	훌륭하도다!

---

232 취인(取人): 취(取)는 취(聚)의 뜻으로 읽으며 인(人)은 곧 도둑으로, 도둑 떼가 늪지 안으로 모이는 것을 말한다. 양수달(楊樹達)의 『독좌전(讀左傳)』에서는 "『전』은 본래는 '取於萑苻之澤'으로 되어 있었던 것 같으며, '聚'의 아래쪽 절반이 뭉개졌으므로 잘못 '取人'의 두 자로 나누었을 뿐이다"라 하였다.
완부지택(萑苻之澤): 구설에서는 주로 곧 희공 33년 『전』의 원포(原圃)라고 하였다. 그러나 무릇 갈대가 빽빽이 난 수택(水澤)을 모두 완부지택(萑苻之澤)으로 부를 수 있었기 때문에 꼭 원포는 아니다. 위에서 "택지완포(澤之萑蒲)"라 하였는데 완부(萑苻)는 곧 완포(萑蒲)이다.

政寬則民慢,	정치가 너그러우면 백성이 태만해지고
慢則糾之以猛.	태만해지면 엄하게 하여 바로잡는다.
猛則民殘,	엄해지면 잔인해지고
殘則施之以寬.	잔인해지면 너그러이 하여 시행한다.
寬以濟猛,	너그러움으로 엄함을 조절하고
猛以濟寬,	엄함으로 너그러움을 조절하니
政是以和.	정치는 이로 인해 화해로워진다.
詩曰'民亦勞止,	『시』에서 말하기를 '백성들 몹시 수고로우니
汔可小康,	조금이나마 편안해졌으면.
惠此中國,	중원 은혜롭게 하여
以綏四方',	사방 편안케 하네'라 하였으니
施之以寬也.[233]	너그러운 정치를 편 것이다.
'毋從詭隨,[234]	'함부로 남 따르는 자들 버려두지 않고
以謹無良,[235]	좋지 못한 자들 삼가며,

233 『시경·대아·민로(大雅·民勞)』편이다. 지(止)는 조사이다. 흘(汔)은 거의 ~일 것이다라는 듯이다. 수(綏)는 편안하다는 뜻이다.

234 종(從): 『모시(毛詩)』에는 "종(縱)"으로 되어 있다.
궤수(詭隨): 옳고 그름을 따지지 않고 함부로 남을 따르는 것이다.

235 오개생(吳闓生: 1877~1948)의 『시의회통(詩義會通)』에서는 "근(謹)이라는 것은 요약하

式遏寇虐,	약탈하고 포악한 짓하는 자와
憯不畏明',[236]	일찍이 밝음 두려워 않은 이들 막아 주기를'이라 하였으니
糾之以猛也.	엄한 것으로 바로잡은 것이다.
'柔遠能邇,	'먼 곳 사람 편안케 하고 가까운 사람 따르게 하여
以定我王',[237]	우리 임금 안정시키기를'이라 하였으니
平之以和也.	화해로움으로 균형을 맞춘 것이다.
又曰'不競不絿,	또 말하기를 '강하지도 않고 늘어지지도 않으며
不剛不柔,	굳세지도 않고 부드럽지도 않아,
布政優優,	정치 폄 넉넉하니
百祿是遒',[238]	갖은 복 모여드네'라 하였으니

고 조심한다는 뜻이다"라 하였다.

236 식(式): 조동사로 응당〔應〕이라는 뜻이다. 알(遏)은 저지하는 것이다. "참(憯)"은 『모시(毛詩)』에는 "참(憯)"으로 되어 있으며, 일찍이라는 뜻이다. 이 구절은 포학하여 밝은 법도를 두려워하지 않는 자는 마땅히 저지하여야 한다는 뜻이다.

237 금문(金文)에서는 항상 "강능(强能)"을 하나의 단어로 보는데, 이를테면 모공정(毛公鼎)의 "康能四或(國)"의 "康能" 또한 하나의 단어이며, 진강정(晉姜鼎) 같은 데서는 "用康柔妥懷遠執君子"라 하였으니 "능(能)"과 "유(柔)"는 같은 뜻이다. 이 구절은 "먼 곳을 편안하게 하고 가까운 곳을 안정시킨다(安遠定邇)"는 뜻이다.

238 『시경·상송·장발(商頌·長發)』편이다. 경(競)은 강(强)과 같은 뜻이다. 구(絿)는 느리다는 뜻이다. 『시경』의 『모전(毛傳)』과 『설문』에서는 모두 "구(絿)는 급한 것이다"라 하였으니 경(競)과 구(絿)는 뜻이 가깝다. 그러나 아래의 "不剛不柔"의 강유(剛柔)는 상반된 뜻이므로 경(競)과 구(絿)의 뜻 또한 상반되어야 한다. 서호(徐灝)의 『전(箋)』에서는 상

和之至也."[239] | 화해로움이 지극한 것이다."

及子産卒, | 자산이 죽자

仲尼聞之, | 중니가 그 말을 듣고

出涕曰, | 눈물을 흘리며 말하였다.

"古之遺愛也."[240] | "옛 인애의 유풍을 가졌다."

소공 21년

經

二十有一年春王三月,[1] | 21년 봄 주력으로 3월에

葬蔡平公. | 채나라 평공을 장사 지냈다.

夏, | 여름에

晉侯使士鞅來聘.[2] | 진후가 사앙으로 하여금 와서 조빙케 하였다.

반되어야 뜻이 이루지는 것을 알았지만 해석을 하지는 않았다. 우우(優優)는 관유(寬裕)한 모양이다. 주(遒)는 모인다는 뜻이다.

239 『한비자·내저설(內儲說) 상』에도 이 일이 실려 있는데 "중니가 말하기를……"이라는 말은 없다.

240 왕념손(王念孫)은 "애(愛)는 인(仁)이다. 자산의 인애에 고인의 유풍이 있다는 것을 이른다"라 하였다. 왕인지(王引之)의 『술문(述聞)』에 상세하다.

1 이십일년(二十一年): 경진년 B.C. 521년으로 주경왕(周景王) 24년이다. 동지가 정월 13일 정유일로 건자(建子)이다.

2 『휘찬(彙纂)』에서는 "빙문을 기록한 것은 여기까지이다"라 하였다.

宋華亥, 向寧, 華定自陳入于宋南里以叛.[3]	송나라 화해와 상녕, 화정이 진나라에서 송나라 남리로 들어가 반란을 일으켰다.
秋七月壬午朔,	가을 7월 임오일 초하룻날
日有食之.[4]	일식이 있었다.
八月乙亥,[5]	8월 을해일에
叔輒卒.[6]	숙첩이 죽었다.
冬,	겨울에
蔡侯朱出奔楚.[7]	채후 주가 초나라로 달아났다.
公如晉,	공이 진나라로 갔는데
至河乃復.[8]	황하에 이르러 돌아왔다.

3 반(叛)은 『공양전』에는 "반(畔)"으로 되어 있는데, 이 두 글자는 음이 같아 서로 통한다. 두예는 "남리는 송나라 도성 안의 이(里) 이름이다"라 하였다. 선공 3년의 『전』과 『주』에 보인다.

4 서기전 521년 6월 10일의 개기일식이다.

5 을해일은 25일이다.

6 숙첩(叔輒): 첩(輒)은 『공양전』에는 "좌(痤)"로 되어 있다. 두예는 "숙궁(叔弓)의 아들 백장(伯張)이다"라 하였다

7 "주(朱)"는 『곡량전』에는 "동(東)"으로 되어 있는데, 아마 동국(東國)으로 생각하였을 것이다. 주와 동국은 다른 사람으로 『곡량전』이 틀렸다. 『사기·채세가(蔡世家)』에서는 "다만 영후반(靈侯般)의 손자 동국이 평후(平侯)의 아들을 공격하고 스스로 즉위하였는데 곧 이 사람이 도후(悼侯)이다"라 하였다. 첫째로 "평후의 아들"의 이름을 말하지 않았고, 둘째로 그가 이미 임금이 된 것을 말하지 않았으니 일찍이 왕위를 잇지 않은 것 같다. 『춘추』에서는 채후주를 기록하였고 『전』에서도 "채후가 비로소 즉위하였다"라 하였으니 출토된 채후주의 부(缶)에 의하며 증명해 보면 『춘추』 및 『좌전』은 모두 믿을 만하고 『곡량전』은 허황된 설이며, 『사기』 또한 전적으로 믿기에는 부족하다.

8 두예는 "진나라 사람이 공을 사절하였으므로 돌아간 것이다"라 하였다.

傳

二十一年春,	21년 봄
天王將鑄無射,[9]	천자가 무역의 종을 주조하려 하자
泠州鳩曰,[10]	영주구가 말하였다.
"王其以心疾死乎!	"왕께서는 아마 마음병으로 돌아가실 것이다!
夫樂,	대체로 음악은
天子之職也.[11]	천자가 주관하는 것이다.
夫音,	대체로 소리는
樂之輿也,[12]	음악의 수레이며,
而鐘,	종은
音之器也.[13]	소리를 내는 기구이다.

9 두예는 "주경왕(周景王)이다. 무역(貿易)은 종 이름으로 율이 무역에 맞는 것이다"라 하였다. 무역은 큰 종일 것이며, 경왕(景王)이 처음에 왕성(王城)에서 주조하였는데 경왕(敬王)이 낙양으로 옮겼다. 진(秦)나라가 주(周)나라를 멸하고 함양(咸陽)으로 옮겼으며, 한나라에서 진나라까지는 늘 지금의 서안시에 있다. 유유(劉裕)가 요홍(姚泓)을 멸하였을 때 또 지금의 남경시로 옮겼으며 송(宋)·제(齊)·양(梁)·진(陳)을 거칠 때까지도 그 종은 남아 있었다. 동위(東魏)에서 위수(魏收)로 하여금 양나라를 빙문케 하였는데 위수는 「빙유부(聘遊賦)」를 지었는데 "보배 음기인데, 무역 높이 걸렸네(珍是淫器, 無射高懸)"라 한 것이 곧 이 종이다. 수나라 개황(開皇) 9년에 진(陳)나라를 평정하고 또 서안으로 옮겨 태상사(太常寺)에 옮겼는데 15년에 없애게 하였다.

10 두예는 "영(泠)은 악관이고, 주구는 그 이름이다"라 하였다. 육덕명(陸德明)의 『석문(釋文)』에서는 "영(泠)은 영(伶)이라고도 한다"라 하였다.

11 직(職): 두예는 "직(職)은 주관하는 것이다"라 하였다.

12 여(輿): 수레를 가지고 비유한 것이다. 여(輿)는 수레바닥〔車牀〕으로 사람을 태우는 곳이다. 두예는 "음악은 소리로 인해 간다"라 하였다.

13 두예는 "소리는 악기로 말미암아 소리를 낸다"라 하였다.

天子省風以作樂,[14]	천자는 풍속을 살펴서 음악을 만들고
器以鍾之,[15]	악기를 가지고 그것을 모으며
輿以行之.[16]	수레를 가지고 그것을 보낸다.
小者不窕,[17]	작은 것은 너무 가늘지 않게 하고
大者不摦,[18]	큰 것은 너무 크게 하지 않으면
則和於物.[19]	만물에 어울리게 된다.
物和則嘉成.[20]	만물에 어울리게 되기 때문에
故和聲入於耳而藏於心,	어울리는 소리가 귀로 들어가고 마음에 간직되니
心億則樂.[21]	마음이 편안하여져 즐겁게 되는 것이다.

---

14 『한서·오행지(五行志) 하』의 상(上)의 주에서 "응소(應劭)는 '풍(風)은 토지와 풍속이다. 중화(中和)의 풍속을 살펴 음악을 만든 다음에 나쁜 풍속을 옮기고 나쁜 습속을 바꿀 수 있다'라 하였고, 안사고는 '성(省)은 살피는 것이다'라 하였다"라 하였다.

15 "종(鍾)"은 원래 "종(鐘)"으로 되어 있었는데 여기서는 완원(阮元)의 『교감기(校勘記)』 및 가나자와 문고본(金澤文庫本)에 따라 바로잡았다. 두예는 "종(鍾)은 모으는 것이다. 악기로 소리를 모으는 것이다"라 하였다. 기(器)는 각종 악기를 말하며, 각종 악기의 소리를 갖추는 것이다.

16 두예는 "음악은 소리를 기다려 간다"라 하였다.

17 조(窕): "조는 가늘어서 차지 않는 것이다"라 하였다. 여기서는 작은 악기는 소리가 가늘지 않아야 함을 말했다.

18 화(摦): 두예는 "너무 커서 들어가지 않는 것이다"라 하였다. 여기서는 큰 악기는 소리가 커서 귀에 들어가기 어렵지 않아야 한다는 것이다.

19 물(物): 인물, 사물, 기물을 두루 가리킨다.

20 두예는 "아름다운 음악이 이루어지는 것이다"라 하였다.

21 억(億): 두예는 "억(億)은 편안한 것이다"라 하였다. 낙(樂)은 쾌락하고 즐거운 것이다.

窕則不咸,[22]	너무 가늘면 두루 퍼지지 못하고
槬則不容,[23]	너무 크면 수용하지 못하여
心是以感,[24]	마음이 이 때문에 불안해지고
感實生疾.	불안하면 실로 병이 생기는 것이다.
今鐘槬矣,[25]	지금 종의 소리가 너무 커서
王心弗堪,	왕의 마음이 그것을 감당치 못할 것이니
其能久乎!"[26]	어찌 오래갈 수 있겠는가!"

三月,	3월에
葬蔡平公.	채나라 평공을 장사 지냈다.
蔡大子朱失位,	채나라 태자 주는 설 곳을 잃고
位在卑.[27]	위치가 낮은 곳에 있었다.

22 함(咸): 두루. 『장자·지북유(知北游)』에서 "주(周)와 편(徧), 함(咸) 세 가지는 명칭은 다르지만 실질은 같아 가리키는 것은 하나이다"라 하였다. 이는 음악이 가늘면 들리는 것이 두루 미칠 수 없다는 것을 말한다.

23 음이 지나치게 크면 받아들이기 어렵다는 것이다.

24 감(感): 감(憾)의 가차자로 불안한 것이다.

25 종소리가 거칠고 큰 것이다.

26 두예는 "이듬해 천자가 죽게 되는 복선이다"라 하였다.

27 두예는 "적자의 자리에 있지 않고 장유의 나이 차대로 한 것이다"라 하였다. 『의례』의 「사상례(士喪禮)」 및 「기석례(既夕禮)」, 『예기·상복대기(喪服大記)』에 모두 부친이 죽으면 적자는 있어야 할 곳에 있어야 하며, 국군(國君)의 장례에도 태자는 고정된 위치가 있다고 하였다. 채평공의 장례 때 태자인 주(朱)가 있어야 할 위치에 있지 않은 것이다.

大夫送葬者歸,	대부로 송장을 했던 사람이 돌아가
見昭子.[28]	소자를 만나 보았다.
昭子問蔡故,[29]	소자가 채나라의 일을 물었더니
以告.	그대로 고하였다.
昭子歎曰,	소자가 한숨을 쉬며 말하였다.
"蔡其亡乎!	"채나라는 망할 것이다!
若不亡,	망하지 않는다면
是君也必不終.	채나라 임금은 필시 선종하지 못할 것이다.
詩曰,	『시』에서 말하기를
'不解于位,	'자리에서 게을리 하지 않으면
民之攸塈.'[30]	백성들 이에 쉴 수 있다네'라 하였다.
今蔡侯始卽位,	지금 채후는 막 즉위하였는데
而適卑,[31]	낮은 데로 갔으니
身將從之."[32]	몸이 그리 될 것이다."

28 소자(昭子): 노나라의 숙손사(叔孫舍)이다.

29 고(故): 일(事)이다.

30 『시경·대아·가악(大雅·假樂)』편이다. 해(解)는 해(懈)와 같다. 자리를 잃으면 게을러져서 엄숙하지 않다는 것이다. 기(塈)는 쉬는 것이다.

31 간 곳이 이어받은 자리가 아니라 낮은 자리라는 것이다.

32 두예는 "채후 주가 달아나게 되는 복선이다"라 하였다.

夏, 여름에

晉士鞅來聘, 진나라 사앙이 와서 빙문하였는데

叔孫爲政.[33] 숙손소자가 접대하는 일을 맡았다.

季孫欲惡諸晉,[34] 계손이 진나라가 그를 미워하게 하려고

使有司以齊鮑國歸費之禮爲士鞅.[35] 유사로 하여금 제나라 포국이 비를 가지고 왔을 때의 예를 가지고 사앙을 대접하게 하였더니

士鞅怒, 사앙이 노하여

曰, 말하였다.

"鮑國之位下, "포국의 지위는 낮고

---

33 위정(爲政): 모두 네 가지 뜻이 있다. 임금이 나라를 다스리는 것을 정(政)이라 하는데, 문공 14년 『전』에서 "제나라 공자 원이 의공의 정치를 따르지 않아 끝내 공이라 말하지 않았다(齊公子元不順懿公之爲政也, 終不曰公)"라 한 것이 이를 말한다. 공경이 국정을 주관하는 것을 정이라 하니 선공 원년 『전』의 "조선자가 정사를 맡아보았다(趙宣子爲政)"라 한 것이 이를 말한다. 아무개가 어떤 일을 맡아 하는 것을 정이라 하는데 이곳의 숙손이 사앙을 접대하는 일을 주관한 것이 바로 이를 말한다. 선공 2년 송나라의 양짐(羊斟)이 화원(華元)에게 말하기를 "지난날 양은 그대가 알아서 했지만 오늘의 일은 내가 알아서 한다(疇昔之羊, 子爲政; 今日之事, 我爲政)"라 한 것 또한 이 뜻으로 쓰였다. 관직 생활을 하는 것도 정이라 할 수 있는데 『논어·위정(爲政)』에서 "그대는 어찌하여 벼슬을 하지 않으십니까(子奚不爲政)"라 한 것이 이를 말한다.

34 저(諸): "지어(之於)"의 합음자. 지(之)는 숙손을 가리킨다.

35 두예는 "포국이 비를 가지고 귀순한 일은 14년에 있었다. 노나라 사람이 예를 잘못 행하여 포국을 7뢰로 접대하였다"라 하였다. 포국은 본래 7뢰에 해당하지 않으므로 두예가 "노나라 사람이 예를 잘못 행하였다"고 하였다. 『의례·빙례(聘禮)』의 의하면 포국은 겨우 5뢰에 해당한다.

其國小,	그 나라는 작아
而使鞅從其牢禮,	앙으로 하여금 그 뇌례를 따르게 하는 것은
是卑敝邑也,[36]	우리나라를 무시하는 것이니
將復諸寡君."	우리 임금께 그대로 알리겠다."
魯人恐,	노나라 사람이 두려워하여
加四牢焉,	거기에 4뢰를 더하여
爲十一牢.[37]	11뢰가 되었다.

宋華費遂生華貙, 華多僚, 華登.	송나라 화비가 마침내 화추와 화다료, 화등을 살렸다.
貙爲少司馬,	추는 소사마가 되었고
多僚爲御士,[38]	다료는 경사가 되었는데
與貙相惡,	추와 서로 미워하여
乃譖諸公曰,	이에 공에게 구고하여 말하였다.
"貙將納亡人."[39]	"추가 도망간 사람들을 받아들이려 합니다."

36 우리나라를 경시한다는 말과 같다.
37 애공 11년 오나라가 노나라에 백 뢰를 요구하였는데 곧 이때의 일을 구실로 삼았다.
38 두예는 "공의 경사이다"라 하였다.
39 두예는 "도망친 사람은 화해(華亥) 등이다"라 하였다.

亟言之.[40]	자주 그에게 말하였다.
公曰,	공이 말하였다.
"司馬以吾故,	"사마는 나 때문에
亡其良子.[41]	훌륭한 아들이 도망갔다.
死亡有命,	죽고 도망가는 것은 명이 있으니
吾不可以再亡之."[42]	내 다시 도망가게 할 수는 없다."
對曰,	대답하였다.
"君若愛司馬,	"임금께서 사마를 사랑하신다면
則如亡.[43]	임금께서 도망을 가십시오.
死如可逃,	죽음에서 도망갈 수만 있다면
何遠之有?"[44]	어찌 먼 곳이 있겠습니까?"
公懼,	공이 두려워하며
使侍人召司馬之侍人宜僚,	시인으로 하여금 사마의 시인 의료를 부르게 하여

40 기(亟): 기로 읽으면 자주라는 뜻이다.

41 두예는 "사마는 비수(費遂)를 말하며 대사마이다. 양자(良子)는 등(登)을 말한다"라 하였다. 화등이 오나라로 달아난 일은 20년『전』에 보인다.

42 송원공은 참소를 그대로 믿었지만 화비수의 마음을 상하게 하여 다시 그 아들 추를 쫓아내려고 하지 않았기 때문에 그가 도망자를 받아들인다 해도 나의 죽음에는 명이 있다고 말하였다.

43 두예는 "만약 대사마를 사랑한다면 도망가서 나라를 잃는 것이 당연하다는 것이다"라 하였다.

44 두예는 "도망을 하여 죽음에서 달아날 수만 있다면 그 먼 것을 생각지 말라는 말로 협박하여 공을 움직인 것이다"라 하였다.

飮之酒,	그에게 술을 마시게 하고
而使告司馬.[45]	사마에게 알리게 하였다.
司馬歎曰,	사마가 탄식하며 말하였다.
"必多僚也.	"반드시 다료일 것이다.
吾有讒子,	나는 참소하는 자식이 있는데도
而弗能殺,[46]	그를 죽일 수 없었고
吾又不死.[47]	나 또한 죽지 않았다.
抑君有命,	또한 임금의 명이 있으니
可若何?"[48]	어찌해야 되겠는가?
乃與公謀逐華貙,	이에 공과 모의해서 화추를 쫓아내기로 하고
將使田孟諸而遣之.	맹제에서 사냥할 때 그를 보내기로 하였다.
公飮之酒,	공이 그에게 술을 마시게 하고
厚酬之,[49]	두터이 권하였으며
賜及從者.	종자에게도 내려 주었다.

45 두예는 "사마에게 알려 추를 쫓아내게 한 것이다"라 하였다.
46 송공이 그를 총애하고 믿었기 때문이다.
47 화비수는 아마 이미 노년인데도 아직 세상에 살아 있을 것이다.
48 어쩔 수 없이 임금의 명을 따라야 할 따름이라는 말이다.
49 지(之): 의료(宜僚)를 가리킨다. 두예는 "수(酬)는 술을 내리는 것이다"라 하였다. 수는 곧 술을 권하는 것이다. 주인이 손님에게 예물로 주는 것이다. 후수(厚酬)는 그 예물이 두텁다는 것을 말한다.

司馬亦如之.[50] 사마 또한 그렇게 하였다.

張匃尤之,[51] 장개가 괴이쩍게 생각하였다.

曰, 말하였다.

"必有故." "반드시 까닭이 있을 것이다."

使子皮承宜僚以劍而訊之.[52] 자피로 하여금 의료에게 칼을 겨누며 그 일에 대해 물었다.

宜僚盡以告.[53] 의료가 그대로 모두 고했다.

張匃欲殺多僚, 장개가 다료를 죽이려고 하자

子皮曰, 자피가 말하였다.

"司馬老矣, "사마께선 늙었고

登之謂甚,[54] 등의 일이 심하다 하겠는데

吾又重之, 내가 또 가중시키느니

不如亡也."[55] 도망감만 못하다"라 하였다.

五月丙申,[56] 5월 병신일에

---

50 화비수가 의료 및 종자에게도 또한 두터이 내린 것이다.

51 두예는 "장개는 화추의 신하이다. 우(尤)는 두터이 내리는 것을 괴이하게 생각하는 것이다"라 하였다. 『소이아(小爾雅)』에서는 "우(尤)는 괴이한 것이다"라 하였다.

52 두예는 "자피는 화추이다. 신(訊)은 묻는 것이다"라 하였다.

53 진이고(盡以告): 다료의 참소로부터 공과 비수가 추를 쫓아내려고 모의한 일까지 알리지 않은 것이 없다는 말이다.

54 두예는 "등이 도망하여 사마의 마음을 아프게 한 것이 이미 심하다는 말이다"라 하였다.

55 다료를 죽이면 또 늙은 부친의 마음을 아프게 할 것이므로 알아서 달아나는 것만 못하다는 말이다.

子皮將見司馬而行,	자피가 사마를 보고자 나섰는데
則遇多僚御司馬而朝.	마침 다료가 사마의 수레를 몰고 조회하러 가는 것과 마주쳤다.
張匄不勝其怒,	장개가 그 분노를 이기지 못하고
遂與子皮, 臼任, 鄭翩殺多僚,[57]	마침내 자피와 구임, 정편과 함께 다료를 죽이고
劫司馬以叛,	사마를 겁박하여 반란을 일으키고
而召亡人.	도망간 사람들을 불렀다.
壬寅,[58]	임인일에
華, 向入.[59]	화씨와 상씨가 들어갔다.
樂大心, 豐愆, 華牼禦諸横.[60]	악대심과 풍건, 화경이 횡에서 그를 막았다.
華氏居盧門,[61]	화씨는 노문에 머물면서
以南里叛.	남리를 가지고 반란을 일으켰다.
六月庚午,[62]	6월 경오일에

56 병신일은 14일이다.
57 두예는 "임과 편 또한 화추의 가신이다"라 하였다.
58 임인일은 20일이다.
59 화상(華向): 화씨와 상씨이다.
60 횡성(横城): 고사기(高士奇)의 『지명고략(地名考略)』에서는 지금의 상구현(商丘縣) 서남쪽에 횡성(横城)이 있는데, 세상에서는 광성(光城)이라고 한다고 하였다.
61 노문(盧門): 송나라 교외의 성문으로, 환공 14년의 『전』과 『주』에 상세하다.
62 경오일은 19일이다.

宋城舊鄘及桑林之門而守之.[63] 송나라가 옛 성 및 상림지문에 성을 쌓고 지켰다.

秋七月壬午朔, 가을 7월 임오일 초하룻날

日有食之. 일식이 있었다.

公問於梓愼曰, 공이 재신에게 물어보았다.

"是何物也?[64] "이는 무슨 일인가?

禍福何爲?"[65] 화복이 어떻게 되겠는가?"

對曰, 대답하였다.

"二至二分,[66] "이지와 이분에

日有食之, 일식이 있으면

不爲災. 재해가 되지 못합니다.

---

63 두예는 "구용(舊鄘)은 옛 성이다. 상림(桑林)은 성문의 이름이다"라 하였다. 『태평어람(太平御覽)』 권55에서는 『제왕세기(帝王世紀)』를 인용하여 탕(湯)임금 때 큰 한발이 들어 상림의 들판에서 기도를 올렸다고 하였다. 『후한서』「장형전(張衡傳)」의 주 및 「주거전(周擧傳)」의 주석에서는 『제왕세기(帝王世紀)』를 인용하여 모두 "상림지사(桑林之社)에서 기도를 올렸다"라 하였다. 이는 은상(殷商) 때 일찍부터 상림이란 곳이 있어서 이곳에 사(社)를 세운 것을 말한다. 『여씨춘추·성렴(誠廉)』편에서는 "송나라에 탕의 후손을 세우고 상림을 받들게 하였다"라 하였으니 이 상림지문은 상림사의 성을 두른 문이다. 송나라 도읍의 교외에 있을 것이며 외성의 거점을 지어 지킨 것이다.

64 두예는 "물은 일이다"라 하였다. 위·진육조 시대에는 늘 "何物"을 "何"자로 썼는데 아마 여기에 근본하였을 것이다 안타깝게도 "何物"이란 말은 『전』에 다만 이곳에 한번 보일 뿐이다.

65 어떤 화나 어떤 복이 되겠느냐는 말이다.

66 두예는 "이지는 동지와 하지이다. 이분은 춘분과 추분이다"라 하였다.

日月之行也,	일월의 운행이
分,	분에 있으면
同道也,	길이 같고,
至,	지에 있으면
相過也.[67]	서로 지나칩니다.
其他月則爲災,	기타의 달에는 재해가 되니
陽不克也,	양이 이기지 못하기 때문에
故常爲水."[68]	늘 수재가 됩니다.
於是叔輒哭日食.[69]	이때 숙첩이 일식에 통곡을 하였다.
昭子曰,	소자가 말하였다.
"子叔將死,	"자숙이 곧 죽을 텐데
非所哭也."	울 일이 아니다."

---

67 명말청초(明末清初) 담천(談遷)의『국각(國榷)』에서는 명나라 이천경(李天經)의 말을 인용하여 "태양이 황도(黃道)의 선을 운행하다가 이분에 이르면 황도가 적도와 서로 교차하는데 이것을 길이 같다고 한다. 이지 때는 적도의 내외각 23°를 지나치는데 이를 일러 서로 지나친다고 한다"라 하였다. 황도는 인류가 보는 태양이 1년 동안 항성의 사이를 가는 경로이고, 적도는 지구의 남북 양극의 거리와 상등하는 큰 원으로, 황도와 적도는 23° 27′의 각을 이루며 춘분과 추분의 두 점에서 서로 교차한다.

68 옛날 사람들은 일식은 일광이 달에 가리는 것임을 알았고, 또한 해는 불이고 양이며, 달은 물이고 음으로 생각하였으므로 재신이 일식은 양이 음을 이기지 못한 것으로 생각하여 항상 수재가 된다고 생각하였다. 오늘날의 관점에서 보면 실로 터무니없는 오류이니 곧 24년의 일식을 가지고 말하건대 재신은 "수재가 날 것"이라 하였고, 소자는 "한발이 들 것"이라고 하여 모두 터무니없는 오류이긴 하지만 그해 8월에 대대적으로 기우제를 올린 것을 보면 또한 재신의 설이 틀렸음을 알 수 있다.

69 두예는 "뜻이 재해를 우려하는 데 있었다"라 하였다.

八月,	8월에
叔輒卒.	숙첩이 죽었다.

冬十月,	겨울 10월에
華登以吳師救華氏.[70]	화등이 오나라의 군사를 가지고 화씨를 구원하였다.
齊烏枝鳴戍宋,[71]	제나라의 오지명이 송나라를 지켰다.
廚人濮曰,[72]	주의 사람 복이 말하였다.
"軍志有之,	"『군지』에 이런 말이 있습니다.
'先人有奪人之心,[73]	'기선을 제압하면 사람의 마음을 빼앗고
後人有待其衰.'[74]	나중에 제압하려면 적이 꺾이기를 기다린다.'
盍及其勞且未有定也伐諸!	어찌 그들이 피로하고 또 안정되지 않았을 때 치지 않습니까?
若入而固,[75]	들어가서 공고해진다면

70 화등은 지난해에 오나라로 달아났다.

71 오지명(烏枝鳴): 두예는 "오지명은 제나라의 대부이다"라 하였다. 『광운(廣韻)』 "오(烏)" 자의 주에 의하면 오(烏)는 성이다.

72 두예는 "복은 송나라 주읍(廚邑)의 대부이다"라 하였다.

73 선인유탈인지심(先人有奪人之心): 이미 문공 7년과 선공 12년의 『전』과 『주』에 보인다.

74 후인유대기쇠(後人有待其衰): 『주례·대사마(大司馬)』 가공언(賈公彦)의 소(疏)에서 인용한 『좌전』의 『주』에서는 "적이 쇠하기를 기다려 공격하는 것이다"라 하였다.

75 입(入)은 남리(南里)로 들어가는 것이다. 고(固)는 군심(軍心)이 이미 안정되는 데다가 군

則華氏衆矣,[76]	화씨네 세력은 많아져서
悔無及也."	후회해도 미치지 못할 것입니다."
從之.	그대로 따랐다.
丙寅,[77]	병인일에
齊師, 宋師敗吳師于鴻口,[78]	제나라 군사와 송나라 군사가 홍구에서 오나라 군사를 무찌르고
獲其二帥公苦雂, 偃州員.	그 두 장수 공자 고금과 언주원을 사로잡았다.
華登帥其餘以敗宋師.	화등은 그 나머지를 이끌고 송나라 군사를 무찔렀다.
公欲出,[79]	공이 도망치려고 하자
廚人濮曰,	주 사람 복이 말하였다.
"吾小人,	"저는 소인이지만
可藉死,[80]	죽어 드릴 수 있으나
而不能送亡,[81]	도망치는 것을 호송하지는 못하니

진이 이미 전열을 갖추고 또한 내외의 두 군사가 만나면 뭇사람의 마음을 옮기기가 어렵다는 말이다.

76 화씨의 사군(私軍)에 화등이 이끄는 오나라 군사를 더하면 많아진다는 것이다.

77 병인일은 17일이다.

78 홍구(鴻口): 지금의 하남 우성현(虞城縣) 서북쪽이다.

79 두예는 "달아나는 것이다"라 하였다.

80 두예는 "난 중에 죽을지언정이라는 말이다"라 하였다.

81 임금이 도망가는 것을 호송할 수 없다는 것이다.

君請待之."[82]	임금께선 청컨대 기다리십시오."
乃徇曰,	이에 군을 돌면서 말하였다.
"揚徽者,[83]	"기치를 흔드는 자는
公徒也."	공의 무리이다."
衆從之.[84]	무리들이 따랐다.
公自揚門見之,[85]	공은 양문에서 보고
下而巡之,[86]	내려가 그들을 순시하면서
曰,	말하였다.
"國亡君死,	"나라가 망하고 임금이 죽으면
二三子之恥也,	그대들의 치욕이니

82 두예는 "임금에게 다시 싸워 승부를 결판낼 것을 기다려 달라고 청한 것이다"라 하였다. 복건은 "군(君)"자를 위로 붙여 읽어야 한다고 생각하였는데 여기서는 따르지 않는다.

83 휘(徽): 두예는 "표지〔識〕이다"라 하였다. 지(識)는 다만 표지인데 결국 무엇을 말하는가에 대해서는 고인들에게 두 가지 설이 있다. 공영달은『예기·대전(禮記·大傳)』의 "휘호가 달랐다(殊徽號)라"는 구절의 정현의 말을 인용하여 "휘호는 정기(旌旗)의 이름이다"라 하였다. 곧 휘(徽)는 기치(旗幟)이다. 후한(後漢) 장형(張衡)의「동경부(東京賦)」에서는 "군사들이 갑옷을 입고 휘를 흔들었다(揚揮)"라는 구절에 대한 설종(薛綜)의 주에서는 "휘(揮)는 어깨 위의 붉은 기치로 제비 꼬리 같다"라 하였다. 혹자는 주(周)나라 위료(尉繚)의 병서(兵書)『위료자·병교(尉繚子·兵敎)』편의 "좌군의 문장은 왼쪽 어깨에 하고 우군의 문장은 오른쪽 어깨에 하며 중군의 문장은 가슴 앞에 하고 그 문장에는 모갑모사(某甲某士)라고 한다"라 한 것으로 입증하고자 하였으니 휘는 견장(肩章) 혹은 흉장(胸章)이다. 그러나 견장과 흉장은 높이 흔들기가 힘이 듦으로 정현의 뜻이 비교적 낫다.

84 군기를 휘두른 것이다.

85 "양(揚)"은 원래는 "양(楊)"으로 되어 있었는데 여기서는 송본 및 가나자와 문고본(金澤文庫本)을 따랐다. 두예는 "나라 사람들이 모두 기치를 흔드는 것을 본 것이다. 휴양(睢陽)의 정동문을 양문이라 한다"라 하였다. 휴양은 곧 지금의 상구현이다.

86 순열(巡閱)한 것이다.

豈專孤之罪也?"[87]	어찌 다만 나의 죄일 뿐이겠는가?"
齊烏枝鳴曰,	제나라의 오지명이 말하였다.
"用少莫如齊致死,	"적은 군사를 쓰는 것은 일제히 죽음에 이르는 것만 한 것이 없고
齊致死莫如去備.[88]	일제히 죽음에 이르는 것은 방비를 없애는 것만 한 것이 없습니다.
彼兵多矣,	저들의 병기는 많으니
請皆用劍,"[89]	청컨대 모두 검을 쓰게 해주십시오."
從之.	그 말대로 하였다.
華氏北,[90]	화씨는 패했고
復卽之.[91]	다시 그들을 쫓았다.
廚人濮以裳裹首,	주사람 복이 아랫도리로 머리를 싸고선

87 야(也): 야(耶)의 뜻으로 쓰였다.

88 거비(去備): 23년『전』에서는 "청컨대 선발대는 방비를 없애 위세를 줄이고 후발대는 군진을 감독하여 군대를 정돈하게 하십시오(請先者去備薄威, 後者敦陳整旅)"라 하였는데, 그 주에서 두예는 "정돈되지 않았다는 것을 보여줌으로써 유인하는 것이다"라 하였다. 여기서 방비를 없애는 것 또한 그곳의 뜻과 같으니 곧 진세를 벌이지 않고 수비를 철거한다는 뜻이다. 두예는 이곳에서는 "비(備)는 긴 병기이다"라 하였는데 아마 아래에서 검으로 운운한 것을 따라서일 것이며, 이곳의 방비를 없앤다는 것이 아래의 검을 쓴다는 것과는 조금도 관련이 없다는 것을 몰랐다. 이곳의 거비(去備)는 23년『전』의 "거비"와 같은 뜻이어야 한다.

89 이는 병기가 짧은 것끼리 서로 마주치면 용기 있는 자가 이긴다는 말이다.

90 배(北): 두예는 "배는 패주하는 것이다"라 하였다.

91 즉(卽): 나아가는 것, 쫓는 것이다. 곧 다시 추격하는 것이다.

而荷以走,	매고 달려가며
曰,	말하였다.
“得華登矣!”[92]	“화등의 목을 얻었다!”
遂敗華氏于新里.[93]	마침내 신리에서 화씨를 무찔렀다.
翟僂新居于新里,[94]	적루신은 신리에 머물면서
旣戰,	싸움이 시작되자
說甲于公而歸.[95]	갑옷을 벗고 공에게 귀의했다.
華妵居于公里,[96]	화주도 공리에 머물렀는데
亦如之.	또한 그렇게 하였다.
十一月癸未,[97]	11월 계미일에
公子城以晉師至.	공자 성이 진나라 군사를 데리고 이르렀다.
曹翰胡會晉荀吳, 齊苑何忌, 衛公子朝救宋.[98]	조나라의 한호가 진나라의 순오와 제나라의 원하기, 위나라 공자 조를 만나 송나라를 쳤다.

92 이는 속이는 말이다.

93 신리(新里): 두예는 “신리는 화씨가 취한 고을이다”라 하였다. 신리는 남리와 함께 송나라의 마을 이름인 것 같다.

94 신리(新里): 혹자는 지금의 개봉시(開封市)에 있다고 하는데 반드시 그렇지는 않다.

95 설(說): 탈(脫)과 같다. 화씨가 거처하는 곳에서는 화씨를 돕지 않고 송공에게 귀의하였다.

96 화주(華妵): 화주 또한 화씨의 일족인데 화씨를 따르지 않고 공을 따랐다.

97 계미일은 4일이다.

丙戌,[99]	병술일에
與華氏戰于赭丘.[100]	화씨와 자구에서 싸웠다.
鄭翩願爲鸛,	정편은 관의 군진을 펼칠 것을 바랐지만
其御願爲鵝.[101]	그 어자는 아의 군진을 펼치기를 바랐다.
子祿御公子城,[102]	자록은 공자 성의 어자가 되었고
莊堇爲右.	장근은 거우가 되었다.
干犨御呂封人華豹,[103]	간주는 여의 봉인 화표의 어자가 되었고

98 한호(翰胡): 조나라 대부로 조나라 군사를 통솔하는 자이다.
순오(荀吳): 곧 중항목자(中行穆子)로 진나라의 군사를 통솔하는 자이다.
원하기(苑何忌): 제나라 대부이다.
위공자 조(衛公子朝): 지난해에 진나라로 달아났다가 이때는 이미 위나라로 돌아왔다. 각기 그 나라의 구원병을 이끌었다.

99 병술일은 7일이다.

100 자구(赭丘): 두예는 "자구는 송나라 땅이다"라 하였다. 아래에서 "화씨를 크게 무찌르고 남리를 에워쌌다"라 한 것으로 미루어 보건대 자구는 아마 남리에서 멀지 않은 송나라 도읍의 교외에 있는 언덕 이름인 것 같다. 『청일통지』에 의하면 자구는 지금의 하남 서화현(西華縣) 80리 지점에 있는데 꼭 확실한 것은 아니다. 강영(江永)의 『고실(考實)』에 상세하다.

101 두예는 "정편은 화씨의 도당이다. 관(鸛)과 아(鵝)는 모두 진의 이름이다"라 하였다. 송나라 육전(陸佃)의 『비아·석조(埤雅·釋鳥)』에서는 "거위는 자연히 행렬이 있으므로 「빙례(聘禮)」에서 '나가면 거위가 펼치듯(出如舒鴈, 鴈은 곧 鵝이다)'이라 하였다. 옛날의 병법에는 관과 아의 군진이 있었다. 구절에 강(江)·회(淮)는 황새 떼들이 선회하여 관정(鸛井: 황새 우물)이라 하였으며, 황새는 선회를 잘하여 은하수를 잘 맴돌았으며 거위가 열을 짓는 것과는 완전히 달랐으므로 옛날의 진법은 혹 관진이 되기를 바랐다"라 하였다.

102 자록(子祿): 두예는 "자록은 상의(向宜)이다"라 하였다.

張匃爲右.[104]	장개가 거우가 되었다.
相遇,	서로 맞닥뜨리자
城還.	성은 돌아갔다.
華豹曰,	화표가 말하였다.
"城也!"[105]	"성아!"
城怒,	성이 노하여
而反之.[106]	되돌아갔다.
將注,	화살을 메기려는데
豹則關矣.[107]	화표는 이미 당겼다.
曰,	말하였다.
"平公之靈,	"평공의 영령이
尙輔相余!"[108]	아직도 나를 도와주는도다!"
豹射,	표가 쏘니
出其間.[109]	그 사이로 나갔다.

---

103 여(呂): 청나라 윤계선(尹繼善)의 『강남통지(江南通志)』에 의하면 여성(呂城)은 지금의 서주시(徐州市) 북쪽 50리 지점에 있다.

104 두예는 "여의 봉인 화표는 화씨의 도당이다"라 하였다.

105 큰 소리로 그의 이름을 불러 그의 화를 돋운 것이다.

106 두예는 "그가 자기의 이름을 부른 데 노하여 싸움터로 돌아간 것이다"라 하였다.

107 주(注)는 화살을 활 위에 올려놓는 것이다. 관(關)은 이미 화살을 메기고 활을 당긴 것이다.

108 이는 공자 성이 싸움에 앞서 기도하는 말이다. 평공은 공자 성의 부친이다.

109 화표의 화살이 자성과 자록 사이로 나간 것이다.

將注,[110]	메기려는데
則又關矣.[111]	또 당겼다.
曰,	말하였다.
"不狎,	"번갈아 쏘지 않는 것은
鄙."[112]	비열한 것이다."
抽矢,[113]	화살을 빼니
城射之,	성이 그를 쏘아
殪.[114]	죽였다.
張匃抽殳而下,[115]	장개가 몽둥이를 뽑아서 내려가자
射之,[116]	그를 쏘니

---

110 성이 화살을 메긴 것이다.

111 표가 또 발사한 것이다.

112 두예는 "압(狎)은 '번갈아'라는 뜻이다"라 하였다. 공영달은 "성이 표에게 말하기를 나는 나에게 자주 쏘면서 나는 번갈아 쏘지도 못하게 하니 비열하다고 하였다. 표가 이 말에 복종하였으므로 화살을 빼서 멈춘 것이다." 양공 27년『전』에 "또한 진나라와 초나라가 번갈아 제후의 맹약을 주관한지 오래되다(且晉、楚狎主諸侯之盟也久矣)"라는 말이 있는데 두 압(狎)자는 같은 뜻이다.

113 두예는 "표가 멈추고 쏘지 않은 것이다"라 하였다. 표는 활에서 화살을 빼어 내려놓았다.

114 두예는 "표가 죽은 것이다"라 하였다.

115 수(殳): 두예는 "수는 길이가 한 길 두 자로 수레의 곁에 있던 것이다"라 하였다. 주위(周緯: 1884~1949)의『중국병기사고(中國兵器史稿)』에서는 "주나라 때는 과(戈)와 극(戟)·수(殳)·추모(酋矛)·이모(夷矛)의 다섯 병기를 긴 병기로 썼으며,『주관(周官)』에서도 병거의 다섯 병기라고 하였다. 지금은 과와 극·모는 모두 그 실체를 고찰하기 쉽지만 수만은 결여되어 있다. 수는 날이 없고 머리 달린 지팡이 비슷하게 사람을 치는 것이라는 게 믿을 만하다"라 하였다.

116 공자 성이 쏜 것이다.

折股.	넓적다리가 부러졌다.
扶伏而擊之,[117]	기어와서 그를 쳐서
折軫.[118]	수레의 뒤턱나무를 부러뜨렸다.
又射之,	또 그를 쏘니
死.[119]	죽었다.
干犨請一矢,[120]	간주가 화살 한 대로 해줄 것을 청하니
城曰,	성이 말하였다.
"余言汝於君."[121]	"내 임금께 네 애기를 잘 해주겠다."
對曰,	대답하였다.
"不死伍乘,	"함께 탄 사람과 같이 죽지 않는 것은
軍之大刑也.[122]	군대의 큰 법도를 범하는 것이니
干刑而從子,	법을 범하고 그대를 따른다면
君焉用之?	임금께서 어찌 쓰시겠소?

---

117 부복(扶伏): 육덕명(陸德明)의 『석문(釋文)』에서 "부복(扶伏)은 포복(匍匐)이라고도 하며 같은 뜻이다"라 하였다.

118 두예는 "성이 탄 수레의 뒤턱나무를 부러뜨린 것이다"라 하였다.

119 두예는 "개가 죽었다"라 하였다.

120 두예는 "죽기를 바란 것이다"라 하였다.

121 두예는 "살려 주려고 한 것이다"라 하였다.

122 두예는 "수레에 동승하여 함께 대오를 이루면 마땅히 모두 죽어야 한다"라 하였다. 혜동(惠棟)의 『보주(補注)』에서는 "『위료자(尉繚子)』「병교 상(兵教 上)」에서는 '무릇 대오가 진에 임하였을 때 한 사람이 적에게 나아가 죽지 않는다면 가르친 사람을 범법자의 죄대로 처리한다'라 하였다"라 하였다.

子速諸!"	그대는 속히 해주오!"
乃射之,	이에 활을 쏘니
殪.[123]	쓰러졌다.
大敗華氏,	화씨를 크게 무찌르고
圍諸南里.	남리에서 그들을 에워쌌다.
華亥搏膺而呼,[124]	화해가 가슴을 치며 고함을 치다가
見華貙,	화추를 보고
曰,	말하였다.
"吾爲欒氏矣!"[125]	"우리는 난씨꼴이 될 것이다!"
貙曰,	화추가 말하였다.
"子無我迋,[126]	"그대는 나를 겁주지 말라,
不幸而後亡."[127]	불행해진 뒤에 도망갈 것이다."
使華登如楚乞師,	화등으로 하여금 초나라에 가서 군사를 청하게 하니

123 두예는 "주 또한 죽은 것이다"라 하였다.

124 박응(搏膺): 추응(椎膺)과 같다. 가슴을 치다.

125 두예는 "진나라의 난영(欒盈)이 돌아와 난리를 일으키다가 죽은 일은 양공 23년에 있었다"라 하였다.

126 광(迋): 두예는 "광은 두려운 것이다"라 하였다.

127 왕인지의 『술문(述聞)』에서는 "그대는 이 말을 가지고 나를 두렵게 하지 말라는 말이며, 오늘 일은 불행해지면 죽을 것이고 다행스러우면 오히려 도망을 가지 않겠다는 것이다"라 하였다.

華貙以車十五乘, 徒七十人犯師而出,[128]	화추는 병거 15승과 보병 70명을 가지고 군사를 뚫고 나가
食於睢上,[129]	휴수 가에서 밥을 먹고
哭而送之,	울면서 그를 보내고는
乃復入.[130]	이에 다시 들어갔다.
楚薳越帥師將逆華氏,	초나라 원월이 군사를 거느리고 화씨를 맞으려 하자
大宰犯諫曰,	태제 범이 간언하여 말하였다.
"諸侯唯宋事其君.[131]	"제후들 중에 오직 송나라만 그 임금을 섬겼는데
今又爭國,	이제 또 나라를 다툼에
釋君而臣是助,	임금을 버리고 신하를 돕는 것은
無乃不可乎!"	안 되지 않겠습니까!"
王曰,	왕이 말하였다.

128 두예는 "공의 군사를 범하고 화등을 보낸 것이다"라 하였다.

129 휴(睢): 휴수(睢水)는 원래 옛 낭탕거(蒗蕩渠)의 지진(支津)으로 옛날에는 하남 기현(杞縣)에서 휴현(睢縣) 북쪽을 거쳐 동으로 영릉(寧陵)과 상구(商丘), 하읍(夏邑), 영성(永城) 및 안휘의 소현(蘇縣)과 숙현(宿縣), 영벽(靈壁)을 질러 강소의 경계로 들어가 숙천현(宿遷縣)에 이르러 남으로 사수(泗水)로 들어간다. 지금은 다만 혜제하(惠濟河) 만이 남아 있고 나머지는 모두 막혔다. 이곳의 휴수 가는 상구현의 변경에 있을 것이다.

130 두예는 "남리로 들어간 것이다"라 하였다.

131 당시 제후들은 정권이 거의 아래로 옮겨갔으니 이를테면 노나라에 3가(三家)가 있었고 심지어는 배신(陪臣)이 국정을 주물렀으며, 진(晉)나라는 정치가 여러 집안[家門]에서 나와 임금은 허울 좋은 이름뿐이었는데 오직 송나라의 신민(臣民)만은 그 임금을 섬겼다.

"而告我也後,	"네가 내게 알린 것이 늦었다.
旣許之矣."[132]	이미 허락하였다."
蔡侯朱出奔楚.	채후 주가 초나라로 달아났다.
費無極取貨於東國,	비무극이 동국에게서 재화를 취하고는
而謂蔡人曰,	채나라 사람에게 말하였다.
"朱不用命於楚,	"주는 초나라의 명을 따르지 않아
君王將立東國.[133]	군왕께서 동국을 세우려 합니다.
若不先從王欲,	먼저 왕의 바람을 따르지 않는다면
楚必圍蔡."	초나라는 반드시 채나라를 에워쌀 것입니다."
蔡人懼,	채나라 사람이 두려워하여
出朱而立東國.	주를 쫓아내고 동국을 세웠다.
朱愬于楚,	주가 초나라에 하소연하니
楚子將討蔡.	초자가 채나라를 치려고 하였다.
無極曰,	무극이 말하였다.
"平侯與楚有盟,	"평후는 초나라와 맹약하였으므로

132 두예는 "이듬해 화씨와 상씨가 초나라로 달아나게 되는 복선이다"라 하였다.

133 동국(東國): 두예는 "동국은 은태자의 아들이며, 평후(平侯) 여(廬)의 동생이고 주(朱)의 숙부이다"라 하였다.

故封.[134]	봉하였습니다.
其子有二心,[135]	그 아들은 두 마음을 가졌으므로
故廢之.	폐하였습니다.
靈王殺隱大子,	영왕이 은태자를 죽여
其子與君同惡,	그 아들이 임금과 함께 미워할 것이니
德君必甚.[136]	임금의 덕이 반드시 클 것입니다.
又使立之,	또한 그를 세우는 것이
不亦可乎!	옳지 않겠습니까!
且廢置在君,	그리고 폐위시키는 것은 임금에 있으니
蔡無他矣."[137]	채나라는 다른 생각을 못할 것입니다."

公如晉,	공이 진나라로 가다가
及河.	황하에 이르렀다.

134 두예는 "등에서 맹약하고 진나라와 채나라 사람의 바람대로 나라를 세워 준 것이다"라 하였다.

135 두예는 "아들은 주(朱)를 이른다"라 하였다.

136 기자(其子): 동국이다. 영왕은 동국의 부친을 죽였고, 초평왕이 또 영왕을 죽였으니 동국과 함께 영왕을 미워하고 또한 그가 복수를 갚은 것을 은덕으로 여기는 것이다.

137 두예는 "권력이 초나라에 있으니 채나라는 딴 마음을 품지 않을 것이라는 것이다"라 하였다.

鼓叛晋,[138] 고나라가 진나라에 반기를 들어

晋將伐鮮虞, 진나라가 선우를 치려고 하였기 때문에

故辭公. 공을 사절하였다.

소공 22년

經

二十有二年春,[1] 22년 봄에

齊侯伐莒. 제후가 거나라를 쳤다.

宋華亥, 向寧, 華定自宋南里出奔楚. 송나라의 화해와 상녕, 화정이 송나라 남리에서 초나라로 달아났다.

大蒐于昌間.[2] 창간에서 대대적으로 군사 검열을 했다.

---

138 두예는 "진나라를 배반하고 선우에게 붙은 것이다"라 하였다.

1 이십이년(二十二年): 신사년 B.C. 520년으로 주경왕(周景王) 25년이다. 동지가 정월 24일 임인일로 건자(建子)이다.

2 『전』이 없다. "간(間)"은 『공양전』에는 "간(姦)"으로 되어 있다. 고음이 같아 통가한 것이다. 강영(江永)의 『고실(考實)』에서는 "『괄지지(括地志)』에서 '창평산(昌平山)은 사수현(泗水縣) 남쪽 60리 지점에 있으며, 창평향(昌平鄕)이 있기 때문에 산의 이름을 삼았다'라 하였으니 창간은 사수현 경계에 있는 것이 아닌가?"라 하였다.

夏四月乙丑,[3]	여름 4월 을축일에
天王崩.	천자께서 붕어하셨다.
六月,	6월에
叔鞅如京師葬景王.[4]	숙앙이 경사로 가서 경왕의 장례식에 참석하였다.
王室亂.	왕실에 난이 일어났다.
劉子, 單子以王猛居于皇.[5]	유자와 단자가 왕자 맹을 모시고 황에 거주하였다.
秋,	가을에
劉子, 單子以王猛入于王城.[6]	유자와 단자가 왕자 맹을 모시고 왕성으로 들어갔다.
冬十月,	겨울 10월에
王子猛卒.[7]	왕자 맹이 죽었다.
十有二月癸酉朔,	12월 계유일 초하룻날에
日有食之.[8]	일식이 없었다.

---

3 을축일은 18일이다.

4 두예는 "숙앙은 숙궁(叔弓)의 아들이다. 석 달 만에 장례를 치렀는데 난이 일어나 속히 한 것이다"라 하였다.

5 황(皇): 지금의 낙양시 동쪽, 공현(鞏縣)의 서남쪽에 있을 것이다.

6 왕성은 지금의 낙양시 서북쪽 모서리에 있다.

7 두예는 "아직 즉위하지 않았기 때문에 붕(崩)이라고 하지 않았다"라 하였다. 『경』에서는 "10월"이라 기록하였는데 『전』에서는 "11월 을유일"이라 기록한 것에 대해 두예는 『전』의 주에서 "『경』에서 '10월'이라 기록한 것은 잘못이다. 비록 채 즉위를 하지 못하였지만 주나라 사람들은 시호를 도왕(悼王)이라 하였다"라 하였다.

傳

二十二年春王二月甲子,[9]	22년 봄 주력으로 2월 갑자일에
齊北郭啓帥師伐莒.[10]	제나라의 북곽계가 군사를 거느리고 거나라를 쳤다.
莒子將戰,	거자가 싸우려 하는데
苑羊牧之諫曰,[11]	원양목지가 간언하여 말하였다.
"齊帥賤,	"제나라 장수는 지위가 낮고
其求不多,	요구하는 것이 많지 않으니
不如下之,	낮춤만 못하며
大國不可怒也."	대국을 노하게 해서는 안 됩니다."
弗聽,	듣지 않았다.
敗齊師于壽餘.[12]	수여에서 제나라 군사를 무찔렀다.

---

8 『전』이 없다. 이해에는 5월에 윤달을 두어야 하는데 사관이 착오로 12월에다 윤달을 두었으며, 이 사실은 『전』에 보인다. 『전』의 갑자를 가지고 추산해 보면 계유일이 윤 12월 초하루이다. 청나라 진후요(陳厚耀)의 『보춘추장력(補春秋長曆)』에서는 "『경』에서는 '윤(閏)' 한 자가 빠졌으니 이곳이다. 이는 서기전 520년 11월 23일의 개기일식으로 노나라에서는 개기일식을 볼 수 없었다"라 하였다.

9 갑자일은 16일이다.

10 북곽계(北郭啓): 두예는 "계는 제나라의 대부 북곽좌(北郭佐)의 후손이다"라 하였다. 북곽좌는 양공 28년에 보인다. 『통지·씨족략(氏族略) 3』에서는 "좌는 북곽계를 낳았다"라 하였는데 아마 믿을만할 것이다.

11 원양목지(苑羊牧之): 두예는 "목지는 거나라 대부이다"라 하였다. 청나라 왕인지(王引之)의 『주진명자해고(周秦名字解詁)』에서는 "소왕 20년에 원하기(苑何忌)가 있으니 원(苑)은 곧 그 씨이며, 이름은 목지(牧之)이고 자는 양(羊)이다. 옛날에 성명과 자를 병칭할 때는 항상 자를 앞에 이름을 뒤에 두었다"라 하였다.

12 수여(壽餘): 고동고(顧棟高)의 『대사표(大事表)』 권7의 2에 의하면 지금의 산동 안구현(安丘縣) 경내에 있을 것이다.

齊侯伐莒,[13]	제후가 거나라를 치자
莒子行成.	거자가 화친을 청하였다.
司馬竈如莒涖盟,[14]	사마조가 제나라로 가서 맹약에 임했다.
莒子如齊涖盟,	거자가 제나라로 가서 회맹에 임하고
盟于稷門之外.[15]	직문 바깥에서 맹약하였다.
莒於是乎大惡其君.[16]	거나라는 이에 그 임금을 크게 미워하였다.

楚薳越使告于宋曰,	초나라 원월이 송나라에게 알리게 하였다.
"寡君聞君有不令之臣爲君憂,[17]	"과군께서는 임금에게 좋지 못한 신하가 있어 임금의 근심이 된다는 것을 들으시고

---

13 제경공이 (제나라가) 패한 것에 노하였으므로 친히 대군을 거느린 것이다.

14 사마조(司馬竈): 두예는 "조(竈)는 제나라의 대부이다"라 하였다.

15 직문(稷門): 진(晉)나라 복심(伏深)의 『제지기(齊地記)』에서는 제나라 성의 서문이라 하였다. 고사기(高士奇)의 『지명고략(地名考略)』에서는 직문(稷門)이 제나라 도성의 남문이라고 하였다. 소공 10년의 『전』과 『주』를 참조하라. 혜동(惠棟)의 『보주(補注)』에서는 "직(稷)은 제나라 땅이다"라 하였으니 지명을 가지고 성의 이름을 삼은 것이다.

16 두예는 "이듬해 거자(莒子)가 도망쳐 오는 복선이다"라 하였다. 거나라는 작아서 제나라가 처음에는 북곽계로 하여금 와서 치게 하였고 그 요구도 많지 않았기 때문에 강화하기가 쉬웠다. 거자는 싸움을 좋아하여 나중의 결과는 생각지 않고 결국 제후(齊侯)가 직접 군사를 거느리고 오게 하였고 그런 다음에 강화를 요구하니 잃은 것이 매우 컸다. 제나라가 맹약에 임할 때 성안에서 하지 않고 성 밖에서 하니, 이는 모욕을 주려는 의도이므로 거나라 대부가 거자를 크게 미워한 것이다.

無寧以爲宗羞,[18]	차라리 종묘의 수치가 되느니
寡君請受而戮之."[19]	과군께서는 받아들여 죽이기를 청하신다."
對曰,	대답하였다.
"孤不佞,	"나는 재주가 없어
不能媚於父兄,[20]	부형에게 사랑을 받을 수가 없어
以爲君憂,	임금의 근심거리가 되었고
拜命之辱.	명을 욕되이 받게 되었습니다.
抑君臣日戰,	그러나 군신은 날로 싸우는데
君曰'余必臣是助',	임금께서는 '내 반드시 신하를 돕겠다' 하시더라도
亦唯命.	또한 명대로 하겠습니다.
人有言曰,	사람이 말하기를

17 불령지신(不令之臣): 선공 14년의 『전』과 『주』에 상세하다.

18 무령(無寧): 곧 무내(無乃)이다. 청나라 마서진(馬瑞辰)의 『모시전전통석(毛詩傳箋通釋)』에서는 "녕(寧)과 내(乃)는 성(聲)이 전변된 글자로 시에서 녕(寧)자는 내(乃)자의 뜻으로 많이 쓰인다"라 하였다. 그의 『시』의 해석은 그대로 다 믿을 수는 없지만 녕(寧)이 이따금 내(乃)자의 뜻으로 쓰이는 것은 의심할 여지가 없다. 두예는 "화씨가 송나라 종묘의 수치임을 말한 것이다"라 하였다.

19 초나라가 화씨와 상씨를 받아들이려 한다는 것이다.

20 두예는 "화씨와 상씨는 공족이므로 부형이라 일컬은 것이다"라 하였다. 『한비자·팔간(八姦)』편에서는 "무엇을 부형이라 하는가? 측실과 공자로 임금이 가까이하여 사랑하는 자입니다"라 하였다. 『전국책·한책(韓策) 3』에서는 "지금 한나라의 부형으로 대중의 지지를 얻은 사람은 재상이 없다"라 하였다. 역시 두예와 마찬가지로 공족을 부형이라 하였음을 알 수 있다.

'唯亂門之無過.'[21]	'오직 어지러운 문은 지나지 않는다'라 하였습니다.
君若惠保敝邑,	임금께서 우리나라를 보호해 주시려거든
無亢不衷,[22]	불충한 자들을 보호하여
以獎亂人,	난을 일으킨 사람을 장려하는 일이 없는 것이
孤之望也.	나의 바람이오.
唯君圖之!"	임금께선 잘 생각해 보시오!"
楚人患之.[23]	초나라 사람이 근심하였다.
諸侯之戍謀曰,	제후의 수비 서는 자들이 모의해서 말하였다.
"若華氏知困而致死,	"화씨가 곤경에 처할 것을 알아 죽을힘을 다해 싸우면
楚恥無功而疾戰,	초나라는 공이 없음을 부끄러이 여겨 속전을 할 것이니
非吾利也.[24]	우리에게 이로움이 아닙니다.

21 19년의 『전』에서 "어지러운 문은 지나지 않는다(無過亂門)"라 하였다.

22 항(亢): 원년 『전』"나는 몸도 가릴 수 없거늘 어찌 종족을 가릴 수 있겠소?(吉不能亢身, 焉能亢宗)"라 한 항(亢)으로 가리다, 덮다의 뜻이다.
불충(不衷): 불선(不善), 불성(不誠), 불충(不忠)과 같은 뜻으로, 곧 위의 불령(不令)이다.

23 두예는 "송나라가 의리로 거절한 것을 걱정한 것이다"라 하였다.

24 초나라가 화씨와 상씨 등 여러 사람을 찾아도 얻지 못하였으므로 공이 없는 것을 부끄럽게 여긴 것이다.

不如出之,[25] 그를 쫓아내어

以爲楚功, 초나라의 공이 되게 함만 못하며

其亦無能爲也已.[26] 그 또한 아무것도 할 수 없을 것이오.

救宋而除其害,[27] 송나라를 구원하고 그 해악을 제거하면

又何求?" 또 무엇을 추구하겠소?"

乃固請出之, 이에 굳이 그를 내보낼 것을 청하니

宋人從之. 송나라 사람이 그대로 하였다.

己巳,[28] 기사일에

宋華亥, 向寧, 華定, 華貙, 華登, 皇奄傷, 省臧, 士平出奔楚.[29] 송나라 화해와 상녕, 화정, 화추, 화등, 황엄상, 성장, 사평이 초나라로 달아났다.

宋公使公孫忌爲大司馬,[30] 송공은 공손기로 하여금 대사마로 삼고

---

25 포위를 풀어 그가 나가게 하는 것이다.

26 "무능(無能)"은 본래 "능무(能無)"로 되어 있었으나 여기서는 송본과 순희본(淳熙本), 악본 및 가나자와 문고본(金澤文庫本)을 따른다. 두예는 "화씨가 다시는 송나라의 근심을 될 수 없을 것이다"라 하였다.

27 제후들을 지키는 순오(荀吳) 등과 같은 사람은 모두 송나라를 구원하는 자들이다. 화씨를 쫓나낸 것은 송나라의 해로움을 이미 제거한 것이다.

28 기사일은 21일이다.

29 두예는 "화추 이하 다섯 사람을 기록하지 않은 것은 경이 아니기 때문이다"라 하였다.

30 두예는 "화비수를 대신한 것이다"라 하였다.

邊卬爲大司徒,[31]	변앙은 대사도
樂祁爲司城,[32]	악기는 사성
仲幾爲左師,[33]	중기위는 좌사
樂大心爲右師,[34]	악대심은 우사
樂輓爲大司寇,[35]	악만은 대사구로 삼아
以靖國人.[36]	나라를 안정시켰다.

王子朝, 賓起有寵於景王,[37]	왕자 조와 빈기가 경왕의 총애를 받아
王與賓孟說之,	왕과 빈맹이 그를 좋아하여
欲立之.[38]	세우고자 하였다.

---

31 『통지·씨족략(氏族略) 3』에서 "송평공의 아들 어융(禦戎, 소공 25년에 보인다)은 자가 자변(子邊)인데 왕부(王父)의 자를 씨로 삼았으며 손자 앙(卬)은 사도이다"라 하였다.

32 두예는 "기(祁)는 자한(子罕)의 손자 악기리(樂祁犁)이다"라 하였다.

33 두예는 "기는 중강(仲江, 양공 14년에 보인다)의 손자로 상녕(向寧)을 대신하였다"라 하였다. 『통지·씨족략(氏族略) 4』에서 "기의 자는 자연(子然)이다"라 하였다.

34 두예는 "화해(華亥)를 대신하였다"라 하였다.

35 두예는 "만은 자한(子罕)의 손자이다"라 하였다.

36 두예는 "결국 재신의 말대로 3년 뒤에 안정된 것이다"라 하였다.

37 두예는 "자조는 경왕의 장서자이다. 빈기는 자조의 스승이다"라 하였다. 『한서』의 「고금인표(古今人表)」 및 「오행지(五行志)」에는 "조(朝)"가 모두 "조(鼂)"로 되어 있는데 또한 한나라의 조조(朝錯)를 조조(鼂錯)라 하는 것과 같다. 육덕명(陸德明)의 『석문(釋文)』에서는 "혹자는 말하기를 조조는 왕자 조의 후손이라고 한다"라 하였다.

38 두예는 "맹(孟)은 곧 기(起)이다. 왕이 빈맹에게 말하여 자조를 태자로 세우고자 하는 것이다"라 하였다. 열(說)은 열(悅)과 같다. 두예의 주는 확실치 않다.

劉獻公之庶子伯蚠事單穆公,[39]	유헌공의 서자 백분은 단목공을 섬겼는데
惡賓孟之爲人也,	빈맹의 사람됨을 싫어하여
願殺之,	죽이기를 바랐으며,
又惡王子朝之言,	또 왕자 조의 말을 미워하여
以爲亂,	난을 일으켜
願去之.[40]	그를 없애기를 바랐다.
賓孟適郊,	빈맹이 교외로 갔는데
見雄鷄自斷其尾.	수탉이 제 꼬리를 끊는 것을 보았다.
問之,	물어보니
侍者曰,	시자가 말하였다.
"自憚其犧也."[41]	"자기가 희생이 되는 것을 꺼려서입니다."
遽歸告王,	급히 돌아가 왕에게 알리고
且曰,	또한 말하였다.

39 두예는 "헌공은 유지(劉摯)이다. 백분은 유적(劉狄)이다. 목공은 단기(單旗)이다"라 하였다.

40 두예는 "자조가 즉위하려 한다는 말을 하였기 때문에 유분이 그를 미워한 것이다"라 하였다.

41 『주례·지관·목인(地官·牧人)』에 의하면 제사에 바칠 희생은 충인(充人)에게 주어 묶어 놓는다. 정현은 "희생은 털과 깃이 완전히 갖추어져야 한다. 충인에게 준다는 것은 따로 기르게 하는 것이다"고 주를 달았다. 수탉이 제 꼬리를 끊은 것은 아마 묵은 털을 뽑아내고 변하려는 것일 것이다. 시자는 제물로 길러지는 것을 두려워하여 자해를 하는 것이라고 대답하였다.

“鷄其憚爲人用乎![42]	“닭이 사람에게 쓰이는 것을 꺼린단 말인가!
人異於是.[43]	사람은 이와 다르다.
犧者實用人,[44]	희생이라는 것은 사람에게 쓰이는 것으로
犧實難,	희생은 실로 어려우나
己犧何害?”[45]	자기의 희생이 되면 무슨 해가 있겠습니까?”
王弗應.[46]	왕은 거기에 응하지 않았다.
夏四月,	여름 4월에

---

42 용(用)은 제물로 쓰는 것으로, 곧 11년『전』의 “강산에서 은태자를 썼다(用隱大子于岡山)”라 한 것과『논어·옹야(雍也)』에서 “비록 쓰고자 하지 않지만(雖欲勿用)”의 “용(用)”과 같다. 사람을 죽이든, 금수를 죽이든 제물은 모두 “용(用)”이라 할 수 있다.

43 두예는 “희생 닭은 사랑과 꾸밈을 받지만 결국 죽음을 당한다. 사람이 사랑과 꾸밈을 받는다면 귀하고 성하게 될 것이므로 닭과는 다르다고 말한 것이다”라 하였다.

44 실용인(實用人): 실로 사람에게 쓰인다(實用于人)는 것으로 희생은 실로 사람에게 쓰인다는 말이다.

45 남의 희생이 되는 것은 실로 어렵다는 것은 조맹이 귀하게 만들 수도 있고 조맹이 천하게도 만들 수 있다는 것이다. 자기의 희생이 되는 것은 해가 없다는 것은 자조를 세우면 자조는 반드시 즉위할 것이라는 말이다. 왕인지(王引之)의『술문(述聞)』에서는 “남의 희생이 되기는 힘들다는 것은 타인이 희생이 되는 것을 근심한다는 것이다〔남은 자맹(子孟)을 비유하고 희생은 총애를 받는 것을 비유한다〕”라 하였다. 반드시 꼭 이렇지는 않을 것이다.

46 두예는 “15년 태자 수가 죽자 왕이 자맹을 세웠으며 나중에 다시 자조를 세우고 싶었지만 아직 정하여지지 않았다. 빈맹이 희생 닭을 보고 느낀 것이 있어 자조를 매우 칭찬하였으므로 왕이 내심 허락하여 불응한 것이다”라 하였다.『순자·해폐(解蔽)』편에서는 “옛날에 빈맹이 가린 것은 집안을 어지럽혔기 때문이다”라 하였다. 양경(楊倞)은 주석에서 이 일이 해당한다고 하였다.

王田北山,	왕이 북산에서 사냥을 하는 데
使公卿皆從,	공경을 모두 따르게 하여
將殺單子, 劉子.[47]	단자와 유자를 죽이려 하였다.
王有心疾,	왕은 심장병으로
乙丑,	을축일에
崩于榮錡氏.[48]	영기시의 집에서 죽었다.
戊辰,[49]	무진일에
劉子摯卒,	유자 지가 죽었는데
無子,[50]	아들이 없어
單子立劉蚠.	단자가 유분을 세웠다.
五月庚辰,[51]	5월 경진일에
見王,[52]	왕을 뵙고
遂攻賓起,	마침내 빈기를 공격하여

---

47 두예는 "북산은 낙양의 북망산(北芒山)이다. 왕이 단목공과 유헌공이 자조를 세우려 하지 않는다는 것을 알고 사냥을 빌미로 그를 먼저 죽이려 하는 것이다"라 하였다.

48 두예는 "하남 공현(鞏縣) 서쪽에 영기간(榮錡澗)이 있다"라 하였다. 영기는 아마 주나라 대부의 성명일 것이며 씨를 가지고 그 집을 말하였다. 아마 심장병으로 급사하였을 것이다.

49 무진일은 21일이다.

50 송나라 위료옹(魏了翁)의 『독서잡초(讀書雜鈔)』에서는 "『전』에 의하면 유분은 유자지의 서자로 아들이 없었던 적이 없다. 옛사람은 적자가 없으면 곧 아들이 없다고 하였다"라 했는데 옳다.

51 경진일은 4일이다.

52 두예는 "왕 맹을 만나 본 것이다"라 하였다. 경왕이 죽고 맹이 계승을 하였지만 해를 넘겨 원년으로 개칭하기도 전에 죽은 것이다.

殺之, 죽이고

盟羣王子于單氏.[53] 단씨에서 왕자들과 맹약하였다.

晉之取鼓也,[54] 진나라가 고나라를 취함에

旣獻而反鼓子焉.[55] 이미 바치고 고자를 돌려보냈다.

又叛於鮮虞.[56] 또한 선우에 반기를 들었다.

六月, 6월에

荀吳略東陽,[57] 순오가 동양을 순행하고

使師僞糴者負甲以息於昔陽之門外,[58] 군사들로 하여금 쌀을 사는 사람들로 가장시켜 갑옷을 등에 지게 하여 석양의 문밖에서 쉬다가

遂襲鼓, 마침내 고를 습격하여

滅之, 멸하였다.

---

53 두예는 "왕자 맹은 차정이므로 단목공과 유헌공이 세웠는데, 여러 왕자들이 혹 자조를 편들까 두려워서 맹세한 것이다"라 하였다.

54 두예는 "15년에 있었다"라 하였다.

55 승리를 종묘에 바쳐서 알린 것으로 바친 후에는 또 고자를 귀국시켜 왕이 되게 하였다.

56 고나라는 본래 선우에 속하여 선우와 함께 백적(白狄)이었다. 진나라가 이미 이겨 고나라에 들어갔으므로 진나라에 바꿔 속한 것이다. 고자는 돌아간 뒤에 진나라를 배반하고 다시 선우에 붙었다.

57 약(略): 순행(巡行)하는 것이다. 동양은 남양(南陽)과 같으며, 그 땅은 매우 광활하여 태항산(太行山)의 동쪽, 하남 북부, 하북 남부의 진나라에 속한 곳에 있으며, 모두 진나라 동양의 땅이다. 23년의 『전』과 『주』를 참조하라.

58 석양(昔陽): 지금의 하북 진현(晉縣) 서쪽으로 12년의 『전』과 『주』를 참조하라.

以鼓子鳶鞮歸, 고자 연제를 돌려보내고

使涉佗守之.[59] 섭타에게 지키게 하였다.

丁巳,[60] 정사일에

葬景王. 경왕을 장사 지냈다.

王子朝因舊官, 百工之喪職秩者與靈, 景之族以作亂.[61]

왕자 조가 옛 관리, 백공 가운데 관직을 잃은 자 및 영왕과 경왕의 족인들을 업고 난을 일으켰다.

帥郊, 要, 餞之甲,[62] 교와 요, 전의 갑사를 거느리고

以逐劉子.[63] 유자를 쫓아냈다.

---

59 두예는 "고(鼓)나라의 땅을 지키는 것이다. 섭타는 진나라의 대부이다"라 하였다. 고나라의 소재지에 대해서는 옛사람의 의견이 분분한데, 이를테면 고염무(顧炎武)의 『일지록』 권31에 「석양(昔陽)」이 있고, 장술조(莊述祖)와 손성연(孫星衍)의 『춘추석례(春秋釋例)』는 또한 고염무(顧炎武)와 다르며, 여기서는 고동고(顧棟高)의 『대사표(大事表)』를 따른다.

60 정사일은 11일이다.

61 백공(百工): 공(工)은 곧 공장(工匠)이라 할 때의 공(工)으로 애공 17년 『전』에서 "석포가 장씨를 등에 업고 공을 공격하였다(石圃因匠氏攻公)" 하였고, 25년 『전』에서는 "저사비와 공손미모, 공문요, 사구해, 사도기가 세 장인과 권미를 등에 업고 난을 일으켜 모두 날카로운 무기를 들었는데 도끼를 든 사람은 없었다(故褚師比、公孫彌牟、公文要、司寇亥、司徒期因三匠與拳彌以作亂, 皆執利兵, 無者斧執斤)"라 하였는데, 왕자 조가 백공을 등에 업고 난을 일으킨 것은 위(衛)나라의 일과 아주 비슷하다. 유월(俞樾)의 『평의(平議)』에 상세하다. 영왕과 경왕의 족인은 영왕과 경왕의 자손이다.

62 두예는 "세 읍은 주나라 땅이다"라 하였다. 교는 곧 12년 『전』의 "원백교(原伯絞)가 교로 달아났다"한 그 교이다. 『수경주·하수(河水) 4』에 의하면 진수(畛水)는 신안(新安) 청요산(青要山)에서 나오는데 이 요(要)가 곧 청요산인 것 같으며, 그 땅은 신안현 경내에 있을 것이다. 전(餞)은 미상이다.

壬戌,[64]	임술일에
劉子奔揚.[65]	유자는 분양으로 달아났다.
單子逆悼王于莊宮以歸.[66]	단자가 장궁에서 도왕을 맞아 돌아갔다.
王子還夜取王以如莊宮.[67]	왕자 환이 밤에 왕을 취하여 장궁으로 갔다.
癸亥,[68]	계해일에
單子出.[69]	단자가 도망갔다.
王子還與召莊公謀,[70]	왕자 환이 소장공과 모의하여
曰,	말하였다.
"不殺單旗,	"단기를 죽이지 않으면
不捷.[71]	이기지 못합니다.
與之重盟,[72]	그와 거듭 맹약을 맺으면

63 두예는 "백분을 좇아낸 것이다"라 하였다.

64 임술일은 16일이다.

65 양(揚)은 희공 11년『전』의 "양(揚), 거(拒), 천(泉), 고(皐), 이(伊), 낙(雒)의 융(戎)"이라 할 때의 양(揚)이다. 언사현(偃師縣)과 멀지 않을 것이다. 강영(江永)의『고실(考實)』에 근거하였다.

66 두예는 "도왕은 자맹(子孟)이다"라 하였다. 장궁은 왕성(王城)에 있다. 귀(歸)는 단기(單旗)의 집으로 돌아가는 것이다.

67 두예는 "왕자 환은 자조의 무리이다. 단자로 하여금 왕 맹을 얻게 하고 싶지 않았으므로 취한 것이다"라 하였다.

68 계해일은 17일이다.

69 두예는 "왕을 잃었으므로 달아났다"라 하였다.

70 두예는 "장공은 소백환(召伯奐)으로 자조의 무리이다"라 하였다.

71 두예는 "기는 단자(單子)이다"라 하였다.

必來.	반드시 올 것입니다.
背盟而能克者多矣."[73]	맹약을 저버리고 이길 수 있었던 일은 많습니다."
從之.[74]	그 말대로 하였다.
樊頃子曰,	번경자가 말하였다.
"非言也,	"말 같지도 않으니
必不克."[75]	반드시 이기지 못합니다."
遂奉王以追單子,[76]	마침내 왕을 받들고 단자를 쫓아
及領,[77]	영에 이르러
大盟而復.[78]	크게 맹약을 맺고 돌아왔다.
殺摯荒以說.[79]	지황을 죽여 해명했다.
劉子如劉,[80]	유자는 유로 가고

---

72 전에 이미 여러 왕자들과 맹약을 하였으며, 이번에 거듭 맹약한 것이다.

73 이 왕자 환의 모의는 거듭 맹약을 한다는 구실로 단기를 불러 이참에 죽이려는 것이다.

74 소백환이 따른 것이다.

75 두예는 "경자는 번제(樊齊)로 단과 유의 무리이다"라 하였다. 마종련(馬宗璉)의 『보주(補注)』에서는 번(樊)은 동도의 기(畿) 안에 있다고 하였고, 경자는 아마 번중산보(樊仲山甫)의 후손일 것이다. 『시경·소아·빈지초연(小雅·賓之初筵)』에 "말하지 말 것 말하지 않네(匪言勿言)"라는 구절이 있는데, 정현은 "말하지 않아야 할 것"으로 "비언(匪言)"을 해석하였으니 언(言)은 선언(善言)을 말하며, 인(人)을 선인(善人)이라고 하는 것과 같다.

76 두예는 "왕자 환이 임금을 받든 것이다"라 하였다.

77 영(領): 영은 아마 환원산(轘轅山)일 것이며 일명 악령(崿嶺)이라고도 한다. 영(領)은 영(嶺)의 가차자이다.

78 두예는 "거듭 맹약을 맺어 단자와 유자를 다시 돌아오게 하려는 것이다"라 하였다.

79 두예는 "황(荒)에게 죄를 돌린 것이다"라 하였다.

80 양에서 그 채읍을 돌려준 것이다. 유(劉)는 지금의 하남 언사현 서남쪽, 구지의 서북쪽

單子亡.[81] 단자가 도망갔다.

乙丑,[82] 을축일에

奔于平畤.[83] 평치로 달아났다.

羣王子追之, 여러 왕자들이 그를 쫓아가자

單子殺還, 姑, 發, 弱, 鬷, 延, 定, 稠,[84] 단자가 환과 고, 발, 약, 종, 연, 정, 조를 죽였으며

子朝奔京.[85] 자조는 서울로 달아났다.

丙寅,[86] 병인일에

伐之.[87] 그들을 쳤다.

京人奔山.[88] 경 사람은 산으로 달아났다.

劉子入于王城.[89] 유자가 왕성으로 들어갔다.

이다.

81 아마 제번이 왕자 환의 음모를 알려 주었으므로 도망간 것이다.

82 을축일은 19일이다.

83 평치 또한 양공 30년의 『전』에 보이는데 『석례(釋例)』에는 모두 빠져 소재지를 모르겠으며, 낙양에서 멀지 않을 것이다.

84 두예는 "여덟 사람은 영왕과 경왕의 족인인데 싸우는 틈에 죽인 것이다"라 하였다. 위에서는 "군왕자(群王子)"라고 하였는데, 이 여덟 명이 모두 왕자이기 때문에 다만 그 이름만 일컬은 것이다.

85 두예는 "그 무리가 죽었기 때문이다"라 하였다. 강영(江永)의 『고실(考實)』에서는 경(京)은 은공 원년 『전』의 정나라 읍 경이 아니라고 하였다. 『전』의 내용으로 보건대 전성(前城)에 가까울 것이며, 이수의 남쪽 낙양의 서남쪽에 있다.

86 병인일은 20일이다.

87 두예는 "단자가 경을 친 것이다"라 하였다.

88 산은 아마 위의 "북산에서 사냥을 하였다(田北山)"라 한 북산, 곧 망산(邙山)이다.

89 두예는 "자조가 경으로 달아났으므로 들어갈 수 있었다"라 하였다.

辛未,[90]	신미일에
鞏簡公敗績于京.	공간공이 경에서 대패했다.
乙亥,[91]	을해일에
甘平公亦敗焉.[92]	감평공 또한 패하였다.
叔鞅至自京師,[93]	숙앙이 경사에서 돌아와
言王室之亂也.	왕실의 난을 말하였다.
閔馬父曰,	민마보가 말하였다.
"子朝必不克.	"자조는 반드시 이기지 못할 것이다.
其所與者,	그가 더불어 하는 자는
天所廢也."[94]	하늘이 버린 자들이다."
單子欲告急於晉.[95]	단자가 진나라에 위급을 알리려고 하였다.
秋七月戊寅,[96]	가을 7월 무인일에
以王如平畤,	왕을 데리고 평치로 갔다가

90 신미일은 25일이다.

91 을해일은 29일이다.

92 두예는 "감(甘)과 공의 두 임금은 주의 경사이다"라 하였다. 감은 곧 평공의 채읍으로, 지금의 낙양시 남쪽 교외이다.

93 두예는 "경왕을 장사 지내고 돌아온 것이다"라 하였다.

94 두예는 "민마보는 민자마(閔子馬)로 노나라의 대부이다. 하늘이 폐한 것이라는 것은 여러 사람이 여러 관직을 잃은 것이다"라 하였다.

95 공(鞏)과 감 때문에 패하였다.

96 무인일은 3일이다.

遂如圃車,	마침내 포거로 가서
次于皇.[97]	황에 머물렀다.
劉子如劉.	유자는 유로 갔다.
單子使王子處守于王城.[98]	단자는 왕자 처로 하여금 왕성에서 지키게 하였다.
盟百工于平宮.[99]	평궁에서 백공들과 맹약하였다.
辛卯,[100]	신묘일에
鄩肸伐皇.[101]	심힐이 황을 쳤다.
大敗,	대패하여
獲鄩肸.	심힐을 사로잡았다.
壬辰,[102]	임진일에

97 두예는 "나가서 머물렀다는 것은 위급함을 보인 것이다. 무인일은 7월 3일이다. 『경』에서 6월이라 기록한 것은 잘못이다"라 하였다. 강영(江永)의 『고실(考實)』에서는 "포거는 주나라 땅으로 공현(鞏縣)의 황에 가까울 것이다"라 하였다. 황은 『휘찬(彙纂)』에 의하면 지금의 공현 서남쪽에 있을 것이다.

98 두예는 "왕자 처는 자맹의 무리이다. 왕성을 지며 자조를 막게 한 것이다"라 하였다.

99 평궁(平宮): 두예는 "평궁은 평왕의 사당이다"라 하였다.

100 신묘일은 16일이다.

101 심힐(鄩肸): 두예는 "심힐은 자조의 무리이다"라 하였다. 『설문』에서 "심(鄩)은 주나라의 읍이다"라 하였다. 진(晉)나라 경상번(京相璠)의 『춘추토지명(春秋土地名)』에서는 "지금의 공락도(鞏洛渡) 북쪽에 심곡수(鄩谷水)가 있는데 동으로 낙양으로 흘러든다. 또한 심성(鄩城)이 있는데 아마 주나라 대부 심힐의 구읍일 것이다"라 하였다. 단옥재(段玉裁)의 『설문해자주(說文解字注)』에서는 "지금의 하남 공현(여기서는 공현의 폐쇄된 치소를 가리키며, 지금의 공현의 치소는 이미 효의진(孝義鎭)으로 옮겼으며 옛 치소의 서쪽에 있다) 서남쪽 58리 지점에 옛 심성이 있다"라 하였다.

102 임진일은 17일이다.

焚諸王城之市.[103]	왕성의 저자에서 화형시켰다.
八月辛酉,[104]	8월 신유일에
司徒醜以王師敗績于前城.[105]	사도 추가 왕의 군사를 가지고 전성에서 대패하였다.
百工叛.[106]	백공이 반란을 일으켰다.
己巳,[107]	기사일에
伐單氏之宮,	단씨의 궁을 쳐서
敗焉.[108]	패했다.
庚午,[109]	경오일에
反伐之.	반격하였다.
辛未,[110]	신미일에
伐東圉.[111]	동어를 쳤다.
冬十月丁巳,[112]	겨울 10월 정사일에

103 두예는 "심힐을 불태운 것이다"라 하였다.
104 신유일은 16일이다.
105 두예는 "추는 도왕의 사도이다. 전성은 자조가 얻은 읍이다"라 하였다. 전성은 지금의 낙양시 동남쪽 30리 지점, 이수(伊水)의 동안, 관새(關塞) 조금 남쪽에 있다.
106 두예는 "사도 추가 패하였기 때문이다"라 하였다.
107 기사일은 24일이다.
108 두예는 "백공(百工)이 단씨를 쳤는데 단씨에게 패한 것이다"라 하였다.
109 경오일은 25일이다.
110 신미일은 26일이다.
111 동어(東圉)는 성주(成周) 동쪽에 있으며 지금의 언사현(偃師縣) 서남쪽이다.
112 정사일은 13일이다.

晉籍談, 荀躒帥九州之戎及焦, 瑕, 溫, 原之師,[113]	진나라 적담과 순력이 구주의 융 및 초와 하, 온, 원의 군사를 거느리고
以納王于王城.[114]	왕을 왕성으로 들였다.
庚申,[115]	경신일에
單子, 劉盆以王師敗績于郊,[116]	단자와 유분이 왕의 군사를 가지고 교에서 대패하고
前城人敗陸渾于社.[117]	전성 사람이 사에서 육혼을 무찔렀다.
十一月乙酉,[118]	11월 을유일에
王子猛卒.[119]	왕자 맹이 죽었다.

113 두예는 "구주의 융은 육혼(陸渾)의 융이다. 17년에 멸망하여 진나라에 속하게 되었다. 주는 향에 속한 것이다. 다섯 주가 향이다"라 하였고, 또 "초와 하, 온, 원은 진나라의 네 읍이다"라 하였다. 초는 지금의 하남 섬현(陜縣)의 서쪽 교외이다. 하는 지금의 산서 예성현(芮城縣) 남쪽이다. 희공 30년의 『전』과 『주』에 상세하다. 온은 지금의 하남 온현(溫縣) 서남쪽으로 은공 3년의 『전』과 『주』에 보인다. 원은 지금의 하남 제원현(濟源縣) 서북쪽으로 영공 11년의 『전』과 『주』에 상세하다. 15년 『전』에서는 순력(荀躒)이 주나라에 갈 때 적담(籍談)이 부사가 되었다고 하였다. 『좌전』의 서술자는 모두 나라의 크기와 위차의 고하 선후의 차서에 의거하였는데, 여기서 적담을 순력의 위에다 서술하였으니 아마 담은 이미 경인 것 같다.

114 두예는 "정사일은 10월에 있는데 『경』에서 가을이라 기록한 것은 잘못이다"라 하였다.

115 경신일은 16일이다.

116 두예는 "자조의 무리들에게 패한 것이다"라 하였다.

117 두예는 "전성은 자조의 무리이다. 사는 주나라 땅이다"라 하였다. 『휘찬(彙纂)』에서는 "황하는 서로 언사(偃師)의 경계에서 공현(鞏縣)으로 들어가며 낙수가 그리 들어간다. 오사도(五社渡)가 있으며 또한 오사진(五社津)이 된다. 광무(光武)가 경엄(耿弇) 등을 보내어 오하에 주둔하게 하였으며 형양(滎陽) 동쪽을 대비하였으니 곧 이곳이다"라 하였으니 지금의 공현 동북쪽에 있다.

118 을유일은 12일이다.

不成喪也.[120]	상례를 치르지 못했다.
己丑,[121]	기축일에
敬王卽位.[122]	경왕이 즉위하였다.
館于子旅氏.[123]	자려씨의 집에서 묵었다.
十二月庚戌,[124]	12월 경술일에
晉籍談, 荀躒, 賈辛, 司馬督帥師軍于陰,[125]	진나라 적담과 순력, 가신, 사마독이 군사를 거느리고 음에서
于侯氏,[126]	구지에서
于谿泉,[127]	계천에서 주둔하고
次于社.[128]	그리고 사에서 머물렀다.

119 두예는 "을유일은 11월에 있는데 『경』에서 10월으로 기록한 것은 잘못이다. 즉위는 못했지만 주나라 사람들은 시호를 도왕(悼王)이라 하였다"라 하였다. 『사기 · 주본기(周本紀)』에서는 "자조가 맹을 공격하여 죽였다"고 하여 『전』과는 다르다.

120 두예는 "'왕께서 붕어하셨다'라고 일컫지 않은 이유를 말하였다"라 하였다.

121 기축일은 16일이다.

122 두예는 "경왕은 왕자맹의 동모제 왕자 개(王子匄)이다"라 하였다.

123 두예는 "자려는 주나라의 대부이다"라 하였다.

124 경술일은 7일이다.

125 사마독은 곧 사마오(司馬烏)이다. 두예는 "적담이 주둔한 곳이다"라 하였다. 이 가신은 성공 18년 『전』의 "우행가신(右行賈辛)"과는 다른 사람이다. 음(陰)은 곧 23년의 평음으로, 지금의 하남 맹진현(孟津縣) 북쪽에 있으며 황하의 남안에 기대고 있다.

126 두예는 "순력이 주둔한 곳이다"라 하였다. 구지는 곧 지금의 구지진(緱氏鎭)이다.

127 두예는 "가신이 주둔한 곳이다. 공현 서남쪽에 명계천(明谿泉)이 있다"라 하였다. 『휘찬(彙纂)』에서는 "『수경주』에 낙수는 또 동쪽으로 흘러 명락천(明樂泉)이 물을 보태어 남쪽 언덕의 아래로 나와 다섯 샘이 함께 이끄므로 세상에서는 오도천(五道泉)이라 하며, 곧 옛 명계천이다"라 하였으니 계천은 낙양시 동남쪽에 있을 것이다.

128 두예는 "사마독이 주둔한 곳이다"라 하였다.

王師軍于氾, 왕의 군사는 범에서

于解, 해에서 주둔하고

次于任人.[129] 임인에서 머물렀다.

閏月, 윤달에

晉箕遺, 樂徵, 右行詭濟師取前城,[130] 진나라의 기유와 악징, 우행궤가 군사를 건내 전성을 취하고

軍其東南. 그 동남쪽에 주둔하였다.

王師軍于京楚.[131] 주나라의 군사는 경초에 주둔하였다.

辛丑,[132] 신축일에

伐京, 경을 치고

毁其西南.[133] 그 서남쪽을 허물었다.

---

129 이곳의 범(氾)은 희공 24년의 "천자는 도성을 떠나 정나라로 가서 범에서 거처했다(王出適鄭, 處于氾)"라 한 범(氾)이 아니고 또한 "초나라는 범수 남쪽에 진을 쳤다(秦軍氾南)"라 한 범(氾)도 아닌데, 모두 낙양과 너무 떨어져 있기 때문이다. 곧 성공 4년『전』의 "범을 취하였다(取氾)" 한 범(氾)인 것 같은데 지금의 공현(鞏縣) 동북쪽에 있으며, 성공 4년『전』의『주』에 상세하다. 해(解)는 두예는 "낙양 서남쪽에 대해(大解)와 소해(小解)가 있다"라 하였다.『속한서·군국지(郡國志)』에 의하면 대해성은 낙양 남쪽에 있고, 소해성은 낙양 서남쪽에 있다. 임인(任人)은 곧 낙양 부근의 땅일 것이다.

130 두예는 "세 사람은 진나라 대부이다. 제사(濟師)는 이수(伊水)와 낙수(洛水)를 건넌 것이다"라 하였다.

131 강영(江永)의『고실(考實)』에서는 낙양과 가까운 땅이라 하였다.

132 신축일은 29일이다.

133 두예는 "경(京, 본래는 "京楚"로 되어 있었는데, 여기서는 단옥재(段玉裁)의 설에 의하여 "楚"자는 산거했다)은 자조(子朝)가 있는 곳이다"라 하였다. 고염무(顧炎武)의『구경오자(九經誤字)』에서는『당석경』에 "자조는 교(郊)로 달아났다"라는 구절이 있는데 감본(監本)에는 탈락되었다.

소공 23년

經

二十有三年春王正月,[1]	23년 봄 주력으로 정월에
叔孫婼如晉.[2]	숙손야가 진나라로 갔다.
癸丑.[3]	계축년에
叔鞅卒.[4]	숙앙이 죽었다.
晉人執我行人叔孫婼.[5]	진나라 사람이 우리 행인 숙손야를 잡았다.
晉人圍郊.[6]	진나라 사람이 교를 에워쌌다.
夏六月,	여름 6월에
蔡侯東國卒于楚.[7]	채후 동국이 초나라에서 죽었다.
秋七月,	가을 7월에
莒子庚輿來奔.	거자 경여가 도망쳐왔다.

---

1 이십삼년(二十三年): 임오년 B.C. 519년으로 주경왕(周敬王) 원년이다. 『공양전』에는 "유(有)"자가 없는데 탈오(脫誤)일 것이다. 동지가 정월 초6일 정미일로 건자(建子)이다.

2 "야(婼)"는 『공양전』에는 "사(舍)"로 되어 있다. "야(婼)"와 "사(舍)"는 고음의 운부가 평성과 입성으로 대전(對轉)된다. 두예는 "주(邾)나라 군사를 취한 것에 사죄한 것이다"라 하였다.

3 계축일은 12일이다.

4 『전』이 없다. 왕극관(王克寬)의 『춘추호전부록찬소(春秋胡傳附錄纂疏)』에서는 "숙궁(叔弓)의 아들은 첩(輒)의 아우이다. 아들 예(詣)가 이어서 대부가 되었다"라 하였다.

5 두예는 "'행인'이라 칭한 것은 진나라가 사인(使人)을 잡은 것을 기롱한 것이다"라 하였다.

6 두예는 "자조(子朝)를 토벌한 것이다. 교(郊)는 주(周)나라의 읍이다. 교를 포위한 것은 숙앙이 죽기 전에 있었으며 『경』에서 나중에 기록한 것은 부고를 따른 것이다"라 하였다.

7 『전』이 없다.

戊辰,[8]	무진일에
吳敗頓, 胡, 沈, 蔡, 陳, 許之師于雞父.[9]	오나라가 돈과 호, 침, 채, 진, 허나라의 군사를 계보에서 무찔렀다.
胡子髡, 沈子逞滅,[10]	호자 곤과 침자 영은 죽었고
獲陳夏齧.[11]	진나라 하설은 사로잡았다.
天王居于狄泉.[12]	천자께서 적천에 거처하셨다.
尹氏立王子朝.[13]	윤씨가 왕자 조를 세웠다.

---

8 무진일은 29일이다.

9 "보(父)"는『곡량전』에는 "보(甫)"로 되어 있다. "보(父)"와 "보(甫)" 두 자는 옛날에는 본래 통하여 썼다. 두예는 "계보는 초나라 땅으로 안풍현(安豐縣) 남쪽에 계비정(雞備亭)이 있다"라 하였다. 서남의 안풍현은 지금의 하남 고시현(固始縣) 동쪽에 있으니 계보는 또한 그 남쪽에 있다.

10 "영(逞)"은『공양전』에는 "영(盈)"으로 되어 있다. 두예는 "나라는 남아 있지만 임금이 죽은 것을 멸(滅)이라 한다"라 하였다. 호(胡)나라는 규(嬀)성으로 옛 성은 지금의 안휘 부양시(阜陽市)이다. 정공 15년 초나라가 멸하였다.

11 두예는 "대부가 죽거나 산 채로 잡힌 것을 획(獲)이라 통칭한다"라 하였다. 두예의 주는『공양전』을 근본으로 하였다. 공영달은 "선공 2년 정나라 사람이 화원(華元)을 잡았는데 사로잡은 것이며, 애공 11년 제나라의 국서(國書)를 잡았는데 죽여서 잡은 것이다. 따라서 대부가 죽거나 산 채로 잡은 것을 획이라 통칭한다"라 하였다. 또한『세본(世本)』을 인용하여 "선공(宣公)은 자하(子夏)를 낳았고, 자하는 어숙(御叔)을 낳았으며, 어숙은 징서(徵舒)를 낳았고, 징서는 혜자(惠子) 진(晉)을 낳았으며, 진은 어구(御寇)를 낳았고, 어구는 도자(悼子) 설(齧)을 낳았다. 설은 징서의 증손이다"라 하였다. 정공열(程公說)의『춘추분기(春秋分紀)』에서는 또한 도자 설은 하구부(夏區夫)를 낳았다고 하였다.

12 두예는 "경왕(敬王)이 자조(子朝)를 피한 것이다. 적천은 지금의 낙양성 안의 대창(大倉) 서남쪽의 연못인데 당시에는 성 밖에 있었다"라 하였다. 공영달은 "적천이 성안에 있었다면 왕이 성주(成周)에 거처하였다고 해야 할 것이니 이때 성 밖에 있었음을 알겠다. 지금 성안에 있는 것은『토지명(土地名)』에서는 혹자가 말하기를 정공 원년에 성주에 성을 쌓았으니 곧 둘러서 성안으로 들어온 것이다"라 하였다. 적천은 곧 희공 29년『경』의 적천(翟泉)으로 그곳의 주를 참조하라. 연못의 물은 지금은 이미 막혔다.

13 두예는 "윤씨는 주나라의 세경(世卿)이다. 윤씨가 자조(子朝)를 세웠다고 기록한 것은

八月乙未,[14] 8월 을미일에

地震. 지진이 발생하였다.

冬, 겨울에

公如晉, 공이 진나라로 가다가

至河,[15] 황하에 이르러

有疾, 병이 나서

乃復. 이에 돌아왔다.

傳

二十三年春王正月壬寅朔, 23년 봄 주력으로 정월 임인일 초하룻날에

二師圍郊.[16] 두 군사가 교를 에워쌌다.

癸卯,[17] 계묘일에

郊, 鄩潰.[18] 교와 심이 궤멸되었다.

주나라 사람들이 세우고자 한 것이 아님을 밝힌 것이다"라 하였다.

14 을미일은 26일이다.

15 "지하(至河)"의 아래에 『공양전』과 『곡량전』에는 모두 또 "공(公)"자가 있다.

16 이 문장은 지난해 『전』의 "경을 치고 그 서남쪽을 허물었다(伐京, 毁其西南)"라 한 곳에 이어서 읽어야 한다고 하였다. 두예는 "두 군사는 주나라 왕의 군사와 진(晉)나라 군사이다"라 하였다. 『경』에서는 "진나라 사람이 교를 에워쌌다"라고만 기록하고 주나라 왕의 군사는 기록하지 않았는데 아마 진나라 군사가 주력 부대였기 때문인 것 같다.

17 계묘일은 2일이다.

18 두예는 "하남 공현(鞏縣) 서남쪽에 심중(鄩中)이라는 지명이 있다. 교와 심은 두 읍으로 모두 자조(慈鳥)가 얻은 것이다"라 하였다.

丁未,[19] 정미일에

晉師在平陰, 진나라 군사는 평음에 있었고

王師在澤邑.[20] 주나라 군사는 택읍에 있었다.

王使告間,[21] 왕이 호전되었다고 알리게 하니

庚戌,[22] 경술일에

還.[23] 돌아갔다.

郲人城翼,[24] 주나라 사람이 익에 성을 쌓고

還, 돌아가면서

將自離姑.[25] 이고로 가려고 했다.

---

19 정미일은 6일이다.

20 『사기·주본기(周本紀)』에서는 경왕이 택(澤)에 머물렀다고 하였는데 곧 이곳의 택읍이며 또한 곧 적천(狄泉)으로 왕의 군사는 경왕을 따른다.

21 간(間): 병이 호전되는 것을 간(間)이라고 하는데 『논어·자한(子罕)』편에서 "병이 차도가 있었다(病間)"라 한 것이 이를 말한다. 이곳의 고간(告間)은 진나라 군사가 자조의 난을 조금 평정하여 진나라 군사를 철군시켜 돌아가고자 하는 것으로, 자기의 힘이 충분히 자조를 이길 수 있음을 말하는 것이다.

22 경술일은 9일이다.

23 두예는 "진나라 군사가 돌아간 것이다"라 하였다.

24 두예는 "익은 주나라의 읍이다"라 하였다. 익은 곧 은공 원년『전』에서 "주나라 및 정나라 사람들과 익에서 회맹하였다(及郲人、鄭人盟于翼)"라 한 익으로 지금의 산동 비현(費縣) 서남쪽 90리 지점이다.

25 이고(離姑): 두예는 "이고는 주(郲)나라의 읍이다. 이고에서는 노나라의 무성(武城)을 경유하여야 한다"라 하였다. 이고는 익(翼)의 북쪽에 있고, 무성은 또 이고의 북쪽에 있다. 이때 주(郲)나라는 이미 역(繹)으로 천도하였는데 지금의 추현(鄒縣) 동남쪽 25리 지점으로, 문공 13년의『전』과『주』에 보인다. 익에서 이고를 거쳐 가자면 반드시 무성을 지나야 한다. 무성은 노나라 땅이므로 이웃 나라의 국경을 지나가려면 반드시 길을 빌려야 한다.

公孫鉏曰,	공손서가 말했다.
"魯將御我."[26]	"노나라가 막을 것입니다."
欲自武城還,	무성에서 돌아
循山而南.[27]	산을 따라 남쪽으로 가려고 하였다.
徐鉏, 丘弱, 茅地曰,[28]	서서와 구약, 모지가 말하였다.
"道下,	"길이 낮아
遇雨,	비를 만나면
將不出,	헤어나지 못할 것이니
是不歸也."[29]	이는 돌아가지 않는 것이오."
遂自離姑.[30]	마침내 이고에서 갔다.
武城人塞其前,[31]	무성 사람들이 그 앞을 막고
斷其後之木而弗殊,[32]	뒤의 나무를 살짝 잘라 끊어 놓지는 않고

26 두예는 "서는 주나라의 대부이다"라 하였다. 선공 14년『전』에서 화원(華元)이 말하기를 "우리나라를 지나면서 길을 빌리지 않는 것은 우리를 속현으로 여기는 것이다(過我而不假道, 鄙我也)"라 하였다. 고대에는 길을 빌리는 예(禮)가 있었는데 선공 14년『전』의『주』에 상세하다. 주나라 병사가 무성을 지나가면서 길을 빌리지 않으면 무성 사람이 반드시 맞서서 막을 것이라는 말이다. 어(御)는 어(禦)와 같다.

27 두예는 "무성에 이르러 돌아 나와 산을 따라 남쪽으로 가서 무성을 지나지 않으려는 것이다"라 하였다. 익에서 주나라로 가려면 반드시 지금의 기몽산구(沂蒙山區)를 거쳐야 한다. 이는 공손서의 생각이다.

28 두예는 "이 세 사람은 주나라의 대부이다"라 하였다.

29 두예는 "이 산길은 낮아서 습하다는 말이다"라 하였다.

30 두예는 "결국 무성을 지난 것이다"라 하였다.

31 두예는 "병사로 그 앞길을 막은 것이다"라 하였다.

邾師過之, 주나라 군사가 지나가자

乃推而蹶之,[33] 밀어서 넘어뜨리어

遂取邾師, 마침내 주나라 군사를 취하고

獲鉏, 弱, 地.[34] 서와 약, 지를 사로잡았다.

邾人愬于晉, 주나라 사람이 진나라에 하소연하니

晉人來討.[35] 진나라 사람이 와서 토벌하였다.

叔孫婼如晉, 숙손야가 진나라로 갔는데

晉人執之. 진나라 사람이 그를 붙잡았다.

書曰, 기록하기를

"晉人執我行人叔孫婼", "진나라 사람이 우리 행인 숙손야를 잡았다"라 한 것은

言使人也. 사인임을 말한 것이다.

晉人使與邾大夫坐,[36] 진나라 사람이 주나라 대부와 대좌하게 하였더니

---

32 『광아(廣雅)』에서는 "수(殊)는 끊는 것이다"라 하였다. 또한 "수는 자르는 것이다"라 하였다. 이는 나무를 베어 절단되지 않게 해놓은 것을 이른다.

33 궐(蹶): 궐(蹷)이라고도 한다. 끊어지려는 나무를 밀어서 쓰러뜨리는 것이다. 양공 9년 『전』에 "이를 그 근본을 넘어뜨리는 것이다(是謂蹷其本)"라는 말이 있는데, 공영달은 "궐(蹷)은 쓰러뜨리는 것이다"라 하였다. 앞에는 병사가 막고 있고 뒤에는 나무가 가로막혀 주나라 군사들이 진퇴양난에 빠진 것이다.

34 이는 모두 지난해의 일로 추급(追及)하여 숙손야가 진나라로 간 까닭을 말한 것이다.

35 죄를 묻는 것이다. 노나라는 사실 죄가 없지만 주나라를 편들어 두둔하였기 때문에 그 하소연을 들어준 것이다.

36 좌(坐): 두예는 "법정에 앉아 옳고 그름을 따지는 것이다"라 하였다. 공영달은 "『주례·소사구(小司寇)』에서는 '명부(命夫)와 명부(命婦)를 재판할 때는 직접 재판장에 나와 대좌

叔孫曰,	숙손이 말하였다.
"列國之卿當小國之君,	"열국의 경은 소국의 임금에 해당하니
固周制也.	실로 주나라의 제도입니다.
邾又夷也.	주나라는 또한 오랑캐입니다.
寡君之命介子服回在,[37]	과군의 명을 받은 부사 자복회가 있으니
請使當之,	청컨대 그와 대질케 해주어
不敢廢周制故也."	감히 주나라의 제도를 폐기하지 않게 하십시오."
乃不果坐.	이에 끝내 대좌하지 않았다.
韓宣子使邾人聚其衆,	한선자가 주나라 사람으로 하여금 그 무리를 모으게 하여
將以叔孫與之.	숙손야를 그들에게 주려고 하였다.
叔孫聞之,	숙손이 듣고
去衆與兵而朝.[38]	무리와 무기를 버리고 조현하였다.

(對坐)하게 하지 않는다(不躬坐獄訟)'라 하였다. 무릇 송옥의 판결은 모두 재판을 건 사람으로 하여금 대좌하게 하여 진술을 받아 낸다"라 하였다. 고대의 소송에서 쌍방 간에 서로 변론하는 것을 좌(坐)라고 한다. 변론하는 사람 도한 좌라고 하니, 희공 28년『전』의 "침장자가 대신 앉아 주었다(鍼莊子爲坐)"라 한 것이 바로 이를 말한다. 그곳의『주』를 참조하라.

37 두예는 "자복회는 노나라 대부로 숙손의 부사(副使)이다"라 하였다. 부사〔介〕 또한 임금의 명을 받들었으므로 부사에게 명하였다고 한 것이다.

38 수행원도 없고 무기도 지니지 않고 단신으로 진나라 임금을 조현한 것이다. 두예는 "숙

士彌牟謂韓宣子曰,[39]	사미모가 한선자에게 말하였다.
"子弗良圖,[40]	"그대가 잘 생각해 보지도 않고
而以叔孫與其讎,	숙손을 그 원수에게 넘겨주면
叔孫必死之.	숙손은 반드시 죽을 것입니다.
魯亡叔孫,	노나라가 숙손을 잃으면
必亡邾.	반드시 주나라를 멸망시킬 것입니다.
邾君亡國,	주나라 임금이 나라를 잃으면
將焉歸?[41]	어디로 가겠습니까?
子雖悔之,	그대가 뉘우친들
何及?[42]	어찌 미치겠습니까?
所謂盟主,	이른바 맹주는
討違命也.	명령을 위반하는 것을 토벌하는 것입니다.
若皆相執,[43]	모두 서로 잡고 있으면
焉用盟主?"	맹주가 무슨 소용이겠습니까?"

고자 하는 것을 보여준 것이다"라 하였다.

39 미모(彌牟): 두예는 "미모는 사경백(士景伯)이다"라 하였다.

40 그 계모(計謀)가 좋지 못하다는 것이다.

41 두예는 "당시 주(邾)나라 임금은 진(晉)나라에 있었는데 나라가 망한다면 돌아갈 곳이 없으므로 더욱 진나라의 근심이 될 것이라는 말이다"라 하였다.

42 아예 미치지 못하리라는 것이다.

43 노나라는 주나라의 세 대부를 붙잡아 놓고 있으며 진나라는 또 주나라로 하여금 숙손을 잡아 놓게 한 것이다.

乃弗與.	이에 그를 주지 않았다.
使各居一館.[44]	각기 한 집에 머무르게 하였다.
士伯聽其辭,	사백이 그들의 변호를 듣고
而愬諸宣子,	선자에게 하소연하였더니
乃皆執之.[45]	이에 그들을 모두 잡았다.
士伯御叔孫,	사백이 숙손이 탄 수레를 모는데
從者四人,	종자가 네 사람이었으며
過邾館以如吏.[46]	주나라 사람이 묵는 집을 지나 관리에게 갔다.
先歸邾子.[47]	먼저 주자를 돌려보냈다.
士伯曰,	사백이 말하였다.
"以芻蕘之難,	"꼴과 땔나무의 어려움 때문에
從者之病,	종자가 힘들어하니
將館子於都."[48]	그대의 거처를 다른 읍으로 옮기겠소."

44 공영달은 "가규는 '주나라와 노나라 대부로 하여금 각기 한 집에 거처하게 한 것이다'라 하였고, 정중(鄭衆)은 '숙손과 자복회를 각기 한 집에 거처하게 한 것이다'라 하였다"고 하였다. 두예는 정중의 설을 썼으며 아래의 내용으로 미루어 보건대 정중의 뜻이 옳다.

45 두예는 "두 사람의 말에 순종함이 없기 때문에 사백이 고하고 잡게 한 것이다"라 하였다.

46 두예는 "주나라 사람으로 하여금 숙손의 굴욕을 보게 하려는 것이다"라 하였다.

47 먼저 주자(邾子)를 귀국하게 한 것이다.

48 땔나무를 대기가 힘들어서 시자(侍者)가 고생이 심하다는 것은 모두 핑계이다. 두예는 "도(都)는 별도(別都)로 기(箕)를 말한다"라 하였다. 도(都)는 곧 읍(邑)으로 산문에서 통하여 쓴다.

叔孫旦而立,	숙손이 아침부터 서서
期焉.[49]	기다렸다.
乃館諸箕.[50]	이에 기에 머물게 했다.
舍子服昭伯於他邑.[51]	자복소백을 다른 읍에 거처하게 하였다.
范獻子求貨於叔孫,	범헌자가 숙손에게 재물을 요구하면서
使請冠焉.[52]	모자를 청하게 하였다.
取其冠法,[53]	그의 모자 크기를 취하여
而與之兩冠,	그들에게 두 개의 모자를 주면서
曰,	말하였다.
"盡矣."[54]	"다입니다."
爲叔孫故,	숙손 때문에

49 두예는 "입(立)은 명을 기다리는 것이다"라 하였다. 기(期)는 기다린다는 뜻으로 곧 대명(待命)과 같은 뜻이다.

50 기(箕): 지금의 산서 포현(蒲縣) 동북쪽이며, 나머지는 희공 33년『경』의『주』에 상세하다.

51 사(舍): 역시 관(館)과 같다. 곧 격리시켜 연금하는 것이다.

52 두예는 "모자를 요구한다는 핑계를 댄 것이다"라 하였다.

53 범헌자의 모자 사이즈를 몰랐으므로 사람으로 하여금 범헌자의 모자를 만드는 본을 가져오게 한 것이다.

54 숙손은 모자를 구한다는 것은 거짓이고 사실은 재물을 요구하는 것임을 분명히 알았으며 거짓으로 모른 체하고 헌자의 모자 치수를 가져다가 두 개를 만들어 주고 또 "다다"고 말하여 그 입을 막은 것이다.

申豐以貨如晉.[55]	신풍이 재물을 가지고 진나라에 갔다.
叔孫曰,	숙손이 말하였다.
"見我,	"나를 보러 오면
吾告女所行貨."	네가 재물을 가져갈 곳을 알려 주겠다."
見,	만나러 가니
而不出.[56]	나오지 않았다.
吏人之與叔孫居於箕者,[57]	숙손과 함께 기에 머물고 있는 관리가
請其吠狗,[58]	잘 짖는 개를 요구하였는데
弗與.[59]	주지 않았다.
及將歸,	돌아가려 할 무렵에
殺而與之食之.[60]	잡아서 그와 함께 먹었다.
叔孫所館者,	숙손이 머문 곳은
雖一日,	하루라도

55 두예는 "재물을 써서 숙손을 사면시키려는 것이다"라 하였다.

56 신풍(申豐)이 숙손을 가서 만나 보았으나 밖으로 나가려 하지 않았는데 재물을 써서 풀려나고 싶지 않은 것이다.

57 진나라의 관리로 숙손과 한 집을 쓰는 사람은 곧 연금 중인 숙손을 감시하는 자이다.

58 폐구(吠狗): 개가 아주 잘 짖어서 폐구(吠狗)라고 하였다.

59 또한 숙손이 소리(小吏)에게 뇌물을 주고 싶어 하지 않은 것이었다.

60 전날 주지 않은 것이 인색해서가 아님을 보여준 것이다.

必葺其牆, 屋,[61]	담과 집을 손을 보아야 했는데
去之如始至.[62]	떠날 때도 처음 올 때나 마찬가지였다.

夏四月乙酉,[63]	여름 4월 을유일에
單子取訾,[64]	단자는 자를 취하였으며
劉子取牆人, 直人.[65]	유자는 장인과 직인을 취하였다.
六月壬午,[66]	6월 임오일에
王子朝入于尹.[67]	왕자 조가 윤으로 들어갔다.

---

61 두예는 "즙(葺)은 보수하는 것이다"라 하였다. 옥(屋)은 옥상이라는 뜻으로 애공 3년 『전』에서 "공의 지붕을 덮어서 이었다(蒙葺公屋)"라 한 것으로 알 수 있다.

62 두예는 "떠날 곳이라 하여 허물거나 부수지 않은 것이다"라 하였다. 숙손은 이듬해 봄에 비로소 돌아간다.

63 을유일은 14일이다.

64 이듬해 『전』에서 "그에게 동자(東訾)를 주었다" 한 것으로 보아 자(訾)에는 동자와 서자가 있었는데 모두 공현(鞏縣)에 있었다. 동자는 공현 옛 성의 서남쪽 50리 지점에 있었다. 이곳에서는 자(訾)라고만 말하였고, 아래서는 장인(牆人)이 신안(新安)에 있다고 하였으니 이는 아마 서자(西訾)인 것 같다. 또한 지금의 공현 서남쪽에 있다.

65 두예는 "세 읍은 자조에게 속한 것이다"라 하였다. 『휘찬(彙纂)』에서는 "지금의 신안현 동북쪽에는 백장촌(白牆村)이 있는데 그곳인 것 같다"라 하였다. 직인 도한 신안현 경계에 있을 것이다.

66 임오일은 12일이다.

67 두예는 "경(京)에서 윤씨의 읍으로 들어간 것이다"라 하였다. 공영달은 "전해에 자조는 경에 있었는데 주나라 군사가 그 서남쪽을 허물긴 했지만 경을 이겼다고는 하지 않았다. 또 금년 2월에 군사가 교를 포위하였는데 자조가 교(郊)에 있다고는 하지 않았으므로 서울에서 윤으로 들어갔다고 한 것이다"라 하였다. 윤(尹)은 강영(江永)의 『고실(考實)』에서는 『수경주·낙수(洛水)』에 의거하여 윤은 윤계(尹谿)와 윤곡(尹谷)에서 이름을 얻었을 것이라고 생각했으며, 윤읍은 의양현(宜陽縣) 경계에 있어야 한다. 그러나 후위(後魏)의 의양은 지금의 치소 서쪽 50리 지점에 있다. 윤읍은 아마 지금의 낙영현(洛寧縣) 경계에

癸未,[68]	계미일에
尹圉誘劉佗殺之.[69]	윤어가 윤타를 꾀어 죽였다.
丙戌,[70]	병술일에
單子從阪道,	단자는 판의 길에서
劉子從尹道伐尹.[71]	유자는 윤의 길에서 윤을 쳤다.
單子先至而敗,	단자가 먼저 이르러 패하였으며
劉子還.[72]	유자는 군사를 돌렸다.
己丑,[73]	기축일에
召伯奐, 南宮極以成周人戍尹.[74]	소백환과 남궁극이 성주의 사람을 가지고 윤을 지켰다.
庚寅,[75]	경인일에

있을 것이다.

68 계미일은 13일이다.

69 두예는 "윤어는 윤문공(尹文公)이다. 유타는 유분(劉蚠)의 일족으로 경왕(敬王)의 무리이다"라 하였다.

70 병술일은 16일이다.

71 언사(偃師) 동남쪽에 악리판(鄂里阪)이 있으며, 공현(鞏縣)의 옛 치소 동남쪽에 환원판(轘轅阪)이 있고, 의양(宜陽)의 동남쪽에 구곡판(九曲阪)이 있다. 이 판(阪)은 아마 악리판이나 환원판인 것 같다. 윤도(尹道)는 윤으로 들어가는 길이다. 도홍경(陶鴻慶)은 "『광아 · 석고(釋詁)』에서 '판(阪)은 사(邪)이다'라 하였다. 판도(阪道)는 벽도(僻道)이다. 『석언(釋言)』에서 '윤(尹)은 바른 것이다'라 하였다. 윤도는 정도(正道)이다"라 하였다. 『별소(別疏)』에 상세하며, 또한 통한다.

72 두예는 "단자가 패하였기 때문이다"라 하였다.

73 기축일은 19일이다.

74 두예는 "두 사람은 주나라의 경사(卿士)이다. 환은 소장공(召莊公)이다"라 하였다.

75 경인일은 20일이다.

單子, 劉子, 樊齊以王如劉.[76]	단자와 유자, 번제는 왕을 모시고 유로 갔다.
甲午,[77]	갑오일에
王子朝入于王城,	왕자 조는 왕성으로 들어가
次于左巷.[78]	좌항에 머물렀다.
秋七月戊申,[79]	가을 7월 무신일에
鄩羅納諸莊宮.[80]	심라가 그를 장궁에서 받아들였다.
尹辛敗劉師于唐.[81]	윤신은 유의 군사를 당에서 물리쳤다.
丙辰,[82]	병진일에
又敗諸鄩.	또한 심에서 물리쳤다.
甲子,[83]	갑자일에
尹辛取西闈.[84]	윤신이 서위를 취하였다.

76 두예는 "자기를 피하여 유자의 읍으로 나가서 머문 것이다"라 하였다. 제번은 곧 번경자(樊頃子)인데, 이후로는 더 이상 보이지 않는다.

77 갑오일은 24일이다.

78 좌항(左巷): 두예는 "동쪽 성에 가깝다"라 하였다.

79 무신일은 9일이다.

80 두예는 "심라는 주나라의 대부로 심힐(鄩肸)의 아들이다"라 하였다.

81 두예는 "윤신은 윤씨의 일족이다. 당은 주(周)나라 땅이다"라 하였다.

82 병진일은 17일이다.

83 갑자일은 25일이다.

84 『휘찬(彙纂)』에서는 『진지도기(晉地道記)』를 인용하여 서위(西闈)는 낙양현의 서남쪽에 있다고 하였다. 그러나 진(晉)의 낙양현은 지금의 낙양시 동북쪽 20리 지점에 있으니 서위는 아마 꼭 지금의 낙양시 서남쪽에 있지는 않을 것이다.

丙寅,[85] 병인일에

攻蒯,[86] 괴를 공격하니

蒯潰.[87] 괴는 궤멸되었다.

莒子庚輿虐而好劍.[88] 거자 경여는 포학하고 검을 좋아하였다.

苟鑄劍, 검을 주조하기만 하면

必試諸人.[89] 반드시 사람을 가지고 시험하였다.

國人患之. 백성들이 그것을 근심하였다.

又將叛齊.[90] 또한 제나라를 배반하려고 하였다.

烏存帥國人以逐之.[91] 오존이 백성을 이끌고 그를 쫓아냈다.

庚輿將出, 경여가 도망을 가려는데

聞烏存執殳而立於道左, 오존이 몽둥이를 집어 들고 길 왼쪽에 서 있다는 말을 듣고

---

85 병인일은 27일이다.

86 괴(蒯): 지금의 낙양시 조금 서북쪽에 있다.

87 두예는 "이때 경왕은 적천(狄泉)에 머물렀으며 윤씨는 자조를 세웠다"라 하였다. 이때 유의 군사는 연전연패했고 윤의 군사는 연전연승하여 경왕의 왕위가 또한 불안하였다.

88 경여(庚輿): 이비공(犁比公)의 아들이며 저구공(著丘公)의 아우로 소공 14년의『전』에 보인다. 소공 15년에 즉위하였을 것이다.

89 사람을 죽여 검이 잘 드는지 무딘지를 시험하는 것이다.

90 지난해에 제나라와 맹약하였다.

91 두예는 "오존은 거나라 대부이다"라 하였다.

懼將止死.[92] 막고 죽일 것을 두려워하였다.

苑羊牧之曰,[93] 원양목지가 말하였다.

“君過之! “임금께선 지나가십시오!

烏存以力聞可矣, 오존은 힘으로 이름이 나면 되었지

何必以弑君成名?”[94] 하필이면 임금님을 죽여 명성을 날리겠습니까?”

遂來奔.[95] 마침내 도망쳐 왔다.

齊人納郊公.[96] 제나라 사람이 교공을 들였다.

吳人伐州來,[97] 오나라 사람이 주래를 치자

---

92 수(殳): 두예는 “몽둥이는 길이가 1.2장(丈)이며 날이 없다”라 하였다. 경여는 제지당해 죽을까 두려워한 것이다.

93 두예는 “목지 또한 거나라의 대부이다”라 하였다.

94 목지는 오존이 경여를 죽이지는 않을 것이라고 믿은 것이다.

95 경여는 재위 9년 만에 노나라로 달아났다.

96 두예는 “교공은 저구공의 아들로 14년에 제나라로 달아났다”라 하였다. 예법대로라면 이듬해 즉위하고 원년으로 고쳤을 것이며 재위기간은 38년이다. 이름은 광(狂)이다. 거나라는 양공 31년 전여(展輿)가 그 부친 이비공을 죽이고 스스로 즉위한 이래 저구공, 경여, 교공을 거치게 되는데 네 왕 모두 내란을 겪었다. 노나라와 거나라 간의 전쟁은 이해 이후로는 『경』과 『전』에 보이지 않는다.

97 13년 『전』에서는 초평왕이 “주래가 오나라에 있는 것은 초나라에 있는 것과 같다(州來在吳, 猶在楚也)”라 말하였는데, 19년에 초나라 사람이 주래에 성을 쌓았으니 언제 초나라가 다시 취하였는지 모르겠다. 『경』과 『전』에는 기록이 없다. 애공 2년에 이르러 오나라 군사가 채나라로 들어가 채나라를 주래로 옮기도록 핍박하여 이에 채나라의 도읍이 되었다.

楚薳越帥師及諸侯之師奔命救州來.[98] 초나라의 원월이 군사를 거느리고 제후의 군사들과 함께 명을 받들어 주래를 구하러 왔다.

吳人禦諸鍾離.[99] 오나라 사람들이 종리에서 막았다.

子瑕卒, 자하가 죽자

楚師熸.[100] 초나라 군사는 사기가 떨어졌다.

吳公子光曰, 오나라 공자 광이 말하였다.

"諸侯之從於楚者衆, "제후 중에 초나라를 따르는 자들이 많지만

而皆小國也, 모두가 작은 나라이다.

畏楚而不獲已, 초나라를 두려워하여 어쩔 수 없이

是以來. 온 것이다.

吾聞之曰, 내가 듣건대

'作事威克其愛, '일을 하는 데 위세가 감정을 이기면

---

98 두예는 "영윤이 병에 걸려 종군하였으므로 원월이 그 일을 대신 맡은 것이다"라 하였다. 영윤은 양개(陽匄)로 자는 자하(子瑕)이다. 원월은 사마이다. 분명(奔命)은 초평왕의 명을 받들어 군사를 거느리고 온 것이다.

99 종리(鍾離): 지금의 안휘 봉양현(鳳陽縣) 조금 북쪽에서 서쪽이며, 회수의 남안이다.

100 잠(熸): 두예는 "자하는 곧 영윤으로 병석에서 일어나지 못하였다. 오나라와 초나라 사이에서는 불이 꺼지는 것을 잠(熸)이라고 하였다. 군대의 중한 주장이 죽었으므로 그 군인들은 더 이상 기세가 없어진 것이다"라 하였다. 양공 26년『전』에서 "초나라 군사는 대패하고 왕은 부상을 당하고 군사는 사기가 식었다(楚師大敗, 王夷,師熸)"라 하였고, 정공 10년『전』에서 "위후가 한씨에서 한단오를 쳤는데 그 서북쪽에 성을 쌓고 지키니 한밤중에 사기가 식었다(衛侯伐邯鄲午於寒氏, 城其西北而守之, 宵熸)"라 하였으니 잠은 반드시 오나라와 초나라 사이의 말만은 아니다.

雖小, 비록 작더라도

必濟.'[101] 반드시 이룬다' 하였다.

胡, 沈之君幼而狂,[102] 호와 침의 군사는 약하고 조급하며

陳大夫齧壯而頑,[103] 진나라의 대부 설은 씩씩하나 완고하고

頓與許, 蔡疾楚政. 돈과 허 및 채나라는 초나라의 정치를 미워한다.

楚令尹死, 초나라는 영윤이 죽어서

其師熸. 군사의 사기가 떨어졌다.

帥賤, 多寵, 장수는 천하고 총애는 많으며

政令不壹. 정령은 한결같지 않다.

七國同役而不同心,[104] 일곱 나라에서 같은 일을 하면서도 마음이 같지 않고

帥賤不能整, 장수는 천하여 정숙할 수 없으며

無大威命, 큰 위엄 있는 명이 없다.

---

101 두예는 "극은 이기는 것이다. 군사(軍事)는 위엄을 숭상한다"라 하였다. 오나라 군사는 초나라 및 제후들의 군사에 비해 분명히 약하고 적지만 위엄을 가지고 임하므로 "비록 작더라도 반드시 이룬다"고 하였다.

102 두예는 "광(狂)은 무상한 것이다"라 하였다. 『집운(集韻)』에서 "광은 조급한 것이다"라 하였다. 이 뜻이 비교적 낫다.

103 완고하여 임기응변이 없다는 것이다.

104 칠국(七國): 두예는 "일곱 나라는 초나라와 돈(頓), 호(胡), 침(沈), 채(蔡), 진(陳), 허(許) 나라이다"라 하였다.

楚可敗也.	초나라는 패할 것이다.
若分師先以犯胡, 沈與陳,	군사를 나누어 먼저 호나라와 침나라 및 진나라 군사를 치면
必先奔.	반드시 먼저 달아날 것이다.
三國敗,	세 나라가 패하면
諸侯之師乃搖心矣.	제후의 군사는 마음이 동요될 것이다.
諸侯乖亂,	제후가 어그러져 혼란해지면
楚必大奔.	초나라는 반드시 크게 달아날 것이다.
請先者去備薄威,[105]	청컨대 선발대는 방비를 없애 위세를 줄이고
後者敦陳整旅."[106]	후발대는 군진을 감독하여 군대를 정돈하게 하십시오.
吳子從之.	오자는 그대로 따랐다.
戊辰晦,	무진일 그믐날에
戰于雞父.[107]	계보에서 싸웠다.

105 두예는 "정돈되지 않은 모습을 보여주며 유인하는 것이다"라 하였다. 혜동(惠棟)의 주에서는 『위료자(尉繚子)』(「공권(攻權)」편)를 인용하여 "전투에는 방비를 없애고 위세를 죽여 승리하는 것이 있는데, 그런 병법이 있기 때문이다"라 하였다.

106 두예는 "돈(敦)은 두터이 하는 것이다"라 하였다.

107 두예는 "7월 29일이다. 병법에서 꺼리는 그믐날의 전투를 어기고 초나라가 생각지도 못한 때 공격한 것이다"라 하였다. 7월은 작은 달인데 청나라 왕도(王韜)의 『춘추장력고

吳子以罪人三千先犯胡, 沈與陳,[108]	오자는 죄인 3천 명을 가지고 먼저 호와 침 및 진나라를 공격하여
三國爭之.[109]	세 나라가 그들을 다투었다.
吳爲三軍以繫於後,	오나라는 3군을 만들어 뒤를 이었는데,
中軍從王,[110]	중군은 왕을 따르고
光帥右,	광이 우군을 이끌었으며
掩餘帥左.[111]	엄여가 좌군을 이끌었다.
吳之罪人或奔或止,	오나라의 죄인들은 달아나기도 하고 멈추기도 하여
三國亂,[112]	세 나라가 혼란에 빠져
吳師擊之,[113]	오나라 군사가 격퇴하니
三國敗,	세 나라는 패하고
獲胡, 沈之君及陳大夫.	호와 침나라의 임금 및 진나라의 대부를 사로잡았다.

정(春秋長曆考正)』에서는 7월이 크다고 하였으니 무진일은 그믐날이 아니며 『전』과는 분명히 어긋나서 틀렸다.

108 두예는 "죄수의 무리들은 싸움이 몸에 배지 않아 정돈되지 않은 모습을 보여준 것이다"라 하였다.

109 오나라 병사를 포로로 잡으려고 다툰 것이다.

110 두예는 "오왕을 따른 것이다"라 하였다.

111 두예는 "엄여는 오왕 수몽(壽夢)의 아들이다"라 하였다.

112 많이 잡으려고 다투다 행진(行陣)이 흐트러진 것이다.

113 오나라 군사는 곧 오나라의 3군이다.

舍胡, 沈之囚使奔許與蔡, 頓,	호와 침나라의 포로를 풀어 주고 허와 채, 돈나라 군사 쪽으로 달아나게 하면서
曰,	말하게 하였다.
"吾君死矣!"	"우리 임금이 죽었다!"
師譟而從之,[114]	군사들이 왁자하게 그 뒤를 따르니
三國奔,[115]	세 나라 군사들은 달아나고
楚師大奔.	초나라 군사는 크게 달아났다.
書曰,	『경』의 기록에
"胡子髡, 沈子逞滅,	'호자 곤과 침자 영은 죽었고
獲陳夏齧",	진나라 하설은 사로잡았다'라 하였는데
君臣之辭也.[116]	군신을 구별한 말이다.
不言戰,	싸웠다고 하지 않은 것은

114 오나라 군사가 북을 크게 울리며 풀려난 포로들을 따라 허나라와 채나라, 돈나라를 친 것이다. 『공자가어·상로(相魯)』편에 "제나라가 내(萊)나라 사람으로 하여금 무기와 북을 가지고 떠들썩한 소리를 내게 했다(以兵鼓譟)"는 말이 있는데 주에서 "북을 크게 울리는 것을 조(譟)라고 한다"라 하였다. 크게 고함을 친다는 뜻으로 봐도 통한다. 당나라 혜림(慧琳)이 편찬한 불교용어사전 『일체경음의(一切經音義)』에서는 위(魏)나라 이등(李登)의 『성류(聲類)』를 인용하여 "조(譟)는 무리 지어 떠들썩하게 외치는 것이다"라 하였다.

115 삼국(三國): 두예는 "세 나라는 허나라와 채나라, 돈나라이다"라 하였다.

116 두예는 "임금은 사직의 주인으로 종묘와 존망을 함께하는 자이기 때문에 '멸(滅)'이라고 하였으며, 대부는 가볍기 때문에 '획(獲)'이라고 하였다. 획(獲)은 얻는다는 뜻이다."

楚未陳也.	초나라가 진열을 갖추지 않았기 때문이다.
八月丁酉,[117]	8월 정유일에
南宮極震.[118]	남궁극이 지진으로 죽었다.
萇弘謂劉文公曰,	장홍이 유문공에게 말하였다.
"君其勉之!	"임금께서는 힘쓰십시오!
先君之力可濟也.[119]	선군이 힘쓰던 것을 이룰 수 있습니다.
周之亡也,	주나라가 망할 때
其三川震.[120]	세 내에 지진이 일어났습니다.
今西王之大臣亦震,	지금 서왕의 대신 또한 지진으로 죽었으니
天棄之矣.[121]	하늘이 버린 것입니다.

117 정유일은 28일이다.

118 두예는 "『경』에서는 을미일에 지진이 일어났다고 하였는데 노나라 땅이다. 정유일에 남궁극이 지진으로 죽었는데 주나라 땅에서도 지진이 일어난 것이다. 집에 깔려 죽은 것이다"라 하였다. 남궁극은 위의 『전』에 보인다.

119 두예는 "문공은 유분(劉蚠)이다. 선군은 유분의 부친인 헌공(獻公)을 말한다. 헌공 또한 자맹(子孟)을 세우려고 하였는데 채 미치지 못하고 죽었다"라 하였다. 지난해 『전』에 보인다.

120 두예는 "유왕(幽王) 때의 일을 말한다. 삼천(三川)은 경(涇)과 위(渭), 낙수(洛水)이다"라 하였다. 「주어 상」에서는 "유왕 2년에 서주의 삼천에서 모두 지진이 일어났다"라 하였다.

121 두예는 "자조는 왕성(王城)에 있기 때문에 서왕이라고 하였다"라 하였다.

東王必大克."[122]	동왕이 반드시 크게 이길 것입니다."
楚大子建之母在郹,[123]	초나라 태자 건의 어머니는 격에 있었는데
召吳人而啓之.[124]	오나라 사람을 불러 성문을 열어 주었다.
冬十月甲申,[125]	겨울 10월 갑신일에
吳大子諸樊入郹,[126]	오나라 태자 제번이 격으로 들어가
取楚夫人與其寶器以歸.	초부인과 그 보기를 취하여 돌아갔다.
楚司馬薳越追之,	초나라 사마 원월이 그를 추격하였으나
不及.	미치지 못했다.

122 두예는 "경왕(敬王)은 적천(狄泉)에 머물고 있어 왕성의 동쪽에 있으므로 동왕이라고 하였다"라 하였다. 왕성은 본래 낙양의 서북쪽에 있는데 경왕은 이때 낙양성 밖에 거처하였다.

123 격(郹): 두예는 "격은 격양이다. 평왕이 진나라 여인을 아내로 맞아 태자 건을 폐하였으므로 모친이 그 집으로 돌아간 것이다"라 하였다. 격양(郹陽)은 지금의 하남 신채현(新蔡縣) 변경에 있으며 19년『전』의『주』를 함께 참고할 만하다.

124 계(啓): 성문을 연 것이다.

125 갑신일은 16일이다.

126 이때 오왕은 요(僚)이며 그 백부는 제번(諸樊)인데 노양공 25년에 죽었으니 요의 태자는 이름이 제번일 수가 없다.『사기·오세가(吳世家)』에서는 "오나라는 공자 광으로 하여금 초나라를 치게 하여 초나라를 물리치고 거소(居巢)에서 초나라의 옛 태자 건의 모친을 맞아 돌아왔다"라 하였다. 사정이『전』과 다르기는 하지만 공자 광이라고 하는 것이 비교적 정확하다. 명나라 육찬(陸粲)의『좌전부주(左傳附註)』에서도 그렇게 말하였다. 또한 유월(兪樾)의『곡원잡찬(曲園雜纂)』권18도 참조할 만하다.

將死,	죽으려 할 때
衆曰,	무리들이 말하였다.
"請遂伐吳以徼之."[127]	"청컨대 오나라를 치면 요행을 바랄 수 있습니다."
薳越曰,	원월이 말하였다.
"再敗君師,[128]	"다시 임금의 군사를 지게 한다면
死且有罪.	죽어서도 죄를 짓게 된다.
亡君夫人,	군부인을 잃었으니
不可以莫之死也."	죽지 않을 수 없다."
乃縊於薳澨.[129]	이에 원서에서 목을 매었다.

127 요(徼): 교(儌)와 같으며 교행(儌倖)과 같은 뜻이다. 오나라를 쳐서 요행히 이기기를 바라는 것이다.

128 주래를 구원하다 한번 패하였으며 이번에 요행을 바라다가 다시 패할 것을 두려워한 것이다.

129 원서(薳澨): 『설문』에서는 "서(澨)는 물가를 메워 돋운 땅으로 사람이 머무는 곳이다"라 하였다. 『수경주·우공산수택지소재(禹貢山水澤地所在)』에서는 "문공 16년 초나라 군사가 구서(句澨)에 머물면서 여러 용(庸)을 쳤고, 선공 4년에 초나라 영윤 자월(子越)이 장서(漳澨)에 주둔하였으며, 정공 4년 좌사마 술(戌)이 옹서(雍澨)에서 오나라 군사를 패퇴시켰고 소공 23년 사마 원월이 원서에서 목을 매어 죽었다. 복건은 읍을 말하는 것일 수도 땅을 말하는 것일 수도 있다고 하였다. 경상번(京相璠)과 두예 또한 물가 및 물가의 땅이라고 하였다"라 하였다. 『휘찬(彙纂)』에 의하면 원서는 지금의 호북 경산현(京山縣) 서쪽 백여 리의 한수(漢水) 동안에 있다. 『여씨춘추』와 『오월춘추』 등 여러 책에는 또한 두 나라의 변읍(邊邑)에서 뽕나무를 다투어 서로 공격한 일이 있는데 『전』에는 보이지 않는다.

公爲叔孫故如晉,	공이 숙손의 일 때문에 진나라로 가다가
及河,	황하에 이르러
有疾,	병이 나서
而復.[130]	돌아왔다.

楚囊瓦爲令尹,[131]	초나라 낭와가 영윤이 되어
城郢.[132]	영에 성을 쌓았다.
沈尹戌曰,	침윤 술이 말하였다.
"子常必亡郢.	"자상은 반드시 영을 망하게 할 것이다.
苟不能衛,	실로 지킬 수 없다면
城無益也.	성이 도움이 되지 않는다.
古者,	옛날에

---

130 두예는 "이해 봄에 진나라는 주나라 사람 때문에 숙손을 붙잡았으므로 공이 진나라에 가서 사과하려는 것이다"라 하였다.

131 낭와(囊瓦): 두예는 "낭와는 자낭(子囊)의 손자 자상(子常)으로 양개(陽匄)를 대신하였다"라 하였다.

132 두예는 "초나라는 자낭의 유언대로 이미 영성을 쌓았다. 지금 오나라를 두려워하여 다시 증축하고 보수하여 더욱 견고하게 한 것이다"라 하였다. 영도(郢都)는 강릉현(江陵縣) 북쪽 10리 지점의 기남성(紀南城)에 있다. 『한서·지리지』에서는 "남군(南郡)의 강릉은 옛 초나라 영도로 초문왕이 단양(丹陽)에서 이리 옮겨와 9세가 지나 평왕이 성을 쌓았다"라 하였는데 곧 이를 말한다.

天子守在四夷,[133]	천자가 지키는 것은 사이에 있었으며,
天子卑,	천자가 낮아지자
守在諸侯.[134]	지키는 것이 제후에 있게 되었다.
諸侯守在四鄰,[135]	제후가 지키는 것은 사방의 나라에 있으며,
諸侯卑,	제후가 낮아져서
守在四竟.[136]	지키는 것이 사방의 경계에 있게 되었다.
愼其四竟,	사방의 변경을 신중히 지키고
結其四援,[137]	사방의 나라와 원조국을 맺으며
民狎其野,[138]	백성들이 들판을 가까이하면
三務成功.[139]	세 철의 일은 이루어진다.
民無內憂,	백성들이 안으로 근심이 없고
而又無外懼,	또 밖으로는 두려움이 없을 것이니

133 두예는 "덕이 멀리 미친 것이다"라 하였다. 다케조에 고코(竹添光鴻)의 『회전(會箋)』에서는 "또한 사이(四夷)를 회유하여 제하(諸夏)의 수위(守衛)로 삼는 것이다"라 하였다.
134 두예는 "정권이 낮아져 줄어든 것이다"라 하였다. 제후국을 가지고 사이의 침략을 막는 것을 말한다.
135 두예는 "이웃 나라들이 지켜 주는 것이다"라 하였다.
136 두예는 "겨우 자기만 완전히 지키는 것이다"라 하였다.
137 두예는 "사방의 나라를 원조국으로 맺는 것이다"라 하였다.
138 압(狎): 두예는 "압은 편안히 가까이하는 것이다"라 하였다.
139 삼무(三務): 두예는 "봄, 여름, 가을 세 철의 일이다"라 하였다.

國焉用城?	국도에 어찌 성을 쌓겠는가?
今吳是懼,[140]	지금 오나라를 두려워하여
而城於郢,	영에 성을 쌓으니
守已小矣.	지키는 것이 너무 작다.
卑之不獲,[141]	낮아진 제후조차 되지 못할 것이니
能無亡乎?	망하지 않을 수 있겠는가?
昔梁伯溝其公宮而民潰,[142]	지난날 양백이 공궁에 해자를 팠다가
民棄其上,	백성이 윗사람을 버렸으니
不亡,	망하지 않고
何待?	무엇을 기다리겠는가?
夫正其疆埸,	그 강역을 바르게 하고
修其土田,	그 토지를 다스리며
險其走集,[143]	변경의 보루를 높이 쌓고
親其民人,	백성을 가까이하며

140 오나라를 두려워하는 것을 말한다. 목적어가 동사의 앞으로 도치되었으며 시(是)자는 조사이다.

141 비(卑): 지키는 것이 사방의 경계에 있는 제후로, 지금은 다만 국도에만 성을 쌓으므로 "(그마저도) 되지 못한다(不獲)"라 하였다.

142 이 일은 희공 19년의 『전』에 보인다.

143 주집(走集): 두예는 "주집은 변경의 누벽(壘壁)이다"라 하였다.

明其伍候,[144]	다섯씩 묶어 척후를 보게 하는 것을 밝히고
信其鄰國,	이웃 나라를 신용으로 대하며
愼其官守,	관리가 지켜야 할 것을 신중히 하고
守其交禮,[145]	외교의 예절을 지키며
不僭不貪,[146]	어긋나지도 않고 탐내지도 않으며
不懦不耆,[147]	겁을 내지도 강한 것을 믿지도 않으며
完其守備,	지키는 것을 완전히 하여
以待不虞,	불의의 사태에 대비하면
又何畏矣?	또한 무엇을 두려워하겠는가?
詩曰,	『시』에서 말하기를
'無念爾祖,	'너의 조상을 생각하여
聿修厥德.'[148]	그 덕을 닦아라'라 하였는데,

144 두예는 "백성들로 하여금 다섯씩 떼를 지어 서로 망을 보는 것이다"라 하였다. 『일주서·정전(逸周書·程典)』편에서도 "사방의 원조를 공고히 하고 다섯씩 망을 보는 것(伍候)을 밝힌다"라 하였다.

145 두예는 "교접(交接)하는 예이다"라 하였다.

146 애공 5년 『전』에 "어긋나지도 넘치지도 않는다(不僭不濫)"는 말이 있는데 이와 같은 뜻이다. 참(僭)은 어긋난다(差)는 뜻이다. 『여씨춘추·권훈(權勳)』편에 "우공이 보물과 말을 탐냈다(虞公濫於寶與馬)"는 말이 있는데, 그 주에서 "람(濫)은 탐내는 것이다"라 하였다.

147 두예는 "나(懦)는 약한 것이다. 기(耆)는 강한 것이다"라 하였다.

148 무념(無念)은 곧 념(念)과 같다. 무(無)는 발어사로 뜻이 없다. 율(聿) 또한 발어사이다. 이 구절은 너의 조상을 생각하며 덕을 닦으라는 것이다. 『시경·대아·문왕(大雅·文王)』의 구절이다.

無亦監乎若敖, 蚡冒至于武, 文,[149] 또한 약오와 분모에서 문왕과 무왕에 이르게까지

土不過同,[150] 영토가 사방 백 리에 지나지 않았는데도

愼其四竟, 사방의 변경을 신중히 다스리고

猶不城郢. 오히려 영에 성을 쌓지 않았던 것을 귀감으로 삼지 않는가?

今土數圻,[151] 지금 영토가 사방 수천 리나 되니

而郢是城, 영에 성을 쌓아도

不亦難乎?"[152] 또한 어렵지 않겠습니까?

소공 24년

經

二十有四年春王二月丙戌,[1] 24년 봄 주력으로 2월 병술일에

---

149 두예는 "네 임금은 모두 선군 가운데 현자였다"라 하였다.

150 두예는 "사방 백 리를 동(同)이라고 하며, 1기(圻)가 되지 않음을 말한다"라 하였다.

151 두예는 "사방 천리를 기(圻)라고 한다"라 하였다.

152 두예는 "지키는 것이 이와 같으니 편안하기가 어렵다는 말이다. 정공 4년 오나라가 초나라로 들어가는 복선이다"라 하였다.

1 이십사년(二十四年): 계미년 B.C. 518년으로 주경왕(周敬王) 2년이다. 동지가 정월 16일 임자일로 건자(建子)이다. "2월(二月)"은 원래 "3월(三月)"로 되어 있었는데 바로잡았다. 병술일은 20일이다.

仲孫貜卒.[2]	중손확이 죽었다.
婼至自晉.[3]	야가 진나라에서 돌아왔다.
夏五月乙未朔,	여름 5월 을미일 초하룻날
日有食之.[4]	일식이 있었다.
八月大雩,	8월에 크게 기우제를 지냈다.
丁酉杞伯郁釐卒.[5]	정유일에 기백 욱리가 죽었다.
冬,	겨울에
吳滅巢.[6]	오나라가 소를 멸했다.
葬杞平公.[7]	기평공을 장사 지냈다.

2 『전』이 없다. 왕극관(王克寬)의 『춘추호전부록찬소(春秋胡傳附錄纂疏)』에서는 "맹희자(孟僖子)이다. 아들 하기(何忌)가 대부의 관직을 이었으며 곧 의자(懿子)이다"라 하였다.

3 『공양전』에는 "숙손사(叔孫舍)가 진나라에서 돌아왔다"라 되어 있다. 『전』에 의하면 "숙손(叔孫)" 두 자가 없는 것이 옳다. 두예는 "사면되어 돌아오게 된 것을 기뻐하였으므로 이르렀다고 기록한 것이다"라 하였다. 그러나 다케조에 고코(竹添光鴻)의 『회전(會箋)』에서는 "내경(內卿)이 억류되면 그 결말을 반드시 기록하는 것이 관례이다. 두예가 기뻐서 기록하였다는 것은 억단이다"라 하였다.

4 B.C. 518년 4월 9일의 금환일식은 시베리아 서부에서 시작하여 조금 동쪽으로 치우쳤으며 서북쪽을 향해 북빙양으로 들어갔으며 노나라에서는 전혀 볼 수 없었다. 제가들은 모두 일식에 들어가는 시간을 감안하여 추산하여 내었을 뿐이다. 청나라 주문흠(朱文鑫)의 『춘추일식고(春秋日食考)』 및 청나라 풍징(馮澂)의 『춘추일식집증(春秋日食集證)』을 참조하라.

5 두예는 "『전』이 없다. 정유일은 9월 5일로 날은 있고 달이 없다"라 하였다.

6 소(巢)는 문공 12년의 『경』과 『주』에 상세하다.

7 『전』이 없다.

傳

二十四年春王正月辛丑,[8] 24년 봄 주력으로 정월 신축일에

召簡公, 南宮嚚以甘桓公見王子朝.[9] 소간공과 남궁은이 감환공을 데리고 왕자 조를 만나보았다.

劉子謂萇弘曰, 유자가 장홍에게 말하였다.

"甘氏又往矣." "감씨가 또 가는구나."

對曰, 대답하였다.

"何害? "무슨 해가 되겠습니까?

同德度義.[10] 같은 덕은 의에 있습니다.

大誓曰'紂有億兆夷人,[11] 「태서」에서는 '주에게는 억조의 사람이 있었지만

亦有離德,[12] 크게 덕을 떠났고,

---

8 신축년은 5일이다.

9 두예는 "간공은 소장공(召莊公)의 아들 소백(召伯) 영(盈)이다. 환공은 감평공(甘平公)의 아들이다"라 하였다.

10 다케조에 고코(竹添光鴻)의 『회전(會箋)』에서는 "택(度)은 택(宅)과 통하여 쓰며 있다는 뜻과 같다. 이른바 덕이 같다는 것은 오직 의에 있을 따름이라는 것이다"라 하였다. 문공 18년 『전』에 "좋은 것에 속하지 않는다(不度於善)"는 말이 있는데, 두예는 "탁은 거처한다는 뜻이다"라 한 것이 이 뜻이다.

11 이(夷)는 조사로 뜻이 없다. 『시경·대아·첨앙(大雅·瞻卬)』에 "해충 해충 곡식 해치듯 끊임없으며, 죄 그물 거두지 않아 어려움 나을 틈 없다네(蟊賊蟊疾, 靡有夷屆. 罪罟不收, 靡有夷瘳)"라는 구절이 있는데 이곳에 쓰인 두 "이(夷)"자 또한 같다.

12 역(亦)은 혁(奕)의 가차자이다. 『설문』에서는 "크다는 뜻이다"라 하였다. 『시경·주송·풍년(周頌·豐年)』에 "풍년이라 기장이며 벼 풍성하고, 곳집 크고 높다네(豐年多黍多稌. 亦有高廩)"의 역(亦) 또한 이 뜻이다. 혹자는 역(亦)은 문장 첫머리에 오는 조사라고도 하는데 역시 뜻이 통한다.

余有亂臣十人,	나에게는 잘 다스리는 신하 열 명이 있는데
同心同德',	마음이 같고 덕이 같다'라 하였으니
此周所以興也.	이것이 주나라가 흥한 까닭입니다.
君其務德,[13]	임금은 덕행을 열심히 닦아야지
無患無人."	사람 없음을 걱정하는 것이 아닙니다."
戊午,[14]	무오년에
王子朝入于鄔.[15]	왕자 조가 오로 들어갔다.

晉士彌牟逆叔孫于箕.	진나라의 사미모가 기에서 숙손을 맞았다.
叔孫使梁其踁待于門內,[16]	숙손은 양기경으로 하여금 문 안에서 기다리게 하고
曰,	말하였다.

---

13 두예는 "무왕이 말하기를 '나에게는 잘 다스리는 신하〔治臣〕 열 명이 있는데 비록 적지만 마음이 같다'라 하였다. 지금의 「태서(大誓)」에는 이 말이 없다"라 하였다. 『논어·태백(泰伯)』에서는 무왕의 말을 인용하여 "나에게는 잘 다스리는 신하 열 명이 있다(予有亂臣十人)"라는 말이 있는데 아마 또한 「태서」에 근본 하였을 것이다. 지금의 위고문 「태서」는 위서 중의 위서이다.

14 무오일은 22일이다.

15 오(鄔): 지금의 하남 언사현(偃師縣) 남쪽에 있다. 또 은공 11년의 『전』과 『주』에 보인다.

16 두예는 "경은 숙손의 가신이다"라 하였다. 양기경은 일찍이 숙손표를 따라 진나라에 사자로 갔었으며, 소공 원년의 『전』에 보인다.

“余左顧而欬,[17]	“내가 왼쪽으로 돌아보며 기침을 하거든
乃殺之.[18]	그를 죽여라.
右顧而笑,	오른쪽으로 돌아보며 웃으면
乃止.”	그만두라.”
叔孫見士伯.[19]	숙손이 사백을 만나 보았다.
士伯曰,	사백이 말하였다.
“寡君以爲盟主之故,	“과군이 맹주인 까닭에
是以久子.[20]	그대를 오래도록 억류하였습니다.
不腆敝邑之禮,	우리나라의 예물이 두텁지 못해
將致諸從者,[21]	종자에게 드리고자 하여
使彌牟逆吾子.”	저로 하여금 그대를 맞게 하였습니다.”
叔孫受禮而歸.	숙손이 예물을 받고 돌아왔다.
二月,	2월에

17 해(欬): 해(咳)와 같다. 기침하는 것이다.

18 두예는 “사백이 와서 자기를 죽일 것이라고 의심하였기 때문에 그를 죽이려고 모의한 것이다”라 하였다.

19 사마모를 접견한 것이다.

20 구자(久子): 오랫동안 그대를 진나라에 억류하였다는 것이다.

21 숙손을 석방하여 노나라로 돌려보내려고 재물을 줌으로써 전행(餞行)의 예물로 삼으려는 것이다. 종자는 사실 숙손을 가리킨다. 옛사람들은 항상 “집사(執事)”니 “종자(從者)”, “좌우(左右)”라 하는데 의미는 아래의 부하라는 뜻이지만 직접 그 사람을 가리키는 것이 아니라 또한 존경을 표시하는 방식이다.

"婼至自晉",	"야가 진나라에서 돌아왔다"라 한 것은
尊晉也.[22]	진나라를 존중한 것이다.
三月庚戌,[23]	3월 경술일에
晉侯使士景伯涖問周故.[24]	진후가 사경백을 보내어 주나라의 변고를 묻는 일에 임하게 했다.
士伯立于乾祭,	사백은 건제에 서서
而問於介衆.[25]	대중에게 물어보았다.
晉人乃辭王子朝,	진나라 사람은 이에 왕자 조를 사절하고
不納其使.[26]	그 사자를 받아들이지 않았다.

---

22 이는『경』을 해석한 것이다. "야의 족〔族, 숙손(叔孫)이라 칭하지 않았다〕을 폄하함으로써 진나라를 높인 것이다. 야는 행인이므로 자기네 죄라고 말하지 않은 것이다"라 하였다. 두예의 주는 반드시『전』의 뜻과 합치되는 것이 아니나 잠시 그대로 둔다.

23 경술일은 15일이다.

24 이(涖): 두예는 "이는 임한다는 뜻이다. 자조와 경왕에게 가서 물어보고 누가 옳고 그른지를 알려고 하였다"라 하였다.

25 두예는 "건제는 왕성의 북문이다. 개(介)는 크다는 뜻이다"라 하였다. 유월(兪樾)은 "옛날에는 '입(立)'과 '위(位)'가 같은 글자였다. 소사구(小司寇)는 외조(外朝)의 법을 만민에게 전하고 그들에게 묻는 일을 관장하였다. 첫째는 나라가 위태로운가 물으며, 둘째는 국도를 옮기는 것을 묻고, 셋째는 임금을 세우는 것을 묻는다. 사경백은 아마 이 예를 썼을 것이다"라 하였다. 나머지는 그의『다향실경설(茶香室經說)』에 보인다. 왕인지의『술문』에서는 "개(介)"는 "기(其)"가 되어야 한다고 하였는데, 채택하지 않는다.

26 두예는 "대중이 왕자 조가 그르다고 말하였기 때문이다"라 하였다.

夏五月乙未朔,	여름 5월 을미일 초하룻날
日有食之.	일식이 있었다.
梓愼曰,	재신이 말하였다.
"將水."[27]	"수해가 있을 것이다."
昭子曰,	소자는 말하였다.
"旱也.	"가뭄이 들 것이다.
日過分而陽猶不克,	해가 춘분이 지났는데도 양기가 이기지 못하니
克必甚,	이기면 반드시 세어질 것이니
能無旱乎?[28]	가뭄이 없을 수 있겠는가?
陽不克莫,[29]	양기가 늦도록 이기지 못하니
將積聚也."[30]	쌓이게 될 것이다."

六月壬申,[31]	6월 임신일에

---

27 두예의 주에 의하면 일식은 음기가 양기를 이기는 것이며 물은 음기에 속하기 때문에 "수해가 있을 것이다"고 말한 것이다.

28 두예의 주에 의하면 소자는 해가 이미 춘분점을 지나 양기가 성할 때인 데도 아직 달을 이기지 못하여 빛이 달에 가렸으며, 이는 음을 이기지 못하는 것이고 이때 양기가 쌓인다고 하였다. 해가 회복될 때 꽉 쌓인 양기가 반드시 발할 것이므로 가뭄이 들지 않을 수가 없다는 것이다.

29 모(莫)는 모(暮)의 본자이다. 이미 그때를 지나친 것을 모(暮)라고 한다. 이것과 "해가 춘분이 지났는데도 양기가 이기지 못한다"는 것은 같은 뜻이다.

30 이 두 구절은 "이기면 반드시 세어질 것이다(克必甚)"라는 말을 보충 설명한 것이다.

31 임신일은 8일이다.

王子朝之師攻瑕及杏,	왕자 조의 군사가 하 및 행을 공격하여
皆潰.[32]	모두 궤멸되었다.

鄭伯如晉,	정백이 진나라로 갔는데
子大叔相,	자태숙이 상이 되어
見范獻子.	범헌자를 만났다.
獻子曰,	헌자가 말하였다.
"若王室何?"	"왕실은 어떠한가?"
對曰,	대답하였다.
"老夫其國家是不能恤,[33]	"늙은이가 그 국가를 근심하지 못하는데
敢及王室?	왕실에 미치겠습니까?
抑人亦有言曰,	그러나 사람들이 또한 말하기를
"嫠不恤其緯,[34]	'과부는 씨줄을 근심하지 않으며

---

32 두예는 "하와 행은 경왕의 읍이다"라 하였다. 하는 지금의 어디인지 상세하지 않다. 고사기(高士奇)의 『지명고략(地名考略)』에서는 「낙양기(洛陽記)」에 근거하여 "우주(禹州) 성 북쪽에 행산(杏山)이 있다"라 하였으니 행은 지금의 우현(禹縣) 북쪽에 있다. 두 읍이 모두 궤멸된 것이다.

33 노부(老夫): 자태숙이 스스로를 가리켜 한 말이다. 자태숙(游吉)은 양공 22년 『전』에 처음 등장하는데 지금 이미 33년이 지났으니 나이가 50 이상은 되었을 것이므로 노부라고 자칭한 것이다.

34 두예는 "이(嫠)는 과부이다. 베 짜는 사람은 항상 씨줄이 적은 것을 괴로워하니 과부가 근심해야 할 것이다"라 하였다.

而憂宗周之隕,	종주가 떨어질까 근심하니
爲將及焉.'[35]	곧 자신에게 미치게 될 것이기 때문이다'라 하였습니다.
今王室實蠢蠢焉,[36]	지금 왕실이 실로 흔들흔들하니
吾小國懼矣,	우리 소국은 두렵습니다.
然大國之憂也,	그러나 대국의 근심을
吾儕何知焉?	우리가 어떻게 알겠습니까?
吾子其早圖之!	그대는 일찌감치 도모하여야할 것입니다.
詩曰,	『시』에서 말하기를
'缾之罄矣,	'술병 비었으니
惟罍之恥.'[37]	술동이의 부끄러움이라네'라 하였습니다.
王室之不寧,	왕실이 편안하지 못한 것은
晉之恥也."	진나라의 수치입니다."

35 두예는 "화가 자기에게 미칠까 두려워한 것이다"라 하였다.

36 준준(蠢蠢): 두예는 "준준은 동요하는 모양이다"라 하였다. 『설문』에서는 "준(惷)"으로 인용하고 "어지럽다는 뜻이다"라 하였다.

37 『시경·소아·요아(小雅·蓼莪)』의 구절이다. 병(缾)과 뇌(罍)는 모두 고대의 술을 담는 기물이며, 병(缾)은 또한 병(瓶)이라고도 하고 작다. 뇌(罍)는 그릇이 크며 술을 많이 담는다. 병 속의 술이 비었다는 것은 뇌(罍)에서 병으로 따르는 술이 없음을 표시하므로 부끄럽다고 한 것이다. 여기서는 병으로 왕실을 비유했고 뇌를 가지고 진나라를 비유했다. 진나라는 비록 제후지만 실은 강대했다.

獻子懼,	헌자가 두려워하여
而與宣子圖之.[38]	선자와 도모하였다.
乃徵會於諸侯,	이에 제후를 불러 모으기로 하였는데
期以明年.[39]	다음 해를 기약하였다.

秋八月,	가을 8월에
大雩,	크게 기우제를 올렸는데
旱也.[40]	가물었기 때문이다.

冬十月癸酉,[41]	겨울 10월 계유일에
王子朝用成周之寶珪沈于河.[42]	왕자 조가 성주의 보규를 황하에 빠뜨렸다.
甲戌,[43]	갑술일에

38 두예는 "선자는 한기(韓起)이다"라 하였다. 이때 진나라의 집정이었다.

39 두예는 "이듬해 황보(黃父)의 회합의 복선이다"라 하였다.

40 이해는 건자(建子)로 가을 8월은 사실 하력(夏曆)으로 6월이며, 가을에 작물을 추수하려면 비가 필요한데 가물었으므로 비를 비는 제사를 지낸 것이다. 두예는 "결국 숙손의 말대로 된 것이다"라 하였다.

41 계유일은 11일이다.

42 "침(沈)"자는 원래 없었는데 여기서는 가나자와 문고본(金澤文庫本)과 『사기·주본기(周本紀)』의 『정의(正義)』에서 인용한 『전』, 『한서·오행지(五行志)』 및 『교감기(校勘記)』에 의해서 추가했다. 두예는 "황하에 기도하고 복을 빌었다"라 하였다. 황하는 성주(成周, 낙양 동쪽 40리), 및 왕성(낙양) 북쪽 경계를 거치므로 왕자 조가 하신에게 규옥을 바쳐 복을 빈 것이다.

津人得諸河上.[44]	나루의 사람이 황하 가에서 그것을 주웠다.
陰不佞以溫人南侵,[45]	음불영이 온 사람들을 이끌고 남쪽을 침공하다가
拘得玉者,	옥을 주운 사람을 잡아
取其玉.	그 옥을 취하였다.
將賣之,	팔려고 하니
則爲石.[46]	돌이 되었다.
王定而獻之,[47]	왕실이 안정된 후에 그것을 바치니
與之東訾.[48]	그에게 동자를 주었다.

楚子爲舟師以略吳疆.[49]	초자가 수군을 만들어 오나라의 강역을 침공하였다.
沈尹戌曰,	심윤 술이 말하였다.

---

43 갑술일은 12일이다.

44 나루의 사람이 그것을 주웠으니 보규는 당연히 성주 동북쪽의 맹진(盟津)에 빠뜨렸을 것이다.

45 음불영(陰不佞): 두예는 "불영은 경왕의 대부이다. 진나라는 온의 병사를 가지고 경왕을 도와 남쪽으로 자조를 쳤다"라 하였다.

46 이는 당시의 사람들이 일부러 그 말을 신기하게 여긴 것이다.

47 두예는 "불녕이 옥을 바친 것이다"라 하였다.

48 진(晉)나라 왕은(王隱)의 『진지도기(晉地道記)에 의하면 동자는 지금의 공현 동쪽에 있다.

49 두예는 "약은 가는 것이다. 오나라의 경계로 가서 침공하려고 한 것이다"라 하였다.

“此行也,	“이번 행동으로
楚必亡邑.	초나라는 반드시 성을 잃는다.
不撫民而勞之,	백성을 안무하지 않고 피로하게 하여
吳不動而速之,[50]	오나라는 움직이지 않았는데 서두르게 한 것이니
吳踵楚,[51]	오나라가 초나라의 뒤를 밟는다면
而疆埸無備,	변경에는 방비가 없으니
邑,	읍이
能無亡乎?”	망하지 않을 수 있겠는가?”
越大夫胥犴勞王於豫章之汭,[52]	월나라 대부 서안이 예장의 물굽이에서 왕을 위로하고
越公子倉歸王乘舟.[53]	월나라 공자 창이 왕에게 탈 배를 보내 주었다.
倉及壽夢帥師從王,[54]	창과 수몽이 군대를 거느리고 왕을 따라

50 속지(速之): 오나라로 하여금 속히 출병하게 한 것이다.

51 종(踵): 뒤를 쫓는 것이다.

52 예(汭): 두예는 “예는 물굽이이다”라 하였다. 청나라 송상봉(宋翔鳳)의 『과정록(過庭錄)』에서는 예장의 물굽이는 당도(當塗)의 땅에 있을 것이라고 하였는데, 진(秦)나라가 그 땅에 장군(漳郡)을 세웠고 한나라는 단양(丹陽)으로 바꾸었다. 춘추시대에 예장과 동(桐), 소(巢)는 모두 2백 리 내에 있었다. 6년 『전』의 “예장에 주군하였다(師于豫章)”라 한 곳의 주를 참조하라. 『안휘고고학회간(安徽考古學會刊)』 제3기(第3期) 진회전(陳懷荃)은 예장의 물굽이는 합비시(合肥市) 남쪽 비하(肥河)에서 소호(巢湖)로 유입되는 북안 일대에 있다고 하였다.

53 귀(歸)는 궤(饋)의 뜻으로 읽어 보내 준다는 것이다.

王及圉陽而還.[55]	왕이 어양에 이르러 돌아갔다.
吳人踵楚,	오나라 사람이 초나라를 바짝 따랐는데
而邊人不備,	변방의 사람이 방비를 하지 않아
遂滅巢及鍾離而還.[56]	마침내 소 및 종리를 멸하고 돌아갔다.
沈尹戌曰,	심윤 술이 말하였다.
"亡郢之始於此在矣.	"영이 망하는 것은 여기에서 시작될 것이다.
王一動而亡二姓之帥,[57]	한번 움직여 두 성의 장수를 잃었으니
幾如是而不及郢?[58]	몇 번만 이러하면 영에 미치지 않겠는가?
詩曰'誰生厲階?	『시』에서 말하기를 '누가 화란의 근원 만들었나?
至今爲梗',[59]	지금껏 사람 해치네'라 하였으니

54 두예는 "수몽은 월나라 대부이다"라 하였다.

55 두예는 "어양은 초나라 땅이다"라 하였다. 고동고(顧棟高)의 『대사표(大事表)』 권7의 4에서는 어양은 지금의 안휘 소현(巢縣) 남쪽 경계에 있을 것이라고 하였다.

56 종리는 지금의 안휘 봉양현(鳳陽縣) 동쪽에서 조금 북쪽에 있다. 또한 성공 15년의 『전』과 『주』에 상세하다

57 "일(一)"은 "일(壹)"로 된 판본도 있다. 두예는 "두 성의 장수는 소(巢)와 종리(鍾離)를 지키던 장수이다"라 하였다.

58 이것과 10년 『전』의 "수천 명이면 나라가 망하지 않겠는가?(幾千人而國不亡)"는 구법이 같다. 기(幾)는 몇 차례라는 뜻.

其王之謂乎!"[60]

아마 왕을 말한 것일 것이다!"

소공 25년

經

二十有五年春,[1]

25년 봄에

叔孫婼如宋.

숙손야가 송나라로 갔다.

夏,

여름에

叔詣會晉趙鞅, 宋樂大心, 衛北宮喜, 鄭游吉, 曹人, 邾人, 滕人, 薛人, 小邾人于黃父.[2]

숙예가 진나라 조앙과 송나라 악대심, 위나라 북궁희, 정나라 유길, 조나라 사람, 주나라 사람, 등나라 사람, 설나라 사람, 소주 사람과 황보에서 회합하였다.

---

59 『시경·대아·상유(大雅·桑柔)』이다. 여(厲)는 악(惡)이다. 계는 대청에 올라가는 것으로 화란이 나아가는 곳을 비유한다. 그래서 두예의 주에서는 "계는 길이다"고 하였다. 은공 3년 『전』의 "화의 사다리가 될 것이다(階之爲禍)"는 동사로 쓰였는데 뜻은 같다. 경(梗)은 병(病)이다.

60 두예는 "정공 4년에 오나라가 영에 들어가는 복선이다"라 하였다.

1 이십오년(二十五年): 갑신년 B.C. 517년으로 주경왕(周敬王) 3년이다. 동지가 정월 27일 무오일로 건자(建子)이다. 윤달이 있다.

2 "예(詣)"는 『공양전』과 『곡량전』에는 "예(倪)"로 되어 있으며, 뒤에도 마찬가지이다. "대심(大心)"은 『공양전』에는 "세심(世心)"으로 되어 있으며, 뒤에도 마찬가지이다. 황보는 지금

有鸜鵒來巢.[3]	구욕새가 와서 둥지를 틀었다.
秋七月上辛,	가을 7월 상신일에
大雩,	크게 기우제를 지내고
季辛,	계신일에
又雩.[4]	또 기우제를 지냈다.
九月己亥,[5]	9월 기해일에
公孫于齊,[6]	공이 물러나 제나라에 가서
次于陽州.[7]	양주에 머물렀다.

의 산서 심수현(沁水縣) 서북쪽, 익성현(翼城縣) 동북쪽에 있으며, 문공 17년『전』의『주』에 상세하다.

3 구욕(鸜鵒): 구(鸜)는 구(鴝)와 같다. 구욕은 곧 지금의 구관조(九官鳥)로 중국 각지에 많이 분포하며,『춘추』에서는 이를 기록하여 소공이 달아나게 될 전조로 보았는데, 이는 고대의 미신이다. 후인들은 이 때문에 여러 가지 해석을 내놓았는데, 이를테면『주례·고공기(考工記)』에서는 "구욕은 제수(濟水)에는 살지 않는다"라 하였으니, 이는 노나라는 제수 남쪽에 있어서 노나라에는 둥지를 틀지 않을 것이라고 생각한 것이다.『공양전』에서는 이 때문에 결국 "혈거(穴居)해야 한다"라 하였고,『곡량전』에서도 "구욕은 혈거하는데도 둥지를 틀었다 하였다"라 하였는데, 두예는 이 두 설을 취합하여 "이 새는 혈거하며 노나라의 경계에는 없기 때문에 '와서 둥지를 틀었다'라 하였고 일상적인 일이 아니기 때문에 기록하였다"라 하였다. 이 두예의 주석은 황당하기 이를 데 없는 것이다.

4 상신(上辛)은 상순의 신일(辛日)로 곧 신묘일이며 3일이다. 계신(季辛)은 하순의 신일로 곧 신해일이며, 23일이다.

5 기해일은 12일이다.

6 손(孫): 손(遜)과 같다. 두예는 "분(奔: 달아나다)자를 꺼리어 손(孫)이라 하여 스스로 손양(遜讓)하여 왕위를 떠난 것처럼 한 것이다"라 하였다.

7 "기해(己亥)"는『곡량전』에는 "을해(乙亥)"로 되어 있는데 9월은 무자일이 초하룻날이므로 을해일이 있을 수 없으며 을(乙)은 곧 기(己)자와 모양이 비슷해서 오기한 것이다. "양주(陽州)"는『공양전』에는 "양주(楊州)"로 되어 있는데, 음이 같다. 양주는 본래 노나라의 읍이었으니 양공 31년『전』에서 "제나라 자미가 여구영을 근심하여 군사를 거느리고 양주를 치게 하였다(齊子尾害閭丘嬰, 使帥師以伐陽州)"라 한 것으로 알 수 있다. 이때는 이미 제나라의 소유가 되었으니 정공 8년에 "공이 제나라를 침공하여 양주의 성문을 공

齊侯唁公于野井.[8]	제후가 야정에서 공을 위문하였다.
冬十月戊辰,[9]	겨울 10월 무진일에
叔孫婼卒.	숙손야가 죽었다.
十有一月己亥,[10]	11월 기해일에
宋公佐卒于曲棘.[11]	송공 좌가 곡극에서 죽었다.
十有二月,	12월에
齊侯取鄆.[12]	제후가 운을 취하였다.

傳

二十五年春,	25년 봄에
叔孫婼聘于宋,	숙손야가 송나라를 빙문하였는데
桐門右師見之.[13]	동문우사가 그를 만나 보았다.

격하였다(公侵齊, 門于陽州)"라 한 것으로 분명히 알 수 있다. 양주는 지금의 산동 동평현(東平縣) 북쪽 경계에 있는데 아마 제나라와 노나라의 경계가 교차하는 곳의 읍일 것이다.

8 야정(野井): 지금의 산동 제하현(齊河縣) 동남쪽과 제수(濟水) 동쪽으로, 지금의 황하 동안(東岸)이다.

9 무진일은 11일이다.

10 기해일은 13일이다.

11 곡극(曲棘): 곡극은 지금의 하남성 난고현(蘭考縣) 동남쪽, 민권현(民權縣) 서북쪽에 있을 것이다. 송나라를 거쳐 진(晉)나라로 가는 길이다.

12 두예는 "운을 취하여 공을 거처하게 하였다"라 하였다. 『전』에서는 12월 24일 운을 포위하고 이듬해 정월 5일에 취하였다고 하였다. 『경』에서는 결과를 말하였다.

13 두예는 "우사는 악대심(樂大心)으로 동문에 거처하였다"라 하였다. 고사기(高士奇)의 『지명고략(地名考略)』에서는 "양공 10년 초나라와 정나라가 송나라를 포위하고 동문의 성문을 공격하였다. 애공 26년의 두예의 주석에서는 '동문은 북문이다'라 하였다"고 하

語,	말을 하는데
卑宋大夫而賤司城氏.[14]	송나라의 대부를 하찮게 여기고 사성씨를 천하게 여겼다.
昭子告其人曰,	소자가 수행원들에게 일러 말하였다.
"右師其亡乎!	"우사는 망할 것이다!
君子貴其身,	군자는 그 몸을 귀하게 여긴
而後能及人,	다음에 남에게 미칠 수 있으니
是以有禮.[15]	이런 까닭으로 예가 있다고 한다.
今夫子卑其大夫而賤其宗,	지금 부자는 그 대부를 하찮게 여기고 그 종족을 천하게 여기니
是賤其身也,[16]	이는 그 몸을 천하게 여기는 것으로
能有禮乎?	예가 있을 수 있겠는가?
無禮,	예가 없으면

였다. 『통지·씨족략 3』에서는 "송나라 악대심은 우사로 동문을 식읍으로 하였으며 그것을 씨로 삼았다"라 하였다.

14 사성씨(司城氏): 두예는 "사성은 악씨의 대종(大宗)이다. 비(卑)와 천(賤)은 그 재덕이 얇은 것을 말한다"라 하였다. 양이승(梁履繩)의 『보석(補釋)』에서는 주씨(周氏)의 『부론(附論)』을 인용하여 "양공 9년 악희(樂喜)가 사성이 되었다. 희의 손자는 기(祁)이고, 기의 손자는 패(茷)는 대대로 사상이 되었다(소공 22년 및 애공 26년의 『전』에 보인다). 이때 기는 이 관직에 있었는데 아마 대심과 틈이 벌어져 천하게 여겼을 것이다. 정공 9년 기의 아들 혼(溷)이 동문우사를 참소하여 쫓아내는 것을 보면 알 수 있다"라 하였다.

15 먼저 스스로를 존귀하게 여긴 다음이라야 남을 존귀하게 여길 수 있으니 이에 예가 있다고 하는 것이다.

16 소자는 노나라 사람이며, 악대심이 타국 사람에게 본국의 대부를 얕잡아 보고 또 그 종족을 경시 하였으니 이는 곧 자신을 존중하지 않는 것이다.

必亡." 반드시 도망가게 되어 있다."

宋公享昭子, 송공이 소자에게 향례를 베풀고

賦新宮.[17] 「신궁」을 읊었다.

昭子賦車轄.[18] 소자는 「거할」을 읊었다.

明日宴, 다음 날 연회에서

飮酒, 술을 마시며

樂, 즐거워하였는데

宋公使昭子右坐,[19] 송공이 소자를 오른쪽에 앉히고

語相泣也. 말을 하며 서로 울었다.

樂祁佐,[20] 악기가 돕다가

退而告人曰, 물러나 다른 사람에게 알렸다.

---

17 두예는 "일시이다"라 하였다. 강영(江永)의 『군경보의(羣經補義)』에서는 곧 지금의 『시경·소아·사간(小雅·斯干)』이라고 하였다.

18 거할(車轄): 두예는 "『시경·소아(小雅)』의 편명이다. 주나라 사람이 현숙한 여인을 얻어 군자의 배필로 삼을 생각을 하는 것이다. 소자는 장차 계손(季孫)을 위해 송공의 딸을 맞이하려 하기 때문에 읊은 것이다"라 하였다. 할(轄)은 『모시(毛詩)』에는 "할(舝)"로 되어 있고, 『한시』에는 "할(轄)"로 되어 있다.

19 두예는 "송공의 오른쪽에 앉혀 서로 가까이해야 하는데 예를 바꾸어 왼쪽에 앉혔음을 말한다"라 하였다. 고대 연례의 좌석 배치에 따르면 송공은 동쪽 계단 위에 앉아 서쪽을 바라보아야 하며, 소자는 서쪽 계단에 앉아 남쪽을 바라보아야 한다. 이렇게 하면 서로 간의 거리가 비교적 멀어져 이야기를 나누기가 불편하게 되므로 두예는 "예를 바꾸어 앉아" 소자를 동쪽 계단 쪽으로 옮기어 앉게 하여 송공의 오른쪽에 앉게 되었으니 함께 서쪽을 바라보게 된 것이다. 이는 본래 임시로 어쩌다가 한 행동이지 예를 거론할 필요가 없다. 유월(兪樾)의 『평의(平議)』에서는 두예 및 공영달의 설을 반박하였는데 옳지 않다.

20 두예는 "연례(宴禮)를 돕는 것이다"라 하였다.

“今玆君與叔孫其皆死乎! “올해 임금님과 숙손은 아마 모두 죽을 것이다!

吾聞之, 내가 듣건대

‘哀樂而樂哀,[21] ‘즐거운 일에 슬퍼하고 슬픈 일에 즐거워하면

皆喪心也.’ 모두 심신을 잃는다’고 하였다.

心之精爽,[22] 마음이 정하고 밝은 것을

是謂魂魄. 혼백이라고 한다.

魂魄去之, 혼백이 떠나면

何以能久?”[23] 어찌 오래갈 수 있겠는가?

季公若之姊爲小邾夫人,[24] 계공약의 누이는 소주 임금의 부인으로

生宋元夫人,[25] 송원부인을 낳았는데

生子,[26] 딸을 낳아

21 애락(哀樂): 두예는 “즐거워할 만한데 슬퍼하는 것이다”라 하였다. 낙애(樂哀): “슬퍼할 만한데 즐거워하는 것이다”라 하였다.

22 정상(精爽): 정명(精明)하다는 말과 같다.

23 두예는 “이해 겨울 숙손과 송공이 죽는 복선이다”라 하였다. 전한(前漢) 가의(賈誼)의 『신서·용경(新書·容經)』에도 이 일이 서술되어 있는데 송원공과 숙손야가 죽는 시기가 『춘추경』 및 『전』과 합치되지 않는데 아마 가의(賈誼)가 오기한 것 같다.

24 두예는 “평자는 서고모로 공약과 어머니가 같았기 때문에 공약의 누이라 하였다”라 하였다.

25 곧 송원부인은 아버지의 누이가 소주군에게 시집가서 낳은 사람이다.

以妻季平子.	계평자의 아내가 되었다.
昭子如宋聘,	소자가 송나라로 가서 빙문하고
且逆之.[27]	또한 맞이하였다.
公若從,	공약이 따라가면서
謂曹氏勿與,	조씨에게 절대로 시집을 보내지 말 것이며
魯將逐之.[28]	노나라에서는 그를 쫓아내려 한다고 하였다.
曹氏告公.	조씨가 공에게 알렸다.
公告樂祁.	공이 악기에게 알렸다.
樂祁曰,	악기가 말하였다.
"與之.	"보내십시오.
如是,[29]	이렇게 하면
魯君必出.	노나라 임금이 반드시 떠날 것입니다.

26 고대에는 딸 또한 자(子)라고 하였다. 그래서 『의례』에는 "남자자(男子子)"와 "여자자(女子子)"라는 명칭이 있다.

27 계손이 친영을 하지 않고 숙손으로 하여금 대신 맞게 한 것은 아마 춘추시대의 변례(變禮)일 것이다.

28 조(曹)는 소주군(小邾君)의 성이다. 조씨는 곧 송원부인이다. 고대에는 성과 씨가 원래 구별이 있었지만 산문에서는 또한 통할 수 있다. 공약은 송원부인에게 외삼촌이 되므로 계평자에게 딸을 시집보내지 말라고 하였으며, 노나라는 평자를 쫓아내려고 하였다.

29 노나라 임금이 계평자를 쫓아낸다면이라는 말이다.

政在季氏三世矣,[30]	정권이 계씨에게 있게 된 것이 3대째이고
魯君喪政四公矣.[31]	노나라 임금이 정권을 잃은 지가 네 임금째입니다.
無民而能逞其志者,	백성 없이 그 뜻을 만족시킬 수 있는 사람은
未之有也,	여태껏 없었으니
國君是以鎭撫其民.	임금은 이 때문에 그 백성을 진무하는 것입니다.
詩曰,	『시』에서 말하기를
'人之云亡,	'사람 잃었으니
心之憂矣.'[32]	마음 슬프도다'라 하였습니다.
魯君失民矣,	노나라 임금은 백성을 잃었으니
焉得逞其志?	어찌 그 뜻을 만족시키겠습니까?
靖以待命猶可,[33]	조용히 천명을 기다리면 될 것이며

30 두예는 "문자(文子)와 무자(武子), 평자(平子)이다"라 하였다. 평자의 부친 도자(悼子)는 무자보다 먼저 죽어 경이 되지 못하였다.

31 두예는 "선공과 성공, 양공, 소공이다"라 하였다. 『논어·계씨(季氏)』에서 공자는 "복이 공실을 떠난 지 5대가 되었다(祿之去公室五世矣)"라 하였는데, 이는 정공 때의 일을 말한 것이므로 1대가 더 많다. 청나라 모기령(毛奇齡)의 『논어계구편(論語稽求篇)』에 의거하였다.

32 『시경·대아·첨앙(大雅·瞻卬)』의 구절이다. 인(人)은 인재(人才), 현자(賢者)이다. 운(云)은 조사로 뜻이 없다. 시의 본의는 아마 인재를 잃으면 마음속의 근심이 된다는 뜻일 것이다. 그런데 악기가 이 인용한 이 구절에서 인(人)은 백성을 가리키니 곧 『전』에서 이른바 민(民) 혹은 민인(民人)으로 위의 "무민(無民)"의 뜻과 대응된다.

動必憂."[34]	움직이면 반드시 근심거리가 될 것입니다."
夏,	여름에
會于黃父,	황보에서 회합하였는데
謀王室也.[35]	왕실의 일을 모의하기 위해서였다.
趙簡子令諸侯之大夫輸王粟, 具戍人,[36]	조간자가 제후의 대부들에게 왕의 식량을 보내고 지킬 사람을 갖추게 하여
曰,	말하였다.
"明年將納王."	"내년에는 왕을 들여보낼 것이다."
子大叔見趙簡子,	자태숙이 조간자를 찾아보고
問揖讓, 周旋之禮焉.	읍양과 주선의 예에 대하여 물었다.
對曰,	대답하였다.
"是儀也,	"의는 의식이지
非禮也."	예가 아닙니다."

33 정(靖): 안(安), 정(靜)과 같은 뜻이다.
명(命): 천명을 말한다.

34 두예는 "아래의 공이 달아난 복선이다"라 하였다.

35 두예는 "왕실에 자조(子朝)의 난이 있어서 안정시킬 모의를 한 것이다"라 하였다.

36 두예는 "간자는 조앙(趙鞅)이다"라 하였다. 주경왕과 왕조를 지킬 졸승(卒乘)과 인솔자를 갖추는 것이다.

簡子曰,	간자가 말하였다.
"敢問,	감히 묻겠습니다만
何謂禮?"	무엇을 예라 하는지요?"
對曰,	대답하였다.
"吉也聞諸先大夫子産曰,	"제가 선대부 자산에게 듣기를
'夫禮,	'예라고 하는 것은
天之經也,	하늘의 규범이고
地之義也,	땅의 준칙이며
民之行也.'[37]	백성이 이행하는 것이다'라 하였습니다.
天地之經,	천지의 규범은
而民實則之.	백성이 실로 그것을 본받습니다.
則天之明,[38]	하늘을 본받는 밝음은
因地之性,[39]	땅의 본성에 따라
生其六氣,[40]	그 6기를 낳으며
用其五行.[41]	그 5행을 씁니다.

37 『효경·삼재장(孝經·三才章)』에서는 이 말을 그대로 옮겼는데 "예(禮)"를 "효(孝)"로 바꾸었다. 양이승(梁履繩)의 『보석(補釋)』 및 청나라 주중부(周中孚)의 『정당찰기(鄭堂札記)』 권4에 상세하다.

38 두예는 "일(日), 월(月), 성진(星辰)이 하늘의 밝음이다"라 하였다.

39 두예는 "고하(高下)와 강유(剛柔)가 땅의 본성이다"라 하였다.

40 두예는 "음양(陰陽)과 풍우(風雨), 회명(晦明)을 말한다"라 하였다.

氣爲五味,[42]	기는 5미이며
發爲五色,[43]	발하여져 5색이 되고
章爲五聲.[44]	드러나 5성이 됩니다.
淫則昏亂,	지나치면 혼란하여져
民失其性.[45]	백성은 본성을 잃습니다.
是故爲禮以奉之,[46]	그런 까닭에 예가 되어 받들고
爲六畜, 五牲, 三犧,[47]	6축, 5성, 3희가 되어
以奉五味,	5미를 받들며,
爲九文, 六采, 五章,[48]	9문, 6채, 5장이 되어

---

41 두예는 "금(金), 목(木), 수(水), 화(火), 토(土)이다"라 하였다.

42 두예는 "신맛〔酸〕, 짠맛〔鹹〕, 매운맛〔辛〕, 쓴맛〔苦〕, 단맛〔甘〕이다"라 하였다.

43 두예는 "청(靑), 황(黃), 적(赤), 백(白), 흑(黑)이다"라 하였다.

44 두예는 "궁(宮), 상(商), 각(角), 치(徵), 우(羽)이다"라 하였다.

45 두예는 "자미(滋味)와 성색(聲色)이 지나치면 본성을 상하게 한다"라 하였다. 음(淫)은 지나친 것이다.

46 두예는 "예제로 본성을 받드는 것이다"라 하였다.

47 육축(六畜): 두예는 "소, 말, 양, 닭, 개, 돼지이다"라 하였다.
오생(五牲): 11년『전』에 "다섯 가지 희생을 서로 돌아가며 쓰지 않는다(五牲不相爲用)"는 말이 있는데, 두예는 "오생은 수와 양, 돼지, 개, 닭이다"라 하였다.
삼희(三犧): 막 기르기 시작한 것을 축(畜)이라 하고, 장차 쓸 것을 생(牲), 털과 깃이 완전히 갖추어진 것을 희(犧)라고 한다. 삼희는 곧 소, 양, 돼지이다. 육축 중에서 번갈아 줄여 가며 죽인다. 무억(武億)의『의증(義證)』에 상세하다. 두예는 "하늘과 땅, 종묘 셋에 제사 지내는 것을 희(犧)라고 한다"라 하였는데, 아마 소와 양, 돼지는 하늘과 땅, 종묘에 제사 지내는 데 쓰고 개와 닭은 쓰지 않는다는 것일 것이다. 태뢰와 소뢰, 혹은 특생(特牲)을 막론하고 개와 닭은 치지 않는다.

48 구문(九文): 아홉 가지 문채, 곧 용(龍), 산(山), 화충(華蟲), 화(火, 반원형으로 불과 비슷하다), 종이(宗彝, 호랑이와 긴꼬리원숭이) 이 다섯 가지는 모두 옷 위에 그린다. 조(藻), 분미〔粉米, 백미(白米)〕, 보〔黼,『주례·고공기(考工記)』에서는 흰색과 검은색을 보라고 했다. 위(僞) 공안국(孔安國)의『상서주(尙書注)』에서는 보는 도끼의 형태와 같으며

以奉五色,	5색을 받듭니다.
爲九歌, 八風, 七音, 六律,	9가와 8풍, 7음, 6율이 되어
以奉五聲.[49]	5성을 받듭니다.
爲君臣上下,	군신의 상하가 되어
以則地義,[50]	땅의 준칙을 본받고,
爲夫婦外內,	부부의 내외가 되어
以經二物,[51]	음양 2물의 규범이 되며,
爲父子, 兄弟, 姑姊, 甥舅, 昏媾, 姻亞,[52]	부자와 형제, 고자, 생구, 혼구, 인척 관계가 되어

칼날 부분이 희고 몸은 건은 것이라 하였다〕, 불〔黻, 두예는 "두 己자가 서로 어그러진 것이다"라 하였다. 『주례·고공기(考工記)』에서는 검은색과 청색이 서로 차례로 무늬를 이루는 것이라 하였다〕 불은 실은 궁(弓)자가 서로 등져 아(亞)자의 형태를 이룬다. 이 네 가지는 치마 위에 수놓는다.

육채(六采): 여섯 가지 색깔이다. 두예는 "그림을 수놓을 때는 천지사방의 색을 섞어서 쓴다. 청과 백, 적과 흑, 현(玄)과 황을 차례로 쓰는 것을 6색이라 한다.

오장(五章): 두예는 "청색과 적색을 문(文)이라 하고, 적색과 백색을 장(章)이라 하며, 백과 흑을 보, 흑과 청을 불이라 하며, 오색이 갖추어진 것을 수(繡)라 한다"라 하였다. 또한 "「고공기(考工記)」의 글이다"라 하였다.

49 두예는 "풀이가 20년에 보인다"라 하였다.

50 두예는 "군산에 존비(尊卑)가 있는 것인 땅에 고하가 있는 것을 본떴다"라 하였다.

51 내외(內外)는 곧 부부이다. 이물(二物)은 음양을 말하며 또한 곧 강유(剛柔)이다. 경(經)은 법(法)이다.

52 고자(姑姊): 아버지의 자매를 고(姑)라고 하며, 고모와 자매는 모두 외성에게 시집가서 친척이 된 자이다.

생구(甥舅): 어머니의 형제를 구(舅)라 하며, 나보고 구(舅)라 하는 사람을 나는 생(甥)이라 한다.

혼구(昏媾): 곧 혼인 관계로, 혼(婚)과 구(媾)는 같은 뜻으로 고인들은 늘 연용했다. 이를테면 『주역·둔괘(屯卦)』의 효사(爻辭)에서는 "도둑이 아니니 혼구(婚媾)이다"라 하였다.

인아(姻亞): 인(姻)은 『설문』에서 "사위의 집이다. 여자가 혼인하므로 인(姻)이라 한다"라

以象天明,[53]	하늘의 밝음을 상징하고
爲政事, 庸力, 行務,	정사와 힘쓰는 일, 행위 규범을 만들어
以從四時,[54]	사철에 순종하며,
爲刑罰威獄,	형벌과 감옥을 만들어
使民畏忌,	백성들을 두려워 꺼리게 만들어서
以類其震曜殺戮,[55]	우레가 쳐서 사람을 죽이는 것을 닮게 하였고,
爲溫慈惠和,	따뜻하고 자상하고 은혜롭고 화평한 정책을 만들어
以效天之生殖長育.	하늘이 생식 발육시키는 것을 흉내 내었습니다.
民有好惡, 喜怒, 哀樂,	백성에게는 호오와 희로, 애락이 있는데

하였다. 동서지간에 서로 부르기를 아(亞)라고 하며 또한 아(婭)라고 하는데, 지금은 연금(連襟)이라 한다.

53 두예는 "육친이 화목하여 엄부(嚴父)를 섬기는 것이 뭇별이 북두성을 껴안고 있는 것과 같다"라 하였다.

54 두예는 "임금에 있는 것이 정(政)이고 신하에 있는 것이 사(事)이며, 민공(民功)을 용(傭)이라 하고 치공(治功)을 역(力)이라 하며, 덕교(德敎)를 행하고 철마다 해야 할 것에 힘쓰는 것이 근본이다"라 하였다. 정(政)과 사(事)는 구별이 있으며 또한 『논어·자로(子路)』에 보인다. 행(行)은 일상적인 일이고, 무(務)는 한 철에 해야 할 것이다.

55 두예에 의하면 진(震)은 우레이고, 요(曜)는 번개로 사람을 죽일 수 있다. 이 구절의 뜻은 옛날 사람들이 형벌과 감옥을 만든 것은 우레와 번개 같은 여러 가지 천상을 모범으로 삼아 본뜬 것이라는 말이다.

生于六氣,[56]	6기에서 생겨나며
是故審則宜類,	그런 까닭에 살피어 본받고 알맞게 따라하여
以制六志.[57]	여섯 가지 뜻을 만듭니다.
哀有哭泣,	슬퍼하면 울고 눈물 흘리며
樂有歌舞,	즐거우면 노래하고 춤추며
喜有施舍,	기뻐하면 베풂이 있고
怒有戰鬪,	노하면 싸우게 됩니다.
喜生於好,	기쁨은 좋아하는 것에서 나오고
怒生於惡.	분노는 미워하는 데서 나옵니다.
是故審行信令,[58]	그런 까닭에 신중하게 행하고 믿음으로 명하며
禍福賞罰,	화복상벌로
以制死生.	사생을 정합니다.
生,	사는 것은
好物也,	좋은 일이며,

56 두예는 "이 여섯 가지는 모두 음양, 풍우, 회명의 기운을 품을 받은 것이다"라 하였다.

57 두예는 "예를 만들어 호오(好惡), 희로(喜怒), 애락(哀樂)의 여섯 뜻을 제어하여 절도를 넘지 못하게 하는 것이다"라 하였다.

58 심(審): 신(愼)과 다른 뜻이다. 통치자가 행할 바를 신중히 하는 것이다. 정령이 나가면 반드시 백성들로 하여금 믿게 한다. 「진어 4」에서는 "법령을 믿으면 철따라 행하는 일을 폐하지 않는다"라 하였다.

死,	죽음은
惡物也.[59]	나쁜 일입니다.
好物,	좋은 일은
樂也,	즐겁고,
惡物,	싫은 일은
哀也.	슬픕니다.
哀樂不失,[60]	슬프고 즐거움을 잃지 않으면
乃能協于天地之性,	천지의 본성에 조화를 할 수 있는데
是以長久."	이 때문에 오래갈 수 있는 것입니다."
簡子曰,	간자가 말하였다.
"甚哉,	"심하구나,
禮之大也!"	예가 큼이!"
對曰,	대답하였다.
"禮,	"예는
上下之紀, 天地之經緯也,[61]	상하 간의 기강이며 천지간의 경위이고

59 호물과 악물은 좋은 일을 기뻐하고 나쁜 일을 싫어하는 것과 같다. 혜동(惠棟)의 『보주(補注)』에서는 『주서·도훈(周書·度訓)』을 인용하여 "무릇 백성이 좋아하고 미워하는 것은 살아 있는 것은 좋아하고 죽는 것은 싫어한다"라 하였는데 오(惡) 역시 싫어한다는 뜻의 염오(厭惡)의 오(惡)이다.

60 예를 잃지 않는다는 것이다.

61 천지의 경위(經緯)는 천경지의(天經地義)라는 말과 같다.

民之所以生也,	백성이 살아가는 까닭이며
是以先王尚之.[62]	이 때문에 선왕이 으뜸으로 여겼습니다.
故人之能自曲直以赴禮者,	그러므로 사람 가운데 곡직에서 예로 나아갈 수 있는 사람을
謂之成人.[63]	성인이라 합니다.
大,	큰 것이
不亦宜乎!"	또한 마땅하지 않습니까?"
簡子曰,	간자가 말하였다.
"鞅也,	"저는
請終身守此言也."	죽을 때까지 이 말을 지키기를 청합니다."
宋樂大心曰,	송나라 악대심이 말하였다.
"我不輸粟.	"나는 양식을 나르지 않을 것입니다.
我於周爲客,[64]	우리는 주나라의 손님인데
若之何使客?"[65]	그 어찌 손님을 부립니까?"

62 상지(尙之): 그것을 으뜸가는 일로 여긴다는 말과 같다.

63 곡직부례(曲直赴禮)는 사람 가운데에는 그 정을 굽혀서 예로 나아가는 자도 있고 또한 그 성정에 근본하여 예로 나아가는 자도 있다는 것이다.

64 두예는 "이왕후(二王後)는 빈객이다"라 하였다. 주나라 왕조가 빈객의 예로 대하였다는 말이다.

65 사(使): 지시하여 부리는 것을 말하며, 양식을 옮기게 하는 것이다.

晉士伯曰,	진나라 사백이 말하였다.
“自踐土以來,[66]	“천토 이래로
宋何役之不會,	송나라는 어떤 일에도 참여하지 않았는데
而何盟之不同?	어떤 맹회인들 함께하지 않겠습니까?
曰‘同恤王室’,	‘왕실의 일에 함께 근심하자’ 했는데
子焉得辟之?	그대가 어찌 피할 수 있겠습니까?
子奉君命,	그대는 명을 받고
以會大事,[67]	큰일 때문에 회합하였는데
而宋背盟,	송나라가 맹약을 저버리면
無乃不可乎?”	안 되는 것 아닙니까?”
右師不敢對,	우사는 감히 대답을 하지 못하고
受牒而退.[68]	간찰을 받고 물러났다.
士伯告簡子曰,	사백이 간자에게 일러 말하였다.
“宋右師必亡.	“송나라 우사는 반드시 도망갈 것입니다.
奉君命以使,	임금의 명을 받아 출사하였으면서

66 천토의 맹회는 희공 28년『전』에 보인다. 진나라가 처음으로 패군을 잡은 맹회이다.
67 대사(大事): 왕실을 구원하는 것이다.
68 첩(牒): 간찰(簡札)이다. 송나라가 양식을 나르고 수비하는 것을 갖추는 일을 적은 것이다.

而欲背盟以干盟主,	맹약을 저버리고 맹주를 범하려 하니
無不祥大焉."[69]	그보다 상서롭지 못한 것은 없습니다."

"有鸜鵒來巢",[70]	"구욕새가 와서 둥지를 틀었다"라 한 것은
書所無也.[71]	없던 일을 기록한 것이다.
師己曰,	사기가 말하였다.
"異哉!	"이상하구나!
吾聞文, 成之世,[72]	내가 듣건대 문공과 성공의 시대에
童謠有之,	동요에서
曰,	말하기를

69 고인(古人)들은 "不詳莫大焉"이란 말을 많이 썼는데 "막(莫)"자를 "무(無)"자로 고쳐서 구법을 변화시켰다. 이보다 더 흉악한 일은 더 없을 것이라는 말이다. 또한 상서롭지 않음이 막대하다고도 할 수 있다. 두예는 "정공 10년 송나라 악대심이 달아나게 되는 복선이다"라 하였다.

70 구욕(鸜鵒): 구관조이다.

71 『논형·조호(遭虎)』편에 "노소공이 나가니 구욕새가 날아와서 둥지를 틀었다"라 하였는데, 왕충(王充)이 말한 "노소공이 나갔다"는 것은 그 근거를 모르겠다.

72 "문성(文成)"은 원래 "문무(文武)"로 되어 있었는데 여기서는 『석경』과 송본, 악본, 『사기·송세가(宋世家)』, 『한서·오행지(五行志)』, 『논형·이허(異虛)』편, 『문선·유통부(幽通賦)』, 『사통·잡설(雜說) 상』 및 혜동의 설에 의거하여 바르게 고쳤다. 이는 노문공과 선공, 성공의 시대인데, 선공을 말하지 않은 것은 그 처음과 끝을 든 것이다. 두예는 "사기는 노나라의 대부이다"라 하였다.

'鸜之鵒之, | '구야 욕아
公出辱之.[73] | 임금님 나가시면 욕보신다네.
鸜鵒之羽, | 구욕새 깃털
公在外野, | 임금님 바깥 들판에 계시니
往饋之馬.[74] | 가서 말 보내 준다네.
鸜鵒跦跦,[75] | 구욕새 깡충깡총
公在乾侯,[76] | 임금님 간후에 계시니
徵褰與襦.[77] | 바지와 저고리 찾으시네.
鸜鵒之巢, | 구욕새 둥지
遠哉遙遙, | 멀고도 까마득하여라
裯父喪勞,[78] | 주보 수고스럽게 죽으니

73 욕(鵒)과 욕(辱)은 운자이며, 고음이 다 함께 옥(屋)부에 있었다.

74 다케조에 고코(竹添光鴻)의 『회전(會箋)』에서는 "계평자가 매년 말을 사서 보내 준 것이 응한 것이다"라 하였다. 우(羽)와 야(野), 마(馬)는 운으로, 고음이 모두 모(模)부에 있었다.

75 주주(跦跦): 두예는 "주주는 뛰어가는 모습이다"라 하였다.

76 간후(乾侯): 진나라의 읍이다. 28년 『경』에 "공이 진나라에 가서 간후에 머물렀다"는 기록이 있다. 지금의 하북 성안현 동남쪽에 있다. 『한서·지리지』 안사고의 주에서는 "'乾'은 음이 간으로, 그 땅의 물이 항상 멀리 있음을 말한다"라 하였다. 소공이 간후에서 죽으므로 말한 것이다.

77 두예는 "건(褰)은 바지이다"라 하였다. 징(徵)은 구하는 것이다. 유(襦)는 저고리, 짧은 옷이다. 다케조에 고코(竹添光鴻)의 『회전(會箋)』에서는 "평자가 매년 종자들의 옷과 신을 보내 준 것에 응한 것이다"라 하였다. 주(跦), 후(侯), 유(襦)는 운자이며, 고음이 모두 후(侯)부에 있었다.

78 "주보(裯父)"는 원래 "조보(稠父)"로 되어 있었는데, 여기서는 『석경』과 송본, 악본, 아시카가본〔족리본(足利本)〕, 가나자와 문고본(金澤文庫本) 및 『한서·오행지(五行志)』를 따라 바로 잡았다. 주(裯)는 소공의 이름이다. 『사기』 및 『한서·고금인표(漢書·古今人表)』에

宋父以驕.[79]	송보 교만해졌다네.
鸜鵒鸜鵒,	구욕새야 구욕새야
往歌來哭.'[80]	갈 때 노래하고 올 때 우네'라 하였습니다.
童謠有是.	동요에 이런 말이 있었습니다.
今鸜鵒來巢,	지금 구욕새가 와서 둥지를 트니
其將及乎!"[81]	아마 곧 미칠 것입니다!"

秋,	가을에
書再雩,	다시 기우제를 기록한 것은
旱甚也.	가뭄이 심했기 때문이다.

初,	처음에
季公鳥娶妻於齊鮑文子,[82]	계공조는 제나라 포문자의 딸을 아내로 삼아

는 "조(稠)"로 되어 있다. 두예는 "밖에서 죽었으므로 수고롭게 죽었다고 하였다"라 하였다. 보(父)는 보(甫)라고도 하며 남자를 통틀어 부르는 호칭이다.

79 송보(宋父): 두예는 "송보는 정공(定公)으로 대신 즉위하므로 교만하다고 생각한 것이다"라 하였다. 소(巢), 요(遙), 로(勞), 교(驕)는 운자로, 고음이 모두 호(豪)부에 있었다.

80 두예는 "소공은 살아서 국외로 나갔으므로 노래하고, 죽어서 돌아왔으므로 운 것이다"라 하였다. 욕(鵒), 곡(哭)은 운자로, 고음이 모두 옥(屋)부에 있었다.

81 두예는 "곧 화가 미칠 것이라는 말이다"라 하였다.

82 두예는 "공조는 계공해(季公亥)의 형이며 평자의 서숙부(庶叔父)이다"라 하였다.

生甲.[83]	아무개를 낳았다.
公鳥死,	공조가 죽자
季公亥與公思展與公鳥之臣申夜姑相其室.[84]	계공해와 공사전과 공조의 신하 신야고가 그 집안을 다스렸다.
及季姒與饔人檀通,[85]	계사와 옹인 단이 사통을 하고는
而懼,[86]	두려워하여
乃使其妾抶己,[87]	이에 그 첩으로 하여금 자신을 때리게 하여
以示秦遄之妻,[88]	진천의 아내에게 보여주며
曰,	말하였다.
"公若欲使余,[89]	"공약이 나를 모시게 하려 했는데
余不可而抶余."	제가 안 된다고 하였더니 저를 때렸습니다."

83 갑(甲): 홍양길(洪亮吉)의 『고(詁)』에서는 "갑(甲)은 모갑(某甲)이라는 말과 같으며 그 이름을 잃은 것일 따름이다"라 하였다.

84 두예는 "공해는 곧 공약(公若)이다. 전(展)은 계씨의 일족이다. 상(相)은 다스리는 것이다"라 하였다. 세 사람이 공동으로 그 집안의 일을 경영한 것이다.

85 두예는 "계사는 공조의 처이며 포문자의 딸이다. 옹인(饔人)은 음식을 담당한 관리이다"라 하였다. 이는 곧 계씨의 가신 중에 음식을 주관하는 자로 이름이 단(檀)이다.

86 공해 등이 죄를 물을까 두려워한 것이다.

87 첩(妾): 여자 종. 질(抶)은 때리는 것이다.

88 두예는 "진단은 노나라의 대부이다. 처는 공조의 누이 진희이다"라 하였다.

89 사(使): 곧 양공 21년 『전』의 "아름답지만 모시지 못하였다(美而不使)"라 한 사(使)와 같다. 잠자리를 모시는 것이다. 이는 아마 당시에 쓰이던 뜻일 것이다.

又訴於公甫,[90]	또한 공보에게도 하소연하여
曰,	말하였다.
“展與夜姑將要余.”[91]	“전과 야고가 저를 협박하려 합니다.”
秦姬以告公之.[92]	진희가 그대로 공지에게 알렸다.
公之與公甫告平子,	공지와 공보가 평자에게 알리니
平子拘展於卞,[93]	평자는 전을 변에 구금하고
而執夜姑,	야고를 잡아서
將殺之.	죽이려고 하였다.
公若泣而哀之,	공약이 눈물을 흘리며 슬퍼하여
曰,	말하였다.
“殺是,	“이 사람을 죽이면
是殺余也.”[94]	이는 저를 죽이는 것입니다.”

90 두예의 『세족보(世族譜)』에서는 “공보씨는 공보(公甫) 정목백(靜穆伯)으로 계손흘(季孫紇)의 아들이다”라 하였다. 목백은 「노어 하」에 보인다. 정공열(程公說)의 『춘추분기·세보(春秋分紀·世譜) 6』에서도 “공흘(公紇)은 세 아들을 낳았는데 의여〔意如, 평자(平子)〕, 공보정〔公甫靖, 나중에 공보씨(公甫氏)가 된다〕, 공지(公之, 후사가 없다)라 한다”라 하였다.

91 요(要): 협박하는 것을 말한다. 협박하여 맹세하는 것을 요맹(要盟)이라 하는데, 양공 9년 『전』의 “또한 강요한 맹세에는 정성이 없다(且要盟無質)”와 『공양전』 장공 13년 『전』의 “강요한 맹세는 범할 수 있다(且要可犯)”라 한 것으로 알 수 있다. 이는 공사전과 신야고가 내가 공약을 따라 그와 사통하도록 협박하였다는 말로, 모두 무고한 말이다.

92 공지(公之): 이름은 앙(鞅)이며, 『통지·씨족략 3』에 보인다.

93 변(卞): 희공 17년의 『경』과 『주』에 보인다. 지금의 산동 사수현(泗水縣) 동쪽 50리 지점에 있다.

94 야고가 누명을 쓰고 또한 자기도 누명을 쓸까 슬퍼한 것이다. 야고를 죽인다면 이는 실은 본래 없던 일이 있게 되는 것이 되어 자기도 감당을 하지 못하게 되므로 “나를 죽이

將爲之請,	그를 위해 청해 주려 하였는데
平子使豎勿內,[95]	평자는 소리에게 그를 들이지 말게 하여
日中不得請.	한낮이 되도록 청할 수가 없었다.
有司逆命,[96]	유사가 명을 맞아들여
公之使速殺之.	공지는 속히 그를 죽이게 하였다.
故公若怨平子.	그래서 공야는 평자를 원망하였다.
季, 郈之雞鬪.[97]	계씨와 후씨는 투계를 하였다.
季氏介其雞,[98]	계씨는 그 닭에 갑옷을 입혔고
郈氏爲之金距.[99]	후씨는 금 발톱을 달아 주었다.

는 것"이라 말한 것이다.

95 수(豎): 좌우의 소리를 모두 수라고 할 수 있다. 희공 28년『전』의 "조백을 모시던 어린아이 후누가 점치는 관리에게 뇌물을 주었다(曹伯之豎侯獳貨筮史)"라 하였고,『회남자·인간훈(人間訓)』에서 "소리인 양곡이(豎陽穀) 술을 받들어 그에게 바쳤다"라 한 것으로 알 수 있다.

96 두예는 "야고의 유사를 잡아 죽이라는 명을 받아들이게 하려는 것이다"라 하였다.

97 옛날의 투계는 후대의 귀뚜라미 싸움과 마찬가지로 도박을 걸고 승부를 가렸다.

98 개기계(介其鷄): 예로부터 두 가지 설이 있었다. 가규와 복건, 두예는 개(介)를 개(芥)로 생각하여 겨자를 찧어 분말로 만들어 닭의 날개에 뿌려 후씨의 닭의 눈을 어리게 할 수 있는 것이라고 하였다. 정중(鄭衆)은 "개는 갑(甲)으로, 닭에게 갑옷을 입혀 준 것이다"라 하였다.『여씨춘추·찰미(察微)』편의 주에서는 "작은 갑옷을 만들어 닭의 머리에 씌웠다"고 하였는데 이 설이 비교적 낫다.

99『설문』에서 "거(距)는 닭의 발톱이다"라 하였다.『한서·오행지(五行志)』에 "암탉이 수컷이 되어도 울지 않으며 장차 발톱을 없애지 않는다"라 하였는데, 주에서 "거는 닭의 뒤꿈치 뼈로 싸울 때 찌르는 것이다"라 하였다. 곧 닭의 부척골(跗蹠骨) 뒤에 난 뾰족하게 돌출된 부분으로 안은 경골질의 골수이고 밖은 각질의 칼집 같은 것으로 덮여 있어 싸울 때 쓸 수 있다. 후씨가 닭의 발톱에 또 얇은 금속의 가짜 발톱을 덮어씌운 것이다.

平子怒,[100]	평자는 노하여
益宮於郈氏,[101]	후씨의 집을 빼앗아 보탰고
且讓之.[102]	또한 꾸짖었다.
故郈昭伯亦怨平子.[103]	그래서 후소백 또한 평자를 원망하게 되었다.
臧昭伯之從弟會爲讒於臧氏,[104]	장소백의 종제 회가 장씨를 참소하고
而逃於季氏.[105]	계씨에게 도망갔다.
臧氏執旃.[106]	장씨가 그곳에서 그를 잡았다.
平子怒,	평자가 노하여
拘臧氏老.	장씨의 가재를 구금하였다.
將禘於襄公,	양공의 사당에서 체제를 올리려고 하는데

100 계씨의 닭이 진 것이다. 『여씨춘추·찰미(察微)』편에도 이 일이 실려 있는데, "노나라의 계씨와 후씨가 투계를 하였는데 후씨는 그 닭에 갑옷을 입혔고 계씨는 금발톱을 달아 주었다. 계씨의 닭이 이기지 못하여 계평자가 노하였다. ……"라 하여 『전』과는 조금 다르지만 "계씨의 닭이 이기지 못하였다"라 한 구절은 문의(文意)가 비교적 분명하다.

101 두예는 "후씨의 가산을 빼앗아 스스로 보탠 것이다"라 하였다.

102 양(讓): 두씨는 "양은 책(責)이다"라 하였다.

103 왕인지의 『술문』에서는 전후의 "후(郈)"자는 모두 "후(后)"자가 되어야 한다고 하였으며, 『잠부론·지씨성(志氏姓)』과 『예기·단궁(檀弓)』 및 공영달의 소(疏)에서 인용한 『세본』으로 이를 입증하였으며, 청나라 뇌학기(雷學淇)의 『교집세본(校輯世本)』에서는 "후(厚)와 후(后), 후(郈)는 같다"라 하였는데 이 설이 옳으며, 왕씨의 실은 잘못에 얽매였다.

104 가규는 "소백은 장손사(臧孫賜)이다"라 하였다. 『사기·노세가(魯世家)』의 『색은』에서는 『세본(世本)』을 인용하여 "장회는 장경백(臧頃伯)으로 선숙허(宣叔許)의 손자이며, 소백 사와는 종부(從父)의 형제이다"라 하였다.

105 이 일은 『전』의 끝부분에 보인다.

106 전(旃): 지언(之焉)의 합음자(合音字)이다.

萬者二人,	만무를 추는 사람은 두 사람이었으며
其衆萬於季氏.[107]	그 나머지 무리는 계씨의 집에서 만무를 추었다.
臧孫曰,	장손이 말하였다.
"此之謂不能庸先君之廟."[108]	"이를 일러 선군의 묘당에서 공로에 보답하는 제사를 올릴 수 없게 하는 것이다."
大夫遂怨平子.	대부들은 마침내 평자를 원망하였다.
公若獻弓於公爲,[109]	공약이 공위에게 활을 바치고
且與之出射於外,	아울러 그와 함께 밖으로 나가 활쏘기를 하면서
而謀去季氏.	계씨를 없앨 궁리를 하였다.

107 심흠한(沈欽韓)의 『보주(補注)』에서는 "『전』에서는 여러 가지 원한을 산 일을 통틀어 말하였으며 꼭 해당하는 해를 정할 수 없다. 체(禘)는 곧 제사로 반드시 큰 제사여야 할 필요는 없다. 아마 제후의 다섯 사당 중에 양공의 예묘(禰廟)에 미쳤던 것 같으며 만무가 부족했던 것이다. 부족했던 까닭은 계씨 또한 사적인 제사를 지내느라 그들의 무리를 불렀기 때문이다. 예에 따르면 임금은 맹월에 제사를 지내고 신하는 중월에 제사를 지낸다. 계씨는 임금과 같은 날 제사를 지내고 게다가 악무를 썼으니 『논어』「팔일(八佾)」에서 이른바 '뜰에서 팔일무를 춘 것'으로 사적인 일로 공을 폐하였으므로 대부들이 원망한 것이다"라 하였다. 만(萬)은 은공 5년의 『전』과 『주』에 보인다. "이인(二人)"은 부손(傅遜)은 "이팔(二八)"이 되어야 한다고 했는데 일리는 있지만 근거가 없다.

108 용(庸)은 동사로 쓰였다. 공(功)을 용이라 하며, 공을 갚는 것도 용이라 한다. 이 구절의 뜻은 소공으로 하여금 그 부친에게 제사를 지내어 양공의 공을 갚을 수 없게 하였다는 것이다.

109 공위(公爲): 두예는 "공위는 소공의 아들 무인(務人)이다."

公爲告公果, 公賁.[110]	공위가 공과와 공분에게 알렸다.
公果, 公賁使侍人僚柤告公.[111]	공과와 공분이 시인 요남으로 하여금 고에게 알리게 하였다.
公寢,[112]	공이 잠들려다가
將以戈擊之,[113]	과로 그들을 치려 하니
乃走.	이에 달아났다.
公曰,	공이 말하였다.
"執之!"	"그놈 잡아라!"
亦無命也.[114]	또한 명이 없었다.
懼而不出,[115]	두려워서 나가지 않고
數月不見.[116]	몇 달이 되도록 뵙지 않았다.
公不怒.[117]	공은 노하지 않았다.
又使言,	또 말하게 하니
公執戈以懼之,	공이 과를 잡고 겁을 주어

---

110 과(果): 두예는 "과와 분은 모두 공위의 아우이다"라 하였다.
111 요남은 소공의 시자일 것이다. 육덕명(陸德明)의 『석문(釋文)』에서는 본래 또한 "시인(寺人)"으로 되어 있었다고 하였다.
112 공이 취침할 때 알린 것으로 곁의 사람이 들을까 두려워한 것이다.
113 과(戈): 침과(寢戈)로, 잠잘 때 만일의 사태에 방비하기 위한 것이다.
114 입으로는 요남을 잡으라고 하였지만 실제로는 명을 내리지 않은 것이다.
115 요남이 두려워한 것이다.
116 공을 찾아뵙지 않은 것이다.
117 이로써 소공이 전에 침과로 친 것이 거짓으로 노한 것임을 알 수 있다.

乃走.[118]	이에 달아났다.
乃使言,	이에 말하게 하였더니
公曰,	공이 말하였다.
"非小人之所及也."[119]	"소인이 미칠 바가 아니다."
公果自言,[120]	공과가 스스로 말하였더니
公以告臧孫,[121]	공이 그대로 장손에게 알렸고
臧孫以難.[122]	장손은 어렵게 생각하였다.
告郈孫,[123]	후손에게 알렸더니
郈孫以可,[124]	후손은 괜찮다고 하면서
勸.[125]	권하였다.
告子家懿伯.[126]	자가의백에게 알렸다.
懿伯曰,	의백이 말하였다.
"讒人以君徼幸,[127]	"참소하는 사람이 임금님께 의지하여 요행을 바라는 것으로

118 다만 그로 하여금 두렵게만 한 것이지 죽이려 한 것은 아니다.
119 요남은 시자로 소공이 그를 일러 소인이라고 하였다. 소공이 이전에 두려워했던 것은 요남이 관위는 낮고 사람이 미천하여 능히 할 수 있는 것이 없었기 때문이다.
120 공과는 공 또한 이 뜻이 있는 것을 알아서 이에 스스로 공에게 알렸다.
121 장과 계 사이에 틈이 있다는 것을 안 것이다.
122 성사되기가 어려움을 안 것이다.
123 공 또한 후와 계가 서로 미워한다는 것을 알았다.
124 계씨를 축출하는 것을 할 수 있다고 생각한 것이다.
125 소공이 그렇게 하도록 종용한 것이다.
126 자가의백(子家懿伯): 두예는 "자가기(子家羈)로 장공(莊公)의 현손이다"라 하였다.

事若不克,	일이 이루어지지 않았는데
君受其名,[128]	임금께서 그 악명을 받게 되는 것은
不可爲也.	할 수 없습니다.
舍民數世,[129]	백성을 여러 대나 버리고
以求克事,[130]	일이 이루어지기를 바라는 것은
不可必也.[131]	할 수 없습니다.
且政在焉,[132]	또한 정권에 거기 있어서
其難圖也."	도모하기가 어렵습니다."
公退之.[133]	공이 물렸다.
辭曰,	말하기를
"臣與聞命矣,	"신하가 명령을 듣는 일에 끼었는데
言若洩,	이 말을 누설한다면
臣不獲死."[134]	신하는 선종하지 못할 것이다"라 하였다.

127 참인(讒人): 공약과 후손 등의 무리를 가리키며, 계씨를 참훼(讒毁)하여 소공이 요행히 만일의 일을 행할 것으로 생각한 것이다.

128 두예는 "악명을 받는 것이다"라 하였다.

129 문공 이래 정권이 공실에 있지 않아 민심 또한 곧 공실에 있지 않았으므로 백성을 버렸다고 한 것이다.

130 극(克): 이루는 것이다. 위에서는 다만 극(克)이라고만 말했다.

131 지금 말로 파악이 안 되었다는 것으로 요구한 말이 이루어지기 어렵다는 것이며, 곧 위의 "불가위(不可爲)"와 같은 말이다.

132 정권이 이 사람에게 있다는 것이다.

133 퇴(退): 두예는 "퇴(退)는 떠나게 한 것이다"라 하였다.

乃館於公宮.[135]	이에 공궁에 머물렀다.
叔孫昭子如闞,[136]	숙손소자가 궐에 갔는데
公居於長府.[137]	공은 장부에서 거처하였다.
九月戊戌,[138]	9월 무술일에
伐季氏,	계씨를 쳐서
殺公之于門,	문에서 공지를 죽이고
遂入之.	마침내 들어갔다.
平子登臺而請曰,[139]	평자가 대에 올라 청하였다.
"君不察臣之罪,	"임금께서는 신의 죄를 살피시지 않고
使有司討臣以干戈,	유사로 하여금 신을 간과로 토벌하게 하시니
臣請待於沂上以察罪."[140]	신은 청컨대 기수 가에서 죄를 살피겠습니다."

134 불획사(不獲死): 부득사(不得死)와 같은 말로, 잘 죽을 수 없다는 말이다.

135 "궁(宮)"자는 각본에 없는데 여기서는 가나자와 문고본(金澤文庫本)을 따라 추가하였다.

136 궐(闞): 노나라의 읍으로 지금의 산동 남왕호(南旺湖)에 있으며 환공 11년의 『경』과 『주』에 보인다.

137 장부(長府): 곧 『논어·선진(先進)』에 나오는 "장부"로 재화를 넣어 두는 부고(府庫)이다.

138 무술일은 11일이다.

139 양이승(梁履繩)의 『보석(補釋)』에서는 『상정재경설(尙靜齋經說)』을 인용하여 "이 대는 아마 정공 12년에 이른 무자의 대일 것이다. 어려움을 당한 자가 매번 대에 올라 청한 것을 보면 고인들이 유관(遊觀)을 짓는 것을 갖춤에 모두 깊은 뜻이 있음을 알게 된다"라 하였다.

140 기(沂): 물 이름. 산동 추현(鄒縣) 동북쪽에서 발원하여 곡부(曲阜)를 거쳐 수수(洙水)

弗許.	허락하지 않았다.
請囚于費,[141]	비에 가두어 줄 것을 청하였으나
弗許.	허락하지 않았다.
請以五乘亡,[142]	수레 다섯 대를 가지고 도망갈 것을 청하였으나
弗許.	허락하지 않았다.
子家子曰,	자가자가 말하였다.
"君其許之!	임금께서는 허락하십시오!
政自之出久矣,	정령이 그에게서 나온 지가 오래되었고
隱民多取食焉,[143]	가난한 사람 중에 그에게서 먹을 것을 취한 자가 많아
爲之徒者衆矣.	그 사람의 무리가 된 자가 많습니다.
日入慝作,	해가 지면 간사한 무리가 일어날지
弗可知也.[144]	그것을 알 수 없습니다.

와 합쳐진다. 양백준(楊伯峻)의 『논어역주·선진(論語譯注·先進)』의 "기수에서 머리를 감고(浴乎沂)"의 주석에 상세하다. 소기하(小沂河)가 아니다.

141 비(費): 계씨의 채읍이다. 그를 비에 가게 하는 것은 호랑이를 풀어 산에 돌아가게 하는 것이다.

142 오승(五乘): 종자가 많지 않은 것이다. 나라를 떠나면 그 나머지 무리는 차츰차츰 수습할 수 있기 때문에 자가자는 허락할 만하다고 생각한 것이다.

143 은(隱): 두예는 "은(隱)은 약(約)의 뜻으로 곤궁하다는 것이다"라 하였다. 곧 빈민들 가운데 계씨에게 의탁하는 자들이다.

144 두예는 "특(慝)은 간악한 것이다. 날이 어두워지면 간사한 사람이 일어나 임금을 배반

衆怒不可蓄也,[145]	뭇사람들의 분노는 쌓이게 해서는 안 되며
而弗治,	그런데도 그것을 다스리지 않으면
將薀.[146]	성해지게 될 것입니다.
薀蓄,[147]	성한 분노가 쌓이면
民將生心.[148]	백성들은 마음이 생길 것입니다.
生心,	마음이 생기면
同求將合.[149]	뜻을 같이하는 사람들끼리 구하여 합칠 것입니다.
君必悔之!"	임금께서는 반드시 후회할 것입니다."
弗聽.	그 말을 듣지 않았다.
郈孫曰,	후손이 말하였다.
"必殺之!"	"반드시 죽이리라!"
公使郈孫逆孟懿子.[150]	공이 후손으로 하여금 맹의자를 맞이하게 하였다.

하여 계씨를 도울지 알 수 없다는 것이다"라 하였다.

145 세 번을 청하였는데도 허락을 얻지 못하였으니 계씨의 무리들이 반드시 분노가 쌓일 것이라는 말이다.

146 무리들의 분노가 마음에 쌓였는데도 온당하게 처리하여 주지 않으면 분노라 성하게 될 것이라는 말이다. 『광아·석고(釋詁)』에서 "온(薀)은 성(盛)한 것이다"라 하였다.

147 성한 분노의 기운이 쌓인다는 말이다.

148 공실에 반란하여 변고를 일으킬 마음이 생긴다는 것이다.

149 계씨와 함께 임금에게 반기를 들고자 하는 자들이 회합하게 될 것이라는 말이다.

150 두예는 "의자는 중손하기(仲孫何忌)이다"라 하였다.

叔孫氏之司馬鬷戾言於其衆曰,[151]	숙손씨의 사마 종려가 그 무리들에게 말하였다.
"若之何?"	어떠하겠는가?
莫對.	아무도 대답하지 않았다.
又曰,	또한 말하였다.
"我,	"나는
家臣也,	가신이므로
不敢知國.[152]	감히 나라의 일을 알지 못한다.
凡有季氏與無,[153]	요컨대 계씨가 있는 것과 없는 것이
於我孰利?"	우리에게 무엇이 이롭겠는가?
皆曰,	모두들 말하였다.
"無季氏,	"계씨가 없는 것은
是無叔孫氏也."	숙손씨가 없는 것입니다."
鬷戾曰,	종려가 말하였다.
"然則救諸!"[154]	"그렇다면 그를 구원합시다!"

151 왕인지는 "언(言)은 문(問)과 같다. 「곡례(曲禮)」 '임금이 묻는 말을 하루라도 집에서 지체하지 않는다(君言不宿於家)' 구절의 주에서 '언(言)은 까닭이 있어 묻는 것이다'라 하였다. 「증자문(曾子問)」 '소공이 주공에게 물었다(召公言於周公)'의 『정의』에서는 '언(言)은 문(問)과 같다'고 하였다. 「애공문(哀公問)」에서는 '과인은 가르침을 원하나(寡人願有言然) 면복으로 친히 맞는 것은 너무 중하지 않은가?'라 하였다"라 하였다. 청나라 왕념손(王念孫)의 『독한서잡지(讀漢書雜志)』에 보인다.

152 감히 고려함이 국사(國事)에 미치지 못한다는 것이다.

153 『설문』에서는 "범(凡)은 총괄하여 말하는 것이다"라 하였다.

帥徒以往,	군사를 거느리고 가서
陷西北隅以入.[155]	서북쪽을 함락시키고 들어갔다.
公徒釋甲執冰而踞,[156]	공의 무리는 갑옷을 벗고 전통 뚜껑을 잡고 쪼그려 앉아 있었는데
遂逐之.	마침내 그들을 쫓아냈다.
孟氏使登西北隅,[157]	맹씨는 서북쪽 모서리로 올라가
以望季氏.[158]	계씨를 살피게 하였다.
見叔孫氏之旌,	숙손씨의 깃발을 보고
以告.[159]	알렸다.
孟氏執郈昭伯,	맹씨는 후소백을 잡아
殺之于南門之西,[160]	남문의 서쪽에서 죽이고
遂伐公徒.[161]	마침내 공의 무리를 쳤다.

154 저(諸): 지호(之乎)의 합음자. 지(之)는 계씨를 가리킨다.

155 이 일은 『한비자·내저설(內儲說) 하』에도 보인다.

156 두예는 "싸우려는 마음이 없음을 말한다"라 하였다. 빙(冰)은 곧 『시경·정풍·대숙우전(鄭風·大叔于田)』의 붕(掤)이며, 13년 『전』의 "봉호음빙(奉壺飮冰)"의 빙(冰)도 마찬가지이다. 본래는 전통(箭筒)의 뚜껑인데 임시로 마시는 그릇으로 삼을 수 있다.

157 맹씨의 서북쪽 모서리는 아마 공이 후손으로 하여금 맹손을 맞아 자기를 돕게 한 곳일 것이며, 맹씨의 집은 계씨의 동남쪽에 있었을 것이므로 서북쪽 모서리로 올라가 망을 본 것이다.

158 형세를 탐색하여 살펴본 것이다.

159 숙손씨가 계씨를 돕는 것을 안 것이다.

160 공과 절교하기로 결정하였음을 보인 것이다.

161 맹의자는 이때 겨우 14세였으니 아마 그 가신이 그렇게 하였을 것이다.

子家子曰,	자가자가 말하였다.
"諸臣僞劫君者,	"여러 신하가 임금을 거짓으로 협박하여
而負罪以出,	죄를 짊어지고 나갔으니
君止.[162]	임금께서는 머무십시오.
意如之事君也,	의여가 임금을 섬김을
不敢不改."[163]	감히 고치지 않을 수 없을 것입니다."
公曰,	공이 말하였다.
"余不忍也."[164]	"내 참지 못하겠다."
與臧孫如墓謀,[165]	장손과 함께 무덤으로 가서 상의하고
遂行.	마침내 떠났다.
己亥,	기해일에
公孫于齊,	공이 제나라로 도망가서
次于陽州.	양주에 머물렀다.
齊侯將唁公于平陰,[166]	제후가 평음에서 공을 위로하려고 하였는데

162 공이 타인의 핍박을 받아 한 것임을 나타낸 것으로, 계씨를 친 자는 도망을 갔으니 공이 여전히 궁중에 남아 있게 한 것이다.

163 두예는 "의여는 계평자의 이름이다"라 하였다.

164 계씨가 월권을 행사하여 기만하고 모욕한 것을 참을 수 없다는 것이다.

165 두예는 "선군에게 작별을 고하고 또한 달아날 곳에 대하여 상의한 것이다"라 하였다.

公先至于野井.[167]	공이 먼저 야정에 이르렀다.
齊侯曰,	제후가 말하였다.
“寡人之罪也.	“과인의 죄요.
使有司待于平陰,	유사께 평음에서 기다리게 한 것은
爲近故也.”[168]	가깝기 때문입니다.”
書曰,	기록하기를
“公孫于齊,	“공이 물러나 제나라에 가서
次于陽州.	양주에 머물렀다.
齊侯唁公于野井”,	제후가 야정에서 공을 위문하였다”라 한 것은
禮也.	예에 맞았다.
將求於人,	남에게서 구하려면
則先下之,	먼저 몸을 낮추는 것이
禮之善物也.[169]	예 중에서도 좋은 일이다.
齊侯曰,	제후가 말하였다.
“自莒疆以西,	“거나라 강역 서쪽은

---

166 평음(平陰): 이미 양공 18년『전』의『주』에 보인다. 지금의 산동 평음현(平陰縣) 동북쪽 35리 지점에 있다.

167 소공이 또한 평음을 건너와서 제경공을 맞은 것이다.

168 이는 제후가 사과하는 말이다. 본래는 공을 평음에서 위로하려고 했는데 그 거리가 양주와 가까워서 뜻밖에 공이 먼저 야정에 와서 기다린 것이다.

169 두예는 “물(物)은 사(事)이다. 먼저 야정에 가서 이른 것이다”라 하였다.

請致千社,[170]	청컨대 천 사를 드리고
以待君命.[171]	임금의 명을 기다리겠습니다.
寡人將帥敝賦,	과인은 우리나라의 군대를 거느리고
以從執事,	집사를 따라
唯命是聽.	오직 명을 따르겠습니다.
君之憂,	임금의 근심은
寡人之憂也."	과인의 근심입니다."
公喜.	공이 기뻐하였다.
子家子曰,	자가자가 말하였다.
"天祿不再.[172]	"하늘의 복은 다시 오지 않습니다.
天若胙君,	하늘이 임금님을 도와준다고 하더라도
不過周公.[173]	주공을 넘지 못합니다.
以魯足矣.	노나라로 족합니다.
失魯而以千社爲臣,	노나라를 잃고 천 사의 땅 때문에 신하가 된다면

170 두예는 "25가(家)가 사(社)이다. 천 사는 2만 5천 가(家)로 공에게 주려 하는 것이다"라 하였다. 사(社)는 애공 15년『전』에서는 서사(書社)라 하였는데, 아마 매 사(社)의 호적을 사부(社簿)에 적기 때문일 것이다.『사기·봉선서(封禪書)』의 이사(里社)는 민간에서 사사로이 세운 토지신의 사당일 따름이다.

171 두예는 "임금이 계씨를 치라는 명을 기다리는 것이다"라 하였다.

172 이미 천 사를 얻었으니 다시는 노나라의 임금이 될 수 없을 것이라는 말이다.

173 주공(周公): 곧 노나라라는 뜻이다. 노나라에는 주공이 봉해졌다.

誰與之立?[174]	누가 복위하는 것을 도와주겠습니까?
且齊君無信,	또한 제나라 임금은 신의가 없으니
不如早之晉."	일찌감치 진나라로 감만 못합니다."
弗從.	그 말을 듣지 않았다.
臧昭伯率從者將盟,	장소백이 종자를 따라 결맹하고자
載書曰,	맹약하는 글에서 말하였다.
"戮力壹心,	"있는 힘을 다해 한마음으로
好惡同之.	호오를 함께한다.
信罪之有無,[175]	죄가 있고 없고를 밝혀
繾綣從公,[176]	결연히 임금을 따르고
無通外內!"	안팎이 통하지 않게 한다!"
以公命示子家子.	공의 명으로 자가자에게 보여주었다.
子家子曰,	자가자가 말하였다.
"如此,	"이렇게 하면

174 두예는 "제나라의 신하가 되는 것이다"라 하였다. 제나라가 주는 천 사를 받으면 이는 제나라의 신하가 되는 것이니 누가 임금을 복위시켜 주겠느냐는 말이다. 입(立)과 위(位)는 옛날에 문자가 같았다.

175 두예는 "신(信)은 명(明)이다. 남은 자는 죄가 있고 따른 자는 죄가 없다는 말이다"라 하였다.

176 견권(繾綣): 『시경·대아·민로(大雅·民勞)』의 공영달의 주〔소(疏)〕에 의하면 견권(繾綣)은 결연(決然)하다는 말과 같다.

吾不可以盟.	우리는 맹약을 할 수 없습니다.
羈也不佞,	저는 재주가 없어
不能與二三子同心,	여러분과 마음을 함께할 수 없으며
而以爲皆有罪.[177]	모두 죄가 있다고 생각합니다.
或欲通外內,	혹 또한 안팎으로 통하려 하고
且欲去君.[178]	또한 임금을 떠나고자 합니다.
二三子好亡而惡定,	여럿이 도망가는 것을 좋아하고 안정된 것을 싫어하니
焉可同也?[179]	어찌 함께할 수 있겠습니까?
陷君於難,	임금을 곤경에 빠뜨렸으니
罪孰大焉?	이보다 더 큰 죄가 있겠습니까?
通內外而去君,	나라 안팎을 통하여 임금을 떠나면
君將速入,	임금께서 속히 입국하실 것이니
弗通何爲?[180]	통하지 않으면 어떡하겠습니까?
而何守焉?"[181]	어떻게 그것을 지키겠습니까?"

177 두예는 "따른 자는 임금을 곤경에 빠뜨렸고, 남은 자는 임금을 쫓아냈으니 모두 죄가 있는 것이다"라 하였다.

178 혹(或)은 혹자(或者)와 같으며, 자기는 국내외와 외교로 담론을 할 수도 있고 또한 임금을 떠나 달아날 수도 있다는 말이다.

179 너희들은 도망치기를 좋아하고 공이 나라를 회복하여 왕위를 안정시키는 것은 싫어하지만 나는 도망가는 것을 싫어하여 임금의 왕위를 안정시키고자 하니 어찌 호오를 함께할 수 있겠느냐는 것이다.

180 어찌하여 통하지 않느냐는 말이다.

乃不與盟.	이에 맹약에 참석하지 않았다.
昭子自闞歸,	소자가 궐에서 돌아와
見平子.	평자를 만나 보았다.
平子稽顙,[182]	평자가 이마를 조아리며
曰,	말하였다.
"子若我何?"	"그대는 나를 어찌려 하오?"
昭子曰,	소자가 말하였다.
"人誰不死?	사람은 누가 죽지 않겠소?
子以逐君成名,	그대는 임금을 쫓아내어 명성을 이루어
子孫不忘,	자손들이 잊지 않을 것이니
不亦傷乎?[183]	또한 슬프지 않겠습니까?
將若子何?"	그대를 어떻게 할까요?"
平子曰,	평자가 말하였다.
"苟使意如得改事君,[184]	"나로 하여금 임금을 다시 섬기게 해준다면

181 도망하여 기식하면 지킬 것이 없다는 말이다.

182 계상(稽顙): 계상은 나쁜 절[凶拜]이다. 이는 평자가 자기가 임금을 쫓아냈다는 슬픔을 보인 것이다.

183 슬프다는 말이다.

184 태도를 바꾸어서 임금을 섬기겠다는 것이다.

所謂生死而肉骨也."[185]	이른바 죽은 사람을 살리고 뼈에 살이 돋게 해주는 것입니다."
昭子從公于齊,	소자는 제나라에서 공을 따라
與公言.	공에게 이야기를 하였다.
子家子命適公館者執之.[186]	자가자가 공의 집에 가는 자를 붙잡게 하였다.
公與昭子言於幄內,	공과 소자가 장막 안에서 이야기를 하더니
曰,	말하였다.
"將安衆而納公."[187]	"군중을 안정시키고 공을 받아들이려 합니다."
公徒將殺昭子,[188]	공의 무리가 소자를 죽이려 하여
伏諸道.[189]	길가에 매복을 시켰다.
左師展告公.[190]	좌사전이 공에게 알렸다.
公使昭子自鑄歸.[191]	공이 소자로 하여금 주에서 돌아오게 하였다.

---

185 생사(生死): 죽은 자를 다시 살리는 것이다.
육골(肉骨): 백골에 다시 살이 돋아나게 하는 것이다.
186 다른 사람이 노공의 집에 들어가는 것을 잡아 비밀이 새는 것을 막는 것이다.
187 두예는 "소자가 돌아가서 군중을 안정시킬 것을 청한 것이다"라 하였다.
188 공이 귀국하지 않게 하려는 것이다.
189 길가에 군사를 매복시켜 놓고 소자를 죽이려는 것이다.
190 좌사전(左師展): 두예는 "전은 노나라의 대부이다"라 하였다.
191 주(鑄): 지금의 산동 비성현(肥城縣) 남쪽의 주향(鑄鄕)이다. 양공 23년의 『전』과 『주』에

平子有異志.[192]	평자는 다른 뜻이 있었다.
冬十月辛酉,[193]	겨울 10월 신유일에
昭子齊於其寢,[194]	소자가 침실에서 재계하고
使祝宗祈死.	축종으로 하여금 죽게끔 기도하게 하였다.
戊辰,[195]	무진일에
卒.[196]	죽었다.
左師展將以公乘馬而歸,[197]	좌사전이 공의 수레와 말을 타고 돌아가려 하였으나
公徒執之.	공의 무리가 그를 잡았다.
壬申,[198]	임신일에

상세하다. 길을 바꾸어서 복병을 피한 것이다.

192 두예는 "다시 공을 받아들이려 하지 않은 것이다"라 하였다.

193 신유일은 4일이다.

194 제(齊): 재(齋)와 같다. 재계(齋戒)하는 것이다.

195 무진일은 11일이다.

196 두예는 "평자에게 속은 것을 알고 기도를 하고 스스로 목숨을 끊은 것이다"라 하였다.

197 두예와 공영달의 주석 및 육덕명(陸德明)의 『석문(釋文)』에서는 모두 말을 탄 것이라 하였으며, 송나라 왕응린(王應麟)의 『곤학기문(困學紀聞) 4』에서도 그렇게 말하였다. 청나라 송상봉(宋翔鳳)의 『과정록(過庭錄)』 권9에서는 "승(乘)은 거성(去聲)으로 읽으며, 수레 한 대로 노나라에 돌아간 것이다"라 하였다. 송상봉의 설이 비교적 사실에 가까운 것 같다. 『좌전』에는 모두 다섯 번 승마(乘馬)라는 말이 나오는데 이를테면 소공 6년 『전』의 "그가 타는 말 여덟 필을 개인적 예물로 하였다(以其乘馬八匹私面)"라 하였다. 『공양전』과 『곡량전』에서도 또한 각기 승마(乘馬)에 대하여 말하였는데, 모두 은공 원년 『전』에 보이며 거마(車馬)를 몬다는 뜻이다.

198 임신일은 15일이다.

尹文公涉于鞏,	윤문공이 공읍에서 건너가
焚東訾,	동자를 태웠으나
弗克.[199]	이기지 못하였다.
十一月,	11월에
宋元公將爲公故如晉,[200]	송나라 원공이 공 때문에 진나라로 가려는데
夢大子欒卽位於廟,[201]	꿈에 태자 란이 종묘에서 즉위하고
己與平公服而相之.[202]	자기와 평공이 조복을 입고 돕는 것이었다.
旦,	아침에
召六卿.	여섯 경을 불렀다.
公曰,	공이 말하였다.
“寡人不佞,	“과인은 재주가 없어
不能事父兄,[203]	부형을 섬길 수가 없어

199 두예는 “문공은 자조(子朝)의 무리이다. 공현에서 낙수를 건너간 것이다. 동자는 경왕(敬王)의 읍이다”라 하였다.

200 두예는 “공을 들일 것을 청하는 것이다”라 하였다.

201 “란(欒)”은 『사기·송세가(宋世家)』에는 “두만(頭曼)”으로 되어 있고 『한서·고금인표(漢書·古今人表)』에는 “두란(兜欒)”으로 되어 있다. 양옥승(梁玉繩)의 『지의(志疑)』에서는 “두(兜)와 두(頭)는 옛날에는 통하여 썼으며, 란(欒)과 만(曼)은 소리가 서로 가깝다. 두란(兜欒)이라고도 했다가 란(欒)이라고도 했다 하는 것은 부를 때 홑자로 불렀다 복자로 불렀다 해서일 따름이다”라 하였다.

202 두예는 “평공은 원공의 부친이다”라 하였다. 복(服)은 조복(朝服)을 입는 것이다.

以爲二三子憂,	그대들에게 근심거리가 되었으니
寡人之罪也.	과인의 죄이다.
若以羣子之靈,	만약 그대들의 영험에 힘입어
護保首領以歿,	머리를 잘 지켜 죽을 수 있다면
唯是楄柎所以藉幹者,[204]	오직 시신을 눕힐 때 까는 목판을
請無及先君."[205]	청컨대 선군에게 미치지 마라."
仲幾對曰,	중기가 대답하여 말했다.
"君若以社稷之故,	"임금께서 만약 사직의 일 때문에
私降昵宴,[206]	사사로이 성색을 가까이함을 줄이시려는 것이라면
羣臣弗敢知.[207]	신하들은 감히 알지 못합니다.
若夫宋國之法,	송나라의 법과
死生之度,[208]	사생의 제도 같은 것은

---

203 두예는 "부형은 화(華)와 향(向)을 말한다"라 하였다.

204 편부(楄柎): 옛날 관에 시체를 넣을 때 쓰는 목판으로, 『안자춘추·외편(晏子春秋·外篇)』에는 편부(偏柎)로 되어 있다. 또한 영상(笭牀)이라고도 하며, 청나라 말기 왕선겸(王先謙: 1842~1917)의 『석명·석선·소증보(釋名·釋船·疏證補)』에서는 목선(木船)의 바닥 위에 깐 널로 비유를 하였는데 매우 합당하다. 간(幹)은 두예는 "해골이다"라 하였다. 자(藉)는 곧 『한서·동현전(董賢傳)』의 "일찍이 낮잠을 잤는데 위 소매의 한쪽을 깔았다(偏藉上袖)"라 한 자(藉)로 몸을 그 위에 눕히는 것을 말한다. 간(幹)은 신체이다.

205 두예는 "스스로 덜어 내고자 한 것이다"라 하였다. 원공은 관목(棺木)에 대해서만 말하였지만 사실은 일체의 장구(葬具)를 가리킨다.

206 강닐연(降昵宴): 두예는 "닐(昵)은 가까이하는 것이다. 강닐연(降昵宴)은 성악(聲樂)과 음식을 가까이하는 일을 줄이는 것을 말한다"라 하였다.

207 이 구절은 신 등은 감히 그 일에 간여할 수 없다는 말과 같다.

先君有命矣,[209]	선군께서 명하셨으니
羣臣以死守之,	신하들이 죽음으로 지켜
弗敢失隊.[210]	감히 실추시킬 수 없습니다.
臣之失職,[211]	신하가 직무를 돌보지 않는 것은
常刑不赦.	형벌이 용서치 않습니다.
臣不忍其死,[212]	신들은 차마 죽음으로써
君命祇辱."[213]	임금의 명을 욕되이 할 수 없습니다.
宋公遂行.	송공이 마침내 갔다.
己亥,	기해일에
卒于曲棘.[214]	곡극에서 죽었다.
十二月庚辰,[215]	12월 경진일에
齊侯圍鄆.	제후가 운을 에워쌌다.

208 도(度): 제도(制度).

209 성문(成文)의 규정이 있다는 것이다.

210 추(隊): 추(墜)와 같다. 감히 어길 수 없다는 말이다.

211 실직(失職): 선군의 명을 지키지 못하는 것이 곧 직무를 돌보지 않는 것이다.

212 직무를 돌보지 않아 상형(常刑)을 받을 수는 없다는 것을 말한다.

213 두예는 "명령이 반드시 행해지지 않을 것이라는 말이다. 지(祇)는 적(適)이라는 뜻이다"라 하였다.

214 세상에 전해지는 기물로 송공차과(宋公差戈)가 있는데, 청나라 방준익(方濬益)이 말하기를 "송공차는 송원공이다. 『춘추전』에는 '좌(佐)'로 되어 있는데 고금자이다"라 하였다. 방준익(方濬益)의 『철유재이기고석(綴遺齋彝器考釋)』 권30에 상세하다.

215 경진일은 24일이다.

初,	처음에
臧昭伯如晉,	장소백이 진나라로 갔는데
臧會竊其寶龜僂句,[216]	장회가 보귀인 누구를 훔쳐
以卜爲信與僭,[217]	신의와 불신을 점쳤는데
僭吉.	불신이 길하다고 하였다.
臧氏老將如晉問,[218]	장씨의 가재가 진나라에 가서 문후하려고 하였는데
會請往.[219]	회가 갈 것을 청하였다.
昭伯問家故,[220]	소백이 집의 일을 물으니
盡對.	모두 대답하였다.
及內子與母弟叔孫,	아내와 동복아우 숙손에 대해서는
則不對.[221]	대답하지 않았다.
再三問,	재삼 물었으나
不對.	대답하지 않았다.
歸,	돌아오다가

216 누구(僂句): 두예는 "누구는 거북이 난 곳의 지명이다"라 하였다. 다케조에 고코(竹添光鴻)의 『회전(會箋)』에서는 "누구는 다만 거북의 이름이다"라 하였다.

217 참(僭): 두예는 "참은 불신(不信)이라는 뜻이다"라 하였다.

218 두예는 "소백의 기거(起居)를 문안하는 것이다"라 하였다.

219 두예는 "가로(家老)를 대신해서 가는 것이다"라 하였다.

220 두예는 "고(故)는 일이다"라 하였다.

221 소백의 질문이 그 처와 동복아우에게 미치자 회가 대답을 못한 것이며, 말하기 어려운 숨겨 둔 것이 있는 것 같다.

及郊,[222]	교외에 이르자
會逆.	회가 맞았다.
問,	물었더니
又如初.[223]	또한 처음과 같았다.
至,[224]	이르러
次於外而察之,[225]	밖에 머물면서 살펴보았더니
皆無之.[226]	모두 아무 일이 없었다.
執而戮之,[227]	그를 잡아 죽이려 하자
逸,	도망쳐서
奔郈.[228]	후로 달아났다.
郈魴假使爲賈正焉.[229]	후방가가 그를 고정으로 삼았다.
計於季氏,[230]	계씨에게 회계 장부를 보내니

222 소백이 노나라로 돌아가다가 교외에 이른 것이다.

223 두예는 "또 대답하지 않은 것이다"라 하였다.

224 노성에 이른 것이다.

225 소백이 의혹이 생겨 일단 밖에 묵으면서 그 처와 아우를 살핀 것이다.

226 모두에게 의심이 갈 만한 일이 없었다는 것이다.

227 장회를 잡아서 죽이려 한 것이다.

228 장회가 도망가서 후에 이른 것이다. 후는 지금의 산동 동평현(東平縣) 동남쪽 40리 지점에 있다.

229 두예는 "방가는 후읍의 대부이다. 고정은 화물(貨物)을 관장하여 일정한 가격이 있게 하는 것으로 시장의 관리와 같다"라 하였다. 공영달은 "고정은 『주례』의 고사(賈師)이다. 이는 후읍의 대부가 후읍의 시장의 고정이 되게 한 것이다. 후는 나중에 숙손(叔孫)의 사읍이 되는데 이때까지만 해도 여전히 공의 읍이었으므로 고정으로 하여금 회계 장부를 계씨에게 유통시킨 것이다"라 하였다.

230 두예는 "회계 장부를 계씨에게 보낸 것이다"라 하였다. 고정은 사도의 속관으로, 소공

臧氏使五人以戈楯伏諸桐汝之閭,[231]	장씨가 다섯 사람에게 과와 방패를 들려 동여의 이문에 매복시켰다가
會出,[232]	회가 나오자
逐之,	쫓아가니
反奔,	도리어 달아나
執諸季氏中門之外.	계씨의 중문 밖에서 그를 잡았다.
平子怒,	평자가 노하여
曰,	말하였다.
"何故以兵入吾門?"	"무슨 일로 무기를 가지고 나의 문에 들어오느냐?"
拘臧氏老.	장씨의 가재를 잡았다.
季, 臧有惡.[233]	계씨와 장씨는 악감정을 가졌다.
及昭伯從公,	소백이 공을 따랐을 때
平子立臧會.[234]	평자는 장회를 세웠다.
會曰,	회가 말하였다.

4년의 『전』에 의하면 계무자가 사도가 되어 이 직책을 세습하였으므로 장회가 그 장부를 계씨에게 보낸 것이다.

231 두예는 "동여는 이(里)의 이름이다"라 하였다. 여(閭)는 이문(里門)이다.

232 장회가 계씨의 집에서 나온 것이다.

233 서로간에 악감(惡感)이 생긴 것이다.

234 두예는 "장씨의 후계자로 세운 것이다"라 하였다.

"僂句不余欺也." "누구가 나를 속이지 않았구나."

楚子使薳射城州屈, 초자가 원사로 하여금 주굴에 성을 쌓게 하였는데

復茄人焉,[235] 가의 사람을 돌아가 살게 하였으며,

城丘皇, 구황에 성을 쌓고는

遷訾人焉.[236] 자 사람을 그곳으로 옮기게 하였다.

使熊相禖郭巢, 웅상모에게 소에 외성을 쌓게 하고

季然郭卷.[237] 계연에게는 권에 외성을 쌓게 하였다.

子大叔聞之, 자태숙이 듣고는

曰, 말하였다.

"楚王將死矣. "초왕은 곧 죽을 것이다.

使民不安其土, 백성으로 하여금 그 땅을 편안하게 여기지 못하게 한다면

民必憂, 백성들은 반드시 근심할 것이고

---

235 주굴(州屈): 두예는 "가 사람을 주굴에 다시 복귀시킨 것이다"라 하였다. 고사기(高士奇)의 『지명고략(地名考略)』에 따르면 주굴은 지금의 안휘성 봉양현(鳳陽縣) 서쪽에 있다. 가는 회수(淮水) 가까이 있는 작은 읍이다.

236 두예는 "자(訾)의 사람을 구황으로 옮긴 것이다"라 하였다. 고동고(顧棟高)의 『대사표(大事表)』 권7의 4에서는 구황은 지금의 하남 신양현(信陽縣)에 있다고 하였다.

237 두예는 "두 대부로 하여금 소와 권에 외성을 쌓게 한 것이다"라 하였다. 권(卷)은 지금의 하남 섭현(葉縣) 서남쪽에 건성(建城)의 옛 성이 있는데 곧 그곳이다.

憂將及王, 근심이 왕에게까지 미칠 것이니

弗能久矣."[238] 그리 오래갈 수 없을 것이다."

소공 26년

經

二十有六年春王正月,[1] 26년 봄 주력으로 정월에

葬宋元公. 송나라 원공을 장사 지냈다.

三月, 3월에

公至自齊居于鄆.[2] 공이 제나라에서 돌아와 운에 머물렀다.

夏, 여름에

公圍成.[3] 공이 성을 에워쌌다.

秋, 가을에

238 두예는 "이듬해 초자 거(居)가 죽는 복선이다"라 하였다.

1 이십육년(二十六年): 을유년 B.C. 516년으로 주경왕(周敬王) 4년이다. 동지가 정월 초8일 계해일로 건자(建子)이다.

2 이는 서운(西鄆)으로 지금의 산동 운성현(鄆城縣) 동쪽 16리 지점이다. 성공 4년 "운에 성을 쌓았다(城鄆)"라 한 곳의 『경』과 『주』에 상세하다.

3 두예는 "성은 맹씨의 읍이다. 제나라 군사를 기록하지 않은 것은 장수의 지위가 낮고 무리가 적어 공에 중점을 둔 것이다"라 하였다.

公會齊侯, 莒子, 邾子, 杞伯盟于鄟陵.[4] 공이 전릉에서 제후와 거자, 주자, 기백과 회맹하였다.

公至自會, 공이 회합에서 돌아와

居于鄆.[5] 운에 머물렀다.

九月庚申,[6] 9월 경신일에

楚子居卒.[7] 초자 거가 죽었다.

冬十月, 겨울 10월에

天王入于成周.[8] 천자께서 성주로 들어가셨다.

尹氏, 召伯, 毛伯以王子朝奔楚.[9] 윤씨와 소백, 모백이 왕자 조를 모시고 초나라로 달아났다.

傳

二十六年春王正月庚申, 26년 봄 주력으로 정월 경신일에

齊侯取鄆.[10] 제후가 운을 취하였다.

---

4 두예는 "전릉(鄟陵)은 땅이 어디 있는지 모른다"라 하였다. 혹자는 전릉은 곧 전(鄟)이라고 하였는데, 지금의 산동 담성현(郯城縣) 동북쪽에 있으며 맞지 않을 것이다.

5 『전』이 없다.

6 경신일은 9일이다.

7 13년 『전』에서 기질(棄疾)이 즉위하였는데 이름이 웅거(熊居)라고 하였다. 여기서는 그냥 거(居)라고만 하였는데 웅(熊)을 초나라 임금이 대대로 쓴 이름이라고 생각하여 생략한 것으로, 초나라 영왕(靈王)의 이름이 웅건(熊虔)인데 그냥 건(虔)이라고만 한 예와 같다.

8 『전』에서는 11월에 있었다고 하였다.

9 『전』에 의하면 소백은 사실 달아나지 않았고 또한 경왕을 맞았으며, 달아난 자는 소씨의 일족일 따름이다. 두예는 "'소백(召伯)'은 '소씨(召氏)'가 되어야 한다"고 하였다. 『전』에서는 왕자 조가 먼저 달아나고 왕이 나중에 들어갔다고 하였다.

葬宋元公,	송나라 원공을 장사 지냈는데
如先君,	선군처럼 하였으니
禮也.[11]	예에 맞았다.

三月,	3월에
公至自齊,	공이 제나라에서 이르러
處于鄆,	운에 처하였는데
言魯地也.[12]	노나라 땅임을 말하였다.

夏,	여름에
齊侯將納公,	제후가 공을 들이고자 하여
命無受魯貨.	노나라의 재화를 받지 말도록 명하였다.
申豐從女賈,[13]	신풍이 여가를 종자로 삼아
以幣錦二兩,[14]	폐백으로 비단 두 냥을

---

10 경신일은 5일이다.

11 지난해 『전』에서 "선군에 미치지 않게" 장례를 치를 것을 청하였는데 송나라의 신하들이 따르지 않은 것이다.

12 지자제(至自齊): 지(至)는 본국에 이른 것이다. 또한 "거(居)"니 "처(處)"니 말한 것은 모두 거처한 곳이 본국 땅임을 밝힌 것이다. 제나라에 있었다면 "양주에 머물렀다(次于陽州)"라 하였고, 진나라에 있었다면 "건후에 있었다(在乾侯)"라 하여 쓴 동사가 달랐다. 다만 다음 해의 『경』에서는 "운에서 머물렀다(居于鄆)"라 하였는데 곧 제나라 땅이다.

13 두예는 "풍과 가 두 사람은 모두 계씨의 가신이다"라 하였다.

縛一如瑱,[15]	진규처럼 묶어
適齊師,	제나라 군사에게 가서
謂子猶之人高齮,[16]	자유의 사람 고기에게 일렀다.
"能貨子猶,	"자유를 매수할 수 있다면
爲高氏後,	고씨의 후사가 되게 하고
粟五千庾."[17]	곡식 5천 유를 주겠소."
高齮以錦示子猶,	고기가 비단을 자유에게 보이자
子猶欲之.	자유가 가지려 하였다.
齮曰,	기가 말하였다.

---

14 옛날의 포백(布帛)은 모두 고척(古尺) 두 장(丈)을 한 단(端)으로 하였으며 두 단이 한 냥이다. 두 냥은 지금의 두 필과 비슷하다. 금(錦)은 여러 가지 색깔의 꽃무늬가 있는 중후한 직물이다. 바치는 물건을 옛날에는 모두 폐라 할 수 있었는데 여기서는 금(錦)을 폐(幣)로 한 것이다.

15 진(瑱): 곧 진규(瑱圭)의 진(瑱)이며, 진(鎭)이라고도 한다. 이 비단 두 냥을 하나로 묶으니 모양이 진규와 같아 가슴속에 품어 숨기기에 좋다는 것을 말한다. 진규에 대해서는 청나라 오대징(吳大澂)의 『고옥도고(古玉圖考)』를 참고할 만하다.

16 자유(子猶): 양구거(梁丘據)로 제경공의 총신이다.
고기(高齮): 『사기·노세가(魯世家)』에는 "고흘(高齕)"로 되어 있으며, 청나라 왕인지(王引之)의 『춘추명자해고(春秋名字解詁)』에서는 자가 기(齮)라고 하였다. 양구거의 신하이다. 양구거는 보이지 않는데 고기는 보인다.

17 그대가 양구거(梁丘據)를 매수할 수 있다면 내 그대가 고씨의 종주가 되게 하고 곡식 5천 유를 바치겠다는 말이다. 10년 『전』에 의하면 고강(高彊)은 이미 노나라로 달아났으며 기는 고씨의 일족인데 겨우 양구거의 가신일 뿐이므로 그를 고강을 이어 제나라의 경이 되게 해주겠다고 꾄 것이다. 정공열(程公說)의 『춘추분기·세보(春秋分紀·世譜) 2』에서는 고약(高弱, 선공 17년의 『전』에 보인다)의 아들이라 하였다.
유(庾): 용량(容量)의 단위로 『주례·고공기(考工記)』에 의하면 당시의 2말 4되로 대략 지금의 4되 8홉에 해당한다. 5천 유는 대략 오늘날의 240석 정도이다. "자유(子猶)"는 『사기·노세가(魯世家)』에는 "자장(子將)"으로 되어 있다.

"魯人買之,	"노나라 사람이 산 것은
百兩一布.[18]	백 필이 한 무더기입니다.
以道之不通,	길이 통하지 않아
先入幣財."[19]	먼저 예물로 들였습니다."
子猶受之,	자유가 그것을 받고는
言於齊侯曰,	제후에게 말하였다.
"羣臣不盡力于魯君者,	"신하들이 노나라 임금에게 진력하지 않는 것은
非不能事君也.[20]	임금을 섬길 수 없어서 그런 것이 아닙니다.
然據有異焉.[21]	그러나 저는 그것을 괴이하게 생각합니다.
宋元公爲魯君如晉,	송원공은 노나라 임금 때문에 진나라에 갔다가
卒於曲棘,	곡극에서 죽었으며

---

18 포(布): 열(列)이다. 백 필을 한 무더기로 한 것을 이른다.

19 옛사람들은 예물을 보낼 때 먼저 가벼운 것을 보내고 나중에 두터운 것을 보낸다. 이는 전시 중인 데다가 제후가 "노나라의 재화를 받지 말도록" 영했기 때문에 "길이 통하지 않아" 먼저 두 량(兩)만 들여보낸 것을 따름이라는 것이다.

20 두예는 "자기의 말을 행하고자 하였기 때문에 먼저 노나라 임금을 들여보내는 데 힘을 다하고자 한다는 것을 보인 것이다"라 하였다.

21 이(異): 두예는 "이(異)는 괴(怪)와 같다"라 하였다.

叔孫昭子求納其君,	숙손소자는 임금을 들일 것을 청하다가
無疾而死.	병도 없이 죽었습니다.
不知天之棄魯邪,	하늘이 노나라를 버리는 것인지
抑魯君有罪於鬼神故及此也?[22]	노나라 임금이 귀신에게 죄를 지어서 그런 것인지 모르겠습니다.
君若待于曲棘,[23]	임금님께서 곡극에서 기다리시면
使羣臣從魯君以卜焉.[24]	신하들에게 노나라 임금을 따르는 것에 대해 점을 치게 하겠습니다.
若可,	괜찮다면
師有濟也,	우리 군사가 이길 것이니
君而繼之,[25]	임금께서 그것을 잇는다면
玆無敵矣.[26]	이에 적이 없게 될 것입니다.
若其無成,	이룬 것이 없다 하더라도

22 야(也): 야(邪)의 뜻으로 쓰였다.

23 공영달은 "『토지명(土地名)』에 제나라에는 곡극이란 땅이 없다. 10년 『전』에 환자(桓子)가 자산(子山)을 불러 극(棘)으로 돌려보내는데 이것이 곧 그 극(棘)이다. 본래 '곡(曲)'자는 없었는데 위의 '곡극에서 죽었다(卒于曲棘)'를 따라서 잘못 '곡(曲)'자를 추가했을 따름이다"라 하였다. 극(棘)은 성공 4년의 『전』과 『주』에 보인다.

24 전쟁의 정황을 탐색해 보고 승부를 가늠해 보는 것 또한 복(卜)이라고 한다.

25 이(而): 내(乃), 시(始)와 같은 뜻이다.

26 자(玆): 자(玆)자의 뜻은 소공 원년 『전』의 『주』에 보이는데, 곧〔則〕, 이 때문에라는 뜻이다.

君無辱焉."[27]	임금님께는 욕이 되지 않습니다."
齊侯從之,	제후가 그대로 따라
使公子鉏帥師從公.[28]	공자 서로 하여금 군사를 거느리고 공을 따르게 했다.
成大夫公孫朝謂平子曰,[29]	성의 대부 공손조가 평자에게 말하였다.
"有都,	"도읍을 세우는 것은
以衛國也.[30]	나라를 보위하기 위함이니
請我受師."[31]	제가 군사를 받아들이도록 해주십시오."
許之.	허락하였다.
請納質,[32]	인질을 들일 것을 청하였더니
弗許,	허락하지 않고

---

27 만약에 군사를 내어서 이룬 것이 없더라도 임금이 친히 군사를 통솔하는 번거로움은 없을 것이라는 말이다.

28 양이승(梁履繩)의 『보석(補釋)』에서는 강반(江磐)의 말을 인용하여 "서(鉏)는 곧 경공(景公)의 아들로 애공 5년에 노나라로 달아나 또한 남곽저우(南郭且于)라고도 일컬어진다(애공 6년)"라 하였다.

29 성(成)은 본래 맹씨(孟氏)의 읍이며, 지금의 산동 영양현 북쪽으로 나머지는 환공 6년의 『경』과 『주』에 상세하다. 이번 전역은 아마 계씨가 주동이 되었을 것이며, 또한 맹의자가 어렸으므로 조(朝)가 계평자에게 물은 것이다.

30 도(都)의 뜻은 장공 28년 『전』 "종묘와 선군의 신주가 있으면 '도'라 한다(有宗廟先君之主曰都)"의 『주』에 상세하다.

31 두예는 "성읍을 가지고 제나라 군사를 방어하는 것이다"라 하였다.

32 공손조는 맹씨의 신하이므로 의심을 살까 봐 인질을 들이기를 청하였다.

曰,	말하였다.
“信女,	“그대를 신임하는 것으로
足矣.”[33]	충분하다.”
告於齊師曰,	제나라 군사들에게 알리어 말하였다.
“孟氏,	“맹씨는
魯之敝室也.[34]	노나라의 허물어진 종족이다.
用成已甚,	성읍을 쓰는 것으로도 이미 심하여
弗能忍也,[35]	참을 수 없으니
請息肩于齊.”[36]	제나라에 항복하여 쉴 것을 청한다.”
齊師圍成.	제나라 군사가 성을 에워쌌다.
成人伐齊師之飮馬于淄者,[37]	성읍 사람으로 말에게 물을 먹이는 제나라 군사를 쳐 죽인 자가
曰,	말하였다.

33 너를 믿는 것으로 족하니 하필 인질을 들여야겠는가 하는 뜻이다.

34 두예는 “폐(敝)는 괴(壞)의 뜻이다”라 하였다.

35 맹씨가 성읍의 백성의 힘과 재력을 너무 심하게 써서 백성들이 참을 수 없다는 말이다.

36 두예는 “공손조가 제나라 군사를 속여 항복을 하고 싶다고 말하여 와서 성읍을 취하게 한 것이다”라 하였다.

37 이 치수(淄水)는 임치(臨淄)의 치(淄)가 아니다. 『청일통지』에서는 곧 소문하(小汶河)라고 하였고, 호위(胡渭)의 『우공추지(禹貢錐指)』에서는 곧 시문하(柴汶河)라고 하였는데 모두 옳다. 산동 신태현(新泰縣) 동북쪽의 용당산(龍堂山)에서 발원하여 현의 남쪽을 거쳐 서로 태안현(泰安縣) 동남쪽에 이르러 대문하(大汶河)로 유입된다. 지금은 이미 말랐다.

"將以厭衆."[38]	"중인을 만족시키려고 한 것이다."
魯成備而後告曰,	노나라에서는 준비를 갖춘 이후에 알리어 말하였다.
"不勝衆."[39]	"중인의 뜻을 이길 수 없었다."
師及齊師戰于炊鼻.[40]	군사가 제나라 군사와 취비에서 싸웠다.
齊子淵捷從洩聲子,[41]	제자연첩이 설성자를 쫓아
射之,	활을 쏘아
中楯瓦,[42]	방패의 한중간을 맞혔는데,
繇朐汰輈,[43]	멍에에서 끌채를 지나

38 두예는 "중인의 마음을 만족시켜 내가 항복하는 것을 알지 못하게 하려고 그런 것이다"라 하였다.

39 두예는 "제나라에 중인이 항복하려 하지 않으니 내가 이길 수 없다고 알린 것이다"라 하였다.

40 강영(江永)의 『고실(考實)』에서는 취비는 지금의 영양현(寧陽縣) 경계에 있을 것이라고 하였다.

41 『잠부론·지씨성(志氏姓)』에서는 "자연씨는 강(姜)성이다"라 하였다. 8년 『전』의 "자거가 도망쳐 왔다"라 한 곳에서 두예는 "자거는 경공(頃公)의 손자 첩이다"라 하였다. 곧 자연은 씨이고 첩(捷)은 이름이며 자가 자거이다. 『신서·의용(新序·義勇)』편에 "진항(陳恒)이 그 임금을 죽이고 용사 여섯 명으로 하여금 자연서(子淵棲)를 협박하게 하였다"는 말이 나오는데 "서(棲)"는 아마 "첩(捷)"자와 형태가 비슷한 데서 기인한 오자일 것이다. 이때는 이미 제나라로 돌아갔다. 설성자는 노나라의 대부인데 아래서는 야설이라 하였으니, 아마 씨가 야일 것이고 이름은 설일 것이며, 성자는 그 시호일 것이다.

42 방패는 당시 적의 병기나 시석(矢石)을 막는 방어 수단으로 주간에 척추 같은 등성마루가 있는데 이를 와(瓦)라고 한다. 이는 자연첩이 설성자를 쏘아 그 방패를 맞힌 것이다.

43 요(繇): 유(由)와 같다.
구(朐): 구(軥)와 같다. 단옥재(段玉裁)의 『설문해자주(說文解字注)』에서는 곧 멍에 아래의 굽은 나무라 하였다. 주준성(朱駿聲)의 『설문통훈정성(說文通訓定聲)』에서는 "주(輈) 끝의 가로막대와 원(轅) 끝의 나무를 모두 액(軶)이라 하며, 그 아래의 이지러진 곳이 구

匕入者三寸.[44]	화살촉이 박힌 것이 세 치나 되었다.
聲子射其馬,	성자가 그의 말을 쏘아
斬鞅,	가슴걸이를 끊으니
殪.[45]	쓰러졌다.
改駕,[46]	수레를 바꾸어 타니
人以爲鬷戾也,	사람들이 종려로 생각하고
而助之.[47]	그를 도와주었다.
子車曰,	자거가 말하였다.
"齊人也."[48]	"제나라 사람이다."
將擊子車,	자거를 치려는 데
子車射之,	자거가 그를 쏘아
殪.	쓰러뜨렸다.

(軥)인데 소와 말의 목을 당기에 제어하는 곳을 일컫는다"라 하였다. 주(輈)는 곧 수레의 끌채이다. 출토된 병거의 파편에서 보이는 것 및 고대의 벽화로 추정해 보건대 춘추시대의 전차는 모두 단원(單轅)이었으며 끌채 끝에 횡목이 있고 달리 굽은 나무가 있어서 양쪽의 복마를 제어하는데 이를 구(軥)라고 한다. 양공 14년 "양쪽 멍에를 쏘고 돌아왔다(射兩軥而還)"라 한 곳의 주를 참조하라.

태(汏): 화살이 맞은 것이다.

44 비(匕): 화살촉이다. 이 구절은 자연첩의 활은 힘이 세어서 그 화살이 멍에에서 위쪽으로 끌채까지 날아가 성자가 막고 있는 방패에 세 치나 박혔다는 것이다.

45 앙(鞅): 말 목의 가죽끈. 이는 성자 또한 활을 잘 쏘아 그 화살이 먼저 가슴걸이를 끊고 말까지 죽였다는 것이다.

46 자연첩의 병거를 끌던 말이 죽어 다른 수레로 바꾸어 타고 싸우는 것이다.

47 두예는 "인(人)은 노나라 사람이다. 종려는 숙손씨의 사마이다"라 하였다.

48 노나라 사람들이 적을 자기네 병사로 오인하였는데, 자거는 곧 자연첩이므로 사실을 알려 준 것이다.

其御曰, 그 어자가 말하였다.

"又之."[49] "또 쏜다."

子車曰, 자거가 말하였다.

"衆可懼也, "중인은 두렵게 할 수는 있지만

而不可怒也."[50] 노하게 할 수는 없다."

子囊帶從野洩, 자낭대가 야설을 쫓으면서

叱之.[51] 그를 꾸짖었다.

洩曰, 야설이 말하였다.

"軍無私怒, "싸울 때는 사적인 분노가 없는데

報乃私也, 갚는다면 사적인 것이 되니

將亢子."[52] 그대에게 맞서고자 하오."

又叱之,[53] 또 꾸짖자

亦叱之.[54] 또한 꾸짖었다.

冉豎射陳武子, 염수가 진무자를 쏘아

---

49 두예는 "또 남은 사람을 쏘게 하려는 것이다"라 하였다.

50 다시 활을 쏘려 하지 않아도 제나라 군사가 계씨를 대패시킬 뜻이 없음을 충분히 알겠다는 것이다.

51 두예는 "낭대는 제나라의 대부이다. 야설은 곧 성자이다"라 하였다.

52 두예는 "공적인 전투로 막으려 하는 것이니 사적으로 욕하는 것에 대한 보복은 않겠다는 것이다"라 하였다. 항(亢)은 항(抗)과 같으며 대적하는 것이다.

53 두예는 "자낭이 다시 꾸짖은 것이다"라 하였다.

54 두예는 "야설 또한 꾸짖은 것이다. 제나라는 전의는 없고 다만 서로 꾸짖는 것이다"라 하였다.

中手,[55]	손에 명중하니
失弓而罵.[56]	활을 놓쳐 욕하였다.
以告平子,	그대로 평자에게 알려
曰,	말하였다.
"有君子,	"어떤 군자를 만났는데
白皙鬒鬚眉,	피부가 희고 밝았으며 수염과 눈썹에 숱이 많았고
甚口."[57]	입이 심하였습니다."
平子曰,	평자가 말하였다.
"必子彊也,	"필시 자강일 것이니
無乃亢諸?"	곧 그에게 맞선 것이 아닌가?"
對曰,	대답하였다.
"謂之君子,	"군자라 하면서

---

55 두예는 "염수는 계씨의 신하이다"라 하였다. 진무자(陳武子)는 진무우(陳無宇)의 아들로 이름은 개(開)이고 자는 자강(子彊)이다. 무우는 세 아들을 낳았는데 맏이는 개(開)이고, 차자는 걸(乞)로 곧 희자〔僖子, 『사기』에서는 으레 "이자(釐子)"라 하였다〕이며, 막내는 서(書)인데 19년『전』 및 애공 11년의『전』에 보인다. 서는 손(孫)씨이며, 손무(孫武)는 그 후손이다.

56 손에 화살을 맞아 활을 떨어뜨려 잃은 것이다.

57 백석(白皙): 피부색을 말한 것이다.
진(鬒): 육덕명(陸德明)의『석문(釋文)』에서는 "진(鬒)은 검은 것이다"라 하였다.『설문』에는 "진(㐱)"으로 되어 있으며 "털이 조밀한 것이다"라 하였다. 이는 수염과 눈썹이 검고도 빽빽하다는 것이다.
심구(甚口): 욕을 잘하는 것이다.

何敢亢之?”	어찌 감히 맞서느냐?”
林雍羞爲顔鳴右,	임옹은 안명의 거우가 된 것을 부끄럽게 여겨
下.[58]	내렸다.
苑何忌取其耳.[59]	원하기는 그 귀를 잘랐다.
顔鳴去之.[60]	안명이 그곳을 떠났다.
苑子之御曰,	원자의 어자가 말하였다.
“視下!”	“아래를 보십시오!”
顧.[61]	돌아보았다.
苑子刜林雍,[62]	원자가 임옹을 찍어
斷其足,	그의 다리를 자르자
鑋而乘於他車以歸.[63]	한 발로 다른 수레에 올라 돌아갔다.
顔鳴三入齊師,	안명이 세 번 제나라 군사에게 들어가

58 두예는 “모두 노나라 사람이다. 거우가 된 것을 부끄러워하여 수레에서 내려 싸운 것이다”라 하였다.

59 원하기(苑何忌): 두예는 “하기(何忌)는 제나라 대부이다. 옹을 죽이고 싶지 않아 그의 귀만 잘라 욕보인 것이다”라 하였다.

60 지(之): 임옹을 가리킨다.

61 청나라 심동(沈彤)의 『소소(小疏)』에서는 “시하에서 구절이 끊어진다. 고(顧)라는 것은 어자가 말할 때를 기록한 것으로, 이미 원자를 보고 또 임옹의 발을 본 것이다”라 하였다.

62 불(刜): 『광아』에서는 “찍는 것이다”라 하였다.

63 경(鑋): 『설문해자』에서는 “경(鑋)”자 아래에 “경(䟫)”자를 인용하여 놓았다. 두예는 “한쪽 발로 가는 것이다”라 하였다.

呼曰,	고함쳐 말하였다.
"林雍乘!"[64]	"임옹이 타라!"

四月,	4월에
單子如晉告急.	단자가 진나라로 가서 위급함을 알렸다.
五月戊午,[65]	5월 무오일에
劉人敗王城之師于尸氏.[66]	유 사람이 왕성의 군사를 시씨에서 무찔렀다.
戊辰,[67]	무진일에
王城人, 劉人戰于施谷,	왕성의 사람과 유 사람이 시곡에서 싸웠는데
劉師敗績.[68]	유의 군사가 대패하였다.

秋,	가을에

---

64 두예는 "노나라 사람이 모두 계씨에게 힘을 다하여 사사로운 원한 때문에 서로 버리지 않으려 한 것이다"라 하였다.

65 무오일은 5일이다.

66 23년 왕자 조가 왕성으로 들어갔으며 윤씨가 왕으로 세웠다. 시씨는 지금의 하남 언사현(偃師縣) 서쪽에 있으며, 아래에서 "마침내 시(尸)에 머물렀다" 한 시(尸)와 같은 곳이다.

67 무진일은 15일이다.

68 고사기(高士奇)의 『지명고략(地名考略)』 권1에서는 시곡(施谷)과 완곡(萑谷)은 모두 대곡(大谷)의 지름길이라고 하였다. 대곡은 낙양시 동쪽에 있으며 지금의 영양(潁陽) 폐현까지 이어져 90리에 달한다.

盟于鄟陵,	전릉에서 맹약하고
謀納公也.[69]	공을 들일 것을 모의하였다.
七月己巳,[70]	7월 기사일에
劉子以王出.[71]	유자가 왕을 모시고 도망갔다.
庚午,[72]	경오일에
次于渠.[73]	거에서 머물렀다.
王城人焚劉.[74]	왕성의 사람이 유를 불태웠다.
丙子,[75]	병자일에
王宿于褚氏.[76]	왕이 저씨에서 묵었다.
丁丑,[77]	정축일에
王次于萑谷.[78]	왕이 완곡에서 머물렀다.

---

69 두예는 "제후의 모의이다"라 하였다.

70 기사일은 17일이다.

71 두예는 "군사가 패하여서 두려워 달아난 것이다"라 하였다. 공영달은 "아마 유에서 도망갔을 것이다"라 하였다. 유(劉)는 유자의 채읍으로 지금의 하남 언사현(偃師縣) 서남쪽에 있다.

72 경오일은 18일이다.

73 거(渠): 『휘찬(彙纂)』에서는 "거는 곧 주양거(周陽渠)이다. 지금의 낙양현에 있으며 유징지(劉澄之)의 『영초기(永初記)』에서는 '성 서쪽에 양거(陽渠)가 있는데 주공(周公)이 만들었다'라 한 것이 이것이다. 또한 구곡독(九曲瀆)이라고도 한다"라 하였다.

74 두예는 "유자의 읍을 태운 것이다"라 하였다.

75 병자일은 24일이다.

76 저씨(褚氏): 『속한서·군국지(郡國志)』에 의하면 지금의 낙양시 동쪽에 있다.

77 정축일은 25일이다.

78 완곡(萑谷): 완곡은 위 "시곡(施谷)"의 『주』에 보인다.

庚辰,[79] 경진일에

王入于胥靡.[80] 왕이 서미로 들어갔다.

辛巳,[81] 신사일에

王次于滑.[82] 왕이 활에 머물렀다.

晉知躒, 趙鞅帥師納王, 진나라 지력과 조앙이 군사를 거느리고 왕을 들이고

使女寬守闕塞.[83] 여관으로 하여금 궐새를 지키게 하였다.

九月, 9월에

楚平王卒.[84] 초평왕이 죽었다.

---

79 경진일은 28일이다.

80 서미(胥靡): 서미는 지금의 언사현(偃師縣) 동쪽에 있다. 또한 양공 18년의 『전』에도 보인다.

81 신사일은 29일이다.

82 활(滑): 활은 곧 언사현(偃師縣) 남쪽의 구지진(緱氏鎭)이며, 장공 16년의 『전』과 『주』에 상세하다.

83 여(女)는 원래 "여(汝)"로 되어 있었는데 여기서는 육덕명(陸德明)의 『석문(釋文)』과 두예의 주 및 가나자와 문고본(金澤文庫本)을 따른다. "궐(闕)"은 원래 "관(關)"으로 되어 있었으나 『교감기(校勘記)』 및 가나자와 문고본(金澤文庫本)을 따라 바로잡았다. 『국어·진어(晉語) 9』의 위소(韋昭)의 주에서는 "숙관(叔寬)은 여제(女齊)의 아들 숙포(叔褒)이다"라 하였다. 여관은 곧 숙관(叔寬)이다. 궐새는 곧 이궐(伊闕)로 또한 곧 지금의 낙양시 남쪽 30리 지점의 용문(龍門)이다.

84 한(漢)나라 육가(陸賈)의 『신어·무위(新語·無爲)』편에서는 "초평왕은 사치하고 방자하여 아랫사람을 제어하고 덕으로 백성을 검약하게 할 수 없었다. 말을 백 마리나 더하여 수레를 타고 다니면서 천하의 백성들을 굶주리게 하려 했다. 재부와 이익에 밝음은 미칠 수가 없었다. 이에 초나라는 더욱 사치로워져 군신 간에 구별이 없었다"라 하였다.

令尹子常欲立子西,[85]	영윤 자상은 자서를 세우고 싶어
曰,	말하였다.
"大子壬弱,[86]	"태자 임이 어리고
其母非適也,	그 모친은 적실이 아니며
王子建實聘之.[87]	왕자 건이 맞아들였다.
子西長而好善.	자서는 연장인 데다 선을 좋아한다.
立長則順,	연장자를 세우는 것이 순리이고
建善則治.	선한 사람을 세우면 잘 다스려진다.
王順, 國治,	왕이 순리에 맞고 나라가 다스려지니
可不務乎?"	힘쓰지 않을 수 있겠는가?"
子西怒曰,	자서가 노하여 말하였다.
"是亂國而惡君王也.[88]	"이는 나라를 어지럽히고 군왕의 악행을 드러내는 것이다.

85 「초세가」에서는 "자서는 평왕의 서제이다"라 하였다. 복건(服虔)은 "자서는 평왕의 맏 서자인 의신(宜申)이다"라 하였다. 세상에 전하는 기물로 왕자신잔(王子申盞)이 있는데 청나라 완원(阮元)의 『적고재종정이기관지(積古齋鐘鼎彝器款識)』 권7에서는 자서가 만든 기물로 단정하였다.

86 두예는 "임은 소왕(昭王)이다"라 하였다. 19년의 『전』에 의하면 정월에 그 어머니가 이르렀으니 그해에 임을 낳았을 것이며, 또한 8세일 따름이므로 약(弱)이라 하였는데 어리다는 뜻이다. 애공 6년의 『경』에서는 "초자 진(軫)이 죽었다"라 하였는데 초왕은 즉위를 하면 으레 이름을 바꾸며 진 또한 소왕이 즉위한 후에 바꾼 이름이다. 『사기·초세가』 및 『사기·12제후 연표』에는 "진(軫)"이 "진(珍)"으로 되어 있고 『사기』「오자서전(伍子胥傳)」에는 또 "진(軫)"으로 되어 있다.

87 19년의 『전』에 보인다.

國有外援,	나라에는 밖에서 돕는 것이 있어서
不可瀆也,[89]	더럽힐 수 없으며,
王有適嗣,	왕에게는 계승하는 적자가 있으니
不可亂也.[90]	어지럽힐 수 없다.
敗親, 速讎, 亂嗣,[91]	친정을 허물고 원수를 불러들이며 적통의 승계를 어지럽히는 것은
不祥.[92]	상서롭지 못하다.
我受其名.[93]	내가 악명을 쓰겠다.
賂吾以天下,	나에게 천하를 준다 하더라도
吾滋不從也,[94]	내 더욱 따를 수 없으니
楚國何爲?	초나라가 무엇을 하겠는가?
必殺令尹!"	반드시 영윤을 죽이리라!"
令尹懼,	영윤이 두려워하여

88 두예는 "왕자 건이 맞이하였다고 한 것은 군왕의 악행을 밝히는 것이다"라 하였다.

89 임(壬)의 어머니는 진(秦)나라 여인이며, 바깥에서 돕는다고 하는 것은 진(秦)나라를 가리킨다.

90 임(壬)이 적사(嫡嗣)이고 자서는 서자인데, 적자를 폐하고 서자를 세우는 것을 당시에는 난(亂)이라고 하였다.

91 친(親): 그 부친 평왕(平王)을 가리킨다. 평왕이 며느리를 취하여 낳은 아들이라고 해서 폐하는 것은 그 명성을 허는 것이니 곧 위에서 말한 "군왕의 악행을 드러낸다"는 뜻이다. 수(讎)는 진(秦)나라를 가리키며, 진나라가 토벌하러 오려는 것이 원수를 부르는 것이다.

92 이 세 가지 일이 모두 상서롭지 않은 일이다.

93 두예는 "악명을 쓰는 것이다"라 하였다.

94 자(滋): 두예는 "자(滋)는 익(益)과 같은 뜻이다"라 하였다.

乃立昭王. 이에 소왕을 세웠다.

冬十月丙申,[95] 겨울 10월 병신일에

王起師于滑. 왕이 활에서 군사를 일으켰다.

辛丑,[96] 신축일에

在郊,[97] 교읍에 있었고

遂次于尸.[98] 마침내 시읍에 머물렀다.

十一月辛酉,[99] 11월 신유일에

晉師克鞏.[100] 진나라 군사는 공읍을 이겼다.

召伯盈逐王子朝,[101] 소백영이 왕자 조를 쫓아내자

王子朝及召氏之族, 毛伯得, 尹氏固, 南宮嚚奉周之典籍以奔楚.

왕자 조 및 소씨의 일족, 모백득, 윤씨고, 남궁은이 주나라의 전적을 가지고 초나라로 달아났다.

---

95 병신일은 16일이다.

96 신축일은 21일이다.

97 교(郊): 두예는 "교는 자조(子朝)의 읍이다"라 하였다.

98 시(尸): 곧 위『전』의 시씨(尸氏)이다.

99 신유일은 11일이다.

100 두예는 "지력(知躒)과 조앙(趙鞅)의 군사이다"라 하였다.

101 두예는 "백영은 본래 자조의 일당이었는데 진나라 군사가 공읍을 이기자 자조가 이룬 것이 없음을 알고 다시 그를 쫓아내고 경왕을 맞이했다"라 하였다. 소백영은 곧 소간공(召簡公)이다.

陰忌奔莒以叛.[102] 음기는 거읍으로 달아나서 반란을 일으켰다.

召伯逆王于尸, 소백은 시읍에서 왕을 맞아

及劉子, 單子盟.[103] 유자 및 단자와 맹약하였다.

遂軍圉澤,[104] 마침내 어택에 주둔하고

次于隄上.[105] 제상에 머물렀다.

癸酉,[106] 계유일에

王入于成周. 왕이 성주로 들어갔다.

甲戌,[107] 갑술일에

盟于襄宮.[108] 양궁에서 맹약하였다.

晉師使成公般戍周而還.[109] 진나라 군사는 성공반으로 하여금 주를 지키게 하고 돌아갔다.

十二月癸未,[110] 12월 계미일에

---

102 두예는 "음기는 자조의 무리이다. 거는 주나라의 읍이다"라 하였다. 고동고(顧棟高)의 『대사표(大事表)』에서 소재지는 미상이라고 하였다.

103 두예는 "소백이 막 돌아왔으므로 맹약한 것이다"라 하였다.

104 어택(圉澤): 『휘찬(彙纂)』에 의하면 어택은 곧 동어(東圉)의 못이며 지금의 낙양시 동쪽 경계이다.

105 제상(隄上): 두예는 "제상(隄上)은 주나라 땅이다"라 하였다.

106 계유일은 23일이다.

107 갑술일은 23일이다.

108 두예는 "양왕의 묘(廟)이다"라 하였다.

109 원래는 "사(使)"자가 없었는데 『교감기(校勘記)』 및 가나자와 문고본(金澤文庫本)에 의하여 추가하였다. 두예는 "반(般)은 진나라의 대부이다"라 하였다.

110 계미일은 4일이다.

王入于莊宮.[111]	왕이 장궁으로 들어갔다.
王子朝使告于諸侯曰,	왕자 조가 제후들에게 알게 하였다.
"昔武王克殷,	"옛날에 무왕은 은나라를 이겼고
成王靖四方,[112]	성왕은 사방을 안정시켰으며
康王息民,	강왕은 백성들을 쉬게 하였고
並建母弟,	아울러 동모제를 세워
以蕃屛周,	주나라의 울타리를 세우고
亦曰,	또한 말하기를
'吾無專享文, 武之功,[113]	'내 문왕과 무왕의 공을 오로지 누리지 않고
且爲後人之迷敗傾覆而溺入于難,	아울러 후인 중에 미혹되어 망치고 기울어 엎어져 난에 빠지는 자가 있으면
則振救之.'	떨치어 구제하기 위함이다'라 하였소.
至于夷王,	이왕에 이르러
王愆于厥身,[114]	그 몸에 악질이 생겨

111 두예는 "장궁은 왕성(王城)에 있다"라 하였다.

112 무(武)는 원래 "성"(成)으로 되어 있었는데『교감기(校勘記)』와 가나자와 문고본(金澤文庫本)에 따라 고쳤다. 무경(武庚)과 관숙(管叔), 채숙(蔡叔)의 반란을 평정한 것을 말한다.

113 두예는 "감히 오로지 하지 않기 때문에 모제를 세운 것이다"라 하였다.

114 두예는 "이왕(夷王)은 여왕(厲王)의 부친이다. 건(愆)은 악질(惡疾)이다"라 하였다.

諸侯莫不並走其望,	제후들이 명산대천에 다 가보아 제사를 지내어
以祈王身.[115]	왕의 몸이 낫기를 기도하지 않은 사람이 없었소.
至于厲王,	여왕에 이르러
王心戾虐,	왕의 마음이 어그러지고 포학해져
萬民弗忍,	백성들이 그것을 참지 못하고
居王于彘.[116]	왕을 체에서 살게 하였소.
諸侯釋位,	제후들은 군위를 버려두고
以間王政.[117]	왕조의 정치에 끼어들었소.

115 이왕(夷王)의 몸이 악질(惡疾)을 앓자 제후들이 모두 그 나라의 명산대천에서 두루 제사를 지내며 왕을 위해 기도하였다는 것을 말한다.

116 불인(弗忍): 그 포학함을 견디지 못하는 것이다. 『국어·주어 상』에서는 "여왕은 포학하여 백성들이 왕을 비방하였다. 소공(邵公)이 왕에게 이르기를 '백성들이 명을 감당하지 못합니다'라 하였다. 왕이 노하여 위(衛)나라 무당을 얻어 비방하는 자를 감시하게 하고 알려 주면 죽였다. 백성들이 감히 말을 하지 못하여 거리에서 눈빛을 주고받았다. 왕이 기뻐하였다. 3년 만에 왕을 체로 유배하였다"라 하였다. 체는 지금의 산서 곽현(霍縣)이다.

117 두예는 제후들이 각기 기 직위를 버리고 왕조의 정치에 참여한 것이라고 생각하였다. 『사기·주본기(周本紀)』에서는 "소공(召公)과 주공(周公) 두 상이 함께 정무를 관리한 것을 공화(共和)라고 한다"라 하였다. 『색은(索隱)』에서는 『급총기년(汲冢紀年)』을 인용하여 "공백(共伯) 화(和)가 왕위에 간여하였다"라 하였다. 『장자·양왕(讓王)』편의 『석문(釋文)』에서 인용한 것도 같다. 『여씨춘추·개춘론(開春論)』에서는 또한 공백 화는 품행을 닦고 현자와 어진 이를 좋아하였으며 주여왕의 난 때 천하의 제후들이 모두 와서 알현했다고 하였다. 곧 제후가 직위를 버린 것에 대하여 「본기(本紀)」에서는 주공과 소공이라고 하였고, 『사기·12제후 연표』에서는 "대신 공화(共和)가 정무를 행하였다"라고 하였다. 유월(俞樾)의 『군경승의(羣經賸義)』에 설이 있다. 양수달(楊樹達)의 『적미거금문설(積微居金文說)』에서는 공백 화가 섭정하고 또 칭왕한 것을 상세히 증명하였다.

宣王有志,	선왕이 뜻이 있어
而後效官.[118]	나중에 천자의 제위를 주었소.
至于幽王,	유왕에 이르러
天不弔周,	하늘이 주나라를 보우하지 않아
王昏不若,	왕은 혼매하고 불순하여
用愆厥位.[119]	실정으로 왕위를 잃었소.
攜王奸命,	휴왕이 천명을 어기어
諸侯替之,	제후들이 그를 바꾸어
而建王嗣,	왕의 후사를 세우고
用遷郟鄏——[120]	겹욕으로 천도를 하였소——

118 두예는 "선왕은 여왕(厲王)의 아들이다. 체(彘)의 난 때 선왕은 아직 어려 소공호(召公號)가 데려다 길렀다. 효(效)는 주는 것이다"라 하였다. 다케조에 고코(竹添光鴻)의 『회전(會箋)』에서는 "『주례』 정현의 주에서 '지(志)는 고문의 식(識)이다'라 하였다. 유지(有志)는 자라면서 지식이 있게 된 것이다"라 하였다. 심흠한(沈欽韓)의 『보주(補注)』에서는 "효관(效官)은 천자의 제위를 선왕에게 바친 것이다"라 하였다. 심흠한의 설이 비교적 낫다.

119 두예는 "유왕은 선왕의 아들이다. 약(若)은 순(順)의 뜻이다. 건(愆)은 과실이다"라 하였다. 조(弔)는 옛날의 숙(淑)자이다. 숙은 선(善)하다는 뜻으로 하늘이 주나라를 돕지 않아 왕으로 하여금 혼란하고 불순하게 하여 그 제위를 잃게 하였다는 것이다. 유왕은 포사(褒姒)를 총애하여 그 아들 백복(伯服)을 태자로 세우고 태자 의구(宜臼) 및 그의 어머니 신후(申后)를 를 폐하여 신후가 노하여 증(繒) 및 서융인 견융(犬戎)과 함께 유왕을 공격하여 여산(驪山) 아래서 유왕을 죽이고 포사를 사로잡아 주나라 왕실의 재화를 모두 가지고 갔다.

120 공영달의 소(疏) 및 『급욕서기년(汲郟書紀年)』에서는 "이에 앞서 신후와 노후(魯侯) 및 허문공(許文公)이 평왕(平王)을 신(申)에서 세웠는데 원래 태자였으므로 천왕(天王)이라 일컬었다. 유왕이 죽자 괵공(虢公) 한(翰)이 또 휴(攜)에서 왕자 여신(余臣)을 세웠다. 주나라에는 두 왕이 함께 섰다. 21년에는 휴왕이 진문공〔문후(文侯)가 되어야 한다〕에게 피살되었다. 본래 적자가 아니었기 때문에 휴왕이라 일컬었다"라 하였다. 체

則是兄弟之能用力於王室也.	이는 곧 형제가 왕실에 힘을 쓸 수 있었기 때문이오.
至于惠王,	혜왕에 이르러
天不靖周,	하늘이 주나라를 보우하지 않아
生頹禍心,	퇴가 화를 일으키려는 마음을 내었고
施于叔帶.	숙대에게 이어졌소.
惠, 襄辟難,	혜왕과 양왕이 난을 피해
越去王都,[121]	국도를 떠나니
則有晉, 鄭咸黜不端,[122]	진나라와 정나라가 바르지 못한 무리들을 멸절하여
以綏定王家.	왕실을 안정시켰소.
則是兄弟之能率先王之命也.	이는 곧 형제가 선왕의 명을 따를 수 있었기 때문이오.

(替)는 폐(廢)하는 것이다. 겹욕(郟鄏)은 곧 지금의 낙양시이다.

121 두예는 "혜왕은 평왕의 6세손이다. 퇴는 혜왕의 서숙(庶叔)이다. 장왕 19년에 난이 일어나 혜왕은 정나라로 갔다. 양왕은 혜왕의 아들이다. 숙대는 양왕의 아우이다. 희공 24년 숙대가 난을 일으켜 양왕은 범(氾)에 거처하였다"라 하였다. 시(施)는 옛날에는 난이(難易)의 이(易)로 읽었다. 연(延)의 뜻이다.

122 두예는 "출(黜)은 없애는 것이다. 진문공은 숙대를 죽이고, 정여공(鄭厲公)은 자퇴(子頹)를 죽여 왕실을 위해 정직하지 않은 사람을 제거하였다"라 하였다. 두예의 뜻에 의하면 함(咸)은 개(皆)의 뜻이다. 공영달은 또 말하기를 "제본(諸本)에는 '함(咸)'이 '감(減)'으로 되어 있기도 하다"라 하였으니 "감출(減黜)"은 동의어가 연용된 것이다. 왕인지(王引之)의 『술문(述聞)』에서는 "감출(減黜)"은 멸절되었다는 뜻이다라고 하였다. 이 설이 비교적 낫다.

在定王六年,[123]	정왕 6년에
秦人降妖,	진나라 사람에게 요상한 말을 내려
曰,	말하기를
'周其有頿王,[124]	'주나라에 수염이 난 왕이 날 것인데
亦克能修其職,	또한 그 직책을 잘 수행할 것이며,
諸侯服享,	제후들은 복종하고 나라를 향유하여
二世共職.[125]	2대 동안 직책을 공경히 받들리라.
王室其有間王位,	왕실에는 왕위를 엿보는 자가 있을 것인데
諸侯不圖,	제후들이 도모하지 않으면
而受其亂災.'[126]	동란과 재화를 입으리라' 하였소.
至于靈王,	영왕에 이르러
生而有頿.[127]	수염이 있는 사람을 낳았소.
王甚神聖,	왕은 매우 신성시했고
無惡於諸侯.	제후에게 죄를 짓지도 않았소.

123 두예는 "정왕은 양왕의 손자이다. 정왕 6년은 노나라 선공 8년이다"라 하였다.

124 자(頿): 『설문』에서 "자(頿)는 입 위의 수염이다"라 하였다.

125 공(共): 공(恭)과 같다.

126 이는 왕자 조가 요어(妖語)를 가지고 자기를 위해 술책을 부린 것이다. 왕실 사람으로 왕위를 넘본 자는 앞에서는 왕맹(王猛)을 가리키고 여기서는 경왕(敬王)을 가리킨다. 제후들이 도모하지 않았다는 것은 진(晉)나라와 노(魯)나라, 송(宋)나라, 위(衛)나라 등 여러 나라를 가리킨다.

127 두예는 "영왕은 정왕의 손자이다"라 하였다.

靈王, 景王克終其世.[128]	영왕과 경왕은 그 시대를 잘 마칠 수 있었소.
今王室亂,	지금 왕실이 어지러우니
單旗, 劉狄剝亂天下,[129]	단기와 유적이 천하를 어지럽혀
壹行不若,[130]	전횡하여 불순한 일을 행하면서
謂'先王何常之有,	말하기를 '선왕에게 어찌 상도가 있었던가?
唯余心所命,	오직 내 마음이 명하는 것일 뿐
其誰敢討之',[131]	그 누가 감히 성토한단 말인가?'라 하고는
帥羣不弔之人,[132]	나쁜 무리들을 이끌고
以行亂于王室.	왕실에서 혼란을 일으켰소.
侵欲無厭,	침탈에는 만족이라고는 없었고
規求無度,[133]	탐욕에는 한도가 없었으며

128 두예는 "경왕은 영왕(靈王)의 아들이다"라 하였다.

129 박란(剝亂): 박(剝) 또한 난(亂)의 뜻이다 박란(剝亂)은 동의어가 연용된 것이다.

130 두예는 "단기는 목공(穆公)이다. 유적은 유분(劉蚠)이다. 일(壹)은 오로지 하는 것이다"라 하였다. 약(若)은 순(順)의 뜻이다.

131 "토(討)"는 원래 "청(請)"으로 되어 있었는데 여기서는 완원(阮元)의 『교감기(校勘記)』 및 가나자와 문고본(金澤文庫本)에 의하여 바로잡았다. 이는 왕자 조가 단기와 유분의 뜻을 말한 것으로 왕의 즉위는 옛날에도 정해진 법이 없었으니 지금 내가 즉위하더라도 사람들이 감히 토벌하지 못할 것이라는 말이다.

132 부조(不弔): 곧 불숙(不淑), 불선(不善), 불상(不祥)의 뜻이다.

133 공영달의 소(疏)에서는 "속본(俗本)에는 '규(規)'로 되어 있으며 복건과 왕(王)·손(孫)은 모두 '완(玩)은 탐(貪)하는 것이다'라 하였다. 곧 이는 탐욕과 요구가 한도가 없다는 말

貫瀆鬼神,[134]	귀신을 모독함이 몸에 배었고
慢棄刑法,	형법을 업신여겨 버렸으며
倍奸齊盟,[135]	함께한 맹약을 위배하고 범하였고
傲很威儀,[136]	위의를 오만하게 여겼으며
矯誣先王.[137]	선왕을 속이고 깔보았소.
晉爲不道,	진나라는 무도하여
是攝是贊,[138]	저들을 도와
思肆其罔極.[139]	끝없는 탐욕을 제멋대로 하게 하기를 생각하오.

이다. 본래 혹 '규(規)'로도 되어 있는데 틀렸다"라 하였다. 그러나 규(規)와 구(求)는 또한 통하여 쓴다. 꾀하여 추구함이 끝이 없다는 말이다.

134 양수달(楊樹達)의 『독좌전(讀左傳)』에서는 "'독(瀆)'은 '독(嬻)'으로 읽어야 하며, 『설문』에서 '독(嬻)은 업신여기는 것이다'라 하였다"라 하였다. 귀신을 업신여기는 것이 익숙해졌다는 말이다.

135 배간(倍奸): 배(倍)는 곧 배(背)와 같다. 배간(倍奸)은 저버리고 촉범한다는 뜻이다.
제맹(齊盟): 무엇을 가리키는지는 미상이나 생각건대 당시 왕실에 무슨 맹약이 있었던 것 같다.

136 오흔(傲很): 이 구절의 뜻은 단기와 유분이 자조에 대해 위의를 업신여기고 무시했다는 말이다. 오흔(傲很)에 대해서는 문공 18년 『전』의 『주』에 상세하다.

137 "선왕에게 어찌 상도가 있었던가?"라 말한 것이 곧 선왕의 명을 속이고 깔본 것이라는 말이다.

138 섭(攝)과 찬(贊)은 모두 돕는다는 뜻이다.

139 사(肆): 두예는 "사는 방자한 것이다"라 하였다.
망극(罔極)은 준칙이 없는 것, 한도가 없다는 뜻이다. 『시경·소아·청승(小雅·青蠅)』편에 "참소하는 사람 법도 없으니, 사방의 나라 어지럽히네(讒人罔極, 交亂四國)"라는 구절이 있는데, 준칙이 없다는 뜻이다. 「하인사(何人斯)」의 "얼굴 부끄럽게 남에게 보임 좋지 않네(有靦面目, 視人罔極)"와 「요아(蓼莪)」의 "은덕 갚고자 하나 하늘 같이 끝이 없다네(欲報之德, 昊天罔極)"는 한도가 없다는 것과 준칙이 없다는 뜻 둘 다로 볼 수 있다. 여기서는 그 무도하고 만족할 줄 모르는 욕구를 제멋대로 하고 싶다는 것을 말한다.

兹不穀震盪播越,	이에 불곡은 난리를 피해
竄在荊蠻,[140]	형만으로 도망하여
未有攸厎.[141]	이를 곳이 없소.
若我一二兄弟甥舅奬順天法,	나의 한두 형제와 생구가 하늘의 법을 따라 돕고
無助狡猾,	교활한 자들을 돕지 않아
以從先王之命,[142]	선왕의 명령에 복종하고
毋速天罰,[143]	천벌을 부르지 않아
赦圖不穀,[144]	불곡을 용서하고 도모한다면
則所願也.	곧 내가 바라는 바요.
敢盡布其腹心及先王之經,[145]	감히 속마음과 선왕의 명령을 있는 대로 펼치니

140 두예는 "자(兹)는 차(此)의 뜻이다"라 하였다. "자(兹)"는 "금(今)"의 뜻이 아닌가 한다. 불곡(不穀): 왕자 조의 자칭으로 희공 4년『전』"어찌 과인을 위함이겠소?(豈不穀是爲)"의『주』를 보라.

141 유지(攸厎): 두예는 "지(厎)는 지(至)의 뜻이다. 유(攸)는 소(所)의 뜻이다"라 하였다.

142 형제(兄弟)는 동성의 제후를 가리키며 위에서 정여공과 진문공을 형제라 칭한 것과 같다. 생구(甥舅)는 이성의 제후이다. 장(奬)은 곧 희공 28년『전』의 "모두 왕실의 뜻을 이루어(皆奬王室)"라 할 때의 장(奬)으로, 성(成)의 뜻이다.『순자·신도(臣道)』편에서는 "명을 따라 임금을 이롭게 하는 것을 순(順)이라 한다"라 하였다. 교활(狡猾)은 단기와 유분은 물론 경왕까지 다 가리킨다.

143 위 "제후들이 도모하지 않으면 동란과 재화를 입으리라(諸侯不圖, 而受其亂災)"라 한 말에 호응한 것이다.

144 두예는 "근심을 끼친 것은 용서하고 위난을 도모하자는 것이다"라 하였다.

145 선왕지경(先王之經): 곧 선왕의 명이다.

而諸侯實深圖之.	제후들께서는 실로 깊이 잘 생각해 보오.
昔先王之命曰,	옛날에 선왕의 명령에서 말하기를
'王后無適,	'왕후에게 적자가 없으면
則擇立長.	연장자를 택하여 세우라.
年鈞以德,	나이가 같으면 덕행으로 하고
德鈞以卜.'[146]	덕행이 같으면 점을 쳐서 하라' 하였소.
王不立愛,	왕은 편애하는 사람을 세우지 않고
公卿無私,[147]	공경은 사심이 없는 것이
古之制也.	옛날의 제도요.

146 균(鈞)은 균(均)과 같다. 양공 31년『전』에서 목숙(穆叔)이 말하기를 "태자가 죽었을 때 동복아우가 있으면 그를 세우고, 없으면 연장자를 세웁니다. 나이가 같으면 현명한 사람을 택하고 현명함이 같으면 점을 치는 것이 옛 법도입니다(大子死, 有母弟, 則立之; 無, 則立長. 年鈞擇賢, 義鈞則卜, 古之道也)"라 하였다.『공양전』은공 원년에서는 "적자를 세울 때는 연장자로 하고 현명함으로 하지 않으며, 아들을 세울 때는 존귀함으로 하지 연장자로 하지 않는다. 환공(桓公)이 어째서 존귀한가? 어머니가 존귀하기 때문이다"라 하였다. 왕자 조가 어머니에 대하여서는 언급하지 않고 다만 연장자를 세워야 한다는 것만 말한 것은 경왕(敬王)은 왕맹(王猛)의 동복아우이고 자기는 연장자이기 때문이다.

147『국어·진어(晉語) 1』에서 진헌공은 "과인이 듣기에 태자를 세우는 도가 셋 있다고 하였는데, 같은 몸에서 났으면 나이로 하고 나이가 같으면 사랑으로 하고 사랑이 의심스러우면 복서(卜筮)로 결정을 한다"라 하였다. 왕자 조는 경왕의 총애를 받았는데 아직 "총애하는 자를 세운다"는 말을 하지 않은 것은 진헌공의 말은 해제(奚齊) 때문에 한 말로 사사로운 뜻이기 때문일 따름이다.

穆后及大子壽早夭卽世,[148]	목후와 태자 수는 일찌감치 요절하여 세상을 떠났고
單, 劉贊私立少,	단기와 유분은 사사로이 어린 사람을 세워
以間先王.[149]	선왕의 명을 어겼소.
亦唯伯仲叔季圖之!"[150]	제후 여러분들께서는 잘 도모해 보기 바라오!"
閔馬父聞子朝之辭,	민마보가 자조가 한 말을 듣고
曰,	말하였다.
"文辭以行禮也.	"문사란 예를 행하는 것이다.
子朝干景之命,[151]	자조는 경왕의 명을 범하고
遠晉之大,	진나라란 대국을 멀리하여
以專其志,[152]	그 뜻을 전횡하였으니
無禮甚矣,	무례가 심하거늘
文辭何爲?"[153]	문사가 무슨 소용이 있겠는가?"

148 모두 15년의 『전』에 보인다. 대개 왕자 조는 왕맹을 태자로 생각하지 않아서일 것이다. 즉세(卽世)는 곧 거세(去世)의 뜻이며 성공 13년 『전』의 "헌공이 세상을 떠났다(獻公卽世)"의 『주』에 상세하다.

149 간(間): 범하다, 어기다. 희공 31년 『전』의 "성왕과 주공을 제사 지내라 한 명을 어겼다(間成王、周公之命祀)"라 한 곳의 『주』에 상세하다.

150 역(亦)은 조사로 뜻이 없다. 두예는 "백중숙계는 제후를 총칭하는 말이다"라 하였다.

151 경왕은 비록 왕자 조를 사랑하였지만 이미 맹획을 태자로 세웠다.

152 멋대로 왕이 되고자 하는 마음만 있을 뿐 다른 생각은 없다는 말이다.

153 두예는 "『전』은 왕실의 혼란을 종결한 것이다"라 하였다.

齊有彗星,	제나라에 살별이 나타나
齊侯使禳之.[154]	제후가 제사를 지내게 하였다.
晏子曰,	안자가 말하였다.
"無益也,	"아무 도움도 되지 않고
祇取誣焉.[155]	다만 속임수만 취할 뿐입니다.
天道不謟,[156]	하늘의 도는 의심이 없고
不貳其命,[157]	그 명을 바꾸지 않는데
若之何禳之?	그 어찌 제사를 지내십니까?
且天之有彗也,	또한 하늘에 살별이 나타나는 것은
以除穢也.[158]	더러움을 없애기 위함입니다.
君無穢德,	임금께선 더러운 덕이 없으신데
又何禳焉?	또한 어찌 제사를 지내십니까?
若德之穢,	덕이 더럽다면

154 혜성이 재화를 가져온다고 생각하여 양제(禳祭)를 지내어 재화를 없애게 한 것이다.

155 지(祇): 마침, 다만.
무(誣): 기망(欺罔)하다.

156 도(謟): 육덕명(陸德明)의 『석문(釋文)』에서는 "도(謟)는 본래 또한 도(慆)라고도 한다"라 하였다. 두예는 "의심하는 것이다"라 하였다. 대개 천명을 의심할 수 없다는 말일 것이다.

157 이(貳): 왕인지(王引之)는 "'이(貳)'는 '특(貣)'이 되어야 한다. 『설원·권모(權謀)』편에서 인용한 『시』에서 '위대하신 하느님, 그 명 어긋나지 않네(皇皇上帝, 其命不忒)'라 한 것이 바로 이를 말한다"라 하였다. 특(貣)은 곧 특(忒)으로 어긋난다는 뜻이다. 『술문(述聞)』에 상세하다.

158 혜(彗)는 곧 지금의 빗자루이다. 살별의 모양 또한 대략 빗자루와 비슷하다. 세상의 빗자루는 오물을 쓸어내는 것인데 안자는 하늘 또한 이러하다고 생각하였다.

禳之何損?[159]	제사를 지낸들 어찌 덜겠습니까?
詩曰,	『시』에서 말하기를
‘惟此文王,	‘바로 이분 문왕께선
小心翼翼.[160]	조심조심 삼가셨다네.
昭事上帝,	하느님 밝게 섬기시고
聿懷多福.[161]	많은 복 누리셨네.
厥德不回,	그 덕 어긋나지 않아
以受方國.’[162]	사방의 나라 받으시었네’라 하였습니다.
君無違德,	임금이 덕을 어기지 않으면
方國將至,	사방의 나라가 이를 것인데
何患於彗?	어찌 살별을 근심하십니까?
詩曰,	『시』에서 말하기를
‘我無所監,	‘우리에게 귀감 될 것 없으니
夏后及商.	하후 및 상이라네.

---

159 그 더러운 덕은 줄지 않음을 말하였다.

160 익익(翼翼): 공경하는 모양이다.

161 율(聿): 조사로 아무런 뜻이 없다.
회다복(懷多福): 회(懷)는 생각하는 것이다. 회다복은 곧 『시경·대아·가락(大雅·假樂)』의 “갖은 복을 구한다(干祿百福)”는 뜻으로, 덕으로 인해 복을 받는다는 것이다.

162 회(回): 어기는 것이다. 두예는 “문왕의 덕이 천인(天人)에 어긋나지 않으므로 사방의 나라가 귀의하러 가는 것이다”라 하였다.
시는 『시경·대아·대명(大雅·大明)』이다. 익(翼), 복(福), 덕(德)은 운자이다.

用亂之故,	어지러움 많이 쓰니
民卒流亡.'	백성들 끝내 유망한다네'라 하였습니다.
若德回亂,	덕행을 어기어 혼란해지면
民將流亡,[163]	백성들이 유망할 것이니
祝史之爲,	축사가 하는 일도
無能補也."	도움이 될 수 없습니다."
公說,	공이 기뻐하여
乃止.[164]	이에 그만두었다.

齊侯與晏子坐于路寢.	제후와 안자가 노침에 앉아 있었다.
公歎曰,	공이 탄식하여 말했다.
"美哉室!	"아름답도다, 집이여!
其誰有此乎?"[165]	누가 이런 것을 가지겠는가?"
晏子曰,	안자가 말하였다.

---

163 두예는 "일시(逸詩)다. 하나라와 상나라가 망한 것을 비추어 보니 모두 혼란 때문이었다는 것을 말한다"라 하였다. 감(監)은 곧 『시경·대아·탕(大雅·蕩)』편에서 "은나라의 귀감 멀지 않으니, 하후씨의 시대에 있다네(殷鑒不遠, 在夏后之世)"라 한 "감(監)"이다. 하나라와 상나라가 혼란으로 망한 것을 귀감으로 삼는다는 뜻이다.

164 『신서·잡사(新序·雜事) 4』 및 『논형·변허(變虛)』편에도 이 말을 모두 채록하였는데 다만 몇 글자만 다를 뿐이다.

165 두예는 "경공이 스스로 자기의 덕행으로는 오래도록 나라를 가질 수 없음을 알았기 때문에 탄식한 것이다"라 하였다. 죽은 뒤에 누가 이 집을 갖겠느냐는 말이다.

"敢問,	"감히 여쭙겠습니다만
何謂也?"	무엇을 이름이십니까?"
公曰,	공이 말하였다.
"吾以爲在德."	"나는 덕이 있는 사람일 것이라고 생각한다."
對曰,	대답하였다.
"如君之言,	"임금님 말씀대로라면
其陳氏乎!	아마 진씨일 것입니다.
陳氏雖無大德,	진씨는 비록 큰 덕행은 없지만
而有施於民.	백성들에게 베풂이 있습니다.
豆, 區, 釜, 鍾之數,[166]	말과 우, 부와 종의 용량을
其取之公也薄,[167]	공전에서 취할 때는 작게 하고
其施之民也厚.[168]	백성에게 베풀 때는 두터이 합니다.
公厚斂焉,	공실에서는 많이 거두는데
陳氏厚施焉,	진씨는 많이 베푸니
民歸之矣.	백성들이 그에게로 귀의하였습니다.

166 두우부종(豆區釜鍾): 모두 양을 되는 양기(量器)이다.

167 두예는 "공적인 용량(容量)으로 거두는 것을 말한다"라 하였다. 진씨의 채읍과 채전은 모두 제후가 내린 것으로 그 세금을 거두는 것을 취지공(取之公)이라 하는데 사실은 백성들로부터 거두는 것이다.

168 두예는 "사적인 용량으로 베푸는 것이다"라 하였다. 소공 3년 『전』을 참조하라.

詩曰,	『시』에서 말하기를
'雖無德與女,	'비록 덕은 없으나 그대와 함께
式歌且舞.'[169]	노래하고 춤추리'라 하였습니다.
陳公之施,	진씨의 베풂에 대해
民歌舞之矣.	백성들은 노래하고 춤추고 있습니다.
後世若少惰,	후대에서 조금만 게을리 하고
陳氏而不亡,[170]	진씨가 망하지 않는다면
則國其國也已."	나라는 그의 나라가 될 것입니다."
公曰,	공이 말하였다.
"善哉!	"훌륭하도다!
是可若何?"	그렇다면 어떻게 해야 하겠는가?"
對曰,	대답하였다.
"唯禮可以已之.[171]	"오직 예만이 그치게 할 수 있습니다.
在禮,	예에 있어서
家施不及國,	가문에서 베푸는 것은 나라에 미치지 못하고
民不遷,	백성들은 옮기지 않고

169 『시경·소아·거할(小雅·車舝)』의 구절이다. 식(式)은 마땅히(當)라는 듯이다.
170 이(而): 여(如)와 같으며, 가정형을 나타내는 말이다.
171 이(已): 그치다. 진씨가 제나라 임금을 대신하지 못한다는 말이다.

農不移,	농민들도 옮겨가지 않으며
工賈不變,[172]	공, 상인도 변치 않고
士不濫,[173]	선비는 넘치지 않으며
官不滔,[174]	관가는 태만히 하지 않고
大夫不收公利."[175]	대부는 공가의 이익을 거두지 못합니다."
公曰,	공이 말하였다.
"善哉!	"훌륭하도다!
我不能矣.	나는 할 수 없다.
吾今而後知禮之可以爲國也."	내 지금 이후에야 예가 나라를 다스릴 수 있음을 알았도다."
對曰,	대답하였다.
"禮之可以爲國也久矣,	"예가 나라를 다스릴 수 있는 것이 된 지 오래되었으니
與天地並.[176]	천지와 나란합니다.
君令, 臣共,	임금은 영을 내리고 신하는 공손히 따르며

172 두예는 "상업(常業)을 지키는 것이다"라 하였다.
173 두예는 "직무를 잃지 않는 것이다"라 하였다.
174 도(滔): 두예는 "도(滔)는 태만한 것이다"라 하였다.
175 두예는 "복을 만들지 않는 것이다"라 하였다.
176 두예는 "천지가 생기면서부터 예가 일어났다는 말이다"라 하였다.

父慈, 子孝,	아비는 자애롭고 자식은 효성스러우며
兄愛, 弟敬,	형은 인애가 있고 아우는 공경스러우며
夫和, 妻柔,	지아비는 화순하고 아내는 온유하며
姑慈, 婦德,[177]	시어머니는 인자하고 며느리는 덕성스러운 것이
禮也.	예입니다.
君令而不違,	군왕의 영에 어김이 없고
臣共而不貳,	신하는 공손하여 딴 마음이 없으며,
父慈而敎,	아비는 자애로워 가르치고
子孝而箴,	자식은 효성스러워 경계하며,
兄愛而友,	형은 인애하고 우애가 있고
弟敬而順,	아우는 공경하고 순복하며,
夫和而義,	지아비는 화순하고 정의로우며
妻柔而正,	아내는 온유하고 바르며,
姑慈而從,	시어머니는 인자하여 고집을 부리지 않고

177 부(婦): 며느리이다.

婦聽而婉,	며느리는 순종하여 완곡한 것이
禮之善物也."[178]	예 중에서도 좋은 것입니다."
公曰,	공이 말하였다.
"善哉,	"훌륭하다.
寡人今而後聞此禮之上也!"[179]	과인이 지금 이후에야 이 예를 숭상해야 함을 듣는구나!"
對曰,	대답하였다.
"先王所稟於天地以爲其民也,	"선왕께서 천지에서 예를 받아 그 백성을 다스리셨으니
是以先王上之."[180]	그런 이유로 선왕께서 숭상하셨던 것입니다."

---

178 전한(前漢) 가의(賈誼)의 『신서·예(新書·禮)』편에서는 "임금이 인자하면 사납지 않고 신하가 충성스러우면 딴마음을 가지지 않으며, 아비가 자애로우며 가르침이 있고 자식이 효성스럽고 화순하며, 형은 인애하고 우애가 있으며, 아우는 공경하고 순(順)하며, 지아비는 화순하고 정의로우며, 아내는 온유하고 올곧으며, 시어머니는 인자하고 고집을 부리지 않으며, 며느리는 순종하고 완곡하다"라고 하였다.

179 이 열한 자는 한 구절로 읽어야 하며, 이 예를 존숭함을 들었음을 말한다.

180 두예는 "품(稟)은 받는 것이다"라 하였다. 이 구절의 의미는 위 "예가 나라를 다스릴 수 있는 것이 된 지 오래되었으니 천지와 나란합니다"라 한 말과 같다.

소공 27년

經

二十有七年春,[1] 27년 봄에

公如齊.[2] 공이 제나라로 갔다.

公至自齊, 공이 제나라에서 돌아와

居于鄆. 운에서 머물렀다.

夏四月, 여름 4월에

吳弑其君僚. 오나라가 그 임금 요를 죽였다.

楚殺其大夫郤宛. 초나라가 그 대부 극완을 죽였다.

秋, 가을에

晉士鞅, 宋樂祁犂, 衛北宮喜, 曹人, 邾人, 滕人會于扈.[3]
진나라 사앙과 송나라 악기리, 위나라 북궁희, 조나라 사람, 주나라 사람, 등나라 사람과 호에서 만났다.

冬十月, 겨울 10월에

---

1 이십칠년(二十七年): 병술년 B.C. 515년으로 주경왕(周敬王) 5년이다. 동지가 정월 19일 무진일로 건자(建子)이다.

2 두예는 "운(鄆)에서 갔다"라 하였다.

3 호(扈): 이 호는 곧 정나라의 호이다. 곧 문공 7년『경』의 "호에서 맹약하였다(盟于扈)"란 한 호이다. 지금의 하남 원양현(原陽縣) 서쪽 약 60리 지점에 있을 것이다.

曹伯午卒.[4] 조백 오가 죽었다.

邾快來奔.[5] 주나라의 쾌가 도망쳐 왔다.

公如齊.[6] 공이 제나라로 갔다.

公至自齊, 공이 제나라에서 돌아와

居于鄆.[7] 운에서 머물렀다.

傳

二十七年春, 27년 봄에

公如齊. 공이 제나라로 갔다.

公至自齊, 공은 제나라에서 돌아와

處于鄆, 운에 머물렀는데

言在外也.[8] 밖에 있음을 말한 것이다.

---

4 『전』이 없다.

5 『전』이 없다. 공영달은 "주나라는 소국으로 그 신하로서 『경』에 보이는 자는 매우 적어 이곳과 양공 23년의 '주나라 비아가 도망쳐 왔다(邾畀我來奔)'라 기록한 두 곳뿐이다. 『석례(釋例)』에서는 '노나라 숙손은 부형이 재명(再命)으로 『경』에 기록되었으며, 진(晉)나라 사공(司空), 아려(亞旅)는 일명(一命)으로 『경』에서 기록하지 않았다. 이로 미루어 보아 제후의 대부는 재명(再命) 이상이면 모두 『경』에 기록되며 일명 이하는 대부 및 사는 『경』에서 인(人)이라 기록되어 명씨(名氏)는 볼 수 없으며 모두 전책(典冊)의 정문이다'라 하였다"라 하였다.

6 두예는 "운(鄆)에서 갔다"라 하였다.

7 『전』이 없다.

8 지난해 『전』의 "제후가 운을 취하였다(齊侯取鄆)"라 한 것에 의하면 비록 소공을 거처하게 한 것을 썼지만 그 땅이 제나라에 속하였기 때문에 "밖에 있다"고 한 것이다.

吳子欲因楚喪而伐之,[9]	오자가 초나라의 상을 이용해 치고자 하여
使公子掩餘, 公子燭庸帥師圍潛,[10]	공자 엄여와 공자 촉용으로 하여금 군사를 거느리고 잠을 에워싸게 하였으며
使延州來季子聘于上國,[11]	연주계래자로 하여금 상국을 빙문케 하였는데
遂聘于晉,	마침내 진나라를 빙문하여
以觀諸侯.	제후의 동정을 살폈다.
楚莠尹然, 工尹麇帥師救潛,[12]	초나라 유윤 연과 공윤 균이 군사를 거느리고 잠을 구원하였으며

---

9 지난해에 초평왕이 죽었다.

10 가규와 두예는 모두 엄여와 용촉을 왕료의 동모제라고 하였으며, 두씨(두예)의 『세족보(世族譜)』에서는 또한 모두 수몽(壽夢)의 아들이라고 하였다. 공영달은 전설(傳說)일 것이라고 하였으며 반드시 정문(正文)이 있지는 않을 것이라고 하였다. 잠(潛)은 『휘찬(彙纂)』에서 지금의 안휘 곽산현(霍山縣) 동북쪽 30리 지점이라고 하였다.

11 두예는 "계자는 본래 연릉에 봉하여졌으며 나중에 다시 주래에 봉하여졌으므로 연주래라고 하였다"고 하였다. 주래는 오나라에 속하였으며 소공 23년 계자가 주래에 봉하여졌으니 근년의 일이다. 상국(上國)은 오나라가 중원의 여러 나라에 대하여 일컬은 것이다.

12 "왕윤(王尹)"은 본래 "공윤(工尹)"으로 되어 있었는데 공영달의 소(疏)에서 복건의 말을 인용하여 "왕윤은 궁내의 정사를 맡아본다"라 한 것에 의하면 곧 복건이 본 판본에는 "왕윤(王尹)"으로 되어 있었다. 완원(阮元)의 『교감기(校勘記)』에서는 손지조(孫志祖)의 말을 인용하여 "아래에 따로 '공윤수(工尹壽)'라는 말이 있으니 여기서는 마땅히 '왕윤(王尹)'이 되어야 한다"라 하였다. 지금은 찬도본(纂圖本)과 민본(閩本), 감본(監本), 모본(毛本)에 의거하여 고쳤다.

左司馬沈尹戌帥都君子與王馬之屬以濟師,[13] 좌사마 침윤 술이 도읍의 군자와 왕마의 부속을 거느리고 군사를 더 구원하였고

與吳師遇于窮,[14] 오나라 군사와 궁에서 맞닥뜨려

令尹子常以舟師及沙汭而還.[15] 영윤 자상이 수군을 거느리고 사예에 이르렀다가 돌아갔다.

左尹郤宛, 工尹壽帥師至于潛, 좌윤 극완과 공윤 수가 군사를 이끌고 잠에 이르렀는데

吳師不能退.[16] 오나라 군사는 퇴각할 수 없었다.

---

13 도군자(都君子): "도(都)"는 곧 『시경·소아·도인사(小雅·都人士)』의 "도(都)"일 것이며, 또한 은공 원년 "큰 도읍이라 할지라도 국도의 3분의 1을 넘지 못한다(大都不過參國之一)"의 "도(都)"로 도읍의 통칭이다. 군자(君子)는 곧 『국어·오어(吳語)』의 "월왕이 그의 사졸 군자 6천 명으로 중군을 삼았다"라 한 "사졸군자(士卒君子)"로 『사기·월세가(史記·越世家)』에는 "군자 6천 명"으로 되어 있으니 "도군자(都君子)"는 도읍에서 징발한 친군(親軍)의 칭호이다.

왕마(王馬): 곧 『주례·교인(校人)』의 "왕마(王馬)의 정치를 관장한다"라 한 "왕마(王馬)"일 것이다. 『국어·초어(楚語) 하』에서는 "나라에서 징수한 말은 행군의 쓰임을 만족시킬 수 있고 공경의 말(公馬)은 병부(兵賦)의 쓰임에 상칭시킬 수 있다"라 한 것으로 보아 평상시 전쟁을 할 때는 나라의 말(國馬)만 썼던 것 같다. 이 "왕마(王馬)" 역시 곧 「초어(楚語)」의 "공마(公馬)"이다. 『한비자·해로(解老)』에서는 "융마(戎馬)가 모자라면 말을 징발한다"라 하였다. 손이양(孫詒讓)의 『주례·교인』의 『정의(正義)』에서는 "저 융마(戎馬)는 아마 곧 국마(國馬)를 가리키고 장마(將馬)는 곧 왕마(王馬)와 공마(公馬)를 가리키는 것이다"라 하였다.

제사(濟師): 환공 11년 『전』에 보이며 증원(增援)하는 것이다.

14 궁(窮): "궁(窮)" 아래에 당나라 『석경』에서는 옆에 "곡(谷)"자를 더하여 놓았으며 가나자와 문고본(金澤文庫本)에도 또한 "곡(谷)"자가 있다. 궁곡(窮谷)은 또한 정공 7년의 『전』에도 보이는데 또 다른 곳이다. 궁(窮)은 지금의 안휘 곽구현(霍丘縣) 서남쪽에 있다.

15 『수경주·거수(渠水)』에서는 "변수(汴水)와 사수(沙水)는 준의(浚儀)에 이르러 갈라지는데, 변수는 동쪽으로 흐르고 사수는 남쪽으로 흘러 의성현(義城縣) 서남쪽에 이르러 회수(淮水)로 흘러들며 사예(沙汭)라고 하는데 초나라 땅이다"라 하였다. 곧 사예는 지금의 안휘 회원현(懷遠縣) 동북쪽에 있다.

吳公子光曰,	오나라 공자 광이 말하였다.
“此時也,	“이때이니
弗可失也.”[17]	놓칠 수 없다.”
告鱄設諸曰,	전설제에게 일러 말하였다.
“上國有言曰,[18]	“상국에서 말하기를
‘不索,	‘찾지 않으면
何獲?’[19]	무엇을 얻겠는가?’라 하였소.
我,	나는
王嗣也,	왕위를 이을 사람으로
吾欲求之.	내가 구하고자 하오.
事若克,	일이 성공한다면

---

16 초나라는 궁(窮)에 있는 군사가 앞에서 오나라를 가로막고 잠(潛)에 이른 군사가 또 뒤에서 오나라를 잘라 초나라 군사가 강하여 오나라 군사를 진퇴양난에 빠뜨린 것이다.

17 공영달은 『세본(世本)』을 인용하여 “이매(夷昧)는 광(光)을 낳았다”라 하였다. 또한 복건(服虔)의 말을 인용하여 “이매는 광을 낳았는데 폐하였다. 요(僚)는 이매의 서형이다. 이매가 죽자 요가 대신 섰으므로 광이 말하기를 ‘나는 왕위 계승자이다’라 하였다”라 하였다. 혜동(惠棟)의 『보주(補注)』에서는 “복씨의 설이 옳다. 양공 31년 『전』에서 오나라의 굴호용(屈狐庸)이 말하기를 ‘하늘이 열어 준다면 아마 지금 계승한 임금에 있을 것입니다. 오나라를 가지는 사람은 반드시 이 임금의 자손이 실로 끝을 볼 것입니다(若天所啓, 其在今嗣君乎! 有吳國者, 必此君之子孫實終之)’라 하였으며 두예의 주에서는 ‘사군(嗣君)은 이매(夷昧)이다’라 하였다. 곧 광은 이매의 아들임이 확실하다”라 하였다. 이 설은 또한 앵공 29년의 『공양전』과 부합한다. 『사기·오세가(吳世家)』의 설은 이와 다른데 틀렸다. 두예는 “군사가 바깥에 있어서 나라에서 역(役)을 감당하지 못하였기 때문에 왕을 죽이려 한 것이다”라 하였다.

18 상국(上國): 중원의 여러 나라를 가리킨다.

19 색(索): 구하는 것이다. 자기가 찾아 추구하지 않으면 왕위를 얻을 도리가 없다는 말이다. 옛날에는 색(索)과 획(獲)이 모두 탁(鐸)부에 들었으며 운자이다.

季子雖至,	계자가 오더라도
不吾廢也."[20]	나를 폐하지 않을 것이오."
鱄設諸曰,	전설제가 말하였다.
"王可弑也.	"왕은 죽일 수 있습니다.
母老, 子弱,	어머니가 늙고 자식은 어리나
是無若我何?"[21]	나를 어떻게 할 수 없습니다."
光曰,	광이 말하였다.
"我,	"나는
爾身也."[22]	너의 몸이다."
夏四月,	여름 4월에
光伏甲於堀室而享王.[23]	광이 지하실에 갑사를 매복시켜 놓고 왕에게 향례를 베풀었다.
王使甲坐於道及其門.[24]	왕이 갑사를 길에다 앉혔는데 그 문에까지 이르렀다.

---

20 전설제(鱄設諸): 『사기·자객열전(史記·刺客列傳)』에는 "전제(專諸)"로 되어 있으며 "설(設)"은 어사(語詞)로 『맹자·공손추(公孫丑) 상』의 맹시사(孟施舍)의 "시(施)", 희공 24년 『전』의 개지추(介之推)의 "지(之)"와 같다. 희공 24년 『전』의 『주』를 참고할 만하다. 두예는 "지(至)는 빙문에서 돌아오는 것을 말한다"라 하였다.

21 두예는 "내가 없으면 이들을 어떻게 하느냐는 말로 노모와 유자(幼子)를 광에게 부탁하려는 것이다"라 하였다. 두예의 설은 상하의 문의(文意)에 매우 합당하나 이런 구법은 실로 드물게 보인다. 어머니가 늙고 자식이 어려도 나를 막을 수 없다고 해석을 해도 또한 고아를 맡기는 뜻이 있어서 통한다.

22 두예는 "내 몸이 네 몸과 같다는 말이다"라 하였다.

23 굴실(堀室): 굴실(窟室)이라고도 하며 곧 지금의 지하실이다.

24 『순자·정론(正論)』편에 "서사(庶士)가 갑옷을 입고 길에 앉아 있었다"는 말이 있는데 양

門, 階, 戶, 席,	문과 계단, 내문, 자리에
皆王親也,[25]	온통 왕의 친병이었고
夾之以鈹.[26]	검을 들고 그를 끼고 있었다.
羞者獻體改服於門外.[27]	음식을 드리는 자는 알몸을 드러내고 문밖에서 옷을 갈아입었다.
執羞者坐行而入,[28]	음식을 든 자는 무릎으로 기어 들어갔고
執鈹者夾承之,	검을 쥔 자가 끼고 그를 받아
及體,	몸에 닿을 정도가 되어야
以相授也.[29]	음식을 드렸다.

경(楊倞)의 주에서는 "서사(庶士)는 군사(軍士)이다. 갑옷을 입고 길 가에 앉아서 비상사태를 대비하는 것이다"라 하였다. 혜동의 『보주』에 설이 보인다. 여기서는 길 곁에서부터 앉아 공자 광의 문에까지 이른 것이다.

25 문에서 계단까지, 계단에서 내문의 문 안 자리에 이르기까지 모두 왕료의 친병이라는 말이다.

26 피(鈹): 『설문』에서는 "피(鈹)는 양쪽에 날이 달린 칼이다"라 하였다. 진시황릉의 병마용갱에서 동피(銅鈹)가 출토되었다.

27 수(羞): 음식을 바치는 것이다. 집수자(執羞者)는 곧 위의 수자(羞者)로 역시 음식을 바치는 사람이다.

좌행(坐行): 곧 무릎으로 기는 것이다. 입(入)은 왕료가 앉아 있는 곳으로 들어가 음식을 바치는 것이다.

헌체(獻體): 헌(獻)은 드러내 보이는 것이다. 헌체(獻體)는 그 몸을 드러내 보이는 것으로 곧 벌거벗은 알몸이 된 후에야 옷을 갈아입고 다시 문으로 들어가 음식을 바치는 것이다.

28 집수자(執羞者): 수(羞)는 여기서 명사로 음식이다.

29 공영달은 "검의 칼날 끝이 음식을 바치는 자의 몸에 닿은 것이다"라 하였다. 왕의 좌우에는 반드시 검을 쥔 자가 전제(專諸)를 받아 들어갔기 때문에 서로 드렸다고 한 것이다. 전제가 앞으로 나갈 때 검으로 이어받지 않은 적이 없었다.

光僞足疾,	광은 발병을 가장하고
入于堀室.[30]	지하실로 들어갔다.
鱄設諸寘劍於魚中以進,[31]	전설제는 칼을 물고기 배 속에 넣어서 들어가
抽劍刺王,	칼을 뽑아 왕을 찔렀고
鈹交於胸,[32]	동시에 검이 가슴에 교차하였으며
遂弑王.[33]	마침내 왕을 죽였다.
闔廬以其子爲卿.[34]	합려는 그 아들을 경으로 삼았다.
季子至,	계자가 이르러
曰,	말하였다.
"苟先君無廢祀,	"선군이 제사를 폐하지 않았더라면
民人無廢主,	백성이 군주를 폐하지 않았을 것이고
社稷有奉,	사직이 받듦이 있어

30 두예는 "난이 일어나면 왕의 무리가 자기를 죽일까 두려워하여 미리 피한 것이다"라 하였다.

31 두예는 "온 물고기를 구운 것이다"라 하였다.

32 두예는 "전제의 가슴에 교차한 것이다"라 하였다. 한편으로는 왕을 찌르는 동시에 양쪽 곁에 있는 검을 지닌 병사들이 가슴을 찔러 죽인 것이다.

33 이 일은 『사기』의 「오세가(吳世家)」와 「자객열전(刺客列傳)」 및 『오월춘추·왕료사공자광전(王僚使公子光傳)』에도 보인다. 남조(南朝) 때 양원제(梁元帝) 소역(蕭繹)의 『금루자·잡기(金樓子·雜記) 상』에도 이 일이 수록되어 있는데 더욱 허황하다.

34 두예는 "합려는 광이다. 전제의 아들을 경으로 삼은 것이다"라 하였다. 이는 아마 공자 광이 즉위한 후의 일일 것이다. 1964년 및 1979년에 모두 오왕 공의 검이 발견되었다.

國家無傾,	국가는 기울어지지 않았을 것이며
乃吾君也,	곧 나의 임금이니
吾誰敢怨?	내가 누구를 감히 원망하겠는가?
哀死事生,	죽은 자를 애도하고 산 자를 섬기며
以待天命.[35]	천명을 기다리노라.
非我生亂,	내가 난을 일으킨 것이 아니니
立者從之,[36]	즉위하는 자를 따르는 것이
先人之道也."	선인의 도이다."
復命哭墓,[37]	복명한 후에 무덤에서 곡을 하고
復位而待.[38]	직위에 복귀하여 명을 기다렸다.
吳公子掩餘奔徐,	오나라 공자 엄여는 서로 달아났고
公子燭庸奔鍾吾.[39]	공자 촉용은 종오로 달아났다.
楚師聞吳亂而還.[40]	초나라 군사는 오나라에 변란이 일어났다는 말을 듣고 돌아갔다.

35 죽은 자를 애도하는 것은 왕료를 말한다. 산 자를 섬긴다는 것은 합려를 말한다.

36 지(之): 즉위하는 자, 곧 광을 가리킨다. 나는 임금으로 즉위하는 자에게 복종한다는 말이다.

37 두예는 "왕료의 무덤에 가서 사신으로 갔던 일을 복명한 것이다"라 하였다.

38 두예는 "본래의 직위에 복귀하여 광의 명을 기다리는 것이다"라 하였다.

39 두예는 "종오는 소국이다"라 하였다. 서나라와 종오는 모두 이로 인해 오나라에 멸망당하며 30년의 『전』에 보인다. 종오는 지금의 강소 숙천현(宿遷縣) 동북쪽에 있다.

40 두예는 "오나라에 변란이 있어났다는 말을 듣고 극완이 뇌물을 취하지 않았음을 밝히고 돌아간 것을 말한다"라 하였다.

郤宛直而和,	극완은 정직하고 온화하여
國人說之.[41]	백성들이 좋아하였다.
鄢將師爲右領,[42]	언장사는 우령으로
與費無極比而惡之.[43]	비무극과 붕당이 되어 그를 미워하였다.
令尹子常賄而信讒,[44]	영윤 자상은 재물을 탐하고 참언을 믿었는데
無極譖郤宛焉,	무극이 극완을 참소하여
謂子常曰,	자상에게 말하였다.
"子惡欲飮子酒."[45]	"자악이 그대에게 술을 내려 합니다."
又謂子惡,	또한 자악에게 일렀다.
"令尹欲飮酒於子氏."[46]	"영윤이 그대의 집에서 술을 마시고 하오."

41 정직하고 온화하였으므로 백성들이 그를 좋아한 것이다.

42 두예는 "우령은 관직 이름이다"라 하였다. 초나라에 우령이란 관직이 있다는 것은 또한 애공 17년의 『전』에도 보인다.

43 비(比): 곧 『논어·위정(爲政)』의 "소인은 편당하고 두루 사랑하지 않는다(小人比而不周)"의 비(比)와 같다. 서로 결탁하는 것이다. 두예는 "극완을 미워하는 것이다"라 하였다.

44 회(賄): 재물을 탐하는 것이다. 원년 『전』의 "악왕부는 재물을 밝혔다(鮒也賄)"와 28년 『전』의 "임금은 재물을 밝히지 않는 것으로 알려졌다(主以不賄聞)"의 회(賄)가 모두 이런 용법이다.

45 두예는 "자악은 극완이다"라 하였다.

46 자씨(子氏): 『여씨춘추·신행(愼行)』편에는 "자지가(子之家)"로 되어 있다. 이는 『전』의 말을 가져다 쓰되 당시의 말로 바꾼 것이다. 『오월춘추·합려내전(闔廬內傳)』에서는 무기〔無忌, 곧 무극(無極)〕이 평왕에게 극완을 참소한 것이라 하였는데 당연히 『전』의 말을 믿어야 한다.

子惡曰,	자악이 말하였다.
"我,	"나는
賤人也,	지위가 낮은 사람이어서
不足以辱令尹.	영윤을 욕되게 하기에 부족하오.
令尹將必來辱,	영윤께서 기어이 욕되이 오시려 하신다면
爲惠已甚,	은혜가 너무 크니
吾無以酬之,[47]	내 보답할 길이 없으니
若何?"	어쩌면 좋겠소?"
無極曰,	무극이 말하였다.
"令尹好甲兵,	"영윤께선 갑옷과 병기를 좋아하시니
子出之,	그대가 꺼내 놓으면
吾擇焉."[48]	내 그중에서 택하겠소."
取五甲五兵,[49]	다섯 벌의 갑옷과 다섯 개의 병기를 취하고는
曰,	말하였다.
"寘諸門.	"문에다 두시오.
令尹至,	영윤이 이르면

47 수(酬): 두예는 "수(酬)는 보답하여 드리는 것이다"라 하였다.
48 두예는 "가려 뽑아 자상에게 드리는 것이다"라 하였다.
49 다섯 벌의 갑옷과 다섯 종의 병기이다.

必觀之,	반드시 보실 것이니
而從以酬之."[50]	기회를 봐서 드리십시오."
及饗日,	연회 날이 되자
帷諸門左.[51]	문의 왼쪽에 장막을 쳤다.
無極謂令尹曰,	무극이 영윤에게 말하였다.
"吾幾禍子.	"제가 그대에게 화를 끼칠 뻔하였습니다.
子惡將爲子不利,	자악이 그대를 이롭지 않게 여겨
甲在門矣.	갑옷을 문에 두었습니다.
子必無往!	그대는 필시 가지 말아야 할 것입니다.
且此役也,[52]	또한 이번 전역으로
吳可以得志.[53]	오나라는 뜻을 얻을 것입니다.
子惡取賂焉而還,	자악은 그에게서 뇌물을 받아 돌아갔으며,
又誤羣帥,	또한 장수들을 그르쳐
使退其師,	그 군사를 물리게 하고는

50 이는 무극이 자악에게 한 말이다.
51 베로 장막을 치고 갑옷 다섯 벌과 병기 다섯 개를 장막으로 가린 것이다.
52 두예는 "이해 봄 잠(潛)을 구원한 전역이다"라 하였다.
53 초나라가 오나라로부터 뜻을 얻을 수 있다는 말이다.

曰,	말하기를
'乘亂不祥'.	'변란을 편승하는 것은 상서롭지 못하다'라 하였습니다.
吳乘我喪,	오나라는 우리의 상에 편승하고
我乘其亂,	우리나라는 그 변란에 편승함이
不亦可乎?"	또한 옳지 않겠습니까?"
令尹使視郤氏,	영윤이 극씨의 집을 살피게 하였더니
則有甲焉.	과연 갑옷이 있었다.
不往,	가지 않고
召鄢將師而告之.	언장사를 불러 일렀다.
將師退,	언장사는 물러나
遂令攻郤氏,	마침내 극씨를 공격하고
且爇之.[54]	아울러 집을 불태우란 명을 내렸다.
子惡聞之,	자악은 그 말을 듣고
遂自殺也.	마침내 자살하였다.
國人弗爇,	백성들이 태우려 하지 않자
令曰,	명령하여 말하였다.
"不爇郤氏,	"극씨의 집을 태우지 않으면

54 두예는 "설(爇)은 태우는 것이다"라 하였다. 희공 28년『전』의 "희부기의 집을 태웠다(爇僖負羈氏)"라 한 설(爇)과 같은 뜻이다.

與之同罪."	그와 죄가 같게 된다."
或取一編菅焉,[55]	어떤 사람은 지붕을 이는 솔새를 한 묶음 가지고 왔고
或取一秉秆焉,[56]	어떤 사람은 짚을 한 움큼 가지고 와서
國人投之,	백성들이 이것들을 던져
遂弗爇也.	끝내 불태우지 못하였다.
令尹炮之,[57]	이윤(里尹)에게 태우게 하여
盡滅郤氏之族, 黨,	극씨의 일족과 무리를 모조리 멸하고
殺陽令終與其弟完及佗,[58]	양령종과 그 아우 완 및 탁
與晉陳及其子弟.[59]	그리고 진진과 그 자제들을 죽였다.
晉陳之族呼於國曰,	진진의 일족이 나라에 호소하여 말하였다.

---

55 관(菅): 다년생 초본식물로 백화(白華)라고도 하며 옛사람들이 엮어서 지붕을 이었다.

56 간(秆): 간(稈)과 같은 글자로 볏짚이다. 두예는 "병(秉)은 잡는 것이다"라 하였다. 『의례·빙례(聘禮)』에 "네 번 잡는 것을 거(筥)라 한다"라는 말이 있는데 정현의 주에 의하면 곧 벼를 네 번 잡는 것이 볏단이라는 말이다.

57 이 구절에는 두 가지 해석법이 있는데 공영달은 복건의 말을 인용하여 "백성들이 태우려 하지 않아 언장사가 영윤이 너희들에게 불태우게(令尹使女燔炮) 했다고 말한 것이다. 번(燔)과 포(炮), 설(爇)은 모두 태운다는 뜻이다"라 하였다. 그러나 "영윤포지(令尹炮之)"의 네 자를 한 구절로 보면 위에서 이어받는 문장이 없어서 문법상으로는 복건의 해석처럼 될 수가 없다. 유월(兪樾)은 "윤(尹)은 이윤(里尹)이며 백성들이 태우려고 하지 않아 언장사가 이에 여서(閭胥)와 이재(里宰) 따위에게 명하여 불을 지르게 한 것이다"라 하였다. 유월(兪樾)의 『다향실경설(茶香室經說)』에 상세하다.

58 두예는 "영종은 양개(陽匃)의 아들이다"라 하였다.

59 두예는 "진진은 초나라의 대부이며, 모두 극씨의 일당이다"라 하였다.

"鄢氏, 費氏自以爲王,[60]	"언씨와 비씨는 군왕으로 자처하여
專禍楚國,	전권을 행사하여 초나라에 화를 끼쳤으며
弱寡王室,	왕실을 쇠약하게 하였고
蒙王與令尹以自利也,[61]	왕와 영윤을 속여서 스스로 이익을 취하였는데도
令尹盡信之矣,	영윤이 모두 믿으니
國將如何?"	나라가 어떻게 되겠습니까?"
令尹病之.[62]	영윤이 이를 근심했다.

秋,	가을에
會于扈,	호에서 회합하고
令戍周,	주나라의 변방을 지키는 영을 내리고
且謀納公也.	아울러 공을 들일 모의를 했다.
宋, 衛皆利納公,	송나라와 위나라는 모두 공을 들이는 것을 이롭게 여겨
固請之.	굳이 청하였다.

60 이때 소왕(昭王)은 나이가 겨우 7, 8세에 불과하였으므로 여러 사람이 왕으로 자처할 수 있었다.
61 두예는 "몽(蒙)은 속이는 것이다"라 하였다.
62 두예는 "아래에서 무극을 죽이는 복선이다"라 하였다.

范獻子取貨于季孫,	범헌자는 계손의 뇌물을 받고
謂司城子梁與北宮貞子曰,[63]	사성 자량과 북궁정자에게 말하였다.
"季孫未知其罪,	"계손은 그 죄를 알지 못하였는데
而君伐之.	임금이 그를 쳤습니다.
請囚, 請亡,	가둘 것을 청하고 도망갈 것을 청하였는데
於是乎不獲,	이에 얻지 못하고
君又弗克,	임금이 또 이기지를 못하자
而自出也.	스스로 나갔습니다.
夫豈無備而能出君乎?[64]	어찌 대비도 없이 임금을 쫓아낼 수 있겠습니까?
季氏之復,	계씨가 복위한 것은
天救之也.[65]	하늘이 구한 것입니다.
休公徒之怒,[66]	공의 무리의 성을 그치게 하고
而启叔孫氏之心.	계손씨의 마음을 열어 주십시오.

63 두예는 "자량은 송나라의 악기(樂祁)이다. 정자는 위나라 북궁희(北宮喜)이다"라 하였다.
64 소공이 계씨가 축출한 것이라면 계씨는 반드시 일찌감치 준비가 있었을 것이라는 말이다. 지금 계씨는 준비가 없으니 이는 계씨가 임금을 쫓아낸 것이 아니라 임금이 스스로 나간 것이라는 것이다.
65 가둘 것을 청하고 도망갈 것을 청하였으나 아직 허락을 얻지 못하였고 계씨는 여전히 그 위세를 잃지 않았으므로 복위한 것이라 하였다.
66 두예는 "휴(休)는 그치게 하는 것(息)이다"라 하였다.

不然,	그렇지 않으면
豈其伐人而說甲執冰以游?	어찌 사람을 쳐놓고 갑을 벗고 전통을 잡고 놀고 있겠습니까?
叔孫氏懼禍之濫,[67]	숙손씨는 화가 넘칠까 두려워하여
而自同於季氏,	계씨와 함께하였으니
天之道也.[68]	하늘의 도입니다.
魯君守齊,	노나라 임금이 제나라에 구하였건만
三年而無成.[69]	3년이 되도록 이룬 것이 없습니다.
季氏甚得其民,	계씨는 백성의 옹호를 잘 얻어
淮夷與之,	회이가 복종하였고,
有十年之備,	10년간의 준비가 있고
有齊, 楚之援,[70]	제나라와 초나라의 도움이 있으며
有天之贊,	하늘의 도움이 있고
有民之助,	백성의 도움이 있으며
有堅守之心,	굳게 지킨다는 마음이 있고

67 람(濫): 범람(泛濫)하다 할 때의 람(濫)이다. 여기서는 차용되어 화가 미친다는 말과 같다.

68 25년의 『전』을 참고하라.

69 양수달(楊樹達)의 『독좌전(讀左傳)』에서는 "『한서·외척전』에서는 '자주 대장군 광이 정외공을 위하여 후를 구하도록 청〔守〕하였다'라는 말이 있는데 안사고는 '수(守)는 청구(請求)하는 것이다'라 하였다. 『후한서·마융전(馬融傳)』에 '저는 오늘 가서 맹을 구합니다(融於是日往守萌)'라는 말이 있는데 이현(李賢)은 '수(守)는 구(求)한다는 말과 같다'라 하였다."

70 두예는 "공이 비록 제나라에 있지만 제나라가 힘을 다하지 않는다는 말이다"라 하였다.

有列國之權,[71]	열국의 권세가 있는데도
而弗敢宣也,[72]	감히 그것을 펴지 아니하고
事君如在國.[73]	임금님을 섬기기를 도성이 있는 듯합니다.
故鞅以爲難.	그러므로 저는 어렵다고 생각합니다.
二子皆圖國者也,	두 사람은 모두 나라를 도모하는 자로
而欲納魯君,	노나라 임금을 들이려 하니
鞅之願也,	저의 바람입니다.
請從二子以圍魯.	청컨대 두 분을 따라 노나라를 에워싸겠습니다.
無成,	이루지 못하면
死之."	그곳에서 죽겠습니다."
二子懼,	두 사람은 두려워하여
皆辭.	모두 사절했다.
乃辭小國,	이에 소국을 물리쳤는데

---

71 계씨의 권세가 제후와 같다는 말이다.

72 선양(宣揚)하다, 공개하다. 스스로 왕위에 오르지 못하거나 따로 임금을 세우는 것을 말한다. 양수달은 교사(驕奢)로 해석하였는데, 또한 통한다. 양수달(楊樹達)의 『독좌전(讀左傳)』에 상세하다.

73 당시 에는 제후가 국외로 달아나면 다른 임금을 세웠는데, 노나라만은 그렇지 않고 계손의여가 매년 말을 사고 종자의 의복과 신발까지 갖추어 공에게 보내 드렸으므로 범앙이 말한 것이다. 『일지록』 권27에 보인다.

而以難復.[74]	복위시키기 어렵다고 생각한 것이었다.
孟懿子, 陽虎伐鄆,[75]	맹의자와 양호가 운을 치니
鄆人將戰.	운 사람들이 싸우려 했다.
子家子曰,	자가자가 말했다.
"天命不慆久矣,[76]	"천명에는 의심이 없은 지가 오래되었는데
使君亡者,	임금으로 하여금 도망가게 한 것은
必此衆也.[77]	반드시 이 사람들 때문이다.
天旣禍之,	하늘이 이미 그에게 화를 내리고는
而自福也,	스스로 복을 구함은
不亦難乎![78]	또한 어렵지 않겠는가!

---

74 두예는 "들이기 어렵겠다는 말로 진나라 임금에게 아뢴 것이다"라 하였다.

75 양호(陽虎): 곧 『논어·양화(陽貨)』의 양화(陽貨)로 계씨의 가신이다. 소공 11년의 『전』에 맹의자가 난 것에 의하면 이해에는 아직 16세도 되지 않았으니 아마 양호가 주장(主將)이었을 것인데 맹의자가 경(卿)의 지위에 있었으므로 명분을 삼은 것이다. 아마 계씨가 호(扈)의 회합을 듣고 소공을 들일 계책을 세웠는데 소공이 운(鄆)에 거처하였으므로 먼저 그곳을 친 것일 것이다.

76 도(慆): 천명이 계씨에게 있음이 의심의 여지가 없다는 것이 오래되었다는 말이다. 도(慆)와 도(謟) 두 자는 통용하며 의심한다는 뜻이다. 26년 『전』에서는 "하늘의 도는 의심이 없다(天道不謟)"고 하였고, 애공 17년에서는 "천명은 의심이 없다(天命不謟)"고 하였는데 같은 뜻이다.

77 차중(此衆): 전투를 할 무리들을 이른다.

78 자가기(子家羈)는 소공이 도망간 것을 천명(天命)으로 돌렸는데 사실은 당시의 형국이 소공을 실로 열세에 처하게 하였으며, 그 사람이 또한 할 수 있는 것이 없다고 생각하였

猶有鬼神,[79]	귀신이 있다 하더라도
此必敗也.	이번에는 반드시 패할 것이다.
烏呼!	아아!
爲無望也夫!	희망이라고는 없구나!
其死於此乎!"	여기서 죽을 것이다."
公使子家子如晉.	공이 자가자를 진나라에 가게 하였다.
公徒敗于且知.[80]	공의 무리가 차지에서 패하였다.

楚郤宛之難,	초나라 극완의 난 때
國言未已,[81]	나라에서 말이 그치지 않았는데
進胙者莫不謗令尹.[82]	제육을 주는 자치고 영윤을 비방하지 않는 사람이 없었다.

고, 19세가 되도록 동심이 남아 있었던 데다가 여러 번이나 자가기의 말을 받아들이지 않았으므로 그 사실을 알 수 있다. 이미 이와 같은데 전쟁을 일으켜 요행을 바라므로 어렵다고 한 것이다.

79 유(猶): 만약.

80 차지(且知): "두예는 운과 가까운 곳이다"라 하였다.

81 국언(國言): 백성들의 비방이라는 말이다.

82 진조(進胙): 조(胙)는 희공 9년『전』에서 "천자는 재공을 시켜 제후에게 제육을 내리게 하였다(王使宰孔賜齊侯胙)"라 하였는데, 조(胙)는 종묘에 제사를 지낸 고기이며 또한 번(膰), 번(燔)이라고도 한다. 무릇 제후들의 제사에는 제사를 지낸 뒤에 반드시 제육을 유관한 경대부들에게 내리는데『맹자·고자(告子) 하』에서 이른바 "공자께서 노나라의 사구가 되셨는데 쓰여지지 않고 따라서 제사함에 제사 고기가 이르지 않자(從而祭燔肉不至) 면류관을 벗지 않고 떠나셨다"라 한 것이 바로 이를 말한다. 이곳의 진조자(進胙者)는 아마 곧 여러 사람에게 제육을 나누어 주는 사람일 것이다.

沈尹戌言於子常曰,	침윤 술이 자상에게 말하였다.
“夫左尹與中廐尹,[83]	“좌윤과 중구윤은
莫知其罪,[84]	그 죄를 아는 사람이 없는데
而子殺之,	그대가 그들을 죽임으로써
以興謗讟,[85]	비방을 일으키어
至于今不已.	지금까지도 그치지 않고 있습니다.
戌也惑之,	제가 의혹이 가는 것은
仁者殺人以掩謗,	인자는 사람을 죽여 비방을 덮는다 해도
猶弗爲也.	오히려 그렇게 하지 않는다는 것입니다.
今吾子殺人以興謗,	지금 그대는 사람을 죽이어 비방을 일으키고
而弗圖,[86]	그것을 도모하지 않으니
不亦異乎![87]	또한 괴이하지 않습니까!
夫無極,	저 무극은
楚之讒人也,	초나라의 간사한 인간으로

83 두예는 “좌윤은 극완이다. 중구윤은 양령종이다”라 하였다.
84 막(莫): 사람이 없다는 뜻이다. 양수달(楊樹達)의 『사전(詞詮)』에 예증이 보인다.
85 독(讟): 양웅(揚雄)의 『방언(方言)』에서는 “비방(謗)이다”라 하였다.
86 도와서 구원할 계책을 도모하지 않는 것이다.
87 이(異): 괴(怪)의 뜻이다. 괴이하다는 말이다.

民莫不知.	백성들 가운데 모르는 사람이 없습니다.
去朝吳,[88]	조오를 없애고
出蔡侯朱,[89]	채후 주를 쫓아내었으며
喪大子建,	태자 건을 잃었고
殺連尹奢,[90]	연윤 사를 죽였으며
屛王之耳目,[91]	왕의 이목을 가려
使不聽明.[92]	제대로 듣지도 보지도 못하게 하였습니다.
不然,	그렇지 않다면
平王之溫惠共儉,	평왕의 따뜻함과 은혜로움, 공경과 근검은
有過成, 莊,	성왕 및 초왕보다 더 나아
無不及焉.	거기에 미치지 않음이 없을 것입니다.
所以不獲諸侯,	제후의 지지를 얻지 못했던 까닭은
邇無極也.[93]	무극을 가까이해서였습니다.

---

88 15년『전』에 보인다.
89 21년『전』에 보인다.
90 20년『전』에 보인다.
91 병(屛): 폐(蔽), 곧 가리는 것이다.
92 귀가 잘 들리지 않고 눈이 밝지 못한 것이다.
93 극(極): 원래는 "급(及)"으로 되어 있었으나 가나자와 문고본(金澤文庫本)에 의하여 바로

今又殺三不辜,	지금 또 무고한 세 사람을 죽여
以興大謗,[94]	큰 비방을 일으켰으니
幾及子矣.[95]	아마 그대에게 누를 끼칠 것입니다.
子而不圖,	그대가 잘 도모하지 않으면
將焉用之?[96]	어디에다 쓰시려 하십니까?
夫鄢將師矯子之命,	언장사는 그대의 명을 속여
以滅三族.	세 종족을 멸족하였습니다.
三族,	세 종족은
國之良也,[97]	국가의 양재(良材)로
而不愆位.[98]	직위에 있을 때 허물이 없었습니다.
吳新有君,[99]	오나라에 새 임금이 있어
疆埸日駭.	변경이 날로 소란스럽습니다.

잡았다.

94 두예는 "무고한 사람 셋이란 극씨와 양씨, 진진씨이다"라 하였다.

95 기(幾): 거의. 가깝다는 말이다.

96 사람을 참소함이 이와 같으면 화가 그대에게 미칠 것이며, 그대가 대책을 도모하지 않으면 왜 꼭 나라의 재상이 되려는 것인가라는 말이다. 『논어·계씨(季氏)』의 "위태로운데도 붙잡지 못하며 넘어지는데도 부축하지 못한다면 저 상을 장차 어디에다 쓰겠느냐?(危而不持, 顚而不扶, 則將焉用彼相矣)"라는 말과 구절의 뜻이 비슷하다.

97 원래는 "삼족(三族)" 두 자가 중첩되지 않았는데 문맥상 있어야 하며 여기서는 가나자와 문고본(金澤文庫本)과 일본 석산사(石山寺) 소장본〔양수경(楊守敬)은 육조(六朝)인들의 필사본이라고 정하였는데, "충(忠)"자를 피휘(避諱)하였으나 실제로는 수나라 사람이 필사한 판본이다〕에 의거하였으며, 돈황(敦煌)의 당나라 사본(寫本: 파리 소장본 2540)에는 "삼족(三族)" 두 자가 더 있다.

98 두예는 "직위에 있을 때 허물이나 과실이 없었다는 것이다"라 하였다.

99 두예는 "광이 새로 즉위한 것이다"라 하였다.

楚國若有大事,[100]	초나라에 큰일이 있게 된다면
子其危哉!	그대는 위태롭게 될 것입니다.
知者除讒以自安也,	지혜로운 자는 간사한 사람을 없애서 스스로 안전하게 하는데
今子愛讒以自危也,	지금 그대는 간사한 사람을 좋아하여 스스로 위태롭게 하니
甚矣,	심하고
其惑也!"[101]	그것이 미혹스럽습니다!"
子常曰,	자상이 말하였다.
"是瓦之罪,[102]	"이는 나의 잘못이니
敢不良圖!"[103]	감히 훌륭히 도모하지 못함이오!"
九月己未,[104]	9월 기미일에
子常殺費無極與鄢將師,	자상이 비무극과 언장사를 죽이고
盡滅其族,	그 종족을 모조리 멸족시키어
以說于國.[105]	나라를 기쁘게 하였더니

100 대사(大事): 병사(兵事), 곧 전쟁으로 바로 위의 "疆埸日駭"를 이어받아 말한 것이다.

101 위의 "戌也惑之"의 혹(惑)은 의혹(疑惑)이란 뜻이고, 이곳의 혹(惑)은 미혹(迷惑), 혼란(昏亂)의 뜻이다.

102 와(瓦): 낭와(囊瓦)의 자는 자상(子常)이다.

103 양도(良圖): 선모(善謀)와 같다.

104 기미일은 14일이다.

105 "說"은 두 가지로 해석할 수 있다. 하나는 해명하는 것으로, 저번의 각종 죄악의 행위를 이 두 사람에게 돌리려는 것이다. 하나는 열(悅)과 같은 뜻으로 백성들을 기쁘게 하는 것이다.

謗言乃止.	비방이 이에 그쳤다.

冬,	겨울에
公如齊,	공이 제나라로 갔는데
齊侯請饗之.[106]	제후가 향례를 베풀어 청하려고 하였다.
子家子曰,	자가자가 말하였다.
"朝夕立於其朝,	"아침저녁으로 조정에 서는데
又何饗焉,	또한 어찌 향례를 베풀겠습니까?
其飮酒也."[107]	술을 내리심이 좋겠습니다."
乃飮酒,	이에 술을 마셨는데
使宰獻,	재신에게 술을 드리게 하였으며
而請安.[108]	편안히 마시게 하였다.
子仲之子曰重,	자중의 딸은 중이라고 하였으며
爲齊侯夫人,	제후의 부인이었는데

---

106 두예는 "향례를 베푸는 것이다"라 하였다.

107 고대에는 향례가 가장 융숭하였으며 제후끼리 서로 빙문을 할 때 행한다. 지금 노나라 임금은 제나라에 있으니 공에게 우거하는 것과 같아서 늘 제나라의 조정에 있어 제나라 경공이 점차 노소공을 존중하지 않음을 알 수 있다. 이때 향례를 청한 것은 다만 향례란 이름으로 술자리에 부른 것을 뿐이므로 자가자가 먼저 사절함으로써 명실이 서로 부합하게 하여 모욕을 면하려고 한 것이다.

108 고례(古禮)에 의하면 제후는 빈객을 편안하게 해주는 의절(儀節)이 있었는데 이때는 제후가 편안케 해주고자 청한 것으로 자리를 떠난 것이다.

曰,	말하였다.
"請使重見."[109]	"나를 좀 만나게 해주오."
子家子乃以君出.[110]	자가자는 이에 임금을 모시고 나갔다.
十二月,	12월에
晉籍秦致諸侯之戍于周,	진나라 적진이 제후의 수비를 주나라에 보냈는데
魯人辭以難.[111]	노나라 사람은 국난이 있다 하여 보내지 않았다.

109 두예는 "자중은 노나라 공자 은(憖)이다. 12년에 계씨를 축출하려다가 할 수 없어 제나라로 달아났다. 지금은 음주의 예를 행하는데 중을 보게 하려는 것은 연회에서 업신여기려는 것이다"라 하였다.

110 두예는 "제부인을 피한 것이다"라 하였다.

111 두예는 "『경』에서 주나라가 변방의 수자리 서는 것을 기록하지 않은 까닭이다. 적진은 적담(籍談)의 아들이다"라 하였다. 『묵자·소염(所染)』편에서는 "중항인(中行寅)은 적진과 고강(高彊)에게 물들었다"라 하였다. 소공 15년 『전』의 공영달의 소(疏)에서는 『세본(世本)』을 인용하여 "후계자(侯季子)는 적유(籍游)를 낳았고, 유는 담(談)을 낳았으며 담은 진(秦)을 낳았다"라 하였다.

소공 28년

經

二十有八年春王三月,[1]	28년 봄 주력으로 3월에
葬曹悼公.[2]	조나라 도공을 장사 지냈다.
公如晉,	공이 진나라로 가서
次于乾侯.[3]	간후에 머물렀다.
夏四月丙戌,[4]	여름 4월 병술일에
鄭伯寧卒.[5]	정백 영이 죽었다.
六月,	6월에
葬鄭定公.[6]	정나라 정공을 장사 지냈다.

---

1 이십팔년(二十八年): 정해년 B.C. 514년으로 주경왕(周敬王) 6년이다. 동지가 2월 초하루 계유일로 건해(建亥)이며, 윤달이 있다.

2 『전』이 없다. 이는 때를 지나 6개월 만에야 비로소 장사를 지낸 것이다. 은공 원년의 『전』 및 『예기』의 「예기(禮器)」 및 「잡기(雜記) 하」에 의하면 제후는 5개월 만에 장사를 지낸다. 그러나 3개월이면 장사를 지내는 경우가 많았다. 6개월 만에 장사를 지낸 것은 늦어진 것이다.

3 간후(乾侯): 지금의 하북 성안현(成安縣) 동남쪽 13리 지점에 있다.

4 병술일은 14일이다.

5 『전』이 없다. 은공 8년의 채선공(蔡宣公)과 환공 11년의 정장공, 17년의 채환공, 희공 27년의 제효공(齊孝公), 양공 16년의 진도공, 공공 10년의 진평공, 12년의 정간공(鄭簡公), 16년의 진소공, 및 이번의 정정공은 모두 3개월 만에 장사를 지낸 것이다. 실로 5개월 만에 장사를 지낸 것이 있다. 또한 11개월 만에 장사를 지낸 경우도 있으니 이를테면 희공 18년의 제환공 같은 경우는 국난 때문에 효공 이후에야 장사를 지낼 수 있었으며, 심지어 22개월까지 늦추어진 경우도 있는데, 이를테면 선공 12년에 진영공(陳靈公)같은 경우가 그렇다. 31개월 만에 장사를 지낸 경우도 있는데 이를테면 소공 13년 채영공 같은 경우로 모두 나라가 망하였다가 국세를 회복한 연후에 장사를 지낸 경우이다.

6 『전』이 없다.

秋七月癸巳,[7] 가을 7월 계사일에

滕子寧卒.[8] 등자 영이 죽었다.

冬, 겨울에

葬滕悼公. 등나라 도공을 장사 지냈다.

傳

二十八年春, 28년 봄에

公如晉, 공이 진나라로 가서

將如乾侯.[9] 간후로 가려고 했다.

子家子曰, 자가자가 말하였다.

"有求於人, "남에게 구하는 것이 있으면서

而卽其安,[10] 마음을 편안히 가진다면

人孰矜之?[11] 누가 불쌍히 여기겠습니까?

其造於竟."[12] 변경으로 가야 할 것입니다."

---

7 『전』이 없다.

8 『전』이 없다.

9 제경공이 노소공을 경시하여 어쩔 수없이 진나라로 갔다.

10 즉기안(卽其安): 두 가지 해석이 있다. 하나는 제나라에 3년간 있으면서 제나라에서 편안한 것을 가리키며, 하나는 먼저 간후로 가는 것을 가리킨다. 진나라 사람이 답한 말로 살펴보건대 제나라에서 편안했다고 보는 것이 옳을 것이다.

11 긍(矜): 불쌍히 여기다, 가엽게 여기다.

12 경(竟): 아마 노나라에서 진나라와 노나라에 이르는 변경을 가리키는 것 같다. 조(造)는 간다는 뜻이다.

弗聽,	그 말을 듣지 않았다.
使請逆於晉.[13]	진나라에 맞이하도록 청하게 하였다.
晉人曰,	진나라 사람이 말하였다.
"天禍魯國,	"하늘이 노나라에 화를 내려
君淹恤在外,	임금이 오래도록 밖에서 우환을 당하는데도
君亦不使一个辱在寡人,[14]	임금은 또한 사자를 보내어 과인에게 문후조차 묻지 않고
而即安於甥舅,[15]	생구의 나라에서 편안하게 있는데
其亦使逆君?"[16]	어찌 또한 임금을 맞게 하겠는가?"
使公復于竟,[17]	공으로 하여금 변경으로 돌아가게 하고
而後逆之.[18]	그런 다음에 맞았다.

---

13 진나라 사람에게 진나라 국도로 맞아들이게 청한 것으로 노소공은 이때 이미 진나라의 경계인 간후에 이르렀다.

14 일개(一个): 사자(使者)를 가리킨다. 일개(一个)는 또한 양공 8년의 『전』에도 보이는데 일개인(一个人)이다.
재(在): 문후(問候)하는 것이다. 은공 11년 『전』의 "임금님과 등후께서 욕되이 과인에게 문후코자 왔다(君與滕侯辱在寡人)"라는 것이 곧 이의 뜻이다. 그러나 이곳에서는 당시의 습관적인 어투이지 실제로는 구원의 요청을 나타내어 통지하는 것이다.

15 생구(甥舅): 제나라와 노나라는 통상적으로 혼인을 맺었으므로 서로 생질과 외삼촌(甥舅)이 되며, 여기서는 제나라를 가리킨다.

16 기(其): 기(豈)와 같다. 소공이 이미 제나라에서 편안하게 있는데 어찌 또한 우리로 하여금 소공을 맞게 하느냐는 말이다.

17 노나라 경계로 돌아간 것이다.

18 여전히 건후로 맞았으며 진나라의 도읍에는 이르지 못하였다. 『사기·연표(年表)』에서 이

晉祁勝與鄔臧通室.[19]	진나라 기승과 오장이 아내를 바꾸어 음란한 짓을 했다.
祁盈將執之,[20]	기영이 그들을 잡고자
訪於司馬叔游.[21]	사마숙유를 찾았다.
叔游曰,	숙유가 말하였다.
“鄭書有之,[22]	“『정서』에 기록되어 있기를
‘惡直醜正,	‘곧은 것을 싫어하고 바른 것을 미워하니
實蕃有徒.’[23]	실로 이런 무리가 매우 많다’라 하였습니다.
無道立矣,	무도한 사람들이 일어서면
子懼不免.[24]	그대는 면하지 못할 것이오.

일을 기록한 연도는 『경』, 『전』과 부합하며 다만 「진세가」에서만 진경공(晉頃公) 9년의 일로 함께 말하였는데 정확성이 떨어진다.

19 두예는 “두 사람은 기영의 가신이다. 통실(通室)은 아내를 바꾸는 것이다”라 하였다. 다케조에 고코(竹添光鴻)의 『회전(會箋)』에서는 “통실은 그 아내를 함께 통하여 사이를 두지 않는 것으로 음란과 방종이 더욱 드러나는 것이다”라 하였다.

20 두예는 “영은 기오(祁午)의 아들이다”라 하였다.

21 두예는 “숙유는 사마숙후(司馬叔侯)의 아들이다”라 하였다.

22 양공 30년 『전』에서 자산(子産) 또한 『정서』를 인용한 적이 있는데, 아마 정나라의 선대(先代)의 책일 것이다.

23 오(惡)와 추(醜)가 같은 뜻이고 직(直)과 정(正)이 같은 뜻이며, 오직추정(惡直醜正)은 같은 뜻이 반복된 것이다. 정직함을 미워하여 해치는 자가 많이 있다는 말이다. 번(蕃)은 많다, 성하다는 뜻이다. 위고문 『상서·중훼지고(仲虺之誥)』에서 “실번유도(實蕃有徒)”를 따다 썼다. 도(徒)는 무리이다.

24 세상이 혼란하여 무도한 사람에 자리를 차지하고 있으니 그대는 마땅히 화를 면치 못할 것을 고려하여야 한다는 말이다.

詩曰,	『시』에서는 말하기를
‘民之多辟,	‘백성들 사벽함 많으니
無自立辟.’[25]	스스로 사벽함에 빠지지 말기를’이라 하였으니
姑已,	잠시 그만둠이
若何?”[26]	어떠하겠소?”
盈曰,	영이 말하였다.
“祁氏私有討,	“기씨네 사족을 토벌하는 것이니
國何有焉?”[27]	나라에 무엇이 있겠습니까?”
遂執之.	마침내 그들을 잡았다.
祁勝賂荀躒,	기승이 순력에게 뇌물을 먹여
荀躒爲之言於晉侯.	순력이 그를 위해 진후에게 말하였다.
晉侯執祁盈.[28]	진후가 기영을 잡았다.
祁盈之臣曰,	기영의 신하가 말하였다.
“鈞將皆死,[29]	“다 같이 모두 죽게 될 바에야

25 『시경·대아·판(大雅·板)』의 구절이다. 벽(辟)은 사벽(邪辟)한 것이다. 백성들이 이미 많이 사벽하니 다시 스스로 사벽함에 빠지지 말라는 말이다.

26 잠시 잡아들이지 않음이 어떠하겠느냐는 말이다.

27 두예는 “가신을 토벌하는 것이니 나라와는 상관이 없는 일이라는 말이다”라 하였다.

28 알리지도 않고 사람을 잡아갔기 때문이다.

29 균(鈞): 같다는 뜻이다. 구절의 뜻을 살펴보면 기승을 죽이든 말든 기영도 함께 피살될 것이라는 것을 이른다.

慭使吾君聞勝與臧之死也以爲快."[30] 차라리 우리 주인으로 하여금 승과 장이 죽었다는 소식을 듣게 하여 통쾌하게 해드리자."

乃殺之. 이에 그들을 죽였다.

夏六月, 여름 6월에

晉殺祁盈及楊食我.[31] 진나라가 기영 및 양식아를 죽였다.

食我, 식아는

祁盈之黨也, 기영의 도당으로

而助亂, 난을 도왔으므로

故殺之, 죽였으며

遂滅祁氏, 羊舌氏.[32] 마침내 기씨와 양설씨를 멸하였다.

初, 처음에

叔向欲娶於申公巫臣氏,[33] 숙상은 신공무신씨의 딸을 아내로 맞으려고 하였는데

---

30 은(慭): 『설문』에서 "은(慭)은 달갑다〔甘〕는 뜻이다"라 하였다. 청나라 조탄(趙坦)의 『보벽재찰기(寶甓齋札記)』에서는 "은(慭)의 뜻은 영(寧)과 서로 가깝다"라 하였다. 오군(吾君)은 기영의 신하가 기영을 이른 것이다.

31 두예는 "양(楊)은 숙상의 채읍이다. 식아는 숙상의 아들 백석(伯石)이다"라 하였다.

32 양씨(楊氏)는 곧 양설씨(羊舌氏)로 숙상이 양(楊)을 식읍으로 하기 때문에 그 아들을 양식아라 일컬었다. 『논형·본성(本性)』편에는 "양식아(楊食我)"가 곧 "양설식아(羊舌食我)"로 되어 있다.

33 신공무신(申公巫臣): 무신과 하희(夏姬)가 낳은 딸을 아내로 맞은 것이다. 신공무신은 원래 무신이 초나라에 있을 때의 호칭으로 진나라로 달아나 형(邢)의 대부가 되었는데도 여전히 옛 칭호를 사용한 것이며, 고인들에게는 이런 일이 많았다.

其母欲娶其黨.[34]	그 어머니는 자기의 일당을 아내로 삼게 하려고 하였다.
叔向曰,	숙상이 말하였다.
"吾母多而庶鮮,	"나의 어머니는 많은데 서모의 형제는 적으니
吾懲舅氏矣."[35]	저는 외삼촌을 귀감으로 삼겠습니다."
其母曰,	그 어머니가 말하였다.
"子靈之妻殺三夫, 一君, 一子,[36]	"자령의 처는 세 남편과 한 임금, 한 아들을 죽였고
而亡一國, 兩卿矣,[37]	한 나라와 두 경을 망하게 하였으니

---

34 숙상에게 그 어머니의 집안사람을 시집보내려 한 것이다. 소공 3년 공영달의 소(疏)에서 인용한 두예의 『세족보(世族譜)』에서는 "양설씨는 진나라의 공족이다"라 하였고, 『잠부론·지씨성(志氏姓)』에서도 양설씨는 희(姬)성이라고 하였다. 그 어머니는 전한(前漢) 말기 유향(劉向)의 『열녀전·인지전(列女傳·仁智傳)』에는 양설희(羊舌姬)로 되어 있고, 『논형·본성(本性)』편에는 숙희(叔姬)로 되어 있는데 숙상의 부친이 동성과 통혼한 것이다. 유월(兪樾)의 『제자·평의(諸子·平議)』에서는 양설씨는 공족이 아닐 것이라고 의심하였는데 이는 당시에 동성 간의 통혼이 이미 큰 금기가 아니었던 것을 몰랐던 것으로, 진헌공이 여희(驪姬)를 아내로 맞을 때 결코 희(姬)자를 피하지 않은 것으로 알 수 있다. 노소공은 오(吳)나라에서 아내를 취하였는데 또한 동성 간의 혼인이며 오맹자(吳孟子)로 고쳐 부른 것은 노나라는 그래도 주나라의 예법을 지켰기 때문이다.

35 징(懲)은 곧 "징전비후(懲前毖後)"의 징(懲)이다. 전날을 귀감으로 삼음을 말한다. 그 아버지가 첩이 많은데 서자가 적기 때문에 외갓집 사람을 아내로 맞으려 하지 않는 것이다. 외갓집의 여인들은 아이를 잘 낳아 기르지 못함을 말한다.

36 자령(子靈): 곧 무신(巫臣)이다. 그 처는 곧 하희(夏姬)이다. 성공 2년의 『전』에서 무신이 그의 처를 일러 "자만을 요절하게 하였고 어숙을 죽였다(夭子蠻, 殺御叔)"고 하였으니 자만은 첫 남편이었고 어숙은 재혼한 남편이었으며 무신은 세 번째 결혼한 남편이었다.
일군(一君): 두예는 "진(陳)나라 영공(靈公)이다"라 하였다.
일자(一子): 두예는 "하징서(夏徵舒)이다"라 하였다.

可無懲乎?	귀감삼지 않을 수 있겠느냐?
吾聞之,	내가 듣자 하니
'甚美必有甚惡.'	'아주 아름다운 것에는 아주 추한 것도 있다' 하더라.
是鄭穆少妃姚子之子,	이는 정목공의 소비 요자의 딸로
子貉之妹也.[38]	자학의 누이이다.
子貉早死,	자학이 일찍 죽고
無後,	후사가 없었는데
而天鍾美於是,	하늘이 이 여인에게 아름다움을 모아 주었으니
將必以是大有敗也.[39]	반드시 이로 인해 큰 재앙이 있을 것이다.
昔有仍氏生女,	옛날에 유잉씨가 딸을 낳았는데
黰黑,[40]	머리카락이 검고
而甚美,	매우 아름다웠으며

37 일국(一國): 두예는 "진(陳)나라이다"라 하였다.
양경(兩卿): 두예는 "공녕(孔寧)과 의행보(儀行父)이다"

38 학(貉)은 당대의 필사본에는 맥(貊)으로 되어 있다. 두예는 "자학은 정영공 이(夷)이다"라 하였다. 영공(靈公)은 노나라 선공 4년에 즉위하였는데 바로 공자 귀생(公子歸生)에게 피살되었다.

39 곧 매우 아름다우니 반드시 심히 추악함이 있을 것이라는 뜻이다.

40 유잉(有仍): 고대의 제후이다. 진(黰)은 곧 진(鬒)이다. 『시경·용풍·군자개로(鄘風·君子偕老)』에서는 "검은 머리카락 구름 같다(鬒髮如雲)"라 하였는데 그 모발이 숱이 많으면서도 검은 것을 말한다.

光可以鑑,[41]	광채는 비출 수가 있을 지경이어서
名曰玄妻.[42]	현처라고 하였다.
樂正后夔取之,	악정 후기가 그를 아내로 맞아
生伯封,	백봉을 낳았는데
實有豕心,	돼지 같은 마음을 가지고 있어
貪惏無饜,[43]	탐욕이 끝이 없었고
忿纇無期,[44]	포악하기가 끝이 없어서
謂之封豕.[45]	그를 봉시라고 불렀다.
有窮后羿滅之,	유궁후예가 그를 멸하였는데
夔是以不祀.	기는 이 때문에 제사를 지내지 않았다.
且三代之亡, 共子之廢,	또한 3대가 망하고 공자가 폐하여진 것도
皆是物也,[46]	모두 이것 때문이니

41 그 모발의 광택이 사람을 비출 수 있으므로 다음에서 현처(玄妻)라고 하였다는 것을 말한다.

42 두예는 "모발이 검은색이기 때문이다"라 하였다.

43 람(惏): 『설문』에서는 "탐(貪)하는 것이다"라 하였다.

44 뢰(纇): 류(類)라고도 하며, 사나운 것〔戾〕이다. 『설문』에서는 "무릇 사람의 허물〔愆尤〕을 모두 뢰(纇)라고 한다"라 하였다. 무기(無期)의 기(期)는 기(綦)와 통하여 쓰며 극(極)의 뜻이다.

45 봉시(封豕): 봉(封)은 크다는 뜻이다. 봉시(封豕)는 큰 돼지이다.

46 하나라 걸왕은 말희(末喜)를 총애했고, 은나라 주왕은 달기(妲己)를 총애했으며, 주나라 유왕은 포사(褒姒)를 총애했는데 모두 이 때문에 멸망당하였다. 공자(共子)는 곧 진나라 태자 신생(申生)으로 진헌공이 여희(驪姬)를 총애하여 폐하여졌다. 시물(是物)은

女何以爲哉?[47] 너는 무엇 때문에 하려느냐?

夫有尤物,[48] 대체로 우물이 있으면

足以移人. 사람을 바뀌게 하기에 족하다.

苟非德義, 실로 덕의가 아니면

則必有禍."[49] 반드시 화를 입게 된다."

叔向懼, 숙상이 두려워하여

不敢取. 감히 아내로 삼지 않았다.

平公强使取之, 평공이 억지로 그를 아내로 맞게 하여

生伯石. 백석을 낳았다.

伯石始生, 백석이 나자마자

子容之母走謁諸姑,[50] 자용의 어머니가 시어머니에게 달려가 알리어

曰, 말하였다.

"長叔姒生男."[51] "큰 아주버님의 부인이 아들을 낳았습니다."

곧 미색(美色)이다.

47 네가 그를 아내로 맞아들여 어쩌려는 것이냐는 말이다.

48 우물(尤物): 특히 아름다운 여인을 가리킨다.

49 덕의(德義)는 덕이 있고 의가 있는 사람을 말한다. 이 구절은 덕의가 있는 사람이 아니면서 아내로 맞이하면 반드시 재화가 있을 것이라는 말이다.

50 두예는 "자용의 어머니는 숙상의 형수로 백화(伯華)의 아내이다. 고(姑)는 숙상의 어머니이다"라 하였다. 알(謁)은 『이아·석고(釋詁)』에서 "알리는 것이다"라 하였다.

姑視之.[52]	숙상의 어머니가 가서 보았다.
及堂,	대청에 이르렀다가
聞其聲而還,	그 소리를 듣고 돌아와서
曰,	말하였다.
"是豺狼之聲也.	이는 승냥이의 소리이다.
狼子野心.	승냥이는 야만적인 마음을 갖고 있다.
非是,	이 사람이 아니면
莫喪羊舌氏矣."	양설씨를 망하게 할 사람은 없다."
遂弗視.[53]	끝내 그를 보지 않았다.

秋,	가을에
晉韓宣子卒,	진나라 한선자가 죽고
魏獻子爲政,[54]	위헌자가 집정하였는데

---

51 장숙(長叔)은 숙상으로, 백화(伯華)의 맏동생이다. 형제의 아내를 제사(娣姒)라 하는데 연장자를 사(姒)라 하고 어리면 제(娣)라 하는데 부인의 연령을 가지고 말하며 형제의 나이를 가지고 말하는 것이 아니다. 하희의 딸은 동생의 부인인데 그 형수가 사(姒)라 하였으니 그 나이가 백화의 아내보다 많음이 분명하다.

52 숙상의 어머니가 가서 본 것으로 미처 보지 못하였다.

53 소공 3년 『전』에서 숙상은 스스로 아들이 없다고 하였으니 아마 이때까지도 백석을 낳지 않았을 것이다. 두예는 그것을 두고 "현명한 아들이 없다"고 하였으니 백석은 당연히 양공 때 났을 것이다. 진평공은 노양공 16년에 났는데 숙상이 하희의 딸을 이때 맞아들였고 그 이듬해 아들을 낳았다면 소공 3년에 백석은 17세를 넘지 않았을 것이다. 두예의 주는 꼭 정확한 것이 아니다.

分祁氏之田以爲七縣,[55]	기씨의 전지를 일곱 현으로 나누었고
分羊舌氏之田以爲三縣.[56]	양설씨의 전지를 세 현으로 나누었다.
司馬彌牟爲鄔大夫,[57]	사마미모가 오대부가 되었고
賈辛爲祁大夫,[58]	가신이 기대부가 되었으며
司馬烏爲平陵大夫,[59]	사마오는 평릉대부,
魏戊爲梗陽大夫,[60]	위무는 경양대부,
知徐吾爲塗水大夫,[61]	지서오는 도수대부,
韓固爲馬首大夫,[62]	한고는 마수대부,
孟丙爲盂大夫,[63]	맹병은 우대부,

---

54 헌자(獻子): 두예는 "헌자는 위서(魏舒)이다"라 하였다.

55 칠현(七縣): 두예는 "일곱 현은 오(鄔)와 기(祁), 평릉(平陵), 경양(梗陽), 도수(塗水), 마수(馬首), 그리고 우(盂)이다"라 하였다.

56 삼현(三縣): 두예는 "세 현은 동제(桐鞮)와 평양(平陽), 양씨(楊氏)이다"라 하였다.

57 오(鄔): 읍(邑)의 우두머리를 대부(大夫)라고 한다. 오는 지금의 산서 개휴현(介休縣) 동북쪽 27리 지점에 있다.

58 기(祁): 지금의 산서 기현(祁縣) 동남쪽에 있다. 또한 성공 8년의 『전』과 『주』에도 보인다.

59 평릉(平陵): 지금의 산서 문수현(文水縣) 동북쪽 20리 지점에 있다.

60 경양(梗陽): 지금의 산서 태원시(太原市) 청서현(淸徐縣)에 있다.

61 도수(塗水): 지금의 산서 유차시(楡次市) 서남쪽 20리 지점에 있다.

62 고(固): 두예는 "고(固)는 한기(韓起)의 손자이다"라 하였다.
마수(馬首): 지금의 산서 평정현(平定縣) 동남쪽 15리 지점에 있다.

63 맹병(孟丙): 고염무(顧炎武)의 『보정(補正)』과 청나라 왕념손(王念孫)의 『독한서잡지(讀漢書雜志)』에서는 모두 "맹병(孟丙)은 "우병(盂丙)"이 되어야 한다고 하였지만, 『한서·고금인표(漢書·古今人表)』와 『수경주·분수(汾水)』에는 모두 "맹병"으로 되어 있고 『한서·지리지』에만 "우병"으로 되어 있는데 자형이 비슷하여 틀리기 쉽다.
우(盂): 지금의 산서 우현(盂縣)에 있다.

樂霄爲桐鞮大夫,[64]	낙소는 동제대부,
趙朝爲平陽大夫,[65]	조조는 평양대부,
僚安爲楊氏大夫.[66]	요안은 양씨대부가 되었다.
謂賈辛, 司馬烏爲有力於王室,[67]	가신과 사마오는 왕실에 힘이 있다고 하여
故擧之,	뽑았고,
謂知徐吾, 趙朝, 韓固, 魏戊,	지서오와 조조, 한고, 위무는
餘子之不失職, 能守業者也,[68]	서자 중에 직무를 잃지 않고 가업을 지킬 수 있는 자들이었으며,
其四人者,	그 나머지 네 사람은
皆受縣而後見於魏子,	모두 현을 받고난 뒤에 위자를 찾아보아

---

64 동제(桐鞮): 지금의 산서 심현(沁縣) 남쪽에 있으며, 또한 성공 9년『전』의『주』에 보인다.

65 조조(趙朝): 두예는 "조는 조승(趙勝)의 증손자이다"라 하였다.
평양(平陽): 지금의 산서 임분시(臨汾市)에 있다.

66 양씨(楊氏): 지금의 산서 홍동현(洪洞縣) 동남쪽 18리 지점에 있으며 또한 양공 29년『전』에도 보인다.「진세가」에서는 "진나라의 종실 집안인 기계(祁傒)의 손자와 숙상(叔嚮)의 아들이 주군의 면전에서 서로를 비방하였다. 6경은 종실의 힘을 약화시키고자 법을 이용해서 그들의 일족을 멸하고 그들의 봉읍을 10개 현으로 나누어 각각 자신들의 아들을 보내 대부로 삼았다. 진나라 군주의 권력은 더욱 약화되었고 6경은 모두 강대해졌다"라 하였다.

67 22년『전』에서 진나라 가신과 사마독(司馬督)이 군사를 거느리고 경왕(敬王)을 도왔으니 사마오는 곧 사마독이다.

68 두예는 "경의 서자(庶子)를 여자(餘子)라 한다"라 하였다. 공영달은 "선공 2년『전』의『주』에서는 '여자는 적자의 동모제이다. 서자는 첩의 아들이다'라 하였다. 그곳의 여자와 서자는 다르며 이곳에서는 대응할 것이 없으므로 서자를 총괄하여 여자라고 하였다."

以賢擧也.[69]	현능하다고 하여 뽑은 것이다.
魏子謂成鱄,[70]	위자가 성전에게 말하였다.
“吾與戊也縣,	“내가 무에게 현을 주었으니
人其以我爲黨乎?”	남들이 나를 같은 무리라 하겠지?”
對曰,	대답하였다.
“何也!	“어째서요!
戊之爲人也,	무의 사람됨이
遠不忘君,	멀리서는 임금을 잊지 못하고
近不偪同,[71]	가까이서는 동료들을 핍박하지 않으며,
居利思義,[72]	이익이 있는 자리에서는 의를 생각하고
在約思純,[73]	곤궁한 데서는 순박함을 생각하여
有守心而無淫行,[74]	지키려는 마음을 가지고 있으며 방탕한 행실은 없으니

69 두예는 “네 사람은 사마미모(司馬彌牟)와 맹병, 악소(樂霄), 요안(僚安)이다. 현을 받고 난 다음에 뵈었다는 것은 여럿 가운데서 가려 뽑았으며 사사로이 뽑지 않았다는 말이다”라 하였다.

70 성전(成鱄): 두예는 “전은 진나라의 대부이다”라 하였다.

71 두예는 “같은 관위에 있는 자를 핍박하지 않은 것이다”라 하였다.

72 두예는 “구차하게 얻지 않은 것이다”라 하였다.

73 두예는 “넘치는 마음이 없는 것이다”라 하였다.

74 수(守)는 당시의 예의를 지키어 유지하는 것이고, 음행(淫行)은 예의를 범하는 것이다.

雖與之縣,	그에게 현을 준다하더라도
不亦可乎!	또한 옳지 않겠습니까?
昔武王克商,	옛날에 무왕은 상나라를 이겨
光有天下,[75]	널리 천하를 가졌으며
其兄弟之國者十有五人,	그 형제의 나라가 15인이요
姬姓之國者四十人,	희성의 나라가 40인이었는데
皆擧親也.[76]	모두 친속을 등용하였습니다.
夫擧無他,	등용하는 기준은 다름이 아니라
唯善所在,	오직 선행이 있는 곳이며
親疏一也.	친하건 소원하건 마찬가지입니다.
詩曰,	『시』에서 말하기를
'惟此文王,[77]	'오직 이 문왕

75 광(光): 광(光)과 광(廣)은 고음이 같았으며 광(光)은 광(廣)의 가차자이다. 『상서·요전서(尙書·堯典序)』에 "널리 천하를 가졌다(光宅天下)"는 말이 있는데 곧 이곳의 "광유천하(光有天下)"를 말한다.

76 공영달은 "무왕은 상나라를 이겨 봉건 제국(諸國)을 얻었는데 공을 무왕에게 돌렸을 따름이다. 희공 24년 『전』에서는 '주공이 이숙이 천수를 못 누린 것을 가슴 아파하였으므로 친척들을 봉하여 세워 주나라의 울타리로 삼았습니다(周公弔二叔之不咸, 故封建親戚以蕃屛周)'라 하여 또한 주공을 예를 제정한 주인으로 여기어 공을 주공에게 돌렸을 따름이다. 9년 『전』에서는 '문왕과 무왕, 성왕, 강왕은 어머니의 아우를 세웠다(文、武、成、康之建母弟)'라 하였으니 강왕(康王) 때까지만 해도 봉국(封國)이 있었다. 선왕이 바야흐로 비로소 정나라를 봉하였으니 다만 무왕과 주공이 봉한 여러 나라가 아니다"라 하였다. 혜동(惠棟)의 『보주(補注)』에서는 "『순자(荀子)』「유효(儒效)」편 및 「군도(君道)」편)에서는 천하에 71국을 세웠는데 희(姬)성이 유독 53인을 차지하였다고 하였다"라 하였다.

77 『시경·대아·황의(大雅·皇矣)』편의 구절이다. 금본 『모시(毛詩)』에는 "오직 이 왕계(惟此王季)"로 되어 있으며, 청나라 진계원(陳啓源)의 『모시계고편(毛詩稽古篇)』과 청나라 진

帝度其心.	하느님께서 마음 헤아리셨네.
莫其德音,	그 덕음 크심 알고,
其德克明.[78]	그 덕 밝으심 아셨네.
克明克類,	밝히고 또 선하게 하시어,
克長克君.	어른 노릇 임금 노릇 하시었다네.
王此大國,[79]	이 큰 나라 임금 되시어
克順克比.	백성들 뜻 좇아 친화하게 되셨네.
比于文王,	문왕에 이르러
其德靡悔.	그 덕에 흠 없으시니,
旣受帝祉,[80]	이미 하느님 복 받으시어
施于孫子.'[81]	자손들에게까지 뻗게 되셨네'라 하였습니다.
心能制義曰度,[82]	마음이 도의를 제어할 수 있는 것을 탁이라 하고,

환(陳奐)의 『모시전소(毛詩傳疏)』에서는 모두 『전』에 의거하여 "문왕"이 옳다고 하였다. 『한시(韓詩)』에도 "문왕"으로 되어 있다.

78 막(莫)은 지금의 『모시(毛詩)』에는 "맥(貊)"으로 되어 있는데 조용하다는 뜻이다. 『예기·악기(樂記)』와 『한시외전(韓詩外傳)』에는 모두 "막(莫)"으로 되어 있어서 『좌전』과 같다.

79 『모시(毛詩)』 및 「악기(樂記)」에 인용된 『시』에는 "국(國)"이 모두 "방(邦)"으로 되어 있다. 돈황(敦煌)에서 발견된 당대(唐代)의 필사본 잔권(殘卷)에도 "방(邦)"으로 되어 있다.

80 『설문』에서 "지(祉)는 복이다"라 하였다.

81 시(施): 이어져서 미치다.
손자(孫子): 자손(子孫)과 같다.

82 두예는 "하느님이 그 마음을 헤아리는 것이다"라 하였다.

德正應和曰莫,[83]	도덕이 순정하여 화해로움에 응하는 것을 막이라 하며,
照臨四方曰明,	사방을 비추는 것을 명이라 하고,
勤施無私曰類,[84]	부지런히 베풀어 사심이 없는 것을 유라 하며,
敎誨不倦曰長,[85]	남을 가르침을 게을리 하지 않음을 장이라 하고,
賞慶刑威曰君,[86]	상과 형벌을 엄격하게 하는 것을 군이라 하며,
慈和徧服曰順,[87]	자상하고 화순하여 두루 복종하는 것을 순이라 하고,
擇善而從之曰比,[88]	훌륭한 것을 택하여 좇는 것을 비라 하며,
經緯天地曰文.[89]	천지를 날실과 씨실로 삼는 것을 문이라고 합니다.

83 두예는 "막연(莫然)히 청정(淸靜)한 것이다"라 하였다. 막연(莫然)은 곧 『한서·풍봉세전(馮奉世傳)』에서 "현성(玄成) 등은 막연(漠然)히 아무런 대답도 하지 않았다"라 한 "막연(漠然)"으로, 안사고(顔師古)는 "막연은 소리가 없는 것이다"라 하였다.

84 두예는 "베풂에 사사로움이 없고 사물이 그 타당한 곳을 얻어 무리를 잃지 않는 것이다"라 하였다.

85 두예는 "장인(長人)의 도를 가르치는 것이다"라 하였다.

86 두예는 "위엄을 행하고 복을 내리는 것이 임금의 직책이다"라 하였다.

87 두예는 "오직 순응하므로 천하가 두루 복종하는 것이다"라 하였다.

88 두예는 "훌륭한 일에 순응하여 서로 좇게 하는 것이다"라 하였다.

89 두예는 "날실과 씨실은 서로 어긋나므로 짜면 무늬를 이룬다"라 하였다.

九德不愆,	아홉 가지 덕이 허물이 없으면
作事無悔,[90]	일을 함에 회한이 없으며
故襲天祿,[91]	그런 까닭에 하늘의 복록을 받아
子孫賴之.	자손들이 거기에 힘입게 되는 것입니다.
主之擧也,	주인이 등용하는 것이
近文德矣,	문덕에 가까우니
所及其遠哉!"[92]	미치는 것이 멀 것입니다."
賈辛將適其縣,	가신이 그 현으로 떠나려 할 즈음
見於魏子.	위자를 찾아보았다.
魏子曰,	위자가 말하였다.
"辛來!	"신은 오라!
昔叔向適鄭,	옛날에 숙상이 정나라로 갔는데
鬷蔑惡,[93]	종말은 외모가 추악하였으며

90 두예는 "아홉 덕은 위에서 말한 아홉 가지이다. 모두 허물과 과실이 없으니 회한이 없는 것이다"라 하였다.

91 두예는 "습(襲)은 받는 것이다"라 하였다.

92 두예는 "위무(魏戊) 등을 등용함에 부지런히 베풀어 사사로움이 없는 것이다. 그 네 사람은 훌륭한 것을 택하여 좇았으므로 문덕에 가깝고 미치는 것이 멀다고 한 것이다"라 하였다. 그러나 「진세가」에서는 진나라의 6경이 법으로 기씨와 양설씨를 멸하여 "그들의 봉읍을 10개 현으로 나누어 각각 자신들의 아들을 보내 대부로 삼았다. 진나라 군주의 권력은 더욱 약화되었고 6경은 모두 강대해졌다"고 하였다.

93 악(惡): 두예는 "악(惡)은 외모가 추한 것이다"라 하였다.

欲觀叔向,	숙상을 보고자 하여
從使之收器者,[94]	사인 중에 기물을 거두는 자를 따라
而往,	가서
立於堂下,	대청 아래에 서서
一言而善.	한마디 하였는데 훌륭하였다.
叔向將飮酒,	숙상이 술을 마시려다가
聞之,	그 말을 듣고는
曰,	말하기를
'必鬷明也!'[95]	'반드시 종명일 것이다!'라 하였다.
下,	내려가서
執其手以上,	그 손을 잡고 올라가게 하고는
曰,	말하였다.
'昔賈大夫惡,[96]	'옛날에 가대부가 용모가 추악하였는데
娶妻而美,	장가를 들었는데 부인이 아름다웠으며

94 두예는 "종(從)은 따르는 것이다. 사인(使人)을 따라 조두(俎豆)를 거두는 것이다"라 하였다.

95 종명(鬷明): 곧 종말(鬷蔑)로 또한 연명(然明)이라고도 하며, 양공 25년의 『전』과 『주』를 참고하라.

96 두예는 "가국(賈國)의 대부이다. 악(惡) 또한 추하다는 뜻이다"라 하였다. 환공 9년 『전』에 가백(賈伯)이 있는데, 희(姬)성의 나라로 그곳의 『주』에 상세하다.

三年不言不笑.	3년 동안 말하지도 않고 웃지도 않았소.
御以如皐,[97]	수레를 몰아 언덕으로 가서
射雉,	꿩을 쏘아
獲之,	잡으니
其妻始笑而言.	그 처가 비로소 웃고 말하였습니다.
賈大夫曰,	가대부가 말하기를
'才之不可以已.	"재능은 그칠 수가 없소.
我不能射,	나는 활을 잘 쏘지 못하고
女遂不言不笑夫!'	그대는 끝내 말도 않고 웃지도 않는구려!"라 하였다.
今子少不颺,[98]	지금 그대는 외모가 조금도 날리지 못하는데
子若無言,	그대가 말을 않으면
吾幾失子矣.	내 거의 그대를 잃을 것이니
言之不可以已也如是!'	말을 그칠 수 없음이 이와 같소이다!'
遂如故知.	마침내 옛날부터 알고 지낸 것처럼 되었다.
今女有力於王室,	지금 그대는 왕실에서 힘을 쓰니

97 두예는 "처를 수레로 물가 언덕에 태워다 준 것이다"라 하였다.
98 두예는 "얼굴과 외모가 날리어 드러나지 않는 것이다"라 하였다.

吾是以擧女.	내 이 때문에 그대를 등용하였다.
行乎!	가거라!
敬之哉!	공경을 지니라!
毋墮乃力!"[99]	그대의 공을 덜지 말라!"
仲尼聞魏子之擧也,	중니가 위자가 등용한 일을 듣고는
以爲義,	의롭게 여겨
曰,	말하였다.
"近不失親,[100]	"가까이는 친속을 잃지 않고
遠不失擧,[101]	멀리는 등용함을 잃지 않았으니
可謂義矣."	의라 할 만하다."
又聞其命賈辛也,	또한 그가 가신에게 명한 것을 듣고는
以爲忠,	충성스럽게 생각하여
"詩曰'永言配命,	"『시』에서 말하기를 '영원히 천명에 부합하니,
自求多福',	스스로 많은 복록 구하리라'라 하였으니

99 두예는 "타(墮)는 손(損)과 같은 뜻이다"라 하였다. 「진어(晉語) 2」 위소의 주에서는 "역(力)은 공(功)이다"라 하였다.

100 두예는 "위무를 등용한 것을 말한다"라 하였다.

101 등용해야 할 사람을 등용하여, 어떨 때는 공으로 하고 어떨 때는 현능으로 한 것을 말한다.

忠也.[102] 충성스러운 것이다.

魏子之擧也義, 위자의 등용은 의롭고

其命也忠, 그 명령은 충성스러우니

其長有後於晉國乎!" 진나라에 오래도록 그 후손이 있을 것이다!"

冬, 겨울에

梗陽人有獄, 경양의 사람에 송옥이 있었는데

魏戊不能斷, 위무가 판단을 내릴 수 없어서

以獄上.[103] 송옥을 위로 올려 보냈다.

其大宗賂以女樂,[104] 그 대종이 여악을 바치니

魏子將受之. 위자가 받으려 하였다.

魏戊謂閻沒, 女寬曰,[105] 위무가 염몰과 여관에게 일러 말하였다.

---

102 『시경·대아·문왕(大雅·文王)』의 구절이다. 언(言)은 어조라도 뜻이 없다. 배(配)는 부합하는 것이다. 명(命)은 천명(天命)이다.

103 "위자(魏子)에게 올린 것이다"라 하였다.

104 대종(大宗): 두예는 "송자(訟者)의 대종이다"라 하였다. 대종은 아마 종자(宗子)가 소재한 종가로『시경·대아·판(大雅·板)』에서 "제후는 나라의 병풍이요 대종은 기둥이며, 덕 있는 이들이 편케 하니 종자 성이 되게 하네(大邦維屛, 大宗維翰, 懷德維寧, 宗子維城)"라 한 것으로 알 수 있다.

105 이 일은「진어(晉語) 9」에도 보이는데 "여관(女寬)"이 "숙관(叔寬)"으로 되어 있다. 위소(韋昭)는 "염몰은 염명(閻明)이다. 숙관은 여제(女齊)의 아들 숙포(叔褒)로 모두 진(晉)나라의 신하이다"라 하였다. 26년『전』에서는 "여관이 궐새를 지켰다(女寬守闕塞)"라 하였고 두예는 "여관은 진나라의 대부이다"라 하였다. 정공 원년의『전』에서는 여숙관

“主以不賄聞於諸侯,	“주공께서는 재물을 탐내지 않는 것으로 제후에게 알려졌는데
若受梗陽人,	경양 사람의 것을 받으면
賄莫甚焉.	이보다 더 큰 뇌물은 없소.
吾子必諫!”	그대들이 반드시 간해야 하오.”
皆許諾.	모두 허락하였다.
退朝,	조정에서 물러나
待於庭.[106]	뜰에서 기다렸다.
饋入,	음식이 들어가자
召之.[107]	그들을 불렀다.
比置,[108]	음식을 차렸을 즈음
三歎.	세 번 한숨을 쉬었다.
旣食,	먹고 난 다음에
使坐.	앉게 하였다.

(女叔官)이라 하였다. 염몰이 주나라의 수(戍)를 선 일이 또한 정공 6년의 『전』에 보이니 두 사람이 진나라의 대부임은 분명하다. 두예는 이곳의 주석에서 “두 사람은 위자(魏子)의 속대부이다”라 하였는데 반드시 정확한 것은 아니다.

106 두예는 “위자가 임금을 조현하고 물러나 위자의 뜰에서 기다린 것이다”라 하였다. 아마 위서(魏舒)는 집정으로 임금을 독대하였을 것이며, 혹은 함께 조회를 하러 갔지만 늦게 돌아와 두 사람이 먼저 퇴청하여 위자의 뜰에서 기다린 것일 것이다.

107 두예는 “두 대부를 불러서 식사를 한 것이다”라 하였다.

108 비(比): 급(及)자와 같은 뜻이다.
치(置): 식기(食器), 음식(飮食)을 차리다.

魏子曰,	위자가 말하였다.
"吾聞諸伯叔,	"내 백숙에게 듣자 하니
諺曰,	속담에서 말하기를
'唯食忘憂.'[109]	'먹을 때는 근심을 잊어야 한다'라 하였는데
吾子置食之間三歎,	그대들은 밥을 차려 내었을 때 세 번이나 한숨을 쉬니
何也?"	어째서인가?"
同辭而對曰,	같은 말로 대답하였다.
"或賜二小人酒,	"누가 우리 두 소인에게 술을 내려
不夕食.[110]	저녁을 먹지 못했습니다.
饋之始至,	음식이 막 이르렀을 때는
恐其不足,	부족할까 걱정이 되어
是以歎.	이 때문에 한숨을 쉬었습니다.
中置,[111]	먹던 도중에는
自咎曰,	자책하여 말하기를

109 『예기·곡례(曲禮) 상』에 "음식 앞에서는 한숨을 쉬지 않는다(當食不歎)"는 말이 있는데 이와 같은 뜻이다.

110 어제 저녁에 어떤 사람이 우리 두 사람에게 술을 내려 우리 두 사람이 이 때문에 저녁을 먹지 못하여 이때 매우 배가 고팠다는 것이다.

111 중치(中置): 식사를 하던 중간을 말한다.

‘豈將軍食之而有不足?’[112]	‘장군께서 음식을 내리는데 어찌 부족할까?’ 해서
是以再歎.	이 때문에 두 번째 한숨을 쉬었습니다.
及饋之畢,	음식을 다 먹고 난 후에는
願以小人之腹爲君子之心,	소인들의 배가 군자의 마음이 되기를 바랐으니
屬厭而已.”[113]	만족하기만 하면 그뿐입니다.”
獻子辭梗陽人.[114]	헌자는 경양 사람을 물렸다.

112 두예는 “위자(魏子)는 중군수이기 때문에 장군이라고 하였다”라 하였다. 「진어(晉語) 4」에서는 “정나라 사람 첨백(詹伯)을 장군(將軍)으로 삼았다”라 하였고, 「오어(吳語)」에서는 “10행(行)마다 폐대부〔嬖大夫, 곧 하대부(下大夫)〕 하나를 두고, 10정(旌)마다 장군(將軍) 하나를 둔다”라 하였으니 춘추시대에 이미 “장군”이라는 관명이 있었던 것 같다. 혹자는 “장군”이라는 관직은 전국시대에 비롯되었다고 하였는데, 『예기·단궁(檀弓) 상』에서 “장군 문자(文子)의 상(喪)”이라 하였으니 또한 전국시대의 관명을 춘추시대의 관명으로 삼은 것 아니겠는가? 아마 “장군”은 춘추시대에 반드시 무관의 관명을 아니었을 것이지만 1군의 장수를 속칭 “장군”이라고 한 것 같다. 이 또한 속칭으로 위(衛)나라에 공손미모(公孫彌牟)가 있는데 「단궁(檀弓)」에서 “장군 문자(文子)”로 칭하는 것으로 보아 춘추 말기에 장군이란 호칭이 있었음을 알 수 있다. 전국시대에 이르러서도 여전히 또 상장군, 대장군이란 명칭이 있었을 따름이다.

113 속(屬): 적(適), 마침.
염(厭): 만족하다.
이(已): 그치다.

114 거절하고 재물을 받지 않은 것이다.

소공 29년

經

二十有九年春,[1]	29년 봄에
公至自乾侯,	공이 간후에서 돌아와
居于鄆.[2]	운에 머물렀다.
齊侯使高張來唁公.[3]	제후가 고장을 오게 해서 공을 위로하였다.
公如晉,	공이 진나라로 가서
次于乾侯.[4]	간후에 머물렀다.
夏四月庚子,[5]	여름 4월 경자일에
叔詣卒.[6]	숙예가 죽었다.

---

1 이십구년(二十九年): 무자년 B.C. 513년으로 주경왕(周敬王) 7년이다. 동지가 정월 12일 기묘일로 건자(建子)이다.

2 두예의 주에 의하면 노소공은 간후에 이르기는 하였지만 진나라에서 환영도 하지 않았고 경공(頃公)을 볼 수도 없어서 실망하여 돌아갔다고 하였다.

3 두예는 "공이 진나라에 왔는데 받아들여지지 않은 것을 위로한 것이다. 고장은 고언(高偃)의 아들이다"라 하였다. 『곡량전』에서는 "공이 노나라에 들어갈 수 없었음을 위로한 것이다"라 하였다. 소공은 도망가서 노나라에 들어가지 않아 제후(齊侯)가 이미 야정(野井)에서 그를 위로하였으므로 다시 위로할 필요가 없었다. 두예의 주가 비교적 정리에 맞는다.

4 제후(齊侯)가 공은 위로한 것은 아마 제나라를 떠나 진나라로 갔는데도 받아들여지지 않은 일을 의논한 것일 것이다. 공은 아마 이 때문에 다시 진나라로 갔지만 여전히 받아들여지지 않아 간후에 머물렀을 따름이다.

5 경자일은 5일이다.

6 『전』이 없다. "예(詣)"는 『공양전』과 『곡량전』에는 모두 "예(倪)"로 되어 있다. 『곡량전』에서 계손여의(季孫如意)가 말하기를 "숙예는 병이 없는데도 죽었으니 이는 모두 공(公)이 없

秋七月.	가을 7월.
冬十月,	겨울 10월에
鄆潰.[7]	운의 백성들이 흩어졌다.

傳

二十九年春,	29년 봄에
公至自乾侯,	공이 간후에서 돌아와
處于鄆.	운에 머물렀다.
齊侯使高張來唁公,	제후가 고장을 보내와 공을 위문하게 하고
稱主君.[8]	주군이라 일컬었다.

어서이며 천명이고 나의 죄가 아니다"라 하였다. 고사기(高士奇)의 『좌전기사본말(左傳紀事本末)』에서는 "이 말은 숙예는 거의 공에게 충성을 다한 자이니 또한 숙손소자(叔孫昭子)의 무리인가라는 말이다"라 하였다.

7 『전』이 없다. 두예는 "백성이 윗사람으로부터 도망하는 것을 궤(潰)라고 한다. 도망가 흩어져 공을 배반한 것이다"라 하였다. 『공양전』에서는 소공이 백성들로 하여금 운에 외성을 쌓게 하여 흩어진 것이라고 하였다. 『곡량전』에서도 말하기를 "소공이 달아나자 백성들은 무거운 짐을 벗은 것 같았다"라 하였다.

8 소공을 주군이라 일컬은 것이다. 『사기·노세가(魯世家)』에서는 "제경공이 사람을 시켜 편지를 보냈는데 자칭(自稱: 自자는 「연표」에 의거하여 산삭(刪削)하여야 한다) 주군이라고 칭하였다"라 하였다. 「진어(晉語) 8」에 실려 있는 악씨(欒氏)의 가신 신유(辛俞)의 말에 의하면 "3세를 (경대부의) 집을 섬기면 군(君)이라 하고, 2세 이하는 주(主)라고 한다"라 하였으니 춘추시대에 경대부의 가신은 경대부를 주(主)로 군(君)으로 칭하였으며, 지금 제후가 노후를 주군이라 칭하였으므로 두예의 주에서는 "공을 대부에 비하였다"라 하였으며, 자가자가 "제나라가 임금을 업신여겼다"라 한 것을 더욱 잘 알 수 있다. 전국시대에 경대부를 주군이라 칭한 것이 있으니 이를테면 「제책(齊策) 1」에서 제왕이 소진(蘇秦)에게 "지금 주군(主君)은 조왕(趙王)의 가르침을 가지고 알립니다"라 하였고, 『묵자·귀의(貴義)』편에서는 묵자가 목하(穆賀)를 주군이라 칭하는 것이 바로 이를 말한다. 청말(淸

子家子曰, 자가자가 말하였다.

"齊卑君矣, "제나라에서 임금님을 업신여기는 것이니

君祇辱焉." 임금께서는 욕을 보실 따름입니다."

公如乾侯. 공이 간후로 갔다.

三月己卯,[9] 3월 기묘일에

京師殺召伯盈, 尹氏固及原伯魯之子.[10] 경사에서 소백영과 윤씨고 및 원백로의 아들을 죽였다.

尹固之復也,[11] 윤고가 돌아와서

有婦人遇之周郊, 어떤 부인을 성주의 교외에서 마주쳤는데

尤之, 그를 탓하며

曰, 말하였다.

末) 손이양(孫詒讓: 1848~1908)의 『묵자한고(墨子閒詁)』에서는 또한 「노문(魯問)」편을 인용하여 묵자가 노나라 임금을 칭하여 또한 주군이라 하였고, 「진책(秦策) 2」에서는 악양(樂羊)이 위문후에게, 「위책(魏策)」에서는 노나라 임금이 양혜왕에게 또한 모두 주군이라 칭하였다 하였으며, 이어서 "곧 전국시대에는 주군이란 칭호가 상하로 통하였던 것 같다"라 하였다. 왕응린(王應麟)의 『곤학기문(困學紀聞)』 권6 및 『주』를 함께 참고하라.

9 기묘일은 13일이다.

10 두예는 "모두 자조(子朝)의 일당이다"라 하였다. 원백로의 아들은 이름을 기록하지 않았는데 두예는 "끝내 배우는 것을 좋지 않았다"라 하였는데, 원백로가 배우는 것을 좋아하지 않은 것은 18년의 『전』에 보이며, 그 아들하고는 하등의 관련이 있어서 그랬는지 두예의 말은 믿기에 부족하다.

11 두예는 "26년에 윤고는 자조와 함께 초나라로 달아나다가 중도에서 돌아왔다"라 하였다.

“處則勸人爲禍,	“나라에 있으면 남들에게 화란을 일으키게 권하고
行則數日而反,	나가서는 며칠 만에 돌아오니
是夫也,	이 사람이
其過三歲乎?”[12]	어찌 세 해를 넘기겠는가?”
夏五月庚寅,[13]	여름 5월 병인일에
王子趙車入于鄻以叛,[14]	왕자 조거가 연으로 들어가 반란을 일으켰는데
陰不佞敗之.	음불영이 패퇴시켰다.

平子每歲賈馬,	평자는 매년 말을 사고
具從者之衣屨,	종자의 의복과 신발을 갖추어
而歸之于乾侯.	간후로 보내 줬다.
公執歸馬者,	공이 말을 보낸 사람을 붙잡아 두고
賣之,[15]	말을 파니
乃不歸馬.[16]	이에 말을 보내지 않았다.

12 기(其)는 기(豈)와 같다. 살아서 3년을 넘기지 못할 것이라는 말이다.

13 경인일은 25일이다.

14 두예는 “조거는 자조의 잔당이다. 왕이 백영 등을 죽이는 것을 보았으므로 반란을 일으킨 것이다. 연은 주나라의 읍이다”라 하였다.

15 두예는 “그 말을 판 것이다”라 하였다. 아마 그 사람을 잡아 두고 말을 판 것일 것이다.

16 귀(歸): 궤(饋)와 같다.

衛侯來獻其乘馬,	위후가 자기의 수레를 끌던 말을 보내어 바쳤는데
曰啓服,[17]	계복이라고 하였으며
塹而死.[18]	구덩이에 떨어져 죽었다.
公將爲之櫝.[19]	공이 관을 만들어 주려고 하였다.
子家子曰,	자가자가 말하였다.
"從者病矣,	"종자가 병이 났으니
請以食之."	그를 먹이게 하십시오."
乃以帷裹之.[20]	이에 장막으로 싸놓았다.
公賜公衍羔裘,	공이 공건에게 흑양 갖옷을 내리고
使獻龍輔於齊侯,[21]	제후에게 용보를 바치게 하였는데
遂入羔裘.[22]	마침내 흑양 갖옷까지 넣었다.
齊侯喜,	제후가 기뻐하여

17 두예는 "계복은 말의 이름이다"라 하였다. 『이아·석축(釋畜)』에서는 "말의 오른쪽 앞발이 흰 말을 계(啓)라 한다"라 하였으며, 혹 이 말은 복마(服馬: 수레를 모는 중간의 두 말)였기 때문에 이름을 계복이라 한 것이 아닐까?

18 구덩이에 떨어져 죽은 것이다.

19 두예는 "관을 만들어 주려는 것이다"라 하였다.

20 『예기·단궁(檀弓) 하』에서는 "해진 장막을 버리지 않는 것은 말을 묻기 위함이다"라 하였다. 아마 고례에는 해진 장막으로 말을 싼 것 같다.

21 용보(龍輔): 『설문』에서는 "롱(瓏)은 가뭄에 기우제를 올리는 옥으로 용의 무늬가 있다"라 하였다. 심흠한(沈欽韓)은 곧 이것이 용보라고 하였다. 심흠한의 『보주(補注)』에 상세하다.

22 또한 흑양의 갖옷까지 제후에게 바친 것이다.

與之陽穀.[23]	그에게 양곡을 주었다.
公衎, 公爲之生也,	공건과 공위가 날 때
其母偕出.[24]	그 어미들이 함께 나왔다.
公衎先生.	공건이 먼저 났다.
公爲之母曰,	공위의 어머니가 말하였다.
"相與偕出,	"함께 나왔으니
請相與偕告."[25]	함께 알리도록 하자."
三日,	사흘 후에
公爲生.	공위가 났다.
其母先以告,	그 어미가 먼저 알려
公爲爲兄.	공위가 형이 되었다.
公私喜於陽穀,	공이 사사로이 양곡을 좋아하고
而思於魯,[26]	또 노나라가 생각이 나서
曰,	말하였다.
"務人爲此禍也.[27]	"무인이 이 화를 일으켰다.

23 양곡(陽穀): 두예는 "양곡은 제나라의 읍이다"라 하였다.

24 『예기·내칙(內則)』에 의하면 고대의 귀족 부인들은 아기를 낳으려 할 때 측실(側室)에 나와서 거처한다. 측실은 또 산사(産舍)라고도 하는데, 『대대예기·보부(保傅)』편에서는 연실(宴室)이라 하였다. 이는 함께 산사(産舍)에 나와 거처한 것을 말한다.

25 함께 산사로 나와서 거처하였으니 아들을 낳으면 함께 공에게 알리자고 하였다는 말이다.

26 회상이 노나라에서 임금이 될 공건과 공위의 일에 미친 것이다.

27 무인(務人): 두예는 "무인은 공위이다. 처음에 공약과 함께 계씨를 축출할 계책을 꾸몄다"라 하였다. "무인(務人)"은 애공 11년 『전』에는 "공숙무인(公叔務人)"으로 되어 있고,

且後生而爲兄,	또한 나중에 나서 형이 되었으니
其誣也久矣."	속인 것이 오래되었다."
乃黜之,	이에 내쫓고는
而以公衎爲大子.	공건을 태자로 삼았다.

秋,	가을에
龍見于絳郊.[28]	강의 교외에 용이 나타났다.
魏獻子問於蔡墨曰,[29]	위헌자가 채묵에게 물었다.
"吾聞之,	"내가 듣자 하니
蟲莫知於龍,[30]	동물 가운데 용보다 지혜로운 것은 없다고 하는데
以其不生得也,[31]	산 채로 잡지를 못하기 때문에
謂之知,	지혜롭다고 한다는데
信乎?"	정말인가?"

『예기·단궁(檀弓) 하』에는 "공숙우인(公叔禺人)"으로 되어 있다.

28 강(絳): 두예는 "강은 진나라의 국도이다"라 하였다. 곧 지금의 산서 후마시(侯馬市)이다.

29 채묵(蔡墨): 두예는 "채묵은 진나라의 태사이다"라 하였다. 아래에서는 채사묵(蔡史墨)이라 하였고, 31년의 『전』에서는 사묵(史墨)이라 칭하였다. 애공 20년 『전』에 사암(史黯)이 있는데 두예 및 「진어(晉語) 9」, 「정어(鄭語)」 위소의 주에 의하면 곧 사묵이다. 『여씨춘추·소류(召類)』편에서는 또한 사묵(史默)이라 하였다. 『설원·존현(尊賢)』편과 『송서·악지(樂志)』에도 모두 그 사람이 보인다. 아마 성은 채(蔡)이고, 관직은 태사이며, 묵은 그 이름이요, 암은 자이고, 묵은 같은 음을 가차한 것일 것이다.

30 지(知): 지(智)와 같다.

31 사람이 산 채로 잡을 수가 없기 때문이라는 것이다.

對曰,	대답하였다.
“人實不知,	“사람이 실로 지혜롭지 못한 것이지
非龍實知.	용이 실로 지혜로운 것이 아닙니다.
古者畜龍,	옛날에 용을 길렀기 때문에
故國有豢龍氏,	나라에 환룡씨가 있고
有御龍氏.”[32]	어룡씨가 있는 것입니다.”
獻子曰,	헌자가 말하였다.
“是二氏者,	“이 두 씨는
吾亦聞之,	나도 들은 적이 있는데
而不知其故,[33]	그 까닭을 모르겠으니
是何謂也?”	무엇을 이르는가?”
對曰,	대답하였다.
“昔有飂叔安,[34]	“옛날에 유료숙안에게는
有裔子曰董父,[35]	먼 후손이 있었는데 동보라 하였으며

32 두예는 “환(豢)과 어(御)는 기르는 것이다”라 하였다.

33 본래는 “불(不)”자가 없었으나 여기서는 『교감기(校勘記)』 및 가나자와 문고본(金澤文庫本)에 따라 추가하였다.

34 두예는 “요(飂)는 옛 나라이다 숙안의 그 임금의 이름이다”라 하였다. 『한서·지리지』에는 “요(廖)”로 되어 있으며, 지금의 하남 당하현 남쪽 80리 지점에 있다. 또한 환공 11년의 『전』과 『주』에도 보인다.

35 예(裔): 두예는 “예(裔)는 멀다는 뜻이며, 현손(玄孫)의 뒤가 예이다”라 하였다. 곧 굴원의 「이소(離騷)」에서 “고양 임금의 아득한 후손(帝高陽之苗裔)”이라 한 때의 예(裔)와 같은 뜻이다.

實甚好龍,	용을 아주 좋아하여
能求其耆欲以飲食之,[36]	용이 좋아하는 것을 구하여 먹일 수 있어서
龍多歸之,	용이 많이 귀의하니
乃擾畜龍,[37]	이에 용을 길들여 키워서
以服事帝舜,	순임금을 섬기니
帝賜之姓曰董,	임금이 그에서 동이란 성을 내리어
氏曰豢龍,[38]	씨를 환룡이라 하고
封諸鬷川,	종천에 봉하였는데
鬷夷氏其後也.[39]	종이씨가 그 후손입니다.
故帝舜氏世有畜龍.[40]	그리하여 순임금 때 용을 기르는 자가 있었습니다.
及有夏孔甲,	유하의 공갑에 이르러

---

36 기(耆): 기(嗜)와 같다.

37 요(擾): 길들이다.

38 환룡(豢龍): 두예는 "환룡은 관직 이름으로, 관직에서 대대로 공을 세우면 관직으로 씨(氏)를 삼는다"라 하였다.

39 종이(鬷夷): 『좌전』에서는 환룡(豢龍)과 종천(鬷川)을 하나로 말하였는데, 환룡은 씨(氏)이고 종천은 봉지이며, 「정어(鄭語)」에서는 "동(董)의 성(姓)은 종이와 환룡이니 하(夏)나라가 멸하였다"라 하였다. 종이와 환룡은 둘인 것 같다. 『잠부론·지씨성(志氏姓)』에서는 "종(鬷)"을 "종(朡)"과 합병시켰는데, 자체(字體)가 같지 않으니 "종(鬷)"이 되어야 한다. 종천(鬷川)은 옛날에는 지금의 산동 정도현(定陶縣) 북쪽 20리 지점에 있다고 하였다.

40 고대의 전설에 의하면 순임금은 1대 만에 하우(夏禹)에게 제위를 전하였는데 여기서 말한 "대대로 용을 기른 자가 있었다"라 한 것은 아마 순임금의 뒤에서 하(夏)나라 공갑의 앞까지 대대로 용을 길들인 자가 있었다는 것일 것이다.

擾于有帝,[41]	임금에게 복종하니
帝賜之乘龍,	임금이 그에게 타는 용을 내렸으며
河, 漢各二,[42]	황하와 한수에 각각 두 마리로
各有雌雄.	각기 암컷과 수컷이 있었습니다.
孔甲不能食,[43]	공갑이 먹일 수가 없어서
而未獲豢龍氏.	환룡씨를 얻지 못하였습니다.
有陶唐氏旣衰,	유도당씨가 이미 쇠락하자
其後有劉累,[44]	그 후손 중에 유루가 있었는데

---

41 두예는 "공갑은 소강(少康)의 뒤 9세 임금이다. 그 덕은 하늘의 뜻을 따를 수 있었다"라 하였다. 공영달의 소(疏)에서는 『제왕세기(帝王世紀)』를 인용하여 "소강의 아들은 제저(帝杼)이며, 저의 아들은 제분(帝芬)이고, 분의 아들은 제망(帝芒)이며, 망의 아들은 제세(帝世)이고, 세의 아들은 제불항(帝不降)이며, 불항의 아우는 제교(帝喬)이고, 교의 아들은 제광(帝廣)이다. 제공갑에 이르렀는데 공갑은 불항의 아들이다"라 하였다. 두예는 공갑이 하늘의 뜻을 따른다고 하였는데 「주어(周語) 하」에서는 "공갑은 하나라를 어지럽혀 4세 만에 죽었다"라 하였고, 『사기·하본기(夏本紀)』에서도 "제공갑은 즉위하자 귀신을 좋아하고 음란하였으며 하후씨의 덕망이 쇠퇴하여 제후들이 배반하기 시작하였다"라 하여 두예와는 의견이 다르다. 요(擾)는 길들이다〔馴〕라는 훈도 있지만 또한 어지럽히다〔亂〕라는 훈도 있으며 아래의 "임금이 내렸다(帝賜之)"는 말로 미루어 보건대 두예의 설이 옳다.

42 『주역·건괘』의 「문언전」에서는 "때때로 여섯 용을 타고 하늘로 올라간다(時乘六龍, 以御天也)"라 하였고, 곤괘 상륙(上六)의 효사(爻辭)에서는 "용이 들판에서 싸우니 그 피가 검누렇다(龍戰于野, 其血玄黃)"라 하였으니 이 "용을 탄다(乘龍)"는 것은 수레를 끄는 용이다. 옛날에는 여섯 마리의 용이 끄는 수레가 있었으며 춘추시대에는 네 마리가 끄는 것이 많았는데 여기서는 네 마리의 용이 끄는 것으로 황하의 용이 두 마리이고 한수의 용이 두 마리이다.

43 사(食): 사육하여 기르는 것이다. 곧 위의 "용이 좋아하는 것을 구하여 먹일 수 있는 것"이다.

44 두예는 "도당(陶唐)은 요가 다스린 땅이다"라 하였다. 도당씨는 단주(丹朱)의 후예로 그가 다스리던 땅을 씨(氏)로 삼았으며, 나머지는 양공 24년 『전』의 『주』에 상세하다.

學擾龍于豢龍氏,	환룡씨에게서 용을 길들이는 법을 배워
以事孔甲,	공갑을 섬기며
能飮食之.	용을 먹일 수 있었습니다.
夏后嘉之,[45]	하후가 이를 가상히 여겨
賜氏曰御龍,	어룡이란 씨를 내렸으며
以更豕韋之後.[46]	시위의 후손으로 바꿨습니다.
龍一雌死,	암컷 용 한 마리가 죽자
潛醢以食夏后.	몰래 젓갈을 만들어 하후에게 먹게 하였습니다.
夏后饗之,[47]	하후가 그것을 먹고
旣而使求之.[48]	얼마 후 그것을 구하게 하였습니다.
懼而遷于魯縣,[49]	두려워하여 노현으로 옮겼는데
范氏其後也."	범씨가 그 후손입니다."

45 두예는 "하후는 공갑이다"라 하였다.

46 시위(豕韋): 축융(祝融)의 후손으로 『국어·정어(鄭語)』에 뵌다. 양공 24년 『전』의 『주』에 상세하다.

47 향지(饗之): 그것을 먹은 것이다.

48 하후는 자기가 먹은 것이 죽은 용인 줄 모르고 맛있게 여겨 오래지 않아 또 이 음식을 구하게 하였는데 다시 얻을 수 없는 것임을 몰랐다. 혹자는 그것을 구하였다는 것이 먹은 젓갈을 구하는 것이 아니라 네 필의 수레를 모는 용을 구한 것이라 하였지만 위의 "하후가 그것을 먹었다"란 문장의 뜻과 이어지지 않는다.

49 두예는 "용을 바칠 수 없었기 때문에 두려워서 노현으로 옮긴 것으로 물러난 것을 스스로 폄하한 것이다"라 하였다. 『사기·하본기(夏本紀)』에도 이 일이 실려 있는데 "두려워하여 옮겨갔다(懼而遷去)"로 되어 있다. 노현은 지금의 하남 노산현(魯山縣) 동북쪽이다.

獻子曰,	헌자가 말하였다.
"今何故無之?"	"지금은 어찌하여 용이 없는가?"
對曰,	대답하였다.
"夫物,	"사물이라는 것은
物有其官,	사물마다 관원이 있으며
官修其方,[50]	관원은 그 정책을 닦아
朝夕思之.	아침저녁으로 그것을 생각합니다.
一日失職,	하루아침에 직관을 잃으면
則死及之.[51]	죽음이 미치게 됩니다.
失官不食.[52]	관직을 잃으면 녹을 먹지 않습니다.
官宿其業,[53]	관원이 그 일을 편안히 여기면
其物乃至.	그 사물이 이에 이르게 됩니다.
若泯棄之,[54]	없애어 버리게 되면
物乃坻伏,[55]	사물이 이에 숨어서

50 방(方): 두예는 "방은 법술(法術)이다"라 하였다.

51 두예는 "관직을 잃으면 죄를 짓는다는 것이다"라 하였다.

52 두예는 "녹을 먹지 않는 것이다"라 하였다.

53 숙(宿): 두예는 "숙은 안(安)과 같다"라 하였다. 다케조에 고코(竹添光鴻)의 『회전(會箋)』에서는 "『소이아·광고(廣詁)』에서 '숙은 오랜 것이다'라 하였다. 그 관직에 오래 있는 것을 말한다. 아래에서 '대대로 직위를 잃지 않았다'라 하였으니 그 업에 오래도록 있었다는 뜻이다"라 하였다.

54 민(泯): 두예는 "민은 멸(滅)하는 것이다"라 하였다.

55 지복(坻伏): 엎드려 숨는 것이다. 왕인지(王引之)의 『술문(述聞)』에 상세하다.

鬱湮不育.[56]	막히어 자라지 않게 됩니다.
故有五行之官,	그런 까닭에 오행의 관이 있는데
是謂五官,	이를 일러 오관이라 하며
實列受氏姓,	실로 씨와 성을 나뉘어 받아
封爲上公,[57]	상공에 봉하여지며
祀爲貴神.	제사를 지낼 때 귀한 신이 됩니다.
社稷五祀,	토지신과 곡식신, 오행의 신은
是尊是奉.[58]	존중을 받고 받들어집니다.
木正曰句芒,[59]	목정을 구망이라 하고
火正曰祝融,	화정을 축융이라 하며
金正曰蓐收,	금정을 욕수라 하고
水正曰玄冥,	수정은 현명이라 하며

56 울인(鬱湮): 유사배(劉師培: 1884~1919)의 『고서의의거례보(古書疑義擧例補) 1』에서는 “울인(鬱湮)은 곧 울이(鬱伊)가 전변된 음이며, 또 전변되어 울읍(鬱邑)이 되었다. 펴지 않는 모양이다”라 하였다.

57 두예는 “상공(上公)의 작위를 받은 것이다”라 하였다.

58 사(社)는 토지신이고 직(稷)은 곡식신으로 백곡은 땅에서 나고 사직은 지신(地神)이다. 청나라 금악(金鶚: 1771~1819)의 『구고록·예설(求古錄·禮說)』에 상세하다. 오사(五祀)는 『주례·춘관·대종백(春官·大宗伯)』에 보이며, 『전』의 내용으로 보건대 곧 목·화·금·수·토 오관의 신이며 아래의 구망·축융·욕수·현명·후토이다. 『예기·월령(月令)』에서도 말했다. 오관(五官) 가운데 공이 있는 자가 있으면 이 다섯 제사에 나누어 흠향케 한다. 『예기』의 「제법(祭法)」과 「왕제(王制)」, 『여씨춘추·맹동기(孟冬紀)』의 오사(五祀)에 이르러서는 설이 각기 다르다. 「맹동기(孟冬紀)」 고유(高誘)의 주는 「월령(月令)」과 같다. 나머지는 이와 같지 않다.

59 정(正): 두예는 “정은 관의 우두머리이다”라 하였다.

土正曰后土.	토정을 후토라 합니다.
龍,	용은
水物也,	수중 생물인데
水官棄矣,[60]	수관이 버렸기 때문에
故龍不生得.	용이 산 채로 잡히지 않게 되었습니다.
不然周易有之,	그렇지 않다면 『주역』 기록의
在乾䷀之姤䷫,[61]	건괘䷀가 구괘䷫로 변한 곳에서
曰'潛龍勿用',[62]	'잠긴 용이니 쓰지 말라'라 하였고,
其同人䷌曰'見龍在田',[63]	동인䷌에서 '큰 용이 밭에 있다' 하였으며,
其大有䷍曰'飛龍在天',[64]	대유䷍에서는 '곧게 나는 용이 하늘에 있다' 하였고,
其夬䷪曰'亢龍有悔',[65]	쾌괘䷪에서 '큰 용이니 회한이 없다' 하였으며

60 기(棄): 두예는 "기(棄)는 폐(廢)와 같은 뜻이다"라 하였다.

61 두예는 "손(巽)이 아래에 있고 건(乾)이 위에 있는 것이 구괘(姤卦)이다. 건의 초구(初九)가 변한 것이다"라 하였다. 『전』에서는 구(九)와 육(六)은 말하지 않고 다만 변한 괘와 변괘(變卦)만 말하였다.

62 두예는 "건괘의 초구의 효사(爻辭)이다"라 하였다.

63 이(離)가 아래에 있고 건(乾)이 위에 있는 것이 동인(同人)이며, 구이(九二)의 양효가 음효로 변하였으며 건괘의 구이의 효사를 썼다.

64 건(乾)이 아래에 있고 이(離)가 위에 있는 것이 대유(大有)이다. 건괘의 다섯 번째 효가 양에서 음으로 변하였으며 건괘의 구오의 효사를 썼다.

65 건(乾)이 아래에 있고 태(兌)가 위에 있는 것이 쾌괘이며, 건의 여섯 번째 양효가 음효로

其坤䷁曰'見羣龍無首,[66]	곤괘䷁에서는 '용 떼가 나타나는데 머리가 없으니
吉',	길하다' 하였고,
坤之剝䷖曰'龍戰于野'.[67]	곤괘가 박괘䷖로 변한 곳에서 '용이 들판에서 싸운다'고 하였겠습니까?
若不朝夕見,	아침저녁으로 보이지 않는다면
誰能物之?"[68]	누가 묘사할 수 있겠습니까?"
獻子曰,	헌자가 말하였다.
"社稷五祀,	"토지신과 곡식신, 오행의 신은
誰氏之五官也?"[69]	어느 씨의 오관인가?"
對曰,	대답하였다.
"少皞氏有四叔,[70]	"소호씨는 네 숙부가 있었는데

변하였으며 건괘의 상구의 효사를 썼다. 항룡(亢龍)은 직룡(直龍)으로 용이 구부리고자 하여 곧게 하려 하지 않기 때문에 후회하는 것이다. 문일다(聞一多: 1899~1946)의 『주역의증유찬(周易義證類纂)』에 상세하다.

66 곤이 아래에 있고 곤이 위에 있는 것이 곤괘이다. 건의 여섯 번째 효가 모두 양에서 음으로 변하였으며 건괘의 용구(用九)의 효사를 썼다.

67 곤이 아래에 있고 간(艮)이 위에 있는 것이 박(剝)괘이다. 곤의 여섯 번째 효가 음에서 양으로 변하였으며 곤괘의 상륙(上六)의 효사를 썼다.

68 사묵(史墨)이 인용한 『주역』에서 용을 말한 것에는 밭에 있는 용도 있고, 하늘을 나는 용, 곧게 편용, 머리가 없는 용 떼, 들에서 싸우는 용 같은 것이 있는데 용은 예로부터 실로 볼 수 있고 또한 늘 보이는 것임을 밝힌 것이다. 그렇지 않으면 누가 이와 같이 세밀하게 묘사를 해낼 수 있겠는가? 물(物)은 그 형태를 말해 내는 것이다.

69 수씨(誰氏): 곧 상고시대의 임금을 씨(氏)라 하는데, 이를테면 아래의 소호씨와 열산씨 따위와 같은 것이다. 이는 무슨 임금 때의 오관이냐는 물음이다.

曰重, 曰該, 曰修, 曰熙,	중, 해, 수, 희라 하였으며
實能金, 木及水.	실로 금과 목 및 수를 잘 다스렸습니다.
使重爲句芒,	중을 구망으로 삼고
該爲蓐收,	해는 욕수
修及熙爲玄冥,	수 및 희는 현명으로 삼았는데
世不失職,	대대로 직위를 잃지 않았으며
遂濟窮桑,	마침내 궁상이 되었으니
此其三祀也.[71]	이것이 제사를 받는 셋입니다.
顓頊氏有子曰犂,	전욱씨에게는 이라는 아들이 있었는데
爲祝融,[72]	축융이 되었으며,
共工氏有子曰句龍,	공공씨에게는 구룡이라는 아들이 있었는데
爲后土,[73]	후토가 되었으니

70 사숙(四叔): 정공 4년『전』에 "오숙이 관직이 없다(五叔無官)"는 말이 있는데 두예는 관숙(管叔)과 채숙(蔡叔) 등이라 하였으며 모두 숙이라 하였으니 또한 모두 무왕의 아우이다. 또한 말하기를 "세 사람은 모두 숙(叔)이다"라 하였는데, 이 삼숙은 주공과 강숙(康叔), 당숙(唐叔)이다. 이 사숙(四叔)은 아마 소호씨의 형제의 무리일 것이다.

71『시자·인의(尸子·仁義)』편에서는 "소호(少昊) 금천씨(金天氏)는 궁상(窮桑)에 읍을 정하였다"라 하였고,『제왕세기(帝王世紀)』에서는 "소호는 궁상에 읍을 정하여 제위에 올랐으며 곡부(曲阜)에 도읍을 정하였기 때문에 혹자는 궁상제(窮桑帝)라고도 칭한다"라 하였다.

72 두예는 "이(犂)는 화정(火正)이다"라 하였다.

此其二祀也.	이것이 제사를 받는 둘입니다.
后土爲社,	후토는 토지신이고,
稷,	직은
田正也.	전정입니다.
有烈山氏之子曰柱爲稷,[74]	유열산씨에게는 주라는 아들이 있는데 곡식신이 되었으며
自夏以上祀之.	하나라 위로는 그를 제사 지냈습니다.
周棄亦爲稷,[75]	주나라의 기 또한 곡식신이 되었는데
自商以來祀之."[76]	상나라 이래로 제사를 지냅니다."

73 공영달은 "『예기·제법(祭法)』에서 말하기를 '공공씨(共工氏)가 구주를 제패함에 그 아들 후토(后土)는 구주를 평정할 수 있었으므로 제사를 지내어 토지신으로 삼았다'라 하였다. 구주를 평정하였다는 것은 수토(水土)를 평정할 수 있었다는 것이다. 공공씨에게 아들이 있는데 나중에 세자가 되었음을 말한다. 또한 구룡(句龍)이 후토가 되었을 수도 있는데 어느 시대인지 모르겠다"라 하였다.

74 유열산씨(有烈山氏): 심흠한(沈欽韓)의 『보주(補注)』에서는 "「제법(祭法)」에서는 '여산씨(厲山氏)가 천하를 통치하였을 때 그 아들은 농(農)이라 하였는데 백곡(百穀)을 잘 자라게 하였다'라 하였다. 주에서 '여산씨는 염제(炎帝)로 여산(厲山)에서 일어났으며 혹은 유열산씨(有烈山氏)라고도 한다'라 하였다. 농(農)은 곧 주(柱)이다"라 하였다. 여산(厲山)은 지금의 호북 수현(隨縣) 북쪽 40리 지점에 있다.

75 주기(周棄): 두예는 "기(棄)는 주나라의 시조로 백곡(百穀)을 파종할 수 있었으며 탕이 하나라를 이기자 주(柱)를 폐하고 기(棄)로 대신하였다"라 하였다.

76 고힐강(顧頡剛: 1893~1980)과 사염해(史念海: 1912~2001)의 『중국강역연혁사(中國疆域沿革史)』에서는 "곧 기(棄)가 본래 상(商)의 곡식신임을 안다"라 하였다.

冬,	겨울에
晉趙鞅, 荀寅帥師城汝濱,[77]	진나라의 조앙과 순인이 군사를 거느리고 여빈에 성을 쌓고
遂賦晉國一鼓鐵,	마침내 진나라에서 480근의 철을 징수하여
以鑄刑鼎,[78]	형정을 주조하고
著范宣子所爲刑書焉.	범선자가 만든 형법을 드러내었다.
仲尼曰,	중니가 말하였다.
"晉其亡乎!	진나라는 망할 것이다!
失其度矣.	그 법도를 잃었으니.
夫晉國將守唐叔之所受法度,	진나라는 당숙이 전해 준 법도를 지켜서

77 두예는 "조앙은 조무(趙武)의 손자이다. 순인은 중항 순오(荀吳)의 아들이다. 여빈은 진나라가 빼앗은 육혼(陸渾)의 땅이다"라 하였다. 여수(汝水)는 하남 숭현(嵩縣) 동남쪽의 천식산(天息山)에서 발원하여 동북쪽으로 여양(汝陽)과 임여(臨汝)를 경유하고 다시 동남쪽으로 겹현(郟縣)과 양성(襄城)을 거쳐 사하〔沙河, 옛 은수(溵水)〕와 합류한다.

78 고(鼓): 형기(衡器)의 이름이며, 또한 양기(量器)의 이름이다. 『예기·곡례(曲禮) 상』에서 "쌀을 바치는 자는 고(鼓)를 들게 된다"고 하였으며, 『관자·지수(管子·地數)』편에서는 "무왕(武王)이 중천(重泉)의 수(戍)를 세우고 명하기를 백성 가운데 백 고(鼓)의 곡식을 내는 자가 있으면 행하지 말라고 하였다"라 하였는데, 주에서 "고는 12휘〔斛〕이다"라 하였다. 이 고(鼓)는 용량(容量)을 헤아리는 단위와 기명(器皿)이다. 『공자가어·정론(正論)』편에도 이 일이 수록되어 있는데, 주에서 "30근이 균(鈞)이며 4균이 석(石)이고 석이 넷이면 고(鼓)가 된다"라 하였다. 곧 고는 중량의 단위로 당시의 480근이었다. 『소이아(小爾雅)』의 설도 같다. 후한(後漢) 허신(許愼)의 『오경이의(五經異義)』에서는 40근이 곡(斛)이라 하였는데 그렇다면 12곡은 또한 480근으로 형량(衡量)과 용량(容量)이 서로 부합한다. 청나라 예탁(倪倬)의 『독좌쇄언(讀左瑣言)』에서는 대략적으로 이를 밝히고 감히 긍정하지는 않았다.

以經緯其民,	그 백성을 다스려야 하며
卿大夫以序守之,[79]	경대부는 직책대로 그들을 지켜야 하고
民是以能尊其貴,	백성들은 이에 의거해 귀인을 존중할 수 있고
貴是以能守其業.	귀인들은 이에 의거해 그 가업을 지킬 수 있다.
貴賤不愆,	귀천 간에 어그러지지 않는 것이
所謂度也.	이른바 법도이다.
文公是以作執秩之官,	문공은 이로 인해 관위의 차서를 관장하는 관직을 만들었고
爲被廬之法,[80]	피려의 법을 만들어
以爲盟主.	맹주가 되었다.
今棄是度也,	지금 이 법도를 버리고
而爲刑鼎,	형정을 만들었으니
民在鼎矣,[81]	백성들은 정만 살피게 될 것으로
何以尊貴?[82]	어떻게 귀인을 존중하겠는가?

---

79 서(序): 두예는 "서(序)는 위차(位次)이다"라 하였다.

80 피여지법(被廬之法): 두예는 "희공 27년 문공은 피려에서 사냥하고 당숙(唐叔)의 법을 수찬하였다"라 하였다.

81 재(在): 찰(察)의 뜻으로 읽는다. 백성들이 정(鼎)을 살피어 형벌을 알게 됨을 이른다.

82 두예는 "예를 버리고 법령 따위나 기록하였으므로 귀인을 존중하지 않는 것이다"라 하였다.

貴何業之守?	귀인이 무슨 가업을 지키겠는가?
貴賤無序,	귀천에 차서가 없으면
何以爲國?	어떻게 나라를 다스리겠는가?
且夫宣子之刑,	또한 저 선자의 형법은
夷之蒐也,	이에서 열병할 때 만든 것이며
晉國之亂制也,[83]	진나라의 어지러운 제도이니
若之何以爲法?"	그 어찌 법이 되겠는가?"
蔡史墨曰,[84]	채사묵이 말하였다.
"范氏, 中行氏其亡乎!	"범씨와 중항씨는 망할 것이다.
中行寅爲下卿,	중항인은 하경이 되어
而干上令,	위의 명을 어기고
擅作刑器,	멋대로 형기를 만들어
以爲國法,	국법으로 삼으니
是法姦也.	이는 간신을 본받는 것이다.
又加范氏焉,	또한 범씨에게 가하여
易之,	그것을 바꾸었으니
亡也.[85]	망할 것이다.

83 두예는 "범선자가 쓰는 형법은 곧 이에서 열병할 때의 법이다. 이의 열병은 문공 16년에 있었는데 한번 열병하여 세 번 중군수를 바꾸었으며, 가계(賈季)와 기정(箕鄭)의 무리가 마침내 변란을 일으켰으므로 어지러운 법이라고 하였다"라 하였다.

84 두예는 "채사묵은 곧 체묵(蔡墨)이다"라 하였다.

其及趙氏,	조씨에 미쳐
趙孟與焉.[86]	조맹이 거기에 참여하였다.
然不得已,	그러나 부득이하니
若德,	덕을 닦는다면
可以免."[87]	면할 수 있을 것이다."

소공 30년

經

三十年春王正月,[1]	30년 봄 주력으로 정월에
公在乾侯.[2]	공은 간후에 계셨다.
夏六月庚辰,	여름 6월 경진일에

---

85 역지(易之): 두예는 "범선자(范宣子)의 형서(刑書)는 중도에서 이미 폐기되어 지금 그것을 다시 일으키는 것은 그 허물을 이루는 것이다"라 하였다. 두예의 생각대로라면 역(易)은 개변(改變)을 말한다. 범씨의 법은 본래 폐기되었는데 지금 중항인(中行寅)이 다시 그것을 행하니 이것이 개역(改易)이다. 그러나 번씨의 법이 폐기 되었다는 것은 『경』과 『전』에 실려 있지 않으니 두씨가 추측하여 말한 것인지나 아닌가 모르겠다. 역지(易之)는 범씨가 피려(被廬)의 법을 바꾼 것이다.

86 조맹(趙孟): 조앙(趙鞅)을 말한다.

87 두예는 "형정의 주조는 원래 조앙이 뜻한 바가 아니었으므로 부득이해서 따랐다. 덕을 닦을 수만 있다면 화를 면할 수가 있다는 것이다. 정공 13년 순인과 사길사(士吉射)가 조가(朝歌)로 들어가 반란을 일으키는 복선이다"라 하였다.

1 삼십년(三十年): 기축년 B.C. 512년으로 주경왕(周敬王) 8년이다. 동지가 정월 23일 갑신일로 건자(建子)이며, 윤달이 있다.

2 두예는 "종묘에서 조회하고 바로잡지 못한 것을 해석한 것이다"라 하였다.

晉侯去疾卒. 진후 거질이 죽었다.

秋八月, 가을 8월에

葬晉頃公. 진나라 경공을 장사 지냈다.

冬十有二月, 겨울 12월에

吳滅徐, 오나라가 서나라를 멸하여

徐子章羽奔楚[3] 서자 장우가 초나라로 달아났다.

傳

三十年春王正月, 30년 봄 주력으로 정월에

公在乾侯, 공이 간후에 있었는데

不先書鄆與乾侯, 앞에서는 운과 간후를 기록하지 않은 것은

非公, 공을 질책하고

且徵過也.[4] 또한 과오를 밝힌 것이다.

3 장우(章羽): 『전』에는 "장우(章禹)"로 되어 있으며, 『공양전에서도 』에서도 "장우(章禹)"로 되어 있는데 羽와 禹는 고음이 같았다.

4 두예는 "징(徵)은 밝히는 것(明)이다. 27년과 28년에 공은 운에 있었고, 29년에는 공이 간후에 있었는데 『경』에서 새해에 종묘에 알현하는 예를 밝히지 않은 것은 공의 망령됨을 질책하지 않았고 또한 과오가 그래도 덮어 줄 만했음을 밝힌 것이므로 그 소재지를 드러내어 기록하지 않아 마치 노나라에 있는 듯이 한 것이다. 이때부터 운읍의 사람들이 반란을 일으키고 제나라와 진나라가 공을 깔보았으며, 자가(子家)의 충심어린 계책을 쓸 수 없었고, 안팎에서 버리니 더 이상 과오를 가리어 덮지 못하게 되었으므로 해마다 공의 소재지를 기록한 것이다"라 하였다.

夏六月,	여름 6월에
晉頃公卒.	진나라 경공이 죽었다.
秋八月,	가을 8월에
葬.	장사 지냈다.
鄭游吉弔,	정나라 유길이 조문을 하고
且送葬.	또 송장하였다.
魏獻子使士景伯詰之,	위헌자가 사경백으로 하여금 묻게하여
曰,	말하였다.
"悼公之喪,	"도공의 상 때는
子西弔,	자서가 조문하고
子蟜送葬.[5]	자교가 송장하였다.
今吾子無貳,[6]	지금 그대는 둘로 나누어 하지 않으니
何故?"	무슨 까닭인가?"
對曰,	대답하였다.

5 이 일은 양공 15년의 『전』에 보인다. 진평공이 죽자 유길이 조문하고 한호가 송장하였는데 생략하여 말하지 않았다.

6 당시의 예법으로는 송장이 조문하는 일보다 중하여 조상을 하는 자는 한 사람이며 송장을 하는 자는 그 지위가 반드시 조상을 하는 자보다 높아야 한다. 지금 유길이 조상과 송장의 사신을 겸하였으므로 "둘로 하지 않는다(無貳)"고 하였다.

"諸侯所以歸晉君,

"제후들이 진나라 임금에게 귀의하는 까닭은

禮也.[7]

예 때문입니다.

禮也者,

예라는 것은

小事大, 大字小之謂.[8]

소국이 대국을 섬기고 대국이 소국을 어루만지는 것을 이릅니다.

事大在共其時命,[9]

대국을 섬기는 것은 때에 따른 명을 공경히 함에 있고

字小在恤其所無.

소국을 어루만지는 것은 그 없는 것을 구제하는 데 있습니다.

以敝邑居大國之間,

우리나라는 대국의 사이에 처해 있기 때문에

共其職貢,

바쳐야 할 공물을 공경히 바치고

與其備御不虞之患,[10]

뜻밖의 근심을 막고 지키는 데 참여하였으니

---

7 제후들이 진나라에 귀의하는 것은 진나라에 예가 있기 때문이라는 말이다.

8 소국이 대국을 섬기고 대국이 소국을 어루만져 주는 것이다.

9 양공 28년『전』에서 자산(子産)이 "소국이 대국으로 갈 때는 다섯 가지 나쁜 점이 있다(小適大有五惡)"고 하였으며 "수시로 내리는 명을 따르는 것(從其時命)"이 한 가지 나쁜 점이며, 여기서 "때에 따른 명을 공경히 하는 것(共其時命)"은 소국이 대국을 섬기는 예이다. 『좌전』에는 "시명(時命)"이란 단어가 딱 이곳에 두 번 보이는데 그 뜻은 같지 않다. 희공 7년『전』에서 관중은 "명을 지켜 때에 맞게 이바지하는 것을 신이라고 한다(守命共時之謂信)"라 하였는데 이곳의 "공기시명(共其時命)"은 아마 곧 관중의 "수명공시(守命共時)"인 것 같으며, 대국의 명을 받아 때에 따른 명을 공경히 하는 것을 이르는데, 조상을 하고 송장을 하는 것도 또한 때에 따른 일, 곧 시사(時事)이다.

10 여(與): 참여(參與)의 여(與)이며, 동맹국은 반드시 전쟁의 대비를 함께한다. 어(御)는 어

豈忘共命?[11] 어찌 명을 공경히 함을 잊겠습니까?

先王之制, 선왕의 제도에

諸侯之喪, 제후의 상에는

士弔, 사가 조문을 하며

大夫送葬, 대부는 송장을 합니다.

唯嘉好, 聘享, 三軍之事於是乎使卿.[12] 오직 가호, 빙향, 삼군의 일에만 이에 경을 보냅니다.

晉之喪事, 진나라의 상사에

敝邑之間,[13] 우리나라가 한가하여 일이 없으면

先君有所助執紼矣.[14] 선군께서 영구차를 끄는 끈을 잡는 데 도와줍니다.

(禦)와 같다. 비어불우지환(備御不虞之患)은 곧 정벌 당하는 일에 방비하는 것이다.

11 공명(共命): 곧 공시명(共時命)으로 때에 맞추어 공헌(貢獻)하는 것을 말하며, 또한 구조(救助)를 구하고 공동으로 전쟁에서 공격을 하여 감히 조상하고 송장하는 예를 잊지 않았음을 말한다.

12 가호(嘉好): 조회(朝會)를 말하며 정공 4년의 『전』에 보인다. 빙문을 하면 반드시 향연(享宴)이 있으므로 빙향(聘享)은 이어서 읽어야 한다. 삼군(三軍)은 전쟁을 가리킨다.

13 폐읍지간(敝邑之間): 국가가 한가롭고 안정되어 일이 없는 것으로 『맹자·공손추(公孫丑) 상』에서 "지금 국가는 한가롭다(今國家閒暇)"라 한 것이 이를 말한다. 『전』에는 기록되어 있지 않지만 정나라의 선군 중에 반드시 친히 진나라에서 송장한 자가 있었을 것이므로 유길이 말한 것이다.

14 불(紼): 영구차를 끄는 굵은 끈으로 발(紼)이라고도 한다. 불과 발은 같은 뜻이며 중국어 음도 fú로 같다. 『주례·지관·수인(地官·遂人)』 및 『예기』의 「상대기(喪大記)」와 「잡기(雜記)」 등에 의하면 천자의 장례 때는 여섯 가닥으로 된 굵은 끈으로 영구차를 끄는데 이를 여섯 발(六紼)이라 하며, 정현은 영구차를 끄는 사람이 1천 명이라고 하였다. 제후의 장례 대는 네 발(四紼)을 쓰며 영구차를 끄는 사람이 5백 명이고, 대부의 장례 대는 두 발(二紼)에 영구차를 끄는 사람이 3백 명이다. 송장을 하는 사람은 반드시 발(紼)을 잡아야 한다.

若其不間,	한가하지 않다면
雖士, 大夫有所不獲數矣.[15]	사, 대부라도 예수를 차릴 수 없습니다.
大國之惠,	대국의 은혜는
亦慶其加,[16]	또한 더하는 것은 가상히 여기되
而不討其乏,[17]	부족한 것은 질책하지 않는 것이며,
明厎其情,[18]	명백히 성심을 드리고
取備而已,[19]	있는 대로 취하여 갖출 뿐이니
以爲禮也.	이를 예로 생각합니다.
靈王之喪,[20]	영왕의 상 때는

15 일본(日本) 석산사(石山寺: 이시야마테라) 소장본에는 "획(獲)"자 위에 "예(禮)"가 있어서 "有所不獲禮數矣"로 되어 있다. 두예는 "선왕의 예수(禮數)대로 할 수 없다"라 하여 "예(禮)"자가 있는 것을 낫게 보았다. 사는 조상하고 대부는 송장을 하는데, 나라가 전쟁 중에 있으면 사·대부조차 파견하기 어렵다는 것이다.

16 두예는 "경(慶)은 선(善)의 뜻이다"라 하였다. 가(加)는 의례적인 예를 뛰어넘는 것을 말하며 임금이 직접 가거나 아니면 상경(上卿)이 가는 것이다.

17 핍(乏)은 결핍(缺乏)으로 곧 예수를 갖추지 않는 것으로, 없는 것을 동정하는 것이다.,

18 지(厎): 이르다. 명백히 성심(誠心)을 드리는 것이다. 정(情)은 충성(忠誠)과 정실(情實)을 말한다. 『순자·예론(禮論)』에서는 "문리는 번거롭고 충성은 적다(情用省)"라 하였는데 당나라 양경(楊倞)은 "정용(情用)은 충성(忠誠)을 말한다"라 하였다. 『예기·대학(大學)』에서는 "정(情)이 없는 사람은 그 말을 다할 수 없다"라 하였는데, 정현은 "정(情)은 실(實)과 같다"라 하였다.

19 비(備)는 갖추는 것이다. 예의를 갖추는 것을 취할 뿐 예수대로 함을 책망하지 않음을 말한다.

20 주영왕은 노양공 28년 12월에 죽었으며 29년에 장사 지냈다. 정나라에서는 인단(印段)으로 하여금 장례에 참석하게 하였으며, 29년의 『전』에 보인다.

我先君簡公在楚,	우리 임금이신 간공이 초나라에 계시어
我先大夫印段實往,	우리 선대부 인단이 갔사오니
敝邑之少卿也.[21]	우리나라의 소경입니다.
王吏不討,	왕의 관리가 꾸짖지 않았으니
恤所無也.	없었음을 동정하였기 때문입니다.
今大夫曰,	지금 대부께서 말씀하시기를
'女盍從舊?'[22]	'너는 어찌하여 옛날같이 하지 않느냐?'라 하십니다.
舊有豐有省,	옛날에는 풍성함과 부족함이 있었는데
不知所從.	어느 것을 따라야 할지 모르겠습니다.
從其豐,	풍성함을 따른다면
則寡君幼弱,[23]	과군께서 어리어
是以不共.	공손하지 못하게 될 것입니다.
從其省,	부족함을 따른다면
則吉在此矣.	제가 여기에 있습니다.

21 심흠한(沈欽韓)의 『보주(補注)』에서는 "소경은 하경(下卿)이다. 인단의 지위는 공손단(公孫段)의 아래에 있다"라 하였다.

22 두예는 "합(盍)은 어찌 ~하지 않느냐는 뜻이다"라 하였다.

23 이때 정헌공은 즉위한 지 2년이 되지 않았다.

唯大夫圖之!”	대부께서는 잘 생각해 보십시오!”
晉人不能詰.[24]	진나라 사람은 힐책할 수 없었다.
吳子使徐人執掩餘,	오자가 서나라 사람으로 하여금 엄여를 잡아가게 하고
使鍾吾人執燭庸,[25]	종오 사람으로 하여금 촉용을 잡아가게 하였는데
二公子奔楚.	두 공자는 초나라로 달아났다.
楚子大封,	초자는 땅을 주고
而定其徙,[26]	옮길 곳을 정해 주었으며
使監馬尹大心逆吳公子,	감마윤 대심으로 하여금 오나라 공자를 맞아
使居養,[27]	양에 살게 하고
莠尹然, 左司馬沈尹戌城之,[28]	유연 연과 좌사마 침윤 술로 하여금 그곳에 성을 쌓게 하였으며,

24 자산은 노소공 21년에 죽었으며 유길(游吉)이 그를 이어 집정하여 상경이 조상하고 송장을 하였는데도 진나라 사람은 정헌공이 직접 송장할 것을 바란다는 말이다.

25 두예는 “27년에 달아났기 때문이다”라 하였다.

26 대봉(大封): 두예는 “대봉은 토지를 주어 옮겨 사는 곳을 정해 주는 것이다”라 하였다.

27 두예는 “두 사람이 초나라로 달아나자 초나라가 변경에서 맞게 한 것이다”라 하였다. 양(養)은 지금의 하남 침구현(沈丘縣)의 현 치소 남쪽 침구성(沈丘城)의 동쪽에 있으며, 안휘 계수현(界首縣) 경계를 굽어보고 있다.

28 두예는 “양에 성을 쌓는 것이다”라 하였다.

取於城父與胡田以與之,[29]	성보와 호전을 취하여 그들에게 주어
將以害吳也.	오나라를 해치고자 하였다.
子西諫曰,	자서가 간하였다.
"吳光新得國,	"오나라 광은 새로 나라를 얻어
而親其民,	그 백성을 가까이하고
視民如子,	백성을 자식처럼 대하며
辛苦同之,	고생을 함께하니
將用之也.	이는 그들을 쓰려는 것입니다.
若好吳邊疆,[30]	오나라 변경과 우호를 맺고
使柔服焉,	그들을 운유하게 복종을 시킨다 해도
猶懼其至.[31]	오히려 그들이 이를까 두려워해야 합니다.
吾又彊其讎,[32]	그런데도 우리는 또한 원수를 강하게 하여
以重怒之,[33]	그들을 분노를 가중시키는 것이니

29 성보(城父)는 곧 이(夷)로 그 전지는 아마 성보의 경계 안쪽 전지의 일부분일 따름으로 양(養)의 동북쪽에 있으며, 호(胡)는 곧 지금의 부양시(阜陽市)로 호의 전지는 양의 동남쪽에 있다.

30 오나라 및 초나라와 경계를 이루는 곳의 오나라 사람과 우호를 맺는 것이다.

31 지(至): 군사가 이르는 것이다.

32 수(讎): 두예는 "수(讎)는 두 공자를 말한다"라 하였다.

無乃不可乎!	안 되지 않겠습니까!
吳,	오나라는
周之胄裔也,[34]	주나라의 후예로
而棄在海濱,	바닷가에 버려져
不與姬通,[35]	희성의 나라들과 교통을 않다가
今而始大,[36]	이제 비로소 강대해져서
比于諸華.[37]	중원의 각국과 겨룰 만합니다.
光又甚文,[38]	광은 또한 대단히 지식이 많아
將自同於先王.[39]	스스로 선왕과 같게 여기려 합니다.
不知天將以爲虐乎,	하늘이 장차 그들을 포학하게 하여
使翦喪吳國而封大異姓乎,[40]	오나라를 잘라 없애어 다른 성을 크게 봉할지

---

33 중노(重怒): 중노는 희공 15년 『전』의 "진나라의 슬픔을 도모하지 않는다면 그들의 분노를 가중시키는 것이다(不圖晉憂, 重其怒也)"라 한 "중노(重怒)"로 분노를 가중시키는 것이다.

34 주예(胄裔): 『설문』에서는 "주(胄)는 윤(胤)이다"라 하였다. 주(胄)와 예(裔)는 같은 뜻으로 예주(裔胄)라고도 할 수 있으며 양공 14년 『전』에서 "이들은 사악의 후예들이다(是四嶽之裔胄也)"라 한 것으로 알 수 있다.

35 중원의 여러 같은 성의 나라, 이를테면 노(魯), 위(衛), 정(鄭), 진(晉)나라 등과 왕래를 하지 않은 것이다.

36 이(而): 내(乃)와 같은 뜻이다.

37 스스로를 문화가 발달한 나라에 비겨 만이(蠻夷)의 낙후국으로 생각지 않는다는 말이다.

38 문(文): 지식이 있음을 말한다.

39 선왕(先王): 두예는 "선왕은 태왕(大王), 왕계(王季)를 가리키는데 또한 서융(西戎) 출신으로 비로소 중원의 여러 나라에 비겼다"라 하였다.

40 소공 28년 『전』에 "봉시(封豕)"라는 말이 있는데 봉(封)은 크다는 뜻이다. 봉(封)과 대

其抑亦將卒以祚吳乎,	아니면 또한 끝내 오나라에 복을 내릴지는 모르지만
其終不遠矣.[41]	그 결말은 멀지 않습니다.
我盍姑億吾鬼神,[42]	우리가 어찌 잠시 우리의 귀신을 안정시키고
而寧吾族姓,	우리 백성을 편안히 보살피지 않는다면
以待其歸,[43]	그 귀결되는 것을 기다려
將焉用自播揚焉?"[44]	스스로 수고를 한들 어디에 쓰겠습니까?"
王弗聽.[45]	왕은 그 말을 듣지 않았다.

吳子怒.	오자는 노하였다.
冬十二月,	겨울 12월에

(大)는 같은 뜻의 말이 나란히 쓰인 것이다.

41 하늘의 뜻이 어디에 있는지를 모른다는 말로 합려(闔廬)로 하여금 이웃 나라에 포학하게 굴 것인지, 합려로 하여금 그 나라를 스스로 멸망케 해서 이웃 나라들이 영토를 확장하게 할지, 끝내 오나라를 도와 복을 주어 이웃 나라를 해칠지 그 결과를 오래지 않아 알게 될 것이라는 말이다.

42 억(億): 두예는 "억(億)은 편안한 것이다"라 하였다.

43 그 결과가 어떨지 기다려야 한다는 것이다.

44 파양(播揚): 두예는 "파양은 노동(勞動)과 같다"라 하였다.

45 초소왕의 어머니는 노소공 19년에 초나라에 이르렀으니 초소왕은 이르면 이해 겨울에 태어났을 것이며 이때 겨우 11세였다. 자서(子西)는 그 맏 서형인데 왕이 간언을 물리친 것이다.

吳子執鍾吾子.[46]	오자는 종오자를 잡아갔다.
遂伐徐,	마침내 서나라를 쳤는데
防山以水之.[47]	산을 막아 수공을 했다.
己卯,[48]	기묘일에
滅徐.	서나라를 멸했다.
徐子章禹斷其髮,[49]	서자 장우는 그 머리카락을 자르고
攜其夫人以逆吳子.	그 부인을 데리고 오자를 맞았다.
吳子唁而送之,	오자는 그를 위로하고 보내 주었으며
使其邇臣從之,[50]	가까운 신하를 따르게 하니
遂奔楚.	마침내 초나라로 달아났다.
楚沈尹戌帥師救徐,	초나라 침윤 술이 군사를 거느리고 서나라를 구원하였으나
弗及.	채 미치지 못하였다.
遂城夷,	마침내 이에 성을 쌓고

46 "종오(鍾吾)"는 원래 "종오(鍾吳)"로 되어 있었는데 여기서는 모본(毛本) 및 가나자와 문고본(金澤文庫本)을 따랐다.

47 두예는 "산의 물을 막아서 서나라로 댄 것이다"라 하였다. 이는 아마 제방을 쌓아 산의 물로 성을 공격한 최초의 기록일 것이다.

48 기묘일은 23일이다.

49 애공 7년『전』에서 "중옹이 뒤를 잇고 머리를 자르고 문신을 하였으며 벌거벗고 치장을 하였다(仲雍嗣之, 斷髮文身, 臝以爲飾)"라 하였고, 11년『전』에서는 "오나라는 머리가 짧았다(吳髮短)"라 하였으니 서자가 머리를 자른 것은 오나라 풍속을 따름으로써 오나라 백성이 된 것을 보여준 것이다.

50 이신(邇臣): 가까운 신하이다.

使徐子處之.[51] 서자를 그곳에 살게 하였다.

吳子問於伍員曰, 오자가 오원에게 물었다.

"初而言伐楚,[52] "처음에 초나라를 치자고 말했을 때

余知其可也, 내 할 수 있음을 알았지만

而恐其使余往也, 나에게 가라고 할까 걱정이 되었고

又惡人之有余之功也.[53] 또한 남이 나의 공을 차지할까 미워하였소이다.

今余將自有之矣.[54] 이제 내 스스로 그 공을 가지고자 하니

伐楚何如?"[55] 초나라를 침이 어떠하겠는가?"

對曰, 대답하였다.

"楚執政衆而乖,[56] "초나라는 집정자가 많은 데다 서로 어그러져

莫適任患.[57] 책임을 지려는 사람이 없습니다.

若爲三師以肄焉,[58] 3군을 만들어 그들을 치고 빠지는데

---

51 두예는 "이(夷)는 성보(城父)이다"라 하였다.
52 20년『전』에 보인다.
53 인(人): 오왕 요(僚)를 가리킨다.
54 스스로 초나라를 친 공로와 이익을 차지하겠다는 말이다.
55 초나라를 칠 전략과 전술을 물은 것이다.
56 괴(乖): 서로 어그러지는 것이다.
57 감히 책임을 지려는 자가 없는 것이다.

一師至,[59]	1군이 이르면
彼必皆出.[60]	저들은 반드시 모두 출동할 것입니다.
彼出則歸,	저들이 출동하면 돌아오고
彼歸則出,	저들이 돌아가면 출동하면
楚必道敝.[61]	초나라는 반드시 길에서 피폐하게 될 것입니다.
亟肄以罷之,[62]	자주 치고 빠져 저들을 피로하게 하여
多方以誤之.[63]	다방면으로 저들을 그르치게 만듭니다.
旣罷而後以三軍繼之,	피로해진 뒤에 3군으로 그 뒤를 이으면
必大克之."	반드시 크게 이길 것입니다."
闔廬從之,	합려가 그대로 따르니

58 이(肄): 사(肆)의 뜻으로 읽는다. 문공 10년 『전』의 "가벼운 무리들로 속히 치고 빠지게 하다(若使輕者肆焉)"의 사(肆)이다. 갑자기 습격을 하였다가 또 빠지는 것이다. 명나라 육찬(陸粲)의 『좌전부주(左傳附註)』의 설에 근본하였다.

59 초나라 경내에 이르는 것이다.

60 초나라는 적정에 밝지 못한 데다 전략을 짤 사람과 책임을 질 사람이 없으니 반드시 전군을 출동시켜 응전을 할 것이며 오로지 패전하여 죄를 떠안을까 걱정할 것이라는 말이다.

61 길에서 분주히 오가다가 피폐해질 것이라는 것이다.

62 기(亟): 자주.

63 여러 가지 방법으로 초나라 군사를 그르치게 만드는 것이다.

楚於是乎始病.[64]

초나라는 이에 괴로워졌다.

소공 31년

經

三十有一年春王正月,[1]

31년 봄 주력으로 정월에

公在乾侯.

공이 간후에 있었다.

季孫意如會晉荀躒于適歷.[2]

숙손여의가 진나라 순력을 적력에서 만났다.

夏四月丁巳,[3]

여름 4월 정사일에

薛伯穀卒.[4]

설백 곡이 죽었다.

晉侯使荀躒唁公于乾侯.

진후가 순력으로 하여금 간후에서 공을 위로하게 하였다.

秋,

가을에

葬薛獻公.[5]

설나라 헌공을 장사 지냈다.

---

64 두예는 "정공 4년 오나라가 초나라에 들어가는 복선이다"라 하였다.

1 삼십유일년(三十有一年): 경인년 B.C. 511년으로 주경왕(周敬王) 9년이다. 동지가 정월 초 4일 기축일로 건자(建子)이다.

2 "력(躒)"은 『곡량전』에는 "력(櫟)"으로 되어 있고 뒤도 마찬가지이다. 두예는 "적력은 진(晉)나라 땅이다"라 하였다.

3 정사일은 3일이다.

4 두예는 "양공 25년 중구(重丘)에서 맹약하였다"라 하였다.

5 『전』이 없다.

冬, 겨울에

黑肱以濫來奔.[6] 흑굉이 남을 가지고 도망쳐 왔다.

十有二月辛亥朔, 12월 신해일 초하루에

日有食之.[7] 일식이 있었다.

傳

三十一年春王正月, 31년 봄 주력으로 정월에

公在乾侯, 공은 간후에 있었는데

言不能外內也.[8] 안팎으로 받아들여질 수 없었음을 말한 것이다.

晉侯將以師納公. 진후가 군사를 가지고 공을 받아들이려 하였다.

范獻子曰, 범헌자가 말하였다.

"若召季孫而不來, "계손을 불러오지 않으면

則信不臣矣, 신하가 아님을 믿겠으니

---

6 두예는 "흑굉은 주(邾)나라의 대부이다. 주(邾)라고 기록하지 않은 것은 사관이 빠뜨려서이다"라 하였다. 남(濫)은 두예에 의하면 진나라의 동해(東海) 창려현(昌慮縣)에 있으니 지금의 산동 등현(滕縣) 동남쪽에 있다.

7 이는 B.C. 511년 11월 14일의 개기일식이다.

8 두예는 "공은 안으로는 신하들에게 용납되지 않았고, 밖으로는 제나라와 진나라에 용납되지 않았으므로 간후에 오래도록 머문 것이다"라 하였다.

然後伐之,	그런 다음에 그를 치는 것이
若何?”	어떻겠습니까?
晉人召季孫.	진나라 사람이 계손을 불렀다.
獻子使私焉,[9]	헌자가 사사로이 사람을 시켜
曰,	말하게 하였다.
“子必來,	“그대가 오기만 하면
我受其無咎.”[10]	내 그대가 죄가 없음을 지켜 주겠다.”
季孫意如會晉荀躒于適歷.	계손의여가 적력에서 진나라 순력을 만났다.
荀躒曰,	순력이 말하였다.
“寡君使躒謂吾子,	“과군께서 저로 하여금 그대에게 말하게 하였소.
‘何故出君?	‘무슨 까닭으로 임금을 쫓아내었는가?
有君不事,	임금이 있는데 섬기지 않으면
周有常刑.	주나라에서는 정해진 형벌이 있다.

9 그로 하여금 계손에게 본인의 말을 대신 말하게 한 것이다.

10 수기무구(受其無咎): 다케조에 고코(竹添光鴻)의 『회전(會箋)』에서는 “수기무구(受其無咎)는 죄가 없음을 보증하는 것이다. 『상서·소고(召誥)』에서 ‘임금님의 위엄 있는 명령과 밝은 덕을 지키려 하고 있습니다(保受王威命明德)’라 하였고, 『의례·사관례(士冠禮)』에서는 ‘영원히 그것을 지킬 것이다(永受保之)’라 하였는데 이 수(受)와 보(保)는 뜻이 서로 가깝다”라 하였다.

子其圖之!"	그대는 잘 생각해 보라."
季孫練冠, 麻衣,	계손은 명주 관에 삼베옷을 입고
跣行,[11]	맨발로 가서
伏而對曰,	엎드려 대답하였다.
"事君,	"임금님을 섬김은
臣之所不得也,	신이 얻을 수 없는 것이온데
敢逃刑命?	감히 형벌을 도피겠습니까?
君若以臣爲有罪,	임금님께서 신에게 죄가 있다고 생각하신다면
請囚於費,	청컨대 비읍에 가두시고
以待君之察也,	임금님께서 살피시기를 기다려
亦唯君.	오직 임금님의 처분만 따르겠습니다.
若以先臣之故,	선신 때문에
不絶季氏,	계씨가 끊어지지 않게 하려는 것이라면
而賜之死.[12]	죽음을 내리십시오.

11 연관(練冠)은 아마 상복과 참최로 13개월의 명주 상복을 입을 때 쓰는 관일 것이다. 『예기·간전(間傳)』에 "기년이 되어 대상(大祥)이 되면 흰 명주에 마의를 입는다(素縞麻衣, 深衣)"라 하였는데, 마의는 베옷으로 옛날에는 포의(布衣)라고도 하였으며 색깔과 장식이 없다. 『예기·문상(問喪)』에서는 "어버이가 막 죽으면 맨발로 걷는다"라 하였는데 곧 신발 등을 신지 않은 발이다. 계손이 이렇게 한 것은 슬픔이 심하다는 것을 나타낸 것이다.

12 이사지사(而賜之死)는 위의 문의(文意)와는 이어지지 않으며 복건(服虔)은 "죽지 않도록 내려 주는 것을 말한다"라 하였는데 실로 확실치 않으며, 두예는 "죽음을 내리더라도 그

若弗殺弗亡,	죽이지도 않고 쫓아내지도 않는다면
君之惠也,	임금님의 은혜이오니
死且不朽.	죽어서도 썩지 않을 것입니다.
若得從君而歸,	임금님을 따라 돌아갈 수만 있다면
則固臣之願也,	이는 실로 신이 바라는 것이니
敢有異心?"[13]	감히 딴마음을 품겠습니까?"

夏四月,	여름 4월에
季孫從知伯如乾侯.[14]	계손이 지백을 따라 간후로 갔다.
子家子曰,	자가자가 말하였다.
"君與之歸.	"임금님께서는 그와 함께 돌아가십시오.
一慙之不忍,	한번 부끄러움을 참지 못하여
而終身慙乎?"	죽을 때까지 부끄러워하겠습니까?"

후손이 끊어지지 않는다"고 하였는데 억지로 통할 만하다. 그러나 아래에서 이 뜻을 이어받는 것이 없다. 이 단락은 아마 착간(錯簡)이 있을 것이다. 요내(姚鼐)의 『보주(補注)』에서는 "사차불후(死且不朽)" 넉 자는 "사지사(賜之死)" 아래에 있어야 한다고 하였고, 도홍경(陶鴻慶)의 『별소(別疏)』에서는 "역유명(亦唯命)" 석 자가 이 아래에 있어야 한다고 하였다.

13 두예는 "군(君)은 모두 노후(魯侯)이다. 아마 계손이 자기 죄의 경중을 살펴서 순력에게 답하였을 것이다"라 하였다.

14 지백(知伯): 곧 순력(荀躒)이이며, 아마 함께 노후가 노나라로 돌아오는 것을 맞이하러 갔을 것이다.

公曰,	공이 말하였다.
"諾."	"좋소."
衆曰,	무리가 말하였다.
"在一言矣,	"한마디만 계시면
君必逐之!"[15]	임금님께서는 반드시 그를 쫓아내실 수 있습니다."
荀躒以晉侯之命唁公,	순력은 진후의 명으로 공을 위로하고
且曰,	또 말하였다.
"寡君使躒以君命討於意如,	"과군께서는 저로 하여금 임금님의 명으로 의여를 성토하는데
意如不敢逃死,	의여는 감히 죽음을 무릅쓰고 피하지 않으니
君其入也!"	임금님께서는 들어가셔야겠습니다!"
公曰,	공이 말하였다.
"君惠顧先君之好,	"임금님의 은혜로 선왕의 우호를 돌아보사
施及亡人,[16]	도망자에게까지 미치어

15 사람들이 노소공의 한마디면 진나라가 계씨를 쫓아내게 할 수 있다고 잘못 생각한 것이다.

16 시(施): 연(延)의 뜻이다.

將使歸糞除宗祧以事君,[17]	돌아가 종묘를 깨끗이 소제하여 임금을 섬기게 하니
則不能見夫人.	저 사람을 볼 수 없을 것이오.
己所能見夫人者,[18]	내가 저 사람을 보게 된다면
有如河!"	황하 같은 것이 있소!"
荀躒掩耳而走,	순력이 귀를 가리고 뛰어가면서
曰,	말하였다.
"寡君其罪之恐,	과군께서 죄를 짓는 것을 두려워하여
敢與知魯國之難!	감히 노나라의 어려움을 알리는 데 함께하신단 말입니까!
臣請復於寡君."	신은 청컨대 과군께 복명하겠습니다."
退而謂季孫,	물러나 계손에게 말하였다.
"君怒未怠,[19]	"임금의 노기가 아직 누그러지지 않았으니
子姑歸祭."[20]	그대는 잠시 돌아가 제사를 맡아 주오."

17 분(糞): 『설문』에서는 "분은 깨끗이 청소하는 것이다"라 하였다.

18 소(所): 가정형을 나타내는 접속사로 맹세의 말 중간에 쓰인다. 부인(夫人)은 계손을 가리키며 보지 않겠다는 맹세이다.

19 미태(未怠): 아직 누그러지지 않았다는 말과 같다.

20 양공 26년『전』에 자선(子鮮)이 위헌공을 대신하여 한 말을 기록하여 "돌아가게만 된다면 정치는 영씨가 맡을 것이고 제사는 과인이 지낼 것이다(苟反, 政由甯氏, 祭則寡人)"라 하였으니 임금이 제사를 주관한다. 그러므로 두예는 "돌아가서 임금의 일을 대신하는 것이다"라고 하였다.

子家子曰,	자가자가 말하였다.
"君以一乘入于魯師,[21]	"임금께서는 수레 한 대로 노나라 군에 들어가시고
季孫必與君歸."	계손은 반드시 임금과 함께 돌아가야 합니다."
公欲從之.	공이 따르려고 하였다.
衆從者脅公,	종자들이 공을 협박하여
不得歸.[22]	돌아올 수 없었다.

薛伯穀卒,	설백 곡이 죽었는데
同盟,	동맹국이었기 때문에
故書.	기록하였다.

秋,	가을에
吳人侵楚,	오나라 사람이 초나라를 침공하여

---

21 수레 한 대로 계손의 군대에 들어가 여러 사람에게서 빠져나가야 한다는 것이다.

22 두예는 "이름을 기록한 것을 이른다. 춘추 말이 되어서야 설나라 임금의 이름이 비로소 기록되므로『전』에서 밝힌 것이다.『경』에는 순력이 공을 위로한 위에 있고『전』에는 아래에 있는 것은 노나라의 일을 가지고 차서를 두려는 것이다"라 하였다. 장공 31년의『경』에 "설백이 죽었다"라고 기록하였는데 이름이 없다. 이후로는 정공 12년의 "설백 정(定)이 죽었다", 애공 10년의 "설백 이(夷)가 죽었다"라 하여 모두 이름을 기록하였다. 성공 2년에 노나라는 설나라와 촉에서 동맹을 맺었는데 성공 2년부터 이해까지는 79년이 흘렀으며 그 사이 반드시 설백 가운데 죽은 자가 있었을 것인데 어째서『경』에서 기록하지 않았는가 하는 것에 대하여 시원하게 해명해 줄 사람을 찾기가 어렵다.

伐夷,	이를 쳤으며
侵潛, 六.[23]	잠과 육을 침공하였다.
楚沈尹戌帥師救潛,	초나라 침윤 술이 군사를 거느리고 잠을 구원하자
吳師還.	오나라 군사는 돌아갔다.
楚師遷潛於南岡而還.[24]	초나라 군사가 남강으로 잠을 옮기고 돌아갔다.
吳師圍弦,[25]	오나라 군사가 현을 에워싸자
左司馬戌, 右司馬稽帥師救弦,	좌사마 술과 우사마 계가 군사를 거느리고 현을 구원하여
及豫章,	예장에 이르니
吳師還.	오나라 군사는 돌아갔다.
始用子胥之謀也.[26]	비로소 자서의 계책을 썼다.

---

23 이는 곧 초나라가 서자(徐子)를 안치한 성으로 지난해의 『전』에 보인다. 잠(潛)은 27년 『전』의 "군사를 거느리고 잠을 에워쌌다(帥師圍潛)"라 한 곳의 『주』에 보인다. 육(六)은 지금의 안휘 육안현(六安縣) 북쪽이며 문공 5년 『경』 "초나라 사람이 육을 멸하였다(楚人滅六)"라 한 곳의 『주』에 보인다.

24 잠(潛)은 본래 지금의 안휘 곽산현(霍山縣) 남쪽에 있었으며 남강은 곽산현 북쪽에 있는데 침(沈)과 비교적 가까운 곳일 것이다.

25 현(弦): 지금의 하남 식현(息縣) 남쪽에 있으며, 희공 5년 『경』 "초나라 사람이 현을 멸하였다(楚人滅弦)"라 한 곳의 『주』를 함께 보라.

26 자서(子胥): 곧 오원(伍員)이며, 계책은 지난해의 『전』에 보인다. 「오세가」와 「초세가」, 「오자서전」 및 『오월춘추』에서는 모두 "육과 잠을 취하였다(取六與潛)"라거나 "육과 잠을 뽑았다(拔六與潛)"라 하였다. 그러나 오자서의 계책은 초나라를 약하게 하는 데 있지 땅을 취하는 데 있지 않으므로 "취하였다(取)"라거나 "뽑았다(拔)"라 한 것은 믿을 수 없다.

冬,	겨울에
邾黑肱以濫來奔.	주나라의 흑굉이 남읍을 가지고 도망쳐 왔다.
賤而書名,	지위가 낮은 데도 이름을 기록한 것은
重地故也.	땅을 중시하였기 때문이다.
君子曰,	군자가 말하였다.
“名之不可不愼也如是,	“이름을 신중히 하지 않을 수 없는 것이 이와 같으니
夫有所有名而不如其已.[27]	대체로 때로는 이름이 있는 것이 없는 것보다 못할 때도 있다.
以地叛,	땅을 가지고 배반을 하였다고
雖賤,	지위가 낮지만
必書地,	반드시 지명을 기록하고
以名其人,	그 사람의 이름을 밝히면
終爲不義,	끝내 의롭지 못한 것을
弗可滅已.	없앨 수가 없을 따름이다.

27 유소유명(有所有名)은 “때로는 이름이 있는 것(有時有名)”이라는 말과 같다. 왕인지(王引之)의 『경의술문(經義述聞)』에 상세하다. 이는 때로는 비록 이름이 있다 해도 오히려 이름이 없는 것만 못하다는 말이다.

是故君子動則思禮,	그런 까닭에 군자는 움직이면 예를 생각하고
行則思義,	행하면 의를 생각하며,
不爲利回,[28]	이익 때문에 어기지 않고
不爲義疚.[29]	의 때문에 멍드는 일을 하지 않는다.
或求名而不得,	어떤 이는 명예를 구하여도 얻지 못하며
或欲蓋而名章,	어떤 이는 덮으려 해도 이름이 드러나게 되니
懲不義也.[30]	이는 의롭지 못한 자를 징벌함이다.
齊豹爲衛司寇,	제표는 위나라의 사구로
守嗣大夫,[31]	대대로 대부의 직을 이었는데
作而不義,	일을 함에 의롭지 못하여
其書爲'盜'.[32]	'도둑'이라고 기록되었다.

28 회(回): 곧 위(違)이다. 예를 어기는 것이다. 이익 때문에 예를 어기지 않는다는 말이다.

29 의를 보면 용감하게 행하되 그것 때문에 멍들게 하지 않는다는 것이다.

30 의롭지 못한 자를 징벌하는 것이다.

31 수사대부(守嗣大夫): 곧 22년『전』의 "승사대부(承嗣大夫)"이며, 또한 "사대부(嗣大夫)"라 고만이라고도 할 수 있는데, 16년의『전』에 보이며 세습하여 경대부가 되는 자를 말한다.

32 20년『전』에서 위나라 제표는 위후(衛侯)의 형을 죽였는데『경』에서 "도둑이 위후의 형 집을 죽였다(盜殺衛侯之兄縶)"라 기록하였는데 이는 명성을 구하였으나 얻지 못한 것이다.

邾庶其, 莒牟夷, 邾黑肱以土地出,[33] 주나라의 서기와 거나라의 모이, 주나라의 흑굉은 땅을 가지고 도망하여

求食而已, 먹을 것을 구하였을 뿐

不求其名. 명성을 구하지는 않았다.

賤而必書.[34] 지위가 낮았는데도 반드시 기록하였다.

此二物者, 이 두 가지 일은

所以懲肆而去貪也.[35] 방자함을 징계하고 탐욕을 없애는 것이다.

若艱難其身,[36] 그 몸을 어렵게 하여

以險危大人,[37] 대인을 위험하게 하였는데도

而有名章徹,[38] 명성이 밝게 드러난다면

---

33 서기(庶其): 양공 21년의 『경』과 『전』에 보인다.
모이(牟夷): 소공 5년의 『경』과 『전』에 보인다. 이 세 사람은 모두 노나라로 달아난 자들이다.

34 세 사람 모두 소국의 대부이므로 지위가 낮다(賤)고 하였다. 이는 덮으려고 했는데 이름이 드러난 자들이다.

35 두예는 "물(物)은 일(事)이다. 사(肆)는 방자(放)한 것이다. 제표를 도둑으로 기록한 것이 방자함을 징계한 것이다. 세 배반자의 이름은 탐욕을 없앤 것이다"라 하였다.

36 두예는 "몸이 간난(艱難)하게 된 것이다"라 하였다.

37 대인(大人): "대인은 작위에 있는 자이다"라 하였다. 험위(險危)는 같은 뜻으로 윗사람을 위험하게 하는 것이다.

38 두예는 "용명(勇名)을 얻은 것을 말한다"라 하였다. 장철(章徹)은 같은 뜻으로 밝은 것을 말한다. 「주어 중」에 "어떤 일이 밝지 못한가(其何事不徹)"란 말이 있는데, 『화엄경음의(華嚴經音義)』에서는 가규의 말을 인용하여 "철(徹)은 밝은 것이다"라 하였다.

攻難之士將奔走之.[39]	난을 일으킨 자는 달아나게 될 것이다.
若竊邑叛君以徼大利而無名,[40]	읍을 훔치고 임금을 배반하여 큰 이익을 추구하였으니 이름이 없다면
貪冒之民將寘力焉.[41]	탐욕스런 백성은 거기에 힘을 쏟을 것이다.
是以春秋書齊豹曰'盜',	그러므로 『춘추』에서는 제표를 '도둑'이라고 기록한 것이니
三叛人名,	세 배반자의 이름을 가지고
以懲不義,	불의를 징계하고
數惡無禮,[42]	악인의 무례함을 열거하였으니
其善志也.[43]	실로 기록이 훌륭한 것이다.
故曰,	그러므로 말하기를
春秋之稱微而顯,[44]	『춘추』의 서술은 은미하면서도 잘 드러나고

39 두예는 "공(攻)은 작(作)과 같다. 분주(奔走)는 부취(赴趣)와 같다"라 하였다.

40 두예는 "그 사람의 이름을 기록하지 않는 것을 이른다"라 하였다.

41 탐모(貪冒): 곧 탐묵(貪墨)을 말하며, 28년 『전』의 "탐욕이 끝이 없었다(貪惏無饜)"의 탐림(貪惏)과 같은 뜻이다. 치(寘)는 치(致)와 같다. 두예는 "힘을 다한다(盡力)"고 하였는데, 곧 그 뜻을 풀이한 것이다.

42 수(數): 책망하는 것이다.

43 선지(善志): 기술에 뛰어난 것이다.

44 「진어 8」 위소(韋昭)의 주에서는 "칭(稱)은 말하는 것(述)이다"라 하였다. 역사를 서술하는 것이다. 두예는 "문장은 은미한데 뜻은 드러나는 것이다"라 하였다.

婉而辨.[45] 완곡하면서도 잘 변별하였다고 하는 것이다.

上之人能使昭明, 위에 있는 사람이 밝게 밝힐 수 있다면

善人勸焉, 선인은 권할 것이고

淫人懼焉, 악인은 두려워할 것이니

是以君子貴之."[46] 그런 까닭에 군자가 귀하게 여기는 것이다."

十二月辛亥朔, 12월 신해일 초하룻날에

日有食之. 일식이 있었다.

是夜也,[47] 이날 밤에

趙簡子夢童子臝而轉以歌,[48] 조간자가 동자가 벌거벗고 박자에 맞추어 춤을 추는 꿈을 꾸니

旦占諸史墨, 아침에 사묵에게 점을 치게 하여

---

45 두예는 "말은 완전(婉轉)하면서도 뜻은 변별된다는 것이다"라 하였다.

46 성공 14년의 『전』과 『주』에 상세하다. 위에 있는 사람이 밝게 밝힐 수 있다는 것은 『전』을 지은 자가 『춘추』의 뜻이 분명히 드러나게 한 것을 가리키는 것 같다.

47 옛날에는 밤의 절반이 지나면 다음 날 새벽으로 생각하였는데 지금의 0시라는 말과 같다. 그 꿈은 당연히 후반의 밤에 있었을 것이므로 12월 초하룻날 밤이라고 한 것이다.

48 라(臝): 지금은 나(裸)라고 하며 벌거벗고 몸을 드러내는 것이다. 심흠한(沈欽韓)의 『보주(補注)』에서는 "전(轉)이라는 것은 춤추는 박자로 노래에 맞추는 것이다. 『회남자·제속훈(齊俗訓)』에서는 '옛날에는 음악을 노래하면서 춤으로 장단을 맞추지 않았다'라 하였고, 또한 「수무훈(修務訓)」에서는 '몸을 움직이며 곡조에 맞추어 춤을 추었다'고 하였다"라 하였다.

曰,	말하였다.
“吾夢如是,	“내 꿈이 이러한데
今而日食,	이제 일식이 일어났으니
何也?”[49]	어째서인가?”
對曰,	대답하였다.
“六年及此月也,	“6년 후 이 달이 되면
吳其入郢乎,	오나라가 영으로 들어갈 것인데
終亦弗克.[50]	끝내 또한 이기지 못할 것입니다.
入郢必以庚辰,[51]	영에 들어가는 날은 반드시 경진일일 것이며
日月在辰尾.[52]	일월은 진미에 있을 것입니다.

---

49 두예는 “간자의 꿈이 마침 일식과 만나 허물이 자기에게 있다고 하여 물어본 것이다”라 하였다.

50 『주례·춘관·점몽(春官·占夢)』의 가공언(賈公彦)의 소(疏)에서는 복건(服虔)의 『좌전』의 이 『주』를 인용하여 「점몽(占夢)」의 법으로 이 꿈을 해석하였으며 『정지(鄭志)』의 장일(張逸)의 질문에 의하면 정현의 설은 대부분 복건과 같으며, 이럴 리가 없다고 생각하여 두예는 취하지 않았는데 옳다. 두예는 “사묵은 꿈이 일식에 반응한 것이 아니라는 것을 알았기 때문에 일식의 허물을 해석하고 그 꿈은 해석하지 않았다”라 하였다. 오나라가 영에 들어간 것은 정공 4년 11월인데 사묵은 6년이라 하여 6년이 지난 것이라 하였는데 실은 겨우 5년 뒤이다. 사묵은 또한 “이 달이 되면”이라 하였는데 마땅히 건자(建子)의 12월 곧 해월(亥月)일 것이며, 정공 4년 『전』에서는 11월 경진일에 오나라가 영으로 들어갔다고 하였는데 두예는 장력으로 추리하여 정공 4년 윤 10월이라 하여 윤달까지 함께 계산하였으니 정공 4년의 술월(戌月)은 실은 해월(亥月)이 된다.

51 옛 간지에서 날짜만 기록한 것으로 경진일이다.

52 두예는 “진미(辰尾)는 용미(龍尾)이다. 주나라의 12월은 지금의 10월로 해와 달이 진미에서 합쳐진 초하룻날 일식이 일어났다”라 하였다. 사묵의 뜻은 이번 일식은 태양이 황도를 운행하다가 마침 동방의 창룡(蒼龍) 7수의 꼬리에 있을 때 발생하였다는 것으로

庚午之日,	경오일에
日始有謫.[53]	비로소 재앙이 있을 것입니다.
火勝金,	화가 금을 이기기 때문에
故弗克."[54]	이기지 못하는 것입니다."

『예기·월령(月令)』에서 "맹동의 달〔하력(夏曆)으로 10월〕에 해는 미(尾)에 있다"라 한 것이 이것을 말한다. 그리고 용미(龍尾)는 대진(大辰)으로『이아·석친(釋親)』에서 "대진은 방(房)·심(心)·미(尾)이다"라 한 것이 이것을 말한다. 미수(尾宿)는 창룡(蒼龍)의 제6수(宿)이다. 경진(庚辰)의 진(辰)은 날짜를 기록하는 12지(支)의 하나이며 용진(龍辰)과 진미(辰尾)는 별 이름으로 다 같이 "진(辰)"자를 쓰지만 가리키는 것은 같지 않아 조금도 상관이 없다. 그러나 고인들은 부회하여 그 설을 두루뭉술하게 하기를 좋아하였는데 이것 또한 그 한 예이다.

53 경오일은 10월 19일로 신해일과는 41일의 차이가 있다. 일시유적(日始有謫)에 대하여서는 청나라 성관(成瓘)의『약원일찰(篛園日札)』에서는 "날에 다른 재난이 있었다"라 하였는데 옳으며, 기타 천상의 변화를 가리키는 것 같으며 일식과는 당연히 관계가 없다. 사묵은 일식은 12월 초1일에 있었다고 하였는데 10월 19일에 시작되었다고 하였으니 또한 고인들이 부회한 이야기이다.

54 화승금(火勝金)에 대하여 고인들의 해석은 거의 간지를 오행에 짝지어 말하였으며 두예 또한 "오(午)는 남방으로 초나라의 자리이다. 오는 화(火)이고, 경은 금(金)이다. 해가 경오일에 변고가 있으므로 재난이 초나라에 있는 것이다. 초나라의 원수는 오나라뿐이므로 영에 들어가는 것이 반드시 오나라임을 알았다. 화가 금을 이긴다는 것은 금이 화의 짝이 되고 일식은 신해일에 있는데 해는 수이다. 수의 수는 6이므로 6년인 것이다"라 하였는데 해석이 또한 두루뭉실하다. 이는 모두 깊이 고구(考究)하기에는 부족하여 그냥 두는 것이 옳다. 정공 4년 경오일에 오나라가 백거(柏擧)에서 초나라를 물리쳤으며, 경진일에는 오나라가 영으로 들어갔다. 신포서(申包胥)가 진(秦)나라 궁정에서 곡을 하여 진나라 군사가 출병하여 마침내 오나라 군사를 무찔렀다. 사묵이 말한 것은 모두 영험이 있는 것 같다.

소공 32년

經

三十有二年春王正月,[1]	32년 봄 주력으로 정월에
公在乾侯.	공이 간후에 있었다.
取闞.[2]	감을 취하였다.
夏,	여름에
吳伐越.	오나라가 월나라를 쳤다.
秋七月.	가을 7월이다.
冬,	겨울에

1 삼십유이년(三十有二年): 신묘년 B.C. 510년으로 주경왕(周敬王) 10년이다. 동지가 정월 14일 갑오일로 건자(建子)이다.

2 『전』이 없다. 두예는 "공은 간후에 별거하였는데 사람을 보내어 감을 꾀어 취한 것으로 군사를 쓰지 않았다"라 하였다. 『공양전』에서는 감을 주(邾)나라의 읍이라고 하였으며, 청나라 송상봉(宋翔鳳)의 『과정록(過庭錄)』에서는 곧 지난해 겨울의 "흑굉이 남(濫)을 가지고 도망쳐 왔다"라 한 남(濫)이라고 하였다. 고사기(高士奇)의 『좌전기사본말(左傳紀事本末)』에서는 "이때 소공이 나라를 잃어 감을 취하여 스스로 봉하였으니, 감은 노나라의 읍이지 주나라의 읍이 아닌 것 같다"라 하였다. 환공 11년 『경』에 "공이 송공을 감에서 만났다(公會宋公于闞)"라 하였고, 소공 25년 『전』에서는 "숙손소자가 감으로 갔다(叔孫昭子如闞)"라 하였는데, 곧 이 감(闞)인 것 같으며 지금의 남왕호(南旺湖)에 있다.

仲孫何忌會晉韓不信, 齊高張, 宋仲幾, 衛世叔申, 鄭國參, 曹人, 莒人, 薛人, 杞人, 小邾人城成周.[3] 중손하기가 진나라 한불신과 제나라 고장, 송나라 중기, 위나라 세숙신, 정나라 국참, 조나라 사람, 거나라 사람, 설나라 사람, 기나라 사람, 소주 사람과 회합하고 성주에 성을 쌓았다.

十有二月己未,[4]	12월 기미일에
公薨于乾侯.	공이 간후에서 돌아가셨다.

傳

三十二年春王正月,	32년 봄 주력으로 정월에
公在乾侯,	공이 간후에 있었다 한 것은
言不能外內,	나라 안팎에서 용납되지 않았으며
又不能用其人也.[5]	또한 그 사람을 쓸 수도 없었음을 말한 것이다.

---

3 두예는 "세숙신은 세숙의(世叔儀)의 손자이다. 국참은 자산(子産)의 아들이다"라 하였다.

4 기미일은 14일이다.

5 두예는 "기인(其人)은 자가기(子家羈)를 말한다. 공이 그 사람을 쓸 수 없기 때문에 아직까지도 간후에 있는 것이다"라 하였다. 5년『전』에서 여숙제가 노소공에게 말하기를 "지금 정령은 사가에 있어서 가져올 수 없고, 자가기가 있어도 쓸 수가 없다(今政令在家, 不能取也; 有子家羈, 弗能用也)"라 하였으니 소공이 사람을 쓸 수 없은 지가 오래된 것이다.

夏,	여름에
吳伐越,	오나라가 월나라를 쳤는데
始用師於越也.	월나라에 처음으로 군사를 쓴 것이다.
史墨曰,	사묵이 말하였다.
“不及四十年,	“40년이 되지 않아
越其有吳乎!	월나라는 오나라를 차지할 것이다!
越得歲而吳伐之,	월나라가 세성을 얻었는데 오나라가 그들을 치니
必受其凶.”[6]	반드시 그 재앙을 받을 것이다.”

---

6 세(歲): 목성(木星)이다. 청나라 성백이(盛百二)의 『좌전세성초신변(左傳歲星超辰辨)』에서는 “세성은 절로 초신(超辰)을 갖고 있으며 『춘추전』에서 말한 세성은 일찍이 초신이었던 적이 없다”라 하였다. 사묵이 어째서 “40년에 미치지 못해서”라고 하였는가에 대해서는 두예의 주에 의하면 옛사람들은 한 나라의 존망을 예측할 때 목성의 주기를 세 번 넘을 수가 없었는데, 사묵은 조금 한도를 여유 있게 추가하여 이에 “40년에 미치지 못한다”고 하였다. 사실 애공 22년에 월나라가 오나라를 멸망시키게 되니 이해부터 계산을 해보면 38년이 걸린다. 『좌전』의 예언은 나중에 추가된 것이므로 “40년에 미치지 못한다”라 한 것은 그 근거를 절대 말하지 않고 또한 근거가 있다는 것도 보이지 않는다. 『주례·춘관·보장씨(春官·保章氏)』 정현 주의 분성〔分星, 곧 분야(分野)〕에 의하면 “지금 말할 수 있는 것은 12차의 나눔이다. 성기(星紀)는 오(吳)와 월(越)이며 현효(玄枵)는 제(齊)나라, 추자(娵訾)는 위(衛)나라, 강루(降婁)는 노(魯)나라, 대량(大梁)은 조(趙)나라, 실침(實枕)은 진(晉)나라, 순수(鶉首)는 진(秦)나라, 순화(鶉火)는 주(周)나라, 순미(鶉尾)는 초(楚)나라, 수성(壽星)은 정(鄭)나라, 대화(大火)는 송(宋)나라, 석목(析木)은 연(燕)나라이다”라 하였다. 오나라와 월나라는 함께 성기에 속한다. 오나라와 월나라 두 나라는 함께 1차에 속하였으니 화복(禍福)이 같아야 하는데 어찌하여 여기서는 “월나라가 세성을 얻었다” 하여 오나라가 “반드시 그 재앙을 받을 것이다”라 하였는가? 고염무(顧炎武)의 『일지록(日知錄)』에서는 “오나라와 월나라는 비록 같이 성기에 속하기는 하지만 들어가는 성도(星度)가 다르기 때문에 세성이 홀로 월나라에 있는 것이다”라 하였다. 『집석(集釋)』에서는 전악원(錢岳源)의 말을 인용하여 “『한지(漢志)』 이후로 모두 두(斗)를 오나라의 분야, 우(牛)와

秋八月,	가을 8월에
王使富辛與石張如晉,	왕이 부신과 석장으로 하여금 진나라에 가게 해서
請城成周.[7]	성주에 성을 쌓을 것을 청하였다.
天子曰,	천자가 말하였다.
"天降禍于周,	"하늘이 주나라에 화를 내려
俾我兄弟並有亂心,[8]	우리 형제들에게 모두 어지러운 마음을 갖게 하여

여(女)를 월나라의 분야로 생각하였다. 이때 세성이 막 성기에 들어갔으니 오히려 오나라가 세성을 얻은 것이다. 『월절서(越絶書)』에서만 '월나라는 남두(南斗)이고 오나라는 우(牛)·수녀(須女)이다'라 하였다. 그런 다음에 월나라는 단독으로 세성을 얻는다. 『회남자(淮南子)』에서는 수녀를 오나라라 생각하여 『월절서』와 꼭 같다"라 하였다. 청나라 전기(錢綺) 또한 말하기를 "성기의 차서는 두(斗)의 12도 초(初)에서 시작되어 여(女) 7도의 말에서 끝난다. 두수(斗宿)는 모두 26도인데 나머지 11도를 제거해도 여전히 15도가 남으며, 우(牛) 8도와 여(女) 7도를 합하면 또한 15도이다. 이해의 앞의 반년은 세성이 두수에 있었으며, 나중의 반년은 우(牛)와 여(女) 2수(宿)에 있었다. 『전』에서 '여름에 오나라가 월나라를 쳤다' 하였으니 그때 세성은 여전히 두수에 있었다. 두는 월나라의 분야이므로 사묵이 월나라가 세성을 얻었다고 말한 것이다. 『월절서』와 『회남자』는 사묵의 말과 부합한다"라 하였다. 청나라 성백이(盛百二)만이 "사묵은 다만 '월나라가 세성을 얻었다'고 말하였을 뿐 세성이 성기에 있다고는 말하지 않았다. 성기에 있다고 생각한 것은 다만 분야에 의거하여 단정하였을 따름이다. 이해에는 과연 성기에 있었으니 애공 17년 계해년에는 마땅히 순미에 있을 것인데 어째서 여전히 순화에 있는가? 이로써 월나라가 세성을 얻었다고 한 것은 또한 석목에 있다고 하는 것이다. 대체로 석목은 본래 월나라의 분야인데 연나라의 것으로 생각하여 나중의 사람이 그렇게 바꾸었다. 청나라 서발(徐發: 자(字)는 포신(圃臣))의 『천원역리(天元曆理)』에서 상세히 변별하였다"라 하였다.

7 두예는 "자조(子朝)의 난 때 그 잔당이 왕성에 많이 있어 경왕이 이를 두려워하여 성주(成周)로 천도하였다. 성주는 협소하므로 성을 쌓아 달라고 청한 것이다"라 하였다.

8 나의 형제는 왕자 조의 무리를 가리킬 것이며, 22년 『전』에서 말한 "영왕(靈王)과 경왕(景王)의 종족"이라 한 것과 같다. 왕은 종실에서 작은 공로가 있는 이상의 나라를 모두 형제라 일컫는다. 병(並)은 두루라는 뜻이다.

以爲伯父憂,[9]	백부들의 근심거리가 되게 하였으니
我一二親昵甥舅不遑啓處,	내 몇몇 가까운 생구들이 앉아 있을 겨를도 없어진 지가
於今十年.[10]	지금까지 10년이오.
勤戍五年.[11]	겨우 5년 변방을 지켰을 뿐이오.
余一人無日忘之,[12]	이 사람은 그것을 잊은 날이 없으며
閔閔焉如農夫之望歲,	노심초사 그것을 농부가 풍년을 바라는데
懼以待時.[13]	두려워하며 수확 철을 기다리는 듯하오.
伯父若肆大惠,	백부께서 큰 은혜를 펼치시어
復二文之業,	문후와 문공의 업을 회복하여
弛周室之憂,[14]	주나라 왕실의 근심을 풀고

9 두예는 "백부는 진후(晉侯)를 이른다"라 하였다.

10 불황계처(不遑啓處)는 당시의 상투어로 또한『시경·소아(小雅)』의「사모(四牡)」와「채미(采薇)」에도 보이며 또한 양공 8년의『전』에도 보인다. 계(啓)는 지금의 좌(坐)라는 뜻이며, 처(處)는 거(居)의 뜻으로 편안하게 거처할 겨를이 없음을 이른다. 왕실의 난으로부터 이해까지는 11년인데 10년이라 한 것은 성수(成數)를 든 것이다.

11 27년 12월 진나라 적진(籍秦)이 제후들에게 주의 변방 지킬 군사를 주나라에 보냈는데 주나라에 이른 것이 28년일 것이므로 이해까지는 5년이 된다.

12 두예는 "제후의 노고를 생각한 것이다"라 하였다.

13 민민(閔閔)은 근심 걱정을 하는 모양이다. 세(歲)는 풍성하게 거두는 것을 말한다. 시(時)는 거두어들일 때를 말한다.

14 두예는 "사(肆)는 마음껏 펴는 것이다. 2문(二文)은 문후(文侯) 구(仇)와 문공(文公) 중이(重耳)이다. 이(弛)는 해(解)와 같다"라 하였다. 진문후는 평왕(平王)을 도와『서경·문후지명(書經·文侯之命)』을 남겼다. 문공은 양왕을 도왔으며 희공 28년의『전』에 보인다.

徼文, 武之福,[15]	문왕과 무왕에게 복을 구하여
以固盟主,	맹주의 지위를 굳히고
宣昭令名,	밝고 훌륭한 명성을 펼친다면
則余一人有大願矣.	이 사람의 커다란 바람이오.
昔成王合諸侯城成周,	지난날 성왕께서는 제후를 회합하여 성주에 성을 쌓고
以爲東都,	동도로 삼아
崇文德焉.[16]	문덕을 존숭하였소.
今我欲徼福假靈于成王,[17]	지금 나는 성왕에게 복을 바라고 복을 빌려
修成周之城,	성주의 성을 수축하여
俾戍人無勤,	수자리 서는 사람들을 수고롭지 않게 하고
諸侯用寧,[18]	제후들이 이로써 편안해지며
蝥賊遠屛,[19]	모적을 멀리 쫓아낸다면

---

15 진나라가 문왕과 무왕의 복록과 보우를 구함을 이른다.

16 성왕은 성주에 성을 쌓았으며, 『서경·낙고(書經·洛誥)』가 있다. 『논어·계씨(季氏)』에서 "그러므로 먼 곳의 사람이 순복(順服)하지 않으면 문덕을 닦아서 그들을 오게 한다(故遠人不服, 則脩文德以來之)"라 한 문덕이 이 문덕 같은 뜻이다.

17 요복가영(徼福假靈): 요복(徼福)과 가령(假靈)은 뜻이 서로 가깝다. 복을 구하는 것을 말한다. 『광아(廣雅)』에서 "영(靈)은 복이다"라 하였으며, 또한 애공 24년 『전』에도 보인다.

18 제후가 국경의 수(戍)자리(변방을 지키는 일) 서는 일에서 철수하여 돌아갈 수 있으면 제후들이 이 때문에 평안하게 된다는 것이다.

19 모적(蝥賊): 청나라 홍이훤(洪頤煊)의 『경의총초(經義叢鈔)』에서는 "모적(蟊賊)은 사람

晉之力也.	진나라의 힘이오.
其委諸伯父,	이 일을 백부께 맡기니
使伯父實重圖之,	백부께서는 실로 거듭 도모하시어
俾我一人無徵怨于百姓,[20]	나 한 사람이 백성의 원망을 사지 않게 하고
而伯父有榮施,[21]	백부께서는 영광스런 공을 세워
先王庸之."[22]	선왕께서 그에 보답하기를 바라오."
范獻子謂魏獻子曰,	범헌자가 위헌자에게 말하였다.
"與其戍周,	"주나라를 위해 수자리를 서는 것이
不如城之.	성을 쌓아 줌만 못합니다.
天子實云,[23]	천자께서 실로 말하였으니
雖有後事,	나중에 일이 있더라도
晉勿與知可也.	진나라는 절대 간여하지 않음이 옳을 것이오.

을 비유한다. 『시경·첨앙(瞻卬)』의 '모적이 곡식을 해치듯 끊임이 없네(蟊賊蟊疾, 靡有夷屆)'라는 구절과 「소민(召旻)」의 '하늘이 죄 그물을 내리듯 모적이 내란을 일으키네(天降罪罟, 蟊賊內訌)'라 한 구절, 성공 13년의 『전』에서 '우리나라의 적도들을 이끌고 우리나라의 변경에서 분탕질을 하였다(帥我蟊賊, 以來蕩搖我邊疆)'라 한 것이 모두 해를 끼치는 인간을 말한다"라 하였다. 병(屛)은 곧 『예기·왕제(王制)』의 "먼 곳으로 추방하였다(屛之遠方)"라 한 병(屛)의 뜻으로 쫓아내는 것이다.

20 징(徵): 두예는 "징(徵)은 부르는 것이다"라 하였다.

21 시(施): 은혜〔惠〕, 공(功)이다.

22 용(庸): 동사로 쓰였으며 공을 갚는 것이다. 선왕이 너의 공을 갚아 복을 내려 보호할 것이라는 말이다.

23 두예는 "국경의 수자리 서는 것을 끝내고 성을 쌓고자 하는 것을 이른 것이다"라 하였다.

從王命以紓諸侯,[24] 천자의 명을 따라 제후가 쉬게 하면

晉國無憂, 진나라는 근심을 없을 것이니

是之不務, 이를 힘쓰지 않으면

而又焉從事?" 또한 무엇을 따르단 말이오?"

魏獻子曰, 위헌자가 말하였다.

"善." "좋소."

使伯音對曰,[25] 백음으로 하여금 대답하게 하였다.

"天子有命, "천자의 명이 내렸는데

敢不奉承以奔告於諸侯, 감히 받들지 않고 제후에게 달려가 알리니

遲速衰序, 일의 지속과 차등이

於是焉在."[26] 여기에 있을 것이오."

冬十一月, 겨울 11월에

晉魏舒, 韓不信如京師, 진나라의 위서와 한불신이 경사로 가서

合諸侯之大夫于狄泉,[27] 적천에서 제후의 대부를 회합하여

---

24 제후들이 주나라의 국경에 수자리 서는 군사를 거두는 것이다.

25 백음(伯音): 두예는 "백음은 한불신(韓不信)이다"라 하였다. 정공 원년 『전』 및 두예의 주에 의하면 불신은 한기(韓起)의 손자이며 시호는 간자(簡子)이다.

26 두예는 "쇠(衰)는 차(差)이다"라 하였다. 지속(遲速)은 공정과 진도를 말하며, 차서(差序)는 작업량 및 각국에 분배된 등급을 말한다. 어시언재(於是焉在)는 여기에 있는 것이다. 두예는 "주나라가 명한 것에 있다는 것이다"라 하였다.

27 적천(狄泉): 곧 희공 29년 『경』의 적적(翟狄)이며, 그곳의 『주』와 소공 23년 『경』과 『주』에

尋盟,[28]	맹약을 다지고
且令城成周.	또한 성주에 성을 쌓게 하였다.
魏子南面.[29]	위자는 남면하였다.
衛彪傒曰,[30]	위나라 표혜가 말하였다.
"魏子必有大咎.	"위자에게는 반드시 큰 화가 있을 것이다.
干位以令大事,	자리를 범하여 큰일을 명하니
非其任也.[31]	그가 할 일이 아니다.
詩曰'敬天之怒,	『시』에서 말하기를 '하늘의 노여움 공경하여
不敢戲豫,[32]	감히 놀고 즐기지 않으며,
敬天之渝,[33]	하늘의 노하심 공경하여
不敢馳驅',[34]	감히 제멋대로 놀지 말기를'이라 하였는데

상세하다.

28 두예는 "평구(平丘)의 맹약을 다진 것이다"라 하였다.

29 남면(南面): 두예는 "임금의 자리에 앉은 것이다"라 하였다.

30 표혜(彪傒): 두예는 "표혜는 위나라의 대부이다"라 하였다.

31 경으로 임금의 자리에 앉아서 제후에게 명령을 반포하는 것은 그 직위에서 할 일이 아니라는 것이다.

32 희(戲): 유희(遊戲)이다. 예(豫) 또한 유(遊)의 뜻이다. 『맹자·양혜왕(梁惠王) 하』에서 "우리 임금님이 유람하지 않고 우리 임금이 즐기지 않는다(吾王不遊, 吾王不豫)"라 한 것으로 알 수 있다.

33 투(渝): 변하는 것이다. 변(變)은 상태(常態)를 고치는 것을 이르며 또한 노한다는 뜻이다.

34 『시경·대아·판(大雅·板)』의 구절이다. 지금의 『시』에는 "불(不)"이 "무(無)"로 되어 있다.

況敢干位以作大事乎?"[35] 하물며 감히 자리를 범하여 큰일을 한단 말인가?"

己丑,[36] 기축일에

士彌牟營成周,[37] 사미모가 성주에 성 쌓는 일을 설계하여

計丈數,[38] 길이를 계산하고

揣高卑,[39] 높낮이를 쟀으며

度厚薄, 두께를 재고

仞溝洫,[40] 도랑의 깊이를 쟀으며

物土方, 흙을 가져올 곳을 살피고

議遠邇,[41] 거리를 의논하였으며

量事期,[42] 일의 기일을 헤아리고

計徒庸,[43] 역부를 헤아렸으며

慮材用,[44] 자재를 생각하고

---

35 대사(大事): 천자를 위해 토목공사를 일으키는 것을 이른다. 위서는 이듬해에 진나라로 미처 돌아가지 못하고 죽는다.

36 기축일은 14일이다.

37 설계의 방안을 정하는 것을 이른다.

38 두예는 "성을 쌓아야 할 장수(丈數)를 헤아리는 것이다"라 하였다.

39 췌(揣): 두예는 "높이를 재는 것을 인이라 한다"라 하였다.

40 인(仞): 두예는 "깊이를 재는 것을 인이라 한다"라 하였다.

41 물(物): 두예는 "물은 상(相), 곧 살피는 것이다. 땅을 취할 방면과 원근의 타당함을 살피는 것이다"라 하였다. 상(相)은 지금의 고찰(考察)하다의 뜻이다.

42 두예는 "일이 어느 때 마칠 지 아는 것이다"라 하였다.

43 두예는 "몇 사람을 써야 할 일인지 아는 것이다"라 하였다.

書餱糧,[45]	양식을 적어서
以令役於諸侯.	제후들에게 인부를 나누게 했다.
屬役賦丈,[46]	인부들에게 얼마간 일을 해보게 하고
書以授帥,[47]	기록하여 대부들을 주었으며
而效諸劉子,[48]	유자가 그대로 바치고
韓簡子臨之,[49]	한간자가 임하여
以爲成命.[50]	명령대로 이루게 했다.

十二月,	12월에
公疾,	공이 병이 나서
徧賜大夫,[51]	대부들에게 두루 내렸는데
大夫不受.	대부들이 받지 않았다.

44 두예는 "얼마만큼의 재용을 써야 할지 아는 것이다"라 하였다.
45 두예는 "얼마만큼의 양식을 써야 할지 아는 것이다"라 하였다.
46 나라의 크기에 따라 약간의 역인(役人)을 낼 것을 분부하여 얼마간의 공정을 완성시키는 것이다.
47 수(帥): 두예는 "수는 제후의 대부이다"라 하였다.
48 효(效): 두예는 "효(效)는 드리는 것이다"라 하였다. 유자는 유문공(劉文公)이다.
49 이 공정을 감독하는 것이다.
50 성명(成命): 정명(定命)으로 요즘의 기정(旣定) 방안(方案)이다.
51 두예는 "공을 따르는 자들이다"라 하였다.

賜子家子雙琥, 一環, 一璧, 輕服,[52] 자가자에게 호 한 쌍과 환옥 한 개, 벽옥 한 개, 가벼운 옷을 내리니

受之. 받았다.

大夫皆受其賜. 대부들이 모두 내리는 것을 받았다.

己未, 기미일에

公薨. 공이 돌아가셨다.

子家子反賜於府人,[53] 자가자가 부인에게 내려 준 것을 돌려주며

曰, 말하였다.

"吾不敢逆君命也." "내 감히 임금의 명을 거스르지 못했기 때문이다."

大夫皆反其賜. 대부들도 모두 그 받은 것을 돌려주었다.

書曰, 기록하기를

---

52 쌍호(雙琥): 『주례·춘관·대종백(春官·大宗伯)』 및 『예기·예기(禮器)』 및 『주』에 의하면 호(琥)는 예신(禮神)의 옥기(玉器)로 또한 보답하는 폐백으로 삼기도 한다. 대체로 옥으로 만들며 호랑이의 형태이다.
환·벽(環·璧): 『이아·석기(釋器)』에 의하면 둘레의 옥 부분이 중간의 구멍 지름 너비와 같은 것을 환(環)이라 하고, 둘레의 지름 너비가 중간 구멍의 배가 되는 것을 벽(璧)이라고 한다.
경복(輕服): 두예는 "올이 가늘고 좋은 옷이다"라고 하였다.

53 부인(府人): 아마 노후(魯侯)의 재화를 저장하는 일을 맡은 관리일 것이다.

“公薨于乾侯”,	“공이 간후에서 돌아가셨다”라 한 것은
言失其所也.[54]	죽어야 할 곳을 잃었기 때문이다.
趙簡子問於史墨曰,	조간자가 사묵에게 물어서 말하였다.
“季氏出其君,	“계씨가 그 임금을 쫓아내자
而民服焉,	백성들이 순복하고
諸侯與之,	제후들은 그를 지지하였으며,
君死於外而莫之或罪,	임금이 외지에서 죽어도 아무도 죄를 묻지 않으니
何也?”[55]	어찌 된 것인가?”
對曰,	대답하였다.
“物生有兩, 有三, 有五, 有陪貳.	“사물에는 2가 있고 3이 있으며 5가 있고 조수가 있으므로
故天有三辰,[56]	하늘에는 3진이 있고
地有五行,	땅에는 5행이 있으며
體有左右,[57]	몸에는 좌우가 있어
各有妃耦,[58]	각기 짝이 있으며,

54 실소(失所): 도망가서 외지에서 죽은 것을 이른다.
55 하(何)는 각판본에는 없는데 여기서는 가나자와 문고본(金澤文庫本)에 따라 추가하였다.
56 삼진(三辰): 일(日)·월(月)·성(星)으로 또한 환공 2년의 『전』에도 보인다.
57 두예는 “두 개가 있다(有兩)한 것을 이른다”라 하였다.
58 각자 지아비와 아내를 갖추어 서로 배우자로 삼는 것을 이른다.

王有公,	왕에게는 공이 있고
諸侯有卿,	제후에게는 경이 있으니
皆其貳也.	모두 그 조수인 것입니다.
天生季氏,	하늘이 계씨를 낳아
以貳魯侯,	노나라 임금의 조수로 삼은 지
爲日久矣.	날이 오래되었습니다.
民之服焉,	백성들이 그에게 순복하는 것이
不亦宜乎!	또한 마땅하지 않겠습니까?
魯君世從其失,[59]	노나라는 방종음일하였고
季氏世修其勤,	계씨는 대대로 다스림에 수고롭혔으니
民忘君矣.	백성들이 임금을 잊었습니다.
雖死於外,	밖에서 죽는다 하더라도
其誰矜之?[60]	그 누가 불쌍히 여기겠습니까?
社稷無常奉,[61]	사직에 늘 받드는 사람이 없고
君臣無常位,	임금과 신하 간에 늘 있는 지위가 없으면

---

59 종(從)은 종(縱)으로, 실(失)은 일(佚)의 뜻으로 읽으며, 일(佚)은 근(勤)과 대(對)가 된다. 노나라 임금이 대대로 안일하게 방종하였음을 말한다. 왕인지의 『술문(述聞)』에 설이 상세하다.

60 긍(矜): 연석(憐惜), 곧 불쌍히 여기다.

61 사직의 제사를 받드는 자가 모성(某姓) 모씨(某氏)의 사람으로 일정치 않다는 말이다.

自古以然.[62]	예로부터 이미 그러하였습니다.
故詩曰,	그러므로 『시』에서 말하기를
'高岸爲谷,	'높은 언덕 골짜기 되고
深谷爲陵.'[63]	깊은 골짜기는 언덕 되네'라 하였습니다.
三后之姓於今爲庶,[64]	세 제왕의 자손은 지금은 서민이 되었는데
主所知也.[65]	주인께서 아시는 바입니다.
在易卦,	『역』의 괘에서
雷乘乾曰大壯䷡,[66]	우레가 하늘을 타는 것이 대장䷡인데
天之道也.[67]	하늘의 도입니다.
昔成季友,[68]	옛날 성계우는

62 이(以): 이(已)와 같다.

63 『시경·소아·시월지교(小雅·十月之交)』의 구절이다. 이는 땅에 아직 변역(變易)이 있다는 말이다.

64 삼후(三后): 우(虞), 하(夏), 상(商)이다. 성(姓)은 곧 4년 『전』의 "그 자식에 대하여 물었다(問其姓)"라 한 성(姓)으로 아들이며, 여기서는 자손을 말한다.

65 주(主)는 원래 "왕(王)"으로 되어 있었는데 여기서는 『교감기(校勘記)』와 가나자와 문고본(金澤文庫本)을 따라 고쳤다. 서(庶)는 서민(庶民)이다.

66 두예는 "건(乾)괘가 아래에 있고 진(震)괘가 위에 있는 것을 대장(大壯)이라 한다. 진괘가 건괘의 위에 있으므로 '우레가 건괘를 탔다(雷乘乾)'고 하였다"라 하였다.

67 두예는 "건괘는 천자이고 진괘는 제후인데 건괘의 위에 있다. 임금과 신하가 자리를 바꾸면 대신(大臣)이 강해지는 것과 같아 마치 하늘에 우레가 있는 것 같다"라 하였다.

68 계우(季友): 환공의 막내아들이다.

桓之季也,	환공의 막내아들이며
文姜之愛子也.	문강이 총애하는 아들로
始震而卜,[69]	갓 임신을 하였을 때 점을 쳤더니
卜人謁之,[70]	복인이 아뢰어
曰,	말하기를
'生有嘉聞,[71]	'나면 아름다운 명성이 있게 될 것이며
其名曰友,	그 이름을 우라 하여
爲公室輔.'	공실의 보익이 될 것입니다'라 하였습니다.
及生,	낳을 즈음에
而如卜人之言,	복인의 말대로
有文在其手曰'友',	그 손에 '우'자 무늬가 있어서
遂以名之.	마침내 이름으로 삼았습니다.
旣而有大功於魯,[72]	얼마 후 노나라에 큰 공을 세우고
受費以爲上卿.	비읍을 받아 상경이 되었습니다.
至於文子, 武子,[73]	문자와 무자에 이르러

69 『시경·대아·생민(大雅·生民)』에 "아기 배고 신중히 하네(載震載夙)"라는 구절이 있는데, 진(震)은 신(娠) 곧 아이를 배는 것이다.

70 알(謁): 고(告)하다. 환공에게 알리는 것이다. 이 일은 민공 2년의 『전』에 보인다.

71 두예는 "아름다운 명성이 세상에 알려지는 것이다"라 하였다.

72 두예는 "희공을 세운 것이다"라 하였다.

世增其業,	대대로 가업이 늘어나
不廢舊績.[74]	옛 업적을 폐하지 않았습니다.
魯文公薨,	노문공이 죽자
而東門遂殺適立庶,	동문수가 적자를 죽이고 서자를 세워
魯君於是乎失國,[75]	노나라 임금이 이에 나라를 잃어
政在季氏,	정권이 계씨에게 있게 되었는데
於此君也四公矣.[76]	이 임금 때 네 임금째였습니다.
民不知君,	백성이 임금을 모르는데
何以得國?	어떻게 나라를 얻겠습니까?
是以爲君愼器與名,	그런 까닭에 임금이 되면 기물과 명호를 신중히 하여
不可以假人."[77]	남에게 빌려 줄 수 없습니다."

---

73 문자·무자(文子·武子): 두예는 "문자는 행보(行父)이고 무자는 숙(宿)이다"라 하였다.

74 "폐(廢)"는 원래 "비(費)"로 되어 있었으며, 『교감기(校勘記)』에서는 "폐(廢)자가 되어야 한다"라 하였다. 여기서는 가나자와 문고본(金澤文庫本)에 따라 바로잡았다.

75 『사기·노세가(魯世家)』에는 "국정을 실정하였다(失國政)"라 하였는데 이는 아마 사마천이 글자를 더하여 그 뜻을 명백히 한 것일 것이다.

76 청나라 염약거(閻若璩)의 『잠구차기(潛丘箚記)』에서는 "희공 16년 계우(季友)가 죽고 장문중(臧文仲)이 집정하였으며, 문공 10년에 장손신(臧孫辰)이 죽고 동문양중(東門襄仲)이 집정을 하였으며, 선공 8년에 중수(仲遂)가 죽고 계문자(季文子)가 집정하였다. 그러므로 성공 때 문자(文子)가 두 임금의 상(相)이 되었다 하였고, 양공 때 문자가 세 임금의 상이 되었다고 하였다. 문자는 문공 6년에 처음 보이며 이때는 문자가 막 서서 상이 되지 않았을 때이다"라 하였다.

77 성공 2년 『전』에서는 중니의 말을 인용하여 "기물과 명호는 남에게 빌려 줄 수 없다(唯器與名, 不可以假人)"라 하였는데, 이는 옛사람의 말이므로 사묵 및 공구가 모두 말하였다.

11. 정공

定公

(기원전 509년~기원전 495년)

이름은 송(宋)이며, 소공(昭公)의 아우이다. 공영달의 『소(疏)』에서는 "사전(史傳)에서 그 어머니에 대한 언급을 하지 않아 누구에게서 났는지 모른다"라 하였다. 『공양전』 정공의 『석문(釋文)』에서 하휴(何休)는 정공이 소공의 아들이라고 하였는데 확실하지 않을 것이다.

정공 원년

經

元年春王.[1]	원년 봄 주력이다.
三月,	3월에
晉人執宋仲幾于京師.	진나라 사람이 경사에서 송나라 중기를 잡아갔다.
夏六月癸亥,[2]	여름 6월 계해일에
公之喪至自乾侯.[3]	공의 영구가 간후에서 이르렀다.
戊辰,[4]	무진일에
公即位.	공이 즉위하였다.
秋七月癸巳,[5]	가을 7월 계사일에
葬我君昭公.	우리 임금이신 소공을 장사 지냈다.
九月,	9월에

1 원년(元年): 임진년 B.C. 509년으로 주경왕(周敬王) 11년이다. 두예는 "공의 첫 해인데 '정월(正月)'이라고 기록하지 않은 것은 즉위를 6월에 했기 때문이다"라 하였다. 동지가 정월 26일 경자일로 건자(建子)이다.

2 계해일은 21일이다.

3 두예는 "종묘에 고하였기 때문에 이르렀다고 기록하였다"라 하였다. 은공 원년의 『전』 및 『예기』의 「예기(禮器)」 및 「잡기(雜記) 하」에 의하면 제후는 5개월 만에 장례를 치른다. 『춘추』의 『경』과 『전』에 의하면 3개월 만에 장례를 치른 것도 또한 많다. 소공은 지난해 12월 14일에 죽었으니 이때는 이미 6개월을 넘어 『전』의 계평자(季平子)가 비교하여 추산한 것과 부합하는데, 상례의 처리가 늦추어진 것이다.

4 무진일은 26일이다.

5 계사일은 22일이다.

大雩.[6]	크게 기우제를 지냈다.
立煬宮.[7]	양궁을 세웠다.
冬十月,	겨울 10월에
隕霜殺菽.[8]	서리가 내려 콩이 죽었다.

傳

元年春王正月辛巳,[9]	원년 봄 주력으로 정월 신사일에
晉魏舒合諸侯之大夫于狄泉,	진나라 위서가 적천에서 제후의 대부를 회합하여
將以城成周.	성주에 성을 쌓으려고 하였다.
魏子涖政.[10]	위자가 정사를 맡았다.
衛彪傒曰,	위나라 표혜가 말하였다.
"將建天子,[11]	"천자를 위해 세우려는데
而易位以令,[12]	지위를 바꾸어 영을 내리는 것은

---

6 『전』이 없다.

7 양공(煬公)의 종묘를 다시 세운 것이다.

8 『전』이 없다. 주나라의 10월은 지금의 음력 8월로, 서리가 거듭 내려 콩 싹에 해를 끼쳤는데 이는 이상(異常)한 천재(天災)이며, 대체로 『예기·월령(月令)』에서는 9월에 서리가 비로소 내린다고 하였는데 콩은 또한 서리를 견디는 곡물이다.

9 신사일은 7일이다.

10 리(涖): 두예는 "리(涖)는 임(臨)하는 것이다. 천자의 대부를 대신하여 정사를 보는 것이다"라 하였다.

11 두예는 "천자의 거처를 세우는 것이다"라 하였다.

12 역위(易位): 위서는 본래 신하인데, 지난해 『전』에서 "위자가 남면(南面)하였다" 하였으니 이는 임금의 지위를 바꾸어 제후의 대부들에게 명령하는 것을 이른다.

非義也.	의롭지 않다.
大事奸義,[13]	중대한 일에 의로움을 범하면
必有大咎.	반드시 큰 재앙이 있을 것이다.
晉不失諸侯,	진나라는 제후를 잃지 않겠지만
魏子其不免乎!"[14]	위자는 아마 면하지 못할 것이다."
是行也,	이번 행사에
魏獻子屬役於韓簡子及原壽過,[15]	위헌자는 한간자 및 원수과에게 일을 맡기고
而田於大陸,[16]	대륙에서 사냥을 하여

13 간의(奸義): 곧 의(義)를 범하고 의를 어기는 것이다.

14 이 단락의 기사는 지난해의 『전』과 대체로 거의 같으며, 왕인지(王引之)의 『술문(述聞)』에서는 이 단락에서 기록한 것은 모두 지난해 11월의 일이라고 하였으며, 성주에 성을 쌓는 것에 대하여 "생각건대 소공 32년 겨울 11월 15일 경인일에 시작하여 12월 15일 기미일에 끝났을 것이니 분명히 정공 원년 정월에 성을 쌓은 것은 아니며 2월이 되어서야 비로소 끝이 났다. ……" 하였다. 고염무 또한 『전』에서 두 곳에 수록하여 그중 하나를 산거하지 못하였다고 하였다. 일본인 야스이 코(安井衡: 1799~1876)의 『좌전집석(左傳輯釋)』에서는 "32년에 적천(狄泉)에서 회합한 대부는 특별히 회합을 소집하는 명을 듣고 왔다. 이미 맹약한 후에야 성주에 성을 쌓는다는 것을 알았는데 인력(人力)은 도착하지도 않았고 재용(財用)은 갖추어지지도 않아 오늘은 역부(役賦)에 속한 사람이 내일은 곧 담틀이 될 판이니 제후가 어찌 그 명에 응하겠는가? 지난해 겨울에 명한 것과 이해 봄에 성을 쌓은 것은 분명히 두 가지 일로 『전』에서는 각각 사실에 따라 기록하였는데, 『경』에서는 명은 기록하였으나 사실은 기록하지 않았다. 위서가 두 차례 지위를 범하였다면 위나라 표혜가 두 번 의논을 제기한 것이 이상할 것이 없다"라 하였다. 야스이 코(安井衡)의 설은 심흠한(沈欽韓)의 『보주(補注)』의 설을 취하여 발휘한 것에 불과할 따름이다.

15 두예는 "간자는 한기(韓起)의 손자 불신(不信)이다. 원수과는 주(周)나라의 대부이다"라 하였다.

16 대륙(大陸): 지금의 하남 획가현(獲嘉縣) 서북쪽으로, 옛 명칭은 오택피(吳澤陂)이다.

焚焉,	그곳을 태웠으며
還,	돌아와서
卒於寗.[17]	영에서 죽었다.
范獻子去其柏椁,	범헌자는 그 잣나무 곽을 없앴는데
以其未復命而田也.[18]	복명을 하지 않고 사냥을 하였기 때문이었다.
孟懿子會城成周,	맹의자가 성주에 성 쌓는 일에 참가하여
庚寅,[19]	경인일에
栽.	판을 대고 흙을 다졌다.
宋仲幾不受功,[20]	송나라의 중기가 일은 받지 않고
曰,	말하였다.

---

17 영(寗): 지금의 획가현 서쪽으로 오택(吳澤)과 가까운 곳이다. 「주어 하」에서는 "이해에 위헌자는 적천에서 제후의 대부들을 회합하여 마침내 대륙에서 사냥을 하다가 불에 타서 죽었다"라 하여 『전』의 뜻과는 다르다. 『전』에 의하면 분(焚)은 수택(藪澤)의 초목을 태워서 사냥에 편하게 한 것으로 불에 죽은 것은 아니다. 그가 죽은 것은 사냥을 마치고 돌아오던 도중이었다.

18 두예는 "범헌자가 위자를 대신하여 정사를 돌보아 그 잣나무 곽을 없앰으로써 그를 폄하하였음을 나타내었다"라 하였다. 『예기·상대기(喪大記)』에 의하면 임금은 소나무로 곽을 만들고 대부는 잣나무로 곽을 만들며 사는 잡목으로 곽을 만든다.

19 경인일은 16일이다. 두예는 "재(栽)는 판축을 설치하는 것이다"라 하였다. 그러나 『시경·대아·면(大雅·緜)』에서는 "판 엮어 흙 채우네(縮板以載)"라 하였는데 축판(縮板)이 곧 판축을 설치하는 것이며, 재(載)는 달구질하는 것이다. 옛날에 "재(載)"와 "재(栽)"는 동음으로 서로 통용하였다. 장공 29년 『전』의 "수성이 황혼녘에 남방에 보이면 판자를 댄다(水昏正而栽)"라 한 곳의 『주』를 함께 참조하라.

20 청나라 오식분(吳式芬)의 『군고록금문(攈古錄金文)』에 중기궤(仲幾簋)가 있는데 아마 이 사람은 아닐 것이다.

"滕, 薛, 郳,	"등나라와 설나라, 예나라는
吾役也."[21]	우리의 도역이다."
薛宰曰,	설재가 말하였다.
"宋爲無道,	"송나라는 하는 일이 무도하여
絶我小國於周,	우리 소국들을 주나라와 단절시키고
以我適楚,[22]	우리를 데리고 초나라로 갔기 때문에
故我常從宋.	우리는 늘 송나라에 복종합니다.
晉文公爲踐土之盟,[23]	진문공이 천토의 맹약을 만들어
曰,	말하기를
'凡我同盟,	'무릇 우리 동맹국들은
各復舊職.'	각기 옛 직위를 회복한다'라 하였습니다.
若從踐土,	천토의 맹약을 따른다면
若從宋,	송나라를 따르는 것이
唯命."[24]	또한 명을 따르는 것입니다."

21 두예는 "세 나라로 하여금 송나라를 대신하여 공역(功役)을 받게 하려는 것이다"라 하였다. 예(郳)는 소주(小邾)이다.

22 초나라가 여러 나라와 맹약한 것은 희공 19년에 비롯되며 그때만 해도 송나라는 맹약에 참여하지 않았다. 송나라와 설나라가 초나라에 동조한 것은 성공 2년에 있었다. 때로는 진나라에 속했다가 때로는 초나라에 속하는 등 혹은 진나라 초나라와 모두 맹약하기도 하였는데 양공 27년 후의 일이다.

23 두예는 "희공 28년에 있었다"라 하였다.

24 약(若)은 혹(或)이라는 듯이다. 혹 천토의 맹약을 따라 옛 직위를 회복한다면 주나라 천

仲幾曰,	중기가 말하였다.
“踐士固然.”[25]	“천토의 맹약은 실로 그러했소.”
薛宰曰,	설재가 말하였다.
“薛之皇祖奚仲居薛,	“설나라의 시조 해중은 설에 거처하면서
以爲夏車正,[26]	하나라의 거정이 되었는데
奚仲遷于邳,[27]	해중이 비로 옮기자
仲虺居薛,[28]	중훼가 설에 거처하면서
以爲湯左相.	탕의 좌상이 되었습니다.
若復舊職,	옛 직위를 회복한다면
將承王官,[29]	왕의 관직을 맡을 것인데

자의 직속이 되고, 혹 송나라에 복종하면 그 속국의 공역을 맡아 진나라의 명을 따른다는 것이다. 역(亦)은 조사이다.

25 고연(固然): 실로 이러하다는 말로, 옛 직위를 회복하는 뜻을 이르며, 설나라는 여전히 송나라의 역부라는 것이다.

26 해중(奚仲)은 설나라의 시조이다. 『세본(世本)』과 『문선(文選)』「연연주(演連珠)」의 주에서는 『시자(尸子)』와 『순자 · 해폐(荀子 · 解蔽)』편, 『여씨춘추 · 군수(呂氏春秋 · 君守)』편, 『회남자 · 수무훈(淮南子 · 修務訓)』 등을 인용하여 모두 해중이 수레를 만들었다 하였으며, 삼국시대(三國時代) 촉한(蜀漢) 초주(譙周)의 『고사고(古史考)』에서는 황제(黃帝)가 수레를 만들고 그 후손인 소호(少昊) 때 소가 끌었으며 우임금 때는 말이 끌었다고 하였다. 옛 역사는 까마득하여 다 믿을 수 없다. 설(薛)은 지금의 산동 등현(滕縣) 남서쪽 10리 지점이다.

27 비(邳): 지금의 강소 비현(邳縣) 동북쪽 비성진(邳城鎭)으로 곧 비현의 옛 치소이다.

28 중훼(仲虺): 두예는 “중훼는 해중의 후손이다”라 하였다.

29 승(承): 두예는 “승(承)은 받드는 것이다”라 하였다.

何故以役諸侯?"[30]	무슨 까닭으로 제후의 도역이 됩니까?"
仲幾曰,	중기가 말하였다.
"三代各異物,[31]	"삼대에는 각기 일이 달랐거늘
薛焉得有舊?[32]	설나라가 어찌 옛 직위를 가질 수 있겠는가?
爲宋役,	송나라의 역도가 되는 것
亦其職也."[33]	또한 그 직위이다."
士彌牟曰,	사미모가 말하였다.
"晉之從政者新,[34]	"진나라의 집정은 새로운 사람이니
子姑受功,	그대는 잠시 일을 받아서
歸,	돌아가면
吾視諸古府."[35]	내 고부에서 그 일을 살펴보겠소."
仲幾曰,	중기가 말하였다.

30 역제후(役諸侯): 제후에게 부림을 당하는 것이다.

31 물(物): 사(事)와 같다. 때가 같지 않으면 일이 각기 다른 것이다.

32 두예는 "주나라 시대에 살아서 하·은(夏·殷)의 옛 직위를 가질 수 없다는 것이다"라 하였다.

33 송나라는 미자(微子)의 후손국이므로 또한 그 직위라고 한 것이다.

34 위에서 "위헌자는 한간자에게 일을 맡겼다(魏獻子屬役於韓簡子)"라 하였으므로 한불신이 성주에 성을 쌓는 일을 주관하였으며, 이는 한불신이 새로 경이 되었다는 것을 가리킨다.

35 고부(古府): 아마 문서를 보관한 곳일 것이며, 돌아가서 문서를 찾아보고 결정을 하겠다는 말이다.

"縱子忘之,	"그대가 잊는다 하더라도
山川鬼神其忘諸乎?"[36]	산천의 귀신이야 어찌 그것을 잊겠습니까?"
士伯怒,	사백이 노하여
謂韓簡子曰,	한간자에게 말하였다.
"薛徵於人,[37]	"설나라는 사람으로 증명하였는데
宋徵於鬼.[38]	송나라는 귀신으로 증명을 하니
宋罪大矣.	송나라의 죄가 크오.
且己無辭,	또한 자기는 말을 하지 않으며
而抑我以神,[39]	귀신을 가지고 우리를 억누르니
誣我也.	이는 우리를 속이는 것입니다.
'啓寵納侮',	'그를 총애하였는데 도리어 모욕을 당하였다' 한 것은
其此之謂矣.[40]	아마 이를 이를 것입니다.
必以仲幾爲戮."[41]	반드시 중기를 욕보일 것입니다."

36 기(其): 기(豈)와 같다. 두예는 "산천의 귀신은 맹약을 알린 곳이다"라 하였다.

37 두예는 "전적(典籍) 고사(故事)는 사람이 아는 것이다"라 하였다.

38 두예는 "귀신에게서 입증하는 것이다"라 하였다.

39 산천의 귀신을 가지고 우리에게 압력을 가한다는 것이다.

40 계총납모(啓寵納侮)는 아마 고어일 것이므로 사백이 인용을 하였다. 자기가 먼저 송나라를 총애하였는데 송나라는 도리어 자기를 탄압한다는 말로, 총애의 단서를 열어 주고는 끝내 모욕을 당한다는 것이다.

41 육(戮): 욕보이는 것이다.

乃執仲幾以歸.	이에 중기를 잡아서 돌아갔다.
三月,	3월에
歸諸京師.[42]	경사로 돌려보냈다.
城三旬而畢,	성의 공사는 30일 만에 끝나
乃歸諸侯之戍.	이에 제후의 국경수비군을 돌려보냈다.
齊高張後,	제나라의 고장이 처져서
不從諸侯.[43]	제후들의 일을 따르지 못하였다.
晉女叔寬曰,	진나라 여숙관이 말하였다.
"周萇弘, 齊高張皆將不免.	"주나라의 장홍과 제나라의 고장은 모두 면치 못할 것이다.
萇叔違天,	장숙은 하늘을 어겼고
高子違人.	고자는 사람을 어겼다.
天之所壞,	하늘이 허무는 것은
不可支也,[44]	지탱할 수 없으며,

42 이『경』의『전』"진나라 사람이 송나라 가중을 경사에서 잡았다"는 것은 먼저 그 까닭을 말하고 나중에 그 결과를 말한 것이다. 유월(兪樾)의『평의(平議)』에서는 "이때 진후는 회합에 있지 않았으므로 먼저 진나라로 돌아갔으며 나중에 진후의 명으로 경사로 돌려보냈다"라 하였다.

43 두예는 "기한에 처져 제후들의 일에 미치지 못한 것이다"라 하였다.

44 「주어 하」에서는 "경왕 10년에 유문공과 장홍이 주에 성을 쌓으려 하여 그것을 진나라에 알렸다. 위헌자가 집정이었는데 장홍에게 그 일에 참여하겠다고 하였다. 위나라 표혜가 주나라에 갔다가 그 말을 듣고 단목공(單穆公)을 찾아보고 말하였다. '장홍과 유문공은 제 명에 죽지 못할 것입니다.'『주시(周詩)』에서 말하기를 '하늘이 지탱하는 것은 무

衆之所爲,	사람의 무리가 하는 일은
不可奸也."[45]	위배할 수 없다.

夏,	여름에
叔孫成子逆公之喪于乾侯.[46]	숙손성자가 간후에서 공의 영구를 맞았다.
季孫曰,	계손이 말하였다.
"子家子亟言於我,	"자가자가 자주 나에게 말했는데
未嘗不中吾志也.[47]	내 뜻에 들어맞지 않은 적이 없었소.
吾欲與之從政,	내 그에게 정치에 참여하게 하고자 하니
子必止之,[48]	그대는 반드시 그를 붙들어 두고
且聽命焉."[49]	또한 명을 따르시오."
子家子不見叔孫,	자가자는 숙손을 만나지 않고

너뜨릴 수 없으며, 무너뜨리는 것은 또한 지탱할 수 없다' ……" 하여 이 『전』과는 약간 다르다.

45 고장(高張)이 사람을 어겼다는 것으로 사람을 어긴 것은 곧 대중을 범한 것이며 기한에 뒤처진 것을 가리킨다. 두예는 "애공 3년 주나라 사람이 장홍을 죽이고 6년에 고장이 도망쳐 오는 복선이 된다"라 하였다.

46 성자(成子): 두예는 "성자는 숙손야(叔孫婼)의 아들이다"라 하였다.

47 중오지(中吾志): 거성(去聲)으로 합치된다는 뜻이다. 중오지(中吾志)는 내 마음에 부합한다는 뜻이다.

48 그가 다른 나라로 가지 못하게 억류하는 것이다.

49 두예는 "여러 가지 일을 모두 자가자에게 자문한 것이다"라 하였다.

易幾而哭.[50]	때를 바꾸어서 곡을 하였다.
叔孫請見子家子.	숙손이 자가자를 만나 보기를 청하였다.
子家子辭,	자가자가 거절하면서
曰,	말하였다.
"羈未得見,	"저는 만날 수가 없고
而從君以出.[51]	임금을 따라가야 합니다.
君不命而薨,	임금께서 명을 내리지 않고 돌아가셨으니
羈不敢見."[52]	저는 감히 만날 수 없습니다."
叔孫使告之曰,	숙손이 알리게 하여 말하였다.
"公衍, 公爲實事羣臣不得事君,[53]	"공연과 공위는 실은 신하들을 섬기고 임금은 섬길 수 없었으니
若公子宋主社稷,[54]	공자 송이 사직을 주관하면

50 『시경·소아·초자(小雅·楚茨)』편에 "바라는 때대로 법도대로(如幾如式)"라는 구절이 있는데 『모전(毛傳)』에서는 "기(幾)는 기(期)이다"라 하였다. 고대의 상례는 초상(初喪) 때 조석(朝夕)으로 곡을 하며 함께 가운데 뜰에서 북면(北面)을 하였다. 자가자는 숙손을 보고 싶어 하지 않았기 때문에 자기가 곡할 때를 바꾸어 조금 일찍 하거나 조금 늦게 한 것이다. 심흠한의 『보주(補注)』에 근거함.

51 두예는 "나갈 때 성자(成子)는 경이 아니었다"라 하였다.

52 두예는 "소공의 명을 받지 못하였다고 핑계를 대고 숙손을 거절한 것을 말한다"라 하였다.

53 29년 『전』 소공의 말에 의하면 공위는 실제 계씨를 제거하려는 계책을 세웠지만 공연은 거기에 참여하지 않았다. 25년 『전』에서 계씨를 없애려는 일을 서술할 때도 공연은 없었다. 그런데 계씨가 소공의 아들을 세우고 싶어 하지 않아 공연을 무고한 것이다.

54 두예는 "송(宋)은 소공의 아우 정공(定公)이다"라 하였다.

則羣臣之願也. 이는 신하들의 바람입니다.

凡從君出而可以入者, 무릇 임금을 따라 나가서 들어갈 수 있는 것은

將唯子是聽. 그대의 명을 따를 뿐이오.

子家氏未有後, 자가씨는 후계자가 없으니

季孫願與子從政.[55] 계손이 그대가 정치에 참여하기를 바라오.

此皆季孫之願也,[56] 이는 모두 계손씨의 바람으로

使不敢以告."[57] 저로 하여금 알리게 한 것이오."

對曰, 대답하였다.

"若立君, "임금을 세우려면

則有卿士, 大夫與守龜在,[58] 경사와 대부 및 수귀가 거기 있으니

---

55 자가기(子家羈)는 귀보(歸父)의 아들로, 귀보는 계문자에게 쫓겨났으며 선공 18년의 『전』과 『공양전』 성공 15년의 『전』에 보인다. 자가기가 노나라에 돌아가지 않는다면 그 종족들 가운데 아마 뒤를 이을 자가 없을 것이다. "후(後)"는 『논어·헌문(憲問)』에서 "장무중이 방읍을 가지고 노나라에서 후계자를 세워 줄 것을 요구하였다(臧武仲以防求爲後於魯)"라 한 "후(後)"의 뜻으로 읽는다. 그 자손을 세워 대부를 계승하도록 하여 그 제사를 받들게 하는 것을 말한다.

56 공자 송을 세우는 것이 첫 번째 일이고, 소공을 따라 나간 자 가운데 누가 들어갈 수 있느냐를 자가기를 통해 결정하는 것이 두 번째 일이며, 자가기를 정치에 참여시켜 자가씨로 하여금 노나라에서 후사를 잇게 하는 것이 세 번째 일이다.

57 불감(不敢): 두예는 "불감은 숙손성자의 이름이다"라 하였다.

58 경사(卿士): 한 단어이다. 『서경·홍범(洪範)』에서 "경사에게 물어보다(謀及卿士)"라 한 것과 은공 3년 『전』의 "정나라 무공과 장공이 평왕의 경사가 되었다(鄭武公、莊公爲平王卿士)"라 한 것이 이것이다.

수귀(守龜): 소공 5년과 애공 23년의 『전』에도 보이며, 『서경·홍범(洪範)』에서는 큰 의혹이 있으면 복서(卜筮)에 물어보라고 하였다. 귀(歸)는 옛날 점으로 의혹을 푸는 것으로

羈弗敢知.	저는 감히 그것을 알려 하지 않겠습니다.
若從君者,[59]	임금을 따른 자는
則貌而出者,[60]	겉으로만 따라나선 자라면
入可也,	돌아가면 될 것이요,
寇而出者,	원수가 져서 따라나선 자는
行可也.[61]	떠나면 될 것입니다.
若羈也,[62]	저 같은 사람은
則君知其出也,	임금께서 따라나설 것은 아셨지만
而未知其入也,	돌아갈 것은 몰랐을 것이니
羈將逃也."	저는 도망가려 합니다."
喪及壞隤,[63]	영구가 괴퇴에 이르자
公子宋先入,	공자 송이 먼저 들어갔으며

『주례』에 의하면 귀인(龜人)이 그 직함을 지키므로 수귀라고 한다. 여기서는 태자 공연을 세우지 않고 다른 사람을 임금으로 세우면 경사와 대부에게 물어보고 아울러 수귀에게 점을 쳐 보아야 함을 말하며, 『주례·춘관·태복(春官·大卜)』에서 이른바 "임금을 세우는 것을 점치는(卜立君)" 것이다.

59 즉(則): 가정을 나타내는 접속사로 약(若)과 같다.

60 모이출(貌而出): 겉으로만 임금을 따라나선 것을 말하며 마음속으로는 반드시 임금에게 충성을 하지 않는 것이다.

61 두예는 "계씨와 원수가 진 자는 절로 떠날 것이라는 말이다"라 하였다.

62 약(若): ~에 대하여서는.

63 괴퇴(壞隤): 지금의 곡부현 경내에 있으며, 성공 16년 『전』의 "공이 괴퇴에서 나왔다(公出于壞隤)"의 『주』를 함께 보라.

從公者皆自壞隤反.[64] 공을 따르던 사람은 모두 괴퇴에서 돌아갔다.

六月癸亥, 6월 계해일에

公之喪至自乾侯. 공의 영구가 간후에서 돌아왔다.

戊辰, 무진일에

公卽位.[65] 공이 즉위하였다.

季孫使役如闞公氏,[66] 계손씨는 감공씨로 역부들을 보내

將溝焉.[67] 도랑을 내게 하려 했다.

榮駕鵝曰, 영가아가 말하였다.

"生不能事, "살아서는 잘 섬기지 못하고

---

64 반(反): 들어가지 않고 돌아갔다는 것을 말한다. 두예는 "달아난 것이다"라 하였다. 곧 따르는 사람 중에 한 사람도 노나라로 들어가지 않은 것이다.

65 『예기·왕제(王制)』에서는 "천자는 7일 만에 빈(殯)을 하고 제후는 5일 만에 빈을 한다"라 하였다. 두예는 이 때문에 "빈을 하면 사자(嗣子)가 즉위한다"라 하였다. 계해일에서 무진일까지는 모두 6일이다. 고대의 즉위는 빈에서 명(命)을 받으며 빈을 제사 지내는 예를 행한다. 『상서·고명(顧命)』은 곧 주성왕이 죽고 강왕이 즉위한 글이다. 성왕은 을축일에 죽었는데 4월 17일이며, 강왕이 즉위한 것은 계유일로 4월 25일이니 죽은 날을 빼면 7일이다. 이 또한 계해일을 빼면 5일 만에 정공이 즉위한 것이다. 해를 넘겨야 비로소 연호를 바꾸며 조정(朝正: 왕이 새해에 종묘를 알현하는 일)을 행한 후에 다시 즉위하는 예를 행하는데, 『경』에서 이른바 "원년 봄 주력으로 정월에 공이 즉위하였다(元年春王正月公即位)"는 것이 바로 이를 말한다. 여기서는 곧 『경』에서 "정월"을 기록하지 않은 까닭이다.

66 감공씨(闞公氏): 감(闞)은 노나라 임금들의 묘지 이름이며, 공묘(公墓)가 있는 곳이므로 감공씨라고 하였다. 혹자는 감(闞)자에서 구절을 끊기도 하는데 틀렸다.

67 두예는 "계손씨가 소공을 미워하여 도랑을 내어 그 묘역을 단절시켜 선군과 함께하지 못하게 하려는 것이다"라 하였다.

死又離之,	죽어서도 또 떼어 놓으니
以自旌也?[68]	스스로 드러내는 것 아닙니까?
縱子忍之,[69]	그대가 기어이 이렇게 하신다면
後必或恥之."[70]	후세에서 반드시 이를 부끄럽게 여길 것입니다."
乃止.	이에 그만두었다.
季孫問於榮駕鵝曰,	계손씨가 영가아에게 물었다.
"吾欲爲君謚,	"내 임금의 시호를 지어
使子孫知之."[71]	자손들이 알게 하려 하오."
對曰,	대답하였다.
"生弗能事,	"살아서 잘 섬기지 못하고
死又惡之,	죽어서는 또 그를 미워하니
以自信也?[72]	스스로 뜻을 펴는 것 아닙니까?
將焉用之?"	장차 무엇을 하시려는 겁니까?"

68 두예는 "영가아(榮駕鵝)는 노나라 대부로 영성백(榮成伯)이다. 정(旌)은 드러내는 것이다"라 하였다. 영성백은 양공 28년의 『전』에 보인다. 야(也)는 야(耶)의 뜻으로 읽으며, 이렇게 하면 어찌 스스로 그 미움을 나타내는 것이 아니냐는 말이다.

69 마음을 모질게 먹고 그리 하는 것을 말한다.

70 나중에 반드시 부끄럽게 생각할 것이라는 말이다.

71 두예는 "나쁜 시호를 짓는다는 말이다"라 하였다.

72 신(信): 신(申), 신(伸)과 같다. 야(也)는 야(耶)와 같다. 이렇게 하여 스스로 자기가 공을 미워하는 것을 드러낸다는 말과 같으며 위의 "以自旌也"과 뜻이 같다. 양수달(楊樹達: 1885~1956)의 『독좌전(讀左傳)』에 설이 보인다.

乃止.[73]	이에 그만두었다.

秋七月癸巳,	가을 7월 계사일에
葬昭公於墓道南.[74]	소공을 묘도의 남쪽에 장사 지냈다.
孔子之爲司寇也,	공자가 사구였을 때
溝而合諸墓.[75]	도랑을 내어 여러 묘를 합쳤다.

昭公出故,	소공이 도망을 나간 까닭에
季平子禱於煬公.[76]	계평자는 양공에게 빌었다.
九月,	9월에
立煬宮.[77]	양공의 사당을 세웠다.

---

73 고례(古禮)에 장례를 치러야 시호를 더하는데 이는 장례를 치르기도 전에 먼저 논의한 것이다.

74 여러 묘는 북쪽에 있는데 계손이 소공을 길 남쪽에 장사 지냈으니 도랑을 파지 않더라도 사실상 노나라의 여러 선공의 무덤과 비교적 멀리 떨어진 것이다.

75 두예는 "신하가 임금을 폄하하지 않는다는 뜻을 밝힌 것이다"라 하였다. 공자가 사구가 될 때 『한시외전(韓詩外傳)』 권8에 그 임명하는 말이 실려 있는데 "송공(宋公)의 아들 불보하(弗甫何)의 손자 노나라 공구(孔丘) 너에게 사구가 될 것을 명한다"라 하였다. 이 일이 언제 있었는지에 대해 전인들은 자못 논쟁을 벌였다. 청나라 강영(江永)의 『공자연보(孔子年譜)』에서는 정공 10년이라고 하였는데 기교적 사리에 가깝다. 사구는 경의 위(位)로 청나라 모기령(毛奇齡)의 『서하경문(西河經問)』(《서하집(西河集)》 본(本) 『경문(經問)』)에 상세하다. 구(溝)는 소공의 묘 바깥에 도랑을 내어 묘역을 확대시키는 것으로 소공의 묘가 노나라 여러 임금의 묘와 한 구역에 있음을 나타낸 것이다.

76 『사기·노세가(魯世家)』에 의하면 백금(伯禽)이 죽자 아들인 고공(考公) 유(酉)가 즉위하였고, 고공이 4년 만에 죽자 아우인 희(熙)가 즉위하였는데 곧 양공(煬公)이라 하였다. 그런즉 양공은 아우로서 형의 왕위를 계승한 자이다. 계씨 또한 공연을 폐하고 소공의 아우를 세우고자 하여 양공이 왕위를 이은 일을 본받았으므로 기도한 것이다.

周翟簡公棄其子弟而好用遠人.[78] 주나라 공간공은 그 자제들을 버리고 먼 곳의 사람을 쓰기를 좋아했다.

정공 2년

經

二年春王正月.[1] 2년 봄 주력으로 정월.

夏五月壬辰,[2] 여름 5월 임진일에

雉門及兩觀災.[3] 치문과 양관에 화재가 났다.

---

77 양궁(煬宮): 곧 양공묘(煬公廟)이다. 일찌감치 폐쇄되어 허물어져 빌 때 겨우 조묘(祧廟: 먼 조상의 사당)에서 양공의 신주만 꺼내어 제사를 지냈다. 이때 정공이 이미 즉위하였으므로 따로 양궁을 세워서 형이 죽어 아우가 즉위했음을 나타내었는데, 노나라에는 선례가 있어서 개인의 사사로운 뜻이 아니다. 원나라 조방(趙汸)의 『춘추집전(春秋集傳)』에서 인용한 만효공(萬孝公)의 설에 근본함.

78 두예는 "간공은 주나라의 경사(卿士)이다. 원인(遠人)은 이족(異族)이다"라 하였다. 이 구절은 다음 해의 『전』 "2년 여름 4월 신유일에 공씨의 여러 자제가 간공을 해쳤다(二年夏四月辛酉, 鞏氏之羣子弟賊簡公)"와 이어서 읽어야 하는데 『경』문이 해가 나누어지면서 두 구절이 잘렸다.

1 이년(二年): 계사년 B.C. 508년으로 주경왕(周敬王) 12년이다. 동지가 2월 초7일 을사일로 건해(建亥)이며, 윤달이 있다.

2 임진일은 25일이다.

3 『전』이 없다.
치문(雉門): 『예기·명당위(明堂位)』에서 "치문은 천자의 응문(應門)이다"라 하였다. 여기서는 제후의 치문은 천자의 응문에 상당함을 말한 것이며, 제후궁의 남문(南門)이다. 『설문(說文)』에서 "치는 고문에서는 치(䦆)라고 하였다"라 하였으며, 혹은 줄여서 "제(弟)"라고도 하고 또한 "제(第)"라고도 한다. 「노세가(魯世家)」와 『한비자·외저설(韓非子·外儲說) 우상(右上)』, 『설원·지공(至公)』편에는 모두 "모문(茅門)"이라는 것이 있는데 실은 곧

秋,	가을에
楚人伐吳.[4]	초나라 사람이 오나라를 쳤다.
冬十月,	겨울 10월에
新作雉門及兩觀.[5]	치문과 양관을 새로 지었다.

傳

二年夏四月辛酉,[6]	2년 여름 4월 신유일에
鞏氏之羣子弟賊簡公.[7]	공씨의 여러 자제가 간공을 해쳤다.
桐叛楚.[8]	동나라가 초나라를 배반했다.
吳子使舒鳩氏誘楚人,[9]	오자가 서구씨로 하여금 초나라 사람을 꾀게끔

치문이다. 제후의 삼문(三門)은 고문(庫門)과 치문, 그리고 노문(路門)이다.
양관(兩觀): 치문의 양쪽 곁에 있으며 흙을 쌓아 대를 만들고 대위에는 겹으로 된 집을 짓는데 이를 누(樓: 지금 사람이 사는 누가 아님)라고 하며 관망할 수 있기 때문에 관(觀)이라고 한다. 『석명·석궁(釋宮)』에서는 "관(觀)은 보는 것으로 위에서 관망하는 것이다"라 하였다. 그 위에 법령을 걸어 놓으므로 또한 상위(象魏)라고도 한다. 장공 21년 "궐서벽(闕西辟)"의 『주』를 대조해 보라.

4 초나라는 오나라를 일곱 번 쳤는데 여기서 그친다.

5 『전』이 없다. 화재로 불타서 어쩔 수 없이 지은 것이다.

6 신유일은 24일이다.

7 이 구절은 본래 위 해의 마지막 구절 "주나라 공간공은 그 자제들을 버리고 먼 곳의 사람을 쓰기를 좋아했다(周鞏簡公棄其子弟而好用遠人)"와 이어서 읽어야 한다.

8 동(桐): 송나라 왕존(王存) 등의 『원풍구역지(元豐九域志)』에 의하면 동(桐)은 옛 나라로 대대로 초나라의 속국이었다. 지금의 안휘 동성현(桐城縣) 북쪽에 고동성(古桐城)이 있는데 곧 그곳이다.

9 서구씨(舒鳩氏): 서구(舒鳩)는 양공 24년 초나라를 배반하여 25년에 초나라가 멸하였다.

曰,	말하게 하였다.
"以師臨我,[10]	"군사를 우리에게 보내면
我伐桐,	우리가 동나라를 치려 해도
爲我使之無忌."[11]	우리 때문에 의심을 품지 않게 할 것이오."
秋,	가을에
楚囊瓦伐吳,	초나라 낭와가 오나라를 치고
師于豫章.[12]	예장에 주둔하였다.
吳人見舟于豫章,[13]	오나라 사람이 예장에 수군을 늘어놓고
而潛師于巢.[14]	몰래 소로 출병했다.
冬十月,	겨울 10월에
吳軍楚師于豫章,[15]	오나라 군사가 예장에서 초군을 공격하여

지금의 안휘 서성현(舒城縣)이 곧 그곳으로 동(桐) 북쪽에 있다.

10 두예는 "서구씨로 하여금 초나라를 꾀게 하여 군사를 오나라에 보내게 하는 것이다"라 하였다.

11 두예는 "오나라가 동나라를 치는 것이다. 초나라 군사가 우리에게 오는 것을 두려워하는 것처럼 가장하여 반국(叛國)을 쳐서 아첨을 하는 자를 잡는 것이며, 초나라가 오나라를 꺼리지 않게 하려는 것으로 이른바 '여러 방면으로 그르치게 하는 것'이다"라 하였다.

12 두예는 "서구의 말대로 한 것이다"라 하였다.

13 두예는 "거짓으로 초나라를 위해 동을 치려는 것처럼 하는 것이다"라 하였다.

14 두예는 "실은 초나라를 치려는 것이다"라 하였다.

15 군(軍): 동사로 쓰였으며, 친다는 뜻이다.

敗之.[16]	무찔렀다.
遂圍巢,	마침내 소를 에워싸
克之,	이기고
獲楚公子繁.[17]	초나라 공자 번을 사로잡았다.

邾莊公與夷射姑飮酒,	주장공이 이사고와 술을 마시다가
私出.[18]	소변을 보러 갔다.
閽乞肉焉,	문지기가 고기를 달라고 청하자
奪之杖以敲之.[19]	그에게서 몽둥이를 빼앗아 때렸다.

16 두예는 "초나라가 의심하지 않았기 때문이다"라 하였다.

17 두예는 "번은 소를 지키던 대부이다"라 하였다.

18 두예는 "사고는 주나라 대부이다"라 하였다. 사(私)는 소변이다.

19 두예는 "문지기의 몽둥이를 빼앗아 문지기의 머리를 친 것이다"라 하였다. 탈지장(奪之杖)은 그의 몽둥이를 빼앗는 것이다. 혜동(惠棟)의 『보주(補注)』에서는 『의례·연례(燕禮)』를 인용하여 "손님이 취하면 북면하고 앉아 자리 앞의 포(脯)를 가지고 내려가며 이때 악공은 「해하(陔夏)」를 연주한다. 손님은 가진 포를 문 안 처마에 있는 종인(鐘人)에게 내린다"라 하였으니 이를 해석하면 꼭 그렇지는 않은 것 같다. 혜동의 인용은 손님이 취하여 나간 것이고 나갈 때 또한 「해하」를 연주하였으며, 이곳의 것은 소변 때문에 나간 것이다. 그러나 문지기는 또한 포를 잡으러 간 것으로 생각하여 그에게 고기를 청한 것인데 소변을 보러 나가면서 어떻게 고기를 잡을 수 있겠는가? 또한 포는 종인에게 내리는 것이지 문지기에게 주는 것이 아니기 때문에 그를 때린 것이다. 이 단락은 원래 다음 해의 『전』 "3년 봄 2월 신묘일에 주자가 문의 대에 있었다. ……(三年春二月辛卯, 邾子在門臺)" 한 것과 이어서 읽어야 하는데 『경』의 문장에 의해 떨어지게 되었다.

정공 3년

經

三年春王正月,[1]	3년 봄 주력으로 정월에
公如晉,	공이 진나라에 가다가
至河,	황하에 이르러
乃復.[2]	돌아왔다.
二月辛卯,[3]	2월 신묘일에
邾子穿卒.[4]	주자 천이 죽었다.
夏四月.	여름 4월이다.
秋,	가을에
葬邾莊公.	주나라 장공을 장사 지냈다.
冬,	겨울에
仲孫何忌及邾子盟于拔.[5]	중손하기와 주자가 발에서 맹약하였다.

---

1 삼년(三年): 갑오년 B.C. 507년으로 주경왕(周敬王) 13년이다. 동지가 정월 17일 경술일로 건자(建子)이다.

2 『전』이 없다. 공영달은 "세 『전』에서 모두 말을 하지 않아 무슨 까닭으로 돌아왔는지 모르겠다"라 하였다. 노나라 임금이 진나라에 가는 것은 여기서 그친다.

3 신묘일은 29일이다.

4 "이월(二月)"은 『공양전』과 『곡량전』에는 "삼월(三月)"로 되어 있다. 이해는 정월 17일 경술일이 동지이며 2월은 계해일이 초하루이고 3월은 계사일이 초하루이니 3월에는 신묘일이 있을 수 없다. "삼(三)"자가 잘못되었다.

5 "발(拔)"은 『전』에는 "담(郯)"으로 되어 있다. 강영(江永)의 『고실(考實)』에서는 곧 선공 4년

傳

三年春二月辛卯,
3년 봄 2월 신묘일에

邾子在門臺,[6]
주자가 문의 대에 있었는데

臨廷.[7]
외정을 내려다보았다.

閽以缾水沃廷,[8]
문지기가 병에 물을 담아 뜰에 뿌렸는데

邾子望見之,
주자가 그것을 바라보고는

怒.
노하였다.

閽曰,
문지기가 말하였다.

"夷射姑旋焉."[9]
"이사고가 여기서 소변을 보았습니다."

命執之.[10]
그를 잡도록 명하였다.

『경』의 "거나라와 담나라를 평정하였다(平莒及郯)"라 한 "담(郯)"이라고 하였으며, 지금의 산동 담성현(郯城縣) 서남쪽에 있다. 두예는 "발은 어느 곳인지 모른다"라고 하였다. 선공 4년『경』의『주』에 상세하다.

6 두예는 "문 위에 대가 있는 것이다"라 하였다. 아마 곧 오늘날의 문루일 것이다.

7 제후의 삼문에는 치문(雉門)에만 관대(觀臺)가 있는데 지금의 성의 문루(門樓)와 비슷하다. 치문 안은 치조(治朝)이고 밖은 외조(外朝)인데, 이 정(廷)은 아마 외조(外朝)의 정(廷)일 것이다. 이『전』은 지난해『전』의 "주장공이 이사고와 술을 마시다가 소변을 보러 갔다. 문지기가 고기를 달라고 청하자 그에게서 몽둥이를 빼앗아 때렸다(邾莊公與夷射姑飮酒, 私出. 閽乞肉焉, 奪之杖以敲之)"와 이어서 읽어야 한다.

8 병에다 물을 담아 뜰에다 뿌리는 것이다.

9 두예는 "선(旋)은 소변이다"라 하였다. 이는 오줌이 있어서 물을 뿌린다는 말이다.

10 이는 주장공(邾莊公)이 결벽을 좋아하고 조급하다는 것을 말한다. 이사고가 술을 마시고 소변을 봤다면 이미 벌써 말랐을 것이다. 또한 일이 있은 지 비교적 오래되었고 외정에는 청결하게 청소를 하지 않은 적이 없었는데 그가 결벽을 좋아하다 보니 소변을 봤다는 말을 듣고 노한 것이며, 조급증 때문에 그 일에 대해서는 생각도 해보지 않고 참언을

弗得,	그를 잡을 수 없게 되자
滋怒,	더욱 노하여
自投于牀,	침대에서 뛰어내렸는데
廢于鑪炭.	화로의 숯에 떨어졌다.
爛,	데어서
遂卒.[11]	결국 죽었다.
先葬以車五乘,	먼저 수레 다섯 대로 장사 지내고
殉五人.[12]	다섯 명을 순장시켰다.
莊公卞急而好潔,[13]	장공은 조급증이 있는 데다 지나치게 결벽해서
故及是.	이에 미치게 되었다.

秋九月,	가을 9월에
鮮虞人敗晉師於平中,[14]	선우 사람이 평중에서 진나라 군사를 무찔렀으며

믿은 것이다.

11 두예는 "폐(廢)는 떨어지는 것이다"라 하였다. 아마 피부가 화상을 입어 세균에 감염되어 죽었을 것이다.

12 두예는 "묘혈(墓穴)을 청결히 하고자 하였으므로 먼저 수레 및 순장자를 들이고 별도로 편방(便房)을 만든 것으로 아마 유명(遺命)이었을 것이다"라 하였다. 편방은 곧 묘 안의 이방(耳房: 곁방)으로 정전(正殿)에 편전(便殿)이 딸려 있는 것과 같다.

13 변(卞): 두예는 "변은 조급해하는 병이다"라 하였다.

14 고동고(顧棟高)의 『대사표(大事表)』에서는 소공 13년 『전』에서 선우를 침공하여 중인(中人)에 이르렀다고 하였으며, 중인은 지금의 하남 당현(唐縣) 서북쪽 13리 지점에 있는

獲晉觀虎,	진나라 관호를 사로잡았는데
恃其勇也.[15]	그 용맹만 믿었기 때문이었다.

冬,	겨울에
盟于郯,[16]	담에서 맹약하였는데
修邾好也.[17]	주나라에서의 우호를 다진 것이었다.

蔡昭侯爲兩佩與兩裘以如楚,[18]	채소후가 패옥 두 개와 갖옷 두 벌을 만들어 초나라로 가서
獻一佩一裘於昭王.	패옥 하나와 갖옷 한 벌을 소왕에게 바쳤다.
昭王服之,	소왕이 착용해 보고
以享蔡侯.	채후에게 향례를 베풀었다.
蔡侯亦服其一.	채후 또한 그중 하나를 착용하였다.
子常欲之,[19]	자상이 그것을 갖고 싶었으나
弗與,	주지 않아

데, 이 평중(平中) 또한 서로 가까울 것이다.

15 관호가 포로가 된 것은 한 사람의 용맹만 믿었기 때문이라는 말이다. 두예는 "5년에 사앙(士鞅)이 선우를 에워싸게 되는 복선이다"라 하였다.

16 두예는 "담(郯)은 곧 발(拔)이다"라 하였다.

17 두예는 "공이 즉위하였으므로 우호를 다진 것이다"라 하였다.

18 두예는 "패(佩)는 패옥(佩玉)이다"라 하였다.

19 자상(子常): 초나라 영윤 낭와(囊瓦)이다.

三年止之.[20]	3년 동안 억류시켰다.
唐成公如楚,	당성공이 초나라로 갔는데
有兩肅爽馬,	숙상마 두 필을 가지고 있어서
子常欲之,[21]	자상이 갖고 싶어 했으나
弗與,	주지 않으니
亦三年止之.	또한 3년간 억류시켰다.
唐人或相與謀,	당나라 사람 중에 누가 서로 상의해서
請代先從者,	먼저 수행한 사람을 대신할 것을 청하니
許之.[22]	허락하였다.
飮先從者酒,	먼저 수행한 사람에게 술을 먹여
醉之,	취하게 하고
竊馬而獻之子常.	말을 훔쳐 자상에게 바쳤다.
子常歸唐侯.	자상은 당후를 돌려보냈다.

---

20 지지삼년(止之三年)과 같은 말로 초나라에 3년간 억류시킨 것이다. 『공양전』과 『곡량전』 4년의 『전』에는 "소공을 남영에 수년간 구금하였다(拘昭公于南郢數年)"라 한 것으로 알 수 있다.

21 두예는 "성공은 당해후(唐惠侯)의 후손이다. 숙상은 준마의 이름이다"라 하였다. 당나라는 초나라의 부용소국(附庸小國)으로 소왕 때 멸하였으며, 옛 나라는 지금의 호북 수현(隨縣) 서북쪽의 당현진(唐縣鎭)에 있으며, 선공 12년 『전』의 『주』에 상세하다.

22 공영달은 초나라에 청하여 초나라가 허락한 것이라 하였다. 혹자는 당성공에게 청하였다고 하였는데 이때 성공은 여전히 구류되어 있는 중이어서 초나라의 허가가 없으면 할 수 없는 상황이다.

自拘於司敗,[23]	스스로 사패에 구금시키고는
曰,	말하였다.
"君以弄馬之故,[24]	"임금님께서는 가지고 놀던 말 때문에
隱君身,[25]	임금님의 몸을 숨기시고
棄國家.	나라를 버리셨습니다.
羣臣請相夫人以償馬,	신들은 말 기르는 자를 도와 말을 갚아
以如之."[26]	똑같이 해드리겠습니다."
唐侯曰,	당후가 말하였다.
"寡人之過也.	"과인의 잘못이다.
二三子無辱!"[27]	그대들은 스스로를 욕보이지 말라!"
皆賞之.	모두에게 상을 내렸다.
蔡人聞之,	채나라 사람이 듣고
固請,	굳이 청하여

---

23 두예는 "말을 훔친 자가 스스로 구금시킨 것이다"라 하였다. 사패(司敗)는 곧 사구(司寇)이며, 문공 10년『전』의『주』에 상세하다.

24 농(弄): 가지고 노는 것이다. 말은 본래 가지고 노는 것이므로 농마(弄馬)라 하였다.

25 은(隱): 은폐(隱蔽), 곤궁(困窮)의 뜻이 있다. 여기서는 구류되었다는 말을 꺼려 완곡한 표현으로 은(隱)이라 한 것이다.

26 두예는"상(相)은 돕는 것이다. 부인(夫人)은 말을 기르는 자이다"라 하였다. 반드시 옛 말과 같은 양마를 얻어서 당후에게 보상하겠다는 말이다.

27 무욕(無辱): 스스로 구금하지 말라는 말이다.

而獻佩于子常.[28]	자상에게 패옥을 바쳤다.
子常朝,	자상이 조회를 하러 가다가
見蔡侯之徒,[29]	채후의 무리를 보고
命有司曰,	유사에게 명하였다.
"蔡君之久也,	"채나라 임금이 오래 붙잡혀 있는 것은
官不共也.[30]	유사가 예물을 바치지 않아서이다.
明日禮不畢,[31]	내일까지 예를 끝내지 않으면
將死."	죽을 줄 알렷다."
蔡侯歸,	채후는 돌아오는 길에
乃漢,	한수에 이르러
執玉而沈,	옥을 집어 가라앉히고
曰,	말하였다.
"余所有濟漢而南者,	"내 한수를 건너 남쪽으로 가는 일이 있으면
有若大川!"[32]	이 큰 내처럼 되리라!"

---

28 『국어·초어 하(楚語 下)』에 자상이 축재하고 말을 모은 것을 논한 말이 있는데 참고하여 볼 만하다.

29 채후를 수행한 자들이다.

30 채후가 초나라에 오래도록 억류되어 있는 까닭은 유사가 전별의 예물을 보내 주지 않았기 때문이라는 말이다.

31 필(畢): 완비(完備)라는 말로 곧 채후를 보내 주겠다는 것이다.

32 다시는 초나라를 조현하지 않겠다는 맹세이다. 『공양전』에서는 "천하의 제후 가운데 실

蔡侯如晉, 채후는 진나라로 가서

以其子元與其大夫之子爲質焉, 그의 아들 원과 대부의 아들들을 인질로 삼고

而請伐楚.[33] 초나라를 칠 것을 청하였다.

정공 4년

經

四年春王二月癸巳,[1] 4년 봄 주력으로 2월 계사일에

陳侯吳卒.[2] 진후 오가 죽었다.

三月, 3월에

로 초나라를 칠 수 있는 자가 있으면 과인이 앞줄에 설 것을 청하겠다"라 하였다. 『곡량전』 또한 이와 같은 뜻이다. 대체로 4년에 채나라가 오나라를 따라 초나라를 친 뜻을 가지고 이 말을 만든 것으로 원래의 말이 아니다.

33 두예는 "이듬해 소릉(召陵)의 회합을 갖는 복선이다"라 하였다. 6년 『전』에서 위공 숙문자가 말하기를 "공자와 여러 신하의 자제는 제후가 실로 그것이 근심이 되면 그들을 인질로 삼게 하십시오(公子與二三臣之子, 諸侯苟憂之, 將以爲之質)"라 하였는데, 이는 대부의 자제들 역시 집정대부의 아들로 이른바 "이삼신지자(二三臣之子)"인 것이다.

1 사년(四年): 을미년 B.C. 506년으로 주경왕(周敬王) 14년이다. 동지가 정월 28일 을묘일로 건자(建子)이며, 윤달이 있다. 계사일은 정월 6일인데 2월이라 기록한 것에 대해 두예는 "부고를 따른 것이다"라 하였다.

2 『전』이 없다.

公會劉子, 晉侯, 宋公, 蔡侯, 衛侯, 陳子, 鄭伯, 許男, 曹伯, 莒子, 邾子, 頓子, 胡子, 滕子, 薛伯, 杞伯, 小邾子, 齊國夏于召陵,[3]

공이 소릉에서 유자와 진후, 송공, 채후, 위후, 진자, 정백, 허남, 조백, 거자, 주자, 돈자, 호자, 등자, 설백, 기백, 소주자, 제나라의 국하와 회합하고

侵楚.	초나라를 쳤다.
夏四月庚辰,[4]	여름 4월 경진일에
蔡公孫姓帥師滅沈,	채나라 공손성이 군사를 거느리고 침을 멸하고
以沈子嘉歸,	침자를 데리고 돌아와
殺之.[5]	그를 죽였다.
五月,	5월에
公及諸侯盟于皐鼬.[6]	공이 제후와 고유에서 맹약했다.
杞伯成卒于會.[7]	기백 성이 맹회 도중에 죽었다.

---

3 소릉(召陵): 지금의 하남 언성현(郾城縣) 동쪽에 있으며, 희공 4년『경』의『주』를 보라.

4 경진일은 24일이다.

5 성(姓):『공양전』에는 "귀성(歸姓)"으로 되어 있다.

6 두예는 "소릉에서 유자 및 제후와 만났는데 총결하여 말한 것이다. 다시 '공'이라고 말한 것은 회합한 곳과 맹약한 곳이 달랐기 때문이다"라 하였다. 고유(皐鼬)는 지금의 하남 임영현(臨潁縣) 남쪽에 있다.

7『전』이 없다. "성(成)"은『공양전』에는 "무(戊)"로 되어 있는데, 아마 자형이 비슷해서 잘못을 일으킨 듯하다.

六月,	6월에
葬陳惠公.[8]	진나라 혜공을 장사 지냈다.
許遷于容城.[9]	허나라를 용성으로 옮겼다.
秋七月,	가을 7월에
公至自會.[10]	공이 회합에서 돌아왔다.
劉卷卒.[11]	유권이 죽었다.
葬杞悼公.[12]	기나라 도공을 장사 지냈다.
楚人圍蔡.	초나라 사람이 채나라를 에워쌌다.
晉士鞅, 衛孔圉帥師伐鮮虞.[13]	진나라 사앙과 위나라 공어가 군사를 거느리고 선우를 쳤다.
葬劉文公.[14]	유문공을 장사 지냈다.
冬十有一月庚午,[15]	겨울 11월 경오일에
蔡侯以吳子及楚人戰于柏舉,[16]	채후가 오자를 데리고 백거에서 초나라 사람과 싸웠는데

8 『전』이 없다.

9 『전』이 없다. 용성은 지금의 하남 노산현 남쪽에서 조금 동쪽 30리 지점에 있다. 은공 11년 『경』의 『주』를 참고하라.

10 『전』이 없다.

11 『전』이 없다. 유권은 곧 유분(劉蚠)이다.

12 『전』이 없다.

13 『전』이 없다. "어(圉)"는 『공양전』에는 "어(圄)"로 되어 있다. 두예는 "공어는 공기(孔羈)의 손자이다. 사앙은 곧 범앙(范鞅)이다"라 하였다.

14 『전』이 없다.

15 경오일은 18일이다.

16 백거(柏舉): 백거는 『휘찬(彙纂)』에서 인용한 『명승지(名勝志)』에 의하면 지금의 호북 마

楚師敗績.	초나라 군사가 대패했다.
楚囊瓦出奔鄭.	초나라 낭와가 정나라로 달아났다.
庚辰,[17]	경진일에
吳入郢.[18]	오나라가 영으로 들어갔다.

傳

四年春三月,	4년 봄 3월에
劉文公合諸侯于召陵,	유문공이 소릉에서 제후를 회합하여
謀伐楚也.	초나라 칠 일을 모의했다.
晉荀寅求貨於蔡侯,	진나라 순인이 채후에게 재물을 요구하였는데
弗得,	얻지 못하자
言於范獻子曰,	범헌자에게 말하였다.
"國家方危,	"국가가 바야흐로 위태로운데
諸侯方貳,	제후들은 바야흐로 마음이 갈라졌으니
將以襲敵,	곧 적을 습격한다 해도

성현(麻城縣) 동북쪽에 있다. "백거"는 『공양전』에는 "백거(伯莒)"로 되어 있고, 『곡량전』에는 "백거(柏擧)"로 되어 있으며 『회남자·전언(詮言)』에는 "백거(柏莒)"로 되어 있고, 『병략(兵略)』에는 그대로 "백거(柏擧)"로 되어 있다.

17 경진일은 28일이다.

18 "영(郢)"은 『공양전』과 『곡량전』에는 모두 "초(楚)"로 되어 있다.

不亦難乎!	또한 어렵지 않겠습니까?
水潦方降,	장맛비가 바야흐로 내리고 있고
疾瘧方起,	학질이 바야흐로 시작되었으며
中山不服,[19]	중산국은 불복하고 있는데,
棄盟取怨,	맹약을 버리고 적을 부르니
無損於楚,[20]	초나라에 손해될 것이 없고
而失中山,	중산국은 잃었으니
不如辭蔡侯.	채후를 거절함만 못합니다.
吾自方城以來,[21]	우리나라는 방성의 전역 이래
楚未可以得志,[22]	초나라에서 뜻을 얻지 못하였고
祗取勤焉."[23]	다만 수고로움만 샀을 뿐입니다."
乃辭蔡侯.[24]	이에 채후를 거절하였다.
晉人假羽旄於鄭,[25]	진나라 사람이 정나라에서 우모를 빌리니

19 1974년에서 1977년까지 하북 평산현(平山縣) 삼급공사(三汲公社)에서 중산왕의 묘를 발견하였는데 전국시대의 묘였으며 문물이 풍부하게 출토되었다.

20 두예는 "진나라와 초나라는 동맹으로 그를 치면 원수를 부르는 것이 된다"라 하였다.

21 두예는 "진나라가 초나라를 무찌르고 방성을 침공한 것은 양공 16년에 있었다"라 하였다.

22 진나라가 초나라에서는 뜻을 얻지 못하였음을 말한다.

23 근(勤): 노(勞)와 같은 뜻이다. 군사만 수고롭게 하고 재화만 낭비했을 따름이라는 뜻이다.

24 채후는 자신의 아들과 대부의 아들들을 인질로 삼아 진(晉)나라에게 초나라를 쳐줄 것을 청하였는데, 지난해의『전』과『주』에 보인다. 진나라는 결국 제후들을 회합하였지만 초나라를 치지 않았다.

25 우모(羽旄): 또한 우모(羽毛)라고도 하며 정기(旌旗)를 만들 때 쓰는 장식이다. 양공

鄭人與之.	정나라 사람이 주었다.
明日,	다음 날
或旆以會.[26]	어쩌다 그 장식 기를 가지고 회합에 갔다.
晉於是乎失諸侯.[27]	진나라는 이에 제후를 잃었다.
將會,	회합을 시작하려는데
衛子行敬子言於靈公曰,[28]	위나라 자행경자가 영공에게 말하였다.
"會同難,[29]	"회합은 일치를 보기 어려우니
嘖有煩言,[30]	고성이 오가며 말이 번거로워
莫之治也.	다스릴 수가 없습니다.
其使祝佗從!"[31]	축타를 딸려야 할 것 같습니다!"

14년의 『전』과 『주』를 참고하라.

26 패(旆): 깃대의 꼭대기에 깃털 장식을 한 것이다.

27 양공 14년 진나라가 제나라에 우모를 빌려서 돌려주지 않았고, 이해에 또 정나라에서 빌렸는데 또한 때맞춰 쓰고는 또 돌려주지 않은 것이다.

28 자행경자(子行敬子): 두예는 "자행경자는 위나라의 대부이다"라 하였다.

29 두예는 "마땅함을 얻기 어려운 것이다"라 하였다.

30 책(嘖): 『설문』에서는 "크게 외치는 것이다"라 하였다. 『순자·정명(正名)』편에 "시끌벅적하게 법칙이 없다(嘖然而不類)"는 말이 있는데, 양경(楊倞)은 "다투는 말이다"라 하였다. 또한 책(讀)이라고도 하며 분노하여 꾸짖는다는 뜻이다.
번언(煩言): 논쟁하여 일치하지 않는 것이다. 이 구절은 서로 성을 내어 다투어 언론이 갈라지는 것을 말한다.

31 축타(祝佗): 두예는 "축타는 태축 자어(子魚)이다"라 하였다. 『논어·옹야(雍也)』에 "축타의 재주가 없었더라면(不有祝鮀之佞)"이라는 말이 있는데, 타(鮀)와 타(佗)는 음이 같다. 그 사람의 구변이 매우 좋다는 것을 알 수 있다.

公曰,	공이 말하였다.
"善."	"좋다."
乃使子魚.	이에 자어를 따르게 했다.
子魚辭,	자어는 사퇴하여
曰,	말하였다.
"臣展四體,[32]	"신은 사지를 펴서
以率舊職,[33]	옛 직책을 따라야 하니
猶懼不給而煩刑書.[34]	그래도 명을 대지 못하고 형벌을 받을까 두렵습니다.
若又共二,[35]	또한 두 가지 일을 동시에 하면
徼大罪也.	큰 죄를 지을 것입니다.
且夫祝,	또한 대체로 태축은
社稷之常隸也.[36]	사직의 신에 늘 매여 있는 종입니다.

---

32 전사체(展四體): 『논어·미자(微子)』에 "사지를 부지런히 놀리지 않는다(四體不勤)"는 말이 있는데, 아마 사체(四體)는 당시의 상투어일 것이며 사지(四肢)를 말한다. 전사체(展四體)는 일에 종사하는 것을 말한다.

33 솔(率): 순(循)과 같은 뜻이다.
구직(舊職): 선인의 직책을 계승하는 것을 말한다. 태축은 세습 직위이다.

34 불급(不給): 곧 양공 30년 『전』의 "불급명(不給命)"으로, 그곳에서는 "오히려 명하신 대로 못하여 죄를 못 면할까 두렵다(猶懼不給命, 而不免於戾)"라 하였는데 이곳과 그곳의 뜻은 같다.

35 공이(共二): 공(共)은 공(供)과 같다. 공이는 두 가지 직무에 이바지하는 것이다.

36 예(隸): 두예는 "예는 천한 신하이다"라 하였다. 사직(社稷)은 사직의 신(神)이며, 태축은 또한 종묘의 귀신을 제사 지내는 일을 맡고 있는데, 『논어·헌문(憲問)』편의 "축타는 종묘를 다스린다(祝鮀治宗廟)"라 한 것으로 알 수 있다.

社稷不動,	사직이 움직이지 않으면
祝不出竟,	태축은 국경을 넘지 않는 것이
官之制也.[37]	관직을 지키는 규정입니다.
君以軍行,	임금이 군대를 거느리고 출정함에
祓社, 釁鼓,	토지신에 제사 지내고 북에 희생의 피를 바르며
祝奉以從,	신주를 받들고 따르면
於是乎出竟.[38]	이에 국경을 나섭니다.
若嘉好之事,[39]	좋은 일이라면
君行師從,[40]	임금이 가고 사가 따르며
卿行旅從,[41]	경이 가고 여가 따르는데
臣無事焉."[42]	신은 거기서 할 일이 없습니다."
公曰,	공이 말하였다.
"行也!"	"가야겠다!"

---

37 관제(官制): 곧 직관(職官)의 법규이다.

38 전쟁이 일어나 임금이 군대를 거느리고 출국할 때 먼저 사직에 제사를 지내고 아울러 희생을 죽여 그 피를 북에 바르고 난 뒤에 태축이 사직의 신주를 받들고 종군하게 되는데 이때 비로소 국경을 나선다는 것을 말한다.

39 두예는 "조회(朝會)를 말한다"라 하였다.

40 사(師): 두예는 "2천5백 명이다"라 하였다.

41 여(旅): 두예는 "5백 명이다"라 하였다. 시 사(事)와 여(旅)는 다만 만일의 사태에 대비하여 비키고 예방하는 것이다.

42 사직과 종묘의 주인은 움직이지 않는다는 것이다.

及皐鼬,[43]	고유에 이르러
將長蔡於衛.[44]	채나라를 위나라보다 위에 놓으려 했다.
衛侯使祝佗私於萇弘曰,	위후가 축타로 하여금 몰래 장홍에게 말하게 하였다.
"聞諸道路,	"길에서 들어
不知信否.	확실한지 아닌지 모르겠소.
若聞蔡將先衛,	채나라를 위나라 앞에 두려 한다고 들은 것 같은데
信乎?"[45]	사실이오?"
萇弘曰,	장홍이 말하였다.
"信.	"사실입니다.
蔡叔,	채숙은
康叔之兄也,[46]	강숙의 형이니
先衛,	위나라의 앞에 있는 것이

43 두예는 "곧 맹약을 하려는 것이다"라 하였다.

44 두예는 "채나라를 위나라의 앞에 넣고자 하려는 것이다"라 하였다.

45 신(信): 실재(實在), 진실(眞實)이라는 말이다.

46 채숙(蔡叔)은 채나라에 처음 봉하여진 임금이고, 강숙은 위나라에 처음 봉하여진 임금이다. 이는 장홍의 구실로 시조(始祖)의 장유를 가지고 차서를 삼는 것을 말한다. 사실 채나라를 먼저 하는 것은 첫째 채나라는 원래 초나라를 따르다가 지금은 바꾸어 진나라를 따르는 것이며, 둘째 채나라가 초나라를 칠 것을 청하였는데 진나라가 거절하여 이를 가지고 대략 위로를 하려는 것일 따름이다.

不亦可乎?”	또한 옳지 않겠습니까?”
子魚曰,	자어가 말하였다.
“以先王觀之,	“선왕의 예로 보건대
則尙德也.[47]	숭상할 것은 덕입니다.
昔武王克商,	지난날 무왕이 상나라를 이기고
成王定之,	성왕이 천하를 평정하여
選建明德,	덕이 밝은 사람을 가려 세워
以蕃屛周.[48]	주나라의 울타리로 삼았습니다.
故周公相王室,	그러므로 주공은 왕실을 도와
以尹天下,[49]	천하를 다스려
於周爲睦.[50]	주나라와 화목하게 하였습니다.
分魯公以大路, 大旂,[51]	노공에게 대로와 대기,
夏后氏之璜,[52]	하후씨의 황옥,

47 덕을 귀하게 여기며 나이를 귀하게 여기지 않는 것이다.

48 덕이 밝은 사람을 가려 뽑아 나라를 세워 주나라 왕실의 울타리로 삼은 것이다.

49 윤(尹): 『설문』에서는 “다스리는 것이다. 우(又)와 별(丿)을 따르며 일을 잡고 있는 사람이다”라 하였다. 단옥재는 “우(又)는 잡는 것이고 별(丿)은 일이다”라 하였다. 그러므로 그 일을 주관하는 것을 윤(尹)이라 한다.

50 목(睦): 두예는 “목(睦)은 가까이하고 도타이 하는 것이다. 성덕(盛德)으로 가깝고 도탑게 되는 것이다”라 하였다.

51 노공(魯公): 백금(伯禽)이다.
대로(大路): 『주례·춘관(春官)』의 「건거(巾車)」 및 「사상(司常)」 아울러 정현의 주에 의하면 대로(大路)는 금로(金路), 곧 구리로 수레 각 부위의 끝부분을 장식한 것으로 왕자의 동모제가 나가서 나라에 봉해질 때 내리는 것이다.
대기(大旂): 위에는 교룡(交龍)을 그렸으며, 금로(金路)에 꽂는 깃발이다.

封父之繁弱,[53]	봉보의 번약,
殷民六族,	은나라의 여섯 씨족인
條氏, 徐氏, 蕭氏, 索氏, 長勺氏, 尾勺氏,[54]	조씨와 서씨, 소씨, 삭씨, 장작씨, 미작씨를 나누어 주어
使帥其宗氏,[55]	그 종씨를 거느리게 하고
輯其分族,[56]	그 나누인 씨족을 모으고
將其類醜,[57]	노예를 거느리게 하여
以法則周公.[58]	주공의 법제를 따르게 하였습니다.
用卽命于周.[59]	이로 곧 주나라의 명을 따랐습니다.

---

52 황(璜): 『예기·명당위(明堂位)』에서는 "대황(大璜)은 천자의 기물이다"라 하였다. 『회남자』의 「범론훈(氾論訓)」 및 「정신훈(精神訓)」 고유(高誘)의 주에서는 "반 규(圭)를 장(璋)이라 하고, 반 벽(璧)을 황(璜)이라 하는데 하후씨의 진기(珍器)이다"라 하였다.

53 봉보(封父): 『예기·명당위(明堂位)』 정현의 주에서 "봉보는 나라 이름이다"라 하였다. 『당서·재상세계표(唐書·宰相世系表)』 1의 하(下)에서는 "봉씨는 강성(姜姓)에서 나왔으며 하후씨의 시대에 이르러 봉보는 제후의 반열이 되었다. 그 땅은 변주(汴州) 봉구(封丘)에 봉보정(封父亭)이 있는데 곧 봉보가 도읍한 곳이다. 주나라가 나라를 잃자 자손들은 제나라의 대부가 되었다"라 하였다. 봉보국은 곧 지금의 하남 봉구현일 것이다.
번약(繁弱): 『순자·성악(性惡)』편에서 "번약과 거서(鉅黍)는 옛날의 양궁(良弓)이다"라 하였다.

54 소씨(蕭氏): 『사기·은본기(殷本紀)』의 『색은(索隱)』 및 은공 원년 『전』의 공영달의 소(疏)에서 인용한 『세본(世本)』에서는 상(商)나라의 후손에 소씨가 있다고 하였다.
삭씨(索氏): 혹자는 승삭을 꼬는 장인이라고 한다.
장작씨·미작씨(長勺氏·尾勺氏,): 혹자는 장작씨와 미작씨는 모두 주기(酒器)를 만드는 장인이라고 한다.

55 종씨(宗氏): 대종(大宗), 곧 적장자로 내려가는 씨족이다.

56 분족(分族): 그 나머지 소종(小宗)의 씨족이다. 집(輯)은 모으는 것이다.

57 유추(類醜): 같은 뜻의 글자가 연용된 것으로 여기서는 이 여섯 씨족에 부속된 노예를 말한다.

58 은상(殷商)의 법명(法命)을 버리고 주공의 법명에 복종하는 것이다.

是使之職事于魯,[60]	이는 그들로 하여금 노나라에서 직무를 행하게 하여
以昭周公之明德.	주공의 밝은 덕을 밝히게 한 것입니다.
分之土田陪敦, 祝, 宗, 卜, 史,[61]	노나라에 부용의 소국과 태축, 종인, 태복, 태사와

59 용(用): 인(因)의 뜻이다.
즉명(卽命): 명을 받는 것이다. 이 구절은 이로 인해 주나라 왕정(王庭)의 사명을 받았다는 것이다.

60 노나라를 위하여 일하는 것이다.

61 지(之): 노나라를 가리킨다.
토전배돈(土田陪敦): 곧 『시경·노송·비궁(詩經·魯頌·閟宮)』의 "이에 노공에게 명하여 동녘 땅의 제후 삼으셨네. 산천과 땅과 이에 붙은 작은 땅 내리셨네(乃命魯公, 俾侯于東. 錫之山川, 土田附庸)"라 한 "토전부용(土田附庸)"이며, 또한 곧 소백호궤(召伯虎簋)의 "복용토전(僕庸土田)"이다. 부용(附庸)은 혹 곧 『맹자·만장(萬章) 하』의 "50리가 되지 못하는 나라는 천자에 미치지 못하여 제후에 붙으니 이를 부용이라 한다(不能五十里, 不達於天子, 附於諸侯, 曰附庸)"라 한 "부용(附庸)"일 것이다. 양관(楊寬: 1914~2005)의 『고사신탐·서주시대의 노예제 생산 관계를 논함(古史新探·論西周時代的奴隸制生産關係)』에서는 "토전(土田)에 붙어 있는 노역을 당하고 박탈을 당하는 자"라고 하였다. 아마 구설(舊說)이 더 믿을 만할 것이다. 청말(淸末) 손이양(孫詒讓: 1848~1908)의 『고주여론(古籒餘論)』 및 왕국유(王國維: 1877~1927)의 『모공정고석(毛公鼎考釋)』을 참고하라.
축(祝): 태축(大祝), 곧 축타(祝鮀)의 축(祝)이다.
종(宗): 종인(宗人)으로, 『주례·춘관(春官)』에 도종인(都宗人)이 있는데 도종사(都宗祀)의 제례를 관장한다.
복(卜): 태복(大卜)이다. 『주례·춘관(春官)』에 태복이 있으며 복서(卜筮)의 우두머리로, 정현의 주에 의하면 은나라의 제도로 주나라에서 계승한 것이다.
사(史): 태사(大史)로 곧 태사(太史)이며, 역사를 기록하고 전적(典籍) 및 성력(星曆)을 관리하는 자이다. 양공 25년 『전』에 제나라의 태사가 "최저(崔杼)가 그 임금을 죽였다"라고 기록한 것이 있으며, 선공 2년의 『전』에서는 진나라의 태사 동호(董狐)가 "조돈(趙盾)이 그 임금을 죽였다"라 한 것 및 소공 32년 『전』에서는 진나라 사묵(史墨)에 대해 서술하였는데 모두 태사의 직책이다.

備物, 典策,[62]	복식과 전적,
官司, 彝器,[63]	백관과 이기를 내리고
因商奄之民,[64]	상엄의 백성에 의지하여
命以伯禽而封於少皞之虛.[65]	「백금」으로 소호지허에 봉하도록 명하였습니다.

62 비물(備物): 곧 복물(服物)로 비(備)와 복(服)은 옛날에 통용하였다. 왕인지의 『술문(述聞)』에 상세하다. 『국어·주어(周語) 중』에서 "또한 다만 이 생전과 사후의 복식과 기물(服物)의 색채와 문식이다", "복식과 기물을 밝게 쓴다"라 하였는데 복물은 다만 살았을 때와 죽었을 때 입고 차던 물건일 뿐만 아니라 또한 소용되는 예의(禮儀)를 가리키며, 또한 「주어 중」의 "천자의 예법(備物)을 따라서 백성들을 진무한다"라 한 "비물(備物)"이다.
전책(典策): 전적과 간책(簡冊)을 말하며, 주나라의 예법은 모두 노나라에 있어서 반드시 전적과 간책을 내려주었다.

63 관사(官司): 백관(百官)이다. 여기서는 노나라에 내린 것 중에 반드시 약간의 경(卿)과 대부(大夫), 사(士)가 있었을 것이라는 말이다. 『맹자·등문공(滕文公) 상』에 "백관과 유사가 감히 슬퍼하지 않음이 없다(百官有司莫敢不哀)"라는 말이 있는데 이 백관유사(百官有司)의 뜻이 이와 같으면서도 약간 다른 것이 있다.
이기(彝器): 두예는 "상용하는 기물이다"라 하였으며, 혹자는 "종묘의 제사 기물"이라고 하였는데, 지금 발견되는 금문(金文)으로 고찰하여 보건대 두예의 설이 비교적 나으며 종묘의 기물 또한 상용하는 기물 안에 있다.

64 상엄(商奄): 두예는 "상엄은 나라 이름이다"라 하였다. 청나라 마종련(馬宗璉)은 "『설문』에서는 '엄국(郁國)은 노나라에 있다'라 하였고 『괄지지(括地志)』에서는 '곡부현 엄리(奄里)가 곧 엄국 땅이다'라 하였다. 엄(奄)은 본래 은나라의 제후였으므로 '상엄'이라고 하였다"라 하였다. 『보주(補注)』(마종련의 『춘추좌전보주(春秋左傳補注)』)에 상세하다.

65 고염무(顧炎武)의 『일지록(日知錄)』 권2에서는 손보동(孫寶侗)의 설을 인용하여 "축타(祝佗)가 장홍(萇弘)에게 고한 것 가운데 노나라를 말한 것은 '「백금」으로 소호지허에 봉하도록 명하였다'라 하였고, 위나라를 말한 것은 '「강고(康誥)」로 은허(殷虛)에 봉하도록 명하였다'라 하였으며, 진나라를 말한 것은 '「당고(唐誥)」로 하허(夏虛)에 봉하도록 명하였다'라 하였는데, 이는 「백금지명(伯禽之命)」과 「강고」, 「당고」의 『주서(周書)』의 세 편인데, 지금은 「강고」만 남고 두 책은 없어졌다"라 하였다. 양이승의 『보석(補釋)』과 심흠한의 『보주(補注)』, 마종련의 『보주(補注)』 및 무억(武億)의 『군경의증(羣經義證)』을 함께 참고하라. 두예는 "소호허는 곡부로 노성 안에 있다"라 하였다.

分康叔以大路, 少帛, 綪茷, 旃旌, 大呂,[66]	강숙에게 대로와 소백, 천패, 전정, 대려 및
殷民七族,	은나라 백성의 일곱 씨족
陶氏, 施氏, 繁氏, 錡氏, 樊氏, 饑氏, 終葵氏,[67]	곧 도씨와 시씨, 번씨, 기씨, 번씨, 기씨, 종규씨를 내렸으며,
封畛土略,[68]	봉강의 경계를 정하여
自武父以南及圃田之北竟,[69]	무부 이남에서 포전의 북쪽 경계에 이르기까지

---

66 소백(少帛): 곧 소백(少白)으로 소백(小白)이라고도 하며 기(旗) 이름이다. 『일주서·극은(克殷)』편의 "소백(小白)에 달려 있다"라 한 것이다. 왕인지의 『술문(述聞)』에 상세하다.
천패(綪茷): 『시경·소아·유월(小雅·六月)』의 『석문(釋文)』에서 "조(旐: 거북과 뱀을 그린 폭이 넓은 검은 빛깔의 기)에 이은 것을 패(茷)라고 한다"라 하였고, 『이아·석천(釋天)』에서는 "조(旐)에 이은 것을 패(旆)라고 한다"라 하였는데 패(旆)가 곧 패(茷)이다. 마종련의 『보주(補注)』에 상세하다. 천(綪)은 크게 검은색이다. 천패(綪茷)는 곧 크게 검은색의 기이다.
전정(旃旌): 모두 깃발이다. 비단으로 만들고 장식이 없는 것을 전(旃)이라 하고, 깃털을 쪼개어 장식한 것을 정(旌)이라 한다.
대려(大呂): 종 이름이다.

67 도씨(陶氏): 혹은 도공(陶工)이라고도 한다.
시씨(施氏): 혹은 정기(旌旗)를 만드는 장인이라고도 한다.
번씨(繁氏): 혹은 말고삐를 만드는 장인이라고도 한다.
기씨(錡氏): 혹은 살촉과 칼을 만드는 장인이라고도 하고, 또는 솥을 만드는 장인이라고도 한다.
번씨(樊氏): 혹은 울타리를 만드는 장인이라고도 한다.
종규씨(終葵氏): 『주례·고공기(考工記)』 정현의 주에서 "종규는 송곳이다"라 하였다.

68 봉진(封畛): 『시경·주송·재삼(周頌·載芟)』의 『모전(毛傳)』에서는 "진(畛)은 경계〔場〕이다"라 하였다.
토략(土略): 토(土)는 봉토이다. 약(略)은 경계이다.

69 무보(武父): 무보는 미상이며 환공 23년 『경』과 『전』에 무보가 있는데 곧 정나라 땅으로 이곳의 무보가 아니다.

取於有閻之土以共王職,[70]	유염의 땅을 취하여 왕실에서 명한 직무에 댔으며,
取於相土之東都以會王之東蒐.[71]	상토의 동도를 취하여 왕이 동쪽을 순시하는 것을 도왔습니다.
聃季授土,[72]	담계가 땅을 주고
陶叔授民,[73]	도숙은 백성을 주었으며
命以康誥而封於殷虛.[74]	「강고」로 은허에 봉하도록 명하였습니다.

포전(圃田)은 또한 희공 33년『전』에 원포(原圃)가 보이는데 또한 정나라 땅이다. 이 포전은 땅을 바라보며 미루어 본 것으로 혹 곧 정나라의 원포일 수도 있으며, 대개 정나라와 위나라 사이의 경계일 것이다.

70 유염(有閻): 두예는 "유염은 위나라가 받은 조숙읍(朝宿邑)으로 경기(京畿)에 가까울 것이다"라 하였다. 강영의『고실(考實)』에서는 "소공 9년에 주나라 감(甘) 사람과 진나라 염가(閻嘉)가 염(閻)의 땅을 다투었는데 염의 땅이 감에 가까우니 유염의 땅 또한 그 땅에 가까울 것이다"라 하였다. 지금의 하남 낙양시 부근에 있을 것이다.

71 두예는 "탕목읍(湯沐邑)으로 왕이 동쪽을 순수할 때 태산에 제사를 올리는 것을 돕는다"라 하였다. 상토(相土)는 은상(殷商)의 조상으로 9년『전』"상토가 그에 힘입어(相土因之)"의『주』에 보인다.『태평어람(太平御覽)』권82에서는『죽서기년(竹書紀年)』을 인용하여 "후상(后相)은 즉위하여 상구(商丘)에 거처하였다"라 하였다. 상토의 동도는 하남 상구시이다. 그러나 송나라 왕응린(王應麟)의『통감지리통석(通鑑地理通釋)』4에서는 "상구(商丘)는 제구(帝丘)가 되어야 한다"라 하였으니 동도는 곧 지금의 하남 복양현(濮陽縣)일 것이다. 청나라 주우증(朱右曾)의『급총기년존진(汲冢紀年存眞)』에서도 또한 "제구(帝丘)"가 되어야 한다고 하였다.

72 담계(聃季): 두예는 "담계는 주공의 아우로 사공(司空)이다"라 하였다.『사기·관채세가(管蔡世家)』에는 염계재(冉季載)로 되어 있으며 아울러 "염계재가 가장 어렸다"라 하였다.『정의(正義)』에서는 "염(冉)은 또 염(冄)이라고도 한다. 염(冄)은 나라 이름이고, 계재는 사람 이름이다"라 하였다.

73 도숙(陶叔): 두예는 "도숙은 사도(司徒)이다"라 하였다. 도숙은 아마 곧 조숙진탁(曹叔振鐸)일 것이며, 뇌학기(雷學淇)의『죽서기년의증(竹書紀年義證)』에서는 "조백이(曹伯夷)가 죽었다"라 한 아래에 "숙(叔)의 봉지가 정도(定陶)에 가깝기 때문에『좌전』에서는 또한 도숙(陶叔)이라고 하였다"라 하였는데 이 설은 옳다.

皆啓以商政,[75] 모두 상나라의 정치를 열었으며

疆以周索.[76] 주나라의 법대로 강역을 정했습니다.

分唐叔以大路, 密須之鼓, 闕鞏, 沽洗,[77] 당숙에게 대로와 밀수의 북, 궐공과 고선,

懷姓九宗,[78] 회성의 아홉 종족과

---

74 두예는 "「강고」는 『주서(周書)』이고 은허는 조가(朝歌)이다"라 하였다. 지금의 하남 기현(淇縣)의 치소이다.

75 두예는 "개(皆)는 노나라와 위나라이다. 계(啓)는 여는 것이다. 은나라의 옛 땅에 거처하면서 그 풍속에 따라 그 정치를 열어서 쓰는 것이다. 토지의 강역을 다스리는 것을 주나라의 법으로 하는 것이다. 삭(索)은 법이다"라 하였다. 「강고」에 의하면 "들은 바를 이어나가고 덕이 될 말을 실행하라. 가서 은나라의 옛 어진 임금들에게 널리 구하여 백성들을 보전하고 다스려라", "은나라의 백성들을 받아들여 보호하라", "너는 법을 벌여 일하여 벌은 은나라 법으로 정하라. 그 옳은 형벌과 옳은 죽임을 써라"고 하였으며, 『예기·표기(表記)』에서는 "은나라 사람은 귀신을 높여 백성들을 이끌고 귀신을 섬겼다. 귀신이 우선이었고 예는 나중이었으며 형벌이 우선이었고 상은 나중이었고 높이어 가까이 하지 않았다"라 하였다. 이 모두 "상나라의 정치를 연" 증거가 될 수 있다.

76 강이주삭(疆以周索): 주나라의 제도에 의하여 경계를 획정하고 지리를 나누는 것이다. 강(疆)은 곧 『시경·소아·신남산(小雅·信南山)』의 "내 강역 내가 다스린다(我疆我理)"라는 것인데 청나라 진환(陳奐)의 『모시전소(毛詩傳疏)』에서는 "무릇 정(井)과 목(牧)은 구(邱)와 전(甸), 현(縣), 도(都)의 전야(田野)이며, 경(徑)과 진(畛), 도(涂), 도(都)의 통로를 만드는데 모두 우리의 강역을 정하는 일이다"라 하였다.

77 밀수(密須): 나라 이름으로 지금의 감숙 영대현(靈臺縣) 서쪽 50리 지점에 있다.
궐공(闕鞏): 소공 15년 『전』에는 "궐공지갑(闕鞏之甲)"으로 되어 있다. 궐공국에서는 갑옷이 나며, 여기서는 궐공으로 갑옷을 대칭(代稱)한 것이다. 밀수와 궐공은 모두 소공 15년의 『전』과 『주』에 상세하다.
고선(沽洗): 두예는 "종 이름이다"라 하였다. 고선(姑洗)이라고도 한다.

78 회성(懷姓): 두예에 의하면 회성(懷姓)은 당(唐)의 유민이다. 왕국유의 『관당집림·귀방곤이험윤고(觀堂集林·鬼方昆夷玁狁考)』에서는 회성은 곧 외(隈)나라라 하고 "이 외나라는 아마 서북쪽의 여러 족속, 곧 당숙(唐叔)이 받은 회성의 아홉 종족일 것이며 춘추시대 외(隗)성의 여러 적(狄)의 조상이다. 원래 그 나라 성(姓)의 이름은 모두 옛 귀방(鬼方)에서 나왔다. 생각건대 『춘추좌전』에서는 무릇 적(狄)의 여인을 외씨(隗氏)라 칭하며 옛 금문 중에 보이는 것을 모두 괴(媿)라 하였다"라 하였다. 이아농(李亞農: 1906~1962)의 『서주와 동주·서주의 몇 나라의 노예제(西周與東周·西周幾個國家的奴隸制)』에서는

職官五正.[79] 오정의 직관을 나누어 주었습니다.

命以唐誥而封於夏虛,[80] 「당고」로 하허에 봉하도록 명하였으며

启以夏政,[81] 하나라의 정치를 열었고

"회(懷)성의 아홉 종족은 비록 외(隗)성의 여러 적(狄)과 원류가 같지만 그들은 일찍 서주(西周) 초기에 이미 주나라 민족의 노역이 된 미개화하거나 혹은 반 정도 개화된 만족(蠻族)이었다"라 하였다. 회(懷)의 소리를 따르는 글자와 귀(鬼)의 소리를 따르는 글자는 고음이 서로 비슷하니 곧 회성이 외성의 한 갈래라고 하여도 안 될 것이 없다.

79 오정(五正): 두예는 "오관(五官)의 우두머리이다"라 하였다. 그러나 은공 6년의 『전』에서 "익의 구종 오정인 경보의 아들 가보(翼九宗五正頃父之子嘉父)"라 한 것을 가지고 논하건대 오종은 다만 하나의 관직일 뿐이다.

80 당고(唐誥): 두예는 "「당고」는 고명(誥命)으로 편명이다"라 하였다.
하허(夏虛): 『전국책·초책(楚策)』에서는 "진진(陳軫)은 하나라 사람으로 삼진(三晉)의 일에 익숙하였다"라 하였다. 진진이 삼진의 사람인데 하(夏)나라 사람이라고 한 것으로 진(晉)이 하허(夏墟)에 봉하여졌다는 설을 알 수 있다. 하허는 두예는 곧 태원(太原)이라고 하였다. 지금의 태원 서남쪽 진사(晉祠)는 본래 당숙(唐叔)을 제사 지내던 곳이었다. 청나라 전조망(全祖望)의 『경사답문(經史答問)』에서는 "섭보(燮父)가 진(晉)이라고 바꾸어 부른 것은 진수(晉水) 때문이니 바로 태원에 있다"라 하였다. 고염무의 『일지록(日知錄)』 권31에서는 "생각건대 당숙이 봉해진 것에서 후민(侯緡)에 이르러 멸한 것은 모두 익(翼: 지금의 산서 익현 동쪽 20리 지점)에서 있었다"라 하였다. 홍양길(洪亮吉)의 『고(詁)』에서도 이 설을 따랐다. 은공 6년 『전』의 『주』를 함께 참조하라.

81 하정(夏政): 하정이 도대체 어떤 것인가에 대해서는 문헌에 조금 기록이 있기는 하지만 그대로 다 믿을 수는 없으니 입증할 만한 문물이 출토되지 않았기 때문이다. 후한(後漢) 원강(袁康)의 『월절서·외전·기보검(越絕書·外傳·記寶劍)』에서는 "우(禹)가 혈거(穴居)할 때 구리로 무기를 만들었다"라 하였는데 지금까지 하대(夏代)의 구리 병기는 발견된 적이 없다. 『맹자·등문공(滕文公) 상』에서는 "하후씨는 50무에 공법을 썼다(夏后氏五十而貢)"라 하였으니 하대(夏代)에는 정액의 공납세제(貢納稅制)를 시행하였다. 『예기·표기(表記)』에서는 "하나라의 도는 명령을 존중하였다. 귀(鬼)를 섬기고 신(神)을 공경하여 멀리하고 사람을 가까이하여 충성한다. 녹을 우선시하고 위엄을 뒤로하며 상을 우선시하고 벌을 뒤로 하며 친하기만 하고 존경하지 않았다. ……"라 하였으니 상나라의 정치와는 다르다. 상대(商代)의 복사(卜辭)를 가지고 추정해 보건대 하대(夏代)까지만 해도 문자로 된 전적(典籍)이 없었으니 위에서 열거한 여러 설도 다만 전하여 내려온 것일 따름일 것이다.

疆以戎索.[82] 융의 법으로 강역을 정했습니다.

三者皆叔也,[83] 세 사람은 모두 숙부이며

而有令德, 훌륭한 덕을 가졌기 때문에

故昭之以分物.[84] 보물을 나누어 그것을 밝혔습니다.

不然, 그렇지 않다면

文, 武, 成, 康之伯猶多,[85] 문왕과 무왕, 성왕, 강왕의 형들은 여전히 많아

而不獲是分也, 이렇게 나눌 수가 없었을 것이니

唯不尙年也. 나이를 숭상하지 않은 까닭입니다.

---

82 양공 4년『전』에서 위강(魏絳)이 말하기를 "융적은 풀을 쫓아다니며 살고 재화를 귀히 여기고 땅은 쉽게 여긴다(戎狄荐居, 貴貨易土)"라 하였으니 진나라 주변의 융적(戎狄)들은 여전히 유목 시대여서 물과 풀을 쫓아다니며 살았으나 밭두둑 사이의 작은 지름길과 큰 길은 반드시 유목 생활에 적응을 하여야 했을 것이다. 전하는 바에 따르면 건인(建寅)의 달을 세수(歲首)로 삼는 것이 하력(夏曆)이라고 하며 전한(前漢) 때 대덕(戴德)의 『대대예기(大戴禮記)』에는 또한 「하소정(夏小正)」이란 편(篇)이 있다. 진나라가 하력을 쓴 것은『좌전』에서 아주 명백히 말하였고 전인들도 또한 이미 상세히 말하였다. 그러나 사계(四季)는 여전히 주나라의 법을 썼다. 용경(容庚: 1894~1994)의『상주이기통고(商周彝器通考)』하책(下冊)에서는 진군부(晉軍缶)를 저록(著錄)하였는데 명(銘)에서 "정월 계춘 원일 기축일"이라 하였다. 주력(周曆)으로 계춘은 3월로 하력의 정월에 해당되니 분명히 알 수 있다.『국어·주어(周語) 중』에서는『하령(夏令)』을 인용하였고,『사기·하본기(夏本紀)』에서는 "학자들이「하소정」을 많이 전하였다"라 하였으니 이 모든 것들로 하력이 민간에서 끊어지지 않았음을 알 수 있다.

83 삼자(三者): 주공(周公)과 강숙(康叔), 당숙(唐叔)으로 혹은 무왕의 아우이고, 혹은 성왕의 아우이다.

84 소(昭): 드러내는 것이다. 보물을 나누어 줌으로써 그 덕을 드러내는 것이다. 분물(分物)은 위의 아무 보물을 "나누어 주었다(分之以)"는 것이다.

85 이는 네 왕의 아들 가운데 세 숙부보다 나이가 많은 사람이 아직도 많다는 것이다. 이를테면 주공의 형 관숙(管叔,『사기·관채세가(管蔡世家)』에 보임)이 있고, 무왕의 아들은 매우 많으며, 당숙우(唐叔虞)도 서형이 있을 것이므로 이렇게 말하였다.

管, 蔡啓商,	관숙과 채숙은 상나라의 정치를 열어
惎間王室,[86]	왕실을 범하고자 꾀하여
王於是乎殺管叔而蔡蔡叔,[87]	왕이 이에 관숙을 죽이고 채숙은 추방하였는데
以車七乘, 徒七十人.[88]	수레 7승과 역도 70명을 딸려 보냈습니다.
其子蔡仲改行帥德,[89]	그 아들 채중은 나쁜 행실을 고치고 덕을 따라
周公擧之,	주공이 천거하여
以爲己卿士,[90]	자기의 경사로 삼아

86 기간(惎間): 기(惎)는 꾀하는 것이며, 간(間)은 범하는 것이다. 왕실을 범하길 꾀하는 것이다. 왕인지의 『술문(述聞)』에 상세하다.

87 위의 "채(蔡)"자는 『설문』에는 "채(𣪠)"로 되어 있으며 소공 원년의 『전』과 『주』에 상세하다. 『맹자·공손추(公孫丑) 하』에서는 "주공이 관숙으로 하여금 은나라를 감독하게 하니 관숙이 은나라를 가지고 반란을 일으켰다"라 하였다. 「관채세가(管蔡世家)」에서는 "관숙과 채숙은 주공이 성왕에게 불리하게 정무를 처리할 것이라고 의심을 하여 무경을 끼고 반란을 일으켰다. 주공 단은 성왕의 명령을 받들어 무경을 펴서 죽이고 관숙을 죽이게 하였으며 채숙은 추방하고 옮겼다"라 하였다.

88 두예는 "채숙의 수레와 역부들을 함께 추방한 것이다"라 하였다.

89 솔(帥): 곧 솔(率)과 같다. 『사기』에는 곧 "솔(率)"로 되어 있으며, 순(循)의 뜻이다.

90 경사(卿士): 경사에는 두 가지 뜻이 있는데, 하나는 주(周) 왕조의 6경의 우두머리로 『시경·대아·상무(大雅·常武)』의 "왕께서 태묘에서 남중을 경사에 명하셨네. 황부를 태사로 삼으셨네(王命卿士, 南仲大祖, 大師皇父)"라 한 것으로 경사는 태사의 위에 있다. 『시경·소아·시월지교(小雅·十月之交)』에서 "황보 경사로 삼고, 번은 사도로 삼았네(皇父卿士. 番維司徒)"라 하였으니 경사는 사도의 위에 있다. 『국어·주어(周語) 상』에서는 "영공(榮公)을 경사로 삼으니 제후들이 향례를 베풀지 않았다"고 하였는데 경사는 곧 집정(執政)이다. 그러므로 강영(江永)의 『군경보의(羣經補義)』에서 "주나라 초기의 관직 제도에서 백관을 총괄하는 것을 경사라고 한다"라 하였다. 하나는 경대부의 통칭으로 『서경·

見諸王,	왕에게 보여
而命之以蔡.[91]	채후에 명하였습니다.
其命書云,	그 임명장에서 말하기를
'王曰,	'천자가 말한다.
胡!	"호야!
無若爾考之違王命也!'[92]	네 아비처럼 왕명을 어기지 말라!"'라 하였습니다.
若之何其使蔡先衛也?	그 어찌 채나라를 위나라 앞에 두겠습니까?
武王之母弟八人,	무왕의 동모제는 여덟 사람으로
周公爲大宰,	주공은 태재이고
康叔爲司寇,	강숙은 사구이며
聃季爲司空,	담계는 사공이고

홍범(洪範)」에서 "당신에게 큰 의문이 있으면 그대 마음에 물어보고 경사에게 물어보며 서민들에게 물어보오(汝則有大疑, 謀及乃心, 謀及卿士, 謀及庶人)"라 하였는데 이 경사는 위의 "팔정(八正)"을 아울러 가리키며 곧 8대 관직이다. 여기서는 두 번째 뜻으로 주공이 그를 천거하여 왕조에 세워 자기의 조수로 삼은 것이다.

91 두예는 "채후(蔡侯)로 명한 것이다"라 하였다.

92 두예는 "호는 채중(蔡仲)의 이름이다"라 하였다. 「관채세가(管蔡世家)」에서는 "채숙도(蔡叔度)가 이미 옮기어 죽었는데 그 아들을 호라고 하였다. 호는 행실을 고치고 덕을 따랐으며 선량하였다. 주공이 그러한 소문을 듣고 호를 천거하여 노나라의 경사로 삼았다. 노나라가 잘 다스려지자 이에 주공이 성왕에게 말하여 다시 호를 채에 봉하고 채숙의 제사를 받들게 하였는데 그가 바로 채중이다"라 하였다. 「서서(書序)」에 「채중지명(蔡仲之命)」이 보이는데 정현은 "「채중지명」은 없어졌다"라 하였다. 지금 『상서·채중지명(尙書·蔡仲之命)』은 위작이다.

五叔無官,[93]	다섯 숙부는 관직이 없으니
豈尙年哉?	어찌 나이를 숭상하겠습니까?
曹,	조나라는
文之昭也,[94]	문왕의 소이고,
晉,	진나라는
武之穆也.[95]	무왕의 목입니다.
曹爲伯甸,[96]	조나라는 백작으로 전복의 나라이며
非尙年也.[97]	나이를 숭상하는 것이 아닙니다.

---

93 오숙(五叔): 두예는 "오숙은 관숙선(管叔鮮), 채숙도(蔡叔度), 성숙무(成叔武), 곽숙처(霍叔處), 모숙담(毛叔聃)이다"라 하였다. 그러나 「관채세가(管蔡世家)」에서 "나머지 다섯 숙부는 모두 나라로 가고 천자의 관리가 된 자가 없다"라 하였는데, 『색은(索隱)』에서는 "오숙은 관숙(慣熟)과 채숙(采菽), 성숙(成叔), 조숙(曹叔), 곽숙(霍叔)이다"라 하여 모숙이 없고 조숙이 있는데, 대개 곽숙을 삼감(三監)의 하나로 생각한 것 같다. 『상서·고명(誥命)』에 모공이 있는데, 모공은 곧 모숙이니 모숙은 실로 삼공으로 경의 직무를 겸하였으니 사마정의 설이 비교적 타당한 것 같다. 청나라 이돈(李惇)의 『군경지소·오숙무관(羣經識小·五叔無官)』조를 참고하라.

94 두예는 "문왕의 아들로 주공과는 어머니가 다르다"라 하였다. 『사기』에는 「조숙세가(曹叔世家)」가 있는데 「관채세가(管蔡世家)」의 뒤에 붙여 놓았으며, 다만 "조숙진탁(曹叔振鐸)이라는 사람은 주무왕의 아우이다"라고만 말하고 어머니가 다르다는 것은 말하지 않았다. 두예는 아마 다른 근거를 가지고 있는 것 같다.

95 두예는 "무왕의 아들이다"라 하였다.

96 두예는 "백작으로 전복(甸服)에 거처하였다"라 하였다. 그러나 환공 2년 『전』에서는 "진나라는 전복에 속한 제후국이다(晉, 甸侯也)"라 하였는데, 여기서 또 진나라와 조나라를 서로 비교하여 조나라는 전복에 있다라 하였는데 이 두 "전(甸)"자는 뜻이 다른 것 같다. 진나라는 전후의 나라다라 한 전(甸)자는 이미 환공 2년 『전』의 『주』에 상세하다. 『주례·대행인(大行人)』에 "나라의 기(畿)는 천리이다. 그 바깥의 사방 5백 리를 후복(侯服)이라 하고, 또 그 바깥의 5백 리를 전복이라 한다"라 하였다. 땅을 가지고 말하면 조나라는 지금의 산동 정도현(定陶縣)에 있어서 주나라 초기의 왕기에서 비교적 멀어 「대행인」의 전복과 합치된다.

97 조숙(曹叔)은 당숙우(唐叔虞)보다 연장이지만 봉지가 멀기 때문에 나이를 숭상하는 것

今將尙之,　　　지금 그를 존숭하려는 것은

是反先王也.　　　선왕의 뜻에 반하는 것입니다.

晉文公爲踐土之盟,　　　진문공이 천토의 맹약을 소집했을 때

衛成公不在,　　　위성공은 회합에 없었으며

夷叔,　　　이숙은

其母弟也,　　　동모제여서

猶先蔡.[98]　　　오히려 채나라의 앞에 있었습니다.

其載書云,　　　그 재서에서 이르기를

'王若曰,　　　'천자께서 말씀하시기를

晉重, 魯申, 衛武, 蔡甲午, 鄭捷, 齊潘, 宋王臣, 莒期.'[99]

진나라 중이와 노나라 신,
위나라 무, 채나라 갑오, 정나라 첩,
제나라 반, 송나라 왕신,
거나라 기이다'라 하였습니다.

이 아니다.

98 두예는 "천토와 소릉의 두 회합에서 『경』에서는 채나라를 위나라의 위에 기록하였는데 패주는 나라의 크기를 순서로 삼기 때문이다. 자어가 말한 것은 맹회에서 삽혈(歃血)한 순서이다"라 하였다.

99 진중(晉重): 두예는 "문공(文公)이다"라 하였다. 진문공의 이름은 중이(重耳)인데 여기서는 생략하여 중(重)이라 하였으며, 고염무(顧炎武)의 『일지록(日知錄)』 권23에서는 "「진어 4」에서 조희기(曹僖羈)는 숙진탁(叔振鐸)을 선군 숙진(叔振)이라 부르는데 또한 이름은 둘이지만 한 사람을 일컫는 것이다"라 하였다. 양수달(楊樹達)의 『고서의의거례속보(古書疑義擧例續補)』에서는 이어서 "대체로 고인의 이름을 둘로 기록하는 데는 원래 한 글자를 생략하는 예가 있다"라 하였다. 다케조에 고코의 『회전(會箋)』에서는 "재서(載書)의 첫머리에서 '천자가 말하기를'이라 하여 그렇게 정중한데 어떻게 글자를 생략할 수 있겠는가. 아마 이때 제후들이 소릉(召陵)에서 회합하고 진(晉)나라가 맹주였으며, 축타의

藏在周府,	주나라 부고에 간직하여 두었으니
可覆視也.	대조해 볼 수 있습니다.
吾子欲復文, 武之略,[100]	그대는 문왕과 무왕의 도통을 회복하고자 하면서
而不正其德,	그 덕을 바르게 하지 못하니
將如之何?"	그것을 어찌하실 것입니까?"
萇弘說,	장홍이 기뻐하며
告劉子,	유자에게 알리니
與范獻子謀之,	범헌자와 상의를 하여
乃長衛侯於盟.	맹약에서 위후를 앞에 놓았다.

反自召陵,	소릉에서 돌아오는 길에

말이 비록 장홍에게 알리는 것이지만 진정공이 실재 회합에 있었으므로 맹주를 위해 피휘하여 '중'자만 들어 '두 이름은 한쪽만 피휘하지 않는다'는 뜻을 바로잡은 것이다"라 하였다. 청나라 완지생(阮芝生)의 『두주습유(杜注拾遺)』의 설도 같다.

노신(魯申): 두예는 "희공(僖公)이다"라 하였다.

위무(衛武): 두예는 "숙무(叔武)이다." 청나라 조탄(趙坦)의 『보벽재찰기(寶甓齋札記)』에서는 이는 축타가 그 글을 말하여 본국을 위해 한 글자를 피휘한 것이라고 했다.

채갑오(蔡甲午): 두예는 "장후(莊侯)이다"라 하였다.

정첩(鄭捷): 두예는 "문공(文公)이다"라 하였다.

제반(齊潘): 두예는 "소공(昭公)이다"라 하였다.

송왕신(宋王臣): 두예는 "성공(成公)이다"라 하였다.

거기(莒期): 두예는 "자비공(茲丕公)이다. 제나라의 서열은 정나라 아래인데 주나라 종실의 맹약에는 이성(異姓)을 뒤로 한다"라 하였다. 축타는 삽혈(歃血)한 사람만 들었을 뿐 맹약하는 말은 본제(本題)와 무관하므로 말하지 않았다.

100 약(略): 두예는 "약(略)은 도(道)이다"라 하였다.

鄭子大叔未至而卒.[101]	정나라 자태숙은 채 이르지도 못하고 죽었다.
晉趙簡子爲之臨,	진나라 조간자가 그의 영전에 임하여
甚哀,	매우 슬퍼하며
曰,	말하였다.
"黃父之會,[102]	"황보의 회합에서
夫子語我九言,	부자가 나에게 아홉 마디를 말해 주었는데
曰,	말하기를
'無始亂,	'난을 일으키지 말 것이며
無怙富,	부유함을 믿지 말 것이며
無恃寵,	총애를 믿지 말 것이며
無違同,	같은 뜻을 어기지 말 것이며
無敖禮,[103]	예의 있는 사람을 오만하게 대하지 말 것이며
無驕能,[104]	재능으로 교만히 하지 말 것이며
無復怒,[105]	같은 일에 거듭 노하지 말 것이며

101 정나라에 이르지 못한 채 길에서 죽은 것이다.
102 두예는 "소공 25년에 있었다"라 하였다.
103 오(敖): 오(傲)와 같다. 예가 있는 사람에게 오만하게 굴지 말라는 말이다.
104 두예는 "재능을 가지고 남에게 교만하게 구는 것이다"라 하였다.
105 부(復): 두예는 "부는 중(重)의 뜻이다"라 하였다.

無謀非德,[106]	덕이 아니면 꾀하지 말 것이며
無犯非義.'"[107]	의가 아니면 범하지 말 것이다'라 하였다."

沈人不會于召陵,	침나라 사람이 소릉의 회합에 참가하지 않아
晉人使蔡伐之.	진나라 사람이 채나라로 하여금 치게 하였다.
夏,	여름에
蔡滅沈.	채나라가 침나라를 멸하였다.
秋,	가을에
楚爲沈故,	초나라가 침나라 때문에
圍蔡.	채나라를 에워쌌다.
伍員爲吳行人以謀楚.	오원이 오나라의 행인이 되어 초나라를 칠 계책을 세웠다.
楚之殺郤宛也,[108]	초나라가 극완을 죽일 때
伯氏之族出.[109]	백씨의 일족이 도망쳤다.

---

106 두예는 "꾀할 것이 아니라는 말이다"라 하였다. 덕의에 합치되지 않는 것은 꾀하지 말라는 말이다.

107 완각본(阮刻本)에는 "의(義)"가 "예(禮)"로 되어 있다. 여기서는 가나자와 문고본(金澤文庫本)을 따른다. 의롭지 않은 일은 범하지 말라는 것이다.

108 두예는 "소공 27년에 있었다"라 하였다.

109 두예는 "극완의 일당이다"라 하였다.

伯州犁之孫嚭爲吳大宰以謀楚.[110] 백주리의 손자 비가 오나라의 태재가 되어 초나라를 칠 계책을 세웠다.

楚自昭王卽位, 초나라는 소왕이 즉위한 이래

無歲不有吳師, 오나라의 공격을 받지 않은 해가 없었는데

蔡侯因之, 채후가 그에 붙어

以其子乾與其大夫之子爲質於吳. 그 아들 건과 대부의 아들을 오나라의 인질로 삼았다.

冬, 겨울에

蔡侯, 吳子, 唐侯伐楚.[111] 채후와 오자, 당후가 초나라를 쳤다.

舍舟于淮汭,[112] 회수의 물굽이에서 배를 버리고

自豫章與楚夾漢, 예장에서 초나라와 한수를 끼고 대치하였는데

左司馬戌謂子常曰, 좌사마 술이 자상에게 말하였다.

"子沿漢而與之上下,[113] "그대가 한수를 따라 저들과 오르락내리락하면

---

110 『오월춘추·합려내전(闔廬內傳)』에는 "백비(伯嚭)"가 "백희(白喜)"로 되어 있으며, 또한 극완이 곧 백주리라고 하였다.

111 두예는 "당후를 기록하지 않은 것은 군사가 오나라와 채나라에 속하였기 때문이다"라 하였다. 필(邲)의 전역은 당혜후(唐惠侯)가 초나라를 따라서 또한 기록하지 않았다.

112 두예는 "오나라 군사는 배를 타고 회수를 따라 내려와 채나라를 지나면서 배를 버렸다"라 하였다.

113 두예는 "연(沿)은 연(緣)이다. 한수를 따라 오르락내리락하면서 막아서 건너지 못하게

我悉方城外以毁其舟,[114]	나는 방성 바깥의 군사를 총동원하여 그들의 배를 부수고
還塞大隧, 直轅, 冥阨.[115]	돌아와서 대수와 직원, 명액을 막겠소.
子濟漢而伐之,	그대가 한수를 건너 그들을 치면
我自後擊之,	나는 뒤에서 그들을 쳐서
必大敗之."[116]	반드시 크게 무찌르겠소."
旣謀而行.	계책을 내자 떠났다.
武成黑謂子常曰,[117]	무성흑이 자상에게 말했다.
"吳用木也,	"오나라는 나무를 썼고

하는 것이다"라 하였다.

114 두예는 "방성 바깥의 사람들로 하여금 오나라에서 버린 배를 부수겠다는 것이다"라 하였다.

115 대수·직원·명액(大隧·直轅·冥阨): 명액(冥阨)은 완각본(阮刻本)에는 "치액(寘阨)"으로 되어 있는데, 여기서는 『석경(石經)』과 『석문(釋文)』, 송본(宋本)을 따랐으며, 청나라 완원(阮元)의 『교감기(校勘記)』에 상세하다. 두예는 "세 곳은 한수 동쪽의 좁은 길이다"라 하였다. 지금의 예악(豫鄂) 경계에 있는 세 관문으로 동쪽은 구리관(九里關)인데 곧 대수이며, 가운데는 무승관(武勝關)으로 곧 직원이며, 서쪽은 평정관(平靖關)으로 곧 명액이다. 명액에는 대소의 석문이 있는데 산을 뚫어 낸 길로 매우 위험하고 좁다. 명액은 또한 면색(黽塞)이라고도 한다.

116 『오월춘추·합려내전(闔廬內傳)』에서는 "마침내 손무(孫武)와 오서(伍胥), 백희(白喜)로 하여금 초를 치게 하였다. 자서(子胥)는 몰래 초나라에 선언하게 하여 '초나라는 자기(子期)를 장수를 기용할 것이니 내 즉시 다가가 죽일 것이며, 자상(子常)이 병사를 쓸 텐데 내 그를 제거하겠다'라 하였다"라 하였다. 자기는 곧 공자 결(公子結)로 이번 오나라와 맞서 싸울 때 일찍이 장수가 된 적이 없었으며, 자서가 그를 두려워함을 알 수 있고 낭와(囊瓦)가 무능함을 알 수 있다. 침윤 술(戌)은 이번 전략으로 승산을 잡을 수 있었는데 낭와가 그들을 패퇴시켰다.

117 무성흑(武成黑): 두예는 "흑은 초나라 무성의 대부이다"라 하였다. 무성은 지금의 하남 신양시(信陽市) 동북쪽이다.

我用革也,	우리는 가죽을 써서
不可久也,	오래 끌 수 없으니
不如速戰."[118]	속히 싸움만 못합니다."
史皇謂子常,	사황이 자상에게 말하였다.
"楚人惡子而好司馬,[119]	"초나라 사람은 그대를 싫어하고 사마를 좋아하니
若司馬毁吳舟于淮,	사마가 회수에서 오나라의 배를 부수고
塞成口而入,[120]	성구를 막고 들어가면
是獨克吳也.	이는 혼자 오나라를 이기는 것이오.
子必速戰!	그대는 반드시 속히 싸워야 하오!
不然,	그렇지 않다면
不免."	면치 못할 것이오."
乃濟漢而陳,	이에 한수를 건너 진을 펼쳤는데
自小别至于大别.[121]	소별에서 대별에까지 이르렀다.

118 나무를 썼다느니 가죽을 썼다느니 하는 것은 아마 전차를 가리켜 한 말일 것이다. 오나라의 전차는 꾸밈이 없이 순수하게 나무를 써서 만들었다. 초나라의 전차는 가죽으로 온 데를 쌌으니 반드시 아교를 써야 한다. 가죽을 쓴 것은 매끄럽고 견고하지만 비로 습해지면 내구성이 없어서 가죽의 아교 칠이 녹아서 흩어져 오히려 나무로만 만들어 아무 근심이 없는 것만 못하므로 오래 끌 수 없다고 한 것이다. 청나라 요내(姚鼐)의 『보주(補注)』에 상세하다.

119 두예는 "사황은 초나라의 대부이다. 사마는 침윤 술이다"라 하였다.

120 성구(成口): 두예는 "성구는 세 좁은 길의 총칭이다"라 하였다.

121 소별·대별(小別·大別): 홍양길(洪亮吉)은 "대별과 소별은 모두 회수(淮水)의 남쪽과 한

三戰,	세 번을 싸웠는데
子常知不可,	자상은 이길 수 없다는 것을 알고
欲奔.[122]	달아나려 하였다.
史皇曰,	사황이 말하였다.
"安,	"평안하면
求其事,[123]	정사에 참여하기를 구하고,
難而逃之,	어려우니 도망가려 하니
將何所入?	어디로 가려 하오?
子必死之,	그대는 반드시 죽기로 싸워야
初罪必盡說."[124]	처음 지은 죄에서 반드시 모두 벗어날 것이오."
十一月庚午,	11월 경오일에

수(漢水) 북쪽에 있는 산이다"라 하였다. 대별산은 정현의 『상서·우공(禹貢)』 주와 『한서·지리지』, 진(晉)나라 경상번(京相璠)의 『춘추토지명(春秋土地名)』에 의하면 모두 지금의 안휘 곽구현(霍丘縣) 서남쪽 90리 지점의 안양산(安陽山)이라고 하였다. 지금의 호북 영산현(英山縣) 북쪽에 대별산이 있는데 또한 이 대별산맥의 봉우리이다. 소별은 지금의 하남 광산현(光山縣)과 호북 황강현(黃岡縣) 사이에 있다. 청나라 홍양길(洪亮吉)의 『권시각갑·집석대별(卷施閣甲·集釋大別)』 및 『한수석(漢水釋)』에서 아주 상세히 말하였다. 청나라 왕지창(汪之昌)의 『청학재집·소별대별고(靑學齋集·小別大別考)』에서는 지금의 호북 천문현(天門縣) 성 동남쪽에 대별산이 있으며 땅 이름이 대월산(大月山)으로 그 서쪽에 작은 산 두 개가 있는데 소별은 그 가운데 있을 것이라고 하였다. 두 산의 거리가 매우 가까운 것 같으니 반드시 확실하지는 않을 것이다.

122 두예는 "오나라가 이길 수 없음을 안 것이다"라 하였다.

123 두예는 "정사를 알기를 추구한 것이다"라 하였다.

124 두예는 "죽도록 싸워 오나라를 이기면 재물을 탐하여 도둑을 부른 죄를 면할 수 있다는 말이다"라 하였다.

二師陳于柏擧.[125]	두 나라 군사가 백거에서 진을 쳤다.
闔廬之弟夫槩王晨請於闔廬曰,	합려의 아우 부개왕이 새벽에 합려에게 청하여 말하였다.
"楚瓦不仁,[126]	"초나라 낭와는 어질지 못하니
其臣莫有死志.	그의 신하들은 아무도 죽을 뜻이 없습니다.
先伐之,	먼저 그들을 치면
其卒必奔,	군사들이 반드시 달아날 것이며,
而後大師繼之,	그런 다음 대군으로 그 뒤를 이으면
必克."	반드시 이길 것입니다."
弗許.	허락하지 않았다.
夫槩王曰,	부개왕이 말하였다.
"所謂'臣義而行,	"이른바 '신하가 옳으면 행하여
不待命'者,[127]	명을 기다리지 않는다'라 한 것은
其此之謂也.	이것을 이름일 것입니다.
今日我死,	오늘 내가 죽기로 작정을 하면
楚可入也."[128]	초나라 도읍에 들어갈 수 있습니다."

---

125 이사(二師): 두예는 "이사는 오나라와 초나라의 군사이다"라 하였다.

126 와(瓦): 두예는 "와(瓦)는 자상(子常)의 이름이다"라 하였다.

127 신하가 옳으면 행하여 명을 기다리지 않는다 한 것은 아마 예로부터 이런 말이 있었을 것이므로 "이른바(所謂)"를 추가하였을 것이다.

128 이 초(楚)는 초나라의 국도인 영(郢)을 가리킨다.

以其屬五千先擊子常之卒.	그 부하 5천 명으로 먼저 자상의 군사들을 쳤다.
子常之卒奔,	자상의 군사가 달아나니
楚師亂,	초나라 군사는 어지러워졌고
吳師大敗之.	오나라 군사는 그들을 크게 무찔렀다.
子常奔鄭.[129]	자상은 정나라로 달아났다.
史皇以其乘廣死.[130]	사황이 그의 승광을 가지고 싸우다 죽었다.
吳從楚師,	오나라 군사가 초나라 군사를 쫓아
及淸發,[131]	청발에 이르러
將擊之.	치려고 하였다.
夫槩王曰,	부개왕이 말하였다.
“困獸猶鬪,	“짐승도 곤경에 처하면 싸우는데

---

129 『춘추담·조집전찬례(春秋啖·趙集傳纂例)』 권1에서는 당나라 유황(劉貺)이 인용한 『기년(紀年)』을 인용하여 “초나라 낭와는 정나라로 달아났다”라 하였고, 또 『석(釋)』을 인용하여 “이는 자상(子常)이다”라 하였다.

130 승광(乘廣): 두예는 “싸우다가 죽은 것이다”라 하였다. 초왕이 혹 주수(主帥)로 이끈 병거를 승광이라 하는데 선공 12년 『전』에서 “초자는 승광을 만들었는데 30승이었으며 이를 좌우로 나누었다(楚子爲乘廣三十乘, 分爲左右)”라 한 것으로 알 수 있다.

131 청발(淸發): 두예는 “청발은 물 이름이다”라 하였다. 청수(淸水)는 운수(溳水)의 지류로 곧 청발이며 『수경주·운수(水經注·溳水)』에 보이며, 청말(淸末) 민국초(民國初) 양수경(楊守敬: 1839~1915)의 『수경주소(水經注疏)』 권31에서는 운수는 곧 청발수(淸發水)라 하였다. 지금의 호북 안륙현(安陸縣)에 있다.

況人乎?
하물며 사람이겠습니까?

若知不免而致死,
만약에 면하지 못할 것을 알고
죽을 힘을 다한다면

必敗我.
반드시 우리를 패퇴시킬 것입니다.

若使先濟者知免,
먼저 건너는 자가 면한다는 것을
알게 하면

後者慕之,
나중의 사람들이 그를 부러워하여

蔑有鬪心矣.
싸울 마음이 없게 될 것입니다.

半濟而後可擊也."
반쯤 건넌 이후에는 칠 수 있습니다."

從之,
그대로 따라

又敗之.
또 무찔렀다.

楚人爲食,
초나라 사람이 밥을 지었는데

吳人及之,[132]
오나라 사람이 거기까지 따라잡자

奔.[133]
달아났다.

食而從之,[134]
밥을 먹고 쫓아가

---

132 『설문』에서는 "급은 미치는 것이다. 오른손〔又〕과 사람〔人〕에서 뜻이 나왔다"라 하였다. 갑골문에는 , 로 되어 있는데 쫓아가서 따라잡은 모양을 본뜬 것이다. 청말(淸末) 민국초(民國初) 나진옥(羅振玉: 1866 ~1940)의 『은허서계·전편(殷墟書契·前編)』 권5의 27쪽의 4에 "왕이 추격하는 것을 점쳤는데 따라잡을까?(及)"라 하였고 청말(淸末) 유악(劉鶚: 1857~1909)의 『철운장귀(鐵雲藏龜)』 116쪽의 4에서는 "외치며 적을 쫓는 것을 점쳤는데 따라잡을까?(及)"라 하였는데, 이것이 "급(及)"의 본래 뜻이며, 이곳의 "급(及)" 또한 본래의 뜻으로 쓰였다.

133 오나라 군사가 추격하여 이르자 초나라 군사가 밥을 버리고 달아난 것이다.

134 오나라 군사가 초나라 군사가 지은 밥을 먹은 후에 또 추격한 것이다.

敗諸雍澨.[135]	옹서에서 무찔렀다.
五戰,	다섯 번 싸워
及郢.[136]	영에 이르렀다.
己卯,[137]	기묘일에
楚子取其妹季芈畀我以出,[138]	초자가 그의 누이 계미비아를 데리고 빠져나가
涉雎.[139]	저수를 건넜다.
鍼尹固與王同舟,[140]	침윤 고가 왕과 함께 배를 탔는데
王使執燧象以奔吳師.[141]	왕이 코끼리 꼬리에 횃불을 달아 쫓아 오나라 군사를 달아나게 하였다.

---

135 옹서(雍澨): 『휘찬(彙纂)』에 의하면 지금의 호북 경산현(京山縣) 서남쪽에 삼서수(三澨水)가 있는데 춘추시대 옹서(雍澨)가 그중 하나라고 하였다. 홍양길(洪亮吉)은 "지금의 서수(澨水)는 경산현 서남쪽에 있는데 남으로 흘러 천문현(天門縣)으로 들어가 차수(汊水)가 된다"라 하였다. 옹서가 곧 천문하로 들어가는 지류인 것 같다.

136 『여씨춘추·간선(簡選)』편에서는 "오나라 합려는 힘이 센 자 5백 명과 발이 빠른 자 3천 명을 뽑아서 전열에 배치하였다. 형(荊)과 싸웠는데 다섯 번 싸워 다섯 번 이겨 마침내 영을 차지하였다"라 하였다.

137 기묘일은 11월 27일이다.

138 계미비아(季芈畀我): 계(季)는 백중숙계(伯仲叔季)의 계(季)이다. 미(芈)는 초나라의 성이고, 비아는 이름이다. 계미비아는 사실 한 사람이다.

139 저(雎): 저수는 곧 지금의 저수(沮水)이다. 초자는 기남성(紀南城)에서 서쪽으로 도망가서 저수를 건넜는데 지금의 지강현(枝江縣) 동북쪽일 것이다.

140 침윤고(鍼尹固): 침윤(鍼尹)은 또한 잠윤(箴尹)이라고도 하며, 애공 16년 및 18년의 『전』에도 보인다.

141 수상(燧象): 두예는 "횃불에 불을 붙여 코끼리의 꼬리에 매달아 오나라 군사 쪽으로 달리게 해서 놀라 물러나게 하는 것이다"라 하였다. 은상(殷商) 때는 중원에 코끼리가 있었으므로 『여씨춘추·고악(古樂)』편에서 "상나라 사람은 코끼리를 부렸다"라 하였다. 은

庚辰,	경진일에
吳入郢,	오나라는 영에 들어가
以班處宮.[142]	반열대로 궁실에 처하였다.
子山處令尹之宮,[143]	자산은 영윤의 집에 처하였는데
夫槩王欲攻之,	부개왕이 공격하려 하자
懼而去之,	두려워하여 떠나니
夫槩王入之.[144]	부개왕이 그곳으로 들어갔다.

허의 유물에 상아를 아로새긴 예기(禮器)와 코끼리 이빨 및 코끼리 뼈로 점을 친 복사가 있으며, 1975년 호남 예릉현(醴陵縣)에서는 은상(殷商) 시대의 코끼리 형태의 청동 주기(酒器)가 발굴된 적이 있어 더욱 확실히 입증하였다. 춘추시대까지만 해도 코끼리는 장강(長江) 유역에서 자취가 끊어지지 않아 『국어·초어(楚語)』에서는 "파포(巴浦)의 무소, 야크, 코뿔소, 코끼리를 다하겠는가"라 하였고 이곳의 코끼리 꼬리에 횃불을 단 것으로 모두 증명할 수 있다. 전국시대 초나라까지만 해도 여전히 코끼리가 있어서 『전국책·초책(楚策) 3』에서 초나라 왕이 말하기를 "황금과 주기(珠璣), 무소, 코끼리는 초나라에서 나서 과인은 진나라에 요구하지 않았소"라 하였다. 이때 장강 이북에는 코끼리가 자취를 감추었다. 『맹자·등문공(滕文公) 하』에서 "호랑이와 표범, 무소, 코끼리를 몰아 멀리한다"라 하였고, 『전국책·위책(魏策) 3』에서는 "백골이 코끼리를 의심케 한다"라 하였으며, 『한비자·해로(解老)』편에서는 "사람이 살아 있는 코끼리를 보기 드물다"라 한 것으로 이를 알 수 있다. 이 수상(燧象)은 『사기·전단(田單列傳)』의 화우(火牛)와 같다. 『광아·석언(釋言)』에서는 "집(執)은 으르는 것이다"라 하였다. 여기서는 불붙인 코끼리를 오나라 군영에 몰아넣어 그들로 하여금 달아나게 한 것이다.

142 두예는 "높고 낮은 반차(班次)대로 초왕의 궁실에 처한 것이다"라 하였다. 『곡량전』에서는 "임금이 임금의 침소에 거하고 그 임금의 아내를 아내로 삼았으며, 대부가 그 대부의 침소에 거하고 그 대부의 아내를 아내로 삼았다"라 하였다. 『오월춘추·합려내전(闔廬內傳)』에서도 "합려가 소왕의 부인을 아내로 삼았고, 오서와 손무, 백희도 자상과 사마 성〔司馬城, 술(戌)〕의 아내를 아내로 삼아 초나라의 군신(君臣)을 욕보였다"라 하였는데 『전』에는 이런 말이 없다.

143 자산(子山): 두예는 "자산은 오왕의 아들이다"라 하였다.

144 두예는 "영윤의 집에 들어간 것이다"라 하였다. 오나라가 영에 들어간 것에 대해 『전』에서는 자산과 부개왕의 일만 서술하고 오원은 언급하지 않았다. 『회남자』나 『오월춘추』, 심지어 『사기』 같은 후인들의 책에서는 모두 오원이 평왕의 무덤을 파헤쳐 그 시체에 채

左司馬戌及息而還,[145]	좌사마 술이 식에 이르렀다가 돌아가
敗吳師于雍澨,	옹서에서 오나라 군사를 무찌르고
傷.	부상을 당했다.
初,	처음에
司馬臣闔廬,	사마는 합려의 신하였기 때문에
故恥爲禽焉,[146]	사로잡힌 것을 부끄럽게 여겨
謂其臣曰,	그의 부하에게 말하였다.
"誰能免吾首?"[147]	"누가 내 머리를 면하게 할 수 있을까?"
吳句卑曰,[148]	오구비가 말하였다.
"臣賤,	"신은 지위가 낮은데도
可乎?"	되겠습니까?"
司馬曰,	사마가 말하였다.
"我實失子,	"내 그대를 알아보지 못했는데

찍질을 하였다고 하였으며, 『열녀전』에서는 또한 백영(伯嬴)의 정절을 서술하고 있는데 모두 믿을 만하지 못하다. 또한 백영은 진목공의 딸이라고 하였는데 목공이 만년에 딸을 낳았다 하더라도 또한 백 세가 넘었을 것이니 변명하지 않아도 자명하다.

145 식(息): 곧 지금의 하남 식현 서남쪽으로 또한 은공 11년의 『전』과 『주』에도 보인다.

146 두예는 "사마는 일찍이 오나라에서 합려의 신하가 되었었는데 이 때문에 지금 사로잡힌 것을 부끄럽게 여긴 것이다"라 하였다.

147 오나라가 그 시신과 머리를 갖지 못하게 하는 것이다.

148 오구비(吳句卑): 아래에서 다만 "구비(句卑)"라고만 한 것으로 보아 구비는 오나라 사람인 것 같으며 사마 술(戌)의 종자이다.

可哉!"[149] 그리 할지어다!"

三戰皆傷, 세 차례를 싸워 모두 부상을 당하자

曰, 말하였다.

"吾不可用也已."[150] "나는 이제 글렀다."

句卑布裳, 구비가 하의를 찢어서

剄而裹之,[151] 목을 잘라 싸고

藏其身, 몸은 숨긴 다음에

而以其首免. 그 머리를 가지고 벗어났다.

楚子涉雎,[152] 초자가 저수를 건너고

濟江, 강을 건너

入于雲中.[153] 운중으로 들어갔다.

王寢, 왕이 자는데

盜攻之, 도적이 그를 공격하여

以戈擊王, 과로 왕을 쳤는데

王孫由于以背受之,[154] 왕손유우가 등으로 막아

---

149 두예는 "실수로 그대가 현명한 것을 알아보지 못했다는 것이다"라 하였다.

150 완각본(阮刻本)에는 "가(可)"자가 없는데 여기서는 『교감기(校勘記)』 및 가나자와 문고본(金澤文庫本)을 따라 더하였다. 곧 죽을 것이라는 말이다.

151 두예는 "사마가 이미 죽어 목에서 그 머리를 취한 것이다"라 하였다.

152 저(雎): 곧 지금의 호북 저수(沮水)이다.

153 초소왕은 아마 지금의 지강현(枝江縣)에서 장강을 건넜을 것이며, 전설에 운몽택(雲夢澤)은 장강 남북에 걸쳐 있다고 하는데, 이것이 장강 남쪽의 운몽이다.

154 애공 18년 『전』에 침윤(寢尹)이 있는데 두예는 곧 유우(由于)라고 하였으며 또한 오유

中肩.	어깨에 맞았다.
王奔鄖.[155]	왕은 운으로 달아났다.
鍾建負季芈以從.[156]	종건이 계미를 업고 따랐다.
由于徐蘇而從.[157]	왕유가 천천히 깨어나 따랐다.
鄖公辛之弟懷將弑王,	운공 신의 아우인 회가 왕을 죽이려 하여
曰,	말하였다.
"平王殺吾父,	"평왕이 우리 아버지를 죽였으니
我殺其子,	내가 그 아들을 죽인들
不亦可乎?"[158]	안 될 것이 뭔가?"
辛曰,	신이 말하였다.

우(吳由于)라고도 하였는데 그 까닭을 모르겠다.

155 운(鄖): 운은 지금의 호북 경산현 안륙현 일대이며, 환공 11년『전』"운나라 사람이 포소에 군진을 쳤다(鄖人軍於蒲騷)"라 한 곳의『주』에 보인다.『운몽현지(雲夢縣志)』에서는 운몽현에 초왕성이 있는데 소왕이 운나라로 달아났을 때 지은 것이라고 하였으며, 확실성의 여부는 알 수 없다. 이때 소왕은 다시 장강 남쪽에서 장강 북쪽에 이르렀다.

156 두예는 "종건은 초나라 대부이다"라 하였다. 만씨(萬氏)의『씨족략(氏族略)』에서는 성공 9년『전』에 초나라에 영인(泠人) 종의(鍾儀)가 있는데 종건이 그를 섬겨 씨(氏)로 삼았을 것이라고 하였다. 청나라 양이승(梁履繩)의『보석(補釋)』에서는 또한 "종자기(鍾子期)는 초나라 사람으로 종의의 일족인데 세상에 지음(知音)으로 알려진 자이다"라 하였다.

157 소(蘇): 두예는 "등으로 창〔戈〕를 받았으므로 당시 혼절해 있었던 것이다"라 하였다. 자서(字書)에서는 죽었다가 다시 살아난 것을 소(蘇)라고 한다고 하였는데, 여기서는 깨어난 것이다.

158 두예는 "신은 만성연(蔓成然)의 아들 투신(鬪辛)이다. 소공 14년 초평왕이 성연을 죽였다"라 하였다.

“君討臣,	“임금이 신하를 죽였는데
誰敢讎之?	누가 감히 원수로 여기겠는가?
君命,	임금의 명령은
天也.	하늘의 명이다.
若死天命,	하늘의 명에 죽는다면
將誰讎?	누구를 원수로 여기겠는가?
詩曰‘柔亦不茹,	『시』에서 말하기를 ‘부드러워도 삼키지 아니하고
剛亦不吐.	딱딱하여도 토해 내지 않는다네.
不侮矜寡,	홀아비와 과부라고 업신여기지 않고
不畏彊禦’,[159]	강하고 흉포한 자라고 두려워하지 않네’라 하였으니
唯仁者能之.	인자만이 그렇게 할 수 있다.
違彊陵弱,	강한 자를 회피하고 약한 자를 업신여기는 것은
非勇也,[160]	용기가 아니며,
乘人之約,[161]	남의 곤경에 편승하는 것은

159 『시경·대아·증민(大雅·烝民)』의 구절이다. 여(茹)는 먹는 것이다. 식(食)과 토(吐)는 상반되는 뜻이다. 긍(矜)은 환(鰥)으로 홀아비이다. 이 구절의 뜻은 약자를 속이지 않고 강자를 두려워하지 않는다는 것이다.

160 강(彊)은 평왕이 그의 아버지를 죽였을 때를 말한다. 위(違)는 회피하는 것이다.

161 승(乘): 진(趁)과 같다.

非仁也,	인이 아니며,
滅宗廢祀,	종족을 멸망시키고 제사를 없애는 것은
非孝也,[162]	효도가 아니고,
動無令名,	움직여 아름다운 이름이 남지 않는 것은
非知也.	지혜가 아니다.
必犯是,	기어이 이렇게 하려면
余將殺女."	내 너를 죽이겠다."
鬪辛與其弟巢以王奔隨.[163]	투신과 그의 아우 소가 왕을 모시고 수나라로 달아났다.
吳人從之,	오나라 사람이 그를 쫓아
謂隨人曰,	수나라 사람에게 말하였다.
"周之子孫在漢川者,	"주나라의 자손으로 한천에 있는 자는
楚實盡之.[164]	초나라가 모두 장악하였소.
天誘其衷,	하늘이 그 마음을 끌어 주어

약(約): 소왕이 이때 마침 곤경에 처한 것을 가리킨다.

162 두예는 "임금을 죽이면 종족을 멸하는 죄에 상당한다는 것이다"라 하였다.

163 수(隨): 지금의 호남 수현 남쪽이다. 환공 6년의 『전』과 『주』에 상세하다.

164 희공 28년 『전』에서 "한수 북쪽의 여러 희씨들은 초나라가 실로 모두 장악하였다(漢陽諸姬, 楚實盡之)"다라 하였다. 오나라와 수나라는 모두 희(姬)성이므로 이 말을 하였다.

致罰於楚,	초나라를 징벌하고자 하는데
而君又竄之,[165]	임금께서는 또한 그를 숨겨 주니
周室何罪?	주나라 왕실이 무슨 죄가 있소.
君若顧報周室,	임금께서 주나라 왕실을 돌아보아 은혜를 갚아
施及寡人,	베풂이 과인에게 미쳐
以獎天衷,[166]	하늘의 마음을 이루게 해주면
君之惠也.	임금의 은혜요.
漢陽之田,	한양의 전지는
君實有之."	임금께서 실로 가질 것이오."
楚子在公宮之北,	초자는 공궁의 북쪽에 있었고
吳人在其南.	오나라 사람은 그 남쪽에 있었다.
子期似王,[167]	자기는 왕과 닮았는데
逃王,[168]	왕에게 도망 와
而己爲王,[169]	자기가 왕처럼 꾸며

165 찬(竄): 두예는 "찬은 숨기는 것이다"라 하였다.

166 장(獎): 두예는 "장은 이루는 것이다"라 하였다. 하늘의 뜻을 이루도록 돕는다는 뜻을 말한다.

167 자기(子期): 두예는 "자기는 소왕의 형 공자 결(結)이다"라 하였다. 『사기·초세가(史記·楚世家)』 및 『설원』에는 "기(期)"가 "기(綦)"로 되어 있는데 아마 본자(本字)일 것이다.

168 도망쳐서 왕이 있는 곳이 이른 것이다.

169 왕의 옷을 입고 왕처럼 꾸민 것이다.

曰,	말하였다.
“以我與之,	“나를 넘겨주면
王必免.”	왕께서는 반드시 면할 것이오.”
隨人卜與之,	수나라 사람이 넘겨주는 것을 점쳐보았는데
不吉,	불길하여
乃辭吳曰,	이에 오나라에게 거절하여 말하였다.
“以隨之辟小,[170]	“수나라는 구석지고 작은 나라로
而密邇於楚,	초나라에 바짝 붙어 있어
楚實存之.	초나라가 실로 지켜 주었습니다.
世有盟誓,	대대로 맹세하였는데
若難而棄之,	어려움에 처했다고 버린다면
何以事君?	어떻게 임금을 섬기겠습니까?
執事之患不唯一人,[171]	집사의 근심은 이 한 사람뿐이 아니니
若鳩楚竟,[172]	초나라의 국경을 안정시킨다면
敢不聽命?”	감히 명을 듣지 않겠습니까?”
吳人乃退.	오나라 사람이 이에 물러났다.

---

170 벽(辟): 벽(僻)과 같다.
171 소왕 한 사람에게만 있는 것이 아니라 초나라의 민중에 있다는 것이다.
172 두예는 “구(鳩)는 편안히 하는 것(安集)이다”라 하였다. 안집(安集)은 곧 안집(安輯)이다.

鑪金初宦於子期氏,[173]	여금은 처음에 자기씨에게서 벼슬을 살아
實與隨人要言.[174]	실로 수나라 사람과 약속을 하였다.
王使見,[175]	왕이 그로 하여금 알현하게 하자
辭,	거절하면서
曰,	말하였다.
"不敢以約爲利."[176]	"감히 곤경에 처한 것을 가지고 이익을 도모할 수 없습니다."
王割子期之心以與隨人盟.[177]	왕이 자기의 심장을 잘라 수나라 사람과 맹세하였다.
初,	처음에
伍員與申包胥友.	오원은 신포서와 친구 사이였다.
其亡也,	그가 도망갈 때

173 여금(鑪金): "여(鑪)"는 원래 "여(鑢)"로 되어 있었으며, "환(宦)"은 "관(官)"으로 되어 있었는데 여기서는 청나라 완원(阮元)의 『교감기(校勘記)』를 따라 정정하였다. 여금은 자기의 가신이다.

174 요(要): 약(約)과 같다. 두예는 "초왕을 오나라에 넘겨주지 않고 아울러 자기를 탈출시켜 주기로 약속한 것이다"라 하였다.

175 두예는 "왕이 그 뜻을 기뻐하여 그를 불러 나가 알현시켜 왕의 신하와 동등하게 해주고 또한 수나라 사람과 맹약하게 하려는 것이다"라 하였다.

176 감히 왕이 곤경에 처한 것을 가지고 자기의 사리를 도모하지 않는 것을 말한다. 왕인지의 『술문(述聞)』에 상세하다.

177 두예는 "심장 앞을 베어 피를 받아 맹세하여 그 지극한 마음을 보여주는 것이다"라 하였다. 장공 32년 『전』에 맹임(孟任)이 팔을 베어 공에게 맹세하는 것을 서술하였는데 또한 다만 살갗을 찢고 피를 받은 것일 뿐이다.

謂申包胥曰,	신포서에게 말하였다.
"我必復楚國."[178]	"내 반드시 초나라를 엎고 말 것이다."
申包胥曰,	신포서가 말하였다.
"勉之!	"힘쓰게나!
子能復之,	그대가 엎을 수 있다면
我必能興之."	내 반드시 일으킬 수 있다네."
及昭王在隨,	소왕이 수나라에 있을 때
申包胥如秦乞師,[179]	신포서는 진나라로 가서 군사를 청하여
曰,	말하였다.
"吳爲封豕, 長蛇,[180]	"오나라는 큰 돼지와 긴 뱀으로

178 『사기·오자서전(伍子胥傳)』에는 "내가 반드시 초나라를 뒤엎겠다(我必覆楚)"로 되어 있다. 복(復)은 곧 경복(傾覆)이다. 이 복(復)은 곧 가차자이다. 유월(俞樾)의 『평의(平議)』에서도 그렇게 말하였다.

179 『전국책·초책 1』에는 분모발소(棼冒勃蘇)로 되어 있는데 아마 곧 신포서의 이칭일 것이다. 분모(棼冒)는 곧 분모(蚡冒)로 초무왕의 형이며 신포서가 나온 곳이다. 발소(勃蘇)는 그 이름인 것 같다. 또 신포서라고 하는 것은 아마 신(申)을 식읍으로 하여 씨로 삼았을 것이며, 포서는 아마 그 자(字)가 아니겠는가? 「초책」의 서술 또한 『전』과 같은 것도 있고 다른 것도 있는데 분명히 『전』을 근거로 삼았을 것이다. 『설원·지공(至公)』편도 『좌전』을 썼다.

180 봉시·장사(封豕·長蛇): 『회남자·본경훈(本經訓)』에서는 "요임금 때 봉희(封豨)와 수사(脩蛇)가 백성에게 해를 끼쳤는데 이에 예(羿)로 하여금 동정(洞庭)에서 수사를 베고 상림(桑林)에서 봉희를 사로잡게 하였다"라 하였다. "봉희(封豨)"는 『문선·변명론(辨命論)』의 주에서 "봉시(封豕)"로 인용하였다. 『회남자』에서는 "장(長)"자를 쓰지 않고 "장(長)"을 "수(脩)"로 고쳤는데 그 아버지의 휘를 피한 것이다. 수사(脩蛇)는 곧 장사(長蛇)이다. 이는 오나라가 해를 끼치는 것을 비유한 것이다.

以荐食上國,[181]	거듭 윗나라를 삼켜
虐始於楚.	포학함이 초나라에서 시작되었습니다.
寡君失守社稷,	과군께서는 사직을 지키지 못하고
越在草莽,	멀리 잡초 더미에서
使下臣告急,	신으로 하여금 위급함을 알리게 하여
曰,	말하기를
'夷德無厭,	'오랑캐의 덕이 만족할 줄을 몰라
若鄰於君,[182]	임금의 이웃이 된다면
疆埸之患也.	강역의 근심이 되오.
逮吳之未定,	오나라가 안정되지 않았을 때
君其取分焉.[183]	임금께서 나누어 가지십시오.
若楚之遂亡,	초나라가 결국 망한다면
君之土也.	임금의 땅이오.
若以君靈撫之,[184]	임금님의 복으로 불쌍히 여기신다면

181 두예는 "천(荐)은 자주라는 뜻이다. 오나라가 탐하여 해치는 것이 뱀과 돼지 같다는 말이다"라 하였다.

182 두예는 "오나라가 초나라를 가지면 진(秦)나라와 이웃이 된다"라 하였다.

183 두예는 "오나라와 함께 초나라를 나누어 갖는 것이다"라 하였다.

184 두예는 "무(撫)는 불쌍히 여기는 것이다"라 하였다.

世以事君.'"	대대로 임금님을 섬기겠소'라 하였습니다."
秦伯使辭焉,	진백이 사람을 보내 거절하게 하여
曰,	말하였다.
"寡人聞命矣.	"과인은 명을 들었으니
子姑就館,	그대는 잠시 관사에 가서 묵으면
將圖而告."[185]	도모해 보고 알리겠다."
對曰,	대답하였다.
"寡君越在草莽,	"과군께서 멀리 잡초 더미에 있어
未獲所伏,[186]	아직 엎드릴 곳도 찾지 못하였사온데
下臣何敢卽安?"[187]	신이 어찌 감히 편안히 거처하겠습니까?"
立,	서서
依於庭牆而哭,	뜰의 담에 기대어 곡을 하는데
日夜不絶聲,	밤낮으로 소리가 끊이지 않았으며
勺飮不入口七日.[188]	이레 동안 한 모금의 물도 마시지 않았다.

185 의논을 해본 후에 다시 알려 주겠다는 말이다.

186 두예는 "복(伏)은 처(處)와 같다"라 하였다. 처는 거처하는 것이다.

187 관사에 가는 것(就館)이 곧 편안하게 되는 것(卽安)이며, 가서 안일하게 거처한다는 뜻이다.

188 이 말은 혹 너무 지나친 것으로 생리적으로 말한다면 7일간 물을 먹지 않으면 살아날

秦哀公爲之賦無衣.[189] 진애공은 그에게 「무의」를 읊어 주었다.

九頓首而坐.[190] 이에 아홉 번 머리를 조아리고 앉았다.

秦師乃出.[191] 진나라 군사가 이에 출동하였다.

수가 없다.

189 무의(無衣): 두예는 "『시경·진풍(詩經·秦風)』이다. 그 왕께서 군사 일으키신다면 나의 과(戈)와 모(矛) 닦아 당신과 함께 원수 치리이다. 당신과 함께 일어나리다, 당신과 함께 가리이다라는 뜻을 취하였다. 「시서」 및 두예의 주에 의하면 「무의」는 곧 진나라 초기의 시로 진애공이 이 시를 읊어 군사를 일으키겠다는 뜻을 나타낸 것일 따름이다. 『전』은 공 3년의 "위나라 사람들이 장강을 위하여 「석인」을 읊어 주었다(衛人所爲賦碩人也)"라 한 것과 문공 6년의 "백성들이 이를 슬퍼하여 「황조」시를 지어 주었다(國人哀之, 爲之賦黃鳥)"라 한 것과 같은 문법의 예를 따른다면 「무의」는 곧 진애공이 오로지 초나라를 구원하기 위하여 지은 것이 된다. 청나라 완지생(阮芝生)의 『두주습유(杜注拾遺)』에 상세하다.

190 구돈수(九頓首): 옛날에는 아홉 번 머리를 조아리는 예가 없었는데 신포서가 구원을 바라는 마음이 간절하여 진애공이 기꺼이 출병을 하려고 하였으므로 특별히 감사해하여 아홉 번 머리를 조아리게 된 것이다. 청나라 염약거(閻若璩)의 『잠구차기(潛丘箚記) 5』에서 이른바 "이는 예가 지극히 변한 것이다"라 한 것이다.

191 두예는 "이듬해 신포서가 진나라 군사를 거느리고 이르게 되는 복선이다"라 하였다. 『공양전』과 『곡량전』, 『여씨춘추』, 『사기·오자서전』, 『회남자·수무훈(修務訓)』 및 『오월춘추』, 『월절서』 등의 책에서 이 일에 대하여 『좌전』 외의 사실에 대한 서술이 넘쳐나는데 혹 다른 근거가 있는 것도 있고 혹은 실록이 아닌 것도 있다.

정공 5년

經

五年春王三月辛亥朔,[1]	5년 봄 3월 신해일 초하룻날에
日有食之.[2]	일식이 있었다.
夏,	여름에
歸粟于蔡.[3]	채나라에 곡식을 보내 주었다.
於越入吳.[4]	오월이 오로 들어갔다.
六月丙申,[5]	6월 병신일에
季孫意如卒.	계손의여가 죽었다.
秋七月壬子,[6]	가을 7월 임자일에
叔孫不敢卒.[7]	숙손불감이 죽었다.
冬,	겨울에

---

1 오년(五年): 병신년 B.C. 505년으로 주경왕(周敬王) 15년이다. 동지가 정월 초9일 경신일로 건자(建子)이다.

2 『전』이 없다. "3월(三月)"은 『공양전』에는 "정월"로 되어 있는데 틀렸다. 이는 B.C. 505년 2월 16일의 금환일식이다.

3 『춘추』의 예에 군주를 기록하지 않은 것은 노나라 스스로 "노(魯)"를 쓰지 않은 것이다. 두예는 "채나라가 초나라에게 포위를 당하여 굶주렸으므로 노나라가 곡식을 보내 준 것이다"라 하였는데 『경』의 뜻을 잘 알 수 있다. 『공양전』과 『곡량전』에서는 모두 "제후들이 보내 주었다"라 하였는데 허황하여 믿을 수가 없다.

4 두예는 "오(於)는 발성(發聲)이다"라 하였다.

5 병신일은 17일이다.

6 임자일은 4일이다.

7 『전』이 없다.

晉士鞅帥師圍鮮虞. 진나라 사앙이 군사를 거느리고 선우를 에워쌌다.

傳

五年春, 5년 봄에

王人殺子朝于楚.[8] 주나라 사람이 초나라에서 자조를 죽였다.

夏, 여름에

歸粟于蔡, 채나라에 양식을 보내 주었는데

以周亟,[9] 위급함을 구제한 것으로

矜無資.[10] 양식이 없는 것을 불쌍히 여긴 것이다.

越入吳, 월나라가 오나라에 들어갔는데

吳在楚也.[11] 오나라가 초나라에 있었기 때문이다.

---

8 두예는 "초나라의 난리를 틈탄 것이다. 민마보(閔馬父)의 말대로 된 것이다"라 하였다.

9 주극(周亟): 주(周)는 곧 주(賙)로 구(救)하는 것, 주는 것이다. 극(亟)은 두예는 "급(急)한 것이다"라 하였다. 급난(急難)을 구제하는 것을 말한다.

10 긍(矜): 연민을 느낀 것이다.
자(資): 곧 희공 33년『전』의 "말린 고기와 양식, 희생과 가축이 고갈되었다(脯資餼牽竭矣)"라 한 자(資)와 같은 뜻으로, 두예는 그곳의 주에서 "자는 양식(糧)이다"라 하였다. 희공 4년의『전』에 "군량과 신발 등을 공급받는다면 될 것입니다(共其資糧屝屨 其可也)"라는 말이 있는데, 자량(資糧)이 연이어 쓰인 것으로 더욱 잘 알 수 있다.

六月,	6월에
季平子行東野.[12]	계평자가 동야로 갔다.
還,	돌아오다가
未至,	채 이르지 못하여
丙申,	병신일에
卒于房.[13]	방에서 죽었다.
陽虎將以璵璠斂,[14]	양호는 여번으로 염을 하려고 하였는데
仲梁懷弗與,[15]	중량회가 그것을 내주지 않으면서

---

11 이는 월나라 윤상(允常)의 시대이다. 소공 32년 오나라는 처음으로 월나라에 군사 공격을 하였는데 월나라가 이에 오나라 군사가 밖에 있는 기회를 이용하여 오나라로 들어간 것이다.

12 행(行): 순행하여 시찰하는 것이다.
동야(東野): 두예는 "동야는 계씨(季氏)의 읍이다"라 하였다. 『휘찬(彙纂)』에서는 비읍(費邑) 가까운 곳이라고 생각하였다. 유월(兪樾)의 『평의(平議)』에서는 동야는 읍 이름이 아니며 곧 동쪽 변경〔동비(東鄙)〕이라는 뜻이라고 하였는데, 『경』과 『전』에 이런 예가 없기 때문에 믿을 수가 없다.

13 방(房): 곧 방(防)으로 옛날에는 방(房)과 방(防) 두 자를 항상 통용했으며, 이에 대해서는 고염무(顧炎武)의 『일지록(日知錄)』 권27에서 이미 언급하였다. 노나라에는 방(防)이란 곳이 여러 군데 있는데, 강영(江永)은 이곳은 곧 은공 9년에 나왔던 방이라고 했으나 믿을 수 없다. 은공 9년의 『경』에서 제후(齊侯)를 만난 방은 비현(費縣) 동북쪽에 있으며 계평자는 돌아오던 도중에 노나라 도읍에 채 이르지 못하고 죽었으니 그가 죽은 곳은 필시 곡부와 비교적 가까운 곳으로 아마 희공 14년의 『경』과 『전』의 방(防)일 것이며, 지금의 곡부현 동쪽 20리에 있다. 완지생(阮芝生)의 『두주습유(杜注拾遺)』를 참고하라.

14 여번(璵璠): 『설문』에서는 "여번은 노나라의 보옥(寶玉)이다"라 하였다. 두예는 "임금이 차는 것"이라 하였는데, 아마 『여씨춘추·안사(安死)』편 고유(高誘)의 주에 근거하였을 것이다.

15 중량회(仲梁懷): 두예는 "회 또한 계씨의 가신이다"라 하였다. 두예에 따르면 중량은 복성(複姓)이다.

曰,	말하였다.
"改步改玉."[16]	"걸음걸이가 바뀌면 옥도 바뀌어야 하오."
陽虎欲逐之,	양호가 그를 쫓아내고자 하여
告公山不狃.	공산불뉴에게 알렸다.
不狃曰,	불뉴가 말하였다.
"彼爲君也,	"그는 임금을 위해서 그런 것인데
子何怨焉?"[17]	그대는 무엇을 원망하는가?"
旣葬,	장례를 치른 후에

16 두예는 "소공이 도망갔을 때 계손(季孫)이 임금의 일을 행하여 여번(璵璠)을 차고 다니면서 종묘에서 제사를 지냈다. 지금은 정공이 즉위하여 신하의 지위를 회복하여 임금의 지위가 바뀌었으니 여번(璵璠)을 없애야 한다는 것이다"라 하였다. 「주어 중」에 선민(先民)이 말하기를 옥이 바뀌면 행동도 바뀌어야 한다라 하였는데 또한 이 뜻이다. 보(步)는 곧 행보(行步)이다. 『예기·옥조(玉藻)』에 의하면 임금이 시(尸)와 함께 갈 때에는 접무(接武)로 가고, 대부는 계무(繼武)를 하며, 사는 중무(中武)로 한다. 정현의 주와 공영달의 소에 의하면 존귀한 사람은 보행이 느릴수록 짧아진다. 접무(接武)라는 것은 첫 번째 걸음이 시작된 후에 두 번째 걸음이 천천히 앞의 반걸음을 지나는 것이며, 계무(繼武)라는 것은 첫 번째 걸음과 두 번째 걸음이 바짝 이어지는 것이고, 중무(中武)라는 것은 첫 번째 걸음과 두 번째 걸음 사이가 발 하나 정도의 거리만큼만 허용하는 것으로 그 걸음은 넓게 밟아야 한다. 그 걸음이 밟는 것이 다르기 때문에 패옥 또한 다른 것이며, 그 걸음걸이의 속도와 폭을 바꾸면 그 패옥의 귀천도 바꾸며 이것이 걸음을 바꾸면 옥도 바꾼다는 뜻이다.

17 공산불뉴(公山不狃): 두예는 "불뉴는 계씨의 가신인 비(費)의 읍재 자설(子洩)이다. 임금을 위해서 그랬다는 것은 속이려 하지 않았다는 것이다"라 하였다. 『논어·양화(陽貨)』에 "공산불요가 비읍을 가지고 반란을 일으켰다(公山弗擾以費畔)"라 하였는데 곧 이 공산불뉴이다. 단 서술이 『전』과는 다른 곳이 있는데 『논어역주(論語譯注)』에 상세하다. 『잠부론·지씨성(志氏姓)』에서는 "노나라의 공족 가운데 공산(公山)씨가 있는데 희(姬)성이다"라 하였다. 『통지·씨족략(氏族略)』에서는 "공산씨는 자를 씨로 삼았다"라 하였다.

桓子行東野,[18] 환자가 동야에 갔다가

及費. 비읍에 이르렀다.

子洩爲費宰, 자설이 비재로

逆勞於郊, 교외에서 맞아 위로하니

桓子敬之. 환자가 공경을 표했다.

勞仲梁懷, 중량회를 위로하였는데

仲梁懷弗敬. 중량회는 그에게 공경을 표하지 않았다.

子洩怒, 자설이 노하여

謂陽虎, 양호에게 말하였다.

"子行之乎?"[19] "그대가 그를 보내겠는가?"

申包胥以秦師至. 신포서가 진나라 군사를 이끌고 이르렀다.

秦子蒲, 子虎帥車五百乘以救楚.[20] 진나라의 자포와 자호가 병거 5백 승을 거느리고 초나라를 구원하였다.

---

18 환자(桓子): 두예는 "환자는 의여(意如)의 아들 계손사(季孫斯)이다"라 하였다.

19 행(行): 두예는 "행(行)은 회(懷)를 좇아내는 것이다. 다음에서 양호가 환자를 가두는 복선이다"라 하였다.

20 자포·자호(子蒲·子虎): 『회남자·수무훈(修務訓)』에서는 "진(秦)나라 왕이 이에 병거 천 승과 보졸 7만 명을 출동시켜 침호(鍼虎)에게 예속시켰다. ……"라 하였는데 믿고 따르기가 어렵다. 침호는 삼량(三良)의 하나로 이미 진목공을 위해 순국하였으니 자호(子虎)

子蒲曰,	자포가 말하였다.
“吾未知吳道.”[21]	“나는 오나라의 도를 모르오.”
使楚人先與吳人戰,	초나라 사람에게 오나라 사람과 먼저 싸우게 하고
而自稷會之,[22]	직에서 만나
大敗夫槩王于沂.[23]	기에서 부개왕을 크게 무찔렀다.
吳人獲薳射於柏擧,[24]	오나라 사람이 백거에서 원사를 사로잡았는데
其子帥奔徒以從子西,[25]	그 아들이 달아나는 무리들을 거느리고 자서를 쫓아
敗吳師於軍祥.[26]	군상에서 오나라 군사를 무찔렀다.
秋七月,	가을 7월에
子期, 子蒲滅唐.[27]	자기와 자포가 당나라를 멸하였다.

의 잘못일 것이다. 어떤 판본에는 “자호(子虎)”로 되어 있는데 틀린 것이 아니다. 「초책 1」에서는 “병거 천 승과 사졸 만 명을 내어 자만(子滿)과 자호에게 예속시켰다. ……”라 하였는데, “만(滿)”은 “포(蒲)”의 오자일 것이다. 전한(前漢) 유향(劉向)의 『신서·절사(新序·節士)』편에도 “만(滿)”으로 잘못되어 있다. 천 승 만 명은 병거 한 대당 사졸 열 명의 제도에 부합한다.

21 도(道): 두예는 “도는 법술(法術)과 같다”라 하였다. 곧 전법(戰法)과 전술(戰術)을 가리킨다.

22 직(稷): 지금의 하남 동백현(桐柏縣) 경계에 있을 것이다.

23 기(沂): 지금의 하남 정양현 경계로 선공 11년 “기에 성을 쌓았다(城沂)”라 한 곳의 『전』과 『주』를 참고하여 보라.

24 원사(薳射): 두예는 “원사는 초나라 대부이다”라 하였다.

25 분도(奔徒): 두예는 “분도는 초나라의 흩어진 군졸들이다”라 하였다.

26 군상(軍祥): 군상은 수현(隨縣) 서남쪽에 있을 것이다.

九月,	9월에
夫槩王歸,	부개왕이 돌아와
自立也,	스스로 왕이 되어
以與王戰,	왕과 싸워
而敗,[28]	패하여
奔楚,	초나라로 달아나
爲堂谿氏.[29]	당계씨가 되었다.
吳師敗楚師于雍澨.[30]	오나라 군사가 옹서에서 초나라 군사를 무찔렀다.
秦師又敗吳師.	진나라 군사가 또한 오나라 군사를 무찔렀다.
吳師居麇,[31]	오나라 군사는 균에 머물렀는데

27 당(唐): 곧 지금의 호북 조양현(棗陽縣) 동남쪽의 당현진(唐縣鎭)이다.

28 두예는 "스스로 오나라 왕에 즉위하여 부개왕이라 칭한 것이다"라 하였다. 이 앞에서 부개왕이라 칭한 것은 아마 이 때문일 것이다.

29 당계(堂谿): 두예는 "그 결말을 말한 것이다"라 하였다. 『잠부론·지씨성(志氏姓)』에서는 "당계는 계곡의 이름으로 여남(汝南) 서평(西平)에 있다"라 하였다. 청나라 왕계배(汪繼培)의 『전(箋)』에서는 "서평"은 "오방(吳房)"이 되어야 한다고 하였는데 아마 『수경주·탁수(濯水)』에 근거하였을 것이며, 실제로는 꼭 그렇지 않다. 당계는 지금의 하남 수평현(遂平縣) 서북쪽에 있으며 양수경(楊守敬)의 『수경주소(水經注疏)』 권31 「탁수(濯水)」에 보인다. 후한의 서평과 경계를 접하고 있으며 왕부(王符) 때에는 아마 서평현에 속했을 것이다. 『광운(廣韻)』에는 "당계(棠谿)"로 되어 있는데 "당(堂)"과 "당(棠)"자는 통하여 쓴다.

30 곧 초나라 군사가 진(秦)나라 군사가 이른 것에 힘입어 반격하여 패퇴시킨 것을 가리킨다.

31 균(麇): 아래에서 "부형과 친척의 뼈가 그곳에 드러나 있다"고 한 것에 의하면 균은 오나라와 초나라가 격전을 치른 곳일 것으로 옹서 부근에 있는 것 같다. 청나라 사람의 『속통전(續通典)』에서는 "균은 당양(當陽)이다"라 하였는데 또한 확실치가 않다.

子期將焚之,	자기가 성을 불 지르려 하자
子西曰,	자서가 말하였다.
"父兄親暴骨焉,	"부형과 친척의 뼈가 그곳에 드러나 있어
不能收,	거둘 수 없는데
又焚之,	또 불을 지른다는 것은
不可."[32]	안 됩니다."
子期曰,	자기가 말하였다.
"國亡矣,	"나라가 망하면
死者若有知也,	죽은 자가 지각이 있다 한들
可以歆舊祀?	어떻게 옛 제사를 흠향하겠는가?
豈憚焚之?"[33]	어찌 불태우는 것을 꺼린단 말인가?"
焚之,	불을 지르고

32 수(收)는 전사한 초나라 군사의 시신과 유골을 수습하는 것을 말한다. 두예는 "전해에 초나라 사람이 오나라와 싸웠는데 균에서 많이 죽었으며, 함께 태울 수 없다는 말이다"라 하였다.

33 가(可): 하(何)자의 가차자로, 나라가 망하면 죽은 자가 지각이 있다 하더라도 어떻게 옛 제사를 흠향하겠느냐는 말이다. 따라서 불태우는 것을 두려워하지 않는 것이다. 『시경·소아·대동(詩經·小雅·大東)』에서는 "총총한 칡신으로 어떻게 서리 밟겠는가?(糾糾葛屨, 可以履霜)"의 가(可)와 같다. 『시경·소아·초지화(詩經·小雅·苕之華)』에는 "암양 머리 커다란데 삼성이 통발 비추네. 사람이 어떻게 먹을 것이며 어찌 배불리 먹겠는가?(牂羊墳首, 三星在罶. 人可以食, 鮮可以飽)"라는 구절이 있고, 『시경·진풍·형문(詩經·陳風·衡門)』에는 "오막살이일망정 편히 머물러 쉰다네. 샘물 넘쳐흐르나 어떻게 요기하겠는가?(衡門之下, 可以棲遲. 泌之洋洋, 可以樂飢)"라는 구절이 있는데 또한 모두 하이(何以)의 뜻으로 쓰였다.

而又戰,	또 싸웠는데
吳師敗,	오나라 군사가 패하였으며
又戰于公壻之谿.[34]	또한 공서지계에서도 싸웠다.
吳師大敗,	오나라 군사가 대패하여
吳子乃歸.	오자는 이에 돌아갔다.
囚闉輿罷.	인여파를 가두었다.
闉輿罷請先,	인여파가 먼저 갈 것을 청하여
遂逃歸.[35]	마침내 도망쳐 돌아갔다.
葉公諸梁之弟后臧從其母於吳,	섭공 제량의 아우 후장은 오나라에서 그 어머니를 따랐는데
不待而歸.[36]	기다리지 않고 돌아갔다.

34 공서지계(公壻之谿): 「초책 1」에서는 진(秦)나라 군사가 "오나라와 탁수(濁水)에서 싸워 크게 무찔렀다"라 하였고, 『회남자·수무훈(修務訓)』에서도 "오나라를 탁수의 가에서 쳤으며 그 결과 그들을 대파하였다"라 하였다. 고유(高誘)는 『회남자』에 주를 달고 "탁수(濁水)는 대개 장강 계열의 물로 『전』에서는 공서지계에서 오나라를 무찔렀다고 하였다"라 하였으니 고유는 공서지계가 장강 가까운 지역일 것이라고 의심하였는데 확실치 않다. 『수경주·육수(淯水)』에서는 탁수는 곧 약구수(弱溝水)라고 하였는데 아마 지금의 백하(白河)가 한수(漢水)로 들어가는 곳일 것이며, 지금의 양번시(襄樊市) 동쪽에 있다.

35 두예는 "여파는 초나라의 대부이다. 먼저 오나라에 이를 것을 청하여 도망쳐 돌아간 것이다. 오나라가 초나라의 한 대부를 잡았다가 다시 잃었으므로 이기지 못하였다는 말이다"라 하였다.

36 두예는 "제량은 사마 침윤(沈尹) 술(戌)의 아들로 섭공(葉公) 자고(子高)이다. 오나라가 초나라에 들어가 후장의 어머니를 잡았다. 초나라가 안정되자 후장이 그 어머니를 버리고 돌아간 것이다"라 하였다. 당나라의 임보(林寶)의 『원화성찬(元和姓纂)』에서는 후한(後漢) 응소(應劭)의 『풍속통(風俗通)』(『풍속통의(風俗通儀)』)을 인용하여 "초나라 침윤 술은 제량을 낳았는데 섭(葉)을 채읍으로 하였기 때문에 그것을 씨로 삼았다"라 하였다. 나머지 『여씨춘추·신행(愼行)』편 고유(高誘)의 주와 『국어·초어 하(楚語 下)』 위소

葉公終不正視.[37]	섭공이 끝내 그를 바르게 보지 않았다.
乙亥,[38]	을해일에
陽虎囚季桓子及公父文伯,[39]	양호가 계환자 및 공보문백을 가두고
而逐仲梁懷.	중량회를 쫓아냈다.
冬十月丁亥,[40]	겨울 10월 정해일에
殺.公何藐[41]	공하막을 죽였다.
己丑,[42]	기축일에
盟桓子于稷門之內.[43]	직문의 안에서 환자와 맹약하였다.
庚寅,[44]	경인일에
大詛.[45]	크게 저주하였다.

(韋昭)의 주에서는 모두 제량을 사마 술의 아들로 생각하였으며, 왕부(王符)의 『잠부론·지씨성(志氏姓)』에서만 "섭공 제량은 술(戌)의 셋째 아우이다"라 하였다. 왕계배(汪繼培)의 『전(箋)』에서는 "제(弟)는 자(子)가 되어야 한다"라 하였는데, 생각건대 왕부는 이설(異說)을 남겨 믿을 수가 없는 것으로, 글자의 착오가 아니다.

37 두예는 "의롭지 않게 여긴 것이다"라 하였다.
38 을해일은 28일이다.
39 두예는 "문백(文伯)은 계환자(季桓子)의 종형제이다. 양호가 난을 일으키려는데 두 사람이 따르지 않을 것이 두려워 가둔 것이다"라 하였다.
40 정해일은 10일이다.
41 공하막(公何藐): 두예는 "막은 계씨의 일족이다"라 하였다.
42 기축일은 12일이다.
43 직문(稷門): 두예는 "노나라의 남쪽 성문이다"라 하였다.
44 경인일은 13일이다.
45 대저(大詛): 아무개에게 화를 내리게 해달라고 제사를 지내는 것이다. 대저(大詛)는 저

逐公父歜及秦遄,	공보촉 및 진천을 쫓아내니
皆奔齊.[46]	모두 제나라로 달아났다.

楚子入于郢.[47]	초자가 영에 들어갔다.
初,	처음에
鬪辛聞吳人之爭宮也,	투신이 오나라 사람이 궁실을 다투었다는 말을 듣고
曰,	말하였다.
"吾聞之,	"내가 듣기에
'不讓,	'겸양하지 않으면
則不和,	화목하지 못하고,
不和,	화목하지 않으면
不可以遠征.'	멀리 출정할 수 없다'라 하였습니다.
吳爭於楚,	오나라는 초나라에서 다투면서
必有亂,	반드시 난이 있었을 것이며,
有亂,	난이 있으면
則必歸,	반드시 돌아갈 것이니

주를 거는 자가 많은 것이다.

46 두예는 "촉(歜)은 곧 문백(文伯)이다. 진천은 평자(平子)의 고모부이다. 『전』에서는 계씨의 난을 말하였다"라 하였다.

47 두예는 "오나라 군사가 이미 돌아간 것이다"라 하였다.

焉能定楚?"	어찌 초나라를 평정하겠습니까?"
王之奔隨也,	왕이 수나라로 달아났을 때
將涉於成臼.[48]	성구를 건너려 하였다.
藍尹亹涉其帑,[49]	남윤 미가 그 처자를 건네면서
不與王舟.	왕과 함께 배를 타지 않았다.
及寧,[50]	안정이 되자
王欲殺之.	왕이 그를 죽이려 하였다.
子西曰,	자서가 말하였다.
"子常唯思舊怨以敗,	"자상은 오직 옛 원수만 생각해서 실패하였으니
君何效焉?"	임금께서 무엇을 본받겠습니까?"
王曰,	왕이 말하였다.
"善.	"훌륭하다.
使復其所,	그의 관직을 복귀시켜 주고

48 성구(成臼): 곧 구수(臼水)이며, 또한 구성하(臼成河)라고도 한다. 구성하는 호북 경산현(京山縣) 요굴산(聊屈山)에서 발원하며, 옛날에는 이 하천이 서남쪽으로 흘러 면(沔)으로 들어간다. 『수경·면수주』에 의하면 소왕이 수나라로 달아날 때 곧 이곳에서 강을 건넜으며 곧 지금의 종상현(鍾祥縣) 남쪽의 구구(舊口)가 아닌가 한다. 구성하는 지금은 이미 물길이 바뀌었다.

49 미(亹): 두예는 "미는 초나라 대부이다"라 하였다. 기탕(其帑)은 미의 처자로 「초어 하」에도 이 일이 수록되어 있는데 비교적 소상하여 입증할 수 있다. 『광운(廣韻)』의 "기(其)" 자 아래에서는 『세본(世本)』을 인용하여 기탕(其帑)이 사람 이름이라고 하였는데 『세본』을 잘못 읽은 것 같다.

50 영(寧): 두예는 "영(寧)은 안정된 것이다"라 하였다.

吾以志前惡."[51] 내 전날의 잘못을 기억하리라."

王賞鬪辛, 王孫由于, 王孫圉, 鍾建, 鬪巢, 申包胥, 王孫賈, 宋木, 鬪懷.[52] 왕이 투신과 왕손유우, 왕손어, 종건, 투소, 신포서, 왕손가, 송목, 투회에게 상을 내렸다.

子西曰, 자서가 말하였다.

"請舍懷也."[53] "청컨대 회는 버려두십시오."

王曰, 왕이 말하였다.

"大德滅小怨, "큰 덕은 작은 원망을 없애는 것이

道也."[54] 도이다."

申包胥曰, 신포서가 말하였다.

"吾爲君也, "저는 왕을 위해서 한 것이지

非爲身也. 저를 위해서 한 것이 아닙니다.

君旣定矣, 임금께서 이미 안정되었으니

又何求? 또한 무엇을 바라겠습니까?

且吾尤子旗, 또한 내가 자기를 탓한들

---

51 전악(前惡): 곧 자상이 정사를 맡아 초나라가 거의 멸망될 뻔했는데 그때 소왕은 불과 15세였다.

52 두예는 "아홉 사람은 모두 왕을 따라 큰 공을 세운 자들이다"라 하였다. 왕손어는 「초어 하」에 진나라를 빙문한 일이 실려 있다.

53 두예는 "처음에 왕을 죽이려는 계책을 꾸몄기 때문이다"라 하였다.

54 두예는 "끝내 그 형을 따라 왕이 큰 난에서 벗어나게 한 것이 큰 덕이다"라 하였다.

其又爲諸?"[55] 또한 그 무엇을 하겠습니까?"

遂逃賞.[56] 마침내 상에서 도망쳤다.

王將嫁季芈, 왕이 계미를 시집보내려 하자

季芈辭曰, 계미가 사양하여 말하였다.

"所以爲女子, "여자가 되려면

遠丈夫也.[57] 남자를 멀리해야 합니다.

鍾建負我矣." 종건은 저를 저버렸습니다."

以妻鍾建, 종건의 처로 삼고

以爲樂尹.[58] 악윤이 되게 하였다.

王之在隨也, 왕이 수나라에 있을 때

子西爲王輿服以保路, 자서는 왕의 수레와 복장을 하고 길의 사람을 지키고

國于脾洩.[59] 비설에다 도읍을 세웠다.

---

55 두예는 "자기는 만성연(蔓成然)이다. 평왕에게 덕을 베풀어 요구가 끝이 없었으므로 평왕이 그를 죽였는데 소공 14년에 있다"라 하였다. 저(諸)는 지호(之乎)의 합음자이다.

56 유향(劉向)의 『신서·절사(新序·節士)』편에도 이 일이 수록되어 있으며, 『전국책·초책 1』에서는 "마산(磨山)에 스스로 버렸다"라 하였는데, 마산은 또한 역산(歷山)이라고도 하며 지금의 호북 당양현(當陽縣) 동쪽에 마산이 있다.

57 장부(丈夫): 사나이라는 뜻이다.

58 두예는 "음악을 맡은 대부이다"라 하였다. 『한시외전(韓詩外傳)』 권8에 도양열(屠羊說)이 상을 거절한 일이 실려 있다.

59 비설(脾洩): 두예는 "비설은 초나라의 읍이다. 왕을 잃으면 백성들이 무너져 흩어질까 두려워하였으므로 왕의 거복(車服)을 가장하여 비설에 도읍을 세워 도로의 사람들에게 보안을 유지한 것이다"라 하였다. 『휘찬(彙纂)』에서는 비설은 지금의 호북 강릉현(江陵縣) 부근에 있을 것이라고 하였다.

聞王所在,	왕이 있는 곳을 듣고는
而後從王.	나중에 왕을 따랐다.
王使由于城麇,[60]	왕이 유우로 하여금 균에 성을 쌓게 하였는데
復命.	복명하였다.
子西問高厚焉,	자서가 그 높이와 두께를 물었는데
弗知.	알지 못하였다.
子西曰,	자서가 말하였다.
"不能,	"할 수 없으니
如辭.[61]	사절해야 하겠습니다.
城不知高厚,	성의 높이와 두께를 모르는데
小大何知?"[62]	크기를 어떻게 알겠습니까?"
對曰,	대답하였다.
"固辭不能,	"굳이 할 수 없다고 사절하면
子使余也.	그대는 나를 보내십시오.
人各有能有不能.	사람은 제각기 할 수 있는 것이 있고 할 수 없는 것이 있습니다.

60 두예는 "균(麇)에다 성을 쌓은 것이다"라 하였다.

61 두예는 "스스로 할 수 없음을 알아 마땅히 사양하여 행하지 않음을 말한다"라 하였다.

62 성벽의 두께와 높이도 알 수 없는데 어떻게 그 주위의 크기를 알 길이 있겠느냐는 것을 말한다. 이는 공영달의 소(疏)에서 인용한 왕숙(王肅)의 뜻대로 읽은 것이다. 위의 내용에 의하면 단지 높이와 두께만 물었으므로 이렇게 읽는 것을 따를 만하다.

王遇盜於雲中,	왕이 운중에서 도적을 만났는데
余受其戈,	내가 그 창을 받았으며
其所猶在."	그곳이 아직도 있습니다."
袒而示之背,[63]	웃통을 벗고 등을 보여주며
曰,	말하였다.
"此余所能也.	"이것은 내가 할 수 있는 일입니다.
脾泄之事,	비설의 일은
余亦弗能也."	나도 그렇게 할 수 없습니다."

晉士鞅圍鮮虞,	진나라 사앙이 선우를 에워쌌는데
報觀虎之敗也.[64]	관호에서의 패배를 앙갚음한 것이다.

63 "시(示)"는 완각본(阮刻本)에는 "시(視)"로 되어 있으며, 완원(阮元)의 『교감기(校勘記)』에서도 "옛날에는 모두 시(視)라 하였다"라 하였다. 그러나 여기서는 그대로 가나자와 문고본(金澤文庫本)과 송본 등을 따라 "시(示)"로 하여 둔다.

64 "패(敗)"는 원래 "역(役)"으로 되어 있었는데 여기서는 완원(阮元)의 『교감기(校勘記)』 및 가나자와 문고본(金澤文庫本)을 따라 정정하였다. 두예는 "3년에 선우가 진나라의 관호를 얻었다"라 하였다.

정공 6년

經

六年春王正月癸亥,[1]	6년 봄 주력으로 정월 계해일에
鄭游速帥師滅許,	정나라 유속이 군사를 거느리고 허나라를 멸하고
以許男斯歸.[2]	허남 사를 데리고 돌아갔다.
二月,	2월에
公侵鄭.	공이 정나라를 침공했다.
公至自侵鄭.[3]	공이 정나라를 침공하고 돌아왔다.
夏,	여름에
季孫斯, 仲孫何忌如晉.[4]	계손사와 중손하기가 진나라에 갔다.
秋,	가을에
晉人執宋行人樂祁犂.	진나라 사람이 송나라 행인 악기리를 잡아갔다.
冬,	겨울에

---

1 육년(六年): 정유년 B.C. 504년으로 주경왕(周敬王) 16년이다. 동지가 정월 21일 병인일로 건자(建子)이다. 계해일은 18일이다.

2 "속(速)"은 『공양전』에는 "속(遬)"으로 되어 있으며 뒤로도 마찬가지다.

3 『전』이 없다.

4 노나라의 경으로 진나라를 빙문한 것은 희공 30년의 공자 수(公子遂)가 처음 보이며 여기서 끝이 나고 모두 스물네 차례이다. 이후로는 알려지지 않았다.

城中城.[5]	중성의 성을 쌓았다.
季孫斯, 仲孫忌帥師圍鄆.[6]	계손사와 중손기가 군사를 거느리고 운을 에워쌌다.

傳

六年春,	6년 봄에
鄭滅許,	정나라가 허나라를 멸하였는데
因楚敗也.[7]	초나라가 패하였기 때문이다.
二月,	2월에
公侵鄭,	공이 정나라를 침공하여
取匡,[8]	광을 취하였는데

5 『전』이 없다. 두예는 "공이 진나라를 위하여 정나라를 침공하였으므로 두려워서 성을 쌓은 것이다"라 하였다. 중성은 곧 내성(內城)이다. 또한 성공 9년의 『경』과 『주』에 보인다.

6 『전』이 없다. 두예는 "하기(何忌)를 하(何)라 하지 않았는데 글이 빠졌다. 운이 제나라에 두 마음을 가졌기 때문에 포위한 것이다"라 하였다. 『공양전』에서는 "이는 중손하기인데 어째서 중손기라고 하였는가 하면 두 이름을 기롱한 것이다. 두 이름은 예가 아니다"라 하였다. 이는 터무니없는 설로 전인이 많이 반박하였다.

7 이때 허나라는 용성(容城)에 있었으며 4년의 『경』과 『주』에 보인다. 정나라는 이미 옛 허나라를 멸하고 그 영토도 병탄하였는데 지금 또 새 도읍까지 멸한 것이다. 용성은 하남 노산현(魯山縣) 동남쪽 약 30리 지점에 있는데 허창시(許昌市)와는 4백 리가 되지 않으므로 정나라가 멸할 수 있었다. 애공 원년 및 13년에 또한 모두 "허남(許男)"이라 기록하였는데 공영달은 "허나라가 다시 보이는 것은 허나라가 초나라에 속하므로 아마 초나라가 봉하였을 것이다. ……"라 하였는데 혹 그럴지도 모른다.

8 광(匡): 지금의 하남 장원현(長垣縣)의 광성(匡城)으로 문공 원년 『전』의 "면과 자 및 광을 쳤다(伐緜、訾及匡)"라 한 곳의 『주』에 상세하다.

爲晉討鄭之伐胥靡也.[9]	진나라를 위하여 정나라를 토벌하고 서미를 친 것이다.
往不假道於衛,	갈 때 위나라에게 길을 빌리지 않았으며,
及還,	돌아올 때
陽虎使季, 孟自南門入,	양호가 계와 맹으로 하여금 남문으로 들어가
出自東門,[10]	동문으로 나오게 하여
舍於豚澤.[11]	돈택에 머물렀다.
衛侯怒,	위후가 노하여
使彌子瑕追之.[12]	미자하에게 쫓게 하였다.
公叔文子老矣,[13]	공숙문자는 늙어서 은퇴하였는데
輦而如公,	연을 타고 공에게 가서
曰,	말하였다.

9 서미(胥靡): 정나라가 서미를 친 일은 나중의 『전』에 보인다. 서미는 지금의 하남 언사현(偃師縣) 동쪽에 있으며 또한 양공 18년의 『전』과 『주』에도 보인다.

10 계·맹(季·孟): 계는 계환자(季桓子)를 말하며, 맹은 맹의자(孟懿子)를 말한다. 『논어·계씨(季氏)』에서 공자가 이른바 "배신이 나라의 운명을 잡은(陪臣執國命)" 것으로 이때 양호가 권력을 잡고 있었기 때문에 노나라의 세경(世卿)을 강제로 부릴 수 있었다.

11 돈택(豚澤): 『전』의 내용으로 보건대 돈택은 위나라 동문 바깥의 작은 땅의 이름일 것이다.

12 미자하(彌子瑕): 위령공의 총애를 받는 신하로 또한 『한비자』의 여러 글에 보인다. 애공 25년 『전』에서는 팽봉미자(彭封彌子)라 하였다. 두예의 『세족보(世族譜)』에는 잡인(雜人)에 들어 있다.

13 공숙문자(公叔文子): 두예는 "문자는 공숙발(公叔發)이다"라 하였다. 『예기·단궁(檀弓) 하』에서는 정혜문자(貞惠文子)라 하였다.

“尤人而效之,	“남을 탓하면서 본받는 것은
非禮也.[14]	예가 아닙니다.
昭公之難,[15]	소공이 어려웠을 때
君將以文之舒鼎,[16]	임금께서는 문공의 서정과
成之昭兆,[17]	성공의 소조,
定之鞶鑑,[18]	정공의 반감을 가지고
苟可以納之,	실로 소공을 들일 수 있으면
擇用一焉.[19]	그중 하나를 택하여 쓰려고 하였습니다.
公子與二三臣之子,	공자와 여러 신하의 자제는
諸侯苟憂之,	제후가 실로 그것이 근심이 되면
將以爲之質.[20]	그들을 인질로 삼게 하십시오.

14 희공 24년 및 양공 21년『전』에서는 모두 “탓하면서도 흉내를 낸다(尤而效之)”라 하였으며, 희공 24년『전』의『주』에 상세하다.

15 노소공이 계씨에게 쫓겨나 나라 바깥에서 거처한 것이다.

16 청나라 하작(何焯)의『의문독서기(義門讀書記)』에서는 “위나라는 적(狄)을 멸하고 대로(大路)와 소백(少帛)을 땅을 쓸듯 가져가 남김이 없었으므로 종기(宗器)를 말한 것은 문공에서 비롯되었다”라 하였다. 문(文)은 위문공이다.

17 소조(昭兆): 두예는 “보귀(寶龜)이다”라 하였다. 위성공은 문공의 아들로 문공을 이어 즉위하였다.

18 정(定): 위정공으로 문공의 증손자이다.
반감(鞶鑑): 장공 21년의『전』과『주』에 상세하다.

19 누구라도 노소공을 다시 노나라로 들여보내기만 하면 세 가지 보물 중 한 가지를 택하여 쓸 수 있다는 말이다.

20 두예는 “인질이 되어 노소공을 들여보내길 청한 것이다”라 하였다.

此羣臣之所聞也.	이것이 신하들이 들은 것입니다.
今將以小忿蒙舊德,[21]	지금 작은 분노 때문에 옛 은덕을 덮어 버린다면
無乃不可乎?	안 되지 않겠습니까?
大姒之子,[22]	태사의 아들은
唯周公, 康叔爲相睦也,[23]	오직 주공과 강숙과만 친하였는데
而效小人以棄之,[24]	소인을 본받아서 그들을 버리는 것이니
不亦誣乎?[25]	또한 기만하는 것이 아니겠습니까?
天將多陽虎之罪以斃之,	하늘이 양호의 죄를 많게 하여 그를 죽이려 하니
君姑待之,	임금님께서 잠시만 기다리시면
若何?"	어떻겠습니까?"
乃止.[26]	이에 그만두었다.

21 몽(蒙): 두예는 "몽은 덮는 것(覆)이다"라 하였다. 복(覆)은 가리어 덮는 것이다. 노나라 군사를 좇는 것이 옛 은덕을 덮는 것이다.

22 태사(大姒): 두예는 "태사는 문왕의 비이다"라 하였다. 『시경·대아·사제(大雅·思齊)』에서 "태사께서 아름다운 영예(榮譽) 이어, 아들 많이 낳으셨네(大姒嗣徽音, 則百斯男)"라 한 것으로 알 수 있다.

23 주공·강숙(周公·康叔): 노나라와 위나라의 시조로 그들이 화목하게 지낸 것은 『서경·강고(書經·康誥)』에서도 볼 수 있다.

24 소인(小人): 아래의 내용에 의하면 실은 양호를 가리킨다.

25 이는 실은 양호라는 소인이 한 짓이지 노나라의 본뜻이 아니므로 속였다고 한 것이다.

26 두예는 "그만두고 노나라 군사를 치지 않은 것이다"라 하였다.

夏,	여름에
季桓子如晉,	계환자가 진나라에 가서
獻鄭俘也.[27]	정나라의 포로를 바쳤다.
陽虎强使孟懿子往報夫人之幣,[28]	양호가 억지로 맹의자에게 가서 부인의 폐백에 보답하게 하니
晉人兼享之.[29]	진나라 사람이 함께 향례를 베풀었다.
孟孫立于房外,	맹손이 문밖에 서서
謂范獻子曰,	범헌자에게 말하였다.
"陽虎若不能居魯,	"양호가 만약 노나라에서 살 수 없어
而息肩於晉,	진나라에서 어깨를 쉬는데
所不以爲中軍司馬者,	중군사마로 삼지 않을 사람이라면
有如先君!"[30]	선군이 있소."
獻子曰,	헌자가 말하였다.

---

27 두예는 "이해 봄 광(匡)에서 잡은 포로를 바친 것이다"라 하였다.

28 당시에는 제후의 부인 또한 사자를 보내어 빙문을 받을 수 있었다. 『의례·빙례(聘禮)』에서는 "부인을 빙문할 때 쓴 장(璋)을 받아 향례 때 검은 비단에 놓는다"라 하였고 또한 "부인의 빙문과 향례 때도 그렇게 한다"라 하였으니 임금과 그 부인을 빙문할 때 한 사람의 사자로 겸할 수 있으며, 양호는 특히 강경하게 맹의자에게 진나라 임금 부인의 빙문을 갚게 하였는데 아마 진나라에 아첨을 하고자 한 것일 것이다.

29 계환자와 맹의자에게 동시에 향례를 베푼 것이다.

30 맹손은 양호가 전횡이 너무 심하여 노나라에 오래 있을 수 없음을 알고 이에 그가 광(匡)을 취하고 포로를 바친 공을 가지고 몰래 진나라에 청을 하여 길 떠날 것을 만류하여 맹세하는 말로 그를 내보낸 것이다.

"寡君有官, "과군이 관직을 가지고 있으면서

將使其人,[31] 적당한 사람을 부릴 것인데

敕何知焉?" 제가 어찌 알겠소?"

獻子謂簡子曰, 헌자가 간자에게 말하였다.

"魯人患陽虎矣. "노나라 사람은 양호를 걱정합니다.

孟孫知其釁,[32] 맹손이 그 조짐을 알아

以爲必適晉, 반드시 진나라로 갈 것임을 알므로

故强爲之請,[33] 억지로 그를 위해 청하여

以取入焉."[34] 들어오게 합니다."

四月己丑,[35] 4월 기축일에

吳大子終纍敗楚舟師,[36] 오나라 태자 종류가 초나라 수군을 무찌르고

---

31 두예는 "적절한 인물을 가려서 쓰는 것이다"라 하였다.

32 흔(釁): 조짐이라는 뜻이다. 양호가 노나라에서 받아들여지지 않을 조짐을 안 것이다.

33 맹세의 말로 내보냈으므로 강하게 청한 것이라 하였다.

34 다른 나라의 녹위(祿位)를 구할 수 있었으므로 들어오는 것을 취하였다고 한 것이다. 『맹자·이루(離婁) 하』에서 "연고가 있어 떠나면 군주가 사람으로 하여금 인도하여 국경을 나가게 하고 또 그가 가는 곳에 먼저 알린다"라 하였는데, 양호는 인도하여 국경으로 나가게 하는 자가 없었으니 맹손이 그를 위하여 먼저 조치를 해놓은 것이다. 양호는 나중에 과연 진나라로 도망을 간다.

35 기축일은 15일이다.

36 종류(終纍): 두예는 "종류는 합려의 아들이며 부차의 형이다"라 하였다. 당나라 육광미(陸廣微)의 『오지기(吳地記)』에서는 "합려에게는 세 아들이 있는데 맏이가 종류이다"라 하였다.

獲潘子臣, 小惟子及大夫七人.[37]
반자신과 소유자 및 대부 일곱 사람을 사로잡았다.

楚國大惕,
초나라는 크게 걱정하여

懼亡.
망할까 두려워하였다.

子期又以陵師敗于繁揚.[38]
자기가 또한 육군을 가지고 번양에서 무찌르니

令尹子西喜曰,
영윤 자서가 기뻐하여 말하였다.

"乃今可爲矣."[39]
"이제는 해볼 만하다."

於是乎遷郢於鄀,[40]
이에 약으로 영을 옮기고

而改紀其政,[41]
정치를 다스리는 방법을 바꾸어

以定楚國.[42]
초나라를 안정시켰다.

---

37 두예에 따르면 반자신과 소유자는 초나라의 수군 장수이다. 『여씨춘추·찰미(察微)』편에서는 소공 23년의 계보(雞父)의 전역으로 잘못 생각하였다. "소유자(小惟子)"는 "소유자(小帷子)"로 되어 있다.

38 능사(陵師): 두예는 "능사는 육군이다"라 하였다.
번양(繁揚): 곧 양공 4년『전』의 번양(繁陽)이다. 하남 신채현(新蔡縣) 북쪽에 있다.

39 두예는 "두려움을 안 이후에 다스릴 만하다는 것을 안 것이다"라 하였다.

40 약(鄀): 지금의 호북 의성현(宜城縣) 동남쪽 90리 지점으로,『노사·국명기(路史·國名紀)』에 의하면 또한 북영(北郢)이라고도 한다.

41 기(紀): 다스리는 것이다.

42 초나라는 여전히 기남성(紀南城)으로 옮기어 돌아갔는데『한서·지리지』에 보인다. 청나라 완원(阮元)의『적고재종정이기주관지(積古齋鐘鼎彝器款識)』에 초증후종(楚曾侯鐘)이 있는데 오개생(吳闓生)의『길금문록(吉金文錄)』에 그 명문이 수록되어 있는데 "왕 56년에 제사를 서양(西陽)에서 옮겨왔다. ……"라 하였으니 초나라가 기남성에 도읍을 회복한 것은 초혜왕 56년으로 전국시대에 들어서이다. 그러나「초세가」에서는 "초소왕이 당(唐)나라를 멸하였다. 9월에 영으로 돌아갔다"라 하고 혜왕이 천도한 일은 기록하지 않았다. 소왕은 여전히 기남성에 도읍하였다.『사기·오세가(吳世家)』에서는 오태자 종류를 부차(夫差)로 잘못 생각하였으며 또한 반자신을 사로잡은 것을 "번(番)을 취하였

周儋翩率王子朝之徒因鄭人將以作亂于周,[43] 주나라 담편이 왕자 조의 무리를 거느리고 정나라 사람에 의지하여 주에서 난을 일으키려고 하였는데

鄭於是乎伐馮, 滑, 胥靡, 負黍, 狐人, 闕外.[44] 정나라는 이에 풍과 활, 서미, 부서, 호인, 그리고 궐외를 쳤다.

六月, 6월에

晉閻沒戍周, 진나라 염몰이 성주의 수자리를 서고

且城胥靡.[45] 또한 서미에 성을 쌓았다.

다"고 하였다.

43 담편(儋翩): 두예는 "담편은 자조(子朝)의 잔당이다"라 하였다. 만씨(萬氏)의 『씨족략(氏族略)』에서는 "주 간왕(簡王)의 후손은 담(儋)씨가 되는데 왕으로는 담계〔儋季, 간왕(簡王)의 아들이자 영왕(靈王)의 아우로 양공 30년의 『전』에 보인다〕, 담괄〔儋括, 계(季)의 아들로 또한 양공 30년의 『전』에 보인다〕, 담편이 있다"라 하였다.

44 두예는 "정나라가 주나라의 6개 읍을 친 것으로, 노나라가 정나라를 쳐서 광(匡)을 취하기 전의 일이다. 여기에 보이는 것은 주나라의 수자리를 서는 것이 시작되기 때문이다"라 하였다.
풍(馮): 『후한서·풍방전(後漢書·馮魴傳)』의 주에서 인용한 후한(後漢) 때 유진(劉珍)의 『동관한기(東觀漢紀)』에서는 위(魏)나라를 별도로 봉하여 화후(華侯)라 하였고, 화후의 손자인 장류(長柳)가 풍성(馮城)에서 채읍을 먹는데 곧 이 풍으로 낙양시에서 멀지 않은 곳에 있을 것이다.
활(滑): 지금의 하남 언사현(偃師縣) 구지진(緱氏鎭)이다. 장공 16년 『경』과 희공 26년의 『전』과 『주』에 상세하다.
부서(負黍): 지금의 하남 등봉현(登封縣) 서남쪽이다.
호인(狐人): 지금의 하남 임영현(臨穎縣)에 있다.
관외(闕外): 곧 낙양시 남쪽 이관(伊關)의 바깥쪽이다. 지금의 이천현(伊川縣) 북쪽에 있을 것이다.

45 두예는 "아래에서 주나라 천자가 고유(姑蕕)로 나가서 거처하게 되는 복선이다"라 하였다.

秋八月,	가을 8월에
宋樂祁言於景公曰,	송나라 악기가 경공에게 말하였다.
"諸侯唯我事晉,[46]	"제후들 가운데 우리만 진나라를 섬기니
今使不往,	지금 사자를 보내지 않는다면
晉其憾矣."	진나라가 유감을 가질 것이다."
樂祁告其宰陳寅.[47]	악기가 그의 가신인 진인에게 알렸다.
陳寅曰,	진인이 말하였다.
"必使子往."	"반드시 그대가 가도록 해야 합니다."
他日,	훗날
公謂樂祁曰,	공이 악기에게 일렀다.
"唯寡人說子之言,	"과인은 그대의 말만 좋아하니
子必往!"[48]	그대가 반드시 가야 하오!"
陳寅曰,	진인이 말하였다.
"子立後而行,	"그대가 즉위한 후에 떠나야
吾室亦不亡,[49]	우리 종실도 망하지 않을 것이며

46 성복(城濮)의 전역 이래 송나라만이 진나라를 섬겨 결코 두 마음을 가지지 않았다.

47 두예는 "공과 함께 한 말을 알려 준 것이다"라 하였다.

48 과인만이 그 말을 좋아하니 다른 사람을 가게 할 수 없다는 것이다.

49 두예는 "인(寅)은 진나라의 정사가 여러 가문에서 나와서 가면 반드시 어려움이 있을 것이라는 것을 알아 악기를 즉위하게 한 후에 떠난 것이다"라 하였다.

唯君亦以我爲知難而行也."	임금 또한 우리가 어려움을 알고서 행하였다는 것을 알 것입니다."
見溷而行.[50]	혼을 만나 보고 떠났다.
趙簡子逆,	조간자가 맞이하여
而飮之酒於緜上,[51]	면상에서 술상을 차려 청하니
獻楊楯六十於簡子.[52]	양목 방패 60개를 바쳤다.
陳寅曰,	진인이 말하였다.
"昔吾主范氏,	"지난날 나는 범씨의 집에 머물렀고
今子主趙氏,	지금 그대는 조씨의 집에 머물렀는데도
又有納焉,	또한 그에게 예물을 보내 주었는데
以楊楯賈禍,	양목 방패 때문에 화를 초래하니
弗可爲也已.	그렇게 할 수 없을 따름이오.
然子死晉國,	그러나 그대가 진나라에서 죽으면

---

50 혼(溷): 두예는 "혼은 악기의 아들이다. 임금을 뵙고 즉위시켜 후사로 삼은 것이다"라 하였다.

51 면상(緜上): 곧 산서 익성현(翼城縣) 서쪽의 소면산(小緜山)으로 고염무(顧炎武)의 『보정(補正)』 및 희공 24년의 『전』과 『주』에 상세하다.

52 양순(楊楯): 고대의 방패는 아마 나무로 만들었을 것이나 이 양목(楊木)은 수양(水楊)이 아니다. 『본초(本草)』에서는 양(楊)의 가지는 단단하고 위로 뻗으며, 유(柳)의 가지는 약하고 아래로 처진다고 하였으니 이 양순(楊楯)은 아마 곧 황양(黃楊)으로 목재가 황색이며 목질이 단단하고 치밀하므로 방패로 만드는 것이다.

子孫必得志於宋."[53]	자손은 반드시 송나라에서 뜻을 얻을 것이오."
范獻子言於晉侯曰,	범헌자가 진후에게 말하였다.
"以君命越疆而使,[54]	"임금의 명으로 국경을 건너 사신으로 와서
未致使而私飮酒,	사명을 완수하지도 않고 사사로이 술을 마셨으니
不敬二君,[55]	두 나라 임금에게 불경한 것으로
不可不討也."	토벌하지 않을 수 없습니다."
乃執樂祁.	이에 악기를 잡아왔다.

陽虎又盟公及三桓於周社,	양호가 또 주사에서 공 및 삼환과 맹약하고
盟國人于亳社,	박사에서 백성들과 맹약하여
詛于五父之衢.[56]	오보지구에서 저주하였다.

53 두예는 "나라를 위해 죽은 것으로 생각하는 것이다"라 하였다.

54 송나라에서 진나라로 가려면 반드시 정나라를 거쳐야 하므로 국경을 건넜다고 한 것이다.

55 두 임금은 진나라 정공(定公)과 송나라 경공(景公)이다.

56 주사(周社): 곧 노나라의 국사(國社)인데 노나라가 주공의 후손국이기 때문이다. 노나라는 상엄(商奄)의 땅에 의지하고 그 유민에 의지하였기 때문에 박사(亳社)를 세웠다. 나머지는 민공 2년『전』"양사의 사이"『주』에 상세하다. 오보지구는 곡부 동남쪽 5리 지점에 있으며, 나머지는 "오보지구에서 그를 저주하였다(詛諸五父之衢)"의『주』에 상세하다.

冬十二月,	겨울 12월에
天王處于姑蕕,	천왕이 고유에 처하였는데
辟儋翩之亂也.[57]	담편의 난을 피한 것이다.

정공 7년

經

七年春王正月.[1]	7년 주력으로 정월이다.
夏四月.	여름 4월.
秋,	가을에
齊侯, 鄭伯盟于鹹.[2]	제후와 정백이 함에서 맹약했다.
齊人執衛行人北宮結以侵衛.	제나라 사람이 위나라 행인 북궁결을 잡아가고 위나라를 침략했다.
齊侯衛侯盟于沙.[3]	제후와 위후가 사에서 맹약하였다.

---

57 두예는 "이듬해 단씨와 유씨가 왕을 맞는 복선이다"라 하였다.

1 칠년(七年): 무술년 B.C. 503년으로 주경왕(周敬王) 17년이다. 동지가 2월 초2일 신미일로 건해(建亥)이며, 윤달이 있다.

2 함(鹹): 지금의 하남 복양현(濮陽縣) 동남쪽 60리 지점에 있다. 나머지는 희공 13년『경』의『주』에 상세하다.

3 사(沙):『전』에는 "쇄(瑣)"로 되어 있는데 고음이 같다.『공양전』에는 "사택(沙澤)"으로 되어 있으며,『휘찬(彙纂)』에서는 성공 12년의 쇄택(瑣澤)과 동일한 곳일 것이라 하였다. 두예에 의하면 지금의 하북 대명현(大名縣) 동쪽에 있다. 왕부지(王夫之)의『패소(稗疏)』에서

大雩.[4]	크게 기우제를 지냈다.
齊國夏帥師伐我西鄙.[5]	제나라 국하가 군사를 거느리고 우리나라 서쪽 변경을 쳤다.
九月,	9월에
大雩.[6]	크게 기우제를 지냈다.
冬十月.	겨울 10월.

傳

七年春二月,	7년 봄 2월에
周儋翩入于儀栗以叛.[7]	주나라 담편이 의율로 들어가 반란을 일으켰다.
齊人歸鄆, 陽關,	제나라 사람이 운과 양관을 돌려주어

는 곧 지금의 하북 섭현(涉縣)이라고 하였는데 이곳은 제나라에서 멀어 정확하지 않을 것이다.

4 『전』이 없다.

5 두예는 "하는 국좌(國佐)의 손자이다"라 하였다.

6 『전』이 없다.

7 의율(儀栗): 두예는 "의율(儀栗)은 주나라의 읍이다"라 하였다. 고사기(高士奇)의 『지명고략(地名考略)』에서는 의율이 지금의 하남 난고현(蘭考縣) 경계에 있다고 하였는데 주나라 왕실은 겨우 7읍으로 절대 정나라를 넘어서 정나라 동쪽의 땅을 가질 수 없으니 이는 변명의 여지가 없다.

陽虎居之以爲政.[8]	양호가 그곳에서 거처하면서 국정을 처리하였다.

夏四月,	여름 4월에
單武公, 劉桓公敗尹氏于窮谷.[9]	단무공과 유환공이 궁곡에서 윤씨를 무찔렀다.

秋,	가을에
齊侯, 鄭伯盟于鹹,	제후와 정백이 함에서 맹약하고
徵會于衛.	위나라에 회합을 요청하였다.
衛侯欲叛晉,[10]	위후는 진나라에 반기를 들고자 하였지만
諸大夫不可.	대부들이 안 된다고 하였다.
使北宮結如齊,	북궁결에게 제나라로 가게 해서

8 두예는 "운과 양관은 모두 노나라의 읍으로 중간에 제나라에 두 마음을 가졌는데 제나라가 지금 돌려준 것이다"라 하였다. 양관은 지금의 산동 영양현(寧陽縣) 동북쪽 80여 리, 태안현(泰安縣) 약 60리 지점에 있는데 모두 양공 17년『전』의 "군사가 양관에서 왔다(師自陽關)"라 한 곳의『주』를 참조하라.

9 두예에 의하면 무공(武公)은 목공(穆公)의 아들이며, 환공(桓公)은 문공(文公)의 아들이다. 윤씨가 다시 담편을 편들어 함께 난을 일으킨 것이다. 궁곡(窮谷)은 강영의『고실(考實)』에서 곧 소공 26년『전』의 완곡(萑谷), 시곡(施谷) 따위로 낙양시 동쪽에 있다고 하였는데, 그곳의『주』에 상세하다. 혹은 곧 양공 4년『전』의 궁석(窮石)이라고도 하는데, 궁석은 지금의 낙양시 남쪽에 있으며 거리가 매우 가깝다.

10 두예는 "제나라와 정나라에 붙은 것이다"라 하였다.

而私於齊侯曰,	몰래 제후에게 말하게 했다.
“執結以侵我.”	“북궁결을 잡아서 우리나라를 침략했습니다.”
齊侯從之,	제후가 그대로 따라
乃盟于瑣.[11]	쇄에서 맹약하였다.

齊國夏伐我.[12]	제나라 국하가 우리나라를 쳤다.
陽虎御季桓子,	양호가 계환자의 어자가 되었고
公斂處父御孟懿子,[13]	공렴처보는 맹의자의 어자가 되어
將宵軍齊師.[14]	제나라 군사를 야습하려 하였다.
齊師聞之,	제나라 군사가 듣고
墮,	해체하여
伏而待之.[15]	매복하고 기다렸다.
處父曰,	처보가 말하였다.
“虎不圖禍,	“양호는 화를 고려하지 않으니

11 두예는 “쇄(瑣)는 곧 사(沙)이다. 이듬해 섭타(涉佗)가 위후(衛侯)를 억누르는 복선이다”라 하였다.

12 두예는 “제나라가 진나라를 배반했기 때문이다”라 하였다.

13 두예는 “처보는 맹씨의 가신으로 성(成)의 읍재인 공렴양(公斂陽)이다”라 하였다. 『광운』 “공(公)”자의 주에서 공렴은 복성이라고 하였다.

14 저녁 때 제나라 군사를 습격할 것이라는 말이다.

15 두예는 “그 군(軍)을 해체하여 적을 유인하고 매복을 설치하는 것이다”라 하였다.

而必死."[16]	너는 반드시 죽을 것이다."
苫夷曰,	점이가 말하였다.
"虎陷二子於難,	"양호는 그대 두 사람을 난에 빠뜨리고
不待有司,	유사를 기다리지 않았으니
余必殺女."[17]	내 반드시 너를 죽이겠다."
虎懼,	양호는 두려워하여
乃還,	이에 돌아가
不敗.	패하지 않았다.

冬十一月戊午,[18]	겨울 11월 무오일에
單子, 劉子逆王于慶氏.[19]	단자와 유자가 경씨에서 왕을 맞았다.
晉籍秦送王.	진나라 적진이 왕을 전송하였다.
己巳,[20]	기사일에
王入于王城,	왕이 왕성으로 들어가
館于公族黨氏,[21]	공족인 당씨의 집에 머물렀으며

16 두예는 "이(而)는 여(女)이다"라 하였다.
17 유사(有司)는 군법을 관장하는 자를 말한다.
18 무오일은 23일이다.
19 두예는 "경씨는 고유(姑蕕)를 지키는 대부이다"라 하였다.
20 두예는 "기사일은 12월 5일이다. 날만 있고 달은 없다"라 하였다.

而後朝于莊宮.[22] 나중에 장궁에서 조회를 하였다.

정공 8년

經

八年春王正月,[1] 8년 봄 주력으로 정월에

公侵齊.[2] 공이 제나라를 침공하였다.

公至自侵齊.[3] 공이 제나라 침공에서 돌아왔다.

二月, 2월에

公侵齊.[4] 공이 제나라를 침공하였다.

三月, 3월에

公至自侵齊.[5] 공이 제나라 침공에서 돌아왔다.

曹伯露卒.[6] 조백 노가 죽었다.

---

21 두예는 "당씨는 주나라 대부이다"라 하였다. 당씨(黨氏)는 실은 당 아무개의 집이라는 뜻이다.

22 두예는 "장왕의 묘당이다"라 하였다.

1 팔년(八年): 기해년 B.C. 502년으로 주경왕(周敬王) 18년이다. 동지가 정월 13일 병자일로 건자(建子)이다.

2 두예는 "지난해 우리나라 서쪽 변경을 친 것의 보복이다"라 하였다.

3 『전』이 없다.

4 두예는 "뜻을 얻지 못했기 때문이다"라 하였다.

5 『전』이 없다.

6 『전』이 없다.

夏,	여름에
齊國夏帥師伐我西鄙.	제나라 국하가 군사를 거느리고 우리나라 서쪽 변경을 쳤다.
公會晉師于瓦.[7]	공이 와에서 진나라 군사를 만났다.
公至自瓦.[8]	공이 와에서 돌아왔다.
秋七月戊辰,[9]	가을 7월 무진일에
陳侯柳卒.[10]	진후 류가 죽었다.
晉士鞅帥師侵鄭,	진나라 사앙이 정나라를 침략하고
遂侵衛.	마침내 위나라를 침략하였다.
葬曹靖公.[11]	조나라 정공을 장사 지냈다.
九月,	9월에
葬陳懷公.[12]	진나라 회공을 장사 지냈다.
季孫斯, 仲孫何忌帥師侵衛.	계손사와 중손하기가 군사를 거느리고 위나라를 침공하였다.
冬,	겨울에
衛侯, 鄭伯盟于曲濮.[13]	위후와 정백이 곡복에서 맹약했다.

7 와(瓦)는 곧 지금의 하남 활현(滑縣)의 와강집(瓦崗集)이다.
8 『전』이 없다.
9 무진일은 7일이다.
10 『전』이 없다.
11 『전』이 없다.
12 『전』이 없다.
13 『전』이 없다. 두예는 "진나라에 반기를 들 것을 결맹한 것이다. 곡복은 위나라 땅이다"라

從祀先公.[14] 선공을 따라 제사를 올렸다.

盜竊寶玉, 大弓.[15] 도둑이 보옥과 대궁을 훔쳐 갔다.

傳

八年春王正月, 8년 봄 주력으로 정월에

公侵齊, 공이 제나라를 침공하여

門于陽州.[16] 양주의 성문을 공격하였다.

士皆坐列,[17] 군사들은 모두 열 지어 앉아서

曰, 말하였다.

"顔高之弓六鈞."[18] "안고의 활은 6균이다."

고 하였다. 곡복에 대하여 『휘찬(彙纂)』에서는 "아마 복수(濮水)가 굽이쳐 꺾이는 곳일 것으로 하곡(河曲)이니 분곡(汾曲)이니 하는 것과 같을 것이다"라 하였다. 그러나 옛 복수는 둘이 있는데 하나는 산동 복현(濮縣)의 폐치(廢治, 복현은 이미 범현(范縣)과 합병되었음)의 남쪽, 하택현(菏澤縣)의 북쪽에서 나오며 지금의 임복집(臨濮集)으로 물은 이미 막혔다. 『휘찬(彙纂)』에서는 이 복수에 해당한다고 하였는데 정확하지 않은 것 같다. 하나는 하남 활현(滑縣)과 연진현(延津縣)에서 나오는데 원래는 황하의 지류였으나 황하가 물길을 바꾼 이후로 또한 막혔다. 아마 곡복의 복(濮)은 곧 이곳일 것이다.

14 두예는 "종(從)은 순(順)의 뜻이다. 선공은 민공(閔公)과 희공(僖公)이다. 두 공의 위차를 바로 잡으려는 것으로 따르는 것이 하나가 아니어서 친밀함을 다하였으므로 선공을 통틀어 말한 것이다"라 하였다.

15 두예는 "도둑은 양호를 말한다. 가신은 지위가 낮아 명씨(名氏)가 보이지 않으므로 도(盜)라고 한 것이다. 보옥은 하후씨의 황(璜)이다. 대궁은 봉보(封父)의 번약(繁弱)이다"라 하였다.

16 두예는 "그 문을 공격한 것이다"라 하였다. 양주(陽州)는 지금의 산동 동평현(東平縣) 북쪽 경계로 또한 소공 25년 『경』의 『주』에도 보인다.

17 두예는 "싸울 뜻이 없음을 말한다"라 하였다.

18 『사기·중니제자열전(仲尼弟子列傳)』에 안고(顔高)가 있는데 다른 사람이다. 청나라 최응류(崔應榴)의 『오역려고(吾亦廬稿)』에서는 이 사람이 곧 공자의 제자라 하였는데 확실치

皆取而傳觀之.	모두 취하여 전해 가며 살펴보았다.
陽州人出,	양주 사람이 나가자
顔高奪人弱弓,	안고는 다른 사람의 약한 활을 빼앗았는데
籍丘子鉏擊之,	적구자서가 그를 쳐서
與一人俱斃.[19]	다른 한 사람과 함께 쓰러뜨렸다.
偃,	쓰러져서
且射子鉏,	또한 자서를 쏘아
中頰,	뺨에 맞춰
殪.[20]	쓰러뜨렸다.
顔息射人中眉,[21]	안식은 사람의 눈썹 가운데를 쏘아 맞히고
退曰,	물러나면서 말하였다.
"我無勇,	"내 용기가 없으니
吾志其目也."[22]	내 뜻은 눈을 맞추려는 것이었다."

않다. 당시는 30근을 1균(鈞)이라 하였으니 6균이면 180근으로, 지금은 또한 60근이 넘지 않는다. 활을 당기려면 6균의 힘이 쓰인다는 것을 말한다.

19 두예는 "자서는 제나라 사람이다. 폐(斃)는 쓰러진 죽은 것이다"라 하였다. 안고 및 다른 한 사람이 맞아 땅에 떨어져 죽은 것이다.

20 언(偃)은 한 구절로 떼어 읽어야 하며 혹자는 아래쪽에 붙여서 읽기도 하는데 틀렸다. 이는 안고가 비록 바닥에 쓰러졌지만 아직 약한 화살을 갖고 있어 누워서 우러러 쏘아 자서의 뺨을 쏘아 맞혀 죽인 것이다.

21 안식(顔息): 두예는 "안식은 노나라 사람이다"라 하였다.

22 본래는 눈을 맞추려는 의도로 쏘았으나 잘못하여 눈썹에 맞았다는 것을 말한다. 무용

師退,	군사가 물러나자
冉猛僞傷足而先.[23]	염맹은 발을 다친 것으로 가장하고 앞섰다.
其兄會乃呼曰,	그의 형 회가 이에 고함을 쳤다.
"猛也殿!"[24]	"맹아, 뒤를 끊어라!"

二月己丑,[25]	2월 기축일에
單子伐穀成,[26]	단자는 곡성을 치고
劉子伐儀栗.[27]	유자는 의율을 쳤다.
辛卯,[28]	신묘일에
單子伐簡成,[29]	단자는 간성을 치고

(無勇)은 활을 잘 쏘지 못한다는 것이다.

23 두예는 "맹은 노나라 사람으로 먼저 돌아가려 한 것이다"라 하였다.

24 두예는 "회는 군사를 보고 물러서고 견은 대열에 없어서 이에 큰 소리로 맹이 뒤에서 후위를 막고 있는 것처럼 속여서 말하였다"라 하였다. 그러나 또한 회가 맹이 앞서가지 않게 하려고 불러서 후위를 맡게 한 것으로도 이해할 수 있다.

25 2월에는 기축일이 없으며 기축일은 3월 26일이다. "이(二)"는 아마 곧 "삼(三)"의 오자일 것이다.

26 곡성(穀成): 지금의 하남 낙양시 서북쪽에 있으며, 당시에는 곡수(穀水)와 간수(澗水), 전수(瀍水) 셋을 혼동하여 불렀는데, 사실은 곡수가 간수의 상류이며, 간하(澗河)의 하류 또한 곡수라고 불렀다. 곡수는 하남 섬현(陝縣) 동효산(東崤山)의 곡양곡(穀陽谷)에서 발원하여 동으로 흘러 민지(澠池)를 거쳐 민수(澠水)로 합류하며, 다시 동쪽으로 간수와 합류하여 간하가 된다. 당시에는 그곳을 곡수를 굽어본다고 잘못 알았다.

27 두예는 "담편(儋翩)의 도당을 토벌한 것이다"라 하였다.

28 신묘일은 3월28일이다.

29 간성(簡成): 고사기(高士奇)의 『지명고략(地名考略)』에서는 "주나라에 간사보(簡師父, 희공 24년 『전』)가 있는데 간성은 그의 식읍일 것이다"라 하였다. 그 땅은 당연히 왕성에서

劉子伐盂,[30]	유자는 우를 쳐서
以定王室.	왕실을 안정시켰다.

趙鞅言於晉侯曰,	조앙이 진후에게 말하였다.
"諸侯唯宋事晉,	"제후들 중 송나라만 진나라를 섬기니
好逆其使,	그들의 사자를 맞아도
猶懼不至,	오히려 이르지 않을까 두려우며,
今又執之,	지금 또 그들을 잡으면
是絕諸侯也."	이는 제후들과 단절하는 것입니다."
將歸樂祁,	악기를 돌려보내려 하며
士鞅曰,	사앙이 말하였다.
"三年止之,[31]	"3년이나 구류하였는데
無故而歸之,	아무 까닭도 없이 돌려보낸다면
宋必叛晉."[32]	송나라는 반드시 진나라를 배반할 것입니다."

멀지 않은 곳일 것이다.

30 우(盂): 곧 은공 11년 『전』의 우(邘)로 지금의 하남 심양현(沁陽紘) 서북쪽이다.

31 3년 동안 구류하였음을 말한다.

32 두예는 "악기를 붙잡은 일은 6년에 있었다"라 하였다.

獻子私謂子梁曰,[33]	헌자가 사사로이 자량에게 일러 말하였다.
"寡君懼不得事宋君,	"과군께서는 송나라 임금을 섬기지 못할까 두려워하여
是以止子.	이 때문에 그대를 억류시켰습니다.
子姑使溷代子."[34]	그대는 혼으로 하여금 그대를 대신하게 하시오."
子梁以告陳寅.	자량이 그대로 진인에게 알렸다.
陳寅曰,	진인이 말하였다.
"宋將叛晉,	"송나라가 진나라를 배반하려 하는데
是棄溷也,	이는 혼을 버리는 것이니
不如待之."[35]	기다림만 못합니다."
樂祁歸,	악기는 돌아가
卒于大行.[36]	태항에서 죽었다.
士鞅曰,	사앙이 말하였다.
"宋必叛,	"송나라는 반드시 배반할 것이니

33 헌자·자량(獻子·子梁): 두예는 "헌자는 범앙(范鞅)이다. 자량은 악기(樂祁)이다"라 하였다.

34 혼(溷): 두예는 "혼은 악기의 아들이다"라 하였다.

35 두예는 "머물러 기다리며 아들을 자기 대신하지 말라는 것이다"라 하였다.

36 태항(大行): 두예는 "태항은 진나라 동남쪽의 산이다"라 하였다. 태항산은 양공 23년의 『전』과 『주』에 상세하다.

不如止其尸以求成焉."	그 시신을 붙들어 두고 화친을 구함만 못합니다."
乃止諸州.[37]	이에 주에 두었다.

公侵齊,	공이 제나라를 침공하여
攻廩丘之郛.[38]	늠구의 외성을 공격하였다.
主人焚衝,[39]	주인이 충차에 불을 지르자
或濡馬褐以救之,[40]	누가 마포 옷을 적셔 불을 꺼
遂毁之.[41]	마침내 외성을 허물었다.
主人出,	주인이 나오자
師奔.[42]	군사들이 달아났다.

---

37 주(州): 지금의 하남 심양현(沁陽縣) 동남쪽 50리 지점에 있으며, 나머지는 소공 3년의 『전』과 『주』에 상세하다.

38 늠구(廩丘): 지금의 산동 견성현(鄄城縣) 동북쪽 약 40리 지점이다.

39 주인(主人): 늠구의 통치자이다.
충(衝): 『설문』에는 충(幢)으로 되어 있으며 "진을 함락시키는 수레이다"라 하였다. 그러나 여기서는 늠구의 외성을 공격하였다 하였으니 충(衝)은 성을 공격하는 수레이다. 『시경·대아·황의(大雅·皇矣)』에 "네 임차와 충차로, 높은 성벽 공격하네(與爾臨衝, 以伐崇墉)"라 하였으니 임차와 충차는 모두 성을 공격할 때 썼다. 『회남자·남명훈(覽冥訓)』에서는 "높은 충차로 공격한다(隆衝以攻)"라 하였는데, 고유(高誘)는 "융(隆)은 높은 것이다. 충차는 큰 쇠를 끌채의 끝에다 씌워 말에게 갑주를 입히고 충차에는 병기를 입혀 적의 성이 부딪히게 하는 것이다"라 하였다. 당시에는 성곽을 모두 흙을 쌓아 만들었으며 벽돌이나 돌을 쌓아 만든 것이 없었으므로 포화(砲火)를 쓰지 않아도 성을 허물 수 있었다.

40 마갈(馬褐): 한(漢)나라와 진(晉)나라 사람들은 마의(馬衣)라고 하였으며, 곧 거친 마포로 만든 짧은 옷인데 신분이 낮은 사람들이 입었다.

41 늠구의 외성을 허문 것이다.

陽虎僞不見冉猛者,	양호는 염맹을 못 본 척하고
曰,	말하였다.
"猛在此,	"맹이 여기 있었더라면
必敗."[43]	반드시 무찔렀을 것이다."
猛逐之,[44]	맹이 그들을 추격하는데
顧而無繼,	돌아보니 따르는 무리가 없어서
僞顚.	병거에서 떨어진 척하였다.
虎曰,	호가 말하였다.
"盡客氣也."[45]	"다 객기다."

苫越生子,	점월이 아들을 낳았는데
將待事而名之.	일을 기다려 이름으로 삼으려 하였다.
陽州之役獲焉,[46]	양주의 전역에서 포로를 잡아
名之曰陽州.[47]	이름을 양주라 하였다.

42 늠구를 지키는 장수가 나와서 싸우자 노나라 군사들이 달아난 것이다.

43 염맹이 이곳에 있었다면 반드시 늠구의 군사를 이길 수 있을 것이라는 말이다.

44 염맹이 이 말이 고무되어 늠구 사람들을 쫓아간 것이다.

45 객기(客氣): 두예는 "다 객기로 용기가 아니라는 말이다"라 하였다. 객기라는 것은 충심(衷心)에서 나온 것이 아니라는 말이다. 맹염이 늠구의 사람을 쫓아간 것은 실로 양호가 격려한 것이며, 늠구 사람이 맹염을 죽이지 않은 것도 진짜로 싸우고 싶어 하지 않은 것이므로 "다 객기다"라고 한 것이다.

46 포로를 잡은 것이 있는 것이다.

夏,[48]	여름에
齊國夏, 高張伐我西鄙.[49]	제나라 국하와 고장이 우리나라 서쪽 변경을 쳤다.
晉士鞅, 趙鞅, 荀寅救我.[50]	진나라 사앙과 조앙, 구인이 우리를 구원하였다.
公會晉師于瓦,	공이 와에서 진나라 군사와 회합하였는데
范獻子執羔,	범헌자는 검은 양을 예물로 하였고
趙簡子, 中行文子皆執鴈.	조간자와 중항문자는 모두 기러기를 예물로 하였다.
魯於是始尙羔.[51]	노나라에서는 이에 비로소 검은 양을 숭상하였다.

47 양주의 전역은 이해의 첫 장(章)에 보인다.

48 가나자와 문고본(金澤文庫本)에는 "여름 4월(夏四月)"로 되어 있어 "사월(四月)"이란 두 자가 더 많다.

49 두예는 "위의 두 침공에 앙갚음한 것이다"라 하였다.

50 두예는 "구원한 것을 기록하지 않은 것은 제나라 군사가 이미 떠나 경계에 들어오지 않아서이다"라 하였다.

51 두예는 『주례·대종백(大宗伯)』의 문장에 의거하여 "예는 경(卿)은 새끼 양을 잡고 대부(大夫)는 기러기(거위)를 잡는 것인데 노나라는 그와 같이 하여 이제야 비로소 새끼 양을 잡는 것이 높다는 것을 안 것이다"라 하였다. 공영달의 소(疏)에서는 더 가규와 정현 두 사람의 설을 인용하여 두예에 동의하지 않았으므로 모두 반박하였다. 유월(兪樾) 또한 "문장의 뜻을 가지고 말하건대 또한 가규와 정현 두 사람의 설이 모두 틀림을 알겠다"라 하였다. 이는 고대의 폐백〔贄〕의 예로 곧 내빈은 자기의 신분과 임무에 의거하여 손에 모종의 예물을 잡고 으레 행하는 상견례의 의식을 거행하여야 한다. 『의례·사상견례(士相見禮)』에서는 "상대부는 새끼 양을 가지고 만나 본다"라 하였고, 또한 말하기를 "하대부는 기러기를 가지고 만나 본다"라 하였다. 여기서 이른바 상대부니 하대부니 하는 것은 제후의 경으로 천자의 대부에 해당한다. 후한(後漢) 반고(班固)의 『백호통·서지

晉師將盟衛侯于鄟澤,[52] 진나라 군사가 전택에서 위후와 맹약하였는데

趙簡子曰, 조간자가 말하였다.

"羣臣誰敢盟衛君者?"[53] "신하들 가운데 누가 감히 위나라 임금과 맹약하겠소?

涉佗, 成何曰,[54] 섭타와 성하가 말하였다.

"我能盟之." "우리가 맹약할 수 있습니다."

衛人請執牛耳.[55] 위나라 사람이 소의 귀를 잡을 것을 청하였다.

成何曰, 성하가 말하였다.

"衛, "위나라는

(瑞贄)』편(『백호통의(白虎通義·서지(瑞贄)』편)에서는 "경대부의 폐백은 옛날에는 새끼 사슴으로 하였고 지금은 새끼 양과 기러기로 한다"라 하였으니 춘추보다 이른 시기에는 야생의 새끼 사슴을 폐백으로 하였고 그 후에는 가금으로 바꾸어 썼다. 가금을 쓸 때 노나라는 3경이 있었는데 본래 모두 새끼 양을 잡았다. 진나라는 6경이 있는데 수경(首卿)만 새끼 양을 잡고 그 나머지는 기러기를 잡는다. 노나라는 처음부터 새끼 양을 귀하게 여겨 상경만이 잡았다.

52 전택(鄟澤): 두예는 "와(瓦)에서 돌아와 위나라 땅으로 가서 맹약하였다"라 하였다. 전택은 위나라에 속한 땅인데 소재지는 확실치 않다.

53 두예는 "지난해에 위나라는 진나라를 배반하고 제나라에 붙었는데 간자가 꺾어서 모욕하려는 것이다"라 하였다.

54 섭타·성하(涉佗·成何): 두예는 "두 사람은 진나라 대부이다"라 하였다.

55 맹약의 법은 대략 은공 원년 "멸에서 맹약하였다(盟于蔑)"라 한 곳의 『경』의 『주』에 보인다. 공영달의 소(疏)에서는 양공 27년 및 애공 17년의 『전』에 의거하여 "맹약을 할 때는 소의 귀를 쓰는데 낮은 사람이 잡고 높은 사람은 다가선다"라 하였는데 옳다. 위나라는 실로 진나라보다 약소국이지만 위후와 맹약을 하는 사람은 진나라의 대부이니 위후가 높다. 이 구절에서 위나라 사람이 소귀를 잡아들라고 청한 것은 진나라의 신하가 소귀를 잡고 위후는 그 앞에 다가서기를 청한 것이다.

吾溫, 原也,	우리나라의 온읍과 원읍이니
焉得視諸侯?”[56]	어찌 제후로 본단 말이오?”
將歃,	삽혈을 하려는데
涉佗捘衛侯之手,[57]	섭타가 위후의 손을 떼밀어
及捥.[58]	팔뚝까지 흘렀다.
衛侯怒,	위후가 노하니
王孫賈趨進,[59]	왕손가가 달음질쳐 들어가
曰,	말하였다.
“盟以信禮也,[60]	“맹약은 예를 펴는 것으로
有如衛君,[61]	위나라 임금 같은 분에게 이렇게 하면

56 두예는 “위나라는 작아서 진나라의 현에나 비길 만하니 제후의 예를 따를 수 없다는 것이다”라 하였다. 시(視)는 『맹자·만장(萬章) 하』의 “천자의 경은 땅을 받으면 제후로 본다(天子之卿受地視侯)”라 한 시(視)와 같으며, 비(比)한다는 뜻이다.

57 준(捘): 『설문』에서는 “준(捘)은 밀치는 것이다”라 하였다. 거성(去聲)이다.

58 급완(及捥): 두예는 “피가 팔뚝까지 흘러내린 것이다”라 하였다. 완(捥)은 지금은 완(腕)이라 한다. 이와 같다면 위군(衛君)이 이미 희생의 피로 초례(醮禮)를 올렸는데 섭하가 밀어서 피가 팔뚝까지 흘러내린 것이다.

59 왕손가(王孫賈): 두예는 “가는 위나라의 대부이다”라 하였다. 송나라 정공열(程公說)의 『춘추분기·세보(春秋分紀·世譜) 7』에서는 “왕손모(王孫牟)의 후손에 가(賈, 소공 12년의 『전』에 보인다)가 있는데 가의 아들은 제(齊)이다”라 하였다(애공 26년 『전』에 보인다). 『논어·헌문(憲問)』에서는 “왕손가가 군대를 다스렸다(王孫賈治軍旅) 라 하였다. 『설원·권모(權謀)』편에서는 “왕손상(王孫商)”이라 하였는데, 상은 아마 그의 자일 것이다.

60 신(信): 두예는 “신(信)은 밝히는 것과 같다”라 하였는데 확실하지 않다. 신(信)은 신(伸)의 뜻으로 읽어야 한다.

61 『시경·대아·소민(大雅·召旻)』에서는 “옛날 선왕께서 명 받으셨는데, 소공 같은 분 계시니 하루에 나라 백리씩 여셨다네(昔先王受命, 有如召公, 日辟國百里)”라 하였다. 이는

其敢不唯禮是事而受此盟也?"[62]	어찌 감히 예를 받드는 일이 아닐 뿐만 아니라 이 맹약을 받아들이겠습니까?"
衛侯欲叛晉,	위후는 제나라를 배반하려 했으나
而患諸大夫.	대부들이 걱정되었다.
王孫賈使次于郊.[63]	왕손가가 교외에 머물게 하였다.
大夫問故,[64]	대부들이 까닭을 물으니
公以晉詬語之,[65]	공이 진나라가 욕보인 것을 말해 주고
且曰,	또한 말하였다.
"寡人辱社稷,[66]	"과인이 사직을 욕보였으니
其改卜嗣,	다시 후사를 점치면
寡人從焉."[67]	과인은 그대로 따르겠다."
大夫曰,	대부들이 말하였다.

맹약은 예를 펴는 것으로 위군(衛君) 같은 사람이 있다는 것이며, 또한 위군이 와서 예를 펴는데 진나라의 행위는 예를 펴는 것이 아니라는 것이다.

62 기(其): 기(豈)의 뜻으로 쓰였다. 언외(言外)의 뜻으로 이 맹약을 받아들이지 않겠다는 것이다.

63 위후가 교외에 머물러 도성으로 들어가지 않은 것이다.

64 두예는 "도성으로 들어가지 않는 까닭을 물은 것이다"라 하였다.

65 후(詬): 두예는 "후는 치욕이다"라 하였다. 진나라에게 치욕을 당한 것을 말한다.

66 임금이 모욕을 받은 것은 나라가 모욕을 당한 것과 같다는 말이다.

67 두예는 "다른 공자들을 점치게 해서 선군을 잇게 하면 나는 대부들이 세운대로 따르겠다는 말이다"라 하였다.

“是衛之禍,	“이는 위나라의 화이니
豈君之過也?”	어찌 임금님의 과실이겠습니까?”
公曰,	공이 말하였다.
“又有患焉,	“또 난감한 일이 있으면
謂寡人‘必以而子與大夫之子爲質’.”[68]	과인에게 말하기를 ‘반드시 그대 아들과 대부의 아들을 인질로 삼을 것이오’라 하였소.”
大夫曰,	대부가 말하였다.
“苟有益也,	“실로 도움이 되어
公子則往,[69]	공자께서 가신다면
羣臣之子敢不皆負羈紲以從?”[70]	신하들의 자식들이 감히 모두 굴레와 고삐를 지고 따르지 않겠습니까?”
將行,	떠날 즈음에
王孫賈曰,	왕손가가 말하였다.
“苟衛國有難,	“만약 위나라에 어려움이 있다면

---

68 이자(而子): 위나라 임금이 진나라 사람에게 한 말이다. 이(而)는 이(爾)와 같다. 이자(爾子)는 위나라 임금의 아들이다.

69 즉(則): 가약(假若)과 같다. 가정형을 나타내는 접속사이다.

70 부기설(負羈紲): 『전』에 자주 보이며 희공 24년 『전』에서 “떠난 사람은 굴레와 고삐를 잡은 종이다(行者爲羈紲之僕)”라 한 것으로 보아 이는 수행하는 사람의 상투어임을 알 수 있다.

工商未嘗不爲患,	장인과 상인들이 근심을 하지 않은 적이 없으니
使皆行而後可."	모두 가게 하여야 옳을 것입니다."
公以告大夫,	공이 그대로 대부들에게 알리니
乃皆將行之.	이에 모두 가려고 하였다.
行有日,[71]	갈 날이 되자
公朝國人,	공이 나라의 사람들에게 조현하게 하고
使賈問焉,	가를 시켜 물어
曰,	말하였다.
"若衛叛晉,	"위나라가 진나라를 배반하면
晉五伐我,	진나라가 우리를 다섯 번 칠 것이니
病何如矣?"[72]	근심이 어떠하겠는가?"
皆曰,	모두 말하였다.
"五伐我,	"우리를 다섯 번 쳐도
猶可以能戰."[73]	오히려 싸울 수 있습니다."

71 갈 날짜가 이미 정하여진 것이다.

72 위험이 국가에 미침이 어느 정도 되겠는가 하는 말이다. 『주례·소사구(小司寇)』의 직책이 "외조의 정치를 관장하여 백성을 불러 의견을 묻는데 첫 번째를 국가의 위난을 묻는 것이다"라 한 것으로 알 수 있다. 청말(淸末) 손이양(孫詒讓)의 『주례정의(周禮正義)』에 상세하다.

73 가이능(可以能): 연달아 쓰였으며, 강조하는 말이다.

賈曰, 가가 말하였다.

"然則如叛之,[74] "그렇다면 배반할 것이니

病而後質焉, 어려움이 생긴 다음에 인질을 바치면

何遲之有?" 어찌 늦음이 있겠는가?"

乃叛晉. 이에 진나라를 배반하였다.

晉人請改盟, 진나라 사람이 다시 맹약할 것을 청했으나

弗許.[75] 허락하지 않았다.

秋, 가을에

晉士鞅會成桓公侵鄭,[76] 진나라 사앙이 성환공을 만나 정나라를 침공하여

圍蟲牢,[77] 충뢰를 에워쌌는데

---

74 여(如): 당(當)의 뜻이다. 응당 먼저 진나라를 배반할 것이라는 말이다.

75 『설원·권모(權謀)』편에서는 "조씨가 그것을 듣고 섭타(涉佗)를 포박하여 참수하고 위나라에 사과하였다. 하성(何成)은 연나라로 달아났다. ……"고 하였는데 이는 11년『전』에 의거하여 함께 말한 것이다.

76 두예는 "환공은 주나라의 경사이다"라 하였다.『경』에서 성환공을 기록하지 않은 것에 대하여 두예는 "장수를 감독하고 친히 침공하지 않았다"라 하였는데 꼭 믿을 만하지 않다. 사앙은 진나라의 정치를 전횡하여 송나라의 악기를 잡았으며 또한 그 시신까지 구류하여 놓았는데 어떻게 주나라 경사가 그를 감독하겠는가? 대체로 이번 전역 또한 주나라를 위하여 정나라에 원수를 갚은 것으로 성환공은 다만 개인적 자격으로 군사에 임해서 으레 기록하지 않은 것일 것이다.

77 충뢰(蟲牢): 지금의 하남 봉구현(封丘縣) 북쪽으로 또한 성공 5년의『경』과『전』및『경』

報伊闕也.[78] 이궐의 전역을 앙갚음한 것이다.

遂侵衛.[79] 마침내 위나라를 침공하였다.

九月, 9월에

師侵衛, 군사가 위나라를 침공하였는데

晉故也.[80] 진나라 때문이었다.

季寤, 公鉏極, 公山不狃皆不得志於季氏,[81] 계오와 공서극, 공산불뉴는 모두 계씨의 뜻을 얻을 수가 없었으며

叔孫輒無寵於叔孫氏,[82] 숙손첩은 숙손씨의 총애를 받지 못하였고

의 『주』에도 보인다.

78 6년에 정나라는 주나라 궁궐 바깥을 쳤는데 진나라에 이 때문에 군사를 일으켜 그 보복을 한 것이다.

79 두예는 "배반한 죄를 물어 토벌한 것이다"라 하였다.

80 두예는 "노나라가 진나라를 위하여 위나라를 토벌한 것이다"라 하였다.

81 계오(季寤): 두씨(두예)의 『세족보(世族譜)』에서는 "계오는 자언(子言)으로 의여(意如)의 아들이다"라 하였다.
공서극(公鉏極): 두예는 "공미(公彌)의 증손자로 환자(桓子)의 족자(族子)이다"라 하였다. 양공 23년 『전』에 "계무자에게는 적자가 없었고 공미가 장자였다(季武子無適子, 公彌長)"는 말이 있는데 주에서 "공미는 공서(公鉏)이다"라 하였으니 공미의 후손은 공서를 씨로 삼았다. 송나라 정공열(程公說)의 『춘추분기·세보(春秋分紀·世譜) 6』에서는 "공미는 경백(敬白)을 낳았고, 경백은 은후백(隱侯伯)을 낳았으며, 은후백은 공서극을 낳았다"라 하여 두예의 주와 일치한다.

82 숙손첩(叔孫輒): 두예는 "첩(輒)은 숙손씨의 서자이다"라 하였다.

叔仲志不得志於魯,[83]
숙중지는 노나라에서 뜻을 얻지 못하였으므로

故五人因陽虎.[84]
다섯 사람은 양호에 의지하게 되었다.

陽虎欲去三桓,
양호는 삼환을 없애고

以季寤更季氏,[85]
계오로 계씨를 바꾸고

以叔孫輒更叔孫氏,[86]
숙경첩으로 숙손씨를 바꾸며

己更孟氏.[87]
자기로 맹씨를 바꾸려고 하였다.

冬十月,
겨울 10월에

順祀先公而祈焉.[88]
순서대로 선공에게 제사를 지내고 기도하였다.

辛卯,[89]
신묘일에

---

83 두씨(두예)의 『세족보(世族譜)』에서는 "숙중지(叔仲志)는 정백대(定伯帶)의 손자이다"라 하였다. 양이승(梁履繩)의 『보석(補釋)』에서는 "대(帶)는 숙중소백(叔仲昭伯)의 이름으로 양공 7년에 보인다"라 하였다. 양공 31년의 『전』에서는 "숙중대가 그의 큰 벽옥을 훔쳤다(叔仲帶竊其拱璧)"라 하였으며, 소공 12년의 『전』에서는 대의 아들 소(小)가 남괴(南蒯), 공자 은(公子慭)과 계씨를 축출할 계책을 꾸몄으며, 계씨는 숙중대의 아들과 손자를 박대하였음을 서술하였다.

84 『논어·학이(學而)』에 "의지하여 그 어버이를 잃지 않는다(因不失其親)"는 말이 있는데 인(因)에는 의지하다, 빙자하다의 뜻이 있다.

85 두예는 "환자(桓子)를 대신하는 것이다"라 하였다.

86 두예는 "무숙(武叔)을 대신하는 것이다"라 하였다.

87 두예는 "양호가 스스로 의자(懿子)를 대신하는 것이다"라 하였다.

88 순사(順祀): 두예는 "큰일을 일으키려고 하여 순서대로 제사를 올려 아첨하려는 것이다"라 하였다. 순사는 곧 『경』의 종사(從祀)로 여전히 민공이 희공의 위에 있다. 『경』의 『주』를 참조하라.

89 신묘일은 2일이다.

禘于僖公.[90]	희공의 묘당에서 체제를 올렸다.
壬辰,[91]	임진일에
將享季氏于蒲圃而殺之,[92]	포포에서 계씨에게 향례를 베풀고 그를 죽이려 하여
戒都車,[93]	도읍의 전차에 명령하여
曰,	말하기를
"癸巳至."[94]	"계사일이 이르라" 하였다.
成宰公斂處父告孟孫,	성의 읍재인 공렴처보가 맹손씨에게 일러
曰,	말하였다.
"季氏戒都車,[95]	"계씨가 도읍의 전차에 명을 내리니
何故?"	무슨 까닭입니까?"

---

90 체(禘): 여러 선공을 함께 제사 지내는 예로 여기서는 태묘에서 거행하는 것이 마땅한데 여기서 희공의 묘당에서 거행한 것에 대하여 두예는 순서대로 제사를 지내어 "희공은 물려야 하나 희공의 귀신을 두려워하였기 때문에 희공의 묘당에서 순서대로 제사를 거행한 것이다"라고 하였다. 혹자는 말하기를 체제는 그대로 태묘에서 지냈으며 여기서 희공에게서 하였다는 것은 민공 2년의 『전』에서 "장공에게 길체의 제사를 지냈다(吉禘于莊公)"라 한 것과 같으며 장공이라고 하였다. 이 설은 일리가 있고 근거도 있다.

91 임진일은 3일이다.

92 포포(蒲圃): 노성 동문 바깥으로 또한 양공 4년과 19년의 『전』에도 보인다.

93 계(戒): 곧 선공 12년 『전』의 "군정이 명령을 내리지 않아도 완비되었다(軍政不戒而備)"라 한 계(戒)로 칙령이다.

94 계사일은 4일이다. 두예는 "도읍의 병거이다. 양호가 임진일 밤에 계손을 죽이고 그 다음 날인 계사일에 도읍의 병거를 동원하여 이가를 공격하려는 것이다"라 하였다.

95 양호가 도읍의 전차에 명을 내린 것으로 여기서 계씨라 말한 것은 양호가 계씨의 가재이며 또한 계씨를 위협하여 조종하였기 때문이다.

孟孫曰,	맹손이 말하였다.
"吾弗聞."	"나는 거기에 대해 듣지 못하였소."
處父曰,	처보가 말하였다.
"然則亂也,	"그렇다면 난을 일으킨 것입니다.
必及於子,	반드시 그대에게 미칠 것이니
先備諸."[96]	먼저 거기에 대비하셔야 합니다."
與孟孫以壬辰爲期.[97]	맹손과 함께 임진일을 기일로 잡았다.
陽虎前驅.[98]	양호가 앞장서서 말을 몰았다.
林楚御桓子,	임초는 환자의 수레를 몰고
虞人以鈹, 盾夾之,[99]	우인이 검과 방패로 그를 끼고 있었으며
陽越殿.	양월이 후위가 되었다.
將如蒲圃.[100]	포포에 가려 했다.
桓子咋謂林楚曰,[101]	환자가 갑자기 임초에게 말하였다.

96 저(諸): 지호(之乎)이다.

97 두예는 "처보가 병사들을 데리고 맹씨를 구원하기로 기약한 것이다. 임진일은 계사일 하루 앞이다"라 하였다.

98 계씨에게 향례를 베풀려고 먼저 말을 몰아 포포에 이른 것이다.

99 『주례』의 「산우(山虞)」와 「택우(澤虞)」에 의하면 큰 산과 큰 소택지에는 모두 중사(中士) 네 명과 하사(下士) 약간 명을 두었다. 그러므로 검과 방패로 호위를 할 수 있었다. 피(鈹)는 날이 긴 무기이며, 순(盾)은 방패이다.

100 『공양전』의 이해의 『전』에서 "양월은 양호의 종제이다"라 하였다.

101 사(咋): 사(乍)와 같다. 곧 『맹자·공손추(公孫丑) 상』의 "지금 갓난아이가 우물에 빠지

"而先皆季氏之良也,[102] "그대의 선대는 모두 계씨의 훌륭한 신하였으니

爾以是繼之."[103] 그대가 이를 이어야 할 것이다."

對曰, 대답하였다.

"臣聞命後.[104] "신이 명을 들은 것이 늦습니다.

陽虎爲政, 양호가 집정을 하여

魯國服焉, 노나라 사람이 그에 복종하니

違之徵死,[105] 어기면 죽음을 부르는 것으로

死無益於主." 죽어도 주인에게 도움이 되지 않습니다."

桓子曰, 환자가 말하였다.

"何後之有? "무엇 늦은 것이 있겠는가?

而能以我適孟氏乎?" 그대는 나를 맹씨에게 데려다 줄 수 있겠는가?"

對曰, 대답하였다.

"不敢愛死,[106] "감히 죽음이 아까운 것은 아니고

려는 것이 언뜻 보인다(今人乍見孺子將入於井)"라 한 사(乍)로 갑자기라는 뜻이다. 청나라 전대흔(錢大昕)의 『십가재양신록(十駕齋養新錄)』에 설이 보인다.

102 양(良): 양신(良臣)이다. 계환자가 임초에게 말하기를 너의 선배는 모두 우리 집의 양신이었다고 한 것이다.

103 환자는 이미 양호의 음모를 알고 임초더러 화에서 벗어나게 하고자 한 것이다.

104 환자가 일러 준 것이 이미 늦었다는 것이다.

105 징(徵): 부르는 것이다. 양호의 명을 어기면 죽음을 초래할 뿐이라는 말이다.

懼不免主."
주인께서 면하지 못할까 두렵습니다."

桓子曰,
환자가 말하였다.

"往也!"
"가자!"

孟氏選圉人之壯者三百人以爲公期築室於門外.[107]
맹씨는 어인 가운데 건장한 자 3백 명을 뽑아 공기에게 문밖에 집을 지어 주고 있었다.

林楚怒馬,[108]
임초는 말을 성나게 하여

及衢而騁.
큰 거리에 이르러 내닫게 하였다.

陽越射之,
양월이 활을 쏘았으나

不中.
맞히지 못했다.

築者闔門.
집 짓는 자들이 문을 닫았다.

有自門間射陽越,
누가 문틈으로 양월을 쏘아

殺之.
죽였다.

---

106 애(愛): 석(惜)의 뜻이다. 죽어도 애석하지 않다는 말이다.

107 희공 17년 『전』의 "아들은 신하가 되고 딸은 첩이 되었다. 그래서 아들의 이름은 어라고 하고 딸은 첩이라고 하였다(男爲人臣, 女爲人妾. 故名男曰圉, 女曰妾)"라 한 것으로 보아 어가 이미 남자 노예의 통칭이 되었음을 알 수 있다. 이 어 또한 남자 노예이며, 양관(楊寬: 1914~2005)의 『고사신탐(古史新探)』에 상세하다. 두예는 "사실은 난에 대비하고자 하여 남들이 알지 못하게 하려 하였으므로 문밖에 집을 짓는 것처럼 가장하여 무리들을 불러 모으게 된 것이다. 공기(公期)는 맹씨의 지자(支子)이다"라 하였다.

108 노마(怒馬): 말을 노하게 한 것이다. 말이 노하면 마구 달리므로 『공양전』에서는 "말을 내닫게 했다(驟馬)"라 하였다.

陽虎劫公與武叔,[109]	앵호는 공과 무숙을 협박하여
以伐孟氏.	맹씨를 치게 하였다.
公歛處父帥成人自上東門入,[110]	공렴처보가 성읍의 사람들을 거느리고 상동문에서 들어와
與陽氏戰于南門之內,	양씨와 남문 안에서 싸웠으나
弗勝,	이기지 못하였으며,
又戰于棘下,[111]	또 극하에서 싸워
陽氏敗.	양씨가 패배하였다.
陽虎說甲如公宮,	양호는 갑옷을 벗고 공궁으로 가서
取寶玉, 大弓以出,	보옥과 큰 활을 갖고 빠져나가
舍于五父之衢,	오보지구에 머물면서
寢而爲食.[112]	자면서 밥을 하게 했다.
其徒曰,	그 무리가 말하였다.
"追其將至."	"추격병이 이를 텐데요."
虎曰,	호가 말하였다.
"魯人聞余出,	"노나라 사람들은 내가 나간 걸 알고
喜於徵死,[113]	죽음을 늦추었다고 좋아할 텐데

109 무숙(武叔): 두예는 "무숙은 숙손불감(叔孫不敢)의 아들 주구(州仇)이다"라 하였다.
110 상동문(上東門): 두예는 상동문은 노나라 동성의 북문이라고 하였다.
111 극하(棘下): 성내의 지명이다.
112 자기는 잠을 자면서 남들에게 밥을 하라고 명하는 것이다.

何暇追余?"
나를 쫓을 겨를이 어디 있겠느냐?"

從者曰,
종자가 말하였다.

"嘻!
"아!

速駕,
빨리 멍에를 매시지요,

公斂陽在."[114]
공렴양이 있습니다."

公斂陽請追之,
공렴양이 추격할 것을 청하였으나

孟孫弗許.
맹손이 허락하지 않았다.

陽欲殺桓子,
양은 환자를 죽이고 싶어 했으나

孟孫懼而歸之.[115]
맹손이 두려워하여 돌려보냈다.

子言辨舍爵於季氏之廟而出.[116]
자언이 계씨의 조묘(祖廟)에서 두루 술잔을 올리고 빠져나갔다.

陽虎入于讙, 陽關以叛.[117]
양호는 환과 양관에 들어가 반란을 일으켰다.

---

113 징사(徵死): 이 징사(徵死)는 위의 징사와는 다르다. 이 징(徵)자는 정(緪), 완(緩)의 뜻으로 읽어야 한다. 곧 문공 16년『전』과 정공 14년『전』의 "죽음을 늦추다(紓死)"의 뜻이다. 양수달의『독좌전(讀左傳)』에 상세하다.

114 공렴양(公斂陽): 양은 처보의 이름이다.

115 계환자를 계씨에게 돌려보낸 것이다.

116 자언(子言): 두예는 "자언은 계오(季寤)이다. 변(辨)은 '두루'라는 뜻이다"라 하였다. 술잔에 두루 술을 채운 후 조상의 사당 앞에 둔 것으로, 이는 고인들이 도망갈 때 고별을 하는 예이다.『공양전』의 서술은 이와 다르다.

117 환(讙): 지금의 산동 영양현(寧陽縣) 북쪽에서 조금 서쪽에 있으며 환공 3년의『경』의『주』에 상세하다.
양관(陽關): 지금의 산동 태안현(泰安縣) 동남쪽으로 양공 17년의『전』의『주』에 상세하다.

鄭駟歂嗣子大叔爲政.[118]	정나라 사천이 자태숙을 이어 집정하였다.

정공 9년

經

九年春王正月.[1]	9년 봄 주력으로 정월이다.
夏四月戊申,[2]	여름 4월 무신일에
鄭伯蠆卒.[3]	정백 채가 죽었다.
得寶玉大弓.	보옥과 큰 활을 얻었다.
六月,	6월에
葬鄭獻公.[4]	정나라 헌공을 장사 지냈다.
秋,	가을에
齊侯, 衛侯次于五氏.[5]	제후와 위후가 오씨에 머물렀다.

---

118 사천(駟歂): 두예는 "천은 사걸(駟乞)의 아들 자연(子然)이다. 이듬해 등석(鄧析)을 죽이는 복선이다"라 하였다.

1 구년(九年): 경자년 B.C. 501년으로 주경왕(周敬王) 19년이다. 동지가 정월 23일 신사일로 건자(建子)이다.

2 무신일은 22일이다.

3 『전』이 없다. "채(蠆)"는 『공양전』에는 "채(囆)"로 되어 있다.

4 『전』이 없다.

5 『휘찬(彙纂)』에 의하면 오씨는 지금의 하북 한단시(邯鄲市) 서쪽에 있다.

秦伯卒.[6]	진백이 죽었다.
冬,	겨울에
葬秦哀公.[7]	진나라 애공을 장사 지냈다.

傳

九年春,	9년 봄에
宋公使樂大心盟于晉,	송공이 악대심으로 하여금 진나라에서 맹약하고
且逆樂祁之尸.	또한 악기의 시신을 맞이하게 하였다.
辭,	거절하고
僞有疾,	꾀병을 앓았으며,
乃使向巢如晉盟,	이에 상소에게 진나라로 가서 맹약하고
且逆子梁之尸.[8]	아울러 자량의 시신을 맞아오게 하였다.
子明謂桐門右師出,[9]	자명이 동문우사에게 나가게 하고

6 『전』이 없다. 달과 일자도 없고 이름도 기록하지 않았으니 아마 부고가 오지 않았을 것이다.

7 『전』이 없다.

8 자량(子梁): 곧 악기(樂祁)이다. 두예의 주에 의하면 상소는 상술(向戌)의 증손자이지만 『예기·단궁』 공영달의 소(疏)에서 인용한 『세본』에 의하면 "상술은 동린숙자(東鄰叔子) 초(超)를 낳았으며, 초는 좌사 묘(眇)를 낳았다"라 하였다. 묘가 곧 소이니 상술의 증손이 된다. 고동고의 『대사표』 12의 하에서는 "누가 옳은지 알지 못하겠다"라 하였다.

9 두예는 "자명은 악기의 아들 혼(溷)이다. 우사는 악대심으로 자명의 족부(族父)이다"라 하였다. 출(出)은 출국하여 시신을 맞아 오는 것을 말한다.

曰,	말하였다.
"吾猶衰絰,[10]	"우리는 아직 상복을 입고 있는데
而子擊鐘,	그대는 종을 치니
何也?"[11]	어째서입니까?"
右師曰,	우사가 말하였다.
"喪不在此故也."[12]	"영구가 여기 없기 때문입니다."
旣而告人曰,	얼마 후 사람에게 말하였다.
"己衰絰而生子,	"자기는 상중인데도 아기를 낳았으니
余何故舍鐘?"[13]	내가 무슨 까닭으로 음악 연주를 버리겠는가?"
子明聞之,	자명이 듣고
怒,	노하여
言於公曰,	공에게 말하였다.

10 이는 지명이 악대심에게 한 말이다. 악기는 8년에 진나라에서 객사(客死)하여 아직 돌아와 장사를 지내지 않았으므로 자명은 비록 해가 지났지만 여전히 수질(首絰)을 벗지 않았던 것이다.

11 이는 아마 악대심이 진나라로 가는 것을 거절하고 아직 상소를 파견하지 않았을 때 한 말일 것이다. 악대심은 병으로 거절하였는데 자명은 그 병이 꾀병이란 것을 알았기 때문에 격해져서 꾸짖고 부친의 영구를 맞아오게 하였다. 나는 상중이라 나라를 나갈 수 없는데 너는 종을 치고 음악을 연주하면서 무슨 이유로 나라를 나가지 않느냐는 말이다.

12 영구가 진나라에 있다는 말이다.

13 이는 악대심이 남에게 한 말로 자명이 비록 스스로 상중이긴 하지만 그래도 아들을 낳았다는 것이다. 부친을 장사 지내지도 않았는데 자기가 아들을 낳았으니 내가 형제 된 자의 입장에서 종을 치는 음악의 연주를 그만둘 필요가 없다는 것이다.

"右師將不利戴氏.[14]	"우사는 대씨에게 불리하게 될 것입니다.
不肯適晉,	진나라로 가려 하지 않는 것은
將作亂也.	난을 일으키려는 것입니다.
不然,	그렇지 않다면
無疾."[15]	병이 없을 것입니다."
乃逐桐門右師.[16]	이에 동문우사를 쫓아내었다.

鄭駟歂殺鄧析,	정나라 사천이 등석을 죽이고
而用其竹刑.[17]	그의 「죽형」을 썼다.

---

14 대씨(戴氏): 송나라를 가리킨다. 『여씨춘추·옹색(壅塞)』편의 "이것이 대씨(戴氏)가 단절된 이유이다"라 한 대씨와 같은 뜻이다.

15 난을 일으키려 하지 않았다면 무슨 까닭으로 병도 없는데 병으로 사퇴를 하였겠느냐는 말이다.

16 『춘추경』에 의하면 우사를 축출한 것은 명년의 일이며 『전』에서는 그 결과를 말하였다.

17 죽형(竹刑): 등석은 형률을 지어 죽간에다 적어 놓았기 때문에 「죽형」이라 하였다. 노소공 6년 자산이 일찍이 형서(刑書)를 주조한 적이 있으며 「죽형」은 나중에 나왔는데 아마 자산이 주조한 형법보다 강력했기 때문에 사천이 사용했을 것이다. 『순자·유좌(宥坐)』편과 『여씨춘추·이위(離謂)』편, 『회남자·범론훈(氾論訓)』, 『설원·지무(指武)』편 및 『열자·역명(列子·力命)』편에서는 모두 자산이 등석을 죽였다 하였으며, 진(晉)나라 장잠(張湛) 주 『열자(列子)』에서는 "여기 전하기를 자산이 등석을 죽였다 하였는데, 『좌전』에서는 사천이 등석을 죽이고 그의 「죽형」을 썼다 하였으니 자산이 죽은 후 20년 만에 등석은 죽었다"라 하였다. 청나라 임대춘(任大椿)의 『열자석문고이(列子釋文考異)』에서는 등석이 자산에게 죽었다는 것을 밝힌 것은 장잠에게서 비롯된 것이 아니라고 하였다. 그러나 지금 전하는 전한(前漢) 말 유흠(劉歆)의 「등석자를 교감하여 바치는 글(校上鄧析子敍)」에서도 『춘추좌씨전(春秋左氏傳)』을 인용하여 그렇게 변론하였다. 『회남자·범론훈(氾論訓)』 고유(高誘)의 주에서도 『전』을 인용하여 "정나라 사천이 등석을 죽였다"라 하였지만 자산이 죽인 것이 아니라는 것에 대해서는 변론하지 않았다. 『한서·예문지(藝

君子謂子然,[18]	군자가 자연에 대하여 말하였다.
"於是不忠.	"이때 불충하였다.
苟有可以加於國家者,[19]	실로 나라에 더해 줄 수 있는 것이 있는 사람은
棄其邪可也.	그 사악함을 버려 두는 것이 옳다.
靜女之三章,	「정녀」의 3장은
取彤管焉.[20]	붉은 피리를 취하였다.
竿旄'何以告之',	「간모」에서는 '무엇으로 알려드릴까?'라 하였는데,
取其忠也.[21]	그 충성을 취한 것이다.
故用其道,	그러므로 그 도를 써서
不棄其人.	그 사람을 버리지 않은 것이다.
詩云,	『시』에서 말하기를

文志)』 명가(名家)에는 『등석(鄧析)』 두 편(篇)이 있는데 지금 판본 『등석자(鄧析子)』는 위작(僞作)이다.

18 자연(子然): 사천의 자이다.

19 두예는 "가(加)는 익(益)과 같다. 기(棄)는 그 사악함을 질책하지 않는 것이다"라 하였다. 등석의 사악함은 『여씨춘추·이위(離謂)』편에서 일찍이 수록한 적이 있지만 다 믿을 수는 없다.

20 동관(彤管): 『시경·패풍(邶風)』에 「정녀(靜女)」 3장이 있는데 곧 남녀 간의 사적인 시로 2장에서는 "얌전한 아가씨 내가 붉은 붓 대롱 선사하였다네(靜女其孌, 貽我彤管)"라 하였는데, 두예는 "동관(彤管)은 붉은 대롱의 붓으로 여자 사관이 일을 기록하고 가르치는데 잡는 것이다"라 하였다.

21 「간모」는 『시경·용풍(鄘風)』의 시로 마지막 구절에서 "저 어진 양반 무엇으로 알려드릴까?(彼姝者子, 何以告之)"라 하였는데, 이는 군자가 시를 지은 자의 충심을 취하였다고 한 것이다.

‘蔽芾甘棠,	‘싱싱한 팥배나무,
勿翦勿伐,	자르지도 베지도 말라,
召伯所茇.’[22]	소백께서 머무신 곳이니’라 하였는데
思其人,	그 사람을 생각하여
猶愛其樹,	그 나무까지 사랑하였으니
況用其道而不恤其人乎![23]	하물며 그 도를 쓰면서 그 사람을 돌보지 않겠는가!
子然無以勸能矣.”	자연은 현능한 이를 권할 방법이 없었다.”

夏,	여름에
陽虎歸寶玉, 大弓,	양호가 보옥과 큰 활을 돌려주었는데
書曰“得”,	“얻었다”라 기록한 것은
器用也.[24]	기용이기 때문이다.
凡獲器用曰得,	무릇 기용을 얻는 것을 득이라 하고,

---

22 감당(甘棠): 『시경·소남(召南)』에 있는 시다. 시는 대체로 소공을 생각하여 지은 것이다. 감당은 『이아』에서는 사(社) 또는 당(棠)이라 하였다. 교목(喬木)으로 높이는 10미터에 달한다. 폐불(蔽芾)은 나무가 높고 크게 덮고 있는 모양이다. 전(剪)과 벌(伐)은 뜻이 가까운데 가지를 치거나 베는 것을 이른다. 발(茇)은 『설문』에는 “발(废)”로 되어 있으며, 묵는다는 뜻이다.

23 휼(恤): 돌아보다. 불휼기인(不恤其人)은 그 사람을 버린다는 뜻이다.

24 이는 『경』에서 “보옥과 큰 활을 얻었다”라고 기록한 것을 해석한 것이다.

得用焉曰獲.[25]	그것을 써서 얻는 것을 획이라고 한다.
六月,	6월에
伐陽關.[26]	양관을 쳤다.
陽虎使焚萊門.[27]	양호가 내문을 불 지르게 하였다.
師驚,[28]	군사들이 놀라니
犯之而出,	그들을 뚫고 나가
奔齊,[29]	제나라로 달아나
請師以伐魯,	군사를 청하여 노나라를 치려고 하며
曰,	말하였다.
"三加,	"세 번만 가하면
必取之."[30]	반드시 취할 것입니다."
齊侯將許之.	제후가 허락하려고 하였다.
鮑文子諫曰,	포문자가 간하여 말하였다.

25 일반 기물을 얻은 것을『경』에서는 "득(得)"자를 쓰며, 살아 있는 것을 얻은 것을 획(獲)이라고 한다는 뜻이다. 공영달의 소(疏)에서는 "『춘추』에서 획(獲)을 쓴 것은 포로를 잡았을 때뿐이다. 포로를 잡은 이외에는 기린을 잡은 것만이 있다"라 하였다. 포로를 집은 것은 사람이고, 기린은 짐승이다.

26 두예는 "양호를 토벌하는 것이다"라 하였다.

27 내문(萊門): 두예는 "양관읍의 문이다"라 하였다.

28 노나라 군사가 놀란 것이다.

29 양호가 노나라 군사가 놀란 틈을 타서 포위를 뚫고 도망쳐 제나라로 달아난 것이다.

30 세 번만 노나라에 공격을 가하면 반드시 노나라를 가질 것이라는 말이다.

"臣嘗爲隷於施氏矣,[31]	"신은 일찍이 시씨에게서 신하가 된 적이 있는데
魯未可取也.	노나라는 취할 수 없습니다.
上下猶和,	상하가 여전히 화해롭고
衆庶猶睦,	백성들은 화목하며
能事大國,	대국을 섬길 수 있고
而無天菑,[32]	천재가 없으니
若之何取之?	그 어찌 취하겠습니까?
陽虎欲勤齊師也,[33]	양호는 제나라 군사를 수고롭히려 하는 것이니
齊師罷,	제나라 군사가 피로해지면
大臣必多死亡,	대신들 가운데 반드시 죽는 자가 많을 것이며
己於是乎奮其詐謀.[34]	자기는 이에 간사한 계략을 떨칠 것입니다.
夫陽虎有寵於季氏,	저 양호는 계씨의 총애를 받았는데도
而將殺季孫,	계손을 죽여

31 시씨(施氏): 두예는 "시씨는 노나라 대부이다. 문자(文子)는 포국(鮑國)이다. 성공 17년 제나라 사람이 불러서 세웠으니 지금 74년이 되었으며 이때 문자는 아마 90여 세는 되었을 것이다"라 하였다. 위예(爲隷)는 위신(爲臣) 곧 신하가 되었다는 말과 같다.

32 치(菑): 재(災)와 같다.

33 근(勤): 노(勞)와 같다.

34 기(己): 양호를 말한다.

以不利魯國,	노나라를 이롭지 않게 하고
而求容焉.[35]	기쁨을 구하였습니다.
親富不親仁,[36]	부유함을 가까이하고 어짊을 가까이하지 않으니
君焉用之?	임금님께서는 그를 어디에 쓰시겠습니까?
君富於季氏,	임금님께서 계씨보다 부유하게 되고
而大於魯國,	노나라보다 커지게 될 텐데
玆陽虎所欲傾覆也.[37]	이것이 양호가 뒤집어엎으려는 것입니다.
魯免其疾,[38]	노나라는 그 화근에서 벗어나고
而君又收之,	임금님께서는 또한 그것을 거두시니
無乃害乎?"	해가 되지 않겠습니까?"
齊侯執陽虎,	제후가 양호를 붙잡아
將東之.[39]	동쪽에 두려 하였다.

---

35 구용(求容): 널리 기쁨을 취한 것을 말한다. 『설원·권모(權謀)』편의 "훗날 내가 음악을 좋아하자 이 사람은 내게 금(琴)을 남겼고, 내가 패옥을 좋아하자 또한 내게 옥을 남겼는데 이는 나의 허물이 아닌 것이 없으며 스스로 내가 기뻐한 것이고, 내 그 때문에 내가 기쁨을 구한 것으로 생각되어 두려웠다"라 한 것이 바로 이 뜻이다.

36 『맹자·등문공(滕文公) 상』에서는 양호의 말을 인용하여 "부자가 되려면 어질지 못하게 되고, 어진 자가 되면 부자가 되지 못한다"라 하였다. 여와 같으니 양호는 곧 부를 위하여 어질지 못한 것이다.

37 양호가 제후(齊侯)의 나라를 전복시키려 한다는 말이다.

38 질(疾): 화해(禍害)와 같다.

陽虎願東,[40]	양호가 동쪽을 원하여
乃囚諸西鄙.	이에 서쪽 변경에 가두었다.
盡借邑人之車,	고을 사람의 수레를 모두 빌려
鍥其軸,[41]	수레의 축을 깎아
麻約而歸之.	베로 싸서 돌려주었다.
載葱靈,	창령에 싣고
寑於其中而逃.[42]	그 속에서 잠을 자며 도망쳤다.
追而得之,	쫓아가 그를 잡아
囚於齊.	제나라에 가두었다.
又以葱靈逃,	또 창령으로 도망쳐
奔宋,	송나라로 달아났다가
遂奔晉,[43]	마침내 진나라로 달아나
適趙氏.[44]	조씨에게 갔다.

39 제나라의 동쪽에 두는 것이다.

40 두예는 "양호는 서쪽 진(晉)나라로 달아나려 했는데 제나라가 반드시 자기를 돌려보낼 것임을 알았으므로 동쪽을 원한다고 속인 것이다"라 하였다.

41 계(鍥): 곧 계(契)로 깎는 것이다. 수레의 축을 깊이 깎아 베로 묶은 후에 빌린 주인에게 돌려준 것이다. 대체로 자기가 도망가면 반드시 수레로 추격할 것이며 수레의 축이 깊이 깎여 있으면 쉽게 부러져 추격하기 어려울 것이라는 것을 안 것이다.

42 창령(葱靈): 창령은 옷가지를 싣는 수레이며, 여기서는 창령에 옷가지를 실을 것을 청하여 자기는 옷가지 안에서 자며 남들에게 들키지 않게 한 것이다.

43 완각본(阮刻本)에는 "宋遂奔" 세 자가 없는데 여기서는 『석경』과 송본, 순희본 등 및 가나자와 문고본(金澤文庫本)에 의하여 추구하여 바로잡았다.

44 이 일은 『한비자·난(難) 4』편 및 『설원·권모(權謀)』편에도 보이는데 비교적 간략하다.

仲尼曰,	중니가 말하였다.
“趙氏其世有亂乎!”[45]	“조씨는 대대로 어지러울 것이다!”
秋,	가을에
齊侯伐晉夷儀.[46]	제후가 진나라 이의를 쳤다.
敝無存之父將室之,[47]	폐무존의 아버지가 그에게 아내를 취해 주려고 하였는데
辭,	물리면서
以與其弟,	동생에게 주고
曰,	말하였다.
“此役也,	이 전역에서
不死,	죽지 않고
反,	돌아온다면

45 『한비자·외저설(外儲說) 좌하(左下)』에서는 “양호가 정의를 내려 말하기를 ‘군주가 현명하면 성심을 다하여 섬기고, 불초하면 간계를 꾸며 그를 시험할 따름이다’라 하였다. 노나라에서 쫓겨났고 제나라에서 의심을 받아 도망쳐 조나라로 갔는데 조간왕이 맞아 제상으로 삼았다. 좌우에서 말하기를 ‘양호는 국정을 잘 훔치는 자인데 어찌하여 재상으로 삼으셨습니까?’라 하였다. 이에 간공이 말하였다. ‘양호는 정권을 뺏고자 힘쓰고 나는 지키려 힘쓴다.’ 마침내 술수로 그를 잘 제어하여 양호는 감히 비행을 저지르지 못하였으며 간주를 잘 섬겨 임금의 세력을 강하게 일으켜 주어 거의 패주에 이르게 하였다”라 하였다.

46 이의(夷儀): 두예는 “위나라를 위해 토벌한 것이다.” 이의는 지금의 하북 형대시(邢臺市) 서쪽이며, 나머지는 양공 24년『전』의『주』에 상세하다.

47 폐무존(敝無存): 두예는 “무존은 제나라 사람이다. 실지(室之)는 며느리를 얻어 주는 것이다”라 하였다.

必娶於高, 國."[48]	반드시 고씨와 국씨를 아내로 맞을 것입니다."
先登,	먼저 올라가서
求自門出,	성문으로 나오려다가
死於霤下.[49]	처마 밑에서 죽었다.
東郭書讓登,[50]	동곽서가 치고 올랐는데
犂彌從之,	이미가 그 뒤를 쫓으며
曰,	말하였다.
"子讓而左,	"그대는 쳐서 왼쪽으로 가고
我讓而右,	나는 쳐서 오른쪽으로 가서
使登者絶而後下."[51]	오른 자가 끊어진 후에 내려오자."
書左,	서가 왼쪽으로 가자
彌先下.[52]	미는 먼저 내려왔다.
書與王猛息.[53]	서와 왕맹이 쉬었다.

---

48 두예는 "고(高)씨와 국(國)씨는 제나라의 귀족이다. 무존이 반드시 공을 세워 돌아올 때 경상(卿相)의 딸을 취하려는 것이다"라 하였다.

49 먼저 성의 담장에 올아 또 성문으로 나오려고 하다가 성문의 처마 밑에서 죽은 것이다.

50 양등(讓登): 앞다투어 오르는 것이다. 양(讓)은 양(攘)의 가차자이다. 사실은 자기가 먼저 오르려는 것이다. 두예는 뭇사람들에게 양보하게 하여 뒤에 있게 하고 자기가 먼저 오르는 것이다"라 하였는데 확실치 않다.

51 이미(犂彌)가 동곽서(東郭書)에게 이르기를 서(書)는 다투어 올라 왼쪽으로 가고, 자기는 다투어 올라 오른쪽으로 가서 오르는 사람이 다 된 다음에 함께 내려가자 한 것이다.

52 동곽서는 그 말을 믿고 왼쪽을 갔는데 이미(犂彌)가 먼저 내려간 것이다.

53 왕맹(王猛): 곧 이미(犂彌)이다. 두예는 "싸움이 끝나고 함께 쉰 것이다"라 하였다.

猛曰,	맹이 말하였다.
"我先登."	"내가 먼저 올라갔다."
書斂甲,	서가 갑옷을 거두면서
曰,	말하였다.
"曩者之難,	"아까 어렵게 하더니
今又難焉!"[54]	지금 또 어렵게 하는구려!"
猛笑曰,	맹이 웃으면서 말하였다.
"吾從子,	"내 그대를 따르기를
如驂之有靳."[55]	참마에 가슴걸이가 있는 듯이 하였소."
晉車千乘在中牟,[56]	진나라의 병거 천 승이 중모에 있었는데

54 동곽서가 갑옷을 취하여 착용하고자 하여 왕맹과 서로 다투고 또 말하기를 지난번에도 너는 나에게 왼쪽으로 가라고 하여 나를 어렵게 만들더니, 오늘은 나에게 교만하게 굴어 또 나를 어렵게 하는구나 하고 말한 것이다.

55 근(靳): 고대의 전차는 말 네 마리가 끌었는데 양 곁에 있는 말을 참(驂)이라고 한다. 중간의 두 말은 복(服)이라 한다. 복의 등에는 근(靳)이 있으며, 근은 또한 유환(游環)이라고도 하는데 『시경·진풍·소융(秦風·小戎)』에서 "유환과 협구(游環脅驅)"라 한 것이 이것이다. 두 곁말의 고삐를 밖에서 유환으로 꿰어 어자가 함께 묶은 것이다. 곧 근(靳)은 곁말로 복마를 따르게 하는 것이며 밖으로 뛰쳐나가거나 앞으로 나가지 못하게 하는 것이다. 왕맹의 뜻은 나는 반드시 곁말처럼 복마의 뒤에 있겠다는 것이다.

56 중모(中牟): 두 가지 설이 있다. 『휘찬(彙纂)』과 강영(江永)의 『고실(考實)』, 고조우(顧祖禹)의 『방여기요(方輿紀要)』, 고사기(高士奇)의 『지명고략(地名考略)』, 홍양길(洪亮吉)의 『고(詁)』에서는 모두 『사기·조세가(趙世家)』의 『정의(正義)』의 설을 따랐으며, 지금의 하남 탕음현(湯陰縣) 서쪽에 있다고 하였다. 그러나 고동고(顧棟高)의 『대사표(大事表) 9』에서는 대략 하남 형대시(邢臺市)와 한단시(邯鄲市) 사이에 있을 것이라고 하였다.

衛侯將如五氏,	위후가 오씨에 가려 하면서
卜過之,[57]	지나는 것을 점쳐서
龜焦.[58]	거북을 그을렸다.
衛侯曰,	위후가 말하였다.
"可也!	됐다!
衛車當其半,	위나라의 병거는 반이 되고
寡人當其半,	과인이 그 반이 되니
敵矣."[59]	대적할 만하다."
乃過中牟.	이에 중모를 지나갔다.
中牟人欲伐之.	중모 사람이 치려고 하였다.
衛褚師圃亡在中牟,	위나라 저사포가 중모에 도망가 있다가
曰,	말하였다.
"衛雖小,	"위나라가 작긴 하여도
其君在焉,	그 임금이 거기 있으니
未可勝也.	이기지 못할 것이다.

57 중모를 지나가는 것이다.

58 귀갑을 구워야 하는데 그을렸으니 점괘가 나타나지 않은 것이다.

59 위나라의 병거가 5백 량이고 위후 스스로 자기가 5백 량을 당할 수 있다고 하였으니 진나라의 중모에 있는 병거 천 량을 대적할 수 있는 것이다.

齊師克城而驕,[60]	제나라 군사는 성을 이겨 교만한 데다
其帥又賤,[61]	그 장수의 지위가 또 낮으니
遇,	만나면
必敗之,	반드시 무찌를 것이니
不如從齊."	제나라를 맞아 싸움만 못하다."
乃伐齊師,	이에 제나라 군사를 쳐서
敗之.[62]	무찔렀다.
齊侯致禚, 媚, 杏於衛.[63]	제후는 위나라에 작과 미, 행을 바쳤다.
齊侯賞犁彌,	제후가 이미에게 상을 내리니
犁彌辭,	이미가 물리면서
曰,	말하였다.
"有先登者,	"먼저 오른 자가 있어서
臣從之,	신은 따랐사온데

60 두예는 "성(城)은 이의(夷儀)를 말한다"라 하였다.

61 제나라 군사를 거느린 사람은 누구인지 모르며, 두예는 동곽서라 하였는데 확실치 않다.

62 두예는 "제나라의 병거 5백 승을 얻은 것으로, 이 일은 애공 15년에 보인다"라 하였다.

63 작·미·행(禚·媚·杏): 두예는 "세 읍은 모두 제나라 서쪽 경계이며 보답으로 위나라에 감사의 뜻을 보인 것이다"라 하였다. 작(禚)은 아마 지금의 산동 장청현(長淸縣) 경계에 있는 것 같으며, 나머지는 장공 2년『경』의『주』에 상세하다. 미(媚)는 지금의 산동 우성현(禹城縣)에 있다. 행(杏)은 지금의 산동 임평현(茌平縣) 남쪽 박평(博平) 폐치(廢治)의 경내에 있을 것이다.

晳幘而衣貍製."[64]	이가 희고 삵괭이 망토를 썼습니다."
公使視東郭書,	공이 동곽서를 보게 하고는
曰,	말하였다.
"乃夫子也——吾貺子."[65]	"바로 이 사람입니다. 나는 이 사람에게 줍니다."
公賞東郭書,	공이 동곽서에게 상을 주자
辭,	물리면서
曰,	말하였다.
"彼,	"저 사람은
賓旅也."[66]	다른 나라 군사입니다."
乃賞犂彌.	이에 이미에게 상을 내렸다.
齊師之在夷儀也,	제나라 군사가 이의에 있을 때
齊侯謂夷儀人曰,	제후가 이의의 사람에게 말하기를

64 아마 이미와 동곽서가 본래 서로 알지 못하였으므로 다만 그 착의만 말한 것이다. 책(幘)은 『설문』에서는 "머리털에 두건이 있는 것을 책(幘)이라 한다"라 하였다. 단옥재의 주에서는 양웅(揚雄)의 『방언(方言)』을 인용하여 "상투를 덮는 것을 책건(幘巾)이라 한다"라 하였다. 석(晳)은 흰색이다. 두예는 책(幘)을 책(齰)으로 생각하였으며, 치아가 상하가 잘 놓은 것을 말한다. 제(製)는 지금의 망토인데, 살괭이 가죽으로 만들었기 때문에 이제(貍製)라 한다.

65 제후(齊侯)의 상을 주는 것이다. "바로 이 사람이다(乃夫子也)"라 한 것은 다른 사람과 연관된 말이다. "나는 이 사람에게 준다(吾貺子)"는 것은 동곽언과 관련한 말이다.

66 빈려(賓旅): 완지생(阮芝生)의 『두주습유(杜注拾遺)』에서는 "이미(犂彌)와 서(書)가 같은 일을 하고도 서로 알아채지 못하는 것을 보고 다른 나라 사람이 제나라에서 처음 벼슬하는 것으로 의심하였으므로 빈려(賓旅)라고 일컬은 것이다"라 하였다. 도홍경(陶鴻慶)의 『별소(別疏)』에서는 "빈려는 기려(羈旅)의 신하라는 말과 같다"라 하였다.

"得敝無存者,	"폐무존을 찾는 사람은
以五家免."[67]	다섯 집을 내리고 요역을 면해 주겠다."
乃得其尸.	이에 그 시신을 찾았다.
公三襚之,[68]	공이 세 번 수의를 입히고
與之犀軒與直蓋,[69]	그에게 무소 가죽을 씌운 수레와 곧은 수레 덮개를 주고
而先歸之.	먼저 돌려보냈다.
坐引者,[70]	수레를 끄는 자들에게 무릎으로 끌게 하고
以師哭之,	군사들에게 곡을 하게 하였으며
親推之三.[71]	친히 수레를 세 번 밀었다.

67 두예는 "오가(五家)를 주고, 항상 요역을 하지 않게 한 것이다"라 하였다.

68 삼수(三襚): 『설문』에서 "수는 죽은 사람에게 옷을 입히는 것이다"라 하였다. 삼수라는 것은 염습 때 시신을 옮기고 입히는 것이 첫 번째 수의를 입히는 것이며, 소렴 때 또 입히는데 이것이 두 번째 수의를 입히는 것이고, 대렴 때 또 입히는 것이 세 번째 수의를 입히는 것이다.

69 서헌(犀軒): 헌(軒)은 고귀한 자가 타는 수레이며, 서헌은 물소 가죽을 씌워 장식한 것이다. 직개(直蓋): 고개(高蓋)와 같으며 곧 지금의 손잡이 자루가 긴 일산인데 그와 함께 매장한 것이라는 말이다.

70 장례가 나갈 때 군대가 곡하며 임하였는데 수레를 끄는 자들이 감히 일어서지 않고 앉은 것이다. 옛날의 '앉는' 것은 지금의 '무릎을 꿇는' 것과 비슷하다.

71 친히 상여를 민 것이 세 번이라는 것이다.

정공 10년

經

十年春王三月,[1] 10년 봄 주력으로 3월에

及齊平.[2] 제나라와 강화하였다.

夏, 여름에

公會齊侯于夾谷.[3] 공이 협곡에서 제후와 회합하였다.

公至自夾谷.[4] 공이 협곡에서 돌아왔다.

晉趙鞅帥師圍衛. 진나라 조앙이 군사를 거느리고 위나라를 에워쌌다.

齊人來歸鄆, 讙, 龜陰田.[5] 제나라 사람이 와서 운과 환, 귀음의 전지를 돌려주었다.

叔孫州仇, 仲孫何忌帥師圍郈.[6] 숙손주구와 중손하기가 군사를 거느리고 후를 에워쌌다.

---

1 십년(十年): 신축년 B.C. 500년으로 주경왕(周敬王) 20년이다. 동지가 2월 초5일 정해일로 건해(建亥)이며, 윤달이 있다.

2 두예는 "전 8년의 제나라를 거듭 침공한 원한을 강화한 것이다"라 하였다.

3 협곡(夾谷): 『공양전』과 『곡량전』에는 "협곡(頰谷)"으로 되어 있다. 두예는 "강화 때문이었다"라 하였다. 협곡(夾谷)은 세 군데가 있는데 이 협곡은 곧 지금의 산동 내무현(萊蕪縣)의 협곡욕(夾谷峪)으로, 고염무(顧炎武)의 『일지록(日知錄)』 권31의 「협곡(夾谷)」에 상세하다.

4 『전』이 없다.

5 두예는 "세 읍은 모두 문양(汶陽)의 전지이다"라 하였다. 운(鄆)은 지금의 산동 운성현(鄆城縣) 동쪽 16리 지점에 있으며, 나머지는 성공 4년 『경』의 『주』에 상세하다. 환(讙)은 지금의 산동 영양현(寧陽縣) 서북쪽 30여 리 지점에 있으며, 환공 3년 『경』의 『주』를 참고하라. 귀음(龜陰)은 신태현(新泰縣) 서남쪽과 사수현(泗水縣)의 동북쪽에 있다.

秋, 가을에

叔孫州仇, 仲孫何忌帥師圍郈.[7] 숙손주구와 중손하기가 군사를 거느리고 후를 에워쌌다.

宋樂大心出奔曹.[8] 송나라 악대심이 조나라로 달아났다.

宋公子地出奔陳.[9] 송나라 공자 지가 진나라로 달아났다.

冬, 겨울에

齊侯, 衛侯, 鄭游速會于安甫.[10] 제후와 위후, 정나라 유속이 안보에서 회합하였다.

叔孫州仇如齊. 숙손주구가 제나라에 갔다.

宋公之弟辰暨仲佗, 石彄出奔陳.[11] 송공의 아우 진과 중타 그리고 석구가 진나라로 달아났다.

---

6 후(郈): 두예는 "후는 숙손씨의 읍이다"라 하였다.

7 후(郈)를 포위한 것이 두 차례인데 계절이 같지 않았으므로 두 번 언급한 것이다. 후(郈)는 『공양전』에는 "비(費)"로 되어 있는데 근거가 부족하다.

8 악대심(樂大心): 『공양전』에는 "악세심(樂世心)"으로 되어 있다. 『전』에서 지난해에 이미 말하였다.

9 공자 지(公子地): 지(地)는 『공양전』에는 지(池)로 되어 있고 그 뒤로는 같다. 청나라 양현(楊峴)의 『춘추좌씨고의(春秋左氏古義)』에서는 "'지(地)'와 '지(池)'는 예서(隸書)로 변한 형태가 가까워 고서에서 많이 혼동되었다"라 하였다.

10 안보(安甫): 『전』이 없다. "안(安)"은 『공양전』에는 "안(鞌)"으로 되어 있다. 두예는 "안보는 어디인지 모른다"라 하였다.

11 기(暨)의 아래에 『공양전』과 『곡량전』에는 모두 "송(宋)"자가 있으며 가나자와 문고본(金澤文庫本)에도 있다. 『전』의 문장은 숙손주구가 제나라로 간 것이 이 뒤에 있는데 곧 때에 따라 사실을 기록한 것이다. 『경』의 기록에는 진(辰)이 달아난 것이 빙문한 뒤에 있는데 두예는 "부고를 따른 것이다"라 하였다.

傳

十年春, 10년 봄에

及齊平. 제나라와 강화하였다.

夏, 여름에

公會齊侯于祝其, 공이 축기에서 제후와 회합하였는데

實夾谷.[12] 실은 협곡이었다.

孔丘相,[13] 공구가 상례였는데

犁彌言於齊侯曰, 이미가 제후에게 말하였다.

"孔丘知禮而無勇, "공구는 예는 알지만 용기가 없으니

若使萊人以兵劫魯侯, 내(萊) 사람으로 하여금 군사로 노후를 위협하게 하면

必得志焉."[14] 반드시 뜻을 얻을 것입니다."

---

12 두예는 "협곡이 곧 축기이다"라 하였다.

13 두예는 "회합의 의절을 도운 것이다"라 하였다. 청나라 전조망(全祖望)의 『경사답문(經史答問)』에서는 협곡의 상(相)으로 바로 공자가 경(卿)임의 증거라고 하였다. 춘추시대에는 소중하기가 상(相)만한 것이 없었는데 무릇 그 임금의 상(相)은 경이 아니면 나가지 않았다. 노나라 12공 가운데 희공 이래로는 임금의 상(相)은 모두 3가(三家)로 모두 경이었다. 노나라의 경은 공족이 아니면 임용되지 않았다. 그러나 이때 양호 등의 난으로 공자가 마침내 여러 성(姓) 가운데서 엄연히 그 자리를 채웠는데 이는 파격적으로 임용한 것이었다.

14 내인(萊人): 두예는 "내(萊) 사람은 제나라가 멸한 내이(萊夷)이다"라 하였다. 내이는 원래 지금의 산동 연대지구(煙臺地區) 일대에 있었으며 지금의 황현(黃縣) 동남쪽 내자성(萊子城)으로 내(萊)나라의 옛 성이다. 양공 6년 제나라가 내(萊)나라를 멸하고 내(萊)나라를 예(郳)로 옮겼다. 『수경주·치수(淄水)』에서는 "내무의 고성(古城)은 내무곡(萊無谷)에 있다. 구설(舊說)에 제나라 영공이 내(萊)나라를 멸하자 내(萊)나라의 유민들이 이곳

齊侯從之.	제후가 그대로 따랐다.
孔丘以公退,	공구는 공을 모시고 물러나며
曰,	말하였다.
"士兵之![15]	"병사들은 공격하라!
兩君合好,	두 나라 임금이 잘 만나고 있는데
而裔夷之俘以兵亂之,[16]	먼 곳의 오랑캐의 포로들이 무기를 가지고 어지럽히니
非齊君所以命諸侯也.	이는 제나라 임금이 제후들에게 명한 것이 아니다.
裔不謀夏,	먼 지역에서는 중원을 도모하지 못하고
夷不亂華,	오랑캐는 중원의 사람을 어지럽히지 못하며
俘不干盟,[17]	포로는 맹회를 침범하지 못하고

으로 옮겨와서 황무지(荒蕪地)에 부락을 세웠으므로 내무(萊蕪)라 한다. ……"라 하였다. 곧 협곡은 본래 내(萊)나라 사람이 흘러든 땅으로 제후가 그 땅으로 나아가 불러서 썼을 것이다. 이미(犁彌)는 「제세가」에는 이서(犁鉏)로 되어 있다.

15 노나라의 전사들로 하여금 내(萊)나라 사람을 치게 한 것이다. 춘추시대에는 맹회를 하여도 또한 군대를 딸렸는데 4년 『전』에서 "임금이 가면 사가 따른다(君行師從)"라 한 것이 이를 말한다.

16 범문란(范文瀾: 1893~1969)의 『중국통사간편(中國通史簡編)』에서는 "예(裔)는 중원〔夏〕 이외의 지역을 가리키며, 이(夷)는 중원〔華〕 이외 지역의 사람을 가리킨다"라 하였다. 아래의 내용에 의하면 이 설은 믿을 만하다.

17 내(萊)나라 사람들은 원래 제나라의 전쟁 포로였으므로 포로라고 한 것이다. 간(干)은 범하는 것이다.

兵不偪好——　무기는 우호를 위협하지 못하며——

於神爲不祥,[18]　신령에게는 상서롭지 못하고

於德爲愆義,　도덕에는 의리를 잃은 것이고

於人爲失禮,　사람에게는 예를 잃은 것이니

君必不然."　임금은 반드시 그렇게 하지 않아야 한다."

齊侯聞之,　제후는 이 말을 듣고

遽辟之.[19]　급히 피하게 하였다.

將盟,　맹약을 하려는데

齊人加於載書曰,　제나라 사람이 재서에 덧붙여 말하였다.

齊師出竟而不以甲車三百乘從我者,　"제나라 군사는 국경을 넘었는데 병거 3백 승으로 우리를 따르지 않은 것을

有如此盟!"[20]　이렇게 맹세하노라!"

孔丘使玆無還揖對,[21]　공구가 자무환에게 읍하고 대답하게 하여

---

18 두예는 "맹약하고 신에게 고하려는데 침범하는 것은 좋지 못한 것이다"라 하였다.

19 내(萊)나라 병사들로 하여금 떠나게 한 것이다.

20 이 구절은 곧 제나라가 일방적으로 재서에 추가한 말이다.

21 자무환(玆無還): 두예는 "무환은 노나라 대부이다"라 하였으니 두예는 자(玆)를 성으로 생각한 것이다. 『광운(廣韻)』 "자(玆)"자의 주도 같다. 그러나 『통지·씨족략(氏族略) 5』에서는 자무(玆毋)를 복성이라 하고 이 자무환(玆毋還)을 예로 들었다. "무(毋)"와 "무(無)"

曰,	말하였다.
"而不反我汶陽之田,	"그대들이 우리 문양의 전지를 돌려주지 않으면
吾以共命者,	우리가 명을 공경히 따르기로 한 것
亦如之!"[22]	또한 그렇게 하겠소!"
齊侯將享公.	제후가 공에게 향례를 베풀려 하였다.
孔丘謂梁丘據曰,	공구가 양구거에게 말하였다.
"齊, 魯之故,[23]	"제나라와 노나라의 옛 관례를
吾子何不聞焉?	그대는 어찌 듣지 못하였습니까?
事旣成矣,[24]	일이 이미 이루어졌는데
而又享之,	또 향례를 베푸는 것은
是勤執事也.	집사를 수고롭게 하는 것입니다.
且犧, 象不出門,	또한 희준과 상준이 도성의 문을 나서지 않으면
嘉樂不野合.[25]	아름다운 음악을 야외에서 합주하지 않습니다.

두 자는 옛날에 통용하였다.

22 두예는 "모름지기 제나라가 문양의 전지를 돌려줘야 제나라의 명을 공경히 따르겠다는 것이다"라 하였다.

23 고(故): 두예는 "고(故)는 구전(舊典)이다"라 하였다.

24 두예는 "맹회의 일이 이루어진 것이다"라 하였다.

25 희·상(犧·象): 두예는 "희·상은 주기(酒器)로 희준(犧尊)과 상준(象尊)이다. 가악(嘉樂)

饗而旣具,[26]	향례가 다 갖추어졌다면
是棄禮也,[27]	이는 예를 버리는 것이며,
若其不具,	갖추어지지 않았다면
用秕稗也.[28]	쭉정이나 피를 쓰는 것입니다.
用秕稗,	쭉정이와 피를 쓰면
君辱,[29]	임금께서 욕되고,
棄禮,	예를 버리면
名惡.	명예가 나빠집니다.
子盍圖之!	그대는 어찌 잘 생각해 보지 않습니까!
夫享,	대체로 향례라는 것은

은 종(鐘)과 경(磬)이다"라 하였다. 당(唐)나라 이연수(李延壽)의 『남사·유묘전(南史·劉杳傳)』에서는 "유묘가 일찍이 심약(沈約)과 함께 앉아 있었는데 종묘의 희준(犧尊)에 대해 언급하게 되었다. 유묘가 말하였다. '위(魏)나라 때 노군(魯郡)의 땅에서 제나라 대부 자미(子尾)가 딸에게 보내는 준(尊)을 얻었는데 희준이 있었으며 희생의 소 형태를 하고 있었습니다. 진(晉)나라 영가(永嘉) 연간에는 도적 조억(曹嶷)이 청주(青州)에서 제경공의 무덤을 파헤쳐 또 준 두 개를 얻었는데 형태가 소와 코끼리를 닮았는데 두 곳의 것 모두 옛 유물이었습니다'라 하니, 심약은 매우 옳게 생각하였다"라 하였다.

26 기(旣): 진(盡)의 뜻이다. 이곳 협곡(夾谷)에서 향례를 행하면서 희준과 상준, 종과 경이 다 갖추어진 것을 말한다.

27 희준과 상준이 도성의 성문을 나서지 않았고 종과 경이 야외에서 합주되지 않았기 때문이다.

28 비패(秕稗): 두예는 "비(秕)는 곡식이 여물지 않은 것이다. 피〔稗〕는 곡식 비슷하게 생긴 풀이다. 향례에 예를 갖추지 않으면 쭉정이와 피 같이 잡초만 우거진 듯하다는 말이다"라 하였다.

29 군(君): 제후(齊侯)를 가리킨다. 향례에 예를 갖추지 않으면 제나라 임금을 욕보이는 것이라는 말이다.

所以昭德也.	덕을 밝히는 것입니다.
不昭,	밝히지 않느니
不如其已也."[30]	그만둠만 못합니다."
乃不果享.[31]	이에 결국 향례를 베풀지 않았다.

齊人來歸鄆, 讙, 龜陰之田.[32]	제나라 사람이 운과 환, 귀음의 전지를 돌려주었다.

晉趙鞅圍衛,	진나라 조앙이 위나라를 에워쌌는데

---

30 이(已): 지(止)의 뜻이다. 향례를 베풀지 않음만 못하다는 말이다.

31 청나라 강영(江永)의 『향당도고(鄉黨圖考)』에서는 "협곡(夾谷)의 일은 『좌씨』가 믿을 만하고 『곡량전』과 『사기』, 『공자가어』에는 모두 난쟁이를 베는 일이 있는데 후세의 유자가 위조한 것이다"라 하였다. 청나라 양옥승(梁玉繩)의 『사기지의(史記志疑)』에서는 "협곡의 회합은 『좌전』과 『곡량전』의 서술이 각기 다르며, 『사기』에서는 두 『전』의 내용을 합하여 채록하여 또 다르다. 『공자가어』에서는 다만 두 『전』과 『사기』의 것을 훔쳐 이루었다"라 하였다. 청나라 장문풍(張文虎)의 『나강일기·속편(螺江日記·續編)』에서는 "협곡의 회맹은 『사기·공자세가(孔子世家)』에서는 또한 안자(晏子) 한 사람을 더 추가하였는데 사실 터무니없는 것이다. 안자는 환자(桓子)를 대신하여 대부가 되었는데 노양공 17년의 일로 이때는 공자가 아직 태어나지도 않았다. 56년이 지나 협곡에서 회합을 가졌을 때 공자는 이미 52세였으니 안자는 아마 필시 이때까지 생존해 있지 않았을 것이다. 『좌씨』에서 안자를 기록한 것이 매우 상세한데 곧 소공 26년 이후로는 『내·외전(內·外傳)』에서 한마디도 언급을 하지 않았는데 그 사람이 소공과 정공 사이에 이미 고인이 되었기 때문이다"라 하였다. 그 외에 『좌전』에 의거하여 『곡량전』과 『사기』에 반박한 것은 청나라 최술(崔述)의 『수사고신록(洙泗考信錄)』에 가장 상세하다.

32 양호가 지난해에 이 땅을 가지고 제나라로 달아났다. 『경』에서는 전지를 돌려준 것을 "진나라 조앙이 군사를 거느리고 위나라를 에워쌌다(晉趙鞅帥師圍衛)"의 뒤에 서술하였는데, 『전』에서는 여기에 서술한 것은 아마 협곡(夾谷)의 회합 때문에 그 결말을 전한 것으로 시산의 순서대로 하지 않은 것이다.

報夷儀也.[33]	이의를 빼앗은 데 대한 앙갚음이었다.
初,	처음에
衛侯伐邯鄲午於寒氏,[34]	위후가 한씨에서 한단오를 쳤는데
城其西北而守之,[35]	그 서북쪽에 성을 공격하고 지키니
宵熸.[36]	한밤중에 사기가 식었다.
及晉圍衛,	진나라가 위나라를 에워쌌을 때
午以徒七十人門於衛西門,	오는 무리 70명을 데리고 위나라 서문을 공격하여
殺人於門中,	문 안에서 사람을 죽이고
曰,	말하였다.
"請報寒氏之役."[37]	"한씨의 전역에 대한 앙갚음을 하겠소."

33 지난해에 제나라가 위나라를 위하여 이의를 취하였으므로 진나라가 위나라를 포위하여 보복한 것이다.

34 오(午)는 진나라 한단(邯鄲)의 대부이다. 한단은 원래 위(衛)나라의 읍인데 나중에 진(晉)나라에 속하였으며, 오(午)가 읍재가 되었다. 전국시대 조숙후(趙肅侯)가 이곳에 도읍을 정하였으며, 지금의 하북 한단시 서남쪽 30리 지점에 있다. 한씨는 곧 지난해 경의 오씨(五氏)이다.

35 성(城): 동사로, 성을 공격하는 것이다. 한씨의 성(城) 서북쪽 모서리를 공격하고 군사를 가지고 지킨 것을 말한다.

36 두예는 "오(午)의 무리가 한밤중에 흩어진 것이다"라 하였다.

37 위나라가 한씨를 취한 것이 과거의 일이기 때문에 지난해에 위후가 한씨를 없애려 하였다. 금년에는 오가 진나라가 위나라를 포위하는 전역에 참여하여 이에 보병 70명을 가지고 위나라 서문을 공격하였는데, 위나라가 오(午)를 두려워하지 않아 문을 열고 싸워 오가 일찍이 위나라 병사를 죽인 적이 있어 도리어 득의하여 한씨에서의 패배를 보복하

涉佗曰,	섭타가 말하였다.
"夫子則勇矣,	"부자는 용기가 있소,
然我往,	그러나 내가 가면
必不敢啓門."[38]	반드시 감히 문을 열지 않을 것이오."
亦以徒七十人旦門焉,	또한 무리 70명을 데리고 새벽에 성문을 공격하였는데
步左右,	좌우로 걸어가
皆至而立,	모두 이르러 섰는데
如植.[39]	나무와 같았다.
日中不啓門,	정오가 되도록 문을 열지 못하고
乃退.[40]	이에 물러났다.
反役,[41]	전역에서 돌아와
晉人討衛之叛故,[42]	진나라 사람이 위나라가 배반한 까닭을 캐물어
曰,	말했다.

겠다고 한 것이다.

38 위나라 사람이 자기를 두려워함이 오(午)를 두려워함보다 심하다는 말이다.

39 두예는 "그 문 아래 이르러 문의 좌우로 걸어 다닌 다음에 서서 모셨는데 나무가 선 것처럼 움직이지 않아 정돈되었음을 보여준 것이다"라 하였다.

40 위나라 사람이 두려워하여 감히 문을 열지 못하고 이에 물러난 것이다.

41 위나라를 포위하였으나 깨뜨릴 수가 없었고 또한 감히 오래 머물 수도 없어 군사를 돌린 것이다.

42 토(討): 힐책하여 묻는 것이다.

"由涉佗, 成何."[43]	"섭타와 성하에게서 말미암았다."
於是執涉佗,	이에 섭타를 잡아
以求成於衛.	위나라에 강화를 구하였다.
衛人不許.	위나라 사람이 허락하지 않았다.
晉人遂殺涉佗,	진나라 사람이 마침내 섭타를 죽이자
成何奔燕.[44]	성하는 연나라로 달아났다.
君子曰,	군자가 말하였다.
"此之謂棄禮.	"이를 일러 예를 버린다는 것이다.
必不鈞.[45]	반드시 고르지 않았다.
詩曰,	『시』에서 말하기를
'人而無禮,	'사람이 예의가 없으면
胡不遄死?'[46]	어찌 빨리 죽지 않겠는가?'라 하였으니

43 8년의 『전』에 보인다.

44 이 연(燕)은 남연(南燕)인지 아닌지 모르겠다. 만약 맞다면 남연이 아직 있는 것이다. 그러나 환공 13년 이후로 남연은 이미 『경』에서 사라졌으며, 장공 19년과 20년 이후로 또한 『전』에서도 사라졌으니 이는 아마 북연일 것이다.

45 위후를 욕보이려 한 것은 본래 조앙의 의도였으며, 섭타와 성하 등은 스스로 용맹을 알리고 간 것에 불과할 따름이다. 성사는 위나라는 단지 진나라의 읍에 비길 만하다고 하였고, 섭타는 위후의 손을 밀쳤는데 이는 모두 무례한 행동이었지만 죄의 경중은 같지 않아 섭타가 위중하다.

46 『시경·용풍·상서(詩經·鄘風·相鼠)』의 구절이다. 두예는 "천(遄)은 빠르다는 뜻이다"라 하였다.

涉佗亦遄矣哉!”	섭타 또한 빨리 죽은 것이다!”
初,	처음에
叔孫成子欲立武叔,	숙손성자가 무숙을 세우려 하였는데
公若藐固諫,	공약막이 굳이 간하여
曰,	말하였다.
“不可.”	“안 됩니다.”
成子立之而卒.	성자는 그를 세우고 죽었다.
公南使賊射之,	공남이 도적을 시켜 그를 쏘게 하였으나
不能殺.[47]	죽일 수 없었다.
公南爲馬正,	공남이 마정이 되어
使公若爲郈宰.	공약을 후의 읍재로 삼았다.
武叔旣定,	무숙이 안정되자
使郈馬正侯犯殺公若,	후읍의 마정 후범에게 공약을 죽이게 하였으나
不能.	할 수 없었다.
其圉人曰,[48]	그의 어인이 말하였다.

47 두예는 “공남은 숙손의 가신으로 무숙의 무리이다”라 하였다. 그러나 양수달(楊樹達)의 『독좌전(讀左傳)』에서는 공남이 공약의 일당으로 무숙을 쏘았다고 하였는데, 참고로 기록해 둔다.

"吾以劍過朝,[49]	"내가 검을 가지고 조정을 지나면
公若必曰,	공약은 반드시
'誰之劍也?'	'누구의 검인가?' 하고 말할 것입니다.
吾稱子以告,	내가 그대의 것이라고 알려 주면
必觀之.	반드시 구경을 할 것입니다.
吾僞固而授之末,	내가 고지식함을 가장하여 칼끝으로 주면
則可殺也."[50]	죽일 수 있을 것입니다."
使如之.	그곳에 가게 하였다.
公若曰,	공약이 말하였다.
"爾欲吳王我乎?"[51]	"그대는 내가 오나라 왕 짝이 나게 하려는가?"

48 어인(圉人): 두예는 "무숙의 어인이다"라 하였다. 청나라 우창(于鬯)의 『향초교서(香草校書)』에서는 "문장의 순서대로 읽으면 후범의 어인임을 절로 알 수 있다. 『주례』의 교인(校人)의 직책은 왕의 말에 관한 정치를 관장한다. 왕의 관리에는 교인 아래에 어인이 있기 때문에 가신의 마정 아래에도 또한 어인이 있다"라 하였다.

49 조(朝): 후읍 읍재의 조정이다.

50 『예기·소의(少儀)』에 따르면 남에게 칼을 줄 때는 반드시 칼의 자루나 고리 쪽이 받는 사람을 향하고 칼끝의 날카로운 부분이 자기를 향하게 하여야 한다. 이 어인은 고루하여 예를 모르는 체하여 칼날 쪽으로 공약에게 받게 하는 것이다.

51 오왕은 오나라 왕 요(僚)로 전제(專諸)에게 피살되었으며 소공 27년의 『전』에 보인다. 공약은 어인이 칼날 쪽이 자기를 향하는 것을 보고 꾸짖어 물리치며 "너는 나를 (네가 찔러 죽이고자 하는) 오왕 요로 생각하려는 것이냐"고 하였는데, 곧 어인이 자기를 찔러 죽이려 하는 것을 말한다.

遂殺公若.	마침내 공약을 죽였다.
侯犯以郈叛,	후범이 후를 가지고 배반하여
武叔, 懿子圍郈,	무숙과 의자가 후를 에워쌌으나
弗克.[52]	이기지 못하였다.
秋,	가을에
二子及齊師復圍郈,	두 사람 및 제나라 군사가 다시 후를 에워쌌는데
弗克.	이기지 못하였다.
叔孫謂郈工師駟赤曰,[53]	숙손이 후의 공사 사적에게 말하였다.
"郈非唯叔孫氏之憂,	"후는 숙손씨의 근심만이 아니라
社稷之患也,	사직의 근심이니
將若之何?"	그를 어찌하렵니까?"
對曰,	대답하였다.
"臣之業在揚水卒章之四言矣."[54]	"제 일은 「양수」의 마지막 장 네 글자에 있습니다."

52 의자(懿子): 곧 『경』의 "중손하기(仲孫何忌)"로 맹의자이다.

53 공사(工師): 두예는 "공사는 공장(工匠)을 관장하는 관직이다"라 하였다. 요내(姚鼐)의 『보주(補注)』에서는 "공자의 제자에 양사적(壤駟赤)이 있는데 자가 자도(子徒)이다"라 하였다. 그러나 정현은 그를 진(秦)나라 사람이라 하였으며, 반드시 곧 이 사적인 아닐 것이라 하였다.

54 업(業): 일이다. 「양수(揚水)」는 곧 「양지수(揚之水)」로, 육덕명(陸德明)의 『석문(釋文)』에서는 "「양지수」라고도 한다"라 하였다. 지금의 『시경·당풍(唐風)』에 있다. 두예는 이 사언

叔孫稽首.[55]	숙손이 머리를 조아렸다.
駟赤謂侯犯曰,	사적이 후범에게 말하였다.
"居齊, 魯之際而無事,[56]	"제나라와 진나라의 사이에서 섬기지 않으면
必不可矣.	반드시 아니 되오.
子盍求事於齊以臨民?	그대는 어찌 제나라 섬길 것을 구하여 백성에 임하지 않습니까?
不然,	그렇지 않다면
將叛."[57]	반란을 일으킬 것입니다."
侯犯從之.	후번이 그 말대로 하였다.
齊使至.	제나라 사자가 이르렀다.
駟赤與郈人爲之宣言於郈中曰,[58]	사적과 후 사람이 후에서 그를 위하여 말을 전하였다.
"侯犯將以郈易于齊,[59]	"후범은 후읍을 제나라와 바꾸려 하고

(四言)을 "내 명이 떨어짐을 들었다(我聞有命)"의 넉 자로 보았는데 옳으며, 곧 허락한다는 뜻이다. 혹자는 「양수수」의 마지막 장 네 구절이라고도 하여 사언(四言)은 곧 말장(末章)의 네 구절이라고 하였는데 확실치 않다.

55 두예는 "자기의 명을 받아들인 것에 사례한 것이다"라 하였다.

56 무사(無事): 두예는 "섬길 일이 없는 것이다"라 하였다.

57 배반할 자가 있게 될 것이라는 말이다.

58 후인(郈人): 후읍의 관리들로 사적과 일당인 사람이다.
위지(爲之): 이 때문에라는 뜻으로, 제나라 때문에 이르게 되었다는 것이다.

59 역(易): 땅을 바꾸는 것을 말한다. 아래의 "그대에게 곱절이 되는 땅을 준다"한 것으로 알 수 있다. 두예는 "그 백성을 바꾸는 것을 말한다"라 하였는데 틀렸다.

齊人將遷郈民."	제나라 사람은 후의 백성을 옮기려 합니다."
衆兇懼.[60]	모두들 두려워하였다.
駟赤謂侯犯曰,	사미가 후범에게 말하였다.
"衆言異矣.[61]	"여러 사람의 말이 다릅니다.
子不如易於齊,	그대가 제나라와 바꾸는 것이
與其死也,[62]	죽음만 못하며
猶是郈也,[63]	여전히 후읍이니
而得紓焉,[64]	난을 완화할 수 있더라도
何必此?[65]	하필 이곳입니까?
齊人欲以此偪魯,	제나라 사람이 이것을 가지고 노나라를 핍박하여
必倍與子地.	반드시 그대에게 곱절이 되는 땅을 줄 것이오.
且盍多舍甲於子之門以備不虞."[66]	또한 어찌 그대의 문에 갑옷을 많이 갖다 놓아 불의의 사태에 대비하지 않습니까?

60 두예는 "옮기려 하지 않는 것이다"라 하였다.
61 이(異): 후범과 같지 않음을 말한다.
62 이는 도치된 문장으로 "與其死也, 子不如易於齊"가 되어야 한다.
63 후(郈)를 가지고 제나라의 다른 읍과 바꾸면 그 읍 또한 후읍이라는 말이다.
64 서(紓): 화해(禍害)가 완화되는 것이다.
65 차(此): 후(郈)를 가리킨다.

侯犯曰,	후범이 말하였다.
"諾."	"좋소."
乃多舍甲焉.	이에 그곳에 갑옷을 많이 갖다 놓았다.
侯犯請易於齊,	후범은 제나라에 바꾸기를 청하였고
齊有司觀郈.	제나라의 유사가 후읍을 관찰하였다.
將至,	이르려 하자
駟赤使周走呼曰,	사적이 사방으로 돌아다니며 외치게 하였다.
"齊師至矣!"[67]	"제나라 군사가 온다!"
郈人大駭,	후의 사람들이 크게 놀라
介侯犯之門甲,[68]	후범의 문에 있는 갑옷을 입고
以圍侯犯.	후범을 에워쌌다.
駟赤將射之,[69]	사적이 쏘려고 하자
侯犯止之,	후범이 그것을 말리며
曰,	말하였다.

---

66 갑(甲): 고대의 호신용 옷이다. 갑옷을 문에다 비치해 놓으면 일이 있을 때 갖다 쓰기 용이하므로 불의의 사태에 대비한다고 하였다.

67 이때 후는 포위권 뒤에 있었는데 제나라에는 유관한 방면으로 와서 후읍을 관찰한 자가 반드시 많았을 것이므로 사적이 사람들에게 두루 뛰어다니며 제나라 군사가 왔다고 외치게 한 것이다.

68 후의 사람이 후범이 문 안에 둔 갑옷을 가져다 입은 것이다.

69 두예는 "후범이 후의 사람들을 쏘는 것처럼 가장한 것이다"라 하였다.

"謀免我."　"내가 벗어날 방법을 생각해 보라."

侯犯請行,　후범이 떠날 것을 청하자

許之.　허락하였다.

駟赤先如宿,[70]　사적이 먼저 숙으로 가고

侯犯殿.　후범은 후미가 되었다.

每出一門,　문을 하나씩 나갈 때마다

郈人閉之.[71]　후읍의 사람이 문을 닫았다.

及郭門,　외성의 문에 이르자

止之,　그를 막으며

曰,　말하였다.

"子以叔孫氏之甲出,　"그대는 숙손씨의 갑옷을 가지고 나가는데

有司若誅之,[72]　유사가 그것을 질책한다면

羣臣懼死."　신하들이 죽게 될까 두려워할 것입니다."

駟赤曰,　사적이 말하였다.

---

70 숙(宿): 제나라의 읍이며, 지금의 산동 동평현(東平縣) 동남쪽 20리 지점에 있다. 후읍에서 숙읍으로 가는 길은 서쪽으로 10여 리밖에 되지 않는다. 나머지는 은공 원년『경』의『주』에 상세하다.

71 그가 이미 나간 문을 닫은 것으로 그가 다시 들어올까 봐 두려워했기 때문이다.

72 두예는 "주(誅)는 질책하는 것이다"라 하였다. 지(之)는 숙손의 갑옷을 잃는 것을 가리킨다.

“叔孫氏之甲有物,[73]	“숙손씨의 갑옷에는 표식이 있어서
吾未敢以出.”	내 감히 가지고 나오지 못했소.”
犯謂駟赤曰,	범이 사적에게 말하였다.
“子止而與之數.”[74]	“그대가 머물러 그들과 하나하나 세시오.”
駟赤止,	사적이 머물면서
而納魯人.	노나라 사람을 받아들였다.
侯犯奔齊.	후범이 제나라로 달아나니
齊人乃致郈.[75]	제나라 사람이 이에 후읍을 주었다.

宋公子地嬖蘧富獵,[76]	송나라 공자 지는 거부렵을 총애하여
十一分其室,	그 재산을 11로 나누어
而以其五與之.[77]	그에게 5를 주었다.
公子地有白馬四,	공자 지에게는 백마가 네 마리 있었고
公嬖向魋,	공은 상퇴를 총애하였는데

73 물(物): 두예는 “물은 지(識)이다”라 하였다. 숙손씨의 갑옷에는 표기가 있다는 말이다.

74 두예는 “갑옷을 일일이 세어 서로 맞추어 보는 것이다”라 하였다.

75 후범이 땅을 바꿀 것을 청하였을 때 일찍이 후읍의 지도와 호적 등의 장부책을 제나라에 주었는데 이때 제나라 사람이 그대로 노나라에 주었다.

76 아래의 내용에 의하면 지(地)는 경공(景公)의 서모에게서 난 아우이며 경공의 친동생인 진(辰)의 형임을 알 수 있다.

77 두예는 “부렵에게 준 것이다”라 하였다.

魋欲之.[78]	퇴가 갖고 싶어 하였다.
公取而朱其尾, 鬣以與之.[79]	공이 가져다 꼬리와 갈기를 붉게 물들여 그에게 주었다.
地怒,	지는 노하여
使其徒抶魋而奪之.	그 무리로 하여금 퇴를 매질하고 그 말을 빼앗게 하였다.
魋懼,	퇴가 두려워하여
將走,	달아나려는데
公閉門而泣之,[80]	공이 문을 닫으니 울어
目盡腫.	눈이 다 부었다.
母弟辰曰,[81]	동모제인 진이 말하였다.
"子分室以與獵也,	"그대는 재산을 나누어 엽에게 주면서
而獨卑魋,[82]	유독 퇴를 낮게 보니
亦有頗焉.	또한 치우침이 있는 것이오.
子爲君禮,[83]	그대는 임금을 예의상 피해야 하니

78 두예는 "상퇴는 사마환퇴(司馬桓魋)이다"라 하였다. 『예기·단궁(檀弓) 하』에서는 환사마(桓司馬)라 칭하였다.
79 엽(鬣): 말의 목 위에 난 긴 털.
80 상퇴가 울면서 그를 만류한 것이다.
81 경공의 동모제인 진이 공자 지에게 말한 것이다.
82 엽을 중시하고 퇴를 가벼이 여겼으므로 공평치 못함이 있다고 한 것이다.
83 두예는 "예의상 임금을 피하는 것이다"라 하였다. 우창(于鬯)의 『향초교서(香草校書)』에

不過出竟,	국경을 넘지 않아
君必止子."	임금께서 그대를 만류할 것이오."
公子地出奔陳,	공자 지가 진나라로 달아났는데
公弗止.	공이 제지하지 않았다.
辰爲之請,	진이 그를 위해 청하였으나
弗聽.	그 말을 듣지 않았다.
辰曰,	진이 말하였다.
"是我迋吾兄也.[84]	"이는 내가 우리 형을 속이는 것이오.
吾以國人出,	내가 백성들을 이끌고 나왔는데
君誰與處?"	임금이 누구와 함께 있겠소?"
冬,	겨울에
母弟辰暨仲佗, 石彄出奔陳.[85]	동모제인 진 및 중타와 석구가 진으로 달아났다.

武叔聘于齊,[86]	무숙이 제나라를 빙문하자

서는 말하였다. "위군례(爲君禮)는 평소에 임금을 예로 섬겨야 함을 말할 것이다"라 하였다. 또한 일설에 의하면 예(禮)는 체(體)의 뜻으로 읽어야 하며, 『의례·상복(喪服)』의 전(傳)에서 "형제는 일체이다"라 하였다고 하였다.

84 광(迋): 『설문』에는 광(誑)으로 되어 있으며, 속이는 것이다.

85 두예는 "타는 중기의 아들이며, 구는 저사단의 아들인데 모두 송나라의 경이며 뭇사람들의 바람이기 때문에 국인(國人)이라 하였다"라 하였다.

86 두예는 "후를 준 것을 감사한 것이다. 『경』에서 진(辰)이 달아난 것이 빙문한 뒤에 있는 것은 알린 대로 따른 것이다"라 하였다.

齊侯享之,	제후가 향례를 베풀고
曰,	말하였다.
"子叔孫!	"자숙손이여!
若使郈在君之他竟,	후가 임금의 다른 지역에 있었더라면
寡人何知焉?[87]	과인이 그것을 어찌 알겠는가?
屬與敝邑際,[88]	우리 읍의 경계에 속하니
故敢助君憂之."[89]	감히 임금의 근심을 도와주겠노라."
對曰,	대답하였다.
"非寡君之望也.[90]	"과군의 바람이 아니옵니다.
所以事君,	임금님을 섬기는 까닭은
封疆社稷是以,[91]	봉강과 사직 때문이오니
敢以家隸勤君之執事?[92]	감히 가신의 일로 임금님의 집사를 수고롭히겠습니까?
夫不令之臣,[93]	훌륭하지 못한 신하는

87 타국이 취할 수 있는 것을 나는 예상할 수 없었다는 말이다.

88 제(際): 경계이다.

89 두예는 "후를 준 것을 숙손의 덕이라 한 것이다"라 하였다. 군(君)은 모두 노나라 임금을 가리킨다.

90 노나라 임금이 이를 덕을 베푼 것으로 여기지 않는다는 뜻이다.

91 이(以): 두예는 "이(以)는 위(爲)와 같다"라 하였다. 국가와 토지의 안전을 위해 제나라를 섬긴다는 말이다.

92 가예(家隸): 곧 가신(家臣)이다. 여기서는 후범(侯犯)을 가리킨다. 이 말에는 후범의 반란에 제나라도 참여했다는 의미가 내포되어 있다.

93 영(令): 훌륭하다는 뜻이다.

天下之所惡也, 천하가 미워하거늘

君豈以爲寡君賜?”[94] 임금님께선 어찌 과군에 내리려 하십니까?”

정공 11년

經

十有一年春,[1] 11년 봄에

宋公之弟辰及仲佗, 石彄, 公子地自陳入于蕭以叛.[2] 송공의 아우 진 및 중타와 석구, 공자 지가 진나라에서 소로 들어와 반란을 일으켰다.

夏四月. 여름 4월.

秋, 가을에

宋樂大心自曹入于蕭. 송나라 악대심이 조나라에서 소로 들어갔다.

冬, 겨울에

---

94 두예는 “뜻이 악을 토벌함에 있지 과군께 내리는데 있지 않다는 말이다”라 하였다.

1 십일년(十一年): 임인년 B.C. 499년으로 주경왕(周敬王) 21년이다. 동지가 정월 16일 임진일로 건자(建子)이다.

2 소(蕭): 송나라의 읍이다. 지금의 안휘 소현(蕭縣)의 치소 서북쪽 15리 지점이다. 장공 12년의 『전』과 선공 12년의 『경』과 『주』를 참고하여 보라.

及鄭平.[3] 정나라와 강화하였다.

叔還如鄭涖盟.[4] 숙환이 정나라로 가서 맹약에 임했다.

傳

十一年春, 11년 봄에

宋公母弟辰暨仲佗, 石彄, 公子地入于蕭以叛. 송공의 동모제 진과 중타, 석구, 공자 지가 소로 들어가 반란을 일으켰다.

秋, 가을에

樂大心從之, 악대심이 그들을 따르니

大爲宋患, 크게 송나라의 근심이 되었는데

寵向魋故也. 상퇴를 총애했기 때문이었다.

冬, 겨울에

及鄭平, 정나라와 강화하였는데

始叛晉也.[5] 처음으로 진나라를 배반한 것이다.

---

3 두예는 "평공 6년 정나라를 침공하여 광(匡)을 취한 원한을 강화한 것이다"라 하였다.

4 두예는 "환은 숙예(叔詣)의 증손이다"라 하였다. 공영달은 "『세족보(世族譜)』에서는 '숙환은 숙궁(叔弓)의 증손이다'라 하였다. 또한 『세본』에서는 '숙궁은 정백열(定伯閱)을 낳았고, 열은 서항경숙(西巷敬叔)을 낳았으며, 숙은 성자환(成子還)을 낳았다'라 하였다. 환은 숙궁의 증손인데 두예가 '숙예의 증손'이라고 한 것은 베껴 쓸 때의 착오일 따름이다"라 하였다.

5 두예는 "노나라는 희공 이래 대대로 진나라에 복종해 오다가 이때에 이르러 반란을 일으켰으므로 처음으로라고 한 것이다"라 하였다. 진나라는 조(趙)씨와 범(范)씨의 내분 다툼

정공 12년

經

十有二年春,[1]	12년 봄
薛伯定卒.[2]	설백 정이 죽었다.
夏,	여름에
葬薛襄公.[3]	설나라 양공을 장사 지냈다.
叔孫州仇帥師墮郈.[4]	숙손주구가 군사를 거느리고 후의 성을 헐었다.
衛公孟彄帥師伐曹.[5]	위나라 공맹구가 군사를 거느리고 조나라를 쳤다.
季孫斯仲孫何忌帥師墮費.	계손사와 중손하기가 군사를 거느리고 비의 성을 헐었다.
秋,	가을에

으로 인해 동맹이 해체되었으며, 이에 제나라와 정나라, 위(衛)나라, 노나라 등 네 나라의 우호가 차츰 형성되어 갔으며 진나라는 마침내 제후를 잃게 되고 만다.

1 십이년(十二年): 계묘년 B.C. 498년으로 주경왕(周敬王) 22년이다

2 『전』이 없다.

3 『전』이 없다.

4 두예는 "타(墮)는 허는 것이다. 그곳이 험하고 견고하였으므로 그 성을 허물어 버린 것이다"라 하였다.

5 공맹구(公孟彄): 두예는 "구는 맹집(孟縶)의 아들이다"라 하였다. "공영달은 『세족보(世族譜)』에서는 '맹집(孟縶)은 아들이 없어서 영공은 그 아들 구(彄)를 후사로 삼았다'라 하였다. 후사로 삼았다는 것은 그 아들이 된 것이다. 집(縶)의 자가 공맹(公孟)이기 때문에 곧 공맹(公孟)을 씨로 삼았다"라 하였다.

大雩.[6] 크게 기우제를 지냈다.

冬十月癸亥,[7] 겨울 10월 계해일에

公會齊侯盟于黃.[8] 공이 황에서 제후와 회합하였다.

十有一月丙寅朔, 11월 병인일 초하룻날에

日有食之.[9] 일식이 있었다.

公至自黃.[10] 공이 황에서 돌아왔다.

十有二月, 12월에

公圍成. 공이 성을 에워쌌다.

公至自圍成.[11] 공이 성을 에워싼 일에서 돌아왔다.

---

6 『전』이 없다.

7 계해일은 27일이다.

8 『전』이 없다. "제후(齊侯)"는 『공양전』에는 "진후(晉侯)"로 되어 있다. 청나라 모기령(毛奇齡)의 『춘추간서간오(春秋簡書刊誤)』에서는 "노나라 정공과 제나라 경공이 함께 진나라를 배반하기로 모의하였으므로 이 맹회를 가졌으며 이에 또한 '제'를 '진'으로 고치는 것은 망연하여 알지 못하는 것이다"라 하였다. 황(黃)은 지금의 산동 치박시(淄博市) 동북쪽에 있으며, 환공 17년 및 선공 8년의 『경』과 『주』를 보라.

9 『전』이 없다. 이는 B.C. 498년 9월 22일의 금환일식이다. 청나라 왕도(王韜)의 『춘추일식변정(春秋日食辨正)』에서는 "이해는 정월 27일 정유일이 동지이며, 중간에 윤달이 있어서 10월 병인일 초하룻날의 일식임을 추산하였다. 『경』에서 11월로 기록한 것은 아마 윤달을 빠뜨려서일 것이다"라 하였다. 명말청초(明末淸初) 왕부지(王夫之)의 『패소(稗疏)』의 설도 같다. 청나라 풍징(馮澂)의 『춘추일식집증(春秋日食集證)』에서는 아울러 "5월 윤달을 빠뜨렸을 따름이다"라 하였다.

10 『전』이 없다.

11 『전』이 없다. 두예는 "국내인데 '지(至)'라 기록한 것은 성의 강역이 열국과 같아 대중을 동원하였으므로 출입할 때 모두 종묘에 아뢰었기 때문이다"라 하였다. 공영달의 소(疏) 및 두예의 『석례(釋例)』를 함께 참고하여 보라.

傳

十二年夏,	12년 여름에
衛公孟彄伐曹,	위나라 공맹구가 조나라를 쳐서
克郊.[12]	교를 이겼다.
還,	돌아올 때
滑羅殿.[13]	활라가 후위가 되었다.
未出,	채 나가지 못하였는데
不退於列.[14]	전열에서 빠지지 못하였다.
其御曰,	그 어자가 말하였다.
"殿而在列,	"후위가 전열에 있으니
其爲無勇乎!"[15]	용기가 없다 할 것입니다."
羅曰,	활라가 말하였다.
"與其素厲,	"헛되이 사납게 되느니
寧爲無勇."[16]	차라리 용기 없는 것이 낫다."

---

12 교(郊): 두예는 "교는 조(曹)나라의 읍이다"라 하였다. 『휘찬(彙纂)』에 의하면 지금의 산동 하택현(河澤縣)의 경계에 있다.

13 활라(滑羅): 두예는 "라는 위나라의 대부이다"라 하였다.

14 미출(未出)이라는 것은 조나라의 변경을 빠져나가지 못한 것이다. 곧 후위를 맡은 군사는 대열에서 빠져나와 다른 부대의 뒤에 있어야 하는데 활라는 이렇게 하지 못한 것이다.

15 활라의 어자가 활라에게 말한 것이다. 뒤를 끊어야 하는 부대가 각 부대의 대열 가운데 있으므로 용기가 없다고 생각한 것이다.

16 두예는 "소(素)는 공(空)의 뜻이다. 여(厲)는 사납다는 뜻이다"라 하였다. 뒤를 끊는다는 것은 적병이 추격하면 전진하는 부대를 엄호해야 하는 것일 것이다. 활라는 조(曹)나라가 감히 추격을 하지 않을 것임을 알았기 때문에 뒤를 끊는 것을 부질없이 용감한 것이

仲由爲季氏宰,[17] 중유가 계씨의 가재가 되어

將墮三都,[18] 세 도읍의 성을 허물려 하자

於是叔孫氏墮郈. 이에 숙손씨가 후읍의 성을 허물었다.

季氏將墮費, 계씨가 비읍의 성을 허물려 하자

公山不狃, 叔孫輒帥費人以襲魯.[19] 공산불뉴와 숙손첩이 비읍의 사람들을 거느리고 노나라를 습격하였다.

公與三子入于季氏之宮,[20] 공과 세 사람이 계씨의 궁으로 들어가

登武子之臺.[21] 무자지대에 올랐다.

라 하였다. 그렇게 하느니 용기가 없다는 평판을 쓰겠다는 것이다.

17 중유(仲由): 자는 자로(子路)이며 『논어』에 그의 언행이 매우 많이 수록되어 있으며, 『사기·중니제자열전(仲尼弟子列傳)』에도 전하고 있다.

18 삼도(三都): 노나라 삼환(三桓)의 채읍(采邑)으로, 계손씨의 비읍과 숙손씨의 후읍, 맹손씨의 성읍이다. 이때 삼도의 읍재 또한 각기 삼도를 주물러 3가(三家)를 능가하였으니 이를테면 남괴(南蒯)는 비읍을 가지고 반란을 일으키어 계손이 매우 곤혹스러워했고, 후범(侯犯)은 후에 웅거하여 두 차례나 포위하여 공격하였는데도 이길 수가 없었는데 자로가 유리하게 형세를 이끌었으므로 숙손과 계씨가 그 말을 따른 것이다.

19 공산불뉴(公山不狃): 두예는 "불뉴는 비의 읍재이다. 첩(輒)은 숙손씨에게서 뜻을 얻지 못하였다"라 하였다. 아마 이때 자로는 이미 군사를 거느리고 비읍의 성을 허물었을 것이며 노나라의 도읍이 비어 있어서 불뉴 등이 이 때문에 노나라에 들어갈 수 있었을 것이다.

20 『논어·헌문(憲問)』에서는 노애공이 공자가 진환(陳桓)을 토벌할 것을 청하는 것에 대답한 말을 하면서 "그 세 사람에게 알렸다(告夫三子)"라 하였으니 계손과 숙손, 맹손 세 사람을 일러 "삼자(三子)"라고 하는 것이 당시의 습관적인 말이었다.

21 무자지대(武子之臺): 『수경주·사수(泗水)』에서는 "언덕 위에는 계씨의 집이 있고, 집에는 무자대(武子臺)가 있다. 지금은 비록 무너져 평평하게 되었지만 그래도 높이가 여러 길이다"라 하였다. 고조우(顧祖禹)의 『방여기요(方輿紀要)』에서는 "계무자대(季武子臺)는

費人攻之,	비읍의 사람들이 공격하였으니
弗克.	이기지 못하였다.
入及公側,[22]	들어와 공의 곁에까지 미치자
仲尼命申句須, 樂頎下,	중니가 신구수와 악기에게 명을 내려
伐之.[23]	그들을 치게 하였다.
費人北.	비읍의 사람들이 패하였다.
國人追之,	나라의 사람들이 그들을 추격하여
敗諸姑蔑.[24]	고멸에서 무찔렀다.
二子奔齊,[25]	두 사람은 제나라로 달아났으며
遂墮費.	마침내 비읍의 성을 허물었다.
將墮成,	성읍의 성을 허물려는데

곡부성 동북쪽 5리 지점에 있으며 옛 『지』에서는 노나라 동문 안에 있다고 하였다"라 하였다.

22 두예는 "대의 아래에 이른 것이다"라 하였다. 유월(兪樾)의 『다향실경설(茶香室經說)』에서는 "이 '입(入)'자는 아마 곧 '시(矢)'자의 오자일 것이다. 비읍의 사람들이 대 아래에서 우러러보며 공격을 하였기 때문에 화살이 공의 곁에 이른 것이다. 양공 23년 『전』에 '화살이 임금의 집까지 미쳤다(矢及君屋)'라는 것을 예로 들 수 있다"라 하였다.

23 두예는 "두 사람은 노나라의 대부이다. 중니는 이때 사구(司寇)였다"라 하였다.

24 고멸(姑蔑): 고멸은 곧 은공 원년 『경』과 『전』의 멸로 지금의 산동 사수현(泗水縣) 동쪽 45리 지점에 있다. 이 공구가 공산불뉴(公山不狃)를 물리친 일에 대해 『논어·양화(陽貨)』편에서는 "공산불요(公山弗擾)가 비읍을 가지고 반란을 일으키어 부르자 공자께서는 가시고자 하였다"라 한 일은 이것과 상반된다. 전자가 논한 것이 매우 많다. 불요(弗擾)가 곧 불뉴인 것은 확실히 의심의 여지가 없다. 한 사람에 관련된 일이지만 때가 다르다. 모씨는 말하기를 "요컨대 불뉴는 공자를 부를 수 있었지만 공자가 실제로는 가지 않았으며 그 일은 정공 8년과 9년 사이에 있어야 한다. ……"라 하였는데 혹 그럴지도 모르겠다.

25 두예는 "이자는 불뉴와 공손첩이다"라 하였다.

公斂處父謂孟孫,[26]	공렴처보가 맹손에게 말하였다.
“墮成,	“성읍의 성을 허물면
齊人必至于北門.[27]	제나라 사람이 반드시 북문에 이를 것입니다.
且成,	또한 성읍은
孟氏之保障也.	맹씨를 지켜 주는 가리개입니다.
無成,	성읍이 없으면
是無孟氏也.	이는 맹씨를 없애는 것입니다.
子僞不知,	그대가 모르는 척하면
我將不墮.”[28]	내 성을 허물지 않겠습니다.”
冬十二月,	겨울 12월에
公圍成,	공이 성을 에워쌌으나
弗克.	이기지 못하였다.

26 복건이 말하기를 “공렴처보는 성읍의 읍재이다”라 하였다.
27 성읍은 지금의 산동 영양현(寧陽縣) 동북쪽 9리 지점에 있으며, 노나라의 도읍 약간 서쪽으로 북으로 50여 리 지점에 있어서 노나라의 북쪽 경계이다.
28 『사기·공자세가(孔子世家)』에 이 『전』을 그대로 채록하였다.

정공 13년

經

十有三年春,[1]	13년 봄에
齊侯, 衛侯次于垂葭.[2]	제후와 위후가 수가에서 머물렀다.
夏,	여름에
築蛇淵囿.[3]	사연유를 쌓았다.
大蒐于比蒲.[4]	비포에서 대규모 열병식을 가졌다.
衛公孟彄帥師伐曹.[5]	위나라 공맹구가 군사를 거느리고 조나라를 쳤다.
秋,	가을에
晉趙鞅入于晉陽以叛.[6]	진나라 조앙이 진양으로 들어가 반란을 일으켰다.

---

1 십삼년(十三年): 갑진년 B.C. 497년으로 주경왕(周敬王) 23년이다. 동지가 정월 초8일 임인일로 건자(建子)이다.

2 『공양전』에는 "수하(垂瑕)"로 되어 있다. 『곡량전』에는 "위후" 두 자가 없으며, 청나라 조탄(趙坦)의 『이문전(異文箋)』에서는 "탈락되었다"라 하였다. 심흠한(沈欽韓)의 『지명보주(地名補注)』에서는 "『산동통지(山東通志)』에서 수가는 조주부(曹州府) 거야현(鉅野縣) 서남쪽 경계에 있다. 생각건대 가밀성(葭密城)은 하택현(菏澤縣) 서북쪽 25리 지점의 가밀채(葭密寨)에 있다. 수가가 곧 가밀일 것이며 두 곳이 아닐 것이다"라 하였다. 거야현은 지금은 거야현(巨野縣)이라 한다.

3 『전』이 없다. 『수경주·문수(汶水)』에 의하면 유(囿)는 지금의 비성현(肥城縣) 남쪽 문수의 북안에 있을 것이다.

4 『전』이 없다. 소공 11년에도 비포에서 대규모로 열병식을 가졌으며, 이듬해에 또 비포에서 대규모의 열병식을 갖는다.

5 『전』이 없다.

6 진양(晉陽)은 지금의 태원시(太原市) 서남쪽 20여 리 지점에 있다.

冬, 겨울에

晉荀寅, 士吉射入于朝歌以叛.[7] 진나라 순인과 사길사가 조가로 들어가 반란을 일으켰다.

晉趙鞅歸于晉. 진나라의 조앙이 진나라로 돌아갔다.

薛弑其君比.[8] 설나라에서 그 임금 비를 죽였다.

傳

十三年春, 13년 봄에

齊侯, 衛侯次于垂葭, 제후와 위후가 수가에 머물렀는데

實郹氏.[9] 실은 격씨이다.

使師伐晉. 군사들에게 진나라를 치게 하였다.

將濟河, 황하를 건너려는데

諸大夫皆曰不可, 대부들이 모두 안 된다고 하였는데

邴意兹曰, 병의자가 말하기를

"可. "됩니다.

銳師伐河內,[10] 정예병으로 하내를 치면

---

7 『공양전』에는 순인 아래에 "급(及)" 한 자가 더 있는데, 조탄(趙坦)의 『이문전(異文箋)』에서는 "연문이다(衍)"라 하였다. 두예는 "길사는 사앙(士鞅)의 아들이다"라 하였다. 조가(朝歌)는 지금의 하남 기현(淇縣)의 치소이다.

8 『전』이 없다.

9 "격(郹)"은 원래 "패(郥)"로 되어 있었는데, 여기서는 완원(阮元)의 『교감기(校勘記)』 및 가나자와 문고본(金澤文庫本)을 따라 바로잡았다.

10 하내(河內)는 본래 위나라 땅이었는데 위나라가 초구(楚丘)로 천도한 후에 하내는 진나

傳必數日而後及絳.[11] 역마는 며칠이 지난 후라야 강에 이르게 될 것입니다.

絳不三月不能出河,[12] 강에서는 석 달이 안 되면 하로 출병을 할 수 없으니

則我旣濟水矣."[13] 우리는 이미 하수를 건넜을 것입니다"라 하여

乃伐河內. 이에 하내를 쳤다.

齊侯皆斂諸大夫之軒, 제후가 대부들의 수레를 모두 거두었으며

唯邴意兹乘軒.[14] 병의자만 수레를 탔다.

齊侯欲與衛侯乘,[15] 제후가 위후와 수레를 타고 싶어서

與之宴而駕乘廣,[16] 그와 함께 연회를 열고 승광에 멍에를 지워 놓았는데

라에 속하였으며 지금의 하남 급현(汲縣)이다.

11 전(傳): 전거(傳車)를 말하며, 곧 역전(驛傳)이다. 하내는 강(絳)과 멀리 떨어져 역거(驛車)로 빨리 달려도 또한 며칠은 지나야 이를 수 있다.

12 강(絳)에서 급보를 듣고 군마를 정돈하여도 군사의 행군이 더뎌 최소한 석 달은 지나야 황하를 건널 수 있다는 말이다.

13 이때 우리는 이미 군사를 황하의 동쪽으로 돌렸을 것이라는 말이다. 이때의 황하는 하남 원양(原陽)과 연진(延津) 등 여러 현의 서북쪽을 경유하여 동북쪽으로 흘렀으며, 또한 복양(濮陽)의 서쪽을 거쳐 북으로 흘렀는데 제나라와 위나라는 모두 황하의 동쪽에 있었다.

14 대부들이 모두 진나라를 치는 것이 안 된다고 하였는데 병의자만이 적을 헤아려 하내를 칠 것을 주장하였기 때문이다.

15 전차 한 대에 함께 타는 것이다.

16 승광(乘廣): 본래는 초나라의 전차 이름이나 제나라도 가지고 있었다. 가(駕)는 『맹자·양혜왕(梁惠王) 하』의 "지금 수레에 이미 멍에를 지워 놓았다(今乘輿已駕矣)"라 한 가

載甲焉.	갑옷을 실었다.
使告曰,	알리게 하여 말하기를
“晉師至矣!”	“진나라 군사가 왔다”라 하였다.
齊侯曰,	제후가 말하였다.
“比君之駕也,	“임금의 수레에 멍에를 지워 놓았으면
寡人請攝.”[17]	과인이 청컨대 대신 몰겠소.”
乃介而與之乘,[18]	이에 갑옷을 입고 함께 수레에 올라
驅之.[19]	수레를 몰았다.
或告曰,	누가 이르기를
“無晉師.”	“진나라 군사가 없습니다”라 하니
乃止.	이에 그만두었다.

(駕)와 같은 뜻이다. 수레와 말을 이미 다 매어 놓았음을 말한다.

17 임금의 수레에 멍에를 다 지웠으면 내가 대신 몰기를 청하는 것을 말한다. 섭(攝)은 대신이란 뜻으로, 대신 수레를 모는 것이다. 이는 곧 제후가 진나라 군사가 오지 않을 것임을 분명히 알고 진정시키는 말이며 또한 겸허함을 나타내는 말이다. 위나라 임금은 연회 중이라 전차에서 말을 풀어 놓았으므로 갑자기 진나라 군사가 이른다는 말을 들으면 위나라 수레에 멍에를 지울 시간을 기다리지 못할 것이므로 제후와 함께 수레를 타게 될 것이다. 우창(于鬯)의 『향초교서(香草校書)』와 도홍경(陶鴻慶)의 『별소(別疏)』 오개생(吳闓生)의 『문사견미(文史甄微)』에서는 모두 “비(比)”자의 뜻에 얽매여 여전히 풀이를 하지 못하였으므로 말하지 않았다. 양수달(楊樹達)의 『독좌전(讀左傳)』에서 비로소 그 뜻을 거칠게나마 터득하였다.

18 개(介): 수레에 실어 놓은 갑옷을 입은 것이다.

19 몰고 군진으로 가려는 것으로 제후가 거짓으로 용기를 보이려는 것이다.

晉趙鞅謂邯鄲午曰,[20]	진나라 조앙이 한단오에게 말하였다.
"歸我衛貢五百家,	"나의 위나라가 공물로 바친 5백 가구를 돌려주면
吾舍諸晉陽."	내 그들을 진양에 정착시키겠소."
午許諾.[21]	오가 허락하였다.
歸告其父兄.	돌아가 그 부형에게 말하니
父兄皆曰,	부형들이 모두 말하였다.
"不可.	"아니 되오.
衛是以爲邯鄲,[22]	위나라는 이들 때문에 한단을 돕는데
而寘諸晉陽,	그들을 진양에 두게 되면
絶衛之道也.[23]	위나라의 길을 끊는 것이오.

---

20 공영달의 소(疏)에서는 두예의 『세족보(世族譜)』를 인용하여 "조최(趙衰)는 조숙(趙夙)의 아우이다. 최는 돈(盾)을 낳았고, 돈은 삭(朔)을 낳았으며, 삭은 무(武)를 낳고, 무는 성(成)을 낳았으며, 성은 앙(鞅)을 낳아 그 집이 조씨가 되었다. 숙(夙)의 손자는 천(穿)인데 천은 전(旃)을 낳았고, 전은 승(勝)을 낳았으며, 승은 오(午)를 낳아 그 집은 경씨(耿氏)가 되었다"라 하였다. 공영달은 또 말하기를 "최에서 앙까지, 숙에서 오까지가 모두 6대이니 지금 속세에서 이른바 5종(從) 형제로 동족이다. 별도로 한단(邯鄲)에 봉하여 대대로 제사가 끊이지 않았다"라 하였다.

21 두예는 "10년에 조앙이 위나라를 포위하자 위나라 사람이 두려워하여 5백 가구를 바치자 조앙이 그들을 한단에 두었다. 지금 진양으로 옮기어 정착시키려는 것이다. 진양은 조앙의 읍이다."

22 위나라가 이 때문에 한단을 돕는다는 것이다. 5백 가구를 옮기어 떠나게 하면 위나라는 한단을 원수로 여길 것이라는 말이다.

23 화친하여 왕래할 길을 끊어지는 것이다.

不如侵齊而謀之."[24]	제나라를 침공하여 도모함만 못하오."
乃如之,	이에 그대로 한 다음에
而歸之于晉陽.[25]	그들을 진양으로 돌려보냈다.
趙孟怒,	조맹이 노하여
召午,	오를 불러
而囚諸晉陽,[26]	진양에 가두고
使其從者說劍而入,	그 종자들에게는 칼을 풀고 들어가게 하였는데
涉賓不可.[27]	섭빈은 안 된다고 하였다.
乃使告邯鄲人曰,	이에 한단의 사람에게 알리어 말하게 하였다.
"吾私有討於午也,	"나는 사적으로 오를 징벌하는 것이니

24 두예는 "제나라를 침공하면 제나라가 당연히 보복하러 올 것이니 제나라의 보복 공격을 이용하여 옮기면 위나라와 한단의 우호가 끊어지지 않을 것이라는 말이다"라 하였다.

25 제나라를 침공한 후에 5백 가구를 진양으로 보낸 것이다. 요내(姚鼐)의 『보주(補注)』에서는 "이에 제나라 사람들을 노략질하고 진양으로 돌려보내서 위나라가 바친 것을 대신하였다. ……"라 하였는데 『전』에서 말하지 않은 것으로 생뚱맞게 불쑥 말한 것이다.

26 두예는 "조앙이 그 계책을 살피지 않아 오가 명령을 쓰지 않았다고 하여 가둔 것이다"라 하였다. 아마 오가 제나라를 침공한 후에 위나라의 공물을 돌려줬기 때문에 앙은 그가 늦은 것을 미워하였을 따름이다.

27 섭빈(涉賓): 두예는 "섭빈은 오의 가신이다"라 하였다. 칼을 풀지 않으려 한 것이다.

二三子唯所欲立."[28] 그대들은 세우고 싶은 사람을 세우라."

遂殺午. 마침내 오를 죽였다.

趙稷, 涉賓以邯鄲叛.[29] 조직과 섭빈이 한단을 가지고 반기를 들었다.

夏六月, 여름 6월에

上軍司馬籍秦圍邯鄲. 상군사마 적진이 한단을 에워쌌다.

邯鄲午, 한단오는

荀寅之甥也, 순인의 생질이며,

荀寅, 순인은

范吉射之姻也,[30] 범길사의 인척으로

而相與睦, 서로 화목하였으므로

故不與圍邯鄲, 한단을 에워싸는 일에 끼지 않고

將作亂.[31] 반란을 일으키려 하였다.

董安于聞之,[32] 동안우가 그 말을 듣고

28 조앙이 사람을 시켜 한단의 사람들에게 알리게 하기를 오를 죽이려 하며 한단에서 오의 종친을 따로 세워 안정시킨다면 그대로 따르겠다는 것이다.

29 조직(趙稷): 두예는 "직은 조오의 아들이다"라 하였다.

30 두예는 "사위의 아버지를 인(姻)이라 한다. 순인의 아들은 길사에게 장가갔다"라 하였다.

31 작란(作亂): 두예는 "조앙을 공격하는 것이다"라 하였다.

32 동안우(董安于): 『한비자·십과(十過)』편에 "동알우(董閼于)는 간주(簡主)의 재능 있는 신하이다"라 하였는데, 알우가 곧 안우이며, 『한비자』「난언(難言)」과 「관행(觀行)」 두 편에는 모두 "안우(安于)"로 되어 있다. 동안우의 일은 『한비자』 각 편에 흩어져 보이며 또한 『사기』의 「조세가(趙世家)」와 「편작창공열전(扁鵲倉公列傳)」, 『전국책』, 『여씨춘추』,

告趙孟,	조맹에게 일러
曰,	말하였다.
“先備諸?”	“먼저 준비하시겠습니까?”
趙孟曰,	조맹이 말하였다.
“晉國有命,	“진나라에는
始禍者死,	먼저 화란을 일으킨 자는 죽인다는 명이 있으니
爲後可也.”	나중에 하는 것이 옳을 것이다.”
安于曰,	안우가 말하였다.
“與其害於民,	“백성들에게 해를 끼치느니
寧我獨死.[33]	차라리 내 혼자 죽겠습니다.
請以我說.”[34]	제 핑계를 대시기 바랍니다.”
趙孟不可.[35]	조맹은 안 된다고 하였다.
秋七月,	가을 7월에
范氏, 中行氏伐趙氏之宮,	범씨와 중항씨가 조씨의 궁을 치자

『회남자』 및 『논형·솔성(率性)』편 등에도 보인다.

33 두예는 “공격을 당하면 반드시 백성에게 상해를 끼칠까 두려워하는 것이다”라 하였다.

34 두예는 “진나라가 만약 토벌한다면 나를 죽여서 스스로 해명할 수 있을 것이라는 말이다”라 하였다. 곧 두예는 안우는 조앙이 순인, 범길사보다 먼저 난을 일으키게끔 권한 것으로 생각한 것이다.

35 이듬해 『전』 양영보(梁嬰父)의 말로 살펴보건대 조씨가 실제 먼저 난을 일으키고 안우 또한 죽는다.

趙鞅奔晉陽,	조앙은 진나라로 달아났으며
晉人圍之.[36]	진나라 사람들이 그를 에워쌌다.
范皐夷無寵於范吉射,[37]	범고이는 범길사의 총애를 받지 못하여
而欲爲亂於范氏.	범씨에게서 난을 일으키려고 하였다.
梁嬰父嬖於知文子,[38]	양영보는 지문자의 총애를 받아
文子欲以爲卿.	문자가 그를 경으로 삼으려 하였다.
韓簡子與中行文子相惡,[39]	한간자와 중항문자는 서로 미워하였고
魏襄子亦與范昭子相惡.[40]	위양자 또한 범소자와 서로 미워하였다.
故五子謀,[41]	그래서 다섯 사람이 모의하여
將逐荀寅,	순인을 쫓아내고
而以梁嬰父代之,	양영보로 대신하고자 하였으며,
逐范吉射,	범길사를 쫓아내고

36 범씨는 사길사이고, 중항씨는 순인이다.

37 범고이(范皐夷): 두예는 "고이는 범씨의 측실에게서 난 아들이다"라 하였다.

38 양영보(梁嬰父): 가규는 "양영보는 진(晉)나라의 대부이다"라 하였다. 두예는 "문자는 순력(荀躒)이다"라 하였다.

39 두예는 "간자(簡子)는 한기(韓起)의 순자 불신(不信)이다. 중항문자는 순인이다"라 하였다.

40 양자(襄子): 두예는 "양자는 위서(魏舒)의 손자 만다(曼多)이다. 소자는 사길사이다"라 하였다.

41 오자(五子): 두예는 "다섯 사람은 범고이와 양영보, 지문자, 한간자, 그리고 위양자이다"라 하였다.

而以范皐夷代之. 범고이로 대신하고자 하였다.

荀躒言於晉侯曰, 순력이 진후에게 말하였다.

“君命大臣, “임금께서 대신에게 명을 내리기를

始禍者死, 처음 화란을 일으킨 자는 죽음에 처하라 하고

載書在河.[42] 재서를 황하에 던졌습니다.

今三臣始禍, 이제 세 신하가 비로소 화란을 일으켜

而獨逐鞅, 유독 앙을 쫓아냈습니다.

刑已不鈞矣. 형벌은 불공평하게 되었습니다.

請皆逐之.” 청컨대 모두 쫓아내야 합니다.”

冬十一月, 겨울 12월에

荀躒, 韓不信, 魏曼多奉公以伐范氏, 中行氏, 순력과 한불신, 위만다 공을 받들어 범씨와 중항씨를 쳤는데

弗克. 이기지 못하였다.

二子將伐公.[43] 두 사람이 공을 치려고 하였다.

齊高彊曰,[44] 제나라 고강이 말하였다.

42 두예는 “맹서(盟書)를 황하에 가라앉혔다는 것이다”라 하였다.

43 이자(二子): 두예는 “범씨와 중항씨이다”라 하였다.

44 고강(高彊): 두예는 “고강은 제나라 자미(子尾)의 아들로 소공 10년에 노나라로 달아났다가 마침내 진(晉)나라로 달아났다”라 하였다. 고강이 제나라를 떠난 지 36년이나 되었

“三折肱知爲良醫.[45]	“세 번 팔뚝을 부러뜨려야 훌륭한 의원이 됨을 압니다.
唯伐君爲不可,	유독 임금을 치는 것만 할 수 없는 것은
民弗與也.	백성들이 동참하지 않았기 때문입니다.
我以伐君在此矣.[46]	나는 임금을 쳤기 때문에 여기 있게 되었습니다.
三家未睦,[47]	3가(三家)가 화목하지 못하니
可盡克也.	다 이길 수 있습니다.
克之,	그들을 이긴다면
君將誰與?[48]	임금이 누구와 함께하겠습니까?
若先伐君,	먼저 임금을 친다면
是使睦也.”	화목하게 할 수 있습니다.”
弗聽,	그 말을 듣지 않고

는데 아직까지 제나라 고강이라 부르니 이런 예도 있다.

45 이는 아마 고인들의 상투어로, 전한(前漢) 공부(孔鮒)의 『공총자·가언(孔叢子·嘉言)』에 “세 번 팔뚝을 부러뜨려야 훌륭한 의원이 된다(三折肱爲良醫)”는 말이 있고, 『설원·잡언(雜言)』편에 “세 번 팔뚝을 부러뜨려야 훌륭한 의원이 된다(三折肱而成良醫)”는 말이, 『초사·석통(楚辭·惜痛)』에 “아홉 번 팔뚝 부러뜨려 훌륭한 의원 됨이여(九折肱而成醫兮)”라는 말이 있는데, 요즘 말로 하자면 오래 앓아 봐야 의술을 알게 된다는 말이다.

46 자기의 교훈을 알려 주는 것이다.

47 3가(三家): 두예는 “3가(三家)는 지(知), 한(韓), 위(魏)씨이다”라 하였다.

48 3가(三家)를 다 이기면 진공은 절로 범씨, 중항씨와 함께할 것이라는 말이다.

遂伐公.	마침내 공을 쳤다.
國人助公,	백성들이 공을 도와
二子敗,	두 사람이 패하자
從而伐之.[49]	따라서 그를 쳤다.
丁未,[50]	정미일에
荀寅, 士吉射奔朝歌.	순인과 사길사가 조가로 달아났다.
韓, 魏以趙氏爲請.[51]	한씨와 위씨가 조씨를 위해 청하였다.
十二月辛未,[52]	12월 신미일에
趙鞅入于絳,	조앙은 강으로 들어가
盟于公宮.	공궁에서 맹약하였다.

初,	처음에
衛公叔文子朝,[53]	위나라 공숙문자가 조현을 하고

49 3가(三家)가 따라서 범씨와 중항씨를 친 것이다.

50 정미일은 18일이다.

51 조씨를 위해 돌려보낼 것을 청한 것이다.

52 신미일은 12일이다.

53 『세본』에서는 "위헌공(衛獻公)은 성자(成子) 당(唐)을 낳았고, 당은 문자(文子) 발〔拔, 『전』에는 발(發)로 되어 있다〕을 낳았으며, 발은 주(朱)를 낳았는데 공숙씨(公叔氏)이다"라 하였다. 정현은 "주(朱)는 『춘추』에는 '수(戍)'로 되어 있다"라 하였다. 『예기·단궁(檀弓) 하』에 의하면 그의 전체 시호는 "정혜문자(貞惠文子)"가 되어야 하며 "문자"는 아마 생략된 형태일 것이다.

而請享靈公.[54]	영공에게 향례를 청하였다.
退,	물러나
見史鰌而告之.[55]	사추를 보고 이 일을 알려 주었다.
史鰌曰,	사추가 말하였다.
"子必禍矣!	"그대는 반드시 화를 입을 것이오.
子富而君貪,	그대는 부유하고 임금은 탐욕스러우니
其及子乎!"[56]	화가 그대에게 미칠 것이오!"
文子曰,	문자가 말하였다.
"然.	"그렇소.
吾不先告子,	내가 그대에게 먼저 알리지 않은 것은
是吾罪也.	나의 죄요.
君旣許我矣,	임금께서 이미 내게 허락하셨으니
其若之何?"	그것을 어떻게 할까?"
史鰌曰,	사추가 말하였다.

---

54 두예는 "공으로 하여금 그의 집을 찾게 하려는 것이다"라 하였다.

55 사추(史鰌): 두예는 "사추는 사어(史魚)이다"라 하였다. 『논어·위령공(衛靈公)』편에 "공자가 말씀하셨다. '곧도다, 사어여! 나라에 도가 있어도 화살같이 곧고, 나라에 도가 없어도 화살같이 곧도다'"라는 말이 있다. 『한시외전(韓詩外傳)』 권7에 일찍이 그가 "죽은 후에도 간한(尸姦)" 일이 실려 있다.

56 화가 그대에게 미치게 될 것이라는 말이다.

“無害.	“해롭지 않습니다.
子臣,	그대는 신하이니
可以免.[57]	벗어날 수 있습니다.
富而能臣,	부유하면서 신하의 도리를 지킬 수 있으면
必免於難.	반드시 어려움에서 벗어나게 됩니다.
上下同之.[58]	아래위가 그와 같습니다.
戍也驕,[59]	수는 교만하니
其亡乎!	망할 것입니다!
富而不驕者鮮,	부유하면서도 교만하지 않은 자는 드문데
吾唯子之見.[60]	내 그대만을 보았을 뿐이오.
驕而不亡者,	교만하면서도 망하지 않은 자는
未之有也.	있었던 적이 없으니
戍必與焉.”	수도 반드시 그와 함께 될 것입니다.”
及文子卒,	문자가 죽자

57 두예는 “신하의 예를 잡을 수 있다는 말이다”라 하였다. 우창(于鬯)의 『향초교서(香草校書)』에서는 “신하라는 것은 굴복한다는 뜻이다”라 하였는데, 또한 뜻이 통한다.

58 두예는 “존비(尊卑)가 모두 그렇다는 말이다”라 하였다.

59 수(戍): 두예는 “수는 문자의 아들이다”라 하였다. “수(戍)”는 각판본에는 거의 “술(戌)”로 잘못되어 있는데 완원(阮元)의 『교감기(校勘記)』에 의하여 바로잡았다.

60 그대만 부유하면서도 교만하지 않음을 보았다는 말이다.

衛侯始惡於公叔戍,	위후가 비로소 공손수를 미워하게 되었는데
以其富也.	그가 부유하기 때문이었다.
公叔戍又將去夫人之黨,[61]	공숙수가 또 부인의 무리를 없애려고 하자
夫人愬之曰,	부인이 하소연하여 말하였다.
"戍將爲亂."[62]	"수가 반란을 일으키려 한다."

정공 14년

經

十有四年春,[1]	14년 봄에
衛公叔戍來奔.	위나라 공숙수가 도망쳐 왔다.
衛趙陽出奔宋.[2]	위나라 조양이 송나라로 달아났다.

---

61 두예는 "영공(靈公)의 부인은 남자(南子)이다. 당(黨)은 송조(宋朝)의 무리이다"라 하였다.

62 다음 해의 『전』과 이어서 읽어야 한다. 본래 『경』은 『경』이고 『전』은 『전』인데, 『경』의 『전』에서 서로 끼어들었으며 이 『전』은 마침내 『경』에 의해 떨어지게 되었다.

1 십사년(十四年): 을사년 B.C. 496년으로 주경왕(周敬王) 24년이다. 동지가 정월 19일 갑신일로 건자(建子)이며 윤달이 있다.

2 "위조양(衛趙陽)"은 『공양전』과 『곡량전』에는 "진조양(晉趙陽)"으로 되어 있다. 모기령(毛奇齡)의 『춘추간서간오(春秋簡書刊誤)』에서는 "조양은 위나라 대부 조씨로 이름은 양(陽)이며, 공숙문자의 아들 공숙수와 편당을 이루었기 때문에 위후가 함께 좇아냈다. 두씨는 조양은 곧 조염(趙黶)의 손자인데, 『정의』에서는 『세본』에 의거하여 '의자(懿子) 겸(兼, 곧 조염)은 소자(昭子) 거(擧)를 낳았고, 거는 조양을 낳았다'라 하였는데 이는 확실히 분명

二月辛巳,[3]	2월 신사일에
楚公子結, 陳公孫佗人帥師滅頓,	초나라 공자 결과 진나라 공손타인이 군사를 거느리고 돈나라를 멸하였으며,
以頓子牂歸.[4]	돈자 장을 데리고 돌아갔다.
夏,	여름에
衛北宮結來奔.	위나라 북궁결이 도망쳐 왔다.
五月,	5월에
於越敗吳于檇李.[5]	오월이 취리에서 오나라를 무찔렀다.
吳子光卒.	오자 광이 죽었다.
公會齊侯, 衛侯于牽.[6]	공이 견에서 제후 및 위후와 회합하였다.

한 근거가 있다. 그러나 『공양전』과 『곡량전』은 매우 비루하여 진나라에만 조씨가 있고 다른 나라에는 반드시 없을 것이라고 알아서 마침내 붓을 떨쳐 이렇게 고치기에 이르렀다. 이것과 앞의 '제나라의 난시가 도망쳐 왔다(齊欒施來奔)'를 '진나라 난시(晉欒施)'로 고친 것은 똑같은 웃음거리이다"라 하였다.

3 신사일은 23일이다.

4 "2월(二月)"은 『공양전』에는 "3월(三月)"로 되어 있는데 틀렸다. "공손(公孫)"은 "공자(公子)"로 되어 있다. "장(牂)"은 "장(牄)"으로 되어 있는데, 모두 음이 가까워서 통하여 쓸 수 있었을 것이다. 돈국(頓國)은 곧 지금의 하남 항성현(項城縣) 조금 서쪽의 남돈(南頓)의 고성(古城)으로, 나머지는 희공 23년 『전』의 『주』에 상세하다.

5 취리(檇李): 『공양전』에는 "취리(醉李)"로 되어 있다. 청나라 양현(楊峴)의 『춘추좌씨고의(春秋左氏古義)』에서는 "『공양전』과 『석문』에서는 '취리(醉李)는 원래 또한 〈취(檇)〉라고도 하는데 음이 같다'라 하였고, 『공양전』의 『경』에도 '취(檇)'로 된 판본이 있는데, 두 자는 음이 같으므로 서로 통가(通假)하였다"라 하였다. 취리는 지금의 절강 가흥현(嘉興縣) 남쪽 45리 지점에 있는데 옛날에 취리성(檇李城)이 있었다.
오월(於越)의 "오(於)"는 발성사(發聲詞)이다.

公至自會.[7]	공이 회합에서 돌아왔다.
秋,	가을에
齊侯, 宋公會于洮.[8]	제후와 송공이 조에서 회합하였다.
天王使石尚來歸脤.[9]	천자께서 석상을 보내와 제육을 주게 하였다.
衛世子蒯聵出奔宋.	위나라 세자 괴외가 송나라로 달아났다.
衛公孟彄出奔鄭.	위나라 공맹구가 정나라로 달아났다.

6 "견(牽)"은 『공양전』에는 "견(堅)"으로 되어 있으며, 조탄(趙坦)의 『이문전(異文箋)』에서는 "견(牽)과 견(堅)은 음이 서로 가까우므로 『공양전』에는 '견(堅)'으로 되어 있다"라 하였다. 견은 지금의 하남 준현(浚縣) 북쪽 10여리 지점이다.

7 『전』이 없다.

8 두예는 "조(洮)는 조(曹)나라 땅이다"라 하였다. 마종련(馬宗璉)의 『보주(補注)』에서는 "역원(酈元)이 말하기를 '지금의 견성(甄城) 서남쪽 50리 지점에 도성이 있는데 혹은 조(洮)라고도 한다'라 하였다"라 하였다. 나머지는 희공 8년 『경』의 『주』에 상세하다.

9 『전』이 없다. 두예는 "석상(石尙)은 천자의 사(士)이다. 신(脤)은 토지신에게 제사 지낸 고기이며 신기(蜃器)에 담아 동성의 제후와 친형제의 나라에 나누어 함께 음복하는 것이다"라 하였다. 서효식(徐孝寔)의 『춘추좌씨전정의집술(春秋左氏傳鄭義輯述)』에서는 "『주례·장신(掌蜃)』에 '제사를 지낼 때 신기(蜃器)의 신(蜃)을 공급한다'는 말이 있는데 주에서는 '제기를 장식하는 따위이다. 신(蜃)의 제기는 신(蜃)으로 장식하므로 그렇게 불렀다'라 하였다. 또한 『주례·춘관·대종백(春官·大宗伯)』에서는 '신번(脤膰)의 예로 형제의 나라를 가까이한다'는 말이 있으며, 주에서는 '신번(脤膰)은 사직과 종묘의 제육으로 동성의 나라에 내려 주어 복록을 함께하는 것이다. 형제는 선왕을 함께하는 자이다'라 하였다"라 하였다. 왕부지(王夫之)의 『패소(稗疏)』에서는 "신(蜃)으로 제기를 장식하였다면 글자는 신(蜃)이 되어야 하니, 신은 대합(大蛤)이다. 대개 지금의 소라 장식과 비슷하다. 제사 지내는 제기에 신(蜃)으로 꾸민다는 말은 들어보지 못하였다. 설령 있다 하더라도 또한 제육은 제쳐 두고 제기를 말하고 제기는 제쳐 두고 그 장식을 말하는 것은 가당치 않다. 생각건대 제례(祭禮)에는 증(脀)이 있는데 정사농(鄭士農)이 말하기를 증(脀)은 조(俎)에 제육을 괴는 것이다. 예에서 말하는 선왕의 증(脀)은 협(脅) 하나와 부(膚)하나를 자른다라 한 것이 이를 말한다"라 하였다. 왕부지의 설은 취할 수 없다. 신(脤)은 『설문』에는 신(祳)으로 되어 있다. 나머지는 민공 2년 『전』의 『주』에 상세하다.

宋公之弟辰自蕭來奔.[10] 송공의 아우 진이 소읍에서 도망쳐 왔다.

大蒐于比蒲.[11] 비포에서 대규모 열병식을 거행하였다.

邾子來會公.[12] 주자가 와서 공과 만났다.

城莒父及霄.[13] 거보 및 소에 성을 쌓았다.

傳

十四年春, 14년 봄에

衛侯逐公叔戍與其黨, 위후가 공숙수와 그의 무리들을 쫓아내었으므로

故趙陽奔宋, 조양은 송나라로 달아나고

戍來奔.[14] 수는 도망쳐 왔다.

梁嬰父惡董安于, 양영보는 동안우를 미워하여

---

10 『전』이 없다.

11 『전』이 없다.

12 『전』이 없다. 두예는 "비포에서 공과 회합하였는데 와서 조현의 예를 쓰지 않았으므로 회(會)라고 기록한 것이다"라 하였다.

13 『전』이 없다. 두예는 "공이 진나라를 배반하고 범(范)씨를 도왔으므로 두려워하여 두 읍에 성을 쌓은 것이다. 이해에는 '겨울(冬)'이 없는데 사관이 빠뜨린 것이다"라 하였다. 『산동통지(山東通志)』에 의하면 지금의 거현(莒縣)은 곧 거나라이며, 일설에는 곧 노나라의 거보읍(莒父邑)이라고 한다. 소(霄)는 강영(江永)의 『고실(考實)』에서 또한 거현의 경계에 있다고 하였다.

14 이 문장은 마땅히 지난해 『전』의 마지막 장과 이어서 읽어야 하며 본래 하나의 전(傳)이다.

謂知文子曰,	지문자에게 말하였다.
"不殺安于,	"안우를 죽이지 않으면
使終爲政於趙氏,	끝내 조씨의 정사를 다스리게 하여
趙氏必得晉國,	조씨가 반드시 진나라를 얻게 하는 것이니
盍以其先發難也討於趙氏?"	어찌 그가 먼저 난을 일으켜 조씨를 책벌하지 않겠습니까?"
文子使告於趙孟曰,	문자는 조맹에게 알리게 하여 말하였다.
"范, 中行氏雖信爲亂,	"범씨와 중항씨가 확실히 난을 일으키기는 하였지만
安于則發之,	안우가 촉발시킨 것이니
是安于與謀亂也.	이는 안우가 난을 획책한 데 참여한 것입니다.
晉國有命,	진나라에서 명하기를
始禍者死.	먼저 난을 일으킨 자는 죽인다고 하였습니다.
二子旣伏其罪矣,	두 사람은 이미 그 죄의 대가를 받았기에
敢以告."[15]	감히 그대로 알립니다."

15 두예는 "안우를 토죄(討罪)하도록 알린 것이다"라 하였다.

趙孟患之.	조맹이 근심하였다.
安于曰,	안우가 말하였다.
"我死而晉國寧,	"내가 죽어 진나라가 편안해지고
趙氏定,[16]	조씨가 안정되면
將焉用生?	내가 어찌 살아가겠는가?
人誰不死?	죽지 않는 사람이 누가 있겠는가?
吾死莫矣."[17]	나의 죽음은 이미 늦었다."
乃縊而死.	이에 목을 매어 죽었다.
趙孟尸諸市,	조맹이 저자에다 그 시체를 전시하고
而告於知氏曰,	지씨에게 알리어 말하였다.
"主命戮罪人安于,	"그대가 죄인 안우를 죽이라는 명을 내려
旣伏其罪矣,	이미 그 죄의 대가를 받았기에
敢以告."	감히 알려 드립니다."
知伯從趙孟盟,[18]	지백이 조씨를 따라 맹약하고
而後趙氏定,	그런 후에 조씨가 안정되자

16 정(定): 안(安)과 같은 뜻이다.

17 모(莫): 모(暮)의 본자이다. 나의 죽음이 늦었다는 말로, 아마 이때 동안우는 이미 매우 연로했을 것이다.

18 두예는 "지백은 순력(荀躒)이다"라 하였다. 지씨는 범씨와 중항씨를 쫓아내는 것을 주도하고 한씨와 위(魏)씨가 조나라를 위해 청하는데 참여하지 않았으니 그 마음을 알 수 있다.

祀安于於廟.[19]	사당에서 안우의 제사를 지냈다.

頓子牂欲事晉,	돈자 장이 진나라를 섬기고자 하여
背楚而絶陳好.	초나라를 배신하고 진나라와의 우호를 끊었다.
二月,	2월에
楚滅頓.	초나라는 돈나라를 멸하였다.

夏,	여름에
衛北宮結來奔,	위나라 북궁결이 도망쳐 왔는데
公叔戍之故也.	공숙수 때문이었다.

吳伐越,[20]	오나라가 월나라를 치자
越子句踐禦之,	월자 구천이 막아

---

19 두예는 "조씨의 사당이다"라 하였다. 『상서·반경(盤庚) 상』에서 "이에 내가 선왕들에게 크게 제사를 지내니 너희 조상들도 거기에 따라서 제사를 받는다"라는 말이 있는데, 위(僞) 공안국(孔安國) 전(傳)에서는 "옛날에 천자는 공신을 책록하여 사당에서 배식(配食)하였다"라 하였는데, 이것 또한 조앙이 배식의 예를 행한 것이다. 조앙은 조직(趙稷) 등과 다투었는데 근년에 출토된 후마(侯馬)의 맹서를 참고하여 볼 만하다.

20 두예는 "5년에 월나라가 오나라로 들어온 것을 앙갚음한 것이다"라 하였다. 『사기·월세가(史記·越世家)』에서는 "윤상(允常)이 죽자 아들 구천(句踐)이 섰는데 곧 월왕이다. 원년에 오나라 왕 합려(闔廬)가 윤상이 죽었다는 말을 듣고 이에 군사를 일으켜 월나라를 쳤다"라 하였다.

陳于檇李.[21]	취리에서 진을 폈다.
句踐患吳之整也,	구천은 오나라 군진이 엄정한 것을 걱정하여
使死士再禽焉,[22]	결사대로 하여금 두 번을 사로잡게 하였으나
不動.[23]	꿈쩍도 하지 않았다.
使罪人三行,	죄인을 3열로 짓게 하여

21 취리(檇李): 월나라 땅일 것이며, 두씨(두예)의 『석례·토지명(釋例·土地名)』에서 "월나라 땅 취리"라 하였는데 옳다. 고사기(高士奇)의 『지명고략(地名考略)』에서는 『오월춘추』에 의거하여 "합려와 싸우면서 당시 월나라 경계에서 아직 취리에 이르지 못하였으니, 위리는 오나라 땅이 되어야 한다. ……" 하였는데, 『오월춘추』는 곧 소설가의 말에 가까우므로 그대로 믿을 수는 없다.

22 사사(死士): 가규는 "죽을죄를 지은 사람(死罪人)"이라 하였고, 후한(後漢)의 정중(鄭衆)은 "죽음으로 은혜를 갚으려는 자"라 하였으며, 『전국책·진책(秦策) 1』에서 소진(蘇秦)이 말하기를 "사사(死士)를 두터이 길렀다"라 하였는데, 고유(高誘)는 "용감하게 싸우는 병사"라 하였다. 여기서는 정중과 고유의 설이 비교적 낫다. 『묵자·겸애(兼愛) 하』에 "옛날에 월왕 구천은 용맹한 것을 좋아하여 그 병사와 신하들을 3년간 가르쳤으나 그가 알고 있는 것으로는 그들을 알기에 불충분하다고 생각하여 배에다 불을 지르고는 북을 치면서 그들을 진격케 하였다. 그의 병사들은 전열에서 쓰러져 물과 불 위에 엎어져 죽은 자가 헤아릴 수 없었다"라는 말이 있는 것으로 족히 알 수 있다.

23 고염무(顧炎武)의 『보정(補正)』에서는 명나라 부손(傅遜)의 말을 인용하여 "금(禽)은 맹금이 발진하듯 급하게 진열을 친 것인데 오나라의 전열은 굳건하여 움직일 수가 없었다"라 하였다. 이는 금을 지조(鷙鳥)로 생각하여 동사로 쓴 것이다. 이런 훈고는 곡해하였다는 허물을 면할 수 없다. 『사기·오세가(吳世家)』와 『월세가(越世家)』에서는 이 구절을 모두 "결사대로 싸움을 돋우게 하였다"로 해석하여 "도전(挑戰)"으로 "금(禽)"을 해석하였는데 이는 아마 사마천의 억측에서 나왔을 것이다. 두예는 "죽음을 무릅쓴 병사들을 보내었는데 문득 오나라에 사로잡혀 오나라 군사로 하여금 데려오게 하려고 하였으나 오나라는 꿈쩍도 하지 않았다"고 하였다. 유월(俞樾)의 『평의(平議)』에서는 "금은 오나라의 사졸을 사로잡는 것이다. 아마 구천이 결사대로 하여금 두 번 오나라의 군진을 범하여 전열에 선 자들을 사로잡아 돌아가 오나라 군사로 하여금 놀라 어지럽게 하고자 하였으나 오나라는 끝내 미동도 하지 않은 것이다"라 하였다. 이 설이 비교적 온당하다.

屬劍於頸,[24]	목에 칼을 대고
而辭曰,	말하기를
"二君有治,[25]	"두 임금이 군려를 다스리는데
臣奸旗鼓.[26]	신하가 군령을 범하였습니다.
不敏於君之行前,	임금의 진 앞에서 불민함을 보였으니
不敢逃刑,	감히 형벌에서 도망치지 않고
敢歸死."[27]	감히 죽음으로 돌아가겠소."
遂自剄也.	마침내 스스로 목을 찔렀다.
師屬之目,[28]	군사들이 그곳을 응시하자
越子因而伐之,	월자는 이를 틈타 그들을 쳐서
大敗之.	크게 무찔렀다.
靈姑浮以戈擊闔廬,[29]	영고부가 과로 합려를 쳐서
闔廬傷將指,	합려는 엄지발가락에 부상을 당해
取其一屨.[30]	그의 신발 한 짝을 얻었다.

24 두예는 "검을 목에 갖다 댄 것이다"라 하였다.
25 두예는 "군려(軍旅)를 다스리는 것이다"라 하였다.
26 두예는 "군령을 범하는 것이다"라 하였다.
27 귀(歸): 자수(自首)하다. 『한서·신도가전(申屠嘉傳)』에 "임금에게 자수하였다(自歸上)"는 말이 있는데, 당나라 안사고(顔師古)는 "천자에게 자수한 것이다"라 하였다.
28 오나라 군사들이 모두 주목하여 본 것이다.
29 영고부(靈姑浮): 두예는 "고부는 월나라의 대부이다"라 하였다.
30 두예는 "그 발의 엄지발가락이 잘려서 마침내 신을 잃어 고부가 취한 것이다"라 하였다.

還,	돌아와

卒於陘,	형에서 죽었는데

去檇李七里.	취리와는 7리 떨어진 곳이었다.

夫差使人立於庭,[31]	부차는 사람들을 뜰에 세우고

苟出入,	드나들 때마다

必謂己曰,	반드시 자기에게 말하게 하였다.

"夫差!	"부차야!

而忘越王之殺而父乎?"	너는 월왕이 네 애비를 죽인 것을 잊었느냐?"

則對曰,	그러면 대답하였다.

"唯.	"아니다.

不敢忘!"	감히 잊을소냐!"

三年乃報越.[32]	3년 만에 월나라에 앙갚음하였다.

晉人圍朝歌,	진나라 사람이 조가를 에워싸

公會齊侯, 衛侯于脾, 上梁之間,[33]	공이 비와 상량 사이에서 제후 및 위후와 회합하고

옛날에는 손가락, 발가락을 모두 지(指)라 하였으며, 발은 엄지발가락을 장지(將指)라 하였고 손은 중지를 장지라 하였다. 선공 4년『전』의 공영달의 소(疏)에 보인다.

31 부차(夫差): 두예는 "부차는 합려의 사자(嗣子)이다"라 하였다.

32 여기서 이른바 3년이란 것은 햇수로 3년을 말할 따름으로 곧 이해와 명년, 후내년일 따름이다.

謀救范, 中行氏.	범씨와 중항씨를 구원할 것을 상의했다.
析成鮒, 小王桃甲率狄師以襲晉,[34]	석성부와 소왕도갑이 적의 군사를 이끌고 진나라를 습격하여
戰于絳中,	강에서 싸웠는데
不克而還.	이기지 못하고 돌아갔으며
士鮒奔周,	사부는 주나라로 달아나고
小王桃甲入于朝歌.	소왕도갑은 조고로 들어갔다.

秋,	가을에
齊侯, 宋公會于洮,	제후와 송공이 도에서 회합하였는데
范氏故也.[35]	범씨 때문이었다.

衛侯爲夫人南子召宋朝.[36]	위후가 부인 남자를 위해 송조를 불렀다.

---

33 두예는 "비와 상량의 사이는 곧 견(牽)이다"라 하였다.

34 두예는 "두 사람은 진나라 대부로 범씨와 중항씨의 도당이다"라 하였다. 만씨(萬氏)의 『씨족략(氏族略)』에서는 "『통지·략(通志·略)』에서는 복성인 석성씨는 『좌전』의 진나라에 석성부가 있다. 『전』에서 또 일컫기를 사부(士鮒)라 하였는데 아마 곧 사길사(士吉射)의 일족일 것이다"라 하였다. 『통지·씨족략(通志·氏族略) 4』에서는 "소왕(小王)씨는 족명으로 씨를 삼았다"라 하였다.

35 두예는 "범씨를 구원할 계책을 세운 것이다"라 하였다.

36 『장자·즉양(則陽)』편에 "영공은 아내가 셋이었는데 한 목욕통에서 목욕을 하였다"라 하

會于洮, 조에서 만났는데

大子蒯聵獻盂于齊, 태자 괴외가 제나라에 우를 바치러 가다가

過宋野.[37] 송나라의 들판을 지나게 되었다.

野人歌之曰, 들판의 사람이 노래를 불러 말하였다.

"旣定爾婁豬, "이미 너희 암퇘지 정하였으면

盍歸吾艾豭?"[38] 어찌 우리 멋진 수퇘지 돌려주지 않느냐?"

였다. 남자는 아마 가장 총애를 받는 자였을 것이다. 두예는 "남자는 송나라 여인이다. 조(朝)는 송나라의 공자로 남자와 오래전에 사통하였으며 송나라에서 그를 부른 것이다"라 하였다. 『논어·옹야(雍也)』편에서 "축타의 말재주와 송조의 미모를 가지고 있지 않으면……(不有祝鮀之佞, 而有宋朝之美)"이라 한 것으로 보아 그 미모를 알 수 있다. 위나라에도 공자 조가 있는데 양공 29년『전』에서 오나라 계찰의 기쁨을 샀다고 하였고 또 군자라 칭하였으니 이 사람은 아닐 것이다. 소공 29년『전』의 양부인 선강(宣姜)과 사통한 공자 조 또한 이 사람이 아닐 것이다. 송나라에는 따로 공자 조가 있는데, 문공 28년에 일찍 죽었다.

37 두예는 "괴외는 위영공의 아들이다. 우(盂)는 읍 이름이다. 회합에 가서 바치는 것이므로 위나라에서 가서 송나라 들판을 지나는 것이다"라 하였다. 이때 위나라의 도읍은 제구(帝丘)였으니 지금의 하남 복양현(濮陽縣) 서남쪽의 전욱성(顓頊城)으로 조와는 50여 리도 떨어지지 않았으며, 그가 송나라의 교외를 지나는 것은 아마 그 때문일 것이며, 아니면 길을 돌아가지 않으려는 것이다. 우(盂)는 강영(江永)의 『고실(考實)』에서는 "아마 위나라 동쪽 경계의 읍일 것이다"라 하였고, 고사기(高士奇)의 『지명고략(地名考略)』에서는 곧 희공 28년의 염우(斂盂)일 것으로 의심하였는데 곧 지금의 복양현 동남쪽의 염우취(斂盂聚)로, 필시 믿을 수 없다. 위나라가 어찌 도읍 교외의 땅을 타국에 바치겠는가?

38 두예는 "누저(婁豬)가 수퇘지를 구하는 것으로 남자를 비유한다. 애가(艾豭)는 송조를 비유한다"라 하였다. 『맹자·만장(萬章) 상』에 "여색을 좋아할 줄 알면 아름다운 여자를 좋아한다(知好色, 則慕少艾)"는 말이 있는데, 소애(少艾)는 젊고 아름다운 사람이다. 진시황의 「회계각석(會稽刻石)」에 "지아비가 수퇘지〔豭〕를 보내 주었다"는 말이 있는데 당나라 사마정(司馬貞)의 『사기색은(史記索隱)』에서는 "가는 수퇘지〔牡豬〕이다"라 하였다.

大子羞之,	태자가 부끄럽게 여겨
謂戲陽速曰,[39]	희양속에게 말하였다.
“從我而朝少君,[40]	“나를 따라 소군을 조현하면
少君見我,[41]	소군이 나를 접견할 텐데
我顧,	내가 돌아보면
乃殺之.”	죽여 버려라.”
速曰,	속이 말하였다.
“諾.”	“좋습니다.”
乃朝夫人.	이에 부인을 조현하였다.
夫人見大子.	부인이 태자를 접견하였다.
大子三顧,	태자가 세 번을 돌아보았는데도
速不進.	속은 나아가지 않았다.
夫人見其色,	부인이 그의 기색을 보고
啼而走,[42]	울면서 달아나며

39 희양속(戲陽速): 두예는 “속은 태자의 가신이다”라 하였다.

40 소군(少君): 곧 소군(小君)이다. 『논어·계씨(季氏)』편에 “나라 임금의 처를 그 임금이 일컬어 부인이라 하고, 부인이 스스로 일컫기를 소동이라 하며, 나라의 사람들이 일컬어 군부인이라고 하고, 다른 나라 사람에게 일컫기를 과소군이라고 한다(邦君之妻, 君稱之曰夫人, 夫人自稱曰小童, 邦人稱之曰君夫人, 稱諸異邦曰寡小君)”라 하였으며, 『예기·곡례(曲禮) 하』에서는 “공후(公侯)에게는 부인이 있는데 부인이 제후들에게 자칭하기를 과소군(寡小君)이라 한다”라 하였다.

41 자기를 접견하는 것이다.

42 두예는 “태자의 안색이 변한 것을 보고 자기를 죽이려 한다는 것을 안 것이다”라 하였다.

曰,	말하였다.
"蒯聵將殺余."	"괴외가 날 죽이려 한다."
公執其手以登臺.	공이 그 손을 잡고 대에 올랐다.
大子奔宋.[43]	태자는 송나라로 달아났다.
盡逐其黨,	그 도당을 모조리 쫓아냈기 때문에
故公孟彄出奔鄭,	공맹구는 정나라로 달아났다가
自鄭奔齊.	정나라에서 제나라로 달아났다.
大子告人曰,	태자가 다른 사람에게 말하였다.
"戲陽速禍余."	"희양속이 나의 화근이다."
戲陽速告人曰,	희양속은 남들에게 이렇게 말했다.
"大子則禍余.	"태자가 나의 화근이다.
大子無道,	태자는 무도하여
使余殺其母.[44]	나더러 그 어머니를 죽이게 했다.
余不許,	내가 허락지 않자
將戕於余,[45]	나를 죽이려 했으며,

43 전한(前漢) 말기 유향(劉向)의 『열녀전·얼폐(列女傳·孼嬖)』편에서는 남자가 영공에게 태자를 참소하였다는 것만 말하였고 남자를 모살하려 한 것은 말하지 않았다. 장병린(章炳麟)의 『독(讀)』 권9에서는 "자정(子政)은 얼폐(孼嬖)로 『전』을 지어 남자를 심히 미워하였으므로 참언한 것일 따름이다"라 하였다.

44 괴외는 필시 남자에게서 난 아들이 아닐 것인데 모(母)라 한 것은 『의례·상복(喪服)』 자하(子夏)의 전(傳)에서 이른바 "계모도 어머니와 같다"는 것이다. 또한 남자는 이미 그 아버지의 부인이니 전처의 아들이라도 어머니라 부르지 않을 수 없다.

45 장(戕): 두예는 "장(戕)은 잔살(殘殺)이다"라 하였다.

若殺夫人,	부인을 죽였다면
將以余說.[46]	내가 했다고 말했을 것이다.
余是故許而弗爲,	내 이에 허락하고 그렇게 하지 않아
以紓余死.	나의 죽음을 늦춘 것이다.
諺曰'民保於信',	속담에 '백성은 신용으로 보전한다' 하였는데
吾以信義也."[47]	나는 의를 신용으로 삼았다."

冬十二月,	겨울 12월에
晉人敗范, 中行氏之師於潞,[48]	진나라 사람이 노에서 범씨와 중항씨의 군사를 무찌르고
獲籍秦, 高彊.[49]	적진과 고강을 사로잡았다.
又敗鄭師及范氏之師于百泉.[50]	또한 백천에서 정나라 군사 및 범씨의 군사를 무질렀다.

---

46 죽이고서는 나에게 죄를 뒤집어씌워 그 죄에서 벗어난다는 것이다.

47 두예는 "의를 믿을 수 있게 하고 반드시 말을 믿지 않는 것이다"라 하였다. 『사기·위세가(衛世家)』에서는 이 일을 서술하여 희양이 후회하였으나 실행하지 못하였다고 하였다. 『전』에는 수록되지 않았다.

48 노(潞): 지금의 산서 노성현(潞城縣) 동북쪽 40리 지점이며, 나머지는 선공 15년 『경』의 『주』에 상세하다.

49 『묵자·소염(所染)』편에서는 "범길사는 장류삭(長柳朔)과 왕성(王胜)에 물들었고, 중항인은 적진과 고강에 물들었다"라 하였다. 『여씨춘추·당염(當染)』편에는 "황적진(黃藉秦)"으로 되어 있고, 양옥승(梁玉繩)의 『여자교보(呂子校補)』 및 유월(俞樾)의 『여씨춘추평의(呂氏春秋平議)』에서는 모두 "황(黃)"자는 연문이라고 하였다.

50 두예는 "정나라가 범씨를 도왔기 때문에 함께 패퇴시킨 것이다"라 하였다. 백천은 지금

정공 15년

經

十有五年春王正月,[1] 15년 봄 주력으로 정월에

邾子來朝. 주자가 와서 조현하였다.

鼷鼠食郊牛, 생쥐가 교사에 쓸 소를 갉아먹어

牛死, 소가 죽어서

改卜牛.[2] 다른 소를 바꾸어 점쳤다.

二月辛丑,[3] 2월 신축일에

楚子滅胡, 초자가 호를 멸하고

以胡子豹歸.[4] 호자를 데리고 돌아갔다.

夏五月辛亥,[5] 여름 5월 신해일에

郊.[6] 교사를 올렸다.

壬申,[7] 임신일에

의 하남 휘현(輝縣) 서북쪽 7리 지점에 있다.

1 십오년(十五年): 병오년 B.C. 495년으로 주경왕(周敬王) 25년이다. 동지가 정월 초하루 계축일로 건자(建子)이다.

2 『전』이 없다. 생쥐는 모두 세 번 기록하였는데, 성공 7년에 뿔을 갉아먹었다 하였고, 이곳 및 명년에는 교사의 희생 소이니 살갗과 고기를 먹은 것이다.

3 신축일은 19일이다.

4 호(胡): 양공 28년 『전』의 호자가 진나라를 조현한 『전』의 『주』에 보이며, 옛 나라는 곧 지금의 안휘 부양현(阜陽縣)의 치소이다.

5 추산해 보면 초하룻날이 되어야 하는데, 『경』에서 삭(朔)이라고 말하지 않았으므로 당시에는 초하룻날이라고 생각하지 않은 것 같다.

6 『전』이 없다.

公薨于高寢.[8]	공이 고침에서 돌아가셨다.
鄭罕達帥師伐宋.[9]	정나라 한달이 군사를 거느리고 송나라를 쳤다.
齊侯, 衛侯次于渠蒢.[10]	제후와 위후가 거제에서 머물렀다.
邾子來奔喪.[11]	주자가 와서 조상하였다.
秋七月壬申,[12]	가을 7월 임신일에

7 임신일은 22일이다.

8 『설원·수문(修文)』편에서는 "『춘추』에서 '임신일에 공이 고침에서 돌아가셨다'라 하였고, 『전』에서는 '고침이란 것은 무엇인가? 정침이다. 어찌하여 혹자는 고침이라 하고, 혹자는 노침(路寢)이라 하는가? 말하기를, 제후의 정침은 셋으로 첫째를 고침이라 하고, 둘째는 좌노침(左路寢), 셋째는 우노침(右路寢)이라 한다. 고침이란 것은 처음으로 임금에 봉하여진 침(寢)이며, 두 노침이란 것은 몸을 잇는 임금의 침이다. 그것이 둘인 것은 어째서인가? 말하기를 아들이 아비의 침에 거처하지 못하기 때문에 2침인 것이다. 몸을 잇는 임금은 대대로 고조의 침에 거처할 수 없기 때문에 고침이 있는 것을 고(高)라고 한다. 노침은 어떻게 세우는가? 고침은 중간에 세우고, 노침은 좌우에 둔다'라 하였다"라 하였다. 유향이 이른바 "『전』에서 말하기를"은 세 『전』에 모두 없다. 『공양전』에는 이곳의 『경』에 『전』이 없고, 『좌씨』에도 폄하하거나 힐책하는 말이 없으며, 『곡량전』에서만 "바른 것이 아니다(非正也)" 석 자가 있는데, 유씨는 『곡량전』에 익숙하였으므로 이 단락은 혹 『곡량전』의 뜻을 천명한 것과 연관이 있는 듯하다. 그러나 청나라 호배휘(胡培翬)의 『연침고(燕寢考)』에서는 "노나라에는 초궁(楚宮)이 있고 진(晉)나라에는 주궁(周宮)이 있는데 모두 마음대로 하고 싶은 것을 지은 것으로 연침의 수에는 들어 있지 않다. 노나라의 고침 또한 이와 비슷할 것이다"라 하였다.

9 "한(罕)"은 『공양전』에는 "헌(軒)"으로 되어 있다. 모기령(毛奇齡)의 『춘추간서간오(春秋簡書刊誤)』에서는 "이는 정나라 공자 한(罕)의 후손으로 정목공의 7족(族) 가운데 하나인데 어찌 다른 글자를 낼 수 있겠는가?"라 하였다. "한(罕)"과 "헌(軒)"은 함께 간(干)의 소리를 따르기 때문에 음이 가까워 통하여 쓸 수 있었다.

10 거제(渠蒢): "거(渠)"는 『공양전』에는 "거(蘧)"로 되어 있다. 『전』에도 또한 "거나(蘧挐)"로 되어 있다. 거제(渠蒢)는 미상이다.

11 『전』이 없다. 당시에는 제후들이 서로 조상하는 예가 없었으며, 이 앞에도 제후가 문상하였다는 것은 말하지 않았다.

12 임신일은 23일이다.

姒氏卒.[13]	사씨가 죽었다.
八月庚辰朔,	8월 경진 초하룻날
日有食之.[14]	일식이 있었다.
九月,	9월에
滕子來會葬.[15]	등자가 와서 장례식에 참석하였다.
丁巳,[16]	정사일에
葬我君定公,	우리 임금님 정공을 장사 지내는 데
雨,	비가 와서
不克葬.	장사를 지낼 수 없었다.
戊午,[17]	무오일에
日下昃,	해가 아래로 기울어서야
乃克葬.[18]	이에 장사를 지낼 수 있었다.

---

13 "사(姒)"는 『곡량전』에는 "익(弋)"으로 되어 있는데 고음은 평성과 입성이 대전(對轉)하였다. 사씨는 『경』에서는 그 죽은 달과 날짜를 기록하였는데, 유사배(劉師培: 1884~1919)의 『춘추좌씨전답문(春秋左氏傳答問)』에서 "홍(薨)과 졸(卒)은 구례에 따르면 조문을 한 자가 많으면 일자와 달이 상세하고, 적으면 따라서 생략한다. 사씨는 날짜를 기록하였으니 또한 조문을 한 자가 두터운 것을 예로 삼았으며, 이른바 인자(人子)의 뜻이 따른다는 것이다"라 하였다. 그러나 『좌전』의 내용에 따르면 사씨는 애공의 어머니일 뿐만 아니라 정공의 부인이기도 하며 두씨 또한 그렇게 말하였다. 『공양전』 또한 부인으로 생각하였는데 『곡량전』에서만 첩이라고 생각하였으니 그렇지는 않은 것 같다.

14 『전』이 없다. 이는 B.C. 495년 7월 22일의 개기일식이다.

15 『전』이 없다.

16 정사일은 9일이다.

17 무오일은 10일이다.

18 "측(昃)"은 『곡량전』에는 "직(稷)"으로 되어 있다. 『설문』에서는 "측은 해가 서쪽에 있을 때 기운 것이다. 일(日)의 뜻이며, 측(仄)의 소리이다"라 하였다. 그러나 한대(漢代)의 예

辛巳,[19]	신사일에
葬定姒.	정사를 장사 지냈다.
冬,	겨울에
城漆.[20]	칠에 성을 쌓았다.

傳

十五年春,	15년 봄에
邾隱公來朝.[21]	주나라 은공이 와서 조현하였다.
子貢觀焉.[22]	자공이 그 예를 보았다.
邾子執玉高,	주자가 옥을 높이 들면

서(隸書)에서는 거의 "직(稷)"자로 썼다. 「영대비(靈臺碑)」의 "해 기우니 여름 아니네(日稷不夏)"와 「부각송(郙閣頌)」의 "해가 기울도록 수고 하시고(劬勞日稷)", 「비봉별비(費鳳別碑)」의 "뉘엿뉘엿 해 기우네(乾乾日稷)"의 일직(日稷)은 모두 일측(日昃)이다. 조탄(趙坦)의 『이문전(異文箋)』에 상세하다. 당시에는 장례를 아침에 거행하였는데 이튿날 저녁에야 비로소 장례를 치른 것은 어쩔 수 없었기 때문이다.

19 두예는 "신사일은 10월 3일이다. 날만 기록하고 달은 없다"라 하였다.

20 칠(漆): 두예는 "주(邾)나라 서기(庶其)의 읍이다"라 하였다. 양공 21년 『전』에 "주나라의 서기가 칠과 여구를 가지고 도망쳐 왔다(邾庶其以漆、閭丘來奔)"는 기록이 있다. 칠은 지금의 산동 추현(鄒縣) 북쪽이다. 두예는 양공 21년 『경』의 『전』에 근본하였는데 이때는 아마 이미 서기의 읍이 아닐 것이다.

21 두예는 "주자(邾子) 익(益)이다"라 하였다.

22 자공(子貢): 혹은 자공(子贛)이라고도 한다. 단목사(端木賜, 목(木)은 혹 목(沐)이라고도 한다)로 위나라 사람이며, 공구(孔丘)의 제자이다. 그의 언행은 『논어』에 보이는 것 이외에도, 『사기』의 「중니제자열전(仲尼弟子列傳)」 및 「화식열전(貨殖列傳)」에도 있으며, 또한 「12제후 연표(十二諸侯年表)」와 「악서(樂書)」, 「오세가(吳世家)」, 「노세가(魯世家)」, 「공자세가(孔子世家)」, 「오자서전(伍子胥傳)」, 「유림열전(儒林列傳)」 중에도 보이며, 선진(先秦) 및 양한(兩漢) 사람의 책에도 빈번하게 즐겨 말하였다.

其容仰,	그 얼굴이 우러르고,
公受玉卑,	공이 옥을 낮게 받으면
其容俯.[23]	그 얼굴을 숙였다.
子貢曰,	자공이 말하였다.
"以禮觀之,	"예로 살펴보건대
二君者,	두 임금은
皆有死亡焉.	모두 곧 죽을 것이다.
夫禮,	예라고 하는 것은
死生存亡之禮也,	사생과 존망의 주체로
將左右, 周旋, 進退, 俯仰,	좌우와 주선, 진퇴, 부앙을
於是乎取之,	여기에서 취하며,
朝, 祀, 喪, 戎,	조회와 제사, 상례와 전쟁을
於是乎觀之.	여기에서 살피게 된다.
今正月相朝,	지금 정월에 서로 조현하면서
而皆不度,[24]	모두 법도에 맞지 않으니
心已亡矣.	마음이 이미 잃은 것이다.

23 두예는 "옥은 조현하는 사람의 폐백이다"라 하였다. 『주례·전서(典書)』 및 『예기·곡례(曲禮)』에 의하면 제후들끼리 서로 조현할 때 공·후·백(公·侯·伯)은 규를 잡고, 자·남(子·男)은 벽(璧)을 잡는다. 규와 벽은 모양은 같지 않지만 모두 옥으로 만들므로 여기서 옥(玉)을 잡는다고 하였다. 공영달의 소(疏) 및 서효식(徐孝宦)의 『춘추좌씨전정의집술(春秋左氏傳鄭義輯述)』을 참고하여 보라.

24 두예는 "법도에 맞지 않는 것이다"라 하였다.

嘉事不體,	아름다운 일에 예를 쓰지 않으니
何以能久?[25]	어떻게 오래갈 수 있겠는가?
高, 仰,	높고 우러르는 것은
驕也,	교만한 것이며,
卑, 俯,	낮고 숙이는 것은
替也.[26]	쇠퇴하는 것이다.
驕近亂,	교만하면 난에 가깝고
替近病,[27]	쇠퇴하면 병에 가까운데,
君爲主,	임금이 주인이니
其先亡乎!"[28]	먼저 죽을 것이다!"

吳之入楚也,	오나라가 초나라에 들어감에

---

25 두예는 "가사(嘉事)는 조현의 예절이다"라 하였다. 『한서·오행지(五行志)』 중(中)의 상(上) 안사고(顔師古)의 주에서 "불체(不體)는 신체의 절도를 얻지 못하는 것이다"라 하였다. 그러나 위에서 예는 사생과 존망의 주체라고 하였으니 이 체(體)자는 곧 위의 체(體)이며, 체는 곧 예(禮)이다. 예(禮)와 체(體)는 옛날부터 본래 통하여 쓸 수 있었으니 『주역·계사(繫辭) 상』에 "지혜는 높고 예는 낮다(知崇體卑)"는 말이 있는데, 『집해(集解)』에서 "지금 판본에는 체(體)가 예(禮)로 되어 있다"라 한 것으로 알 수 있다. 안사고는 글자의 뜻 그대로만 풀이하였는데 적절치 않다.

26 체(替): 『한서·오행지』 중(中)의 상(上) 안사고(顔師古)의 주에서 "체(替)는 폐타(廢惰)이다"라 하였다.

27 근병(近病): 병(病)은 질병이며, 가깝다는 것은 병중에 있다는 것이 아니라 병의 조짐이 있다는 것이다.

28 사망하는 것이다. 5월에 정공이 죽고, 애공 7년에 주자 익을 돌려보낸다.

胡子盡俘楚邑之近胡者.[29]	호자는 초나라 읍으로 호나라에 가까운 곳의 사람을 모두 포로로 하였다.
楚旣定,	초나라가 안정되었는데도
胡子豹又不事楚,	호자표는 또한 초나라를 섬기지 않고
曰,	말하였다.
"存亡有命,	"존망에는 명이 있는 것이니
事楚何爲?	초나라를 섬겨서 무엇 할 것인가?
多取費焉."[30]	마침 비용만 들 뿐이다."
二月,	2월에
楚滅胡.	초나라가 호나라를 멸하였다.

夏五月壬申,	여름 5월 임신일에
公薨.	공이 돌아가셨다.
仲尼曰,	중니가 말하였다.
"賜不幸言而中,	"사의 말이 불행히도 맞아떨어졌으니

29 초나라 읍으로 호나라에 가까이 사는 곳의 백성을 포로로 잡은 것이다.

30 다(多)는 지(秖)와 같으며, 마침이라는 뜻이다. 양수달(楊樹達)의 『사전(詞詮)』을 참고하여 보라.

是使賜多言者也."[31] | 이는 사로 하여금 말이 많은 사람이 되게 하는 것이로다."

鄭罕達敗宋師于老丘.[32] | 정나라 한달이 노구에서 송나라 군사를 무찔렀다.

齊侯, 衛侯次于蘧挐,[33] | 제후와 위후가 거나에서 머물렀는데
謀救宋也. | 송나라를 구원을 모의한 것이다.

秋七月壬申, | 가을 7월 임신일에
姒氏卒. | 사씨가 죽었다.
不稱夫人, | 부인이라 칭하지 않은 것은
不赴, | 부고를 하지 않았고
且不祔也.[34] | 또한 배사하지 않았기 때문이다.

---

31 노공이 죽은 것은 불행한 일이었으므로 "불행히 말이 맞아떨어졌다"고 하였다.

32 두예는 "한달은 자차(子齹)의 아들이다. 노구는 송나라 땅이다. 송나라 공자지가 정나라로 달아나 정나라 사람이 그를 위해 송나라를 친 것으로 땅을 빼앗아 살게 해주려는 것으로 이 일은 애공 12년에 보인다"라 하였다. 노구는 지금의 개봉시(開封市) 동남쪽, 진류진(陳留鎭) 동북쪽 45리 지점이다.

33 거나(蘧挐): 곧 거제(渠蒢)로 음이 가깝고 다른 글자로 하나의 지명의 두 이름이 아니다.

34 『경』에서 부인이라고 칭하지 않은 까닭을 풀이한 것이다. 공영달은 "부인이 막 죽었을 때 동맹국에게 부고를 하면 그 부고장에 '부인 모씨가 훙거했다'라 해야 하는데 이 부고는 부인이라 부르게 되는 것이다. 예법상 적처(適妻)는 적조고(適祖姑)에 배사하고 첩은 첩의 조고(祖姑)에 배사한다. 조고(祖姑)에 배사하게 되면 또한 부인이 되는 것이다. 이 부고와 고(姑)에 합사하는 것은 모두 부인의 예법이다. 두 가지가 모두 빠졌으므로 부인이

葬定公,	정공을 장사 지내는 데
雨,	비가 내려
不克襄事,	장례를 마칠 수가 없었으니
禮也.[35]	예에 맞았다.

葬定姒,	정사를 장사 지냈는데
不稱小君,	소군이라 칭하지 않은 것은
不成喪也.[36]	상례가 없었기 때문이다.

冬,	겨울에
城漆,	칠에 성을 쌓았는데
書,	기록한 것은
不時告也.[37]	제때 알리지 않았기 때문이다.

홍거하였다고 하지 않은 것이다. 두 가지 가운데 한 가지 일만 행하여져도 부인이라 칭할 수 있다. 여기서는 부고도 하지 않고 배사하지도 않았으니 부인이라 칭하지 않은 것으로 해석한 것이다"라 하였다.

35 양(襄): 두예는 "양(襄)은 이루는 것이다. 비가 왔는데 일을 이루었다면 장례에 급급하였다는 것과 같다"라 하였다.

36 두예는 "공의 장례를 치르기 전에 부인이 죽어 상례가 번거롭게 되어 부고도 하지 않고 배사도 하지 않았으므로 소군이라 일컫지 않았으니 신하들이 태만한 것이다. 오히려 침(寢)에서 곡하였으므로 장례를 올렸다고 기록하였다"라 하였다.

37 성읍을 수축할 때는 특수한 상황이 아니면 일반적으로 농한기에 하여야 한다. 이때는 가을에 칠에다 성을 쌓았지만 가을에 성을 쌓을 때 조묘(祖廟)에 고하지 않고 일부러 늦추어 겨울의 농한기가 되자 비로소 조상에게 알렸으므로『경』에서 "겨울에 칠에 성을 쌓았다"고 한 것이다.

12. 애공

哀公

(기원전 494년~기원전 468년)

이름은 장(蔣)인데 「노세가(魯世家)」에는 장(蔣)이 장(將)으로 되어 있으며, 정공의 아들이다. 육덕명(陸德明)의 『석문(釋文)』에서는 "아마 부인 정사(定姒) 소생일 것이다"라 하였다. 양옥승(梁玉繩)의 『사기지의(史記志疑)』에서는 "『인표(人表)』〔『한서·고금인표(漢書·古今人表)』〕의 노도공(魯悼公) 아래의 『주』에서는 '출공(出公)의 아들'이라 하였는데, 이 애공 또한 출공이라 일컬어지니 월(越)의 손자이기 때문이다"라 하였다.

애공 원년

經

元年春王正月,[1]	원년 봄 주력으로 정월에,
公即位.[2]	공이 즉위하였다.
楚子, 陳侯, 隨侯, 許男圍蔡.[3]	초나라와 진후, 수후, 허남이 채나라를 에워쌌다.
鼷鼠食郊牛,[4]	생쥐가 교사에 쓸 소를 갉아먹어
改卜牛.	점을 쳐서 소를 바꾸었다.
夏四月辛巳,[5]	여름 4월 신사일에
郊.[6]	교사를 지냈다.
秋,	가을에
齊侯, 衛侯伐晉.	제후와 위후가 진나라를 쳤다.
冬,	겨울에

---

1 원년(元年): 정미년 B.C. 494년으로 주경왕(周敬王) 26년이다. 동지가 정월 12일 무오일로 건자(建子)이다.

2 『전』이 없다.

3 『경』에서 수(隨)나라를 기록한 것은 다만 희공 20년에만 보인다. 정나라 소공 4년 오나라가 영(郢)으로 들어가자 수(隨)는 소왕(昭王)을 보호하는 데 공을 세워, 초나라가 혹 다시 수나라를 제후가 되게 하였으므로 『경』에 다시 보인다.

4 교우(郊牛): 이 아래에 『곡량전』에는 "뿔 각(角)"자가 있다.

5 신사일은 6일이다.

6 교(郊): 『전』이 없다. 두예에 의하면 "改卜牛" 및 "郊"가 하나의 조목으로 연결되어 있으며, 혹자는 두 조목으로 하였는데 틀렸다. 교사(郊祀)를 지내는 일시는 환공 5년의 『전』과 『주』에 상세하다.

仲孫何忌帥師伐邾.[7] 중손하기가 군사를 거느리고 주나라를 쳤다.

傳

元年春, 원년 봄에

楚子圍蔡, 초자가 채나라를 에워쌌는데

報柏擧也.[8] 백거의 전역을 보복한 것이다.

里而栽,[9] 1리 떨어진 곳에 보루를 쌓았는데

廣丈, 너비는 한 길이었고

高倍.[10] 높이는 배였다.

夫屯晝夜九日,[11] 주야로 9일간 주둔하여

如子西之素.[12] 자서의 원래 생각대로 되었다.

---

7 『전』이 없다.

8 백거(柏擧): 백거의 전역(戰役)은 오나라가 초나라를 멸할 뻔했던 일로 채나라가 사실 이끌었으며, 정공 4년의 『경』과 『전』에 보인다.

9 리(里): 채나라의 도읍과 1리 떨어진 곳이다.
재(栽): 판축(版築)을 설치하여 보루를 쌓는 것이다.

10 두예에 의하면 보루의 두께가 당시 길이 단위로 1장(丈)이었다면 높이는 2장이었을 것이니 곧 채나라 도성 바깥에 초나라의 성을 공격하는 병사들이 성 하나를 더 쌓은 것이다. 이는 그렇지 않을 것이다. 이는 실로 채나라를 구원하는 병사를 막을 수 있겠지만 초나라의 군사가 진공하고 후퇴하는 데도 장애가 된다. 이는 성을 쌓은 것이 아니라 돌을 쌓아 보루를 만든 것일 따름이다.

11 부둔(夫屯): 두예는 부(夫)를 병(兵)으로 생각하였으며, 유현(劉炫)은 초나라 군사들은 공격도 하고 지키기도 해야 했으므로 분산시킬 수가 없었다고 하여 "부둔(夫屯)은 역둔(役屯)을 모은 것을 이른다"고 하였다. 심흠한(沈欽韓)의 『보주(補注)』에서는 "옛날에 판축(版築)을 하는 역부는 사졸들로 충당했다. 유현(劉炫)은 달리 성을 쌓는 역부가 있다고 하였는데 틀렸다"고 하였다.

蔡人男女以辨.[13]	채나라 사람은 남자와 여자를 따로 묶어 항복했다.
使疆于江, 汝之間而還.[14]	장강과 여수 사이로 옮기게 하고 돌아갔다.
蔡於是乎請遷于吳.[15]	채나라는 이에 오나라에 오나라로 옮길 것을 청하였다.

吳王夫差敗越于夫椒,[16]	오왕 부차가 부초에서 월나라를 무찔렀는데

---

12 소(素): 예정된 계획, 선공 11년 『전』의 "30일만 일하면 완성되는데 원래의 계획과 어그러짐이 없다(事三旬而成, 不愆于素)"라 한 소(素)가 바로 이를 말한다. 심흠한(沈欽韓)의 『보주(補注)』에서는 『의례·사상례(儀禮·士喪禮)』의 정현의 주를 인용하여 "형법이 정하여진 것이 소(素)이다"라 하였다.

13 변(辨): 두예는 "변은 구별하는 것이다. 남녀를 각각 구별하여 묶어서 성을 나와 항복한 것이다"라 하였다. 혜동(惠棟)의 『보주(補注)』에서는 "'辨'은 반(班)의 뜻으로 읽는다. 양공 25년 『전』에 '남여 노예를 구분하여 보내어 진후에게 뇌물로 주었다(男女以班賂晉侯)'라 하였는데, 유현(劉炫)은 '애공 원년 채나라 사람이 남녀를 구별한 것이 이것과 같다'라 하였다"고 하였다.

14 두예는 "초나라가 채나라의 국도를 강수〔江水, 곧 장강(長江)〕의 북쪽과 여수의 남쪽으로 옮기고 전지를 요구하여 스스로 안전을 추구하고자 한 것이다. 채나라가 명을 따랐기 때문에 초나라가 군사가 돌아갔다"라 하였다.

15 두예는 "초나라가 돌아가자 채나라가 다시 초나라를 배반하고 오나라에 간 것이다. 이듬해에 채나라가 주래(州來)를 옮기는 복선이 된다"라 하였다.

16 부초(夫椒): 가규(賈逵)는 부초가 월나라 땅이라고 하였는데 옳다. 두예는 "부초는 오군(吳郡) 오현(吳縣) 서남쪽 태호(大湖) 중의 초산(椒山)이다"라 하였는데 믿음직스럽지 않다. 초산은 곧 지금의 태호(太湖)의 서동정산(西洞庭山)으로 오나라 도읍과 가까우며, 월나라가 여기서 패했다 하더라도 퇴로는 여전히 넓다. 또한 월나라가 오나라를 친 것이 아니라 오나라가 월나라에 보복을 한 것이므로 전장은 오나라 도읍 가까운 곳이어서는 안 된다. 심흠한(沈欽韓)의 『지명보주(地名補注)』에서는 "『월절서·기지전(越絶書·記地傳)』에서 '부산(夫山)이라는 것은 구천이 식량이 떨어져 곤경에 처했던 곳으로 산음현(山陰縣)과는 15리 떨어져 있다'라 하였으니 이 부초는 월나라에 있음을 알 수 있다"라 하

報檇李也.[17]	취리의 전역을 앙갚음한 것이었다.
遂入越.	마침내 월나라로 들어갔다.
越子以甲楯五千保于會稽,[18]	월자는 갑옷과 방패로 무장한 5천 명으로 회계에서 지키며
使大夫種因吳大宰嚭以行成.[19]	대부 종으로 하여금 오나라 태재 비를 통하여 화친을 구했다.
吳子將許之.	오자가 허락하려 하였다.
伍員曰,	오원이 말했다.
"不可.	"안 됩니다.
臣聞之,	신이 듣건대
'樹德莫如滋,	'덕을 세우는 데는 불어나게 함만 한 것이 없고
去疾莫如盡.'[20]	병을 없애는 데는 완전히 뿌리 뽑음만 한 것이 없다' 하였습니다.

였다. 부초는 아마 지금의 소흥현(紹興縣) 북쪽에 있을 것이다.

17 취리의 전역은 정공 14년『전』에 보이며 부차의 아버지가 그곳에서 죽었다.

18 회계(會稽): 회계산으로 지금의 절강 소흥현 동남쪽 12리 지점에 있다.

19 대부종(大夫種): 『오월춘추(吳越春秋)』와 『여씨춘추·당염(當染)』편 고유(高誘)의 주, 『사기·오세가(吳世家)』의 『색은(索隱)』 및 『태평환우기(太平寰宇記)』에 의하면 대부는 관직 이름이고 씨(氏)는 문(文)이며 종은 이름이고, 자는 금(禽)으로 초나라 남영(南郢) 사람인데, 초평왕 때 초나라 완(宛)의 영(令)을 지낸 적이 있다.

20 『전국책·진책(戰國策·秦策) 3』에서는 『서경』을 인용하여 "덕을 세우는 데는 번성하게 하는 것 같은 것이 없고, 해를 없애는 데는 뿌리째 뽑아 버림만 한 것이 없다"라 하였다. 지금의 위고문 「태서(泰誓)」에 있다.

昔有過澆殺斟灌以伐斟鄩,[21]	지난날 유과 요가 짐관을 죽여서 짐심을 쳐
滅夏后相,[22]	하후상을 멸하였는데
后緡方娠,[23]	후민은 바야흐로 임신을 하여
逃出自竇,	성의 작은 구멍으로 도망을 쳐서
歸于有仍,[24]	유잉으로 돌아가
生少康焉.[25]	소강을 낳았습니다.
爲仍牧正,[26]	잉의 목정이 되었는데
惎澆能戒之.[27]	요에 원한을 품고 그를 경계할 수 있었습니다.

---

21 양공 4년『전』에서 말하기를 한착(寒浞)은 예(羿)를 죽이고 그 처첩에게서 요(澆)를 낳아 요를 과(過)에서 살게 하였다고 하였다. 그러므로 여기서 "유과의 요(有過澆)"라고 한 것이다.『전』에서는 또 말하기를 "요는 군사를 써서 짐관씨를 멸하였다(澆用師滅斟灌)"라 하였는데 여기서 말한 "짐관을 죽였다"는 것은 그 임금을 죽이고 그 나라를 멸한 것을 말하는데 두 군데서는 각기 그 한 가지 사실만 말하였다.『사기·하본기(史記·夏本紀)』에서 태사공은 우(禹)가 분봉하자 나라를 성으로 삼았는데 짐심씨(斟尋氏)와 짐과씨(斟戈氏)가 있다고 하였으니 곧 이곳의 짐심과 짐관이다.

22 하후상(夏后相): 두예는 "하후상은 계(啓)의 손자이다. 후상은 나라를 잃고 두 짐(斟)씨에게 의탁하였는데 다시 요(澆)에 의해 멸망당하였다"라 하였다.『태평어람(太平御覽)』권82에서는『기년(紀年)』을 인용하여 "후상은 즉위하여 상구(商丘)에 거처하였다"라 하였다. 또한『수경주·양수(水經注·洋水)』,『한서·지리지(漢書·地理志)』의 주,『노사·후기(路史·後記)』13에서는 모두『기년(紀年)』을 인용하여 "상은 짐관에 거처하였다"라 하였으니 짐관이 멸망당하자 후상 또한 망하였다.

23 후민(后緡): 두예는 "후민은 상의 아내이다. 신(娠)은 아기를 배는 것이다"라 하였다.

24 두예는 "후민은 유잉씨의 딸이다"라 하였다.

25 복건은 "소강은 후민의 유복자이다"라 하였다.

26 목정(牧正): 두예는 "목관(牧官)의 장이다"라 하였다.

27 두예는 "기(惎)는 독(毒)이다. 계(戒)는 비(備)이다"라 하였다.

澆使椒求之,[28]	요가 초로 하여금 그를 찾게 하니
逃奔有虞,[29]	유우로 달아나
爲之庖正,[30]	포정이 되어
以除其害.[31]	그 해에서 벗어났습니다.
虞思於是妻之以二姚,[32]	우사가 이에 두 딸을 시집보내고
而邑諸綸,[33]	윤읍에 봉하여
有田一成,	1성의 전지와
有衆一旅.[34]	1려의 무리를 가지게 되었습니다.
能布其德,	그 덕을 펼 수 있어서
而兆其謀,[35]	자기의 계책에 착수하여
以收夏衆,	하나라의 무리를 거두고
撫其官職,[36]	그 관원들을 위무하였으며,

28 두예는 "초는 요의 신하이다"라 하였다.

29 유우(有虞): 우순(虞舜)의 후손으로 부락국가이며 지금의 하남 상구지구(商丘地區) 우성현(禹城縣) 서남쪽 3리 지점에 있다고 한다. 마종련(馬宗璉)의 『보주(補注)』에서는 산서 평륙현(平陸縣)에 있을 것이라고 생각하였는데 확실치 않다.

30 포정(庖正): 유우(有虞)의 추장을 위해 음식을 관장하는 관리가 된 것이다.

31 기(其)는 소강을 가리키며 자기를 해치는 것을 피하였다는 말이다.

32 우사(虞思): 사(思)는 유우(有虞) 추장의 이름으로 요(姚)성이며, 두 딸을 시집보냈기 때문에 이요(二姚)라 하였다.

33 윤(綸): 지금의 우성현(虞城縣) 동남쪽 30리 지점에 있으며, 정나라의 윤지(綸氏)와는 다르다. 청나라 염약거(閻若璩)의 『상서고문소증(尙書古文疏證)』 권6의 하(下)에 상세하다.

34 두예는 "사방 10리가 성(成)이고, 5백 명이 여(旅)이다"라 하였다.

35 두예는 "조(兆)는 시(始)이다"라 하였다.

36 두예는 "양공 4년의 『전』에서는 '미는 유격씨에서 두 나라의 유민을 거두어 착을 멸하고 소강을 세웠다(靡自有鬲氏, 收二國之燼, 以滅浞而立少康)'라 하였다"라 하였다.

使女艾諜澆,[37]	여애로 하여금 요를 염탐하게 하고
使季杼誘豷.[38]	계저로 하여금 희를 꾀게 하였습니다.
遂滅過, 戈,	마침내 과와 과를 멸하고
復禹之績,[39]	우의 업적을 회복하였으며
祀夏配天,	하나라를 제사 지내고 하늘을 제사 지냈으며
不失舊物.[40]	옛 문물을 잃지 않았습니다.
今吳不如過,	지금 오나라는 과만 못하며
而越大於少康,	월나라는 소강보다 크니
或將豐之,[41]	혹 그들을 풍성하게 한다면
不亦難乎![42]	또한 어렵지 않겠습니까!

---

37 여애(女艾): 두예는 "여애는 소강(少康)의 신하이다"라 하였다. 여애로 하여금 요가 있는 곳으로 들어가 간첩이 되게 한 것이다.

38 희(豷): 두예는 "희는 요의 아우이다"라 하였다.
계저(季杼): 『국어·노어(國語·魯語) 상』에서는 "저(杼)는 우의 업적을 따를 수 있는 자이며 하후씨는 그에 보답하였다"라 하였는데, 위소(韋昭)는 "저는 우(禹)의 7세손으로 소강(少康)의 아들인 계저(季杼)이다. 하나라의 도를 일으킬 수 있었다"라 하였다.

39 두예는 "과(過)는 요(澆)의 나라이고, 과(戈)는 희(豷)의 나라이다"라 하였다.

40 배천(配天): 고례(古禮)에 의하면 하늘을 제사 지내면서 선조를 함께 제사 지내는데 여기서는 하나라의 조상을 제사 지내면서 천제를 함께 제사 지내는 것이다. 청나라 주빈(朱彬)의 『경전고증(經傳攷證)』에서는 "배천(配天)이라는 것은 하늘의 명을 받아 천자가 되는 것이다"라 하였는데 생각해 볼 만하다.

41 혹 하늘이 월나라를 풍성하게 하려는 것일 것이라는 말이다.

42 오나라와 월나라가 강화(講和)하면 오나라는 어렵게 될 것이라는 말이다.

句踐能親而務施, 구천은 타인을 가까이할 수 있고 베푸는 데 힘쓰니

施不失人,[43] 베풀면 사람을 잃지 않고

親不棄勞.[44] 가까이하면 공로가 있는 자들이 버리지 않습니다.

與我同壤,[45] 우리와 땅을 함께하면

而世爲仇讎. 대대로 원수가 됩니다.

於是乎克而弗取, 이에 이기고도 취하지 않고

將又存之, 또한 존속시키려 하니

違天而長寇讎,[46] 하늘의 뜻을 어기고 원수를 키우는 것으로

後雖悔之, 나중에 뉘우친들

不可食已.[47] 어쩔 수가 없게 될 것입니다.

---

43 두예는 "은혜를 내리는 것이 모두 그 사람을 얻는 것이다"라 하였다.

44 공로가 있는 자를 버리지 않아 그를 친애한다는 것이다.

45 다섯 호수와 세 강을 함께하며, 지금의 절강(浙江)과 강소(江蘇)가 같은 땅이다.

46 위천(違天): 월나라를 취하지 않는 것이다. 『국어·월어(越語) 하』에서 범려(范蠡)가 말하기를 "신이 듣건대 '때를 얻으면 게을리 하지 말아야 하니 때는 다시 오지 않는다. 하늘이 주는 것을 취하지 않으면 도리어 재앙이 된다'라 하였습니다"라 하였다. 『한서·소하전(蕭何傳)』에서도 "『주서(周書)』에서 말하기를 '하늘이 주는 것을 취하지 않으면 도리어 재앙을 받는다'라 하였다"라 하였는데 모두 이 뜻이다. 그 나라를 취하지 않는 것은 사실상 원수를 키우는 것이라는 말이다.

47 불가식(不可食): 지금 말로 견딜 수 없다는 뜻과 같다. 청나라 우창(于鬯)의 『향초교서(香草校書)』에서는 "이 식(食)자는 득(得)자의 뜻으로 읽어야 할 것이다"라 하고 『전국책·진책(秦策)』의 "나중에 뉘우친들 어쩔 수가 없을 것이다(後雖悔之, 不可得已)"는 것을 예로 들어 증명하였는데, 뜻을 놓치고 얽매인 것 같다.

姬之衰也,	희성의 쇠망은
日可俟也.[48]	날을 꼽아 가며 기다립니다.
介在蠻夷,[49]	만이의 사이에 끼어
而長寇讎,	원수를 키우니
以是求伯,[50]	이렇게 해서는 패주를 구하여도
必不行矣."	반드시 안 될 것입니다."
弗聽.	그 말을 듣지 않았다.
退而告人曰,	물러나 다른 사람에게 알리어 말하였다.
"越十年生聚,	"월나라는 10년간 인구를 늘리고 물자를 축적하며
而十年敎訓,[51]	10년간 가르치고 훈련시켜
二十年之外,	20년이 지나면

48 두예는 "희(姬)는 오나라의 성이다. 날을 꼽아 가며 기다릴 수 있음을 말한다"라 하였다.

49 오나라는 월나라와 초나라 사이에 처해 있다.

50 부차는 패주가 되려는 마음을 가지고 있다.

51 『국어·월어(越語) 상』에서는 "'지금 과인은 그대들 부부를 데리고 자녀를 낳아 번성시키려 하오.' 건장한 자는 늙은 아내를 얻지 못하게 하였고 늙은이는 건장한 아내를 얻지 못하게 하였으며, 여자가 17세가 되었는데 시집을 가지 않으면 그 부모에게 죄를 묻고, 남자가 20세가 되었는데 장가를 가지 않으면 그 부모에게 죄를 물었으며, 아기를 낳으려는 사람이 알리면 공가(公家)에서 의원을 보내 지켜 주었다. ……"라 한 것이 인구를 늘린 일이다. 『한비자·내저설(內儲說) 상』에서는 "월왕 구천은 성난 개구리를 보고 절을 하며 '개구리의 기력이 이러하니 절을 하지 않을 수 있겠는가!'라 하였다. 사인(士人)들이 말하기를 '개구리에 기력이 있는데도 왕께서 오히려 절을 하시니 하물며 사인들이 용기가 있음이겠는가?'라 하였다"라 하였다. 이는 가르치고 훈련시킨 하나의 예이다.

吳其爲沼乎!"[52]	오나라는 늪지가 될 것이다!"
三月,	3월에
越及吳平.[53]	월나라와 오나라는 강화를 맺었다.
吳入越,	오나라가 월나라로 들어간 것을
不書,	기록하지 않은 것은
吳不告慶, 越不告敗也.	오나라가 경사를 알리지 않았고 월나라도 패전을 알리지 않아서이다.

夏四月,	여름 4월에
齊侯, 衛侯救邯鄲,	제후와 위후가 한단을 구원하여
圍五鹿.[54]	오록을 에워쌌다.

吳之入楚也,[55]	오나라가 초나라로 들어갈 때
使召陳懷公.	진회공을 부르게 하였다.

---

52 두예는 "오나라 궁실이 허물어지면 당연히 더러워짐을 말한다. 22년에 월나라가 오에 들어가는 복선이다"라 하였다.

53 『오월춘추』에 「구천귀국외전(句踐歸國外傳)」 및 「구천음모외전(九天陰謀外傳)」이 있으며, 후한(後漢) 원강(袁康)의 『월절서(越絶書)』에도 서술이 있는데 모두 후인의 전설로 거의 믿기에 부족하여 수록하지 않았다.

54 두예는 "조직(趙稷)이 한단을 가지고 배반하였는데 범씨와 중항씨의 무리이다. 오록은 진나라의 읍이다"라 하였다. 오록은 두 군데가 있는데 이곳은 하북 대명현(大名縣)) 동쪽의 사록(沙麓)이다. 희공 23년 『전』의 『주』를 함께 보면 상세하다.

55 두예는 "정공 4년에 있었다"라 하였다.

懷公朝國人而問焉,	회공은 나라의 사람들을 조현하게 하여 그들에게 물어
曰,	말하였다.
"欲與楚者右,	"초나라 편을 드는 사람은 오른쪽으로 서고
欲與吳者左.	오나라 편을 드는 사람은 왼쪽으로 서라.
陳人從田,	도성의 사람은 토지를 따라 서고
無田從黨."[56]	토지가 없는 사람은 족당을 따라 서라."
逢滑當公而進,[57]	봉활이 공을 향해 섰다가 나서서
曰,	말하였다.
"臣聞,	"신이 듣건대
國之興也以福,	나라가 흥하는 것은 복에서 말미암고
其亡也以禍.	망하는 것은 화에서 말미암는다 합니다.

56 두예는 "도읍의 사람으로 토지가 없는 사람은 족당을 따라 서는 것이다. 설 곳을 몰랐기 때문에 바로 사는 곳을 따르게 한 것이다. 토지가 서쪽에 있는 사람은 오른쪽에 살고 토지가 동쪽에 있는 사람은 왼쪽에 사는 것이다"라 하였다. 진후(陳侯)는 남면을 하여 오른쪽이 초나라이고 왼쪽은 오나라이다. 토지가 서쪽에 있는 사람은 초나라와 이웃하고, 동쪽에 있는 사람은 오나라와 이웃한다.

57 당공(當公): 두예는 "당공은 왼쪽도 오른쪽도 아닌 것이다"라 하였다.

今吳未有福,	지금 오나라에는 아직 복이 없고
楚未有禍,	초나라에는 아직 화가 없으니
楚未可棄,	초나라는 아직 버릴 수가 없고
吳未可從.	오나라는 아직 따를 수 없습니다.
而晉,	그리고 진나라는
盟主也,	맹주이니,
若以晉辭吳,	진나라를 핑계로 오나라에 거절하는 것이
若何?”	어떻겠습니까?”
公曰,	공이 말하였다.
“國勝君亡,[58]	“나라가 이기고 임금은 도망갔으니
非禍而何?”[59]	화가 아니고 무엇이겠는가?”
對曰,	대답하였다.
“國之有是多矣,	“나라에는 이런 경우가 많이 있게 마련이니
何必不復?	어찌 반드시 회복하지 않겠습니까?
小國猶復,	소국도 오히려 회복을 하거늘
況大國乎?	하물며 대국이겠습니까?

58 초나라는 오나라에 승리를 바쳤고 초나라 임금은 도망간 것이다.
59 초나라가 아직 화가 없다고 한 것을 반박한 것이다.

臣聞,	신이 듣건대
國之興也,	나라가 흥하는 것은
視民如傷,	백성을 다친 사람 돌보듯 해서이니
是其福也,	이것이 복이며,
其亡也,	망하는 것은
以民爲土芥,	백성을 흙이나 티끌처럼 여겨서이니
是其禍也.[60]	이것이 화입니다.
楚雖無德,	초나라가 비록 덕은 없지만
亦不艾殺其民.[61]	또한 그 백성을 참살하지는 않았습니다.
吳日敝於兵,	오나라는 전쟁으로 지쳐 가고
暴骨如莽,[62]	뼈가 드러난 것이 잡초와 같아
而未見德焉.	덕행이 드러나지 않았습니다.
天其或者正訓楚也,	하늘이 혹 바로 초나라에 교훈을 주고
禍之適吳,	화가 오나라로 간다면

---

60 『맹자·이루(離婁) 하』에 "임금이 백성을 보는 것이 흙이나 티끌 같다(君之視臣如土芥)", "문왕은 백성을 다친 사람을 돌보듯이 했다(文王視民如傷)"는 말이 있는데, 청나라 초순(焦循)의 『정의(正義)』(『맹자정의(孟子正義)』)에서는 맹가(孟軻)가 봉활의 이 말에 근본하였다고 생각하였는데 사실 "신이 듣건대(臣聞)"란 두 자(字)가 있는 것으로 보아 봉활 이전에도 이런 말이 이미 있었다.

61 애(艾): 예(刈)와 같다.

62 잡초와 같다는 것은 그 많음을 말한다.

其何日之有?"[63]	얼마나 날이 있겠습니까?"
陳侯從之.	진후가 그대로 따랐다.
及夫差克越,	부차가 월나라를 이겼을 때
乃修先君之怨.[64]	이에 선군의 원한을 다스렸다.
秋八月,	가을 8월에
吳侵陳,	오나라가 진나라를 침공하였는데
修舊怨也.[65]	묵은 원한을 풀려는 것이었다.

齊侯, 衛侯會于乾侯,	제후와 위후가 간후에서 회동하였는데
救范氏也.	범씨를 구원하기 위함이었다.

---

63 머지않아 이르게 될 것이라는 말이다.

64 진(陳)나라를 부른 것은 합려(闔廬) 때문인데 진나라가 부름에 응하지 않았으므로 선군의 원한이라고 한 것이다.

65 『예기·단궁(檀弓) 하』에 "오나라가 진나라를 침공하여 사사(祠祀)의 나무를 베고 역병으로 앓고 있는 사람들을 죽였다. 군사가 돌아가 국경을 넘었다. 진나라 태재비(太宰嚭)가 군중에 사자로 갔다. 부차가 행인 의(儀)에게 말하여 '이 사람은 말이 많으니 어찌 일찍이 물어보지 않는가? 군사를 내면 반드시 명분이 있으니 사람들이 이번 출병에 뭐라고 하는지를'이라 하였다. 태재비가 말하였다. '옛날에는 침벌(侵伐)하는 자들이 사사의 나무를 베지 않았으며 병자를 죽이지 않았고 반백이 된 자는 포로로 잡지를 않았습니다. 이번에 군사를 내면서 병자를 죽였으니 어찌 병자를 죽인 군사라 하지 않겠습니까?' 말하였다. '너희 땅을 돌려주고 너희 자식들을 돌려보낸다면 뭐라고 하겠는가?' 말하였다. '군왕께서 우리나라의 죄를 토벌하시고 또한 불쌍히 여겨 용서하신다면 그 출병을 어찌 명분이 없다 하겠습니까?'"라는 말이 있는데, 정현과 공영달은 모두 이때의 전역을 말하는 것이라 하였다.

師及齊師, 衛孔圉, 鮮虞人伐晉,	우리 군사와 제나라 군사, 위나라 공어, 선우 사람이 진나라를 쳐서
取棘蒲.[66]	극포를 취하였다.

吳師在陳,	오나라 군사가 진나라에 있게 되자
楚大夫皆懼,	초나라 대부들이 모두 두려워하여
曰,	말하였다.
"闔廬惟能用其民,	"합려는 오직 그 백성을 쓸 수 있었기 때문에
以敗我於柏擧.	백거에서 우리에게 패전을 안겼다.
今聞其嗣又甚焉,	지금 듣건대 그 사자가 또한 더 심하다 하니
將若之何?"	그 어찌 될 것인가?"
子西曰,	자서가 말하였다.
"二三子恤不相睦,	"그대들은 서로 화목하지 못한 것만 걱정하고
無患吳矣.	오나라는 걱정 마시오.

66 『경』에서는 "제후와 위후가 진나라를 쳤다"라고만 기록하고 노나라와 선우는 기록하지 않았다. 두예는 "공어는 공증서(孔烝鉏)의 증손자이다"라 하였다. 극포(棘蒲)는 지금의 하북 조현(趙縣)의 치소이다.

昔闔廬食不二味,	지난날 합려는 식사 때 두 가지 반찬을 먹지 않았고
居不重席,[67]	앉을 때 겹자리에 앉지 않았으며
室不崇壇,[68]	집은 높은 단에 짓지 않았고
器不彤鏤,[69]	기물은 붉은 칠을 하고 아로새기지 않았으며
宮室不觀,[70]	궁실에는 누관을 짓지 않았고
舟車不飾,	배와 수레는 장식을 꾸미지 않았으며,
衣服財用,	의복과 재용은
擇不取費.[71]	가려 써서 낭비를 하지 않았소.

67 거(居): 지금의 앉는다는 뜻이다. 옛날에는 앉는 것이 지금의 꿇어앉는 것과 같았다. 땅에 자리를 앉았으며 지면에는 자리가 있었다. 사(士)만이 겨우 한 겹의 자리를 썼는데 합려도 한 겹의 자리를 쓴 것이다.

68 옛날의 귀족들은 집을 지을 때 반드시 먼저 단을 만들어 평지보다 높게 돋우고 난 다음에 집을 올렸다. 합려는 평지에다 집을 지어 단을 높이지 않았는데 그 검소한 것을 말한다.

69 동루(彤鏤): 두예는 "동(彤)은 붉은 것이다. 루(鏤)는 아로새기는 것이다"라 하였다. 기물에 붉은 색 옻칠(漆)을 하지 않고 꽃무늬를 새기지 않았다는 것을 말한다. 명나라 육찬(陸粲)의 『좌전부주후록(左傳附注後錄)』에서는 "동(彤)자는 조(彫)자가 되어야 하며 글자가 비슷하여 바뀐 것이다"라 하였다. 『교감기』에서는 또한 혜동(惠棟)의 말을 인용하여 "동(彤)은 옛 조(彫)자이다"라 하였는데, 왕인지(王引之)는 극력 반박하였으니 옳다. 호옥진(胡玉縉: 1859~1940)의 『허경학림(許廎學林)』에 」좌전의 기물에는 붉게 칠하고 새기지 않았음을 풀이함(左傳器不銅鏤解)」가 있는데 육찬과 혜동의 설을 펴고 왕인지의 설을 반박하고 있는데 믿을 수 없다.

70 궁실에는 누대나 정각(亭閣)을 짓지 않은 것이다.

71 두예는 "견후(堅厚)한 것을 가려 취하여 잘고 미미한 것을 숭상하지 않는다는 것이다"라 하였다.

在國,	나라에서는
天有菑癘,[72]	천재와 역병이 발생하면
親巡孤寡而共其乏困.[73]	친히 과부 고아를 어루만지고 그 곤핍한 자들에게 물자를 내렸소.
在軍,	군대에서는
熟食者分而後敢食,[74]	익은 음식의 몫이 돌아간 다음에야 감히 먹었고,
其所嘗者,	그가 맛보는 것은
卒乘與焉.[75]	군사들도 함께하였습니다.
勤恤其民,	부지런히 백성들을 무휼하여
而與之勞逸,	그 고락을 함께하니

---

72 희공 13년『전』에 "천재는 떠돌아다닌다(天災流行)"는 말이 있는데, 천재는 수재와 한재(旱災)를 이른다. 려(癘)는 전염병이다.

73 완각본(阮刻本)에는 "친순(親巡)" 아래에 "기(其)"자가 있는데 여기서는『석경』과 송본, 순희본, 아시카가본〔족리본(足利本)〕 등 및 가나자와 문고본(金澤文庫本)에 따라 산삭하였다. 순(巡)은 순행(巡行)하고 안무(按撫)하는 것이다.

74 혜동(惠棟)의『보주(補注)』에서는 "『설원』에서 이 일을 수록하여 군에서는 익은 것을 먹은 자가 반이 넘은 다음에 먹었다 하였으므로 복건의 주에서 '군사를 반으로 나눈 다음에 스스로 그 나머지를 먹은 것이다'라 하였고, 두예는 '반드시 군사들이 모두 익은 음식을 나누어야 했으며 감히 먼저 먹지 않았다'라 하였는데, 두예의 설이 비교적 낫다"라 하였다. 분(分)은 사람들마다 자기의 몫을 얻는 것을 말하며 두예는 "분은 두루〔徧〕라는 뜻이다"라 하였다.

75 두예는 "소상(所嘗)은 달고 진귀한 맛으로 보통의 음식이 아니다"라 하였다. 선공 4년『전』의 "별미를 맛보았다(嘗異味)"와 "맛보고는 나갔다(嘗之而出)"라 한 것이 바로 이 상(嘗)의 뜻이다.

是以民不罷勞,	이 때문에 백성들은 피로를 느끼지 못하고
死知不曠.[76]	죽어도 헛되지 않을 것임을 알았습니다.
吾先大夫子常易之,	우리 선대부 자상은 그 반대였으니
所以敗我也.[77]	우리가 패한 까닭입니다.
今聞夫差,	지금 듣자 하니 부차는
次有臺榭陂池焉,[78]	집에는 누대와 못이 있고
宿有妃嬙, 嬪御焉,[79]	잠자리에는 비빈과 궁첩이 있으며,
一日之行,	하루를 가더라도
所欲必成,	하고 싶은 것은 반드시 이루고
玩好必從,	좋아하는 것은 반드시 딸리며,
珍異是聚,	진귀하고 기이한 것이나 모으고

76 본래는 "死不知曠"으로 되어 있었는데 여기서는 『교감기』 및 가나자와 문고본(金澤文庫本)을 따라 바로잡았다. 두예는 "몸이 죽어도 소홀히 하여 버려지지 않음을 아는 것이다"라 하였다. 고염무의 『보정(補正)』에서는 "광(曠)은 공(空)의 뜻이다. 헛되이 죽지 않으면 위에서 반드시 구휼할 것이라는 것을 안다는 말이다"라 하였다. 고염무의 설이 낫다.

77 두예는 "역(易)은 반(反)과 같다"라 하였다.

78 『국어·오어(吳語)』에서는 "지금 임금은 대를 높이 쌓고 못을 깊이 파서(高高下下) 백성들이 고소대 때문에 피폐해졌습니다"라는 말이 있는데, 위소(韋昭)는 "고고(高高)는 대사(臺榭)를 올리는 것이고 하하(下下)는 못을 깊게 파는 것이다. 고소는 대 이름이다. 오나라 서쪽에 있으며 호수에 가깝다"고 하였다. 『묵자·비공(非攻) 중』에서도 "부차의 몸에 이르러서는 마침내 고소지대를 쌓았는데 7년이 되도록 완성하지 못하였다"라 하였다.

79 비장·빈어(妃嬙·嬪御): 두예는 "비장은 귀한 자이고, 빈어는 천한 자로 모두 내관(內官)이다"라 하였다.

觀樂是務,	유람과 음악 듣는 것을 힘쓰며,
視民如讎,	백성을 원수처럼 여기고
而用之日新.[80]	그들을 부림이 날로 새롭다 하오.
夫先自敗也已,	대체로 먼저 스스로 패한 까닭일 따름이니
安能敗我?"[81]	어찌 우리를 물리칠 수 있겠소?"

冬十一月,[82]	겨울 11월에
晉趙鞅伐朝歌.[83]	진나라 조앙이 조가를 쳤다.

---

80 백성의 힘을 쓰는 데 한 가지 일이 끝나자마자 또 사역을 시켜 끝날 때가 없어 마치 전에는 부린 적이 없다는 것 같다는 말이다.

81 『국어·초어(楚語) 하』에도 이 일이 비교적 간략하게 수록되어 있는데 첫머리에서 "자서가 조정에서 탄식을 하니 남(藍)의 윤 미(亹)가 말하기를……"이라 하여 『전』과는 다르다. 『설원·권모(權謀)』편에서는 이 글을 그대로 따다 썼는데 다만 첫머리에서 "오왕 부차가 월나라를 깨뜨리고 또 진(陳)나라를 치려 하여"라 하여 『전』과 조금 다르다.

82 『교감기』에서는 "『석경』과 송본, 순희본, 악본, 아시카가본(족리본(足利本))에는 원래 '일(一)'자가 없었다"라 하였다. 가나자와 문고본(金澤文庫本)에서는 "십이월(十二月)"로 되어 있다.

83 두예는 "범씨와 중항씨를 토벌한 것이다"라 하였다.

애공 2년

經

二年春王二月,[1]	2년 봄 주력으로 2월에
季孫斯, 叔孫州仇, 仲孫何忌帥師伐邾,	계손사와 숙손주구, 중손하기가 군사를 거느리고 주나라를 쳐서
取漷東田及沂西田.[2]	곽의 동쪽 전지 및 기의 서쪽 전지를 취하였다.
癸巳,[3]	계사일에
叔孫州仇, 仲孫何忌及邾子盟于句繹.[4]	숙손주구와 중손하기 및 주자가 구역에서 맹약하였다.

---

1 이년(二年): 무신년 B.C. 493년으로 주경왕(周敬王) 27년이다. 동지가 정월 23일 계해일로 건자(建子)이며 윤달이 있다.

2 두예는 "주(邾)나라 사람이 뇌물을 써서 취하여 바꾼 것이다"라 하였다. 양공 19년 주나라의 전지를 취하였는데 곽수(漷水)부터였다. 곧 당시에는 곽수의 서쪽 전지가 노나라에 속하였는데 지금은 곽수의 동쪽 전지까지 모두 또한 얻게 되었다. 기수(沂水)는 세 군데가 있는데 이곳은 주나라의 기수이며, 또한 곧 곡부 남쪽의 상류를 흘러 『논어·선진(先進)』에서 "기수에서 목욕하고(浴乎沂)"라 한 곳이 곧 이 하천의 하류로 사수(泗水)로 흘러드는 것이다. 하나는 기원현(沂源縣) 서쪽에서 발원하여 동남쪽으로 흘러 지금은 없어진 황하 쪽으로 흘러드는 것인데, 양공 18년 『전』에서 진(晉)나라가 "동쪽을 침략하여 유에 미치고 남쪽으로는 기까지 미쳤다(東侵及濰, 南及沂)"라 한 곳이 이곳이다. 하나는 등현(滕縣)에서 발원하여 동쪽으로 흘러 비현(費縣)에 유입되며 전유시(顓臾市) 동북쪽에 이르러 준하(浚河)에 물을 대고 또 동남쪽으로 흘러 대기하(大沂河)로 유입되며 또한 소기하(小沂河)라고도 하는 것이다. 이 하천의 원류는 소주(小邾)와 가깝지만 곽수와는 서로 바라보여 고동고(顧棟高)는 이곳은 곳 주(邾)나라의 기수라 하였는데 잘 밝혀 내지 못한 것 같다.

3 계사일은 23일이다.

4 구역(句繹): 지금의 산동 추현(鄒縣) 동남쪽 역산(嶧山)의 동남쪽에 있다. 지금의 추현 치

夏四月丙子,[5]	여름 4월 병자일에
衛侯元卒.	위후 원이 죽었다.
滕子來朝.[6]	등자가 와서 조현하였다.
晉趙鞅帥師納衛世子蒯聵于戚.[7]	진나라 조앙이 군사를 거느리고 위나라 세자 괴외를 척에 들였다.
秋八月甲戌,[8]	가을 8월 갑술일에
晉趙鞅帥師及鄭罕達帥師戰于鐵.[9]	진나라 조앙이 거느린 군사와 정나라 한달이 거느린 군사가 철에서 싸웠다.
鄭師敗績.[10]	정나라 군사가 대패하였다.

소와는 40리도 떨어져 있지 않으며 이때 아마 이미 주나라의 도읍이었을 것이다. 그러나 이곳은 소주와 가깝기 때문에 그 전지 중에는 소주에 속한 것도 있어서 14년의 『경』과 『전』에서 "소주의 사가 구역을 가지고 도망쳐 왔다(小邾射以句繹來奔)"라 한 것으로 알 수 있다. 유현(劉炫) 및 왕부지(王夫之)의 『패소(稗疏)』에서는 구역을 소주의 읍이라고 보았는데 실로 잘못된 것이다. 노나라와 주나라는 서로 맹약하였는데 어떻게 소주의 땅을 맹약의 땅으로 삼을 것이며 또한 가까운 곳은 제쳐 두고 먼 곳을 취하였겠는가? 공영달의 소(疏)에서는 "구역이 속한 곳은 또한 정해진 기준이 없다"고 하였으니 또한 억측이다.

5 병자일은 7일이다.

6 『전』이 없다. 『휘찬(彙纂)』에서는 "등나라가 조현한 것은 여기까지이며 제후가 내조(來朝)한 것 또한 여기까지이다"라 하였다.

7 괴외가 달아난 일은 정공 14년 『전』에 보이는데 애공 16년에 공회(孔悝)가 비로소 들여 즉위시킨다. 재위 겨우 2년 만에 다시 진나라에 의해 쫓겨난다. 시호는 장(莊)이다. 척(戚)은 지금의 하남 복양현(濮陽縣) 북쪽이다.

8 갑술일은 7일이다.

9 "철(鐵)"은 『공양전』에는 "율(栗)"로 되어 있는데, 『석문』에서는 "율(栗)은 어떤 판본에는 질(秩)로 되어 있다"라고 하였다. 철(鐵)과 율(栗), 질(秩)은 고음이 모두 같은 운부에 있었다. 두예는 "철은 척성(戚城)의 남쪽에 있다. 한달은 자피(子皮)의 손자이다"라 하였다. 철은 지금의 복양현(濮陽縣) 서북쪽 5리 지점에 있다.

10 두예는 "크게 붕괴된 것을 패적(敗績)이라 한다"라 하였다.

冬十月,	겨울 10월에
葬衛靈公.[11]	위나라 영공을 장사 지냈다.
十有一月,	11월에
蔡遷于州來.[12]	채나라를 주래로 옮겼다.
蔡殺其大夫公子駟.[13]	채나라가 그 대부 공자 사를 죽였다.

傳

二年春,	2년 봄에
伐邾,	주나라를 쳤는데
將伐絞.[14]	교를 치려고 하였다.
邾人愛其土,	주나라 사람이 그 땅을 아껴
故賂以漷, 沂之田而受盟.	곽수와 기수의 전지를 뇌물로 주어 맹약을 받아들였다.

---

11 『전』이 없다. 7개월 만에 장사를 지냈는데 아마 진나라의 군사 때문이었을 것이다.

12 채(蔡)나라는 본래 상채(上蔡)에 도읍을 정하였는데 지금의 하남 상채현이며, 나중에 신채(新蔡)로 도읍을 옮겼으니 지금의 하남 신채현이다. 지금은 오나라로 들어가 오나라 군사 때문에 주래로 옮긴 것으로 지금의 안휘 봉대현(鳳臺縣)으로 하채(下蔡)라고도 한다.

13 나라를 옮기어 가는 것은 크게 쉬운 일이 아니며 오나라에 의지하고 초나라에 의지하여 모두 사람에 의지하였다. 애공 4년 『전』에서는 대부들이 또 옮기는 것을 걱정한다 하였으니 신하들이 아마 옮기고 싶어 하지 않았을 것이다. 이해에 주래로 옮기는 것에 대해 공자사 또한 반대자 중의 하나였다. 『전』의 『주』를 참고하라.

14 두예는 "교는 주나라의 읍이다"라 하였다. 청나라 고동고(顧棟高)의 『춘추여도(春秋輿圖)』에서는 지금의 등현(滕縣) 북쪽에 있다고 하였다.

初,	처음에
衛侯遊于郊,	위후가 교외에서 놀았는데
子南僕.[15]	자남이 수레를 몰았다.
公曰,	공이 말하였다.
"余無子,[16]	"나는 아들이 없으니
將立女."	너를 세우려고 한다."
不對.	대답하지 않았다.
他日又謂之,	훗날 또 그렇게 말하였더니
對曰,	대답하였다.
"郢不足以辱社稷,	"저는 부족하여 사직을 욕되게 할 것이니
君其改圖.	임금께옵선 생각을 바꾸십시오.

15 자남(子南): 두예는 "자남은 영공의 아들 영(郢)이다"라 하였다. 『예기·단궁(檀弓) 상』 공영달의 소(疏)에서는 『세본(世本)』을 인용하여 또한 "영공은 소자(昭子) 영(郢)을 낳았다. ……"라 하였으니 영이 영공의 아들임은 의심의 여지가 없다. 요내(姚鼐)의 『보주(補注)』에서는 아래의 "공이 말하기를 나는 아들이 없다" 한 것을 가지고 곧 "영은 당연히 공의 서제(庶弟)이다"라 하였는데, 영공이 말한 "나는 아들이 없다"고 한 것이 태자 괴외(蒯聵)가 도망가서 다른 적자가 없다 한 것을 모른 것이다. 영은 서자일 따름이다.
복(僕): 수레를 몰다.

16 청나라 완지생(阮芝生)의 『두주습유(杜注拾遺)』에서는 "훌륭한 아들이 없다는 것을 이른다. 이는 고인들의 상투어로 이를테면 숙상(叔向)이 힐(肹)에게 이르기를 아들이 없다고 한 것이 이런 뜻이다"라 하였는데 이는 일리가 있다. 그러나 영은 왕위를 탐내지 않았는데 훌륭한 아들이 없다고 할 수 있겠으며, 이는 다면 다른 적자가 없다고 말한 것일 따름이다. 17년 『전』에서 "기사의 아들 비아를 아들로 삼으려 한다(將以杞姒之子非我爲子)"라 하였는데 두예는 "적자가 되는 것이다"라 하여 더욱 잘 알 수 있다.

君夫人在堂,	군부인이 당상에 계시고
三揖在下,[17]	삼읍이 당하에 있으니
君命祗辱."[18]	임금의 명을 다만 욕되게 하는 것입니다."
夏,	여름에
衛靈公卒.	위나라 영공이 죽었다.
夫人曰,	부인이 말하였다.
"命公子郢爲大子,	"공자 영을 태자로 명하는 것이
君命也."	임금의 명이다."
對曰,	대답하였다.
"郢異於他子,[19]	"저는 다른 사람과는 다르며

17 삼읍(三揖): 두예는 "삼읍은 경과 대부, 사이다"라 하였다. 공영달은 "『주례·사사(司士)』에 '고(孤)과 경(卿)에게는 특읍(特揖)을 하며, 대부에게는 그 등급에 따라 여읍(旅揖)을 하고, 곁에 있는 사(士)에게는 삼읍(三揖)을 한다'는 말이 있는데, 정현은 '특읍은 일일이 읍을 하는 것이다. 여는 무리로 대부는 관작이 같은 자들이 무리 지어 읍을 하는 것이다. 삼읍이라는 것은 사에 상·중·하가 있는 것이다'라 하였다"라 하였다. 왕이 상사와 중사, 하사에게 읍을 하면 사는 지위가 낮아 감히 받지 못하여 모두 뒷걸음질 쳐서 피하게 되므로 왕이 곁에서 읍을 하는 것이다.

18 이는 임금이 대부 및 경대부와 상의하지 않고 사사로이 나에게 왕위를 이으라 한 명을 받아들이면 다만 임금의 명을 욕되게 할 따름이라는 것을 말한다.

19 여기에는 두 가지 해석이 있다. 두예는 "마음 씀이 같지 않음을 말한다"라 하였다. 아마 영이 왕위를 차지하고 싶지 않아 절조로 스스로 높이고자 하는 것으로 오나라 계찰이 이른바 "절조를 지키는" 것이다. 다케조에 고코(竹添光鴻)의 『회전(會箋)』에서는 "아마 영의 어머니가 신분이 천하여 감히 다른 아들과 동일하게 여기지 않았으므로 다른 아들과 다르다고 한 것일 따름이다"라 하였다.

且君沒於吾手,	또한 임금께서는 제 손에서 돌아가셨으니
若有之,	이런 말을 하셨다면
郢必聞之.[20]	제가 반드시 들었을 것입니다.
且亡人之子輒在."[21]	또한 도망간 사람의 아들 첩이 있습니다."
乃立輒.	이에 첩을 세웠다.
六月乙酉,[22]	6월 을유일에
晉趙鞅納衛大子于戚.	진나라 조앙이 위나라 태자를 척에 들였다.
宵迷,[23]	밤에 길을 잃으니
陽虎曰,	양호가 말하였다.
"右河而南,	"황하 오른쪽을 건너 남으로 가면
必至焉."[24]	반드시 이를 것입니다."

20 두예는 "마땅히 임종 때의 것을 옳게 보아야 한다는 말이다"라 하였다.

21 망인(亡人): 태자 괴외를 가리킨다. 두예는 "첩은 괴외의 아들 출공(出公)으로 영공의 적손(嫡孫)이다"라 하였다.

22 을유일은 17일이다.

23 밤에 길을 잃은 것이다.

24 『한서·구혁지(溝洫志)』에서는 "『주보(周譜)』에서는 '정왕(定王) 5년(B.C. 602년) 황하가 물길을 바꾸었다'라 하였으니 지금 가는 것은 우임금이 뚫은 것이 아니다"라 하였다. 당시 황하는 하남 활현(滑縣) 동북쪽에서 준현(浚縣)과 내황(內黃), 관도(館陶)의 동쪽을 경유하였다. 이때 진나라는 아직 황하를 건너지 않았으니 군사는 진나라 경계에서 곧장 동쪽으로 가서 지금의 내황현 남쪽에 이르렀을 것으로 그 오른쪽이 황하이며, 황하를 건너 남쪽으로 가면 곧 척(戚)이고, 다시 남쪽으로 가면 곧 철(鐵)과 제구(帝丘)이다.

使大子絻,[25]	태자에게 상복을 입히고
八人衰絰,	여덟 명에게 상복을 입혀
僞自衛逆者.[26]	위나라에서 맞이하는 자로 위장하였다.
告於門,[27]	문지기에게 알리고
哭而入,	울면서 들어가
遂居之.[28]	마침내 그곳에서 살았다.

秋八月,	가을 8월에

25 문(絻): 면(免)과 같다. 『예기·단궁(檀弓) 상』에 "공의중자(公儀仲子)의 상에 단궁은 면관을 썼다"라 하였다. 면관을 한 뒤에는 괄발(括髮)을 한다. 괄발이라는 것은 『석문(釋文)』에서 "한 치 너비의 베로 정수리 가운데서 앞으로 가서 이마 위에서 묶고 또 뒤로 물리어 상투에서 두른다"라 하였다.

26 복건(服虔)은 "최질(衰絰)은 위나라에서 태자를 맞으러 온 것처럼 꾸민 것이다"라 하였다.

27 괴외가 이 여덟 사람으로 하여금 척의 문지기에게 알리게 하고 문을 열어 그들을 맞이한 것이다.

28 『사기·위세가(衛世家)』에서는 "6월 을유일에 조간자(趙簡子)가 괴외를 나라에 들여보내고자 하여 양호(陽虎)로 하여금 10여 명에게 상복을 입혀 보내어 태자의 귀국을 영접하러 온 것으로 가장하게 하였다. 간자는 괴외를 배웅하였다. 위나라 사람이 그 말을 듣고는 군사를 일으켜 괴외를 치니 괴외는 들어갈 수 없었다. 숙읍(宿邑, 곧 척(戚))으로 들어가 자리를 잡자 위나라 사람도 철군하였다"라 하였다. 이는 첩과 생부가 왕위를 다툰 것으로 후인들은 이에 대해 의론이 분분하다. 『한서·전불의전(雋不疑傳)』에서는 "불의가 말하기를 '지난날 괴외는 명을 어겨 달아났는데 첩이 막아 들이지 않았는데 『춘추』에서는 이를 옳게 여겼다'라 하였다"라 하였는데, 이는 곧 『공양전』의 뜻이다. 당시의 정세를 가지고 말하면 위나라와 제나라의 여러 나라는 모두 조앙에 반대하였으며 조앙이 괴외를 들여보내는 것은 사실 위나라를 순종시키기 위함이었으며, 위나라 사람은 조앙에 맞서 어쩔 수 없이 괴외를 막은 것이다.

齊人輸范氏粟,	제나라 사람이 범씨에게 양식을 날라 주었는데
鄭子姚, 子般送之.[29]	정나라 자요와 자반이 호송하였다.
士吉射逆之,	사길사가 그들을 맞고
趙鞅禦之,	조앙은 막아
遇於戚.	척에서 마주쳤다.
陽虎曰,	양호가 말하였다.
"吾車少,	"우리는 병거가 적으니
以兵車之旆與罕, 駟兵車先陳.[30]	병거의 기와 한달, 사홍의 병거를 가지고 먼저 진을 펼쳐라.
罕, 駟自後隨而從之,	한달과 사홍이 뒤에서 따르며 그들을 쫓다가
彼見吾貌,[31]	저들이 내 모습을 보면
必有懼心,	반드시 두려운 마음이 들 것이니
於是乎會之,[32]	이때 그들과 만나면

29 두예는 "자요는 한달(罕達)이고, 자반은 사홍(駟弘)이다"라 하였다.

30 병거지패(兵車之旆): 심흠한(沈欽韓)의 『보주(補注)』에서는 "병거지패(兵車之旆)는 이른바 대장의 기고(旗鼓)이다. 병거에 먼저 깃발을 세워 중군의 정예가 여기 있음을 보인 것이니 한달과 사홍의 병거가 어쩔 수 없이 훌륭한 것을 나누고 진을 벌려 우리에 맞설 것이라는 것이다"라 하였다.

31 오모(吾貌): 양호가 그 용모를 스스로 이른 것이다. 대체로 양호가 노나라의 정치를 전횡할 때 제나라와 정나라는 그를 두려워했었다.

32 회(會): 두예는 "회는 만나서 싸우는 것이다"라 하였다.

必大敗之."	반드시 대패시킬 수 있을 것이다."
從之.	그대로 따랐다.
卜戰,	전쟁을 점쳐
龜焦.[33]	거북을 그을렸다.
樂丁曰,[34]	악정이 말하였다.
"詩曰,	"『시』에서 말하기를
'爰始爰謀,	'계책 시작하여
爰契我龜.'[35]	이에 우리 거북 점친다네'라 하였습니다.
謀協,	계책이 맞으면
以故兆詢可也."[36]	옛날 점괘를 믿는 것이 옳습니다."
簡子誓曰,	간자가 맹세하여 말하였다.
"范氏, 中行氏反易天明,[37]	"범씨와 중항씨는 천명을 위반하여

33 두예는 "조짐이 나타나지 않은 것이다"라 하였다.

34 악정(樂丁): 두예는 "악정은 진나라의 대부이다"라 하였다.

35 『시경·대아·면(大雅·緜)』의 구절이다. 위 구절의 두 원(爰)자는 조사로 아무 뜻이 없다. 아래 구절의 원(爰)자는 언(焉)자의 뜻으로 쓰여 내(乃), '이에'라는 뜻으로 쓰였다. 계(契)는 새기는 것이다. 계구(契龜)는 곧 점을 치는 것을 말한다.

36 청나라 무억(武億)의 『경독고이(經讀考異)』에서는 "『석문(釋文)』에서는 '謀協以故兆'로 구절을 끊었는데 내 생각에는 위는 『시경』의 '爰始爰謀'를 이어서 말하였으니 '謀協'로 한번 끊어 읽는 것이 의미상 순조롭다"라 하였다. 두예는 "순(詢)은 묻는 것이다. 고조(故兆)는 처음에 위나라 태자를 들이려 할 때 점을 쳐서 얻은 길조(吉兆)이다. 지금 계책이 같기 때문에 구태여 점괘를 바꾸지 않아도 된다는 것이다"라 하였다. 순(詢)은 신(信)의 뜻이며, 두예는 틀렸다.

37 천명(天明): 곧 천명(天命)이다. 명(明)과 명(命)은 청나라 강유고(江有誥)의 『이십일부해

斬艾百姓,	백성들을 참살하여
欲擅晉國而滅其君.	진나라를 주무르고 임금을 죽이려 하였습니다.
寡君恃鄭而保焉.	과군께서는 정나라를 믿고 그들을 보호해 줬습니다.
今鄭爲不道,	지금 정나라가 무도하여
棄君助臣,	임금을 버리고 신하를 돕는데
二三子順天明,	그대들이 천명에 순응하고
從君命,	임금의 명을 따라
經德義,[38]	덕의를 법도로 삼고
除詬恥,	치욕을 없앰이
在此行也.	이 전투에 있습니다.
克敵者,	적을 이기면
上大夫受縣,	상대부는 현을 받고
下大夫受郡,[39]	하대부는 군을 받으며

성표(二十一部諧聲表)』에 의하면 고음이 같아서 통용될 수 있다고 하였다.

38 선공 12년 『전』의 "용병의 좋은 경략입니다(武之善經也)"의 『주』에서 "경은 법이다"라 하였다.

39 두예는 "『주서·작락(周書·作雒)』편에 '천 리에는 백 개의 현이 있고, 현에는 네 개의 군이 있다'라 하였다"라 하였다. 춘추시대 이전에는 현이 군보다 컸으며 전국시대 때는 군이 현보다 컸다. 『전국책·진책 4』 및 『사기·감무전(甘茂傳)』에서는 모두 "의양(宜陽)은 큰 현이지만 사실은 군이다"라 하였으니 군이 현보다 크다. 나머지는 고염무(顧炎武)의 『일지록(日知錄)』 권22에 상세하다.

士田十萬,[40]	사는 10만의 전지를
庶人, 工, 商遂,[41]	서인과 공장, 상인은 이룰 수 있고
人臣隸圉免.[42]	노예와 노복들은 벗어날 수 있습니다.
志父無罪,	내가 죄를 없이 할 수 있다면
君實圖之![43]	임금께서는 실로 잘 생각해 보시기 바랍니다!

---

40 십만(十萬) 아래에 단위 사가 없는데 고인들에게는 습관화된 것이었다. 장정랑(張政烺: 1912~2005)은 10만 보(步)라고 하였으며, 백 보(步)는 1무(畝)이니 곧 천 무(畝)이다. 『국어·진어(晉語) 2』에는 이오(夷吾)가 공자 집(公子縶)에게 사사로이 "중대부 이극(里克)이 나의 편이 되어 내 그에게 분양(汾陽)의 전지 백 만을 주게끔 명하였고, 비정(丕鄭)이 나의 편이 되어 내 그에게 채(蔡)를 업고 있는 전지 70만을 주도록 명하였소"라 말하는 것이 수록되어 있다.

41 두예는 "벼슬길을 이룰 수 있게 되는 것이다"라 하였다. 근인 혜문보(嵇文甫: 1895~1963)는 『중국 고대사회의 조숙성(中國古代社會的早熟性)』에서 수(遂)는 "자유를 누릴 수 있는 것"이라고 하였는데 그렇다면 아래의 "면(免)"과 구별이 없게 된다. 양공 9년 『전』에서 초나라 자낭(子囊)이 진(晉)나라를 논하여 "서민은 농사에 힘을 쓰며 상인과 공인 천역들은 생업을 옮길 줄을 모릅니다(其庶人力於農穡, 商工皂隸不知遷業)"라 하였으니 이런 사람들은 모두 벼슬길로 나아갈 수 없었으며, 여기서는 전공을 세우면 사도(仕途)로 접어들 수 있다는 것을 말한다. 유월(俞樾)의 『평의(平議)』를 아울러 참고하라.

42 인신(人臣): "아들은 신하가 된다(男爲人臣)"의 "인신(人臣)"으로 노예를 말한다.
예어(隸圉): 역시 노예로 예(隸)는 잡역에 복무하고, 어(圉)는 말을 기른다. 양공 23년 『전』에 "비표는 노예로 선자에게 말하기를 '단서를 태워 없애기만 한다면 제가 독융을 죽이겠습니다'라 하였다"라 하였다. 면(免)은 곧 단서(丹書)를 불태우는 것으로 자유민이 되게 하는 것이다. 무억(武億)의 『의증(義證)』에 근본하였다. "상대부"에서 "예어"까지는 당연히 적을 이겨 잡은 각종 신분의 포로를 가리킨다.

43 지보(志父)는 곧 앙(鞅)으로, 두예는 일명 지보라고 한다고 주를 달았고, 복건 및 『국어·진어 9』 위소(韋昭)의 주에서는 모두 조앙이 진양(晉陽)으로 들어가 반란을 일으킨 후에 지보로 개명하였다고 하였다. 『경』과 『전』에서는 시종 "앙"이라고 칭하다가 17년 『전』에서만 앙이 "지보"라고 자칭하고, 20년에서는 그 아들 무휼(無恤) 또한 "선신 지보(先臣志父)"라 하였다. 『예기·곡례(曲禮) 하』에서는 "군자는 이미 아버지를 여읜 뒤에는 이름

若其有罪,	만약에 죄가 있다면
絞縊以戮,[44]	교수형으로 죽이어
桐棺三寸,[45]	세 치짜리 오동나무 관에
不設屬辟,[46]	속관에 비목은 쓰지 말고
素車, 樸馬,[47]	소박한 수레에 갈기를 자르지 않은 말을 써서

을 고치지 않는다"라 하였으니 이름을 고쳤다는 설은 믿을 수 없다. 최저(崔杼)와 진항(陳恒)도 모두 이름을 고치지 않았는데 하물며 조앙이겠는가?

44 교액(絞縊): 교(絞)와 액(縊)은 같은 뜻이다.

45 동관(桐棺): 『순자·예론(禮論)』편에 "사형을 당한(刑餘) 죄인의 상에는 동족의 친속들이 모일 수 없으며 처자만 참석할 수 있고, 관곽은 세 치로 하며 옷은 세 벌에 관은 꾸밀 수 없다"는 말이 있는데 당나라 양경(楊倞)은 "형여(刑餘)는 형을 당하여 죽은 자이다. 『묵자(墨子)』〔「절장(節葬) 하」〕에서는 '오동나무 관 세 치에 칡으로 끈을 만든다'라 하였다. 조간자 또한 그렇게 말하였으니 두께가 세 치인 관은 형벌을 받은 사람의 관이다"라고 주를 달았다.

46 속벽(屬辟): 고대의 천자와 제후 및 경대부의 관에는 모두 여러 겹이 있었다. 비(椑)는 바로 시신을 넣는 관으로 바로 벽(辟)이다. 음이 모두 pì로 서로 가까워 가차하여 썼다. 속(屬)은 대관(大棺) 안의 두 번째 큰 관으로 대관과 이어진다. 『예기·상대기(喪大記)』에서 "임금은 대관의 관목 두께가 8촌(寸)이며 속(屬)은 6촌, 비(椑)는 4촌이다. 상대부는 대관이 8촌, 속관은 6촌……"이라 하였으니 상대부는 비(椑)가 없는데 여기서 조앙이 비는 쓰지 않는다라 한 것으로 보아 당시 제후의 대신도 선종하면 또한 비(椑)를 썼다는 것을 알 수 있으며, 아마 당시에 옛 제도를 따르지 않는 이른바 "참(僭)"이었다.

47 소거(素車): 두예는 "영구를 싣는 것이다"라 하였다. 공영달은 "소거는 운삽〔翣〕과 장식〔柳〕을 하지 않은 영구차이다"라 하였다. 삽(翣)은 곧 깃털로 만든 일산이나 부채 모양의 물건으로 자루가 있으며 영구차가 갈 때 양쪽 곁에서 잡고 따르는 것이다. 『설문(說文)』에서는 천자는 여덟 삽(翣)이고, 제후는 여섯 삽(翣), 대부는 다섯 삽(翣)이라고 하였다. 한대(漢代)에는 깃털을 쓰지 않고 나무로 광(框)을 만들었고 그림을 그린 베를 입혔다. 유(柳)는 영구차의 아래와 위를 덮는 것으로 『주례·천관·봉인(天官·縫人)』 손이양(孫詒讓)의 『정의(正義)』에 상세하다.

박마(樸馬): 공영달은 『예기·곡례(曲禮) 하』의 "대부와 사가 나라를 떠날 때에는 선위를 만들어 곡하고 모마(髦馬)를 태운다"는 말을 인용하였는데, 정현은 "모마는 갈기를 깎지 않은 것이다"라 하였다. 공영달은 박마는 곧 모마로 말을 장식하는 갈기털을 자르지 않

無入于兆,[48]	가족의 묘에 들이지 말 것이니
下卿之罰也."[49]	하경에게 내리는 벌입니다."
甲戌,	갑술일에
將戰,	싸움을 하려 하여
郵無恤御簡子,	우무휼이 간자의 어자가 되고
衛大子爲右.[50]	위태자는 거우가 되었다.
登鐵上,[51]	철 위로 올라가
望見鄭師衆,	정나라 군사가 많은 것을 바라보고는
大子懼,	태자가 두려워하여

은 말이라고 하였다. 그러나 『순자·신도(臣道)』편에 "박마(樸馬)를 몬다면"이라는 말이 있는데, 양경(楊倞)은 "잘 길들이지 않는 말이다"라 하였다. 혜동(惠棟)의 『보주(補注)』에서는 이를 인용하여 이 설을 주장하였다.

48 옛날에는 같은 종족의 사람은 묘역이 한 곳이었는데, 묘역의 범위를 조역(兆域)이라고 하였다. 공영달의 소(疏)에서는 "이는 같은 종족의 묘역에 들지 않는 것도 벌이라는 말이다"라 하였다. 양수달(楊樹達)의 『독좌전(讀左傳)』에서는 "정공 원년에 계손(季孫)이 소공의 묘에 도랑을 내려고 한 것 또한 이 뜻이다"라 하였다.

49 두예는 "여러 무리를 위해 상을 만들고 스스로 벌을 만든 것은 적을 이길 수 있는 까닭이다"라 하였다. 청나라 제소남(齊召南)의 『고증(考證)』에서는 "이 전역의 간자의 장병은 반드시 이미 상경이므로 스스로 하경의 벌로 맹세한 것이다"라 하였다.

50 우무휼(郵無恤): 두예는 "우무휼은 왕량(王良)이다"라 하였다. 『맹자·등문공(滕文公)하』에 "옛날에 조간자가 왕량으로 하여금 총신 해(奚)와 함께 수레를 타게 하였다"는 말이 있는데 곧 이 사람이다. 「진어 9」에는 "우무정(郵無正)이 어자가 되었다"로 되어 있는데, 청나라 왕인지(王引之)의 『춘추명자해고(春秋名字解詁)』에서 "정(正)"은 오자라고 하였으며, 혹자는 조양자의 이름도 무휼(無恤)인데 간자(簡子)를 이어 경이 되었을 때 무휼은 이름을 무정(無政)으로 고쳤다고 하였다. 이름을 고쳤다는 설은 믿을 수가 없으며, 이미 위의 『주』에 보인다.

51 철(鐵): 두예는 "철은 언덕 이름이다"라 하였다.

自投于車下.	자기도 모르게 수레 아래로 떨어졌다.
子良授大子綏,[52]	자량이 태자에게 끈을 주어
而乘之,[53]	수레에 오르게 하고는
曰,	말하였다.
"婦人也."[54]	"부녀자이다."
簡子巡列,[55]	간자가 대오를 순시하고는
曰,	말하였다.
"畢萬,	"필만은
匹夫也,	필부인데도
七戰皆獲,[56]	일곱 번 싸워 모두 포로를 잡아
有馬百乘,	말 백 승이 있었으며

52 자량(子良): 자량은 곧 우무휼로, 『순자·정론(正論)』편, 『논형·명의(命義)』편의 왕량(王梁), 곧 왕량(王良)으로 『논형·솔성(率性)』편에는 또한 왕량(王良)으로 되어 있으므로 알 수 있다. 『한비자·유로(喩老)』편에서는 "조양주(趙襄主)는 왕자기(王子期)에게서 수레 모는 법을 배웠다"라 하였고 「외저설(外儲說) 우하」에서는 "왕자오기(王子於期)는 조간주(趙簡主)를 위해 천 리 바깥까지 길을 다투었다"라 하였는데, 왕자기와 왕자오기는 모두 왕량으로, 유사배(劉師培: 1884~1919)의 『한비자각보(韓非子斠補)』에 설이 상세하다.
수(綏): 공영달은 "당기어 수레에 오르는 끈이다"라 하였다. 『논어·향당(鄕黨)』에서 "수레에 오르실 때는 반드시 똑바로 서서 끈을 잡으셨다(升車, 必正立, 執綏)"라 한 것이 이를 말한다.

53 그를 수레에 오르게 한 것이다.

54 그가 두려워하여 겁내는 것을 풍자한 것이다.

55 순열(巡列): 대오를 순찰한다는 말과 같다.

56 일곱 차례 전쟁을 겪으면서 모두 포로를 잡은 것이다.

死於牖下.[57]	창문 아래서 죽었다.
羣子勉之!	그대들은 힘쓰라!
死不在寇."[58]	적의 손아귀에서 죽지는 않을 것이다."
繁羽御趙羅,[59]	번우가 조라의 어자가 되고
宋勇爲右.[60]	송용이 거우가 되었다.
羅無勇,	조라는 용기가 없어
麇之.[61]	수레에 묶어 놓았다.
吏詰之,	군리가 이를 캐묻자
御對曰,	어자가 대답하였다.
"痁作而伏."[62]	"학질이 발작하여 엎드려 있었습니다."

57 필만은 진헌공의 거우로 민공 원년『전』"필만이 거우가 되었다(畢萬爲右)"의『주』에 보인다. 공영달은 "양공 27년『전』'경만이 백 개의 읍을 갖춘다(唯卿備百邑)'의『주』에서 '1승(乘)의 읍이다'라 하였다.「방기(坊記)」에서는 '집이 부유해도 백 승을 넘지 못한다'라 하였다. 백 승은 제도상 경이 소유할 수 있는 한도이다"라 하였다. 그러나 이때 대국의 경은 이미 백 승을 크게 넘어섰다. 창 밑에서 죽었다는 것은 선종하였음을 말한다. 간자는 이것을 말함으로써 공을 세우게끔 면려한 것이다.

58 용감히 싸우면 반드시 적에게서 죽지 않을 것이라는 말이다.

59 송나라 정공열(程公說)의『춘추분기·세보(春秋分紀·世譜) 6』에서는 "무(武)는 두 아들을 낳았는데 획(獲, 소공 3년의『전』에 보인다)이라 하였고 성(成, 소공 7년의『전』에 보인다)이라 하였으며 획의 손자는 라(羅)라 하였다"라 하였다.

60 두예는 "세 사람은 진나라의 대부이다"라 하였다.

61 균(麇): 홍양길(洪亮吉)의『고(詁)』에서는 "『설문』에서는 '균(䊵)은 묶는 것이다'라 하였고, 『광아(廣雅)』에서도 '균(䊵)은 묶는 것이다'라 하였다. 색각건대 균(䊵)과 균(麇)은 같은 자이다"라 하였다. 유월(兪樾)의『평의(平議)』의 설도 같다.

62 점(痁): 두예는 "점은 학질(瘧疾)이다"라 하였다.

衛大子禱曰, 위태자가 기도하여 말하였다.

"曾孫蒯聵敢昭告皇祖文王, 烈祖康叔, 文祖襄公,[63] "증손 괴외가 감히 황조이신 문왕과 열조 강숙, 문조 양공께 아뢰니

鄭勝亂從,[64] 정나라 승은 순도를 어지럽히고

晉午在難,[65] 진나라 오는 어려움에 처하여

不能治亂, 어지러움을 다스리지 못하여

使鞅討之. 앙이 그들을 토벌케 하십시오.

蒯聵不敢自佚,[66] 저는 감히 스스로 편안하지 않게 하시어

---

63 황조문왕(皇祖文王): 『시경·주송·유천지명(周頌·維天之命)』에 "크게 우리 문왕 따르리니, 자손들은 이를 잘 받들기를(駿惠我文王, 曾孫篤之)"이라는 구절이 있는데, 정현의 『전(箋)』에서는 "증(曾)은 중(重)과 같다. 손자의 아들 아래로 선조를 섬기면 모두 증손이라 칭할 수 있다"라 하였다. 『시경·주송·민여소자(周頌·閔予小子)』에 "이 황조 생각하고(念玆皇祖)"라는 말이 있고 「노송·비궁(魯頌·閟宮)」에 "황조후직(皇祖后稷)"이라는 말이 있고, 진공궤(秦公簋) 등 여러 금문(金文)에도 황조(皇祖)라는 말이 있다.

열조강숙(烈祖康叔): 『시경·상송·나(商頌·那)』에 "둥둥 북 울리니, 우리 열조 기뻐하시네(奏鼓簡簡, 衎我烈祖)"라 하였고, 「열조(烈祖)」에서는 "아아 열조시여(嗟嗟烈祖)"라 하였는데, 열조는 모두 상탕(商湯)으로 상나라의 시조이다. 강숙 또한 위나라의 처음 봉해진 임금이다.

문조양공(文祖襄公): 두예는 "공업을 이어 문을 지켰으므로 문조(文祖)라 한다. 괴외는 양공의 손자이다"라 하였다. 『서경·순전(舜典)』에 "문조에게서 그만두신 임금 자리를 받으셨다"는 말이 있다.

64 정승(鄭勝): 두예는 "승은 정성공(鄭聲公)의 이름이다"라 하였다. 소공 5년 『전』에 "수우는 숙손씨에게 화를 끼쳐 큰 순도를 문란케 하였다(豎牛禍叔孫氏, 使亂大從)"라 하였는데 순도(順道)를 어지럽히는 것을 말한다.

65 진오(晉午): 두예는 "오는 진정공(晉定公)의 이름이다"라 하였다. 전하는 기물에 진공정〔晉公盦〕이 있는데, 그곳의 명문에는 "오(午)"가 "유(惟)"로 되어 있는데 같은 사람이다.

66 일(佚): 일(逸)과 같다.

備持矛焉.[67]	그 창을 갖추어 잡게 해주십시오.
敢告無絶筋,	감히 고하건대 힘줄이 끊어지지 않게 하시고
無折骨,	뼈가 부러지지 않게 하시며
無面傷,[68]	얼굴이 다치지 않게 하시어
以集大事,[69]	대사를 이루어
無作三祖羞.[70]	세 선조가 부끄럽게 되지 않게 하여 주십시오.
大命不敢請,[71]	대명은 감히 청하지 않고
佩玉不敢愛."[72]	패옥은 감히 아끼지 않겠습니다."
鄭人擊簡子中肩,	정나라 사람이 간자를 쳐서 어깨를 명중시키니

67 두예는 "거우는 모(矛)를 잡는다"라 하였다. 발굴된 전차로 보건대 거우는 모(矛)뿐만 아니라 궁시(弓矢) 및 도검(刀劍)도 갖추었다. 비(備)의 뜻은 15년 『전』 "비사(備使)"의 『주』에 상세하다.

68 『국어·진어 3』에서 한(韓)이 맹세하여 "장수가 잡히고 부하들이 얼굴을 다치지 않으면(不面夷) 죽게 해주십시오"라 하였는데 위소는 "이(夷)는 상(傷)이다"라 하였다. 그러나 거기서는 얼굴에 상처를 입는 것을 두려워하지 않았는데 여기서는 자기는 얼굴이 다치지 않게끔 빌고 있다.

69 집(集): 두예는 "집은 이루는 것이다"라 하였다.

70 작(作): 위(爲)와 같다.
삼조(三祖): 황조(皇祖)와 열조(烈祖), 문조(文祖)이다.

71 대명(大命): 사생(死生)의 명을 이른다. 공영달은 "자기의 목숨이 감히 사사로이 구차하게 살려 달라고 청하지 않는 것이다"라 하였다.

72 공영달은 "『상서·금등(金縢)』에서는 주공이 벽옥을 세우고 규(珪)를 잡고서 태왕(大王)과 왕계(王季), 문왕(文王)에게 고하는 것을 말하였는데, 이는 기도를 청할 때 쓰는 옥이다. 군대에는 규벽(圭璧)이 없으므로 패옥(佩玉)을 쓴 것이다"라 하였다.

斃于車中,[73]	수레에 쓰러져
獲其蠭旗.[74]	그 봉기를 노획하였다.
大子救之以戈.	태자가 과로 그를 구하였다.
鄭師北,	정나라 군사는 패배하였고
獲溫大夫趙羅.[75]	온의 대부 조라를 사로잡았다.
大子復伐之,	태자가 다시 그를 치니
鄭師大敗,	정나라 군사는 대패하였고
獲齊粟千車.	제나라의 양식 1천 수레를 노획하였다.
趙孟喜曰,	조맹이 기뻐하여 말하였다.
"可矣."[76]	"되었다."
傅傁曰,	부수가 말하였다.
"雖克鄭,	"정나라를 이기기는 하였지만
猶有知在,	아직도 지씨가 있으니

73 폐(斃): 두예는 "폐는 북(踣), 곧 넘어진 것이다"라 하였다.

74 봉기(蠭旗): 두예는 "봉기는 기 이름이다"라 하였다.

75 우창(于鬯)의 『향초교서(香草校書)』에서는 "이 조라는 아마 범씨의 편당으로 위의 조라와는 다른 사람일 것이다. 그러므로 그냥 조라라 하지 않고 온(溫) 대부 조라라고 하였으며, 이는 위의 조라가 온의 대부가 아니라는 것을 구별하기 위함이다. 이는 양공 19년 『전』에 자공(子孔)이 둘 있는데 하나는 자공 위에 특히 '사(士)'자를 드러낸 경우와 똑같다. 또한 25년의 『전』에는 두 사람의 가거(賈擧)가 있는데 한 사람은 가거 위에 특별히 '시인(侍人)' 두 자를 놓은 것과 같은 예이다"라 하였다.

76 고염무(顧炎武)의 『보정(補正)』에서는 "중항씨가 원군을 잃고 양식이 다 떨어져서 반드시 망할 것이기 때문이다"라 하였다.

憂未艾也."[77]	없애지 못한 것이 걱정됩니다."
初,	처음에
周人與范氏田,	주나라 사람이 범씨에게 전지를 주었는데
公孫尨稅焉,[78]	공손방이 세금을 거두자
趙氏得而獻之.[79]	조씨가 잡아서 바쳤다.
吏請殺之.	군리가 죽일 것을 청하였다.
趙孟曰,	조맹이 말하였다.
"爲其主也,	"그 주인을 위해 한 것이
何罪?"	무슨 죄인가?"
止而與之田.[80]	그만두게 하고 그에게 전지를 주었다.
及鐵之戰,	철의 싸움 때
以徒五百人宵攻鄭師,	5백의 무리를 이끌고 밤에 정나라 군사를 공격하여
取蠭旗於子姚之幕下,	자조의 막하에서 봉기를 취하여

77 두예는 "부수(傅傁)는 간자의 부하이다. 지씨가 장차 어려움에 처하여 나중에는 결국 진양(晉陽)의 우환이 될 것이라는 말이다"라 하였다.

78 두예는 "방(尨)은 범씨의 신하인데, 범씨를 위하여 주나라 사람이 준 전지의 세금을 거둔 것이다"라 하였다.

79 두예는 "방을 잡아 간자에게 바친 것이다"라 하였다.

80 이 일은 철(鐵)의 싸움 이전, 정공 13년 순인(荀寅)과 사길사(士吉射)가 조가(朝歌)로 달아난 뒤의 일인 것 같다. 공손방이 범씨를 위하여 세금을 거두자 조씨가 그를 붙잡아 죽이지 않았을 뿐만 아니라 그를 머물게 하고 그에게 전지까지 주었다.

獻,	바치면서
曰,	말하였다.
"請報主德."[81]	"주공의 덕에 보답코자 합니다."
追鄭師,	정나라 군사를 추격하였는데
姚, 般, 公孫林殿而射,[82]	자요와 자반, 공손림이 뒤를 끊고 활을 쏘아
前列多死.[83]	전열에서 죽은 자가 많았다.
趙孟曰,	조맹이 말하였다.
"國無小."[84]	"나라에는 작은 것이 없다."
旣戰,[85]	싸움이 끝나자
簡子曰,	간자가 말하였다.
"吾伏弢嘔血,[86]	"내 활집에 엎어져 피를 토했는데
鼓音不衰,	북소리가 줄어들지 않았으니
今日我上也."[87]	오늘은 내가 으뜸이오."

81 이는 조앙이 정나라 군사를 이긴 원인 가운데 하나이다.

82 조·반(姚·般): 조(姚)는 자요(子姚)이고 반(般)은 자반(子般)이다. 세 사람이 퇴각을 엄호하는 군사를 거느리고 추격군에 사격을 가한 것이다.

83 조앙의 추격군 선봉이 많이 전사한 것이다.

84 소국을 경시할 수 없다는 말로, 소국이라 하더라도 잘 싸우는 자는 있게 마련이라는 것이다.

85 싸움이 끝났다는 말과 같다.

86 도(弢): 활을 넣는 자루이다. 구(嘔)는 토하는 것이다.

87 두예는 "나의 공이 으뜸이라는 것이다"라 하였다.

大子曰,	태자가 말하였다.
“吾救主於車,	“나는 수레에서 주장을 구하고
退敵於下,	아래에서는 적을 물리쳤으니
我,	나는
右之上也.”	거우 중에서 으뜸이오.”
郵良曰,	우량이 말하였다.
“我兩靷將絕,	“나는 양쪽 가슴걸이 끈이 끊어지려는 것을
吾能止之,[88]	내 능히 그치게 하였으니
我,	나는
御之上也.”	어자 중 으뜸이오.”
駕而乘材,	멍에를 매고 목재를 실으니
兩靷皆絕.[89]	양쪽의 가슴걸이 끝이 모두 끊어졌다.

吳洩庸如蔡納聘,	오나라 설용이 채나라로 가서 빙례를 바치고

88 인(靷)은 근(靳)이 되어야 한다. 희공 18년『전』“현·인·앙·반”(韅·靷·鞅·靽)의『주』를 보라. 두 가슴걸이 끝이 끊어지면 참마가 반드시 밖으로 나가서 제어할 수 없게 된다. 왕량은 수레를 잘 몰아 끊어지려는 가슴걸이 끈을 가지고 참마를 잘 부릴 수 있었던 것이다.

89 왕량이 남들이 믿지 못할까 걱정한 것이며, 재(材)는 작고 가는 목재인데, 다시 멍에를 매고 작고 가는 나무를 싣자 두 가슴걸이 끈이 모두 끊어진 것이다.

而稍納師.[90]	조금씩 군사를 들여보냈다.
師畢入,[91]	군사들이 다 들어오니
衆知之.	모두 그것을 알았다.
蔡侯告大夫,	채후가 대부들에게 알리니
殺公子駟以說.[92]	공자 사를 죽여 해명하였다.
哭而遷墓.[93]	울면서 무덤을 옮겼다.
冬,	겨울에
蔡遷于州來.	채나라가 주래로 옮겼다.

---

90 설용(洩庸): 『오월춘추』 권4와 『한서·동중서전(董仲舒傳)』, 한나라 왕포(王褒)의 「사자강덕론(四子講德論)」에서도 모두 이 설용이 곧 26년 『전』의 설용(舌庸)이라고 하였고, 오개생(吳闓生)의 『문사견미(文史甄微)』에서도 이렇게 주장을 하였는데 틀렸다. 두씨(두예)의 『세족보(世族譜)』에서는 설용은 오나라의 잡인(雜人)이라 하였고 곧 설용(舌庸)이라고는 하지 않았다. 양이승(梁履繩)의 『보석(補釋)』에서 인용한 유보인(俞葆寅)의 설에 상세하다.

91 오나라 군사가 신채(新蔡)로 다 들어간 것이다.

92 채후(蔡侯)가 오나라로 옮기려 하였기 때문에 오나라와 공모하여 빙례를 빙자하여 오나라 군사를 들인 것이다. 여러 대부는 옮기려 하지 않는 자들인데 채후가 공자 사를 죽여 오나라에 해명하니 이에 감히 저지하는 사람이 없게 되었다.

93 두예는 "옮기려 하여 선군과 헤어졌으므로 운 것이다"라 하였다.

애공 3년

經

三年春,[1] 3년 봄에

齊國夏, 衛石曼姑帥師圍戚.[2] 제나라 국하와 위나라 석만고가 군사를 거느리고 척을 에워쌌다.

夏四月甲午,[3] 여름 4월 갑오일에

地震.[4] 지진이 일어났다.

五月辛卯,[5] 5월 신묘일에

桓宮, 僖宮災. 환궁과 희궁에 화재가 발생하였다.

季孫斯, 叔孫州仇帥師城啓陽.[6] 계손사와 숙손주구가 군사를 거느리고 계양에 성을 쌓았다.

---

1 삼년(三年): 기유년 B.C. 492년으로 주경왕(周敬王) 28년이다. 동지가 정월 초4일 기사일로 건자(建子)이다.

2 괴외가 척에 살고 있었기 때문이다.

3 초하루이다. 『경』에서 초하루라고 기록하지 않은 것은 아마 당시에는 초하루라고 여기지 않았기 때문일 것이다.

4 『전』이 없다.

5 신묘일은 28일이다.

6 『전』이 없다. "계(啓)"는 『공양전』에는 "개(開)"로 되어 있다. 조탄(趙坦)의 『이문전(異文箋)』에서는 "『공양전』의 소(疏)에서는 대굉(戴宏)의 서문을 인용하여 '자하(子夏)는 공양고(公羊高)에게 전하여 주었고, 고는 그 아들 평(平)에게 전하여 주었으며, 평은 그 아들 지(地)에게 전하여 주었고, 지는 그 아들 감(敢)에게 전하여 주었으며, 감은 그 아들 수(壽)에게 전하여 주었다. 한 경제(景帝) 때에 이르러 수는 이에 제자인 호모자도(胡母子都)와 함께 죽백(竹帛)에다 적었으며, 동중서와 함께 도참(圖讖)에 드러났다'라 하였다. 이는 『공양전』의 『경』과 『전』이 경제 때 나온 것이므로 전사(傳寫)하는 자가 마침내 '계(啓)'를 '개(開)'로 고친 것이다"라 하였다. 한 경제의 이름이 계(啓)이다. 계양(啓陽)은 『휘찬(彙纂)』에 의하면 지금의 산동 임기현(臨沂縣) 북쪽 15리 지점에 개양(開陽)의 고성이 있는데, 본래 우

宋樂髡帥師伐曹.[7]	송나라 악곤이 군사를 거느리고 조나라를 쳤다.
秋七月丙子,[8]	가을 7월 병자일에
季孫斯卒.	계손사가 죽었다.
蔡人放其大夫公孫獵于吳.[9]	채나라 사람이 그 대부 공손렵을 오나라로 쫓아냈다.
冬十月癸卯,[10]	겨울 10월 계묘일에
秦伯卒.[11]	진백이 죽었다.
叔孫州仇, 仲孫何忌帥師圍邾.[12]	숙손주구와 중손하기가 군사를 거느리고 주나라를 에워쌌다.

傳

三年春,	3년 봄에
齊, 衛圍戚,	제나라와 위나라가 척을 에워싸자
求援于中山.[13]	중산국에 구원을 청하였다.

(鄅)나라였다가 나중에 노나라의 속국이 되었는데 계양(啓陽)이라고 하였다. 『휘찬(彙纂)』은 또한 『수경주·기수(沂水)』에 근거하였다.

7 『전』이 없다.

8 병자일은 14일이다.

9 『전』이 없다. 두예는 렵은 공자 사의 무리라고 하였다.

10 계묘일은 13일이다.

11 『전』이 없다. 진혜공이다. 그 이름을 기록하지 않은 것은 무슨 까닭인지 모르겠다.

12 『전』이 없다. 지난해 주(邾)나라 곽(漷)과 기(沂)의 전지를 받고 맹약한 지 1년여 만에 또 정벌하였는데, 『전』에서 기록하지 않은 것은 의문스러운 점을 잠시 보류하여 둔 것으로 보는 것이 옳을 것 같다.

夏五月辛卯,	여름 5월 신묘일에
司鐸火.[14]	사탁에 불이 났다.
火踰公宮,	불이 공궁으로 번져
桓, 僖災.[15]	환공묘와 희공묘에 화재가 났다.
救火者皆曰顧府.[16]	불을 끄는 자들이 모두 부고를 돌보라고 하였다.
南宮敬叔至,	남궁경숙이 이르러

---

13 두예는 "중산은 선우(鮮虞)이다"라 하였다. 전국시대에 중산국이 있다.

14 사탁(司鐸): 두예는 사탁을 궁(宮) 이름이라고 하였다. 장병린(章炳麟)의 『독(讀)』에서는 "사탁은 아마 관서(官署) 가운데 궁성 안에 있는 것일 것이며, 「고공기(考工記)」에서 말한 '노문(路門) 밖에 9실(九室)이 있는데 9경(九卿)이 그곳에서 정사를 처리한다'라 한 것과 같으니 곧 후세의 낭서(郎署)이다. 그 땅은 공궁의 서쪽에 있을 것이므로 불길이 공궁을 지나 동으로 번져 가면 환공과 희공의 묘(廟)가 화재를 입게 되는 것이다"라 하였다.

15 환·희(桓·僖): 환공의 묘(廟)와 희공의 묘이다. 환공은 애공에게 8세조가 되며 희공은 6세조이다. 『예기·왕제(禮記·王制)』에서 "제후는 5묘(廟)인데 2소(昭), 2목(穆)에 태조의 묘(廟)까지 5이다"라 한 것 및 『예기·문왕세자(禮記·文王世子)』에서 "5묘를 선조로 하는 자손은 조묘(朝廟)가 아직 허물어지지 않으면"이라 하였으니 환공의 묘와 희공의 묘는 일찌감치 허물어져야 했다. 아직도 남긴 것은 혹 계씨와 숙손, 맹씨가 모두 환공의 후손이어서 3가(三家)가 권세를 휘두르는데 그 시조를 높여서였기 때문일 것이다. 3가(三家)가 권세를 휘두른 것은 희공에게서 시작되었으며 희공의 묘를 허물지 않은 것은 또한 은덕에 보답하기 위해서가 아니겠는가! 춘추시대에 조묘(祖廟)를 허물어야 하는데 허물지 않은 것은 비단 노나라만이 아니다. 진도공이 즉위하자 무궁(武宮)에 조배하였는데 무공에서 도공까지는 이미 열 임금이 지났다. 진나라는 곡옥(曲沃)의 무공이 진후 민(緡)을 멸하고서부터 그 후에 진나라 임금이 된 사람은 모두 그 후대로 진나라는 이미 당숙우(唐叔虞)를 태조로 여기지 않고 무공을 태조로 삼았다. 진경공 때에는 문궁(文宮)에 포로를 바쳤는데 문공에서 경공까지가 또한 열 임금인데 문공이 그 당시의 맹주였을 뿐만 아니라 또한 경공의 권력을 주무르던 대신들, 이를테면 한기(韓起)와 순오(荀吳), 위서(魏舒), 범앙(范鞅), 순력(荀躒), 조앙(趙鞅) 같은 사람들의 선조가 모두 문공이 가까이서 신임하던 자들이었다.

16 부(府): 부고(府庫)로 재물이 있는 곳이다.

命周人出御書,	주인에게 임금의 책을 꺼내게 명하고
俟於宮,[17]	궁에서 기다리며
曰,	말하였다.
"庀女,	"너희에게 맡기니
而不在,	없어지면
死."[18]	죽을 것이다."
子服景伯至,[19]	자복경백이 이르러

17 남궁경숙(南宮敬叔): 두예는 "경숙은 공자의 제자 남궁열(南宮閱)이다. 주나라 사람으로 주서(周書)와 전적을 맡아보던 관리였다. 어서(御書)는 임금에게 바치는 것이다. 궁에서 명을 기다리게 한 것이다"라 하였다. 유월(兪樾)의 『다향실경설(茶香室經說)』과 장병린(章炳麟)의 『독(讀)』에서는 모두 주(周)를 주(疇)로 읽어야 한다고 하였으며 대대세세로 서로 전하는 것을 주(疇)라고 한다고 하였다. 그러나 두 주나라의 관직은 거의 대대로 전하였으니 어찌 전적의 관직만 주인(疇人)이라 하겠는가? 또한 통하지 않을 것이다. 장병린(章炳麟)은 그것이 통하기 어렵다는 것을 알고 또 말하기를 "혹자는 수인(壽人)을 가차한 것이라 하였다. 〔『한서(漢書)』〕「예악지(禮樂志)」에서는 '주나라에는 방중악(房中樂)이 있었는데 진(秦)나라에 이르러 수인(壽人)이라 하였다'라 하였는데 대체로 춘추시대부터 전해 내려오던 옛 명칭이다. ……"라 하였다. 곧 수인이 악관이라는 것으로 이는 임금께 바치는 전적을 관장할 수 없는 것이니 또한 믿기 어렵다.

18 비(庀): 두예는 "비(庀)는 갖추는 것이다"라 하였다. 그러나 이 뜻을 여기에 쓰면 사실 이해가 어려워진다. 오개생(吳闓生)의 『문사견미(文史甄微)』에서는 "비는 아마 기찰(譏察)의 뜻일 것이다"라 하였는데, 이는 억측이다. 비(庀)는 아마 비(庇)자의 가차자일 것이며 『주례·지관·수사(地官·遂師)』에 "그 양초(糧草)를 갖춘다(庀其委積)"는 말이 있는데, 『석문』에서 "비(庀)는 또한 비(庇)라고도 한다"라 하였으니 비(庀)와 비(庇)는 통용하였다. 개사(介詞) 어(於)자가 생략되었으며 원래대로라면 "庀於女"가 된다. 곧 이 일을 너희에게 맡겨 보호하게 한다는 뜻이다. 부재(不在)는 곧 잃으면 사죄에 해당한다는 것이다.

19 자복경백(子服景伯): 『예기·단궁(檀弓) 상』 정현의 주에서 "자복백자(子服伯子)는 아마 중손말(仲孫蔑)의 현손 자복경백일 것이다"라 하였다. 공영달은 『세본(世本)』을 인용하여 "헌자(獻子) 말(蔑)은 효백〔孝伯, 이름은 타(它)로 「노어(魯語) 상」에 보인다〕을 낳았고, 효백은 혜백〔惠伯, 이름은 초(椒)로 양공 23년 『전』에 보인다〕을 낳았으며, 혜백은 소백〔昭伯, 이름은 회(回)로 소공 16년의 『전』에 보인다〕을 낳았고, 소백은 경백을 낳았다"라 하였다. 애공 13년 『전』에서 "경백이 말하기를 '내(하)가 섬이 노나라에서 늦었다(何也

命宰人出禮書,[20]	재인에게 예서를 꺼내라 명하고
以待命.	명을 기다렸다.
命不共,	명을 충실히 이행하지 않으면
有常刑.[21]	일정한 형벌이 있었다.
校人乘馬,	교인은 수레에 말을 매고
巾車脂轄,[22]	건거의 비녀장에 기름을 쳤으며
百官官備,[23]	백관이 직책을 갖추어

立後於魯矣)'라 하였다"라 하였으니 경백의 이름은 하(何)이다. 양이승(梁履繩)의 『보석(補釋)』에 상세하다.

20 재인(宰人): 아마 곧 『주례』의 재부(宰夫)인 것 같다. 『주례·천관·재부(天官·宰夫)』에서는 "무릇 예의의 일을 거행할 때 소재(小宰)를 도와 관부(官府)에서 갖출 기물을 검사한다"라 하였고, 또 말하기를 "무릇 조근(朝覲)이나 회동, 빈객이 이르면 뇌례(牢禮)의 법도에 따라 그 뇌례를 관장한다……" 하였으니 곧 "조정을 다스리는 법을 관장"한다. 그 법과 예수를 관장하였으면 반드시 그 책이 있어야 한다. 또한 「춘관·태사(春官·太史)」에서는 "큰 제사 때는 점치는 일을 관장하는 관리와 함께 제사 지낼 날을 점친다. 백관들에게 그날을 알려 주고, 여러 집사와 함께 예서(禮書)를 읽고 해야 할 일을 돕는다"라 하였는데 곧 이곳의 예서이다. 평상시에는 재부가 관장하므로 이 명령이 재부에게서 나온 것이다.

21 명불공(命不共)은 곧 『서경·감서(甘誓)』의 "명을 받들지 않는다(不恭命)"이다. 명을 받들어 직무를 다하지 않으면 일정한 형벌을 내린다는 것이다. 이것과 양공 31년 『전』의 "명에 대다(共命)"라는 것과는 의미가 다르다.

22 『주례·하관·교인(夏官·校人)』은 왕의 말을 관장하는 우두머리로 노나라에도 이 관직이 있었으며 진(晉)나라와 송나라에서는 교정(校正)이라 하였으며, 성공 18년 및 양공 9년의 『전』에 보이므로 여기서 수레에 멍에를 다 매고 기다리도록 명한 것이다. 「춘관·건거(春官·巾車)」에서는 "공거(公車)의 정령을 관장한다"라 하였고, 정현은 "건거는 거관(車官)의 우두머리이다"라고 주를 달았다. 할(轄)은 수레 축 양쪽의 비녀장으로 기름을 바른다. 옛날에는 윤활유가 없었기 때문에 동물의 지방으로 대신하여 수레의 운행이 매끄럽게 했다. 노나라와 진나라에 모두 이 관직이 있었으며 양공 31년의 『전』과 『주』를 참고하라.

23 각종 관리가 맡은 바 직위에 있지 않음이 없는 것이다.

府庫愼守,[24]	부고를 삼가 지키고
官人肅給.[25]	관인들은 성실히 물품을 대주었다.
濟濡帷幕,[26]	물에 적신 장막으로 덮고
鬱攸從之.[27]	화재 진압 장비가 그 뒤를 따랐다.
蒙葺公屋,[28]	공옥을 덮어씌우는데
自大廟始,	태묘로부터 시작하여
外內以悛.[29]	밖에서부터 안까지 차례대로 하였다.
助所不給.[30]	대지 못하는 곳을 도왔다.
有不用命,	명대로 하지 않으면
則有常刑,	상규에 따라 처벌하여
無赦.	용서하지 않았다.

---

24 화재를 틈타 절도하는 것을 막는 것이다.

25 유월(兪樾)의 『평의(平議)』에서는 옛날에 관(官)과 관(館)은 같은 글자이며, 여기서는 관사(館舍)를 맡아 다스리는 자이다. 숙급(肅給)은 엄숙하고 공경스레 공급하는 것이다.

26 제유유막(濟濡帷幕): 장병린(章炳麟)의 『독(讀)』 권2에서는 "제(濟) 또한 유(濡)이다"라 하였다. 제유유막(濟濡帷幕)은 푹 적신 장막으로 불 가까운 곳을 덮어 화재를 입지 않게 하는 것이다.

27 울유(鬱攸): 두예는 화기(火氣)라 하였으며, 청나라 왕소란(王紹蘭)의 『경설(經說)』에서는 "아마 불을 끄는 기구가 장막을 따른 것을 것이다. '화기(火氣)'는 '화기(火器)'의 잘못인 것 같다. ……"라 하였는데, 또한 일설로 갖출 만하다.

28 두예는 "젖은 것을 가지고 공물(公物)을 덮어씌우는 것이다"라 하였다. 아마 젖은 장막을 가지고 불 근처부터 덮어씌우고 다시 공옥(公屋)을 덮어씌우는 것일 것이다.

29 이는 공옥을 덮어씌우는데 태묘를 먼저하고 안을 먼저 밖을 나중에 하여 차례대로 덮어씌운다는 것을 말한다. 두예는 "전(悛)은 차례이다. 높은 것을 먼저하고 낮은 것을 나중에 하여 차례로 끄는 것이다"라 하였다.

30 인력과 물력이 부족한 것은 타인이 돕는다는 것이다.

公父文伯至,[31]	공보문백이 이르러
命校人駕乘車.[32]	공이 타는 수레에 멍에를 매게 하였다.
季桓子至,	계환자가 이르러
御公立于象魏之外,[33]	공의 수레를 몰아 상위 바깥에 세워 두었으며
命救火者傷人則止,	불을 끄는 자들에게 사람이 다치면 그만두게 명하고
財可爲也.[34]	재물은 만들 수 있다고 하였다.
命藏象魏,	『상위』를 갈무리하게 하여
曰,	말하였다.
"舊章不可亡也."[35]	"옛 전장은 잃을 수 없다."
富父槐至,[36]	부보괴가 이르러

31 다케조에 고코(竹添光鴻)의 『회전(會箋)』에서는 "정공 5년 양호(陽虎)에 의해 축출되었는데 양호가 패한 다음에 곧 귀국한 것을 뜻한다"라 하였다.

32 승거(乘車): 두예는 "승거는 공거(公車)이다"라 하였다.

33 태묘(太廟)는 치문(雉門) 안에 있으며, 불이 났을 때 치문(雉門) 안에 있었고 상위(象魏)는 치문(雉門) 밖에 있어서, 한때 화재가 위급하였으므로 계환자가 위공을 위하여 고삐를 잡고 상위 밖에 서 있었던 것이다.

34 인명은 중하고 재물은 가벼운 것이니 차라리 재물을 태울지언정 사람은 상하게 하지 않겠다는 것이다.

35 이 『상위(象魏)』는 갈무리할 수 있는 것이기 때문에 문궐(門闕)을 가리키는 것이 아니다. "상위"가 문궐이라는 뜻으로 쓰인 것은 장공 21년 『전』의 『주』 및 정공 2년 『경』의 『주』에 보인다. 당시 상위는 법령을 걸어 만민들이 알게 하는 곳이었기 때문에 법령(法令)이라 하였고 또한 『상위』라고도 하였는데, 곧 구장(舊章)이다. 복건이 이 설을 주장했다.

36 부부괴(富父槐): 두예는 "괴는 부보종생(富父終生)의 후손이다"라 하였다.

曰,	말하였다.
"無備而官辨者,	"준비도 없이 백관들에게 이러쿵저러쿵하라는 것은
猶拾瀋也."[37]	엎질러진 국물을 주워 담으라는 것과 같다."
於是乎去表之槀,[38]	이에 불이 번지는 곳의 바짝 마른 나무를 없애고
道還公宮.[39]	공궁에 길을 둘렀다.
孔子在陳,	공자가 진나라에 있다가
聞火,	화재가 났다는 말을 듣고
曰,	말하였다.
"其桓, 僖乎!"[40]	"환공의 묘와 희공의 묘일 것이다!"

---

37 무비(無備): 불을 끌 대비를 말한다.
관판(官辨): 위의 백관이 모든 일을 간섭하여 일마다 책임을 지우는 사람이 있지만 불을 끌 수가 없어서 오히려 국물을 땅에 엎지르면 주워 담을 방법이 없다는 것과 같다는 것을 가리킨다.

38 고(槀): 『설문』에서는 "고는 나무가 마른 것이다"라 하였다. 지금은 고(槁)라고 한다. 여기서는 모든 바짝 말라 연소되기 쉬운 물질을 가리킨다.
표(表): 불이 향하는 곳, 불길이 번져가는 길을 말한다.

39 도(道): 지금의 화항(火巷)으로 불길을 떼어 놓기 위한 것이다.
환(還): 환(環)과 같다. 『석문』에서는 "환은 본래 또한 환(環)이라고도 하였다"라 하였다. 공궁을 둘러가며 화항(火巷)을 내어 불이 공궁에 미치지 못하게 하는 것이다. 양공 9년 『전』에서는 송나라가 화재를 당하자 화마가 미치지 않은 곳은 작은 집을 철거하여 또한 불길에서 떼어 놓는 것을 서술하였다. 고대에는 화재가 나면 쉽게 진압하지 못하였는데 이는 당시 불을 끄는 부서가 정연하고 순서가 있음을 서술하였으며 양공 9년 송나라의 화재와 참고하여 볼 수 있다.

40 왕숙(王肅)의 위작으로 의심되는 『공자가어(孔子家語)』에서는 공자가 진후에게 대답한

劉氏, 范氏世爲昏姻,[41]	유씨와 범씨는 대대로 혼인을 맺었으며
萇弘事劉文公,[42]	장홍은 유문공을 섬겼으므로
故周與范氏.	주나라는 범씨를 편들었다.
趙鞅以爲討.[43]	조앙은 이 때문에 토벌하려 하였다.
六月癸卯,[44]	6월 계묘일에
周人殺萇弘.[45]	주나라 사람이 장홍을 죽였다.

秋,	가을에

말을 기록하여 "예에 조(祖)는 공이 있고 종(宗)은 덕이 있으므로 그 묘(廟)를 허물지 않는다. 지금 환공과 희공은 친함이 다하였으며, 또한 공덕이 그 묘를 존속시키기에는 부족한 데도 노나라가 허물지 않았으니 그런 까닭으로 하늘이 재해를 가할 것이다. ……" 라 하였는데, 또한 여기에 근본을 두고 늘인 것이다. 『공자가어(孔子家語)』에는 또한 공자가 제(齊)나라에 있을 때 주나라 선왕의 묘(廟)에 화재가 났다는 소리를 듣고 말하기를 "이는 반드시 희왕(僖王)의 묘일 것이다. ……" 하였는데 또한 이런 뜻이다.

41 "혼(昏)"은 원래 "혼(婚)"으로 되어 있었는데, 여기서는 가나자와 문고본(金澤文庫本)과 『석경』, 송본을 따라 바로잡았다. 두예는 "유(劉)씨는 주나라의 경사이며, 범(范)씨는 진(晉)나라의 대부이다"라 하였다.

42 두예는 "그 속대부가 되었다"라 하였다.

43 두예는 "주나라와 범씨를 질책하는 것이다"라 하였다. 「주어 하」에서는 "범씨와 중항씨가 어려움에 처하자 장홍이 그들 편에 섰다. 진나라 사람이 토벌하려 하였다"라 하였다. 조앙이 토벌하려 한 것은 장홍뿐이었던 것 같다.

44 계묘일은 11일이다.

45 『장자·거협(胠篋)』편과 『한비자·난언(難言)』편 및 『회남자·범론훈(氾論訓)』에서는 모두 장홍이 거열형을 당하여 죽었다고 하였다. 『사기』의 「악서(樂書)」와 「천관서(天官書)」, 「봉선서(封禪書)」 및 「채세가(蔡世家)」에 모두 장홍의 언행이 실려 있으며, 선진 양한의 책에 산견되는 것 또한 많다. 『여씨춘추·필기(必己)』편에서는 또한 "장홍이 죽자 그 피를 3년 동안 간직해 놓았더니 푸르게 되었다"라 하였는데, 말도 안 되는 소리이다.

季孫有疾,	계손이 병들어
命正常曰,	정상에게 명하였다.
“無死![46]	“죽지 말라!
南孺子之子,	남유자의 아이가
男也,	사내아이라면
則以告而立之,[47]	알리고 세울 것이며,
女也,	계집아이라면
則肥也可.”[48]	비가 좋겠다.”

46 두예는 “정상은 환자의 총신으로, 이후의 일을 당부한 것이므로 자기를 따라 죽지 말라 한 칙령이다”라 하였다.

47 두예는 “남유자는 계환자의 첩이다”라 하였다. 그러나 청나라 유정섭(俞正燮)의 『계사유고(癸巳類稿)』에서는 “「진책 1」에서는 ‘아무개가 부친인 아무개의 유자(孺子)가 아무 사내를 바칩니다’라 하였고, 『한서·왕자후표(王子侯表)』에서는 ‘동성후(東城侯) 유(遺)가 유자(孺子)에게 피살당하였다’라 하였으니 왕공에서 민간의 첩까지 유자로 통칭하였다”라 하였다. 장병린(章炳麟)의 『독(讀)』 권7에서는 “『한비자·팔간(八姦)』에서는 ‘귀부인과 사랑하는 유자(孺子), 편벽호색(便辟好色)으로, 이들은 임금이 미혹된 자들입니다’라 하였고, 「외저설(外儲說) 우상」에서는 ‘제위왕(齊威王)의 부인이 죽자 유자 19명이 있었는데 모두 옥보다 귀하였다. 설공(薛公)이 왕이 왕후로 세우려는 자를 알아내려고 하였는데 한 사람을 왕후로 삼게 청하려 하였기 때문이다’라 하였다. 그런즉 임금의 유자(孺子)는 존귀함이 부인(夫人) 다음이었으며 아마 오히려 세부(世婦)로 예우하고 경의 처의 존귀함은 그와 같다”라 하였다. 또한 스스로 주를 달고 “『춘추번로·작국(爵國)』편에서는 유자는 부인, 세부, 좌우의 제(娣), 양인(良人) 아래에 있다고 하였다. 이는 매우 낮은데 『전』 및 『한비자』에서 말한 것과는 모두 다르다”라 하였다. 『한서·외척전(外戚傳) 상』에서는 태자에게는 비(妃)가 있고 양제(良娣)가 있으며 유자가 있어서 무릇 3등이니 유자가 최하라고 하였다.

48 비(肥): 두예는 “비(肥)는 강자(康子)이다”라 하였다. 장병린(章炳麟)의 『독(讀)』에서는 “아래에서는 ‘계손이 죽자 강자가 즉위하였다. 장례를 마치고 강자가 조정에 있었다’라 하였다. 남씨는 사내아이를 낳았고 정상(正常)은 계손의 사내아이를 낳으면 세우라는 유언을 말하였으며 강자는 마침내 왕위에서 물러날 것을 청하였으니 강자가 즉위한 것은 다만 섭정으로 즉위한 것일 따름이다”라 하였다.

季孫卒,	계손이 죽자
康子卽位.	강자가 즉위하였다.
既葬,	장례를 마치고
康子在朝.	강자가 조정에 있었다.
南氏生男,	남씨가 사내아이를 낳자
正常載以如朝,	정상이 수레에 태워 조정으로 가서
告曰,	아뢰었다.
"夫子有遺言,	"부자의 유언이 있사온데
命其圉臣曰,[49]	천신에게 명하기를
'南氏生男,	'남씨가 사내아이를 낳으면
則以告於君與大夫而立之.'	임금과 대부들에게 알리고 세우라' 하였습니다.
今生矣,	지금 낳았는데
男也,	사내아이이므로
敢告."	감히 아룁니다."
遂奔衛.[50]	마침내 위나라로 달아났다.
康子請退.[51]	강자는 퇴위할 것을 청하였다.

49 어신(圉臣): 정상의 자칭한 것이다. 정상은 노나라 임금에게 배신(陪臣)만도 못하며, 어신은 천신(賤臣)이라는 말과 같다.

50 아뢰자마자 도망간 것은 강자가 부친의 유언을 받들 수 없음을 알았으며 정상이 해를 당할까 두려워했기 때문이다.

公使共劉視之,[52] 공이 공류로 하여금 가보게 하였더니

則或殺之矣.[53] 누군가 그를 죽였다.

乃討之.[54] 이에 그를 토죄하였다.

召正常, 정상을 불렀는데

正常不反. 정상은 돌아오지 않았다.

冬十月, 겨울 10월에

晉趙鞅圍朝歌, 진나라 조앙이 조가를 에워싸고

師于其南,[55] 그 남쪽에 주둔하였는데

荀寅伐其郛,[56] 순인이 그 외성을 치고

使其徒自北門入, 그의 무리들로 하여금 북문으로 들어가게 하고

己犯師而出.[57] 자기는 군사들을 뚫고 나갔다.

癸丑,[58] 계축일에

---

51 두예는 "퇴는 왕위에서 물러나는 것이다"라 하였다.

52 공유(共劉): 두예는 "공류는 노나라 대부이다"라 하였다.

53 바로 강자가 사람을 보내 그렇게 한 것이다.

54 두예는 "죽인 자를 처벌한 것이다"라 하였다.

55 무장한 군사가 조가 남쪽에 있는 것이다.

56 순인은 조가성 안에 포위되었으며 남문의 외성을 쳐서 조앙의 병력이 이곳에 집중되게 하려고 하였다.

57 북문의 조앙의 병력은 이미 줄어들어 조가의 외성에서 구원하는 순인의 무리가 이 때문에 쉽게 쳐들어갈 수 있어서 순인이 이에 병력을 옮기어 북문에서 포위를 돌파하여 나간 것이다. 이는 순인과 사길사(士吉射)도 그 안에 있었다는 말이다.

奔邯鄲.[59] 한단으로 달아났다.

十一月, 11월에

趙鞅殺士皐夷,[60] 조앙이 사고이를 죽였는데

惡范氏也.[61] 범씨를 미워해서였다.

애공 4년

經

四年春王二月庚戌,[1] 4년 봄 주력으로 2월 경술일에

盜殺蔡侯申.[2] 도적이 채후 신을 죽였다.

---

58 계축일은 23일이다.

59 조직(趙稷)이 여전히 한단을 굳게 지켰다.

60 사고이(士皐夷): 곧 정공 13년『전』의 범고이(范皐夷)이다.

61 두예는 "번씨를 미워하여 그의 일족을 죽인 것으로 화풀이를 하였다는 말이다"라 하였다. 두예가 잘못 본 것이 우활하다. 이때 범씨의 패착은 이미 결정적이어서 사고이가 비록 난을 시작한 사람 중의 하나이긴 하지만 결국 범씨의 일족이므로, 조앙이 그를 죽여 후환을 미연에 방지하고자 한 것이다.

1 사년(四年): 경술년 B.C. 491년으로 주경왕(周敬王) 29년이다. 동지가 정월 15일 갑술일로 건자(建子)이다.

2 "2월(二月)"은『공양전』에는 "3월(三月)"로 되어 있는데 틀렸다. 이해 2월은 경인일이 초하룻날로 3월에는 경술일이 있을 수가 없다. "살(殺)"은『공양전』과『곡량전』에 모두 "시(弑)"로 되어 있는데, "살(殺)"과 "시(弑)" 두 자는 고서에서 혼란된 것이 많다. 선공 17년『경』에서 "채후 신이 죽었다(蔡侯申卒)"라 한 것은 채문후인데 이곳에서 채소후(蔡昭侯)는 증조로 증조와 증손이 이름이 같은 것이며, 공영달은 "반드시 잘못된 것이 있다"고 하였다. 세차(世次)로 계산하면 서로간의 거리가 6대이고, 묘차(廟次)로 계산하면 서로간의 거리가 7공(公)이니 그 이름이 같은 것이 괴이할 것이 없을지도 모른다. 노무공(魯武公)의 이름이 오(敖)라면 또한 노나라에서는 종묘에 합사하지 않겠지만 경보(慶父)의 아들의 이름

蔡公孫辰出奔吳.[3]	채나라 공손진이 오나라로 달아났다.
葬秦惠公.[4]	진나라 혜공을 장사 지냈다.
宋人執小邾子.[5]	송나라 사람이 소주자를 잡아갔다.
夏,	여름에
蔡殺其大夫公孫姓, 公孫霍.[6]	채나라가 그 대부 공손성과 공손곽을 죽였다.
晉人執戎蠻子赤歸于楚.[7]	진나라 사람이 융만자 적을 잡아 초나라로 돌려보냈다.
城西郛.[8]	서쪽 외곽에 성을 쌓았다.
六月辛丑,[9]	6월 신축일에
亳社災.[10]	박사에 화재가 났다.

이 공손오(公孫敖)이다. 주나라 무왕 발(發)이 주나라 사람들에게 개국한 1대조인데 위나라에도 공손발(公孫發)이 있고 정나라에도 공자 발(公子發)이 있는 것과 같다.

3 『전』에 의하면 채소후를 죽인 무리이다.

4 『전』이 없다.

5 『전』이 없다.

6 "공손성(公孫姓)"은 『공양전』에는 "공손귀성(公孫歸姓)"으로 되어 있다. 『전』에 의하면 역시 채후를 죽인 무리이다.

7 "만(蠻)"은 『공양전』에는 "만(曼)"으로 되어 있다. 만(蠻)과 만(曼) 두 자는 고음이 동운에 속하였다.

8 『전』이 없다. 두예는 "노나라 서쪽 외곽으로 진(晉)나라를 대비한 것이다"라 하였다.

9 신축일은 14일이다.

10 『전』이 없다. 박(亳)은 『공양전』에는 포(蒲)로 되어 있다. 『예기·교특생(郊特牲)』에 "박사(薄社)"가 있는데 『석문』에서는 "박(薄)은 본래 또한 '박(亳)'으로 되어 있다"라 하였다. 나머지는 조탄(趙坦)의 『이문전(異文箋)』에 상세하다. 정공 6년 『전』에 "양호가 박사에서 백성들과 맹약하였다(陽虎盟國人于亳社)"라 하였는데 바로 이 사(社)이다. 『공양전』과 『곡량전』 두 『전』은 모두 박사(亳社)를 망국의 사(社), 곧 은(殷)나라의 도읍 박(亳)의 사라고 생각하였으며, 사(社)의 『주』에서는 이 때문에 "제후가 가지는 것은 망국을 경계하기

秋八月甲寅,[11]	가을 8월 갑인일에
滕子結卒.[12]	등자 결이 죽었다.
冬十有二月,	겨울 12월에
葬蔡昭公.[13]	채나라 소공을 장사 지냈다.
葬滕頃公.[14]	등나라 경공을 장사 지냈다.

傳

四年春,	4년 봄에
蔡昭公將如吳.	채소공이 오나라로 가려고 하였다.
諸大夫恐其又遷也,	대부들이 그 또 옮길 것을 두려워하여
承公孫翩逐而射之,	공손편에 이어 그를 좇아가 활을 쏘니
入於家人而卒.[15]	민가로 들어가 죽었다.

때문이다"라 하였다. 사실 박사는 노나라가 상엄(商奄)의 유민 때문에 세웠으며 정공 6년 『전』의 『주』에 상세하다. 박사가 있는 곳은 민공 2년 『전』의 『주』에 상세하다.

11 갑인일은 28일이다.

12 『전』이 없다.

13 『전』이 없다. 두예는 "난 때문에 이렇게 늦어졌다"라 하였다.

14 『전』이 없다.

15 『시경·진풍·권여(秦風·權輿)』의 『모전(毛傳)』에서는 "승(承)은 잇는다는 뜻이다"라 하였다. 아래 구절에 붙는다. 대부들이 공손편이 잇따라 채소공을 쫓은 것을 말한다. 혜동(惠棟)의 『보주(補注)』와 홍양길(洪亮吉)의 『고(詁)』, 유월(兪樾)의 『평의(平議)』에서는 모두 승을 한 자로 읽어야 한다고 하였으며, 혜동은 『시경·노송·비궁(魯頌·閟宮)』 "아무도 감히 우리에게 맞서려 하지 않네(則莫我敢止)"의 『모전(毛傳)』 "승(承)은 제지하는 것이

以兩矢門之,	화살 두 대로 문을 지키니
衆莫敢進.[16]	사람들이 감히 들어가지 못하였다.
文之鍇後至,[17]	문지개가 나중에 이르러
曰,	말하였다.
"女牆而進,	"여장으로 들어가면
多而殺二人."[18]	많아야 둘을 죽입니다."
鍇執弓而先,	문지개가 활을 들고 앞장을 서니
翩射之,	공손편이 그를 쏘아
中肘,	팔꿈치를 맞혔다.

다"를 인용하여 대부들이 모두 그를 제지하려는 것이라 하였는데, 억지로는 통하겠지만 온『좌전』을 통틀어도 이런 구법은 없다. 홍양길(洪亮吉)은 "승(承)"을 "공(恐)"의 뜻으로 보았는데 그러면 위의 "공(恐)"자와 중복된다. 유월(兪樾)은 "승(承)은 당연히 승(乘)으로 수레를 타는 것을 말한다. 소후가 수레를 타고 오나라로 가려는 것이다. ……"라 하였는데 "승(承)"이 "제대부(諸大夫)"에 붙여서 말한 것이며 "채소공"에 붙는 것이 아님을 몰랐다. 유월(兪樾)의 이 해석대로라면『전』의 문장은 "蔡昭公將如吳, 承"이 되어야 한다.『전』의 문장대로라면 유월(兪樾)의 해석은 확실히 믿을 수 없다. 심흠한(沈欽韓)의『보주(補注)』에서는 "승(承)"을 아래로 붙여 읽는다고 하였는데 옳으며, "승은 돕는 것이다"라 한 것은 잘못되었다. 공손편은 아래의 내용에 의하면 채소공의 무리이므로 화살 두 대로 문을 지키다가 피살되었다. 대부들이 그를 도왔다면 대부들에게 적으로 치부되지는 않았을 것이다. 대부들은 아마 공손편을 미행했던 것 같으며 공손편은 후미에서 따르면서 채소공의 무리들을 엄호하였다. 채소후는 서민의 집에 들어가서 죽었다. 심흠한(沈欽韓)의『보주(補注)』에서 "가인(家人)은 민가를 말한다"라 하였다 또 양수달(楊樹達)의『한서규관(漢書窺管)』권1을 보라.

16 공손편이 화살 두 대로 채후가 들어오는 민가의 문을 지키자 채후의 무리가 죽음을 두려워하여 감히 들어가지 못한 것이다.

17 문지개(文之鍇): 채소공의 신하이다.

18 채소공의 무리들에게 담장을 향하여 함께 나아가면 공손편은 화살이 두 대뿐이므로 많아야 두 명을 죽이는 데 지나지 않을 것이라는 것을 말한다.

錯遂殺之. 문지개가 마침내 그를 죽였다.

故逐公孫辰而殺公孫姓, 公孫盱.[19] 그리하여 공손진을 쫓고 공손성과 공손우를 죽였다.

夏, 여름에

楚人旣克夷虎,[20] 초나라 사람이 이호를 이긴 후에

乃謀北方. 북쪽을 도모하였다.

左司馬眅, 申公壽餘, 葉公諸梁致蔡於負函,[21] 좌사마 판과 신공 수여, 섭공 제량이 채나라 유민을 부함에 집결시키고

致方城之外於繒關,[22] 방성 바깥의 거주민을 증관에 집결시켜

曰, 말하였다.

"吳將泝江入郢,[23] "오나라가 강을 거슬러 영으로 들어가려 하니

---

19 공손우(公孫盱): 두예는 "우는 곧 곽(霍)이다"라 하였다. 1955년 안휘 수현(壽縣)에서 채후의 무덤을 발견하였는데 아마 곧 소후(昭侯)의 무덤일 것이다.

20 이호(夷虎): 두예는 "이호는 초나라에 반기를 든 만이(蠻夷)이다"라 하였다.

21 판(眅): 상성(上聲)이다. 두예는 "세 사람은 초나라 대부이다. 이곳은 채나라 옛 땅과 백성인데 초나라가 그대로 읍으로 삼았다. 치(致)라는 것은 그 무리를 모으는 것이다"라 하였다.
부함(負函): 『휘찬(彙纂)』에 의하면 지금의 하남 신양시(信陽市)와 현의 경계에 있을 것이다.

22 증관(繒關): 강영(江永)의 『고실(考實)』에 의하면 증관은 지금의 하남 방성현(方城縣)에 있다.

將奔命焉."　명을 따를 준비를 하라."

爲一昔之期,　그날 저녁을 기한으로 하여

襲梁及霍.[24]　양과 곽을 습격하였다.

單浮餘圍蠻氏,[25]　단부여가 만씨를 에워싸니

蠻氏潰.　만씨는 허물어졌다.

蠻子赤奔晉陰地.[26]　만자적은 진나라 음지로 달아났다.

司馬起豐, 析與狄戎,[27]　사마가 풍과 석 및 융적을 일으켜

以臨上雒.[28]　상락에 이르렀다.

左師軍于菟和,[29]　좌사는 토화에 주둔하고

---

23 소(泝): 소(溯)라고도 하며, 물길을 거슬러 올라가는 것이다. 여기서는 장강을 거슬러 올라가는 것을 말한다.

24 석(昔): 석(昔)과 석(夕)은 고음이 같으며 이곳의 석(昔)자는 석(夕)의 뜻으로 쓰였다. 두예는 "오나라를 방비해야 한다고 위장하여 말하고 밤에 기약을 맺어 다음 날 양과 곽을 습격하여 알지 못하게 한 것이다"라 하였다. 양(梁)은 지금의 하남 임여현(臨汝縣) 서쪽에 있으며, 희공 19년『전』의 섬서 한성현(韓城縣) 남쪽에 있는 양과는 다른 곳이다. 곽(霍)은 양의 서남쪽에 있으며 임여현과는 조금 멀다.

25 만씨(蠻氏): 이미 성공 16년과 소공 16년의『전』과『주』에 보이며, 곽의 서쪽 30여 리 지점에 있다.

26 음지(陰地): 지금의 하남 노지현(盧氏縣) 동북쪽에 있다.

27 기(起): 한(漢)나라에서는 흥(興)이라 하였으며, 졸승(卒乘)을 징집하여 부르는 것이다. 여기서는 풍과 석 및 융적의 백성을 징집하여 부르는 것이다. 풍(豐)은 고동고(顧棟高)의『대사표(大事表)』권7의 4에 의하면 지금의 하남 석천현(淅川縣) 폐 치소〔지금의 구석천(舊淅川)〕서남쪽에 있으며 호북 십언시(十堰市)와 접경을 이루고 있다. 지금의 석천현 및 내향현(內鄕縣) 서북쪽의 경계는 모두 초나라 석(析)의 땅이다.

28 상락(上雒): 곧 지금의 섬서 상현(商縣)이다. 어궤(敔簋)의 명문에 의하면 상락은 본래 주나라에 속하였다가 나중에 진(晉)나라에 속하게 되었다.

29 토화(菟和): 토화산(菟和山)은 심흠한(沈欽韓)의『지명보주(地名補注)』에서 인용한『상주지(商州志)』에 의하면 지금의 섬서 상현(商縣) 110리 지점에 있다.

右師軍于倉野,[30] 우사는 창야에 주둔하여

使謂陰地之命大夫士蔑曰,[31] 음지의 명대부 사말에게 말하게 하였다.

"晉, 楚有盟, "진나라와 초나라는 맹약하고

好惡同之.[32] 호오를 함께하기로 했습니다.

若將不廢, 폐하지 않는다면

寡君之願也. 과군의 바람입니다.

不然, 그렇지 않다면

將通於少習以聽命."[33] 소습을 통하여 명을 듣겠습니다."

士蔑請諸趙孟. 사말이 조맹에게 청하였다.

趙孟曰, 조맹이 말하였다.

"晉國未寧,[34] "진나라는 편안치 못한데

---

30 창야(倉野): 창야(蒼野)로 된 판본도 있다. 『청일통지(淸一統志)』에 의하면 상현(商縣) 동남쪽 140리 지점에 있다.

31 명대부(命大夫): 일찍이 주왕이나 진후로부터 친히 명을 받은 대부이다. 명은 곧 일명(一命), 이명(二命), 삼명(三命)의 명으로, 일반 현읍을 지키는 대부와는 다르다. 음지는 진(晉)나라 남쪽의 요로(要路)로 이곳을 지키지 못하면 진나라 도읍 신강(新絳), 곧 지금의 산서 후마시(侯馬市)가 크게 열리게 되므로 사말이 명대부로 지키고 있는 것이다.

32 이는 아마 진나라와 초나라가 맹약한 말일 것이다. 이 말을 끌어다가 진나라가 만자를 쫓아내도록 핍박한 것이다.

33 소습(小習): 소습산은 지금의 상현(商縣) 동쪽 185리 지점에 있으며 산 아래는 곧 무관(武關)이다. 소습산을 열면 곧 서쪽으로 진(秦)나라를 협박할 수 있으며, 진(秦)나라와 연합하여 동쪽으로 음지(陰地)를 취할 수도 있고 북으로는 황하를 건너 진(晉)나라의 도읍을 압박할 수도 있다.

34 미령(未寧): 두예는 "미령은 이때 범씨와 중항씨의 난이 있었던 것을 말한다"라 하였다.

安能惡於楚?	어찌 초나라를 미워하게 할 수 있겠는가?
必速與之!"	반드시 속히 넘겨줄 것이다!"
士蔑乃致九州之戎,[35]	사말이 이에 구주지융을 모아
將裂田以與蠻子而城之,[36]	전지를 찢어서 만자에게 성을 쌓게 하고
且將爲之卜.[37]	또한 이 일로 점을 치려고 하였다.
蠻子聽卜,	만자는 점괘를 들으려 하자
遂執之與其五大夫,[38]	마침내 그를 잡아 오대부와 함께
以畀楚師于三戶.[39]	삼호에서 초나라 군사에게 주었다.

---

35 구주지융(九州之戎): 또한 소공 22년의 『전』에 보인다. 두예는 "구주융(九州戎)은 진나라의 음지(陰地)와 육혼(陸渾)에 있는 것이다"라 하였다. 치(致)는 소집(召集)과 같은 말로 구주융 각 부락의 장을 소집하는 것이다.

36 두예는 "만자(蠻子)를 속이는 것이다"라 하였다.

37 『서경·낙고(洛誥)』의 「서」에서는 "소공(召公)이 이미 살 곳을 정하고 주공은 성주(成周)로 가서 경영하여 와서 점을 아뢰게 하여 「낙고」를 지었다"라 하였고, 본문에서는 "저는 을묘일 아침에 낙사(洛師)로 왔습니다. 저는 황하 북쪽의 여수(黎水)를 점쳐 보았습니다. 저는 이에 간수(澗水) 동쪽과 전수(瀍水) 서쪽을 점쳐 보았사온데 낙(洛)만이 길하였습니다"라 하였으니, 예로부터 춘추시대까지 성을 쌓을 때는 반드시 점을 쳐 보았음을 알 수 있다.

38 만자 적 및 그의 다섯 대부를 잡은 것이다. 오대부에 대해서는 두예의 주석이 없다. 이는 아마 장공 19년과 20년, 21년 『전』 및 양공 원년 『전』의 "오대부"와는 다른 것 같다. 그곳의 오대부는 대부 다섯 사람이다. 이곳은 아마 한 사람일 것으로 진나라의 작위에 오대부가 있는데 아마 여기에 근본한 것 같다.

39 삼호(三戶): 삼호성은 지금의 하남 석천현 서남쪽 단강의 남쪽에 있다. 양수달(楊樹達)의 『독좌전(讀左傳)』에서는 "이때 진나라가 다투지 않은 것은 초나라를 매우 두려워해서였으며, 따라서 이 일이 있게 되었다. 금문에 진공정이 있는데 곧 진정공이 초나라에 딸을 시집보낸 일에 관한 기록이며, 이(『전』의) 글의 내용과 맞아떨어지니 시집을 보낸 것이 초나라의 환심을 사기 위함임을 알 수 있다"라 하였다.

司馬致邑立宗焉,	사마는 읍을 주고 종주를 세우는 것으로
以誘其遺民,[40]	그 유민을 꾀어
而盡俘以歸.	모두 포로로 잡아 돌아갔다.

秋七月,	가을 7월에
齊陳乞, 弦施, 衛甯跪救范氏.[41]	제나라 진걸과 현시, 위나라 영궤가 범씨를 구원하였다.
庚午,[42]	경오일에
圍五鹿.[43]	오록을 에워쌌다.
九月,	9월에
趙鞅圍邯鄲.	조앙이 한단을 에워쌌다.
冬十一月,	겨울 11월에
邯鄲降.	한단이 항복하였다.
荀寅奔鮮虞,	순인은 선우로 달아났고

---

40 두예는 "초나라가 다시 만자에게 읍을 만들어 주고 그 종주를 세우겠다고 속인 것이다"라 하였다.

41 두예는 "진걸(陳乞)은 희자(僖子)이다. 현시(弦施)는 현다(弦多)이다"라 하였다. 양이승(梁履繩)의 『보석(補釋)』에서는 공광식(孔廣栻)의 말을 인용하여 "『설원·복은(復恩)』편에 영문자(甯文子)가 있는데 지백(知伯)과 동시인으로 곧 이곳의 영궤인 것 같다"라 하였다.

42 경오일은 14일이다.

43 오록(五鹿): 지금의 하북 대명현(大名縣) 동쪽에 있으며, 원년『전』의『주』를 보라.

趙稷奔臨.[44] 조직은 임으로 달아났다.

十二月, 12월에

弦施逆之, 현시가 그를 맞으니

遂墮臨.[45] 마침내 임을 허물었다.

國夏伐晉, 국하가 진나라를 쳐서

取邢, 任, 欒, 鄗, 逆時, 陰人, 盂, 壺口,[46] 형과 임, 난, 호, 역치, 음인, 우, 호구를 취하여

---

44 임(臨)의 옛 성터는 지금의 하북 임성현(臨城縣) 서남쪽 10리 지점에 있다. 당시에는 진(晉)나라에 속하였다.

45 임읍의 성벽을 허문 것이다.

46 형(邢): 곧 지금의 하북 형대시(邢臺市)이다. 은공 4년의 『전』과 『주』를 참고하여 보라.
임(任): 지금의 하북 임현(任縣) 동남쪽으로 또한 양공 30년의 『전』과 『주』에 보인다.
난(欒): 강영(江永)의 『고실(考實)』에 의하면 지금의 하북 난성현(欒城縣) 및 조현(趙縣) 북쪽 경계가 모두 옛 난읍의 땅이다.
호(鄗): 강영(江永)의 『고실(考實)』에 의하면 지금의 하북 고읍현과 백향현이 모두 호읍의 땅이다.
역치(逆時): 강영(江永)의 『고실(考實)』과 역도원(酈道元)의 『수경주·구수(滱水)』에서는 역치를 곡역(曲逆)으로 생각하였으며, 지금의 곡역 고성은 하북 보정(保定) 지구 완현(完縣) 동남쪽 20리에 있다고 하였다.
음인(陰人): 강영(江永)의 『고실(考實)』에서는 "있는 곳을 고찰할 수 없다"고 하였으며, 심흠한(沈欽韓)의 『지명보주(地名補注)』에서는 음지관(陰地關)에 해당한다고 하였는데, 음지관은 곧 지금의 산서 영석현(靈石縣) 서남쪽의 남관촌(南關村)이라고 하였다. 제나라 군사가 멀리 이곳까지 공격하기는 어려웠을 것 같으며 믿기 어렵다.
우(盂): 고사기(高士奇)의 『지명고략(地名考略)』과 강영(江永)의 『고실(考實)』에서는 모두 곧 소공 28년 『전』 "맹병(盂丙)이 우(盂)의 대부가 되었다" 한 우(盂)라고 주장하였으니 지금의 산서 태원시(太原市) 동북쪽 80리 지점에 있으며, 고동고(顧棟高)의 『대사표(大事表)』에서는 "진나라는 대국이니 제나라가 깊숙이 이곳까지 들어오지는 않았을 것이다"고 하였는데 옳다. 또한 고염무(顧炎武)의 설을 인용하여 하북 형대시와 영년현(永年縣) 사이에 있을 것이라 하였는데 또한 근거가 없다. 아마 바로 지금의 산서 여성현(黎城縣) 동북쪽 28리 지점의 태항산(太行山) 입구 오아욕(吾兒峪)일 것이다.
호구(壺口): 곧 지금의 산서 장치시(長治市) 동남쪽의 호관(壺關)이다.

會鮮虞,　　선우와 회합하고

納荀寅于柏人.[47]　　순인을 백인으로 들여보냈다.

애공 5년

經

五年春,[1]　　5년 봄에

城毗.[2]　　비에 성을 쌓았다.

夏,　　여름에

齊侯伐宋.[3]　　제후가 송나라를 쳤다.

晉趙鞅帥師伐衛.　　진나라 조앙이 군사를 거느리고 위나라를 쳤다.

秋九月癸酉,[4]　　가을 9월 계유일에

齊侯杵臼卒.[5]　　제후 저구가 죽었다.

冬,　　겨울에

---

47 백인(柏人): 곧 지금의 하북 융요현(隆堯縣) 서남쪽의 요성진(堯城鎮)이다.

1 오년(五年): 신해년 B.C. 490년으로 주경왕(周敬王) 30년이다. 동지가 정월 26일 기묘일로 건자(建子)이며, 윤달이 있다.

2 『전』이 없다. "비(毗)"는 『공양전』에는 "비(比)"로 되어 있으며 음이 같아서 서로 통가하였다.

3 『전』이 없다.

4 계유일은 24일이다.

5 『공양전』에는 "처구(處臼)"로 되어 있다. 『사기·제세가(齊世家)』는 『좌씨』의 『경』과 같다.

叔還如齊.[6]	숙환이 제나라로 갔다.
閏月,	윤달에
葬齊景公.[7]	제나라 경공을 장사 지냈다.

傳

五年春,	5년 봄에
晉圍柏人,	진나라가 백인을 에워싸니
荀寅, 士吉射奔齊.	순인과 사길사가 제나라로 달아났다.
初,	처음에
范氏之臣王生惡張柳朔,[8]	범씨의 신하 왕생이 장류삭을 미워하여
言諸昭子,	소자에게 말하여
使爲柏人.[9]	백인의 재가 되게 하였다.
昭子曰,	소자가 말하였다.
"夫非而讎乎?"	"그 사람은 그대의 원수가 아니오?"

---

6 『전』이 없다. 제경공의 상에 조문하고 또한 장례에 참석하였을 것이다.

7 『전』이 없다.

8 혜동(惠棟)의 『보주(補注)』에서는 "『묵자·소염(所染)』편에서는 '범길사는 장류삭과 왕승(王勝)에게 물들었다'라 하였다. 왕승은 곧 왕생(王生)이다. 옛날에는 '장(張)'을 줄여서 '장(長)'이라 하였는데, 「초나라 재상 손숙오의 비문(楚相孫叔敖碑)」에 보인다"라 하였다. 청나라 공광삼(孔廣森)의 『경학치언(經學卮言)』 6에서는 "장류(長柳)는 곧 장류(張柳)로 옛날의 복성이다. 『한서·예문지』에 「장류점몽(長柳占夢)」이 있다"라 하였다.

9 두예는 "백인의 재(宰)가 되게 한 것이다. 소자(昭子)는 범길사(范吉射)이다"라 하였다.

對曰,	대답하였다.
“私讎不及公,[10]	“사사로운 원한은 공가에 미치지 못하며
好不廢過,	좋아하면서 허물을 버리지 않고
惡不去善,[11]	미워하면서 훌륭함을 버리지 않는 것이
義之經也,	의의 표준이니
臣敢違之?”[12]	신이 감히 어기리이까?”
及范氏出,[13]	범씨가 도망갔을 때
張柳朔謂其子,	장류삭이 그 아들에게 말하였다.
“爾從主,	“너는 주인을 따라
勉之!	힘쓸지어다!
我將止死,	나는 머물러 죽으려 하는데
王生授我矣,[14]	왕생은 나에게 주었으니
吾不可以僭之.”[15]	내 그것을 어길 수가 없구나.”

---

10 공(公): 두예는 “공가(公家)의 일이다”라 하였다.

11 『예기·곡례(曲禮) 상』에 “사랑하면서도 그 나쁜 점을 알고, 미워하면서도 그 좋은 점을 안다(愛而知其惡, 憎而知其善)”고 하였는데 곧 이 뜻이다.

12 감히 어길 수 없다는 것이다.

13 두예는 “백인(柏人)에서 도망쳐 제나라로 달아났다”라 하였다.

14 두예는 “나에게 죽음의 절개를 준 것이다”라 하였다.

15 참(僭): 양수달(楊樹達)의 『독좌전(讀左傳)』에서는 “참(僭)은 믿지 못하는 것이다”라 하였다.

遂死於柏人.[16]	마침내 백인에서 죽었다.

夏,	여름에
趙鞅伐衛,	조앙이 위나라를 쳤는데
范氏之故也,[17]	범씨 때문이었으며
遂圍中牟.[18]	마침내 중모를 에워쌌다.

齊燕姬生子,[19]	제나라 연희가 아들을 낳았는데
不成而死.[20]	성년이 되지 못하고 죽었다.
諸子鬻姒之子荼嬖,[21]	제자인 육사의 아들 도가 총애를 받았는데

16 두예는 "길사를 위해 진나라와 맞서 싸우다가 전사한 것이다"라 하였다.

17 두예는 "위나라가 범씨를 도왔기 때문이다"라 하였다.

18 중모(中牟): 중모는 곧 정공 9년『전』의 "진나라의 병거 천 승이 중모에 있었다(晉車千乘在中牟)" 한 "중모"일 것이다. 소재지는 그곳의『주』에 상세하다. 강영(江永)의『고실(考實)』에서는 "중모는 일찍이 진나라 범씨에 속하였었는데 이때는 위(衛)나라에 속하였으니 어찌 불힐(佛肸)의 반란 때문에 중모가 마침내 위(衛)나라에 속하게 된 것이 아니겠는가?"라 하였다.

19 연희(燕姬): 복건(服虔)은 "연희는 제경공의 적부인으로 소공 7년에 연나라 사람으로 시집왔다"라 하였다. 나머지는 청나라 이이덕(李貽德)의『춘추좌씨전가복주집술(春秋左氏傳賈服注輯述)』에 상세하다.

20 불성(不成): 복건 및 두예의 설에 따르면 불성(不成)은 곧 미성년(未成年)으로 관례를 미처 행하지 못한 것이다.

21 제자(諸子): 천자와 제후의 희첩(姬妾)의 직관 이름이며, 양공 19년『전』의 "제자 중자와 융자(諸子仲子戎子)"의『주』에 상세하다.『안자춘추·내편·간(晏子春秋·內篇·諫) 상』에서는 "순우(淳于) 사람이 경공에게 여자를 바쳐 유자 도(荼)를 낳았는데 경공이 그를 사랑하였다"라 하였고,『사기·제세가(齊世家)』에서는 "경공 58년 여름 경공의 부인 연희의

諸大夫恐其爲大子也,	대부들이 그가 태자가 되는 것을 두려워하여
言於公曰,	공에게 말하였다.
“君之齒長矣,[22]	“임금님은 연세가 많이 되셨는데
未有大子,	태자가 없으니
若之何?”	그것을 어쩌시렵니까?”
公曰,	공이 말하였다.
“二三子間於憂虞,	“그대들이 걱정에 끼어들면
則有疢疾,[23]	병이 생길 것이며,
亦姑謀樂,	또한 잠시 즐거운 일이나 도모하지
何憂於無君?”[24]	어찌 임금 없음을 걱정하오?”

적자가 죽자 경공의 총첩 예희(芮姬)가 아들 도(荼)를 낳았다”라 하였다. 혹자는 “순우 사람이 여자를 바쳤다” 하고 혹자는 “예희”라 하였으니 모두 『전』과는 다르다. 또한 『안자춘추(晏子春秋)』에서는 안자가 간언한 일을 서술 하였는데 이때 안영은 이미 벌써 죽었다. 『사기·제세가(齊世家)』에서는 연희가 낳은 아들의 죽음이 도의 출생과 같은 해인 것 같으니 또한 신빙성이 있기는 어렵다.

22 감히 늙었다고는 이야기하지 못하고 다만 나이가 많다고만 말하였는데, 사실 경공은 즉위한 지가 이미 58년이 되었으니 사실 늙은 것이다.

23 간(間): 참여하다, 끼다의 뜻으로 장공 10년 『전』의 “또 어찌하여 간여하려 하오?(又何間焉?)”의 “간(間)”과 같다. 이 말은 너희들이 우려한다면 병이 날 것이라는 말이다. 우(憂)와 우(虞), 질(疾)과 진(疢)은 모두 같은 뜻이다. 『맹자·진심(盡心) 상』에 “항상 어려움 속에 있다(恒存乎疢疾)”라는 말이 있는데, 진질(疢疾) 또한 질진(疾疢)이다. 무억(武億)의 『의증(義證)』의 설에 근본함.

24 이 말은 혹 이해에 하지 않았을 수도 있지만 또한 더 이른 해에 하지 않았을 수도 있으니 『전』에 “초(初)”자가 없기 때문이다. 두예는 “경공은 도(荼)를 세우려는 의도를 가졌는데 불발에 그쳤으므로 이 말을 하여 대부들의 청을 묵살한 것이다”라 하였다.

公疾,	공이 병들자
使國惠子, 高昭子立荼,[25]	국혜자와 고소자로 하여금 도를 세우게 하고
寘羣公子於萊.[26]	공자들을 내에 두었다.
秋,	가을에
齊景公卒.	제나라 경공이 죽었다.
冬十月,	겨울 10월에
公子嘉, 公子駒, 公子黔奔衛,[27]	공자 가와 공자 구, 공자 검은 위나라로 달아나고,
公子鉏, 公子陽生來奔.	공자 서와 공자 양생이 도망쳐 왔다.
萊人歌之曰,	내의 사람들이 이 일을 노래하였다.
"景公死乎不與埋,	경공 죽음에 매장하는 데 끼지 못하고
三軍之事乎不與謀,	3군의 일에 도모함 끼지 못하니,
師乎師乎,	공자들이여 공자들이여
何黨之乎?"[28]	어디로 가는가?"

---

25 국혜자·고소자(國惠子·高昭子): 두예는 "혜자는 국하(國夏)이고, 소자는 고장(高張)이다"라 하였다.

26 내(萊): 두예 "제나라 동쪽 변방의 읍이다"라 하였으니 내나라의 내(萊)가 아니다. 지금의 산동 연대(煙臺)지구 황현(黃縣) 동남쪽의 내산(萊山)이다.

27 "가(嘉)"는 『사기·제세가(齊世家)』에는 "수(壽)"로 되어 있다.

28 두예는 "사(師)는 중(衆)이다. 당(黨)은 소(所)이다. 지(之)는 왕(往)이다. 시호를 일컬었으니 아마 장례를 치른 뒤에 이 노래를 불렀을 것이며, 공자들이 갈 곳을 잃은 것을 슬퍼

鄭駟秦富而侈,	정나라 사진은 부유하고 사치로웠으며
嬖大夫也,[29]	폐대부로
而常陳卿之車服於其庭.	늘 그 뜰에 경의 수레와 복색을 진열하였다.
鄭人惡而殺之.	정나라 사람이 그를 미워하여 죽였다.
子思曰,[30]	자사가 말하였다.
"詩曰,	"『시』에서 말하기를
'不解于位,	'직분 지켜 게으르지 않으면
民之攸塈.'[31]	백성들 편히 쉰다네'라 하였으니
不守其位而能久者鮮矣.	그 자리를 지키지 않으면서도 오래 있을 수 있는 자는 드물다.
商頌曰,	「상송」에서 말하기를
'不僭不濫,	'어기지 않고 넘치지 않으며

한 것이다"라 하였다. 매(埋)와 모(謀), 지(之)는 운자이다. 왕인지(王引之)의 『술문(述聞)』에서는 둘째 구의 "지(之)"자와 셋째 구의 마지막 자 "호(乎)"는 연문이라고 하였는데 믿기 어렵다. 당나라 요사렴(姚思廉)의 『양서·문학전 하·유묘전(梁書·文學傳下·劉杳傳)』에서 "진나라 영가(永嘉) 연간에 도적 조의(曹嶷)가 청산(青山)에서 제경공의 무덤을 파헤쳤다"라 하였으니 제경공의 무덤은 조의에 의해 도굴되었다.

29 폐대부(嬖大夫): 곧 하대부로 또한 소공 7년의 『전』에 보인다.

30 자사(子思): 두예는 "자사는 자산(子産)의 아들 국참(國參)이다"라 하였다.

31 『시경·대아·가악(大雅·假樂)』의 구절이다. 해(解)는 해(懈)와 같다. 유(攸)는 소(所)의 뜻이다. 기(塈)는 쉬는 것, 안녕이라는 뜻이다. 이는 백관이 맡은 바 직무에 부지런하면 백성들이 안녕하게 된다는 것이다.

不敢怠皇,

조금도 게으르지 않으니

命以多福.'"[32]

많은 복 명하여 내리셨다네'라 하였다."

애공 6년

經

六年春,[1]

6년 봄에

城邾瑕.[2]

주하에 성을 쌓았다.

晉趙鞅帥師伐鮮虞.

진나라 조앙이 군사를 거느리고 선우를 쳤다.

---

32 『시경·상송·은무(商頌·殷武)』의 구절이다. 지금의 『시경』에는 "不僭不濫, 不敢怠遑. 命于下國, 封建厥福"으로 되어 있다. 공영달은 "명이다복(命以多福)은 『시경』의 구절을 인용한 것이 아니라 그 뜻을 취하여 말한 것이다"라 하였다. 두예는 "참(僭)은 어긋나는 것이다. 남(濫)은 넘치는 것이다. 황(皇)은 겨를이다. 사진이 『시경·상송(商頌)』을 어겼기 때문에 화를 입는다는 말이다"라 하였다.

1 육년(六年): 임자년 B.C. 489년으로 주경왕(周敬王) 31년이다. 동지가 정월 초7일 갑신일로 건자(建子)이다.

2 『전』이 없다. "주하(邾瑕)"는 『공양전』에는 "주루가(邾婁葭)"로 되어 있다. 주(邾)는 『공양전』에 으레 주루(邾婁)로 되어 있으며, "하(瑕)"는 "가(葭)"와 함께 가(叚)에서 소리가 나와 통하여 가차할 수 있었으며 또한 정공 13년 『경』 『좌전』의 "수가(垂葭)", 『공양전』의 "수하(垂瑕)"와 같다. 주하는 두예에 의하면 지금의 산동 제령(濟寧) 남쪽 10리 지점에 있으니 필시 주(邾)읍일 것이며, 이 설은 믿을 수 없을 것이다. 정공과 애공 16년간에 노나라가 현읍을 위해 성을 쌓은 것이 모두 여덟 번이며, 두예는 거의 "진(晉)나라를 대비한 것"이라 말하였는데, 사실은 진나라 또한 국내의 경들의 내분이 극심하여 바깥을 도모할 겨를이 없었다.

吳伐陳.	오나라가 진나라를 쳤다.
夏,	여름에
齊國夏及高張來奔.	제나라 국하 및 고장이 도망쳐 왔다.
叔還會吳于柤.[3]	숙환이 사에서 오나라와 회합하였다.
秋七月庚寅,[4]	가을 7월 경인일에
楚子軫卒.[5]	초자 진이 죽었다.
齊陽生入于齊.[6]	제나라 양생이 제나라로 들어갔다.
齊陳乞弑其君荼.[7]	제나라 진걸이 그 임금 도를 죽였다.
冬,	겨울에
仲孫何忌帥師伐邾.[8]	중손하기가 군사를 거느리고 주나라를 쳤다.

---

3 『전』이 없다. 사는 본래 초나라 땅이었는데 이때 혹 이미 오나라 소유가 된 것 같으며, 곧 지금의 비현(邳縣) 북쪽의 가구(泇口)이다. 또한 양공 10년 『경』의 『주』에 보인다.

4 경인일은 16일이다.

5 진(軫)은 곧 소공 26년의 태자 임(壬)이다. 임은 그 본명이며 초나라 임금으로 즉위한 후에 예에 따라 개명을 하였는데, 진은 개명한 이름이다. 『사기』의 「12제후 연표(十二諸侯年表)」 및 「초세가(楚世家)」에는 모두 "진(珍)"으로 되어 있는데, "진(珍)"과 "진(軫)"은 형태와 음이 모두 가깝다.

6 양생(陽生): 경공(景公)의 서자로 곧 도공(悼公)이다. 지난해에 유자(孺子) 도(荼)가 즉위한 후에 노나라로 달아났던 자이다.

7 "도(荼)"는 『공양전』에는 "사(舍)"로 되어 있다. 고음이 같아서 서로 통가하였다. 『전』에 의하면 도는 사실 양생이 주모(朱毛)를 사주하여 죽인 것인데, 『경』에서 진걸이라고 기록한 것은 그가 양생을 맞이하여 세워 도가 부득불 피살되었고 또한 진씨가 이를 빌미로 권력을 주무르려고 했기 때문이다.

8 『전』이 없다.

宋向巢帥師伐曹.[9] 송나라 상소가 군사를 거느리고 조나라를 쳤다.

傳

六年春, 6년 봄에

晉伐鮮虞, 진나라가 선우를 쳤는데

治范氏之亂也.[10] 범씨의 난을 다스린 것이었다.

吳伐陳, 오나라가 진나라를 쳤는데

復修舊怨也.[11] 묵은 원한을 앙갚음하여 다스린 것이다.

楚子曰, 초자가 말하였다.

"吾先君與陳有盟,[12] "우리 선군이 진나라와 맹약을 맺었으니

---

9 『전』이 없다.

10 두예는 "4년에 선우가 운인을 백인에 들였다"라 하였다. 진나라는 일찍이 여러 차례 선우를 친 적이 있는데 춘추시대 말까지도 차지할 수가 없어서, 『전국책(戰國策)』에 「중산책(中山策)」이 있으며 나중에 조나라에 멸망당하였다.

11 원년 『전』에서 "오나라가 진나라를 침공하였는데 묵은 원한을 풀려는 것이었다(吳侵陳, 修舊怨也)"라 하였다. 그러나 뜻을 얻을 수가 없었으므로 이해에 다시 군사를 일으켜 다시 묵은 원한을 푼 것이다. 다케조에 고코(竹添光鴻)의 『회전(會箋)』에서는 "부차가 망한 까닭이다. 정공 5년 『전』에서는 '자상은 오직 옛 원수만 생각해서 실패하였다(子常唯思舊怨以敗)'라 하였다"라 하였다.

12 소공 13년 초평왕이 진후 오(吳)를 예우하여 진나라로 돌려보낸 일이 있는데 반드시 맹약이 있었을 것이다.

不可以不救."	구원하지 않을 수 없다."
乃救陳,	이에 진나라를 구원하고
師于城父.[13]	성보에 주둔하였다.

齊陳乞僞事高, 國者,[14]	제나라 진걸은 거짓으로 고씨와 국씨를 섬겨
每朝,	조회 때마다
必驂乘焉.[15]	반드시 곁말을 타고 따라갔다.
所從,[16]	따라가는 곳에서는
必言諸大夫曰,[17]	반드시 대부들에게 말하기를
"彼皆偃蹇,[18]	"저들은 모두 교만해서
將棄子之命.	그대들의 명을 버릴 것입니다.
皆曰,	모두 말하기를
'高, 國得君,[19]	'고씨와 국씨가 임금의 총애를 얻으면

13 성보(城父): 이곳은 곧 북성보(北城父)로 소공 19년『전』에서 "성보에 크게 성을 쌓았다(大城城父)"라 한 곳의『주』에 상세하다. 지금의 하남 보풍현(寶豐縣) 동쪽, 평정산시(平頂山市) 서북쪽에 있다.

14 두예는 "고장(故障)과 국하(國夏)는 명을 받고 도(荼)를 세워 진걸이 그를 해치고자 하여 먼저 거짓으로 섬긴 것이다"라 하였다.

15 그들과 함께 같은 수레를 타고 조회하러 가며 자기는 수레의 오른쪽에 있는 것이다.

16 따라가는 곳을 말한다.

17 고씨와 국씨에게 말하는 것으로, 곧 대부들을 무고하여 이간시키는 말이다.

18 언건(偃蹇): 두예는 "언건은 교만한 것이다"라 하였다.

必偪我,	반드시 우리를 핍박할 것인데
盍去諸?'	어찌 저들을 없애지 않습니까?'라 합니다.
固將謀子,	실로 그대들을 도모하려 하니
子早圖之!	그대들은 잘 생각해 보십시오!
圖之,	잘 생각한다면
莫如盡滅之.	모조리 없앰만 못합니다.
需,	의심하는 것은
事之下也."[20]	일 가운데 하책입니다."
及朝,	조정에 이르러
則曰,	말하였다.
"彼,	"저들은
虎狼也.[21]	호랑이와 늑대입니다.

---

19 도(荼)는 고씨와 국씨에 의해 즉위하였으므로 고씨와 국씨가 실제 정권을 장악할 것이라는 말이다. 도는 어려서 고씨와 국씨가 충분히 그를 끼고 나라에서 호령을 할 수 있을 것이니 이것이 곧 임금의 총애를 얻는 것이다.

20 두예는 "수(需)는 의심하는 것이다"라 하였다. 공영달은 "수는 나약하다는 뜻이다"라 하였다. 『설문』에서는 "수(需)는 수(䇓)로, 비를 만나 나아가지 못하고 머무는 것이 수이다"라 하였는데, 곧 지금의 기다린다는 뜻이다. 이는 진걸이 고씨와 국씨 앞에서 대부들을 무고하는 말이다. "피(彼)는 대부들을 가리킨다. 대부들이 모두 기고만장하여 그대들(고씨와 국씨)의 명을 듣지 않을 것이라는 말이다. 대부들이 고씨와 국씨를 축출할 계획을 꾸미고 있으니 이참에 고씨와 국씨에게 대부들을 멸하게 권하면서 의심하여 기다리는 것이 하책이라는 것이다. 『사기·전제세가(田齊世家)』에서는 이 말을 서술하면서 대의만 취하였다.

21 또 고씨와 국씨에게 말한 것으로, 대부들이 호랑이와 늑대라는 것이다.

見我在子之側,	내가 그대들 곁에 있는 것을 보면
殺我無日矣,	나를 죽일 날이 머지않았으니
請就之位."[22]	청컨대 그 자리에 가게 해주십시오."
又謂諸大夫曰,	또한 대부들에게 말하였다.
"二子者禍矣,[23]	"두 사람이 화를 일으키어
恃得君而欲謀二三子,	임금을 얻은 것을 믿고 그대들을 도모하여
曰,	말하기를
'國之多難,	'나라에 어려움이 많은 것은
貴寵之由,[24]	귀총들로 말미암은 것이니
盡去之而後君定.'	그들을 모두 없애야 임금이 안정된다'라 하였습니다.
旣成謀矣,	이미 모의를 다 하였는데
盍及其未作也,	어찌하여 시작하기 전에
先諸?[25]	먼저 손을 쓰지 않습니까?

---

22 두예는 "대부들과 함께 고씨와 국씨를 도모하려고 하기 때문에 그리 갈 것을 청한 것이다"라 하였다. 아마 이때 조정에서 고씨와 국씨는 경의 자리에 있고, 진걸은 거짓으로 고씨와 국씨를 섬겨 그들 곁에 있느라 제후들의 말을 들을 수 없었는데, 이 때문에 자기가 피살될까 두려워하여 대부의 행렬에 가기를 청하여 그들이 말하는 것을 들으려 한 것일 것이다.

23 이자(二子): 고씨와 국씨이다. 화의(禍矣)는 화란을 일으키려 한다는 것이다.

24 이는 고씨와 국씨의 말을 거짓으로 지어내어 제후들에게 말한 것으로, 고씨와 국씨가 말하기를 나라에 환난이 많은 것은 귀총들로 말미암은 것이라고 한 것이다. 대부들 가운데는 반드시 경공의 귀총을 받는 자가 있을 것이다.

作而後,	시작한 뒤에는
悔亦無及也."[26]	뉘우친들 미칠 수가 없습니다."
大夫從之.	대부들이 그 말을 따랐다.
夏六月戊辰,[27]	여름 6월 무진일에
陳乞, 鮑牧及諸大夫以甲入于公宮.[28]	진걸과 포목 및 대부들이 갑사들을 데리고 공궁으로 들어갔다.
昭子聞之,	소자가 그 소식을 듣고
與惠子乘如公.	혜자와 함께 수레를 타고 공에게 갔다.
戰于莊,	장에서 싸웠으나
敗.[29]	졌다.
國人追之,	백성들이 쫓으니
國夏奔莒,	국하는 거나라로 달아났다가
遂及高張, 晏圉, 弦施來奔.[30]	마침내 고장, 안어, 현시와 함께 도망쳐 왔다.

---

25 대부들이 먼저 난을 일으키게끔 으른 것이다.

26 작(作): 곧 위의 "미작(未作)"의 작(作)이다. 고씨와 국씨가 먼저 움직이면 대부들은 후회해도 미치지 못할 것이라는 말이다.

27 무진일은 23일이다.

28 두예는 "목(牧)은 포국(鮑國)의 손자이다"라 하였다.

29 장(莊): 임치성 안의 대로로 소공 10년『전』의 "또 장에서 무찔렀다(又敗諸莊)"의『주』를 보라. 두예는 "고씨와 국씨가 패한 것이다"라 하였다.

30 안어(晏圉): 두예는 "어는 안영의 아들이다. 어와 시를 기록하지 않은 것은 경이 아니기

秋七月,	가을 7월에
楚子在城父,	초자가 성보에 있으면서
將救陳.	진나라를 구원하려고 하였다.
卜戰,	싸움에 대해 점을 쳐보았더니
不吉,	불길하였으며,
卜退,	물러날 것을 점쳤더니
不吉.	또한 불길하였다.
王曰,	왕이 말하였다.
"然則死也.	"그렇다면 죽음뿐이다.
再敗楚師,	초나라 군사에게 다시 패하면
不如死,[31]	죽음만도 못하다.
棄盟, 逃讎,[32]	맹약을 버리고 원수에게서 도망가는 것

때문이다"라 하였다. 『사기·전제세가(田齊世家)』에서는 "전걸(田乞)과 포목이 이에 대부들과 함께 군사를 이끌고 공궁으로 들어가 고소자를 공격하였다. 소자가 듣고는 국혜자와 함께 공을 구하였다. 공의 군사는 패하였다. 전걸의 무리가 추격하자 거나라로 달아났다가 마침내 도리어 고소자를 죽였다. 안유자(晏孺子)는 노나라로 달아났다"라 하였다. 전걸은 곧 진걸(陳乞)로 『사기』에서는 제나라의 진씨들에 대해 으레 전이라고 하였다. 사마천의 기록과 『전』은 다른데 『전』이 사실일 것이다.

31 두예 및 공영달에 의하면 정공 4년 오나라가 백거(柏擧)에서 초나라를 패퇴시킨 것이 첫 번째이고, 이번에 싸우거나 물러나는 점이 모두 불길하니 싸우면 반드시 질 것이고, 물러나기도 쉽지 않을 것이니 두 번째 패하는 것이다.

32 진나라를 구원하지 않으면 동맹국을 버리는 것이고 또한 원수인 적국 오나라 군사에게서 도피하는 것이다.

亦不如死.	또한 죽음만 못하다.
死一也,	죽기는 마찬가지이니
其死讎乎!"[33]	원수와 싸우다 죽자!"
命公子申爲王,[34]	공자 신에게 왕이 되게 명하니
不可,	안 된다고 하였으며,
則命公子結,[35]	공자 결에게 명하니
亦不可,	또한 안 된다고 하였고,
則命公子啓,[36]	공자 계에게 명하니
五辭而後許.[37]	다섯 번 사양한 후에 허락하였다.
將戰,	싸우려는 데
王有疾.	왕에게 병이 났다.
庚寅,	경인일에
昭王攻大冥,[38]	소왕이 대명을 공격하다가
卒于城父.	성보에서 죽었다.

---

33 이번 죽음은 원수와 싸우다 죽을 것이다는 말과 같다.

34 신(申): 자서(子西)이다.

35 결(結): 자기(子期)이다.

36 계(啓): 자려(子閭)이다.

37 두예는 신(申) 등 세 사람은 "모두 소왕(昭王)의 형"이라고 하였다. 그러나 『열녀전·절의(節義)』에서는 "왕은 병이 심하여지자 세 아우에게 양위하였는데 세 아우는 듣지 않았다"라 하였고 또한 "왕의 아우 자려와 자서, 자기가 모의하였다" 하였으니 신(申) 등 세 사람에 대해 유향은 소왕의 아우라고 생각하였다.

38 대명(大冥): 『휘찬(彙纂)』에 의하면 지금의 하남 주구(周口)지구 항성현(項城縣) 경계에 있다.

子閭退,	자려가 물러나
曰,	말하였다.
“君王舍其子而讓,	“군왕이 그 아들을 버리고 양위하였는데
羣臣敢忘君乎?	신하들이 감히 임금을 잊겠는가?
從君之命,	임금의 명을 따르는 것이
順也,[39]	순리이고,
立君之子,	임금의 아들을 세우는 것
亦順也.	또한 순리이다.
二順不可失也.”	두 가지 순리를 잃을 수 없다.”
與子西, 子期謀,	자서 및 자기와 모의하여
潛師,[40]	몰래 군사를 이동하여
閉塗,[41]	길을 막고
逆越女之子章立之,[42]	월나라 여자의 아들 장을 맞아 세우고

---

39 두예는 “명을 따라 세울 것을 허락하였다”라 하였다.

40 잠사(潛師): 비밀리에 군사를 옮기는 것이다.

41 폐도(閉塗): 유관한 도로를 봉쇄하여 막는 것으로 자기네 정보가 누설되지 않게 하는 것이다. 왕인지(王引之)의 『술문(述聞)』에서는 “‘도(塗)’는 ‘벽(壁)’이 되어야 하며, 글자가 비슷하여 잘못된 것이다”라 하였는데 믿을 수 없다.

42 월녀(越女): 월왕 구천의 딸이다. 곧 16년 『전』의 소부인(昭夫人)이다. 『열녀전·절의(節義)』에서는 소왕이 죽기 전에 자살하였다고 하였는데, 이는 다만 전설로 믿을 수 없다. “장(章)”은 『열녀전』에는 “웅장(熊章)”으로 되어 있는데, 초나라 왕의 이름에는 항상 앞에 “웅(熊)”자를 덧붙이는데 『좌전』에서는 생략하였다.

而後還.	그런 다음에야 돌아갔다.
是歲也,	이해에는
有雲如衆赤鳥,	붉은 새 떼 같은 구름이 있어서
夾日以飛三日.	해를 끼고 사흘을 날았다.
楚子使問諸周大史.[43]	초자가 주나라 태사에게 묻게 하였다.
周大史曰,	주나라 태사가 말하였다.
"其當王身乎!	"왕의 몸에 닥칠 것이오!
若禜之,[44]	양제(禳祭)를 올린다면
可移於令尹, 司馬."	영윤과 사마에게 옮겨갈 것이오."

---

43 복건(服虔)은 이 일에 대하여 두 가지 설을 제시하였다. 하나는 제후에게는 모두 태사가 있는데 주나라에서 내려 준 전적을 주관하기 때문에 주태사라고 한다고 하였다. 이 설은 매우 잘못되었으니 주나라는 초나라에 전적을 내려 준 적이 없으며, 왕자 조(王子朝)가 주나라의 전적을 받들고 초나라로 달아났지만 또한 그를 주태사라 부를 수는 없으니, 이를테면 선공 2년 『전』에서 "태사가 기록하기를"이라 하였고, 양공 25년 『전』에서는 "태사의 기록"이라고 하였는데 모두 진(晉)나라와 제나라 본국의 태사이며, 초나라에 태사가 있었다 하더라도 또한 주태사라고 칭할 수는 없다. 하나는 이때 주나라 태사에게 가서 물었다는 것으로, 심흠한(沈欽韓)의 『보주(補注)』에서는 『설원·군도(君道)』편을 들어 입증하였는데 옳다. 『설원』에서는 "소왕이 그것을 근심하니 사람을 시켜 역승을 타게 하여 동으로 가서 태사 주려(州黎)에게 묻게 하였다"라 하였다. 또한 이때 소왕은 성보에 있어서 주나라 왕실과 가까웠고 초나라와는 오히려 멀었으므로 주나라 왕성에 가서 물은 것이다.

44 영(禜): 두예는 "영은 양제(禳祭)이다"라 하였다. 청나라 진혜전(秦蕙田)의 『오례통고(五禮通考)』 26에서는 "『주례』「대종백(大宗伯)」에서는 풍사(風師)와 우사(雨師)에게 제사 지내는 것만 말하였고 구름과 우레의 신에게 제사 지내는 것은 말하지 않았는데 『좌전』과 『초사·구가·운중군(楚辭·九歌·雲中軍)』을 살펴보면 운신(雲神)에게 제사 지내는 것이 3대에 이미 있었으며 뇌신(雷神)만은 명문(明文)이 보이지 않는다"라 하였다.

王曰, 왕이 말하였다.

“除服心之疾, “배 속의 병을 없애어

而寘諸股肱,[45] 넓적다리와 팔뚝에 옮겨 두면

何益? 무슨 도움이 되겠는가?

不穀不有大過, 나는 큰 과오도 없는데

天其夭諸?[46] 하늘이 나를 요절케 하겠는가?

有罪受罰, 죄가 있으면 벌을 받지

又焉移之?” 또한 어디로 그것을 옮기겠는가?”

遂弗禜. 마침내 양제를 올리지 않았다.

初, 처음에

昭王有疾, 소왕이 병이 나자

卜曰, 점괘에서 말하기를

“河爲祟.” “황하가 빌미가 된다”는 것이었다.

王弗祭. 왕은 제사를 지내지 않았다.

---

45 복심(腹心)은 왕이 스스로를 비유한 것이며, 고굉(股肱)은 영윤과 사마를 비유한 것이다. 『설원(說苑)』에서 소왕의 말을 서술하여 “초나라에 내가 있음은 몸에 가슴과 옆구리가 있는 것과 같으며, 영윤과 사마가 있는 것은 몸에 넓적다리와 팔뚝이 있는 것과 같다”라 하였는데, 이것과 같은 뜻이다.

46 자기에게 큰 과오가 있으면 하늘이 나를 요절하게 할 것이라는 말이다. 소왕은 어려서 즉위하였으며 재위에 있은 지 27년째로 이때 나이 30여 세에 지나지 않았으므로 요절이라 한 것이다.

大夫請祭諸郊.[47]	대부가 교외에서 제사를 올리자고 청하자
王曰,	왕이 말하였다.
"三代命祀,	"3대에서 명한 제사에
祭不越望.	제사는 본국의 산천을 넘지 않았소,
江, 漢, 睢, 漳,	당수와 한수, 저수, 장수가
楚之望也.[48]	초나라의 하천이오.
禍福之至,	화복이 이른다 해도
不是過也.	이를 넘지 않을 것이오.
不穀雖不德,	내가 비록 덕이 없지만
河非所獲罪也."	황하는 죄를 얻을 곳이 아니오."
遂弗祭.	마침내 제사를 지내지 않았다.
孔子曰,	공자가 말하였다.
"楚昭王知大道也.	"초소왕은 큰 도를 안다.
其不失國也,	나라를 잃지 않음이
宜哉!	마땅하다!

47 교외의 들판에서 황하의 신에게 제사를 지내자는 것이다.

48 강(江): 선공 12년의 『전』에 보인다.
한(漢): 장공 4년의 『전』에 보인다.
저(睢): 저수는 정공 4년의 『전』과 『주』에 보인다.
장(漳): 장수는 선공 4년의 『전』과 『주』에 보인다.

夏書曰,	「하서」에서 말하기를
‘惟彼陶唐,	‘저 요임금은
帥彼天常,[49]	저 하늘의 강상 따라
有此冀方.[50]	이 중원의 지방 가지셨다네.
今失其行,	이제 그 행실 잃어
亂其紀綱,	그 기강 어지럽히어
乃滅而亡.’[51]	이에 멸망하였도다’라 하였고,
又曰,	또 말하기를
‘允出玆在玆.’[52]	‘믿음 우러남 미움 있기 때문이라네’라 하셨다.
由己率常,	자기로 말미암아 떳떳함을 따르면
可矣.”[53]	되는 것이다.”

---

49 솔(帥): 솔(率)과 같으며 순행(循行)하는 것이다. 천상(天常)은 하늘이 우리 사람을 제어하는 항상(恒常)된 도이다.

50 기방(冀方): 곧 중국으로, 고염무(顧炎武)의 『일지록(日知錄)』 권2에 설이 상세하다.

51 ‘일서(逸書)’로 『위고문상서(僞古文尙書)』를 지은 자가 「오자지가(五子之歌)」에 넣었다. 두예는 “멸망(滅亡)은 하걸(夏桀)을 이른다”라 하였다. 청나라 염약거(閻若璩)는 「이소(離騷)」의 “계는 구변과 구가를 지었는데, 하나라 태강은 스스로 방종하였다네(啓九辯與九歌兮, 夏康娛以自縱)”란 구절에 의거하여 태강을 가리킨다고 하였으며, 염약거(閻若璩)의 『상서고문소증(尙書古文疏證)』 5의 하에 상세하다.

52 또한 ‘일서(逸書)’인데 지금은 『위고문상서』의 「대우모(大禹謨)」에 들어 있다.

53 「초세가」에서는 『좌전』을 그대로 채록하였는데, 왕위를 양위한 일만은 병이 났을 때에 있어서 『설원』과 같으며 당연히 『좌전』에 의거하여야 한다. 유향 또한 혹 『사기』를 참고하였을 것이다.

八月,	8월에
齊邴意茲來奔.[54]	제나라 병의자가 도망 왔다.
陳僖子使召公子陽生.	진희자가 공자 양생을 부르게 하였다.
陽生駕而見南郭且于,[55]	양생이 수레를 타고 가서 남곽차우를 보고
曰,	말하였다.
"嘗獻馬於季孫,[56]	"일찍이 계손에게 말을 바쳤는데
不入於上乘,	상등마에 들지 못하였으므로
故又獻此,	또 이것을 바치오니
請與子乘之."[57]	청컨대 그대와 그것을 타고 싶습니다."
出萊門而告之故.[58]	내문을 나와서 그 까닭을 알렸다.

---

54 두예는 "고씨와 국씨의 일당이다"라 하였다. 정공 13년 『전』을 참고하라. 『사기·제세가(齊世家)』에서는 "8월에 제나라의 병의자와 전걸이 두 재상을 무찌른 다음에 사람을 노나라로 보내어 공자 양생을 불러왔다"라 하였으니 사마천이 본 『좌전』에는 "분(奔)"자가 없었다. 다만 병의자를 전걸 위에 놓고 또한 "제(齊)"자를 앞에 놓은 것은 「세가」의 예가 아니어서 매우 의심스럽다.

55 남곽차우(南郭且于): 두예는 "차우는 제나라 공자 서로 노나라 남곽에 있었다"라 하였다.

56 8년 『전』에서는 "제도공이 오자 계강자는 그 누이를 그에게 시집보냈다(齊悼公之來也, 季康子以其妹妻之)"라 하였으니 이때 이미 계손의 매부이다.

57 두예는 "집에 있는 것을 두려워하였는데 남들이 그 말을 들었으므로 두 사람을 함께 태우려 하면서 말을 시험해 본다는 구실을 댄 것이다"라 하였다.

58 정공 9년 『전』에서 "양호가 내문(萊門)을 태우게 했다"라 하였는데 그곳은 양관(陽關)읍

鬫止知之,	감지가 그 일을 알고
先待諸外.[59]	먼저 밖에서 기다렸다.
公子曰,	공자가 말하였다.
"事未可知,	"일을 아직 알 수 없으니
反,	돌아가서
與壬也處."[60]	임과 함께 있으시오."
戒之,[61]	그를 타이르고
遂行.	마침내 갔다.

의 문이며 여기서는 아마 그렇지 않을 것이다. 두예는 "노나라 외곽의 문이다"라 하였다. 강영(江永)의 『고실(考實)』에서는 양관의 읍문과 명칭은 같으나 다른 곳이라고 하였는데 옳다.

59 감지(鬫止): 두예는 "감지는 양생의 가신 자아(子我)이다. 밖에서 기다린다는 것은 함께 가고 싶어 하는 것이다"라 하였다. 『사기·중니제자열전(仲尼弟子列傳)』과 『여씨춘추·신세(愼勢)』편, 『회남자·인간훈(人間訓)』, 후한(後漢) 환관(桓寬)의 『염철론(鹽鐵論)』의 「수로(殊路)」편과 「송현(頌賢)」편, 『설원』의 「정간(正諫)」편과 「지무(指武)」편에서는 모두 감지(鬫止)는 곧 공구(孔丘)의 제자 재여(宰予)라고 하였으며, 이사(李斯)의 「상진이세서(上秦二世書)」(「이사전(李斯傳)」)에서도 "전상(田常)은 간공(簡公)의 신하로 몰래 제나라를 취하여 재여를 뜰에서 죽였으니 곧 조정에서 간공을 시해한 것이다"라 하였다. 그러나 『사기·중니제자열전』의 『색은(索隱)』에서는 "『좌전』에서는 감지(鬫止)는 자가 자아(子我)로 진항(陳恒)에게 피살당하였는데, 자가 재여와 상관이 있다고 하였는데 틀렸다"라 하였다. 이 설을 주장한 사람으로는 송나라 소식(蘇軾)의 『지림(志林)』, 송나라 소철(蘇轍)의 『고사(古史)』, 송나라 공평중(孔平仲)의 『담원(談苑)』, 송나라 홍매(洪邁)의 『용재수필(容齋隨筆)』, 송나라 손혁(孫奕)의 『시아편(示兒篇)』 및 청나라 염약거(閻若璩)의 『사서석지·우속(四書釋地·又續)』, 청나라 조익(趙翼)의 『해여총고(陔餘叢考)』, 혜동(惠棟)의 『보주(補注)』 등이다. 그러나 또한 감지가 재여라는 것을 믿는 사람도 있으니 이를테면 청나라 전조망(全祖望)의 『경사문답(經史問答)』, 청나라 송상봉(宋翔鳳)의 『과정록(過庭錄)』이다. 요컨대 기록이 어지럽고 시비가 분분하여 버려두고 고찰하지 않아도 된다.

60 임(壬): 두예는 "임은 양생(陽生)의 아들 간공(簡公)이다"라 하였다.

61 감지를 타이른 것이다. 양생은 진희자가 그를 부른 것이 무슨 뜻인지 몰랐으며 마음에 의혹이 남아 있었기 때문에 제나라에 가기 전에 부탁을 한 것이다.

逮夜, 밤이 되어서야

至於齊, 제나라에 이르렀는데

國人知之.[62] 백성들이 그것을 알았다.

僖子使子士之母養之, 희자가 자사의 어머니에게 그를 기르라 하고

與饋者皆入.[63] 음식을 갖다 주는 사람과 함께 들어갔다.

冬十月丁卯,[64] 겨울 10월 정묘일에

立之. 그를 세웠다.

將盟,[65] 맹약을 하려는데

鮑子醉而往. 포자가 취하여 나아갔다.

其臣差車鮑點曰,[66] 그 신하인 차거 포점이 말하였다.

"此誰之命也?" "이것은 누구의 명입니까?"

陳子曰, 진자가 말하였다.

"受命于鮑子." "포자의 명을 받았소."

---

62 두예는 "일부러 늦게 도착하여 남들이 모르게 한 것이다. 백성들이 알고도 말하지 않은 것은 진씨가 민심을 얻었다는 말이다"라 하였다.

63 두예는 "진희자가 또 양생에게 음식을 갖다 주는 사람을 따라 공궁에 들어가 거처하도록 명한 것이다"라 하였다.

64 정묘일은 24일이다.

65 두예는 "대부들과 맹약하는 것이다"라 하였다.

66 차거포점(差車鮑點): 두예는 "점은 포목(鮑牧)의 신하이다. 차거는 수레를 주관하는 관직이다"라 하였다.

遂誣鮑子曰,	마침내 포자를 무고하여 말하였다.
"子之命也!"[67]	"그대의 명이오!"
鮑子曰,	포자가 말하였다.
"女忘君之爲孺子牛而折其齒乎,	"그대는 임금이 유자의 소가 되어 그 이를 부러뜨린 것을 잊었습니까?
而背之也?"[68]	그래도 그를 배반하겠습니까?"
悼公稽首,[69]	도공이 머리를 조아리며
曰,	말하였다.
"吾子,	"그대는
奉義而行者也.	의를 봉행하던 자요.
若我可,	내가 옳다면
不必亡一大夫,[70]	대부 하나를 없앨 필요가 없으며

67 두예는 "그가 취한 것을 보았기 때문에 무고한 것이다"라 하였다.

68 유자(孺子): 이미 즉위한 제나라 임금 도(荼)를 말하며 그 나이가 어렸으므로 유자라고 하였다. 『상서·금등(金縢)』에 "무왕을 장사 지내고 관숙(管叔) 및 그 아우들이 나라에 마를 흘리어 '공이 장차 유자(孺子)에게 불리하게 하려 한다'라 하였다"는 말이 있는데, 당시에 성왕(成王)이 어려서 주공이 섭정을 하였으므로 유자(孺子)로 성왕을 칭하였다. 『공양전』 희공 10년 『전』에 "너는 이미 저 두 유자(孺子)를 죽였다"는 말이 있는데 두 유자는 해제(奚齊) 및 탁자(卓子)를 가리키며, 둘 다 이극(里克)에게 살해되었다. 유자(孺子)의 또 다른 뜻은 이미 희공 15년 『전』의 『주』에 보인다. 아마 경공이 도(荼)를 사랑하여 일찍이 자기가 소가 되어 도에게 끌게 하다가 엎어져 경공이 이를 부러뜨린 것일 것이다. "야(也)"자는 "야(耶)"자의 뜻으로 읽어도 된다.

69 두예는 "도공은 양생이다"라 하였다.

70 망일대부(亡一大夫): 두예는 "자기가 임금이 될 수 있으면 반드시 포자를 원망하지 않겠다는 것이다"라 하였다. 망일대부(亡一大夫)는 곧 포자를 죽이는 것이다.

若我不可,	내가 옳지 않다면
不必亡一公子.[71]	공자 하나를 없앨 필요가 없소.
義則進,	의로우면 나아가고
否則退,	아니면 물러나니
敢不唯子是從?	감히 그대를 따르지 않겠소?
廢興無以亂,[72]	폐하든 흥하든 화란을 일으키지 않는 것이
則所願也."	소원이오."
鮑子曰,	포자가 말하였다.
"誰非君之子?"[73]	"누가 임금의 아들이 아닙니까?"
乃受盟.	이에 맹약을 받아들였다.
使胡姬以安孺子如賴,[74]	호희로 하여금 안유자를 뇌로 가게 하고
去鬻姒,[75]	육사를 보냈으며

---

71 망일공자(亡一公子): 두예는 "공자는 자신을 이른다. 포자가 자기를 죽일까 두려워하여 부탁한 것이다"라 하였다.

72 폐(廢)는 도(荼)를 폐위하는 것이며, 흥(興)은 자기가 즉위하는 것이다. 대부 하나가 죽고, 공자 하나가 죽는 것이 모두 어지러운 것이다. 폐위하거나 즉위를 할 때 유혈 사태가 일어나지 않게 하는 것이다.

73 모든 경공의 아들이 모두 제나라 임금이 될 수 있으며 반드시 도(荼)라야 하는 것은 아니라는 말이다.

74 호희(胡姬): 호나라 여자로 희(姬)성이며 경공의 첩이다. 호(胡)는 양공 28년『전』의『주』에 보인다. 안유자는 곧 도(荼)로 즉위한 지 1년도 못 되었고 또한 어려서 피살되었으므로 시호가 없어 안유자로 불렀다. 뇌(賴)는 지금의 산동 장구현(章丘縣) 서북쪽에 있다.

75 육사(鬻姒): 두예는 "도의 어머니이다"라 하였다. 거(去)는 대개 다른 곳으로 보낸 것일

殺王甲,	왕갑을 죽이고
拘江說,	강열을 구금하였으며
囚王豹于句瀆之丘.[76]	왕표를 구독지구에 가두었다.
公使朱毛告於陳子,[77]	공이 주모로 하여금 진자에게 알리게 하여
曰,	말하였다.
"微子,	"그대가 없었으면
則不及此.	여기에 이르지 못하였소.
然君異於器,	그러나 임금은 기물과는 달라
不可以二.	둘이 있을 수 없소.
器二不匱,	기물은 둘이면 궁핍하지 않지만
君二多難,	임금이 둘이면 어려움이 많게 되니
敢布諸大夫."	감히 대부에게 말하여야겠소."
僖子不對而泣,	희자는 대답을 않고 눈물을 흘리며
曰,	말하였다.

것이다.

76 두예는 "세 사람은 경공(景公)의 총신으로 도(荼)의 일당이다"라 하였다. 『맹자·고자(告子) 하』에서는 "옛날에 왕표(王豹)가 기(淇)에 처함에 황하 서쪽 지방에서 노래를 잘하였다"라 하였는데, 조기(趙岐)는 위(衛)나라 사람이라고 생각하였고, 만씨(萬氏)의 『씨족략(氏族略)』에서는 "아마 곧 이 사람들일 것이다"라 하였다. 청나라 정진(鄭珍)의 『소경소문집(巢經巢文集)』에서도 곧 이 사람이라고 하였으며 또한 제나라 사람이라고 생각하였다.

77 주모(朱毛): 두예는 "주모는 제나라의 대부이다"라 하였다.

“君擧不信羣臣乎?[78]	“임금께서는 신하들을 하나도 믿지 않으십니까?
以齊國之困,	제나라는 곤핍하고
困又有憂,[79]	곤핍한 중에 또 근심이 생기어
少君不可以訪,	어린 임금은 찾을 수가 없어
是以求長君,	이 때문에 나이가 든 임금을 구하였으니
庶亦能容羣臣乎!	아마 또한 신하들을 용인할 것입니다.
不然,	그렇지 않으면
夫孺子何罪?”	유자가 무슨 죄인가?”
毛復命,	모가 복명하니
公悔之.[80]	공이 그것을 뉘우쳤다.
毛曰,	모가 말하였다.
“君大訪於陳子,	“임금께선 큰일은 진나라를 찾으시고
而圖其小可也.”[81]	작은 일은 직접 도모하셔도 됩니다.”

78 두예는 “거(擧)는 ‘모두’ 하는 뜻이다”라 하였다. 고염무(顧炎武)의 『보정(補正)』에서는 “도공(悼公)이 도(荼)를 꺼려 대부들이 도를 복위시키고 자기를 폐위시킬까 두려워하여 그를 없애게 하고자 하였으므로 희자가 자기를 의심한다고 생각한 것이다”라 하였다.

79 두예는 “안으로 기황(饑荒)의 어려움이 있는데 또 전쟁의 근심이 있는 것이다”라 하였다.

80 두예는 “실언한 것을 뉘우친 것이다”라 하였다.

81 두예는 “큰일은 국정(國定)을 말하고 작은 일은 도(荼)를 죽이는 것이다”라 하였다.

使毛遷孺子於駘.[82]	모에게 유자를 태로 옮기게 하였다.
不至,	이르지 못하여
殺諸野幕之下,	야외에 장막에서 죽이고
葬諸殳冒淳.[83]	수모순에서 장사를 지냈다.

애공 7년

經

七年春,[1]	7년 봄에
宋皇瑗帥師侵鄭.	송나라 황원이 군사를 거느리고 정나라를 침공하였다.
晉魏曼多帥師侵衛.	진나라 위만다가 군사를 거느리고 위나라를 침공하였다.
夏,	여름에
公會吳于鄫.[2]	공이 증에서 오나라와 회합하였다.

---

82 태(駘): 고동고(顧棟高)의 『대사표(大事表)』 권7의 1에서는 "혹자는 말하기를 지금의 산동 청주부(青州府) 임구현(臨朐縣) 경계에 있다고 하였다"라 하였다. 임구현은 지금은 산동 창유(昌濰) 지구에 속한다.

83 수모순(殳冒淳): 두예는 "수모순은 지명이다"라 하였다. 『공양전』은 이것과 대략 다르다.

1 칠년(七年): 계축년 B.C. 488년으로 주경왕(周敬王) 32년이다. 동지가 정월 18일 경인일로 건자(建子)이며, 윤달이 있다.

2 "증(鄫)"은 『곡량전』에는 "증(繒)"으로 되어 있다. 『석문』에서는 "본래 또한 '증(繒)'으로 되어 있다"라 하였다. 증의 고성은 지금의 산동 조장시(棗莊市) 동쪽, 창산현(蒼山縣) 약간 북

秋,	가을에
公伐邾.	공이 주나라를 쳤다.
八月己酉.[3]	8월 기유일에
入邾以邾子益來.[4]	주나라에 들어가서 주자 익을 데리고 왔다.
宋人圍曹.	송나라 사람이 조나라를 에워쌌다.
冬,	겨울에
鄭駟弘帥師救曹	사홍이 군사를 거느리고 조나라를 구원하였다.

傳

七年春,	7년 봄에
宋師侵鄭,	송나라가 정나라를 침공하였는데
鄭叛晉故也.[5]	정나라가 진나라를 배반하였기 때문이다.

쪽에 있으며, 나머지는 희공 14년『경』과『주』에 보인다.

3 기유일은 11일이다.

4 두예는 "타국은 '귀(歸)'라 하고 노나라는 '래(來)'라 하였는데 국내외를 구별하여 한 말이다"라 하였다.

5 두예는 "정공 8년에 정나라가 처음으로 배반하였다"라 하였다. 다케조에 고코(竹添光鴻)의『회전(會箋)』에서는 "정공 14년『경』에 제후와 송공이 조(洮)에서 회합하였는데 이때가 처음으로 제나라를 따른 것이다. 그러나『경』에서는 정나라와 위나라의 맹약만 기록하고 송나라는 제나라와 맹약한 내용이 없으니 이는 아마 송나라가 진나라를 배반하기는 하였어도 정나라 및 위나라와는 분명 달랐기 때문일 것이다. 지금 제나라가 다투지 않는 것을 살피건대 또한 제나라를 떠나 진나라로 간 것이다"라 하였다. 말한 것이 근거가 있는

晉師侵衛,	진나라 군사가 위나라를 침공하였는데
衛不服也.[6]	위나라가 복종하지 않았기 때문이다.

夏,	여름에
公會吳于鄫.[7]	공이 증에서 오나라와 회합하였다.
吳來徵百牢.	오나라가 와서 백뢰를 요구하자
子服景伯對曰,	자복경백이 대답하여 말하였다.
"先王未之有也."	"선왕 때도 그런 일은 없었습니다."
吳人曰,	오나라 사람이 말하였다.
"宋百牢我,[8]	"송나라가 우리에게 백뢰를 바쳤는데
魯不可以後宋.[9]	노나라가 송나라보다 뒤진다고 할 수 없소.

것 같지만 이때 중원의 여러 나라에는 이미 패주가 없었으며 강국이 약국을 능멸하고 대국이 소국을 병탄하는 풍조가 이미 더욱 심하였는데, 노나라가 주(邾)나라를 친 것만 봐도 알 수 있다. 하물며 정공 15년 정나라 한달(罕達)이 일찍이 노구(老丘)에서 송나라 군사를 무찌르고 정나라와 송나라의 거리가 멀지 않아 분규가 수시로 일어남이겠는가?

6 두예는 "5년에 진나라가 위나라를 쳤는데 아직까지 복종하지 않았다"라 하였다. 아마 진나라 조앙(趙鞅) 괴외(蒯聵)를 들여보내려고 했으나 이르지 못한 것일 것이다. 곧 14년과 15년 두 차례 위나라를 쳐서 또한 괴외를 들여보내 자기를 섬기는 나라를 수립하고자 함이었다. 16년에 괴외가 입국하자 조앙이 곧 괴외를 진나라로 조빙하게 하려고 하였다.

7 두예는 "오나라는 중원을 쟁패하려고 하였다"라 하였다.

8 두예는 "이때 오나라가 송나라를 지나오면서 백 뢰를 얻었다"라 하였다. 그러나 오나라가 증에서 노후(魯侯)와 맹약하였다면 사실 반드시 빙 돌아서 송나라를 거쳐 올 필요가 없으니, 두예는 무엇을 근거로 했는지 모르겠다. 혹 송나라가 백뢰로 오나라에게 향례를 베푼 것이 이전의 일인지 모르겠다.

且魯牢晉大夫過十,[10]	또한 노나라가 진나라의 대부에게 바치는 것이 10뢰가 넘으니
吳王百牢,	오왕에게 백 뢰를 바침이
不亦可乎?”	또한 옳지 않겠소?”
景伯曰,	경백이 말하였다.
“晉范鞅貪而棄禮,	“진나라 범앙이 탐욕스럽고 예를 버려
以大國懼敝邑,[11]	대국으로 우리나라를 협박하였으므로
故敝邑十一牢之.	우리나라가 11뢰를 바쳤습니다.
君若以禮命於諸侯,	임금께서는 예로 제후에게 명하시니
則有數矣.[12]	정해진 수목이 있습니다.
若亦棄禮,	또 예를 버린다면
則有淫者矣.[13]	또한 지나친 것입니다.
周之王也,	주나라가 천하를 다스리게 된 것은

9 후송(後宋): 송나라보다 못하다는 말과 같다.

10 노나라는 사앙(士鞅)에게 11뢰를 예물로 바친 적이 있는데, 소공 21년 『전』에 보인다.

11 구(懼): 사동용법이다. 진나라가 대국이라고 하여 우리나라를 협박한 것이다. 소공 21년 『전』에 보인다.

12 공영달은 『주례·추관·대행인(秋官·大行人)』을 인용하여 “상공은 9뢰이고, 후백은 7뢰이며, 자남은 5뢰가 정해진 수이다”라 하였다.

13 유(有): 우(又)자의 뜻으로 읽는다. 두예는 “음(淫)은 과(過)의 뜻이다”라 하였다. 이는 예를 버리는 것이며 또 지나친 것이라는 말이다.

制禮,	예를 제정하여
上物不過十二,[14]	상등의 물품이 12를 넘지 않은 것이
以爲天之大數也.[15]	천하의 큰 수가 되었기 때문입니다.
今棄周禮,	지금 주나라의 예를 버리고
而曰必百牢,	기어이 백 뢰로 하시겠다면
亦唯執事."	또한 집사의 명대로 하겠습니다."
吳人弗聽.	오나라 사람이 듣지 않았다.
景伯曰,	경백이 말하였다.
"吳將亡矣,	"오나라는 망할 것이니
棄天而背本.[16]	하늘을 버리고 근본을 저버렸다.
不與,	주지 않는다면
必棄疾於我."[17]	반드시 우리에게 해를 끼칠 것이다."
乃與之.	이에 그들에게 주었다.

14 상물(上物): 명나라 육찬(陸粲)의 『좌전부주(左傳附註)』에서는 "상물 또한 통괄하여 말한 것으로 이를테면 면(冕)과 기(旗)가 모두 12류(旒)이며, 옥로(玉路)와 번영(樊纓)이 12로 나아가는 것 따위가 모두 이런 것이다"라 하였다. 『주례·추관·장객(秋官·掌客)』에 의하면 "왕이 제후를 모아 향례를 베풀면 12뢰(牢)를 갖춘다"라 하였고, 정현은 "제후에게 향례를 베풀면서 왕의 예수를 썼다"고 하였다.

15 옛날에는 천공(天空)이 오직 12차(次)라고 생각하여 예를 제정할 때 12를 극진한 수라 하였다.

16 하늘이 다만 12차(次)인데 지금 백 뢰를 요구하였으므로 하늘을 버렸다고 하는 것이다. 오나라는 원래 태백(泰伯)의 후손인데 주나라의 예를 어겼으므로 근본을 저버렸다고 하는 것이다.

17 기질(棄疾): 『설문』에서는 "기(棄)는 연(捐)의 뜻이다"라 하였다. 기질(棄疾)은 지금의 가해(加害)라는 말과 같다.

大宰嚭召季康子,[18]	태재 비가 계강자를 부르니
康子使子貢辭.	강자는 자공으로 하여금 감사를 표하게 했다.
大宰嚭曰,	태재비가 말하였다.
"國君道長,[19]	"임금이 길을 나선 지 오래되었는데
而大夫不出門,	대부들이 문을 나서지 않으니
此何禮也?"	이것은 무슨 예인가?"
對曰,	대답하였다.
"豈以爲禮,	"어찌 예라 하겠으며
畏大國也.[20]	대국을 두려워하기 때문입니다.
大國不以禮命於諸侯,	대국은 예로 제후들에게 명을 내리지 않으니
苟不以禮,	실로 예로 하지 않는다면
豈可量也?[21]	어찌 헤아릴 수 있겠습니까?

---

18 비(嚭): 두예는 "비는 오나라의 대부이다"라 하였다. 정공 4년『전』에서 "백주리의 손자 비가 오나라의 태재가 되었다(伯州犂孫嚭爲吳大宰)"라 하였다.

19 장(長):『설문』에서는 "오래고 먼 것이다"라 하였다. 이는 국군(國君)이 길에서 계류(稽留)한 지가 매우 오래되었다는 말이다. 이는 오나라 왕이 오나라에서 증(鄫)까지 오려면 천여 리의 노정이며, 노나라 애공도 곡부(曲阜)에서 증에 이르려면 또한 4백여 리나 되기 때문이다.

20 외대국(畏大國): 두예는 "외대국(畏大國)이라는 말은 감히 나라를 비우고 다 가지 않는 것이다"라 하였다.

21 할 수 없는 일이 없으며 소국이 헤아릴 수 있는 것이 아니라는 말이다.

寡君旣共命焉,	과군께서 이미 명을 공손이 받자왔거늘
其老豈敢棄其國?[22]	그 노신이 어찌 감히 나라를 버리겠습니까?
大伯端委以治周禮,[23]	태백은 현단과 위모로 주례를 다스렸고
仲雍嗣之,	중옹이 그 뒤를 이었는데
斷髮文身,[24]	머리를 자르고 문신을 하고
鸁以爲飾,[25]	벌거벗고 장식을 하였으니
豈禮也哉?	어찌 예라 하겠습니까?
有由然也."	까닭이 있어서 그런 것입니다."
反自鄫,	증에서 돌아와
以吳爲無能爲也.[26]	오나라는 할 수 없다고 생각하였다.

---

22 기로(其老): 계씨(季氏)를 이른다. 노나라 임금이 친히 가면 그 대신(大臣)은 반드시 국내에 남아 있어야 한다는 것이다.

23 단위(端委): 단(端)은 현단(玄端)의 옷이며 위(委)는 위모(委貌)의 관(冠)으로 모두 주나라가 통일하기 이전의 예복인데 후에도 그대로 썼다. 태백이 오나라에 처음 이르렀을 때 아마 그 옛 복색을 그대로 썼을 것인데 곧 이른바 주나라의 예로 다스린 것이다.

24 머리털을 자르고 몸에는 물고기와 용의 먹실을 넣은 것이다.

25 라(鸁): 혹은 "라(裸)"라고도 한다. 중옹이 어쩔 수 없이 옛 습속을 따른 것이다.

26 양수달(楊樹達)의 『독좌전(讀左傳)』에서는 "증(鄫)에서 돌아간 것이다"라는 말이 이 절의 끝에 있다고 하였는데 문기(文氣)가 안온치 못하여 이곳 "계강자가 주나라를 치려고 하여……" 한 곳의 첫 머리에 옮겼다고 하였으며, 곧 강자가 오나라는 할 수 없다고 한 것을 펴서 밝혀 주나라를 치려고 하였는데, 『전』은 그 원인을 기록하였을 따름이라고 하였다.

季康子欲伐邾,	계강자가 주나라를 치고자 하여
乃饗大夫以謀之.	대부들에게 향연을 베풀고 도모하였다.
子服景伯曰,	자복경백이 말하였다.
"小所以事大,	"소국이 대국을 섬기는 것은
信也,	신이고,
大所以保小,	재국이 소국을 지키는 것은
仁也.	인이오.
背大國,	대국을 배반하는 것은
不信,[27]	불신이고,
伐小國,	소국을 치는 것은
不仁.	불인이오.
民保於城,	백성은 성으로 지키고
城保於德.[28]	성은 덕으로 지킵니다.
失二德者,	두 가지 덕을 잃고
危,	위난에 빠지면
將焉保?"[29]	어떻게 지키려 하오?"

27 『전』에서는 주나라가 오나라에 속하였다고 말한 적이 없는데 아마 증(鄫)의 회합에서 약언(約言)이 있었던 것 같으며, 아래의 모성자(茅成子)가 오나라에 구원을 청하고 또 "여름에 증연에서 맹약하였는데 가을에 그것을 저버렸다"라 말한 것으로 알 수 있다.

28 성은 백성을 지키고, 덕은 성을 지킨다는 것이다.

孟孫曰,	맹손이 말하였다.
"二三子以爲何如?	"그대들은 어떻게 생각하오?
惡賢而逆之?"[30]	어느 것이 현명하고 받아들여야겠소?"
對曰,	대답하였다.
"禹合諸侯於塗山,[31]	"우가 도산에서 제후를 규합하였는데
執玉帛者萬國.[32]	옥백을 쥔 나라가 만 나라였습니다.

29 이덕(二德): 두예는 "이덕(二德)은 신(信)과 인(仁)이다"라 하였다.

30 6년『경』의 "중손하기가 군사를 거느리고 주나라를 쳤다(仲孫何忌帥師伐邾)"라 한 것 및 8년『전』에서 경백이 맹손에게 "또한 그를 불러서 이르게 하였다(且召之而至)" 한 것으로 맹손 또한 주나라를 칠 것을 주장하였음을 알겠다. 여기서 대부들에게 물어본 뜻은 또한 누구의 의견이 나은지 내가 받아들이겠다는 것을 말한다. 오(惡)는 어찌라는 뜻이고, 역(逆)은 맞는다는 뜻이다. 두예는 실로 틀렸으며, 요내(姚鼐)의『보주(補注)』와 심흠한(沈欽韓)의『보주(補注)』, 우창(于鬯)의『향초교서(香草校書)』, 오개생(吳闓生)의『문사견미(文史甄微)』에서는 모두 그 뜻을 터득하지 못하였다.

31 도산(塗山): 당나라 소악(蘇鶚)의『소씨연의(蘇氏演義)』및 송나라 왕무(王楙)의『야객총서(野客叢書)』에서는 모두 도산은 네 군데 있으며, 하나는 회계〔會稽, 지금의 절강(浙江) 소흥현(紹興縣) 서북쪽 45리 지점〕에 있고, 하나는 투주〔渝州, 지금의 사천(四川) 중경시(重慶市)〕에 있으며, 하나는 호주〔濠洲, 지금의 안휘(安徽) 회원현(懷遠縣) 동남쪽 8리 지점〕에 있으며, 하나는 당도(當塗, 지금의 안휘 당도현)에 있다고 하였다.『국어』와『사기』및『오월춘추』에서는 모두 도산(塗山)은 회계(會稽)에 있으며 두예는『좌전』에서는 "수춘(壽春) 동북쪽에 있다" 하였는데 곧 지금의 회원현에 있는 당도산이며, 양옥승(梁玉繩)의『사기지의(史記志疑)』권2에서 극력 주장하였으며, 아울러 당나라 유종원(柳宗元)의「도산명(塗山銘)」과 송나라 소식(蘇軾)의「도산시(塗山詩)」를 증거로 삼았고,『청일통지』에서도 회원현에 있는 것을 올바른 것으로 생각하였다. 그러나 모두 전설이니 깊이 고찰할 필요는 없다. 그러나『수경(水經)』에서는 "이수(伊水)는 애구(崖口)를 거치며 애상(崖上)에는 둑이 있는데 이수가 그 아래를 질러 협곡을 거쳐 북으로 흐른다"라 하고 주에서는 "곧 옛 삼도산(三塗山)이다"라 하였다. 고조우(顧祖禹)의『방여기요(方輿紀要)』에서도 "삼도산은 하남 숭현(嵩縣) 서남쪽 10리 지점에 있다"라 하였는데, 우의 도산은 곧 삼도산인 것 같다.

32 이는 당시의 예제(禮制)로 고사(古史)를 말한 것으로 곧 대우(大禹)가 서로 회합한 자는

今其存者,	지금까지 남아 있는 나라는
無數十焉,[33]	수십 개도 되지 않으니
唯大不字小, 小不事大也.	오직 대국이 소국을 보살피지 않고 소국이 대국을 섬기지 않아서입니다.
知必危,	반드시 위험함을 알면
何故不言?	무슨 까닭으로 말하지 않겠습니까?
魯德如邾,	노나라의 덕은 주나라와 같은데
而以衆加之,	무리들을 이끌고 그들을 누르려 한다면
可乎?"[34]	되겠습니까?"

부락의 추장에 지나지 않을 따름이며 나라가 되지도 못하였을 것이며, 또한 반드시 옥백(玉帛)을 들고 조회를 하지도 않았을 것이다.

33 수십(數十): 여기서 이른바 수십(數十)은 위의 내용으로 미루어 보건대 곧 우임금 때의 부락으로 제소남(齊召南)의 『고증(考證)』에서는 "『진서·지리지(晉書·地理地) 상』에서는 '춘추 초기에만 해도 여전히 1천2백 나라가 있었으며, 획린(獲麟)을 한 242년 후에 『경』에 보이는 것은 170나라이다. 139나라는 사는 곳을 아나 31나라는 모두 거처를 잃었다'라 하였는데, 이는 『경』과 『전』에 실려 있는 나라 이름을 종합하여 논한 것이며, 애공에 이르러 존속한 나라는 원래 열 나라를 넘지 않았다"라 하였다. 제소남은 『진서·지리지』를 인용하여 주나라가 봉한 제후국을 함께 계산하였으니 『전』의 뜻이 아닌 것 같다. 『순자·부국(富國)』편에서는 "옛날에는 만 개의 나라가 있었는데 지금은 수십 개의 나라만이 있다"라 하였으니, 주나라 때 봉한 나라 및 이후에 일어난 나라〔이를테면 전제(田齊), 한(韓), 조(趙), 위(魏)〕를 함께 계산한 것이다. 『전국책·제책(齊策) 4』에서 안촉(顔斶)이 말하기를 "대우(大禹) 때는 제후가 만 나라였으며, 탕(湯)임금 때는 제후가 3천, 지금은 남면하여 과(寡)라 칭하는 자가 겨우 24국이다"라 하였으니, 24라는 것은 전국 초기에 헤아린 것으로 7웅을 제외하면 송(宋), 위(衛), 중산(中山), 노(魯), 추(鄒), 등(滕), 예(郳), 거(莒), 정(鄭), 진(陳), 허(許), 채(蔡), 기(杞), 수(隨), 임(任), 담(郯), 월(越)나라 등이 있지만 거의 모두 우임금 때의 옛 나라들이 아니다.

不樂而出.[35]	즐겁지 않게 나섰다.
秋,	가을에
伐邾,	주나라를 치고
及范門,[36]	범문에 이르렀는데
猶聞鐘聲.[37]	여전히 종을 연주하는 소리가 들렸다.
大夫諫,	대부들이 간하였으나
不聽.[38]	듣지 않았다.
茅成子請告於吳,[39]	모성자가 오나라에 알릴 것을 청하였으나
不許,	허락지 않고
曰,	말하였다.
"魯擊柝聞於邾,[40]	"노나라에서 딱따기 치는 소리는 주나라에서 들리며,

34 대부들도 주나라를 치는 것을 반대하고 경백의 의견에 동의한 것이다.

35 계씨와 맹씨의 의견이 상반되어 주빈(主賓)이 서로 의기투합하지 못하였으므로 향례가 끝나자 기쁘지 않게 흩어진 것이다.

36 범문(范門): 두예는 "주나라 외곽의 남문이다"라 하였다.

37 두예는 "주나라가 적을 방어하지 않은 것이다"라 하였다.

38 이 구절은 두 가지로 해석할 수 있는데, 위의 내용에 따라 노나라 대부가 계강자를 권하여 막아 방비가 되어 있지 않은 나라를 칠 수 없다고 하여 오나라가 보복해 오는 화근을 남기지 않은 것 같다. 아래의 내용에 따르면 또한 주나라 대부가 주나라 대부에게 간하여 속히 음악을 중단하고 군사를 정비하여 저항한 것으로 해석할 수 있다.

39 모성자(茅成子): 두예는 "성자는 주나라 대부 모이홍(牟夷鴻)이다"라 하였다.

40 서로간의 거리가 매우 가깝다는 것을 말한다. 『주례·천관·궁정(天官·宮正)』에 "저녁에

吳二千里,	오나라는 2천 리나 떨어져 있으니
不三月不至,	세 달이 되지 않으면 이르지 않을 것이니
何及於我?[41]	어떻게 우리에게 미치겠는가?
且國內豈不足?"[42]	또한 국내에 무엇이 부족한가?"
成子以茅叛,[43]	성자가 모를 가지고 반란을 일으키자
師遂入邾,	군사가 마침내 주나라로 들어가
處其公宮.	그 공궁에서 거처하였다.
衆師晝掠,[44]	군사들은 한낮에 약탈을 하였고
邾衆保于繹.[45]	주나라 백성들은 역에서 지켰다.
師宵掠,	군사들이 밤에도 약탈을 하고
以邾子益來,[46]	주자 익을 끌고 와서

딱따기를 치면 함께한다"고 하였고, 『주역·계사(周易·繫辭) 하』에서는 "중문(重門)에서 딱따기를 쳐서 사나운 손님을 대비하였다"라 하였으니, 옛날에는 딱따기를 치며 야경을 돌았다는 것을 알 수 있다. 공영달은 정현의 말을 인용하여 "손에 나무 두 개를 들고 서로 치는 것이 딱따기를 치는 것이다"라 하였다.

41 먼 곳의 물을 가지고는 가까운 곳의 불을 끌 수 없다는 말이다.

42 두예는 "충분히 노나라에 맞설 수 있다는 말이다"라 하였다.

43 모(茅): 지금의 산동 금향현(金鄕현) 서북쪽 40리 지점에 있으며, 희공 24년의 『전』과 『주』에 상세하다.

44 중사(衆師): 1군(軍)에 그치지 않음을 말한 것이다. 각 군이 모두 이러하였으니 노나라 군의 기율을 알 수 있다. 두예는 "노략질하여 재물을 취한 것이다"라 하였다.

45 역(繹): 지금의 산동 추현(鄒縣) 동남쪽의 역산(嶧山)으로, 문공 13년 『전』의 "역으로 옮기는 것을 점쳤다(卜遷于繹)"의 『주』에 상세하다.

46 익(益): 두예는 "익은 주나라 은공(隱公)이다"라 하였다.

獻于亳社,[47] 박사에 바친 후에

囚諸負瑕,[48] 부하에 가두니

負瑕故有繹.[49] 부하에는 이에 역 사람이 있게 되었다.

邾茅夷鴻以束帛乘韋自請救於吳,[50] 주나라 모이홍이 비단 열 꾸러미와 숙피 넉 장을 가지고 스스로 오나라에 가서 구원을 청하여

曰, 말하였다.

"魯弱晉而遠吳,[51] "노나라는 진나라가 쇠약해지고 오나라는 먼 데다

馮恃其衆, 그 사람이 많음을 믿고

---

47 두예는 "나라가 망한 것이 은(隱)나라와 같기 때문이다"라 하였다.

48 부하(負瑕): 『휘찬(彙纂)』에 의하면 부하는 지금의 산동 연주현(兗州縣) 서쪽 25리 지점에 있다.

49 오개생(吳闓生)의 『문사견미(文史甄微)』에서는 "이는 기록자가 슬쩍 끼워 놓은 것으로, 주자가 갇혔기 때문에 부하에는 지금 역의 백성이 있게 되었다는 말이다"라 하였다.

50 두예는 "임금의 명이 없었기 때문에 '스스로(自)'라고 하였다"라 하였다. 속백(束帛)은 백열 단(端)으로 곧 다섯 필씩 묶은 것이다. 승위(乘韋)는 숙우피(熟牛皮) 넉 장으로 또한 희공 33년의 『전』과 『주』에 보인다. 『의례·빙례(聘禮)』에는 "말이 있으면(有言) 속백을 향례 때와 같이 한다"라 하였으며, 정현은 "유언(有言)이라는 것은 알리어 청이 있으면이라는 말이다"라 하였다. 또한 혜동(惠棟)의 『보주(補注)』에서는 예의 의거하여 "알리어 청하는 것은 정실(庭實)이 없는 것이며, 여기서 말한 승위(乘韋)라는 것은 당나라 가공언〔賈公彦, 『의례소(儀禮疏)』〕은 '구원을 구하였으나 방법이 없었으므로 승위를 정실로 삼은 것이다'라 하였다"라 하였다.

51 약(弱)과 원(遠)은 모두 동사이며, 여기서는 의동용법(意動用法)으로 쓰였다. 진나라를 약하게 여기고 오나라를 멀게 여긴 것을 말한다.

而背君之盟,[52]	임금의 맹약을 저버리고
辟君之執事,[53]	임금의 집사를 비루하게 여겼습니다.
以陵我小國.	우리 소국을 능멸하였습니다.
邾非敢自愛也,	주나라는 감히 스스로를 아깝게 여기는 것이 아니라
懼君威之不立.	임금의 위신이 서지 않는 것을 두려워합니다.
君威之不立,	임금의 위신이 서지 않는 것이
小國之憂也.	소국의 근심입니다.
若夏盟於鄫衍,[54]	여름에 증연에서 맹약하였는데
秋而背之,	가을에 그것을 저버리고
成求而不違,[55]	구하는 것을 이루어 어김이 없다면
四方諸侯其何以事君?	사방의 제후들이 어찌 임금을 섬기겠습니까?
且魯賦八百乘,[56]	또한 노나라는 병거 8백 승은

52 증(鄫)의 회합에서 주나라를 치지 말자는 맹약이 있었을 것이다.

53 벽(辟): 두예는 "벽은 누(陋)의 뜻이다"라 하였다. 오나라 임금을 천루(淺陋), 비루(鄙陋)하게 여긴 것이다. 비록 "집사(執事)"라고 말하였지만 사실은 그 임금을 가리킨다. 『좌전』의 사령(辭令)은 이와 같다.

54 증연(鄫衍): 두예는 "증연은 곧 증이다"라 하였다.

55 두예는 "노나라가 그 추구하는 바를 이루는데 어기고 거스름이 없다는 것을 말한다"라 하였다.

56 부(賦): 군부(軍賦)이다. 곧 『논어·공야장(公冶長)』의 "그 군정을 다스리게 할 수 있다(可使治其賦也)"라 한 "부(賦)"이다. 노나라는 이때 병력이 겨우 병거 8백 대였다.

君之貳也,[57]	군왕에 보좌이고,
邾賦六百乘,	주나라의 병거 6백 승은
君之私也.	임금님의 사적인 것입니다.
以私奉貳,	사적인 군대가 필적한 나를 받드는 것을
唯君圖之!"	임금께서는 잘 생각해 보십시오."
吳子從之.	오자가 그대로 따랐다.

宋人圍曹,	송나라 사람이 조나라를 에워싸자
鄭桓子思曰,	정환자 사가 말하였다.
"宋人有曹,	"송나라 사람이 조나라를 가지면
鄭之患也,	정나라의 근심거리가 되니
不可以不救."[58]	구원하지 않을 수 없다."
冬,	겨울에
鄭師救曹,	정나라 군사가 조나라를 구원하여
侵宋.	송나라를 침공하였다.
初,	처음에

57 이(貳): 배이(陪貳), 부이(副貳)의 이(貳)이다. 오나라의 군사력은 병거 8백 승보다 많으므로 노나라는 겨우 오나라의 보좌가 되기에 족하다는 것으로, 보좌하는 자는 반드시 충성하지 않는다.

58 두예는 "환(桓)은 시호이다"라 하였다.

曹人或夢衆君子立于社宮,[59]	조나라 사람 가운데 군자들이 국사의 담장에 서서
而謀亡曹.	조나라를 망하게 할 계책을 세우는 것을 꿈꾸었다.
曹叔振鐸請待公孫彊,[60]	조나라 숙진탁이 공손강을 기다리자고 청하자
許之.	허락하였다.
旦而求之,	아침이 되어 그 사람을 찾았는데
曹無之.[61]	조나라에는 그 사람이 없었다.
戒其子曰,	그 아들에게 타일러 말하였다.
"我死,	"내가 죽은 후에
爾聞公孫彊爲政,	너는 공손강이 집정하였다는 말을 들으면
必去之."[62]	반드시 떠나도록 하여라."
及曹伯陽卽位,	조백양은 즉위하자
好田弋.	주살을 쏘는 사냥을 좋아하였다.

59 사(社)는 조(曹)나라의 국사(國社)이고, 궁(宮)은 곧 사를 두르는 담장이다. 『예기·유행(儒行)』에 "유(儒)는 1무(畝)의 궁(宮)이 있다"라 하였는데, 정현은 "궁은 담장이다"라 하였다.

60 『사기·조숙세가(曹叔世家)』에서는 "조숙(曹叔) 진탁(振鐸)이라는 사람은 주무왕의 아우이다. 무왕이 이미 은주(殷紂)를 이기자 숙진탁을 조(曹)나라에 봉하였다"라 하였다.

61 "조(曹)"는 위에 붙여서 읽어도 되며, 날이 밝자 조나라에서 강(彊) 그 사람을 찾은 것이다.

62 조나라를 떠나라는 것이다.

曹鄙人公孫彊好弋,	조나라 변경의 사람 공손강이 주살을 좋아하여
獲白鴈,	흰 기러기를 잡아
獻之,[63]	바치고
且言田弋之說,[64]	또한 주살 사냥을 이야기하자
說之.	좋아하였다.
因訪政事,	이로 인하여 정사를 모색하자
大說之.	크게 좋아하였다.
有寵,	총애를 받자
使爲司城以聽政.[65]	사성으로 삼아 정사를 맡겼다.
夢者之子乃行.	꿈꾼 자의 아들이 이에 떠났다.
彊言覇說於曹伯,	강이 조백에게 칭패의 말을 하자
曹伯從之,	조백이 그 말을 따라

63 『설문』에 의하면 안(鴈)은 거위(鵝)이고, 안(雁)은 후조(候鳥)로, 홍안(鴻雁)의 안(雁)이다. 그러나 고서에서는 안(雁)과 안(鴈)의 음과 형태가 비슷하여 늘 혼란스러웠다. 여기서는 당연히 홍안(鴻雁)의 안(雁)일 것이다. 안(雁)은 일반적으로 다갈색이고 복부가 희다. 여기서 잡은 것은 몸의 빛깔이 순백색이어서 드물게 보이는 것이므로 조나라 임금에게 바친 것이다.

64 주살 사냥에는 기교가 있는데, 설(說)은 그 기교를 말한 것이다.

65 환공 6년 『전』에서는 "송나라가 무공(武公) 때문에 사공을 폐하였다"라 하였는데, 그 때문에 사공을 사성(司城)으로 고쳤으며, 조나라 또한 아마 송나라 때문에 사공을 사성으로 고쳤을 것이다. 청정(聽政)은 곧 위의 "위정(爲政)"이다.

乃背晉而奸宋.[66]	이에 진나라를 저버리고 송나라를 침범하였다.
宋人伐之,	송나라 사람이 그를 치자
晉人不救,	진나라 사람은 구원하지 않았으며
築五邑於其郊,	교외에 다섯 읍을 세웠는데
曰黍丘, 揖丘, 大城, 鍾, 邘.[67]	서구와 읍구, 대성, 종, 우라고 하였다.

---

66 진나라를 배반한 것이다. 간(奸)은 간(干)과 같으며, 송나라를 침공한 것이다.

67 이는 송나라가 정나라를 치고 송나라 군사가 물러나자 공손강이 조나라 교외에 다섯 성을 쌓은 것이다.
서구(黍丘): 두예에 의하면 서구는 지금의 하남 하읍현(夏邑縣) 서남쪽에 있으며, 심흠한(沈欽韓)의 『지명보주(地名補注)』에서는 "조나라는 소국인데 이미 그 교외에 읍을 쌓았다고 하였으니 반드시 멀리 양(梁)나라의 하읍〔下邑, 지금의 하읍현(夏邑縣)〕까지는 이르지 않았을 것이며, 『휘찬(彙纂)』 및 고동고(顧棟高)의 『대사표(大事表)』에서도 그대로 따랐으니 아마 후인을 그르친 것일 것이다"라 하였는데 심흠한의 설이 매우 옳다. 또한 이때 조나라의 도읍은 지금의 산동 정도현(定陶縣)에 있었고, 송나라의 도읍은 지금의 하남 상구현(商丘縣)에 있었으며, 하읍은 또한 상구의 동남쪽 90여 리 지점에 있었으니 조나라가 가질 수 없었을 것이다.
읍구(揖丘): 『휘찬(彙纂)』에 의하면 지금의 산동 조현(曹縣) 경계에 있다.
대성(大城): 『휘찬(彙纂)』에 의하면 지금의 하택현(菏澤縣) 경계에 있다.
종(鍾): 『휘찬(彙纂)』에 의하면 지금의 정도현(定陶縣) 경계에 있다.
우(邘): 『휘찬(彙纂)』에 의하면 또한 지금의 정도현 경계, 곧 조나라의 교외에 있다. 이 단은 마땅히 이듬해 『전』의 "8년 봄에 송공이 조나라를 쳤다"라 한 것과 이어서 읽어야 한다.

애공 8년

經

八年春王正月,[1]	8년 봄 주력으로 정월에
宋公入曹,	송공이 조나라에 들어가
以曹伯陽歸.	조백 양을 데리고 돌아왔다.
吳伐我.	오나라가 우리나라를 쳤다.
夏,	여름에
齊人取讙及闡.[2]	제나라 사람이 환과 천을 취하였다.
歸邾子益于邾.	주자 익을 주나라로 돌려보냈다.
秋七月.	가을 7월.
冬十有二月癸亥,[3]	겨울 12월 계해일에
杞伯過卒.[4]	기백 과가 죽었다.
齊人歸讙及闡.	제나라 사람이 환과 천을 돌려주었다.

---

1 팔년(八年): 갑인년 B.C. 487년으로 주경왕(周敬王) 33년이다. 동지가 지난해 12월 29일 을미일로 건축(建丑)이다.

2 "천(闡)"은 『공양전』에는 "탄(僤)"으로 되어 있으며, 이하 마찬가지이다. 환(讙)은 지금의 산동 태안(泰安) 지구 영양현(寧陽縣) 북쪽에서 조금 서쪽에 있으며, 또한 환공 3년의 『경』과 『주』에 보인다. 천(闡)은 지금의 영양현(寧陽縣) 동북쪽 30리 지점에 강성(堽城)이 있는데 곧 옛 강성(剛城)이며, 천은 또 그 북쪽에 있다.

3 계해일은 3일이다.

4 『전』이 없다. 이 기희공(杞僖公)은 『사기·기세가(杞世家)』에 의하면 도공(悼公)의 아들이다.

傳

八年春,	8년 봄에
宋人伐曹將還,	송나라 사람이 조나라를 치고 돌아가려 하여
褚師子肥殿.[5]	저사자비가 후위를 맡았다.
曹人詬之,[6]	조나라 사람이 그를 욕하자
不行.[7]	가지 않았다.
師待之.[8]	군사들이 기다렸다.
公聞之,	공이 그 말을 듣고
怒,	노하여
命反之,	되돌리게끔 명하여
遂滅曹,	마침내 조나라를 멸하고
執曹伯陽及司城彊以歸,[9]	조백 양 및 사성 강을 잡아서 돌아와
殺之.[10]	죽여 버렸다.

---

5 저사자비(褚師子肥): 두예는 "자비는 송나라 대부이다"라 하였다.

6 후(詬): 두예는 "후는 꾸짖어 욕하는 것이다"라 하였다.

7 두예는 "후위 군대가 멈춘 것이다"라 하였다.

8 송나라의 대군이 후위군을 기다린 것이다.

9 원래는 "양(陽)"자가 없었는데 여기서는 『석경』과 가나자와 문고본(金澤文庫本), 『문선·운명론(文選·運命論)』의 주 및 청나라 전기(錢綺)의 『좌전찰기(左傳札記)』의 설을 따라 더하였다.

10 『사기·조세가(趙世家)』에서 이것을 채록하였는데 아울러 "조나라는 마침내 그 제사가 끊어졌다"라 하였다. 『전국책·위책(魏策) 4』에서는 조나라가 제나라를 믿자 진나라가 조나라를 멸망시켰다고 하여 『전』의 내용과는 다른데 믿을 수 없다. 『맹자·고자(告子) 하』에 조교(曹交)가 있는데, 조기(趙岐)의 주에서는 "조교는 조군(曹君)의 아우이다"라 하여 조

吳爲邾故,	오나라가 주나라 때문에
將伐魯,	노나라를 치려고 하여
問於叔孫輒.[11]	숙손첩에게 물었다.
叔孫輒對曰,	숙손첩이 대답하였다.
"魯有名而無情,[12]	"노나라는 유명무실하니
伐之,	치면
必得志焉."	반드시 뜻을 얻을 것입니다."
退而告公山不狃.	물러나 공산불뉴에게 알렸다.
公山不狃曰,	공산불뉴가 말하였다.
"非禮也.	"예가 아닙니다.
君子違,[13]	군자는 떠날 때
不適讎國.[14]	원수의 나라로 가지 않습니다.
未臣而有伐之,[15]	신하의 예를 다하지 않고 또한 오히려 치고

나라가 존속한 것 같으며, 양옥승(梁玉繩)의 『정립기문(庭立記聞)』 권2에서는 "『묵자·노문(魯問)』편에 조공자(曹公子)가 있으니 조나라를 따로 봉한 한 증거이다"라 하였다.

11 공영달은 "정공 12년 숙손첩과 공산불뉴가 비읍(費邑)의 사람들을 데리고 노나라를 습격하였는데 패하자 제나라로 달아났으며, 나중에 제나라에서 오나라로 달아났다"라 하였다. 오자가 스스로 물은 것으로 아래의 "물러났다(退)"라 한 것으로 알 수 있다.

12 정(情): 실(實)과 같다.

13 위(違): 『논어·공야장(公冶長)』에 "최자가 제나라 임금을 죽이자 진문자는 말 10승을 가지고 있었는데 이것을 버리고 그곳을 떠났다(崔子弑齊君, 陳文子有馬十乘, 棄而違之)"라는 말이 있다. 위(違)는 떠난다는 말이다.

14 조국과 원수진 나라에는 가지 않는다는 것이다.

奔命焉,[16]	명을 받고 분주히 다니느니
死之可也.[17]	죽는 것이 옳습니다.
所託也則隱.[18]	부탁한 일은 피해야 합니다.
且夫人之行也,	또한 사람이 떠났으면
不以所惡廢鄉.[19]	미워하는 것으로 조국을 폐해서는 안 됩니다.
今子以小惡而欲覆宗國,[20]	지금 그대는 작은 원한 때문에 조국을 엎으려 하니
不亦難乎?	또한 어렵지 않겠습니까?
若使子率,[21]	만약 그대로 하여금 앞장서게 한다면

---

15 미신(未臣): 노나라에 신하의 예를 다하지 않았음을 말한다. 유(有)는 우(又)와 같다. 전인들은 이 구절을 잘못 해석한 것이 많다.

16 곧 위나라를 위해 힘을 다하는 것이다.

17 이는 노나라에 신하의 도리를 다하지 않고 게다가 타국더러 치라고 권하고 다시 힘을 바쳤으니 죽음만 못하다는 것이다.

18 탁(託): 부탁, 위임하는 것이다. 부탁은 곧 노나라를 치는 전쟁을 맡기는 것이다.
은(隱): 심흠한(沈欽韓)의 『보주(補注)』에서는 "은(隱)이란 것은 몸이 거기에 참여하지 않는 것이다. 정나라 공자 란(公子蘭)이 정나라를 에워싸는 일에 끼지 않은 것과 같다. 『후한서·임광전(任光傳)』의 주에서 '은은 피하는 것이다'라 하였다"라 하였다.

19 향(鄕): 향토(鄕土), 가향(家鄕)이라는 뜻이다. 비록 조국의 사람에게 원한이 있다 하더라도 이 때문에 나라에 해를 끼쳐서는 안 된다는 말이다.

20 종국(宗國): 두 가지 뜻이 있다. 첫 번째 뜻은 조국(祖國)을 말하여 이곳 및 애공 15년 『전』에서 자공(子貢)이 공손성(公孫成)을 찾아보고 "이익은 얻을 수 없고 조국을 잃게 하였다(利不可得, 而喪宗國)"라 한 것이 이 뜻이다. 하나는 동성(同姓)의 나라라는 뜻인데, 『맹자·등문공(滕文公) 상』에서 "우리의 종주국인 노나라의 선군(吾宗國魯先君)"이 이 뜻이다.

21 솔(率): 이 솔(率)자는 군대를 통솔한다는 뜻이 아니며, 곧 앞장서서 인도한다는 뜻이다. 공영달의 소(疏)에 설이 보인다.

子必辭. 그대는 반드시 사퇴하시오.

王將使我." 왕은 나를 시킬 것입니다."

子張疾之.[22] 자장은 이 때문에 풀이 죽었다.

王問於子洩.[23] 왕이 자설에게 물었다.

對曰, 대답하였다.

"魯雖無與立,[24] "노나라는 비록 함께할 나라가 없지만

必有與斃,[25] 반드시 함께 쓰러질 나라가 있으며,

諸侯將救之, 제후들이 구원하려 할 것이므로

未可以得志焉. 뜻을 얻을 수가 없습니다.

晉與齊, 楚輔之, 진나라와 제나라, 초나라가 그들을 도울 것이니

是四讎也.[26] 사방이 적입니다.

夫魯, 대체로 노나라는

齊, 晉之脣. 제나라와 진나라의 입술입니다.

脣亡齒寒, 입술이 없어지면 이가 시리다는 것은

---

22 자장(子張): 두예는 "자장은 첩(輒)이다"라 하였다. 질지(疾之)는 앞에서 말을 잘못한 것을 스스로 유감스러워한다는 말과 같다.

23 자설(子洩): 두예는 "자설은 불뉴(不狃)이다"라 하였다.

24 평상시에는 의지할 만한 동맹국이 없음을 말한다.

25 위급할 때는 반드시 적에 함께 분개하는 나라가 있고 함께 침략에 저항하여 망하기를 원하는 나라가 있다는 것을 말한다.

26 이렇게 되면 노나라와 진나라, 제나라, 초나라는 오나라의 네 적국이 된다는 말이다.

君所知也,	임금께서 아시는 바이니
不救何爲?”	구원하지 않고 어쩌겠습니까?”
三月,	3월에
吳伐我,	오나라가 우리나라를 쳐
子洩率,[27]	자설이 앞장을 섰는데
故道險,[28]	일부러 험한 길을 택하여
從武城.[29]	무성쪽을 잡았다.
初,	처음에
武城人或有因於吳竟田焉,[30]	무성 사람 가운데 오나라 경내의 밭에 의지하여 사는 사람이
拘鄫人之漚菅者,[31]	왕골을 담근 사람을 붙잡아 두고
曰,	말하였다.
“何故使吾水滋?”[32]	“무슨 까닭으로 우리 물을 더럽혔느냐?”

27 솔(率): 공영달은 “솔(率)은 군의 선봉에서 길을 이끌어 앞장서서 가는 것으로 군의 장수가 아니다”라 하였다.

28 고의로 험한 길로 행군한 것이다.

29 무성(武城): 이 무성은 남무성으로 곧 『논어·옹야(雍也)』의 자유(子游)가 재(宰)가 된 읍이며, 또한 소공 23년 『전』에도 보인다. 그곳에는 산이 많으므로 험도(險道)라고 하였다. 지금의 산동 비현(費縣) 서남쪽 기몽산구(沂蒙山區)의 현이다.

30 무성 사람으로 오나라의 경계에서 밭을 갈아 먹는 사람이다.

31 관(菅): 화본과(禾本科)의 식물로 줄기를 물에 담가 두었다가 껍질을 벗겨 새끼나 짚신을 짜며, 가는 것은 또 지붕을 이을 수 있다. 『시경·진풍·동문지지(陳風·東門之池)』에서 “왕골 담기기 알맞네(可以漚菅)”라 한 것이 이를 말한다.

32 왕골을 담근 물이 흘러 무릉의 오나라 땅에서 경작하는 사람이 마시는 물을 더럽혔는

及吳師至,	오나라 군사가 이르자
拘者道之以伐武城,[33]	붙잡혔던 사람이 그들을 인도하여 무성을 쳐서
克之.	이겼다.
王犯嘗爲之宰,[34]	왕범이 일찍이 그 재가 되었는데
澹臺子羽之父好焉,[35]	담대자우의 아버지가 좋아하니
國人懼.[36]	백성들이 두려워하였다.
懿子謂景伯,[37]	의자가 경백에게 말하였다.
"若之何?"	"어떻겠는가?"
對曰,	대답하였다.
"吳師來,	"오나라 군사가 와서

데, 아마 기수(沂水)와 사수(泗水)가 오나라 땅으로 흘러들었을 것이다. 자(滋)는 재(滓)의 뜻으로 읽는다. 『설문』에서는 "재(滓)는 앙금(澱)이다"라 하였다. 단옥재(段玉裁)는 "『석명』에서는 '치(緇)는 재(滓)이다. 진흙 가운데 검은색을 띤 것을 재(滓)라 하는데 이는 색이 그런 것이다'라 하였다"라 하였다. 침전된 것이 검은 것으로 『초사』에 "흰 진흙은 더러워지지 않는다(皭然泥而不滓)" 하였고, 『태현경·경화(太玄經·更化)』에서는 "검은 진흙보다 희다(白于泥滓)"라 한 것의 "재(滓)"자가 모두 이 뜻이다.

33 구자(拘者): 곧 구류되었던 증(鄫)나라 사람으로 오나라 군사가 이르러 구류되었던 자가 나올 수 있었던 것이다.

34 두예는 "왕범은 오나라 대부이므로 일찍이 노나라로 달아나 무성의 재가 되었다"라 하였다.

35 담대자우(澹臺子羽): 두예는 "담대자우는 무성 사람으로 공자의 제자이며, 그 부친이 왕범과 친하였다"라 하였다.

36 무성이 오나라의 공격을 받은 것은 구류되었던 증나라 사람이 오나라 군사를 인도해서이다. 노나라 도읍의 사람은 이런 사정을 모르고 왕범이 오나라를 도와서 그런 것으로 알았으며 또한 자우의 아버지를 언급하였으므로 매우 두려워한 것이다.,

37 의자(懿子): 곧 맹손(孟孫)이다.

斯與之戰,[38]	그들과 싸워야 하니
何患焉?	무엇을 걱정하십니까?
且召之而至,	또한 그를 불러서 이르면
又何求焉?”[39]	또한 무엇을 구하겠습니까?
吳師克東陽而進,[40]	오나라 군사는 동양을 이기고 나아가
舍於五梧.[41]	오오에 주둔하였다.
明日,	다음 날에는
舍於蠶室.[42]	잠실에 주둔하였다.
公賓庚, 公甲叔子與戰于夷,[43]	공빈경과 공갑숙자가 이에서 그들과 싸웠는데

38 사(斯): 접속사로 곧, 이에의 뜻이다.

39 두예는 “맹약을 범하고 주나라를 쳐서 오나라를 부른 것을 말한다”라 하였다.

40 동양(東陽): 『휘찬(彙纂)』 및 고조우(顧祖禹)의 『방여기요(方輿紀要)』에 의하면 모두 바로 지금의 관양진(關陽鎭)이라 하였으니 지금의 비현(費縣) 서남쪽 80리 지점으로 청나라 때 일찍이 이곳에 순사(巡司)를 둔 적이 있으며, 이 설은 의심스럽다. 지금의 비현 서북쪽 평읍현(平邑縣) 남쪽 수십 리 지점에는 동양진(東陽鎭)이 있는데 곧 이곳인지 아닌지는 모르겠으며 고찰을 해보아야 한다.

41 오오(五梧): 동양의 서북쪽에 있을 것이다. 강영(江永)의 『고실(考實)』에서는 “애공 25년 오오(五梧)의 두예의 주석에서는 노나라 남쪽 변경이라고 하였다”라 하였다. 다음 날 잠실에서 머물고 그 다음 날은 또 경종에 머무른 것으로 추측해 보건대 오오(五梧)는 지금의 평읍현 서쪽과 잠실의 동쪽에 있을 것이다.

42 『휘찬(彙纂)』에서는 “혹자가 말하기를 지금의 등현(滕縣) 동쪽 30리 지점에 잠모산(蠶母山)이 있는데 곧 이곳일 것이라 하였다. 생각건대 춘추시대에는 등(滕)이 노나라에 속하지 않았으니 또한 비현 서북쪽 경계에 있을 것이다”라 하였다. 다음 날 경종에 머무른 것으로 추측건대 경종의 동남쪽, 지금 평읍현 경계에 있을 것이다.

43 공빈(公賓)과 공갑(公甲)은 모두 복성(複姓)으로 『광운』 “공(公)”자의 주에 보인다. 양이승(梁履繩)의 『보석(補釋)』에서는 “『후한서·유현전(劉炫傳)』에 동해(東海) 사람 공빈취

獲叔子與析朱鉏,[44]	숙자와 석주서를 잡아
獻於王.	왕에게 바쳤다.
王曰,	왕이 말하였다.
"此同車,	"이들이 병거를 함께 탔으니
必使能,	필시 현능한 이를 부리는 것이니
國未可望也."[45]	나라를 바랄 수 없다."
明日,	다음 날
舍于庚宗,[46]	경종에 주둔하고
遂次於泗上.[47]	마침내 사상에 머물렀다.
微虎欲宵攻王舍,[48]	미호가 밤에 왕의 막사를 공격하고자 하여

(公賓就)가 있는데, 주에서는 후한(後漢) 응소(應劭)의 『풍속통(風俗通)』(『풍속통의(風俗通儀)』)을 인용하여 '노나라 대부 공빈경의 후손이다'라 하였다"라 하였다.
이(夷): 민공 2년 『전』의 이(夷)가 아니며, 이 이(夷)는 곧 노나라 땅으로 경종에서 멀지 않은 곳에 있을 것이다.

44 이는 아마 죽여서 잡았을 것이다. 두예는 "공빈경과 공갑숙자 및 석주서 세 사람은 모두 같은 수레를 탔으며 『전』에서 서로 그렇게 말하였다"라 하였다. 오개생(吳闓生)의 『문사견미(文史甄微)』에서는 "석주서는 곧 위령공을 따라 달아나서 공을 세운 자인데 지금 이곳에서 죽었다"라 하였다.

45 두예는 "같은 병거를 타서 함께 죽을 수 있는 것은 나라가 사람을 잘 부린 것이므로 바랄 수가 없다는 것이다"라 하였다. 망(望)은 분에 넘치는 바람이라는 뜻의 기유(覬覦)와 같다.

46 경종(庚宗): 지금의 사수현(泗水縣) 동쪽에 있다. 또한 소공 4년의 『전』과 『주』에 보인다.

47 사상(泗上): 지금의 사수현이다.

48 미호(微虎): 두예는 "미호는 노나라 대부이다"라 하였다.

私屬徒七百人三踊於幕庭,[49]	가만히 무리 7백 명으로 하여금 막사의 뜰에서 뛰게 하여
卒三百人,	마침내 3백 명을 선발하였는데
有若與焉.[50]	유약도 끼어 있었다.
及稷門之內,[51]	직문 안까지 이르자
或謂季孫曰,	누가 계손에게 말하였다.
"不足以害吳,	"오나라에 위해를 가하기엔 모자라고
而多殺國士,[52]	다만 국사만 죽게 할 것이니
不如已也."	그만둠만 못합니다."
乃止之.	이에 그만두었다.
吳子聞之,	오자가 그 말을 듣고
一夕三遷.[53]	하루 저녁에 세 곳을 옮겼다.
吳人行成,	오나라 사람이 화친을 요구하자

49 두예는 "장막 앞에 시렁 같은 것을 설치하여 병사들에게 뛰어 보게 한 것이다"라 하였다. 촉(屬)은 지금은 촉(囑)이라고 하며, 사사로이 그 무리 7백 명으로 하여금 장막 바깥의 뜻에서 세 번 뛰게 한 것이다. 우창(于鬯)의 『향초교서(香草校書)』에서는 "사촉도(私屬徒)" 세 자를 한 단어로 보아야 한다고 하였는데 이렇게 되면 문장에 동사가 없게 되므로 잘못된 설이다.

50 졸(卒): 두예는 "졸(卒)은 마침내라는 뜻으로 최종적으로 떠날 3백 명을 얻은 것이다"라 하였다. 우창(于鬯)은 이 3백 명은 위의 7백 명 이외의 사람으로 모두 1천 명이라고 하였는데 또한 잘못된 설이다. 두예는 또 말하기를 "유약(有若)은 공자의 제자로 3백 명 가운데 들어 있었다"라 하였다.

51 두예는 "3백 명이 가서 직문에 이른 것이다"라 하였다.

52 다(多): 지(秖)의 뜻이다. 국사(國士)는 지식이 있는 사람이다.

53 두예는 "미호를 두려워한 것이다"라 하였다.

將盟,[54]	맹약하려고 하였다.
景伯曰,	경백이 말하였다.
“楚人圍宋,	“초나라 사람이 송나라를 에워싸자
易子而食,	자식을 바꾸어 잡아먹고
析骸而爨,[55]	해골을 쪼개어 불을 때면서도
猶無城下之盟,	오히려 성 아래의 맹약을 하지 않았는데,
我未及虧,	우리는 아직 이지러지지도 않았는데
而有城下之盟,	성 아래의 맹약을 하려 하니
是棄國也.	이는 나라를 버리는 것입니다.
吳輕而遠,	오나라는 경솔하고 멀리 와 있으니
不能久,	오래 버틸 수 없어서
將歸矣,	돌아갈 것이니
請少待之.”	조금만 기다려 주십시오.”
弗從.	그 말을 따르지 않았다.
景伯負載,	경백이 재서를 지고

54 두예는 “노나라와 강화하기를 구한 것이다”라 하였다. 고염무는 “이는 노나라가 요구한 것을 따름인데 ‘오나라 사람이 화친을 요구하였다’고 한 것은 안팎의 입장에서 말을 달리한 것이다”라 하였다. 고염무의 설은 확실치 않은 것 같다. 오나라는 노나라를 멸할 수 없다는 것을 알고 이 때문에 강화하려고 한 것으로, 조건을 각박하게 하여 성 아래의 맹약을 이루고자 하여 경백이 운운한 것이다.

55 두예는 “선공 15년에 있었다”라 하였다.

造於萊門.[56]	내문으로 갔다.
乃請釋子服何於吳,	이에 자복하를 오나라에 둘 것을 청하여
吳人許之,	오나라 사람이 허락하고
以王子姑曹當之,	왕자 고조를 맞바꾸자고 하니
而後止.[57]	나중에 그만두었다.
吳人盟而還.	오나라 사람이 맹약하고 돌아갔다.

齊悼公之來也,[58]	제도공이 오자
季康子以其妹妻之,	계강자는 그 누이를 그에게 시집보내어
卽位而逆之.	즉위하자 맞이하게 하였다.
季魴侯通焉,[59]	계방후가 사통을 하였는데
女言其情,	여자가 그 사정을 말하자
弗敢與也.	그녀를 주지 않았다.

56 내문은 노나라의 외곽의 서문으로 또한 애공 6년의『전』에 보인다. 부재(負載)는 두예는 "종속당하지 않았다고 말하려고 하였기 때문에 재서를 등에 지고 나가서 맹약하고자 한 것이다"라 하였다.

57 두예는 "석은 사(舍)의 뜻이다. 노나라 사람이 맹약을 끝내지 않으려고 경백을 인질로 삼아 오나라에 머무르게 하고 허락을 얻어 내자 다시 오나라 왕의 아들을 인질로 교환할 것을 요구하니 오나라 사람이 왕자를 머물게 하고 싶지 않아 마침내 양측에서 그만 둔 것이다"라 하였다.

58 두예는 "5년에 있었다"라 하였다.

59 계방후(季魴侯): 두예는 "방후는 강자(康子)의 숙부이다"라 하였다.

齊侯怒.	제후가 노하였다.
夏五月,	여름 5월에
齊鮑牧帥師伐我,	제나라 포목이 군사를 거느리고 우리나라를 쳐서
取讙及闡.[60]	환과 천을 취하였다.

或譖胡姬於齊侯曰,[61]	어떤 사람이 제후에게 호희를 무고하여 말하였다.
"安孺子之黨也."	"안유자의 무리입니다."
六月,	6월에
齊侯殺胡姬.	제후가 호희를 죽였다.

齊侯使如吳請師,	제후가 오나라에 가서 군사를 청하게 하여
將以伐我,	우리나라를 치려고 하자
乃歸邾子.[62]	이에 주자를 돌려보냈다.

---

60 「노세가」 및 「연표(年表)」에서는 모두 "세 읍을 취하였다"라 하였는데 『사기·제세가(齊世家)』에서는 그대로 "환과 천을 취하였다"라 하였으니 "삼(三)"은 곧 "이(二)"의 오자인 것 같다.

61 호희(胡姬): 두예는 "호희는 경공의 첩이다"라 하였다. 곧 6년 『전』의 "안유자를 뇌로 가게 한(以安孺子如賴)" 자이다.

62 두예는 "제나라가 계희(季姬)를 얻지 못하였으므로 군사를 청한 것이다"라 하였다. 오나라는 전에는 주나라를 위하여 노나라를 토벌하였는데 두 나라가 합심할까 두려워 주자

邾子又無道,	주자가 또 무도하여
吳子使大宰子餘討之,[63]	오자가 태재 자여로 하여금 토벌하게 하여
囚諸樓臺,	그를 누대에 가두고
栫之以棘.[64]	가시나무 울타리를 두르고
使諸大夫奉大子革以爲政.[65]	대부들을 보내어 태자 혁을 받들어 집정하게 하였다.

秋,	가을에
及齊平.	제나라와 화평을 맺었다.
九月,	9월에
臧賓如如齊涖盟.[66]	장빈여가 제나라로 가서 맹약에 임하였다.
齊閭丘明來涖盟,[67]	제나라 여구명이 와서 맹약에 임하고
且逆季姬以歸,[68]	또한 계희를 맞아 돌아가니

를 돌려보냈다"라 하였다.

63 자여(子餘): 두예는 "자여는 태재 비(嚭)이다"라 하였다.

64 천(栫): 『광운』에서는 "두르는 것이다"라 하였다. 『광아·석궁(釋宮)』에서는 "울타리이다"라 하였다. 이는 가시나무로 울타리를 만들어서 두른 것이라는 말이다.

65 혁(革): 두예는 "혁은 주나라 태자로 환공이다. 10년에 주자가 도망쳐 오는 복선이다"라 하였다.

66 장빈여(臧賓如): 두예는 "빈여는 장회(臧會)의 아들이다"라 하였다.

67 여구명(閭丘明): 두예는 "명은 여구영(閭丘嬰)의 아들이다"라 하였다.

68 계희(季姬): 두예는 "계희는 방후(魴侯)와 소통한 자이다"라 하였다.

嬖.

총애하였다.

鮑牧又謂羣公子曰,[69]

포목이 또 공자들에게 말하였다.

"使女有馬千乘乎?"

"그대들로 하여금 천 승의 말을 가지게 해줄까요?"

公子愬之.

공자가 일러 주었다.

公謂鮑子,

공이 포자에게 말하였다.

"或譖子,

"누가 너를 무고하는 것 같으니

子姑居於潞以察之.[70]

너는 잠시 노에 머물면서 살피도록 하라.

若有之,

이런 일이 있거든

則分室以行,

가산을 나누어 떠나고,

若無之,

없거든

則反子之所."

그대가 있던 곳으로 돌아오라."

出門,

문을 나서자

使以三分之一行,

가산의 3분의 1을 가지고 떠나게 하였으며,

半道,

중도에

---

69 두예는 "천 승의 말을 갖는다는 것은 임금이 되게 하는 것이다. 포목은 본래 양생(陽生)을 세우고 싶지 않았기 때문에 공자들을 충동질한 것이다"라 하였다. 『논어·계씨』에 "제 경공이 말 천 사를 가졌다(齊景公有馬千駟)"라 하였는데, 천 사(千駟)는 곧 천 승이다.

70 노(潞): 고사기(高士奇)의 『지명고략(地名考略)』에서는 이 노(潞)는 곧 애공 17년 『전』의 노(潞)로 혹자는 제나라 교외에 있다고 하였다.

使以二乘.	수레 두 대를 가지게 하였다.
及潞,	노에 이르자
麇之以入,[71]	그를 묶어서 들어가
遂殺之.	마침내 그를 죽였다.

冬十二月,	겨울 12월에
齊人歸讙及闡,	제나라 사람이 환 및 단을 돌려주었는데
季姬嬖故也.	계희가 총애를 받았기 때문이었다.

애공 9년

經

九年春王二月,[1]	9년 봄 주력으로 2월에
葬杞僖公.[2]	기나라 희공을 장사 지냈다.
宋皇瑗帥師取鄭師于雍丘.[3]	송나라 황원이 군사를 거느리고 옹구에서 정나라 군사를 취하였다.

---

71 균(麇): 두예는 "균 또한 묶는 것(束縛)이다"라 하였다.

1 구년(九年): 을묘년 B.C. 486년으로 주경왕(周敬王) 34년이다. 동지가 정월 초10일 경자일로 건자(建子)이다.

2 『전』이 없다. "희(僖)"는 『사기』에는 으레 "리(釐)"로 되어 있다.

夏楚人伐陳.	여름에 초나라 사람이 진나라를 쳤다.
秋,	가을에
宋公伐鄭.	송공이 정나라를 쳤다.
冬十月.	겨울 10월.

傳

九年春,	9년 봄에
齊侯使公孟綽辭師于吳.[4]	제후가 공맹작으로 하여금 오나라에서 군사를 철회하게끔 했다.
吳子曰,	오자가 말하였다.
"昔歲寡人聞命,	"지난해에 과인이 명을 들었는데
今又革之,[5]	지금 또 바꾸라 하니
不知所從,	따를 바를 모르겠으며
將進受命於君."[6]	나아가 임금의 명을 따르도록 하겠소."

3 옹구(雍丘): 지금의 하남 기현(杞縣)의 치소이다.

4 두예는 "제나라와 노나라가 화평을 맺었으므로 오나라 군사를 철회하도록 한 것이다"라 하였다.

5 혁(革): 고치다, 바꾸다.

6 두예는 "10년에 오나라가 제나라를 치는 복선이다"라 하였다.

鄭武子賸之嬖許瑕求邑,[7]	정나라 무자잉의 총신인 허하가 성읍을 구하였는데
無以與之.	줄 만한 성읍이 없었다.
請外取,[8]	나라 바깥의 것을 취하기를 청하니
許之,	허락하였으므로
故圍宋雍丘.[9]	송나라 옹구를 에워쌌다.
宋皇瑗圍鄭師,[10]	송나라 황원이 정나라 군사를 에워싸고
每日遷舍,[11]	매일 주둔지를 옮기어
壘合.	벽루를 합쳤다.
鄭師哭.[12]	정나라 군사가 울부짖었다.
子姚救之,[13]	자요가 구원하였으나
大敗.	대패하였다.

---

7 무자잉(武子賸): 무(武)는 시호이며, 자잉은 자로, 또한 자요(子姚)라고도 하며, 또한 곧 한달(罕達)이다. 허하는 무자의 부하이다.

8 두예는 "하가 다른 나라에서 취하기를 청한 것이다"라 하였다.

9 옹구(雍丘): 본래 기나라가 봉한 곳으로 『사기·기세가(杞世家)』의 『색은(索隱)』에서는 "춘추 때 기나라는 이미 동쪽 나라로 옮기어 희공 14년 『전』에서 기나라는 연릉(緣陵)으로 옮겼다"라 하였으며, 옛 옹구는 송나라가 얻었다.

10 두예는 "허하의 군사이다"라 하였다.

11 매일 보루를 하나 만들고 해자를 하나씩 파서 완성을 하면 다른 곳으로 옮기어 또 만드는 것이다.

12 안에서는 옹구를 취하지 못하고 밖으로는 또 송나라 군사가 연합하여 포위하여 양식을 주는 길을 끊은 것이다.

13 두예는 "자요는 무자 잉이다"라 하였다.

二月甲戌,[14]	2월 갑술일에
宋取鄭師于雍丘,	송나라가 옹구에서 정나라 군사를 취하여
使有能者無死,[15]	재능이 있는 자는 죽지 않게 하여
以郟張與鄭羅歸.[16]	협장과 정라를 데리고 돌아갔다.

夏,	여름에
楚人伐陳,	초나라 사람이 진나라를 쳤는데
陳卽吳故也.[17]	진나라로 한 것은 오나라 때문이었다.

宋公伐鄭.[18]	송공이 정나라를 쳤다.

秋,	가을에
吳城邗,	오나라가 한에 성을 쌓고

14 갑술일은 14일이다.
15 두예는 "그 재능을 아낀 것이다"라 하였다.
16 두예는 "정나라의 재능이 있는 사람이다"라 하였다.
17 6년에 오나라가 진(陳)나라를 쳤는데 초나라가 구원하였지만 성공하지 못하였다.
18 송나라는 이미 정나라 군사를 물리치고 다시 정나라를 쳤는데, 아래에서 진나라 조앙(趙鞅)이 정나라를 구원한 것이 곧 이것이다.

溝通江, 淮.[19]

장강과 회수에 도랑을 파서 통하게 하였다.

晉趙鞅卜救鄭,

진나라 조앙이 정나라를 구원하는 일로 점을 쳤는데

遇水適火,[20]

물이 불에게 가는 괘를 얻어

占諸史趙, 史墨, 史龜.[21]

사조와 사묵, 사귀에게 점괘를 말하게 하였다.

史龜曰,

사귀가 말하였다.

"'是謂沈陽,[22]

"'이를 일러 양기가 가라앉는 것이라고 하니

---

19 한(邗): 한성(邗城)은 지금의 양주시(揚州市) 북쪽 운하(運河)의 서쪽 기슭에 있을 것이다. 한강(邗江)은 곧 『수경주』의 한강(韓江)으로, 오나라가 한강 곁에다 성을 쌓고 도랑을 파서 장강과 회수를 연결하여 통하게 하였는데, 대체로 지금의 양주시 남쪽 장강 북안에서 시작하여 지금의 청강시(淸江市) 회수 남안에 이르러 끝이 나는데 지금의 운하는 곧 옛 한구수(邗溝水)이다.

20 이는 옛날 거북점을 칠 때의 술어이다. 점을 치는 법은 일찌감치 전하여지지 않아 "물이 불에게 간다"는 것이 무엇을 이르는 것인지 해석하기가 어렵다. 공영달은 복건(服虔)의 말을 인용하여 "(거북의) 금이 남쪽으로 가서 불에게 가는 것이다. 점치는 법은 가로인 것을 토(土)라 하고 서는 것을 목(木)이라 하며, 기울어져서 경(經)을 향하는 것을 금(金)이라 하고 경(經)을 등지는 것을 화(火)라고 하며, 금을 따라 가볍게 굽은 것을 수(水)라고 한다"라 하였다. 금의 모양을 가지고 말하면 실로 틀리지 않았으나, 오행을 가지고 말하면 반드시 옛 법은 아니니다. 이러하다면 거북을 태운 금이 먼저 가늘게 굽고 또 경을 등져 남으로 향해야 하기 때문에 "물이 불에게 간다"라 한 것이다.

21 두예는 "모두 진나라의 축사(祝史)이다"라 하였다. 성공 6년 『전』에서는 「상서(商書)」를 인용하여 "세 사람이 점을 치면 두 사람을 따른다(三人占, 從二人)"라 하였는데, 여기서도 마찬가지이다. 그곳의 함께 『주』를 참고하라.

22 두예는 "수(水)는 양(陽)인데, 물을 얻기 때문에 가라앉는다"라 하였다.

可以興兵,	군사를 일으킬 수가 있으며
利以伐姜,[23]	강성을 치는 것이 이로우며
不利子商.'[24]	자상을 치는 것은 불리하다'는 것입니다.
伐齊則可,	제나라를 치는 것은 괜찮으나
敵宋不吉."	송나라를 대적하는 것은 불길합니다."
史墨曰,	사묵이 말하였다.
"盈,	"영은
水名也,	물 이름이며,
子,	자는
水位也.[25]	수위입니다.
名位敵,[26]	명과 위가 필적하면

23 이(以): "어(於)"자의 뜻으로 쓰였다. 강(姜)성의 나라를 치는 데 유리하다는 말이다.

24 두예는 "강(姜)은 제나라의 성이다. 자상은 송나라를 이른다"라 하였다. 자(子)는 곧 송나라의 성이고, 송나라는 후손이며 또한 상(商)이라고도 일컫는데, 희공 22년『전』에서 "하늘이 상을 버린 지가 오래이다"라 한 것으로 알 수 있다. 청나라 완원(阮元)의『적고재종정이기관지(積古齋鐘鼎彝器款識)』에는 자상언(子商甗)이 수록되어 있는데 "자상은 은상(殷商)을 말하며, 춘추시대에는 송(宋)이라 불렀을 따름이다"라 하였다. 네 마디 말은 복서(卜書)의 말인 것 같으며, 양(陽), 병(兵), 강(姜), 상(商)은 운으로 고음이 모두 양당(陽唐)부에 있다. 아래에서는 곧 말이 끊어진다. 염약거(閻若璩)의『잠구차기(潛丘箚記)』에서는 변문(變文)의 협운(協韻)이라 하였는데 확실치 않다.

25 두예의 주 및 공영달의 소에 의하면 조(趙)씨의 선조는 진(秦)나라와 조상이 같으며 같이 성이 영(嬴)인데, 영과 영(盈) 두 자는 고음이 같으며, 조나라의 성은 영(盈)으로 영은 곧 영(嬴)이다. 영(盈)이 어째서 물 이름이고 자가 어째서 수위(水位)인제에 대해서는 예나 지금이나 확실한 해석이 없다.

不可干也.[27]	범할 수가 없습니다.
炎帝爲火師,[28]	염제는 화사이고
姜姓其後也.	강성은 그 후손입니다.
水勝火,	물이 불을 이기니
伐姜則可."	강나라를 치면 좋습니다."
史趙曰,	사조가 말하였다.
"是謂如川之滿,	"이를 일러 내와 같이 차는 것이라 하니
不可游也.[29]	헤엄을 칠 수 없습니다.
鄭方有罪,	정나라는 바야흐로 죄가 있으니
不可救也.[30]	구원할 수 없습니다.
救鄭則不吉,	정나라를 구원하는 것은 불길하며
不知其他."[31]	다른 것은 모르겠습니다."

---

26 적(敵): 상당한다는 말과 같다.

27 간(干): 범한다는 뜻이다. 송나라를 물로 생각하여 칠 수 없다고 하였다.

28 이는 대체로 고대의 전설이다. 두예는 "신농(神農)은 불의 상서로움이 있어 화로 관직의 이름을 삼았다"라 하였는데 이는 아마 소공 17년『전』의 "염제씨는 불로 기록하였다(炎帝氏以火紀)"라 한 것에 근거하였을 것이다.『여씨춘추·맹하기(孟夏紀)』와『예기·월령(月令)』 및『회남자·천문훈(天文訓)』에서는 모두 맹하를 일러 "그 임금은 염제(炎帝)이고 그 신은 축융(祝融)이다"라 하였다. 축융은 후세에 화신(火神)으로 불린다.

29 차면서 물이라 하였으니 내와 같이 찼다고 하였는데, 헤엄을 치면 반드시 빠지게 된다.

30 두예는 "정나라는 총신 때문에 사람을 쳤으므로 죄가 있다고 생각한 것이다"라 하였다.

31 정나라를 구원하면 반드시 송나라를 쳐야 한다. 기타(其他)는 제나라를 치는 것을 말한다.

陽虎以周易筮之,	양호가 『주역』으로 점을 쳐보았더니
遇泰䷊之需䷄,[32]	태괘䷊가 수괘䷄로 변하는 괘를 얻어
曰,	말하였다.
"宋方吉,	"송나라는 바야흐로 길하니
不可與也.[33]	대적할 수 없다.
微子啓,	미자 계는
帝乙之元子也.[34]	제을의 원자이다.
宋, 鄭,	송나라와 정나라는
甥舅也.[35]	생질과 외삼촌의 나라이다.

32 두예는 "건괘가 아래에 있고 곤괘가 위에 있는 것이 태괘이며, 건괘가 아래에 있고 감괘가 위에 있는 것이 수괘이다. 6·5가 변한 것이다"라 하였다. 곧 다섯 번째 효인 음효가 양효로 바뀐 것이다.

33 두예는 "태괘의 6·5에서 말하기를 '제을(帝乙)이 여인을 시집보냄에 복으로 하니 매우 길하다'라 하였다. 제을은 주(紂)의 아버지로 다섯 번 천자가 되었기 때문에 제을이라고 일컫는다. 음(陰)이면서 중(中)을 얻었고 왕이 여인을 시집보내는 것 같은 것이 있어서 그 바람 같은 것을 얻었으니 복록을 받아 크게 길하다"라 하였다. 매(妹)는 소녀(少女)를 일컫는 것이며 자매(姊妹)의 매(妹)가 아니다. 고형(高亨: 1900~1986)의 『주역고경금주(周易古經今注)』에 보인다. 불가여(不可與)는 가당치 않다는 말과 같으며 대적할 수 없다는 것이다. 양공 25년의 『전』에 "일대일로 하면 누가 우리를 두렵게 할 수 있겠는가?(一與一, 誰能懼我)"라는 말이 있는데 일여일(一與一)은 곧 한 사람이 한 사람을 대적하는 것이다.

34 『사기·은본기(殷本紀)』에서는 "제을의 장자는 미자계(微子啓)라고 한다"라 하였고, 「송세가(宋世家)」에서도 "미자개(微子開)라는 사람(『색은(索隱)』에서는 "여기서 개(開)라고 한 것은 한(漢) 경제(景帝)의 휘를 피한 것이다"라 하였다)은 제을의 수자(首子)이다"라 하였으니 사마천은 원자를 장자(長子)와 수자로 해석하였다.

35 송나라의 여인이 정나라로 시집을 간 것이니 "제을이 여인을 시집보냈다"라고 하여야 한다.

祉,	복지는
祿也.	녹이다.
若帝乙之元子歸妹而有吉祿,	제을의 원자가 누이를 시집보내어 길록을 얻는다면
我安得吉焉?”	우리가 어떻게 길하게 되겠는가?”
乃止.[36]	이에 그만두었다.

冬,	겨울에
吳子使來儆師伐齊.[37]	오자가 사람을 보내와서 군사가 제나라를 쳤다고 알렸다.

애공 10년

經

十年春王二月,[1]	10년 봄 주력으로 2월에

---

36 그만두고 정나라를 구원하지 않은 것이다.

37 두예는 “지난해에 제나라와 오나라가 노나라를 칠 모의를 하였는데 제나라가 이미 노나라와 화평을 맺어 그만두었으므로 오나라가 원한을 품어 도리어 노나라와 함께 제나라를 칠 모의를 한 것이다”라 하였다. 『설문』에서는 “경(儆)은 계(戒)이다”라 하였는데 곧 지금의 경계(警戒)이며, 여기서는 경계하여 알린다는 뜻이다. 오나라와 노나라는 맹약을 맺은 적이 있기 때문에 노나라가 군사를 내는 것을 경계하여 알린 것이다.

1 십년(十年): 병진년 B.C. 485년으로 주경왕(周敬王) 35년이다. 동지가 정월 20일 을사일로 건자(建子)이며, 윤달이 있다.

邾子益來奔.	주자 익이 도망쳐 왔다.
公會吳伐齊.	공이 오나라와 회합하여 제나라를 쳤다.
三月戊戌,[2]	3월 무술일에
齊侯陽生卒.	제후 양생이 죽었다.
夏宋人伐鄭.[3]	여름에 송나라 사람이 정나라를 쳤다.
晉趙鞅帥師侵齊.	진나라 조앙이 군사를 거느리고 제나라를 쳤다.
五月,	5월에
公至自伐齊.[4]	공이 제나라를 치는 일에서 돌아왔다.
葬齊悼公.[5]	제나라 도공을 장사 지냈다.
衛公孟彄自齊歸于衛.[6]	위나라 공맹구가 제나라에서 위나라로 돌아갔다.
薛伯夷卒.[7]	설백 이가 죽었다.

---

2 무술일은 14일이다.

3 『전』이 없다.

4 『전』이 없다.

5 『전』이 없다.

6 『전』이 없다. 원(元)나라 이렴(李廉)의 『춘추제전회통(春秋諸傳會通)』(이하 『회통(會通)』)에서는 "구(彄)는 괴외(蒯聵)의 무리이며 지금 위나라로 돌아갔으니 반드시 첩(輒)을 따라 괴외를 배반한 것이므로 15년에 괴외가 입국하자 구는 다시 제나라로 달아난다"라 하였다.

7 『전』이 없다. "이(夷)"는 『공양전』에는 "인(寅)"으로 되어 있다. 이(夷)와 인(寅)은 동성(同

秋,	가을에
葬薛惠公.[8]	설나라 혜공을 장사 지냈다.
冬,	겨울에
楚公子結帥師伐陳.	초나라 공자 결이 군사를 거느리고 진나라를 쳤다.
吳救陳.[9]	오나라가 진나라를 구원하였다.

傳

十年春,	10년 봄에
邾隱公來奔,	주나라 은공이 도망쳐 왔다.
齊甥也,	제나라의 생질이었기 때문에
故遂奔齊.	마침내 제나라로 달아났다.

公會吳子, 邾子, 郯子伐齊南鄙,	공이 오자, 주자, 담자와 회합하여 제나라 남쪽 변경을 치고
師于鄎.[10]	식에 주둔하였다.

聲)으로 이어졌을 따름이다.

8 『전』이 없다.

9 『춘추』에서는 오나라에 노나라와 관련 있는 것, 이를테면 양공 29년 "오자가 찰로 하여금 내빙케 하였다(吳子使札來聘)"와 같은 것을 제외하면 으레 경대부의 이름을 기록하지 않았다. 이 또한 계찰이 군사를 거느린 것인데 이름을 기록하지 않은 것은 노나라의 일이 아니기 때문이다.

10 식(鄎): 제나라 남쪽 변경의 읍이다. 두예는 "주나라와 담나라를 기록하지 않은 것은 군

齊人弑悼公,[11]	제나라 사람이 도공을 죽이고
赴于師.[12]	군중에 부고를 냈다.
吳子三日哭于軍門之外.[13]	오자는 군문 바깥에서 사흘 동안 곡을 하였다.
徐承帥舟師將自海入齊,[14]	서승이 수군을 거느리고 바다에서 제나라로 들어갔는데
齊人敗之,	제나라 사람이 무찌르자
吳師乃還.	오나라 군사는 이에 돌아갔다.

夏,	여름에
趙鞅帥師伐齊,	조앙이 군사를 거느리고 제나라를 치자
大夫請卜之.	대부들이 점을 쳐 볼 것을 청하였다.
趙孟曰,	조맹이 말하였다.

사가 모두 제나라에 속하여 제후에 들지 않기 때문이다"라 하였다.

11 『사기』「제세가(齊世家)」와「위세가(衛世家)」,「연표(年表)」에서는 모두 도공을 죽인 사람이 포자(鮑子)라고 하였으며,「오자서전(伍子胥傳)」에서는 "포씨(鮑氏)"라 하였고「전제세가(田齊世家)」에서는 "포목(鮑牧)"이라 하였으며, 8년『전』에 의거하면 포목은 이미 도공에게 죽임을 당하였다고 하였다. 양옥승(梁玉繩)의『사기지의(史記志疑)』에서는『안자춘추·내편·간(晏子春秋·內篇·諫) 상』편에 의거하여 "전씨(田氏)가 양생(陽生)을 죽였다"고 하여 죽인 자를 진환(陳桓)으로 의심하였다. 의문을 남겨 둠이 옳다.

12 두예는 "오나라에 말한 것이다"라 하였다.

13 복건(服虔)은 "제후가 서로 임하는 예이다"라 하였다.

14 서승(徐承): 두예는 "승은 오나라 대부이다"라 하였다.

“吾卜於此起兵,[15] “내 이번 군사를 일으키는 것을 점쳐 보았는데

事不再令,[16] 같은 일로 두 번 점을 치지는 않으니

卜不襲吉.[17] 점이 다시 길하지는 않다.

行也!” 출발이다!”

於是乎取犁及轅,[18] 이에 이와 원을 취하고

毁高唐之郭,[19] 고당의 외성을 허물었으며

侵及賴而還.[20] 뇌까지 침습하였다가 돌아왔다.

秋, 가을에

吳子使來復儆師.[21] 오자가 사람을 보내와 다시 군사를 일으킨다고 알렸다.

---

15 두예는 “지난해 점을 쳤는데 송나라를 치는 것은 불길하고 강(姜)씨를 치는 것은 이롭다 하였으므로 지금 군사를 일으키는 것이다”라 하였다.

16 부재령(不再令): 영(令)은 거북점 치는 것을 명하는 것이다. 한 가지 일로 두 번 점을 치지 않는 것을 말한다. 『주역·몽괘(蒙卦)』의 괘사에 “처음 점칠 때는 알려 준다. 두 번 세 번 치면 더러워지며, 더러워지면 알려 주지 않는다”라 하였다. 서(筮)는 이러하며, 복(卜) 또한 마찬가지이다.

17 습(襲): 두예는 “습은 중(重)이다”라 하였다. 다시 점을 치면 또 길한 점괘가 나오지 않게 된다는 것을 말한다.

18 이(犁): 곧 23년 『전』의 이구(犁丘)로 지금의 산동 덕주(德州) 지구 임읍현(臨邑縣) 서쪽이다.

원(轅): 고조우(顧祖禹)의 『방여기요(方輿紀要)』에 의하면 지금의 산동 덕주(德州) 지구 우성현(禹城縣) 서북쪽에 있으며, 우성현 남쪽 백 리 지점에 있다고도 한다.

19 고당(高唐): 지금의 우성현 서남쪽이며 또한 양공 19년 『전』의 『주』에 보인다.

20 뇌(賴): 곧 6년 『전』의 뇌로, 지금의 산동 장구현(章丘縣) 서북쪽 제남시(濟南市)의 동쪽에 있다. 혹자는 요성현(聊城縣) 서쪽에 있는 것이라고도 하는데 확실치 않다.

冬,	겨울에
楚子期伐陳,[22]	초나라 자기가 진나라를 치자
吳延州來季子救陳,[23]	오나라 연주래계자가 진나라를 구원하여
謂子期曰,	자기에게 말하였다.
“二君不務德,[24]	“두 나라 임금이 덕은 힘쓰지 않고
而力爭諸侯,	제후를 힘껏 다투니
民何罪焉?	백성이 무슨 죄입니까?
我請退,	내 물러나기를 청하여
以爲子名,	그대의 명성을 이루고자 하니
務德而安民.”	덕에 힘쓰고 백성을 편안하게 하십시오.”
乃還.	이에 돌렸다.

---

21 두예는 “제나라를 쳤지만 뜻을 얻지 못한 까닭이며, 이듬해 오나라가 제나라를 치는 복선이다”라 하였다.

22 두예는 “진나라가 곧 오나라이기 때문이다”라 하였다.

23 계자(季子): 두예는 “계자는 오왕 수몽(壽夢)의 작은 아들이다. 수몽은 양공 12년 죽었으며 지금 77년이 되었다. 수몽이 죽자 계자는 이미 나라를 양보할 수 있었으니 나이가 15, 6세는 되었을 것이고 지금은 90여 세는 되었을 것이다”라 하였다. 이 연주래계자는 꼭 계찰 본인은 아닐 것이니 백 세에 가까운 노인이 군사를 거느린다는 것은 정리상 어려울 것이며, 아마 그 자손이 그대로 연(延)·주래(州來)에 봉하여졌으므로 그대로 칭호를 따른 것일 것이다. 공영달이 인용한 손육(孫毓)의 설에 의거하였다.

24 이군(二君): 두예는 “이군은 오나라와 초나라이다”라 하였다.

애공 11년

經

十有一年春,[1]	11년 봄에
齊國書帥師伐我.	제나라 국서가 군사를 거느리고 우리나라를 쳤다.
夏,	여름에
陳轅頗出奔鄭.[2]	진나라 원파가 정나라로 달아났다.
五月,	5월에
公會吳伐齊.	공이 오나라와 회합하여 제나라를 쳤다.
甲戌,[3]	갑술일에
齊國書帥師及吳戰于艾陵,[4]	제나라 국서가 군사를 거느리고 애릉에서 오나라와 싸웠는데
齊師敗績獲齊國書.[5]	제나라 군사는 대패하고 제나라 국서는 사로잡혔다.

---

1 십일년(十一年): 정사년 B.C. 484년으로 주경왕(周敬王) 36년이다. 동지가 정월 초2일 신해일로 건자(建子)이다.

2 "원(轅)"은 『공양전』에는 "원(袁)"으로 되어 있다.

3 갑술일은 27일이다.

4 애릉(艾陵): 강영(江永)의 『고실(考實)』에 의하면 지금의 산동 태안현(泰安縣) 남쪽 60리 지점에 있으며, 심흠한(沈欽韓)의 『지명보주(地名補注)』에서 인용한 『산동통지(山東通志)』에 의하면 곧 애읍으로 내무현(萊蕪縣) 동쪽 경계에 있는데, 이 설이 비교적 정확하다.

5 양수달(楊樹達)의 『적미거금문설·여설·도서정발(積微居金文說·餘說·圖書鼎拔)』에서는

秋七月辛酉,[6]	가을 7월 신유일에
滕子虞毋卒.[7]	등자 우무가 죽었다.
冬十有一月,	겨울 11월에
葬滕隱公.[8]	등나라 은공을 장사 지냈다.
衛世叔齊出奔宋.[9]	위나라 세숙제가 송나라로 달아났다.

傳

十一年春,	11년 봄
齊爲郎故,[10]	제나라가 식의 전역 때문에
國書, 高無丕帥師伐我,[11]	국서와 고평비가 군사를 거느리고 우리나라를 쳐서
及淸.[12]	청에 이르렀다.

"戟者가 여정(旅鼎)을 만들다"라 하였는데 곧 이 국서가 만든 정(鼎)이다.

6 신유일은 15일이다.

7 『전』이 없다.

8 『전』이 없다.

9 『전』에 의하면 제가 송나라로 달아난 것은 상퇴(向魋)가 총애를 얻었을 때로 바로 이때였을 것인데, 『전』에서는 결과를 말한 후에 죽은 일이 있었을 따름이다.

10 식(郞)의 전역은 지난해 『전』에 보인다.

11 정공열(程公說)의 『춘추분기·세보(春秋分紀·世譜) 2』에서는 국서는 국하(國夏)의 아들이라고 하였는데 국하는 정공 7년의 『전』에 보이며, 고무비는 고장(高張)의 아들이라 하였는데, 고장은 소공 29년의 『전』에 보인다.

12 청(淸): 『수경주·제수(濟水)』에 의하면 청은 지금의 장청현(長淸縣) 동쪽에 있으며, 고사기(高士奇)의 『지명고략(地名考略)』, 강영(江永)의 『고실(考實)』도 모두 이 설을 주장하였다. 심흠한(沈欽韓)의 『지명보주(地名補注)』에서는 『산동통지』를 인용하여 지금의 동아현(東阿縣) 대청하(大淸河) 서쪽에 있다고 하였다. 아래의 계손이 염구(冉求)에게 한 말로 추측컨대 심흠한의 설이 비교적 합리적이다.

季孫謂其宰冉求曰,[13]	계손이 그 가재인 염구에게 말하였다.
"齊師在淸,	"제나라 군사가 청에 있는 것은
必魯故也,	반드시 노나라 때문일 것이니
若之何?"	어쩌면 좋겠는가?"
求曰,	구가 말하였다.
"一子守,	"한 사람은 지키고
二子從公禦諸竟."[14]	두 사람은 공을 따라 변경에서 그들을 막습니다."
季孫曰,	계손이 말하였다.
"不能."[15]	"할 수 없다."
求曰,	구가 말하였다.
"居封疆之間."[16]	"봉강의 사이에 있으십시오."
季孫告二子,[17]	계손이 두 사람에게 알리니
二子不可.	두 사람은 안 된다고 하였다.

13 두예는 "염구는 노나라 사람으로 공자의 제자이다"라 하였다. 「중니제자열전」에 「전」이 있으며, 『논어』에도 그의 언행이 실려 있다.

14 일자(一子)와 이자(二子)는 계(季)·맹(孟)·숙(叔)의 3손(孫)을 말한다. 세 사람 가운데 한 사람이 군사를 남겨 국내를 유지하고 두 사람은 애공을 따라 국경으로 가서 적에 대항하는 것을 말한다.

15 두예는 "스스로 힘을 헤아려 보건대 두 사람으로 하여금 변경으로 가서 그들을 막게 할 수 없다는 것이다"라 하였다.

16 봉강(封疆): 두예는 "봉강은 경내의 교외에 가까운 땅이다"라 하였다.

17 이자(二子): 두예는 "이자는 숙손과 맹손이다"라 하였다.

求曰,	구가 말하였다.
“若不可,	“불가하다면
則君無出.	임금께선 나가시지 않아야 합니다.
一子帥師,	한 사람이 군사를 이끌고
背城而戰,	성을 등지고 싸우는데
不屬者,	합류하지 않는 자는
非魯人也.[18]	노나라 사람이 아닙니다.
魯之羣室衆於齊之兵車,[19]	노나라의 경대부 집안이 제나라의 병거보다 많고
一室敵車優矣,[20]	한 집안이 병거를 대적하기에도 넉넉하니
子何患焉?	그대는 무엇을 근심하십니까?

18 속(屬): 두예는 “속(屬)은 신속(臣屬)이며 싸우지 않으면 신하가 아니라는 말이다”라 하였다. 양수달(楊樹達)의 『독좌전(讀左傳)』에서는 “속은 모이는 것이다”라 하였다. 두 뜻 모두 옳다.

19 군실(羣室): 두예는 “도읍에 거처하는 집이다”라 하였다. 오개생(吳闓生)의 『문사견미(文史甄微)』에서는 “군실은 3가(三家)를 이른다”라 하였다. 다케조에 고코(竹添光鴻)의 『회전(會箋)』에서는 “군실은 국도의 대부와 사를 가리킬 것이다”라 하였다. 『논어·선진(先進)』에서 “내가 대부의 뒤를 따르기 때문에 도보로 다닐 수 없어서이다(以吾從大夫之後, 不可徒行也)”라 하였으니 사는 반드시 수레를 전유할 수 없었을 것이다. 군실이라는 것은 경대부의 집이다.

20 일실(一室): 이 일실은 계씨를 가리키며, 공실을 네 등분해서 그 가운데 둘을 가진 것이 소공 5년의 『전』에 보이니 계손의 병거가 유독 많고 제나라 군사가 내는 것은 적으므로 계손의 병력이 제나라를 대적하고도 여유가 있다고 말한 것이다.

二子之不欲戰也宜,	두 사람이 싸우지 않으려 하는 것은 당연하니
政在季氏.[21]	정권이 계씨에 있기 때문입니다.
當子之身,	그대가 살아 있을 때
齊人伐魯而不能戰,	제나라 사람이 노나라를 쳤는데 싸울 수 없다면
子之恥也,	그대의 치욕이며
大不列於諸侯矣."[22]	제후들에게서 설 수 없을 것입니다."
季孫使從於朝,	계손이 조회에 따르게 하여
俟於黨氏之溝.[23]	당씨지구에서 기다렸다.
武叔呼而問戰焉.[24]	무숙이 불러서 싸움에 대하여 묻자
對曰,	대답하였다.
"君子有遠慮,	"군자에게 심원한 생각이 있으니
小人何知?"	소인이 어떻게 알겠습니까?"

21 두예는 "두 사람이 계씨가 정권을 전횡하는 것에 대해 원한을 가져 힘을 다하지 않을 것이라는 말이다"라 하였다.

22 다케조에 고코(竹添光鴻)의 『회전(會箋)』에서는 "대(大)"자를 위로 붙여서 읽었는데, 역시 뜻이 통한다. 계씨가 노나라의 정사를 전횡함으로써 노나라가 큰 치욕을 당하여 제후와 나란히 설 수가 없으니, 곧 계씨는 제후에 설 수가 없다는 것을 말한다.

23 당씨지구(黨氏之溝): 강영(江永)의 『고실(考實)』에서는 "장왕 32년 공이 대를 쌓고 당씨(黨氏)에 임하였으니 공궁 가까이에 당씨가 있다"라 하였다. 당씨구(黨氏溝)는 궁과 당씨 사이의 시내이다.

24 무숙(武叔): 두예는 "염구에게 물은 것이다"라 하였다. 무숙(武叔)은 이름이 주구(州仇)이며 숙손(叔孫)이다.

懿子强問之,[25]	의자가 억지로 그에게 묻자
對曰,	대답하였다.
"小人慮材而言,[26]	"소인은 재주를 생각하여 말하고
量力而共者也."	역량을 헤아려 대는 사람입니다."
武叔曰,	무숙이 말하였다.
"是謂我不成丈夫也."[27]	"이는 나는 대장부가 되지 않았다는 말이다."
退而蒐乘.[28]	물러나서 병거를 검열하였다.
孟孺子洩帥右師,[29]	맹유자 설이 우사를 거느렸고
顔羽御,	안우가 어자가 되었으며
邴洩爲右.[30]	병설이 거우가 되었다.
冉求帥左師,	염구가 좌사를 거느렸으며
管周父御,	관주보가 어자가 되었고

---

25 의자(懿子): 중손하기(仲孫何忌)이다.

26 재주를 생각하고 역량을 헤아린다는 것은 명분은 자기를 가리키지만 실질은 묻는 쪽을 가리키는 것으로 청자(聽者)의 재력(材力)을 헤아린 다음에 말한다는 것이니 내가 말을 하지 않는 것은 상대방이 듣기에는 부족하다는 말이다.

27 두예는 "염구가 자기는 싸우고 싶지 않은 것이 아님을 알았으므로 대답하지 않은 것이다"라 하였다.

28 수(蒐): 두예는 "수는 검열하는 것이다"라 하였다.

29 맹유자(孟孺子): 맹유자는 맹의자(孟懿子)의 아들로 의자가 직접 군사를 인솔하지 않고 그 아들을 장수로 삼은 것은 반드시 이미 후사로 세웠기 때문에 유자를 칭하였으며, 이름은 체(彘)이고 시호는 무백(武伯)이다. 설(洩)은 자이다.

30 두예는 "두 사람은 맹씨의 가신이다"라 하였다.

樊遲爲右.[31]	번지가 거우가 되었다.
季孫曰,	계손이 말하였다.
"須也弱."[32]	"수는 어리다."
有子曰,[33]	유자가 말하였다.
"就用命焉."[34]	"명을 따를 수 있습니다."
季氏之甲七千,	계씨의 갑사는 7천 명이었고
冉有以武城人三百爲己徒卒,	염유는 무성 사람 3백 명을 자기의 보병으로 삼아
老幼守宮,	늙은이와 어린 사람이 궁을 지키고
次于雩門之外.[35]	우문 밖에 주둔하였다.
五日,[36]	5일이 지나서
右師從之.	우사가 따랐다.
公叔務人見保者而泣,[37]	공숙무인이 지키는 사람들을 보고 눈물을 흘리며

---

31 번지(樊遲): 두예는 "번지는 노나라 사람으로 공자의 제자 번수(樊須)이다"라 하였다. 「중니제자열전」에 「전」이 있으며, 『논어』에도 그 언행이 실려 있다.

32 약(弱): 어리다는 뜻이다. 「중니제자열전」에 의하면 번수는 공자보다 36세 어리니 당시 이미 32세로 어리다고 할 수 없다. 『공자가어』에서는 번수가 공자보다 46세 어리다 하였으니 이때 겨우 22세로 어리다고 함이 마땅하다. 왕숙이 이 책을 지은 것은 아마 근거가 있을 것이다. 마종련(馬宗璉)의 『보주(補注)』에서는 "어리석고 나약하며 건장하지 못한 것을 약하다고 한다"라 하였는데 확실치 않다.

33 유자(有子): 곧 염구(冉求)로 심흠한(沈欽韓)의 『보주(補注)』에 설이 상세하다.

34 두예는 "나이는 어리지만 명을 쓸 수 있다는 것이다"라 하였다.

35 두예는 "남쪽의 성문이다"라 하였다.

36 두예는 "5일 만에야 따랐다는 것은 싸우고 싶지 않다는 말이다"라 하였다.

曰,	말하였다.
“事充,[38]	“일은 많고
政重,[39]	부세가 무거우며
上不能謀,	위에서는 계책도 없고
士不能死,[40]	군사들은 죽을 수 없으니
何以治民?	어떻게 백성을 다스리겠는가?
吾旣言之矣,	내 이미 그렇게 말했으니
敢不勉乎!”[41]	감히 힘쓰지 않겠는가?”
師及齊師戰于郊.	군사가 교외에서 제나라 군사와 싸웠다.
齊師自稷曲,[42]	제나라 군사는 직곡에서 왔는데
師不踰溝.[43]	군사가 시내를 넘지 않았다.
樊遲曰,	번지가 말하였다.

37 공숙무인(公叔務人): 두예는 “무인은 공위(公爲)로 소공의 아들이다”라 하였다. 『예기·단궁(檀弓) 하』에는 “공숙우인(公叔禺人)이 지팡이를 짚고 지키러 들어가는 자가 쉬는 것을 만났다”라 하였다.

38 두예는 “요역(徭役)이 번다한 것이다”라 하였다.

39 두예는 “부세가 많다는 것이다”라 하였다. 정(政)은 정(征)의 뜻으로 읽는다.

40 사(士): 전사(戰士)를 말한다.

41 두예는 “이미 죽을 수 없다고 말하였으니 자기는 감히 죽지 않을 수 없다는 것이다”라 하였다.

42 직곡(稷曲): 두예는 “직곡은 교외의 지명이다”라 하였다. 이는 직곡에서 노나라 군사를 공격하였다는 말이다.

43 노나라의 무리가 시내를 건너 맞아 싸우지 않은 것이다.

"非不能也,	"싸울 수 없는 것이 아니라
不信子也,	그대를 믿지 않는 것이니
請三刻而踰之."[44]	청컨대 세 번 명을 내리면 건너겠습니다."
如之,	그대로 하였더니
衆從之.[45]	무리들이 따랐다.
師入齊軍.[46]	군사가 제나라 군사에게 들어갔다.
右師奔,[47]	우사가 달아나자
齊人從之.[48]	제나라 사람들이 그들을 좇았다.
陳瓘, 陳莊涉泗.[49]	진관과 진장이 사수를 건넜다.
孟之側後入以爲殿,	맹지측이 나중에 들어와 후위가 되어
抽矢策其馬,	화살을 뽑아 그 말을 때리며
曰,	말하였다.

---

44 『공자가어』 왕숙(王肅)의 주 및 이곳의 두예의 주에 의하면 각(刻)은 계약(戒約)의 뜻이 있으며, 아마 호령을 세 번 거듭 펴서 염유(冉有)가 먼저 도랑을 건넌 것이다.

45 번지의 말대로 행하여 무리들이 모두 시내를 건넌 것이다.

46 두예는 "염구(冉求)의 군사이다"라 하였다.

47 맹유자가 이끄는 군사는 5일이 늦은 데다가 싸우려는 뜻이 없어서 달아난 것이다.

48 두예는 "우사를 좇은 것이다"라 하였다.

49 진관·진장(陳瓘·陳莊): 두예는 "두 진씨는 제나라 대부이다"라 하였다. 진관은 진항(陳恒)의 형 자옥(子玉)이며, 진장은 성자(成子)의 형제 소자(昭子)로, 모두 고동고(顧棟高)의 『대사표(大事表)』 권12의 상에 보인다. 사수(泗水)는 노나라 도성 북쪽 및 서쪽을 지난다.

"馬不進也."[50]	"말이 나가지 않는다."
林不狃之伍曰,	임불뉴의 대오가 말하였다.
"走乎?"[51]	"달아나는 것이오?"
不狃曰,	불뉴가 말하였다.
"誰不如?"[52]	"누가 못하다는 것인가?"
曰,	말하였다.
"然則止乎?"[53]	"그러면 그만두는 것입니까?"
不狃曰,	불뉴가 말하였다.
"惡賢?"[54]	"어찌 현명하다 하겠는가?"

50 두예는 "지측은 맹씨의 일족으로 자는 반(反)이다"라 하였다. 『논어·옹야(雍也)』에서 이 일을 서술하여 "맹지반은 공을 자랑하지 않았다. 달아나면서도 군대 후미에 있다가 도성문을 들어가려 할 때 말을 채찍질하며 '내 감히 용맹하여 뒤에 있는 것이 아니고 말이 나아가지 않아서이다'라 하였다(孟之反不伐, 奔而殿, 將入門, 策其馬曰, '非敢後也, 馬不進也)"라 하였다.

51 두예는 "불뉴는 노나라의 사(士)이다. 5인이 오(伍)이며 패하여 달아나려는 것이다"라 하였다. 두예는 불뉴가 오의 우두머리라고 생각하였으므로 "노나라의 사"라고 하였으며, 실제로는 오(伍)에는 많은 뜻이 있는데 소공 원년『전』에서는 "오는 뒤에 배치한다(伍於後)"라 하였고, 복건(服虔)은 250승(乘)을 오라고 하였는데, 꼭 저『전』의 뜻에 부합하지는 않지만 예로부터 이런 뜻이 있어서 복건이 그렇게 말하였다. 행렬 또한 오라고 말할 수 있는데 지금의 항오(行伍)라는 말과 같다. 이 오(伍)자의 뜻은 군영을 함께하는 자라고 풀이할 수 있겠으며, 불뉴가 반드시 오의 우두머리는 아닐 것이다. 우창(于鬯)의『향초교서(香草校書)』에서는 임불뉴가 곧 공산불뉴라고 하였는데 더욱 믿을 수 없다.

52 장병린(章炳麟)의『독(讀)』권7에서는 "능(能)과 여(如)는 소리가 통하며 달아나는 것은 누가 할 수 없으며 어찌 내가 해야 하는가 하는 것이다"라 하였다. 그러나 "능(能)"과 "여(如)"가 통한다는 것은 예가 하나도 없다. 여(如)는 당(當)의 뜻일 것이다. 불뉴는 내가 만약 달아난다면 누가 당연히 달아나지 않겠느냐라 한 말이다.

53 지(止): 머물러 적에 대항하는 것이다.

54 두예는 "머물러 싸우면 어찌 족히 현명하다고 하겠느냐는 말로 모두 싸울 뜻이 없는 것이다"라 하였다.

徐步而死.[55]	천천히 걸어가 죽었으며
師獲甲首八十,[56]	군사가 갑사의 머리 80개를 얻으니
齊人不能師.[57]	제나라 사람은 군진을 이룰 수가 없었다.
宵諜曰,	밤에 간첩이 말하였다.
"齊人遁."	"제나라 사람이 도망갑니다."
冉有請從之三,[58]	염유가 세 번 추격하게끔 청하였지만
季孫弗許.[59]	계손은 허락하지 않았다.
孟孺子語人曰,	맹유자가 사람에게 말하였다.
"我不如顏羽,	"나는 안우보다는 못하고
而賢於邴洩.[60]	병설보다는 현명하다.
子羽銳敏,[61]	자우는 예민하여
我不欲戰而能默,[62]	나는 싸우고 싶지 않은데 침묵할 수 있으며

55 이는 우사에는 비록 임불뉴와 맹지측이 있지만 주장(主將)인 맹유자가 싸우고 싶지 않아 결국 패였다는 것을 서술한 것이다.

56 두예는 "염구가 얻은 것이다"라 하였다.

57 두예는 "그 군사를 정돈할 수 없는 것이다"라 하였다.

58 제나라 군사를 추격할 것을 세 번 청한 것이다.

59 이는 다시 위의 "師入齊軍"과 이어져 좌사의 승리를 서술한 것이다.

60 두예는 "두 사람이 맹유자와 함께 수레를 탄 것이다"라 하였다.

61 두예는 "자우는 안우이다. 예는 정(精)한 것이다. 민은 빠른 것이다. 싸우려 한다는 말이다"라 하였다.

62 두예는 "마음으로는 하고 싶지 않지만 입으로는 달아난다고 하지 않은 것이다"라 하였다.

洩曰'驅之'."[63] 설은 '말을 몰아라' 한다."

公爲與其嬖僮汪錡乘, 공위가 그 총애하는 동자 왕기와 함께 수레를 탔다가

皆死, 함께 죽어

皆殯. 함께 빈렴을 하였다.

孔子曰, 공자가 말하였다.

"能執干戈以衛社稷, "방패와 과를 잡고 사직을 지킬 수 있었으니

可無殤也."[64] 미성년자의 상례를 쓰지 않아도 된다."

冉有用矛於齊師,[65] 염유가 제나라 군사에게 창을 쓰게 하였으므로

故能入其軍. 그 군사에게 들어갈 수 있었다.

孔子曰, 공자가 말하였다.

---

63 두예는 "말을 몰아 달아나려고 하는 것이다"라 하였다. 이것 및 아래의 내용은 모두 싸울 때와 싸운 뒤의 상황과 평론을 섞어서 말한 것이다.

64 「단궁(檀弓) 하」에도 이 일이 실려 있는데 "낭(郎)에서 싸웠다"고 하였다. 낭은 노나라 교외의 지명일 것이지만 공위는 우사에 속하였으니 전장은 반드시 좌사와 같지 않을 것이다. 제나라 뚜한 군사를 두 갈래로 나누었는데 국서(國書)가 한 갈래이고, 고무비가 한 갈래였으므로 노나라 또한 두 갈래의 군사로 막은 것이다. 「단궁(檀弓) 하」에서는 또한 "노나라 사람이 왕기를 죽게 하지 않으려고 중니에게 물었다……" 하여 『전』보다 상세하다. 상(殤)은 성인이 되지 못하여 죽는 것으로 상복은 성인보다 낮으며, 『의례·상복·대공(喪服·大功)』장에 보인다.

65 염유가 창을 쓴 것은 그 한 사람만이 창을 쓴 것이 아니며, 아마 염유는 제나라 군사의 사정을 알았기 때문에 창을 쓰는 것이 이롭다고 생각하여 좌사가 모두 창을 쓴 것일 것이다.

"義也."	"의에 맞다."
夏,	여름에
陳轅頗出奔鄭.[66]	진나라 원파가 정나라로 달아났다.
初,	처음에
轅頗爲司徒,	원파는 사도였는데
賦封田以嫁公女,[67]	봉지의 전지에서 부세를 거두어 공녀를 시집보내었는데,
有餘,	남는 것으로
以爲己大器.[68]	자기의 큰 기물을 만들었다.
國人逐之,	백성들이 쫓아내어
故出.	출국한 것이다.
道渴,	도중에 목이 말라
其族轅咺進稻醴, 粱糗, 腶脯焉.[69]	족속인 원훤이 쌀로 빚은 술과 건량, 육포를 갖다 바쳤다.

---

66 양이승(梁履繩)이 인용한 만씨(萬氏)의 『씨족보(氏族譜)』에 의하면 두예의 『세족보(世族譜)』에서는 원도도(轅濤塗, 희공 4년의 『전』)와 원선(轅選, 문공 2년의 『전』)을 원씨에 열입하고 나머지는 모두 잡인에 넣었다. 『당서·재상세계표(唐書·宰相世系表)』에서는 원파를 원선의 증손이라 하여 두예의 『세족보(世族譜)』와 다른데, 아마 부회한 설일 것이다.

67 두예는 "봉지 내의 전지에서 모두 세금을 거둔 것이다"라 하였다.

68 대기(大器): 두예는 "대가는 종정(鐘鼎) 따위이다"라 하였다.

69 족(族): 속(屬)이라는 뜻이다.
도례(稻醴): 쌀로 빚은 단술이다.
양구(粱糗): 쌀을 찧어서 만든 마른 밥이다.

喜曰,	기뻐하여 말하였다.
“何其給也?”[70]	“어찌 이리 풍족한가?”
對曰,	대답하였다.
“器成而具.”[71]	“기물이 이루어져 갖추었습니다.”
曰,	말하였다.
“何不吾諫?”	“어찌 나에게 간하지 않았는가?”
對曰,	대답하였다.
“懼先行.”[72]	“먼저 쫓겨날까 두려웠습니다.”

爲郊戰故,	교외에서 싸웠기 때문에
公會吳子伐齊.[73]	공이 오자를 만나 제나라를 쳤다.
五月,	5월에
克博.[74]	박을 이겼다.
壬申,[75]	임신일에

단포(腶脯): 강(姜)과 계수나무가 섞여 있는 절여서 말린 고기이다.

70 급(給): 족하다는 뜻이다. 술뿐만 아니라 고기와 밥까지 있음을 말한다.

71 나는 일찌감치 쫓겨나게 될 것을 알았기 때문에 대기(大器)가 이루어지자 바로 음식물을 준비하였다는 뜻이다.

72 두예는 “아마 따르지 않으면 먼저 쫓겨났을 것이라는 말일 것이다”라 하였다.

73 지난해에 오왕 부차(夫差)가 제나라를 치려고 하여 군사에게 알리게 하였으며, 지금 또 제나라 군사가 교외에 이르자 다시 오나라가 응하여 제나라에 보복하고자 하는 것이다.

74 박(博): 지금의 태안현 동남쪽 30리 지점의 구현촌(舊縣村)으로, 장운오(張雲璈)의 설에 근거하였다.

75 임신일은 25일이다.

至于嬴.[76]	영에 이르렀다.
中軍從王,[77]	중군이 왕을 따랐으며
胥門巢將上軍,[78]	서문소가 상군의 장수가 되었고
王子姑曹將下軍,	왕자고조는 하군의 장수가 되었으며
展如將右軍.[79]	전여는 우군 장수가 되었다.
齊國書將中軍,	제나라 국서가 중군 장수가 되었으며
高無丕將上軍,	고무비는 상군 장수가 되었고
宗樓將下軍.	종루는 하군 장수가 되었다.
陳僖子謂其弟書,	진희자가 그 아우 서에게 말하였다.
"爾死,	"네가 죽으면
我必得志."[80]	내 반드시 뜻을 얻을 수 있다."
宗子陽與閭丘明相厲也.[81]	종자양과 여구명이 서로 면려하였다.
桑掩胥御國子.[82]	상엄서가 국자의 어자가 되었다.

---

76 영(嬴): 내무현(萊蕪縣) 서북쪽에 있으며, 환공 3년의『경』및『주』를 참고하라.

77 두예는 "오나라의 중군이다"라 하였다.

78 서문(胥門): 오나라의 성문 이름이다. 거주지를 씨로 삼은 것으로 노나라에 동문수(東門遂)가 있고 송나라에 동문(桐門) 우사(右師)가 있는 것과 같으며, 고염무(顧炎武)의『일지록(日知錄)』권31에 보인다.

79 두예는 "세 장수는 오나라의 대부이다"라 하였다. 노나라 군사를 기록하지 않은 것은 아마 애공 및 3경이 모두 군중에 있어서였을 것이다.

80 두예는 "서(書)는 자점(子占)이다. 죽음으로 섬길 공을 얻고 싶은 것이다"라 하였다.

81 종자양(宗子陽): 두예는 "서로 죽음을 무릅쓰도록 권면하는 것이다. 자양은 종루(宗樓)이다"라 하였다.

82 국자(國子): 두예는 "국자는 국서(國書)이다"라 하였다.

公孫夏曰,
공손하가 말하였다.

“二子必死.”[83]
“두 사람은 반드시 죽을 것이다.”

將戰,
싸우려는데

公孫夏命其徒歌虞殯.[84]
공손하가 그 무리에게 「우빈」을 노래하도록 명하였다.

陳子行命其徒具含玉.[85]
진자행은 그 무리들에게 함옥을 갖추라고 명하였다.

公孫揮命其徒曰,
공손휘가 그의 무리에게 명하여 말하였다.

“人尋約,
“사람마다 8척짜리 새끼줄을 지녀야 하니

吳髮短.”[86]
오나라 사람의 두발이 짧기 때문이다.”

---

83 이자(二子): 당연히 상엄서와 국서를 가리킨다. 아래에서 죽은 사람을 언급할 때 엄서를 말하지 않은 것은 그가 장수가 아니라 어자에 지나지 않았기 때문일 따름이다.

84 우빈(虞殯): 곧 송장(送葬)의 만가(挽歌)로 그것을 부르며 반드시 죽을 것을 나타내었다. 만가가 시작된 것은 삼국시대 촉한(蜀漢) 초주(譙周)의 『법훈(法訓)』에서는 한나라 초기 전횡(田橫)의 종자에게서 비롯되었다고 하였으며, 『문선(文選)』 “만가”의 주석 인용에 보이는데 사실은 그렇지 않다. 『진서·예지(禮志) 중』에서 지우(摯虞)는 『시경·소아·사월(小雅·四月)』의 “군자 노래 지으니, 슬픔 알리려는 것이라네(君子作歌, 維以告哀)”라는 구절을 인용하여 장가(葬歌)를 폐기하지 않은 증거로 삼았는데, 사실 「우빈」은 정말 장가(葬歌)이다. 청나라 이이덕(李貽德)의 『춘추좌씨전가복주집술(春秋左氏傳賈服注輯述)』과 청나라 하작(何焯)의 『의문독서기(義門讀書記)』를 참고하라.

85 진자행(陳子行): 두예는 “자행은 진역(陳逆)이다. 구함옥(具含玉)은 또한 반드시 죽을 것임을 나타낸다”라 하였다.

86 두예는 “약(約)은 끈이다. 8척(尺)이 심(尋)이다. 오발단(吳髮短)은 끈으로 그 머리를 꿰려는 것이다”라 하였다. 심흠한(沈欽韓)의 『보주(補注)』에서는 “아마 여러 개의 머리를

東郭書曰,	동곽서가 말하였다.
“三戰必死,	“세 번 싸우면 반드시 죽는다는데
於此三矣.”[87]	이번에 세 번째이다.”
使問弦多以琴,[88]	현다에게 거문고를 주면서 안부를 묻게 하니
曰,	말하였다.
“吾不復見子矣.”	“내 다시는 그대를 보지 못할 것입니다.”
陳書曰,	지서가 말하였다.
“此行也,	“이번에 가면

자르면 모두 머리카락으로 이어서 묶는데 오나라 사람들은 머리가 짧으니 끈을 써야 할 따름이다. 공손휘는 많이 잡는 것을 공으로 생각하였다. 당(唐)나라 이연수(李延壽)의 『북사·이주영전(北史·爾朱榮傳)』에 그 무리들에게 긴 끈을 갖추도록 명하는데, 묶는 데 편리하게 하기 위해서이다”라 하였다. 장병린(章炳麟)의 『독(讀)』 권7에서는 “심약(尋約)이라는 것은 모든 사람이 각기 8척의 끈을 지니는 것이다. 대체로 사람을 묶을 때는 그 머리를 흩어서 등까지 드리우도록 하여 여러 자가 되는 끈으로 묶고 다시 그 양 팔꿈치를 등 쪽으로 꺾어 머리를 묶은 끈으로 서로 묶으면 손과 머리가 연결되어 벗어날 수가 없게 된다. 지금 오나라 사람들은 머리를 깎아 머리카락이 짧아서 머리카락을 끈으로 묶었지만 머리에 있지 등에 있지 않았으므로 반드시 8척의 끈을 사용해야 등으로 드리워서 그 손을 묶을 수 있다”라 하였다. 8척의 끈은 혹은 적의 머리를 묶기도 하고 혹은 적을 묶어도 모두 가하지만 반드시 짧은 머리에 이을 필요는 없다.

87 동곽서는 일찍이 세 차례 전쟁을 겪었는데 『전』에 실려 있는 것은 이의(夷儀)와 이곳의 전역(戰役)뿐이다. 세 번 싸우면 반드시 죽는다는 말은 아마 당시에 있던 말인 것 같으며 혹은 고대로부터 전해 온 말일 것이다.

88 현다(弦多): 두예는 “현다는 제나라 사람으로 6년에 노나라로 달아났다”라 하였다. 고영달은 “예로써 물건을 남에게 주는 것을 문(問)이라고 한다. 26년에 위출공이 활로 자공(子贛)에게 묻고 『논어』「향당(鄕黨)」에서 ‘사람을 다른 나라에 보내어 안부를 물었다(問人於他邦)’라 한 것이 모두 이를 말한다”라 하였다. 문(問)은 안부를 묻는 것으로 예물을 함께 보낸다.

吾聞鼓而已,	내 북소리만 듣게 될 따름이지
不聞金矣."[89]	금속 악기 소리는 듣지 못할 것이다."
甲戌,	갑술일에
戰于艾陵.	애릉에서 싸웠다.
展如敗高子,[90]	전여는 고자를 무찔렀고
國子敗胥門巢,[91]	국자는 서문소를 무찔렀으며
王卒助之,[92]	왕의 군사가 그를 도와
大敗齊師,	제나라를 크게 무찌르고
獲國書, 公孫夏, 閭丘明, 陳書, 東郭書,[93]	국서와 공손하, 여구명, 진서, 동곽서를 사로잡고
革車八百乘,	병거 8백 대
甲首三千,	갑사의 머리 3천을 노획하여
以獻于公.[94]	공에게 바쳤다.

89 두예는 "북으로 진군케 하고, 금(金)으로 후퇴하게 한다. 금(金)을 듣지 못한다는 것은 장차 죽을 것이라는 말이다. 『전』에서는 오나라 군사는 강하여 제나라 사람이 모두 패하게 될 것임을 안다고 말한 것이다"라 하였다. 『회남자·무칭훈(繆稱訓)』에서는 "애릉의 싸움에서 부차가 말하기를 '오나라 군사의 노랫소리가 성하니 오나라가 이길 것이다!'라 하였다"라 하였다. 오나라 노랫소리가 앙양된 것은 『전』에서 말하지 않았다. 제나라 소리가 침체되었으니 『전』이 상세하게 말하였으며 오직 공손휘만 다를 따름이다.

90 두예는 "제나라의 상군이 패한 것이다"라 하였다.

91 두예는 "오나라의 상군도 패하였다"라 하였다.

92 왕졸(王卒): 중군 및 왕이 직접 거느린 군사로, 서문소를 도운 것이다.

93 「월세가(越世家)」에서는 "제나라의 고씨와 국씨를 포로로 잡아 돌아왔다"고 하였는데 『전』에서는 고무비를 사로잡은 것은 말하지 않았다.

94 두예는 "공이 군사를 가지고 좇았으므로 공을 위로한 것이다"라 하였다.

將戰,	싸우려는데
吳子呼叔孫,[95]	오자가 숙손을 불러
曰,	말하였다.
"而事何也?"[96]	"그대는 무슨 일을 하는가?"
對曰,	대답하였다.
"從司馬."[97]	"사마 일을 봅니다."
王賜之甲, 劍鈹,[98]	왕이 그에게 갑옷과 검을 내리면서
曰,	말하였다.
"奉爾君事,	"그대 임금이 하는 일을 잘 받들어
敬無廢命!"[99]	공경히 하여 명을 폐기하지 않도록 하라!"

---

95 숙손(叔孫): 두예는 "숙손은 무숙주구(武叔州仇)이다"라 하였다.

96 두예는 "직책이 무엇인가를 물은 것이다"라 하였다.

97 종사마(從司馬): 사마이다(爲司馬)라는 말과 같다. "종(從)"이라고 말한 것은 당시의 겸사(謙辭)로 「진어 9」에서 동안우(董安于)가 "이종사마(以從司馬)"라 하였고, 『논어』 「선진(先進)」과 「헌문(憲問)」에서 공구(孔丘)가 모두 스스로 말하기를 "내가 대부의 뒤를 따르기 때문이다(以吾從大夫之後)"라 한 것으로 알 수 있다. 마종련(馬宗璉)의 『보주(補注)』와 심흠한(沈欽韓)의 『보주(補注)』, 전기(錢綺)의 『좌전찰기(左傳札記)』의 설을 참고하였다.

98 갑(甲): 호신구이다.
검피(劍鈹): 검(劍)과 피(鈹)는 한 가지 물건으로 『설문』에서는 "피는 대침(大鍼)이며, 또한 검이면서 도(刀)를 장착한 것이다"라 하였다. 단옥재(段玉裁)는 "검은 양날이고, 도는 한 날이어서 장착하는 것이 같지 않다. 실은 검이면서 칼〔刀〕주머니로 싸기 때문에 피(鈹)라고 한다"라 하였다.

99 임금이 신하에게 칼을 내리는 것은 그가 죽기를 바라는 것으로, 옛날에는 칼을 받는 예가 없었을 것이었기 때문에 숙손이 대답할 바를 알지 못한 것이다. 아래에서 자공(子貢)이 대신 대답하였으며, 또한 다만 갑옷만 받았다고 말하였다.

叔孫未能對.	숙손은 대답할 수가 없었다.
衛賜進,[100]	위사가 나아가
曰,	말하기를
"州仇奉甲從君."	"주구가 갑옷을 받들고 임금을 따르겠습니다"라 하고
而拜.[101]	절하였다.
公使大史固歸國子之元,[102]	공이 태사 고에게 국자의 수급을 돌려주게 하였는데
寘之新篋,	새 상자에 머리를 넣고
褽之以玄纁,[103]	검고 옅은 붉은 비단을 깔았으며
加組帶焉.[104]	비단 띠를 더하였다.
寘書于其上,	그 위에 글을 두었는데
曰,	말하기를

100 위사(衛賜): 두예는 "사(賜)는 자공으로 공자의 제자이다"라 하였다. 공영달은 "자공이 위나라 사람이기 때문에 위사라고 칭한 것이다"라 하였다. 『논어』에 그의 언행이 매우 많이 수록되어 있다.

101 두예는 "절하고 받은 것이다"라 하였다.

102 두예는 "제나라로 돌려주는 것이다. 원(元)은 머리이다. 오나라가 노나라에 바친 것이다"라 하였다.

103 외(褽): 두예는 "외는 까는 것이다"라 하였다. 이는 검붉은 색과 얕은 홍색 비단으로 깔개를 만든 것이다.

104 조대(組帶): 실을 짜서 만든 띠이다. 국서의 머리 위에 씌웠는지 상자를 누르는데 쓴 건지 모르겠으며, 문의가 분명치 않다.

“天若不識不衷,	“하늘이 바르지 못함을 알지 못하였다면
何以使下國?”[105]	어떻게 아래의 나라가 이기게 하였겠는가?”

吳將伐齊,	오나라가 제나라를 치려는데
越子率其衆以朝焉,[106]	월자가 그 무리를 거느리고 조현하여
王及列士皆有饋賂.	왕 및 사들이 모두 음식과 재물을 갖게 되었다.
吳人皆喜,	오나라 사람이 모두 기뻐하였는데
唯子胥懼,	자서만이 두려워하며
曰,	말하기를

---

105 불충(不衷): 충(衷)은 정(正)의 뜻이다. 두예는 “하늘이 훌륭하지 못함을 알았기 때문에 국자(國子)를 죽였다는 말이다”라 하였다. 다케조에 고코(竹添光鴻)의 『회전(會箋)』에서는 “불충(不衷)은 제후(齊侯)를 질책한 것이지 국자를 질책한 것이 아니다. 사하국(使下國)이라는 것은 하국으로 하여금 이길 수 있게 한 것이다. 「오어(吳語)」에서는 부차가 제나라에 풀어서 말하기를 ‘하늘이 만약에 죄가 있음을 알지 못하였다면 어찌 하국으로 하여금 이기게 하였겠소?’라 하였다. 이 또한 오나라 왕의 말임이 틀림없다”라 하였다. 다케조에 고코(竹添光鴻)의 『회전(會箋)』에서 불충을 제후를 가리킨다고 하였는데 옳다. 「오어」를 인용하여 여기에 글을 더한 것이 오나라 왕의 말이라 한 것은 아마 꼭 그렇지는 않을 것이다. 글은 노나라가 덧붙인 것으로 분명 노나라 사람의 말인데 어째서 오나라 왕의 말이라 하는가?

106 월자(越子): 월왕 구천(句踐)이다. 1965년 호북 강릉현(江陵縣)의 초나라 무덤에서 출토된 것 중에 월왕 구천(鳩淺)이 직접 만든 검이 있었는데, 구천(鳩淺)이 곧 구천(句踐)이다. 청동으로 주조하였으며 조전(鳥篆)의 무늬가 있었다.

"是豢吳也夫!"[107]	"이는 오나라를 기르는 것이다!"라 하고는
諫曰,	간언하였다.
"越在我,	"월나라는 우리에게
心服之疾也,	배 속의 병이며,
壤地同,	땅을 같이 하며
而有欲於我.	우리에게 욕망이 있습니다.
夫其柔服,	그들이 우리에게 순복하는 것은
求濟其欲也,	그들의 욕망을 이루고자 하는 것이니
不如早從事焉.	일찌감치 손을 씀만 못합니다.
得志於齊,	제나라에서 뜻을 얻는 것은
猶獲石田也,[108]	돌밭을 얻는 것과 같아서
無所用之.	쓸모가 없습니다.
越不爲沼,	오나라는 늪이 되지 않을 것이고
吳其泯矣.[109]	오나라는 망하게 될 것입니다.
使醫除疾,	의원을 보내 병을 치료하게 하고

107 환(豢): 두예는 "환(豢)은 기르는 것이다. 사람이 희생을 기르다가 마음에 들지 않으면 죽일 것이다"라 하였다. 「오세가」에는 "환(豢)"이 "기(棄)"로 되어 있는데, 장병린(章炳麟)의 『독(讀)』에서는 오자라고 하였다.

108 왕숙(王肅)이 말하기를 "돌밭은 경작할 수가 없다"라 하였다.

109 오나라는 월나라를 망하게 하지 못하고 월나라가 오나라를 멸할 것이라는 말과 같다.

而曰'必遺類焉'者,[110]	'반드시 병의 원인을 남겨 두라'라 하는 것은
未之有也.	여태껏 없었습니다.
盤庚之誥曰'其有顚越不共,	「반경지고」에서 말하기를 '타락하고 공경치 아니하면
則劓殄無遺育,	베어서 자손을 남기지 않음으로써
無俾易種于玆邑',[111]	이 도읍에 씨를 옮기지 못하게 할 것이다' 하였는데
是商所以興也.	이것이 상나라가 흥한 까닭입니다.
今君易之,[112]	지금 임금께서는 그 반대로 하시면서
將以求大,[113]	강대함을 구하려 하시니
不亦難乎!"	또한 어렵지 않겠습니까?"
弗聽.	그 말을 듣지 않았다.
使於齊,[114]	제나라에 사신으로 가면서

---

110 유(類): 뇌(纇)와 같다. 려(戾), 곧 앓는 질환을 가리킨다.

111 지금의 『상서·반경(盤庚) 중』과 비교하여 보면 인용문이 간략하게 잘랐는데 고인들은 항상 이렇게 하였다. 불공(不共)은 지금은 불공(不恭)이라고 하는데 지금 통용되는 글자로 옛 글자를 고친 것이다. 위공전(僞孔傳)에서는 "의(劓)는 베는 것이다. 진(殄)은 끊는 것이다"라 하였다. 증운건(曾運乾: 1884~1945)의 『상서정독(尙書正讀)』에서는 "육(育)은 주(冑)의 뜻으로 읽는다. 역은 끌어서 옮기는 것이다"라 하였다. 문의(文意)는 만약 광란하여 명을 듣지 않는 자가 있으면 베고 잘라버려 그 후예를 남기지 않아 이 땅에서 씨가 뻗지 못하게 할 것이라는 것이다.

112 역지(易之): 어기다, 반대로 하다.

113 대(大): 강대한 것을 이르며, 사실은 패업을 가리킨다.

114 고염무(顧炎武)의 『보정(補正)』에서는 "자서가 오왕을 위하여 제나라에 사신으로 간 것

屬其子於鮑氏,	그 아들을 포씨에게 부탁하였는데
爲王孫氏.[115]	왕손씨이다.
反役,	전역에서 돌아와서
王聞之,	왕이 이 말을 듣고
使賜之屬鏤以死.[116]	촉루검을 내려 죽게 하였다.
將死,	죽으려 하면서
曰,	말하였다.
"樹吾墓檟,	"내 무덤에 개오동나무를 심을 것이니
檟可材也.[117]	개오동나무가 재목이 될 만하면

이다. 옛날에는 교전을 하게 되면 사신이 그 사이에 있다"라 하였다.

115 고염무(顧炎武)의 『보정(補正)』에서는 "『전』은 결과를 말한 것이다. 또한 부개왕(夫概王)이 당계씨(堂谿氏)가 된 것과 같다"라 하였다. 두씨의 『세족보(世族譜)』에서는 오원의 아들은 제나라에서 왕손씨가 되었다고 하였으며, 고동고(顧棟高)의 『대사표(大事表)』 권12의 하에서는 오원의 아들 이름은 풍(豐)이라고 하였는데, 양이승(梁履繩)의 『보석(補釋)』에서는 "근거를 모르겠다"고 하였다.

116 두예는 "애릉의 전역이다. 촉루는 검의 이름이다"라 하였다. 장병린(章炳麟)의 『독(讀)』에서는 『순자·성상(成相)』편을 인용하여 "자서가 되어 액운을 당할까 두려워하였으며 진언하여 간하여도 듣지 않으니 독록(獨鹿)으로 목을 쳐서 강에 버렸다"라 하였는데, 촉루와 독록은 하나이다. 또한 『주서·왕회(周書·王會)』 및 『한서·무제기(漢書·武帝紀)』를 인용하여 독록은 산 이름으로 탁군(涿郡)에 있다고 하였으며, 이어서 "그렇다면 독록은 아마 그 땅에서 나온 검일 것이며, 지명으로 검의 이름을 삼은 것이다. ……"라 하였다. 그 말이 다 믿을 만하지는 못하지만 『회남자·범론훈(氾論訓)』의 "대부 종(種)이 촉루에 엎어져서 죽었다"라 하였으니 촉루는 한 검의 고유명사는 아님을 알 수 있다.

117 가(檟): 가래나무로 낙엽교목이며, 줄기의 높이가 세 길 남짓 되고 목질이 조밀하고 촘촘해서 옛사람들이 관재(棺材)로 상용하였다. 양공 2년 『전』에 목강(穆姜)이 아름다운 개오동나무를 골라 널로 쓰라 했고, 또한 4년 『전』에서 계손이 자신을 위해 개오동나무 여섯 그루를 심게 한 것으로 족히 알 수 있다. 『사기』 「오세가」 및 「오자서열전」에는 "가

吳其亡乎! 오나라는 망할 것이다.

三年,[118] 3년이면

其始弱矣. 약해지기 시작할 것이다.

盈必毁, 차면 반드시 허물어지는 것이

天之道也."[119] 하늘의 도이다."

秋, 가을에

季孫命修守備, 계손이 방비 시설을 손질하도록 명하고

曰, 말하였다.

"小勝大,[120] "소국이 대국을 이기는 것은

禍也, 화이니

齊至無日矣."[121] 제나라가 쳐들어올 날이 머지않았다."

(榎)"가 "재(梓)"로 되어 있는데 가래나무는 목질이 가벼워 예로부터 금슬(琴瑟)의 좋은 재료로 삼았으며, 또한 비록 건축 및 기구(器具)로도 쓰였지만 지금의 강소성에는 이 나무가 나지 않으니 혹 예와 지금이 다를 수도 있을 것이다.

118 3년 후라는 말이다.

119 두예는 "월나라 사람이 조현하고 제나라를 쳐서 이겼으니 찬 것이 극도에 이르렀다. 13년에 월나라가 오나라를 치는 복선이 된다"라 하였다. 이 일은 또한 「오어(吳語)」와 『여씨춘추·지화(知化)』편, 『사기』의 「오·월세가(吳·越世家)」, 「오자서열전(伍子胥列傳)」, 「중니제자열전」, 『설원·정간(正諫)』편, 『오월춘추』, 『월절서』 등에도 보이는데, 설에 이동(異同)이 있으며 심한 것은 소설가의 말까지 있어 믿을 만하지 못하다.

120 노나라는 작고 제나라는 크며 또한 노나라는 오나라 군사로 이긴 것이다.

121 두예는 "잘 대비를 하는 것이다"라 하였다.

冬, 겨울에

衛大叔疾出奔宋.[122] 위나라의 태숙질이 송나라로 달아났다.

初, 처음에

疾娶于宋子朝,[123] 질이 송나라 자조의 딸을 아내로 맞았는데

其娣嬖. 그 여동생을 총애하였다.

子朝出,[124] 자조가 도망가자

孔文子使疾出其妻, 공문자가 태숙질로 하여금 그 아내를 보내고

而妻之.[125] 그 딸을 아내로 삼게 하였다.

疾使侍人誘其初妻之娣寘於犁,[126] 질은 시인으로 하여금 첫 아내의 동생을 꾀어 이에 두게 하고

---

122 두예는 "질은 곧 제(齊)이다"라 하였다. 『경』에서는 "세숙제(世叔齊)"라고 기록하였다.

123 자조(子朝)의 딸을 아내로 삼은 것이다. 자조는 정공 14년 『전』 "자조"의 주를 참고하라.

124 두예는 "달아난 것이다"라 하였다.

125 공문자(孔文子): 곧 위(衛)나라의 경 공어(孔圉)이다. 출기처(出其妻)는 자조의 딸 및 그 잉첩(媵妾)을 내보낸 것이며, 그 여동생 또한 내보낸 것이다. "처지(妻之)"의 처(妻)는 옛날에는 거성(去聲)으로 읽었으며, 동사로 딸을 시집보낸다는 뜻인데, 이를테면 『논어·공야장(公冶長)』의 "그 딸을 시집보냈다(以其子妻之)"라는 것이 있다.

126 이(犁): 두예는 "이는 위나라의 읍이다"라 하였다. 『일통지(一統志)』에서는 지금의 산동 운성현(鄆城縣) 서쪽이 있다고 하였으며, 강영(江永)의 『고실(考實)』에서는 지금의 하남 안양(安養) 지구 범현(范縣)의 경내에 있다고 하였다. 강영의 설이 옳은 것 같은데 위나라 도읍과의 거리가 비교적 가깝기 때문이다. 초처(初妻)는 곧 쫓겨난 처이다.

而爲之一宮,	그에게 궁실을 지어 주니
如二妻.[127]	아내가 둘인 것 같았다.
文子怒,	문자가 노하여
欲攻之,	그를 공격하려 하자
仲尼止之.[128]	중니가 그를 말렸다.
遂奪其妻.[129]	마침내 그 처를 빼앗았다.
或淫于外州,[130]	어쩌다가 외주에서 간통을 하니
外州人奪之軒以獻.[131]	외주 사람이 그 수레를 빼앗아 바쳤다.
耻是二者,[132]	이 두 가지를 부끄럽게 여겼으므로
故出.	도망간 것이다.

---

127 처를 대하는 예로 첫 아내의 동생을 대하니. 공문자의 딸이 그 처가 되고 동시에 그 첫 처의 동생 또한 그 처가 된 것이다.

128 문자가 태숙질을 공격하려 하자 공구(孔丘)가 저지하도록 권한 것이다. 공구는 일찍이 문자에 대해 일컫기를 "민첩하고 배우기를 좋아하며 아랫사람에게 묻기를 부끄러워하지 않는다(敏而好學, 不恥下問)"라 하였는데, 『논어·공야장(公冶長)』에 보인다.

129 공문거가 그 딸을 빼앗아 찾아온 것이다.

130 질(疾)이 또 다른 여인과 외주에서 간통을 한 것이다. 외주는 또한 위나라 땅이며 소재지는 확실치 않다.

131 지(之): "기(其)"자의 뜻으로 쓰였으며, 질이 타던 수레를 빼앗은 것으로 아마 외주로 가서 모 여인과 간통할 때 빼앗았을 것이다. 우창(于鬯)의 『향초교서(香草校書)』에서는 "지(之)"자가 하나의 구이고, "헌이헌(軒以獻)"이 또 하나의 구라고 하였으며, 또한 "곧 그 처가 외주에서 음란한 짓을 한 것을 가리키며 질을 가리키는 것이 아니다"라 하였다. 만약 빼앗긴 아내를 가리킨다면 질과 무슨 상관이 있겠는가? 질이 하필 도망갔겠는가? 그러므로 그렇지 않다는 것을 알겠다.

132 아내를 빼앗기고 또 수레를 빼앗긴 것을 부끄럽게 여긴 것이다.

衛人立遺,	위나라 사람이 유를 세우고
使室孔姞.[133]	공길을 아내로 삼게 했다.
疾臣向魋,[134]	질은 상퇴의 신하가 되어
納美珠焉,	아름다운 구슬을 바치고
與之城鉏.[135]	그에게 성서를 주었다.
宋公求珠,	송공이 구슬을 원하였는데
魋不與,	환퇴가 주지 않아
由是得罪.[136]	이 때문에 죄를 얻었다.
及桓氏出,[137]	환씨가 도망갈 때
城鉏人攻大叔疾,	성서 사람이 태숙질을 공격하였는데
衛莊公復之,[138]	위장공이 그를 복귀시켜

133 두예는 "유는 질의 아우이다. 공길은 공문자의 딸이며 질의 아내이다"라 하였다. 환공 18년 『전』에 "여자에게는 남편이 있고 남자에게는 아내가 있다(女有家, 男有室)"라 하여 명사로 쓰였는데, 여기서는 동사이며 공길을 아내로 삼는 것으로 곧 그 형수를 취한 것이다.

134 두예는 "송나라 상퇴의 신하가 된 것이다"라 하였다. 이는 송나라로 달아날 때의 일이다.

135 질이 상퇴에게 아름다운 구슬을 바치자 상퇴가 질에게 성서를 준 것이다. 성서는 본래 송나라의 읍이었으니 나중에는 위나라에 속하였으며, 고사기(高士奇)의 『지명고략(地名考略)』에서는 곧 양공 4년 『전』에 "후예는 서에서(后羿自鉏)"의 서(鉏)로, 지금의 하남 활현(滑縣) 동쪽 25리 지점에 있다. 애공 25년 『전』에 위후가 성서로 가며, 26년 『전』에서는 위나라가 성서를 월나라에게 주는데 모두 이 성서이다.

136 『여씨춘추·필기(必己)』편에서는 "송나라 환사마에게는 보주(寶珠)가 있었는데 죄를 짓고 도망을 가자 왕이 사람에게 구슬이 있는 곳을 묻자 '못 안에 던졌다'라 하여 이에 못물을 모두 말려 찾았지만 얻지 못하고 물고기가 죽었다"라는 말이 있다. 『전』에서는 상퇴가 구슬 때문에 죄를 지어 도망갔다고 하였는데 『여씨춘추』에서는 환퇴가 도망을 치자 송공이 구슬을 찾았다고 하였다.

137 두예는 "도망간 일은 14년에 있었다"라 하였다.

使處巢,[139]	소에 거처하게 하였으며
死焉.	그곳에서 죽었다.
殯於鄖,	운에서 빈을 하고
葬於少禘.[140]	소체에 안장하였다.
初,	처음에
晉悼公子憖亡在衛,	진도공의 아들 은이 도망쳐서 위나라에 있었는데
使其女僕而田,[141]	그 딸에게 수레를 몰게 하여 사냥을 하였으며,
大叔懿子止而飮之酒,[142]	태숙의자가 그를 붙잡아 두고 술을 마시게 하여
遂聘之,[143]	마침내 아내로 맞아
生悼子.[144]	도자를 낳았다.

---

138 두예는 "돌아오게 한 것이다"라 하였다. 장공은 16년에 즉위하였다.

139 소(巢): 구설(舊說)에 소는 지금의 하남 휴현(睢縣)에 있었다고 하였으니 곧 송나라의 읍으로 위나라의 읍이 될 수 없다. 근년에 출토된 주원(周原)의 갑골에 "소를 정벌하였다"란 말이 있는데 이 소가 위나라의 읍이라면 반드시 지금의 안휘(安徽)에 있지는 않을 것이다.

140 두예는 "소와 운, 소체는 모두 위나라 땅이다"라 하였다. 이는 곧 나중의 일로 『전』에서는 결과를 말하였다.

141 두예는 "복(僕)은 사냥 수레를 모는 것이다"라 하였다. 시집가지 않은 여자가 사냥 수레를 모는 일은 옛날에는 드물게 보인다.

142 두예는 "의자는 태숙의(大叔儀)의 손자이다"라 하였다. 소공 32년 『경』에 위나라에 세숙신(世叔申)이 있는데 두예의 『세족보(世族譜)』에 의하면 곧 이 사람이니 그 이름이 신(申)이다.

143 빙(聘): 아내이다.

悼子卽位,	도자가 즉위하였으므로
故夏戊爲大夫.[145]	하무를 대부로 삼았다.
悼子亡,	도자가 죽자
衛人翦夏戊.[146]	위나라 사람이 하무의 작위를 삭탈하였다.
孔文子之將攻大叔也,	공문거가 태숙을 공격하려 할 때
訪於仲尼.	중니를 찾았다.
仲尼曰,	중니가 말하였다.
"胡簋之事,	"제사를 지내는 일은
則嘗學之矣,[147]	일찍이 배운 적이 있는데,

144 도자(悼子): 두예는 "도자는 태숙질이다"라 하였다.

145 하무(夏戊): 두예는 "하무는 도자의 생질이다"라 하였다. 다케조에 고코(竹添光鴻)의 『회전(會箋)』에서는 "의자는 은(慭)의 여인을 아내로 맞아 도자 및 1녀를 낳았다. 딸은 하(夏)씨에게 시집가서 무(戊)를 낳았으므로 무는 의자의 외손(도자에게 외삼촌)이다. 25년 미자(彌子)가 공에게 술을 대접하고 하무의 딸을 들여보냈는데 사랑하여 부인이 되었다. 그 아우 기(期)는 태숙질의 종손생(從孫甥)이다. 전후로 살펴보면 하무는 도자의 자매의 아들임이 분명하다"라 하였다.

146 전(翦): 두예는 "그 관작과 봉읍을 삭탈하는 것이다"라 하였다. 25년 『전』에서는 "처음에 위나라 사람이 하정씨(夏丁氏)의 관작을 삭탈하였다"라 하였다. 하무의 자는 정(丁)이다. 25년 『전』의 내용으로 보건대 전(翦)은 그 관작과 봉읍을 삭탈하는 것뿐만 아니라 또한 그 가실(家室)의 재산까지 미자하(彌子瑕)에게 주는 것이다.

147 호궤(胡簋): 곧 보궤(簠簋)이다. 청나라 완원(阮元)의 『적고재종정이기관지(積古齋鐘鼎彝器款識)』에서 언급하기는 하였지만 미상이다. 보(簠)는 금문(金文)에는 ⿷匚古, 혹은 ⿴囗古으로 되어 있으며, "호(胡)"와 음이 같다. 양수달(楊樹達)의 『적미거금문설·숙가보재발(積微居金文說·叔家簠再跋)』에서는 "보(簠)자는 고대의 음독으로 순음(唇音) 외에도 얕은 후음(喉音)으로 읽는 법이 있다"라 하였다. 지금까지 전하여지는 궤(簋)는 많은데 보는 적으며, 궤는 모두 둥글고 불룩하며, 보는 장방형으로 『주례·지관·사인(地官·舍人)』의 주에서 "모난 것을 보라 하고 둥근 것은 궤라 한다"라 한 것과 합치된다. 궤에는

甲兵之事,	군사를 쓰는 일은
未之聞也."[148]	들어 본 적이 없습니다."
退,	물러나
命駕而行,	수레를 지우게 하고
曰,	말하였다.
"鳥則擇木,	"새가 나무를 택하지
木豈能擇鳥?"	나무가 어찌 새를 택할 수 있겠는가?"
文子遽止之,	문자가 황급히 말리면서
曰,	말하였다.
"圉豈敢度其私,[149]	"어가 어찌 감히 사적인 것을 헤아리겠습니까?
訪衛國之難也."[150]	찾은 것은 위나라의 난 때문입니다."

상나라, 주나라, 춘추, 전국시대의 기물이 있으며, 보는 은나라 때의 기물이 보이지 않을 뿐만 아니라 서주 전기의 것 또한 보인 적이 없으며, 『예기·명당위(明堂位)』에서 말한 "은나라의 여섯 호(瑚)"는 의심스럽다. 궤가 먼저 있으면 서직과 도량(稻粱)을 모두 담았으며, 보가 나중에 있었으면 보에는 도량(稻粱)을 담았는데 추안(鄒安: 1864~1940)의 『주금문존(周金文存)』에는 증백칠보(曾伯桼簠)가 실려 있는데 그 명문에서는 "도량(稻粱)을 담는다"라 하였고, 청나라 오식분(吳式芬)의 『군고록금문(攈古錄金文)』에는 또한 숙가보보(叔家父簠)가 실려 있는데, 명문에서는 또한 "도량을 담는다"라 한 것으로 알 수 있다. 궤는 서직을 담는 것이다.

148 『논어·위령공』편에 위령공이 군진에 대하여 묻는 말이 있는데, 이와는 다르며 아마 한 가지 일이 전하여지면서 달라진 것일 것이다.

149 두예는 "어(圉)는 문자의 이름이다. 도(度)는 모의하는 것이다"라 하였다.

150 『공자가어』에는 "방(訪)"이 "방(防)"으로 되어 있다. 문장의 뜻의 순서라고 여긴 것이다.

將止,[151]	멈추려는데
魯人以幣召之,	노나라 사람이 폐백으로 부르니
乃歸.[152]	이에 돌아갔다.
季孫欲以田賦,[153]	계손이 전지에 부세를 매기려 하여

151 두예는 "중니가 멈추는 것이다"라 하였다.

152 『공자세가』를 참고할 만하다.

153 이전부(以田賦): 다음 해의 "용전부(用田賦)"와 같다. 선공 15년에 처음에는 이랑〔畝〕에 세를 매겼는데 곧 전무(田畝)의 세를 개혁한 것이다. 성공 원년에 구갑(丘甲)을 만들었는데 곧 병역법을 개혁한 것이며, 여기서는 두 가지 모두 고친 것이다. 고금의 사람들은 여기에 대해 설이 분분한데 가규(賈逵)는 "1정(井)에서 1구(丘)의 세를 내게 하려는 것이며 정(井)에서는 별도로 말 한 필과 소 세 두를 내는 것이다"고 하였으며, 공영달은 "이와 같다면 1구(丘) 안에 16정〔井, 『사마법』에 의하면 사방의 리(里)에 정이 있으며 4정(井)이 읍이 되고 4읍이 구(丘)가 된다〕이 있는 것으로 말과 소를 내는 것이 평상시보다 16배가 많으며 또한 곧장 용전부(用田賦)라고 하였는데 어떻게 정(井)을 구(丘)로 함을 알겠는가?"라 하였다. 공영달이 가규의 설을 반박한 것은 일리가 있으며 가규의 설은 믿을 만하지 못하다. 두예는 이는 곧 전부(田賦)와 가재(家財)를 분별하는 것이라고 생각하였지만 고대의 백성들은 그 재부(財富)가 거의 전무(田畝)에서 나오니, 전무 외에 또 그 가재를 계산하여 동등한 부세를 내게 하면 부담이 배로 가중될 뿐만 아니라 백성들이 견디지를 못할 것이니 또한 실은 이럴 리가 없을 것이므로 두예의 설도 믿을 수가 없다. 청나라 장총함(張聰咸)의 『변증(辨證)』에서는 "전(田)은 전(甸)으로 읽어야 하며 계손이 1구(丘)에서 1전(甸)의 거승(車乘)에 해당하는 부세를 내게 하려는 것이다"고 하였는데, 설은 통하지만 4구(丘)를 전(甸)으로 하고 1구에서 1전의 부세를 내면 평상시 내는 부세의 4배나 되니 또한 불가능하다. 그 외에 유월(俞樾)의 『다향실경설(茶香室經說)』이나 유사배(劉師培: 1884~1919)의 『좌암제발(左盦題跋)』에서 인용한 청나라 오민수(吳敏樹)의 『용전부해(用田賦解)』에는 이설이 여전히 많은데 모두 믿기 어려우며 다 인용하지 않는다. 아래에서 공구가 "구로 해도 족할 것이다"라 하였으니 이것이 병역법의 개혁으로, 원년의 구법보다 중함을 알겠으며, 『논어·안연(顔淵)』에서 "둘은 나도 부족하다(二, 吾猶不足)"라 한 것 및 「노어 하」에서 공구가 염유에게 가만히 한 말에 의하면 이것이 전무세임을 알 만하며, 십분 그 둘임을 추산할 수 있으며 혹은 이보다 심할 것이다. 나머지는 억측에서 나온 것이 없다. 심흠한의 『보주(補注)』에서는 『공양전』 하휴(何休)의 주를 인용하여 화폐와 지세(地稅)라고 하였는데 여기서 이 설을 취하면 병역과는 관련이 없게 된다.

使冉有訪諸仲尼.	염유에게 공자를 찾아 물어보게 하였다.
仲尼曰,	중니가 말하였다.
"丘不識也."[154]	"나는 모른다."
三發,[155]	세 번을 찾아가서
卒曰,	마침내 말하기를
"子爲國老,[156]	"그대는 국가의 원로이며
待子而行,	그대를 기다려 행하고자 하거늘
若之何子之不言也?"	그 어찌 그대는 말을 하지 않습니까?"라 하였다.
仲尼不對,[157]	중니는 대답을 하지 않고
而私於冉有曰,	가만히 염유에게 말하였다.
"君子之行也,[158]	"군자가 일을 행할 때는
度於禮,	예에서 헤아려
施取其厚,	베풀 때는 두터운 것을 취하고
事擧其中,	일은 그 들어맞는 것을 들며

154 『논어』에서는 공구가 학생들의 질문에 답하여 자기의 이름을 자칭한 것이 없으며, 여기서는 염유가 계손을 대표하므로 중니가 이름을 자칭하였다.

155 두예는 "세 번 질문한 것이다"라 하였다.

156 국로(國老): 희공 27년 『전』의 "나라의 원로들이 모두 자문을 경하하였다(國老皆賀子文)"라 한 곳의 주를 보라.

157 두예는 "공적으로 답하지 않은 것이다"라 하였다.

158 두예는 "정사를 행하는 것이다"라 하였다.

斂從其薄.	세금을 거둘 때는 가벼운 것 따라야 한다.
如是,	이렇게 하여야
則以丘亦足矣.[159]	구로 해도 또한 족할 것이다.
若不度於禮,	예를 헤아리지 않고
而貪冒無厭,	탐욕이 끝이 없다면
則雖以田賦,	전으로 부세를 매겨도
將又不足.	또한 부족하게 될 것이다.
且子季孫若欲行而法,	또한 계손이 행하려 하는 것이 법도에 맞다면
則周公之典在,[160]	주공의 전장이 있으며,
若欲苟而行,	실로 행하고자 한다면
又何訪焉?"	또한 어찌 찾느냐?"
弗聽.[161]	그 말을 듣지 않았다.

159 두예는 "구(丘)는 16정에서 융마(戎馬) 한 필, 소 세 두를 내는 것이 상법(常法)이다"라 하였다. 그러나 성공 원년 구갑(丘甲)을 만든 후에 병역법이 이미 바뀌어 이때는 당연히 성공 원년 이후 행한 지금의 병역법을 가리킬 것이다. 『연경학보(燕京學報)』 11기 전목(錢穆)의 「주관의 저작시대고(周官著作時代考)」에서는 "'구로 해도 족할 것이다'라는 것은 곧 '구는 모른다'의 구(丘)이다. 이는 나의 견해로 비추어 보건대 충분하다는 것을 말한다"라 하였다.

160 가나자와 문고본(金澤文庫本)에는 "즉유주공지전재(則有周公之典在)"로 되어 있다.

161 이는 당연히 다음 해 『전』의 "용전부(用田賦)"와 이어서 읽어야 한다.

애공 12년

經

十有二年春,[1]	12년 봄에
用田賦.	전무에 따라 징세하였다.
夏五月甲辰,[2]	여름 5월 갑진일에
孟子卒.[3]	맹자가 죽었다.
公會吳于橐皐.[4]	공이 탁고에서 오나라와 회합하였다.
秋,	가을에
公會衛侯, 宋皇瑗于鄖.[5]	공이 운에서 위후 및 송나라 황원과 회합하였다.

---

1 십이년(十二年): 무오년 B.C. 483년으로 주경왕(周敬王) 37년이다. 동지가 정월 13일 병진일로 건자(建子)이다.

2 갑진일은 3일이다.

3 『예기·방기(坊記)』에서는 『노춘추(魯春秋)』를 인용하여 또한 말하기를 "맹자가 죽었다(孟子卒)"라 하였다.

4 탁고(橐皐): 오나라 땅으로 곧 지금의 안휘 소현(巢縣) 서북쪽 60리 지점의 탁고진(拓皐鎭)이다.

5 운(鄖): 『공양전』에는 운(運)으로 되어 있다. 두예에 의하면 운은 지금의 강소 여고현(如皐縣) 동쪽에 있을 것이며, 『휘찬(彙纂)』에서는 또한 곧 입발패(立發壩)라고 하였다. 왕부지(王夫之)의 『패소(稗疏)』에서는 이 땅이 "강해(江海)의 모퉁이에 구석져 있으며 춘추 때는 인마가 이르지 않는 곳이었으니 필시 회맹을 한 곳이 아니다. 진(晉)나라 경상번(京相璠)은 '낭야(琅邪) 고막현(姑幕縣) 남쪽 40리 지점에 원정(員亭)이 있다'고 하였다. 고막은 지금의 거주(莒州)로 곧 오나라와 노나라를 경유하는 지름길이다"라 하였다. 『전』에서 "후백이 예를 바치니 땅의 주인이 음식을 보내 주었다"라 한 것에 의하면 회맹한 곳은 당연히 오나라에 있지 않으며, 거현은 오나라에 속하지 않으니 왕부지의 설이 비교적 믿을 만하다.

宋向巢帥師伐鄭.	송나라 상소가 군사를 거느리고 정나라를 쳤다.
冬十有二月,	겨울 12월에
螽.	황충이 발생하였다.

傳

十二年春王正月,	12년 봄 주력으로 정월에
用田賦.[6]	전무에 따라 징세하였다.

夏五月,	여름 5월에
昭夫人孟子卒.	소공의 부인 맹자가 죽었다.
昭公娶于吳,	소공은 오나라에서 부인을 맞았으므로
故不書姓.[7]	성을 기록하지 않았다.

6 지난해의 『전』과 이어서 읽어야 한다. 용전부(用田賦)의 내용이 어떠한가는 설이 일치되지 않는다. 왕부지의 『패소』와 장병린(章炳麟)의 『독(讀)』에도 모두 여기에 대해 설이 있는데 모두 옛 설을 벗어나지 못하였으며, 위의 『전』과 『주』에서 이미 펴서 밝혔으므로 모두 인용하지 않는다. 요컨대 억측의 설이 많아 모두 확실한 근거를 들 수 없어 남겨 두고 논하지 않음이 옳다.

7 『논어·술이(述而)』에서 진사패(陳司敗)가 말하기를 "임금께서는 오나라로 장가를 드셨으니 동성이 되며 오도자라 하였다(君取於吳爲同姓, 謂之吳孟子)"라 하였다. 진사패의 말이 소공 때 한 것이라면 오도자는 당시의 칭호이며, 죽어서도 이렇게 부른 것이다. 국군(國君)의 부인은 반드시 친정의 성을 쓰는데 은공 원년 "맹자(孟子)"의 『전』과 『주』에 상세하다. 이 소공의 부인을 "오희(吳姬)"나 "맹희(孟姬)"라 칭한다면, 분명히 "동성끼리는 결혼하지 않는다"는 예를 어긴 것이므로 "오도자"라 고쳐 부른 것이다. 『예기·방기(坊記)』에

死不赴,	죽은 뒤에 부고를 내지 않았기 때문에
故不稱夫人.[8]	부인이라 칭하지 않았다.
不反哭,	조묘로 돌아와 곡하지 않았으므로
故不言葬小君.[9]	소군을 장사 지냈다고 말하지 않았다.
孔子與弔,[10]	공자가 조상에 참석하였다가
適季氏.	계씨에게 갔다.
季氏不絻,[11]	계씨가 상복을 입지 않아
放絰而拜.[12]	상복을 벗고 절하였다.

서도 "노나라 『춘추』에서도 오히려 부인의 성을 없애고 오(吳)라 하였으며 죽자 '맹자(孟子)가 죽었다'라 하였다"라 하였다.

8 두예는 "부인이라 칭하지 않았기 때문에 훙(薨)이라 하지 않았다"라 하였다.

9 이는 『경』에서 부인이라 칭하지 않고 장례를 기록하지 않은 까닭을 말하였다. 어째서 제후들에게 부소를 내지 않았고, 어째서 장례를 기록하지 않았는가 하는 것을 『전』에서는 모두 동성임을 꺼려서이며 제후에게 부고를 내게 되면 반드시 예(禮)와 예(例)에 의하며 그 친정의 성을 써야 하기 때문이라고 하였다. 사실 이때 소공은 죽은 지 이미 20년이나 지났고 또한 애공의 생모가 아니었으며, 애공은 실권이 없어서 국정은 온전히 계씨에게 있었고, 소공은 또한 계씨 때문에 만년에 국외에 거주하게 되었으니 실은 모두 계씨가 소공을 적대시하여 이렇게 된 것이다. 나머지는 은공 3년 "군씨졸(君氏卒)"의 『전』과 『주』를 보라.

10 공구는 일찍이 소공의 신하가 된 적이 있으며 또한 애공의 적모(嫡母)가 죽었으니 공구는 반드시 직접 조문을 가야 했다.

11 불문(不絻): 문(絻)은 애공 2년의 『전』과 『주』에 상세하며, 이는 곧 처음에 발상(發喪)하는 예로 『의례·사상례(士喪禮)』에서도 "주인은 방에서는 벗는다"라 하였는데, 무억(武億)의 『의증(義證)』을 참고하라. 계씨가 처음 발상할 때의 상복을 입지 않았다는 것은 부인의 상례를 행하지 않았다는 것이다.

12 공구가 질(絰)을 없애고 답배(答拜)한 것이다. 질(絰) 또한 상복으로 칡과 삼으로 만든다. 머리에 쓰는 것을 수질(首絰)이라 하고 허리에 매는 것을 요질(腰絰)이라 하며, 요질

公會吳于橐皋,	공이 탁고에서 오나라와 회합하였는데
吳子使大宰嚭請尋盟.[13]	오자가 태재 비로 하여금 맹약을 다지게 하였다.
公不欲,[14]	공이 원하지 않아서
使子貢對曰,	자공으로 하여금 대답하게 하였다.
"盟,	"맹약은
所以周信也,[15]	믿음을 공고하게 하는 것이므로
故心以制之,	마음으로 제약하고
玉帛以奉之,	옥백으로 받들며
言以結之,	말로 맺고

은 또한 띠(帶)라고 한다. 공구가 맹자를 조문할 때는 반드시 관을 벗고 머리를 묶고 질(絰)을 했을 것인데 계씨에게 갔을 때로 이렇게 한 것이다. 두예의 주와 공영달의 소에 의하면 계씨는 상례를 행하지 않았고 공구는 주인(공구가 계씨의 집으로 갔으니 계씨가 주인이다)을 따랐으므로 또한 질을 벗은 것이다. 고대의 상례에는 주인이 절하면 손님은 답배를 하지 않는다. 계씨는 이미 상례를 행하지 않아서 공구 또한 답배를 한 것이다. 무억(武億)의 『의증(義證)』에서는 『예기·단궁(檀弓) 상』의 "공의중자(公儀仲子)의 상 때 단궁(檀弓)은 상복을 벗었다"라 한 것 및 "사구혜자(司寇惠子)의 상 때 자유(子游)는 그를 위하여 마최(麻衰)와 모마최(牡麻衰)를 입었다" 한 것에 대한 정현의 주를 인용하여 모두 주인을 나무란 것이라고 하였고 이어서 "질(絰)을 벗어 놓은 것 또한 이 뜻으로 계씨를 나무란 것이다"라 하였다.

13 두예는 "증(鄫)의 맹약을 다진 것이다"라 하였다. 노나라 애공이 증에서 오나라와 회합한 것은 7년의 『경』과 『전』에 보이는데, 『전』에서 "여름에 증연(鄫衍)에서 맹약하였다"라 한 것이 이를 말한다.

14 증의 맹약에서 오나라가 백뢰(百牢)를 요구하고 또한 계강자(季康子)를 불렀으므로 애공 및 계씨가 모두 원하지 않은 것이다.

15 주(周): 두예는 "주는 고(固)의 뜻이다"라 하였다.

明神以要之.[16]	신명으로 요약합니다.
寡君以爲苟有盟焉,	과군께서는 실로 맹약만 있으면
弗可改也已.	고칠 수 없다고 생각하십니다.
若猶可改,	그래도 고칠만하다면
日盟何益?[17]	날마다 맹약을 맺어 무슨 도움이 있습니까?
今吾子曰'必尋盟',	지금 그대는 '반드시 맹약을 다진다' 하시는데
若可尋也,	다질 수 있다면
亦可寒也."[18]	또한 그만둘 수도 있습니다."
乃不尋盟.	이에 맹약을 다지지 않았다.

吳徵會于衛.	오나라가 위나라를 회합에 불렀다.

---

16 네 "지(之)"자는 모두 맹약을 가리킨다. 심제맹(心制盟)이란 것은 마음으로 맹약을 잊지 않아 스스로 제어할 수 있는 것이다. 맹회에는 반드시 옥백(玉帛)을 쓰므로 옥백으로 맹약을 받든다고 하였다. 맹약에는 반드시 맹서(盟書)가 있으므로 말로 맹약을 맺는다고 하였다. 맹서는 매번 신명에 맹세하는데, 이를테면 희공 28년『전』에서 "이 맹약을 어기는 자가 있으면 밝은 신령이 그를 죽일 것이다(有渝此盟, 明神殛之)"라 한 것과 "밝은 신령과 선군이 규찰하고 죽일 것이다(明神先君, 是糾是殛)"라 한 것이 이를 말한다. 귀신과 약속하여 믿음으로 맹서를 지키게 하는 것이다. 성공 9년『전』의 "신명이 그것을 밝힘으로써 제약한다(明神以要之)"라 한 것의 "지(之)"는 제후를 가리키는데 의미는 사실 같다.

17 맹약을 믿고 지키지 않으면 매일 서로 맹약을 한들 또한 도움이 되지 않는다는 말이다.

18 심(尋)과 한(寒)은 상반되는 뜻이다. 심은 온난(溫煖)의 뜻이며, 한은 한랭(寒冷)이란 뜻이다. 맹약을 허물어 폐기하는 것이 곧 한랭한 것이므로 맹약을 다져 따뜻하게 하는데 이것이 맹약을 다지는 이유이다. 맹약을 폐기하지 않는다면 하필 맹약을 다질 것인가? 반드시 맹약을 다진다면 또한 맹약을 차갑게 할 수도 있다는 것이다.

初,	처음에
衛人殺吳行人且姚而懼,	위나라 사람이 오나라 행인 차요를 죽이고 두려워하여
謀於行人子羽.[19]	행인 자우와 모의하였다.
子羽曰,	자우가 말하였다.
"吳方無道,	"오나라가 바야흐로 무도한데
無乃辱吾君,	아마 우리 임금을 욕보이려 할 것이니
不如止也."	그만둠만 못합니다."
子木曰,[20]	자목이 말하였다.
"吳方無道,	"오나라가 바야흐로 무도한데
國無道,	나라가 무도하면
必棄疾於人.[21]	반드시 남에게 해를 가할 것입니다.
吳雖無道,	오나라가 무도하긴 하지만
猶足以患衛.	그래도 충분히 위나라를 근심스럽게 할 수 있습니다.
往也!	가십시오!
長木之斃,	큰 나무가 쓰러지면

19 자우(子羽): 두예는 "자우는 위나라의 대부이다"라 하였다.
20 자목(子木): 두예는 "자목은 위나라의 대부이다"라 하였다.
21 기질(棄疾): 가해(加害)라는 말과 같다. 또한 7년의 『전』과 『주』에도 보인다.

無不摽也,[22]	치지 않음이 없고,
國狗之瘈,	나라의 개가 미치면
無不噬也,[23]	물지 않음이 없습니다.
而況大國乎!"	하물며 대국이겠습니까?"
秋,	가을에
衛侯會吳于鄖.	위후가 운에서 오나라와 회합하였다.
公及衛侯, 宋皇瑗盟,[24]	공 및 위후, 송나라 황원이 맹약하고
而卒辭吳盟.	마침내 오나라와의 맹약을 거절하였다.
吳人藩衛侯之舍.[25]	오나라 사람이 위후의 거처를 둘러쌌다.
子服景伯謂子貢曰,	자복경백이 자공에게 말하였다.
"夫諸侯之會,	"제후들의 회맹에서
事旣畢矣,	일이 끝나면

22 장목(長木): 대수(大樹)와 같다. 『설문』에서 "표(摽)는 치는 것이다"라 하였다. 이는 큰 나무가 죽어서 쓰러지면 치이지 않음이 없다는 말이다.

23 국구(國狗): 『장자·서무귀(徐無鬼)』에 "이는 나라의 말〔國馬〕로 천하의 말〔天下馬〕만 못하다"는 말이 있는데 국구(國狗)는 국마(國馬)와 같으며, 일국의 명마, 일국의 명구(名狗)이다.
계구(瘈狗)): 계(瘈)는 곧 양공 17년『전』의 "백성들이 미친개를 좇았다(國人逐瘈狗)"라 한 계(瘈)로, 미친 것이다. 계구는 지금의 미친개로 물리면 혈중에 독이 퍼져 공수병(恐水病)을 얻어 죽을 때 매우 참혹하다.

24 두예는 "맹약을 기록하지 않은 것은 오나라가 두려워 몰래 맹약해서이다"라 하였다.

25 번(藩): 위(圍)와 같다.

侯伯致禮,	맹주가 예를 드려
地主歸餼,[26]	회맹하는 곳의 주인에게 음식을 보내어
以相辭也.[27]	이로써 서로 고별을 합니다.
今吳不行禮於衛,[28]	지금 오나라는 위나라에 예를 행하지 않고
而藩其君舍以難之,[29]	그 임금의 거처에 울타리를 쳐서 그를 어렵게 하니
子盍見大宰?"	그대는 어찌 태재를 만나보지 않습니까?"
乃請束錦以行.	이에 비단 한 묶음을 청하여 갔다.
語及衛故,[30]	말이 위나라의 일에 미치자
大宰嚭曰,	태재 비가 말하였다.
"寡君願事衛君,	"과군께서는 위나라 임금을 섬기기를 원하였는데

26 후백(侯伯)은 맹주를 말하며, 여기서는 오나라를 가리킨다. 치례(致禮)는 빈객을 예우하는 것으로, 맹회에 참여한 제후를 빈(賓)이라고 한다. 귀희(歸餼)는 또한 치희(致餼)라고도 하며, 환공 14년의 『전』에 보이고, 환공 6년 "궤지희(餼之餼)"의 『주』에 상세하다. 지주(地主)는 회맹 장소에 소재한 나라의 제후이다.

27 사별(辭別), 고별이다.

28 오나라는 노나라와 송나라에는 이미 예를 바쳤는데 위나라에는 예를 바치지 않았다.

29 난지(難之): 난처하게 하다라는 말과 같다.

30 고(故): 사(事)이다. 본래는 위나라가 온 것을 생각지 않다가 한담을 하던 중에 이 일을 언급한 것이다.

衛君之來也緩,	위나라 임금이 늦게 와서
寡君懼,	과군이 두려워하여
故將止之."[31]	그를 붙잡아 두려는 것이오."
子貢曰,	자공이 말하였다.
"衛君之來,	"위나라 임금이 올 때는
必謀於其衆,	반드시 대부들과 상의를 했을 것이며
其衆或欲或否,[32]	대부들이 원하기도 하고 않기도 하여
是以緩來.	이 때문에 늦었을 것입니다.
其欲來者,	오기를 원한 사람은
子之黨也,	그대의 무리이고,
其不欲來者,	오기를 원하지 않은 사람은
子之讎也.	그대의 원수입니다.
若執衛君,	위군을 잡아 둔다면
是墮黨而崇讎也,[33]	그대의 무리를 무너뜨리고 적을 높이는 것이니
夫墮子者得其志矣.[34]	대체로 그대의 무리를 허물어 그 뜻을 얻게 될 것입니다.

---

31 지지(止之): 돌아가는 것을 허락지 않는 것으로, 지금 말로 치면 구류하는 것과 같다.
32 오려고 하는 자도 있고 오려고 하지 않는 자도 있다는 것이다.
33 두예는 "타(墮)는 허무는 것이다"라 하였다.
34 다케조에 고코(竹添光鴻)의 『회전(會箋)』에서는 "위나라의 오려고 하지 않는 자의 그 말이 효험을 보이는 것이므로 뜻을 얻는 것이다"라 하였다.

且合諸侯而執衛君,	또한 제후를 회합하고 위나라 임금을 잡아 두니
誰敢不懼?	누가 감히 두려워하지 않겠습니까?
墮黨, 崇讎,	무리를 허물어뜨리고 적을 높이어
而懼諸侯,[35]	제후들을 두렵게 하면
或者難以霸乎!"	아마 패업을 이루기 어렵게 될 것입니다!"
大宰嚭說,	태재 비가 기뻐하여
乃舍衛侯.[36]	이에 위후를 풀어 주었다.
衛侯歸,	위후는 돌아와
效夷言.[37]	오랑캐의 말을 흉내 내었다.
子之尚幼,[38]	자지가 아직 어렸는데
曰,	말하기를
"君必不免,	"임금은 필시 난을 면치 못하고
其死於夷乎!	오랑캐에게 죽을 것이다!

35 제후들을 두렵게 하는 것이다.

36 사(舍): 사(捨)와 같으며, 석방하는 것이다.

37 이언(夷言): 오나라의 말이다.

38 자지(子之): 두예는 "자지는 공손미모(公孫彌牟) 문자(文子)이다"라 하였다. 『예기·단궁(檀弓) 상』 공영달의 소(疏)에서는 『세본(世本)』을 인용하여 "영공(靈公)은 소자(昭子) 영(郢)을 낳았으며, 영은 문자 목(木) 및 혜숙(惠叔) 난(蘭)을 낳았다"라 하였다. 두씨의 『세족보(世族譜)』에서도 "자지는 공손미모 문자이다"라 하였으니, 미모와 자지는 그 사람의 이름과 자이고, 문은 그 시호이다. 양이승(梁履繩)의 『보석(補釋)』에서는 "미모의 관직은 위나라 장군이므로 「단궁」에서 장군문자라고 칭하였다"라 하였다.

執焉而又說其言,	잡혀 있다가 또 그 말을 하니
從之固矣."[39]	그들을 따를 것임이 확실하다."

冬十二月,	겨울 12월에
螽,[40]	황충이 발생하였다.
季孫問諸仲尼.	계손이 중니에게 물었다.
仲尼曰,	중니가 말하였다.
"丘聞之,	"제가 듣건대
火伏而後蟄者畢.[41]	대화성이 숨은 뒤라야 칩충들이 모두 숨는다고 합니다.
今火猶西流,	지금 대화성이 아직 서쪽으로 흐르니

39 두예는 "출공(出公) 첩(輒)나중에 결국 월나라에서 죽는다"라 하였다. 유월(兪樾)의 『평의(平議)』에서는 "고(固)는 필(必)과 같다"라 하였다.

40 종(螽): 『공양전』에는 으레 "종(蝝)"으로 되어 있는데, 곧 지금의 황충(蝗蟲)이 재해를 일으킨 것으로 이미 환공 5년 『경』의 『주』에 상세하다. 『춘추경』과 『주』에는 모두 10번 종(螽)이 기록되었으며, 『곡량전』 15년의 『전』에서는 "종(螽)은 곤충의 재해이다"라 하였다. 황충 떼가 하늘을 덮고 날아와 땅에 비처럼 떨어졌으므로 『전』에서 "송나라에 황충이 비처럼 내려 떨어져 죽었다"고 하였다. 그러나 당시는 가을 8월이나 9월, 늦게는 겨울 10월(문공 8년)로 12월의 것은 없다. 이번 및 이듬해의 황충의 재해는 모두 12월에 있었으니 곧 지금의 음력 10월이어서, 당시에는 드물게 보이는 현상이었으므로 계손이 물은 것이다.

41 화(火): 심수(心宿)의 두 번째 별이며, 일반적으로 하력 10월에는 하늘에서 보이지 않는데, 이때 하늘이 이미 한랭하였으며, 곤충들은 모두 지하에 칩거하였다.

司曆過也."[42] 역법을 맡은 사람이 착오를 일으킨 것입니다."

宋, 鄭之間有隙地焉,[43] 송나라와 정나라 사이에는 자투리땅이 있는데

曰彌作, 頃丘, 玉暢, 嵒, 戈, 鍚.[44] 미작과 경구, 옥창, 암, 과, 양이라고 하였다.

子産與宋人爲成, 자산이 송나라와 강화를 맺고

曰, 말하였다.

"勿有是".[45] "이것들은 갖지 마십시오."

及宋平, 元之族自蕭奔鄭,[46] 송나라 평공과 원공의 족인이 소에서 정나라로 달아났을 때

---

42 공자의 뜻은 때가 이미 10월이라 하늘에는 이미 심수의 두 번째 별이 보이지 않고 곤충들도 모두 칩복(蟄伏)하였을 것이지만 심수의 두 번째 별이 멀리 서쪽 하늘에 보이다가 차츰 사라지니 곧 역법을 맡은 자의 잘못이라는 것이다. 두예는 이 때문에 이해에는 윤달이 있어야 하는데 없다고 하였는데 기실 이해에는 윤달이 있어서는 안 되며, 이듬해 12월에도 황충이 날아다녔다고 하였으니 윤달은 당연히 12월 뒤에 있어야 한다.

43 극지(隙地): 두예는 "극지는 한전(閒田)이다"라 하였다. 곧 개간할 수 있으나 개간되지 않은 밭이다.

44 옥창(玉暢): 『휘찬(彙纂)』에 의하면 하남 기현(杞縣) 동북쪽 30리 지점에 옥장(玉帳)이 있는데, 혹자는 옛 옥창이라고도 한다. 기현은 춘추시대에 송나라 땅이며 북쪽으로는 진류(陳留, 옛 현으로 지금은 이미 없어졌다)와 접경을 이루며, 『전』에서 "송나라와 정나라 사이에 있다"라 하였으니 아마 맞을 것이다. 나머지 다섯 곳은 아마 모두 지금의 기현과 통허현(通許縣), 그리고 진류진의 삼각지구에 있을 것이다.

45 두예는 "모두 버리는 것이다"라 하였다. 『사기·흉노열전(匈奴列傳)』에 "동호(東胡)와 흉노 사이에는 버려진 땅이 있어서 아무도 거처하지 못하며 천여 리에 각기 그 변두리에는 구탈(甌脫, 호인이 적정을 염탐하기 위하여 변경에 설치한 토실)을 두었다"라는 말이 있는데 이것과 유사하다.

鄭人爲之城嵒, 戈, 錫.	정나라 사람이 그들을 위하여 암과 과, 양에 성을 쌓아 주었다.
九月,	9월에
宋向巢伐鄭,	송나라 상소가 정나라를 쳐서
取錫,	양을 빼앗았으며
殺元公之孫,	원공의 손자를 죽이고
遂圍嵒.	마침내 암을 에워쌌다.
十二月,	12월에
鄭罕達救嵒.	정나라 한달이 암을 구원하였다.
丙申,[47]	병신일에
圍宋師.[48]	송나라 군사를 에워쌌다.

---

46 정공 14년에 송나라 경공의 아우가 노나라로 달아났으며 15년에 정나라 한달이 노구(老丘)에서 송나라 군사를 무찔렀는데, 아마 송나라 공자 지(地)를 처하게 함이었을 것이다. 송나라 평공과 원공의 자손들이 정나라로 달아난 것은 정공 15년의 일이다.

47 병신일은 28일이다.

48 이는 당연히 다음 해의 『전』과 이어서 읽어야 한다. 『경』의 기록에는 송나라가 정나라를 친 것이 앞에 있고 황충이 발생한 것이 뒤에 있으며, 『전』의 기록에는 황충이 발생한 것이 앞에 있고 송나라가 정나라를 친 것이 뒤에 있는 것은 송나라가 정나라를 친 것이 이듬해와 이어지기 때문이다.

애공 13년

經

十有三年春,[1]	13년 봄에
鄭罕達帥師取宋師于嵒.[2]	정나라 한달이 군사를 거느리고 암에서 송나라 군사를 취하였다.
夏,	여름에
許男成卒.[3]	허남 성이 죽었다.
公會晉侯及吳子于黃池.[4]	공이 황지에서 진후 및 오자와 회합하였다.

---

1 십삼년(十三年): 기미년 B.C. 482년으로 주경왕(周敬王) 38년이다. 동지가 정월 24일 신유일로 건자(建子)이며, 윤달이 있다.

2 『전』에 의하면 구원군의 주수(主帥) 상퇴(向魋)가 도망쳐 돌아가고 이듬해에는 상소(向巢) 또한 노나라로 달아나니 정나라가 취한 것은 주수가 없는 군사임을 알겠다.

3 『전』이 없다. "성(成)"은 『공양전』에는 "술(戌)"로 되어 있으며, 조탄(趙坦)의 『이문전(異文箋)』에서는 "아마 글자의 형태가 비슷하여 잘못되었을 것이다"라 하였다. 다케조에 고코(竹添光鴻)의 『회전(會箋)』에서는 "원공(元公)이며, 나라가 멸망당한 후 초나라가 세워 주었다"라 하였다. 청나라 요언거(姚彦渠)의 『춘추회요(春秋會要)』에서는 "누가 다시 봉하였고, 어느 해에 세워졌는지는 고찰할 길이 없다"라 하였다.

4 「오세가」에는 "춘(春)"으로 되어 있는데, 아마 오나라는 하력(夏曆)을 써서일 것이다. 「오어」에서는 "깊은 도랑을 파서 상(商)과 노(魯) 사이를 통하게 하였는데, 북으로는 기(沂)에 속하고 서로는 제(濟)에 속하여 황지에서 진공(晉公) 오(午)를 만났다"라 하였다. 이 설이 확실하다면 오나라 부차는 또한 우구(邗溝)를 연장하여 기수(沂水)와 제수(濟水)를 통하게 한 것이 된다. 황지는 지금의 하남 봉구현(封丘縣) 남쪽에 있을 것이며 제수의 옛 물길 남쪽 기슭일 것이다. 대대로 전해 오던 기물로 휘현(輝縣)에서 조맹(趙孟)의 개호(庎壺) 두 개가 출토되었는데, 그 명에서 말하기를 "황지에서 우왕(邗王)을 만나 조맹(趙孟)을 위하여 갑옷〔庎, 介〕을 만드니 우왕이 금을 내려 사당의 기물을 만든다"라 하였다. 두 기물은 이때 만들어진 것이다. 양수달(楊樹達)의 『적미거금문설·조맹개호발(積微居金文說·趙孟庎壺跋)』에 상세하다. 청나라 동치(同治) 연간에 산서의 대현(代縣)에서 오왕부차감(吳王夫差鑑)이 출토되었는데, 그 명에 "오왕 부차를 공격하고 그 좋은 금으로 어감(御

楚公子申帥師伐陳.[5]	초나라 공자신이 군사를 거느리고 진나라를 쳤다.
於越入吳.	오월이 오나라로 들어갔다.
秋公至自會.[6]	공이 회합에서 돌아왔다.
晉魏曼多帥師侵衛.[7]	진나라의 위만다가 군사를 거느리고 위나라를 침공하였다.
葬許元公.[8]	허나라 원공을 장사 지냈다.
九月,	9월에
螽.[9]	황충이 발생하였다.
冬十有一月,	겨울 11월에
有星孛于東方.[10]	동방에 살별이 나타났다.

鑑)을 손수 만들었다"라 하였는데 어느 때 만든 것인지 알지 못한다. 대현에서 출토된 것은 후인에 의해 매장(埋藏)된 것이다. 『휘찬(彙纂)』에서는 "회합을 기록한 것은 여기까지이다"라 하였다.

5 『전』이 없다.

6 『전』이 없다.

7 『전』이 없다. 『공양전』에는 "만(曼)"자가 없다. 『휘찬(彙纂)』에서는 "패국(霸國)의 침벌(侵伐)은 여기서 그친다"라 하였다.

8 『전』이 없다. 다케조에 고코(竹添光鴻)의 『회전(會箋)』에서는 "죽음과 장례의 일월을 모두 갖추어 기록하지 않은 것은 사관이 소홀히 한 것이다"라 하였다.

9 『전』이 없다. 두예는 "기록한 것은 재해가 되었기 때문이다(災也)"라 하였다. "야(也)"자는 원래 없었는데 가나자와 문고본(金澤文庫本)에 의거하여 덧붙였다.

10 『전』이 없다. 두예는 "평일 아침에 모든 별들이 사라졌는데 혜성이 나타났으므로 있는 위치를 말하지 않은 것이다"라 하였다. 다케조에 고코(竹添光鴻)의 『회전(會箋)』에서는 "아마 긴 별이 하늘에 걸쳐 있는 것일 따위일 것이다. 아침에 나타났지만 반드시 별자리를 말할 수 있을 것인데 여기서 동방이라고 말하였으니 초저녁에 동방에 나타나 동방 및 여러 별자리로 두루 퍼져서 별자리로 부를 수 없었을 것이다"라 하였다. 『공양전』에서는 "패(孛)라는 것은 무엇인가? 혜성(彗星)이다. 어째서 동방이라고 말하였는가? 아침

盜殺陳夏區夫.[11] 도적이 진나라 하구부를 죽였다.

十有二月, 12월에

螽.[12] 황충이 발생하였다.

傳

十三年春, 13년 봄에

宋向魋救其師.[13] 송나라 상퇴가 그 군사를 구원하였다.

鄭子賸使徇曰, 정나라 자잉이 명을 내리게 하여 말하였다.

"得桓魋者有賞." "환퇴를 잡는 자에게는 상을 내릴 것이다."

魋也逃歸.[14] 환퇴는 도망쳐서 돌아갔다.

에 나타났기 때문이다"라 하였다. 해는 동쪽에서 뜨는데 음침해서 구름이 두텁지 않으면 혜성의 광망(光芒)을 쉽게 볼 수 없다. 『공양전』의 설은 의심스러워서 두예의 설을 취한다.

11 『전』이 없다. "구(區)"는 『공양전』에는 "구(彄)"로 되어 있다. 두예는 "도적이라고 한 것은 대부가 아니기 때문이다(非大夫也)"라 하였다. "非大夫也"의 "也"자는 가나자와 문고본(金澤文庫本)에 의거하여 더하였다. 송나라 조붕비(趙鵬飛)의 『춘추경전(春秋經筌)』에서는 "『춘추』에서 도(盜)라고 기록한 것은 네 차례인데, 임금을 죽인 것이 한 번, 형을 죽인 것이 한 번이고 대부를 죽인 것이 두 번이다"라 하였다.

12 『전』이 없다.

13 이는 지난해 『전』의 끝장과 합하여 읽어야 한다. 오개생(吳闓生)의 『문사견미(文史甄微)』에서는 "『좌씨』의 고본은 각각의 일을 1장으로 하였으며, 『전』을 나눈 사람이 『경』의 차제(次第)에 따라 『전』의 문장을 잘라서 흩었다"라 하였는데 특히 견식이 있다.

14 『좌전』에서 일을 말할 때 가운데 "야(也)"자를 넣은 것이 앞에 이미 많이 보인다. 다케조에 고코(竹添光鴻)의 『회전(會箋)』에서는 다만 이번 한 번만 보인다고 하였고, 『국어』에

遂取宋師于嵒,	마침내 암에서 송나라 군사를 취하고
獲成讙, 郜延.[15]	성환과 고연을 사로잡았다.
以六邑爲虛.[16]	여섯 읍을 비웠다.

夏,	여름에
公會單平公, 晉定公, 吳夫差于黃池.[17]	공이 황지에서 단평공과 진정공, 오나라 부차를 만났다.

六月丙子,[18]	6월 병자일에
越子伐吳,	월자가 오나라를 치면서
爲二隧,[19]	두 갈래 길로 나누어
疇無餘, 謳陽自南方,[20]	주무여와 구양은 남쪽에서

도 다만 한 번만 보일 뿐인데 「진어 3」에서 "정(鄭, 곧 비정(丕鄭))이 객과 함께 가려고 하였다(鄭也與客將行)"라 한 것이 이것이다. 사실은 틀렸다.

15 두예는 "두 사람은 송나라 대부이다"라 하였다.

16 두예는 "비게 하여 각기 가지지 않은 것이다"라 하였다.

17 두예는 "평공은 주나라 경사이다. 기록하지 않은 것은 그를 높은 것이며 회맹에 참석하지 않았기 때문이다"라 하였다. 고동고(顧棟高)의 『대사표(大事表)』 권12 상에서는 "단평공은 무공(武公)의 아들이다"라 하였다.

18 병자일은 11일이다.

19 수(隧): 두예는 "수는 길이다"라 하였다. 고염무(顧炎武)의 『보정(補正)』에서는 "수(隧)는 대(隊)의 고자이다"라 하였다. 두 설의 뜻은 다르지만 사실은 마찬가지로 출병할 때 길을 달리하여 각기 1대(隊)씩이 된 것이다.

20 두예는 "두 사람은 월나라 대부이다"라 하였다. 장병린(章炳麟)의 『독(讀)』 권8에서는 "『한서·지리지』 회계군(會稽郡)의 오정(烏程)에 구양정(歐陽亭)이 있는데 아마 곧 구양

先及郊.[21] 먼저 교외에 이르렀다.

吳大子友, 王子地, 王孫彌庸, 壽於姚自泓上觀之.[22] 오나라 태자 우와 왕자 지, 왕손미용, 수어요가 홍수에서 그것을 살펴보았다.

彌庸見姑蔑之旗,[23] 미용이 고말의 기를 보고

曰, 말하였다.

"吾父之旗也.[24] "우리 부친의 깃발이니

不可以見讎而弗殺也." 원수를 보고도 죽이지 않을 수 없다."

大子曰, 태자가 말하였다.

(謳陽)이 봉해진 곳일 것이다. 옛날에는 구(謳)와 구(歐)를 통하여 썼다"라 하였다.

21 오나라 도읍의 교외에 이른 것이다.

22 두예는 "월나라 군사를 살펴본 것이다. 홍(泓)은 물 이름이다"라 하였다. 강영(江永)의 『고실(考實)』에서는 "오나라 땅의 물이다"라 하였다. 심흠한(沈欽韓)의 『지명보주(地名補注)』에서는 서문(胥門)의 서쪽 5리 지점에 월래계(越來溪)가 있는데 월나라 군사가 이 시내에서 오나라로 들어갔다고 하였다. 홍수의 가는 곧 지금의 횡산(橫山)이다. 횡(橫)과 홍(泓)은 소리가 가깝다. 횡산은 지금의 강소 오현(吳縣) 서남쪽에 있다. 「오어」에서는 "월나라 왕 구천이 곧 범려에게 명하여 설용(舌庸)이 군사를 거느리고 바다를 따라 회수를 거슬러 오나라의 길을 끊어 고웅이(姑熊夷)에서 왕자 우를 무찔렀다. 월나라 왕 구천은 중군을 거느리고 강〔江, 곧 지금의 송강(松江)〕을 거슬러 올라 오나라를 습격하였다"라 하여 『전』에서 말한 것과는 조금 다른데 『전』이 확실히 믿을 만하다.

23 고말(姑蔑): 두예는 "고말은 월나라 땅으로 지금의 동양(東陽) 대말현(大末縣)이다"라 하였다. 『청일통지』에 의하면 고말의 옛 성은 지금의 절강 구주시(衢州市) 용유진(龍游鎭)의 북쪽에 있다. 혜동(惠棟)의 『보주(補注)』에서는 『묵자·기치(旗幟)』편을 인용하여 "그 관서의 깃발을 세워 모두 명백히 그것을 알게 하여 아무개의 기이다"라 하였다.

24 두예는 "미용의 부친이 월나라에 사로잡혔기 때문에 고말 사람들이 그 깃발을 얻은 것이다"라 하였다. 정기(旌旗)가 미용의 부친 것이라는 것이지만 이미 관서를 고말로 고친 것이다.

"戰而不克,	"싸우고도 이기지 않으면
將亡國,	나라가 망할 것이니
請待之."	기다리자."
彌庸不可,	미용이 안 된다면서
屬徒五千,[25]	무리 5천을 모으자
王子地助之.	왕자 지가 도와주었다.
乙酉,[26]	을유일에
戰,	싸워
彌庸獲疇無餘,	미용이 주무여를 사로잡았으며
地獲謳陽.	지는 구양을 사로잡았다.
越子至,	월자가 이르자
王子地守.	왕자 지가 지켰다.
丙戌,[27]	병술일에
復戰,	다시 싸워
大敗吳師,	오나라 군사를 크게 무찌르고
獲大子友, 王孫彌庸, 壽於姚.[28]	요에서 대자우와 왕손미용, 수를 사로잡았다.

25 속(屬): 두예는 "속은 모으는 것이다"라 하였다. 지금의 집합(集合)이라는 말이다.

26 을유일은 20일이다.

27 병술일은 21일이다.

28 두예는 "지(地)는 지키고 있었으므로 잡히지 않았다"라 하였다. 「월세가」에서는 "오나라

丁亥,[29]	정해일에
入吳.	오나라로 들어갔다.
吳人告敗于王.	오나라 사람이 왕에게 패한 것을 알렸다.
王惡其聞也,[30]	왕은 그것이 알려지는 것을 싫어하여
自剄七人於幕下.[31]	막하에서 일곱 사람의 목을 베었다.

秋七月辛丑盟,[32]	가을 7월 신축일에 맹약하였는데
吳, 晉爭先.[33]	오나라와 진나라가 먼저 삽혈할 것을 다투었다.
吳人曰,	오나라 사람이 말하였다.
"於周室,	"주나라 왕실에서는
我爲長."[34]	우리가 높소."

태자를 죽였다"라 하였으며, 「오자서전」에는 "습격하여 죽였다"라 되어 있고, 『오월춘추』에는 "사로잡아 죽였다"라 되어 있으며, 「오세가」에는 "포로로 잡았다"라 되어 있어 사마천이 관점이 다른 것을 보고 모두 남겨 두었음을 알 수 있다.

29 정해일은 22일이다.

30 두예는 "제후들이 그 사실을 알게 되는 것을 싫어한 것이다"라 하였다. 곧 패한 소식이 바깥으로 전하여지지 않게끔 한 것이다. 그것(其)은 "월나라가 오나라로 들어간 것"을 가리키며 "제후"를 가리키지 않는다.

31 이 일을 아는 사람의 입을 막은 것이다. 막(幕)은 들판에서 회맹할 때 각국에서 장막을 세우는 것이다.

32 신축일은 6일이다.

33 두예는 "삽혈의 선후를 다툰 것이다"라 하였다.

34 두예는 "오나라는 태백(大白)의 후손이므로 장(長)이 되는 것이다"라 하였다. 태백(太白)은 고공단보(古公亶父)의 장자이고, 계력(季歷)의 맏형이며, 문왕(文王)의 대백부로 『논

晉人曰,	진나라 사람이 말하였다.
"於姬姓,	"희성 가운데서는
我爲伯."[35]	우리가 패자요."
趙鞅呼司馬寅曰,[36]	조앙이 사마 인을 불러 말하였다.
"日旰矣,[37]	"날이 저물었는데
大事未成,	대사를 이루지 못한 것은
二臣之罪也.[38]	우리 두 신하의 죄입니다.
建鼓整列,	북을 울려서 대오를 정돈하고
二臣死之,	두 신하가 싸우다 죽으면
長幼必可知也."[39]	장유를 반드시 알게 될 것입니다."
對曰,	대답하여 말하였다.
"請姑視之."[40]	"잠깐만 보게 해주십시오."

어·태백(泰伯)』에서 이른바 "세 번 천하를 양보한" 자이다.

35 오나라 사람과 진나라 사람은 모두 쌍방의 담판을 하러 온 대표이며 군주도 아니고 경도 아니므로 "인(人)"이라고 칭한 것이다. 백(伯)은 곧 패(霸)로 진문공의 후손은 양공을 거쳐 도공, 평공에 이르기까지 모두 칭패하였다.

36 사마 인(司馬寅): 두예는 "인(寅)은 진나라 대부이다"라 하였다. 사마는 관직일 것이며, 「오어」에는 "동갈(董褐)"로 되어 있는데, 위소의 주에서 이르기를 곧 사마 인(寅)이라고 하였다.

37 간(旰): 두예는 "인은 늦은 것이다"라 하였다.

38 두예는 "대사(大事)는 맹약이다. 두 신하는 앙(鞅)과 인(寅)이다"라 하였다.

39 장유(長幼): 선후(先後)라는 말과 같으며, 삽혈의 선후를 이른다. 조앙은 싸우려는 기세로 오나라를 핍박하여 부득이하여 싸우면 이긴 자가 먼저 삽혈하게 하려는 것이다. 「오세가」에서는 "조앙이 노하여 오나라를 치려고 하였다"라 하였는데 여기에 근거한 것이다. 「오어」에서는 부차가 먼저 싸울 기세를 보였다고 하였다.

40 잠깐 오나라 군영을 관찰하자는 것이다.

反,	돌아와서
曰,	말하였다.
"肉食者無墨.[41]	"고기를 먹는 사람은 기색이 어두워서는 안 됩니다.
今吳王有墨,	지금 오나라 왕의 기색이 어두우니
國勝乎?[42]	나라가 이기겠습니까?
大子死乎?	태자가 죽겠습니까?
且夷德輕,	또한 오랑캐는 덕이 경솔하여
不忍久,	오래 참지를 못하니
請少待之."[43]	조금만 기다려 봅시다."
乃先晉人.[44]	이에 진나라 사람이 먼저 삽혈하였다.
吳人將以公見晉侯,	오나라 사람이 애공을 데리고 진후를 보려 하여

41 육식자(肉食者): 곧 장공 10년의 "고기를 먹는 자는 모의를 한다(肉食者謀之)"의 육식자로, 대부 이상의 사람이며 그곳의 『주』에 상세하다.

42 두예는 "나라가 적에게 이기겠느냐는 것이다"라 하였다. 「오어」에서는 "크면 월나라가 오나라로 들어간다"라 하였다.

43 두예는 "조금만 다투지 말고 기다리자는 것이다"라 하였다.

44 「오어」의 기록은 『전』과 달라 "오공이 먼저 삽혈하였다"라 하였으며, 『공양전』에서는 "오나라가 회합을 주관하였다"라 하였고, 『사기』에서는 「진기(秦紀)」와 「진세가」, 「조세가」에서 모두 "오나라가 장(長)이 되었다"라 하였으며, 「오세가」에서는 "진정공이 장이 되었다"라 하여 사마천이 이설(異說)을 남겨 두었다.

子服景伯對使者曰,	자복경백이 사자에게 대답하여 말하였다.
"王合諸侯,	"왕이 제후를 회합할 때는
則伯帥侯牧以見於王,[45]	백이 후목을 거느리고 왕을 뵙고,
伯合諸侯,	패주가 제후를 회합할 때는
則侯帥子, 男以見於伯.[46]	후가 자와 남을 거느리고 패주를 뵙습니다.
自王以下,	왕 이하로는
朝聘玉帛不同,	조빙의 옥백이 다르며,
故敝邑之職貢於吳,	따라서 우리나라가 오나라에 공물을 바치는 것이
有豐於晉,	진나라보다 풍성하여
無不及焉,[47]	미치지 않음이 없으니
以爲伯也.[48]	패주로 여겨서입니다.
今諸侯會,	지금 제후의 회합에

45 두예는 "백(伯)은 주나라 왕의 관직의 우두머리이며, 후목(侯牧)은 방백(方伯)이다"라 하였다. 백(伯)은 곧 제후의 우두머리인데, 희공 28년『전』의 "왕이 진후를 후백에 책명하였다(王策命晉侯爲侯伯)"라 한 것이 바로 이것이다.

46 두예는 "백(伯)은 곧 제후의 우두머리이다"라 하였다.

47 오나라 부차가 일어선 뒤로 진나라의 패업이 더욱 쇠하여 노나라는 제나라 때문에 오나라를 섬긴다는 것이다.

48 오나라를 후백, 패주로 생각하는 것이다.

而君將以寡君見晉君,	임금께서 과군을 데리고 진나라 임금을 뵈려 하니
則晉成爲伯矣,	진나라가 패주가 되는 것이며
敝邑將改職貢,	우리나라는 바칠 공물을 바꿔야 하리니,
魯賦於吳八百乘,[49]	노나라는 병거 8백 대를 오나라에 바쳤는데
若爲子, 南,	자와 남이 된다면
則將半邾以屬於吳,[50]	주나라의 반을 오나라에게 바치게 되어
而如邾以事晉.[51]	주나라가 진나라를 섬김과 같아집니다.
且執事以伯召諸侯,	또한 집사께서는 패주로 제후를 소집하여
而以侯終之,	후로 종결짓게 되는 것이니
何利之有焉?"	무슨 이로움이 있겠습니까?"
吳人乃止.	오나라 사람이 이에 그만두었다.

49 7년『전』의 "노나라의 병거 8백 승(魯賦八百乘)"의『주』를 보라.

50 위에서 "후는 자와 남을 거느리고 패주를 뵙는다"라 하였으니 지금 오나라가 노나라를 거느리고 진나라를 찾아본다면 노나라는 자와 남이 된다는 것이다. 노나라가 자와 남이 되면 3백 대의 병거를 오나라에 공물로 바치게 된다. 7년의『전』에서 "주나라는 병거 6백 승(邾賦六百乘)"이라 하였으니 주나라의 반은 3백 승이다.

51 두예는 "주나라와 같다면 6백 승이다"라 하였다.

旣而悔之,	얼마 후 그것을 후회하고
將囚景伯.	경백을 가두려고 하였다.
景伯曰,	경백이 말하였다.
"何也立後於魯矣,[52]	"저는 노나라에 후임자를 세워 놓았으며
將以二乘與六人從,[53]	수레 두 대와 여섯 명을 가지고 따를 테니
遲速唯命."	늦든 빠르든 명대로 하겠습니다."
遂囚以還.	마침내 가두어서 돌아갔다.
及戶牖,[54]	호유에 이르러
謂大宰曰,	태재에게 말하였다.
"魯將以十月上辛有事於上帝, 先王,[55]	"노나라는 10월 첫째 신일에 상제와 선왕에게 제사를 지낼 것인데

52 두예는 "하(何)는 경백의 이름이다"라 하였다. 입후(立後)라는 것은 노나라로 돌아가지 않아도 될 준비가 되었다는 것이다.

53 1승(乘)이면 세 사람이고, 2승(乘)이면 여섯 사람인데, 모두 종자이다.

54 호유(戶牖): 지금의 하남 난고현(蘭考縣) 동북쪽이다.

55 『술문(述聞)』에서는 왕념손(王念孫)의 설을 인용하여 "선왕"은 환공 5년에 공영달의 소(疏)에서 인용한 "선공"을 따라야 한다고 하였다. 노나라에는 애초에 선왕을 제사 지내는 예가 없었지만 경백이 순전히 터무니없는 말을 하여 "선왕"이라고 하였으니 오나라의 조상도 제사를 받으므로 오나라를 겁줄 수가 있었다. 『공자가어·변물(孔子家語·辨物)』 편에도 "선왕"이라고 되어 있으니 오자는 아님을 알 수 있다. 공영달의 소(疏)에서는 모두 "선왕"이라고 하였는데 아마 당시의 전례(典禮)를 법도로 삼은 것일 것이다. 그것이 헛소리임을 알겠으며, 또한 당시의 전례를 가지고 교정을 해보면 2·5임을 알겠으며, 1·10임은 모르겠다.

季辛而畢,	마지막 신일이면 끝이 나고,
何世有職焉,	저는 대대로 맡은 직분이 있어서
自襄以來,	양공 이래
未之改也.[56]	바꾼 적이 없습니다.
若不會,[57]	참석하지 않는다면
祝宗將曰'吳實然',[58]	축종이 '오나라가 실로 그랬다' 할 것이며
且謂魯不共,	또한 노나라가 공경하지 않았다 하더라도
而執其賤者七人,[59]	지위가 낮은 일곱 명을 잡아갈 것이니
何損焉?"	무슨 손해가 있겠습니까?"
大宰嚭言於王曰,	태재 비가 왕에게 말하였다.
"無損於魯,[60]	"노나라에 손해가 없을 뿐더러

56 공영달은 "제례는 아침이 끝날 무렵이면 마치며 상신일에서 계신일에 끝나는 일은 없는데 경백이 오나라가 귀신을 믿는다고 생각하여 오나라 왕을 두렵게 한 것일 따름이다"라 하였다. 양(襄)은 노나라 양공이며 두씨의 『세족보(世族譜)』에 의하면 자복씨는 맹씨에게서 났으며, 양공 23년에 맹초(孟椒)가 있는데, 초는 소백(昭伯) 회(回)를 낳았고 회는 경백(景伯) 하(何)를 낳았으니 자복씨가 제사를 공경히 받듦은 노나라 양공 때부터 이때까지 세세대대(世世代代)로 세습직이었다.

57 상제와 선왕을 제사 지내는 데 참여하지 않는 것이다.

58 노나라의 축종이 오왕이 자복하를 가두었다고 귀신에게 고하게 될 것이라는 말이다.

59 하와 종자 여섯 명은 모두 경이 아니므로 "지위가 낮은 일곱 명"이라고 하였다. 노나라가 오나라에 공경하지 않았다 하더라도 오나라는 다만 그 천한 자들만 잡아간 것일 따름이다.

而祗爲名,[61]	다만 악명만 이루게 될 것이니
不如歸之."	돌려보냄만 못합니다."
乃歸景伯.	이에 경백을 돌려보냈다.
吳申叔儀乞糧於公孫有山氏,[62]	오나라 신숙의가 공손유산씨에게 양식을 빌면서
曰,	말하였다.
"佩玉蘂兮,	"패옥 드리우려 함이여
余無所繫之,[63]	내 묶을 곳이 없고,
旨酒一盛兮,[64]	맛있는 술 한잔이여
余與褐之父睨之."[65]	나와 늙은이는 엿보기만 한다네."
對曰,	대답하였다.
"粱則無矣,[66]	"찧은 양식은 없고

---

60 잡아간 사람이라고는 지위가 낮은 일곱 명일 따름이라는 것이다.

61 두예는 "마침 악명을 이루게 될 것이라는 것이다"라 하였다.

62 두예는 "신숙의는 오나라 대부이고, 공손유산은 노나라 대부로 옛날부터 알고 있었다"라 하였다. 마종련(馬宗璉)의 『보주(補注)』에서는 왕부(王符)의 말을 인용하여 "유산씨는 노나라의 공족으로 희성이다(『잠부론·지씨성(潛夫論·志氏姓)』에서는 노나라에 유산씨가 있다고 말하지 않았는데 마씨는 무슨 근거인지 미심쩍다. 그러나 『성고(姓考)』에서는 '유산(有山)은 노나라 대부의 채읍(采邑)이므로 그대로 씨로 삼았다'라 하였다)"라 하였다.

63 예(蘂): 상성(上聲)으로 아래로 드리운 모양이다. 패옥이 있어도 묶을 곳이 없다는 말이다.

64 성(盛): 담는 그릇으로 일성(一盛)은 일배(一杯)와 같은 말이다. 설이 『술문(述聞)』에 보인다.

65 갈(褐)은 천한 자가 입는 복장이다. 갈지부(褐之夫)는 갈(褐)을 입은 늙은이이다. 예(睨)는 흘겨보는 것이다. 이곳의 "계(繫)"와 "예(睨)"는 운자이다. 뜻은 아래 구절에 있으며, 비록 단술 한잔이 있다고 하더라도 나와 늙은이는 흘겨보기만 할 뿐 마실 수가 없다는 것이다.

麤則有之.[67]	거친 것은 있습니다.
若登首山以呼曰'庚癸乎',[68]	수산에 올라 '경과 계이다'라 고함을 치면
則諾."	답해 드리겠습니다."
王欲伐宋,	왕이 송나라를 치려고 하여
殺其丈夫而囚其婦人.[69]	그 남자를 죽이고 부인을 가두었다.
大宰嚭曰,	태재 비가 말하였다.
"可勝也,	"이길 것이니
而弗能居也."[70]	여기 있을 수 없습니다."
乃歸.	이에 돌아갔다.

冬,	겨울에
吳及越平.[71]	오나라와 월나라가 강화를 맺었다.

---

66 양(粱): 정세(精細)한 소미(小米)로, 옛날에는 도량(稻粱)과 고량(膏粱)을 함께 칭하였다.

67 추(麤): 조(粗)와 같으며, 거칠다는 뜻으로 정세(精細)와는 정반대의 뜻이며 양(粱)과 반대의 의미이다. 양(粱)은 고운 양식이고, 추(麤)는 거친 양식이다.

68 수산(首山): 하남 양성현(襄城縣) 남쪽 5리 지점에 수산이 있는데, 이 수산을 가리키는 것인지의 여부는 모르겠다.
경계(庚癸): 『월절서·계예내경(計倪內經)』에는 재화를 10등으로 나누었는데 갑을이 고등의 재화이고, 경은 하등의 재화이며, 계는 더욱 낮은 등급이다.

69 두예는 "황지(潢池)의 회합에 참석하지 않았기 때문이었다"라 하였다.

70 송나라에 오래 머물 수 없다는 말이다.

71 공영달은 "결국 오원(伍員)이 말한 3년 만에 약해지기 시작한다는 말대로 되었다"라 하였다.

애공 14년

經

十有四年春,[1] 14년 봄에

西狩獲麟.[2] 서쪽에서 기린을 잡았다.

小邾射以句繹來奔.[3] 소주의 사가 구역을 가지고 도망쳐 왔다.

---

1 십사년(十四年): 경신년 B.C. 481년으로 주경왕(周敬王) 39년이다. 동지가 정월 초5일 병인일로 건자(建子)이다.

2 『공양전』과 『곡량전』은 모두 여기서 끝난다. 『공양전』에서는 또한 "서쪽에서 기린이 잡히자 공자는 말하기를 '나의 도는 끝이 났구나'라 하였다"고 하였다. 인(麟)은 곧 기린(麒麟)으로, 남조(南朝) 유송(劉宋) 때 하법성(何法盛)의 『진중흥서·징상설(晉中興書·徵祥說)』에서는 "수컷을 기(麒)라 하고 암컷을 인(麟)이라 한다"라 하였다. 『이아·석수(爾雅·釋獸)』에는 "린(麐)"으로 되어 있으며, "노루의 몸에 소의 꼬리이며 뿔이 하나다"라 하였다. 그러나 중국에는 실제 이런 짐승이 없으며 지금 아프리카에 기린(Giraffa)이 있는데 어떤 사람은 곧 고대의 기린일 것이라고 의심한다. 두예는 "인(麟)은 인자한 동물로 성왕의 아름다운 서기를 띠고 있다. 당시에는 밝은 왕이 없었는데 나타났다가 우연히 잡혔다. 중니는 주나라의 도가 흥기하지 않음을 슬퍼하고 아름다운 서기가 응답이 없으므로 『노춘추』에 의거하여 중흥의 교훈을 닦아 획린(獲麟)이란 구절에서 붓을 꺾고 느낀 바를 지었으며 실로 마치게 된 까닭이다"라 하였다. 두예의 이 설은 『사기』의 「3대세표서(三代世表序)」와 「12제후 연표서(十二諸侯年表序)」 및 『공자세가』에 근본하였다. 대체로 『춘추』의 문장은 242년의 일을 기록하였는데 어찌 기린이 잡혀서 짓기 시작하고 또한 기린이 잡혀 끝날 수 있었겠는가? 『공양전』 소공 12년 『전』의 서언(徐彦)은 『춘추설(春秋說)』을 인용하여 "공자가 『춘추』 1만 8천 자를 지었는데 9개월 만에 이루었다"라 하였으니 또한 믿을 수 없다. 고동고(顧棟高)의 『대사표·춘추절필획린론(大事表·春秋絶筆獲麟論)』에서는 "이해에 진항(陳恒)을 토벌하기를 청하였으나 행하여지지 않아 절필하였다"라 하였으며 또한 송나라 가현옹(家鉉翁)의 『춘추상설(春秋詳說)』의 "진항이 임금을 죽이자 공자는 목욕을 하고 토벌할 것을 청하였는데 공이 쓸 수가 없어서 이해에 『춘추』의 기린이 잡혔다는 것으로 절필하였다. ……"라 하고 "내가 억설이 아님을 밝힌다"고 하였는데 사실 모두 억설이다.

3 두예는 "사는 소주의 대부이다"라 하였다. 가규와 두예, 복건은 모두 이 아래에서 16년까지는 모두 노나라 역사의 기록이라 하였는데, 공구의 제자들이 "공자가 죽었다"는 기록

夏四月,	여름 4월에
齊陳恒執其君,	제나라 진항이 그 임금을 잡아
寘于舒州.[4]	서주에 두었다.
庚戌,[5]	경술일에
叔還卒.[6]	숙환이 죽었다.
五月庚申朔,	5월 경신일 초하룻날에
日有食之.[7]	일식이 있었다.
陳宗豎出奔楚.[8]	진나라의 종수가 초나라로 달아났다.
宋向魋入于曹以叛.[9]	송나라 상퇴가 조로 들어가 반란을 일으켰다.
莒子狂卒.[10]	거자 광이 죽었다.

을 남겨 두고 싶어 했으므로 함께 기록하여 공구가 손질한 『경』을 이었다고 하였는데 또한 억설이다. 구역(句繹)은 2년 『경』의 『주』에 상세하다.

4 "서주(舒州)"는 「노세가」에는 "서주(徐州)"로 되어 있으며, 또한 "서주(徐州)"로도 되어 있다. 강영(江永)의 『고실(考實)』에서는 서주는 지금의 하북 낭방(廊坊) 지구 대성현(大城縣)의 경계에 있다고 하였는데, 이는 제나라의 북쪽 끝으로 연나라와 경계를 이루는 곳이다. 이 설은 일리가 있다.

5 경술일은 20일이다.

6 『전』이 없다.

7 『전』이 없다. 이는 4월 19일의 개기일식이다.

8 『전』이 없다.

9 두예는 "조는 송나라의 읍이다"라 하였다. 애공 8년 조는 송나라에 의해 멸망되었으며 이로 인해 상퇴의 채읍이 되었다.

10 『전』이 없다. 광(狂)은 『석문』에서 "음이 정(其廷反)이다"라 하였는데 음이 정(情)이라면 임(壬)에서 소리를 얻은 것으로 광(狂)자가 아니다. 다른 책에는 이 글자가 없다.

六月,	6월에
宋向魋自曹出奔衛.	송나라 상퇴가 조나라에서 위나라로 달아났다.
宋向巢來奔.	송나라 상소가 도망쳐 왔다.
齊人弑其君壬于舒州.	제나라 사람이 서주에서 그 임금을 죽였다.
秋,	가을에
晉趙鞅帥師伐衛.[11]	진나라 조앙이 군사를 거느리고 위나라를 쳤다.
八月辛丑,[12]	8월 신축일에
仲孫何忌卒.	중손하기가 죽었다.
冬,	겨울에
陳宗豎自楚復入于陳,	진나라 종수가 초나라에서 다시 진나라로 들어가자
陳人殺之.[13]	진나라 사람이 그를 죽였다.
陳轅買出奔楚.[14]	진나라 원매가 초나라로 달아났다.
有星孛.[15]	살별이 나타났다.

11 『전』이 없다.
12 신축일은 13일이다.
13 『전』이 없다. 좋은 일로 들어간 것이 아닐 것이며, 좋게 죽인 것도 아닐 것이다.
14 『전』이 없다. 종수가 피살된 것과 상관이 있을 듯하다.
15 『전』이 없다. 두예는 "소재지를 말하지 않은 것은 사관이 실수로 빠뜨린 것이다"라 하였다.

饑.[16]	기아가 발생했다.

傳

十四年春,	14년 봄에
西狩於大野,[17]	서쪽 대야에서 사냥을 하였는데
叔孫氏之車子鉏商獲麟,[18]	숙손씨의 어자 자서상이 기린을 잡아
以爲不祥,	상서롭지 못하게 여겨
以賜虞人.[19]	우인에게 내렸다.
仲尼觀之,	중니가 그것을 살펴보고는
曰,	말하기를
"麟也",	"기린이다"라 하니
然後取之.	그런 다음에야 가져갔다.

---

16 『전』이 없다.

17 심흠한(沈欽韓)의 『보주(補注)』에서는 『산동통지』 등의 책을 인용하여 거야현(巨野縣) 동쪽 십리포(十里鋪)에 인대(麟臺)가 있는데, 대의 곁에는 획린도(獲麟渡)가 있으며 현의 동쪽 30리 지점에 인총(麟冢)이 있다 운운하였는데 후인들이 부회한 이야기일 것이다. 옛 대야현은 거야현 북쪽에 있으며, 또한 동서의 양쪽 들판을 걸치며 또 가상현(嘉祥縣) 서북쪽 경계로 들어간다.

18 두예는 "거자(車子)"를 이어진 문장으로 보고 서상(鉏商)을 인명이라고 하였다. 복건은 "거(車)"는 수레를 모는 자이고 "자(子)"는 성이고 "서상(鉏商)"은 이름이라고 하였다. 왕숙(王肅)의 『공자가어』에서는 복건의 설을 썼다. 왕인지(王引之)의 『술문(述聞)』에서는 "자서"는 씨이며 "상"은 이름이라고 하였다. 왕씨의 설이 근거도 있고 일리도 있어 따를 만하다.

19 두예는 "당시 일찍이 보지 못했던 것이므로 괴상하게 여긴 것이다. 우인(虞人)은 산택(山澤)을 관장하는 관리이다"라 하였다.

小邾射以句繹來奔,	소주의 사가 구역을 가지고 도망쳐 와서
曰,	말하였다.
"使季路要我,	"계로로 하여금 나와 언약케 한다면
吾無盟矣."[20]	내 맹세를 하지 않아도 됩니다."
使子路,	자로를 시켰으나
子路辭.	자로는 거절하였다.
季康子使冉有謂之曰,	계강자가 염유로 하여금 그에게 말하게 하였다.
"千乘之國,	"천 승의 나라에
不信其盟,[21]	그 맹세를 믿지 않고
而信子之言,	그대의 말을 믿는데
子何辱焉?"[22]	그대에게 무슨 욕이 되겠소?"
對曰,	대답하였다.
"魯有事于小邾,[23]	"노나라가 소주와 전쟁을 일으켜도

---

20 계로(季路): 곧 자로이며, 『논어·안연(顔淵)』에서 "자로는 대답을 미루는 일이 없다(子路無宿諾)"라 하였으니 계로의 성실함과 믿음이 평소에 드러났음을 알 수 있으므로 사(射)가 차라리 자로와 언약을 할지언정 노나라와는 맹세를 하려고 하지 않은 것이다. 요(要)는 약(約)이다.

21 기(其): 천 승의 나라로, 곧 노나라를 가리킨다. 노나라의 맹약을 믿지 못한다는 말이다.

22 그대의 말이 노나라의 맹약보다 중하니 이는 곧 영광이며 그대에게 욕되지 않을 것이라는 말이다.

23 유사(有事): 곧 융사(戎事)이며, 소주와 싸운 것을 말한다.

不敢問故,[24]	감히 그 원인을 묻지 않았으며
死其城下可也.	그 성 아래서 죽어도 괜찮습니다.
彼不臣,[25]	저 사람은 신하의 도리도 지키지 않으며
而濟其言,[26]	그 말대로 이루려 하는데
是義之也,[27]	이는 그것을 의롭게 여기는 것이며
由弗能."	나는 그렇게 하지 못합니다."

齊簡公之在魯也,	제나라 간공이 노나라에 있을 때
闞止有寵焉.[28]	감지가 총애를 받았다.
乃卽位,	이에 즉위하자
使爲政.	정사를 맡겼다.
陳成子憚之,	진성자가 그를 꺼리어
驟顧諸朝.[29]	조정에서 자주 그를 돌아보았다.

24 고(故): 전쟁이 일어난 원인 및 그 곡직(曲直)이다.

25 나라의 땅을 가지고 노나라로 도망쳐 온 것은 그 나라와 임금에 신하답지 않은 것이다.

26 두예는 "제(濟)는 이루는 것이다"라 하였다. 사(射)가 반드시 말을 하여 자로와 언약을 하려는 것이다.

27 이것이 곧 그가 "신하의 도리를 지키지 않는" 것을 의롭게 여기는 것이다.

28 두예는 "간공은 도공 양생(陽生)의 아들 임(壬)이다. 감지는 자아(子我)이다. 이 일은 6년에 있었다"라 하였다. 6년의 『전』과 『주』를 참고하라.

29 두예는 "성자는 진상(陳常)이며, 마음이 불안했기 때문에 자주 돌아본 것이다"라 하였다. 심흠한(沈欽韓)의 『보주(補注)』에서는 『예기·곡례(曲禮) 하』를 인용하여 "조회를 멈추고 돌아보는데 이상한 일이 생기지 않으면 반드시 이상한 생각을 하게 된다"라 하였다.

諸御鞅言於公曰,[30]	어자 앙이 공에게 말하기를
“陳, 闞不可並也,	“진씨와 감씨는 양립할 수 없으니
君其擇焉.”[31]	임금께서는 그중에 하나를 택하셔야겠습니다”라 하였다.
弗聽.	그 말을 듣지 않았다.
子我夕,[32]	자아가 저녁에 뵈러 가는 길에
陳逆殺人,	진역이 사람을 죽이는 것을
逢之,	맞닥뜨리게 되어
遂執以入.[33]	마침내 그를 잡아서 들어갔다.
陳氏方睦,[34]	진씨네는 바야흐로 화목하여

30 제어(諸御): 두예는 “앙(鞅)은 제나라 대부이다”라 하였다. 『사기·제세가(齊世家)』의 『색은(索隱)』에서는 『세본(世本)』을 인용하여 “진환자 무우(無宇, 양공 6년 『전』에 보인다)는 자미(子亹)를 낳았으며, 자미는 자헌(子獻)을 낳았고, 헌(獻)은 앙을 낳았다”라 하였다. 이와 같다면 앙 또한 진(陳)씨이다. 앙은 아마 일반 복어(僕御)의 관원인 것 같으므로 제어(諸御)라 하였다.

31 두예는 “한 사람을 가려 쓰라는 것이다”라 하였다.

32 자아(子我): 곧 감지(闞止)이다. 석(夕)은 저녁에 제나라 임금을 뵙는 것이며, 소공 12년의 『전』에 “자혁이 저녁에 뵙기를 청했다(子革夕)”라는 말이 있는데, 두예는 “석은 저녁에 뵙는 것이다”라 하였으며, 옳다. 유월(兪樾)의 『평의(平議)』에 설이 상세하다.

33 진역(陳逆): 자가 자행(子行)으로 유체지(劉體智: 1879~1963)의 『소교경각금문(小校經閣金文)』에 진역이 만든 원배(元配) 계강(季姜)의 보(簠)가 있는데 곧 이 사람이 그의 아내를 위해 만든 제기이며, 또한 양수달(楊樹達)의 『적미거금문설(積微居金文說)』 증정본의 「진역보발(陳逆簠跋)」에도 보인다. 이 기물은 곧 완원(阮元)의 『적고재종정이기관지(積古齋鐘鼎彝器款識)』의 진역보(陳逆簠)이다. 이 구절은 감지가 공무로 제나라 간공을 보러 가던 도중에 진역이 사람을 죽이는 것을 만나 진역을 붙잡아 공궁에 들어간 것을 말한다.

34 진걸(陳乞)과 진항(陳恒) 등 족인들이 단결하여 온 일족이 한마음이라는 것이다. 진씨는 곧 진씨의 일족이다. 목(睦)은 친목(親睦)이다.

使疾,	병이 난 것처럼 꾸미게 하고
而遺之潘沐,	머리 감을 뜨물을 보내 주었으며
備酒肉焉,[35]	고기와 술을 갖추어
饗守囚者,	간수들에게 먹여
醉而殺之,	취하자 그들을 죽이고
而逃.[36]	도망쳤다.
子我盟諸陳於陳宗.[37]	자아는 진씨의 종가에서 진씨들과 맹세하였다.
初,	처음에
陳豹欲爲子我臣,[38]	진표는 자아의 신하가 되고자 하여
使公孫言己,[39]	공손에게 자기를 말하게 하였는데
已有喪而止,[40]	얼마 후 상사가 나서 그만두었다.

---

35 두예는 "병이 난 것처럼 속이게 하여 머리 감을 뜨물을 넣고 아울러 술과 고기도 넣은 것이다. 반(潘)은 미즙(米汁)으로 머리를 감을 수 있다"라 하였다. 『예기·내칙(內則)』에서는 "사흘마다 목욕을 하며 그 사이에 얼굴이 더러워지면 뜨물을 데워 세수를 청(請)한다"라 하였다. 반(潘)은 곧 쌀뜨물로 옛사람들이 데워서 머리를 감고 세수를 하며 때를 없앨 수 있다고 하였다.

36 진역이 술과 고기를 가지고 간수들을 먹여 취하게 하여 죽이고 도망간 것이다.

37 두예는 "진역을 놓쳐 그들이 도리어 근심이 될까 두려워하였으므로 맹세한 것이다"라 하였다. 진종(陳宗)은 진씨네 종주(宗主)의 집으로, 청나라 이이덕(李貽德)의 『춘추좌씨전가복주집술(春秋左氏傳賈服注輯述)』에 설이 상세하다.

38 진표(陳豹): 두예는 "표 또한 진씨의 일족이다"라 하였다. 정공열(程公說)의 『춘추분기·세보(春秋分紀·世譜) 2』에서는 "진표는 자가 자피(子皮)로 문자(文子, 양공 23년 『전』에 보임)의 손자이다"라 하였다.

39 공손(公孫): 가규는 "공손은 제나라 대부이다"라 하였다. 언기(言己)는 공손에게 자기를 추천하게 해달라는 것을 말한다.

旣,[41]	끝난 후에
而言之,	그에게 그것을 이야기하여
曰,	말하였다.
“有陳豹者,	“진표라는 자가 있는데
長而上僂,[42]	장신에 등이 굽었으며
望視,[43]	우러러 보면
事君子必得志,[44]	군자들이 반드시 뜻을 얻을 것인데
欲爲子臣.	그대의 신하가 되고 싶어 합니다.
吾憚其爲人,[45]	그 사람됨을 꺼리어
故緩以告.”	늦게 알려 드립니다.”
子我曰,	자아가 말하였다.
“何害,	“무슨 해가 되겠는가?
是其在我也.”	주도권은 내게 있다.”

---

40 이(已): 이이(已而)와 같으며, '오래지 않아'라는 뜻이다. 진표에게 상사가 있어서 공손이 마침내 말하지 못한 것이다.

41 두예는 "기(旣)는 상이 끝난 것이다"라 하였다.

42 장(長): 신장이 큰 것이다.
상루(上僂): 두예는 "어깨와 등이 굽은 것이다"라 하였는데, 아마 등 위가 굽은 것을 말할 것이다. 우창(于鬯)의 『향초교서(香草校書)』에서는 "상루(上僂)는 뜻이 없으며 두 자는 잘못하여 도치된 것일 것이다. ……"라 하였는데, 증거가 없어 믿을 수 없다.

43 망시(望視): 우러러 보는 모양으로, 양이승(梁履繩)의 『보석(補釋)』에서 인용한 기윤(紀昀)의 설에 상세하다. 아마 곱사등이는 눈이 모두 위를 향하는 것을 말하는 것일 것이다.

44 반드시 군자들의 뜻을 얻는다는 것이다.

45 두예는 "그가 속임수가 많음을 두려워하였다"라 하였다. 위인(爲人)은 작풍(作風)과 품덕(品德)을 가리키는 것이며, 우창(于鬯)은 그 모습을 가리킨다고 하였는데 틀렸다.

使爲臣.	신하가 되게 하였다.
他日,	훗날
與之言政,	그와 정치를 얘기해 보고 나서
說,	기뻐하여
遂有寵,[46]	마침내 총애하게 되었다.
謂之曰,	그에게 말하기를
"我盡逐陳氏而立女,	"내 진씨를 모조리 쫓아내고 너를 세우려는데
若何?"[47]	어떤가?"
對曰,	대답하였다.
"我遠於陳氏矣,[48]	"나는 진씨의 먼 갈래이고
且其違者不過數人,[49]	또한 어긴 자는 몇 사람에 불과한데
何盡逐焉?"[50]	어찌 진씨를 모두 쫓아내려 하십니까?"

46 자아와 진표가 국사(國事)에 말이 미치자 진표가 자아와 의기투합하였으므로 자아가 기뻐하였으며, 진표는 이로 인해 자아의 총애를 받은 것이다.

47 진표가 자아를 섬기는 것은 아마 진항(陳恒)을 위하여 염탐하는 것일 것이며, 이제 자아의 마음을 다 얻었으니 자아는 편안히 여겨 죽이지 않을 것이다. 이는 자아의 말이다.

48 진표는 다만 진씨의 족인(族人)으로, 진완(陳完)이 장공 22년, 곧 제환공 14년에 제나라로 달아났는데 지금 190년이 되었다. 『사기·전제세가(田齊世家)』에 의하면 진문자(陳文子)는 진환자(陳桓子)를 낳았고, 환자는 무자(武子)와 희자(僖子)를 낳았으며, 진항은 희자의 아들이다. 정공열(程公說)은 진표는 진문자의 손자이며 아마 희자의 이복동생일 것이라고 하였다. 그리고 진씨와 같으니 족히 "진씨가 바야흐로 화목하였다"는 것을 알 수 있다.

49 복건은 "위(違)라는 것은 자아를 따르지 않는 자이다"라 하였다.

遂告陳氏.	마침내 진씨에게 일러바쳤다.
子行曰,	자행이 말하였다.
"彼得君,	"그는 임금의 마음을 얻었으니
弗先,	선수를 치지 않으면
必禍子."[51]	반드시 그대에게 화를 끼칠 것입니다."
子行舍於公宮.[52]	자행이 공궁에 거처하였다.
夏五月壬申,[53]	여름 5월 임신일에
成子兄弟四乘如公.[54]	성자의 형제 네 명이 함께 수레를 타고 공에게 갔다.
子我在幄,[55]	자아가 휘장에 있다가
出,	나와서

50 이는 거짓말로 아마 자아를 위로하려는 말일 것이다.

51 진씨가 이미 진표가 말한 소식을 듣고 이 때문에 모의를 한 것이다. 자행(子行)의 말은 복건(服虔)이 말하기를 "피(彼)는 감지를 말하며, 자(子)는 진상(陳常)을 말한다"라 하였다.

52 자행이 공궁으로 거처를 옮긴 것이며, 아래의 자행이 휘장에 있다는 것 및 시인을 죽였다는 것에 의거하면 아마 내응을 하기 위한 것일 것이다. 두예는 "공궁에 숨었다"라 하였는데 틀렸다. 양이승(梁履繩)의 『보석(補釋)』을 참고하라.

53 임신일은 13일이다.

54 사승(四乘): 두 가지 해석이 있는데, 두예는 "성자의 형제는 소자(昭子) 장(莊)과 간자(簡子) 치(齒), 의자(宜子) 이(夷), 목자(穆子) 안(安), 늠구자(廩丘子) 의자(意茲), 망자(芒子) 영(盈), 혜자(惠子), 득(得)의 모두 여덟 명으로 두 사람이 한 대씩 탄 것이다"라 하였으니 사승은 수레 네 대라는 말이다. 고염무(顧炎武)의 『보정(補正)』에서 인용한 부손(傅遜)의 설과 혜동(惠棟)의 『보주(補注)』, 심흠한(沈欽韓)의 『보주(補注)』는 모두 『사기·전제세가(田齊世家)』의 『색은(索隱)』을 설을 가지고 반박하였는데, 사승은 곧 사승(駟乘)으로 네 사람이 탄 것일 따름이라고 하였다. 이 또한 한 가지 해석이다.

55 악(幄): 두예는 "장막으로 정사를 듣는 곳이다"라 하였다.

逆之,	그들을 맞아
遂入,	마침내 들어가자
閉門.[56]	문을 닫았다.
侍人禦之,[57]	시인이 그를 막았으나
子行殺侍人.[58]	자행이 시인을 죽였다.
公與婦人飮酒于檀臺,[59]	공과 부인이 단대에서 술을 마셨는데
成子遷諸寢.[60]	성자가 공을 침궁으로 옮겼다.
公執戈,	공이 과를 들고
將擊之.[61]	그를 치려 하였다.
大史子餘曰,[62]	태사 자여가 말하였다.
"非不利也,	"이롭지 않은 것이 아니니

56 두예는 "성자가 들어가자 다시 문을 닫아 자아를 들이지 않은 것이다"라 하였다.

57 시인(侍人): 제간공의 시인인데, 두예는 "자아의 시인"이라고 하였는데 틀렸다. 복건은 "문지기가 무기를 가지고 진씨를 막았다"라 하였는데 옳다. 아마 간공의 시자가 진항 등이 오는 기세가 불순해 보이는 것을 보았으므로 저항을 한 것이다.

58 진항이 공궁에서 반드시 먼저 수하를 배치해 놓았다가 자아가 입궁하면 내응하기로 하였으며 또한 반드시 수하를 이끌었을 것이다. 간공의 시자는 한 사람이 아니니 자아가 무리를 이끌지 않았다면 어떻게 그들을 죽였겠는가?

59 단대(檀臺): 마종련(馬宗璉)의 『보주(補注)』에서는 『사기·전제세가(田齊世家)』의 『정의(正義)』를 인용하여 단대는 임치(臨淄) 동북쪽 1리 지점에 있다고 하였다.

60 복건은 "공을 옮기어 침궁에서 머물게 하려 한 것이다"라 하였다.

61 두예는 "그가 난을 일으키려 한다고 의심한 것이다"라 하였다. 곧 그가 난을 일으키리라고 의심을 하지 않았다면, 당시의 예에 의하며 억지로 임금의 거처를 옮기게 하였다면 충분히 공을 노하게 할 만하였다.

62 자여(子餘): 혜동(惠棟)의 『보주(補注)』에서는 "자여는 진씨의 일당으로 태사이다"라 하였다.

將除害也."[63]	해를 없애 줄 것입니다."
成子出舍于庫,[64]	성자가 나가서 창고에 머물렀는데
聞公猶怒,	공이 아직도 노하였다는 것을 듣고
將出,[65]	나가려 하면서
曰,	말하였다.
"何所無君?"[66]	"어느 곳인들 임금이 없겠는가?"
子行抽劍,	자행이 검을 뽑으며
曰,	말하였다.
"需,	"의심하여 머뭇거리는 것은
事之賊也.[67]	일을 해치는 것입니다.
誰非陳宗?[68]	누가 진씨의 종주가 아니겠습니까?
所不殺子者,	그대를 죽이지 않는다면
有如陳宗!"[69]	진씨의 종주가 있을 것입니다!"

---

63 두예는 "장차 공을 위해 해를 없앨 것이라는 말이다"라 하였다.

64 두예는 "공이 노하였기 때문이다"라 하였다.

65 복건은 "달아나는 것이다"라 하였다.

66 나라마다 모두 임금이 있다는 말로, 청나라 이이덕(李貽德)의 『춘추좌씨전가복주집술(春秋左氏傳賈服注輯述)』에서는 "이는 다른 나라로 달아나려고 한 말이다"라 하였다.

67 6년 『전』의 "의심하는 것은 일 가운데 하책입니다(需, 事之下也)"라 한 것과 같은 뜻이다. 머뭇거리며 의심하여 결단을 내리지 못하는 것은 도리어 대사를 해치는 것이라는 말이다.

68 이때 진항(陳恒)이 진씨의 종주였는데 자행이 진항이 달아나려는 것을 막았으므로 사람마다 모두 진씨의 종주가 될 수 있다고 말한 것이다.

69 두예는 "그대가 도망하려고 한다면 내 그대를 반드시 죽여 진씨의 종주처럼 밝힐 것이라는 말이다"라 하였다. 아무개가 있는 것처럼 한다는 것은 맹세의 말에 자주 쓰는 상투

乃止.[70]	이에 그만두었다.
子我歸,	자아는 돌아가서
屬徒,[71]	무리를 모아
攻闈與大門,[72]	작은 문과 대문을 공격하였는데
皆不勝,	모두 이기지 못하여
乃出.	도망갔다.
陳氏追之,	진씨가 추격하다가
失道於弇中,[73]	엄중에서 길을 잃고
適豐丘.[74]	풍구로 갔다.
豐丘人執之,	풍구 사람이 그들을 붙잡아
以告,[75]	알리고
殺諸郭關.[76]	외성의 관문에서 죽였다.

어이다. 이곳의 진씨의 종주는 아마 진씨네 진완 이하 역대 종주를 가리킬 것이며 "선군 같은 것이 있다(有如先君)"라는 말과 같으며, 공영달의 소(疏)를 참고하여 보라.

70 달아나지 않은 것이다.

71 자아는 공궁에 들어가지 못하게 되어 이에 돌아와 사졸(私卒)을 모은 것이다. 속(屬)은 모은다는 뜻이다.

72 위(闈): 문 가운데 작은 것으로, 궁내의 작은 문이 아니라 궁장(宮牆)의 작은 문이다. 궁장의 사방에는 모두 대문과 소문이 있는데 『주례』의 「천관·궁백(天官·宮伯)」 및 「지관·보씨(地官·保氏)」에 의하면 궁백과 보씨가 돌아가며 파수를 선다. 청나라 금악(金鶚: 1771~1819)의 『구고록·예설(求古錄·禮說)』에 상세하다.

73 엄중(弇中): 양공 25년의 『전』과 『주』에 보이며, 곧 임치 서남쪽의 엄중욕(弇中峪)이다.

74 두예는 "풍구는 진씨의 읍이다"라 하였다.

75 진항에게 알린 것이다.

76 고사기(高士奇)의 『지명고략(地名考略)』에서는 "제나라 외성의 성문이다"라 하였다.

成子將殺大陸子方,[77]	성자가 대륙자방을 죽이려는데
陳逆請而免之.	진역이 청하여 살려 주었다.
以公命取車於道,[78]	공의 명으로 길에서 수레를 취하여
及耏,[79]	내에 이르렀을 즈음
衆知而東之,[80]	무리들이 알아보고 그를 동쪽으로 보내어
出雍門,[81]	옹문으로 나가니
陳豹與之車,	진표가 수레를 주었는데
弗受,	받지 않고
曰,	말하였다.
"逆爲余請,	"역위 나를 위해 청하여
豹與余車,	표가 내게 수레를 주었으니
余有私焉.	내 그와 사사로운 정분이 있습니다.
事子我而有私於其讎,	자아를 섬기면서 그 원수와 사사로운 정분이 있으니

77 자방(子方): 두예는 "자방은 자아(子我)의 신하이다"라 하였다. 아래 내용에 의하면 곧 동곽가이다. 『통지·씨족략(氏族略)』에서 "대륙씨(大陸氏)는 강(姜)성으로 제나라 태공의 후손이며, 육향(陸鄕)을 식읍으로 하였으므로 대륙씨라고 부르게 되었다"라 하였다.

78 두예는 "자방이 도중에 행인의 수레를 취한 것이다"라 하였다.

79 내(耏): 곧 시(時)로 제나라와 노나라가 교차하는 곳이며, 아마 자방이 노나라와 위나라로 달아나려고 하여 서쪽으로 갔을 것이다.

80 중(衆): 진씨네 사람으로 공의 명을 가장하여 수레를 취한 것임을 알고 동쪽으로 돌아가게 압박한 것이다.

81 옹문(雍門): 두예는 "제나라의 성문이다"라 하였다.

何以見魯, 衛之士?”[82]	어찌 노나라와 위나라의 사를 만나 보겠습니까?”
東郭賈奔衛.[83]	동곽가는 위나라로 달아났다.
庚辰,[84]	경진일에
陳恒執公于舒州.	진환이 서주에서 공을 잡았다.
公曰,	공이 말하였다.
“吾早從鞅之言,	“내 일찌감치 앙의 말을 들었더라면
不及此.”[85]	이 지경에 이르지는 않았을 것이다.”

宋桓魋之寵害於公,[86]	송나라 환퇴의 총애가 공에게 해를 끼치자
公使夫人驟請享焉,	공이 부인으로 하여금 그를 급히 향례에 초청하여
而將討之.[87]	죽이고자 하였다.

---

82 자방이 노나라나 위나라로 달아나려 했기 때문에 “어찌 노나라와 위나라의 사를 만나 보겠습니까?”라 한 것이다.

83 동곽가(東郭賈): 두예는 “가(賈)는 곧 자방이다”라 하였다.

84 경진일은 21일이다.

85 두예는 “진씨를 죽이지 못한 것을 후회한 것이다”라 하였다.

86 두예는 “총애를 믿고 교만이 넘친 것이다”라 하였다. 교만이 넘친 것뿐 아니라 아마 이미 세력이 양립할 수 없었을 것이다.

87 두예는 “부인은 경공의 어머니이다. 여러 차례 향례를 베풀기를 청하여 이를 기회로 기를 죽일 것을 청한 것이다”라 하였다. 오개생(吳闓生)의 『문사견미(文史甄微)』에서는 “취(驟)는 급히라는 뜻이다. 두예의 주는 자주라고 풀었는데, 틀렸다”라 하였다. 오개생의 설이 옳다.

未及,[88]	채 못 미쳐
魋先謀公,	환퇴가 먼저 공에게 손을 쓰려고 하여
請以鞌易薄.[89]	안을 박과 바꿀 것을 청하였다.
公曰,	공이 말하였다.
"不可.	"아니 되오.
薄,	박은
宗邑也."[90]	종실의 읍이오."
乃益鞌七邑,[91]	이에 안의 일곱 성읍을 더하여
而請享公焉,[92]	공에게 향례를 청하여

---

88 미처 환퇴를 향례에 청하지 못한 것이다.

89 안·박(鞌·薄): 두예는 "안(鞌)은 산퇴의 읍이며, 박(薄)은 공의 읍이다. 읍을 바꾸어 이를 빌미로 공에게 향례를 베풀어 난을 일으키려 한 것이다"라 하였다. 안(鞌)은 두 곳이 있는데, 성공 2년에 있은 안의 전역은 곧 제나라의 땅이고, 이곳은 송나라의 읍이다. 박(薄)은 곧 박(亳)으로 또한 곧 장공 12년『전』에서 공자 어열(公子御說)이 달아난 박으로 지금의 하남 상구시(商丘市) 북쪽 4, 50리 지점에 있으며 산동 조현(曹縣)의 경계와 닿아 있다. 탕(湯)이 이곳에 도읍을 정하였으므로 송경공이 종읍이라고 하였다. 왕국유(王國維: 1877~1927)의『관당집림·박에 대하여(觀堂集林·說亳)』를 참고하라. 왕국유는 또 말하기를 "안은 환퇴의 읍으로 소재지는 고찰할 수 없지만 박과 가까울 것이다. 이해에 환퇴의 사람이 조나라에서 반란을 일으켜 이때는 조나라 땅이 새로 송나라에 편입되어 반드시 환퇴의 채읍은 아닐 것이며 또한 반드시 환퇴의 읍과 가까울 것이다"라 하였으니 안은 지금의 산동 정도현(定陶縣) 남쪽, 하남 상구시 북쪽의 모처에 있을 것이다.

90 종읍(宗邑): 장공 28년『전』"곡옥은 임금의 종읍이다(曲沃君之宗也)"의『주』에 상세하다. 곡옥은 진나라에서 또한 박이 송나라에서의 위치와 같으며 모두 조묘(祖廟)가 있는 곳이다.

91 아마 일곱 읍을 안(鞌)과 합쳐 안을 현으로 한 것일 것이다.

92 두예는 "내려 받은 것을 기뻐하는 척한 것이다"라 하였다.

以日中爲期,	정오를 기약하고
家備盡往.[93]	집안의 사병을 모두 갖추어서 갔다.
公知之,	공이 그것을 알고
告皇野曰,[94]	황야에게 일러 말하였다.
"余長魋也,	"내가 환퇴를 키워줬거늘
今將禍余,[95]	이제 나에게 화를 끼치려 하니
請卽救."	즉시 구해 주오."
司馬子仲曰,[96]	사마 자중이 말하였다.
"有臣不順,	"신하가 순복하지 않으면
神之所惡也,	신이 미워하는 것인데
而況人乎?	하물며 사람이겠습니까?
敢不承命.	감히 명을 따르지 않으리오.
不得左師不可,[97]	좌사를 얻지 않으면 안 되니
請以君命召之."	임금님의 명으로 불러 주십시오."
左師每食,	좌사는 밥을 먹을 때마다

93 환퇴가 그의 개인 소유 갑병(甲兵)을 향례를 베푸는 곳으로 모두 보낸 것을 말한다. 무억(武億)의 『의증(義證)』에서도 "이는 환퇴의 집안의 무리이다"라 하였다.

94 황야(皇野): 두예는 "황야는 사마 자중(子仲)이다"라 하였다. 두예의 『세족보(世族譜)』에 의하면 야는 황원(皇瑗)의 형제이다. 황원은 7년의 『경』에 보인다.

95 상퇴는 어려서부터 나에 의해 길러져서 컸다는 것을 말한다.

96 자중(子仲): 곧 황야(皇野)이며, 사마는 그의 현재 관직이다.

97 좌사(左師): 두예는 "좌사는 상퇴의 형 상소(向巢)이다"라 하였다.

擊鐘.	종을 쳤다.
聞鐘聲,	종소리를 듣고
公曰,	공이 말하였다.
"夫子將食."	"좌사가 밥을 먹으려 하는구나."
旣食,	밥을 다 먹고는
又奏.[98]	또 음악을 연주하였다.
公曰,	공이 말하였다.
"可矣."	"되었다."
以乘車往,[99]	수레를 타고 가면서
曰,	말하였다.
"迹人來告曰,[100]	"적인이 와서 보고하기를
'逢澤有介麇焉.'[101]	'봉택에 짝 잃은 사슴이 있습니다'라 하여

98 식사를 끝내고 또 음악을 연주한 것이다.

99 황야(皇野)가 간 것이다.

100 적인(迹人): 『주례·하관(夏官)』에 적인(迹人)이 있는데 사냥할 때 발자취를 관장하여 금수가 있는 곳을 알게 하는 관직이다. 『이아·석수(釋獸)』에서도 각종 짐승의 자취가 다르다고 말하였다.

101 봉택(逢澤): 지금의 상구현(商丘縣) 남쪽에 있으며, 곧 『수경주·휴수(睢水)』의 봉홍피(逢洪陂)인데 지금은 이미 물이 말랐다.
개(介): 곧 『장자·경상초(庚桑楚)』편의 "저 수레를 입안에 넣을 수 있을 정도로 큰 짐승도 짝을 잃고 혼자 산을 떠나면(介而離山) 그물이라는 재난을 면치 못한다"라 한 "개(介)"의 뜻이며, 전한(前漢) 말 양웅(揚雄)의 『방언(方言)』에서는 짝이 없는 "짐승을 개라고 한다"라 하였다.

公曰,	공이 말하기를
'雖魋未來,	'환퇴가 아직 오지는 않았지만
得左師,	좌사를 얻었으니
吾與之田,	내 그와 사냥을 함이
若何?'[102]	어떻겠는가?' 하였습니다.
君憚告子,[103]	임금이 그대에게 말하기를 꺼리어
野曰,	제가 말하기를
'嘗私焉.'[104]	'일찍이 사사로이 말한 적이 있습니다'라 하였습니다.
君欲速,	임금께서 속히 하고자 하셨으므로
故以乘車逆子."	수레를 타고 그대를 맞으러 왔습니다."
與之乘,	그와 함께 수레를 타고
至,[105]	이르러
公告之故,[106]	공이 그에게 까닭을 알려 주니
拜,	절하고
不能起.[107]	일어서지 못했습니다.

102 두예는 "황야(皇野)가 공의 명을 칭한 것이다"라 하였다.
103 두예는 "장난으로 대신을 번거롭게 하기 어려운 것이다"라 하였다.
104 사인(私人)의 신분으로 좌사에게 말해 본 적이 있다는 것을 말한다.
105 함께 수레를 타고 공이 있는 곳에 이른 것이다.
106 환퇴가 자기를 해치려 한다는 것을 알려 자기가 구원해 줄 것을 청한 것이다.

司馬曰,	사마가 말하기를
"君與之言."[108]	"임금이 그와 맹세하셨다."
公曰,	공이 말하였다.
"所難子者,[109]	"그대를 어렵게 하는 것으로는
上有天,	위로는 하늘이 있고
下有先君."[110]	아래에는 선군이 있도다."
對曰,	대답하여 말하였다.
"魋之不共,	"환퇴가 공경하지 않은 것은
宋之禍也,	송나라의 화이니
敢不唯命是聽."	감히 명을 따르지 않겠습니까?"
司馬請瑞焉,[111]	사마는 부절을 청하여

---

107 상소가 듣고는 공을 향해 절하고 두려워 일어날 수 없었던 것이다.

108 황야가 공과 상소의 맹세를 알린 것이다. 언(言)은 서(誓)이다. 성공 13년의 『전』에 "맹세한 말이 이루어지지 않았다(言誓未就)"는 말이 있는데, 언서(言誓)는 아마 동의사가 연용된 것일 것이다.

109 난자(難子): 그대로 하여금 어렵게 한다는 말과 같다. 혹은 그대가 어려움을 만나게 한다고도 한다. 유월(兪樾)의 『평의(平議)』에서는 "난자(難子)는 그대를 원수로 삼는다는 뜻과 같다"라 하였는데, 곡설로 따를 수 없다.

110 천(天)은 천신(天神)을 말하므로 위에서 말하였고, 선군은 귀신이므로 아래서 말하였다.

111 두예는 "서(瑞)는 부절(符節)로 군사를 일으키는 데 쓴다"라 하였다. 『주례·춘관(春官)』에 전서(典瑞)가 있는데 "아장(牙璋)으로 군사를 일으킨다"라 하였는데, 정중(鄭衆)의 설에 의하면 장(璋)의 가는 톱니 모양으로 한나라 때의 동호부(銅虎符)와 비슷하며 군사를 일으키는 데 쓰는 것으로 곧 이곳의 서(瑞)이다. 따라서 『설문』에서는 "서는 옥으로 만든 부신(符信)이다"라 하였는데, 단옥재는 신(信)은 곧 부절이라고 하였다.

以命其徒攻桓氏.[112]	그 무리에게 환씨를 공격하도록 명하였다.
其父兄故臣曰"不可",	그 부형과 옛 신하들은 "안 됩니다"라 하였고
其新臣曰"從吾君之命".	새 신하들은 "우리 임금의 명을 따라야 한다"라 하였다.
遂攻之.	마침내 공격하였다.
子頎騁而告桓司馬.[113]	자기가 말을 달려 환 사마에게 알리니
司馬欲入,[114]	사마가 들어가려 하자
子車止之,[115]	자거가 말리어
曰,	말하였다.
"不能事君,	"임금을 잘 섬기지도 못한 데다가
而又伐國,	또 나라까지 치면
民不與也,	백성들이 편을 들지 않을 것이니
祇取死焉."	다만 죽을 길을 찾을 뿐입니다."
向魋遂入于曹以叛.[116]	상퇴는 마침내 조로 들어가 반란을 일으켰다.

112 환씨(桓氏): 두예는 "환씨는 상퇴(向魋)이다"라 하였다.
113 자기(子頎): 두예는 "자기는 환퇴의 아우이다. 환 사마는 곧 퇴(魋)이다"라 하였다.
114 이 사마는 상퇴이며 황야가 아니다. 두예는 "들어가서 임금을 공격한 것이다"라 하였다.
115 자거(子車): 두예는 "거(車) 역시 퇴(魋)의 아우이다"라 하였다.

六月,	6월에
使左師巢伐之,	좌사 소로 하여금 그들을 치고
欲質大夫以入焉.[117]	대부를 인질로 삼아 들어오게 하였다.
不能,	할 수 없자
亦入于曹,	또한 조읍으로 들어가
取質.[118]	인질을 취하였다.
魋曰,	퇴가 말하였다.
“不可.	“안 되오.
旣不能事君,	임금을 잘 섬기지도 못한 데다가
又得罪于民,[119]	또한 백성들에게 죄를 얻으면
將若之何?”	장차 그를 어찌하려 하오?”
乃舍之.[120]	이에 풀어 주었다.
民遂叛之.	백성들이 마침내 반란을 일으켰다.
向魋奔衛.[121]	상퇴는 위나라로 달아났다.

---

116 두예는 “애공 8년 송나라가 조(曹)를 멸하고 읍으로 삼았다”라 하였다.

117 두예는 “소(巢)가 퇴(魋)를 이길 수 없어 공이 노할까 두려워하여 국내의 대부를 인질로 삼아 다시 입국한 것이다”라 하였다.

118 두예는 “대부를 얻을 수 없었으므로 조읍으로 들어가 조읍 사람들의 자제를 겁박하여 인질로 삼아 스스로 공고히 하려고 하였다”라 하였다.

119 조읍 사람들을 겁박하여 인질로 삼으면 백성들에게 죄를 짓게 되는 것이라는 말이다.

120 두예는 “조읍의 자제들을 풀어 준 것이다”라 하였다.

121 전한(前漢) 한영(韓嬰)의 『한시외전(韓詩外傳) 2』에는 노나라로 달아났다고 하였다.

向巢來奔,	상소가 도망쳐 오자
宋公使止之,	송공이 그를 막게 하고
曰,	말하였다.
"寡人與子有言矣,	"과인과 그대는 언약이 있어서
不可以絶向氏之祀."[122]	상씨의 제사를 끊을 수 없다."
辭曰,	사절하며 말하였다.
"臣之罪大,	"신의 죄는 크니
盡滅桓氏可也.	환씨를 모두 멸망케 해도 됩니다.
若以先臣之故,	선신 때문에
而使有後,	후사가 있게 된다면
君之惠也.	임금의 은혜이옵니다.
若臣,	신이라면
則不可以入矣."	들어갈 수 없습니다."
司馬牛致其邑與珪焉,	사마 우가 그의 봉읍과 옥규를 바치고
而適齊.[123]	제나라로 갔다.

---

122 상소(向巢)가 달아나는 것을 말린 것이다. "유언(有言)"은 위의 맹세한 말을 가리킨다.

123 두예는 "우(牛)는 환퇴의 아우이다. 규(珪)는 읍을 지키는 부신(符信)이다"라 하였다. 이 사마 우는 전인(前人)들이 모두 곧 『논어·안연(顔淵)』의 "남들은 모두 형제가 있는데 나만 홀로 없다(人皆有兄弟, 我獨亡)"라 자탄한 사마 우라고 하였는데 아마 아닐 것이니, 첫째는 「중니제자열전」에서 언급한 적이 없고, 둘째는 두 사람의 이름이 같지 않기 때문이다. 『논어역주』에 상세하다.

向魋出於衛地,	상퇴가 위나라 땅으로 가자
公文氏攻之,[124]	공문씨가 그를 공격하여
求夏后氏之璜焉.[125]	하후씨의 황옥을 찾았다.
與之他玉,	그에게 다른 옥을 주고
而奔齊,[126]	제나라로 달아나니
陳成子使爲次卿.	진성자가 차경을 시켰다.
司馬牛又致其邑焉,[127]	사마 우는 또 그 봉읍을 바치고
而適吳.	오나라로 갔다.
吳人惡之,	오나라 사람이 그를 미워하여
而反.[128]	돌아갔다.
趙簡子召之,	조간자가 그를 부르고
陳成子亦召之,	진성자도 그를 불렀는데

124 공문씨(公文氏): 왕부(王符)의 『잠부론·지씨성(志氏姓)』에서는 위나라의 공족에 공문씨가 있다고 하였다.

125 양옥승(梁玉繩)의 『별기(瞥記)』에서는 "주나라가 노공에게 하후씨의 황(璜)을 나누어 주었는데 이는 유일무이한 보물이었다. 곧 애공 14년 『전』의 위나라 공문씨가 요구한 상퇴의 하후씨의 황인데 어찌 유전되어 하나의 황에 그치지 않았겠는가?"라 하였다. 아마 이른바 하후씨의 황이란 것은 반드시 진짜 하대(夏代)의 물건은 아닐 것이며 당시 이렇게 부른 것이 있을 따름일 것이니 어찌 둘이 있을 수 없겠는가?

126 다른 옥을 공문씨에게 준 뒤에 제나라로 달아난 것이다. 『여씨춘추·필기(必己)』편에서는 "송나라 환 사마에게는 보주(寶珠)가 있었는데 죄를 짓고 도망을 치자 왕이 구슬의 소재지를 묻게 하였다. ……"라 하였는데, 고유(高誘)의 주에서는 이 『전』을 인용하여 증거로 삼았는데 아마 곧 이로 말미암아 전하여진 잘못일 것이다.

127 우(牛)가 제나라로 달아난 것이 퇴보다 먼저로, 이미 읍을 얻었는데 퇴가 제나라의 차경이 되자 우가 또 읍을 바친 것이다.

128 송나라로 돌아간 것이다.

卒於魯郭門之外,	노나라의 외성의 성문 밖에서 죽으니
阬氏葬諸丘輿.[129]	항씨가 그를 구여에다 장사 지냈다.

甲午,[130]	갑오일에
齊陳恒弒其君壬于舒州.	제나라 진항이 서주에서 그 임금을 죽였다.
孔丘三日齊,[131]	공구는 사흘 동안 재계하고
而請伐齊三.	제나라를 칠 것을 세 번 청했다.
公曰,	공이 말하였다.
"魯爲齊弱久矣,	"노나라가 제나라에 약하여진 지가 오래되었는데
子之伐之,	그대가 치라고 하니
將若之何?"	그 어찌해야 하오?"
對曰,	대답하여 말하였다.
"陳恒弒其君,	"진항이 그 임금을 죽였으니
民之不與者半.	백성의 반은 그를 편들지 않을 것입니다.

129 두예는 "항씨는 노나라 사람이다"라 하였다. 『휘찬(彙纂)』에 의하면 구여(丘輿)는 지금의 산동 비현(費縣) 서쪽에 있다. 『청일통지』에서는 비현의 남쪽에 사마 우의 무덤이 있다고 하였는데 믿을 수 없다.

130 갑오일은 6월 5일이다.

131 제(齊): 재(齋)와 같으며, 재계(齋戒)이다.

以魯之衆加齊之半,	노나라의 민중에다 제나라의 절반을 더하면
可克也."	이길 수 있습니다."
公曰,	공이 말하였다.
"子告季孫."	"그대가 계손에게 알리라."
孔子辭,	공자는 사절하고
退而告人曰,	물러나 사람에게 말하였다.
"吾以從大夫之後也,	"내가 대부의 뒤를 따르기 때문에
故不敢不言."[132]	감히 말하지 않을 수 없었다."

初,	처음에
孟孺子洩將圉馬於成,[133]	맹유자 설이 성읍에서 말을 기르려 하였는데
成宰公孫宿不受,	성의 읍재인 공손숙이 받아들이지 않고
曰,	말하였다.
"孟孫爲成之病,[134]	"맹손은 성읍이 빈곤하다 하여

132 『논어·헌문(憲問)』편에도 이 일이 실려 있는데 공구에게 3경(三卿)에게 알리라고 한 적이 있는데 삼경이 안 된다고 하여 나중에 사람에게 알렸다 운운하였는데, 이는 아마 당시에 전해 들은 것이 달랐기 때문일 것이다.

133 설(洩): 두예는 "설은 맹의자의 아들 맹무백(孟武伯)이다. 어는 가축을 기르는 것이다. 성은 맹씨의 읍이다"라 하였다.

不圉馬焉."[135]	그곳에서 말을 기르지 않았습니다."
孺子怒,	유자가 노하여
襲成,	성읍을 습격하였는데
從者不得入,	따르는 사람들이 들어갈 수가 없게 되어
乃反.	이에 돌아왔다.
成有司使,	성읍 유사의 사인을
孺子鞭之.[136]	유자가 매질하였다.
秋八月辛丑,	가을 8월 신축일에
孟懿子卒,	맹의자가 죽자
成人奔喪,	성읍 사람이 문상을 갔으나
弗內,	들이지 않았으며,
袒, 免,	상의와 모자를 벗고
哭于衢,	대로에서 곡을 하며
聽共,[137]	함께 명을 듣게 해달라고 하였으나
弗許,	허락지 않았다.

134 맹손(孟孫): 맹의자(孟懿子)를 가리킨다.

135 병(病): 두예는 "병(病)은 백성이 빈곤함을 말한다"라 하였다.

136 두예는 "화를 낸 데 대하여 원한을 가졌으므로 성읍의 유사(有司)의 사인(使人)을 매질한 것이다"라 하였다.

137 두예는 "명을 들어 함께 구사(驅使)할 수 있도록 청한 것이다"라 하였다.

懼,	두려워하여
不歸.[138]	돌아가지 않았다.

애공 15년

經

十有五年春王正月,[1]	15년 봄 주력으로 정월에
成叛.	성읍이 반란을 일으켰다.
夏五月,	여름 5월에
齊高無丕出奔北燕.[2]	제나라의 고무비가 북연으로 달아났다.
鄭伯伐宋.[3]	정백이 송나라를 쳤다.
秋八月,	가을 8월에
大雩.[4]	크게 기우제를 올렸다.

---

138 두예는 "감히 성읍으로 돌아가지 않은 것이다"라 하였다. 이 단락은 다음 해의『전』과 이어서 읽어야 한다.

1 십오년(十五年): 신유년 B.C. 480년으로 주경왕(周敬王) 40년이다. 동지가 정월 16일 임신일로 건자(建子)이다.

2『전』이 없다.

3『전』이 없다.

4『전』이 없다.

晉趙鞅帥師伐衛.[5]	진나라 조앙이 군사를 거느리고 위나라를 쳤다.
冬晉侯伐鄭.[6]	겨울에 진후가 정나라를 쳤다.
及齊平.[7]	제나라와 화평을 맺었다.
衛公孟彄出奔齊.[8]	위나라 공맹구가 제나라로 달아났다.

傳

十五年春,	15년 봄에
成叛于齊.	성읍이 제나라로 반란을 일으켰다.
武伯伐成,	무백이 성읍을 쳤는데
不克,	이기지 못하자
遂城輸.[9]	마침내 수에 성을 쌓았다.

夏,	여름에
楚子西, 子期伐吳,	초나라 자서와 자기가 오나라를 쳤는데

5 『전』이 없다.
6 『전』이 없다.
7 두예는 "노나라와 제나라가 강화를 맺은 것이다"라 하였다.
8 『전』이 없다.
9 두예는 "성읍을 핍박한 것이다"라 하였다. 강영(江永)의 『고실(考實)』에서는 "수는 아마 성에 가까운 땅일 것이다"라 하였다. 이 단락은 지난해의 마지막 장의 『전』과 이어서 읽어야 한다.

及桐汭,[10]	동예에 이르러
陳侯使公孫貞子弔焉,[11]	진후가 공손정자로 하여금 조문하게 하였는데
及良而卒,[12]	양에 이르러 죽어
將以尸入.[13]	시신을 가지고 들어가려 하였다.
吳子使大宰嚭勞,	오자가 태재 비로 하여금 위로하게 하고
且辭曰,	또한 거절하게 하면서 말하였다.
"以水潦之不時,	"큰 비가 시도 때도 없어
無乃廪然隕大夫之尸,[14]	넘쳐 대부의 시신을 상하게 하므로

10 동예(桐汭): 곧 지금의 동수(桐水)로, 안휘 광덕현(廣德縣)에서 발원하여 서북쪽으로 꺾여 낭계현(郎溪縣) 남쪽을 거쳐 남기호(南綺湖)로 모였다가, 북으로 강소 고순현(高淳縣)으로 들어가 단양호(丹陽湖)에 물을 댄다.

11 두예는 "초나라에게 침벌당한 것을 위로하는 것이다"라 하였다. 『맹자·만장(萬章) 상』에 공자가 일찍이 사성(司城) 정자(貞子)의 집에 머물러 진후(陳侯) 주(周)의 신하가 된 적이 있다. 사성 정자는 곧 이 공손정자이며, 진후 주는 곧 진 민공(閔公)이다. 『맹자역주』에 설이 상세하다.

12 양(良): 공손정자가 양에서 죽은 것이다. 양은 강영(江永)의 『고실(考實)』에서 "오나라 국도에서 가까운 땅인 것 같으며, 소공 13년의 양성은 분명히 아닐 것이다"라 하였다. 강영의 설은 취할 만하니 소공 13년 『전』의 양은 지금의 강소 비현(邳縣)에 있어서 오나라와는 거리가 멀어 시신을 들이기가 어렵다.

13 『예기·곡례(曲禮) 하』에서는 "상(牀)에 있는 것을 시(尸)라 하고, 관(棺)에 있는 것을 구(柩)라 한다"라 하였으며, 청나라 이이덕(李貽德)의 『춘추좌씨전가복주집술(春秋左氏傳賈服注輯述)』에서는 은공 원년 『전』의 "상사에 쓸 물품을 장례에 미치지 못한다(贈死不及尸)"라 한 것으로 증명하고 "장례를 치르지 않은 구(柩)를 시(尸)라 부른다"라 하였는데 옳다. 『의례·빙례(聘禮)』에 의하면 사자가 사행하는 나라의 경내에서 죽어 입조를 하지 못하였으면 사행하는 나라에서 사자를 위하여 염을 해주고 상개(上介)가 사자를 대신하여 명을 받든다. 죽은 자의 구(柩)는 청나라 왕소란(王紹蘭)의 『경설(經說)』에 의하면 전문(殿門)의 밖에 두기 때문에 반드시 그 구(柩)를 성에 들이지 않는다.

以重寡君之憂,	과군의 근심을 과중시키니
寡君敢辭."[15]	과군께서 감히 사절하는 바입니다."
上介芋尹蓋對曰,[16]	상개 우윤 개가 대답하여 말하였다.
"寡君聞楚爲不道,	"과군께서는 초나라가 무도하다고 들어
荐伐吳國,[17]	여러 번 오나라를 쳐서
滅厥民人,	그 백성을 멸하고
寡君使蓋備使,[18]	과군께서는 저로 하여금 사신을 채워
弔君之下吏.	임금님의 하리를 조문케 하였습니다.
無祿,	불행히도

14 름(廩): 람(濫)의 뜻으로 읽어야 하며, 혹 물이 범람하여 대부의 시체를 잃을까 걱정된다는 말이다. 양수달(楊樹達)의 『독좌전(讀左傳)』에 상세하다.

15 『석문』에서는 아래 구절의 첫 두 자 "상개(上介)"를 이곳에 이어서 읽어 "寡君敢辭上介"로 읽어야 한다고 하였다. 두예에 의하면 오나라가 거절한 것은 상개가 아니라 "시신을 장사 지내려는 것"이며, 아래의 상개가 답한 말을 보면 자명해진다. "상개"는 아래에 붙여 읽는 것이 옳다. 상개를 거절한 것이라면 이는 사절단을 거절한 것이 되어 실례가 심하게 된다.

16 상개우윤개(上介芋尹蓋): 상개는 임시직이고, 우윤은 본직으로 초나라에는 우윤이라는 관직이 있다. 개(蓋)는 곧 그 이름이다.

17 천(荐): 초나라는 오나라와 여러 차례 싸웠기 때문에 천(荐)이라고 하였다. 천(荐)은 자주라는 뜻이다.

18 비사(備使): 『설문』에는 "비(葡)"자가 있는데, 갖춘다는 뜻이고 요즘의 "문구(文具)"의 구(具)와 같다고 하였다. 애공 2년 『전』의 "제(괴외)가 그 창을 갖추어 잡게 해주십시오(蒯聵備持矛焉)"와 「노어 상」의 "제(辰)가 경의 자리를 채웠습니다(備卿)", 또 아래의 "동자로 하여금 관직을 채우게 했다(備官)"의 비(備)가 모두 이 뜻이다. "비사(備使)"니 "비지모(備持矛)"는 모두 스스로 겸손해하는 말로 재덕도 없는데 다만 그 자리에 섰을 뿐이라는 말이다. 양수달(楊樹達)의 『독좌전(讀左傳)』의 설에 근본함.

使人逢天之慼,[19]	사신이 하늘의 근심을 만나
大命隕隊,[20]	목숨이 떨어져
絶世于良.[21]	양에서 세상을 떴습니다.
廢日共積,	날짜를 허비해 가며 쌓인 재물을 대느라
一日遷次.	날마다 머무는 곳을 옮겼습니다.
今君命逆使人曰'無以尸造于門',	지금 임금께선 사신을 맞는 사람에게 명하기를 '시신을 문으로 보내지 말라'고 하셨으니
是我寡君之命委于草莽也.[22]	이는 우리 과군의 명을 잡초에 버리는 것입니다.

---

19 척(慼): 척(慽)과 같으며, 근심이라는 뜻이다.

20 추(隊): 추(墜)와 같다.

21 절세(絶世): 두예는 "기세(棄世)와 같다"라 하였다.

22 왕소란(王紹蘭)의 『경설(經說)』에서는 "공손정자의 이번 사행은 예의상 재화가 난 일을 위로하기 위한 일이다. 비록 빙문(聘問)은 아니지만 빈객인 것은 마찬가지이다. 『의례·빙례(聘禮)』에서는 '사자〔賓〕가 국경을 들어서서 죽는다면 빙례를 계속하는 것이다. 주인은 그를 위해 빈(殯)에 필요한 것을 갖추어 주고 부사〔介〕가 그 명을 대신한다. 임금이 조문을 오면 부사가 주인이 된다'라 하였다. 또한 말하기를 '사자가 죽어 명을 이행하지 못하였을 때는 관에 넣어 염을 한 후에 조정으로 보내며 부사가 명을 대신 행한다'라 하였다. 정현의 주에서는 '구(具)는 막 죽었을 때부터 빈(殯)에 이르기까지 쓰이는 것을 말한다. 비록 신하가 친한 인척이 있어도 주인이 아니면 부사와 사자가 함께 임금에게 명을 받는 것이 높이는 것이다. 명을 행하지 않았다는 것은 한가한 뒤를 기다리는 것이다. 널을 조정에 보내는데 이미 조정에 이르렀다면 뜻이 임금의 명을 이루는 데 있다'라 하였다. 이 예는 사자가 죽은 예이다. 지금 정자가 양에 이르러 죽은 것은 경내에 들어와서 죽은 것으로 오자(吳子)가 친히 조문을 하지 않았으며 이에 비(嚭)가 그 시신을 들이는 것을 거절하였으니 예가 아니다. 비는 위로를 하면서 또한 거절한 것이 시신을 들이려 한 후에 있었으니 막 죽었을 때부터 빈을 할 때까지의 쌓인 비용은 모두 사자가 스스로 써야 하며 오나라가 그를 위해 빈에 소용되는 비용을 갖추어 준 것이 아니니 또한 예가

且臣聞之曰, 또한 신이 듣기에

'事死如事生, '죽은 이를 섬김을 산 이를 섬기듯 하는 것이

禮也.'[23] 예이다'라 하였습니다.

於是乎有朝聘而終, 以尸將事之禮,[24] 이에 조빙을 하다가 죽은 것으로 하여 시신으로 조빙의 예를 가졌으며

又有朝聘而遭喪之禮.[25] 또한 조빙을 하다가 상을 당한 예를 가졌습니다.

아니다. 날마다 머무는 곳을 옮겼다는 것은 곧 『예』에서 이른바 '국경을 들어서서 죽는다면 빙례를 계속하는 것'이다. 한가해진 후에 사자가 죽어 이미 숙소에 이르렀을 때 명을 이행하지 못하였으면 구(柩)를 조정으로 보내며, 국경을 들어서서 사신이 죽었는데 아직 한가하기 전인데 역시 명을 이행하지 못하였다면 분명 구(柩)를 문으로 보내야 한다. 그러므로 『예』에서는 '돌아가 부사가 복명하고 구(柩)는 문밖에 머무른다'라 하였다. 정현은 '문밖은 대문의 밖이다'라 하였으니 사자가 죽었을 때 빙문을 할 때는 그 구(柩)를 당연히 주인 나라의 대문 밖에 보내고 부사가 명을 행하니 이는 모두 임금의 명을 중시하기 때문이다. 오나라 사람이 이에 말하기를 '시신을 문으로 보내게 하지 말라'한 것은 더욱 예가 아닌 것이다"라 하였다. 대문 밖은 곧 궁문의 밖이다. 구(柩)를 성문에 들이지 않아 구(柩)를 궁문 밖까지 이르게 할 수 없다면 명을 행할 길이 없으니 이는 임금의 명을 버리는 것이다.

23 양이승(梁履繩)의 『보석(補釋)』에서는 주씨(周氏)의 『부론(附論)』을 인용하여 "『예기·제의(祭義)』에서는 말하기를 '문왕을 제사 지낼 때는 죽은 자를 섬기기를 산 자를 섬기듯 하여 죽은 자를 생각하는 것이 살고 싶어 하지 않은 듯했다'라 하였다. 『중용』에서는 '죽은 자 섬기기를 산 자 섬기듯 하고, 망자 섬기기를 있는 자 섬기듯 하는 것이 효의 지극함이다'라 하였다. 이 『전』에서도 또한 그것을 인용하였는데 아마 옛 『예경(禮經)』의 문장일 것이다"라 하였다.

24 위에서 인용한 왕소란(王紹蘭)의 설에 따르면 곧 시신을 가지고 일을 행하는 예이다.

25 이는 빙문을 받는 나라가 상을 당한 것이다. 『의례·빙례(聘禮)』에서는 "빙문을 하다가 상을 당하면 국경을 들어섰을 경우 빙례를 계속하는데, 교외에서 위로를 하지 않으며 자리를 깔지도 않으며 사자에게 예를 행하지 않고 주인이 돌아가는 예를 다하면 재화도 주지 않고 예물로 옥을 주지도 않으며 예물을 보내지도 않는다"라 하였는데, 이는 곧 빙

若不以尸將命, 만약 시신을 가지고 사명을 이루지 못하면

是遭喪而還也,[26] 이는 상을 당하였는데 돌아가는 것이니

無乃不可乎! 안 되지 않겠습니까!

以禮防民, 예로 백성을 막고

猶或踰之, 그래도 어쩌다 넘는 것이 있으니

今大夫曰'死而棄之', 지금 대부들이 말하기를 '죽어서 버리는 것이다' 하니

是棄禮也, 이는 예를 버리는 것입니다.

其何以爲諸侯主? 그 어찌 제후의 맹주가 되겠습니까?

先民有言曰, 선대의 백성들이 말하기를

'無穢虐士.'[27] '죽은 사를 더럽히지 말라' 하였습니다.

문을 하였다가 주인 나라 임금의 상을 당했을 때의 예이다. 문공 6년『전』에는 계문자가 진(晉)나라를 빙문하려다가 상을 당한 예를 청하게 하였는데 과연 진나라 양공의 상을 당한 것을 말하고 있다.

26 조빙을 받는 나라에 상이 있으면 시신을 가지고 명을 행하지 않으며, 나라를 빙문하는 사자가 죽었을 때만 비로소 시신을 가지고 명을 행하므로 개(蓋)가 이 말을 하였다.

27 학사(虐士): 두예는 "학사(虐士)는 죽은 사람이다"라 하였다. 우창(于鬯)의『향초교서(香草校書)』에서는 "'학(虐)'은 '허(虛)'자와 모양이 비슷하여 생긴 오자로,『설문』에서는 '허(魖)는 모귀(秏鬼)이다'라 하였으므로 사자(死者)가 허사(虛士)를 가질 수 있는 것을 일컫는다"라 하였다. 오나라는 이미 죽은 사자가 성에 들어오는 것을 거절하였는데 이는 죽은 자를 더럽게 생각하였기 때문이다.

備使奉尸將命,	사신을 채워 시신을 받들고 명을 행하니
苟我寡君之命達于君所,	우리 과군의 명이 임금께서 계신 곳에 이르기만 하면
雖隕于深淵,	깊은 못에 떨어지더라도
則天命也,	천명이지
非君與涉人之過也."[28]	임금님과 섭인의 잘못은 아닙니다."
吳人內之.	오나라 사람이 들였다.

秋,	가을에
齊陳瓘如楚,[29]	제나라 진관이 초나라로 가다가
過衛,	위나라를 지나게 되었는데
仲由見之,[30]	중유가 그를 보고
曰,	말하였다.
"天或者以陳氏爲斧斤,	"하늘이 혹 진씨를 도끼로 삼아
旣斲喪公室,	이미 공실을 쪼개어 없애어
而他人有之,	다른 사람이 갖게 할지

28 섭인(涉人): 심흠한(沈欽韓)의 『보주(補注)』에서는 "섭인은 진리(津吏)와 같다"라 하였다.
29 아래에서 진관이 "그대가 내 아우에게 말하게 하시오"라 한 말에 의하면 진항(陳恒)의 형임을 알겠고, 자는 자옥(子玉)이다.
30 중유(仲由): 두예는 "중유는 자로(子路)이다"라 하였다.

不可知也, 알 수가 없으며,

其使終饗之,[31] 끝내 누리게 할지도

亦不可知也. 또한 알 수 없소이다.

若善魯以待時, 노나라를 잘 대하여 때를 기다리면

不亦可乎! 또한 옳지 않겠습니까?

何必惡焉?"[32] 왜 꼭 나쁘게 대하려 하십니까?"

子玉曰, 자옥이 말하였다.

"然. "그렇소.

吾受命矣, 내 명을 받았으니

子使告我弟."[33] 그대가 내 아우에게 말하게 하시오."

冬, 겨울에

及齊平. 제나라와 강화를 맺었다.

子服景伯如齊, 자복경백이 제나라로 갔는데

子贛爲介, 자공이 부사가 되어

見公孫成,[34] 공손성을 만나 보고는

曰, 말하였다.

31 제나라는 마침내 진씨에 의해 향유되었다.
32 두예는 "중유는 공자를 섬기므로 노나라를 위해 말한 것이다"라 하였다.
33 두예는 "아우는 성자(成子)이다"라 하였다.
34 두예는 "공손성은 성(成)의 읍재인 공손숙(公孫宿)이다"라 하였다.

"人皆臣人,	"사람은 모두 신하인데
而有背人之心,	남을 배반하는 마음을 가지고 있으니
況齊人雖爲子役,	하물며 제나라 사람이 비록 그대를 위하여 일을 해준다 하더라도
其有不貳乎?[35]	어찌 두 마음을 갖지 않겠습니까?
子,	그대는
周公之孫也,[36]	주공의 후손으로
多饗大利,	큰 이익을 누리고 있는데도
猶思不義.	오히려 의롭지 못한 일을 생각하고 있습니다.
利不可得,	이익은 얻을 수 없고
而喪宗國,[37]	종국을 잃게 하였으니
將焉用之?"	그것을 어디에 쓰겠소?"
成曰,	성이 말하였다.
"善哉!	"훌륭하오!

35 두예는 "그대가 노나라를 배반하면 제나라 사람 또한 그대를 배반할 것이라는 말이다"라 하였다. 기(其)는 기(豈)의 뜻이다.

36 손(孫)은 후손이란 뜻이며, 공손숙은 주공에게 이미 6, 7백년이나 되었다.

37 상종국(喪宗國): 두예는 "상종국(喪宗國)은 읍을 제나라로 넣은 것을 말하며 노나라로 하여금 위험하고 망하게 하는 화를 가져오게 하였다는 것이다"라 하였다. 종국은 곧 조국(祖國)으로 공손숙은 이미 제나라에 있었으며, 8년의『전』과『주』에 보인다.

吾不早聞命."	내 일찍이 이런 말을 듣지 못하였소."
陳成子館客,[38]	진성자가 관사로 가서 사자를 보고
曰,	말하였다.
"寡君使恒告曰,	"과군께서는 항으로 하여금 알리어 말하게 하기를
'寡人願事君如事衛君.'"[39]	'과인은 임금님 섬기기를 위나라 임금 섬기듯 하기를 바라오' 라 하였습니다."
景伯揖子贛而進之,[40]	경백이 자공에게 읍하고 나아가게 하여
對曰,	대답하였다.
"寡君之願也.	"과군의 바람입니다.
昔晉人伐衛,[41]	지난날 진나라 사람이 위나라를 쳤는데
齊爲衛故,	제나라 사람이 위나라 때문에
伐晉冠氏,[42]	진나라 관씨를 쳐서

38 관객(館客): 다케조에 고코(竹添光鴻)의 『회전(會箋)』에서는 "관객은 객관에 가서 손님을 만나 보는 것이다"라 하였다.

39 두예는 "위나라와 제나라가 관계가 좋은 것을 노나라가 기꺼워하지 않는 것이다"라 하였다.

40 경백이 자공(子貢)에게 읍을 하여 자공으로 하여금 나아가 답사를 하게 한 것이다.

41 두예는 "정공 8년에 있었다"라 하였다.

42 관씨의 땅에는 지금의 하북 관도현(館陶縣) 및 산동의 관현(冠縣)이 있다. 『청일통지』에 의하면 관씨의 옛 성터는 지금의 관현 북쪽에 있다.

喪車五百.[43]	병거 5백 대를 잃었습니다.
因與衛地,	이 때문에 위나라에 땅을 주었는데
自濟以西,	제수 서쪽에서
禚, 媚, 杏以南,	작과 미, 행 이남까지
書社五百.[44]	5백 사의 호적을 주었습니다.
吳人加敝邑以亂,[45]	오나라 사람이 우리나라에 난을 일으키니
齊因其病,	제나라는 그 어려움을 이용하여
取讙與闡,[46]	환과 천을 취하여
寡君是以寒心.	과군은 이 때문에 마음이 차가워졌습니다.
若得視衛君之事君也,	만약 위나라 임금이 임금을 섬기는 것을 보게 된다면
則固所願也."	실로 바라는 바입니다."

43 두예는 "정공 9년에 있었다"라 하였다.

44 서사(書社): 곧 소공 25년『전』의 "청컨대 천 사를 드리겠습니다(請致千社)"의 "사(社)"로, 가규와 두예는 모두 25가(家)를 사(社)라고 하였으며, 서(書)는 호적(戶籍)이다. "서사(書社)"라는 말은 또한『관자·소칭(小稱)』편 및『안자춘추·내편·잡(晏子春秋·內篇·雜) 하』,『순자·중니(仲尼)』편,『상군서·상형(商君書賞刑)』편과『여씨춘추』「신대람(愼大覽)」과「지접(知接)」편, 그리고『사기』의「봉선서(封禪書)」및「공자세가」에도 보인다. 염약거(閻若璩)의『사서석지(四書釋地)』를 참고할 만하다. 고사기(高士奇)의『지명고략(地名考略)』에서는 "'이남(以南)'이라고 한 것은 세 읍의 남쪽 경계를 잘라서 위나라에게 준 것으로 다 바친 것은 아니다"라 하였다.

45 두예는 "8년에 있었다"라 하였다.

46 두예는 "또한 8년에 있었다"라 하였다.

成子病之,	성자가 이를 근심하여
乃歸成,[47]	이에 성읍을 돌려주고
公孫宿以其兵甲入于嬴.[48]	공손숙은 그 무기와 갑옷을 가지고 영으로 들어갔다.

衛孔圉取大子蒯聵之姊,[49]	위나라 공어는 태자 괴외의 누이를 아내로 맞아
生悝.[50]	회를 낳았다.
孔氏之豎渾良夫長而美,[51]	공씨의 종 혼량부는 키가 큰 데다 아름다웠는데
孔文子卒,[52]	공문자가 죽자
通於內.[53]	처와 사통을 하였다.
大子在戚,	태자는 척에 있었는데
孔姬使之焉.[54]	공희가 그에게 가보게 하였다.

---

47 두예는 "그 말을 근심한 것이다"라 하였다.

48 두예는 "영(嬴)은 제나라의 읍이다"라 하였다. 지금의 산동 내무현(萊蕪縣) 서북쪽 태안현(泰安縣) 동쪽에서 조금 북쪽에 있을 것이다.

49 공어(孔圉): 소공 7년의 『전』과 『주』에 상세하다.

50 『예기·제통(祭統)』에 위나라 공회의 정명(鼎銘)이 있다.

51 『석문』에 따르면 장(長)은 평성과 상성 모두 될 수 있다. 상성으로 읽으면 양부가 본래 종으로 장대하고 아름답다는 뜻이며, 평성을 읽으면 키가 크다는 말이다.

52 문자(文子): 곧 공어(孔圉)이다.

53 내(內): 곧 공문자의 처로 괴외의 누이이며, 아래의 공희, 공백희이다.

54 두예는 "양부로 하여금 태자가 있는 곳을 찾아가게 한 것이다"라 하였다.

大子與之言曰,	태자가 그에게 말하기를
“苟使我入獲國,	“내가 들어가 나라를 갖게만 해준다면
服冕, 乘軒,	면복을 입게 하고 헌거를 타게 해줄 것이며
三死無與.”[55]	세 번 죽을죄를 면하게 해주겠다.”
與之盟,	그와 맹세하고
爲請於伯姬.[56]	백희에게 청을 해주었다.
閏月,[57]	윤달에
良夫與大子入,	양부와 태자가 들어가
舍於孔氏之外圃.[58]	공씨 집 바깥의 채마밭에 머물렀다.
昏,	저녁이 되자
二人蒙衣而乘,[59]	두 사람은 옷을 뒤집어쓰고 수레에 올라

55 두예는 “면(冕)은 대부의 복색이며, 헌(軒)은 대부가 타는 수레이다. 삼사(三死)는 죽을 죄를 세 번 짓는 것이다”라 하였다. 혼량부는 원래 공씨네 가노(家奴)였는데 공문자의 처와 사통을 하였으므로 괴외가 위나라를 얻는 데 도움을 청한 것이며 일이 성사되면 대부에 봉하고 아울러 세 번 죽을죄를 사해 주겠노라고 허락한 것이다.

56 두예는 “양부가 태자를 위해 청한 것이다”라 하였다.

57 윤 12월이다.

58 외포(外圃): 집 바깥에 있는 채마밭이다.

59 이인(二人): 괴외와 혼량부이다. 『예기·내칙(內則)』에 “여자는 문밖을 나갈 때 반드시 그 얼굴을 잡고 가려야 한다”라 하였으며, 아래에서 “인척의 시첩을 칭하여 알렸다”라 하였으니 몽의(蒙衣)는 아마 수건으로 머리를 덮어 부인으로 가장한 것임을 알겠다. 설이 청나라 이이덕(李貽德)의 『춘추좌씨전가복주집술(春秋左氏傳賈服注輯述)』에 보인다.

寺人羅御,	시인 나가 수레를 몰아
如孔氏.	공씨의 집으로 갔다.
孔氏之老欒寧問之,	공씨의 가재인 난령이 물어보니
稱姻妾以告,[60]	인척의 시첩을 칭하여 알리고
遂入,[61]	드디어 들어가
適伯姬氏.[62]	백희씨에게 갔다.
旣食,	식사를 끝내자
孔伯姬杖戈而先,	공백희가 과를 들고 앞장서고
大子與五人介,[63]	태자와 갑사 다섯 명이
輿豭從之.[64]	돼지를 타고 따랐다.

---

60 『이아·석친(釋親)』에서는 "사위의 아버지를 인(姻)이라 하고 며느리의 아버지를 혼(婚)이라 한다"라 하였다. 그러나 옛날에는 늘 혼인(婚姻)을 함께 연결하여 말하였으니, 이를테면 『시경·소아·아행기야(小雅·我行其野)』의 "사돈이기 때문에(昏姻之故)", 「정월(正月)」의 "인척들도 아주 잘 지낸다(昏姻孔云)", 『의례·사혼례(士昏禮)』의 "저는 그대와 혼인(婚姻)의 일족을 맺을 수 있다"라 한 것 등이 있다. 첩(妾)은 비첩(婢妾)이다. 「진어(晉語) 7」에 "여 악공 첩 30명을 들였다"라 한 것이 바로 이 뜻이다. 여기는 인척집의 첩이 왔다는 뜻일 뿐이다. 인척 집에서 온 것이라면 공씨의 가재가 반드시 먼저 알아야 하는데 묻는 수고를 하지 않은 것이다.

61 복건(服虔)은 "공씨네 집으로 들어간 것이다"라 하였다.

62 복건(服虔)은 "백희가 거처하는 곳으로 간 것이다"라 하였다.

63 가규(賈逵)는 "개(介)는 갑옷을 입는 것이다"라 하였다.

64 아마 공회를 겁박하여 그와 맹세하려고 한 것일 것이다. 제후가 맹세할 때는 소 귀의 피를 쓰며, 또한 어떨 때는 소를 구하지 못하면 쓰지 않기도 하니 이를테면 장공 32년『전』에서 맹임(孟任)은 팔뚝을 베어서 장공에게 맹세하였으며, 또한 더욱 성의를 나타내는 것도 있는데 이를테면 정공 4년『전』에는 초나라 소왕이 자기(子期)의 심장을 갈라 수(隨)나라 사람에게 준 것이 이것이다. 이는 소가 아니라 수돼지를 가지고 한 것으로 공영달은 정현의 설을 인용하여 인군(人君)보다 한 등급 낮은 것이라 하였으며, 아마 그 당시 괴외는 아직 위나라 임금이 되지 않았을 것이다. 공영달은 일시적으로 촉박하여

迫孔悝於厠,	곁으로 몰아 공회를 겁박하여
强盟之,[65]	억지로 맹세를 하고
遂劫以登臺.[66]	마침내 협박하여 대에 올랐다.
欒寧將飮酒,	난령이 술을 마시려다
炙未熟,	고기가 채 익지 않아
聞亂,	난이 난 일어난 것을 듣고
使告季子,[67]	계자에게 알리게 하였으며,
召獲駕乘車,[68]	획을 불러 수레를 매게 하고는
行爵食炙,[69]	가면서 술을 마시고 고기를 먹으면서

희생을 얻기가 어려워 예를 따지지 않은 것이라고 하였다. 오늘날의 관점에서 보면 누가 옳고 누가 그런지 따질 필요가 없다.

65 두예는 "공씨가 정사를 전횡하였기 때문에 공회를 겁박하여 첩을 쫓아내려 한 것이다"라 하였다. 측(厠)은 맹세한 곳이 아니며, 유월(兪樾)의 『평의(平議)』에서는 측(側)자의 뜻으로 읽어야 하며 "겁박하여 가의 곁에 있는 곳에 이르러 달아나 피할 수 없게 하여 이에 그와 맹세한 것이다"라 하였는데, 그 설이 옳다.

66 공씨의 집에 있는 대에 오른 것이며 위나라 궁중의 대에 오른 것이 아니다. 우창(于鬯)의 『향초교서(香草校書)』에 설이 상세하다.

67 계자(季子): 「중니제자열전」에서는 "자로는 위나라 대부 공회의 읍재이다"라 하였다. 계자는 곧 자로이며 이때 밖에 있었다.

68 획(獲): 사람 이름이며 성일 수가 없고 또한 난령이 부른 것이다. 두씨는 "소획(召獲)"은 위나라 대부의 성명이라 하였는데 틀렸다. 여기서는 유월(兪樾)의 『평의(平議)』를 따른다.

69 송나라 왕구(王俅)의 『소당집고록(嘯堂集古錄)』에는 주숙방보보(周叔邦父簠)가 있는데 "숙방보가 보(簠)를 만들어 정벌할 때 쓰고, 갈(행할) 때 쓰며, 군왕을 따를 때 쓴다"라 하였다. 또한 숙야정(叔夜鼎)이 있는데 명(銘)에서 "숙야가 궤정(饋鼎)에 피 칠을 하고 정벌하고 행하며, 죽을 만들 때 쓰고 국을 만들 때 쓴다"라 하였으니 옛사람들은 길을 가는 도중에 술을 마시고 음식을 먹는 일이 있음을 알겠다. 이곳을 가면서 술을 마시고 고기를 먹으면서 가는 것은 두려움이 없다는 것이다. 혜동(惠棟)의 『보주(補注)』에 상세하다.

奉衛侯輒來奔.[70]	위후 첩을 모시고 도망쳐 왔다.
季子將入,	계자가 들어가려다가
遇子羔將出,[71]	자고가 나오려는 것을 만났는데
曰,	말하였다.
"門已閉矣."[72]	"문이 이미 닫혔습니다."
季子曰,	계자가 말하였다.
"吾姑至焉."[73]	"내 잠시 가봐야겠소."
子羔曰,	자고가 말하였다.
"弗及,	"이를 수 없소.
不踐其難!"[74]	화를 당하지 마십시오."

70 난령이 위후를 모시고 노나라로 달아난 것이며 획이 모신 것이 아니다. 옛 주석은 잘못되었으며 유월(兪樾)의 설을 좇아야 한다.

71 자고(子羔): 두예는 "자고는 위나라의 대부 고시(高柴)로 공자의 제자이며 달아나려는 것이다"라 하였다. 이 사람 또한 「중니제자열전」 및 『논어』 등 여러 책에 보인다.

72 「중니제자열전」에서는 문이 성문(城門)이라 하였는데 옳다. 혹자는 궁문이라 하고 우창(于鬯)의 『향초교서(香草校書)』에서는 공씨네 집 문이라 하였는데 모두 확실치 않다. 홍양길(洪亮吉)의 『고(詁)』에서는 『장자·도척(盜跖)』편의 "자로가 위나라 임금을 죽이려 하였으나 일을 이루지 못하여 동문(東門) 위에서 몸이 소금에 절여졌다"라 한 것에 의하여 "자로가 들어간 문은 동문일 것이다"라 하였는데 또한 그렇지 않다. 자로는 공씨네 대 아래서 죽었으며 성문에서 죽지 않았다.

73 공회가 있는 곳으로 가서 구하려는 것이다.

74 불(不): 물(勿)자의 뜻으로 쓰였으며 금지를 나타내는 말이다. 「위세가」에서는 이 일을 말하면서 이 전의 문자를 많이 썼는데 이곳에서만 "이를 수 없으니 화를 당하지 말라(不及, 莫踐其難)"고 하여 곧 "막(莫)"자를 가지고 "불(不)"자를 풀이했음을 알 수 있다. 『시경·소아·보전(小雅·甫田)』에 "증손 화내지 않고, 농민은 약빠르다(曾孫不怒, 農夫克敏)"는 구절이 있는데, 이는 전준(田畯)이 증손에게 한 보고로 증손에게 화를 내지 말라는 것이다. 『맹자·등문공(滕文公) 상』에는 "내 잠시 가서 볼 테니 이자는 오지 말라(我且往見, 夷子不來)"는 말이 있는데 이자보고 오지 말라는 뜻으로 쓰였다.

季子曰,	계자가 말하였다.
“食焉,	“녹을 먹으면
不辟其難.”[75]	그 어려움을 피하지 않습니다.”
子羔遂出,	자고가 마침내 나가자
子路入.[76]	자로가 들어갔다.
及門,[77]	문에 이르렀더니
公孫敢門焉,[78]	공손감이 문을 지키고 있다가
曰,	말하였다.
“無入爲也.”[79]	“들어가서 하지 마십시오.”
季子曰,	계자가 말하였다.
“是公孫也,[80]	“이는 공손인데
求利焉,	이익을 구하면서도

75 자로(子路)가 그 녹을 먹으면 그 난에서 도피해서는 안 된다고 말한 것이다.

76 성문으로 들어간 것이다.

77 이는 곧 공씨네 집의 문이다.

78 문(門): 두예는 “문을 지키는 것이다”라 하였다.

79 이하의 내용은 자로가 답한 말로 보건대 공손감은 아마 공회의 신하인 것 같으며, 이때 문을 지키고 있다가 자로에게 들어가지 말라고 권한 것으로 공회가 이미 괴외와 맹세를 하였으므로 구원할 수 없다는 것일 것이다.

80 원래는 “야(也)”자가 없었는데 여기서는 완원의 『교감기』 및 가나자와 문고본(金澤文庫本)에 의하여 더하였다. 다케조에 고코(竹添光鴻)의 『회전(會箋)』에서는 “감은 문 안에서 말하였는데 지로가 그 목소리를 알아들었으므로 이 목소리는 공손의 것이라고 한 것이다”라 하였으며, 「위세가」에는 “공손감이 문을 닫으며 말하였다”라 하였으니 또한 감이 자로가 이르는 것을 보고 문을 닫은 것이라 할 수 있으며 또한 그에게 들어가지 말라고 권한 것이다.

而逃其難.[81]	그 어려움에서 달아나고 있습니다.
由不然,	저는 그렇지 않으니
利其祿,	그 녹을 구한다면
必救其患."	반드시 그 환란을 구원하겠습니다."
有使者出,	어떤 사자가 나오자
乃入,[82]	이에 들어가
曰,	말하였다.
"大子焉用孔悝?	"태자가 어찌 공회를 쓰겠습니까?
雖殺之,	비록 죽인다고 하더라도
必或繼之."	반드시 누가 그 뒤를 이을 것입니다."
且曰,	또한 말하였다.
"大子無勇,	"태자는 용기가 없어
若燔臺,	대에 불을 질러
半,	반쯤 타면
必舍孔叔."[83]	반드시 공숙을 풀어 줄 것입니다."
大子聞之,	태자는 그 말을 듣고
懼,	두려워하였으며,

81 괴외가 문을 지키고 있음을 가리킨다.
82 두예는 "문이 열리어 들어간 것이다"라 하였다.
83 공숙(孔叔): 곧 공회이다.

下石乞, 盂黶敵子路,[84]	석걸과 우염을 보내어 자로와 싸우게 하여
以戈擊之,	과로 그를 치니
斷纓.	갓끈이 끊어졌다.
子路曰,	자로가 말하기를
"君子死,	"군자는 죽을 때
冠不免."[85]	갓을 벗지 않는다"라 하고
結纓而死.[86]	갓끈을 묶고 죽었다.
孔子聞衛亂,	공자는 위나라에 난리가 났다는 말을 듣고
曰,	말하였다.
"柴也其來,	"채가 오니
由也死矣."	유는 죽었을 것이다."
孔悝立莊公.[87]	공회는 장공을 세웠다.

84 우염(盂黶): 『사기·중니제자열전(仲尼弟子列傳)』에는 "호염(壺黶)"으로 되어 있으며, 「위세가」에는 우염(盂黶)으로 되어 있다. 다케조에 고코(竹添光鴻)의 『회전(會箋)』에서는 석걸과 우염이 갑사 다섯 사람 가운데 두 명이라고 하였는데 혹 그럴지도 모르겠다. 자로는 갑주를 착용하지 않았기 때문에 두 사람을 대적할 수 없었다.

85 『예기·곡례(曲禮) 상』에 "갓은 벗지 않는다"는 말이 있는데 아마 여기에 근본하였을 것이다.

86 갓을 끈을 단단히 조여 매어서 죽어서 땅에 엎어져도 모자가 떨어지지 않았으니 벗지 않은 것이다.

87 두예는 "장공은 괴외이다"라 하였다. 양옥승(梁玉繩)의 『사기지의(史記志疑)』에서는 "괴외의 시호는 『사기』와 『좌전』은 같으며 「고금인표(古今人表)」(『한서(漢書)』)에는 '간공(簡公)'으로 되어 있는데 어찌 두 개의 시호가 있겠는가?"라 하였다.

莊公害故政,[88]	장공은 옛 경들을 해롭게 여겨
欲盡去之,	모두 제거하려고 하여
先謂司徒瞞成曰,[89]	먼저 사도 만성에게 말하였다.
"寡人離病於外久矣,[90]	"과인은 바깥에서 고초를 당한 지가 오래되었으니
子請亦嘗之."	그대도 맛보기 바라오."

歸告褚師比,	돌아오는 길에 저사비에게 알리고
欲與之伐公,	그와 함께 공을 치려고 하였으나
不果.[91]	이루지 못했다.

88 고정(故政): 두예는 "곧 첩(輒)의 옛 신하이다"라 하였다. 정(政)은 곧 성공 6년과 소공 7년의 "그대는 대정인데(子爲大政)"라 한 "정(政)"이며, 대정은 곧 정경(正卿)인데 이 정(政) 또한 경을 가리킨다. 고정은 곧 옛 대신이다.

89 만성(瞞成): 양이승(梁履繩)의 『보석(補釋)』에서는 "다음 해의 『경』에서는 '자환성(子還成)'이라 하였고, 두예는 '곧 만성(瞞成)이다'라 하였는데 자환은 그 씨일 것이다"라 하였다.

90 이(離): 이(罹)와 같으며, 지금의 조우(遭遇)와 같은 뜻이다. 희공 23년 『전』에서 "외부의 환난을 만나(離外之患)"라 한 "이(離)"자와 같은 뜻이다.

91 이는 다음 해 『전』의 "만성과 저사비가 송나라로 달아났다(瞞成、褚師比出奔宋)"라 한 것과 이어서 읽어야 한다.

애공 16년

經

十有六年春王正月己卯,[1]	16년 봄 주력으로 정월 기묘일에
衛世子蒯聵自戚入于衛,	위나라 세자 괴외가 척에서 위나라로 들어가자
衛侯輒來奔.	위후 첩이 도망쳐 왔다.
二月,	2월에
衛子還成出奔宋.[2]	위나라 자환성이 송나라로 달아났다.
夏四月己丑,[3]	여름 4월 기축일에
孔丘卒.[4]	공구가 죽었다.

傳

十六年春,	16년 봄에
瞞成, 褚師比出奔宋.[5]	만성과 저사비가 송으로 달아났다.

1 십육년(十六年): 임술년 B.C. 479년으로 주경왕(周敬王) 41년이다. 동지가 정월 27일 정축일로 건자(建子)이며, 윤달이 있다. 기묘일은 29일이다.

2 두예는 "곧 만성(瞞成)이다"라 하였다.

3 기축일은 11일이다.

4 『춘추경』은 여기까지이다. 공구의 생년은 『좌전』에는 언급하지 않았고, 『공양전』과 『곡량전』에서는 모두 노나라 양공 21년에 났다고 하였으며, 『사기·공자세가』에서는 22년에 났다고 하였다. 앞의 설에 의하면 공자는 73세이고, 뒤의 설에 의하면 72세이다. 한 살 차이는 고금 2천여 년의 논쟁을 모아도 정할 수 없으며 또한 그럴 필요도 없다.

5 이 구절은 지난해의 『전』 끝부분과 이어서 읽어야 한다.

衛侯使鄢武子告于周曰,[6]	위후가 언무자로 하여금 주나라에 알리어 말하게 하기를
"蒯聵得罪于君父, 君母,	"괴외는 군부와 군모에게 죄를 얻어
逋竄于晉.	진나라로 달아나 숨었습니다.
晉以王室之故,	진나라는 왕실의 연고라 하여
不棄兄弟,[7]	형제를 버리지 못하고
寘諸河上.[8]	황하의 가에 두었습니다.
天誘其衷,	하늘이 그 충심을 헤아려
獲嗣守封焉,	봉지를 이어 지키게 하여
使下臣肸敢告執事."	하신인 힐로 하여금 집사께 알리게 하였습니다."
王使單平公對,	왕은 단평공에게 대답하게 하여
曰,	말하였다.
"肸以嘉命來告余一人,	"힐이 좋은 소식을 가지고 나에게 알리니
往謂叔父,[9]	가서 숙부에게 말하여
余嘉乃成世,[10]	내 성세를 이은 것을 가상히 여겨

6 두예는 "무자(武子)는 위나라 대부 힐(肸)이다"라 하였다.
7 진나라와 위나라는 같이 희씨 나라이므로 형제라고 한 것이다.
8 하상(河上): 두예는 "하상(河上)은 척(戚)이다"라 하였다.
9 숙부(叔父): 위후(衛侯) 괴외(蒯聵)를 가리킨다.
10 두예는 "부친의 대를 이은 것이다"라 하였다.

復爾祿次.[11]	그대의 녹위를 회복할 것이니
敬之哉!	공경할지어다!
方天之休.[12]	하늘이 복을 내림 있으리라.
弗敬弗休,[13]	공경하지 않으면 복도 내리지 않으리니
悔其可追?"[14]	뉘우친들 어찌 쫓을 수 있겠는가?"

夏四月己丑,	여름 4월 기축일에
孔丘卒.[15]	공구가 죽었다.
公誄之曰,[16]	공이 뇌문을 지어 말하였다.
"旻天不弔,[17]	"하늘이 자비를 베풀지 않아
不憖遺一老,[18]	한 나라의 원로 잠깐 남기려 하지 않아

---

11 녹차(祿次): 녹위(祿位)와 같으며, 여기서는 임금이 되는 것을 가리킨다.

12 방(方): 『시경·소남·작소(召南·鵲巢)』 "구욕새 들고 있네(維鳩方之)"의 『모전(毛傳)』에서 "방(方)은 그것이 있음이다"라 하였다. 유월(兪樾)의 『평의(平議)』에 상세하다. 휴(休)는 내리는 것[賜]이다.

13 자기가 공경하지 않으면 하늘에서 복을 내리지 않을 것이라는 말이다.

14 기(其): "기(豈)"의 뜻으로 쓰였다. 뒤늦게 후회할 수 없다는 것이다.

15 『예기·단궁(檀弓) 상』에 공자가 죽기 전 및 죽음에 임했을 때를 기록한 1장(章)이 있는데 참고할 만하다.

16 공영달의 소(疏)에서는 정중(鄭衆)의 『주례·대축(大祝)』의 주를 인용하여 "뇌(誄)는 살아 있을 때의 덕행을 누적하여 내리며 명주(命主)가 그 글을 짓는다"라 하였다. 뇌는 지금의 추도사와 같다.

17 조(弔): 금문(金文)의 숙(叔)자로 선(善)의 뜻이다.

18 은(憖): 잠시, 잠깐. 11년 『전』에서 노나라는 공구를 국로(國老)라 하였다.

俾屏余一人以在位,[19]	나 한 사람 재위에 있도록 보살펴 주게 하였는데
煢煢余在疚.[20]	덩그러니 나만 슬픔에 남겨 놓았구나.
嗚呼哀哉尼父![21]	아아, 슬프도다 이보여!
無自律."[22]	스스로 법도로 삼을 이 없어졌구나."
子贛曰,	자공이 말하였다.
"君其不沒於魯乎!	"임금께서는 노나라에서 선종을 하지 못할 것이다.
夫子之言曰,	부자께서 말씀하시기를

19 두예는 "비(俾)는 사(使)와 같다. 병(屏)은 가리는 것이다"라 하였다. 희공 24년『전』에 "그러므로 친척들을 봉하여 세워 주나라의 울타리로 삼았습니다(故封建親戚以蕃屛周)"라는 말이 있는데, 이 병(屛)은 곧 막아서 가린다는 뜻이다.

20 양이승(梁履繩)의『보석(補釋)』에서는『노사·발휘(路史·發揮) 5』를 인용하여 "하늘이 자비를 베풀지 않았다는 것은「절남산(節南山)」편의 말이며, 잠시 나라의 원로를 남겨 두어 우리 왕을 지키지 않게 한다는 것은「시월지교(十月之交)」의 말이고, 덩그러니 슬픔에 있다는 것은「민여소자(閔予小子)」의 말이다. 애공이 또한『시경』에서 집자하여 뇌문을 지은 것이다"라 하였다.

21 이보(尼父): 공구의 자가 중니(仲尼)이고, 보(父)는 중산보(中山甫)의 보(甫)와 같다. 또한 이때는 애공이 아직 어린데 그가 즉위한 연령을『전』에서는 전혀 말하지 않았지만 부친은 정공으로, 소공의 아우이며 양공의 아들이다. 양공은 재위 기간이 31년이고 소공은 재위 기간이 32년이며, 정공의 재위 기간은 15년이니 애공이 비록 어리기는 하지만 70여 세 된 노옹에게 보(父)라고 일컫는 것은 마땅하다.

22 두예는 "율(律)은 법(法)이다. 이보를 잃어서 스스로 법도로 삼을 것이 없다는 것을 말한다"라 하였다.「단궁(檀弓) 상」에서는 "노나라 애공은 공구를 위해 뇌문을 지어서 '하늘이 늙은이를 남기지 않아 나의 보위를 돕지 않았으니 아아 슬프도다 이보여!'라 하였다"라 하였다. 청나라 손희단(孫希旦)의『예기집해(禮記集解)』에서는 "『단궁』에 기록된 것과『좌전』의 것이 다른 것은 모두『좌씨』가 정확하다"라 하였다.

‘禮失則昏, ‘예를 잃으면 혼미해지고

名失則愆.’ 명분을 잃으면 어그러지게 된다’ 하셨다.

失志爲昏, 뜻을 잃으면 혼미해지고

失所爲愆. 있을 곳을 잃으면 어그러지게 된다.

生不能用, 살아서는 쓸 수 없었고

死而誄之, 죽어서는 뇌문을 지으니

非禮也, 예가 아니다.

稱一人, 한 사람이라고 일컬은 것은

非名也.[23] 명분에 맞지 않으니

君兩失之.”[24] 임금은 둘 다 잃었다.”

六月, 6월에

衛侯飮孔悝酒於平陽,[25] 위후가 평양에서 공회를 술자리에 청하여

---

23 일인(一人): 여일인(余一人)의 준말이다. 당시에 천자가 자칭하는 말이었다. 그러나 제후의 박종(鎛鐘)의 명(銘)에 “너는 나를 어려움에서 펴 주었고 허물을 바꾸지 않았으니 좌우에 나 한 사람이로다(左右余一人)……”라는 말이 있으니 제후 또한 여일인이라 자칭하였다.

24 예를 잃고 명분까지 잃었다는 것이다. 「공자세가」에서는 이 『전』의 말을 따다 썼는데 “군양실지(君兩失之)”라는 구절은 없다.

25 평양(平陽): 『일통지』에 의하면 평양은 지금의 하남 활현(滑縣) 동남쪽에 있다. 위나라 도읍에서 70여 리 떨어져 있다.

重酬之.[26]	거듭 보답하였다.
大夫皆有納焉.[27]	대부들이 모두 그에게 재물을 들여보냈다.
醉而送之,	취하자 그를 전송하였는데
夜半而遣之.	한밤중에 그를 보냈다.
載伯姬於平陽而行,[28]	평양에서 백희를 태우고 가다가
及西門,[29]	서문에 이르러
使貳車反祏於西圃.[30]	부거로 하여금 서포로 돌아가 신주를 취하게 하였다.

26 『예기·제통(祭統)』에 위나라 공회의 정명(鼎銘)이 있는데 "6월 정해일에 공이 태묘에 이르렀다(公假于大廟)……"라 하였다. 정현은 "공은 위장공 괴외이며, 공회가 자기를 왕의로 세워 예대로 포상하고 백성들을 안정시켜 스스로 확고하게 한 것이다. 가(假)는 이르렀다는 뜻이다. 태묘에 이르렀다는 것은 여름의 맹하(孟夏)의 체제(禘祭)를 지내기 위함이다"라 하였다. 생각건대 6월은 기묘일이 초하룻날이니 정해일은 초9일이 되며, 평양에서 술을 마신 일은 아마 정해일 전후일 듯하다.

27 위후가 대부들에게 모두 공회에게 재물을 들여보내라고 한 것이다.

28 두예는 "그 모친을 태우고 함께 간 것이다"라 하였다.

29 서문(西門): 두예는 "평양문이다"라 하였다.

30 이거(貳車): 두예는 "부거(副車)로 하여금 돌아가 태묘의 신주를 취하게 한 것이다. 서포는 공씨의 사당이 있는 곳이다. 석(祏)은 신주를 넣어 두는 석함(石函)이다"라 하였다. 「노어 하」에서는 "천자에게는 호분(胡粉)이 있는데 무공을 익히게 하는 것이며, 제후에게는 여분(旅賁)이 있는데 재해를 막는 일을 하고, 대부에게는 부거〔貳車〕가 있는데 일을 받들 준비를 하는 것이며, 사에게는 배승(陪乘)이 있는데 바삐 일을 함을 알리는 것이다"라 하였으니 대부의 부거를 이거라고 한다. 부거는 곧 후세의 통칭이며 『사기·유후세가(留侯世家)』에서는 "양(良)이 객과 함께 박랑사(博浪沙)에서 진나라 황제를 저격하였는데 잘못하여 부거에 명중하였다"라 하였으니 황제의 호분 또한 부거라 하였다. 후한(後漢) 허신(許愼)의 『오경이의(五經異義)』에서는 "경대부는 신주가 없다"라 하였는데 정현이 『오경이의(五經異義)』를 반박하기는 하였지만 또한 "예에 의하면 대부는 신주가 없다"라 하였으며, 『위서·예지(魏書·禮志)』에는 청하왕 역의 「의(議)」가 실려 있는데 "공회가 신주를 되가져 온 것은 『좌사』에 실려 있으며, 음식을 보내고 신주를 설치하여 숨은

子伯季子初爲孔氏臣,	자백계자는 처음에는 공씨의 신하로
新登于公,[31]	막 공에 올랐는데
請追之,	그를 추격할 것을 청하여
遇載祏者,	신주를 실은 수레를 만나
殺而乘其車.[32]	어자를 죽이고 그 수레에 올라탔다.
許公爲反祏,[33]	허공위가 신주를 맞으러 돌아가다가
遇之,	그와 만나
曰,	말하였다.
"與不仁人爭明,[34]	"어질지 못한 사람과 밝음을 다투면
無不勝."	이기지 못함이 없다."
必使先射,	굳이 먼저 쏘게 하였으나
射三發,	세 발을 쏘아도

예를 드러내었다. 대부 및 사가 이미 사당을 가졌으니 어찌 신주가 없을 수 있겠는가?"라 하였다. 이로써 공화에게 사당이 있고 신주가 있음이 당시의 특별한 예가 아님을 설명할 수 있다.

31 양수달(楊樹達)의 『독좌전(讀左傳)』에 의하면 등(登)은 곧 『논어·헌문(憲問)』의 "공숙문자의 가신은 대부 선이 문자와 함께 공조에 올랐다(公叔文子之臣大夫僎與文子同升諸公)"라 한 "승(升)"이다. 자백계자는 원래 공회의 신하였는데 위장공이 즉위하면서 자기의 신하로 올렸다.

32 두예는 "자백이 신주를 싣고 있는 자를 죽인 것이다"라 하였다.

33 두예는 "공회가 신주를 실은 자가 오래도록 오지 않는 것을 괴이히 여겨 공위로 하여금 돌아가 맞아오게 한 것이다"라 하였다.

34 쟁명(爭明): 두예는 "명(明)"자를 아래에 붙여 읽어야 한다고 하였는데 틀렸다. 여기서는 왕념손(王念孫)을 따르며, 왕인지(王引之)의 『술문(述聞)』에 상세하다. 쟁명은 강함을 다투는 것이다. 두예는 "불인(不仁)은 자백계자를 말한다"라 하였다.

皆遠許爲.[35] 모두 허위로부터 멀었다.

許爲射之, 허위가 그를 쏘니

殪.[36] 거꾸러졌다.

或以其車從, 혹자가 그 수레를 좇아

得祏於橐中. 자루 안에서 위패를 얻었다.

孔悝出奔宋. 공회는 송나라로 달아났다.

楚大子建之遇讒也, 초나라 태자 건은 참소를 당하자

自城父奔宋,[37] 성보에서 송나라로 달아났으며,

又辟華氏之亂於鄭.[38] 또한 정나라에서 화씨의 난을 피하였다.

鄭人甚善之. 정나라 사람들은 그에게 매우 잘 대해 주었다.

又適晉, 또 진나라로 가서는

與晉人謀襲鄭, 진나라 사람과 모의하여 정나라를 치고

乃求復焉.[39] 이에 정나라로 돌아갈 것을 요구하였다.

---

35 자백계자가 먼저 쏘았으나 화살 세 발이 모두 허위에게서 멀리 빗나간 것이다.
36 한 발 만에 명중시켜 자백계자가 죽은 것이다.
37 태자 건이 성보에 거처한 것은 소공 19년의 일이며, 송나라로 달아난 것은 20년의 일이다.
38 두예는 "소공 22년의 일이다"라 하였다.

鄭人復之如初.[40]	정나라 사람은 처음과 똑같이 해주었다.
晉人使諜於子木,	진나라 사람이 자목에게 간첩을 보내어
請行而期焉.[41]	갈 것을 청하고 그날을 잡았다.
子木暴虐於其私邑,	자목은 그의 봉읍에서 포학하게 굴었는데
邑人訴之.	봉읍의 사람들이 그것을 하소연하였다.
鄭人省之,[42]	정나라 사람이 그곳을 살펴보다가
得晉諜焉,	진나라의 간첩을 잡고는
遂殺子木.[43]	마침내 자목을 죽였다.
其子曰勝,	그 아들을 승이라 하였는데
在吳,	오나라에 있었으며
子西欲召之.	자서가 그를 부르고자 하였다.
葉公曰,	섭공이 말하였다.

39 다시 정나라에 거처하게 해달라고 청한 것이다.

40 진나라에 가기 이전과 똑같이 대한 것이다.

41 자목(子木): 곧 건(建)의 자이다. 청행(請行)은 진나라의 간첩이 진나라로 돌아갈 것을 청한 것이다. 기(期)는 정나라를 습격할 기일을 약속한 것이다. 유월(俞樾)의 『평의(平議)』에서는 "이(而)자는 연문(衍文)으로 본래는 청행기언(請行期焉: 진나라로 갈 기일을 청하였다)이 되어야 한다" 운운하였는데 믿을 수 없다.

42 성(省): 지금의 고찰(考察)과 같은 뜻이다.

43 건(建)이 정나라에 의해 죽은 일은 모두 이전의 일인데 여기서는 추서(追敍)한 것이다.

"吾聞勝也詐而亂,	"제가 듣기에 승은 속이기를 잘하고 난을 잘 일으킨다니
無乃害乎?"[44]	해가 되지 않겠습니까?"
子西曰,	자서가 말하였다.
"吾聞勝也信而勇,	"내가 듣기에 승은 신의가 있고 용감하다 하니
不爲不利.	이롭지 않은 일은 하지 않을 것이다.
舍諸邊竟,	변경에 거처하게 하여
使衛藩焉."[45]	지키는 울타리로 삼을 것이다."
葉公曰,	섭공이 말하였다.
"周仁之謂信,[46]	"어진 것을 가까이하는 것을 신의라 하고
率義之謂勇.[47]	의를 따르는 것을 용기라고 합니다.
吾聞勝也好復言,[48]	제가 듣건대 승은 말한 것을 반드시 실천하고

44 두예는 "섭공(葉公)은 자고(子高)로 심제량(沈諸梁)이다"라 하였다.

45 변방의 일이다.

46 주(周): 곧 밀합(密合)의 뜻이다. 인도(仁道)에 밀합하여야 비로소 신(信)이라고 할 수 있다는 말이다. 두예는 "주(周)는 친(親)한 것이다"라 하였다.

47 솔(率): 순행(循行)의 뜻이다. 의를 따라 행하는 것을 비로소 용(勇)이라 하는 것으로, 자서가 승(勝)이 신의가 있고 용감하다는 것에 대해 반박한 것이다. 두예는 "솔은 행(行)하는 것이다"라 하였다.

48 복언(復言): 입을 열어 말을 하면 반드시 실천하는 것이다. 이는 당시의 상투어로『논어역주·학이(論語譯注·學而)』편에 상세하다.

而求死士,	죽음을 무릅쓰는 사를 구한다고 하니
殆有私乎![49]	아마 사심이 있을 것입니다!
復言,	말한 것을 실천하는 것은
非信也,[50]	신의가 아니며,
期死,	기필코 죽고자 하는 것은
非勇也.[51]	용기가 아닙니다.
──子必悔之."[52]	──그대는 반드시 후회할 것입니다."
弗從.	그 말을 따르지 않았다.
召之,	그를 불러
使處吳竟,	오나라 경계에 거처하게 하고
爲白公.[53]	백공으로 삼았다.

49 사심(私心)이 있다는 것이다.

50 주인(周仁)과 합치되지 않는다. 『논어·학이(論語·學而)』에서 "약속이 의에 가까우면 그 약속한 말을 실천할 수 있다(信近於義, 言可復也)"라 하였으니 어질지 않고 의롭지 않은데 실천하는 것은 신의가 아니다.

51 기(期): 두예는 "기는 반드시라는 뜻이다"라 하였다. 의를 따라 행하여야 비로소 용기라 하며 의롭지 않은데 죽는 것은 용기가 아니라는 것이다.

52 승을 부른다면 그대는 반드시 후회하게 될 것이라는 것과 같은 말이다.

53 오경(吳竟): 초나라와 오나라의 경계가 닿은 곳으로 오나라의 경내가 아니다. 왕념손은 이 이치에 밝지 않아 일곱 가지 증거를 들어 "오자(吳字)는 곧 위의 '오나라에 있다'는 것에 미쳐 연문이다"라 하였는데, 왕인지의 『술문(述聞)』에 상세하며, 실은 강변(强辯)하여 말한 것으로 따를 수가 없다. 「초어 상」에 보면 영왕 때 백공(白公) 자장(子張)이 있으며, 초나라에서는 현읍(縣邑)의 우두머리를 윤(尹)이라 하고 공(公)이라 하는데 백 또한 이웃 오나라의 현읍으로 두예에 의하면 지금의 하남 식현(息縣) 동쪽 70리 지점에 있다. 「초세가」에서는 "혜왕 2년에 자서가 옛 평왕의 태자 건의 아들 승을 오나라에서 불러서

請伐鄭,	정나라를 칠 것을 청하며
子西曰,	자서가 말하였다.
"楚未節也.[54]	"초나라는 절도가 없습니다.
不然,	그렇지 않으면
吾不忘也."	내 잊지 못할 것입니다."
他日,	훗날
又請,	또 청하자
許之,	허락하였는데
未起師.	군사를 일으키지는 않았다.
晉人伐鄭,[55]	진나라 사람이 정나라를 치자
楚救之,	초나라가 구원하고
與之盟.[56]	정나라와 맹약을 맺었다.
勝怒,	승이 노하여
曰,	말하였다.
"鄭人在此,	"정나라 사람이 여기 있으니
讎不遠矣."[57]	원수가 멀리 있지 않습니다."

소(巢)의 대부로 삼고 백공이라 불렀다"라 하였는데, 초혜왕 2년은 노나라 애공 8년이며, 소는 이미 소공 24년에 오나라에 멸망당하였으며 또한 백공은 소공(巢公)이 아니다.

54 절(節): 양공 9년『전』"나라에 절도가 있었다(國乃有節)"의『주』를 보라.

55 다케조에 고코(竹添光鴻)의『회전(會箋)』에서는 "지난해 겨울에 진후가 정나라를 친 것이 아마 이것일 것이다"라 하였다.

56 이 일은『경』과『전』에 보이지 않는다.

勝自厲劍,[58]	승이 스스로 칼을 갈자
子期之子平見之,	자기의 아들 평이 그것을 보고
曰,	말하였다.
"王孫何自厲也?"[59]	"왕손이 어찌하여 스스로 칼을 가십니까?"
曰,	말하였다.
"勝以直聞,	"내 곧은 것으로 알려졌거늘
不告女,	너에게 말하지 않으면
庸爲直乎?[60]	어찌 곧다고 하겠는가?
將以殺爾父."[61]	네 아버지를 죽이려 한다."
平以告子西.[62]	평이 그대로 자서에게 알렸다.
子西曰,	자서가 말하였다.
"勝如卵,	"승은 달걀과 같아
余翼而長之.[63]	내가 날개로 품어 키워 주었다.

57 승은 정나라에 아버지를 죽인 원수가 있다고 생각하는데, 자서가 정나라를 구원하고 또 그와 맹약을 하자 이에 자서를 아버지를 죽인 원수에 비긴 것이다.

58 『순자·성악(性惡)』편에 "순도 높은 쇠는 반드시 숫돌에 가는(礱厲) 것을 기다린 다음에 날카로워진다"는 말이 있는데, 주석에서는 "려(厲)는 간다〔磨〕는 뜻이다"라 하였다.

59 승(勝)은 평왕(平王)의 적손(嫡孫)이므로 왕손이라 친하였다. 무슨 까닭으로 친히 칼을 가는가 물어본 것이다.

60 용(庸): '어찌'와 같은 뜻으로, 도리어 힐문하는 부사이다.

61 이부(爾父): 자기(子期)를 말한다. 자서(子西)를 원수로 여기니 반드시 자기를 원수로 여기는 것이다.

62 그 아버지에게 알리지 않고 자서에게 알린 것은 자서가 영윤이기 때문이다.

楚國,	초나라에서는
第我死,	내가 죽는다면
令尹, 司馬,	영윤과 사마는
非勝而誰?"[64]	승이 아니면 누구이겠는가?"
勝聞之,	승이 그 말을 듣고
曰,	말하였다.
"令尹之狂也!	"영윤은 미쳤다!
得死,	선종을 하게 되면
乃非我."[65]	곧 내가 아닐 것이다."
子西不悛.[66]	자서는 깨닫지 못하였다.
勝謂石乞曰,[67]	승이 석걸에게 말하였다.
"王與二卿士,[68]	"왕과 두 경사가

---

63 두예는 "새를 가지고 비유한 것이다"라 하였다.

64 두예는 "초국제(楚國第)"로 구를 끊고, "사를 쓰는 차례〔次第〕이다"라 하였는데 틀렸다. 여기서는 무억(武億)의 『경독고이(經讀考異)』를 따른다. 제(第)는 가정형을 나타내는 접속사로 초나라에서 만약에 내가 죽는다면 영윤이나 사마는 반드시 승이 될 것이라는 말이다. 자서(子西)는 승(勝)이 아버지의 원수를 갚으려는 것을 모르고 다만 정권을 탈취하려고 한다고만 잘못 알아 탈취하지 않아도 절로 갖게 될 것이라고 생각하였기 때문에 승이 자기를 죽이려는 마음을 갖고 있다는 것을 믿지 않았다.

65 두예는 "내가 반드시 그를 죽일 것이라는 말이다. 만약 그가 절로 죽는다면 내 곧 다시 사람이라 하지 않겠다는 것이다"라 하였다.

66 전(悛): 『소이아·광언(小爾雅·廣言)』에서는 "전(悛)은 깨닫는 것이다"라 하였다.

67 석걸(石乞): 두예는 "석걸은 승의 무리이다"라 하였다. 『회남자·도응훈(道應訓)』에는 "석을(石乙)"로 되어 있다.

68 두예는 "두 경사는 자서와 자기이다"라 하였다.

皆五百人當之,[69]	모두 5백 명을 당하면
則可矣."	될 것이다."
乞曰,	걸이 말하였다.
"不可得也."	"찾을 수 없습니다."
曰,	말하였다.
"市南有熊宜僚者,	"저자 남쪽에 웅의료라는 자가 있는데
若得之,	그를 얻는다면
可以當五百人矣."[70]	5백 명을 당할 수 있을 것입니다."
乃從白公而見之.	이에 백공을 따라 그를 만나 보러 갔다.
與之言,	그와 얘기를 해보고는
說.[71]	기뻐하였다.
告之故,[72]	그 일을 일러 주니
辭.[73]	거절하였다.
承之以劍,	목에 칼을 갖다 대어도

69 개(皆): 지금의 공(共), '함께'라는 뜻이다.

70 이 또한 석걸의 말이다.

71 석걸이 의료와 말해 보고 석걸이 기뻐한 것이다. 주어는 위의 문장을 이어받아 생략되었다.

72 두 경사를 죽이는 일을 알려 준 것이다. 고(故)는 일이다.

73 의료가 거절한 것이다.

不動.	꿈쩍도 하지 않았다.
勝曰,	승이 말하였다.
“不爲利諂, 不爲威惕, 不洩人言以求媚者,[74]	“이익 때문에 권하지 않고 위세 때문에 근심하지 않으며 남의 말을 누설하여 아양을 하지 않는 자는
去之.”[75]	가게 하라.”
吳人伐慎,[76]	오나라 사람이 신을 쳤는데
白公敗之.	백공이 그들을 무찔렀다.
請以戰備獻,[77]	전리품을 갖추어 바칠 것을 청하여
許之,	이를 허락하자
遂作亂.	마침내 난이 일어났다.

74 첨(諂): 권하다. 장병린(章炳麟)의 『독(讀)』에 상세하다.

75 『회남자·주술훈(主術訓)』에서는 “시남의료(市南宜僚)는 구슬을 갖고 놀았는데 두 집안의 어려움으로 그 말을 간섭하지 않았다”라 하였는데, 고유(高誘)의 주석에서는 이 일을 끌어다 해석하였다. 『장자』의 「산목(山木)」과 「서무귀(徐無鬼)」, 「즉양(則陽)」 등 여러 편에는 모두 시남의료의 일을 수록하고 있으며 「산목(山木)」편에서는 또한 시남자(市南子)라고 하였다.

76 신성(慎城): 『한서·지리지』 왕선겸(王先謙)의 『보주(補注)』에 의하면 지금의 안휘 영상현(潁上縣) 북쪽 강구집(江口集)이 곧 옛 신성이다.

77 두예는 “오나라와 싸워서 얻은 갑옷과 무기를 모두 갖추어 바쳐 이 때문에 난을 일으키고자 한 것이다”라 하였다. 두예의 “비(備)”자의 해석은 검토할 만하다. 혜동(惠棟)의 『보주(補注)』에서는 그 부친인 혜사기(惠士奇)의 설을 인용하여 “전비(戰備)는 가비(家備)와 같다”라 하였는데 옳다. 이 또한 전리품을 바치는 것이지만 태묘에서 하지 않고 조정에서 하는 것이니 대첩(大捷)이 아님을 알 수 있으므로 싸움에 쓰인 갑옷과 무기 또한 바친 것이다.

秋七月,	가을 7월에
殺子西, 子期于朝,	조정에서 자서와 자기를 죽이고
而劫惠王.	혜왕을 겁박하였다.
子西以袂掩面而死.[78]	자서는 소매로 얼굴을 가리고 죽었다.
子期曰,	자기가 말하였다.
"昔者吾以力事君,	"지난날 저는 용력으로 임금을 섬겼으니
不可以弗終."	좋은 끝이 없을 수 없습니다."
抉豫章以殺人而後死.[79]	예장나무를 뽑아 사람을 죽인 후에 죽었다.
石乞曰,	석걸이 말하였다.
"焚庫, 弑王.	"창고를 태우고 왕을 죽여라.
不然,	그렇지 않으면
不濟."	이루지 못한다."
白公曰,	백공이 말하였다.
"不可.	"아니 되오.

78 두예는 "섭공에게 부끄러운 것이다"라 하였다.

79 결(抉): 뽑아내는 것이다. 예장(豫章)은 곧 지금의 장목(樟木)으로 건축자재로 쓸 수 있으며, 또한 기물을 만들 수도 있는데, 조정에는 원래 이 나무가 없는데 아마 뜰에 난 것을 자기가 힘이 세어 뽑아서 사람을 죽이고는 죽은 것이다.

弑王,[80] 왕을 죽이는 것은

不祥, 상서롭지 못하고,

焚庫, 창고를 태우면

無聚, 재물이 없게 되니

將何以守矣?" 어떻게 지키려 하오?"

乞曰, 걸이 말하였다.

"有楚國而治其民, "초나라가 있어 그 백성을 다스려

以敬事神, 공경스레 귀신을 섬기면

可以得祥, 상서롭게 될 것이고

且有聚矣, 또한 재물도 생길 것이니

何患?" 무엇을 근심하오?"

弗從.[81] 그 말을 따르지 않았다.

葉公在蔡,[82] 섭공은 채나라에 있었는데

方城之外皆曰, 방성 바깥의 사람이 모두 말하기를

---

80 "시(弑)"는 원래 "살(殺)"로 되어 있었는데 여기서는 『석경(石經)』과 송본, 가나자와 문고본(金澤文庫本) 및 위의 내용에 의거하여 고쳤다.

81 『회남자·도응훈(道應訓)』에서는 "백공 승이 형(荊)나라를 얻었는데 부고를 사람들에게 나누어 줄 수가 없었다. 7일 만에 석걸이 들어와 말하기를 '의롭지 않게 얻은 것은 또한 널리 베풀 수 없으니 근심이 반드시 이를 것입니다. 남에게 줄 수 없으며, 그것을 태워 남들이 나를 해치지 못하게 함만 못합니다'라 하였는데, 백공은 그 말을 듣지 않았다. 9일 만에 섭공이 들어가 이에 대부(大府)의 재화를 풀어 사람들에게 나누어 주었으며 고고(高庫)의 무기를 꺼내어 백성들에게 주고 공격하게 하니 19일 만에 백공을 사로잡았다"라 하였는데 이것과 상호 참고를 할 수 있다.

82 두예는 "채나라가 주래(州來)로 옮기자 초나라가 그 땅을 병탄하였다"라 하였다.

"可以入矣."[83]	"들어갈 수 있다"라 하였다.
子高曰,	자고가 말하였다.
"吾聞之,	"내가 듣건대
以險徼幸者,[84]	모험으로 요행을 바라는 자는
其求無饜,	추구함을 만족시키지 못하면
偏重必離."[85]	편중되어 반드시 떠나게 된다고 하였소."
聞其殺齊管脩也,[86]	그가 제나라 관수를 죽였다는 말을 듣고
而後入.	나중에 들어갔다.
白公欲以子閭爲王,[87]	백공은 자려를 왕으로 삼으려 하였는데

83 영(郢)으로 들어가 화란을 평정한 것을 말한다.

84 모험을 감행하여 만의 하나의 요행을 구하는 자이다.

85 편중(偏重): 고르지 않은 것이다. 공평하지 않으면 사심이 미치게 되어 뭇사람들의 마음이 이반된다는 것이다.

86 관수(管脩): 혜동(惠棟)의 『보주(補注)』에서는 후한(後漢) 응소(應劭)의 『풍속통(風俗通)』〔『풍속통의(風俗通儀)』〕을 인용하여 말하였다. "관수는 제나라에서 초나라로 가 음(陰)의 대부가 되었다." 양옥승(梁玉繩)의 『보석(補釋)』에서는 『후한서·음식전(陰識傳)』을 인용하여 "음식은 그 선조가 관중에게서 나왔다. 관중의 7세손 수(脩)는 제나라에서 초나라로 가 음의 대부가 되었으며 이 때문에 그것을 씨로 삼았다"라 하였으며 또한 『삼국지·위지·관녕전(三國志·魏志·管寧傳)』의 주에서 인용한 『부자(傅子)』를 인용하여 "옛날에 전(田)씨가 제나라를 가졌는데 관씨가 그곳을 떠나자 어떤 사람은 노나라로 갔고 어떤 사람은 초나라로 갔다"라 하였다.

87 두예는 "자려는 평왕의 아들 계(啓)로 다섯 번 왕위를 거절한 자이다"라 하였다. 이 일은 애공 6년의 『전』에 보이며, 일찍이 왕이 되는 것을 허락하였다.

子閭不可,	자려가 안 된다고 하자
遂劫以兵.	마침내 무력으로 협박하였다.
子閭曰,	자려가 말하였다.
"王孫若安靖楚國,	"왕손께서 초나라를 안정시킨다면
匡正王室,	왕실을 바로잡고
而後庇焉,	그런 다음에 비호를 해주는 것이
啓之願也,	나의 바람이니
敢不聽從?	감히 명을 따르지 않겠소?
若將專利以傾王室,	만약 오로지 이익을 도모할 요량으로 왕실을 기울여
不顧楚國,	초나라를 돌보지 않는다면
有死不能."[88]	죽어도 할 수 없소."
遂殺之,	마침내 그를 죽이고
而以王如高府.[89]	왕을 데리고 고부로 갔다.
石乞尹門.[90]	석걸에게 문을 지키게 하였다.

---

88 죽을지언정 따르지 않겠다는 것이다.

89 『회남자 · 태족훈(泰族訓)』에서는 "합려는 초나라를 치고 다섯 번 싸워 영(郢)으로 들어가 고부의 밤나무를 태웠다. ……" 하였는데 믿을 만한지의 여부를 살펴보지 않았으며, 전국시대에서 한나라까지의 여러 책에서 오나라가 영에 들어갔을 때의 일을 말한 것에는 과장된 얘기가 많기 때문이다. 저 고부를 불태운 것이 믿을 만하다면 이 고부는 새로 건조한 것일 것이다.

90 고부의 문을 지키는 것을 주관한 것이다.

圉公陽穴宮,	어공양이 궁궐에 구멍을 내어
負王以如昭夫人之宮.[91]	왕을 업고 소부인의 궁으로 갔다.
葉公亦至,	섭공 또한 이르러
及北門,	북문에 이르렀을 때
或遇之,	누가 그를 만나
曰,	말하였다.
"君胡不胄?	"그대는 어찌하여 투구를 쓰지 않았소?
國人望君如望慈父母焉,	나라의 백성들이 그대를 바라기를 인자한 부모를 바라듯 하는데
盜賊之矢若傷君,	도적의 화살이 그대를 다치기라도 하면
是絶民望也,	이는 백성들에게 절망케 하는 것이니
若之何不胄?"	그 어찌 투구를 쓰지 않습니까?"
乃胄而進.	이에 투구를 쓰고 나아갔다.
又遇一人曰,	또 한 사람을 만났는데 말하기를

91 두예는 "공사는 초나라의 대부이다. 소부인은 왕의 모친으로 월나라 여인이다"라 하였다. 두예가 월나라 여인이라 한 것은 아마 6년 『전』에서 "월나라 여자의 아들 장을 맞아 세웠다(逆越女之子章立之)"라 한 데서 근본할 것이며, 『열녀전』에는 월사(越姒)가 자살한 일이 실려 있는데 믿을 수 없다. 양옥승(梁玉繩)의 『별기(瞥記)』에서는 애공 6년의 월나라 여인은 소왕의 첩으로 부인이라 칭할 수 없다 하였는데 그 아들이 이미 왕으로 즉위하였으면 절로 부인이라 칭할 수 있는 것을 몰랐으며, 이는 옛날에 이른바 "어머니가 아들 때문에 귀하여진 것"이다.

“君胡胄?	“그대는 어찌 투구를 썼소?
國人望君如望歲焉,	나라의 백성들이 그대를 바라기를 풍년을 바라듯 하여
日日以幾,[92]	날마다 기다리고 있어
若見君面,	그대의 얼굴을 보면
是得艾也.[93]	안심을 하게 될 것입니다.
民知不死,	백성들은 죽지 않을 줄 알아
其亦夫有奮心,[94]	또한 분투하려는 마음이 있어
猶將旌君以徇於國,[95]	그대를 표식으로 하여 나라에 돌리려는데
而又掩面以絶民望,	또한 얼굴을 가리어 백성을 절망케 하니
不亦甚乎!”[96]	또한 심하지 않습니까?”
乃免胄而進.	이에 투구를 벗고 나아갔다.
遇箴尹固帥其屬,	잠윤 고가 그의 부하를 이끄는 것을 만나

92 기(幾): 기(冀)와 같으며, 그대가 오기를 바란다는 것이다.

93 애(艾): 두예는 “애는 안(安)과 같다”라 하였다.

94 사람마다 분전하려는 마음이 있음을 말한다.

95 정(旌): 두예는 “정(旌)은 표(表)이다”라 하였다.

96 옛날의 투구는 양쪽 곁이 길어서 얼굴과 뺨을 덮었다. 장병린(章炳麟)의 『독(讀)』에서는 『순자·비상(非相)』편을 인용하여 섭공자고(葉公子高)는 왜소하고 키가 작았기 때문에 투구를 쓰면 또한 얼굴까지 다 덮었다 운운하였다. 섭공이 아무리 왜소하였다 하더라도 어찌 맞는 투구가 없었겠으며, 장병린(章炳麟)의 설은 믿을 수 없다.

將與白公.[97]	백공의 편이 되려고 하였다.
子高曰,	자고가 말하였다.
"微二子者,	"두 사람이 없었더라면
楚不國矣.[98]	초나라는 나라가 되지 않았을 것이오.
棄德從賊,	덕을 버리고 도적을 따르니
其可保乎?"[99]	어찌 편안할 수 있겠소?"
乃從葉公.	이에 섭공을 따랐다.
使與國人以攻白公,	백성들과 함께 백공을 공격하게 하니
白公奔山而縊.	백공은 산으로 달아나 목을 매었다.
其徒微之.[100]	그의 무리가 그를 숨겼다.

97 여(與): 따르는 것, 돕는 것이다.

98 이자(二子): 두예는 "두 사람은 자서(子西)와 자기(子期)이다. 백거(柏擧)를 물리칠 때 두 사람의 공이 많았다"라 하였다.

99 덕(德)은 자서와 자기를 가리키며, 적(賊)은 백공 승을 가리킨다. 잠윤 고(固)는 백거가 패했을 때 일찍이 소왕과 함께 배를 탄 적이 있는데 정공 4년의 『전』에 보이며, 이 때문에 섭공이 이 말로 그의 마음을 움직인 것이다. 고가 섭공과 적이라면 이는 초나라의 덕이 있는 두 경사를 버리고 도적을 쫓는 것이라는 말이다. 기(其)는 기(豈)와 같은 뜻이다. 보(保)는 안(安)의 뜻이다.

100 미(微): 그 시체를 은닉한 것이다. 『여씨춘추·정유(精諭)』편에서는 "이것이 백공이 법실(法室)에서 죽은 까닭이다"라 하였고, 『회남자·도응훈(道應訓)』 및 『열자·설부(說符)』편에서는 모두 백공은 욕실(浴室)에서 죽었다고 하였다. 법실에서 죽었거나 욕실에서 죽었거나를 막론하고 모두 시체를 은닉하기가 어렵다. 또한 「정유」편 등의 책에서는 백공이 공구와 밀담(密談, 微言)을 나누고자 하였다고 하였는데 공구가 승과 만났을 가능성은 없었으며 이는 분명 전설로 믿을 만하지 못하다.

生拘石乞而問白公之死焉.[101]	석걸을 생포하여 백공의 주검이 어디 있는지 물어보았다.
對曰,	대답하였다.
"余知其死所,	"나는 그의 주검이 있는 곳을 알고 있지만
而長者使余勿言."[102]	어르신이 내게 말하지 말라 하였소."
曰,	말하였다.
"不言,	"말하지 않으면
將烹."	삶아 죽이겠다."
乞曰,	걸이 말하였다.
"此事克則爲卿,	"이 일을 이루면 경이 되고
不克則烹,	이루지 못하면 삶겨서 죽을 것이니
固其所也,	실로 그렇게 되는 것이
何害?"	무엇이 두렵겠소?"
乃烹石乞.	이에 석걸을 삶아 죽였다.
王孫燕奔頯黃氏.[103]	왕손연은 규황씨에게 달아났다

---

101 사(死): 곧 주검(尸)이며, 『사기·오자서전』에는 "그리고 석걸을 사로잡아 백공의 주검이 있는 곳을 물었다(問白公尸處)"라 하였으니 이는 사마천은 시(尸)로 사(死)를 해석한 것이다.

102 장자(長者): 두예는 "장자는 백공을 말한다"라 하였다.

103 두예는 "연(燕)은 승의 아우이다. 규황(頯黃)은 오나라 땅이다"라 하였다. 고동고(顧棟高)의 『춘추여도(春秋輿圖)』에 의하면 규황은 지금의 안휘 무호(蕪湖)지구 의성현(宜城縣)의 경계에 있다.

沈諸梁兼二事,[104]	심제량은 두 가지 일을 겸임하여
國寧,	나라가 평안해지자
乃使寧爲令尹,[105]	영을 영윤으로 삼고
使寬爲司馬,[106]	관을 사마로 삼아
而老於葉.[107]	섭에서 은퇴했다.

衛侯占夢,	위후가 꿈을 점쳤더니
嬖人求酒於大叔僖子,[108]	총신이 태숙희자에게 술을 청하였으나
不得,	얻지 못하였으며
與卜人比,	복인과 한 통속이 되어
而告公曰,	공에게 말하였다.
"君有大臣在西南隅,[109]	"임금께는 서남쪽 모퉁이에 사는 대신이 있사온데

104 완각본에는 "심(沈)"자가 없는데 여기서는 『교감기』 및 가나자와 문고본(金澤文庫本)을 따라 추가하였다. 두예는 "두 가지 일은 영윤과 사마이다"라 하였다.

105 영(寧): 두예는 "자서의 아들 자국(子國)이다"라 하였다.

106 관(寬): 두예는 "자기(子期)의 아들이다"라 하였다. 고사기(高士奇)의 『좌전성명동이고(左傳姓名同異考)』에서는 "공손각(公孫覺)은 또한 노양문자〔魯陽文子, 「초어(楚語) 하」에 보임〕라고도 하며 또한 노양공〔魯陽公, 「초어(楚語) 하」의 주 및 『회남자·남명훈(淮南子·覽冥訓)』 및 주에 보임〕이라고도 한다"라 하였다.

107 두예는 "『전』에서는 결과를 말하였다"라 하였다.

108 두예는 "폐인(嬖人)"을 첫 구절로 떼었는데 뜻이 통하지 않으며, 여기서는 무억(武億)의 『경독고이(經讀考異)』를 따른다. 두예는 "희자(僖子)는 태숙유(大叔遺)이다"라 하였다.

109 아마 태숙유가 그곳에 살 것이다.

弗去, 그를 없애지 않으면

懼害." 해가 될 것입니다."

乃逐大叔遺. 이에 태숙유를 쫓아내었다.

遺奔晉. 유는 진나라로 달아났다.

衛侯謂渾良夫曰, 위후가 혼량부에게 말하였다.

"吾繼先君而不得其器, "내 선군을 계승하였지만 그 기물은 얻지 못하였으니

若之何?"[110] 그것을 어찌하면 되겠는가?"

良夫代執火者而言,[111] 양부가 촛불을 들고 있는 자를 대신하여 말을 나누며

---

110 두예는 "나라의 보기(寶器)는 첩(輒)이 모두 가지고 갔다"라 하였다.

111 두예는 "비밀 모의를 하려고 좌우를 막은 것이다"라 하였다. 집화(執火)는 곧 집촉(執燭)인데 예날에는 밀랍을 쓰지 않았고 횃불을 썼는데, 『예기·소의(少儀)』에서는 "주인이 촛불을 잡고 횃불을 든다"라 한 것이 이를 말한다. 아마 가시나무 가지를 묶어 기름을 부어 어린 사람이 손으로 들것인데, 「단궁(檀弓) 상」에서는 "동자가 모퉁이에 앉아 촛불을 들고 있었다"라 하였고, 『의례·연례(燕禮)』에서는 "밤이 되면 서자(庶子)가 계단 위에서 촛불을 잡고 있는다"라 하였으며, 『관자·제자직(管子·弟子職)』에서는 "저녁이 되면 불을 켜는데 촛불을 들고 모퉁이에 앉는다"라 한 것으로 이를 알 수 있다. 큰 것은 땅에 놓는데 화톳불〔燎〕이라고 하고, 또한 대촉(大燭)이라고도 하며 『시경·소아·정료(小雅·庭燎)』에 "뜰의 화톳불 빛(庭燎之光)"이라는 말이 있는데 『모전(毛傳)』에서는 "정료(庭燎)는 대촉(大燭)이다"라 한 것이 이를 말한다. 춘추전국시대 초(楚)나라 송옥(宋玉)의 「초혼(招魂)」에는 "난초기름으로 촛불 밝히니, 빛나는 등잔접시 엇섞이네(蘭膏明燭, 華鐙錯些)"라 하였으니, 촉대는 것은 춘추 후기부터 있었다. 완원(阮元)의 『적고재종정이기관지(積古齋鐘鼎彝器款識)』 등 책에서 수록한 것 및 필자가 본 전세(傳世)의 옛 기물 가운데는 선진시대의 촉대는 없는 것 같다. 양한(兩漢) 시대에는 등잔접시가 있었고, 그 후로는 세상에 전하는 등잔접시가 더욱 많다.

曰,	말하였다.
"疾與亡君,	"질은 도망간 임금과 함께
皆君之子也,	모두 임금의 아들이니
召之而擇材焉可也.[112]	불러서 그 재능 있는 자를 가려 쓰면 될 것입니다.
若不材,	재능이 없다면
器可得也."[113]	기물을 얻을 수 있을 것입니다."
豎告大子.[114]	종이 태자에게 알렸다.
大子使五人輿豭從己,	태자는 다섯 사람에게 수퇘지를 싣고 자기를 따르게 하여
劫公而强盟之,[115]	공을 협박하여 억지로 맹세하게 하고
且請殺良夫.	또한 양부를 죽일 것을 청하였다.
公曰,	공이 말하였다.
"其盟免三死."	"죽을죄를 세 번 용서해 준다고 맹세하였소."

---

112 두예는 "첩(輒)을 부르는 것이다"라 하였다.

113 두예는 "첩이 재능이 없으면 그 몸을 폐하고 그 보기를 얻을 수 있다는 것이다"라 하였다.

114 두예는 "태자 질(疾)이다"라 하였다. 다케조에 고코(竹添光鴻)의 『회전(會箋)』에서는 "첩이 즉위하였을 때 공자 영(郢)이 도망간 사람의 아들 첩(輒)이 있는데도 질을 언급하지 않은 것은 아마 질이 아비와 함께 도망갔기 때문일 것이다. 이때 첩이 도망갔으니 질은 이에 태자라는 호칭이 있게 된 것이다. 또한 양부가 첩을 부른 것을 싫어하였기 때문에 반드시 죽이려 한 것이다"라 하였다.

115 두예는 "반드시 자기를 세우도록 청하여 맹세한 것이다"라 하였다.

曰, 말하였다.

"請三之後有罪殺之." "세 번을 청한 후에 죄가 있으면 죽이시오."

公曰, 공이 말하였다.

"諾哉!"[116] "좋다!"

애공 17년

傳

十七年春,[1] 17년 봄에

衛侯爲虎幄於藉圃,[2] 위후가 적포에서 호악을 만들었는데

成, 낙성이 되자

116 이것과 다음 해의 『전』은 사실 하나이므로 이어서 읽어야 한다.

1 애공 17년부터 27년까지는 『경(經)』이 없고, 『전(傳)』만 있다. 십칠년(十七年): 계해년 B.C. 478년으로 주경왕(周敬王) 42년이다.

2 적포(藉圃): 두예는 "적전(藉田)의 채마밭에 새로 천막을 만든 것으로 모두 호랑이 장식을 한 것이다"라 하였다. 혜동(惠棟)의 『보주(補注)』에서는 "적포는 포(圃)의 이름이다"라 하고 25년 『전』의 "위후가 적포(藉圃)에 영대(靈臺)를 만들었다"라 한 것을 들어 증거로 삼았는데 혜동의 설이 옳다. 다케조에 고코(竹添光鴻)의 『회전(會箋)』에서는 "천막은 없앴다 폈다 이동할 수 있는데 『전』에서 말하기를 '적포에서'라 하였고 또 '낙성되었다'라 하였으니 고정되어 움직일 수 없는 것이고 천막이 아니다. 악(幄)은 악(楃)으로 읽어야 한다. 악(楃)은 나무 장막이다. 아마 위후가 적포에 작은 집을 지었는데 그 형태가 나무 장막과 같고 호랑이를 새겼을 것이다"라 하였다.

求令名者而與之始食焉. 아름다운 명성이 있는 자들을 찾아 그들과 첫 식사를 하였다.

大子請使良夫.[3] 태자가 혼량부를 넣도록 청하였다.

良夫乘衷甸兩牡,[4] 혼량부는 충전을 타고 수말 두 마리로 끌게 하였으며

紫衣狐裘.[5] 자줏빛 옷과 여우 갖옷을 입고 있었다.

至, 이르자

袒裘,[6] 갖옷은 벗고

---

3 두예는 "양부는 응당 훌륭한 명성이 있다고 생각한 것이다"라 하였다.

4 충전(衷甸): 두예는 "충전은 끌채가 하나이고 경의 수레이다"라 하였다. 『설문』에서는 "전(佃)"자 아래 『춘추전』을 인용하여 "중전을 탔다(乘中佃)"라 하였는데, 이는 허신(許愼)이 의거한 판본에는 "충전(衷甸)"이 "중전(中佃)"으로 되어 있었다는 것이다. 극종(克鐘)에서는 "극(克)에게 전거(佃車)와 마승(馬乘)을 내려 주었다"라 하였는데, "전거(佃車)"는 바로 이 "충전(衷甸)"일 것이다. 금문(金文)에는 "전(甸)"자는 없고 "전(佃)"자밖에 없는데, 근대 중국의 임의광(林義光)의 『문원(文源)』 및 청나라 말기 용경(容庚)의 『금문편(金文編)』에서는 전(甸)과 전(佃)은 한 글자라고 하였는데 옳다. 고대의 멍에는 하나의 끌채에 말이 네 마리씩인데 15년 『전』에서 괴외와 양부가 맹세하고 면복과 승헌(乘軒)을 허락하였는데, 곧 대부의 수레를 타도록 허락한 것으로 대부의 수레는 경의 수레와 차이가 없으므로 두예의 설은 근거가 없다. 모(牡)는 두 복마(服馬)를 수말로 쓴 것이다.

5 『한비자·외저설(外儲說) 좌상(左上)』에서는 "제환공은 자줏빛 옷을 좋아하여 온 나라 사람들이 모두 자줏빛 옷을 입었는데, 이때는 비단 다섯 필로도 자줏빛 옷감 한 필을 구하지 못하였다. ……" 하였고, 『논어·양화(陽貨)』에서는 "자줏빛이 붉은색을 뺏는 것을 싫어한다(惡紫之奪朱也)"라 하였으니, 춘추시대 말기에는 이미 자줏빛이 임금의 복색이 되어 타른 사람들은 쓰지 못하였던 것 같다.

6 『예기·옥조(玉藻)』 공영달의 주석에서는 남조(南朝) 양(梁)나라 때 황간(皇侃)의 『의소(義疏)』를 인용하여 조복(朝服)은 포의(布衣)이며 또한 먼저 명의(明衣)를 몸에 가까이하며 다음에 중의(中衣)를 더하고, 겨울에는 다음에 갖옷을 더하며, 갖옷 위에는 석의(裼衣)를 더하고, 석의 위에 조복을 더한다고 하였다. 이른바 석의라는 것은 정복(正服)을 벗고 석의를 드러내는 것이다. 양부가 입고 있는 자줏빛 옷은 곧 석의이며, 『논어·향당(鄕黨)』에

不釋劍而食.[7]	칼은 끄르지 않은 채 식사를 하였다.
大子使牽以退,	태자가 그를 끌고 물러나게 하여
數之以三罪而殺之.[8]	세 가지 죄를 지었음을 조목조목 들어 말하고 죽였다.

三月,	3월에
越子伐吳,	월자가 오나라를 치자
吳子禦之笠澤,	오자가 그를 입택에서 막아
夾水而陳.[9]	물을 끼고 진세를 펼쳤다.

서 "치의는 양 갖옷이고, 소의는 사슴 갖옷이며, 황의는 여우 갖옷이다(緇衣, 羔裘; 素衣, 麑裘; 黃衣, 狐裘)"라 한 것이다. 양부는 다만 조의를 벗고 석의를 드러내었는데, 지금 갖옷 또한 벗어서 자줏빛 석의 바깥으로 드러나 여전히 중의까지 드러났으니 불경한 것이다.

7 공영달의 소(疏)에서는 "검은 사물을 해치는 기물이어서 지존 가까이는 가져갈 수 없으므로 임금 가까이 가면 검을 풀어야 한다. 양부는 임금과 식사를 하면서도 검을 풀지 않았으니 또한 불경한 것이다"라 하였다. 심흠한(沈欽韓)의 『보주(補注)』에서는 "한나라의 제도에 소하(蕭何)만 칼을 차고 신을 신은 채 전각에 오를 수 있었는데 이는 신하들은 모두 칼을 풀어야 했던 것이다"라 하였다.

8 수삼죄(數三罪): 두예는 "세 가지 죄는 자줏빛 옷을 입은 것, 갖옷을 드러낸 것, 검을 찬 것이다"라 하였다. 그러나 15년 『전』에서 위후와 양부가 맹세하여 "세 번 죽을죄를 없이 한다" 하였고, 지난해의 『전』에서 태자 또한 "세 번을 청한 후에 죄가 있으면 죽이라"고 하였으니 수삼죄(數三罪)라는 것은 죽음을 면하는 죄이며, 그를 죽인 것은 달리 죄를 씌운 것이다.

9 입택(笠澤): 옛날에는 입택이 태호(太湖)라고 생각하였지만 태호는 둘레가 680여 리나 되어 강소(江蘇)와 절강(浙江) 두 성(省)에 걸치고 있어 물을 끼고 진을 칠 수가 없다. 당나라 육광미(陸廣微)의 『오지기(吳志記)』에서는 송강(松江)은 일명 입택이라고 하며 춘추시대에 오나라 왕이 이곳에서 월나라를 막았다고 하였다. 지금의 오송강(吳松江)이 입택이라고 생각하였는데 비교적 합리적이다. 태호로 드는 여러 물줄기는 송강이 가장 크다.

越子爲左右句卒,[10]	월자는 좌우의 구졸을 만들어
使夜或左或右,	밤에 혹은 왼쪽에서 혹은 오른쪽에서
鼓譟而進,	북을 치고 고함을 치며 나아가게 하였으며,
吳師分以御之.	오나라 군사는 나누어서 그들을 막았다.
越子以三軍潛涉,[11]	월자는 3군을 가지고 몰래 강을 건너
當吳中軍而鼓之.[12]	오나라의 중군에 맞서 진격의 북을 쳤다.
吳師大亂,	오나라 군사는 크게 어지러워졌으며
遂敗之.	마침내 그들을 무찔렀다.

晉趙鞅使告于衛,	진나라 조앙이 위나라에게 알리게 하여

10 구졸(句卒): 두예는 "구졸은 대오를 갈고리처럼 구부려 서로 드러나게 하여 별도로 좌우의 둔을 만든 것이다"라 하였다.

11 잠섭(潛涉): 두 가지 뜻이 있다. 하나는 헤엄을 치는 것으로 『설문』에서 이른바 "물속으로 잠행하는 것이다"라 한 것이며, 『한비자·십과(十過)』편에서 지백(智伯)의 일을 기록하여 "신이 청컨대 잠행(潛行)해 보겠습니다"라 한 것이 이를 말한다. 한 가지 뜻은 지금의 몰래 건너는 것으로 또한 배를 이용한다. 두 가지 뜻 모두 통할 수 있다. 정리상으로 보건대 후자의 설이 비교적 안온하다.

12 월나라는 3군으로 오나라의 1군을 공격하니 좌우의 구졸이 이에 오나라 군대의 한쪽 군사를 어지럽힌 것이다.

曰,

말하였다.

"君之在晉也,

"임금께서 진나라에 계실 때

志父爲主.[13]

제가 주인이었습니다.

請君若大子來,[14]

임금께 청하기를 혹 태자가 온다면

以免志父.

제 죄를 면하게 해달라고 하였습니다.

不然,

그렇지 않으면

寡君其曰志父之爲也."[15]

과군께서는 제가 한 일이라
말할 것입니다."

衛侯辭以難,[16]

위후는 난을 들어 거절하였고

大子又使椓之.[17]

태자는 또 그것을 참소하게 하였다.

夏六月,

여름 6월에

趙鞅圍衛.

조앙이 위나라를 에워쌌다.

齊國觀, 陳瓘救衛,[18]

제나라의 국관과 진관이
위나라를 구원하여

---

13 지보(志父): 곧 조앙이다.

14 약(若): 혹(或)과 같다.

15 두예는 "아마 진군이 지보로 하여금 하게 하였는데 오지 않았다고 말할 것이라는 것이다"라 하였다.

16 위나라가 안정되지 않아 자기의 지위가 아직 공고해지지 않았다는 것이다.

17 고염무(顧炎武)의 『보정(補正)』과 심흠한(沈欽韓)의 『보주(補注)』, 홍양길(洪亮吉)의 『고(詁)』에서는 모두 탁(椓)과 착(諑)은 옛날이 통용하였다고 하였다. 전한(前漢) 말 양웅(揚雄)의 『방언(方言)』에서는 "착(諑)은 하소연하는 것이다. 초나라 이남에서는 착이라고 한다"라 하였다. 또한 주에서는 "착(諑)과 참(譖) 또한 통하는 말이다"라 하였다. 이는 태자 질(疾)이 조앙의 사자 앞에서 그 아버지를 중상모략한 것이다.

18 국관(國觀): 두예는 "국관은 국서(國書)의 아들이다"라 하였다. 청나라 진가모(秦嘉謨)

得晉人之致師者.	진나라의 군사를 몰고 오는 사람을 사로잡았다.
子玉使服而見之,[19]	자옥이 옷을 입히게 한 후 그를 만나 보고
曰,	말하였다.
"國子實執齊柄,[20]	"국자가 실로 제나라의 정권을 잡고 있는데
而命瓘曰,	제게 명하기를
'無辟晉師!'	'진나라 군사를 피하지 말라!'라 하였으니
豈敢廢命?[21]	어찌 감히 명을 폐하겠습니까?
子又何辱?"[22]	그대 또한 어찌 욕이 되겠습니까?"

가 편집한 『세본(世本)』에서는 "〔국(國)〕하(夏)는 서(書)를 낳았고, 서는 관(觀)을 낳았다"라 하였다. 『예기·단궁(檀弓)』 공영달의 소(疏)에서는 『세본』을 인용하여 "의백(懿伯)은 정맹(貞孟)을 낳았고 정맹은 성백고보(成伯高父)를 낳았다"라 하였다. 양이승(梁履繩)의 『보석(補釋)』에서는 아마 의백은 서의 시호이고, 정자는 마땅히 곧 국관의 시호일 것이라고 하였는데 무리는 아니다. 제나라에서 위나라를 구원한 자는 아래의 『전』에 의하면 위나라 장공의 부인인 제나라 여인이다.

19 자옥(子玉): 곧 진관이다. 두예는 "포로의 복장을 벗기고 본래 입었던 옷을 입힌 것이다"라 하였다.

20 이는 다만 외교 사령(辭令)일 뿐이다. 이때 제나라의 정권을 주무르고 있던 자는 진항(陳恒)이며 진자옥은 그 대신 군사를 거느리고 나왔으며, 제나라의 국씨와 고씨는 대대로 상경이었으니 관(瓘)이 이 때문에 이런 말을 하였으며 사실은 다만 경이라는 명분이 있을 따름이다.

21 두예는 "반드시 진나라를 대적하려는 것이다"라 하였다.

22 이 말을 한 것은 곧 포로를 풀어 주고, 그에게 돌아가 알리게 하여 진나라 군사를 물리려는 것이다.

簡子曰, 간자가 말하였다.

“我卜伐衛, “내 위나라를 치는 것은 점쳤지만

未卜與齊戰.” 제나라와 싸우는 것은 점치지 않았다.”

乃還.[23] 이에 돌아갔다.

楚白公之亂, 초나라 백공의 난 때

陳人恃其聚而侵楚.[24] 진나라 사람이 그 축적해 놓은 것을 믿고 초나라를 침공하였다.

楚旣寧, 초나라가 안정되자

將取陳麥.[25] 진나라의 보리를 취하려고 하였다.

楚子問帥於大師子穀與葉公諸梁, 초자가 태사 자곡과 섭공 제량에게 물어보았더니

子穀曰, 자곡이 말하였다.

“右領差車與左史老皆相令尹, 司馬以伐陳, “우령 차거와 좌사 노가 모두 영윤과 사마를 도와 진나라를 쳤으며

23 두예는 “자옥을 두려워한 것이다”라 하였다.

24 취(聚): 두예는 “취(聚)는 모아서 쌓아 놓은 것이다”라 하였다. 취(聚)는 양식을 모아 놓은 것이며, 양공 30년『전』에서 자산(子産)이 말하기를 “진나라는 망할 나라로 양식을 모았다. ……(陳, 亡國也, 聚禾粟)”라 한 것으로 분명히 알 수 있으며, 또한 은공 원년『전』의『주』에 상세하다.

25 그 모아 놓은 것을 뺏는 것이다.

其可使也."[26] 부릴 만할 것입니다."

子高曰, 자고가 말하였다.

"率賤, "모두 천하니

民慢之, 백성들이 깔보고

懼不用命焉."[27] 명을 듣지 않을 것입니다."

子穀曰, 자곡이 말하였다.

"觀丁父, "관정보는

鄀俘也, 약나라의 포로였는데

武王以爲軍率,[28] 무왕이 군솔로 삼아

是以克州, 蓼, 이에 주나라와 규나라를 이기고

服隨, 唐, 수나라와 당나라를 이기고

大啓羣蠻. 뭇 오랑캐들을 개척하였습니다.

彭仲爽, 팽중상은

申俘也, 신나라의 포로인데

文王以爲令尹,[29] 문왕이 영윤으로 삼아

---

26 두예는 "이 두 사람이 모두 자서(子西)와 자기(子期)를 보좌하여 진나라를 친 적이 있으며 지금 또한 부릴 수 있다는 말이다"라 하였다.

27 두예는 "우령과 좌사는 모두 초나라의 미천한 관직이다"라 하였다. 양수달(楊樹達)의 『독좌전(讀左傳)』에서는 "아래의 자곡(子穀)의 말에 의하면 두 사람은 아마 모두 포로일 것이며 미천한 관직을 말하는 것이 아닐 것이다"라 하였는데, 양수달(楊樹達)의 말이 옳다. 우령과 좌사는 모두 『전』에 자주 보이며 천한 관직이 아니다.

28 무왕(武王): 두예는 "초나라 무왕이다"라 하였다.

29 고동고(顧棟高)의 『대사표(大事表)』 권10에서는 "팽중상이 영윤이 된 것은 투기(鬪祁)의

實縣申, 息,[30]	신나라와 식나라를 우리의 현으로 만들었으며
朝陳, 蔡,[31]	진나라와 채나라를 조현케 하여
封畛於汝.[32]	강토를 여수까지 넓혔습니다.
唯其任也,[33]	임무를 감당하기만 한다면
何賤之有?"	무슨 천함이 있겠습니까?
子高曰,	자고가 말하였다.
"天命不諂.[34]	"천명은 의심이 없습니다.
令尹有憾於陳,[35]	영윤은 진나라에 유감이 있으니
天若亡之,	하늘이 망하게 한다면
其必令尹之子是與,	아마 반드시 영윤의 아들 편을 들 것이니

뒤, 자원(子元)의 앞에 있었을 것이다. 초나라 영윤으로『전』에 보이는 자는 28명으로 팽중상만이 신나라의 포로이며 나머지는 모두 왕족이다"라 하였다.

30 두예는 "초나라 문왕은 신나라와 식나라를 멸하고 현으로 삼았다"라 하였다.

31 조(朝): 진나라와 채나라의 두 나라를 조현하게 한 것으로, 구법이『맹자·양혜왕(梁惠王) 상』의 "진나라와 초나라를 조현케 했다(朝秦楚)" 한 것과 같으며 모두 동사로 사동용법으로 쓰였다.

32 초나라의 봉강(封疆)을 여수(汝水)까지 개척하였다는 말이다.

33 임(任): 감당한다는 말이다.

34 도(諂): 두예는 "도(諂)는 의심하는 것이다"라 하였다. 소공 27년『전』의 "하늘의 도는 의심이 없다(天道不諂)"의『주』를 참고하여 보라.

35 두예는 "15년에 자서(子西)가 오나라를 쳤는데 진나라가 정자(貞子)에게 오나라를 위로하게 하여 이 때문에 유감스럽게 생각하는 것이다"라 하였다.

君盍舍焉?[36]	임금께서는 어찌 그들을 쓰시지 않으십니까?
臣懼右領與左史有二俘之賤而無其令德也."	신은 우령과 좌사 두 포로의 천함만 있고 아름다운 덕은 없을까 두렵습니다."
王卜之,	왕이 점을 쳐 보았더니
武城尹吉.[37]	무성윤이 길하였다.
使帥師取陳麥.	군사를 거느리고 보리를 취하게 하였다.
陳人御之,	진나라 사람이 그를 막아
敗,	무찌르니
遂圍陳.	마침내 진나라를 에워쌌다.
秋七月己卯,[38]	가을 7월 기묘일에
楚公孫朝帥師蔑陳.[39]	초나라 공손조가 군사를 거느리고 진나라를 멸하였다.

36 두예는 "우령과 좌사를 버린 것이다"라 하였다. 두예는 사(舍)를 사기(捨棄)의 사(捨)로 보고 아래의 구절에 붙였다. 사(舍)는 사치(舍置)의 사(舍)로 보아 위 구절에 붙여야 할 것 같다. 섭공이 처음에 하늘이 진나라를 망하게 한다면 반드시 영윤의 아들을 도울 것이라고 하였으므로 또한 그대는 어찌 그를 군의 장수로 두지 않느냐고 말한 것이다. 아래 구절이서 비로소 우령과 좌사를 말하였다면 임무를 감당하기 어려울 것이다.

37 무성윤(武城尹): 두예는 "무성윤은 자서(子西)의 아들 공손조(公孫朝)이다"라 하였다.

38 기묘일은 8일이다.

39 두예는 "정나라 비조(裨竈)의 말이 다섯 번 순화(鶉火)에 미치니 진(陳)나라가 마침내 망하였다"라 하였다. 『사기·연표(年表)』의 기록에는 진나라는 정나라 성공 23년에 망했다고 하였는데 옳다. 『사기·정세가(鄭世家)』에서는 정성공 22년이라고 하였는데 아래의

王與葉公枚卜子良以爲令尹.[40] 왕과 섭공이 자량을 영윤으로 삼을 것을 몰래 점쳤다.

沈尹朱曰,[41] 침윤 주가 말하였다.

"吉. "길합니다.

過於其志."[42] 그 뜻보다 낫습니다."

葉公曰, 섭공이 말하였다.

"王子而相國, "왕자로 나라를 도와

過將何爲!"[43] 낫다면 어찌 되겠는가!"

他日, 훗날

改卜子國而使爲令尹.[44] 자국으로 고쳐 점을 쳐서 영윤으로 삼았다.

衛侯夢于北宮, 위후가 북궁에서 꿈을 꾸었는데

"이(二)"는 "삼(三)"의 오자인 것 같다.

40 매복(枚卜): 두예는 "매복은 거북으로 점친 것을 배척하여 말하지 않은 것이다. 자량(子良)은 혜왕(惠王)의 아우이다"라 하였다.

41 양이승(梁履繩)의 『보석(補釋)』에서는 왕승조(王繩祖)의 말을 인용하여 "『회남자·인간훈(人間訓)』에서는 '태재(太宰) 자주(子朱)가 영윤 자국(子國)의 식사 시중을 들었다'라 하였는데, 이 침윤 주가 곧 자주로 나중에 다시 태재의 관직이 되었다"라 하였다.

42 지(志): 두예는 "지는 바람이다"라 하였다.

43 두예는 "상(相)보다 낫다는 것은 왕이 될 것이라는 것이다"라 하였다.

44 두예는 "자국은 영(寧)이다"라 하였다. 지난해 『전』에서 이미 "영(寧)을 영윤으로 삼았다"라 하였는데 곧 결과를 말한 것이며, 여기서는 또 그 경과를 말한 것으로 실은 한 가지 일이다.

見人登昆吾之觀,	사람이 곤오지관에 오르는 것을 보았으며
被髮北面而譟曰,[45]	머리를 흩고 북면을 하고서는 시끄럽게 울면서 말하기를
"登此昆吾之墟,	"이 곤오지허에 오르면
緜緜生之瓜.[46]	면면히 이어져 나는 오이 덩굴이 보인다.
余爲渾良夫,	나는 혼량부인데
叫天無辜."[47]	하늘에 무고함을 호소하리라."
公親筮之,	공이 친히 점을 치고
胥彌赦占之,[48]	서미사가 점괘를 풀어
曰,	말하였다.
"不害."	"해롭지 않습니다."

45 북궁(北宮): 위후의 침궁 가운데 북쪽에 있는 것이며, 공영달의 소(疏)에서는 위후의 별궁이라고 하였는데, 그럴지도 모르겠다. 곤오지관은 반드시 북궁의 남쪽에 있을 것이며, 곤오의 폐허에 지어졌으므로 꿈에서 그 사람이 북쪽을 향하여 소리친 것이다. 피발(被髮)은 곧 지금의 피발(披髮)과 같다. 조(譟)는 『일체경음의(一切經音義)』에서 『광아(廣雅)』를 인용하여 "우는 것(鳴)이다"라 하였다.

46 면면(緜緜): 『시경·대아·면(大雅·緜)』에 "구불구불 뻗은 외덩굴, 백성들 처음 다스리시네(緜緜瓜瓞, 民之初生)"라는 구절이 있는데 면면(緜緜)은 끊어지지 않는 모양이다. 양부가 위나라가 처음 개국을 하여 지금까지 끊어지지 않고 이어 온 것을 비유하였으며, 위후를 세운 것이 자기의 힘에서 나왔다고 한 것이다.

47 두예는 "본래 맹세하기를 죽을죄를 세 번 용서해 준다고 하였는데 한때의 일을 한꺼번에 세 번 죄를 지은 것으로 헤아려 죽였기 때문에 무고하였다고 한 것이다"라 하였다. 이곳의 허(墟), 과(瓜), 부(夫), 고(辜)는 운자로 고음이 모두 어(魚)와 모(模)부에 있다.

48 서미사(胥彌赦): 두예는 "사(赦)는 위나라의 서사(筮史)이다"라 하였다.

與之邑,	그에게 읍을 주었는데
寘之而逃,	놔두고 도망가서
奔宋.[49]	송나라로 달아났다.
衛侯貞卜,[50]	위후가 점을 쳐서 물어보았더니
其繇曰,	그 요사에서 말하기를
"如魚竀尾,[51]	"붉은 꼬리를 가진 물고기처럼
衡流而方羊.[52]	물결을 가로질러 방황할 것이다.
裔焉大國,[53]	대국의 가에 있으니
滅之,	그를 멸하면

49 두예는 "위후가 무도하여 복인(卜人)이 감히 사실대로 대답하지 못하고 난을 두려워하여 도망간 것이다"라 하였다.

50 정복(貞卜): 정(貞)자는 복사(卜辭)에 늘 보이며 "모정(某貞)"이라 하는데, 정(貞)은 점을 쳐서 묻는 것이다.

51 『시경·주남·여분(周南·汝墳)』에 "방어 꼬리 붉고, 황실은 불타는 듯하네(魴魚赬尾, 王室如燬)"라는 구절이 있는데, 탱(竀)은 곧 정(赬)으로『설문』에는 정(經)으로 되어 있으며 연한 붉은색이다.『모전(毛傳)』에서는 "물고기가 수고로우면 꼬리가 붉다"라 하였는데 두예는 그것을 인용하였으며, 육기(陸璣)의『시소(詩疏)』에서는 정중(鄭衆)의 말을 인용하여 "물고기가 살지면 꼬리가 붉게 된다"라 하였는데 모두 사실이 아니다. 이는 아마 비유일 것으로 물고기가 수고롭다는 것은 위후의 포학함을 비유한 것이며, 물고기가 살졌다는 것은 위후가 쾌락에 방종함을 비유한 것이다.

52 형(衡): 횡(橫)과 같다. 방양(方羊)은『초사·초혼(楚辭·招魂)』의 "방황하며 의지할 곳 없네(彷徉無所倚)"에 보이는 "방양(彷徉)"과 같다. "횡류이방양(橫流而彷徉)"은 스스로 안정되지 못한 것을 가리킨다.

53 공영달의 소(疏)에서는 유현(劉炫)의 설을 인용하여 "복요(卜繇)의 말은 문구가 운을 달며 예언(裔焉) 두 자는 아래쪽으로 붙여서 읽어야 한다"라 하였는데, 유현(劉炫)은 두예가 바르게 되도록 바로잡았다. 두예는 "衡流而方羊裔焉"을 구로 삼았는데 실로 통하지 않는다. "언(焉)"의 용법은 "어(於)"와 같으며 위나라는 대국의 가에 있다는 말인데 사실이와 같다.

將亡.[54]	망할 것이다.
闔文塞竇,	문을 닫고 구멍을 막으면
乃自後踰."[55]	이에 절로 뛰어넘을 것이다"라 하였다.
冬十月,	겨울 10월에
晉復伐衛,[56]	진나라가 다시 위나라를 쳐서
入其郛,	외성으로 들어가
將入城.	도성에 들어가려고 하였다.
簡子曰,	간자가 말하였다.
"止!	"그만두라!
叔向有言曰,	숙상이 말하기를
'怙亂滅國者無後.'"[57]	'난을 믿고 나라를 멸하는 자는 후대가 없을 것이다'라 하였다."
衛人出莊公而與晉平.	위나라 사람이 장공을 쫓아내고 진나라와 강화를 맺었다.
晉立襄公之孫般師而還.	진나라는 양공의 손자 반사를 세우고 돌아갔다.

54 양(羊)과 망(亡)은 운자로, 고음이 다함께 양(陽)과 당(唐)부에 속한다.

55 두(竇)와 유(踰)는 운이며, 고음이 함께 후(侯)부에 속한다. 점대를 먼저 하고 갑골점을 나중에 치는 것은『좌전』에 이 한 예밖에 없다.

56 두예는 "봄에 쳤는데 뜻을 얻지 못하였기 때문이다"라 하였다.

57 타국에 변란이 일어난 것을 믿고 멸하는 자는 후손이 없을 것이라는 말로, 이는 조앙이 숙상의 말을 믿고 위나라를 치지 않으려 하는 것이다.

十一月,	11월에
衛侯自鄄入,[58]	위후가 견에서 들어오니
般師出.[59]	반사는 도망갔다.
初,	처음에
公登城以望,	공이 성에 올라 바라보니
見戎州.[60]	융주가 보였다.
問之,	물어보았더니
以告.	알려 주었다.
公曰,	공이 말하였다.
"我,	"나는
姬姓也,	희성이니
何戎之有焉?"	무슨 융씨가 있겠는가?"

---

58 견(鄄): 본래는 위나라의 읍이었는데 이때는 이미 제나라에 편입되었으며, 아마 위장공이 백성들에게 쫓겨나 이에 제나라로 달아난 것일 것이다. 위나라는 이때 제구(帝丘)에 도읍을 정하였는데 지금의 복양현(濮陽縣) 서남쪽에 있으며, 견은 복성진(濮城鎭) 동쪽 20리 지점에 있어 서로간의 거리가 멀지 않으며 진나라 군사가 물러나자 장공이 또 들어갔지만 다만 황하를 건넜을 따름이었다. 장공 14년『경』의『주』를 참고하라.

59 두예는 "괴외를 피한 것이다"라 하였다.

60『여씨춘추·신소(愼小)』편에도 이 일이 실려 있는데 "대(臺)에 올라 바라보니 융주가 보였다"라 하였다. 고유(高誘)의 주에서는 "융주는 융의 읍이다"라 하였는데, 두예의 주와 같다. 아래에서는 또한 "기씨의 처의 머리카락이 아름다운 것을 보았다"라 하였으니 성에 올랐건 대에 올랐건 간에 모두 다른 읍의 머리카락을 볼 수는 없었을 것이므로 강영(江永)의『고실(考實)』에서는 "위나라 도성 밖에 기(己)씨가 살고 있었는데 융주라고 하였다"라 하였으며, 심흠한(沈欽韓)의『지명보주(地名補注)』에서는 또한 "주(州)라는 것은 그 주의 당(黨)의 이름이다"라 하였는데 모두 정리에 맞다.

翦之.[61] 융주를 멸하였다.

公使匠久.[62] 공이 장인들을 오래 부렸다.

公欲逐石圃,[63] 공이 석포를 좇고자 하였는데

未及而難作. 채 미치지 못하여 난이 일어났다.

辛巳,[64] 신사일에

石圃因匠氏攻公. 석포가 장씨를 등에 업고 공을 공격하였다.

公闔門而請,[65] 공이 문을 닫고 청하였으니

弗許. 허락지 않았다.

踰于北方而隊, 북쪽으로 넘어가다 떨어져

折股. 넓적다리를 부러뜨렸다.

戎州人攻之, 융주의 사람이 그를 공격하고

大子疾, 公子靑踰從公,[66] 태자 질과 공자 청이 담을 넘어 공을 좇았는데

---

61 선공 12년『전』에 "잘라서 제후에게 내렸다(其翦以賜諸侯)"라 하였고, 성공 2년의『전』에서는 "내 잠시 이 나라를 쳐 없애고(余姑翦滅此)"라 하였는데, 전(翦)은 멸(滅)한다는 뜻이다. 여기서는 그 취락지를 헐고 그 재물을 약탈하는 것이지 사람을 죽이는 것이 아니다.『여씨춘추』에는 "그를 멸하였다(殘之)"로 되어 있다.

62 두예는 "구(久)는 휴식을 주지 않는 것이다"라 하였다. 장(匠)은 일반적으로 목공(木工)을 가리키며,『설문』에서는 "장(匠)은 목공이다"라 하였다. 그러나 백공(百工) 또한 장(匠)이라 부를 수 있으며, 여기서는 백공일 것이다.

63 석포(石圃): 두예는 "석포는 위나라의 경으로, 석악(石惡)의 종자(從子)이다"라 하였다.

64 신사일은 12일이다.

65 "합(闔)"은 "폐(廢)"로 되어 있는 판본도 있다.

66 공자 청(公子靑): 두예는 "청은 질(疾)의 아우이다"라 하였다.

戎州人殺之.	융주인이 그들을 죽였다.
公入于戎州己氏.[67]	공은 융주의 기씨 집으로 들어갔다.
初,	처음에
公自城上見己氏之妻髮美,	공이 성 위에서 기씨의 처가 머리카락이 아름다운 것을 보고
使髡之,[68]	깎여서
以爲呂姜髢.[69]	여강의 가발을 만들었다.
旣入焉,	이미 들어가서
而示之璧,	그에게 벽옥을 보여주며
曰,	말하였다.
"活我,	"나를 살려 주면
吾與女璧."	내 너에게 벽옥을 주겠다."
己氏曰,	기씨가 말하였다.
"殺女,	"너를 죽이면
璧其焉往?"	벽옥이 어디로 갈까 보냐?"
遂殺之,	마침내 그를 죽이고
而取其璧.	그 벽옥을 가졌다.

67 기씨(己氏): 두예는 "기씨는 융인의 성이다"라 하였다.
68 곤(髡): 머리를 깎는 것이다.
69 두예는 "여강(呂姜)은 장공의 부인이다. 체(髢)는 가발(髮)이다"라 하였다.

衛人復公孫般師而立之. 위나라 사람이 공손반사를 복귀시켜 그를 세웠다.

十二月, 12월에

齊人伐衛, 제나라 사람이 위나라를 치자

衛人請平, 위나라 사람이 강화를 청하여

立公子起,[70] 공자 기를 세우고

執般師以歸, 반사를 잡아 돌아가서는

舍諸潞.[71] 노에서 살게 하였다.

公會齊侯盟于蒙,[72] 공이 몽에서 제후와 회맹하였는데

孟武伯相. 맹무백이 상례가 되었다.

齊侯稽首, 제후가 머리를 조아리자

公拜.[73] 공은 절을 하였다.

---

70 기(起): 두예는 "기는 영공(靈公)의 아들이다"라 하였다.

71 노(潞): 제나라 도읍의 교외에 있을 것이며, 8년의 『전』과 『주』를 함께 참고하라.

72 두예는 "제후는 간공(簡公)의 아우 평공(平公) 오〔驁, 본래는 "敖"로 되어 있었는데 『석문(釋文)』에서 인용한 한 판본을 따라 정정하였으며 어떤 판본에는 "敬"으로 되어 있는데 오자이다〕이다"라 하였다. 몽(蒙)은 지금의 산동 몽음현 동쪽 10리 지점에 있다.

73 제후가 노애공에게 머리를 조아렸고, 노애공은 제후에게 다만 허리만 굽히고 읍을 하였다. 『순자·대략(大略)』편에서 "평형하게 하는 것을 배라 하고, 평형보다 내려가는 것을 계수라 하며, 땅에까지 이르는 것을 계상(稽顙)이라 한다"라 하였다. 『가자·용경(賈子·容經)』편에서는 "배(拜)는 경쇠처럼 몸을 꺾는 모습이며 길사 때는 손을 맞잡을 때 왼손을 위에 두고, 흉사 때는 오른손을 위에 둔다"라 하였다. 「단궁(檀弓) 상」에서는 "어느 날 문인들과 서 있을 때 공자는 오른손을 위로 들어 맞잡았다. 그러자 두세 문인들도 오른손을 위로 하였다. 그러자 공자가 말하기를 '너희들은 배우기를 좋아하는구나. 나는 자

齊人怒.	제나라 사람이 노하였다.
武伯曰,	무백이 말하였다.
"非天子,	"천자가 아니면
寡君無所稽首."	과군은 머리를 조아리지 않습니다."
武伯問於高柴曰,	무백이 고시에게 물었다.
"諸侯盟,	"제후가 회맹하면
誰執牛耳?"[74]	누가 소귀를 잡습니까?"
季羔曰,	계고가 말하였다.
"鄫衍之役,	"증연의 전역에서는
吳公子姑曹,[75]	오나라 공자 호조였고,
發陽之役,	발양의 전역에서는
衛石魋."[76]	위나라 석퇴였습니다."

씨의 상이 있어서 그렇게 하는 것이다'라 하였다. 그러자 두세 제자들은 왼손을 위로 하였다"라 한 것으로 충분히 증명할 수 있다. 배(拜)는 다만 손을 맞잡지 않으며, 손을 위로 하면 모름지기 허리를 굽혀야 하니 곧 『가자』의 "경쇠처럼 굽히는 것"이고 『순자』의 "평형되게 하는 것"이다.

74 양공 27년 『전』에서는 "소국은 실로 반드시 맹약을 주관하는 자가 있다(小國固必有尸盟者)"라 하였는데, 제나라와 노나라가 맹약하였으며 제나라가 크고 노나라가 작았으니 제나라가 절로 맹주가 되어 먼저 삽혈하였으며, 노나라의 대부는 소귀를 잡았으므로 무백이 고시에게 물어 누가 소귀를 잡아야 하느냐고 했을 따름이다. 청나라 황이주(黃以周)의 『예설(禮說)』에서는 소귀를 잡는 것이 맹주의 일이라고 하였으며 『좌전』을 가지고 입증하였는데, 합당치 않다.

75 두예는 "계고(季羔)는 고시(高柴)이다"라 하였다. 증연의 회맹은 7년 『전』에서 언급만 하였을 뿐 상세한 내용이 없어 오나라가 맹주인지 진나라가 맹주인지 알지 못한다.

76 발양(發陽)의 맹약은 곧 노나라와 송나라, 위나라가 서로 맹약한 것으로 맹주는 반드시 위후가 아니었기 때문에 위나라의 대부가 소귀를 잡은 것이다. 두씨의 『세족보(世族譜)』

武伯曰,

무백이 말하였다.

"然則彘也."[77]

"그렇다면 내 차례다."

宋皇瑗之子麇有友曰田丙,[78]

송나라 황원의 아들 균에게는 전병이란 벗이 있었는데

而奪其兄酁般邑以與之.[79]

그 형 참반의 읍을 빼앗아 그에게 주었다.

酁般慍而行,

참반이 성이 나서 떠나

告桓司馬之臣子儀克.[80]

환사마의 신하인 자의극에게 일렀다.

子儀克適宋,[81]

자의극이 송나라로 가서

告夫人曰,[82]

부인에게 일러바쳐 말하였다.

"麇將納桓氏."

"균이 환씨에게 바치려 합니다."

에 의하면 석매(石買)의 손자는 석만고(石曼姑)이고 시호는 의자(懿子)인데, 애공 3년의 『경』에 보이며, 석퇴(石魋)의 시호는 소자(昭子)로 당시 위나라 경이었으며, 곧 만고의 아들이다.

77 체(彘): 두예는 "체는 무백의 이름이다"라 하였다.

78 황원(皇瑗): 두예는 "원(瑗)은 송나라의 우사이다"라 하였다.

79 참반(酁般): 그 형은 당연히 균(麇)의 형일 것이다. 『설문』에서는 "참(酁)은 송나라 땅이다"라 하였다. 『전』에서는 "참(鄛)"이라고도 하였는데 곧 참(酁)의 별체이다. 곧 반(般)이 참에 봉하여졌으므로 참반(酁般)이라고 한 것이다.

80 두예는 "극(克)은 하읍에 있었는데 퇴(魋)의 난에 가담하지 않았으므로 있었던 것이다"라 하였다.

81 하읍(下邑)에서 국도로 간 것이다.

82 14년의 『전』과 『주』에 의하면 부인은 경공의 어머니이다.

公問諸子仲.[83]	공이 자중에게 물어보았다.
初,	처음에
子仲將以杞姒之子非我爲子.[84]	자중은 기사의 아들 비아를 아들로 삼으려 하였다.
麇曰,	균이 말하였다.
"必立伯也,[85]	"반드시 맏이를 세워야 하니
是良材."	그는 훌륭한 인재입니다."
子仲怒,	자중은 노하여
弗從,	그 말을 따르지 않아
故對曰,	대답하여 말하였다.
"右師則老矣,	"우사는 늙었고
不識麇也."[86]	균은 모릅니다."
公執之.[87]	공이 그를 잡았다.
皇瑗奔晉,	황원이 진나라로 달아나자
召之.[88]	그를 불렀다.

---

83 자중(子仲): 두예는 "자중은 황야(皇野)이다"라 하였다.
84 두예는 "적자(嫡子)라는 말이다. 기사는 자중(子仲)의 아내이다"라 하였다.
85 백(伯): 두예는 "백은 비아(非我)의 형이다"라 하였다.
86 두예는 "우로는 늙어서 난을 일으킬 수 없는데 균(麇)은 알 수 없다는 말이다"라 하였다.
87 두예는 "균(麇)을 잡은 것이다"라 하였다.
88 두예는 "불러서 돌아오게 한 것이다"라 하였다. 이는 다음 해의『전』"송나라가 황원을 죽였다" 운운한 것과 이어서 읽어야 한다.

애공 18년

傳

十八年春,[1]	18년 봄에
宋殺皇瑗.[2]	송나라가 황원을 죽였다.
公聞其情,	공이 그 실정을 듣고
復皇氏之族,	황씨 일족을 회복시켜 주고
使皇瑗爲右師.[3]	황원을 우사로 삼았다.

巴人伐楚,	파나라 사람이 초나라를 치고
圍鄾.[4]	우를 에워쌌다.
初,	처음에
右司馬子國之卜也,	우사마 자복을 점치고
觀瞻曰,	관첨이 말하였다.
"如志."[5]	"뜻과 같다."

---

1 십팔년(十八年): 갑자년 B.C. 477년으로 주경왕(周敬王) 43년이다.

2 그 부자의 원통함을 안 것이다.

3 두예는 "완(緩)은 원(瑗)의 종자이다"라 하였다. 공영달은 "『세족보(世族譜)』에서는 원(瑗)은 황보충석(皇甫充石)의 8세손이며, 완(緩)은 충석의 10세손이니 종손(從孫)이지 종자(從子)가 아니며, 둘 중에 하나는 반드시 틀렸을 것이다"라 하였다.

4 우(鄾): 지금의 호북 양양(襄陽) 옛 성 동북쪽 12리 지점이다. 환공 9년의 『전』과 『주』를 함께 보라.

5 두예는 "자국(子國)이 영윤이 되지 않았을 때 우사마가 되는 것을 점쳤는데 길조를 얻어 그 뜻대로 되었다. 관첨은 초나라의 개복(開卜) 대부로 관종(觀從)의 후손이다"라 하였다.

故命之.[6] 그리하여 그를 임명하였다.

及巴師至, 파나라 군사가 이르렀을 때

將卜帥. 장수를 점치려 하였다.

王曰, 왕이 말하였다.

"寧如志, "영이 뜻대로 된 것이라면

何卜焉?"[7] 무엇 때문에 점을 치는가?"

使帥師而行. 군사를 거느리고 가게 하였다.

請承,[8] 보좌할 사람을 청하자

王曰, 왕이 말하였다.

"寢尹, 工尹勤先君者也."[9] "침윤과 공윤이 모두 선군을 위해 힘쓴 자이다."

三月, 3월에

楚公孫寧, 吳由于, 薳固敗巴師于鄾,[10] 초나라 공손녕과 오유우, 원고가 우에서 파나라 군사를 무찔렀다.

---

6 두예는 "우사마가 되도록 명한 것이다"라 하였다.

7 두예는 "영(寧)은 자국(子國)이다"라 하였다.

8 왕에게 보좌할 사람을 임명해 달라고 청한 것이다.

9 정공 4년의 『전』에 의하면 백거(柏擧)의 전역에서 침윤 오유우(吳由于)는 등으로 도적이 휘두른 과를 막아 냈고, 침윤 고(固)는 왕을 위해 코끼리 꼬리에 횃불을 매달았으며, 애공 16년 『전』에서 잠윤(箴尹) 고로 되어 있었으며, 이때는 또 공윤으로 관직이 바뀌었는데 곧 원고(薳固)이다.

10 원고(薳固)는 『사기』 「초세가」 및 「오자서전」에는 "굴고(屈固)"로 되어 있는데 그 까닭을 모르겠다.

故封子國於析.[11]	그리하여 자국을 석에 봉하였다.
君子曰,	군자가 말하였다.
"惠王知志.	"혜왕이 뜻을 알았다.
夏書曰'官占唯能蔽志,	「하서」에서는 '점복관은 뜻을 살피기만 하면
昆命于元龜',[12]	다음에 거북을 쓴다' 하였는데,
其是之謂乎!	아마 이를 이르는 것일 것이다!
志曰'聖人不煩卜筮',	『지』에서 말하기를 '성인은 복서를 번거로이 쓰지 않는다'라 하였는데
惠王其有焉."[13]	혜왕은 이를 가졌다."

夏,	여름에
衛石圃逐其君起,	위나라 석포가 그 임금 기를 내쫓아
起奔齊.[14]	기는 제나라로 달아났다.
衛侯輒自齊復歸,	위후 첩이 제나라에서 복귀하여
逐石圃,	석포를 쫓아내고

11 석(析)은 이미 희공 25년『전』과『주』에 보이는데, 곧 지금의 하남 내향현(內鄕縣)과 석천현(淅川縣)의 서북쪽 경계이다.

12 두예는 "〈일서(逸書)〉이다. 관점(官占)은 복서를 관장하는 관리이다. 폐(蔽)는 판단하는 것이다. 곤(昆)은 나중에라는 뜻이다. 먼저 뜻을 결단한 후에 거북을 쓴다는 말이다"라 하였다.『서경』위고문에는 이 두 구절을「대우모(大禹謨)」편에 넣었다.

13 장수와 보좌관을 임명하는 데 복서를 쓸 필요가 없었다는 말이다.

14 두예는 "제나라가 세웠기 때문이다"라 하였다.

而復石魋與大叔遺.[15] 석퇴와 태숙유의 지위를 회복시켰다.

애공 19년

傳

十九年春,[1] 19년 봄에

越人侵楚, 월나라 사람이 초나라를 침공하였는데

以誤吳也.[2] 오나라를 그르치기 위함이었다.

夏, 여름에

楚公子慶, 公孫寬追越師, 초나라 공자경과 공손관이 월나라 군사를 추격하여

---

15 두예는 "모두 괴외에게 쫓겨났다"라 하였다.

1 십구년(十九年): 을축년 B.C. 476년이며, 주경왕 44년이다.
"주경왕 44년"은 주경왕이 재위에 있었던 해로 『사기』「주본기(周本紀)」 및 「연표」에는 모두 42년으로 되어 있고, 「주본기」의 『집해(集解)』에서는 서진(西晉) 황보밀(皇甫謐)의 말을 인용하여 44년이라고 하여 『좌전』과 부합하며 지금 『좌전』을 근거로 하였다고 생각하는 것은 『좌전』이 『사기』보다 시기적으로 이르기 때문이다. 또한 장총함(張聰咸)의 『변증(辨證)』에 상세하다. "진여공(秦厲公) 원년"은 『사기』「진본기(秦本記)」 및 「연표」에서는 모두 도공이 즉위한 지 14년에 아들 여공공(厲共公)이 즉위하였다고 하였지만 『사기』의 기년(紀年)은 거의 『좌전』보다 1년 뒤지며, 진도공의 졸년과 여공공의 즉위년은 『전』에 또 언급한 것이 없어 여기서는 추산(推算)한 것을 따른다.

2 두예는 "오나라를 그르쳐 대비를 하지 못하게 하는 것이다"라 하였다. 「오세가」에서는 이 해에 "구천이 다시 오나라를 쳤다"라 하여 『전』 및 「월세가」와 모두 합치되지 않는데 무슨 근거인지 모르겠다.

至冥,[3]	명에 이르렀는데
不及,[4]	미치지 못하고
乃還.	돌아갔다.

秋,	가을에
楚沈諸梁伐東夷,[5]	초나라 심제량이 동이를 쳤는데
三夷男女及楚師盟于敖.[6]	세 이의 남녀와 초나라 군사가 오에서 맹약하였다.

冬,	겨울에
叔靑如京師,[7]	숙청이 경사로 갔는데
敬王崩故也.	경왕이 돌아가셨기 때문이다.

---

3 명(冥): 두예는 "명은 월나라 땅이다"라 하였다. 고조우(顧祖禹)의 『방여기요(方輿紀要)』에서는 명은 아마 고령관〔苦嶺關, 지금의 안휘 광덕현(廣德縣) 동남쪽 70리 지점〕과 사안진〔泗安鎭, 곧 지금의 절강(浙江) 장흥현(長興縣) 서남쪽의 사안진〕 사이에 있을 것이라고 하였다.

4 월나라가 초나라를 침공한 원의가 다만 "오나라를 그르치기" 위한 것이므로 퇴각이 빨랐던 것이다.

5 두예는 "월나라에 보복한 것이다"라 하였다.

6 강영(江永)의 『고실(考實)』에서는 세 이(夷)는 지금의 절강 영파(寧波), 태주(台州), 온주(溫州)의 세 지구 사이일 것이라고 하였다. 오(敖)는 동이 땅이며, 동이는 또한 절강의 바닷가에 있다.

7 숙청(叔靑): 두예는 "숙청은 숙환(叔還)의 아들이다"라 하였다. 숙환은 정공 11년의 『경』에 보인다. 두씨의 『세족보(世族譜)』에서는 숙청은 곧 희중(僖仲)이라 하였는데, 희는 그의 시호일 것이며, 중은 배항일 것이다. 『세보(世譜)』에서는 "희백(僖伯)"으로도 되어 있다고 하였는데 어느 것이 옳은지 모르겠다.

애공 20년

傳

二十年春,[1]	20년 봄에
齊人來徵會.[2]	제나라 사람이 회의를 소집하였다.
夏,	여름에
會于廩丘,[3]	늠구에서 회합하고
爲鄭故,	정나라 때문에
謀伐晉.[4]	진나라를 칠 것을 모의하였다.
鄭人辭諸侯.	정나라 사람이 제후들에게 감사해했다.
秋,	가을에
師還.[5]	군사가 돌아왔다.

---

1 이십년(二十年): 병인년 B.C. 475년으로, 주원왕(周元王) 원년이다.
완원(阮元)의 『적고재종정이기관지(積古齋鐘鼎彝器款識)』에서는 애공 20년 정월 정해일이 초하룻날이라고 하였고, 진역보(陳逆簠)의 「명(銘)」에서는 "주력으로 정월 초하룻날 정해일"이라 하여 두씨(두예)의 『장력(長曆)』과 부합한다.

2 이때는 진나라 공실의 위신이 이미 추락하여 네 경(卿)이 정권을 나누어 가졌고 또한 권력을 다투어 일찌감치 패주의 권위를 잃었다. 초나라는 또한 오나라와 월나라를 근심하였다. 제나라 진항(陳恒)은 이 때문에 제후의 맹약을 주관하여 자기네 성세(聲勢)를 세우고자 하였다.

3 늠구(廩丘): 제나라의 읍으로 지금의 산동 범현(范縣) 동쪽에 있으며, 양공 26년의 『전』과 『주』에 상세하다.

4 두예는 "15년에 진나라가 정나라를 쳤다"라 하였다.

5 정나라가 진나라를 치고 싶어 하지 않아 노나라 군사가 돌아왔으며 다른 나라의 군사들 또한 반드시 돌아갔을 것이다.

吳公子慶忌驟諫吳子,[6]	오나라 공자 경기가 여러 번이나 오자에게 간하여
曰,	말하였다.
"不改,[7]	"개혁을 하지 않으면
必亡."	망하고 말 것입니다."
弗聽.[8]	그 말을 듣지 않았다.
出居于艾,[9]	애에 나가서 살다가
遂適楚.	마침내 초나라로 갔다.
聞越將伐吳,	월나라가 장차 오나라를 치려 한다는 말을 듣고
冬,	겨울에
請歸平越,	돌아가 월나라와 강화하기를 청하고

---

6 경기(慶忌): 양이승(梁履繩)의 『보석(補釋)』에서는 왕승조(王繩祖)의 설을 인용하여 경기(慶忌)는 다른 책에는 모두 왕자 경기(王子慶忌)로 되어 있어 그가 오왕 요(僚)임에 의심의 여지가 없다고 하였다. 두씨의 『보(譜)』에서는 공자 경기를 공자 당(公子黨, 양공 13년 『전』에 보임), 공자 고금(公子苦雂, 소공 21년 『전』에 보임), 왕손미용(王孫彌庸, 애공 13년 『전』에 보임)의 뒤에 놓았는데 모두 잡인(雜人)이라고 하였다. 내 생각에는 오나라에 경기가 둘이 있는 것 같으며, 동일한 경기라도 전국 이후에 전하여진 말이 서로 달라진 것 같으니, 이를테면 노나라의 조귀(曹劌)가 전국시대에는 모두 제환공을 겁박한 자로 생각되는 것과 같다. 『여씨춘추·충렴(忠廉)』편과 『오월춘추』에서는 모두 경기를 오왕 합려 때의 사람으로, 요리(要離)에게 피살되었다라고 하였다. 『오월춘추』의 서술은 더욱 황당하여 믿을 수가 없다. 복건은 "취(驟)는 자주라는 뜻이다"라 하였다.

7 당시에 행하던 정령을 바꾸지 않은 것이다.

8 두예는 "오자가 듣지 않은 것이다"라 하였다.

9 애(艾): 두예는 "애는 오나라의 읍이다. 예장(豫章)에 애현(艾縣)이 있다"라 하였다. 고조우(顧祖禹)의 『방여기요(方輿紀要)』에서는 애는 곧 지금의 강서 수수현(修水縣) 서쪽 백 리 지점의 용강평(龍岡坪)이라 하였다.

遂歸.	마침내 돌아갔다.
欲除不忠者以說于越.[10]	불충한 자를 없애 월나라의 환심을 사고자 하였다.
吳人殺之.[11]	오나라 사람이 그를 죽였다.

十一月,	11월에
越圍吳,	월나라가 오나라를 에워싸자
趙孟降於喪食.[12]	조맹은 상중에 먹는 것을 낮추었다.
楚隆曰,[13]	초융이 말하였다.
"三年之喪,	"3년 상은
親暱之極也,	친밀함의 극치인데
主又降之,	주인께서 또 낮추시니
無乃有故乎?"	무슨 까닭이 있는 것 아닙니까?"
趙孟曰,	조맹이 말하였다.

10 경기가 고국으로 돌아가자 오나라에 불충한 자를 제거하여 월나라와 강화를 구하고자 한 것이다. 불충(不忠)한 자는 아마 태재비(太宰嚭)의 무리로 월나라의 뇌물을 받고 또한 부차에 아첨한 자를 가리키는 것 같으며, 월나라는 이를 믿고 오나라를 쳤다.

11 경기를 죽인 것이다. 두예는 "역량을 헤아리지 못함을 말한 것이다"라 하였다.

12 조맹(趙孟): 두예는 "조맹은 양자(襄子) 무휼(無恤)로 이때 부친 간자(簡子)의 상을 당했다"라 하였다. 간자 조앙(趙鞅)은 이해에 죽었을 것이며 무휼이 경의 지위를 계승하였다. 부친의 상중에는 고례에 의하면 식품을 반드시 감쇄(減殺)해야 하는데 지금 오나라의 포위를 당하여 멸망할 형세에 놓였으며 구조를 할 수도 없는데 또 부친상으로 음식을 줄인 것이다.

13 두예는 "초융은 양자의 가신이다"라 하였다.

"黃池之役,	"황지의 전역에서
先主與吳王有質,[14]	선부께서는 오나라 왕과 맹세하여
曰,	말하기를
'好惡同之.'	'호오를 같이한다'고 하였소.
今越圍吳,	지금 월나라가 오나라를 에워싸고
嗣子不廢舊業而敵之,[15]	사자가 옛 일을 폐기하지 못하고 대적하면서도
非晉之所能及也,	진나라가 미칠 수 있는 것이 아니니
吾是以爲降."	내 이 때문에 낮추었소."
楚隆曰,	초융이 말하였다.
"若使吳王知之,	"오왕으로 하여금 알게 한다면
若何?"	어떻겠습니까?"
趙孟曰,	조맹이 말하였다.
"可乎?"	"괜찮겠습니까?"
隆曰,	융이 말하였다.
"請嘗之."	"청컨대 해보겠습니다."
乃往,	이에 갔다.

14 두예는 "황지의 역은 13년에 있었다. 선주(先主)는 간자이다. 질은 맹약이다"라 하였다.
15 두예는 "사자(嗣子)는 양자(襄子) 자신을 이르며 월나라에 대적하여 오나라를 구원하는 것이다"라 하였다.

先造于越軍,[16]	먼저 월나라 군중으로 가서
曰,	말하였다.
"吳犯間上國多矣,	"오나라가 상국을 범한 것이 많은데
聞君親討焉,	임금께서 친히 토벌하시니
諸夏之人莫不欣喜,	여러 화하의 사람들이 기뻐하지 않음이 없는데
唯恐君志之不從,	다만 임금의 뜻을 따르지 않을까 두려우니
請入視之."[17]	들어가서 살펴보게 해주십시오."
許之.	허락하였다.
告于吳王曰,	오왕에게 알리어 말하였다.
"寡君之老無恤使陪臣隆,[18]	"과군의 경인 무휼이 배신 융으로 하여금
敢展謝其不共,[19]	그 공경치 못함을 사죄하게 하였으며,

16 오나라는 이미 월나라에 포위되어 오나라에 들어가려면 반드시 월나라 군중을 거쳐야 했으므로 융이 먼저 월나라 군중에 이른 것이다. 심흠한(沈欽韓)의 『지명보주(地名補注)』에서 인용한 『오현지(吳縣志)』에 의하면 오나라의 도읍은 지금의 소주시(蘇州市)에 있으며, 서남쪽의 서문(胥門) 바깥에 월성(越城)이 있는데, 곧 월나라가 포위할 때 쌓아서 오나라를 핍박한 것으로 성가퀴를 방불케 하는 것이 남아 있다 운운하였다.

17 이는 월왕 구천에게 한 말이다.

18 오왕과 진후는 필적한데 조무휼이 진의 정경이므로 "노(老)"라고 칭하였으며 초융은 또한 무휼의 신하이므로 자칭 "배신(陪臣)"이라고 한 것이다.

19 전(展): 낱낱이 아뢰는 것이다. 사(謝)는 사죄(謝罪)의 뜻이다.

黃池之役,	황지의 전역에서
君之先臣志父得承齊盟,	임금님의 선신인 지보가 맹약에 나란히 참석할 수 있었는데
曰,	말하기를
'好惡同之'.	'호오를 함께한다'라 하였습니다.
今君在難,	지금 임금께선 곤경에 처해 있어
無恤不敢憚勞,	무휼이 감히 노고를 꺼리지 않으나
非晉國之所能及也,	진나라가 미칠 수 있는 것이 아니어서
使陪臣敢展布之."	배신으로 하여금 감히 아뢰게 하였습니다."
王拜稽首曰,	왕이 절을 하고 머리를 조아리며 말하였다.
"寡君不佞,	"과인이 재주가 없어
不能事越,	월나라의 일을 잘 처리할 수가 없어
以爲大夫憂,[20]	대부에게 근심을 끼쳤으니
拜命之辱."	욕된 명에 배사 드립니다."
與之一簞珠,[21]	그에게 구슬을 한 광주리 주고
使問趙孟,[22]	조맹에게 주고 묻게 하여

20 대부는 무휼을 가리킨다.

21 두예는 "단은 작은 상자(笥)이다"라 하였다.

曰,	말하였다.
"句踐將生憂寡人,	"구천은 과인의 근심거리가 될 것이니
寡人死之不得矣."[23]	과인은 선종하지 못할 것이오."
王曰,	왕이 말하였다.
"溺人必笑,[24]	"빠져 죽으려는 사람은 반드시 웃는다는데
吾將有問也.[25]	내 물을 것이 있소.
史黯何以得爲君子?"[26]	사암은 어떻게 군자가 되었소?"
對曰,	대답하였다.
"黯也進不見惡,[27]	"사암은 나아감에 미움을 받지 않았고

---

22 두예는 "문(問)은 주는 것이다"라 하였다.

23 자기는 선종을 할 수 없을 것이라는 말이다. 이상은 오왕이 초융의 사명에 답한 말이다. 이하는 왕이 융에게 한 사담이다.

24 양이승(梁履繩)의 『보석(補釋)』에서는 『상정재경설(尙靜齋經說)』을 인용하여 말하였다. "이는 아마 당시의 속담일 것이다. 『여씨춘추·대악(大樂)』편에서는 '물에 빠진 자는 웃지 않음이 없다'라 하였는데, 고유(高誘)의 주에서는 『전』을 인용하여 '물에 빠진 사람은 반드시 웃는데 웃기는 해도 즐거워하지는 않는다'라 하였다"라 하였다.

25 두예는 "묻는 것이 급하지 않음의 비유로 물에 빠진 사람은 하는 것이 무엇인지도 모르면서 도리어 웃는 것과 같다"라 하였다.

26 사암(史黯): 곧 사묵(史墨)이다. 두예는 사묵이 일찍이 40년이 못 되어 오나라는 망할 것이라 예언한 적이 있는데(소공 32년 『전』에 보인다) 오왕이 이것이 생각나 물은 것이라고 하였다. 초융의 대답으로 미루어 보건대 두예의 주는 반드시 확실한 것이 아니다.

27 조정에 나아갈 때는 남들의 미움을 받지 않았다는 것이다.

退無謗言."[28]	물러남에 비방하는 말을 듣지 않았습니다."
王曰,	왕이 말하였다.
"宜哉!"	"그렇도다!"

애공 21년

傳

二十一年夏五月,[1]	21년 여름 5월에
越人始來.[2]	월나라 사람이 처음으로 왔다.
秋八月,	가을 8월에
公及齊侯, 邾子盟于顧.[3]	공 및 제후와 주자가 고에서 맹약을 맺었다.

28 벼슬을 하지 않을 때는 훼방하는 자가 없었다는 것이다.

1 이십일년(二十一年): 정묘년 B.C. 474년으로, 주원왕(周元王) 2년이다.

2 두예는 "월나라가 오나라에 이겨 중국의 패주가 되고자 하여 처음으로 노나라에 사신을 보낸 것이다"라 하였다.

3 고(顧): 고조우(顧祖禹)의 『방여기요(方輿紀要)』에 의하면 고(顧)는 곧 『시경·상송(商頌)』의 "위나라와 고나라 이미 정벌하고(韋顧旣征)"의 "고나라"로, 지금의 하남 범현(范縣) 옛 소재지 동남쪽 50리 지점에 있다. 제나라 땅이다.

齊人責稽首,[4]	제나라 사람이 머리를 조아린 것을 질책하고
因歌之曰,	이어서 노래하여 말하였다.
"魯人之皐,[5]	"노나라 사람 오만하여
數年不覺,	몇 년이 지나도록 깨닫지 못하여
使我高蹈.[6]	우리로 하여금 높이 뛰게 하네.
唯其儒書,	오직 그 유가의 책 때문에
以爲二國憂."[7]	두 자라의 근심된다네."

---

4 두예는 "17년에 제후가 공에게 머리를 조아렸는데 응답을 받지 못한 것을 질책한 것이다"라 하였다.

5 고(皐): 왕인지(王引之)의 『술문(述聞)』에서는 "구(咎)로 읽어야 하며 노나라가 계수(稽首)의 허물에 답하지 않은 것을 말한다. ……" 하였다. 장병린(章炳麟)의 『독(讀)』 권5에서는 호(浩)로 읽어야 하며, 곧 『안자춘추·외편(晏子春秋·外篇) 하』의 "저들은 오만하면서도 자기의 뜻만을 따른다(彼浩裾自順)"는 "호(浩)"이며, 『공자가어·삼서(孔子家語·三恕)』편에는 "오만한 자들(浩倨者)은 친하지 않다"는 말이 있는데 왕숙(王肅)은 "호거(浩倨)는 간략하고 공손하지 않은 모양이다"라 하였다. 두 설 중 왕숙의 설이 나은데, 첫째는 고(皐)와 구(咎)의 고음이 서로 같으며 호(浩)와는 여전히 평성과 입성이라는 구별이 있으며, 둘째는 고서에서 거듭 호거(浩倨)와 호거(浩裾)라 말하여 호(浩)라고만 하지 않고 오거(傲倨)라 해석한 것이다.

6 고도(高蹈): 도(蹈)는 도약, 곧 뛰는 것이다. 왕인지의 『술문(述聞)』에서는 무릇 사람이 기쁘면 높이 뛰고, 노(怒)해도 높이 뛰기 때문에 『여씨춘추·지화(知化)』편 고유(高誘)의 주에서 『전』을 인용하여 함께 "고도(高蹈)는 진노한 모양이다"라 하였다. 홍양길(洪亮吉)의 『고(詁)』에서는 고(皐)는 고(高)와 뜻이 통한다고 하였지만 고(皐)와 고(高)의 고음의 운부는 같지 않다.

7 이국(二國): 부손(傅遜)은 제나라와 노나라라고 하였는데 옳다. 노나라가 유가의 예서에 구애되어 "천자가 아니면 과군은 머리를 조아리지 않는다" 하여 결국 제나라 평공이 머리를 조아린 데 응답하지 않아 두 나라가 불목하게 하였다는 것이다. 이 노래에서 고(皐), 도(蹈), 우(憂)는 운자로 고음이 모두 유(幽)부에 있다. 각(覺)은 유(幽)부의 입성자로 또한 운으로 넣을 수 있다. 서(書)자는 옛날에 어모(魚模)부에 속하였다.

是行也,	이번 행차에
公先至于陽穀.[8]	공이 먼저 양곡에 이르렀다.
齊閭丘息曰,[9]	제나라의 여구식이 말하였다.
“君辱擧玉趾,	“임금께선 욕되이 귀한 발걸음을 옮기시어
以在寡君之軍,[10]	과군의 군사를 위로하니
羣臣將傳遽以告寡君.[11]	신하들이 전거(傳車)를 타고 과군께 알리려 합니다.
比其復也,	그들이 돌아왔을 즈음에
君無乃勤?[12]	임금께선 수고롭지 않겠습니까?
爲僕人之未次,[13]	복인들이 머무를 곳도 정하지 않아
請除館於舟道.”[14]	먼저 주도에 머물게 하였습니다.”
辭曰,	거절하며 말하였다.
“敢勤僕人?”[15]	“감히 복인을 수고롭히겠소?”

---

8 양곡(陽穀): 지금의 산동 양곡현(陽谷縣) 동북쪽 30리 지점에 있으며, 또한 희공 3년『경』의『주』에도 보인다.

9 여구식(閭丘息): 두예는 “식은 여구명(閭丘明)의 후손이다”라 하였다.

10 다케조에 고코(竹添光鴻)의『회전(會箋)』에서 “재(在)는 존(存)의 뜻이며, 존후를 묻는 것이다. 제후가 군사를 거느리고 나갔기 때문에 과군의 군사라고 하였다”라 하였다.

11 전거(傳遽):『설문』에서 “거(遽)는 전하는 것이다”라 하였다. 곧 전거(傳遽)는 같은 뜻의 글자가 연용된 단어이다. 역참의 거마를 말한다.

12 근(勤): 노고(勞苦)의 뜻이다.

13 차(次): 두예는 “차는 집[舍]이다”라 하였다. 그러나 여기서는 동사로 쓰여 행관(行館)을 준비한다는 말과 같다.

14 주도(舟道): 두예는 “주도는 제나라 땅이다”라 하였다.

애공 22년

傳

二十二年夏四月,[1] 22년 여름 4월에

郳隱公自齊奔越, 주은공이 제나라에서 월나라로 달아나

曰, 말하였다.

"吳爲無道, "오나라는 무도하여

執父立子." 아버지를 잡고 자식을 세웠습니다."

越人歸之, 월나라 사람이 돌려보내니

大子革奔越.[2] 태자 혁이 월나라로 달아났다.

冬十一月丁卯,[3] 겨울 11월 정묘일에

越滅吳, 월나라가 오나라를 멸하고

請使吳王居甬東.[4] 오나라 왕을 용의 동쪽에 가서 살게끔 청하였다.

---

15 두예는 "감히 제나라의 복인을 수고롭혀 노나라가 관사에 머물게 하지 않는다는 것이다"라 하였다.

1 이십이년(二十二年): 무진년 B.C. 473년으로, 주원왕(周元王) 3년이다.

2 주은공이 오나라의 포로가 된 것은 8년『전』에 보이며, 또한 노나라로 달아났다가 결국 제나라로 달아난 일은 10년『전』에 보인다. 8년부터 이해까지는 모두 태자 혁이 주나라 임금이었다. 월나라의 국세가 이미 많이 강해져서 주은공이 도움을 청하여 월나라 사람이 그를 나라로 되돌려 보내었으며 그 아들 혁은 도로 월나라로 달아난 것이다.

3 정묘일은 27일이다.

辭曰,	거절하여 말하였다.
"孤老矣,	"나는 늙었으니
焉能事君?"	어찌 임금을 섬길 수 있겠소?"
乃縊.[5]	이에 목을 매었다.
越人以歸.[6]	월나라 사람이 돌려주었다.

4 다케조에 고코(竹添光鴻)의 『회전(會箋)』에서는 "20년에 월나라가 오나라를 포위하였고, 22년에 오나라를 멸하였으니 대개 처음부터 끝까지 3년이다. 「월어(越語) 하」에서는 '3년간 군대를 주둔하니 오나라 군사는 절로 궤멸되었다'라 하였으며, 「월세가」에서는 '3년간 머물면서 포위하였다'라 하여 『좌전』과 합치한다"라 하였다. 용(甬)의 동쪽은 지금의 절강 정해현(定海縣) 동쪽의 옹산(翁山)이다.

5 이 일은 「오어」와 『여씨춘추·적위(適威)』편, 『회남자·도응훈(道應訓)』, 「오세가」, 「월세가」, 「오자서전」, 『월절서』, 『오월춘추』, 『설원·정간(正諫)』편 등의 책에도 보인다. 「월세가」와 『여씨춘추·지화(知化)』편, 『월절서』에는 모두 오왕이 얼굴을 덮고 오자서를 부끄러워했다는 말이 있다. 『전』에 의하면 애공 원년에 부차가 부초(夫椒)에서 월나라를 패퇴시킨 때로부터 이해에 월나라가 오나라를 멸하기까지는 모두 22년이니 애공 원년에 오원이 이른바 "20년이 지나면 오나라는 아마 못이 될 것이다"라 한 것이며, 「월어」의 기록에 의하면 부초의 전역에서 오나라가 망하기까지는 겨우 10년이니, 곧 「월어 하」에서 범려(范蠡)가 이른바 "10년 동안 도모하였다"는 것이다. 두 설은 같지 않은데 물론 당연히 『좌전』이 맞을 것이다.

6 두예는 "그 시신을 돌려보낸 것이다"라 하였다. 월나라가 오나라를 멸한 후에 오나라 땅은 모두 월나라 차지가 되었기 때문에 27년에 월나라가 설용(舌庸)을 보내와 주나라와 노나라의 경계를 바로잡게 하였으며, 노애공이 또한 일찍이 월나라가 노나라를 치고 계씨를 제거하자 또한 마침내 월나라 땅으로 가서 살았다. 『맹자·이루(離婁) 하』에서는 "증자(曾子)는 무성(武城)에 살았는데 월나라의 도적이 있었다"라 하였으니 월나라 경계는 노나라와 서로 이어졌다.

애공 23년

傳

二十三年春,[1]	23년 봄에
宋景曹卒.[2]	송나라 경조가 죽었다.
季康子使冉有弔,	계강자가 염유로 하여금 조문케 하고
且送葬,	아울레 송장하게 하여
曰,	말하였다.
“敝邑有社稷之事,	“우리나라에는 사직의 일이 있어서
使肥與有職競焉,[3]	제게 번거로운 일을 맡겨
是以不得助執紼,	이로 인하여 상여 줄을 잡을 수가 없어

1 이십삼년(二十三年): 기사년 B.C. 472년으로, 주원왕(周元王) 4년이다.

2 경조(景曹): 두예와 공영달은 소공 25년의 『전』 및 이 『전』에 의하여 송경조는 송나라 원공의 부인이자 경공의 어머니임을 알았다. 경(景)은 그 시호이고, 조(曹)는 성이며, 소주(小邾) 여인이다. 계환자에게는 외조모가 되며, 계환자는 경공의 친생질이므로 강자가 경공에 대해 자칭 먼 생질이라고 한 것이다. 어미의 시호가 경(景)인데 자식 또한 시호가 경(景)이니 상호 간에 거리끼지 않은 것이며 자식이 어미의 시호를 따른 것이 아니다. 아내가 남편의 시호를 따르는 것은 춘추시대에 예가 있으며, 자식이 어미의 시호를 따르는 것은 예가 없다. 청나라 장문풍(張文虪)의 『나강일기(螺江日記)』에서는 경조가 송경공의 부인이라고 하였는데 믿기 어렵다.

3 직경(職競): 이 직경은 『시경·소아·시월지교(小雅·十月之交)』의 “사람들이 다투어 힘쓴다(職競由人)”라 한 것과는 다르다. 두예는 “경은 갑자기의 뜻이다”라 하였다. 직경(職競)은 직무가 번거롭다는 말과 같다. 홍양길(洪亮吉)의 『고(詁)』에서는 경(競)은 추(趨)로 풀어야 한다고 하였는데 직추(職趨)는 연용하면 또한 단어가 되지 않는다. 비(肥)는 곧 계강자의 이름이다.

使求從輿人,[4]	구로 하여금 여인을 따르게 하고
曰,	말하기를
'以肥之得備彌甥也,[5]	'제가 먼 곳의 외손을 갖출 수 있어
有不腆先人之産馬,	후하지 않은 선인의 말이 있으니
使求薦諸夫人之宰,	대부의 가재에게 바칠 수 있도록 하였으니
其可以稱旌繁乎!'"[6]	임금의 멍에 장식은 갖출 수 있을 것입니다'라 하였습니다."

---

4 여인(輿人): 두예는 "구는 염유(冉有)의 이름이다"라 하였다. 양수달(楊樹達)의 『독좌전(讀左傳)』에서는 곧 소공 7년 『전』의 "조의 신하는 여이고 여의 신하는 예이다(皁臣輿, 輿臣隸)"라 한 여(輿)라고 하였다. 여(輿)나 여인(輿人)은 모두 천역으로 희공 25년 『전』에서는 "물굽이를 따라 들어가 많은 사람들을 묶었다(隈入而係輿人)"라 하였으니 진(秦)나라 군사의 잡역부들이며, 28년 『전』에서는 "난지가 수레에 섶을 끌고 거짓으로 달아나는 체하게 하였다(欒枝使輿曳柴而僞遁)"라 하였으니 진(晉)나라의 잡역부이며, "여인이 모의하는 것을 들었다(聽輿人之謀)"와 "여인이 외는 것을 들었다(聽輿人之誦)"는 모두 이런 사람이다. 양공 30년에서는 "진나라 도공의 부인이 역졸(役卒)로 기나라에 성을 쌓은 자들에게 먹을 것을 내렸다(晉悼夫人食輿人之城杞者)"라 하였으니 성을 쌓는 데도 또한 여인을 썼다. 소공 18년 『전』에서는 "자산이 역부 30명으로 하여금 그 널을 옮기게 하였다(子産使輿三十人遷其柩)"라 하였으니 널을 옮길 때도 또한 여인(輿人)을 썼다. 이 여인은 아마 곧 영구차를 끄는 자일 것이다. 여인을 따른다는 것은 아마 영구차의 끈을 잡는다는 것이 겸사(謙辭)일 것이다.

5 미(彌): 두예는 "미(彌)는 멀다는 뜻이다"라 하였다. 부손(傅遜)은 "미는 더한다는 뜻이다"라 하였다.

6 칭(稱): 부(副)의 뜻이다. 마종련(馬宗璉)의 『보주(補注)』에서는 가의(賈誼)의 『가자신서·심미(賈子新書·審微)』편을 인용하여 "번영(繁纓)이라는 것은 임금의 수레 장식이다"라 하였다. 또한 『설문』 및 삼국시대 오(吳)나라 설종(薛綜)의 『문선(文選)』「서경부(西京賦)」의 주에서는 "번(繁)은 말갈기 장식인데, 선옥(璿玉)으로 꾸미기도 한다"라 하였다. 이는 계강자가 말을 바친 것으로 송나라 임금 태부인의 말 장식에 어울릴 것인가 하는 말이다.

夏六月,	여름 6월에
晉荀瑤伐齊,[7]	진나라 순요가 제나라를 치자
高無丕帥師御之.	고무비가 군사를 거느리고 막았다.
知伯視齊師,	지백이 제나라 군사를 살피는데
馬駭,	말이 놀라
遂驅之,	마침내 몰고 가서
曰,	말하였다.
"齊人知余旗,	"제나라 사람은 나의 깃발을 아니
其謂余畏而反也."	나보고 두려워서 돌아갔다고 할 것이다."
及壘而還.[8]	군영에 미쳤다가 돌아왔다.
將戰,	싸울 즈음에
長武子請卜.[9]	장무자가 점을 칠 것을 청하였다.

7 순요(荀瑤): 두예는 "순요는 순력(荀躒)의 손자로 지백(智伯) 양자(襄子)이다"라 하였다. 「조세가」의 『색은(索隱)』에서는 『세본(世本)』을 인용하여 순씨와 지백의 세계(世系)를 말하였으며, 청나라 뇌학기(雷學淇)의 설이 있는데 뇌학기의 『교집세본』을 참고하라. 「진어 9」에서는 "지선자는 요(瑤)를 후사로 삼으려 하였는데 지과(智果)가 말하기를 '소(宵)를 세움만 못합니다'라 하자, 선자(宣子)가 말하기를 '소는 어그러졌다'라 하니 대답하기를 '소는 얼굴이 어그러졌지만 요는 마음이 어그러졌습니다'라 하였는데 그 말을 듣지 않았다. ……"라 하였다.

8 제나라 군사의 영루에까지 이르렀다가 돌아간 것이다.

9 장무자(長武子): 두예는 "무자는 진나라 대부이다"라 하였다. 『여씨춘추·당염(當染)』편에서는 "지백 요는 지국(智國)과 장무(張武)에게 물들었다"라 하였고, 『회남자·인간훈(人間訓)』에서는 "장무가 지백에게 한(韓), 위(魏)씨의 땅을 뺏게 하고 진양(晉陽)에서 사로잡았다"라 하였으며, 심흠한(沈欽韓)의 『보주(補注)』에서는 "장(長)과 장(張)자는 통하여 쓰며

知伯曰, 지백이 말하였다.

“君告於天子, “임금이 천자에게 알리고

而卜之以守龜於宗祧, 종묘에서 수귀로 점을 쳐서

吉矣, 길한데

吾又何卜焉? 내 어찌 다시 점을 치겠는가?

且齊人取我英丘,[10] 또한 제나라 사람이 우리 영구를 취하였으니

君命瑤, 임금이 내게 명한 것은

非敢燿武也,[11] 감히 무용을 떨치라는 것이 아니라

治英丘也. 영구를 다스리라는 것이다.

以辭伐罪足矣, 정당한 이유로 죄를 토벌하는 것은 괜찮으니

何必卜?” 하필 점을 치겠는가?”

壬辰,[12] 임진일에

戰于犁丘,[13] 이구에서 싸웠는데

곧 이 장무자(長武子)이다”라 하였는데 옳다.

10 두씨(두예)의 『석례·토지명(釋例·土地名)』에서는 영구는 진나라 땅이라고 하였으며, 소재지는 모른다고 하였다. 고동고(顧棟高)의 『대사표(大事表)』 권7의 3에서는 “이 전역은 영구의 원한을 갚은 것으로 『전』에서 이구에서 싸웠다고 한 것은 영구 또한 가까운 곳일 것이기 때문이다”라 하였다.

11 요(燿): 원래는 “요(耀)”로 되어 있었는데, 여기서는 『석경』 및 송본, 가나자와 문고본(金澤文庫本)을 따라서 고쳤다.

12 임진일은 26일이다.

13 27년 『전』에서는 이 전역은 습(隰)의 전역이라 하였으며, 강영(江永)의 『고실(考實)』에서

齊師敗積. 제나라 군사가 대패하였다.

知伯親禽顔庚.[14] 지백은 친히 안경을 사로잡았다.

秋八月, 가을 8월에

叔青如越, 숙청이 월나라로 갔는데

始使越也.[15] 처음으로 월나라에 사신을 보낸 것이었다.

越諸鞅來聘, 월나라 제앙이 와서 조빙하였는데

報叔青也. 숙청이 간 것을 보답한 것이었다.

애공 24년

傳

二十四年夏四月,[1] 24년 여름 4월에

는 곧 10년『전』의 이(犁)라고 하였는데, 지금의 산동 임읍현(臨邑縣) 서쪽에 있다.

14 안경(顔庚): 두예는 "안경은 제나라 대부 안탁취(顔涿聚)이다"라 하였다.『여씨춘추·존사(尊師)』편에서는 "안탁취는 양보(梁父)의 대도(大盜)로 공자에게서 배웠다"라 하였다.『한비자·십과(十過)』편에서는 "전성자(田成子)가 마침내 제나라를 가지게 된 것은 안탁취의 힘이었다"라 하였다.『후한서·좌원전(左原傳)』에서는 "옛날에 안탁취는 양보의 거도(巨盜)였는데 결국은 제나라의 충신이 되었다"라 하였다. 안경은 이 전역에서 죽었는데 27년의『전』에 보인다.

15 첫 번째로 노나라의 사자가 월나라에 간 것이다.

1 이십사년(二十四年): 경오년 B.C. 471년으로, 주원왕(周元王) 4년이다.

晉侯將伐齊,	진후가 제나라를 치려고
使來乞師,	군사를 빌릴 것을 청하게 하여
曰,	말하였다.
"昔臧文仲以楚師伐齊,	"옛날에 은문중은 초나라 군사로 제나라를 쳐서
取穀,[2]	곡을 취하였고,
宣叔以晉師伐齊,	선숙은 진나라 군사로 제나라를 쳐서
取汶陽.[3]	문양을 취하였습니다.
寡君欲徼福於周公,[4]	과군께서는 주공께 복을 청하려 하고
願乞靈於臧氏."[5]	장씨에게 복을 빌려고 합니다.
臧石帥師會之,[6]	장석이 군사를 거느리고 그들과 회합하여
取廩丘.	늠구를 취하였다.
軍吏令繕,[7]	군리가 갑주와 병기를 수리하게 하여

2 두예는 "희공 26년의 일이다"라 하였다.

3 두예는 "성공 2년의 일이다"라 하였다.

4 주공(周公): 노나라에 처음 봉하여진 조상으로 이 구절은 노나라의 군사를 빌리려고 하기 때문이다.

5 영(靈): 또한 복(福)이라는 뜻이다. 선공 12년『전』의『주』에 보인다. 여기서는 장씨에게 군사를 인솔하게 하려는 것을 말한다.

6 장석(臧石): 두예는 "석은 장빈여(臧賓如)의 아들이다"라 하였다.

7 군리(軍吏): 두예는 "진나라의 군리이다"라 하였다. 선(繕)은 성공 16년『전』의 "갑주와 병

將進.	나아가려 하였다.
萊章曰,[8]	내장이 말하였다.
"君卑, 政暴,	"임금은 지위가 낮아졌고 정령이 포악하며
往歲克敵,[9]	지난해에 적을 이겼는데
今又勝都,[10]	이제 또 도읍을 이긴다면
天奉多矣,	하늘이 도운 것이 많은 것이니
又焉能進?	또한 어찌 나아갈 수 있겠습니까?
是躛言也.[11]	이는 허풍을 친 것이니
役將班矣."[12]	군대는 돌아갈 것입니다."
晉師乃還.	진나라 군사가 이에 돌아갔다.
餼臧石牛,[13]	장석에게 소를 내렸으며
大史謝之,[14]	태사가 사과하여
曰,	말하였다.

기를 수선하였다(繕甲兵)"의 선(繕)이다. 은공 원년『전』의『주』를 참고하라.

8 내장(萊章): 두예는 "내장은 제나라의 대부이다"라 하였다.

9 두예는 "안경(顔庚)을 사로잡은 것이다"라 하였다.

10 두예는 "늠구를 취하는 것이다"라 하였다.

11 위언(躛言): 위(躛)는 매(譪)자의 가차자로 위언(躛言)은 큰소리이다.

12 반사(班師)를 말한다. 반사는 군사를 돌리는 것이다.

13 희우(餼牛): 두예는 "산 것을 희(餼)라 한다"라 하였다. 살아 있는 소로 노나라 군사를 위로한 것이다.

14 태사(大師): 두예는 "진나라 태사이다"라 하였다. 사(謝)는 사과하는 것이다. 아마 보내준 음식이 많지 않아서일 것이다.

"以寡君之在行,[15] "과군이 군중에 있어

牢禮不度,[16] 희생을 쓰는 예가 법도에 맞지 않았으니

敢展謝之." 감히 사과의 뜻을 폅니다."

邾子又無道,[17] 주자가 또 무도하여

越人執之以歸, 월나라 사람이 그를 잡아 돌려보내고

而立公子何. 공자 하를 세웠다.

何亦無道.[18] 하 또한 무도하였다.

公子荊之母嬖,[19] 공자 형의 어머니가 총애를 받아

將以爲夫人, 부인으로 삼고자 하여

使宗人釁夏獻其禮.[20] 종인 흔하로 하여금 그 예를 바치게 하였다.

---

15 두예는 "군진 중(軍行)에 있는 것이다"라 하였다.

16 두예는 "예의 법도대로 하지 않은 것이다"라 하였다.

17 8년『전』에 "주자가 또 무도하여……(邾子又無道)"라 하고 태자 혁(革)을 세워 집정하게 하였다. 22년에 월나라 사람이 돌려보내어 태자 혁은 월나라로 달아났다.

18 두예는 "하(何)는 태자 혁의 아우이다"라 하였다.

19 형(荊): 두예는 "형은 애공의 서자이다"라 하였다.

20 흔하(釁夏): 양이승(梁履繩)의『보석(補釋)』에서는『상정재경설(尙靜齋經說)』을 인용하여 "「잡기(雜記)」에 의하면 흔묘(釁廟)와 흔기(釁器)는 모두 종인(宗人)이 관장하므로 흔하는 곧 그 일을 씨로 삼은 것이다"라 하였다. 청나라 전기(錢綺)의『좌전찰기(左傳札

對曰,	대답하였다.
"無之."[21]	"없습니다."
公怒曰,	공이 노하여 말하였다.
"女爲宗司,[22]	"너는 종사이고
立夫人,	부인을 세우는 것은
國之大禮也,	나라의 큰 예절인데
何故無之?"	무슨 까닭으로 없다는 것이냐?"
對曰,	대답하였다.
"周公及武公娶於薛,[23]	"주공과 무공은 설나라에서 아내를 맞았으며
孝, 惠娶於商,[24]	효공과 혜공은 상나라에서 아내를 맞았고
自桓以下娶於齊,[25]	환공 이후로는 제나라에서 아내를 맞았는데
此禮也則有.	이 예가 있었습니다.

記)』에서는 "흔하(釁夏)는 하흔(夏釁)이 되어야 한다"라 하였는데 『주례·춘관(春官)』 정현의 주에서 인용한 『전』에 이미 "흔하(釁夏)"로 되어 있는 것을 모른 것이며, 전기(錢綺)의 설은 믿을 수 없다.

21 이런 의절(儀節)은 없다는 것이다.

22 종사(宗司): 종사는 아마 곧 종인(宗人)의 별칭인 것 같다.

23 두예는 "무공(武公) 오(敖)이다"라 하였다.

24 두예는 "효공(孝公) 칭(稱)과 혜공(惠公) 불황(弗皇)이다. 상(商)은 송(宋)나라이다"라 하였다.

25 두예는 "환공이 비로소 문강(文姜)을 아내로 맞은 것이다"라 하였다.

若以妾爲夫人,

첩을 부인으로 삼는다면

則固無其禮也."[26]

실로 이 예가 없습니다."

公卒立之,

공이 끝내 세우고

而以荊爲大子,

형을 태자로 세우니

國人始惡之.

백성들이 비로소 미워하기 시작하였다.

閏月,[27]

윤달에

公如越,

공이 월나라로 가서

得大子適郢,[28]

태자 적영과 친하여져

將妻公而多與之地.

공을 장가 보내고 많은 땅을 주려고 하였다.

公孫有山使告于季孫.

공손유산이 계손에게 알리게 하였다.

季孫懼,

계손이 두려워하여

26 『공양전』 희공 3년 『전』에 제환공 양곡(陽穀)의 회합을 말하면서 "첩을 아내로 삼아서는 안 된다"는 말이 있고, 『맹자·고자(告子) 하』에서는 늠구의 회합을 말하면서 또한 "첩을 아내로 삼으면 안 된다"라 하였는데, 하나는 첩을 아내로 삼는 것으로 본 것이고, 하나는 또한 이를 일상적인 일로 본 것이다.

27 두씨의 『경전장력(經傳長曆)』에서는 "애공 24년 경오년 10월 윤달 기축일로 큰달이다"라 하였다.

28 적영(適郢): 두예는 "적영은 월왕의 태자이다. 득(得)은 서로 친하여 좋아하는 것이다"라 하였다.

使因大宰嚭而納賂焉,	태재 비를 통하여 뇌물을 들이게 하니
乃止.[29]	이에 그만두었다.

애공 25년

傳

二十五年夏五月庚辰,[1]	25년 여름 5월 경진일에
衛侯出奔宋.[2]	위후가 송나라로 달아났다.
衛侯爲靈臺于藉圃,	위후는 적포에 영대를 만들고
與諸大夫飮酒焉,	대부들과 함께 그곳에서 술을 마셨는데,

29 두예는 "비는 옛 오나라의 신하이다. 계손이 월나라를 통하여 자기를 토벌할까 두려워하여 겁을 낸 것이다"라 하였다. 「오세가」와 「월세가」, 「오자서전」 및 『월절서』, 『오월춘추』에서는 모두 오나라가 망할 때 월나라가 비를 죽였다고 하였으며, 『여씨춘추·순민(順民)』편에서는 오나라의 상(相)이 곧 비라고 하였다. 심흠한(沈欽韓)의 『보주(補注)』에서는 "이 『전』에서만 오나라가 망하였는데 월나라에서 쓴다고 하는 것은 미상이다"라 하였다. 청나라 손지조(孫志祖)의 『독서좌록(讀書脞錄)』 5에서는 "월나라가 비를 죽인 것은 계손이 뇌물을 바친 후일 것이다"라 하였는데, 이는 아마 조정을 거친 의논일 것이다. 전국시대 이후의 사람들이 춘추시대의 일을 말한 것이 『좌씨』와 다른 것은 거의 믿지 못할 것이다.

1 이십오년(二十五年): 신미년 B.C. 470년으로, 주원왕(周元王) 6년이다. 경진일은 25일이다.

2 두예는 "위후 첩(輒)이다"라 하였다. 실은 성서(城鉏)로 갔는데 송나라로 달아났다고 한 것은 성서가 송나라와 위나라 사이에 있고, 14년에 환퇴가 달아났을 때까지만 해도 송나라의 읍이었는데 이때 위나라에 귀속되었기 때문이다. 위후가 성서로 간 것을 위나라에서 송나라로 달아난 것으로 알린 것이다.

褚師聲子韋蔑而登席,[3]	저사성자가 버선을 신고 자리에 올라
公怒.	공이 노하였다.
辭曰,	변명하여 말하였다.
"臣有疾,	"신은 병이 있어
異於人,[4]	다른 사람과 다르며,
若見之,	만약 그것을 보신다면
君將嗀之,[5]	임금께서 토하실 것 같아
是以不敢."[6]	이 때문에 감히 하지 못하였습니다."
公愈怒.	공이 더욱 노하였다.
大夫辭之,[7]	대부들이 변명해 주었지만
不可.	어림도 없었다.
褚師出.	저사가 나갔다.
公戟其手,[8]	공이 손가락을 갈래창처럼 펴서

3 저사성자(褚師聲子): 성자는 곧 저사비(褚師比)로 일찍이 괴외를 치려다가 이루지를 못하고 송나라로 달아났으며, 16년의 『전』에 보인다. 이때는 아마 일찌감치 위나라로 돌아갔을 것이다. 두예는 "옛날에는 임금을 뵈려면 버선을 벗는다"라 하였지만 옛 예문(禮文) 및 다른 경전에 모두 근거가 없다. 염약거(閻若璩)의 『잠구차기(潛丘箚記)』 5와 모기령(毛奇齡)의 『경문(經問)』에서는 모두 연례 때 술을 마시면 버선을 벗는다고 하였고, 혜동(惠棟)의 『보주(補注)』에서도 이 설을 주장하였는데 옳다. 청나라 풍경(馮景)의 『해용집(解春集)』 권8에서는 따로 다른 의견을 내어 해석하여 두예를 비호하였는데 확실치 않은 것 같다.

4 두예는 "발에 창질(創疾)이 있다"라 하였다.

5 학(嗀): 두예는 "학(嗀)은 구토이다"라 하였다.

6 두예는 "감히 버선을 벗지 않았다는 것이다"라 하였다.

7 대부들이 모두 성자를 위해 해명해 준 것이다.

8 극수(戟手): 왼손을 허리에 얹고 오른손의 횡지(橫指)를 갈래창의 형태처럼 하는 것으로,

曰,	말하였다.
"必斷而足!"[9]	"반드시 네 다리를 자를 것이다!"
聞之.[10]	그 말을 들었다.
褚師與司寇亥乘,[11]	저사가 사구해와 수레를 타고 가며
曰,	말하였다.
"今日幸而後亡."[12]	"오늘 이후 도망치면 다행이오."
公之入也,	공이 들어와서
奪南氏邑,[13]	남씨의 읍을 빼앗고
而奪司寇亥政.[14]	사구해의 관직을 빼앗았다.

지금 사람들이 노하여 욕할 때도 이런 모습을 한다.

9 이(而): 이(爾)와 같다. 저사비를 가리키며, 이는 곧 저사비를 꾸짖는 말이다.

10 저사비가 들은 것이다.

11 『예기·단궁(檀弓) 상』 공영달의 소(疏)에서는 『세본(世本)』을 인용하여 "영공은 소자(昭子) 영(郢)을 낳았으며, 영은 문자(文子) 목(木) 및 혜숙(惠叔) 란(蘭)을 낳았고, 란은 호(虎)를 낳았는데 사구씨(司寇氏)가 되었다"라 하였다. 이는 저사비와 사구해가 함께 수레를 탔다는 것을 말한다.

12 두예는 "죽을 것을 두려워하여 도망치는 것을 다행스레 여긴 것이다"라 하였다.

13 양옥승(梁玉繩)의 『사기지의(史記志疑)』에서는 "「주기(周紀)」의 『집해(集解)』에서는 신하찬(瓚)의 말을 인용하여 급총(汲冢)의 고문에서는 위장군문자(衛將軍文子)가 자남미모(子南彌牟)라 하였기 때문에 『좌전』에서는 미모를 남씨(南氏)라고 하였고, 『전국책·위책(衛策)』에서는 남문자(南文子)라고 하였다. 『통지·씨족략(氏族略)』에서는 자남씨(子南氏)는 위령공의 아들 공자 영(公子郢)의 후손이라고 하였는데, 아마 영의 자가 자남이기 때문일 것이다"라 하였다.

14 사구해는 당시 위나라의 사구이자 또한 경이었으며, 그 관직을 뺏은 것이 곧 그 정치를 빼앗은 것이다.

公使侍人納公文懿子之車于池.[15]	공이 시인으로 하여금 공문의자의 수레를 못에 넣게 하였다.
初,	처음에
衛人翦夏丁氏,[16]	위나라 사람이 하정씨를 삭탈하였을 때
以其帑賜彭封彌子.[17]	그 가산을 팽봉미자에게 주었다.
彌子飮公酒,	미자가 공을 술자리에 청하여
納夏戊之女,[18]	하무의 딸을 바쳤는데
嬖,	총애하여
以爲夫人.	부인으로 삼았다.
其弟期,	그 아우 기는
大叔疾之從孫甥也,[19]	태숙 질의 외손자이며
少畜於公,	어려서 공의 양육을 받아
以爲司徒.	사도가 되었다.

15 두예는 "의자(懿子)는 공문요(公文要)이다. 공이 분한 마음이 있어 사람을 시켜 그 수레를 못 안에 던져 넣게 한 것이다"라 하였다.

16 하정(夏丁): 11년의 『전』에서 "도자가 죽자 위나라 사람이 하무의 작위를 삭탈하였다(悼子亡, 衛人翦夏戊)"라 하였는데, 이 하정이 곧 하무이다.

17 팽봉미자(彭封彌子): 두예는 "팽봉미자는 미자하(彌子瑕)이다"라 하였다.

18 하무의 딸을 공에게 바친 것이다.

19 두예는 "기(期)는 하무의 아들이다. 자매의 손자가 종손생(從孫甥)이며, 손자와 같은 항렬이다"라 하였다. 기는 태숙질의 종외손이며, 그 누이는 질의 종외손녀이다.

夫人寵衰, 부인의 총애가 식자

期得罪.[20] 기가 죄를 지었다.

公使三匠久.[21] 공이 세 장인을 오랫동안 부려먹었다.

公使優狡盟拳彌,[22] 공은 광대 교에게 권미와 맹약하게 하고

而甚近信之. 매우 가까이하며 신임하였다.

故褚師比, 公孫彌牟, 公文要, 司寇亥, 司徒期因三匠與拳彌以作亂,[23] 그러므로 저사비와 공손미모, 공문요, 사구해, 사도기가 세 장인과 권미를 등에 업고 난을 일으켜

皆執利兵, 모두 날카로운 무기를 들었는데

無者子執斤.[24] 도끼를 든 사람은 없었다.

---

20 기는 누이가 총애를 받은 것 때문에 사도가 되었으며, 또한 누이의 총애가 식자 죄를 얻었다.

21 삼장(三匠): 아마 세 가지 장인(匠人)일 것이다.

22 우교(優狡): 두예는 "우교는 광대이다. 권미는 위나라 대부이며, 광대로 하여금 맹약을 맺게 한 것은 치욕을 주려는 것이다"라 하였다. 다케조에 고코(竹添光鴻)의 『회전(會箋)』에서는 "우교는 우시(優施)의 예로 보건대 우인(優人)의 이름이 교(狡)인 것이다. 교(狡)를 이름으로 삼은 것은 선공 12년 초나라에 당교(唐狡)가 있다"라 하였다.

23 저사비(褚師比): 두예는 "버선을 신은 채로 자리에 오른 자이다"라 하였다.
공손미모(公孫彌牟): 두예는 "읍을 잃은 자이다"라 하였다.
공문요(公文要): 두예는 "수레를 잃은 자이다"라 하였다.
사구해(司寇亥): 두예는 "관직을 삭탈당한 자이다"라 하였다.
삼장(三匠)은 권미(拳彌)와 함께 여전히 공궁에 있었기 때문에 그들의 힘을 빌린 것이다.

24 집근(執斤): 『설문』에서는 "근은 나무를 찍는 도끼[斧]이다"라 하였다. 장인이 잡는 것이다.

使拳彌入于公宮,[25]	권미를 공궁에 들어가게 하고
而自大子疾之宮譟以攻公.[26]	태자 질의 궁에서 고함을 치며 공을 공격하였다.
鄄子士請禦之,[27]	견자사가 막기를 청하자
彌援其手,	미가 그 손을 잡고
曰,	말하였다.
"子則勇矣,	"그대는 용감하나
將若君何?[28]	임금을 어쩌시렵니까?
不見先君乎?[29]	선군을 보지 못하였습니까?
君何所不逞欲?[30]	임금께선 어디서 욕망을 채우지 못하겠습니까?
且君嘗在外矣,	또한 임금께선 일찍이 바깥에 계셨으니
豈必不反?	어찌 반드시 돌아오지 않겠습니까?
當今不可,[31]	지금은 할 수 없고

25 두예는 "신임하여 가까이하였으므로 들어갈 수 있었다"라 하였다.

26 저사비 등이 태자 질의 궁에서 고함을 지르며 위후를 공격한 것이다. 태자 질은 17년에 죽었으며, 그 궁은 그대로 남아 있었다.

27 견자사(鄄子士): 두예는 "견자사는 위나라 대부이다"라 하였다.

28 그대가 적을 막다가 죽으면 임금은 장차 보위할 자가 없게 될 것이라는 말이다.

29 두예는 "선군은 괴외(蒯聵)이다. 난리가 났을 때 빨리 달아나지 않아 융주에게 죽임을 당하였으며, 빨리 떠나게 하려는 것이다"라 하였다.

30 군(君): 출공(出公) 첩(輒)을 말하며 그가 달아났을 때 또한 뜻을 쾌히 할 수 있었다는 말이다.

衆怒難犯.	여러 사람의 분노는 범하기 어렵습니다.
休而易間也."[32]	안정이 되면 쉽게 이간할 수 있습니다."
乃出.	이에 나갔다.
將適蒲,[33]	포로 가려는데
彌曰,	미가 말하였다.
"晉無信,	"진나라는 신용이 없어서
不可."[34]	안 됩니다."
將適鄄,	견으로 가려 하자
彌曰,	미가 말하였다.
"齊, 晉爭我,	"제나라와 진나라는 우리를 다투니
不可."[35]	안 됩니다."
將適泠,[36]	령으로 가려 하자
彌曰,	미가 말하였다.

31 난을 일으킨 자를 대적할 수 없다는 것이다.

32 휴(休): 안정되는 것이다. 난이 안정되면 이간하기가 쉽다는 것이다.

33 포(蒲): 지금의 하남 장원현(長垣縣) 조금 동쪽이며, 환공 3년『경』의『주』를 참고하라. 또한 장공 14년『경』의『주』에도 보인다.

34 포(蒲)는 진나라에 가까워서 포로 가는 자가 진나라에게 원조를 구하려 할 것이므로 권미가 진나라는 신용이 없다 하여 막은 것이다.

35 견(鄄)은 이때 아마 위나라 땅이었을 것이며 실은 제나라에도 가깝고 진나라에도 가까웠기 때문에 미가 또 막았을 것이다.

36 령(泠): 두예는 "노나라에 가까운 읍이다"라 하였다.

"魯不足與.[37]	"노나라와는 함께할 수 없습니다.
請適城鉏,[38]	청컨대 성서로 가서
以鉤越.	월나라를 당기시지요.
越有君."[39]	월나라에는 임금다운 임금이 있습니다."
乃適城鉏.	이에 성서로 갔다.
彌曰,	미가 말하였다.
"衛盜不可知也,	"위나라의 도적은 알 수가 없으니
請速,	청컨대 속히 하시고
自我始."	제가 선봉이 되겠습니다."
乃載寶以歸.[40]	이에 보기를 싣고 돌아갔다.
公爲支離之卒,[41]	공은 흩어진 사졸들을 만들어

37 나라가 작고 힘이 약하여 도움이 되지 않는다는 것이다.

38 성서(城鉏): 성서는 지금의 하남 활현(滑縣) 동쪽에 있으며, 또한 11년 『전』의 『주』에 보인다. 성서는 송나라에 가깝다. 심흠한(沈欽韓)의 『지명보주(地名補注)』에서는 "활현의 성서는 월나라와 머니 아마 양공 10년 사(柤) 오나라와 만났다 한 곳일 것이다"라 하였다. 그러나 사는 초나라 땅이므로 심흠한의 설은 틀렸다.

39 두예는 "송나라의 남쪽은 월나라와 가까워서 서로 끌어당길 수가 있다"라 하였다.

40 두예는 "위나라 임금을 속인 것이다. 임금에게 보물을 가지고 스스로 따른다고 하고 위나라 도적에게 바치려고 속히 갈 것을 청하여 자기가 선발이 되어 보물을 싣고 위나라로 돌아간 것이다"라 하였다.

41 두예는 "지리는 진(陳)의 이름이다"라 하였다. 다케조에 고코(竹添光鴻)의 『회전(會箋)』에서는 "지리는 분산한다는 뜻으로, 아마 여러 무리로 나누어 적을 오도하는 것일 것이다"라 하였다. 뒤의 설이 비교적 낫다.

因祝史揮以侵衛.[42] 축사 휘를 통하여 위나라를 침공하였다.

衛人病之. 위나라 사람이 그것을 걱정하였다.

懿子知之,[43] 의자가 그것을 알고

見子之,[44] 자지를 찾아

請逐揮. 휘를 쫓아낼 것을 청하였다.

文子曰, 문자가 말하였다.

"無罪."[45] "죄가 없소."

懿子曰, 의자가 말하였다.

"彼好專利而妄,[46] "저 사람은 전횡하고 이익을 좋아하며 망령되어

夫見君之入也, 임금이 들어오는 것을 보면

將先道焉.[47] 먼저 끌어들일 것입니다.

若逐之, 쫓아낸다면

必出於南門, 반드시 남문으로 나가서

42 축사(祝史): 축과 사는 본래 두 직책인데 여기서는 아마 휘(揮)가 두 가지 일을 겸하였을 것이므로 축사 휘라고 하였을 것이다.

43 두예는 "휘가 안에서 간여할 것임을 안 것이다"라 하였다.

44 자지(子之): 두예는 "자지는 공손미모 문자(文子)이다"라 하였다.

45 휘가 죄가 없다는 말이다.

46 망(妄): 두예는 "망(妄)은 법도가 없는 것이다"라 하였다.

47 두예는 "만약 임금이 들어오려는 낌새가 있는 것을 보면 반드시 길을 터 도와줄 것이다"라 하였다. 도(道)는 도(導)와 같다. 부(夫)는 휘(揮)를 가리킨다.

而適君所.[48]	임금에게로 갈 것입니다.
夫越新得諸侯,	월나라는 막 제후를 얻었으니
將必請師焉."	반드시 군사를 청할 것입니다."
揮在朝,	휘는 조정에 있었는데
使吏遣諸其室.[49]	관리로 하여금 그를 집으로 보내게 했다.
揮出,	휘가 나가서
信,	이튿날 저녁이 되자
弗內.[50]	들여보내 주지 않았다.
五日,	닷새 만에야
乃館諸外里,[51]	외리에 묵게 되었으며
遂有寵,	마침내 총애를 받아
使如越請師.[52]	월나라에 가서 군사를 청하게 하였다.

48 두예는 "비록 그가 임금을 위해서 간여할 것을 알지만 자세히 살피지 않고 사사로이 평가한 것이다"라 하였다.

49 저(諸): 지어(之於)의 합음이다. 그가 퇴조하여 집에 돌아가기를 기다린 뒤에 관리로 하여금 그를 보내게 한 것이다.

50 신(信): 두예는 "이틀 밤을 묵는 것이 신이다"라 하였다. 성 밖에 나가서 묵는데 이틀을 묵고 조정으로 돌아가려 하였으나 들어가는 것을 불허한 것이다.

51 외리(外里): 두예는 "외리는 공이 있는 곳이다"라 하였다. 두씨(두예)의 『석례·토지명(釋例·土地名)』에서는 "위나라 땅 성서(城鉏)와 외리(外里)의 두 이름은 빠졌다"라 하였다. 지금 성서가 활현(滑縣)에 있으니 외리 또한 그러하다.

52 두예는 "군사를 청하여 위나라를 치고 들어가기를 구하는 것이다"라 하였다.

六月,	6월에
公至自越,[53]	공이 월나라에서 왔는데
季康子, 孟武伯逆於五梧.[54]	계강자와 맹무백이 오오에서 영접하였다.
郭重僕,[55]	곽중은 수레를 몰았는데
見二子,	두 사람을 보고
曰,	말하였다.
"惡言多矣,	"나쁜 말이 많으니
君請盡之."[56]	임금께선 모두 힐문하십시오."
公宴於五梧,	공이 오오에서 연례를 베풀었는데
武伯爲祝,[57]	무백이 축수를 하며
惡郭重,[58]	곽중을 미워하여
曰,	말하였다.
"何肥也?"	"어째서 뚱뚱한가?"
季孫曰,	계손이 말하였다.

53 노애공은 지난해 윤10월에 월나라로 갔으며 9개월이 지나서야 돌아온 것이다.

54 오오(五梧): 두예는 "노나라 남쪽 변경이다"라 하였다.

55 두예는 "공의 마부이다"라 하였다.

56 곽중이 아마 먼저 두 사람을 본 다음에 노나라 애공에게 말하기를 두 사람은 신하답지 않은 말을 매우 많이 하였으니 임금이 이번에 서로 만나면 모두 캐물어야 한다는 것이다. 두예 및 다른 해석은 모두 제대로 갖추지 못하였다.

57 축(祝): 노애공에게 술을 올리며 축수(祝壽)하는 것이다.

58 아마 이미 곽중이 이간질을 도발한 말을 알았을 것이다.

"請飮彘也![59]	"체에게 벌주를 마시게 하십시오.
以魯國之密邇仇讎,[60]	노나라가 원수와 아주 가까이 있는데
臣是以不獲從君,	신하가 임금을 따를 수 없어
克免於大行,[61]	원행을 면할 수 있었던 것인데
又謂重也肥?"[62]	또한 중이 뚱뚱하다 하겠습니까?"
公曰,	공이 말하였다.
"是食言多矣,	"이 사람은 식언을 많이 하니
能無肥乎?"[63]	뚱뚱하지 않을 수 있겠는가?"
飮酒不樂,	술을 마시는 것이 즐겁지 않아
公與大夫始有惡.	공과 대부가 비로소 미워하게 되었다.

애공 26년

傳

二十六年夏五月,[1]	26년 여름 5월에

59 이는 벌주로 계손이 아마 무백을 가지고 실언을 한 것일 것이다.
60 제나라와 노나라는 늘 서로 미워하였다.
61 대행(大行): 원행(遠行)과 같다.
62 두예는 "곽중은 임금이 먼길을 가면 수고를 하여 뚱뚱하다고 하는 것은 마땅하지 않다는 것이다"라 하였다.
63 아마 계손과 맹손이 누차 공이 맹약을 실행하지 않도록 허락하였으므로 노애공이 이것을 빙자하여 빗대어 말한 것이다.

叔孫舒帥師會越皐如, 舌庸, 宋樂茷納衛侯,[2] 숙손서가 군사를 거느리고 월나라의 고여와 설용, 송나라 악패를 만나 위후를 들였는데

文子欲納之. 문자가 들이려 하였다.

懿子曰, 의자가 말하였다.

“君愎而虐, “임금은 강퍅하고 포학하여

少待之, 조금만 있으면

必毒於民, 반드시 백성들에게 해를 끼쳐

乃睦於子矣.” 이에 그대와 가까워질 것입니다.”

師侵外州, 군사가 외주를 침공하여

大獲.[3] 크게 약탈하였다.

出禦之, 나가서 막았으나

大敗.[4] 대패하였다.

---

1 이십륙년(二十二年): 임신년 B.C. 469년으로, 주원왕(周元王) 7년이다.

2 설용(舌庸): 설(舌)은 원래 “후(后)”로 되어 있었는데, 여기서는 『당석경』과 송본, 가나자와 문고본(金澤文庫本), 단옥재(段玉裁)의 설 및 「오어」를 따라 정정하였다. 양수달(楊樹達)의 『적미거금문설·고붕구조재발(積微居金文說·姑鵬句鑃再跋)』에서는 또한 설용은 곧 고붕구조(姑鵬句鑃)의 「명문(銘文)」 중의 괄동(舌同)이며, 설(舌)은 곧 괄자의 예서체의 변체자로 구설(口舌)의 설(舌)이 아니라고 하였다. 심흠한(沈欽韓)의 『보주(補注)』에서도 “설(舌)은 『오월춘추』에는 ‘예(曳)’로 되어 있으며, ‘설(洩)’로 된 곳도 있는데, 소리가 설(舌)과 가까우며 여기서는 ‘후(后)’로 되어 있는데 잘못되었다”라 하였다. 설(舌)과 괄(舌), 예(曳)는 고음이 모두 서로 가깝다.

3 두예는 “월나라의 첩을 들인 군사들이다”라 하였다. 대획(大獲)은 이미 외주의 수비군을 이긴 후에 또 민가를 크게 겁략한 것이다.

掘褚師定子之墓,	저사정자의 무덤을 파헤쳐
焚之于平莊之上.[5]	시신을 평장의 위에서 불태웠다.
文子使王孫齊私於皐如,[6]	문자가 왕손제를 시켜 고여에게 몰래
曰,	말하였다.
"子將大滅衛乎?	"그대는 위나라를 크게 멸할 셈이오?
抑納君而已乎?"	아니면 임금을 들일 따름이오?"
皐如曰,	고여가 말하였다.
"寡君之命無他,	"과군의 명은 다름이 아니라
納衛君而已."	위나라 임금을 들이는 것일 따름이오."
文子致衆而問焉,	문자가 군중을 불러 모아 물어서
曰,	말하였다.
"君以蠻夷伐國,	"임금께서 만이를 가지고 나라를 치면
國幾亡矣,	나라가 망할 것이니

4 위나라 군사가 나가서 월나라 군사에 맞섰다가 대패한 것이다.

5 두예는 "정자(定子)는 저사비의 부친이다. 평장은 능의 이름이다"라 하였다. 양이승(梁履繩)의 『보석(補釋)』에서는 공광식(孔廣栻)의 말을 인용하여 "소공 20년 위나라 공맹집(公孟縶)이 저사포(褚師圃)를 미워하여 나중에 제표(齊豹)와 함께 난을 일으키고 진나라로 달아났다. 또한 저사자갑(褚師子甲)이 있었는데, 영공을 따라 도망간 공로가 있으며, 정자(定子)는 곧 자갑(子甲)의 시호일 것이다"라 하였다.

6 두예는 "제는 위나라 대부 왕손가(王孫賈)의 아들 소자이다"라 하였다. 또한 정공 8년 『전』의 『주』를 참고하라.

請納之."	청컨대 받아들였으면 합니다."
衆曰,	군중들이 말하였다.
"勿納."	"받아들이지 마시오."
曰,	말하였다.
"彌牟亡而有益,	"내가 도망가는 것이 이익이 된다면
請自北門出."[7]	북문으로 나가게 해주십시오."
衆曰,	군중들이 말하였다.
"勿出."	"도망가지 마십시오."
重賂越人,	월나라 사람에게 뇌물을 두터이 주고
申開, 守陴而納公,[8]	성문을 대대적으로 열고 삼엄하게 지키면서 공을 들였는데
公不敢入.	공은 감히 들어가지 못했다.
師還.[9]	군사가 돌아갔다.
立悼公,[10]	도공을 세우고

---

7 북문으로 나가는 것은 아마 월나라 군사 및 위나라 임금을 피하는 것일 것이며, 이때 위나라 임금은 남쪽 교외에 있었을 것이다.

8 도성의 성문은 여러 겹이 있어서 외곽의 성문이 있고 내성의 성문이 있으며, 내성에도 문이 하나에 그치지 않는다. 신개(申開)라는 것은 신(申)은 거듭이라는 뜻으로 외곽의 성문과 내성의 성문을 모두 크게 여는 것이다. 그러나 성 위의 성가퀴에서는 수비를 삼엄하게 하니 수비(守陴)는 곧 이를 말한다. 공을 들이는 형세가 실로 월나라 사람에게 뇌물만 두터이 하고 갑병을 딸리지 않아 이 때문에 위후가 감히 들어가지 못한 것이다.

9 월나라 군사가 돌아간 것이다.

10 「위세가」에서는 "출공(出公)의 계부 검(黔)이 출공의 아들을 공격하여 스스로 즉위하였는데, 이가 곧 도공(悼公)이다"라 하였다. "검(黔)"은 「위세가」의 『색은(索隱)』에서는 『세본

南氏相之.	남씨가 보좌하였다.
以城鉏與越人.	성서를 월나라 사람에게 주었다.
公曰,	공이 말하였다.
"期則爲此."[11]	"기가 이렇게 하였다."
令苟有怨於夫人者報之.[12]	실로 부인에게 원한이 있는 자로 하여금 보복하게 하였다.
司徒期聘於越,[13]	사도기가 월나라를 빙문하자
公攻而奪之幣.[14]	공이 공격하여 그 폐백을 빼앗았다.
期告王,[15]	기가 왕에게 알리자
王命取之,	왕이 취해오도록 명하여
期以衆取之.	기가 사람들을 데리고 그것을 가져왔다.
公怒,	공이 노하여
殺期之甥之爲大子者,[16]	기의 생질로 태자가 된 자를 죽이고

(世本)』을 인용하여 "건(虔)"이라 하였고, 두예의 주에는 "겸(黚)"으로 되어 있는데, 세 자(字)는 고음이 모두 근사하다.

11 기(期): 곧 사도기(司徒期)이다.

12 두예는 "부인은 기의 누이이다. 기에게 노하였으나 죽일 수가 없었으므로 궁녀에게 기의 누이를 괴롭혀 곤혹스럽게 한 것이다"라 하였다.

13 두예는 "도공을 위해 빙문한 것이다"라 하였다.

14 월나라를 빙문할 때 가져간 폐백이다.

15 두예는 "월나라 왕이다"라 하였다.

16 두예는 "기에 대한 분노가 부인이 된 누이에게까지 미치고, 마침내 다시 부인의 아들에게까지 미친 것이다"라 하였다.

遂卒于越.[17]	마침내 월나라에서 죽었다.
宋景公無子,	송경공은 아들이 없어
取公孫周之子得與啓畜諸公宮,[18]	공손주의 아들을 득과 계를 데려다 공궁에서 키웠는데
未有立焉.	그중에서 아무도 세우지 않았다.
於是皇瑗爲右師,	이때 황원은 우사였고
皇非我爲大司馬,	황비아는 대사마였으며
皇懷爲司徒,[19]	황회는 사도,
靈不緩爲左師,[20]	영불완은 좌사,
樂茷爲司城,[21]	악패는 사성,
樂朱鉏爲大司寇,[22]	악주서가 대사구였는데,
六卿三族降聽政,[23]	6경과 3족이 함께 정사를 돌보았으며

17 두예는 "그 결과를 말한 것이다"라 하였다. 아마 필시 이해에는 죽지 않았을 것이다.

18 두예는 "주(周)는 원공(元公)의 손자 자고(子高)이다. 득(得)은 소공(邵公)이다. 계(啓)는 득의 아우이다. 축(畜)은 기르는 것이다"라 하였다. 「송세가」에는 "공자 특(公子特)"으로 되어 있다. 『색은(索隱)』에서는 "'특(特)'은 '득(得)'으로 된 판본도 있다"라 하였다.

19 황회(皇懷): 두예는 "황회는 비아(非我)의 종형제이다"라 하였다.

20 영불완(靈不緩): 두예는 "불완은 자령위귀(子靈圍龜)의 후손이다"라 하였다. 정공열(程公說)의 『춘추분기·세보(春秋分紀·世譜)』에서는 "공자 위귀의 자는 자령(子靈, 성공 5년의 『전』에 보임)으로 4세손은 불완이다"라 하였다.

21 악패(樂茷): 두예는 "패는 악혼(樂溷)의 아들이다"라 하였다.

22 악주서(樂朱鉏): 두예는 "주서는 악만(樂輓)의 아들이다"라 하였다.

23 문공 7년 및 성공 5년의 『전』에 의하면 송나라 관직의 서열은 우사(右師), 좌사(左師), 사마(司馬), 사도(司徒), 사성(司城), 사구(司寇)이다. 이는 황(皇), 영(靈), 악(樂) 세 족인의 서열이지 관직의 서열은 아니다. 강청정(降聽政)은 공청정(共聽政)과 같은 말이다.

因大尹以達.[24] 대윤을 통하여 이르렀다.

大尹常不告,[25] 대윤은 늘 보고를 하지 않아

而以其欲稱君命以令. 그 하고 싶은 바를 임금의 명을 사칭하여 내렸다.

國人惡之. 백성들이 그를 미워하였다.

司城欲去大尹, 사성이 대윤을 없애려 하자

左師曰, 좌사가 말하였다.

"縱之, "멋대로 하게 두어

使盈其罪.[26] 그 죄가 넘쳐나도록 하십시오.

重而無基, 권세는 무거우나 기초가 없으니

能無敝乎?"[27] 패하지 않을 수 있겠습니까?"

유월(兪樾)의 『평의(平議)』에 상세하다.

24 대윤(大尹): 두예는 "대윤은 궁 가까이서 총애를 받는 자이다"라 하였는데 무슨 근거인지 모르겠다. 『전국책·송책(宋策)』에서는 "대윤(大尹)에게 이르기를 '임금께서 날로 자라시니 스스로 정사를 처리하면 공은 일이 없을 것입니다. 공이 차라리 초나라로 하여금 임금의 효성을 축하하게 하면 임금께서는 태후의 일을 빼앗지 않을 것이니 공은 늘 송나라를 이용하게 됩니다'라 하였다"라 하였고, 고유(高誘)의 주에서는 이 때문에 "태후는 윤의 어머니이다……" 하였으니 대윤은 송나라 임금과 형제라는 말인데, 아마 반드시 그렇지는 않을 것이다. 『한비자·설림(說林)』편에도 이 일이 기록되어 있는데 "영윤(令尹)"으로 되어 있으며, 아마 대윤의 뜻이 후인들에 의해 망령되이 바뀐 것인지 모르겠으며, 송나라에는 영윤이란 관직이 없다. 양이승(梁履繩)의 『보석(補釋)』에서는 『주씨부론(周氏附論)』을 인용하여 "혹자는 말하기를 태재는 양공 17년 후로는 더 이상 『전』에 보이지 않는데, 태재를 줄이고 설치한 것 같다"라 하였다. 우창(于鬯)의 『향초교서(香草校書)』에서는 "대윤은 송나라 외척의 관직인 것 같다"라 하였는데, 함께 한 가지 설로 갖추어 둘 만하다.

25 송경공에게 알리지 않은 것이다.

26 영(盈): 두예는 "영은 만(滿)과 같다"라 하였다.

冬十月,	겨울 10월에
公游于空澤,[28]	공이 공택에서 놀다가
辛巳,[29]	신사일에
卒于連中.[30]	연중에서 죽었다.
大尹興空澤之士千甲,[31]	대윤은 공택의 갑사 1천을 일으켜
奉公自空桐入如沃宮,[32]	공의 시신을 모시고 공동에서 옥궁으로 들어가
使召六子,[33]	여섯 사람을 부르게 하고는

---

27 두예는 "권세는 중한데 덕이 없는 것이 기초이니 반드시 패한다는 것이다"라 하였다. 폐(敝)는 패(敗)이다.

28 공택(空澤): 곧 『수경주·획수(獲水)』의 공동택(空桐澤)이며, 지금의 하남 상구(商丘) 지구 우성현(虞城縣) 남쪽에 있으며, 옛날에 변수(汴水)가 지나가던 곳이었으나 지금은 막혔다.

29 신사일은 4일이다.

30 연중(連中): 심흠한(沈欽韓)의 『보주(補注)』에서는 『명승지(名勝志)』를 인용하여 "연중관(連中館)은 공택 위에 있으며 유지(遺址)는 높이가 두 길이다"라 하였다. 또한 당나라 구양순(歐陽詢)의 『예문유취(藝文類聚)』에서는 『고문쇄어(古文瑣語)』를 인용하여 "처음에 형사자신(邢史子臣)이 송경공에게 말하기를 '지금부터 다섯 번 제사를 지내면 신은 죽습니다. 신이 죽은 후에 다섯 번 제사를 지내고 5월 정해일에 오나라는 망합니다. 이후 다섯 번 제사를 지내고 8월 신사일에 임금이 돌아가십니다'라 하였다. 형사자신은 죽을 날이 되자 아침에 경공을 알현하고 저녁에 죽었다. 나중에 오나라는 망하였다. 경공이 두려워하여 형사자신이 한 말을 생각하고 이에 외밭으로 도망쳐서 마침내 그곳에서 죽었다. 구하였으나 이미 벌레뿐이었다"라 하였다. 이는 아마 소설가의 말일 것으로 괴탄하여 믿기 어려우나, 일단 기록은 해둔다.

31 두예는 "갑사 천 명이다"라 하였다.

32 두예는 "공의 시신을 모신 것이다. 양(梁)나라 우현(虞縣) 동남쪽에 공동(空桐)이라는 지명이 있다. 옥궁(沃宮)은 송나라 도읍 안에 있는 궁전의 이름이다"라 하였다. 장병린(章炳麟)의 『독(讀)』 권8에서는 "「은본기(殷本紀)」에서 태사공은 은나라의 후손에 공동씨가 있다고 하였다. 이는 곧 송나라의 후예로 지명을 씨로 삼은 것이며, 『세본(世本)』에 근거하였고 『좌전』으로 입증할 수 있다"라 하였다.

曰,	말하였다.
“聞下有師,[34]	“하읍에 군사가 있으면
君請六子畫.”[35]	임금은 여섯 사람을 청하여 도모한다.”
六子至,	여섯 경이 이르자
以甲劫之曰,	갑사로 그들을 윽박지르며 말하였다.
“君有疾病,	“임금의 병이 위독하니
請二三子盟.”	그대들은 맹세를 하기 바라오.”
乃盟于少寢之庭,[36]	이에 소침의 뜰에서 맹세를 하여
曰,	말하였다.
“無爲公室不利!”	“공실에 이롭지 않은 일은 하지 않으리라!”
大尹立啓,	대윤은 계를 세우고
奉喪殯于大宮,[37]	대궁에 모셔다가 빈소를 차렸는데

---

33 육자(六子): 곧 위의 육경(六卿)이다.

34 하(下): 하읍(下邑)을 말한다.

35 획(畫): 두예는 “획은 계책이다”라 하였다.

36 소침(少寢): 곧 소침(小寢)이다. 『예기·옥조(玉藻)』편에 보이며, 제후들이 퇴조한 뒤에 편하게 쉬는 곳이다.

37 대궁(大宮): 유월(兪樾)의 『평의(平議)』에서는 “대궁이라는 것은 송나라의 조묘(祖廟)이다”라 하였다. 대궁에서 빈을 한 것은 당시의 예법이 실로 이러한 것이며, 희공 8년 『전』의 『주』에 보인다.

三日而後國人知之. 사흘이 지난 뒤라야 백성들이 그 사실을 알았다.

司城茷使宣言于國曰, 사성 패가 나라에 선언하게 하여 말하였다.

“大尹惑蠱其君, “대윤은 그 임금을 미혹하게 하여

而專其利, 그 이익을 독차지하였고

今君無疾而死,[38] 지금 임금은 병이 없는데도 죽었으며

死又匿之, 죽은 뒤에 또 그것을 숨기니

是無他矣, 이는 다름이 아니라

大尹之罪也.”[39] 대윤의 죄요.”

得夢啓北首而寢於盧門之外,[40] 득이 꿈을 꾸었는데 계가 머리를 북쪽으로 하고 노문 밖에서 잠을 자고 있었으며

己爲烏而集於其上,[41] 자신은 까마귀가 되어 그 위에 앉아

---

38 금(今): 원래는 “영(令)”으로 되어 있었는데, 『석경』과 송본, 아시카가본〔족리본(足利本)〕, 가나자와 문고본(金澤文庫本)에 의하여 정정하였다. 송나라 경공의 재위 기간은 48년이며, 그 부친 원공은 재위 기간이 비록 15년이지만 그 조부 평공의 재위 기간이 40년이니 그 만년을 생각해 보면 아마 이미 정사에 권태를 느꼈을 것이기 때문에 6경이라도 만날 수가 없었으며 대윤이 정권을 전횡하였는데 이는 대윤에게 죄를 씌우기 위함일 뿐이다.

39 두예는 “대윤에게 시해되었다는 말이다”라 하였다.

40 두예는 “노문은 송나라의 동문이다. 머리를 북으로 하였다는 것은 죽은 모양이다. 문밖에 있다는 것은 나라를 잃었다는 것이다”라 하였다. 마종련(馬宗璉)의 『보주(補注)』에서는 “역도원(酈道元)이 말하기를 송나라는 남문을 노문이라 하였으며〔『수경주·휴수(水經注·睢水)』〕 이곳의 주에서 노문이 동문이라 한 것은 옳지 않다”라 하였다. 두예는 소공 21년 『전』의 『주』에서 “노문은 송나라 동쪽 성의 남문이다”라 한 것과 통일하였을 것이다.

咮加於南門,	부리는 남문에 두고
尾加於桐門.[42]	꼬리는 동문에 두고 있는 것이었다.
曰,	말하기를
“余夢美,	“내 좋은 꿈을 꾸었으니
必立.”	반드시 임금이 될 것이다.”
大尹謀曰,	대윤이 모의하여 말하기를
“我不在盟,[43]	“나는 맹세하는 데 있지 않았으니
無乃逐我?	아마 나를 쫓아내지 않겠는가?
復盟之乎!”	다시 맹세하자!”
使祝爲載書.[44]	축에게 재서를 만들게 하고
六子在唐盂,[45]	여섯 사람이 당우에서
將盟之.	맹세를 하려고 하였다.

41 오(烏): 원래는 “조(鳥)”로 되어 있었으나 여기서는 송본과 순희본, 악본, 아시카가본[족리본(足利本)], 가나자와 문고본(金澤文庫本)을 따랐다.

42 동문(桐門): 두예는 “동문은 북문이다”라 하였다.

43 두예는 “소침에서의 맹세는 임금의 명으로 육경만 맹세하고 대윤은 맹세하지 않았다”라 하였다.

44 혜동(惠棟)의 『보주(補注)』에서는 “『주례 · 저축(詛祝)』에는 저주를 맹세하는 맹서로 되어 있다”라 하였다.

45 당우(唐盂): 고사기(高士奇)의 『지명고략(地名考略)』에서는 당우는 곧 희공 21년 『경』의 “우에서 만났다(會于盂)”라 한 우(盂)라고 하였으니, 지금의 하남 휴현(睢縣)에 있는데 비교적 먼 것 같으며, 이때 6경은 반드시 모두 가볍게 국도를 떠나지는 않았을 것이다. 당우는 아마 송나라 도읍 교외에 있는 변경의 한 곳일 것이다.

祝襄以載書告皇非我.[46] 축양이 재서를 가지고 황비아에게 일러바쳤다.

皇非我因子潞, 門尹得, 左師謀曰,[47] 황비아는 자로와 문윤 득, 좌사와 모의하여 말하였다.

"民與我, "백성들이 우리를 편드니

逐之乎!" 그를 쫓아내자!"

皆歸授甲, 모두 돌아가 갑주를 내주고

使徇于國曰, 온 나라에 알리게 하여 말하였다.

"大尹惑蠱其君, "대윤은 그 임금을 미혹하게 하여

以陵虐公室, 공실을 욕보이고 학대하였으니,

與我者, 우리 편을 드는 자는

救君者也." 임금을 구원하는 자이다."

衆曰, 대중들이 말하였다.

"與之!" "그 편이오!"

大尹徇曰, 대윤은 알리어 말하였다.

"戴氏, 皇氏將不利公室, "대씨와 황씨가 공실을 이롭지 않게 하려 하니

---

46 축양(祝襄): 두예는 "양은 축의 이름이다"라 하였다.

47 자로(子潞): 두예는 "자로는 악패(樂茷)이다"라 하였다.
문윤득(門尹得): 두예는 "악득(樂得)이다"라 하였다. 정공열(程公說)의 『춘추분기·세보(春秋分紀·世譜) 2』에서는 "득은 예(豫)의 7세손이다"라 하였다. 예는 문공 7년의 『전』에 보인다.

與我者,	내 편을 드는 자는
無憂不富."	부자가 되지 않을 걱정은 없을 것이다"
衆曰,	대중들이 말하였다.
"無別!"[48]	"다르지 않다!"
戴氏, 皇氏欲伐公,[49]	대씨와 황씨가 공을 치려 하는데
樂得曰,	악득이 말하였다.
"不可.	"아니 되오.
彼以陵公有罪,	저 사람은 공을 능멸하여 죄를 지었는데
我伐公,	우리가 공을 치면
則甚焉."	더 심하게 되오."
使國人施于大尹,[50]	백성들에게 대윤의 죄를 밝히게 하니
大尹奉啓以奔楚,	대윤은 계를 모시고 초나라로 달아나
乃立得.[51]	이에 득을 세웠다.

48 두예는 "그 호령이 임금과 다름이 없음을 싫어한 것이다"라 하였다. 양수달(楊樹達)의 『독좌전(讀左傳)』에서는 "이는 송나라 사람이 대윤의 말 때문에 그를 비난한 말로, 너 대윤이 다른 사람이 공실을 불리하게 하는 것을 꾸짖는 것이, 너 대윤이 공실을 불리하게 하는 것과 다름이 없다는 듯이다"라 하였다.

49 두예는 "공은 계(啓)를 말한다"라 하였다.

50 두예는 "대윤의 죄를 판결한 것이다"라 하였다.

51 「송세가(宋世家)」에서는 "송나라 공자(公子) 특(特)이 태자를 공격하여 죽이고 스스로 즉

司城爲上卿,	사성은 상경이 되어
盟曰,	맹세하여 말하였다.
"三族共政,	"3족이 함께 집정하여
無相害也!"[52]	서로 해를 끼치지 말자!"
衛出公自城鉏使以弓問子贛,	위출공이 성서에서 활을 지니고 가 자공에게 묻게 하고
且曰,	또한 말하였다.
"吾其入乎?"	"내가 들어가겠는가?"
子贛稽首受弓,	자공은 머리를 조아리고 활을 받으며
對曰,	대답하였다.
"臣不識也."	"신은 알지 못합니다."
私於使者曰,	몰래 사자에게 말하였다.
"昔成公孫於陳,[53]	"지난날 성공이 진나라로 피하자

위하였는데 이 사람이 소공이다"라 하였다. 『색은』에서는 "특(特)은 '득(得)'으로 된 판본도 있다. 『좌전』에 의하면 이와 완전 어그러졌으니 태사공이 무슨 근거로 이런 말을 하였는지 모르겠다"라 하였다. 『한시외전 6』 및 한(漢)나라 가의(賈誼)의 『가자·선성(賈子·先醒)』편에서는 송소공이 도망친 것을 말하면서 탄식하기를 "나 외에는 안에서 나의 잘못을 듣지 못하여 이 때문에 여기에 이르게 되었다"라 하였다. 언행을 바꾼 지 2년 만에 송나라 사람이 맞아서 복귀시켰다. 송나라에는 두 소공이 있는데 이 소공이라면 또한 춘추시대 이후의 일일 것이며, 또한 『사기』에도 이 일이 없으니 반드시 믿을만하지 못하다.

52 3족(三族)은 곧 위의 황(皇)·영(靈)·악(樂) 세 씨이다.

53 두예는 "희공 28년 위성공은 초나라로 달아났으며, 마침내 진(陳)나라로 달아났다"라 하

甯武子, 孫莊子爲宛濮之盟而君入.[54] 영무자와 손장자가 완복의 맹세를 하여 임금이 들어갔소.

獻公孫於齊,[55] 헌공이 제나라로 피하자

子鮮, 子展爲夷儀之盟而君入.[56] 자선과 자전이 이의의 맹세를 하여 임금이 들어갔소.

今君再在孫矣,[57] 지금 임금은 거듭 피신 중인데

內不聞獻之親,[58] 안으로는 헌공 때와 같은 친척이 있다는 말이 들리지 않고

外不聞成之卿,[59] 밖으로는 성공 때와 같은 경이 있다는 말이 들리지 않으니

則賜不識所由入也. 저는 들어갈 수 있는 길을 모르겠소.

詩曰, 『시』에서 말하기를

'無競惟人, '강대한 것은 사람에 있으니

四方其順之.'[60] 사방에서 순종하는도다'라 하였으니,

였다.

54 두예는 "맹약은 희공 28년에 있었다"라 하였다.

55 완각본에는 "孫於衛, 齊"로 되어 있는데 여기서는 『석경』과 송본, 아시카가본〔족리본(足利本)〕 및 가나자와 문고본(金澤文庫本)을 따라 "위(衛)"자를 산삭하였다. 두예는 "양공 14년에 있었다"라 하였다.

56 두예는 "양공 26년에 있었다"라 하였다.

57 두예는 "15년에는 노나라로 피하였고 여기서는 또 송나라로 피하였다"라 하였다.

58 자선(子鮮)과 자전(子展)이 바깥에서 헌공을 따랐고, 영희(甯喜)와 계책을 세워 공을 들였다.

59 영무자(甯武子)와 손장자(孫莊子)는 모두 성공(成公)의 경이다.

60 『시경·주송·열문(周頌·烈文)』의 구절이다. 순(順)은 지금의 『시경』에는 "훈(訓)"으로 되어 있다. 경(競)은 강하다는 뜻이다. 어떤 사람이 강하기만 하면 사방에서 그에게 순종

若得其人, 그 사람만 얻는다면

四方以爲主, 사방을 주재할 것이니

而國於何有?”[61] 나라가 어디에 있겠습니까?”

애공 27년

傳

二十七年春,[1] 27년 봄에

越子使舌庸來聘,[2] 월자가 설용을 내빙케 하였는데

且言邾田, 또한 주나라의 전지를 말하여

封于駘上.[3] 태상을 경계로 하였다.

二月, 2월에

盟于平陽,[4] 평양에서 맹약을 맺었는데

할 것이라는 말이다.

61 하유(何有): 어렵지 않다는 말이다. 『논어역주』를 참고하라. 이는 나라를 얻는 데 무슨 어려움이 있겠느냐는 말과 같다.

1 이십칠년(二十七年): 계유년 B.C. 468년으로, 주정정왕(周貞定王) 개(介) 원년이다.

2 설(舌): 원래는 “후(后)”로 되어 있었으며, 여기서는 정정하였다. 설이 지난해 『전』의 『주』에 보인다.

3 태상(駘上): 노나라는 일찍이 주나라의 전지를 침탈한 적이 있는데, 월나라가 패주의 신분으로 설용을 보내어 노나라와 담판하고 태상을 노나라와 주나라의 경계로 삼은 것이다. 태상은 두예의 『석례·토지명(釋例·土地名)』에 의하면 곧 양공 4년 『전』의 호태(狐駘)로 지금의 산동 등현(滕縣) 동남쪽 20리 지점에 있다.

4 평양(平陽): 두예는 “서평양이다”라 하였다. 곧 지금의 산동 추현성(鄒縣城)이다.

三子皆從.[5]	세 사람이 모두 따랐다.
康子病之,[6]	강자가 이것이 마음에 걸려
言及子贛,	자공을 언급하며
曰,	말하였다.
"若在此,	"여기 있었더라면
吾不及此夫!"[7]	내가 이 지경에 이르지는 않았을 것이로다!"
武伯曰,	무백이 말하였다.
"然.	"그렇습니다.
何不召?"	어째서 부르지 않으셨습니까?"
曰,	말하였다.
"固將召之."	"실로 그를 부르려 했다."
文子曰,	문자가 말하였다.
"他日請念."[8]	"훗날 생각을 하십시오."

5 두예는 "계강자와 숙손문자, 맹무백이 모두 설용을 따라 맹약한 것이다"라 하였다. 두예는 틀렸으며 노애공을 따른 것이다.

6 두예는 "만이(蠻夷)를 따라 맹약한 것을 부끄럽게 여긴 것이다"라 하였다. 또한 공과 경의 입장에서 일개 대부를 따라 맹약한 것을 부끄럽게 여긴 것이다.

7 대개 설용이 세 사람을 강요하여 노애공을 따라 그와 맹약하게 하였으며, 노나라의 병력으로는 월나라를 대적할 수 없을 뿐만 아니라 또한 사령에 뛰어난 사람이 거절할 수도 없었으므로 생각이 자공에게 미친 것으로, 12년에 자공은 일찍이 오왕 부차가 맹약을 다지자는 청을 물리친 바가 있다.

8 두예는 "계손이 자공을 쓸 수가 없었던 것을 말하였으며 어려움에 처하여 생각한 것이다"라 하였다.

夏四月己亥,[9]	여름 4월 기해일에
季康子卒.	계강자가 죽었다.
公弔焉,	공이 조문을 하였는데
降禮.[10]	예법을 낮추었다.

晉荀瑤帥師伐鄭,[11]	진나라 순요가 군사를 거느리고 정나라를 치고
次于桐丘.[12]	동구에 주둔하였다.
鄭駟弘請救于齊.[13]	정나라 사홍이 제나라에 구원을 청하였다.
齊師將興,	제나라 군사가 출사하려는데

---

9 기해일은 25일이다.

10 두예는 "예가 갖추어지지 않은 것으로 공이 망령됨이 많다는 말이다"라 하였으며, 명나라 육찬(陸粲)의 『좌전부주(左傳附註)』에서는 "과하여 스스로 폄하하여 굽힌 것이다"라 하여 두 설이 상반된다. 25년 『전』에서는 "술을 마시는 것이 즐겁지 않아 공과 대부가 비로소 미워하게 되었다(飮酒不樂, 公與大夫始有惡)"라 하였으니 노나라 애공은 계강자에게 실로 이미 원한이 있으며, 그가 죽었을 때 조문을 하면서 상례(常禮)를 던 것으로 보는 것이 정리에 맞을 것이며, 또한 아래의 『전』에서 분명히 "삼환씨 또한 공의 망령됨을 근심하였다"라 하였는데, 이것이 곧 두예가 기초로 한 것이다.

11 순요(荀瑤): 곧 지양자(智襄子)이다.

12 동구(桐丘): 지금의 하남 부구현 서쪽 20리 지점에 있으며, 또한 장공 28년 『전』 "정나라 사람들은 동구까지 달아나려 하였다(鄭人將奔桐丘)"의 『주』에 보인다.

13 사홍(駟弘): 두예는 "홍은 사천(駟歂)의 아들이다"라 하였다. 사홍의 자는 자반(子般)이며, 아래의 자사(子思)는 자산의 아들 국참(國參)으로 사홍과 동행한 자이다. 아래의 자사가 곧 사홍이라고 오인할 수 없다.

陳成子屬孤子三日朝.[14]	진성자가 나라를 위해 죽은 자의 아들을 모아 사흘간 만나 보았다.
設乘車兩馬,[15]	2두 마차를 준비하고
繫五邑焉.[16]	책서 주머니 다섯 개를 매달았다.
召顔涿聚之子晉,	안탁취의 아들 진을 불러
曰,	말하였다.
"隰之役,	"습의 전역에서
而父死焉.[17]	그대의 아비는 죽었다.
以國之多難,	나라가 어려움이 많아
未安恤也.	그대를 제대로 무휼하지 못하였다.
今君命女以是邑也,	지금 임금께서 그대에게 이 읍을 가지고 명하노니
服車而朝,	수레를 타고 가서 조현하여

14 속고자(屬孤子): 속(屬)은 모으는 것이다. 고자(孤子)는 일찍이 나라를 위하여 전사한 자들의 아들이다. 국가를 위해 일하다 죽은 사람의 아들을 모아 사흘 동안 나누어 내조에서 만나 본 것이다.

15 심흠한(沈欽韓)의 『보주(補注)』에서는 『의례·기석례(旣夕禮)』 정현의 주를 인용하여 "말 두 필은 사의 법제이다"라 하였다.

16 오읍(五邑): 장병린(章炳麟)의 『독(讀)』에서는 "나라의 읍이라면 매단다고 할 수 없으며, 또한 아래의 '지금 임금께서 그대에게 이 읍을 가지고 명한다(今君命女以是邑也)'라 한 것의 명(命)은 관직을 가지고 말해야 하며 읍을 가지고 말해서는 안 된다. 읍(邑)은 읍(裛)을 줄인 글자이다. 『설문』에서는 '읍(裛)은 책 주머니(書囊)이다'라 하였다. 여기서는 곧 책서(策書) 주머니이다. 죽간(竹簡)은 번중하므로 하나의 책서를 다섯 주머니로 나눈 것이다. 당시까지만 해도 여전히 책문이 발견되지 않았으므로 다만 드러나 보이는 것을 들어서 말한 것일 따름이다"라 하였다.

17 두예는 "습(隰)의 전역은 23년에 있었다"라 하였다.

毋廢前勞!"[18]	앞의 공로를 폐하는 일이 없도록 하라!"
乃救鄭.	이에 정나라를 구원하였다.
及留舒,[19]	유서에 이르러
違穀七里,	곡과는 7리가 떨어졌는데도
穀人不知.[20]	곡 사람들은 알지 못하였다.
及濮,[21]	복수에 이르렀는데
雨,	비가 내려
不涉.	건너지를 못하였다.
子思曰,[22]	자사가 말하였다.
"大國在敝邑之宇下,[23]	"대국이 우리나라 집 아래 있어
是以告急.	이에 위급함을 알립니다.

---

18 전로(前勞): 안탁취의 공을 가리킨다. 안탁취는 곧 안경(顔庚)이다.

19 유서(留舒): 『시경·소아·거공(小雅·車攻)』 정현의 주〔전(箋)〕에서는 "유서(柳舒)"로 인용하였으며, 『수경주·제수(濟水)』에도 "유서(柳舒)"로 되어 있는데 모두 유서(留舒)이다. 지금의 산동 동아현(東阿縣) 옛 치소 동북쪽에 있는데 아래에서 "곡(穀)과는 7리 떨어져 있다" 한 것으로 이를 증명할 수 있다.

20 곡(穀): 장공 7년 『경』의 『주』에 보이며, 곧 지금의 산동 동아현 남쪽의 동아진(鎭)으로 본래는 동아의 옛 치소였다. 곡 또한 제나라 땅인데 군사가 국경을 지나도록 백성들이 몰랐다는 것은 그 정숙함을 말한다.

21 복(濮): 복수(濮水)는 두 군데가 있는데, 하나는 지금의 산동 하택현(菏澤縣) 북쪽에 있고, 하나는 지금의 활현(滑縣)과 연진현(延津縣) 경계에 있다. 이곳에서 말한 것은 후자를 가리키며 지금은 모두 막혔다.

22 자사(子思): 두예는 "자사는 국참(國參)이다"라 하였다.

23 대국(大國): 진(晉)나라를 가리킨다.

今師不行,	지금 군사를 움직이지 않으면
恐無及也.”	미치지 못할 것입니다.”
成子衣製, 杖戈,[24]	성자가 비옷을 입고 과를 짚고
立於阪上,	언덕 위에 섰는데
馬不出者,[25]	나가려 하지 않는 말이 있으면
助之鞭之.	그를 도와 채찍질을 하기도 하였다.
知伯聞之,	지백이 그 말을 듣고
乃還,	곧 돌아와
曰,	말하였다.
“我卜伐鄭,	“나는 정나라 치는 것을 점쳤지
不卜敵齊.”[26]	제나라 치는 것은 점치지 않았다.”
使謂成子曰,	성자에게 이렇게 말하게 하였다.
“大夫陳子,	“대부 진자는
陳之自出.	진나라에서 나왔소.
陳之不祀,	진나라의 제사가 끊긴 것은

24 의제(衣製): 두예는 “제(製)는 비옷이다”라 하였다. 유정섭(兪正燮)의 『계사유고·제해(癸巳類稿·製解)』에서는 제(製)를 지금의 도롱이라고 하였다.

25 출(出): 걸음을 내디뎌 나가는 것을 말한다.

26 『설원·지무(指武)』편에서는 이 절에 대하여 말하기를 “지백은 ‘내가 듣기에 전항〔田恒, 곧 진성자(陳成子)〕은 새로 나라를 얻어 그 백성을 사랑하여 안으로는 그 재물을 함께 하고 밖으로는 수고를 함께하였으며, 군사를 다스리기를 이렇게 하였으니 이것이 그가 대중을 얻은 것으로 기다릴 수 없다’라 하고는 곧 그곳을 떠났다”라 하였다.

鄭之罪也,[27] 정나라의 죄이므로

故寡君使瑤察陳衷焉,[28] 과군께서 요로 하여금 진나라의 내부 사정을 살피게 하고

謂大夫其恤陳乎? 대부께 진나라를 무휼하겠느냐고 하였습니다.

若利本之顚,[29] 이의 근본이 전도되면

瑤何有焉?"[30] 요에게 무엇이 있겠습니까?

成子怒曰, 성자가 노하여 말하였다.

"多陵人者皆不在,[31] "남을 능멸하는 자치고 모두 좋은 결과가 없으니

知伯其能久乎!"[32] 지백이 어찌 오래갈 수 있겠는가!"

中行文子告成子曰,[33] 중항문자가 성자에게 일러 말하였다.

---

27 17년에 초나라가 진나라를 멸한 것은 정나라와는 무관한데도 여기서 "정나라의 죄"를 언급한 것은 아마 순요가 정나라를 치는 까닭이 바로 진(陳)나라 때문이라고 설명하고 또한 진항이 조국을 무휼하지 않는다고 참소한 것이다.

28 충(衷): 고염무(顧炎武)의 『보정(補正)』에서는 부손(傅遜)의 말을 인용하여 "충(衷)은 중(中)으로, 그 속을 살펴 줄어든 이유를 살핀 것이다"라 하였다. 다케조에 고코(竹添光鴻)의 『회전(會箋)』에서는 "충(衷)은 정실(情實)이다"라 하였는데 부손의 설이 비교적 낫다. 두예는 충(衷)을 선(善)이라고 하였는데 틀렸다.

29 본(本): 진나라를 가리키며 진항이 나온 곳이다. 이는 진항에 대해 진나라가 말하는 것이 자기의 이익이 된다고 참소한 것이다.

30 네가 진나라를 무휼하지 않는 것이 나에게 해가 되지 않는다는 말과 같다.

31 심흠한(沈欽韓)의 『보주(補注)』와 홍양길(洪亮吉)의 『고(古)』에서는 모두 『이아·석고(釋詁)』를 인용하여 말하기를 "재는 끝(終)이다"라 하였다. 종은 좋은 결과가 있는 것을 말한다.

32 기(其): 어찌 기(豈)자의 뜻으로 쓰였다.

33 문자(文子): 두예는 "문자는 순인(荀寅)이며 이때 달아나 제나라에 있었다"라 하였다.

“有自晉師告寅者,	“어떤 자가 진나라 군진에서 제게 알리기를
將爲輕車千乘以厭齊師之門,	경전차 천 승으로 제나라 군진의 영문을 압박할 것이라 하니
則可盡也.”[34]	다 섬멸할 수 있습니다.”
成子曰,	성자가 말하였다.
“寡君命恒曰,	“과군께서 내게 명령하여 말하기를
‘無及寡,	‘적은 것을 치지 말고
無畏衆.’	많은 것을 두려워 말라’ 하셨습니다.
雖過千乘,	비록 천 승이 넘는다 하더라도
敢辟之乎?[35]	감히 피하겠습니까?
將以子之命告寡君.”	그대의 명을 과군께 보고하려 합니다.”
文子曰,	문자가 말하였다.
“吾乃今知所以亡.[36]	“내 이제야 도망 온 까닭을 알았습니다.
君子之謀也,	군자가 도모함에
始, 衷, 終皆擧之,[37]	처음과 중간, 끝을 모두 꾀하고

34 압(厭): 압(壓)과 같다. 진나라 군사가 경거(輕車)로 제나라 군사의 영문을 압박하여 공격하려 하니 제나라 군사를 완전히 섬멸할 수 있을 것이라는 말이다.

35 피(辟): 피(避)와 같다.

36 두예는 “자기가 무지하였다는 것을 스스로 한탄한 것이다”라 하였다.

而後入焉.[38]	그런 다음에 들어가야 하는데
今我三不知而入之,	지금 나는 셋을 알지 못하고 들어갔으니
不亦難乎!"	또한 어렵지 않겠습니까?"

公患三桓之侈也,	공이 삼환이 능멸하는 것을 근심하여
欲以諸侯去之,[39]	제후의 힘으로 없애려 하였으며,
三桓亦患公之妄也,[40]	삼환 역시 공이 망령됨을 근심하였으므로
故君臣多間.[41]	군신 간의 사이가 많이 벌어졌다.
公游于陵阪,[42]	공이 능판에서 놀다가

---

37 충(衷): 중(中)과 같다.
거(擧): 『여씨춘추·이보(異寶)』편 고유(高誘)의 주에서는 "거(擧)는 꾀하는 것이다"라 하였다.

38 두예는 "한 가지 일을 꾀하면 당연히 이 세 가지 변화를 고려한 연후에 들어가 행하는 것으로 이른바 군자는 세 번 생각한다는 것이다"라 하였다. 입(入)은 윗사람에게 말을 하는 것이며, 두예의 말은 생각해 봄 직하다.

39 『설문』에서 "치(侈)는 엄협(掩脅)이다"라 하였다. 단옥재(段玉裁)는 "엄(掩)이라는 것은 위를 덮는 것이며, 협(脅)이라는 것은 그 곁을 윽박지르는 것이다. 무릇 남을 많이 능멸하는 것을 치(侈)라고 하는데, 이것이 치(侈)의 본뜻이다"라 하였다. 삼환(三桓)은 오랫동안 공실을 무시하였으며 노애공은 피살될 것을 걱정하여 왕위를 잃었다. 두예는 "제후의 군사를 청하여 삼환을 쫓아내려 한 것이다"라 하였다.

40 망(妄): 스스로 헤아리지 못하고 분란을 일으키는 것으로, 「노세가」에서는 "삼환 또한 공이 난을 일으킬까 걱정하였다"라 하였다.

41 간극(間隙)이 매우 많은 것이다.

42 능판(陵阪): 양이승(梁履繩)의 『보석(補釋)』에서는 공광식(孔廣栻)의 말을 인용하여 "황

遇孟武伯於孟氏之衢,	맹씨지구에서 맹무백을 만나
曰,	말하였다.
“請有問於子,	“그대에게 물어볼 것이 있으니
余及死乎?”[43]	내 제때 죽겠는가?”
對曰,	대답하였다.
“臣無由知之.”	“신은 알 길이 없습니다.”
三問,	세 번을 물었으나
卒辭不對.	끝내 사양하며 답하지 않았다.
公欲以越伐魯而去三桓,	공이 월나라의 힘으로 노나라를 쳐서 삼환을 없애고자 하여
秋八月甲戌,[44]	가을 8월 갑술일에
公如公孫有陘氏.[45]	공이 공손유형의 집으로 갔다.
因孫於邾,	이 때문에 주나라로 피신하였다가
乃遂如越.	이에 결국 월나라로 갔다.
國人施公孫有山氏.[46]	백성들은 공손유산씨에게 죄를 돌렸다.

제릉(黃帝陵)은 곡부성 동북쪽에 있으며 소호릉(少皞陵)은 황제릉의 동쪽에 있는데, 전하는 말에 의하면 능판이 바로 그곳이라고 한다”라 하였다.

43 두예는 “자기가 천수를 누리다 죽을 수 있을지 말지를 물은 것이다”라 하였다.

44 갑술일은 초하룻날이다.

45 공손유형(公孫有陘): 두예는 “유형씨는 곧 유산씨(有山氏)이다”라 하였다. 씨는 가(家)와 같다.

46 두예는 “공이 그 집을 따라 나갔기 때문이다”라 하였다. 「진어 9」 위소의 주에서는 “시

悼之四年,[47]	도공 4년에
晉荀瑤帥師圍鄭,	진나라 순요가 군사를 거느리고 정나라를 에워쌌는데
未至,	채 이르지 못하여
鄭駟弘曰,	정나라 사홍이 말하기를
"知伯愎而好勝,	"지백은 강퍅하고 남을 이기기를 좋아하니
早下之,	일찌감치 낮추면
則可行也."[48]	갈 것입니다."
乃先保南里以待之.[49]	이에 먼저 남리를 지키며 기다렸다.
知伯入南里,	지백은 남리로 들어와
門于桔柣之門.[50]	길질지문을 공격하였다.
鄭人俘酅魁壘,[51]	정나라 사람이 휴괴루를 사로잡아

(施)는 잡아서 캐묻는 것이다"라 하였다. 아마 곧 26년『전』의 "대윤의 죄를 캐물었다" 한 시(施)일 것이며, 죄를 묻는 것이다.「노세가」에서는 "백성들이 애공을 맞아 복귀시켰는데 유산씨의 집에서 죽었다"라 하였다. 이 말이 믿을 만하다면 유산씨는 그대로 있으며 그를 잡아 죄를 물은 다음에 다시 풀어 주었다는 것이 된다.

47 도(悼): 노나라 도공(悼公)으로 애공의 아들이며 이름은 영(寧)이다. 애공이 죽자 노나라 사람들이 세웠다. 도공 4년은 진나라 출공(出公) 12년이다.

48 행(行): 두예는 "행은 떠나는 것이다"라 하였다. 진나라 군사가 퇴각하여 떠나게 할 수 있음을 말한다.

49 보남리(保南里): 두예는 "보(保)는 지키는 것이다. 남리는 성 밖에 있다"라 하였다.

50 남리에 들어갔다는 것은 아마 정나라 사람이 정나라 사람이 조금 싸우다 후퇴하여 성으로 들어간 것으로 사홍이 이른바 "일찌감치 낮춘" 것이다. 진나라 군사는 또한 한 정나라 도읍의 길질지문(桔柣之門)을 공격하였다.

51 휴괴루(酅魁壘): 두예는 "휴괴루는 진나라의 사(士)이다"라 하였다.

賂之以知政,	정사를 맡긴다고 회유했지만
閉其口而死.[52]	그 입을 막고 죽였다.
將門,	문을 공격하려 하면서
知伯謂趙孟,	지백이 조맹에게 말하였다.
"入之!"[53]	"들어가시오!"
對曰,	대답하여 말하였다.
"主在此."[54]	"주장이 여기 있소."
知伯曰,	지백이 말했다.
"惡而無勇,	"추하게 생긴 데다 용기가 없으니
何以爲子?"[55]	어떻게 사자(嗣子)가 되겠는가?"
對曰,	대답하였다.
"以能忍恥,	"치욕을 참을 수 있으면

52 휴괴루가 동의하지 않자 정나라 사람이 그 입을 막고 죽인 것이다.

53 조맹(趙孟): 조양자 무휼(無恤)이다. 또한 20년의 『전』과 『주』에 보인다. 노나라 도공 4년에는 진나라의 경이 된 지 이미 11년이 되었다.

54 주(主): 두예는 "주(主)는 지백을 말한다. 주장이 여기 있는데 어찌하여 직접 들어가지 않느냐는 말이다"라 하였다. 두예의 해석은 생각해 봄 직하다. 조맹이 대개 겸사(謙辭)한 것으로 주장이 여기에 있으니 나는 선봉이 될 수 없다는 것이다.

55 악(惡): 두예는 "용모가 추악한 것이다. 간자(簡子)가 적자인 백어(伯魚)를 폐하고 양자(襄子)를 세웠으므로 지백이 그가 추하고 용기가 없는데 무슨 까닭으로 아들로 세웠느냐고 말한 것이다"라 하였다. 아들은 태자를 이른다. 무휼(無恤)은 본래 천첩의 아들로, 간자가 적자 백어를 폐하고 그를 세운 일은 「조세가」에 보인다. 그러나 「조세가」에서 말한 것은 태사공이 무엇에 근거하였는지 알지 못하며 허황한 이야기가 많아 고스란히 믿기에는 부족하다.

庶無害趙宗乎!"[56]	조씨의 종족에 해가 되지 않을 것이다!"
知伯不悛,	지백은 뉘우치지 않았으며
趙襄子由是惎知伯,	조양자가 이 일로 지백을 미워하게 되자
遂喪之.[57]	마침내 그를 없애려 하였다.
知伯貪而愎,	지백은 탐욕스럽고 강퍅하였기 때문에
故韓, 魏反而喪之.[58]	한씨와 위씨가 도리어 그를 없앴다.

56 「조세가」에서는 "무휼〔毋恤, 곧 무휼(無恤)〕이 말하기를 '주군께서 나〔무휼(毋恤)〕를 태자로 세우신 까닭은 치욕을 참을 수 있기 때문이오'라 하였다"라 하였다. 『설원·건본(建本)』편에서도 이 일에 대해 말하였는데 "조간자는 양자를 후세로 삼았다. 동안우(董安于)가 말하기를 '무휼은 재주가 없는데 이제 후사로 삼으시니 어째서입니까?'라 하자, 간자가 말하였다. '이는 그 사람은 사직을 위하여 치욕을 참을 수 있기 때문이오' ……"라 하였으니 곧 『사기』의 뜻을 펼쳐 낸 것이다.

57 기(惎): 홍양길(洪亮吉)의 『고(詁)』에서는 『소이아(小爾雅)』를 인용하여 "기(惎)는 기(忌)의 뜻이다"라 하였다.

58 한씨와 위씨가 몰래 조씨와 공모하여 지백을 죽이고 그 땅을 함께 나눈 것이다. 이는 모두 전국시대의 일로 『좌전』에서 기록한 것은 진항에 대한 일의 결과를 말한 것일 따름이다.